나눔의집 **사회복지사1급**

강의로 복습하는
기출회독

1영역

인간행동과 사회환경

사회복지교육연구센터 편저

사회복지 전문출판 **나눔의집**

사회복지사1급, 이보다 완벽한 기출문제 분석은 없다!

1회 시험부터 함께해온 도서출판 나눔의집에서는 22회 시험까지의 기출문제를 모두 분석, 그동안 출제된 키워드를 정리하여 키워드별로 복습할 수 있도록 『기출회독』을 마련하였다.

최근 10년간 출제빈도를 중심으로 자주 출제된 키워드는 좀 더 집중력 있게 공부할 수 있도록 '빈출' 표시를 하였으며, 자주 출제되지는 않지만 언제든 출제될 가능성이 있는 키워드도 놓치지 않고 공부할 수 있도록 하였다.

10년간 출제되지 않았더라도 향후 출제가능성이 있다고 판단되거나 다른 키워드와 연계하여 봐둘 필요가 있다고 생각되는 경우에는 본 책에 포함하여 소개하였다.

기출문제를 풀어보는 것으로 그치는 것이 아니라 기출문제를 통해 23회 합격이 가능한 학습이 될 것이다.

키워드별 '3단계 복습'으로 효율적으로 공부하자!

『기출회독』은 키워드별 3단계 복습 과정을 제시하여 1회독만으로도 3회독의 효과를 누릴 수 있도록 구성하였다.

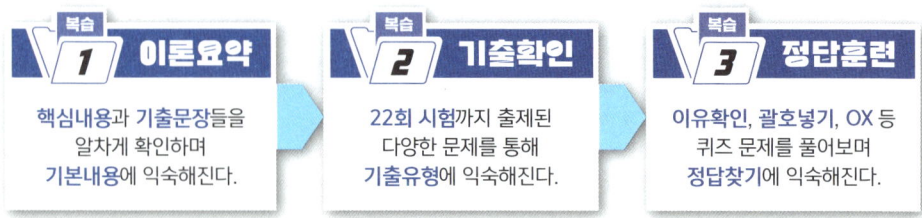

복습 1 이론요약
핵심내용과 기출문장들을 알차게 확인하며 **기본내용**에 익숙해진다.

복습 2 기출확인
22회 시험까지 출제된 다양한 문제를 통해 **기출유형**에 익숙해진다.

복습 3 정답훈련
이유확인, 괄호넣기, OX 등 퀴즈 문제를 풀어보며 **정답찾기**에 익숙해진다.

알림

- 이 책은 '나눔의집'에서 발간한 2025년 23회 대비 『기본개념』(2024년 4월 15일 펴냄)을 바탕으로 한다.
- 8회 이전 기출문제는 공개되지 않은 관계로 당시 응시생들의 기억을 바탕으로 검수 과정을 거쳐 기출문제를 복원하였다.
- <사회복지법제론>을 비롯해 법·제도의 변화와 관련된 기출문제의 경우 현재의 법·제도 내용이 반영될 수 있도록 수정하였다.
- 이 책에서 발생할 수 있는 오류 및 정정사항은 아임패스 내 '정오표' 게시판을 통해 확인할 수 있도록 게시할 예정이다.

■ 빈출

기출회독 **활용맵**

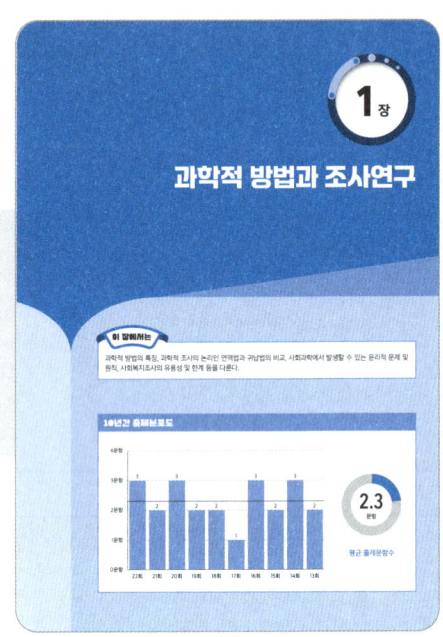

들어가기 전에

이 장에서는
각 장마다 학습할 내용을 간략히 소개하였다.

10년간 출제분포도
이 책에서 키워드에 따라 분석한 기출문제 중 10년간 출제문항
수를 그래프로 구성하여 각 장의 출제비중이 얼마나 되는지, 어
떻게 변화하고 있는지 등을 확인할 수 있다.

기출 키워드 확인!

이 책은 기출 키워드에 따라 학습하도록 구성하였다. 특히 자주
출제된 키워드나 앞으로도 출제 가능성이 높은 키워드는 따로
'빈출' 표시를 하여 우선 배치하였다. 빈출 키워드는 전체 출제
율과 최근 10개년간의 출제율을 중심으로 하되 내용 자체의 어
려움, 다른 과목과의 연계성 등을 고려하여 선정하였다.

강의 QR코드
모바일을 통해 해당 키워드의 동영상 강의를 바로 볼 수 있다.

10년간 출제문항수
각 키워드에서 최근 10년간 출제된 문항수를 안내하여 출제빈
도를 확인할 수 있도록 하였다.

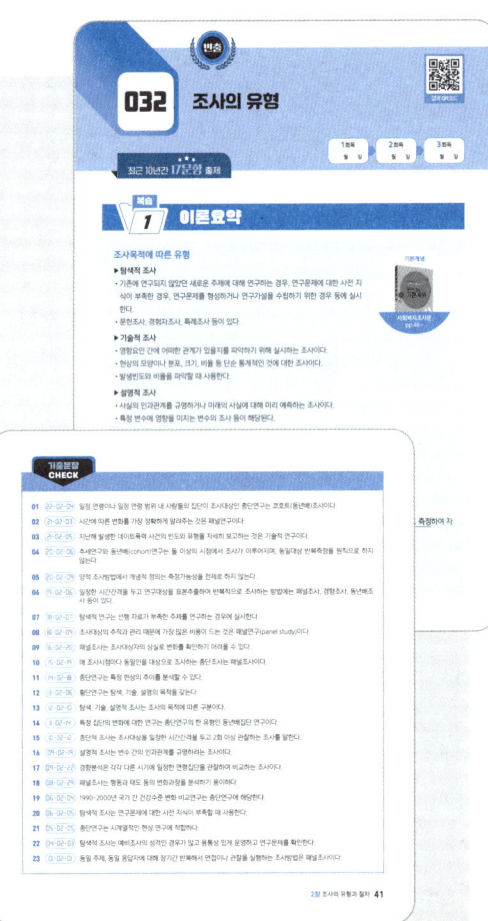

복습 1. 이론요약

요약 내용과 기출문장을 함께 담아 이론을 정답으로 연결하
도록 구성하였다.

이론요약
주요 내용을 간략히 정리하였으며 부족한 내용을 보충할 수
있도록 기본개념서의 쪽수를 표시하였다.

기출문장 CHECK
그동안 출제되었던 기출문제의 문장들 중 꼭 알아두어야 할
문장들을 선별하여 제시하였다.

바로 기출문제를 풀어보며 학습한 이론을 되짚어보도록 구성하였다.

기출문제 풀기

다양한 유형의 문제를 최대한 접해볼 수 있도록 선정하였다.

알짜확인!

해당 키워드에서 살펴봐야 할 내용들, 주의해야 할 사항들을 짚어 주었다.

난이도

정답률, 내용의 어려움, 출제빈도, 정답의 혼란 정도 등을 고려하여 3단계로 구분하였다.

응시생들의 선택

5개의 선택지에 대한 마킹률을 표시하여 응시생들이 어떤 선택지들 을 헷갈려했는지 등을 참고해볼 수 있도록 하였다.

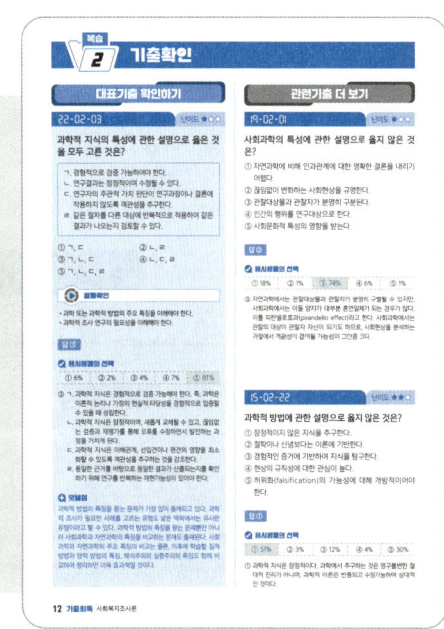

출제빈도와 난이도 등을 고려하여 정답찾기에 능숙해지도록 구성하였다.

이유확인 문제

제시된 문장에서 잘못된 부분을 확인함으로써 헷갈릴 수 있는 부분들을 짚어준다.

괄호넣기 문제

의외로 정답률이 낮게 나타나는 단답형 문제에 대비할 수 있다.

OX 문제

제시된 문장이 옳은 내용인지, 틀린 내용인지를 빠르게 판단해보는 훈련이다.

합격을 잡는 학습방법

아임패스와 함께하는 단계별 합격전략

나눔의집의 모든 교재는 강의가 함께한다. 혼자 공부하느라 머리 싸매지 말고, 아임패스를 통해 제공되는 강의와 함께 기본개념을 이해하고 암기하고 문제풀이 요령을 습득해보자. 또한 아임패스를 통해 선배 합격자들의 합격수기, 학습자료, 과목별 질문 등을 제공하고 있으니 23회 합격을 위해 충분히 활용해보자.

기본개념 학습 과정

1 단계

강의로 쌓는 기본개념

어떤 유형의, 어떤 난이도의 문제가 출제되더라도 답을 찾기 위해서는 기본적인 개념이 탄탄하게 잡혀있어야 한다. 기본개념서를 통해 2급 취득 후 잊어버리고 있던 개념들을 되살리고, 몰랐던 개념들과 애매했던 개념들을 정확하게 잡아보자. 한 번 봐서는 다 알 수 없고 다 기억할 수도 없지만 이제 1단계, 즉 이제 시작이다. '이렇게 공부해서 될까?'라는 의심 말고 '시작이 반이다'라는 마음으로 자신을 다독여보자.

기본개념 완성을 위한 학습자료

기본개념 강의, 기본쌓기 문제, ○×퀴즈, 기출문제, 정오표, 묻고답하기, 지식창고, 보충자료 등을 아임패스를 통해 만나실 수 있습니다.

실전대비 과정

4 단계

강의로 완성하는 FINAL 모의고사 (3회분)

그동안의 학습을 마무리하면서 합격에 대한 확신을 가져보자. 답안카드를 포함하고 있으므로 시험시간에 맞춰 풀어보기 바란다.

강의로 잡는 회차별 기출문제집

학습자가 자체적으로 모의고사처럼 시험시간에 맞춰 풀어볼 것을 추천한다.

기출문제 번호 보는 법

22 - 01 - 25
기출회차   영역   문제번호

'기출회차-영역-문제번호'의 순으로 기출문제의 번호 표기를 제시하여 어느 책에서든 쉽게 해당 문제를 찾아볼 수 있도록 하였다.

기출문제 풀이 과정

2단계

강의로 복습하는 기출회독

한 번을 복습하더라도 제대로 된 복습이 되어야 한다는 고민으로 만들어진 책이다. 기출 키워드마다 다음 3단계 과정으로 학습해나간다. 기출회독의 반복훈련을 통해 내 것이 아닌 것 같던 개념들이 내 것이 되어감을 느낄 수 있을 것이다.
1. 기출분석을 통한 이론요약
2. 다양한 유형의 기출문제
3. 정답을 찾아내는 훈련 퀴즈

강의로 잡는 장별 기출문제집

기본개념서의 목차에 따라 편집하여 해당 장의 기출문제를 바로 풀어볼 수 있다.

요약정리 과정

3단계

강의로 끝내는 핵심요약집

8영역을 공부하다 보면 먼저 공부했던 영역은 잊어버리기 일쑤인데, 요약노트를 정리해 두면 어디서 어떤 내용을 공부했는지를 쉽게 찾아볼 수 있다.

예상문제 풀이 과정

강의로 풀이하는 합격예상문제집

내 것이 된 기본개념들로 문제의 답을 찾아보는 시간이다. 합격을 위한 필수문제부터 응용문제까지 다양한 문제를 수록하여 정답을 찾는 응용력을 키울 수 있다.

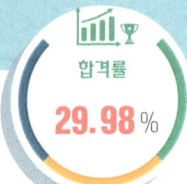

사회복지사1급 출제경향

합격자 수 7,633 명

합격률 29.98 %

22회 시험 결과

22회 필기시험의 합격률은 지난 21회 40.70%보다 10%가량 떨어진 29.98%로 나타났다. 많은 수험생들이 3교시 과목을 어려워하는데, 이번 22회 시험의 3교시는 순간적으로 답을 찾기에 곤란할 만한 문제들이 더러 포진되어 있었고 그 결과가 합격률에 고르란히 나타난 듯하다. 이번 시험에서 정답논란이 있었던 사회복지정책론 19번 문제는 최종적으로 '전항 정답' 처리되었다.

22회 기출 분석 및 23회 합격 대책

22회 기출 분석

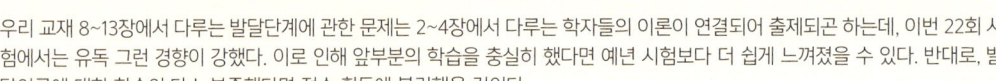

우리 교재 8~13장에서 다루는 발달단계에 관한 문제는 2~4장에서 다루는 학자들의 이론이 연결되어 출제되곤 하는데, 이번 22회 시험에서는 유독 그런 경향이 강했다. 이로 인해 앞부분의 학습을 충실히 했다면 예년 시험보다 더 쉽게 느껴졌을 수 있다. 반대로, 발달이론에 대한 학습이 다소 부족했다면 점수 획득에 불리했을 것이다.

23회 합격 대책

여러 학자들의 이론과 관련해 주요 개념과 특징들을 헷갈리지 않도록 정리하며 공부하는 것이 필요하다. 또한 이론에서 공부한 내용을 각 발달단계와 연결할 수 있어야 한다. 워낙 많고 어려운 이론들 때문에 시작부터 힘들 수 있지만, 항상 강조되는 내용들이 거의 반복적으로 다뤄지기 때문에 기본개념을 탄탄히 쌓고 기출문제를 통해 복습하면 충분히 고득점을 노릴 수 있는 영역이다.

22회 출제 문항수 및 키워드

장	22회	키워드
1	1	인간발달의 특징
2	4	프로이트의 방어기제, 에릭슨의 발달단계, 아들러 이론의 특징, 융 이론의 특징
3	4	피아제 이론의 주요 개념 및 발달단계, 스키너 이론의 특징, 반두라 이론의 특징, 각 인간발달이론이 사회복지실천에 미친 영향
4	2	로저스 이론의 특징, 학자와 주요 개념의 연결
5	4	호혜성 개념 확인, 체계이론의 다양한 개념에 대한 설명, 중간체계의 특징, 시간체계 개념 확인
6	0	–
7	2	문화의 특징 및 관련 이론, 지역사회의 특징
8	3	태내기의 특징, 유아기의 특징, 영아기에 관한 학자별 발달단계
9	2	아동기에 관한 학자별 발달단계, 생애주기별 특징에 관한 종합 문제
10	1	청소년기의 특징
11	1	청년기의 특징
12	1	중년기의 특징
13	0	–

1장

인간행동, 발달과 사회복지

10년간 출제분포도

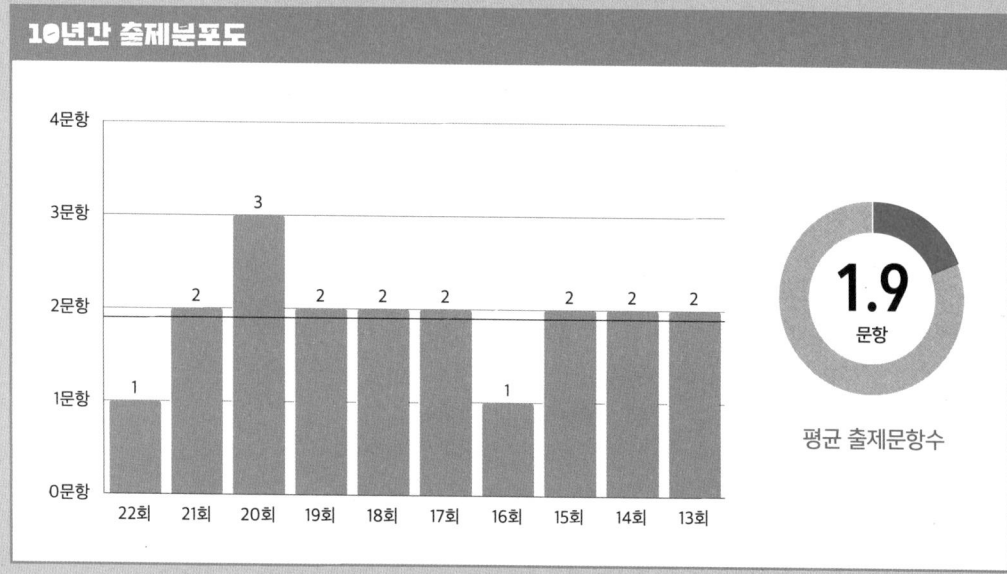

1.9
문항

평균 출제문항수

001 인간발달

강의 QR코드

최근 10년간 **11문항** 출제

1회독 월 일 → **2**회독 월 일 → **3**회독 월 일

이론요약

인간발달의 주요 특징
- 인간발달은 시간이 경과함에 따라 **양적 또는 질적으로 변화**한다.
- 인간발달은 기능과 구조가 발달해가는 상승적 변화와 기능이 위축되고 약화되는 하강적 변화로 나눌 수 있다. 발달에는 **상승적·하강적 측면이 모두 포함**된다.
- 발달은 **유전적 요소와 환경적 요소의 상호작용**으로 이루어진다. 즉, 발달은 성숙, 성장, 노화, 학습의 모든 측면을 반영한 개념이다.
- 발달은 전 생애를 통해 다양한 영역에 걸쳐 일어나지만 각 발달단계별로 특히, 중요하고 의미 있는 변화를 보이는 영역이 있다.

인간발달의 전제
- 인간발달은 삶의 모든 단계에서 발생한다.
- 인간발달은 **이전 단계의 발달을 기반**으로 현재의 경험이 융합되어 이루어지므로 지속성과 변화를 보인다.
- **신체적·인지적·사회적·정서적 영역들의 상호작용**으로 인간발달이 이루어진다.
- 인간행동은 개인이 처한 상황과 관계의 맥락 속에서 이해되고 분석되어야 한다.
- 인간발달은 일정한 순서대로 진행되는 경향이 있기 때문에 **체계적이고 예측이 가능**하다.
- 인간의 신체적·심리적·사회적 발달은 밀접한 상호연관성을 가지고 있으며, **통합적으로 기능**한다.

인간발달의 원리
- 인간발달은 **상부에서 하부로, 중심부위에서 말초부위로, 전체운동에서 특수운동**으로 진행한다.
- 전 생애를 통해 이전 발달에 이어 **연속적으로 계속 진행**한다.
- 발달의 **순서는 일정**하지만 발달의 **속도는 항상 일정한 것은 아니다.**
- 유전적 요인과 환경의 영향은 비중이 다르지만, 양쪽의 상호작용으로 진행한다.
- 발달은 보편적인 성장의 과정을 거치지만 **개인차가 존재**한다.
- 발달은 점진적으로 분화해가고 전체로 통합되어 가는 과정이다.
- **이전 단계의 발달을 토대**로 다음 단계의 발달이 진행한다. – 점성원리
- 신체 및 심리발달이 가장 용이하게 이루어지는 **결정적 시기 혹은 최적의 시기**가 있다. – 적기성

기본개념

인간행동과 사회환경
pp.21~

- 어릴 때의 발달이 이후 모든 발달의 기초가 된다. – 기초성
- 어떤 시기의 결손은 계속 누적되어 다음 단계에 영향을 미친다. – 누적성
- 특정 시기의 발달이 잘못되면 그 이후에 충분히 보상적 자극이나 경험을 제공받는다고 하더라도 원래의 발달상태로 회복되기 어렵다. – 불가역성

기출문장 CHECK

01 (22-01-02) 인간발달은 순서대로 진행되고 예측가능하다는 특징이 있다.

02 (21-01-01) 인간발달은 일정한 순서와 방향성이 있어 예측이 가능하다.

03 (21-01-01) 인간발달은 생애 전 과정에 걸쳐 진행되는 환경적, 유전적 상호작용의 결과이다.

04 (21-01-01) 각 발달단계별 인간행동의 특성이 있다.

05 (21-01-01) 인간발달은 개인차가 있다.

06 (20-01-01) 대근육이 있는 중심부위에서 소근육의 말초부위 순으로 발달한다.

07 (20-01-03) 인간발달에는 개인차가 있다.

08 (19-01-02) 인간발달에는 결정적 시기가 있다.

09 (18-01-01) 특정단계의 발달은 이전의 발달과업 성취에 기초한다.

10 (17-01-03) 인간발달의 정도와 속도는 개인마다 다르다.

11 (16-01-01) 인간발달은 유전과 환경의 상호작용에 의해 이루어진다.

12 (15-01-03) 인간발달에는 일반적인 원리가 존재하지만 모든 사람들이 동일하게 발달하는 것은 아니다.

13 (14-01-01) 인간발달은 '환경 속의 인간(person in environment)'의 맥락으로 이해되어야 한다.

14 (13-01-02) 인간발달은 연속적인 과정이지만 발달속도는 일정하지 않다.

15 (12-01-01) 인간발달은 인간행동 양식의 전체적인 맥락 안에서 분석되어야 한다.

16 (10-01-01) 인간발달은 태아기에서 노년기에 이르기까지 시간적 흐름에 따라 일어나는 변화이다.

17 (10-01-02) 인간발달은 인간의 내적 변화뿐만 아니라 외적 변화도 포함한다.

18 (09-01-01) 인간발달은 분화의 과정이면서 통합의 과정이다.

19 (08-01-01) 인간발달은 환경 속 인간관계의 맥락에서 이해되어야 한다.

20 (07-01-01) 인간발달은 연령이 높을수록 예측이 어렵다.

21 (05-01-01) 인간발달은 상부에서 하부로, 중심에서 말초로 발달이 진행된다.

22 (05-01-03) 인간발달은 이전 단계의 발달이 이후 단계에 영향을 미친다.

23 (04-01-01) 인간발달은 신체적·심리적 기능 간 상호관련성을 설명한다.

24 (03-01-01) 인간의 성장과 발달은 삶의 모든 기간에 걸쳐 일어난다.

25 (02-01-01) 인간발달은 신체 및 심리발달이 가장 용이하게 이루어지는 결정적 시기가 존재한다.

26 (01-01-01) 인간행동의 발달은 예측할 수 있다.

대표기출 확인하기

22-01-02
난이도 ★☆☆

인간발달에 관한 설명으로 옳은 것은?

① 긍정적 · 상승적 변화는 발달로 간주하지만, 부정적 · 퇴행적 변화는 발달로 보지 않는다.
② 순서대로 진행되고 예측가능하다는 특징이 있다.
③ 인간의 전반적 변화를 다루기 때문에 개인차는 중요하지 않다고 본다.
④ 키 · 몸무게 등의 질적 변화와 인지특성 · 정서 등의 양적 변화를 모두 포함하는 개념이다.
⑤ 각 발달단계에서의 발달 속도는 거의 일정한 것으로 알려져 있다.

 알짜확인

• 인간발달의 주요 특징과 원리 등을 확인하는 문제가 반복적으로 출제되고 있다.
• 양적 · 질적, 상승 · 하강, 유전 · 환경, 분화 · 통합을 모두 포함한다는 특징을 기억해두자. 점성원리, 누적성, 적기성, 기초성, 불가역성 등의 개념을 통해 인간발달의 원리를 확인해두어야 한다.

답②

✔ **응시생들의 선택**

① 2%	② 86%	③ 1%	④ 10%	⑤ 1%

① 발달은 긍정적 · 상승적 변화와 부정적 · 퇴행적 변화를 모두 포함한다.
③ 인간발달은 보편적 과정이 있지만 개인차도 존재한다.
④ 발달은 양적 변화와 질적 변화를 모두 포함한다. 키 · 몸무게 등은 양적 변화에 해당하며, 인지특성 · 정서 등은 질적 변화에 해당한다.
⑤ 각 발달단계에서의 발달 속도는 일정하지 않다. 발달이 빠르게 일어나는 시기도 있고 더디게 진행되는 시기도 있다.

관련기출 더 보기

20-01-03
난이도 ★★☆

동갑 친구들 A~C의 대화에서 알 수 있는 인간발달의 원리는?

> A: 나는 50세가 되니 확실히 노화가 느껴져. 얼마 전부터 노안이 와서 작은 글씨를 읽기 힘들어.
> B: 나는 노안은 아직 안 왔는데 흰머리가 너무 많아지네. A는 흰머리가 거의 없구나.
> C: 나는 노안도 왔고 흰머리도 많아. 게다가 기억력도 예전 같지 않아.

① 발달에는 개인차가 있다.
② 발달의 초기단계가 일생에서 가장 중요하다.
③ 발달은 학습에 따른 결과이다.
④ 발달은 분화와 통합의 과정이다.
⑤ 발달은 이전의 발달과업 성취에 기초하여 이루어진다.

답①

✔ **응시생들의 선택**

① 94%	② 1%	③ 1%	④ 4%	⑤ 0%

① A, B, C 모두 50세로 동갑이지만, A는 노안이 왔고, B는 노안이 오진 않았으나 흰머리가 많아 졌고, C는 노안도 왔고 흰머리도 많고 기억력도 좋지 않다. 이처럼 같은 연령이어도 인간의 발달에는 개인차가 있다.

인간발달의 원리에 관한 설명으로 옳은 것은?

① 무작위적으로 발달이 진행되기 때문에 예측이 불가능하다.
② 발달에는 결정적 시기가 있다.
③ 안정적 속성보다 변화적 속성이 강하게 나타난다.
④ 신체의 하부에서 상부로, 말초부위에서 중심부위로 진행된다.
⑤ 순서와 방향성이 정해져 있으므로 발달속도에는 개인차가 존재하지 않는다.

답 ②

응시생들의 선택

① 1%	② 95%	③ 3%	④ 1%	⑤ 0%

① 인간발달은 일정한 순서대로 진행되는 경향이 있기 때문에 체계적이고 예측이 가능하다.
③ 발달과정에는 안정적 속성과 변화의 속성이 서로 공존하여 나타난다.
④ 인간발달은 신체의 상부에서 하부로, 중심부위에서 말초부위로 진행된다.
⑤ 발달의 순서는 일정하지만 발달의 속도는 항상 일정한 것이 아니다. 또한 발달은 보편적인 성장의 과정을 거치지만 개인차도 존재한다. 연령이 증가할수록, 환경 등 외적인 변수들의 영향이 많을수록 개인차의 폭은 커지고 발달을 예측하기도 어려워진다.

인간발달의 원리로 옳지 않은 것은?

① 유전과 환경의 영향을 모두 받는다.
② 일생에 걸친 예측 불가능한 변화이다.
③ 발달의 정도와 속도는 개인마다 다르다.
④ 일정한 순서와 방향성이 존재한다.
⑤ 멈추는 일 없이 지속된다.

답 ②

응시생들의 선택

① 0%	② 75%	③ 1%	④ 4%	⑤ 20%

② 인간발달은 일정한 순서대로 진행되는 경향이 있어 다음에 진행될 발달을 예측할 수 있다.

인간발달에 관한 설명으로 옳지 않은 것은?

① 발달은 일정한 순서를 거친다.
② 발달과 변화는 전 생애에 걸쳐 일어난다.
③ 발달은 특수활동에서 전체활동으로 이루어진다.
④ 발달을 이해하는 데 사회환경은 필수적 요인이다.
⑤ 발달은 '환경 속의 인간(person in environment)'의 맥락으로 이해되어야 한다.

답 ③

응시생들의 선택

① 3%	② 1%	③ 91%	④ 4%	⑤ 1%

③ 발달은 상부에서 하부로, 중심 부위에서 말초 부위로, 전체운동에서 특수운동으로 진행한다.

인간발달의 원리에 관한 설명으로 옳은 것은?

① 유전적 요인보다 환경적 요인을 중시한다.
② 일생에 걸쳐 일어나는 예측 불가능한 변화이다.
③ 연속적인 과정이지만 발달속도는 일정하지 않다.
④ 발달상의 결정적 시기와 바람직한 성격형성은 무관하다.
⑤ 개인차가 존재하므로 일정한 순서와 방향성을 제시하기 어렵다.

답 ③

응시생들의 선택

① 1%	② 1%	③ 94%	④ 1%	⑤ 3%

① 인간발달에 있어서 유전적 요인과 환경적 요인이 미치는 영향의 비중은 이론적 입장에 따라 차이가 있다.
② 인간발달은 일정한 순서대로 진행되는 경향이 있고, 체계적이므로 예측이 가능하다는 특성이 있다.
④ 발달이 가장 용이하게 이루어지는 결정적 시기 혹은 최적의 시기가 존재하며, 이 시기를 놓칠 경우에는 이후 성격형성에 영향을 미치게 된다.
⑤ 인간발달은 일정한 순서와 방향성을 갖고 있지만, 발달의 속도는 일정하지 않으며 개인차가 존재한다.

다음 내용이 왜 틀렸는지를 확인해보자

15-01-03

01 각 단계의 발달은 이전 단계의 발달에 의하여 **영향을 받지 않는다.**

> 각 단계의 발달은 이전 단계의 영향을 받는다. 현재의 발달은 이전 단계의 발달을 바탕으로 현재의 경험이 어우러지며 진행된다.

18-01-01

02 인간발달은 일정한 순서로 이루어지는 것은 **아니다.**

> 인간발달은 개인차는 존재하지만 일정한 순서에 따라 이루어진다.

03 인간발달은 **상승적 측면의 변화만** 일어난다.

> 인간발달은 상승적 측면과 하강적 측면이 모두 포함된다. 상승적 변화는 기능과 구조가 발달해가는 것이고 하강적 변화는 기능이 위축되고 약화되는 것이다.

18-01-01

04 인간발달은 **환경적 요인보다 유전적 요인을 중요시**한다.

> 인간발달은 환경적 요인과 유전적 요인의 상호작용에 의해서 진행된다. 유전적 요인의 중요성도 인정하면서 환경의 중요성을 강조한다.

08-01-01

05 의미 있는 변화를 보이는 영역은 **발달단계마다 동일**하다.

> 발달은 전 생애를 통해 다양한 영역에 걸쳐 일어나지만 각 발달단계별로 특히 중요한 변화를 보이는 영역이 있다.

06 인간은 자신의 발달에 **수동적으로** 기여한다.

> 인간은 자신의 발달에 능동적으로 기여한다.

07 인간발달은 순서와 방향성이 정해져 있으므로 발달속도에는 <u>개인차가 존재하지 않는다.</u>

> 발달의 순서와 방향성은 보편적으로 정해져 있지만 발달의 속도는 사람마다 다르다.

08 정서적 발달은 성격 발달과 <u>관련이 없다.</u>

> 인간발달의 각 측면은 상호 밀접하게 관련되어 있다.

09 인간발달의 <u>**사회적** 차원</u>을 살펴보기 위해 개인의 인식, 감정, 행동의 측면을 살펴봐야 한다.

> 개인의 인식, 감정, 행동의 측면은 심리적 차원이다.

빈칸에 들어갈 알맞은 말을 채워보자

01 (　　　　　　)의 원리는 인간의 발달에 신체 및 심리발달이 가장 용이하게 이루어지는 결정적 시기 혹은 최적의 시기가 존재한다는 것이다.

02 (　　　　　　)의 원리는 어떤 시기의 결손이 계속 누적되어 다음 단계에 영향을 미치는 원리를 말한다.

03 인간발달은 상부에서 하부로, 중심부위에서 (　　　　　)부위로 진행된다.

04 세살 버릇 여든까지 간다는 속담에는 (　　　　　)의 원리가 담겨 있다.

 01 적기성　**02** 누적성　**03** 말초　**04** 기초성

다음 내용이 옳은지 그른지 판단해보자

01 인간발달은 신체적 변화에 한정된 개념이다. ⭕❌

[14-01-01]
02 인간발달은 환경 속 인간의 맥락에서 이해되어야 한다. ⭕❌

03 인간발달에서 이전 단계의 발달을 토대로 다음 단계의 발달이 이루어지는 것을 가역성이라고 한다. ⭕❌

[09-01-01]
04 인간발달은 분화의 과정이면서 동시에 통합의 과정이다. ⭕❌

[17-01-03]
05 인간발달은 일생에 걸친 예측 불가능한 변화이다. ⭕❌

[18-01-01]
06 특정단계의 발달은 이전의 발달과업 성취에 기초한다. ⭕❌

[15-01-03]
07 발달과정에는 결정적 시기가 있다. ⭕❌

[14-01-01]
08 발달과 변화는 전 생애에 걸쳐 일어난다. ⭕❌

[19-01-02]
09 인간발달은 안정적 속성보다 변화적 속성이 강하게 나타난다. ⭕❌

(답) **01**× **02**○ **03**× **04**○ **05**× **06**○ **07**○ **08**○ **09**×

(해설) **01** 인간발달은 신체적, 심리적, 사회적 차원에서 일어나는 모든 변화를 포함한다.
03 점성원리라고 한다.
05 인간발달은 일정한 순서를 예측할 수 있다.
09 안정적 속성과 변화적 속성이 모두 나타난다.

002 인간발달이론

강의 QR코드

1 회독	**2** 회독	**3** 회독
월 일	월 일	월 일

최근 10년간 **6문항** 출제

복습 **1** 이론요약

인간발달이론의 유용성

- 전 생애를 통해 일어나는 변화와 특정 단계에서 발생하는 특징적인 변화를 파악하는 데 도움을 줄 수 있다.
- **다양한 연령층의 클라이언트를 이해**할 수 있는 기반을 제공한다.
- **인간의 사회적 기능과 적응수준을 평가할 수 있는 근거를 제공**하며, 개인의 적응과 부적응을 판단할 수 있는 기준을 설정하는 데 유용하다.
- **인간과 환경 간의 상호작용**을 파악할 수 있다.
- 개인의 성장 과정에서 나타나는 문제의 원인을 이해하는 데 도움을 준다.
- 개인의 발달에 영향을 주는 **다양한 신체적·심리적·사회적 요인을 이해**할 수 있다.
- 개인의 적응과 부적응을 판단하기 위한 기준을 제공한다.
- 발달에 영향을 미치는 사회적 영향력을 평가할 수 있는 준거틀을 제공한다.
- 클라이언트의 **발달과업과 문제를 파악할 수 있는 준거틀**을 제공한다.

기본개념

인간행동과 사회환경
pp.28~

인간발달이론이 사회복지실천에 기여하는 점

- 생애주기를 순서대로 정리할 수 있게 해준다.
- 각 발달단계에서 **개인이 수행해야 할 과제들을** 제시해준다.
- 각 발달단계에서 **그 단계의 발달에 기여하는 요소들을** 제시해준다.
- 각 발달단계에서 발달내용을 구성하는 신체적·심리적·사회적 요소들과 그 요소들의 관계를 보여준다.
- 출생부터 사망에 이를 때까지 변화하거나 지속되는 과정을 제시해준다.
- 이전 단계의 결과가 각 발달단계의 성공이나 실패에 미치는 영향을 보여준다.
- 특정한 발달단계에서 **발달과업을 성취할 수 있도록 지원**한다.

01 (21-01-03) 인간발달이론은 사회복지실천에서 다양한 연령층의 클라이언트와 일할 수 있는 토대가 된다.

02 (21-01-03) 발달단계별 발달과제는 문제해결의 목표와 방법 설정에 유용하다.

03 (21-01-03) 인간발달이론에서 제시된 발달단계별 욕구를 기반으로 사회복지서비스를 개발할 수 있다.

04 (21-01-03) 인간발달이론은 발달단계별 저해 요소들을 이해하는 데에 유용하다.

05 (17-01-02) 인간발달이론은 모든 연령 계층의 클라이언트와 일할 수 있는 기반이 된다.

06 (14-01-02) 인간발달이론은 클라이언트의 발달과업 수행에 필요한 서비스가 무엇인지 파악할 수 있게 한다.

07 (13-01-01) 인간발달이론을 통해 전 생애에 걸쳐 일어나는 안정성과 변화의 과정을 이해할 수 있다.

08 (13-01-01) 인간발달이론을 통해 발달단계에 따른 클라이언트의 욕구와 문제를 파악할 수 있다.

09 (13-01-01) 인간발달이론을 통해 특정 발달단계에서 나타나는 특징적 발달요인을 이해할 수 있다.

10 (13-01-01) 인간발달이론을 통해 이전 발달단계의 결과가 다음 단계에 미치는 영향을 파악할 수 있다.

11 (12-01-02) 인간발달이론은 개인의 성장 과정에서 나타나는 문제의 원인을 이해하는 데 도움을 준다.

12 (11-01-01) 인간발달이론은 개인의 적응과 부적응을 판단하기 위한 기준을 제공한다.

13 (08-01-02) 인간발달이론은 신체적·심리적·사회적 기능 간 상호관계성을 이해하는 데 유용하다.

14 (06-01-02) 인간발달이론은 생활주기를 순서대로 정리할 수 있는 준거틀을 제공해 준다.

15 (05-01-02) 인간발달이론은 전문적 사정과 개입을 가능하게 한다.

대표기출 확인하기

21-01-03 난이도 ★☆☆

인간발달이론과 사회복지실천에 관한 설명으로 옳지 않은 것은?

① 다양한 연령층의 클라이언트와 일할 수 있는 토대가 된다.
② 발달단계별 욕구를 기반으로 사회복지서비스를 개발할 수 있다.
③ 발달단계별 발달과제는 문제해결의 목표와 방법 설정에 유용하다.
④ 발달단계별 발달 저해 요소들을 이해하는데 유용하다.
⑤ 인간발달이론은 문제 사정단계에서만 유용하다.

 알짜확인

- 인간발달이론의 주요 특징을 이해해야 한다.
- 인간발달이론이 사회복지실천에 미친 영향을 파악해야 한다.

답 ⑤

✔ 응시생들의 선택

① 1%	② 1%	③ 1%	④ 2%	⑤ 95%

⑤ 인간발달이론은 클라이언트의 문제를 파악하고 분석함에 있어 준거틀이 되기도 하며, 목표를 설정하기 위한 기준이 되기도 하며, 개입과정에서 클라이언트의 행동과 변화과정을 이해하는 기반이 되기도 한다.

➕ 덧붙임

각 개별 이론의 의의를 파악하는 문제도 출제되곤 하는데, 이후 각 이론에 대한 학습과정에서 각 이론별 특징과 연결하며 이해해야 한다.

관련기출 더 보기

17-01-02 난이도 ★★☆

인간발달이론이 사회복지실천에 유용한 이유로 옳지 않은 것은?

① 개인 적응과 부적응의 판단 기준이 된다.
② 모든 연령 계층의 클라이언트와 일할 수 있는 기반이 된다.
③ 생애주기에 따른 변화와 안정 요인을 이해하게 한다.
④ 발달단계에 따라 신체적·심리적·사회적 기능을 분절적으로 이해하게 한다.
⑤ 발달단계별 욕구에 따른 사회복지제도의 기반을 제공한다.

답 ④

✔ 응시생들의 선택

① 15%	② 12%	③ 1%	④ 69%	⑤ 3%

④ 인간발달이론은 발달단계에 따른 신체적·심리적·사회적 기능을 통합적으로 이해하게 한다.

11-01-01 난이도 ★★☆

인간발달이론의 유용성에 관한 설명으로 옳지 않은 것은?

① 개인의 적응과 부적응을 판단하기 위한 기준을 제공한다.
② 발달에 영향을 미치는 사회적 영향력을 평가할 수 있는 준거틀을 제공한다.
③ 개인이 경험하는 사회문화적 요인들을 정형화하여 이해할 수 있는 시각을 제공한다.
④ 클라이언트의 발달과업과 문제를 파악할 수 있는 준거틀을 제공한다.
⑤ 다양한 연령층의 클라이언트를 이해할 수 있는 기반을 제공한다.

답 ③

✔ 응시생들의 선택

① 19%	② 18%	③ 58%	④ 2%	⑤ 3%

③ 인간발달이론은 개인과 사회문화적 요인들 사이의 관계를 다양한 관점에서 설명하고 있기 때문에 정형화되고 편협한 시각을 탈피할 수 있도록 도와준다.

다음 내용이 왜 틀렸는지를 확인해보자

13-01-01

01 인간발달이론을 통해서는 전 생애에 걸쳐 일어나는 안정성과 변화의 과정을 이해할 수 없다.

> 인간발달이론은 전 생애를 통해 일어나는 변화와 특정 단계에서 발생하는 특징적인 변화를 파악하는 데 도움이 된다.

06-01-02

02 인간발달이론은 발달단계마다 동일한 발달적 요인을 설명할 수 있다.

> 인간발달이론은 특정 발달단계에서 특징적으로 나타나는 발달적 요인을 설명해준다.

03 인간발달이론은 인간 전 생애의 변화와 지속되는 과정을 제시하지는 못한다.

> 인간발달이론은 출생부터 사망에 이를 때까지 변화하거나 지속되는 과정을 제시해준다.

05-01-02

04 인간발달이론을 통해 클라이언트의 발달단계에 따른 발달과업을 파악하는 것은 어렵다.

> 인간발달이론은 클라이언트의 발달과업과 문제를 파악할 수 있는 준거틀을 제공한다.

05 인간발달이론은 인간발달에 영향을 미치는 사회의 영향력을 평가할 수 있는 기준을 제공하지 못한다.

> 인간발달이론은 인간발달에 영향을 미치는 사회의 영향력을 평가할 수 있는 기준을 제공해준다.

06 인간발달이론은 개인차에 상관없이 동일한 발달관심영역과 발달과업 성취의 판단기준을 제공해준다.

> 인간발달이론은 학자에 따라 발달관심영역과 발달과업 성취의 판단기준에 있어서 차이가 있으며, 발달의 개인차를 파악할 수 있도록 한다.

다음 내용이 옳은지 그른지 판단해보자

01 인간발달이론은 인간의 사회적 기능과 적응 수준을 평가할 수 있게 해준다. ⓞⓧ

13-01-01
02 인간발달이론은 이전 단계의 결과가 다음 단계에 미치는 영향을 파악할 수 있도록 돕는다. ⓞⓧ

03 인간발달이론은 클라이언트 개인의 성장 과정에서 나타나는 문제의 원인을 이해하는 데 도움을 준다. ⓞⓧ

04 인간발달이론에 기초하여 인간의 성격을 이해하는 것은 사회복지실천에 중요한 지식 기반이 된다. ⓞⓧ

05 사회복지사는 발달단계의 올바른 이해를 통해 클라이언트의 발달에 대한 기대를 조절하고 지나친 염려를 줄일 수 있도록 도움을 줄 수 있다. ⓞⓧ

13-01-01
06 인간발달이론을 통해 다양한 클라이언트의 발달과업을 획일적으로 이해할 수 있다. ⓞⓧ

07 인간 행동과 발달에 대한 지식은 사회복지실천에 직접적인 영향을 주는 것은 아니지만 사회복지실천은 인간인 클라이언트와 함께한다는 점에서 중요하다. ⓞⓧ

13-01-01
08 인간발달이론을 통해 특정 발달단계에서 나타나는 특징적 발달요인을 이해할 수 있다. ⓞⓧ

08-01-02
09 인간발달이론은 이상행동 문제의 원인을 단일적으로 파악할 수 있도록 해준다. ⓞⓧ

답 **01** ○ **02** ○ **03** ○ **04** ○ **05** ○ **06** × **07** × **08** ○ **09** ×

해설 **06** 다양한 클라이언트의 발달과업을 다차원적으로 이해할 수 있다.

07 인간 행동과 발달에 대한 지식은 사회복지실천에 직접 적용된다. 실천과정에서 클라이언트의 현재 발달단계와 발달과업을 살펴봄으로써 개입을 계획한다.

09 인간발달이론을 기반으로 이상행동 문제를 다차원적으로 살펴볼 수 있다.

003 발달과 유사개념

강의 QR코드

1회독 월 일   **2회독** 월 일   **3회독** 월 일

★ ★ ★
최근 10년간 **2문항** 출제

복습 **1** 이론요약

성장

- 신체의 크기가 커지거나 근육의 힘이 더 세지는 것과 같은 양적 증가와 확대를 말한다.
- 성장은 **신체적·생리적 발달의 양적 증가에 국한**된다.

성숙

- **유전적 기제의 작용에 의해 나타나는** 체계적·규칙적으로 진행되는 변화를 말한다.
- 부모에게 받은 유전인자 정보에 따라 변화하므로 경험이나 훈련과는 관계가 없다.

학습

- 직·간접적 경험의 산물로 나타나는 변화를 말한다.
- 특수한 경험, 훈련, 연습과 같은 외부 자극이나 조건, 즉 **환경에 의해 개인이 변하는 것**을 말한다.

사회화

- **개인이 자기가 속한 사회구성원으로서 자연스럽게 동화**되어 가는 과정을 말한다.
- 가족, 지역사회 등을 포함한 사회구성원과의 상호작용을 통해 그 안에서 통용되는 사회적 기대, 관습, 가치, 신념, 역할, 태도 등을 전 생애적으로 익혀가는 과정을 말한다.

기본개념

강의로 쌓는 **기본개념**

인간행동과 사회환경 pp.21~

01 (20-01-02) 성장(growth)은 시간의 경과에 따라 나타나는 양적 변화이다.

02 (20-01-02) 학습(learning)은 경험이나 훈련의 결과로 나타나는 행동변화이다.

03 (18-01-03) 성장은 키가 커지거나 몸무게가 늘어나는 등의 양적 변화를 의미한다.

04 (18-01-03) 성숙은 유전인자에 의해 발달 과정이 방향 지어지는 것을 의미한다.

05 (18-01-03) 학습은 직·간접 경험 및 훈련과정을 통한 변화를 의미한다.

06 (11-01-18) 성장은 신체크기의 증대, 근력 증가, 인지의 확장 등과 같은 양적 확대를 의미한다.

07 (11-01-18) 성장은 일정한 시기가 지나면 정지된다.

08 (11-01-18) 성숙은 유전인자가 지니고 있는 정보에 따른 변화를 의미한다.

09 (11-01-18) 성숙은 경험이나 훈련과 관계없이 체계적으로 일어난다.

10 (10-01-03) 학습은 훈련과정을 통하여 행동이 변화하는 과정을 의미한다.

11 (06-01-01) 성숙이란 경험이나 훈련에 관계없이 인간의 내적 또는 유전적 기제의 작용에 의해 나타나는 체계적이고 규칙적으로 진행되어가는 신체 및 심리적 변화를 의미한다.

12 (03-01-02) 학습은 경험, 훈련 또는 연습과 같은 외부 자극의 결과로 인해 개인이 내적으로 변하는 것을 의미한다.

대표기출 확인하기

18-01-03
난이도 ★☆☆

다음의 설명으로 옳은 것을 모두 고른 것은?

ㄱ. 성장은 키가 커지거나 몸무게가 늘어나는 등의 양적 변화를 의미한다.
ㄴ. 성숙은 유전인자에 의해 발달 과정이 방향 지어지는 것을 의미한다.
ㄷ. 학습은 직·간접 경험 및 훈련과정을 통한 변화를 의미한다.

① ㄱ
② ㄴ
③ ㄱ, ㄴ
④ ㄴ, ㄷ
⑤ ㄱ, ㄴ, ㄷ

▶ **알짜확인**

• 발달의 유사개념인 성장, 성숙, 학습, 사회화의 주요 특징을 이해한다.

답 ⑤

✔ **응시생들의 선택**

① 6%	② 0%	③ 2%	④ 5%	⑤ 87%

ㄱ. 성장은 신체의 크기가 커지거나 근육의 힘이 더 세지는 것과 같은 양적 증가와 확대를 말한다. 신체적·생리적 발달의 양적 증가에 국한된다.
ㄴ. 성숙은 유전적 기제의 작용에 의해 나타나는 체계적·규칙적으로 진행되는 변화를 말한다.
ㄷ. 학습은 직·간접적 경험의 산물로 나타나는 변화를 말한다. 특수한 경험, 훈련, 연습과 같은 외부 자극이나 조건, 즉 환경에 의해 개인이 변하는 것을 말한다.

➕ **덧붙임**

발달의 유사개념으로는 성장, 성숙, 학습 등이 있는데 각 개념을 옳게 설명한 지문을 찾는 형식으로 주로 출제된다. 앞서 학습했던 발달은 가장 포괄적인 개념이며, 성장은 이 중에서 신체적, 양적, 상승적 변화에 국한된 개념이며, 성숙은 유전으로 인한 변화와 질적 변화에 국한된 개념이다.

관련기출 더 보기

20-01-02
난이도 ★☆☆

인간발달 및 그 유사개념에 관한 설명으로 옳지 않은 것은?

① 성장은 시간의 경과에 따라 나타나는 양적 변화이다.
② 성숙은 환경과의 상호작용에 의한 사회적 발달이다.
③ 학습은 경험이나 훈련의 결과로 나타나는 행동변화이다.
④ 인간발달은 유전과 환경의 상호작용 결과이다.
⑤ 인간발달은 상승적 변화와 하강적 변화를 모두 포함한다.

답 ②

✔ **응시생들의 선택**

① 7%	② 75%	③ 6%	④ 4%	⑤ 8%

② 성숙은 부모에게 받은 유전인자 정보에 따라 변화하므로 환경과의 상호작용은 관계가 없다.

11-01-18
난이도 ★★★

성장과 성숙에 관한 설명으로 옳은 것을 모두 고른 것은?

ㄱ. 성숙은 유전인자가 지니고 있는 정보에 따른 변화를 의미한다.
ㄴ. 성장은 신체크기의 증대, 근력 증가, 인지의 확장 등과 같은 양적 확대를 의미한다.
ㄷ. 성숙은 경험이나 훈련과 관계없이 체계적으로 일어난다.
ㄹ. 성장은 일정한 시기가 지나면 정지된다.

① ㄱ, ㄴ, ㄷ
② ㄱ, ㄷ
③ ㄴ, ㄹ
④ ㄹ
⑤ ㄱ, ㄴ, ㄷ, ㄹ

답 ⑤

✔ **응시생들의 선택**

① 30%	② 6%	③ 30%	④ 3%	⑤ 32%

성숙은 후천적인 경험이나 훈련과 관계없이 유전적 요인에 따라 나타나는 변화이다. 성장은 신체 변화 중에서도 양적 변화를 의미하는 것으로, 일정 시기가 지나면 정지한다.

정답훈련

다음 내용이 왜 틀렸는지를 확인해보자

01 성장은 유전적 요소와 환경적 요소의 상호작용으로 진행되며, 성숙과 학습에 의해 추진된다.

> 성장이 아닌 발달에 대한 설명이다.
> 성장은 신체가 더 커지고 힘이 세지는 등의 양적인 증가와 확대를 말한다. 즉 성장은 신체적 측면의 발달에 한정되는 개념이다.

02 성숙이란 경험의 산물로서 훈련이나 연습에 기인하는 발달적 변화를 의미한다.

> 성숙이 아닌 학습에 대한 설명이다.
> 성숙은 유전적 요인에 따라 나타나는 변화를 말한다.

03 사춘기에 나타나는 2차 성징이나 태아가 모체 내에서 발달해가는 것을 **성장**이라 한다.

> 사춘기에 나타나는 2차 성징이나 태아가 모체 내에서 발달해가는 것은 성숙에 해당한다.

04 학습은 **직접적 경험을 통해서만** 나타나는 변화를 말한다.

> 학습은 직접적, 간접적 경험의 산물이다.

05 성장은 신체의 양적 증가와 확대를 의미하는 것으로 **예측할 수 없다**는 특징이 있다.

> 성장은 유전적 영향을 받기 때문에 키가 어느 정도까지 클지 등과 같이 예측할 수 있는 부분이 있다.

빈칸에 들어갈 알맞은 말을 채워보자

01 (　　　　　　　)은/는 출생에서부터 사망에 이르기까지 전 생애에 걸쳐 연속적으로 일어나는 변화 양상과 과정으로서 신체적·심리적·사회적 차원에서 일어나는 모든 변화를 말한다.

02 (　　　　　　　)은/는 신체적·생리적 발달의 양적 증가에 국한된다.

`03-01-02`

03 (　　　　　　　)(이)란 특수한 경험, 훈련, 연습과 같은 외부 자극이나 조건, 즉 환경에 의해 개인이 변하는 것을 말한다.

답 **01** 발달　**02** 성장　**03** 학습

다음 내용이 옳은지 그른지 판단해보자

`11-01-18`

01 성숙은 신체크기의 증대, 근력 증가, 인지의 확장 등과 같은 양적 확대를 의미한다.

`10-01-03`

02 발달은 훈련과정을 통하여 행동이 변화하는 과정을 의미한다.

`06-01-01`

03 경험과 상관없이 유전적 메커니즘에 의해 체계적이고 규칙적으로 진행되어 가는 신체 및 심리적 변화를 성숙이라 한다.

04 발달과 성장은 일정 시기가 지나면 정지한다는 공통점이 있다.

답 **01** ✕　**02** ✕　**03** ○　**04** ✕

해설 **01** 성숙이 아닌 성장에 대한 설명이다.
02 훈련과정을 통하여 행동이 변화하는 과정을 의미하는 것은 학습이다.
04 성장은 일정 시기가 지나면 정지하고 이후 노화가 진행되지만, 발달은 전 생애에 걸쳐 계속된다.

2장

정신역동이론

이 장에서는

프로이트의 정신분석이론, 에릭슨의 심리사회이론, 아들러의 개인심리이론, 융의 분석심리이론을 학습한다. 프로이트는 리비도에 따라 발달단계를 구분하였고, 에릭슨은 노년기까지 심리사회적 위기에 따라 단계를 제시하였으며, 아들러는 발달단계를 제시하지 않았다는 점, 융은 페르소나, 음영, 아니마와 아니무스 등 다양한 개념을 제시하면서 중년기 개성화 과정을 강조했다는 점 등 기본적인 특징을 바탕으로 각 이론을 상세히 살펴봐야 한다.

10년간 출제분포도

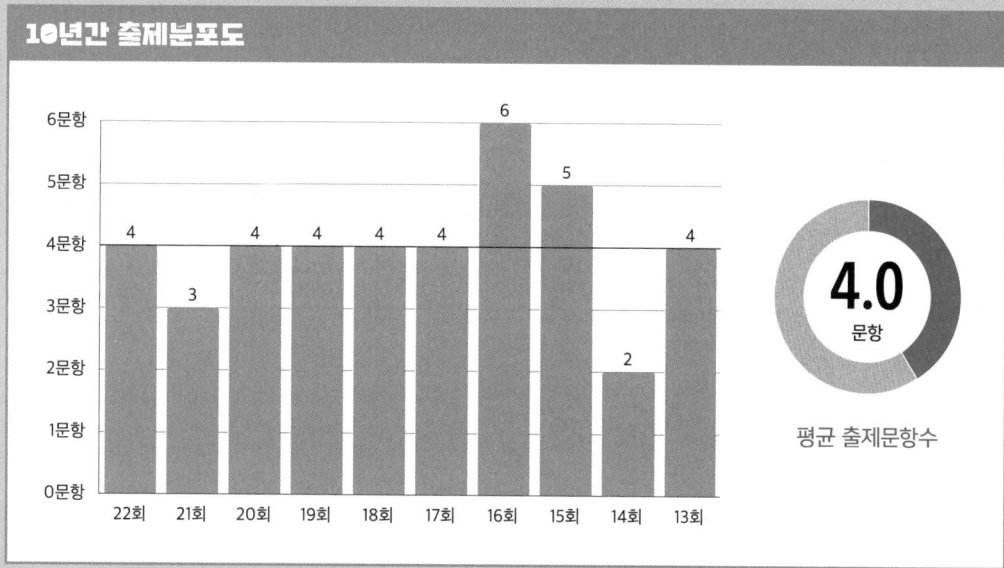

평균 출제문항수 4.0문항

004 프로이트의 정신분석이론

강의 QR코드

1회독	2회독	3회독
월 일	월 일	월 일

★★★ 최근 10년간 11문항 출제

복습 1 이론요약

정신분석이론의 특징

- 인간의 행동은 **무의식적인 본능**(성적 본능과 공격적 본능)에 의해 결정된다.
- 인간의 자율성을 인정하지 않았으며, 인간은 비합리적이고 통제할 수 없는 무의식적인 생물학적 성적 본능에 의해 지배받는 **수동적 존재**로 보았다.
- **어린 시절의 경험이 중요한 영향**을 미치며, 유아기에 해결되지 않은 무의식적인 갈등은 성인기에 경험하는 심리적 문제의 중요한 원인이 된다.
- 인간은 무의식적인 내적 충동에 의해 야기된 긴장상태를 제거하여 쾌락을 추구하려는 속성을 지니고 있다.

기본개념

인간행동과 사회환경
pp.34~

정신분석이론의 모형

▶ **지형학적 모형(의식수준)**

- **의식**: 우리가 자신에게 주의를 기울이는 바로 그 순간에 알아차릴 수 있는 경험과 감각을 말한다. 우리가 지각하고 있는 의식은 마음의 극히 일부분이다.
- **전의식**: 의식과 무의식의 중간 지점에 있으며, 이들 사이에서 교량 역할을 한다.
- **무의식**: 정신의 가장 깊은 곳에 위치해 있으며, 우리가 자각하지 못하는 경험과 기억으로 구성되었다. 인간의 지각, 경험, 행동의 상당 부분은 무의식에 의해서 결정된다.

▶ **구조적 모형(성격구조)**

- **원초아(id)**: 본능과 충동의 원천으로서 외부 세계와 단절되어 있다. 원초아에서 자아와 초자아가 분화되어 나온다. 원초아를 지배하는 원리는 고통을 피하고 쾌락을 추구하는 쾌락원리이다.
- **자아(ego)**: 원초아의 충동적 욕구를 외부세계의 제약을 고려하면서 현실적으로 표현하고 충족시키려고 노력하는 조직적, 합리적, 현실지향적 성격구조를 의미한다. 원초아와 초자아 사이에서 현실적이고 이성적인 균형을 유지하려는 역할을 하며, 현실원리에 의해 작동한다.
- **초자아(superego)**: 옳고 그름을 판단하고 결정하여 사회가 인정하는 도덕적 기준에 따라서 행동하도록 유도하는 기능을 한다. 현실적인 것보다는 이상적인 것을 추구하고 쾌락보다는 완전함을 추구한다. 자아와 함께 행동을 통제하는 기능을 한다.

주요 개념

- **인간의 본능**: 신체적 흥분이나 요구가 소망의 형태로 나타나는 것으로써 선천적인 신체적 흥분상태를 말하며, 모든 인간의 행동은 이러한 본능에 의해서 결정된다. 즉, 모든 행동의 궁극적인 원인이 된다. 본능은 직접 영향을 줄 수도 있고, 우회해서 행동에 영향을 주거나 가장될 수도 있다. 본능은 태어나면서 나타나며, 삶의 본능과 죽음의 본능은 서로 영향을 미치며 서로 융합되기도 한다.
- **리비도**: 인간행동과 성격을 규정하는 에너지의 원천, 성적 에너지를 말한다. 리비도가 집중되면 성적 긴장이 발생하고, 이 긴장을 해소함으로써 만족과 쾌감을 느낀다. 프로이트는 리비도 개념을 초기에는 자아본능(자기보존의 본능)에 대립하고 있는 성 본능(종족보존의 본능)에 따른 성적 에너지라고 보았고, 후기에는 사랑과 쾌감의 모든 표현이 포함된 것으로 보았다. 리비도는 인간발달단계에 대응한 성감대(입, 항문, 성기 등)와 충족의 목표 및 대상을 가지는데, 충족을 얻지 못할 경우 불안을 낳는다.

정신분석이론의 심리성적 발달의 5단계

- **구강기(출생~18개월)**: 입이 자극과 상호작용의 초점이다.
- **항문기(18개월~3세)**: 항문이 자극과 상호작용의 초점이다.
- **남근기(3~6세)**: 오이디푸스 콤플렉스와 엘렉트라 콤플렉스를 경험한다.
- **잠복기(6세~11세)**: 성적 활동이 잠재되는 시기이다.
- **생식기(12세~성인기 이전)**: 정신적·신체적 성숙이 거의 완성된다.

방어기제

- **억압**: 의식에서 용납하기 어려운 생각, 욕망, 충동 등을 무의식 속에 머물도록 눌러 놓는 것
- **반동형성**: 무의식 속의 받아들여질 수 없는 생각, 욕구, 충동 등을 정반대의 것으로 표현하는 경우
- **동일시**: 부모, 형, 윗사람, 주위의 중요한 인물들의 태도와 행동을 닮는 것
- **투사**: 자신이 용납할 수 없는 충동, 생각, 행동 등을 무의식적으로 다른 사람이 이러한 충동, 생각, 행동을 느끼거나 행한다고 믿는 것
- **대리형성**: 받아들여질 수 없는 소망, 충동, 감정 또는 목표를 좀 더 받아들여질 수 있는 것으로 전치하는 기제
- **상환**: 잃어버린 대상을 다른 대상으로 대치하는 것으로 대리형성의 특수한 형태, 죄책감으로부터 벗어나려는 기제
- **부정**: 의식수준으로 표출되면 도저히 감당할 수 없는 생각이나 욕구를 무의식적으로 부정하는 현상
- **보상**: 어떤 분야에서 특별히 뛰어나다는 인정을 받음으로써 다른 분야에서의 실패나 약점을 보충하고자 하는 경우
- **퇴행**: 심한 스트레스 또는 좌절을 당했을 때, 현재의 발달단계보다 더 이전의 발달단계로 후퇴하는 것
- **합리화**: 자신의 언행 속에 숨어 있는 용납하기 힘든 충동이나 욕구에 대해 사회적으로 그럴듯한 설명이나 이유를 대는 것
- **승화**: 수용될 수 없는 충동이 사회적으로 받아들여질 수 있는 충동으로 대체되는 것

01 (22-01-01) 프로이트 이론은 인간행동의 무의식적 측면을 심층적으로 분석할 수 있는 기반을 제공하였다.

02 (22-01-11) 합리화의 예: 지원한 회사에 불합격한 후 그냥 한번 지원해본 것이며 합격했어도 다니지 않았을 것이라 생각한다.

03 (22-01-11) 억압의 예: 시험을 망친 후 성적발표 날짜를 아예 잊어버린다.

04 (22-01-11) 투사의 예: 자신이 싫어하는 직장 상사에 대해서 상사가 자기를 싫어하기 때문에 사이가 나쁘다고 여긴다.

05 (22-01-11) 반동형성의 예: 관심이 가는 이성에게 오히려 짓궂은 말을 하게 된다.

06 (21-01-06) 성격구조를 원초아, 자아, 초자아로 구분하였다.

07 (20-01-04) 방어기제는 외부세계의 요구로부터 스스로를 보호하고자 하는 무의식적 시도이다.

08 (20-01-04) 잠복기에 원초아(id)는 약해지고 초자아(superego)는 강해진다.

09 (19-01-04) 프로이트의 심리성적 발달단계 중 남근기는 동성 부모에 대한 동일시의 기제가 나타나는 시기이다.

10 (18-01-12) 전치는 실제 어떤 대상에 대한 감정을 다른 대상을 상대로 표출하는 것이다.

11 (17-01-05) 도덕적 불안은 원초아와 초자아 간의 갈등에서 느끼는 양심에 대한 두려움이다.

12 (17-01-06) 반동형성은 어떤 충동이나 감정을 반대로 표현하는 것이다.

13 (16-01-06) 남자아이는 남근기에 오이디푸스 콤플렉스(Oedipus complex)로 인한 거세불안을 경험한다.

14 (15-01-04) 투사는 자신의 부정적인 충동, 욕구, 감정 등을 타인에게 찾아 그 원인을 전가시키는 것이다.

15 (13-01-12) 자아(ego)는 의식, 전의식, 무의식의 세 측면을 모두 가지고 있다.

16 (11-01-02) 프로이트 이론은 무의식적 동기의 중요성을 인식하는 데 유용하다.

17 (10-01-05) 반동형성의 예: 남편이 바람피워 데려온 아이를 싫어함에도 오히려 과잉보호로 키우는 부인

18 (09-01-06) 방어기제는 정신내적 갈등의 원천을 왜곡, 대체, 차단하기 위해 활용한다.

19 (08-01-03) 자아는 본능적 욕구가 현실적으로 만족될 것을 추구한다.

20 (07-01-06) 이드(원초아)는 원시적이고 본능적인 성격을 갖는다.

21 (06-01-03) 프로이트의 심리성적 발달단계는 구강기, 항문기, 남근기, 잠복기, 생식기로 설명한다.

22 (05-01-04) 아동 초기 경험으로 성인기에 정신병리가 발생 가능하다.

23 (05-01-05) 잠복기에는 동성또래에 대한 관심이 증대한다.

24 (03-01-04) 항문기에는 자기조절을 경험한다.

25 (03-01-05) 승화의 예: 공격적 욕구가 강한 사람이 폭력적인 성향을 발전시켜 권투선수가 된 것

26 (01-01-02) 자아는 성격의 집행자이다.

대표기출 확인하기

21-01-06
난이도 ★★☆

프로이트(S. Freud)의 정신분석이론에 관한 설명으로 옳은 것은?

① 인간이 가진 자유의지의 중요성을 강조하였다.
② 거세불안과 남근선망은 주로 생식기(genital stage)에 나타난다.
③ 성격구조를 원초아, 자아, 초자아로 구분하였다.
④ 초자아는 현실원리에 지배되며 성격의 실행자이다.
⑤ 성격의 구조나 발달단계를 제시하지 않았다.

 알짜확인

- 과거 및 무의식 강조, 성적 본능 등의 특징과 함께 의식-전의식-무의식, 원초아-자아-초자아 등의 개념을 잡아두어야 한다.
- 프로이트의 심리성적 발달단계는 구강기 → 항문기 → 남근기 → 잠복기 → 생식기로 제시되어 성인기 이후에 대한 언급이 없다는 점도 기억해두자.
- 방어기제는 사례와 연결할 수 있도록 해야 한다.

답 ③

✅ 응시생들의 선택

| ① 4% | ② 7% | ③ 83% | ④ 4% | ⑤ 2% |

① 정신분석이론은 인간을 수동적인 존재로 보았다. 인간의 행동은 무의식적 본능에 의해 결정된다고 보면서, 인간의 자유의지, 자발성, 책임성, 자기결정 능력 등에 대해 부정적 입장을 취했다.
② 거세불안과 남근선망은 남근기(phallic stage, 3~6세)에 해당하는 특징이다.
④ 초자아가 아닌 자아의 특징이다.
⑤ 성격구조(구조적 모형)를 원초아, 자아, 초자아로 구분하였다. 구강기 → 항문기 → 남근기 → 잠복기 → 생식기 등 5단계의 심리성적 발달단계를 제시하였다.

관련기출 더 보기

22-01-11
난이도 ★★★

방어기제와 그 예시로 옳지 않은 것은?

① 합리화(rationalization): 지원한 회사에 불합격한 후 그냥 한번 지원해본 것이며 합격했어도 다니지 않았을 것이라 생각한다.
② 억압(repression): 시험을 망친 후 성적발표 날짜를 아예 잊어버린다.
③ 투사(projection): 자신이 싫어하는 직장 상사에 대해서 상사가 자기를 싫어하기 때문에 사이가 나쁘다고 여긴다.
④ 반동형성(reaction formation): 관심이 가는 이성에게 오히려 짓궂은 말을 하게 된다.
⑤ 전치(displacement): 낮은 성적을 받은 이유를 교수가 중요치 않은 문제만 출제한 탓이라 여긴다.

답 ⑤

🔍 응시생들의 선택

| ① 2% | ② 24% | ③ 22% | ④ 2% | ⑤ 50% |

⑤ 전치는 실제 어떤 대상에 대한 감정을 다른 대상(덜 위험한 대상)을 상대로 표출하는 것이다. 대표적인 예로 '종로에서 뺨 맞고 한강에서 화풀이 한다'라는 속담이 해당한다. '낮은 성적을 받은 이유를 교수가 중요치 않은 문제만 출제한 탓이라 여긴다'는 합리화 중 투사형 합리화에 해당한다. 중요치 않은 문제만 출제한 점을 원인으로 두어 자신의 낮은 점수에 대해 합리화를 시도한 것이며, 특히 자신이 공부를 열심히 하지 않은 것을 인정하는 것이 어려워 성적이 낮은 원인을 출제자인 교수한테 돌렸다는 점은 투사로 볼 수 있기 때문에 투사형 합리화이다.

프로이트(S. Freud)의 정신분석이론에 관한 설명으로 옳은 것을 모두 고른 것은?

> ㄱ. 자아(ego)는 일차적 사고과정과 현실원칙을 따른다.
> ㄴ. 잠복기에 원초아(id)는 약해지고 초자아(superego)는 강해진다.
> ㄷ. 신경증적 불안은 자아의 욕구를 초자아가 통제하지 못하고 압도될 때 나타난다.
> ㄹ. 방어기제는 외부세계의 요구로부터 스스로를 보호하고자 하는 무의식적 시도이다.

① ㄷ
② ㄱ, ㄷ
③ ㄴ, ㄹ
④ ㄱ, ㄴ, ㄹ
⑤ ㄱ, ㄴ, ㄷ, ㄹ

답 ③

✔ **응시생들의 선택**

① 3%	② 5%	③ 36%	④ 27%	⑤ 29%

ㄱ. 일차적 사고과정을 따르는 것은 원초아(id)이다. 일차적 사고는 비합리적 사고방식으로서 긴장을 감소시키고 본능적 충동의 만족에 필요한 대상의 표상을 만들어내며, 어떤 것이 현실인지 아닌지를 구별하지 못하는 사고를 말한다.

ㄷ. 신경증적 불안은 원초아의 욕구, 즉 성적 본능이나 공격적 본능이 표출되는 것에 대해 자아가 조절할 수 없을 것이라는 위협을 느낄 때 발생하는 불안이다. 원초아와 자아 사이의 충돌이나 갈등으로 발생하는 불안이다.

프로이트(S. Freud)의 심리성적 발달단계에 관한 설명으로 옳은 것은?

① 남근기: 동성 부모에 대한 동일시의 기제가 나타나는 시기이다.
② 항문기: 양육자와의 상호작용과정에서 최초로 갈등을 경험하는 시기이다.
③ 구강기: 자율성과 수치심을 주로 경험하는 시기이다.
④ 생식기: 오이디푸스 · 엘렉트라 콤플렉스가 강해지는 시기이다.
⑤ 잠복기: 리비도(libido)가 항문부위로 집중되는 시기이다.

답 ①

✔ **응시생들의 선택**

① 67%	② 18%	③ 4%	④ 9%	⑤ 2%

② 양육자와의 상호작용과정에서 최초로 갈등을 경험하는 시기는 구강기이다.
③ 자율성과 수치심을 주로 경험하는 시기는 항문기이다.
④ 오이디푸스 · 엘렉트라 콤플렉스가 강해지는 시기는 남근기이다.
⑤ 리비도(libido)가 항문부위로 집중되는 시기는 항문기이다.

받아들일 수 없는 자신의 욕망이나 충동을 타인에게 돌리는 방어기제는?

① 전치(displacement)
② 억압(repression)
③ 투사(projection)
④ 합리화(rationalization)
⑤ 반동형성(reaction formation)

답 ③

✔ **응시생들의 선택**

① 36%	② 1%	③ 57%	④ 2%	⑤ 4%

① 전치: 실제 어떤 대상에 대한 감정을 다른 대상을 상대로 표출하는 것
② 억압: 의식에서 용납하기 어려운 생각, 욕망, 충동 등을 무의식 속에 머물도록 눌러 놓는 것
④ 합리화: 자신의 언행 속에 숨어 있는 용납하기 힘든 충동이나 욕구에 대해 사회적으로 그럴듯한 설명이나 이유를 대는 것
⑤ 반동형성: 무의식 속의 받아들여질 수 없는 생각, 욕구, 충동 등을 정반대의 것으로 표현하는 경우로 원래의 생각, 소원, 충동 등을 의식화하지 못하게 하는 것

프로이트(S. Freud)의 정신분석이론에 관한 설명으로 옳지 않은 것은?

① 어린 시절에 겪었던 과거 경험의 중요성을 강조한다.
② 엄격한 배변훈련으로 항문보유적 성격이 형성될 수 있다.
③ 초자아는 성격의 실행자이자 마음의 이성적인 부분이다.
④ 생식기에는 이성에 대한 관심과 호기심이 높아진다.
⑤ 남자아이는 남근기에 오이디푸스 콤플렉스(Oedipus complex)로 인한 거세불안을 경험한다.

답 ③

✔ 응시생들의 선택

① 1%	② 9%	③ 76%	④ 11%	⑤ 3%

③ 성격의 실행자이자 마음의 이성적인 부분은 자아이다. 초자아는 옳고 그름을 판단하고 결정하여 사회가 인정하는 도덕적 기준에 따라서 행동하도록 유도하는 기능을 한다.

프로이트(S. Freud) 이론에 관한 설명으로 옳은 것은?

① 거세불안과 남근선망은 주로 생식기에 나타난다.
② 치료의 주요 목표는 개성화(individuation)를 완성하는 것이다.
③ 자아(ego)는 의식, 전의식, 무의식의 세 측면을 모두 가지고 있다.
④ 리비도는 인생 전반에 걸쳐 작동하는 일반적인 생활에너지를 말한다.
⑤ 초자아(super ego)는 방어기제를 작동하여 갈등과 불안에 대처한다.

답 ③

✔ 응시생들의 선택

① 8%	② 43%	③ 29%	④ 10%	⑤ 10%

① 거세불안과 남근선망은 남근기에 나타난다.
②④ 융의 분석심리이론에 해당하는 설명이다.
⑤ 방어기제를 작동하여 갈등과 불안에 대처하는 것은 자아이다.

방어기제에 관한 설명으로 옳지 않은 것은?

① 갈등과 불안에 대처하기 위해 초자아가 사용하는 심리적 기제이다.
② 정신내적 갈등의 원천을 왜곡, 대체, 차단하기 위해 활용한다.
③ 긍정적인 기능을 하는 경우도 있다.
④ 억압(repression)은 갈등해결에 사용되는 대표적인 방어기제이다.
⑤ 두 가지 이상의 방어기제를 동시에 사용하는 경우도 있다.

답 ①

✔ 응시생들의 선택

① 59%	② 8%	③ 28%	④ 3%	⑤ 2%

① 방어기제는 자아가 불안에 대처할 때 작용하는 심리적 기제이다.

프로이트 이론에 대한 설명으로 옳지 않은 것은?

① 무의식이 인간행동을 결정한다.
② 자아는 본능적 욕구가 현실적으로 만족될 것을 추구한다.
③ 방어기제는 무의식적인 자아의 과정으로 건강한 사람에게도 나타날 수 있다.
④ 인간의 정신에너지 체계는 폐쇄체계이다.
⑤ 초자아, 자아, 원초아가 출생부터 형성된다.

답 ⑤

✔ 응시생들의 선택

① 12%	② 3%	③ 45%	④ 30%	⑤ 10%

⑤ 출생 직후의 신생아는 원초아로 충만한 상태이며 외부 세계를 인식할 수 있는 능력이 없기 때문에 외부세계와 자주 충동을 일으킨다. 따라서 외부에서 오는 고통스러운 자극들에서 유기체를 방어하기 위해 원초아로부터 자아가 분화된다. 그리고 자아로부터 초자아가 가장 늦게 분화된다. 자아와 초자아는 결국 원초아로부터 발생한 것이지 출생부터 이 세 가지가 모두 형성되는 것은 아니다.

다음 내용이 왜 틀렸는지를 확인해보자

19-01-04

01 항문기는 양육자와의 상호작용과정에서 최초로 갈등을 경험하는 시기이다.

> 양육자와의 상호작용과정에서 최초로 갈등을 경험하는 시기는 구강기이다.

12-01-08

02 부모의 가장 싫은 점을 자신이 닮아가며 그대로 따라하는 행동은 방어기제 중 **반동형성**에 해당한다.

> 부모의 가장 싫은 점을 자신이 닮아가며 그대로 따라하는 행동은 적대적 동일시에 해당한다.

03 정신분석이론은 **성인기의 경험이 중요한 영향**을 미친다고 보았다.

> 정신분석이론은 어린 시절의 경험이 중요한 영향을 미친다고 보았다.

11-01-02

04 프로이트 이론은 **인간 자유의지의 중요성을 인식**하는 데 유용하다.

> 프로이트 이론은 인간이 무의식적인 충동에 의해 움직이는 지극히 수동적인 존재라고 본다.

05 프로이트는 개인과 부모의 관계를 비롯해서 **가족에게 영향을 미친 역사적·사회적 상황에까지 관심**을 갖는다.

> 개인과 부모의 관계를 비롯해서 가족에게 영향을 미친 역사적·사회적 상황에까지 관심을 가진 것은 에릭슨이다.

10-01-05

06 가까운 사람의 죽음을 받아들이는 것이 너무 고통스러워 그 사람이 잠시 여행을 간 것이라고 믿는 것은 방어기제 중 **상징화**에 해당한다.

> 가까운 사람의 죽음을 받아들이는 것이 너무 고통스러워 그 사람이 잠시 여행을 간 것이라고 믿는 것은 방어기제 중 부정에 해당한다.

빈칸에 들어갈 알맞은 말을 채워보자

01 프로이트의 심리성적 발달단계: 구강기 → (①   ) → (②   ) → 잠복기 → 생식기

`16-01-06`

02 남근기에 남아는 (   ) 콤플렉스로 인한 거세불안(아버지가 근친상간적 행동을 거세를 통해 벌할 것이라는 두려움)을 경험한다.

03 (   )은/는 옳고 그름을 판단하고 결정하여 사회가 인정하는 도덕적 기준에 따라서 행동하도록 유도하는 기능을 한다.

`07-01-06`

04 (   )은/는 원시적이고 본능적인 성격을 갖는다.

05 원초아를 지배하는 원리는 고통을 피하고 쾌락을 추구하는 (   )원리를 따른다.

06 프로이트 이론에서 (   )(이)란 인간행동과 성격을 규정하는 에너지의 원천, 성적 에너지를 말한다.

07 (   )은/는 리비도가 어떤 대상을 향해 정지해 있어 발달단계가 다음 단계로 진행되지 못하고 특정 단계에 머무르는 것이다.

`09-01-06`

08 자아의 무의식 영역에서 일어나는 심리기제로서, 인간이 고통스러운 상황에 적응하려는 무의식적인 노력을 (   )(이)라고 한다.

09 (   )은/는 자신의 언행 속에 숨어 있는 용납하기 힘든 충동이나 욕구에 대해 사회적으로 그럴듯한 설명이나 이유를 대는 방어기제이다.

`15-01-04`

10 (   )은/는 자신의 부정적인 충동, 욕구, 감정 등을 타인에게 찾아 그 원인을 전가시키는 것이다.

`10-01-05`

11 입원 중 간호사에게 아기 같은 행동을 하며 불안을 감소시키려는 노인의 방어기제는 (   )에 해당한다.

답 **01** ① 항문기 ② 남근기   **02** 오이디푸스   **03** 초자아   **04** 원초아   **05** 쾌락   **06** 리비도   **07** 고착   **08** 방어기제   **09** 합리화
10 투사   **11** 퇴행

다음 내용이 옳은지 그른지 판단해보자

15-01-04
01 보상(compensation)은 죄의식을 느끼게 하는 일들을 의식으로부터 무의식으로 밀어내는 방어기제이다.

19-01-01
02 프로이트의 이론은 모방학습의 중요성을 인식하는 데 공헌하였다.

03 정신분석이론은 지나치게 결정론적이고, 비합리적인 인간관을 가지고 있다는 비판을 받았다.

12-01-08
04 운동을 잘 못하는 사람이 공부에 열중하는 행동은 신체화에 해당한다.

17-01-06
05 해리는 어떤 대상에 피해를 주었을 경우, 취소 또는 무효화하는 것이다.

06 인간의 모든 정신활동에는 목적이 있으며, 이는 지나온 과거의 발달과정에서 경험한 것에 의해 결정된다고 본다.

07 생식기에 리비도가 추구하는 방향은 타인이 아닌 자기 자신에게만 국한된다.

08 유아기에 해결되지 않은 무의식적인 갈등은 성인기에 경험하는 심리적 문제의 중요한 원인이 된다.

09-01-06
09 방어기제는 정신내적 갈등의 원천을 왜곡, 대체, 차단하기 위해 활용한다.

10 프로이트 이론은 인간의 성장 잠재력, 사회적 관계에 대한 욕구, 문제해결 능력 등을 과소평가하고 있다는 비판을 받았다.

답 01 ✕ 02 ✕ 03 ○ 04 ✕ 05 ✕ 06 ○ 07 ✕ 08 ○ 09 ○ 10 ○

해설 01 보상은 실제적인 것이든 상상 속의 것이든 자신의 결함을 다른 것으로 보상받기 위해 자신의 강점을 지나치게 강조하는 것을 말한다.
02 모방학습의 중요성을 강조한 학자는 반두라이다.
04 운동을 잘 못하는 사람이 공부에 열중하는 행동은 보상에 해당한다.
05 해리는 의식세계에서 받아들이기 힘든 성격의 일부가 자아의 지배를 벗어나 하나의 독립된 기능을 수행하는 경우를 말한다.
07 구강기에 리비도가 추구하는 방향은 타인이 아닌 자기 자신에게만 국한된다.

005 에릭슨의 심리사회이론

강의 QR코드

최근 10년간 12문항 출제

1회독 월 일 → 2회독 월 일 → 3회독 월 일

복습 1 이론요약

심리사회이론의 특징

- 인간행동의 기초로서 원초아(id)보다 **자아(ego)를 더 강조하며**, 자아는 환경에 대한 유능성과 지배감을 확보하려고 하기 때문에 발달에 중요한 역할을 한다.
- 인간행동은 무의식에 의해서 결정되는 것이 아니라 의식 수준에서 통제 가능한 자아에 의해서 동기화된다.
- 발달과정에서 자아에 영향을 주는 환경적 영향을 중요하게 생각하였다.
- 발달단계에서 외부 환경에 대처하고 적응하는 과정을 중요하게 다룬다.
- **환경 속의 인간이라는 관점 형성에 크게 기여**하였다.

기본개념

인간행동과 사회환경 pp.54~

심리사회이론의 주요 개념

- 자아정체감: 개인의 자아가 그의 인격체를 통합하는 방식에 있어서 동질성과 연속성이 유지되고 있다는 사실을 인식하는 동시에 자기 존재의 동일성과 독특성을 지속하고 고양시켜 나가는 자아의 자질을 의미한다.
- 점성원리: 발달은 기존의 기초 위에서 이루어지며, 특정 단계의 발달은 이전 단계에서 성취한 발달과업의 영향을 받는다.
- 위기: 각 단계의 심리사회적 위기를 성공적으로 극복하면 긍정적 자아특질이 강화되고, 개인의 성격이 발달한다.

심리사회적 발달단계

- 유아기(출생~18개월): **신뢰감 대 불신감 → 희망**, 주요 관계: 어머니
- 초기 아동기(18개월~3세): **자율성 대 수치심 → 의지**, 주요 관계: 부모
- 학령전기(3~6세): **주도성(솔선성) 대 죄의식 → 목적**, 주요 관계: 가족
- 학령기(아동기, 6~12세): **근면성 대 열등감 → 능력**, 주요 관계: 이웃 및 학교(교사)
- 청소년기(12~20세): **자아정체감 대 역할혼란 → 충성심, 성실성**, 주요 관계: 또래집단
- 성인초기(20~24세): **친밀감 대 고립감 → 사랑**, 주요 관계: 우정 · 애정 · 경쟁 · 협동의 대상들
- 성인기(24~65세): **생산성 대 침체 → 배려**, 주요 관계: 직장동료 및 확대가족
- 노년기(65세 이후): **자아통합 대 절망 → 지혜**, 주요 관계: 인류 및 동족

01 (22-01-01) 에릭슨 이론은 생애주기별 실천개입의 기반을 제공하였다.

02 (22-01-07) 에릭슨의 심리사회적 발달단계에서 주도성 대 죄의식 단계의 성취 덕목은 목적(purpose)이다.

03 (21-01-05) 에릭슨은 개인의 성격은 전 생애를 통하여 발달한다고 보았다.

04 (21-01-05) 에릭슨은 성격발달에 있어서 환경과의 상호작용이 중요하다고 본다.

05 (21-01-05) 에릭슨의 심리사회 발달단계에서 청소년기의 주요 발달과업은 자아정체감 형성이다.

06 (21-01-05) 에릭슨에 따르면, 각 단계의 발달은 이전 단계의 발달을 토대로 이루어진다.

07 (20-01-20) 에릭슨의 발달단계 중 아동기(7~12세)에 발달과업을 성취하지 못할 경우 경험하는 심리사회적 위기는 열등감이다.

08 (19-01-05) 에릭슨 이론은 인간발달에 있어서 유전적 · 생물학적 요인도 영향을 미친다고 보았다.

09 (18-01-09) 에릭슨은 청소년기의 자아정체감 발달을 강조한다.

10 (18-01-09) 에릭슨의 이론은 성격발달에 있어서 환경과의 상호작용이 중요하다고 본다.

11 (18-01-09) 에릭슨은 발달은 점성의 원리에 기초한다고 보았다.

12 (18-01-09) 에릭슨은 각 단계의 발달이 이전 단계의 심리사회적 갈등해결과 통합을 토대로 이루어진다고 보았다.

13 (17-01-04) 에릭슨의 발달단계에서 유아기의 위기는 자율성 대 수치심과 의심, 긍정적 결과는 의지, 주요 관계는 부모이다.

14 (17-01-04) 에릭슨의 발달단계에서 학령전기의 위기는 주도성 대 죄의식, 긍정적 결과는 목적, 주요 관계는 가족이다.

15 (17-01-04) 에릭슨의 발달단계에서 아동기의 위기는 근면성 대 열등감, 긍정적 결과는 능력, 주요 관계는 이웃 및 학교이다.

16 (17-01-04) 에릭슨의 발달단계에서 청소년기의 위기는 자아정체감 대 정체감 혼란, 긍정적 결과는 성실, 주요 관계는 또래집단이다.

17 (16-01-04) 각 단계의 발달은 이전 단계의 발달을 토대로 이루어진다.

18 (15-01-11) 통합성 대 절망감은 노년기 단계의 심리사회적 위기에 해당하며, 주요 관계는 인류, 동족이다.

19 (14-01-07) 점성원칙에 의하면 인간발달은 최적의 시기가 있고, 모든 단계는 예정된 계획대로 전개된다.

20 (13-01-09) 에릭슨의 심리사회적 이론은 발달단계에서 외부 환경에 대처하고 적응하는 과정을 중요하게 다룬다.

21 (12-01-14) 에릭슨 이론에서 자율성 대 수치심 단계는 프로이트 이론의 항문기에 해당한다.

22 (11-01-11) 에릭슨 이론에 의하면 인간의 행동은 사회적 관심에 대한 욕구, 유능성에 대한 욕구에서 비롯된다.

23 (10-01-06) 에릭슨은 각 단계별 심리사회적 위기를 극복하면 자아특질(ego quality)이 강화된다고 하였다.

24 (09-01-07) 생산성 대 침체의 위기를 성공적으로 해결하면 배려라는 능력을 얻게 된다.

25 (08-01-04) 발달과정에서 경험하는 위기는 긍정적, 부정적 영향을 미친다.

26 (06-01-06) 노년기에는 자아완성 대 절망이라는 심리사회적 위기를 겪는다.

27 (05-01-07) 근면성 대 열등감의 위기를 성공적으로 해결하면 유능성이라는 능력을 얻게 된다.

28 (04-01-05) 에릭슨은 전 생애에 걸친 발달을 주장한다.

29 (03-01-15) 유아기에는 기본적 신뢰감 대 기본적 불신감의 심리사회적 위기를 겪는다.

30 (02-01-03) 자아정체감 대 역할혼란의 단계에서 중요한 사회관계는 또래집단이다.

대표기출 확인하기

21-01-05
난이도 ★★☆

에릭슨(E. Erikson)의 이론으로 옳지 않은 것은?

① 개인의 성격은 전 생애를 통하여 발달한다.
② 청소년기의 주요 발달과업은 자아정체감 형성이다.
③ 각 단계의 발달은 이전 단계의 발달을 토대로 이루어진다.
④ 성격발달에 있어서 환경과의 상호작용이 중요하다고 본다.
⑤ 학령기(아동기)는 자율성 대 수치와 의심의 심리사회적 위기를 겪는다.

 알짜확인

- 심리사회이론의 특징 및 인간관, 주요 개념, 발달단계를 이해해야 한다.
- 에릭슨의 8단계는 이후에 나오는 개별 생애주기와 연관해 자주 출제되므로 각 단계별 발달과업, 위기를 잘 극복했을 때 얻게 되는 결과, 발달단계의 구분 기준, 해당 단계의 주요한 사회적 환경 등을 꼼꼼하게 학습해야 한다.

답 ⑤

✔ **응시생들의 선택**

① 3%	② 2%	③ 2%	④ 5%	⑤ 88%

⑤ 학령기(아동기, 6~12세)는 근면 대 열등의 심리사회적 위기를 겪는다. 자율성 대 수치와 의심의 심리사회적 위기를 경험하는 단계는 초기아동기(18개월~3세)에 해당한다.

관련기출 더 보기

22-01-07
난이도 ★★★

에릭슨(E. Erikson)의 심리사회적 발달단계 위기와 성취 덕목(virtue)이 옳게 연결된 것은?

① 근면성 대 열등감 – 성실(fidelity)
② 주도성 대 죄의식 – 목적(purpose)
③ 신뢰 대 불신 – 의지(will)
④ 자율성 대 수치심과 의심 – 능력(competence)
⑤ 정체감 대 정체감 혼란 – 희망(hope)

답 ②

✔ **응시생들의 선택**

① 41%	② 50%	③ 3%	④ 4%	⑤ 2%

① 학령기: 근면성 대 열등감 → 능력(유능성)
③ 유아기: 신뢰감 대 불신감 → 희망
④ 초기아동기: 자율성 대 수치심(의심) → 의지
⑤ 청소년기: 자아정체감 대 정체감 혼란 → 성실

에릭슨(E. Erikson)의 이론에 관한 설명으로 옳은 것은?

① 발달에 영향을 미치는 유전적·생물학적 요인을 배제하였다.
② 발달에 영향을 미치는 사회적·문화적 요인을 인정하지 않았다.
③ 성인기 이후의 발달을 고려하지 않았다.
④ 자아(ego)의 자율적, 창조적 기능을 고려하지 않았다.
⑤ 과학적 근거나 경험적 증거가 미흡하다.

답 ⑤

✓ 응시생들의 선택

① 17%	② 8%	③ 11%	④ 12%	⑤ 52%

① 에릭슨 이론은 인간발달에 있어서 유전적·생물학적 요인도 영향을 미친다고 보았다.
② 에릭슨 이론은 사회적·문화적 요인을 배경으로 인간발달을 이해하게 함으로써 정신분석학을 확대, 발전시켰다.
③ 에릭슨 이론은 유아기부터 노년기까지 8단계로 이루어진 발달단계를 제시했다.
④ 에릭슨 이론은 인간행동의 기초로서 원초아(id)보다 자아(ego)를 더 강조한다. 에릭슨은 자아를 성격의 자율적 구조로 보았으며, 자아는 원초아로부터 분화된 것이 아니라 그 자체로 형성되며 환경에 대해 적극적이고 창조적으로 대응한다고 보았다.

에릭슨(E. Erikson)의 이론에 관한 설명으로 옳지 않은 것은?

① 사회적 관심, 창조적 자아, 가족형상 등을 강조한다.
② 청소년기의 자아정체감 발달을 강조한다.
③ 성격 발달에 있어서 환경과의 상호작용이 중요하다고 본다.
④ 각 단계의 발달은 이전 단계의 심리사회적 갈등해결과 통합을 토대로 이루어진다.
⑤ 발달은 점성의 원리에 기초한다.

답 ①

✓ 응시생들의 선택

① 78%	② 6%	③ 5%	④ 6%	⑤ 5%

① 사회적 관심, 창조적 자아, 가족형상 등을 강조한 것은 아들러 이론이다.

에릭슨(E. Erikson)의 심리사회적 발달단계에서 긍정적 결과와 주요 관계의 연결이 옳지 않은 것은?

① 영아기(0~2세, 신뢰감 대 불신감): 지혜 – 어머니
② 유아기(2~4세, 자율성 대 수치심과 의심): 의지 – 부모
③ 학령전기(4~6세, 주도성 대 죄의식): 목적 – 가족
④ 아동기(6~12세, 근면성 대 열등감): 능력 – 이웃, 학교
⑤ 청소년기(12~19세, 자아정체감 대 정체감 혼란): 성실 – 또래집단

답 ①

✓ 응시생들의 선택

① 71%	② 4%	③ 11%	④ 8%	⑤ 6%

① 에릭슨의 심리사회적 발달단계에 의하면 영아기에는 희망이라는 긍정적 결과를 획득하며, 어머니와 주요 관계를 맺는다.

에릭슨(E. Erikson)의 이론에 관한 설명으로 옳은 것을 모두 고른 것은?

ㄱ. 각 단계의 발달은 이전 단계의 발달을 토대로 이루어진다.
ㄴ. 사회문화적 환경이 성격 발달에 영향을 미친다.
ㄷ. 청소년기의 주요 발달과업은 자아정체감 형성이다.
ㄹ. 인간의 발달은 전 생애에 걸쳐 일어난다.

① ㄱ, ㄴ　　　　　　　　② ㄱ, ㄷ
③ ㄷ, ㄹ　　　　　　　　④ ㄱ, ㄴ, ㄹ
⑤ ㄱ, ㄴ, ㄷ, ㄹ

답 ⑤

✓ 응시생들의 선택

① 1%	② 2%	③ 2%	④ 5%	⑤ 90%

에릭슨의 심리사회이론에 의하면 발달은 신체적·심리적·사회적 속성을 지니며, 전체 생애에 걸쳐 일어난다고 보았다. 또한 발달과정에서 자아에 영향을 주는 환경적 영향을 중요하게 생각하였으며, 특정 단계의 발달은 이전 단계에서 성취한 발달과업의 영향을 받는다고 보았다.

에릭슨(E. Erikson) 이론의 주요 개념과 그에 관한 설명으로 옳은 것은?

① 전이: 치료자가 클라이언트의 문제를 자신에게 투사하는 것이다.
② 창조적 자기: 개인이 인생의 목표를 직시하고 결정하는 능력이다.
③ 페르소나: 자아의 가면으로 개인이 외부세계에 내보이는 이미지이다.
④ 집단무의식: 모든 개인의 정신이 공통으로 가지고 있는 하부구조를 일컫는다.
⑤ 점성원칙: 인간발달은 최적의 시기가 있고, 모든 단계는 예정된 계획대로 전개된다.

답 ⑤

✔ 응시생들의 선택

① 4%	② 13%	③ 22%	④ 2%	⑤ 59%

① 전이: 프로이트 이론의 주요 개념에 해당한다. 전이는 치료과정에서 클라이언트가 치료자에게 보이는 정서적 반응이다.
② 창조적 자기: 아들러 이론의 주요 개념에 해당한다. 창조적 자기는 목표를 직시하고 결정하며, 선택하고 개인의 목표와 가치관에 부합하는 모든 종류의 배려를 나타내는 능력이다.
③ 페르소나: 융 이론의 주요 개념에 해당한다. 페르소나는 자아의 가면, 즉 사회적으로 자신에게 주어진 역할과 기대에 부응하기 위해 취하는 태도나 모습이다.
④ 집단무의식: 융 이론의 주요 개념에 해당한다. 개인적 경험과는 상관없이 조상 또는 종족 전체의 경험 및 생각과 관계된 원시적 감정, 공포, 사고, 원시의 성향 등을 포함하는 무의식을 말한다. 모든 인류에게 공통적으로 유전된 무의식이다.

에릭슨(E. Erikson)의 심리사회적 이론의 기본가정에 관한 설명으로 옳지 않은 것은?

① 발달은 점성원칙을 따른다.
② 인간의 공격성과 성적 충동의 영향력을 강조한다.
③ 인간을 합리적이고, 이성적이며, 창조적인 존재로 간주한다.
④ 인간행동은 의식 수준에서 통제 가능한 자아(ego)에 의해 동기화된다.
⑤ 발달단계에서 외부 환경에 대처하고 적응하는 과정을 중요하게 다룬다.

답 ②

✔ 응시생들의 선택

① 2%	② 55%	③ 21%	④ 20%	⑤ 2%

② 프로이트의 정신분석이론에 해당하는 설명이다.

에릭슨(E. Erikson)의 심리사회적 위기와 프로이트(S. Freud)의 심리성적발달 단계의 연결이 옳은 것은?

① 자율성 대 수치심 – 생식기
② 근면성 대 열등감 – 남근기
③ 신뢰감 대 불신감 – 구강기
④ 친밀감 대 고립감 – 항문기
⑤ 정체감 대 정체감 혼란 – 잠재기

답 ③

✔ 응시생들의 선택

① 3%	② 5%	③ 88%	④ 1%	⑤ 3%

① 자율성 대 수치심 – 항문기
② 근면성 대 열등감 – 잠재기(잠복기)
④ 친밀감 대 고립감 – 생식기
⑤ 정체감 대 정체감 혼란 – 생식기

다음 내용이 왜 틀렸는지를 확인해보자

18-01-09

01 에릭슨 이론은 사회적 관심, 창조적 자아, 가족형상 등을 강조한다.

> 사회적 관심, 창조적 자아, 가족형상 등을 강조한 것은 아들러 이론이다.

13-01-09

02 심리사회적 이론은 인간의 공격성과 성적 충동의 영향력을 강조한다.

> 에릭슨의 심리사회이론이 아닌 프로이트의 정신분석이론에 해당하는 설명이다.

03 에릭슨 이론은 발달과정을 5단계로 제시하고 있다.

> 에릭슨 이론은 발달과정을 8단계로 제시하고 있다. 에릭슨의 8단계는 부분적으로는 프로이트가 제안한 단계에 근거하지만, 또 부분적으로는 에릭슨의 광범위한 문화연구에 기초한다.

04 에릭슨은 노년기의 중요한 발달과업으로 친밀감 형성을 들고 있다.

> 에릭슨은 성인초기의 중요한 발달과업으로 친밀감 형성을 들고 있다. 노년기는 더 이상 자신이 사회에 필요한 존재가 아니라는 사실을 인식하며 자아통합이라는 과업에 직면하게 된다.

05 발달단계 중 5단계는 어느 때보다 경제적으로 안정되어 있고 다양한 삶의 경험을 통해 지혜를 터득하며 가정과 사회에서 중요한 역할을 수행하는 인생의 황금기이다.

> 경제적으로 안정되어 있고 다양한 삶의 경험을 통해 지혜를 터득하며 가정과 사회에서 중요한 역할을 수행하는 인생의 황금기는 7단계인 성인기(중년기)이다. 발달단계 중 5단계는 청소년기이다.

06 에릭슨은 부모가 아동의 성격발달에 주는 영향을 매우 강조하였다.

> 부모가 아동의 성격발달에 주는 영향을 강조한 것은 프로이트이다. 반면, 에릭슨은 개인과 부모의 관계를 비롯해서 가족에게 영향을 미친 역사적·사회적 상황에까지 관심을 갖는다.

빈칸에 들어갈 알맞은 말을 채워보자

01 에릭슨의 심리사회발달 8단계 중 학령기의 심리사회적 위기는 근면성 대 (　　　　　)이다.

02 에릭슨에 의하면 성격은 (　　　　　)의 지배력과 사회적인 지지로 형성된다.

03 성인기에는 직장 및 가족과의 관계 속에서 (① 　　　　) 대 침체라는 심리사회적 위기를 겪으며, 이 위기를 극복함으로써 (② 　　　　)(이)라는 자아특질을 획득해나간다.

04 (　　　　　)은/는 개인의 자아가 그의 인격체를 통합하는 방식에 있어서 동질성과 연속성이 유지되고 있다는 사실을 인식하는 동시에 자기 존재의 동일성과 독특성을 지속하고 고양시켜 나가는 자아의 자질을 의미한다.

`17-01-04`

05 에릭슨의 심리사회적 발달단계에 의하면 영아기(0~2세, 신뢰감 대 불신감)에는 (　　　　　)(이)라는 긍정적 결과를 획득하며, 어머니와 주요 관계를 맺는다.

`14-01-07`

06 인간발달은 (　　　　　)을/를 따르며, 이는 8단계의 단계별 성격이 앞서 전개된 발달단계의 결과로부터 발달한다는 것을 의미한다.

`14-01-14`

07 에릭슨의 발달단계 중 4단계인 학령기는 프로이트 발달단계의 (　　　　　)에 해당한다.

08 8단계인 노년기에는 (① 　　　　)을/를 추구하며, 심리사회적 위기를 잘 극복하면 (② 　　　　)(이)라는 자아특질을 획득한다.

`13-01-09`

09 인간행동은 의식 수준에서 통제 가능한 (　　　　　)에 의해 동기화된다.

`15-01-11`

10 에릭슨의 발달단계 중 자율성 대 수치심의 심리사회적 위기를 겪는 단계에서의 주요 관계는 (　　　　　)이다.

답 **01** 열등감　**02** 자아　**03** ① 생산성 ② 배려　**04** 자아정체감　**05** 희망　**06** 점성원리　**07** 잠복기　**08** ① 자아통합 ② 지혜
09 자아　**10** 부모

다음 내용이 옳은지 그른지 판단해보자

19-01-05
01 에릭슨 이론은 과학적 근거나 경험적 증거가 미흡하다는 비판을 받기도 했다. ◎ ⊗

14-01-14
02 에릭슨의 자율성 대 수치와 의심 단계는 프로이트의 항문기 단계이다. ◎ ⊗

10-01-06
03 에릭슨은 각 단계별 심리사회적 위기를 극복하면 부정적 자아특질이 강화된다고 하였다. ◎ ⊗

04 에릭슨은 유아기부터 노년기까지 성격발달을 전 생애로 확장했다. ◎ ⊗

05 인간행동의 기초로서 원초아(id)보다 자아(ego)를 더 강조한다. ◎ ⊗

06 에릭슨에 의하면 자아는 그 자체로 형성되며 환경에 대해 적극적이고 창조적으로 대응한다. ◎ ⊗

11-01-11
07 인간의 행동은 사회적 관심에 대한 욕구, 유능성에 대한 욕구에서 비롯된다. ◎ ⊗

08 에릭슨의 심리사회이론은 인간의 정상적인 위기와 사건을 좀 더 정확하게 이해할 수 있는 준거틀을 제시한다. ◎ ⊗

09 에릭슨은 원초아의 에너지가 현실세계에서 만족을 추구하는 데 사용되기 시작하면서 자아가 원초아에서 분화된 것으로 보았다. ◎ ⊗

10-01-06
10 에릭슨은 성격발달에서 유전적 요인의 영향력을 배제하였다. ◎ ⊗

답 **01** ○ **02** ○ **03** × **04** ○ **05** ○ **06** ○ **07** ○ **08** ○ **09** × **10** ×

해설 **03** 에릭슨은 각 단계별 심리사회적 위기를 극복하면 긍정적 자아특질이 강화되고, 반대로 갈등이 지속되거나 만족스럽게 해결되지 못하면 자아의 발달은 손상을 입게 되고 부정적 자아특질이 강화된다고 보았다.
09 에릭슨은 자아가 원초아에서 분화된 것이 아니라 그 자체로 형성된 것으로 보았다.
10 에릭슨은 사회적 요인이 성격발달에 미치는 영향을 강조하는 심리사회적 이론을 제시하였으나 유전적 요인의 영향력을 배제하지는 않았다.

006 아들러의 개인심리이론

강의 QR코드

1회독	2회독	3회독
월 일	월 일	월 일

최근 10년간 **7문항** 출제

복습 1 이론요약

개인심리이론의 특징

- 열등감과 보상을 위한 노력이 모든 발달의 근원이 된다고 보았다.
- 유전인자나 타고난 환경 등의 선천적인 요인보다는 우리가 가진 능력을 어떻게 활용하는지가 더 중요하다고 본다.
- 가치, 신념, 태도, 목표, 관심, 현실적 지각과 같은 내적 결정인자를 강조하는 인간관, 총체적이고 사회적이며, 목표지향적인 인간관이 특징이다.
- 인간을 합리적이고 창조적인 존재로 본다.
- 개인의 창조적 자아의 중요성을 강조한다.

기본개념

인간행동과 사회환경
pp.66~

개인심리이론의 주요 개념

- 열등감: 모든 인간으로 하여금 무언가를 추구할 수 있는 동기가 되며, 아들러는 자기완성을 위한 필수요인으로 열등감을 제시함으로써 열등감을 긍정적인 것으로 보았다.
- 보상: 좀 더 나은 상태로 나아가기 위해 신체적·정신적인 기술을 훈련하여 부족한 점을 충족하려는 시도를 말한다.
- 우월성 추구: 인간생활의 궁극적인 목적은 바로 우월하게 되는 것이며, 우월은 모든 인간이 갖는 기본적인 동기로서 선천적이다.
- 생활양식: 개인의 독특한 특징을 포괄하는 개념이며, 개인의 생활양식은 생각하고 느끼고 행동하는 모든 것의 기초가 된다. 생활양식의 유형에는 지배형, 획득형, 회피형, 사회적으로 유용한 유형이 있다.
  - 지배형: 활동 수준 높음, 사회적 관심 낮음. 활동적인 반면, 독단적·공격적
  - 획득형: 활동 수준 중간, 사회적 관심 낮음. 기생적·의존적인 방식으로 욕구를 충족
  - 회피형: 활동 수준 낮음, 사회적 관심 낮음. 성공에 대한 욕구보다 실패에 대한 두려움이 더 큼
  - 사회적으로 유용한 유형: 활동 수준 높음, 사회적 관심 높음. 심리적으로 건강한 사람
- 사회적 관심: 각 개인이 이상적인 공동사회의 목표를 달성하고자 할 때 사회에 공헌하려는 성향을 말한다.
- 창조적 자기: 목표를 직시하고 결정하고 선택하고, 개인의 목표와 가치관에 부합하는 모든 종류의 배려를 나타내는 능력을 의미한다.

01 (22-01-06) 아들러는 인간을 목표지향적 존재로 본다.

02 (20-01-06) 지배형 생활양식은 사회적 관심은 낮으나 활동수준이 높은 유형이다.

03 (20-01-06) 아들러 이론에서 개인이 궁극적으로 추구하는 목적은 가상적 목표이다.

04 (20-01-06) 아들러는 인간을 목적론적 존재로 보았다.

05 (20-01-06) 아들러는 아동에 대한 방임은 병적 열등감을 초래할 수 있다고 보았다.

06 (19-01-01) 아들러의 이론은 인간을 하나의 통합된 유기체로 인식하는 데 공헌하였다.

07 (19-01-07) 개인이 추구하는 목표는 현실에서 검증하기 어려운 가상적 목표이다.

08 (19-01-07) 아들러 이론에 의하면 사회적 관심은 선천적으로 타고 나는 것이다.

09 (18-01-10) 아들러에 의하면 출생순위, 가족과 형제관계에서의 경험은 생활양식에 영향을 준다.

10 (16-01-08) 인간은 자신의 삶을 스스로 창조해갈 수 있는 능동적인 존재이다.

11 (15-01-10) 아들러의 생활양식 유형 중 지배형은 사회적 관심이 적고 활동수준이 높아 독단적이고 공격적이며 자신의 욕구를 충족시킨다.

12 (13-01-04) 개인의 성장과 발달은 열등감을 극복하려는 시도에서 나온다.

13 (11-01-21) 아들러에 의하면 우월의 목표에는 긍정적 경향과 부정적 경향 모두가 포함될 수 있다.

14 (10-01-07) 아들러 이론에서 창조적 자기는 성격형성에서 개인의 자유와 선택을 강조하는 개념이다.

15 (09-01-08) 아들러에 의하면 우월에 대한 추구는 개인적·사회적 수준에서 나타난다.

16 (08-01-05) 열등감은 주관적이고 상대적인 것으로 누구나에게 존재한다.

17 (07-01-20) 아들러 이론에서 생활양식은 생의 목표를 이루기 위한 지침 및 좌표, 자신이 만들어가는 독특한 방식을 말한다.

18 (06-01-07) 아들러의 개인심리학은 개인의 자아가 창조적인 힘을 가지고 있고 자기 삶을 결정할 수 있다는 관점을 갖는다.

19 (05-01-09) 아들러는 개인이 지닌 창조적 힘이 인간 본성을 결정한다고 본다.

20 (04-01-06) 아들러 이론은 사회적인 요인이 성격에 미치는 영향을 강조한다.

21 (03-01-06) 아들러 이론의 주요 개념으로는 우월성의 추구, 생활양식 등이 있다.

22 (02-01-04) 아들러 이론의 주요 개념으로는 열등감과 보상, 생활양식, 창조적 자아, 가족형상 등이 있다.

대표기출 확인하기

아들러(A. Adler)의 이론에 관한 설명으로 옳은 것은?

① 성격은 점성원리에 따라 발달한다.
② 개인의 창조성을 부정한다.
③ 무의식적 결정론을 고수하고 있다.
④ 유전적·환경적 요인의 중요성을 배제한다.
⑤ 인간을 목표지향적 존재로 본다.

 알짜확인

- 창조적 자기, 열등감, 사회적 관심, 생활양식(성격유형) 등 아들러가 제시한 주요 개념들을 살펴봐야 한다.
- 아들러는 성격구조나 발달단계를 제시하지 않았다는 점에 주의하자.

답 ⑤

✅ **응시생들의 선택**

① 15%	② 3%	③ 4%	④ 3%	⑤ 75%

① 점성원리는 에릭슨 심리사회이론의 특징이다.
② 아들러는 인간을 창조적인 존재로 보았다(창조적 자기).
③ 아들러는 인간행동의 동기를 무의식이 아닌 열등감으로 보았다.
④ 아들러는 열등감 및 생활양식 등과 관련하여 유전적·환경적 요인을 중요하게 고려하였다.

관련기출 더 보기

아들러(A. Adler)의 이론에 관한 설명으로 옳지 않은 것은?

① 개인이 지닌 창조성과 주관성을 강조한다.
② 위기와 전념을 기준으로 생활양식을 4가지 유형으로 구분하였다.
③ 열등감은 모든 인간이 지닌 보편적인 감정이다.
④ 사회적 관심은 선천적으로 타고 나는 것이다.
⑤ 개인이 추구하는 목표는 현실에서 검증하기 어려운 가상적 목표이다.

답 ②

✅ **응시생들의 선택**

① 2%	② 23%	③ 3%	④ 31%	⑤ 41%

② 생활양식은 개인의 독특한 특징을 포괄하는 개념이며, 개인의 생활양식은 생각하고 느끼고 행동하는 모든 것의 기초가 된다. 아들러는 생활양식을 사회적 관심과 활동수준에 따라 지배형, 획득형, 회피형, 사회적으로 유용한 유형 등 4가지 유형으로 구분하였다.

18-01-10 난이도 ★☆☆

아들러(A. Adler)의 이론에 관한 설명으로 옳은 것을 모두 고른 것은?

> ㄱ. 인간을 사회적 존재로 보았다.
> ㄴ. 인간의 성격발달 단계를 제시하였다.
> ㄷ. 출생순위, 가족과 형제관계에서의 경험은 생활양식에 영향을 준다.

① ㄱ ② ㄴ
③ ㄷ ④ ㄱ, ㄴ
⑤ ㄱ, ㄷ

답 ⑤

✔ **응시생들의 선택**

① 3%	② 1%	③ 12%	④ 4%	⑤ 80%

ㄴ. 아들러는 성격구조나 발달단계를 제시하지는 않았다. 대신에 부모와 자녀와의 관계, 가족의 크기, 형제와의 관계, 가족 내에서의 아동의 출생순위 등 다양한 요소들이 성격의 발달에 영향을 준다고 주장하면서 잘못된 생활양식을 왜곡시킬 수 있는 상황을 설명하였다.

15-01-10 난이도 ★☆☆

아들러(A. Adler)의 생활양식 유형 중 '지배형'에 관한 설명으로 옳은 것은?

① 사회적 관심이 적고 활동수준이 높아 독단적이고 공격적이며 자신의 욕구를 충족시킨다.
② 사회적 관심과 활동수준이 높아 자신과 타인의 욕구를 동시에 충족시키며 인생과업을 완수한다.
③ 사회적 관심과 활동수준이 낮은 유형으로 성공보다 실패하는 것을 더 두려워한다.
④ 기생적인 방법으로 외부세계와 관계를 맺으며 다른 사람에게 의존하여 자신의 욕구를 충족시킨다.
⑤ 사회적 관심이 많고 활동수준이 낮으며 타인의 안녕에 관심이 많다.

답 ①

✔ **응시생들의 선택**

① 86%	② 10%	③ 1%	④ 2%	⑤ 1%

② 아들러의 생활양식 유형 중 사회적으로 유용한 유형에 해당한다.
③ 아들러의 생활양식 유형 중 회피형에 해당한다.
④ 기생적인 방법으로 외부세계와 관계를 맺으며 다른 사람에게 의존하여 자신의 욕구를 충족시키는 것은 획득형에 해당한다.
⑤ 아들러의 생활양식 유형에 해당하지 않는다.

13-01-04 난이도 ★☆☆

아들러(A. Adler) 이론에 관한 설명으로 옳지 않은 것은?

① 인간행동의 객관성과 보편성을 강조한다.
② 인간을 하나의 통합된 유기체로 인식한다.
③ 출생순위는 생활양식 형성에 영향을 미친다.
④ 사회적 관심은 선천적이지만 의식적인 개발을 필요로 한다.
⑤ 개인의 성장과 발달은 열등감을 극복하려는 시도에서 나온다.

답 ①

✔ **응시생들의 선택**

① 61%	② 11%	③ 4%	④ 21%	⑤ 4%

① 아들러는 인간행동에 유전적 요인과 환경적 요인이 영향을 미치며, 이러한 요인의 중요성을 배제하지는 않았지만 개인의 주관적 판단과 능동적 선택을 더 중요하게 고려하였다. 이런 맥락에서 인간행동의 객관성과 보편성을 강조했다기보다는 인간행동에 있어서 주관성과 창조적 자아의 중요성을 더 강조했다고 볼 수 있다.

11-01-21 난이도 ★★☆

아들러(A. Adler)의 이론에 관한 설명으로 옳은 것은?

① 우월의 목표에는 긍정적 경향과 부정적 경향 모두가 포함될 수 있다.
② 개인은 환경을 객관적으로 파악하고 객관적 믿음에 따라 행동한다.
③ 치료목표는 증상의 경감이나 제거에 있다.
④ 기본적인 생활양식은 4~5세경에 형성되며 그 이후 지속적으로 변화한다.
⑤ 인간은 자신의 삶을 스스로 만들어 나가기 어려운 의존적 존재이다.

답 ①

✔ **응시생들의 선택**

① 55%	② 9%	③ 5%	④ 29%	⑤ 2%

② 인간은 창조적 자기에 의해 자신의 관점으로 해석한다고 보았다.
③ 치료목표는 열등감 극복, 우월성 추구, 생활양식 수정, 사회적 관심 확장, 잘못된 동기의 수정 등으로 정리할 수 있다.
④ 아들러는 4~5세경에 형성된 생활양식은 거의 변하지 않는다고 보았다.
⑤ 아들러는 창조적 인간관을 견지하며 인간은 스스로 자신의 삶을 선택하고 만들어갈 수 있다고 보았다.

다음 내용이 **왜 틀렸는지**를 확인해보자

18-01-10

01 아들러 이론은 **인간의 성격발달 단계를 제시**하였다.

> 아들러 이론은 성격구조나 발달단계를 제시하지 않았다.

15-01-10

02 생활양식 유형 중 **회피형**은 독단적이고 공격적이며 활동적이지만, 사회적인 인식이나 관심은 거의 없다.

> 독단적이고 공격적이며 활동적이지만, 사회적인 인식이나 관심이 거의 없는 유형은 지배형이다. 회피형은 사회적 관심도 거의 없고 인생에 참여하려 하지도 않는다.

---

03 아들러 이론에 의하면 **열등감**은 개인의 독특한 특징을 포괄하는 개념이며, 생각하고 느끼고 행동하는 모든 것의 기초가 된다.

> 아들러 이론에서 제시된 개념 중 생활양식에 대한 설명이다.
> 열등감은 개인이 잘 적응하지 못하거나 해결할 수 없는 문제에 직면했을 때 생기는 것으로써 좀 더 안정을 추구하려는 데서 생겨난다.

---

04 아들러가 강조한 것은 **주관적 열등감이 아니라 객관적 열등감**이다.

> 아들러가 강조한 것은 객관적 열등감이 아니라 주관적 열등감이다.

---

05 아들러 이론은 인간발달에 있어서 **유전인자나 타고난 환경 등의 선천적인 요인**이 중요하다고 본다.

> 아들러 이론은 인간발달에 있어서 유전인자나 타고난 환경 등의 선천적인 요인보다는 우리가 가진 능력을 어떻게 활용하는지가 더 중요하다고 본다.

04-01-06

06 아들러의 개인심리이론에 의하면 **인간의 생애초기 경험의 영향력은 매우 약하다.**

> 아들러는 프로이트의 정신역동이론이 생물학적 요인이나 본능을 지나치게 강조한다고 생각하여 그의 이론에 반대했지만, 생애초기의 경험이 성인기에 많은 영향을 준다는 믿음은 공통적이다.

빈칸에 들어갈 알맞은 말을 채워보자

19-01-07
01 아들러는 생활양식을 (　　　　　　)와/과 활동수준에 따라 지배형, 획득형, 회피형, 사회적으로 유용한 유형 등 4가지 유형으로 구분하였다.

16-01-08
02 (　　　　　　)은/는 각 개인이 이상적인 공동사회의 목표를 달성하고자 할 때 사회에 공헌하려는 성향을 말한다.

13-01-04
03 아들러의 이론에서는 인간을 하나의 통합된 (　　　　)(으)로 인식한다.

04 (　　　　　)은/는 잠재력을 발휘하도록 인간을 자극하는 건전한 반응이다.

09-01-08
05 (　　　　　)은/는 목표를 직시하고 결정하고, 선택하고, 개인의 목표와 가치관에 부합하는 모든 종류의 배려를 나타내는 능력을 의미한다.

06 기생적인 방법으로 외부세계와 관계를 맺으며 다른 사람에게 의존하여 대부분의 욕구를 충족하는 성격특성은 생활양식 유형 중 (　　　　)에 해당한다.

20-01-06
07 (　　　　　) 생활양식은 사회적 관심은 낮으나 활동 수준은 높은 유형이다.

답 **01** 사회적 관심　**02** 사회적 관심　**03** 유기체　**04** 보상　**05** 창조적 자기　**06** 획득형　**07** 지배형

다음 내용이 옳은지 그른지 판단해보자

16-01-08
01 열등감은 보다 나은 자기완성의 의지를 약화시키는 요소이다. ◎ ⊗

02 프로이트와의 차이점은 과거에 대한 탐색에 초점을 두는 것이 아니라 과거 경험이 현재에 미치는 영향에 더 관심을 두었다는 것이다. ◎ ⊗

13-01-04
03 아들러는 부모와 자녀와의 관계, 가족의 크기, 형제와의 관계, 가족 내에서의 아동의 출생순위 등이 성격의 발달에 영향을 준다고 주장하였다. ◎ ⊗

04 아들러는 생활양식을 형성함에 있어서 가족 밖에서의 경험이 중요하다고 보았다. ◎ ⊗

10-01-07
05 창조적 자기는 성격형성에서 개인의 자유와 선택을 강조하는 개념이다. ◎ ⊗

06 생활양식 유형 중 사회적으로 유용한 유형은 사회적 관심이 많아서 자신과 타인의 욕구를 충족시키는 한편 인생과업을 완수하기 위해 다른 사람들과 협동한다. ◎ ⊗

08-01-05
07 출생순위가 성격형성에 미치는 영향은 형제자매의 수와는 관련이 없다. ◎ ⊗

08 아들러는 인간을 합리적이고 창조적인 존재로 보며, 개인의 창조적 자아의 중요성을 강조한다. ◎ ⊗

09 생활양식은 개인적인 관점이나 개인 고유의 목표를 추구하는 행동들로 구성된다. ◎ ⊗

10 아들러는 인간은 항상 좀 더 나아지기를 원하기 때문에 본질적으로 열등감을 경험하게 된다고 보았다. ◎ ⊗

답 01× 02○ 03○ 04× 05○ 06○ 07× 08○ 09○ 10○

해설 **01** 열등감은 모든 인간으로 하여금 무언가를 추구할 수 있는 동기가 되며, 아들러는 자기완성을 위한 필수요인으로 열등감을 제시함으로써 열등감을 긍정적인 것으로 보았다.
04 가족 내에서의 경험을 중요시하였다.
07 출생순위가 성격형성에 미치는 영향은 형제자매의 수와도 관련이 있다.

007 융의 분석심리이론

강의 QR코드

1 회독	2 회독	3 회독
월 일	월 일	월 일

최근 10년간 **10문항** 출제

복습 1 이론요약

분석심리이론의 특징

- 인간행동은 의식과 무의식의 상반되는 두 가지 힘에 의해서 형성된다.
- 인간은 자기실현을 위해 앞으로 나아가고자 하는 경향을 지닌 성장지향적 존재이다.
- 인간을 무의식의 영향을 받지만 의식에 의해 조절될 수 있는 가변적 존재로 보았다.
- 인간행동은 과거에 의해 일정 부분 결정되지만, 미래의 목표와 가능성에 따라 조정된다.
- 융은 성격 발달을 개성화의 과정을 통한 자기실현과정이라고 본다.

기본개념

인간행동과 사회환경
pp.74~

분석심리이론의 주요 개념

- 자아(ego): 의식의 심층을 형성하고 있는 의식적 마음으로, 우리가 의식할 수 있는 지각, 기억, 사고, 감정 등이다.
- 자기(self): 의식과 무의식의 세계를 모두 포괄하는 진정한 나를 의미하며 통합성을 추구하는 원형이다.
- 원형: 인간이면 누구나 정신에 존재하는 인간정신의 보편적이고 근본적인 핵이다.
- 페르소나: 자아의 가면, 사회적으로 자신에게 주어진 역할과 기대에 부응하기 위해 취하는 태도나 모습을 말한다.
- 아니마와 아니무스: 남성이 억압시킨 여성성을 아니마(anima)라고 하고, 여성이 억압시킨 남성성을 아니무스(animus)라고 한다.
- 음영: 동물적 본성을 포함하여 스스로 의식하기 싫은 자신의 부정적 측면을 말한다.
- 개성화: 고유한 자기 자신이 되는 것으로서 무의식적 내용을 의식화하고 통합해 가는 과정이다.
- 리비도: 인생 전반에 걸쳐 작동하는 생활에너지 혹은 모든 지각, 사고, 감정, 충동의 원천이 되는 에너지로 간주한다.
- 콤플렉스: 특수한 종류의 감정으로 이루어진 무의식 속의 관념덩어리(정서, 기억, 사고의 집합)이다.

융의 무의식 구분

- 개인무의식: 본질적으로 의식 속에 더 이상 남아 있지는 않지만 쉽게 의식의 영역으로 떠오를 수 있는 자료의 저장소를 의미한다. 개개인의 과거 경험으로부터 형성되며, 무의식의 상부(표면)에 위치한다.
- 집단무의식: 개인적 경험과는 상관없이 조상 또는 종족 전체의 경험 및 생각과 관계된 원시적 감정, 공포, 사고, 성향 등을 포함하는 무의식을 의미한다. 성격구조 중 접촉하기 어려운 가장 깊은 수준, 즉 정신의 심층(하부)에 위치한다.

자아의 태도

융은 자아의 기본적인 태도가 태어날 때부터 결정된다고 보고, 이를 외향성과 내향성으로 구분했다.
- 외향성(E): 리비도가 주로 외부 대상을 향함
- 내향성(I): 리비도가 주로 내적 성찰을 향함

자아의 정신기능

▶ 비합리적 기능
- 감각형(S): 오감에 의존하며 실제의 경험을 중시한다. 지금, 현재에 초점을 두며, 정확하고 철저하게 일을 처리한다.
- 직관형(N): 육감, 영감에 의존한다. 미래지향적이고 가능성과 의미를 추구한다. 신속하고 비약적으로 일을 처리한다.

▶ 합리적 기능
- 사고형(T): 진실과 사실에 큰 관심을 가진다. 논리적이고 분석적이며 객관적으로 판단한다.
- 감정형(F): 사람과 관계에 큰 관심을 가진다. 상황적이며 정상을 참작한 설명을 한다.

기출문장 CHECK

01 (22-01-01) 융 이론은 중년기 이후의 발달을 이해하는데 도움을 제공하였다.

02 (22-01-09) 융은 개성화를 통한 자기실현과정을 중요시하였다.

03 (21-01-13) 융은 무의식을 개인무의식과 집단무의식으로 구분하였다.

04 (21-01-13) 그림자(shadow)는 인간에게 있는 동물적 본성을 포함하는 부정적인 측면이다.

05 (21-01-13) 페르소나(persona)는 개인이 외부세계에 보여주는 이미지 혹은 가면이다.

06 (20-01-05) 자아의 정신기능에서 판단이나 평가를 필요로 하는 기능인 '사고'와 '감정'은 합리적 기능이다.

07 (19-01-06) 융은 과거의 사건 및 미래에 대한 열망이 성격발달에 동시에 영향을 미친다고 보았다.

08 (19-01-06) 성격발달은 개성화를 통한 자기실현의 과정이다.

09 (19-01-06) 자기(self)는 중년기 이후에 나타나는 원형(archetype)이다.

10 (19-01-06) 리비도(libido)는 전반적인 삶의 에너지를 말한다.

11 (18-01-06) 페르소나(persona)는 개인이 외부 세계에 보여주는 이미지이며, 사회적 요구에 대한 반응이다.

12 (17-01-07) 융 이론의 성격특성 중 외향형은 정신에너지(리비도)가 외부세계를 향하고 있다.

13 (17-01-07) 융 이론의 성격특성 중 사고형은 객관적인 진실과 원리원칙에 의해 판단하며 논리적, 분석적이고 규범과 기준을 중시한다.

14 (16-01-11) 융 이론에 의하면 인간은 자신의 일부로 받아들이기 꺼리는 그림자(shadow)를 가지고 있다.

15 (15-01-08) 자아(ego)는 의식과 무의식을 결합시키는 원형적인 심상이며, 의식은 자아에 의해 지배된다.

16 (15-01-19) 융 이론에 따르면 장년기에는 자아가 발달하고 외부세계에 대처하는 역량을 발휘한다.

17 (13-01-07) 융은 자기실현을 인간발달의 궁극적 목표로 보았다.

18 (12-01-13) 융 이론에서 페르소나는 자아의 가면으로서 개인이 외부에 보이는 이미지이다.

19 (11-01-03) 융은 성격의 발달을 자기실현의 과정으로 보았다.

20 (10-01-04) 융은 프로이트의 성적 에너지인 리비도의 개념을 확장시켜 창의적인 생활력으로 보았다.

21 (08-01-06) 융의 성격구조에서 개성화는 중년에 외형적인 특성을 내적으로 돌리는 과정이다.

22 (07-01-18) 분석심리이론은 의식의 세계와 무의식의 세계가 융화되어 양쪽이 모두 자유롭게 발달되도록 허용되어야 한다는 관점을 갖고 있다.

23 (06-01-08) 융에 의하면 콤플렉스는 특수한 종류의 감정으로 이루어진 무의식의 관념덩어리이다.

24 (05-01-08) 아니무스는 여자의 무의식에 존재하는 남성적인 면을 말한다.

25 (04-01-07) 융의 심리유형 중에서 사고형과 감정형은 합리적이고, 감각형과 직관형은 비합리적이다.

26 (02-01-05) 아니마는 남자의 여성적인 면을, 아니무스는 여성의 남성적인 면을 말한다.

27 (01-01-03) 아니무스는 여성이 남성화하려는 개념이다.

대표기출 확인하기

융(C. Jung)의 이론에 관한 설명으로 옳은 것은?

① 정신분석(psychoanalysis)이론이라 불린다.
② 사회적 관심과 활동수준을 기준으로 심리적 유형을 8가지로 구분하였다.
③ 발달단계에 관하여 언급하지 않았다는 특징을 지니고 있다.
④ 개성화(individuation)를 통한 자기실현과정을 중요시하였다.
⑤ 성격형성에 있어서 창조적 자기(creative self)의 역할을 강조하였다.

 알짜확인

• 분석심리이론의 특징 및 인간관을 비롯해 자아, 자기, 무의식, 음영, 페르소나 등 주요 개념을 이해해야 한다.
• 융의 중년기 개성화 과정은 이후 중년기의 특징에 관한 문제에서도 자주 등장한다.

답 ④

✅ **응시생들의 선택**

① 8%	② 5%	③ 10%	④ 72%	⑤ 5%

① 융의 이론은 분석심리이론으로 불린다.
② 사회적 관심과 활동수준을 기준으로 생활양식 유형을 4가지(사회적으로 유용한 형, 지배형, 획득형, 회피형)로 나눈 것은 아들러이다. 융은 인간의 심리적 유형(성격유형)을 자아성향(외향형, 내향형)과 정신기능(사고, 감정, 직관, 감각)이라는 2가지 기준을 근거로 분류하였다.
③ 융은 성격발달을 아동기, 청년기 및 성인초기, 중년기, 노년기의 4단계로 기술하였다.
⑤ 창조적 자기(creative self)는 아들러의 개념이다.

관련기출 더 보기

융(C. Jung)의 이론으로 옳은 것을 모두 고른 것은?

> ㄱ. 무의식을 개인무의식과 집단무의식으로 구분하였다.
> ㄴ. 그림자(shadow)는 인간에게 있는 동물적 본성을 포함하는 부정적인 측면이다.
> ㄷ. 페르소나(persona)는 개인이 외부세계에 보여주는 이미지 혹은 가면이다.
> ㄹ. 남성의 여성적 면은 아니무스(animus), 여성의 남성적 면은 아니마(anima)이다.

① ㄱ, ㄴ
② ㄷ, ㄹ
③ ㄱ, ㄴ, ㄷ
④ ㄱ, ㄴ, ㄹ
⑤ ㄱ, ㄴ, ㄷ, ㄹ

답 ③

✅ **응시생들의 선택**

① 12%	② 2%	③ 78%	④ 3%	⑤ 5%

ㄹ. 남성의 여성적 면은 아니마(anima), 여성의 남성적 면은 아니무스(animus)이다.

융(C. Jung)의 이론에 관한 설명으로 옳은 것을 모두 고른 것은?

ㄱ. 자기(self)는 중년기 이후에 나타나는 원형(archetype)이다.
ㄴ. 과거의 사건 및 미래에 대한 열망이 성격발달에 동시에 영향을 미친다.
ㄷ. 리비도(libido)는 전반적인 삶의 에너지를 말한다.
ㄹ. 성격발달은 개성화를 통한 자기실현의 과정이다.

① ㄴ
② ㄱ, ㄴ
③ ㄷ, ㄹ
④ ㄱ, ㄷ, ㄹ
⑤ ㄱ, ㄴ, ㄷ, ㄹ

답 ⑤

✔ 응시생들의 선택

① 3%	② 4%	③ 35%	④ 24%	⑤ 34%

ㄱ. 자기는 의식과 무의식의 세계를 모두 포괄하는 진정한 나를 의미하며 통합성을 추구하는 원형이다. 개성화를 통해 성격이 충분히 발달될 때까지, 즉 중년기 때까지는 거의 드러나지 않는다.
ㄴ. 인간의 행동과 성격은 과거 사건에 의해 일정 부분 결정되지만, 미래의 목표와 가능성에 따라 조정된다고 보았다.
ㄷ. 리비도는 정신이 작용하는 데 사용되는 에너지, 즉 정신에너지를 일컫는다. 프로이트가 말한 성적 에너지에 국한되지 않고, 인생 전반에 걸쳐 작동하는 생활에너지 혹은 모든 지각, 사고, 감정, 충동의 원천이 되는 에너지로 간주한다.
ㄹ. 융은 성격 발달을 개성화의 과정을 통한 자기실현과정이라고 본다. 개성화는 자아를 외적·물질적 차원으로부터 내적·정신적 차원으로 전환시키는 것을 의미한다.

융(C. Jung)이 제시한 성격특성에 관한 설명으로 옳은 것을 모두 고른 것은?

ㄱ. 외향형: 정신에너지(리비도)가 외부세계를 향하고 있다.
ㄴ. 감정형: 구체적이고 사실적인 측면에 초점을 두고 매우 일관성 있는 현실수용을 중시한다.
ㄷ. 사고형: 객관적인 진실과 원리원칙에 의해 판단하며 논리적, 분석적이고 규범과 기준을 중시한다.
ㄹ. 직관형: 미래의 가능성과 육감에 초점을 두어 변화와 다양성을 중시하며 이성을 필요로 한다.

① ㄱ, ㄷ
② ㄴ, ㄹ
③ ㄱ, ㄴ, ㄷ
④ ㄴ, ㄷ, ㄹ
⑤ ㄱ, ㄴ, ㄷ, ㄹ

답 ①

✔ 응시생들의 선택

① 65%	② 3%	③ 5%	④ 9%	⑤ 18%

ㄴ. 구체적이고 사실적인 측면에 초점을 두고 매우 일관성 있는 현실수용을 중시하는 것은 감각형이다.
ㄹ. 직관형은 미래의 가능성과 육감에 초점을 두어 변화와 다양성을 중시하지만 이성을 필요로 하지는 않는다.

융(C. Jung)의 분석심리이론에 관한 설명으로 옳지 않은 것은?

① 인간은 생물학적, 심리적, 사회문화적 존재이다.
② 인간은 자신의 일부로 받아들이기 꺼리는 그림자(shadow)를 가지고 있다.
③ 집단무의식을 '조상 대대로의 경험의 침전물'로 보았다.
④ 남자의 여성적인 면은 '아니무스(animus)', 여자의 남성적인 면은 '아니마(anima)'이다.
⑤ 페르소나(persona)는 개인이 외부에 표출하는 이미지 혹은 가면을 의미한다.

답 ④

✔ 응시생들의 선택

① 2%	② 3%	③ 4%	④ 90%	⑤ 1%

④ 남성이 억압시킨 여성성을 아니마(anima)라고 하고, 여성이 억압시킨 남성성을 아니무스(animus)라고 한다.

융(C. Jung)의 분석심리이론에 관한 설명으로 옳지 않은 것은?

① 자아(ego): 의식과 무의식을 결합시키는 원형적인 심상이며, 의식은 자아에 의해 지배된다.
② 페르소나(persona): '자아의 가면'이라고 하며 외부와의 적응에서 생긴 기능 콤플렉스이다.
③ 음영/그림자(shadow): 자신이 모르는 무의식적 측면에 있는 부정적인 또 다른 나의 모습으로 모순된 행동을 하게 만든다.
④ 집단무의식(collective unconscious): 인류역사를 통해 조상으로부터 물려받은 정서적 소인으로 개인마다 그 원형은 다르다.
⑤ 개성화(individuation): 자기실현이라고도 하며 모든 콤플렉스와 원형을 끌어들여 성격을 조화하고 안정성을 유지하는 것이다.

답 ④

✔ **응시생들의 선택**

① 29%	② 17%	③ 4%	④ 35%	⑤ 15%

④ 집단무의식은 개인적 경험과는 상관없이 조상 또는 종족 전체의 경험 및 생각과 관계된 원시적 감정, 공포, 사고, 원시의 성향 등을 포함하는 무의식으로서, 모든 인류에게 공통적으로 유전된 무의식이다.

융(C. Jung) 이론의 주요 개념으로 옳지 않은 것은?

① 페르소나는 자아의 가면으로 개인이 외부에 보이는 이미지이다.
② 음영은 인간의 정신에 존재하는 보편적이고 근원적인 핵이다.
③ 아니무스는 무의식 속에 존재하는 여성의 남성적 측면이다.
④ 자기(self)는 성격의 중심으로 통일성과 안정성을 제공한다.
⑤ 리비도는 인생 전반에 작동하는 생활에너지이다.

답 ②

✔ **응시생들의 선택**

① 2%	② 65%	③ 4%	④ 11%	⑤ 18%

② 융의 이론에서 인간의 정신에 존재하는 보편적이고 근원적인 핵은 원형을 의미한다. 음영은 동물적 본능을 포함하여 의식적인 자아와 상충되는 무의식적인 측면을 의미한다.

프로이트(S. Freud)의 정신분석이론과 구별되는 융(C. Jung)의 분석심리이론의 특징으로 옳지 않은 것은?

① 인간행동과 경험의 역동적이고 무의식적 영향을 연구하였다.
② 인간의 성격은 과거사건 및 미래에 대한 열망에 의해 형성된다고 보았다.
③ 성격발달은 전 생애에 걸쳐 이루어지며 후천적으로 변할 수 있다고 보았다.
④ 프로이트의 성적에너지인 리비도의 개념을 확장시켜 창의적인 생활력으로 보았다.
⑤ 성격의 여러 측면을 통합하여 자기실현을 할 수 있는 인생의 후반기를 강조하였다.

답 ①

✔ **응시생들의 선택**

① 31%	② 20%	③ 26%	④ 14%	⑤ 9%

① 두 이론의 공통점에 해당되는 내용으로 두 이론 모두 인간의 행동과 경험을 정신 내면의 역동을 토대로 설명하였다. 프로이트는 주로 개인적인 차원의 무의식을, 융은 집단적인 무의식을 강조했다는 점에서는 차이가 있으나, 둘 다 무의식이 인간행동에 미치는 영향을 강조했다는 점에서는 공통적이다.

➕ **덧붙임**

융은 프로이트의 정신분석 이론을 일정부분 받아들였다. 따라서 융 이론과 프로이트 이론을 비교하면서 살펴볼 필요가 있다.
• 프로이트와 융 모두 인간은 과거의 경험에 영향을 받는다고 보았지만, 프로이트는 불변적 · 결정론적으로 봤다면 융은 성장지향적 존재로 보았다.
• 프로이트의 리비도가 성적 에너지에 국한된다면 융의 리비도는 정신 에너지로 확장된다.
• 프로이트는 발달단계를 5단계로 제시하면서 유년기 경험을 강조한 반면, 융은 4단계로 제시하면서 중년기를 강조했다.

다음 내용이 왜 틀렸는지를 확인해보자

01 융은 프로이트 이론의 영향을 받아 **인간을 불변적이고 결정론적인 존재로** 보았다.

> 융은 인간을 가변적 존재로 보고 인간의 정신구조는 살아가는 과정을 통해 후천적으로 변할 수 있다고 보았다.

`12-01-13`

02 융은 **페르소나에 갇힌 삶을** 강조했다.

> 융은 페르소나에 갇힌 삶이 아니라 진정한 자기를 발견하고 실현해가는 삶을 강조했다.

`08-01-06`

03 **개인무의식**은 분석심리학이론 중 가장 핵심적인 개념이며, 성격구조 중 가장 접촉하기 어려운 가장 깊은 수준, 즉 정신의 심층(하부)에 위치한다.

> 융 이론에 따르면 무의식은 개인무의식과 집단무의식이 있다. 분석심리학이론 중 가장 핵심적인 개념이며, 성격 구조 중 가장 접촉하기 어려운 가장 깊은 수준, 즉 정신의 심층(하부)에 위치하는 것은 집단무의식이다. 개인무 의식은 본질적으로 의식 속에 더 이상 남아 있지는 않지만 쉽게 의식의 영역으로 떠오를 수 있는 자료의 저장소 를 의미한다.

04 융에 의하면 **청년 및 성인초기**는 대부분 삶에서 요구하는 것에 비교적 잘 적응하여 상당한 만족감을 얻는 시기이다.

> 융에 의하면 중년기는 대부분 삶에서 요구하는 것에 비교적 잘 적응하여 상당한 만족감을 얻는 시기이므로 가 정과 사회에 있어서 중요한 위치에 있고 경제적으로 안정되어 있다.

`20-01-05`

05 자아의 기능에서 감각(sensing)과 직관(intuiting)은 **이성을 필요로 하는 합리적 기능**이다.

> 감각과 직관은 이성적 판단을 필요로 하지 않는 비합리적 기능이다.

06 융에 의하면 **개성화는 노년기에 나타나며, 개성화 기간 중 리비도, 콤플렉스 등의 변화가** 주로 생긴다.

> 개성화는 중년기에 나타나며, 개성화 기간 중 페르소나, 아니마와 아니무스 등의 변화가 생긴다.

빈칸에 들어갈 알맞은 말을 채워보자

16-01-11

01 남성이 억압시킨 여성성을 아니마라고 하고, 여성이 억압시킨 남성성을 (　　　　　)(이)라고 한다.

15-01-19

02 (　　　　　)은/는 중년기에 자아를 외적·물질적 차원으로부터 내적·정신적 차원으로 전환시키는 것을 의미한다.

13-01-07

03 자아가 의식된 나라면, (　　　　　)은/는 의식과 무의식의 세계를 모두 포괄하는 진정한 나를 의미하며 통합성을 추구하는 원형이다.

20-01-05

04 (　　　　　)은/는 외부의 요구나 기대에 부응하는 과정에서 생긴 자아의 가면이다.

08-01-06

05 무의식은 개인무의식과 (　　　　　)이 있다.

13-01-07

06 융은 자아의 정신기능을 감각, 직관, 사고, (　　　　　)(으)로 구분하였다.

06-01-09

07 무의식적인 관념 덩어리를 (　　　　　)(이)라고 한다.

08 융은 (　　　　　)의 개념을 프로이트가 말한 성적 에너지에 국한하지 않고, 인생 전반에 걸쳐 작동하는 생활에너지 혹은 모든 지각, 사고, 감정, 충동의 원천이 되는 에너지로 간주한다.

답 **01** 아니무스　**02** 개성화　**03** 자기　**04** 페르소나　**05** 집단무의식　**06** 감정　**07** 콤플렉스　**08** 리비도

다음 내용이 옳은지 그른지 판단해보자

18-01-06
01 융 이론은 원초아(id), 자아(ego), 초자아(super-ego)의 중요성을 강조한다. ⊙ ⊗

02 융은 인간을 의식과 무의식 간의 본질적인 대립양상을 극복하고 하나로 통일해나가는 전체적 존재로 본다. ⊙ ⊗

13-01-07
03 융은 생애주기에서 중년기와 노년기보다 유년기와 청년기를 강조하였다. ⊙ ⊗

12-01-13
04 자기(self)는 성격의 중심으로 통일성과 안정성을 제공한다. ⊙ ⊗

05 융은 성격발달을 개성화의 과정을 통한 자기실현 과정이라고 본다. ⊙ ⊗

06 개인무의식에는 인류의 축적된 경험과 정서가 다양한 원형의 모습으로 내재되어 있다. ⊙ ⊗

07 융은 5세 이전에 성적 리비도가 나타나기 시작하여 청년기에 최고에 이른다고 보았다. ⊙ ⊗

11-01-03
08 자기(self)는 유아기에 발현되는 원형으로 성격의 조화와 통일을 관장한다. ⊙ ⊗

20-01-05
09 융은 인간을 성(性)적 에너지인 리비도(libido)에 의해 지배되는 수동적 존재로 보았다. ⊙ ⊗

답 **01** ✕ **02** ○ **03** ✕ **04** ○ **05** ○ **06** ✕ **07** ○ **08** ✕ **09** ✕

해설 **01** 원초아, 자아, 초자아의 중요성을 강조한 것은 프로이트 이론이다.
03 융은 생애주기에서 중년기와 노년기의 성격발달을 상대적으로 중요하게 다루고 있다.
06 집단무의식에는 인류의 축적된 경험과 정서가 다양한 원형의 모습으로 내재되어 있다.
08 융은 자기(self)가 장년기 개성화의 과정을 통해 발현된다고 보았다.
09 융은 리비도를 프로이트가 말한 성적 에너지에 국한하지 않았다. 인생 전반에 걸쳐 작동하는 생활에너지 혹은 모든 지각, 사고, 감정, 충동의 원천이 되는 에너지로 간주하였다.

3장

인지행동이론

이 장에서는

피아제의 인지발달이론, 스키너의 행동주의이론, 반두라의 사회학습이론, 콜버그의 도덕성 발달이론을 다룬다. 피아제 이론에서는 발달단계별 특징을 꼼꼼히 살펴봐야 하고, 스키너의 이론에서는 강화, 처벌, 변별자극, 행동주의 기법 등을 확인해두어야 한다. 반두라 이론에서는 관찰학습의 과정을 비롯해 자기강화, 자기효능감 등의 개념을 정리하고, 피아제의 영향을 받은 콜버그의 도덕성 발달단계의 특징을 파악해두자.

10년간 출제분포도

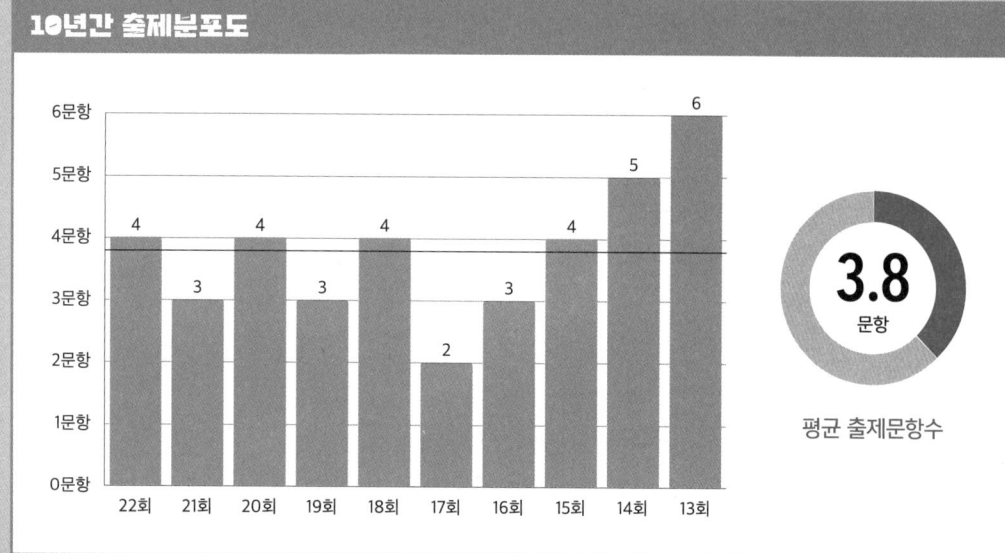

회차	문항 수
22회	4
21회	3
20회	4
19회	3
18회	4
17회	2
16회	3
15회	4
14회	5
13회	6

3.8 문항
평균 출제문항수

008 피아제의 인지발달이론

강의 QR코드

최근 10년간 **14문항** 출제

1회독 월 일 → **2**회독 월 일 → **3**회독 월 일

복습 1 이론요약

인지발달이론의 특징

- 인간은 인지적 특성에 따라서 <u>환경적 자극을 인지적으로 재해석하고 환경에 반응</u>한다고 가정한다.
- <u>인간의 감정이나 행동은 인지 혹은 생각에 의해 통제</u>될 수 있다.
- 인간은 매우 주관적인 존재이기 때문에 객관적인 현실이란 존재하지 않는다.
- 각 개인의 정서, 행동, 사고는 개인이 현실세계를 구성하는 방식에 따라 다르다.
- <u>인간의 의지는 환경과 상호작용하면서 변화하고 발달</u>한다.
- 발달단계에 있어서 각 단계에 도달하는 개인 간 연령의 차이는 있을 수 있으나 발달순서는 뒤바뀌지 않는다.

기본개념

인간행동과 사회환경 pp.90~

인지발달이론의 주요 개념

- 인지능력: 사람들에게 마음으로 무언가를 하게 만드는 인간의 모든 성격 또는 특성을 말한다.
- 보존: 6세 이상의 아이들은 동일한 양의 액체를 서로 다른 모양의 컵에 넣어도 항상 그 양이 동일하다는 개념을 이해하고 있는데, 이 개념을 보존이라 한다.
- 도식(스키마): 사물이나 사건, 자극에 대한 전체적인 윤곽이나 개념을 말하며, 세상을 인식하고 이해하는 가장 바탕이 되는 정신적 틀을 의미한다.
- 적응: 직접적인 환경과의 상호작용을 통해 도식이 변화하는 과정으로서, 동화와 조절이라는 수단을 통해 진행된다.
  - 동화: 기존의 도식으로 새로운 경험, 자극, 사물을 이해하는 것. 인지구조의 양적 변화
  - 조절: 새로운 경험과 사물을 이해하기 위해 기존의 인지구조 자체를 변경. 인지구조의 질적 변화
  - 평형화: 동화와 조절을 통해 균형 상태를 이루는 것
- 조직화: 상이한 도식들을 자연스럽게 서로 결합하는 것을 말한다.

인지발달단계

▶ **감각운동기(0~2세)**
- 감각운동기는 간단한 반사반응을 하고 기본적인 환경을 이해하는 시기이다.
- 외부세계에 대한 정보를 습득하기 위해 빨기, 쥐기, 때리기와 같이 반복적 반사활동을 한다.

- 목적지향적 행동을 하며, 대상영속성을 이해하기 시작한다.
- 감각운동기의 하위 6단계: 반사활동기 → 1차순환반응 → 2차순환반응 → 2차도식들의 협응 → 3차순환반응 → 통찰기(정신적 표상)

▶ 전조작기(2~7세)
- 언어능력이 발달하면서 사고는 가능하지만, 아직 논리적이지 못한 시기이다.
- 상징적 사고가 본격화되면서 **가상놀이(상상놀이)를 즐긴다.**
- 감각운동기에 형성되기 시작한 **대상영속성이 확립**된다.
- 자신만을 인식하며 다른 사람의 욕구와 관점을 인식하지 못하는 **자아중심성을 갖는다.**
- 한 가지 대상 또는 한 부분의 상황에만 집중하고 다른 모든 측면을 무시하는 **중심화 경향**이 있다.
- 관계의 또 다른 면을 상상하지 않고 한 방향에서만 생각하는 **비가역성을 갖는다.**
- 보존개념을 어렴풋이 이해하기 시작하지만 아직 획득하지 못한 단계이다.

▶ 구체적 조작기(7~11/12세)
- 사고 능력은 **논리적인 수준으로 발달**한다.
- **구체적인 사물이나 행위에 대해서만** 체계적인 사고가 가능하다(이해력, 응용력 한계).
- 모든 정신적 활동은 **대상이 실제로 눈에 보일 때만 가능**한 시기다.
- 형태 혹은 위치가 변할 수 있음을 이해하는 **보존개념(동일성, 보상성, 가역성)을 획득**한다.
- 사물을 일정한 속성에 따라 분류할 수 있는 능력인 **유목화 기능을 갖는다.**
- 특정한 속성이나 특징을 기준으로 하여 사물을 순서대로 배열하는 능력인 **서열화를 갖는다.**
- 논리적 사고를 방해하는 전조작기 사고의 특징인 **자아중심성을 극복**한다.
- 더 이상 한 가지 변수에만 의존하지 않고 더 많은 변수를 고려하게 된다.
- 사고의 비가역성을 극복함으로써 **가역적 사고가 가능**해진다.

▶ 형식적 조작기(11/12세~성인기)
- 구체적인 자료가 없어도 추론하고 생각하는 **추상적 사고가 가능**하다.
- 어떤 정보로부터 가설을 수립하여 일반적인 원리를 바탕으로, 특수한 원리를 논리적으로 이끌어내는 사고가 가능하다.
- 문제해결을 위해 사전에 모든 가능한 방법들을 생각하고 체계적으로 조합할 수 있는 능력이 형성된다.
- 관련된 모든 변인들의 관련성을 파악하여 적절한 문제해결 방법을 찾아낼 수 있다.
- **가설을 설정하고 미래의 사건을 예측**할 수 있다.

도덕성 발달단계

▶ 타율적 도덕성
- 4~7세
- 성인이 정한 규칙에 아동이 맹목적으로 복종
- 규칙은 불변하는 절대적인 것이라고 생각
- 규칙을 지키지 않으면 벌을 받기 때문에 지켜야 한다고 생각

▶ 자율적 도덕성
- 10세 이후(7~10세는 과도기)
- 규칙은 상호합의에 따라 만들어지고 바꿀 수 있다고 생각
- 규칙을 어긴 것에 대해서도 상황에 따른 정상참작이 필요하다고 생각
- 행위의 결과보다 행위자의 의도에 따라 옳고 그름을 판단

01 (22-01-12) 피아제는 인간은 자신과 환경 사이에 조화로운 관계인 평형화를 이루고자 하는 경향성이 있다고 보았다.

02 (22-01-12) 피아제의 인지발달단계 중 감각운동기에는 대상영속성을 획득한다.

03 (22-01-12) 피아제 이론에서 조절은 새로운 정보를 접했을 때 기존의 도식을 변경하는 것을 말한다.

04 (22-01-12) 피아제는 보존개념을 획득하기 위해서는 동일성, 가역성, 보상성의 원리를 이해해야 한다고 보았다.

05 (21-01-17) 인지는 동화와 조절의 과정을 통하여 발달한다.

06 (20-01-11) 전조작기에는 물활론적 사고를 한다.

07 (19-01-12) 피아제는 인지발달 촉진요인으로 성숙, 물리적 경험, 사회적 상호작용, 평형화를 제시했다.

08 (18-01-13) 인지능력의 발달은 아동과 환경 간의 상호작용에 의해 단계적으로 성취되며 발달단계의 순서는 변하지 않는다.

09 (16-01-02) 인지발달은 동화기제와 조절기제를 활용하여 환경에 적응하는 것이다.

10 (16-01-12) 피아제의 인지발달단계 중 감각운동기의 세부 단계인 2차 도식협응기(8~12개월)에는 장애물을 치우고 원하는 물건을 잡는 등 의도적 행동을 할 수 있다.

11 (15-01-06) 구체적 조작기는 인지적 능력이 급속도로 발전하는 단계이다.

12 (15-01-09) 피아제의 인지발달이론에서 인지구조는 각 단계마다 사고의 방식이 질적으로 다르다.

13 (15-01-18) 감각운동기에는 대상영속성을 획득한다.

14 (14-01-06) 전조작기에는 자신의 관점과 상이한 다른 사람의 관점이 존재한다는 사실을 알지 못한다.

15 (14-01-13) 피아제 이론에 따르면 아동은 성인의 직접적인 가르침 없이도 인지구조가 발달된다.

16 (13-01-03) 피아제 이론의 주요 개념 중 도식은 사물이나 사건에 대한 전체적인 윤곽이나 개념을 말한다.

17 (13-01-06) 보존개념의 획득은 구체적 조작기의 특징이다.

18 (12-01-19) 구체적 조작기에는 유목화가 가능하여 동물과 식물이 생물보다 하위개념임을 안다.

19 (11-01-04) 피아제 이론은 성인기 이후의 발달을 다루고 있지 않다.

20 (10-01-09) 형식적 조작기에 자기중심성이 다시 나타나지만 추상적·합리적 사고가 가능하다.

21 (10-01-16) 피아제 이론은 아동대상 프로그램 실행 시 이론적 토대가 될 수 있다.

22 (09-01-09) 전조작기는 언어발달이 왕성한 시기이다.

23 (08-01-08) 피아제 이론은 문화적·사회경제적·인종적 차이 등을 충분히 고려하지 않았다는 한계점이 있다.

24 (07-01-15) 감각운동기의 발달순서: '반사활동기 - 1차순환반응 - 2차순환반응 - 2차도식협응 - 3차순환반응 - 정신적 표상'

25 (06-01-11) 전조작기에는 어떤 말을 반복해서 들으면 그 말의 의미를 알 수 있다.

26 (06-01-14) 구체적 조작기의 아동은 보존, 유목화, 조합 등의 능력을 성취한다.

27 (05-01-10) 전조작기에는 자기중심성이라는 특징을 갖는다.

28 (04-01-10) 피아제의 인지발달단계에서 대상영속성을 확립하는 시기는 전조작기이다.

29 (03-01-08) 구체적 조작기에는 보존개념을 획득한다.

30 (02-01-06) 아동이 경험하지 않은 미래의 사건을 예측할 수 있는 시기는 형식적 조작기이다.

대표기출 확인하기

22-01-12 난이도 ★★★

피아제(J. Piaget)의 이론에 관한 설명으로 옳지 않은 것은?

① 인간은 자신과 환경 사이에 조화로운 관계인 평형화(equilibration)를 이루고자 하는 경향성이 있다.
② 감각운동기에 대상영속성(object permanence)을 획득한다.
③ 조절(accommodation)은 새로운 정보를 접했을 때 기존의 도식을 변경하는 것을 말한다.
④ 구체적 조작기에는 추상적 사고가 가능해진다.
⑤ 보존(conservation) 개념 획득을 위해서는 동일성, 가역성, 보상성의 원리를 이해해야 한다.

 알짜확인

- 피아제가 제시한 이론적 특징과 함께 각 인지발달단계에 등장하는 개념들을 이해해야 한다.
- 피아제의 인지발달단계는 이후 유아기, 영아기, 아동기, 청소년기 등의 문제에서도 자주 등장하기 때문에 각 단계별 특징을 연결해서 파악해두어야 한다.

답 ④

✅ **응시생들의 선택**

① 7%	② 19%	③ 11%	④ 56%	⑤ 7%

④ 구체적 조작기에는 객관적·논리적 사고가 가능해지지만 추상적 사고까지 획득하지는 못한다. 추상적 사고는 형식적 조작기의 특징이다.

관련기출 더 보기

20-01-11 난이도 ★★☆

피아제(J. Piaget)의 인지발달이론에서 '전조작기'의 발달 특성으로 옳지 않은 것은?

① 상징놀이를 한다.
② 비가역적 사고를 한다.
③ 물활론적 사고를 한다.
④ 직관에 의존해 판단한다.
⑤ 다중 유목화의 논리를 이해한다.

답 ⑤

✅ **응시생들의 선택**

① 4%	② 6%	③ 3%	④ 8%	⑤ 79%

⑤ 다중 유목화의 논리를 이해하는 시기는 구체적 조작기에 해당한다. 전조작기는 상징적 사고가 본격화되면서 가상놀이(상상놀이)를 즐긴다. 감각운동기에 형성되기 시작한 대상영속성이 확립되며, 관계의 또 다른 면을 상상하지 않고 한 방향에서만 생각하는 비가역성을 갖는다. 전조작기 사고를 나타내는 대표적인 예는 상징놀이와 물활론, 자아중심성이다. 보존개념을 어렴풋이 이해하기 시작하지만 아직 획득하지 못한 단계이다.

피아제(J. Piaget)의 인지이론에 관한 설명으로 옳은 것은?

① 구체적 조작기에는 추상적으로 사고하고 추론을 통해 가설을 검증할 수 있다.
② 인지능력의 발달은 아동과 환경 간의 상호작용에 의해 단계적으로 성취되며 발달단계의 순서는 변하지 않는다.
③ 인간의 무의식에 초점을 둔다.
④ 도덕발달단계를 1단계에서 6단계로 제시한다.
⑤ 보존개념은 전조작기에 획득된다.

답 ②

✓ **응시생들의 선택**

① 8%	② 75%	③ 2%	④ 4%	⑤ 11%

① 형식적 조작기에는 추상적으로 사고하고 추론을 통해 가설을 검증할 수 있다.
③ 인간의 무의식에 초점을 둔 것은 프로이트 이론이다.
④ 도덕발달단계를 1단계에서 6단계로 제시한 것은 콜버그 이론이다.
⑤ 보존개념은 구체적 조작기에 획득된다.

피아제(J. Piaget)의 인지발달이론에 관한 설명으로 옳지 않은 것은?

① 발달단계의 순서는 문화와 개인에 따라 다르게 나타난다.
② 인지구조는 각 단계마다 사고의 방식이 질적으로 다르다.
③ 인지발달은 동화기제와 조절기제를 활용하여 환경에 적응하는 것이다.
④ 상위단계는 바로 하위단계를 기초로 형성되고 하위단계를 통합한다.
⑤ 각 단계는 내부적으로 일관된 체계를 갖추고 있는 하나의 완전체이다.

답 ①

✓ **응시생들의 선택**

① 47%	② 10%	③ 8%	④ 10%	⑤ 25%

① 피아제 이론에서는 발달단계에 있어서 각 단계에 도달하는 개인 간 연령의 차이는 있을 수 있으나 발달순서는 바뀌지 않는다고 보았으며, 모든 아동은 단계를 순서대로 통과하며 단계를 뛰어넘을 수 없다고 보았다.

피아제(J. Piaget)의 인지발달이론에서 '구체적 조작기'에 관한 설명으로 옳은 것을 모두 고른 것은?

> ㄱ. 인지적 능력이 급속도로 발전하는 단계이다.
> ㄴ. 비논리적 사고에서 논리적 사고로 전환된다.
> ㄷ. 분류화, 서열화, 탈중심화, 언어기술을 획득한다.
> ㄹ. 대상의 형태와 위치가 변화하면 그 양적 속성도 바뀐다.

① ㄱ, ㄴ　　　　　② ㄱ, ㄷ
③ ㄴ, ㄷ　　　　　④ ㄴ, ㄹ
⑤ ㄷ, ㄹ

답 ①

✓ **응시생들의 선택**

① 14%	② 29%	③ 40%	④ 6%	⑤ 11%

ㄷ. 언어기술의 획득은 전조작기에 해당하는 내용이다.
ㄹ. 구체적 조작기에는 보존개념이 확립되면서 대상의 형태와 위치가 변화해도 그 양적 속성은 동일하다는 것을 이해할 수 있다.

피아제(J. Piaget)의 인지발달에 관한 설명으로 옳은 것은?

① 전 생애의 발달을 다루고 있다.
② 발달과정에서 자기대화의 중요성을 강조하였다.
③ 성인 대상 프로그램의 이론적 토대가 될 수 있다.
④ 문화적 · 사회경제적 · 인종적 차이를 충분히 고려하였다.
⑤ 아동은 성인의 직접적인 가르침 없이도 인지구조가 발달된다.

답 ⑤

✓ **응시생들의 선택**

① 14%	② 21%	③ 6%	④ 3%	⑤ 56%

① 피아제는 성인기 이후의 발달에 대해서는 논의하지 않았다.
② 자기대화의 중요성을 특별히 강조하지는 않았다.
③ 성인기보다는 아동의 인지발달과정에 중점을 두었기 때문에 성인 대상 프로그램의 이론적 토대가 되기엔 부족하다.
④ 성별에 따른 발달의 차이와 개인차, 문화적 · 사회경제적 · 인종적 차이에 대해서는 특별히 언급하지 않았다.

피아제(J. Piaget)의 인지발달에 관한 설명으로 옳지 않은 것은?

① 2차도식의 협응은 감각운동기에 나타난다.
② 대상영속성 개념은 감각운동기에 나타난다.
③ 보존개념의 획득은 전조작기의 특징이다.
④ 서열화와 유목화 개념의 획득은 구체적 조작기의 특징이다.
⑤ 추상적 사고의 확립은 형식적 조작기의 특징이다.

답 ③

✅ **응시생들의 선택**

① 10%	② 48%	③ 36%	④ 3%	⑤ 3%

③ 보존개념이란 어떤 대상의 외양이 바뀌어도 그 속성이 바뀌지 않는다는 것을 이해하는 능력을 의미한다. 보존개념의 획득은 구체적 조작기의 특징이다.

피아제(J. Piaget)의 인지발달 이론 중 다음에서 설명하는 개념은?

- 보존의 개념을 획득하게 되어 역조작성의 논리를 사용할 수 있다.
- 유목화가 가능하여 동물과 식물이 생물보다 하위개념임을 안다.
- 탈중심화로 인해 또래들과의 관계 속에서 의사소통이 활발하게 이루어지는 시기이다.

① 반사기　　　　　② 전조작기
③ 구체적 조작기　　④ 형식적 조작기
⑤ 감각운동기

답 ③

✅ **응시생들의 선택**

① 0%	② 6%	③ 85%	④ 8%	⑤ 1%

③ 역조작성(가역성)을 획득한다는 것은 보존개념 획득의 전제로서 변화과정을 반대로 거쳐 가면 본래의 상태로 되돌아갈 수 있다는 것을 이해하는 것이다. 분류화란 전체와 부분과의 관계를 이해할 수 있으며 사물을 위계에 따라 분류하는 것이 가능해지는 것을 의미한다. 탈중심화란 사물이나 상황을 판단할 때 한 요소에만 집착했던 전조작기의 사고에서 벗어나 다양한 요소들을 고려하여 판단할 수 있는 사고 능력을 의미한다. 보존개념의 획득, 분류화(유목화) 능력의 획득, 탈중심화라는 특징은 피아제의 인지발달단계에서 구체적 조작기에 해당한다.

피아제(J. Piaget)가 제시한 자기중심성에 관한 설명으로 옳지 않은 것은?

① 2차 순환반응기에는 자신과 외부대상의 구별이 가능하다.
② 구체적 조작기에는 놀이와 언어에서 외부의 관점을 고려하기 시작한다.
③ 전조작기에는 자신만의 규칙을 가지고 있어서 타인을 고려하지 않는다.
④ 형식적 조작기에 자기중심성이 다시 나타나지만 추상적·합리적 사고가 가능하다.
⑤ 구체적 조작기에 자기중심적 사고가 시작되며 사물을 분류하는 것이 가능하다.

답 ⑤

✅ **응시생들의 선택**

① 9%	② 12%	③ 4%	④ 12%	⑤ 63%

⑤ 구체적 조작기에는 분류화(유목화)가 가능하다. 자기중심적 사고는 전조작기의 특성이며, 구체적 조작기에는 자기중심성을 극복하면서 타인의 입장이나 관점은 다를 수 있음을 이해하게 된다.

다음 중 피아제의 감각운동기의 발달단계 순서를 옳게 배열한 것은?

① 반사활동기 – 1차순환반응 – 2차순환반응 – 2차도식협응 – 3차순환반응
② 반사활동기 – 1차순환반응 – 1차순환도식협응 – 2차순환반응 – 3차순환반응
③ 1차순환반응 – 2차도식협응 – 3차순환반응 – 정신적 표상 – 반사활동기
④ 1차순환반응 – 2차순환반응 – 3차순환반응 – 정신적 표상 – 반사활동기
⑤ 반사활동기 – 1차순환반응 – 2차순환반응 – 2차도식협응 – 정신적 표상

답 ①

✅ **응시생들의 선택**

① 44%	② 21%	③ 8%	④ 9%	⑤ 18%

① 감각운동기는 '반사활동기 – 1차순환반응 – 2차순환반응 – 2차도식협응 – 3차순환반응 – 정신적 표상'의 발달 순서로 진행된다.

다음 내용이 **왜 틀렸는지**를 확인해보자

01 피아제는 인간을 매우 객관적인 존재로 보았기 때문에 객관적인 현실이 존재한다고 보았다.

> 피아제는 인간은 매우 주관적인 존재이기 때문에 객관적인 현실이란 존재하지 않는다고 보았다.

12-01-19

02 전조작기에는 유목화가 가능하여 동물과 식물이 생물보다 하위개념임을 안다.

> 전조작기가 아닌 구체적 조작기에 해당한다. 전조작기에는 논리적 사고가 이루어지지 않아 유목화가 어렵다.

11-01-04

03 피아제는 발달단계에 있어서 각 단계에 도달하는 개인 간 연령의 차이가 있을 수 있으며, 발달의 순서도 뒤바뀔 수 있다고 보았다.

> 발달의 순서는 뒤바뀌지 않는다고 보았다.

04 구체적 조작기에는 대상이 실제로 눈에 보이지 않아도 가설을 세우고 추론할 수 있다.

> 대상이 눈에 보이지 않아도 머릿속으로 사고할 수 있는 추상적 사고가 가능한 시기는 형식적 조작기이다.

15-01-18

05 전조작기에는 감각운동기에 나타나기 시작한 대상영속성이 사라진다.

> 전조작기에는 감각운동기에 나타나기 시작한 대상영속성이 확립된다.

06 감각운동기의 하위 6단계 중 외부세계에 대한 대처로서, 쥐기, 빨기, 때리기, 차기와 같은 반사적 행동에 의존하는 단계는 3차순환반응기(12~18개월)이다.

> 감각운동기의 하위 6단계 중 외부세계에 대한 대처로서, 쥐기, 빨기, 때리기, 차기와 같은 반사적 행동에 의존하는 단계는 반사활동기(출생~1개월)이다. 3차순환반응기(12~18개월)에는 실험적 사고에 열중하며, 새로운 원인과 결과의 관계에 대해서 이를 가설화하여 다른 결과를 관찰하기 위해 다른 행동들을 시도하는 단계이다.

빈칸에 들어갈 알맞은 말을 채워보자

16-01-12

01 감각운동기의 6단계 중 손가락 빨기와 같이 우연한 신체적 경험을 하여 흥미 있는 결과를 얻었을 때 이를 반복하는 단계는 (   )이다.

15-01-06

02 (   )에는 비논리적 사고에서 논리적 사고로 전환된다.

03 동화와 조절을 통해 균형 상태를 이루는 것은 (   )라 하며, 모든 도식은 평형상태를 지향한다.

04 (   )은/는 대상이 시야에서 사라져도 계속 존재한다고 생각할 수 있는 것으로, 전조작기에 확립되는 특징이다.

14-01-06

05 (   )은/는 전조작기의 도덕적 수준으로 규칙은 불변적이며 지키지 않으면 벌을 받기 때문에 절대적으로 지켜야 한다고 생각한다.

06 인지발달단계는 (   ) – 전조작기 – 구체적 조작기 – 형식적 조작기의 순서이다.

07 물질의 질량 혹은 무게가 동일하게 남아 있는 동안에도 형태 혹은 위치가 변할 수 있음을 이해하는 것이 (   )이다.

13-01-03

08 (   )은/는 새로운 정보나 자극을 기존의 도식으로 받아들이는 과정으로 기존의 도식으로 새로운 경험, 자극, 사물을 이해하는 것을 말한다.

09 구체적 조작기에는 사물의 분류에서 전체와 부분과의 관계를 이해할 수 있는 능력인 (   )을/를 획득한다.

09-01-09

10 전조작기에는 타인은 인식하지 못하고 자신만을 인식하는 (   )이/가 나타난다.

답 **01** 1차순환반응기(1~4개월) **02** 구체적 조작기 **03** 평형화 **04** 대상영속성 **05** 타율적 도덕성 **06** 감각운동기 **07** 보존개념 **08** 동화 **09** 분류화 **10** 자아중심성

다음 내용이 옳은지 그른지 판단해보자

14-01-13
01 피아제 이론은 전 생애의 발달을 다루고 있다. ⊙ ⊗

12-01-19
02 구체적 조작기에는 보존의 개념을 획득하게 되어 역조작성의 논리를 사용할 수 있다. ⊙ ⊗

03 전조작기의 가장 중요한 특징은 추상적 사고가 가능하다는 것이다. ⊙ ⊗

04 인간의 환경에 대한 적응은 동화와 조절의 상호작용에 의해 발생한다. ⊙ ⊗

11-01-04
05 피아제 이론에 의하면 발달이 완성되면 낮은 단계의 사고로 전환하지 않는다. ⊙ ⊗

08-01-08
06 피아제 이론은 문화적, 사회경제적, 인종적 차이 등을 충분히 고려하지 않았다는 한계점이 있다. ⊙ ⊗

19-01-01
07 피아제의 이론은 발달단계의 순서가 개인과 문화에 따라 다르게 나타날 수 있음을 인식하는 데 공헌하였다. ⊙ ⊗

08 인지발달을 위해서는 내적 성숙, 직접경험, 사회적 전달이 서로 잘 조화되어야 하고, 평형상태가 유지되어야 한다고 보았다. ⊙ ⊗

09 형식적 조작기에는 가설을 설정하고 미래의 사건을 예측할 수 있으며, 제시된 문제가 자신의 이전 경험이나 신념과 어긋난다 할지라도 처리가 가능하다. ⊙ ⊗

10 타율적 도덕성은 10세경까지 지속되다가 규칙이 협동적 상호작용을 위한 계약임을 배우게 되면서 자율적 도덕성으로 전환된다. ⊙ ⊗

답 **01** ✕ **02** ○ **03** ✕ **04** ○ **05** ✕ **06** ○ **07** ✕ **08** ○ **09** ○ **10** ○

해설 **01** 피아제는 성인기 이후의 발달에 대해서는 논의하지 않았다.
03 추상적 사고는 형식적 조작기의 특징에 해당한다.
05 형식적 조작기에 도달한 아동이나 고도로 인지발달이 된 성인도 때로는 낮은 단계의 사고를 한다.
07 피아제 이론은 발달단계에 있어서 각 단계에 도달하는 개인 간 연령의 차이는 있을 수 있으나 발달단계의 순서는 뒤바뀌지 않는다고 보았다. 또한 문화적 차이를 인식하지는 못했다.

009 스키너의 행동주의이론

1회독	2회독	3회독
월 일	월 일	월 일

★ ★ ★
최근 10년간 **11문항** 출제

복습 1 이론요약

행동주의이론의 특징

- 행동주의이론은 구체적으로 관찰할 수 있는 행동에 초점을 둔다.
- 인간행동은 **내적 충동보다 외적 자극에 의해 동기화**되며, **인간행동에 영향을 주는 중요한 근원은 환경**이다.
- 인간행동이나 성격은 **인간이 환경적 자극에 반응하는 과정을 통해 형성된 결과물**이다.
- 인간은 **보상과 처벌에 따라 유지되는 기계적 존재**로, 모든 인간행동은 법칙적으로 결정되고 **예측 가능하므로 통제**할 수 있다.
- 인간행동은 **환경 자극에 의해 동기화**되며, 행동에 따르는 강화에 의해 전적으로 결정된다.

기본개념

인간행동과 사회환경
pp.112~

행동주의이론의 주요 개념

- 변별자극: 특정한 반응이 보상받거나 혹은 보상받지 못할 것이라는 단서 혹은 신호로서 작용하는 자극을 말한다.
- 강화: 특정 행동을 촉진시키는 것
  - **정적 강화**: 즐거운 자극을 주어 행동의 빈도를 증가시킴
  - **부적 강화**: 혐오하는 자극을 제거하여 행동의 빈도를 증가시킴
- 처벌: 특정 행동을 제거하는 것
  - **정적 처벌**: 혐오하는 자극을 주어 행동의 빈도를 감소시킴
  - **부적 처벌**: 즐거운 자극을 철회하여 행동의 빈도를 감소시킴
- 소거: 더 이상 강화를 받지 못해서 행동이나 반응이 사라지거나 약화되는 것을 말한다.
- 강화계획: 조작적 행동이 습득되고 유지될 수 있도록 강화물을 제시하는 빈도와 간격의 조건을 나타내는 규칙이다.
  - **연속적 강화계획**: 행동이 일어날 때마다 강화물을 제시하는 강화계획
  - **고정간격 강화계획**: 강화들 사이의 시간 간격이 일정한 강화계획
  - **가변간격 강화계획**: 강화들 사이의 시간 간격이 일정하지 않은 강화계획
  - **고정비율 강화계획**: 어떤 특정한 행동이 일정한 수만큼 일어났을 때 강화를 주는 강화계획
  - **가변비율 강화계획**: 강화를 받는 데 필요한 반응의 수가 어떤 정해진 평균치 범위 안에서 무작위로 변화하는 강화계획

- 일반화와 변별: 일반화는 특정 상황에서만 반응을 보이던 것이 그와 비슷한 다른 상황에서도 반응을 보이게 되는 것을 말하며, 변별은 주어지는 자극에 대해 선택적으로 반응을 보이는 것을 말한다.
- 행동형성: 기대하는 반응이나 행동을 학습할 수 있도록 목표로 삼는 바람직한 행동에 대해 강화하여 점진적으로 행동을 만들어가는 과정을 말한다.

기출문장 CHECK

01 (22-01-04) 스키너 이론에서는 인간행동은 예측가능하며 통제될 수 있다고 본다.

02 (22-01-04) 정적 강화물의 예시로 음식, 돈, 칭찬 등을 들 수 있다.

03 (22-01-04) 부적 강화는 바람직한 행동의 빈도를 증가시키는 데에 초점을 둔다.

04 (22-01-04) 강화계획 중 반응율이 가장 높은 것은 가변비율 계획이다.

05 (21-01-18) 행동주의 이론은 인간행동에 대한 환경의 결정력을 강조한다.

06 (21-01-18) 강화계획은 행동의 반응 가능성을 증가시키고 유지시키기 위한 방법이다.

07 (21-01-18) 행동조성(shaping)은 복잡한 행동의 점진적 습득을 설명하는 개념이다.

08 (20-01-08) 1년에 6회 자체 소방안전 점검을 하되, 불시에 실시하여 소방안전 관리를 철저히 하도록 장려하는 것은 가변간격 강화의 사례에 해당한다.

09 (19-01-09) 행동조성(shaping)은 복잡한 행동의 점진적 습득을 설명하는 개념이다.

10 (18-01-14) 변별자극은 어떤 반응이 보상될 것이라는 단서 혹은 신호로 작용하는 자극이다.

11 (15-01-07) 행동주의 기법에는 이완훈련기법, 타임아웃기법, 토큰경제기법, 자기주장훈련 등이 있다.

12 (14-01-05) 스키너 이론은 인간행동에 대한 환경의 결정력을 강조한다.

13 (13-01-14) 스키너 이론은 인간행동이 객관적으로 구체화되고 조작될 수 있는 환경에 의해 다양하게 통제된다고 주장하였다.

14 (12-01-21) 조작적 조건화란 환경적 자극에 능동적으로 반응하여 원하는 결과를 얻기 위해 나타나는 자발적 행동을 설명하는 개념이다.

15 (11-01-22) 공부하는 자녀에게 한 과목 문제풀이를 끝낼 때마다 한 번의 간식을 제공하는 것은 고정비율 강화스케줄이다.

16 (10-01-12) 고정간격 강화계획은 반응에 대해 일정한 시간이 지난 후 강화를 주는 것이다.

17 (09-01-14) 스키너의 강화계획에서 가장 높은 반응의 빈도를 지속적으로 유발하는 것은 가변비율계획(variable-ratio schedule)이다.

18 (08-01-10) 스키너 이론은 인간의 행동을 반응적 행동과 조작적 행동으로 구분한다.

19 (07-01-24) 선생님이 학생들의 자원봉사 활동을 높이기 위해 '자원봉사 활동을 하면 청소를 면제해주겠다'라고 약속하였다면, 이것은 부적 강화의 개념을 활용한 것이다.

20 (06-01-12) 스키너의 행동주의이론에서 인간행동의 초점은 자극과 고전적 조건화보다는 행동의 결과와 조작적 조건화에 있다고 본다.

21 (05-01-11) 스키너의 행동주의이론에서 반응적 행동은 구체적 자극을 통해 나타나는 구체적 행동이다.

22 (04-01-08) 스키너 이론에 의하면 인간은 내적 충동보다 외적 자극에 의해 동기화된다.

23 (02-01-07) 긍정적 강화, 관찰 가능한 행동 등은 행동수정에 필수적인 내용이다.

기출확인

대표기출 확인하기

22-01-04 | 난이도 ★★☆

스키너(B. Skinner)의 이론에 관한 설명으로 옳지 않은 것은?

① 강화계획 중 반응율이 가장 높은 것은 가변비율(variable-ratio) 계획이다.
② 정적 강화물의 예시로 음식, 돈, 칭찬 등을 들 수 있다.
③ 인간행동은 예측가능하며 통제될 수 있다고 본다.
④ 인간의 창조성과 자아실현을 강조한다.
⑤ 부적 강화는 바람직한 행동의 빈도를 증가시키는데 초점을 둔다.

 알짜확인

- 스키너 이론에서는 인간행동과 관련하여 환경적 자극, 학습, 보상과 처벌에 따른 기계적 존재, 통제 가능 등의 특징을 기억해야 한다.
- 강화 및 처벌의 개념을 비롯해 강화계획 등은 사례로 연결하여 출제되기도 한다는 점에 유의해서 살펴보자.

답 ④

✔ **응시생들의 선택**

① 7%	② 4%	③ 5%	④ 72%	⑤ 12%

④ 스키너는 인간에 대해 보상과 처벌에 따라 유지되는 기계적 존재로 보면서 환경적 자극에 의해 동기화되고 학습에 의해 행동이 결정된다고 보았다. 인간이 창조성을 가지며 자아실현을 위한 욕구를 갖는다고 본 학자는 매슬로우이다.

➕ **덧붙임**

간헐적 강화계획의 지속성은 고정간격 < 가변간격 < 고정비율 < 가변비율의 순서로 높다.

관련기출 더 보기

21-01-18 | 난이도 ★★★

행동주의 이론에 관한 설명으로 옳은 것을 모두 고른 것은?

ㄱ. 인간행동에 대한 환경의 결정력을 강조한다.
ㄴ. 강화계획은 행동의 반응 가능성을 증가시키고 유지시키기 위한 방법이다.
ㄷ. 행동조성(shaping)은 복잡한 행동의 점진적 습득을 설명하는 개념이다.
ㄹ. 고정간격 강화계획은 정해진 수의 반응이 일어난 후 강화를 주는 것이다.

① ㄱ, ㄴ 　② ㄱ, ㄹ
③ ㄴ, ㄹ 　④ ㄷ, ㄹ
⑤ ㄱ, ㄴ, ㄷ

답 ⑤

✔ **응시생들의 선택**

① 15%	② 7%	③ 24%	④ 7%	⑤ 47%

ㄹ. 정해진 수의 반응이 일어난 후 강화를 주는 것은 고정비율 강화계획이다. 고정간격 강화계획은 일정한 시간간격에 따라 강화를 주는 것이다.

스키너(B. Skinner)의 조작적 조건형성을 위한 강화계획 중 '가변(변동)간격 강화'에 해당하는 사례는?

① 정시 출근한 아르바이트생에게 매주 추가수당을 지급하여 정시 출근을 유도한다.
② 어린이집에서 어린이가 규칙을 지킬 때마다 바로 칭찬해서 규칙을 지키는 행동이 늘어나도록 한다.
③ 수강생이 평균 10회 출석할 경우 상품을 1개 지급하되, 출석 5회 이상 15회 이내에서 무작위로 지급하여 성실한 출석을 유도한다.
④ 영업사원이 판매 목표를 10%씩 초과 달성할 때마다 초과 달성분의 3%를 성과급으로 지급하여 의욕을 고취한다.
⑤ 1년에 6회 자체 소방안전 점검을 하되, 불시에 실시하여 소방안전 관리를 철저히 하도록 장려한다.

답 ⑤

✔ 응시생들의 선택

① 3%	② 9%	③ 30%	④ 10%	⑤ 48%

⑤ 가변간격 강화계획은 강화들 사이의 시간 간격이 일정하지 않은 강화계획을 말한다. 강화 시행의 간격이 다르며, 평균적으로 확인할 수 있는 시간 간격이 지난 후 강화한다. ⑤의 사례는 1년에 6회 자체 소방안전 점검을 실시하되, 시간 간격이 일정하지 않게 불시에 실시하여 소방안전 관리를 강화하므로 가변간격 강화계획에 해당한다.

① 고정간격 강화계획
② 연속적 강화계획
③ 가변비율 강화계획
④ 고정비율 강화계획

행동주의이론의 주요 개념에 관한 설명으로 옳은 것을 모두 고른 것은?

> ㄱ. 인간의 행동은 환경적 자극에 의해 동기화된다.
> ㄴ. 변별자극은 어떤 반응이 보상될 것이라는 단서 혹은 신호로 작용하는 자극이다.
> ㄷ. 강화에는 즐거운 결과를 의미하는 정적 강화와 혐오적 결과를 제거하는 부적 강화가 있고 이 두 가지는 모두 행동의 빈도를 증가시킨다.

① ㄱ
② ㄴ
③ ㄱ, ㄴ
④ ㄴ, ㄷ
⑤ ㄱ, ㄴ, ㄷ

답 ⑤

✔ 응시생들의 선택

① 7%	② 1%	③ 21%	④ 4%	⑤ 67%

ㄱ. 인간행동은 내적 충동보다 외적 자극에 의해 동기화되며, 인간행동이나 성격은 인간이 환경적 자극에 반응하는 과정을 통해 형성된 결과물이다.
ㄴ. 변별자극은 특정한 반응이 보상받거나 혹은 보상받지 못할 것이라는 단서 혹은 신호로서 작용하는 자극을 말한다.
ㄷ. 정적 강화는 정적 강화물을 제시함으로써 특정 행동을 증가시키는 것이고, 부적 강화는 부적 강화물을 제거함으로써 특정 행동의 빈도를 증가시킨다.

행동주의 기법에 해당하지 않는 것은?

① 이완훈련기법
② 토큰경제기법
③ 정보처리기법
④ 자기주장훈련
⑤ 타임아웃기법

답 ③

✔ 응시생들의 선택

① 4%	② 7%	③ 77%	④ 9%	⑤ 3%

③ 정보처리기법은 인지이론에 해당한다. 행동주의 기법에는 이완훈련기법, 타임아웃, 토큰경제기법, 체계적 둔감법, 과잉교정기법, 반응대가기법, 혐오기법, 자기 주장훈련 등이 있다.

스키너(B. F. Skinner)의 이론에 관한 설명으로 옳은 것은?

① 인간행동은 내적인 동기에 의해 강화된다.
② 조작적 행동보다 반응적 행동을 중요시한다.
③ 인간행동에 대한 환경의 결정력을 강조한다.
④ 자기효율성을 성취하기 위해 행동을 규제한다.
⑤ 인간은 자신의 행동을 통제할 수 있는 힘을 가지고 있다.

답 ③

✅ 응시생들의 선택

① 11%	② 13%	③ 47%	④ 9%	⑤ 20%

① 인간행동은 외적 자극에 의해 동기화된다고 보았다.
② 반응적 행동은 파블로프의 고전적 조건화에 해당한다.
④ 반두라의 사회학습이론에 해당한다.
⑤ 인간의 행동은 스스로 통제하는 것이 아니라 환경에 의해 통제된다고 보았다.

스키너(B. F. Skinner) 이론에 관한 설명으로 옳지 않은 것을 모두 고른 것은?

ㄱ. 인간의 자유의지를 강조한다.
ㄴ. 인간행동은 예측과 통제가 불가능하다고 보았다.
ㄷ. 부적 강화는 특정 행동을 제거하는 데 목적이 있다.
ㄹ. 고정간격 스케줄은 특정한 반응이 나타날 때마다 강화를 주는 것이다.

① ㄱ, ㄴ, ㄷ
② ㄱ, ㄷ
③ ㄴ, ㄹ
④ ㄹ
⑤ ㄱ, ㄴ, ㄷ, ㄹ

답 ⑤

✅ 응시생들의 선택

① 12%	② 8%	③ 37%	④ 12%	⑤ 31%

ㄱ. 인간행동에 대한 환경의 결정력을 지나치게 강조한 점이나 자유의지나 개인의 자율성을 간과하였다는 점이 비판을 받았다.
ㄴ. 인간행동이 객관적으로 구체화되고 조작될 수 있는 환경에 의해 다양하게 통제된다고 주장하였다.
ㄷ. 정적 강화나 부적 강화 모두 특정 행동을 증가시키는 것에 목적이 있다.
ㄹ. 고정간격 강화계획은 강화들 사이의 시간 간격이 일정한 강화계획을 의미한다. 특정한 반응이 나타날 때마다 강화를 주는 것은 연속적 강화계획에 해당한다.

다음 상황이 설명하는 개념은?

스키너의 상자에서 흰쥐는 계속 움직이면서 환경탐색을 하다가 우연히 지렛대를 눌러 먹이가 먹이통에 떨어지는 것을 보고, 지렛대를 누르는 행동을 계속 하게 된다. 이때 먹이로 인하여 지렛대를 누르는 행동이 증가한다.

① 조작적 조건화
② 고전적 조건화
③ 모방
④ 소거
⑤ 처벌

답 ①

✅ 응시생들의 선택

① 86%	② 13%	③ 1%	④ 0%	⑤ 0%

① 조작적 조건화는 환경적 자극에 능동적으로 반응하여 원하는 결과를 얻기 위해 실행하는 자발적 행동(조작적 행동)을 설명하는 개념이다. 조작적이라는 용어는 유기체가 원하는 결과를 얻기 위해 선택적으로 환경에 작용하는 것을 의미한다.

선생님이 학생들의 자원봉사 활동을 높이기 위해 "자원봉사 활동을 하면 청소를 면제해주겠다"라고 약속하였다. 이는 다음 중 어떤 개념을 활용한 것인가?

① 변별자극
② 정적 강화
③ 부적 강화
④ 관찰학습
⑤ 자기규제

답 ③

✅ 응시생들의 선택

① 3%	② 27%	③ 60%	④ 1%	⑤ 9%

③ 바람직한 행동(자원봉사)을 했을 때 학생들이 싫어하는 대상물(청소)을 제거(-, 부적)해줌으로써 바람직한 행동이 증가(+, 강화)할 수 있게 하는 방법을 사용하고 있으므로 이는 부적 강화에 해당한다.

다음 내용이 **왜 틀렸는지**를 확인해보자

14-01-05

01 스키너 이론에 의하면 인간은 **자신의 행동을 통제할 수 있는 힘**을 가지고 있다.

> 스키너는 인간은 자신의 행동을 통제할 힘이 없고, 인간행동이 객관적으로 구체화되고 조작될 수 있는 환경에 의해 다양하게 통제된다고 주장하였다.

02 <u>소거</u>는 행동빈도를 감소하기 위해 좋은 자극을 제거하거나 혐오스러운 자극을 제시한다.

> 소거가 아닌 처벌에 대한 설명이다.
> 소거는 지나치게 강화된 행동에 대해 더 이상 강화를 주지 않음으로써 그 행동을 약화시키는 것이다.

03 과수원에서 한 바구니의 과일을 딸 때마다 보수로 5,000원씩 지급하는 것은 **가변간격 강화계획**에 해당한다.

> 가변간격 강화계획이 아닌 고정비율 강화계획에 해당한다. 고정비율 강화계획은 어떤 특정한 행동이 일정한 수만큼 일어났을 때 강화를 주는 것이다.

04 보상을 제공하여 행동의 결과로서 그 행동을 좀 더 자주 유지하도록 했다면 그 결과를 **처벌**이라고 한다.

> 보상을 제공하여 행동의 결과로서 그 행동을 좀 더 자주 유지하도록 했다면 그 결과를 강화라고 한다.

05 철수가 방청소를 하면 아이스크림을 주는 것은 **부적 강화**의 예이다.

> 철수가 방청소를 하면 아이스크림을 주는 것은 정적 강화의 예이다. 정적 강화는 즐거운 결과를 부여하여 행동 재현을 가져오게 하는 것이다. 반면, 부적 강화는 혐오스러운 결과를 제거함으로써 바람직한 행동 재현을 가져오는 것이다.

06 <u>스키너</u>의 이론은 인간의 행동을 자극과 반응의 관계에서 살펴보았다.

> 인간의 행동을 자극과 반응의 관계에서 살펴본 것은 파블로프의 고전적 조건화(반응적 조건화)에 해당한다.
> 스키너는 행동의 결과에 초점을 두어 조작적 조건화를 제시하였다.

19-01-01

07 스키너의 이론은 **인간행동이 내적 동기에 의해 강화됨**을 이해하는 데 공헌하였다.

> 스키너 이론은 다른 성격이론들과 달리 내적인 동기와 욕구, 지각에 초점을 두기보다는 구체적으로 관찰할 수 있는 행동에 초점을 둔다. 스키너의 이론은 인간행동은 내적 충동보다 외적 자극에 의해 동기화된다고 보았다.

11-01-22

08 공부하는 자녀에게 하루 중 세 번의 간식을 주기로 하고 아무 때나 간식을 제공한 것은 **고정비율 강화계획**이다.

> 하루 세 번 아무 때나 강화를 주는 것은 가변간격 강화계획에 해당한다.

빈칸에 들어갈 알맞은 말을 채워보자

15-01-07

01 행동주의 이론의 실천기법 중 (   )은/는 특정행동의 발생 빈도를 줄일 목적으로 이전의 강화를 철회하는 것으로서 부적 처벌의 원리를 이용한 것이다.

13-01-14

02 (   )은/는 특정한 반응이 나타날 때마다 강화를 주는 것이다.

09-01-14

03 강화계획에서 가장 높은 반응의 빈도를 지속적으로 유발하는 것은 (   ) 강화계획이다.

04 (   )은/는 특정 행동 뒤에 부정적이거나 혐오스러운 자극을 제시하여 해당 행동의 빈도를 감소시키는 것을 말한다.

05 학생 모두가 수업 시작 전에 강의실에 도착하면, 교수가 그날 과제를 면제해주는 것은 (   )의 예이다.

06 (   )은/는 특정한 반응이 보상받거나 혹은 보상받지 못할 것이라는 단서 혹은 신호로서 작용하는 자극을 말한다.

답 **01** 타임아웃 **02** 연속적 강화계획 **03** 가변비율 **04** 정적 처벌 **05** 부적 강화 **06** 변별자극

다음 내용이 옳은지 그른지 판단해보자

01 [18-01-14] 정적 강화와 부적 강화는 모두 행동의 빈도를 감소시킨다. ⓞ ⓧ

02 [14-01-05] 스키너 이론은 조작적 행동보다 반응적 행동을 중요시한다. ⓞ ⓧ

03 일차적 강화물은 다른 강화물과 함께 학습되어 강화물로 기능하는 것이다. ⓞ ⓧ

04 행동주의이론은 인간의 행동이 학습되거나 학습에 의해 수정될 수 있다고 보기 때문에 학습이론이라고도 한다. ⓞ ⓧ

05 행동주의이론에서 강화된 행동은 습관이 되고 이 습관이 성격의 일부가 된다고 보는데, 강화된 행동은 일반화 자극에 대한 변별능력이 적절하게 발달한 결과로 건전한 성격을 형성한다고 본다. ⓞ ⓧ

06 [11-01-22] 공부하는 자녀에게 1시간 간격으로 간식을 제공하는 것은 고정비율 강화계획에 해당한다. ⓞ ⓧ

07 인간행동에 대한 환경의 결정력을 지나치게 강조한 점이나 자유의지나 개인의 자율성을 간과한 점 등은 비판을 받고 있다. ⓞ ⓧ

08 [10-01-12] 반응률이 높은 강화계획순서는 가변비율, 고정비율, 가변간격, 고정간격 순이다. ⓞ ⓧ

09 로아가 동생과 싸우지 않고 사이좋게 잘 놀면, 엄마는 로아가 좋아하는 핫케이크를 구워주는 것은 정적 강화에 해당한다. ⓞ ⓧ

10 [06-01-11] 인간행동의 초점은 자극과 고전적 조건화보다는 행동의 결과와 조작적 조건화에 있다. ⓞ ⓧ

답 01 ⓧ 02 ⓧ 03 ⓧ 04 ⓞ 05 ⓞ 06 ⓧ 07 ⓞ 08 ⓞ 09 ⓞ 10 ⓞ

해설 **01** 정적 강화는 정적 강화물을 제시함으로써 행동의 빈도를 증가시키고, 부적 강화는 부적 강화물을 제거함으로써 행동의 빈도를 증가시킨다.
02 조작적 행동보다 반응적 행동을 중요시한 것은 파블로프의 고전적 조건화에 해당한다.
03 다른 강화물과 함께 학습되어 강화물로 기능하는 것은 이차적 강화물이다. 일차적 강화물은 다른 강화물과 연합하지 않은 보상 그 자체를 말한다.
06 일정한 시간 이후에 강화를 주었으므로 고정간격 강화계획에 해당한다.

010 반두라의 사회학습이론

강의 QR코드

1회독 월 일   **2회독** 월 일   **3회독** 월 일

최근 10년간 **10문항** 출제

복습 1 이론요약

사회학습이론의 특징

- 인간의 행동 또는 성격의 결정요인으로 사회적 요소를 중요하게 생각하며, 대부분의 학습은 <u>다른 사람의 행동을 관찰하고 모방한 결과</u>로 이루어진다고 본다.
- <u>인간의 주관성 및 능동성을 인정하는 상호작용론적 관점</u>이다.
- 인간행동은 발달단계나 고유한 특성에 의해서라기보다는 <u>자신이 처해 있는 상황과 그 상황에 대한 해석</u>에 의해 결정된다고 본다.
- 학습은 사람, 환경 및 행동의 상호작용에 의해서 이루어지며 환경적 자극에 반응하는 인간의 자기조절에 의해서 행동이 결정된다.
- <u>인간의 습관은 대부분 다른 사람을 관찰하고 모방</u>함으로써 배우는 것이며, 이러한 사회학습의 경험이 성격을 형성한다고 본다.

기본개념

인간행동과 사회환경
pp.125~

사회학습이론의 주요 개념

- 모델링·모방: 다른 사람의 행동을 관찰한 후 그 행동을 학습하여 따라하는 것을 의미한다.
- 자기조정·규제: 자기 자신의 행동에 영향력을 행사할 수 있는 개인의 능력을 의미하며, 자기수행, 자기판단, 자기반응 과정으로 구성된다.
- 자기강화: 자신이 통제할 수 있는 보상을 자기 자신에게 줌으로써 자기 행동을 개선 또는 유지하는 과정이다.
- 자기효능감: 자신이 특정한 행동을 성공적으로 수행할 수 있으며 긍정적인 결과를 도출할 수 있다는 믿음을 의미한다.
- 관찰학습: 인간이 단순한 환경적 자극에 대한 반응을 통하여 행동을 학습하는 것이 아니라 타인들의 행동을 관찰함으로써 학습한다는 것이다. <u>주의집중과정 – 보존과정 – 운동재생과정 – 동기과정의 순으로 진행</u>된다.

01 (22-01-10) 반두라 이론에서는 개인의 신념, 기대와 같은 인지적 요인을 중요시 하였다.

02 (22-01-10) 반두라 이론에서는 대리적 강화의 중요성을 강조하였다.

03 (21-01-08) 모델이 관찰자와 유사할 때 관찰자는 모델을 더욱 모방하는 경향이 있다.

04 (21-01-08) 자기가 통제할 수 있는 보상을 자신에게 줌으로써 행동을 유지시키거나 개선시킬 수 있다.

05 (21-01-08) 학습은 사람, 환경 및 행동의 상호작용에 의해 이루어진다.

06 (21-01-08) 관찰학습 과정: 주의집중과정 → 보존과정(기억과정) → 운동재생과정 → 동기화과정

07 (19-01-08) 반두라 이론은 특정행동을 성공적으로 수행할 수 있다는 신념을 강조한다.

08 (18-01-11) 자기강화란 자기 스스로 목표한 일을 달성하고 자신에게 강화물을 주어서 행동을 유지하고 변화해 나가는 과정이다.

09 (18-01-11) 자기효능감은 자신이 바라는 목적을 이루기 위해 특정 행동을 성공적으로 수행할 수 있다는 신념이다.

10 (18-01-11) 관찰학습은 단순한 환경적 자극에 대한 반응을 통하여 행동을 학습하는 것이 아니라 타인의 행동을 관찰함으로써 행동을 습득하는 것이다.

11 (18-01-11) 인간의 성격은 개인적, 행동적, 환경적 요소들 간의 지속적인 상호작용에 의하여 발달한다.

12 (17-01-10) 자기효능감의 형성요인으로는 사회적 모델이 제공하는 대리경험, 성공(성취)경험, 언어적 설득, 정서적 각성, 신체적·정신적 건강 등이 있다.

13 (16-01-09) 모델링, 관찰학습, 자기강화, 자기효능감 등은 반두라(A. Bandura)의 사회학습이론의 주요 개념이다.

14 (14-01-08) 반두라 이론에 의하면 모방(modeling)은 시연을 통해 행동을 습득할 수 있다.

15 (14-01-12) 관찰학습이란 반두라의 사회학습이론의 주요 개념으로서, 인간이 단순한 환경적 자극에 대한 반응을 통하여 행동을 학습하는 것이 아니라 타인들의 행동을 관찰함으로써 학습한다는 것이다.

16 (13-01-05) 반두라 이론에서 모방은 다른 사람의 행동을 관찰함으로써 학습하는 것을 의미한다.

17 (13-01-13) 반두라 이론에서 대리학습이란 타인의 행동에 대한 대리적 경험을 통한 행동의 변화를 말한다.

18 (11-01-12) 관찰학습의 과정은 주의집중, 기억(파지 혹은 보존), 운동재생, 그리고 동기(동기유발 혹은 동기화)의 네 단계로 진행된다.

19 (09-01-11) 반두라는 모방, 관찰학습, 자기효능감, 자기강화 등의 개념을 주장하였다.

20 (09-01-15) 반두라의 사회학습이론에 의하면 인간행동은 개인·행동·환경의 상호작용으로 발달한다.

21 (08-01-12) 반두라의 자기효능감 지표에는 언어적 설득, 대리경험, 성공경험, 생리적·정서적 상태 등이 있다.

22 (08-01-13) 반두라 이론은 인간의 행동이 사회적 요인에 의해서만 결정되는 것은 아니라고 본다.

23 (07-01-28) 반두라의 사회학습이론은 행동과 성격의 결정요인으로서 사회문화적 요인을 중요시한다.

24 (06-01-13) 반두라 이론에 의하면 대부분의 학습은 다른 사람의 행동을 관찰하고 모방한 결과로 일어난다.

25 (05-01-13) 반두라의 사회학습이론 중 모델행동의 상징적 표상을 적절한 행동으로 전환하는 과정은 운동재생과정이다.

26 (04-01-09) 반두라의 사회학습이론은 스스로 계기를 만들고 자기강화를 가능하게 하는 인간의 인지적 능력을 중요시한다.

27 (03-01-07) 반두라 이론에서 자기효능감이란 자신의 일 또는 특정 행동을 성공적으로 수행할 수 있다고 믿는 것을 말한다.

28 (02-01-08) 반두라 이론의 관찰학습 순서는 주의집중과정 – 보존과정(보유/기억/파지 과정) – 운동재생과정 – 동기과정이다.

29 (01-01-04) 사회학습이론에 의하면 인간은 행동을 모방하거나 사회학습 경험으로 성격을 형성한다.

대표기출 확인하기

반두라(A. Bandura)의 이론에 관한 설명으로 옳은 것을 모두 고른 것은?

> ㄱ. 개인의 신념, 기대와 같은 인지적 요인을 중요시 하였다.
> ㄴ. 대리적 강화(vicarious reinforcement)의 중요성을 강조하였다.
> ㄷ. 자기효능감을 높이는 가장 효과적인 방법으로 대리적 경험을 제시하였다.
> ㄹ. 외부로부터 주어지는 강화의 중요성을 강조하는 자기강화(self reinforcement)의 개념을 제시하였다.

① ㄱ
② ㄴ
③ ㄱ, ㄴ
④ ㄴ, ㄷ, ㄹ
⑤ ㄱ, ㄴ, ㄷ, ㄹ

▶ 알짜확인

- 다른 사람의 행동 관찰 및 모방, 인간의 능동성, 상호작용, 대리적 조건화 등의 키워드로 사회학습이론의 특징을 잡아두자.
- 반두라의 이론에서는 관찰학습의 과정을 살펴보는 것도 필수이다.

답 ③

✔ 응시생들의 선택

① 7%	② 13%	③ 22%	④ 23%	⑤ 35%

ㄷ. 반두라는 자기효능감 지표로서 실제수행, 대리경험, 언어적 설득, 생리적 단서 등 4가지를 제시하였다. 실제수행을 통한 성공경험이 가장 영향력 있는 자기효능감의 원천이라고 보았다.

ㄹ. 자기강화는 자신이 통제할 수 있는 보상을 자기 자신에게 줌으로써 자기 행동을 개선 또는 유지하는 과정이다.

관련기출 더 보기

반두라(A. Bandura)의 사회학습이론의 주요 개념으로 옳지 않은 것은?

① 모델이 관찰자와 유사할 때 관찰자는 모델을 더욱 모방하는 경향이 있다.
② 자신이 통제할 수 있는 보상을 자신에게 줌으로써 자기행동을 유지시키거나 개선시킬 수 있다.
③ 학습은 사람, 환경 및 행동의 상호작용에 의해 이루어짐을 강조한다.
④ 조작적 조건화에 의해 행동은 습득된다.
⑤ 관찰학습은 주의집중과정 → 보존과정(기억과정) → 운동재생과정 → 동기화과정을 통해 이루어진다.

답 ④

✔ 응시생들의 선택

① 10%	② 11%	③ 4%	④ 68%	⑤ 7%

④ 조작적 조건화는 유기체가 원하는 결과를 얻기 위해 자발적인 반응으로서 행동함을 설명하는 개념으로, 스키너는 쥐 실험을 통해 조작적 조건화의 개념을 제시하였다.

➕ 덧붙임

- 파블로프 = 반응적 조건화
- 스키너 = 조작적 조건화
- 반두라 = 대리적 조건화

반두라(A. Bandura)의 이론에 관한 설명으로 옳지 않은 것은?

① 학습은 사람, 환경 및 행동의 상호작용에 의해 이루어짐을 강조한다.
② 특정행동을 성공적으로 수행할 수 있다는 신념을 강조한다.
③ 개인이 지닌 인지적 요인의 영향력을 강조한다.
④ 관찰학습의 첫 번째 단계는 동기유발과정이며, 학습한 내용의 행동적 전환을 강조한다.
⑤ 인간은 스스로 자신의 행동을 강화할 수 있음을 강조한다.

답 ④

✔ 응시생들의 선택

① 3%	② 11%	③ 25%	④ 47%	⑤ 14%

④ 관찰학습의 과정은 '주의집중과정 → 보존과정 → 운동재생과정 → 동기화과정'으로 진행된다. 관찰학습의 첫 번째 단계인 주의집중과정은 모방할 행동에서 중요한 특징에 관심을 기울이고, 정확하게 지각하기 위해 노력한다. 두 번째 단계인 보존과정은 모방한 행동을 상징적인 형태로 기억 속에 담는 것을 말한다. 세 번째 단계인 운동재생과정은 모델을 모방하기 위해 심상 및 언어로 기호화된 표상을 외형적인 행동으로 전환하는 단계이다. 마지막 단계인 동기화과정은 관찰한 것을 적절하게 수행하도록 동기유발을 시켜 행동을 통제하는 과정을 말한다.

반두라(A. Bandura)가 설명한 자기효능감의 형성요인이 아닌 것은?

① 대리경험
② 언어적 설득
③ 정서적 각성
④ 행동조성
⑤ 성취경험

답 ④

✔ 응시생들의 선택

① 10%	② 50%	③ 20%	④ 17%	⑤ 3%

④ 자기효능감은 자신이 특별한 행동을 성공적으로 수행할 수 있으며 긍정적인 결과를 도출할 수 있다는 믿음을 의미한다. 자기효능감은 인간의 사고, 동기, 행위에 있어서 중요한 역할을 한다. 자기효능감의 형성요인으로는 사회적 모델이 제공하는 대리경험, 성공(성취)경험, 언어적 설득, 정서적 각성, 신체적·정신적 건강 등이 있다. 외적으로 환경 또는 행동을 조성하는 것은 자기효능감의 형성요인으로 볼 수 없다.

반두라(A. Bandura)의 사회학습이론의 주요 개념으로 옳지 않은 것은?

① 모델링
② 관찰학습
③ 자기강화
④ 자기효능감
⑤ 논박

답 ⑤

✔ 응시생들의 선택

① 1%	② 1%	③ 3%	④ 3%	⑤ 92%

⑤ 논박은 엘리스의 합리적 정서행동이론의 주요 개념에 해당한다. 반두라 이론의 주요 개념으로는 모델링, 인지, 자기조정, 자기강화, 자기효율성, 관찰학습 등이 있다.

반두라(A. Bandura)의 모방(modeling)에 관한 설명으로 옳지 않은 것은?

① 대리경험에 의한 학습을 말한다.
② 조작적 조건화에 의해 습득된다.
③ 시연을 통해 행동을 습득할 수 있다.
④ 각 단계마다 칭찬을 해주면 효과적이다.
⑤ 쉽고 간단한 것부터 습득하며 점차 어렵고 복잡한 것으로 진전된다.

답 ②

✔ 응시생들의 선택

① 4%	② 79%	③ 3%	④ 12%	⑤ 2%

② 스키너의 행동주의 이론에 해당하는 내용이다.

다음 사례와 관계있는 개념은?

> 철수는 친구가 학교규칙을 위반해 벌을 서는 것을 목격하고, 학교규칙을 준수하게 되었다.

① 소거
② 대리학습
③ 자기강화
④ 조작적 조건화
⑤ 고전적 조건화

답 ②

☑ 응시생들의 선택

① 4%	② 49%	③ 35%	④ 7%	⑤ 5%

② 반두라는 학습이 직접적인 강화보다 대리적 경험을 통해 이루어진다고 보았다. 대리학습이란 타인의 행동에 대한 대리적 경험을 통한 행동의 변화를 말한다.

중간고사에서 나쁜 성적을 받은 학생이 기말고사를 치를 때까지 스스로 인터넷게임을 중단하고 학업에 매진하기로 결심하였다. 이러한 행동을 설명하는 개념은?

① 행동조성(shaping)
② 자기강화(self-reinforcement)
③ 처벌(punishment)
④ 정적 강화(positive reinforcement)
⑤ 소거(extinction)

답 ②

☑ 응시생들의 선택

① 18%	② 64%	③ 5%	④ 4%	⑤ 9%

② 자기강화는 개인이 성취의 기준을 정하고 그 목표를 달성하거나 혹은 미치지 못하는 경우에 자신에게 보상 또는 벌을 내린다는 개념이다. 이 학생은 자신이 정한 기준에 미달하는 성적을 받고 자신에게 게임 중단이라는 처벌을 내렸으므로 자기강화에 해당한다.

반두라(A. Bandura)의 사회학습이론에 관한 설명으로 옳은 것은?

① 인간행동에서 외적 영향력보다 내적 영향력을 더 강조한다.
② 인간발달에서 인생 초기의 부정적 경험을 중요시 한다.
③ 인간행동 발달과 관련된 문화적 배경을 강조한다.
④ 인간행동 발달에서 연령별 단계를 제시하고 있다.
⑤ 인간행동은 개인·행동·환경의 상호작용으로 발달한다.

답 ⑤

☑ 응시생들의 선택

① 10%	② 3%	③ 6%	④ 2%	⑤ 79%

① 반두라는 인간행동이 외적 요인이나 내적 요인 중 어느 하나, 혹은 둘의 단순한 조합으로 결정되는 것은 아니라면서 상호결정론을 제시하였다.
② 특별히 인생 초기의 부정적 경험에 초점을 두지는 않았다.
③ 반두라는 개인의 인지, 환경, 행동 사이의 상호작용으로 파악하였기 때문에 특별히 문화적 배경을 강조한 것은 아니다.
④ 반두라는 행동발달을 이해함에 있어 단계론이 유용하지 않다고 보아 발달단계를 제시하지 않았다.

다음 중 반두라의 사회학습이론에 해당되지 않는 것은?

① 학습과정에서 보상을 중요시하였다.
② 학습과 실행을 서로 구분하였다.
③ 행동과 성격의 결정요인으로서 사회·문화적 요인을 중요시한다.
④ 관찰학습, 대리학습을 강조한다.
⑤ 인간을 능동적으로 사고하는 존재로 간주한다.

답 ①

☑ 응시생들의 선택

① 69%	② 8%	③ 10%	④ 7%	⑤ 6%

① 반두라는 인간의 행동이 보상이나 처벌의 조작결과로서 형성되는 것이 아니라 다른 사람의 행동을 관찰하고 모방한 결과로서 이루어진다고 보았다.

다음 내용이 **왜 틀렸는지**를 확인해보자

18-01-11

01 관찰학습은 <u>단순한 환경적 자극에 대한 반응</u>을 통하여 행동을 학습하는 것이다.

> 관찰학습은 단순한 환경적 자극에 대한 반응을 통하여 행동을 학습하는 것이 아니라 타인의 행동을 관찰함으로써 행동을 습득하는 것이다.

02 관찰학습의 과정 중 **보존과정**은 관찰한 것을 적절하게 수행하도록 동기유발을 시켜 행동을 통제하는 과정이다.

> 관찰한 것을 적절하게 수행하도록 동기유발을 시켜 행동을 통제하는 과정은 동기과정이다. 보존과정은 모방한 행동을 상징적인 형태로 기억 속에 담는 것을 말한다.

03 반두라는 아동의 도덕성 발달이 **보상과 처벌에 의해** 이루어진다고 보았다.

> 아동의 도덕성 발달이 보상과 처벌에 의해 이루어진다고 본 것은 스키너의 행동주의이론이다.

04 반두라 이론은 인간행동의 결정요인으로 **사회적 요소를 중요시하지 않는다.**

> 인간의 행동 또는 성격의 결정요인으로 사회적 요소를 중요하게 생각하며, 대부분의 학습은 다른 사람의 행동을 관찰하고 모방한 결과로 이루어진다고 본다.

05 반두라는 <u>인간의 주관성 및 능동성을 인정하지 않았다.</u>

> 반두라는 인간의 주관성 및 능동성을 인정하는 상호작용론적 관점을 취하고 있으며, 인간이 스스로 자신의 인지적 능력을 활용하여 사려 깊고 창조적인 사고를 함으로써 합리적 행동을 계획할 수 있는 능력이 있다고 하는, 즉 인지적 능력을 중시하였다.

06 반두라는 행동을 학습하는 데 있어서 스키너와 마찬가지로 **외적 강화 없이는 어떠한 행동의 학습이나 수정도 이루어질 수 없다고 보았다.**

> 반두라는 새로운 행동의 학습이 어떠한 외적 강화 없이도 이루어질 수 있다고 보았다.

14-01-12

07 반두라는 사회학습이론을 통해 **행동조성**, 관찰학습 등의 개념을 제시하였다.

> 행동조성은 스키너 이론에서 제시된 개념이다.

21-01-08

08 반두라의 사회학습이론은 **조작적 조건화**에 의해 행동이 습득된다고 보았다.

> 반두라의 사회학습이론은 대리적 조건화이다. 조작적 조건화는 스키너의 행동주의이론이다.

빈칸에 들어갈 알맞은 말을 채워보자

13-01-13

01 (　　　　　)(이)란 타인의 행동에 대한 대리적 경험을 통한 행동의 변화를 말한다.

02 사회학습이론은 인간행동이 개인·행동·환경이 서로 상호작용한 결과라고 보는 (　　　　　)을/를 취한다.

03 반두라는 인간은 자기수행, 자기판단, 자기반응의 과정을 따라 (　　　　　)을/를 하면서 자신의 행동에 영향을 행사한다고 보았다.

05-01-13

04 관찰학습과정 중 모델행동의 상징적 표상을 적절한 행동으로 전환하는 과정을 (　　　　　) 과정이라고 한다.

05 반두라는 행동의 결정에 있어서 환경 못지않게 (　　　　　)와/과 같은 내적 요인을 중요시 했는데, 이는 자신이 특정한 행동을 성공적으로 수행할 수 있다는 믿음을 말한다.

06 (　　　　　)은/는 자신이 통제할 수 있는 보상을 자기 자신에게 줌으로써 자기 행동을 개선 또는 유지하는 과정이다.

답 **01** 대리학습 **02** 상호결정론 **03** 자기조정 **04** 운동재생 **05** 자기효율성 **06** 자기강화

다음 내용이 옳은지 그른지 판단해보자

01 `21-01-08` 관찰학습은 운동재생과정 → 주의집중과정 → 보존과정(기억과정) → 동기화과정을 통해 이루어진다. ◉ ✕

02 사회학습이론은 사회적 환경이 인간에게 얼마나 많은 영향을 미치는가에 대한 인식을 증진시킨다. ◉ ✕

03 인간은 자기효율성을 성취하는 방향으로 행동을 유지할 수 있다. ◉ ✕

04 `09-01-15` 반두라는 인간행동 발달에서 연령별 단계를 제시하고 있다. ◉ ✕

05 인간행동의 근원은 같은 환경일지라도 개인 내적 특성에 따라서 자극에 반응하는 것이 달라질 수 있다고 본다. ◉ ✕

06 자기조정·규제는 자기 자신의 행동에 영향력을 행사할 수 있는 개인의 능력을 의미한다. ◉ ✕

07 반두라는 인간행동이 내적 충동보다 외적 자극에 의해 동기화된다고 보았다. ◉ ✕

08 인간은 내적 기준을 가지고 그 기준 이상으로 행동했을 때에는 스스로 보상하지만 그것에 미치지 못할 때에는 스스로 벌을 주면서 행동을 규제하고 조절해나간다. ◉ ✕

09 반두라는 스키너와는 달리 관찰학습에서 행동에 영향을 줄 수 있는 인지적 요소(자기강화와 자기효능감 등)의 중요성을 강조한다. ◉ ✕

10 사회복지실천에서 반두라의 모델링 개념은 아이를 적절하게 치료하는 데에 사용할 수 있으며, 부모는 이를 관찰할 수 있다. ◉ ✕

답 01 ✕ 02 ○ 03 ○ 04 ✕ 05 ○ 06 ○ 07 ✕ 08 ○ 09 ○ 10 ○

해설 **01** 관찰학습은 주의집중과정 → 보존과정(기억과정) → 운동재생과정 → 동기화과정을 통해 이루어진다.
04 반두라의 사회학습이론은 인간행동의 발달에서 연령별로 다르게 나타나는 인지수준을 고려하지 않았다는 비판을 받았다.
07 인간행동이 내적 충동보다 외적 자극에 의해 동기화된다고 본 것은 스키너이다.

011 콜버그의 도덕성 발달이론

강의 QR코드

1회독 월 일
2회독 월 일
3회독 월 일

최근 10년간 **3문항** 출제

복습 1 이론요약

도덕성 발달단계

기본개념

인간행동과 사회환경
pp.103~

▶ 전인습적 수준(4~9세 이전)

자기중심적이고 이기적인 **도덕적 판단이 특징**이며, 이 수준의 아동은 사회의 규범이나 기대, 즉 인습을 잘 이해하지 못한다. 일반적으로 9세 이전 연령은 전인습적 수준에 해당된다.

- 제1단계(타율적 도덕성): 벌과 복종에 의해 방향이 형성되는 도덕성
- 제2단계(개인적·도구적 도덕성): 자신에게 이익이 되는 정도에 따라 행동을 판단

▶ 인습적 수준(10세 이상의 아동, 청소년, 대다수의 사람)

인습적 수준의 사람들은 다른 사람의 견해와 입장을 이해할 수 있다. 10세 이상의 아동, 청소년, 대다수의 성인이 인습적 수준에 해당한다.

- 제3단계(개인 상호 간의 규준적 도덕성): 대인관계의 조화로서의 도덕성
- 제4단계(사회체계 도덕성): 법과 질서를 준수하는 것으로서의 도덕성

▶ 후인습적 수준(20세 이상의 소수만 도달함)

후인습적 수준의 도덕성은 **자신이 인정하는 도덕적 원리를 토대로 한 도덕성**으로, 사회규범을 이해하고 인정하지만, 법이나 관습보다는 개인의 가치기준에 우선순위를 두고 도덕적 판단을 한다.

- 제5단계(인권과 사회복지 도덕성): 사회계약 정신으로서의 도덕성
- 제6단계(보편적 원리, 일반윤리): 보편적 도덕원리에 대한 확신으로서의 도덕성

01 (20-01-12) 도덕성 발달이론의 전인습적 수준에서는 행동의 원인보다 결과에 따라 옳고 그름을 판단한다.

02 (17-01-09) 콜버그의 후인습적 수준의 도덕성은 인간의 존엄성과 양심에 따라 자율적이고 독립적 판단이 가능하다.

03 (13-01-11) 콜버그 이론은 남성만을 연구의 대상으로 삼은 한계가 있다.

04 (12-01-03) 콜버그 이론은 도덕적 사고를 지나치게 강조하고 도덕적 행동이나 감정을 무시한다는 평가를 받았다.

05 (11-01-05) 콜버그 이론에 의하면 도덕발달은 개인의 인지구조와 환경 간 상호작용의 결과이다.

06 (07-01-26) 콜버그의 도덕성 발달단계 중 남을 기쁘게 하고 인정받고자 하는 욕구에 기초해 사회적 기대에 복종하는 방식으로 도덕적 행위를 결정하는 단계는 3단계 수준의 도덕발달이다.

07 (04-01-17) 콜버그의 도덕성 발달단계 중 전인습적 도덕기(2단계)는 욕구충족 수단으로서의 도덕성의 단계이다.

대표기출 확인하기

20-01-12 난이도 ★★☆

콜버그(L. Kohlberg)의 도덕성 발달이론에 관한 설명으로 옳지 않은 것은?

① 법과 질서 지향 단계는 인습적 수준에 해당한다.
② 피아제(J. Piaget)의 도덕성 발달이론에 기초를 제공하였다.
③ 전인습적 수준에서는 행동의 원인보다 결과에 따라 옳고 그름을 판단한다.
④ 보편적 윤리 지향 단계에서는 정의, 평등 등 인권적 가치와 양심적 행위를 지향한다.
⑤ 도덕적 딜레마가 포함된 이야기를 아동, 청소년 등에게 들려주고, 이야기 속 주인공의 행동에 대한 도덕적 판단과 그 근거를 질문한 후 그 응답에 따라 도덕성 발달 단계를 파악하였다.

 알짜확인

• 도덕성 발달이론의 특징과 도덕성 발달단계를 이해해야 한다.

답 ②

✅ **응시생들의 선택**

① 13%	② 40%	③ 18%	④ 15%	⑤ 14%

② 콜버그는 피아제 학파의 전통을 이은 대표적 연구자로서 피아제의 도덕 추론연구를 청소년기와 성인기까지 확장했다.

➕ **덧붙임**

도덕성 발달단계의 주요 특징을 묻는 문제가 핵심을 이루고 있다. 이 외에도 콜버그 이론에 관한 전반적인 내용을 묻는 문제, 콜버그 이론에 대한 평가를 묻는 문제 등이 출제된 바 있다.

관련기출 더 보기

17-01-09 난이도 ★★☆

콜버그(L. Kohlberg)의 후인습적 수준의 도덕성에 관한 설명으로 옳은 것은?

① 일반윤리에 의해 자신의 이익에 따라 행동을 판단한다.
② 개인 상호간 대인관계의 조화를 바탕으로 행동한다.
③ 인간의 존엄성과 양심에 따라 자율적이고 독립적 판단이 가능하다.
④ 타인 중심에서 벗어나 개인의 욕구충족을 위해 행동한다.
⑤ 도덕적으로 옳고 법적으로도 타당할 때 충족된다.

답 ③

✅ **응시생들의 선택**

① 3%	② 10%	③ 63%	④ 3%	⑤ 21%

③ 후인습적 수준의 도덕성은 자신이 인정하는 도덕적 원리를 토대로 한 도덕성으로, 사회규범을 이해하고 인정하지만, 법이나 관습보다는 개인의 가치기준에 우선순위를 두고 도덕적 판단을 한다. 즉, 인간의 존엄성과 양심에 따라 자율적이고 독립적 판단이 가능하다.

콜버그(L. Kohlberg) 이론에 관한 설명으로 옳은 것은?

① 도덕성 발달은 아동기에 완성된다.
② 도덕성 발달단계의 순서는 가변적이다.
③ 남성만을 연구의 대상으로 삼은 한계가 있다.
④ 모든 사람이 도달하는 최종적 도덕단계는 동일하다.
⑤ 하위단계에 있는 사람도 상위단계의 도덕적 추론을 능동적으로 표현할 수 있다.

답 ③

✅ 응시생들의 선택

① 11%	② 11%	③ 44%	④ 7%	⑤ 28%

① 콜버그는 도덕성 발달 연구를 청소년기와 성인기까지 확장했으며, 아동기에 도덕성 발달이 완성되는 것은 아니다.
② 도덕성 발달은 순서대로 진행된다고 보았다.
④ 모든 사람이 도달하는 최종적 도덕단계는 동일하지 않다.
⑤ 콜버그의 이론은 상이한 도덕성 발달단계에서는 각기 다른 인지능력이 필요하다고 보았다. 따라서 하위단계에 있는 사람이 상위단계의 도덕적 추론을 위해 필요한 인지능력에 도달하기는 어렵다고 보았다.

콜버그(L. Kohlberg) 이론의 평가로 옳지 않은 것은?

① 모든 문화권에 보편적으로 적용하기에는 한계가 있다.
② 여성이 남성보다 도덕수준이 낮다는 성차별적 관점을 지닌다.
③ 인간의 자유의지를 부정하고 환경의 자극에 반응하는 존재로 본다.
④ 도덕적 행동에 영향을 미치는 여러 상황적 요인을 고려하지 않는다.
⑤ 도덕적 사고를 지나치게 강조하고 도덕적 행동이나 감정을 무시한다.

답 ③

✅ 응시생들의 선택

① 2%	② 30%	③ 48%	④ 9%	⑤ 11%

③ 성격이나 행동형성 과정에서 인간을 환경의 영향을 일방적으로 받는 수동적 존재로 인식한 것은 파블로프와 스키너의 이론에 해당하는 설명이다. 콜버그의 도덕성 이론에서는 도덕성 발달이 개인의 인지구조와 환경 간의 상호작용의 결과이며 인간을 합리적으로 사고하는 존재로 보았다.

콜버그(L. Kohlberg)의 이론에 관한 설명으로 옳지 않은 것은?

① 도덕발달은 개인의 인지구조와 환경 간 상호작용의 결과이다.
② 도덕적 판단에 위계적 단계가 있음을 강조한다.
③ 남성은 권리와 규칙, 여성은 책임감을 중시하는 형태로 도덕발달이 이루어진다.
④ 개인이 도달하는 최종 도덕발달단계는 다를 수 있다.
⑤ 아동은 동일한 발달단계 순서를 거친다.

답 ③

✅ 응시생들의 선택

① 3%	② 4%	③ 46%	④ 7%	⑤ 40%

③ 콜버그는 남성만을 대상으로 연구결과를 제시하였는데, 길리건(Gilligan)은 실제 여성은 남성과 다른 도덕적 관점을 갖는다는 점에서 이러한 콜버그 이론에는 문제가 있다고 비판한 바 있다. 따라서 남성만을 연구한 콜버그가 남성과 여성의 도덕발달 차이를 이론에 다룬 것처럼 제시된 지문은 옳지 않다.

콜버그의 도덕성 발달단계 중 남을 기쁘게 하고 인정받고자 하는 욕구에 기초해 사회적 기대에 복종하는 방식으로 도덕적 행위를 결정하는 단계는?

① 1단계 수준의 도덕발달
② 2단계 수준의 도덕발달
③ 3단계 수준의 도덕발달
④ 4단계 수준의 도덕발달
⑤ 5단계 수준의 도덕발달

답 ③

✅ 응시생들의 선택

① 4%	② 18%	③ 68%	④ 7%	⑤ 3%

③ 도덕성 판단에 있어 타인의 의견을 중요시하며, 타인을 기쁘게 하는 것이 선이라고 생각하는 단계는 인습적 수준인 3단계 도덕성 발달단계이다.

다음 내용이 왜 틀렸는지를 확인해보자

13-01-11

01 콜버그 이론에서 도덕성 발달은 아동기에 완성된다.

> 콜버그는 도덕성 발달 연구를 청소년기와 성인기까지 확장했으며, 아동기에 도덕성 발달이 완성되는 것은 아니다.

12-01-03

02 콜버그 이론은 인간의 자유의지를 부정하고 환경의 자극에 반응하는 존재로 본다.

> 콜버그 이론에서는 도덕성 발달이 개인의 인지구조와 환경 간의 상호작용의 결과이며, 인간을 합리적으로 사고하는 존재로 보았다.

03 후인습적 수준의 도덕성 발달단계는 자기중심적이고 이기적인 도덕적 판단이 특징이며, 이 수준의 아동은 사회의 규범이나 기대, 즉 인습을 잘 이해하지 못한다.

> 자기중심적이고 이기적인 도덕적 판단이 특징이며, 사회의 규범이나 기대, 즉 인습을 잘 이해하지 못하는 단계는 전인습적 수준의 도덕성 발달단계이다.

04 콜버그는 대부분의 사람들이 도덕성 발달단계의 최고 단계인 6단계에 도달할 수 있다고 보았다.

> 콜버그는 6단계 수준의 도덕적 사고에 도달하는 사람은 드물다고 보았다.

11-01-05

05 콜버그 이론에 의하면 남성은 권리와 규칙, 여성은 책임감을 중시하는 형태로 도덕발달이 이루어진다.

> 콜버그는 남성만을 대상으로 연구결과를 제시하였으며, 남성과 여성의 도덕발달 차이를 이론에서 다루지 않았다.

빈칸에 들어갈 알맞은 말을 채워보자

01 남을 기쁘게 하고 인정받고자 하는 욕구에 기초해 사회적 기대에 복종하는 방식으로 도덕적 행위를 결정하는 단계는 (　　　　　) 수준의 도덕성 발달단계이다.

02 벌과 복종에 의해 방향이 형성되는 도덕성 단계는 (　　　　　) 수준의 도덕성 발달단계이다.

03 법을 초월하는 어떤 추상적이고 보편적인 원리에 대한 보다 명확한 개념이 이루어지는 단계는 (　　　　　) 수준의 도덕성 발달단계이다.

> **답** **01** 3단계　**02** 1단계　**03** 6단계

다음 내용이 옳은지 그른지 판단해보자

01 콜버그 이론의 도덕성 발달단계의 순서는 가변적이다.　　　◎ ⊗

02 도덕적 사고를 지나치게 강조하고 도덕적 행동이나 도덕적 감정은 무시했다는 비판을 받았다.　　◎ ⊗

03 후인습적 수준의 도덕적 추론을 위해서는 형식적·조작적 사고가 필요하다.　　◎ ⊗

22-01-17
04 영아기(0~2세)는 콜버그의 전인습적 도덕기에 해당한다.　　◎ ⊗

> **답** **01** ✕　**02** ○　**03** ○　**04** ✕

> (해설) **01** 도덕성 발달은 순서대로 진행된다고 보았다.
> **04** 콜버그의 전인습적 도덕기는 4~9세이다.

4장

장

인본주의이론

이 장에서는

매슬로우의 욕구이론과 로저스의 현상학이론을 학습한다. 매슬로우의 욕구 5단계(생-안-사-존-실)를 꼭 기억해 두고, 인간의 주관적 경험을 강조한 로저스 이론의 주요 특징을 정리해두자.

10년간 출제분포도

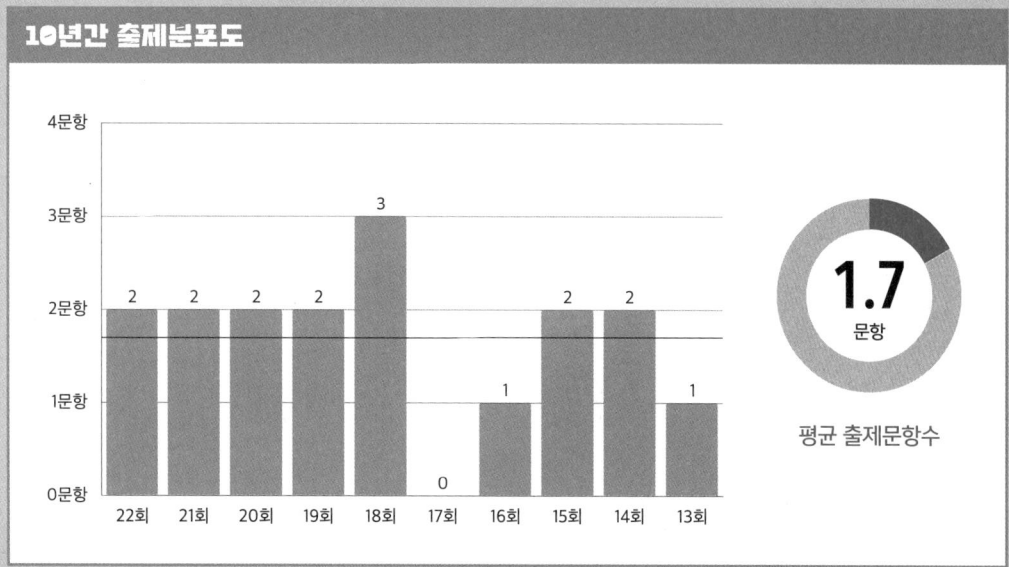

회차	출제문항수
22회	2
21회	2
20회	2
19회	2
18회	3
17회	0
16회	1
15회	2
14회	2
13회	1

1.7문항
평균 출제문항수

012 매슬로우의 욕구이론

강의 QR코드

1 회독	2 회독	3 회독
월 일	월 일	월 일

최근 10년간 **7문항** 출제

복습 1 이론요약

욕구이론의 특징

- **인간의 본성은 선하며**, 더불어 자기실현을 긍정적인 과정으로 갈망한다.
- 인간은 선천적으로 **자기실현을 이루고자 하는 노력 혹은 경향**이 있다.
- 소수의 사람만이 자기실현에 완전히 도달한다.
- 자기실현의 욕구 외에 인간은 본능적 욕구를 가지고 태어난다.
- 심리적인 성장과 건강에 대한 잠재력은 **인간이 세상에 태어날 때부터 이미 갖추어져 있는 것**이다.

기본개념

인간행동과 사회환경
pp.136~

욕구의 형태와 체계

▶ **욕구의 형태**

- 제1형태의 욕구(기본적 욕구 또는 결핍성의 욕구): 음식·물·쾌적한 온도, 신체의 안전, 애정, 존경 등의 욕구가 해당된다.
- 제2형태의 욕구(성장 욕구 또는 자기실현 욕구): 잠재능력, 기능, 재능을 발휘하려는 욕구를 말한다.

▶ **욕구의 체계**

- **생리적인 욕구**: 음식, 물, 산소, 배설 등 생존과 직접적으로 관련되어 있는 명백한 욕구이다.
- **안전에 대한 욕구**: 안전, 안정, 보호, 질서, 불안과 공포로부터의 해방 등 신체적 안전과 심리적 안정이 모두 다 포함된다.
- **소속과 애정에 대한 욕구**: 친구나 애인, 배우자, 자녀 등이 필요해지고, 이웃이나 직장 등에도 소속되고 싶어지는 것이 이에 해당한다.
- **자기존중에 대한 욕구**: 자기 자신과 다른 사람에게 존경받고 싶은 욕구이다.
- **자기실현의 욕구**: 자기실현 욕구의 결과로서 창조하고 학습하는 일에 정성을 쏟게 된다.

자기실현 욕구를 충족한 사람의 특징

- 사람과 환경을 정확하고 객관적으로 지각한다.
- 자기 자신과 타인들을 있는 그대로 받아들이며 관대하다.
- 자연스럽고, 자율적이며 창의적이다.

- 모든 인간에 대한 공감과 애정을 가지고 있다.
- 좋은 유머감각이 있다.
- 대인관계가 깊고 풍부하다.
- 민주적인 성격을 가진다.
- 자기중심적이지 않고 외부의 문제에 대한 관심이 크다.

기출문장 CHECK

01 (22-01-01) 매슬로우 이론은 인간의 욕구를 파악할 수 있는 근거를 마련하였다.

02 (21-01-07) 매슬로우는 인간에 대해 희망적이고 낙관적인 관점을 갖는다.

03 (21-01-07) 매슬로우는 인간은 자아실현을 이루려고 노력하는 존재라고 보았다.

04 (21-01-07) 매슬로우는 인간은 삶을 유지하려는 동기와 삶을 창조하려는 동기를 갖는다고 보았다.

05 (21-01-07) 매슬로우는 일반적으로 욕구 위계서열이 높을수록 욕구의 강도가 낮다고 보았다.

06 (20-01-10) 매슬로우의 욕구단계 중 자존감의 욕구는 소속과 사랑의 욕구보다 상위단계의 욕구이다.

07 (19-01-11) 매슬로우의 욕구이론에 의하면 인간의 욕구는 강도와 중요도에 따라 위계적으로 구성되어 있다.

08 (18-01-07) 매슬로우에 의하면 인간의 욕구는 자신을 성장하도록 동기부여 한다.

09 (15-01-05) 안전의 욕구에는 보호, 의존, 질서, 구조의 욕구가 있다.

10 (14-01-11) 매슬로우의 욕구단계이론은 클라이언트의 욕구를 사정하는 데 유용하다.

11 (13-01-08) 매슬로우 이론에 의하면 자아실현자는 사람과 주변환경을 객관적이고 명확하게 지각한다.

12 (11-01-23) 매슬로우 이론에 의하면 창조성이란 누구에게나 잠재해 있기 때문에 특별한 자질이나 능력을 요구하지 않는다.

13 (10-01-14) 매슬로우의 인본주의는 지나친 획일성으로 인해 개인의 차이나 상황을 고려하지 않았다는 비판을 받았다.

14 (09-01-13) 매슬로우 이론에 의하면 상위욕구는 하위욕구가 일정부분 충족되었을 때 나타날 수 있다.

15 (07-01-09) 매슬로우 이론에서 소속과 애정의 욕구는 생리적 욕구와 안정의 욕구가 충족되고 나서 충족된다.

16 (06-01-15) 매슬로우 이론 중 배우자를 만나 결혼하여 가정을 이루고자 하는 욕구는 소속감과 애정의 욕구이다.

17 (05-01-15) 매슬로우 이론에서 욕구는 강도와 중요성에 따라서 서열화된다.

18 (04-01-12) 매슬로우 이론에서 성장욕구는 자기실현욕구이다.

19 (03-01-11) 매슬로우 이론의 자아실현욕구를 충족한 사람은 독창적이고 창조적이다.

20 (01-01-05) 매슬로우의 욕구단계 중 안전에 대한 욕구 다음 단계의 욕구는 소속과 애정에 대한 욕구이다.

대표기출 확인하기

21-01-07 난이도 ★★☆

매슬로우(A. Maslow)의 이론으로 옳지 않은 것은?

① 인간에 대해 희망적이고 낙관적인 관점을 갖는다.
② 자아존중감의 욕구는 욕구 위계에서 가장 높은 단계이다.
③ 일반적으로 욕구 위계서열이 높을수록 욕구의 강도가 낮다.
④ 인간은 삶을 유지하려는 동기와 삶을 창조하려는 동기를 가진다.
⑤ 인간은 자아실현을 이루려고 노력하는 존재이다.

 알짜확인

• 매슬로우가 가진 인간관을 비롯해 주요 특징을 파악해두자.
• 욕구단계를 위계에 따라 정리하고 각 단계별 욕구가 무엇을 의미하는지도 중요하다.
• 자기실현 욕구는 모두에게서 나타나는 것은 아니라는 점에 주의하면서 자기실현 욕구를 충족한 사람의 특징도 살펴두자.

답 ②

✓ 응시생들의 선택

① 6%	② 65%	③ 19%	④ 8%	⑤ 2%

② 매슬로우의 욕구위계에서 가장 높은 단계는 자아실현의 욕구이다.

관련기출 더 보기

19-01-11 난이도 ★★☆

매슬로우(A. Maslow)의 욕구이론에 관한 설명으로 옳지 않은 것은?

① 생리적 욕구는 가장 하위단계에 있는 욕구이다.
② 극소수의 사람들만이 자아실현을 달성할 수 있다.
③ 자아실현의 욕구는 가장 상위단계에 있는 욕구이다.
④ 상위단계의 욕구는 하위단계의 욕구가 완전히 충족된 이후에 나타난다.
⑤ 인간의 욕구는 강도와 중요도에 따라 위계적으로 구성되어 있다.

답 ④

✓ 응시생들의 선택

① 2%	② 17%	③ 0%	④ 55%	⑤ 26%

④ 욕구단계 이론은 낮은 단계의 욕구가 어느 정도 충족되어야 더 높은 단계의 욕구를 의식하거나 동기가 부여된다고 가정한다. 그러나 상위 욕구가 출현하기 전에 하위 욕구가 100% 충족되어야 하는 것은 아니다.

15-01-05 난이도 ★★★

매슬로우(A. Maslow)의 욕구단계에 관한 설명으로 옳지 않은 것은?

① 생리적 욕구 – 음식, 수면, 성의 욕구
② 안전의 욕구 – 보호, 의존, 질서, 구조의 욕구
③ 소속감과 사랑의 욕구 – 친분, 우정, 존경의 욕구
④ 자존감의 욕구 – 능력, 신뢰감, 성취, 독립의 욕구
⑤ 자아실현의 욕구 – 자발성, 포부실현, 창조성의 욕구

답 ③

✓ 응시생들의 선택

① 4%	② 11%	③ 33%	④ 41%	⑤ 11%

③ 존경의 욕구는 다른 사람에게 존경받고 싶어하거나 자기 자신을 존중하고자 하는 욕구를 말한다. 보통 자기존중의 욕구, 자존감의 욕구로 표현되고 있다.

매슬로우(A. Maslow)의 욕구단계이론이 사회복지실천에 미친 영향으로 옳은 것은?

① 클라이언트의 문제행동 수정에 유용하다.
② 클라이언트의 욕구를 사정하는 데 유용하다.
③ 중년기 이후에 발생하는 노화현상을 이해하는 데 유용하다.
④ 클라이언트에게 무조건적인 긍정적 관심을 갖는 데 유용하다.
⑤ 클라이언트의 생애발달 단계를 사정하고 개입의 유형을 결정하는 데 유용하다.

답 ②

✔ 응시생들의 선택

① 19%	② 54%	③ 10%	④ 10%	⑤ 7%

① 클라이언트의 문제행동 수정에 중점을 두는 것은 행동주의이론이다.
③ 중년기 이후를 강조한 것은 융의 분석심리이론이다.
④ 무조건적인 긍정적인 관심을 강조한 것은 로저스의 현상학적 성격이론이다.
⑤ 매슬로우는 욕구체계 5단계를 제시했으며, 생애발달단계는 제시하지 않았다.

매슬로우(A. Maslow)의 자아실현자의 특성에 관한 설명으로 옳은 것을 모두 고른 것은?

> ㄱ. 관대하고 타인을 수용한다.
> ㄴ. 개방적이고 솔직하며 자연스럽다.
> ㄷ. 자율적이고 실수를 두려워하지 않는다.
> ㄹ. 사람과 주변환경을 객관적이고 명확하게 지각한다.

① ㄱ, ㄴ, ㄷ   ② ㄱ, ㄷ
③ ㄴ, ㄹ   ④ ㄹ
⑤ ㄱ, ㄴ, ㄷ, ㄹ

답 ⑤

✔ 응시생들의 선택

① 17%	② 4%	③ 33%	④ 3%	⑤ 43%

모두 매슬로우 이론의 자아실현자의 특성에 해당한다.

매슬로우(A. Maslow)의 이론에 관한 설명으로 옳지 않은 것은?

① 인간의 본성은 본질적으로 선하다고 전제한다.
② 다섯 가지 욕구는 동시에 일어날 수 없다고 전제한다.
③ 위계서열이 낮은 욕구일수록 강도와 우선순위가 높다.
④ 연령에 따른 욕구발달단계를 구체적으로 제시하였다.
⑤ 창조성이란 누구에게나 잠재해 있기 때문에 특별한 자질이나 능력을 요구하지 않는다.

답 ④

✔ 응시생들의 선택

① 1%	② 3%	③ 4%	④ 83%	⑤ 8%

④ 행동주의이론(파블로프, 스키너, 반두라)과 인본주의이론(매슬로우, 로저스)에서는 연령에 따른 발달단계를 제시한 바 없다.

➕ 덧붙임

매슬로우 이론에서는 인간관, 욕구위계, 자기를 실현한 사람의 특성을 묻는 문제가 주로 출제되고 있다. 이론의 전반적인 사항을 모두 꼼꼼하게 정리해야 한다.

매슬로우(A. Maslow)의 인본주의에 관한 비판으로 옳지 않은 것은?

① 연령에 따른 욕구의 발달단계를 구체적으로 설명하지 않았다.
② 지나친 획일성으로 인해 개인의 차이나 상황을 고려하지 않았다.
③ 사회의 가치에 따라 욕구계층의 순서가 바뀔 수도 있음을 간과하였다.
④ 건전하고 창조적인 인간을 지나치게 강조함으로써 내적인 측면의 영향을 무시하였다.
⑤ 유기체적 평가과정, 완전히 기능하는 인간 등의 개념이 추상적이고 모호하다는 비판을 받았다.

답 ⑤

✔ 응시생들의 선택

① 5%	② 9%	③ 15%	④ 39%	⑤ 32%

⑤ 유기체적 평가과정, 완전히 기능하는 인간 등은 매슬로우가 아니라 로저스가 제시한 개념이다.

다음 내용이 **왜 틀렸는지**를 확인해보자

`20-01-10`

01 매슬로우는 무조건적인 긍정적 관심을 강조하였다.

> 무조건적인 긍정적 관심을 강조한 학자는 로저스이다.

`14-01-11`

02 매슬로우의 욕구단계이론은 클라이언트의 생애발달단계를 사정하고 개입의 유형을 결정하는 데 유용하다.

> 매슬로우는 욕구체계 5단계를 제시했으며, 생애발달단계는 제시하지 않았다.

---

03 매슬로우는 **모든 욕구가 동시에 생긴**다고 보았다.

> 매슬로우는 모든 욕구가 동시에 생기지는 않는다고 보았다. 어느 한 시기에는 하나의 욕구만이 우세하게 되며, 그것이 어떠한 욕구인가는 다른 욕구가 충족되었느냐 그렇지 않느냐에 따라 결정된다.

---

04 매슬로우의 욕구이론에 의하면 욕구위계에서 **상위 욕구일수록 충족비율이 상대적으로 높다.**

> 매슬로우의 욕구이론에 의하면 욕구위계에서 상위 욕구일수록 충족비율이 상대적으로 낮다.

`09-01-13`

05 **자아실현의 욕구**는 인간의 모든 욕구 가운데 가장 강력한 욕구이다.

> 생리적인 욕구는 인간의 모든 욕구 가운데 가장 강력한 욕구이다.

`06-01-15`

06 배우자를 만나 결혼하여 가정을 이루고자 하는 욕구는 **자기존중에 대한 욕구**이다.

> 배우자를 만나 결혼하여 가정을 이루고자 하는 욕구는 소속감과 애정의 욕구이다.

빈칸에 들어갈 알맞은 말을 채워보자

01 매슬로우는 인간행동의 동기를 ( )(이)라고 보았다.

02 ( )은/는 개인이 모든 능력을 최대한 개발하고 사용하고자 하는 것이며, 모든 소질과 재능을 발휘하고자 하는 것이다.

03 심리적 건강을 유지하고 완전한 성장을 이루려면 제2형태의 욕구인 ( )의 욕구를 만족시켜야 한다.

04 생리적 욕구와 안전 욕구가 어느 정도 충족되면, 동반자와 가족에 대한 욕구가 생겨 남들과 어울리고, 애정을 나누고 싶어하는 ( )의 욕구가 생겨난다.

`20-01-10`

05 소속과 사랑의 욕구보다 상위단계의 욕구는 ( )의 욕구이다.

 01 욕구   **02** 자기실현   **03** 자기실현(또는 성장)   **04** 소속감과 사랑   **05** 자기존중(자존감)

다음 내용이 옳은지 그른지 판단해보자

`18-01-07`

01 안전의 욕구는 소속과 사랑의 욕구보다 상위단계의 욕구이다.

`20-01-10`

02 매슬로우는 인간본성에 대해 낙관적인 태도를 갖고 있다.

`03-01-11`

03 자아실현의 욕구를 충족한 사람은 신비의 체험, 즉 절정의 경험을 한다.

04 기본적인 욕구가 충족되지 않은 채 장기화되면 그 욕구에 대한 갈망이 감퇴하기도 하지만 심리적 역기능을 일으키기도 한다.

05 상위 욕구가 출현하기 위해서는 하위 욕구가 100% 충족되어야 한다.

답 **01** ✕   **02** ○   **03** ○   **04** ○   **05** ✕

해설 **01** 안전의 욕구는 소속과 사랑의 욕구보다 하위단계의 욕구이다.
05 하위 욕구가 100% 충족되어야 하는 것은 아니다. 하위 욕구가 어느 정도 충족되면 다음 단계의 욕구에 대한 동기가 일어난다고 보았다.

013 로저스의 현상학이론

강의 QR코드

1 회독　월　일 ┃ 2 회독　월　일 ┃ 3 회독　월　일

최근 10년간 **10문항** 출제

복습 1 이론요약

현상학이론의 특징

- 인간은 본래 특정한 성격 유형을 갖고 태어나는 것이 아니라, **다양한 주관적인 경험들을 통해 자신을 형성**한다.
- 인간은 삶의 경험에 따라 각 개인의 성격이 달라질 수 있다.
- 인간행동은 **개인이 세계를 지각하고 해석한 결과**로 보았다.
- 개인이 현상을 어떻게 경험하고 느끼는지, 개인이 현실을 지각하는 방식에 초점을 두었다.
- **개인의 주관적 경험의 중요성을 강조**하였다.
- 인간행동의 근원을 자기실현의 욕구로 보았다.

기본개념

강의로 읽는 **기본개념**

인간행동과 사회환경
pp.146~

현상학이론의 주요 개념

- 현상학적 장: 경험적 세계를 말하며, 같은 현상이라도 이를 경험하고 느끼는 방식에 차이가 있다고 본다.
- 자기(self): 자신에 대해 갖고 있는 조직적이고 지속적 인식을 말하며, 현재 자신이 어떤 존재인가에 대한 개인의 개념을 의미한다.
- 통합된 유기체: 인간을 개인의 사상, 행동 및 신체의 존재 모두를 포함하는 전체로서의 통합적 존재로 보았다.
- 자기실현 경향성: 인간은 자신을 유지하고 향상시키는 방향으로 자신이 지닌 모든 능력을 개발하려는 강한 성향을 가지고 있다고 보았다.

완전히 기능하는 사람의 특징

- 자기의 잠재력을 인식하고 능력과 자질을 발휘하며, 자신에 대해 완벽히 이해하고 경험을 풍부하게 하는 방향으로 나아가는 사람이다.
- 완전히 기능한다는 것은 자기실현을 위한 노력으로서 진정한 자기 자신이 된다는 의미이다.
- 경험에 대해 개방적이고, 실존적인 삶을 살며, 자신의 유기체에 대해 신뢰한다.
- 창조성이 있으며, 자기가 선택한 인생을 자유스럽게 살아가는 특징을 보인다.
- 의미 있는 타인으로부터 무조건적인 긍정적 관심을 경험한 사람이다.

현상학이론과 사회복지실천

- 원조관계에서 비위협적인 환경, **비심판적 태도**, **공감과 진실성**, **무조건적 긍정적 관심**, 클라이언트의 존엄성과 **자기 결정권** 등을 강조하였다.
- **비지시적 치료**를 특징으로 하는 클라이언트 중심 모델로 발전하였다.

기출문장 CHECK

01 (22-01-05) 로저스는 자기실현 경향성 개념을 제시하였다.

02 (22-01-08) 로저스는 자기실현을 완성하는 사람의 특성을 완전히 기능하는 사람이라는 용어로 제시하였다.

03 (22-01-08) 로저스는 클라이언트에 대한 공감적 이해의 중요성을 강조하였다.

04 (22-01-08) 로저스는 주관적이고 사적인 경험 세계를 강조하였다.

05 (22-01-08) 로저스는 인간을 긍정적이며 창조적인 존재로 보았다.

06 (21-01-12) 로저스는 인간의 주관적 경험을 강조한다.

07 (21-01-12) 로저스는 인간은 자아실현 경향을 가지고 있다고 보았다.

08 (21-01-12) 완전히 기능하는 사람은 자신의 경험에 개방적이다.

09 (20-01-09) 로저스는 인간의 주관적 경험을 강조하였다.

10 (20-01-09) 로저스의 이론은 인간을 통합적 존재로 규정하였다.

11 (19-01-10) 로저스의 이론은 개입과정에서 상담가의 진실성 및 일치성을 강조하였다.

12 (19-01-10) 로저스는 무조건적 긍정적 관심과 수용을 강조하였다.

13 (19-01-10) 로저스는 인간 본성이 지닌 낙관적이고 긍정적인 측면을 강조하였다.

14 (19-01-10) 로저스는 자아실현 하는 사람을 완전히 기능하는 인간이라는 용어로 정리하였다.

15 (18-01-02) 로저스는 공감적 상담, 비지시적인 상담의 중요성을 강조한다.

16 (18-01-02) 로저스는 원조관계에서 비심판적 태도를 강조한다.

17 (18-01-02) 로저스의 이론은 클라이언트 자기결정권의 중요성을 강조한다.

18 (18-01-08) 로저스는 인간을 합목적적이며 건설적인 존재로 보았다.

19 (18-01-08) 완전히 기능하는 사람은 자신의 경험에 대해 개방적이다.

20 (18-01-08) 로저스의 이론에 의하면 무조건적인 긍정적 관심은 건강한 성격 발달을 위한 중요한 요소이다.

21 (17-01-08) 로저스 – 인본주의이론 – 완전히 기능하는 사람, 현상학적 장

22 (16-01-03) 로저스의 인본주의이론은 인간 본성의 긍정적인 측면과 자아개념의 중요성을 강조한다.

23 (15-01-02) 로저스의 이론은 클라이언트에 대한 비심판적인 태도의 중요성을 인식하는 데 유용하다.

24 (14-01-09) 로저스의 현상학이론에서 '완전히 기능하는 사람'은 창조성, 경험에 대한 개방성, 실존적인 삶, 선택과 행동의 자유 의식 등의 특성을 갖고 있다.

25 (12-01-10) 로저스는 인간의 주관적 경험을 강조한다.

26 (11-01-15) 로저스 이론에서는 원조관계에서 클라이언트가 자신의 세계를 다룰 수 있도록 지지한다.

27 (10-01-15) 로저스 이론에 의하면 인간은 통합적 유기체이므로 전체론적 관점에서 접근해야 한다.

28 (08-01-16) 주관적 경향, 긍정적 존재 등은 로저스 이론의 주요 개념이다.

29 (07-01-23) 칼 로저스의 현상학적 이론은 클라이언트의 자기결정권을 존중한다.

30 (05-01-14) 로저스의 현상학적 이론에서 완전한 기능을 하는 사람은 창조적인 삶, 경험에 대한 개방성, 자신의 유기체가 선택한 방향에 대한 신뢰, 선택과 행동의 자유의지 등의 특징을 갖는다.

31 (04-01-11) 로저스 이론에 의하면 인간은 개인의 내적 준거틀에 따라 세계를 지각한다.

32 (02-01-08) 무조건적인 긍정적 관심은 로저스 이론의 주요 개념이다.

대표기출 확인하기

로저스(C. Rogers) 이론에 관한 설명으로 옳지 않은 것은?

① 개인의 잠재력 실현을 위하여 조건적 긍정적 관심의 제공이 중요함을 강조하였다.
② 자기실현을 완성하는 사람의 특성을 완전히 기능하는 사람(fully functioning person)이라는 용어로 제시하였다.
③ 클라이언트에 대한 공감적 이해의 중요성을 강조하였다.
④ 주관적이고 사적인 경험 세계를 강조하였다.
⑤ 인간을 긍정적이며 창조적인 존재로 보았다.

 알짜확인

• 로저스 이론에서는 주관적 경험, 자기실현 경향, 완전히 기능하는 사람 등의 개념을 살펴봐야 한다.
• 로저스 이론은 클라이언트 중심 모델로 발전한 만큼 이와 관련된 무조건적 긍정적 관심, 비심판적 태도, 비지시적 치료 등의 특징도 기억해두자.

답 ①

✔ **응시생들의 선택**

① 68%	② 4%	③ 4%	④ 20%	⑤ 4%

① 로저스는 인간은 누구나 사랑받고 존중받아야 한다고 보면서, 조건적 긍정적 관심이 아닌 무조건적 긍정적 관심을 강조하였다.

➕ **덧붙임**

④를 선택한 응시생도 많았는데, 로저스는 애초에 객관적 현실세계란 존재하지 않는다고 보면서 개인의 주관적 경험을 강조하였다. 인간은 다양한 주관적 경험을 통해 자신을 형성해가며, 개인이 현실을 지각하고 해석한 결과에 따라 행동이 이루어진다고 보았다.

관련기출 더 보기

로저스(C. Rogers)의 인본주의이론에 관한 설명으로 옳은 것을 모두 고른 것은?

> ㄱ. 인간의 주관적 경험을 강조한다.
> ㄴ. 인간은 자아실현경향을 가지고 있다.
> ㄷ. 인간의 욕구발달단계를 제시했다.
> ㄹ. 완전히 기능하는 사람은 자신의 경험에 개방적이다.

① ㄱ, ㄹ
② ㄴ, ㄷ
③ ㄱ, ㄴ, ㄹ
④ ㄴ, ㄷ, ㄹ
⑤ ㄱ, ㄴ, ㄷ, ㄹ

답 ③

✔ **응시생들의 선택**

① 12%	② 2%	③ 78%	④ 3%	⑤ 5%

ㄷ. 욕구발달단계를 제시한 학자는 매슬로우이다. 로저스는 인간행동의 동기는 자기실현의 욕구라고 보면서, 인간은 자기실현 경향성으로 인해 자신을 유지하고 성장하기 위해 노력한다고 보았다. 이러한 맥락에서 인간이 갖는 다양한 욕구는 자기실현을 위한 부분적인 것일 뿐이라고 보았기 때문에 욕구를 단계적으로 제시하지 않았다.

로저스(C. Rogers)의 이론에 관한 설명으로 옳지 않은 것은?

① 개입과정에서 상담가의 진실성 및 일치성을 강조하였다.
② 자아실현을 하는 사람을 완전히 기능하는 인간(fully functioning person)이라는 용어로 정리하였다.
③ 인간이 지닌 보편적·객관적 경험을 강조하였다.
④ 무조건적 긍정적 관심과 수용을 강조하였다.
⑤ 인간 본성이 지닌 낙관적이고 긍정적인 측면을 강조하였다.

답 ③

✔ 응시생들의 선택

① 12%	② 5%	③ 69%	④ 10%	⑤ 4%

③ 로저스 이론은 개인이 현상을 어떻게 경험하고 느끼는지, 개인이 현실을 지각하는 방식에 초점을 두었다. 개인의 주관적 경험의 중요성을 강조하였으며 경험들에 대한 개방성과 민감성이 필요하다고 믿었다.

로저스(C. Rogers)의 이론이 사회복지실천에 미친 영향으로 옳지 않은 것은?

① 비지시적인 상담의 중요성을 강조한다.
② 공감적 상담의 중요성을 강조한다.
③ 비심판적 태도는 원조관계에 유용하다.
④ 클라이언트 자기결정권의 중요성을 강조한다.
⑤ 클라이언트의 과거 정신적 외상의 중요성을 강조한다.

답 ⑤

✔ 응시생들의 선택

① 2%	② 2%	③ 5%	④ 1%	⑤ 90%

⑤ 로저스 이론은 인간의 과거 정신적 외상, 무의식 과정 등을 중요시하지 않는다. 인간본성의 긍정적인 측면과 자기개념의 중요성을 강조하며, 개인 존재의 고유성, 개인의 잠재력과 자기결정권 등을 강조한다.

로저스(C. Rogers)의 이론에 관한 설명으로 옳은 것을 모두 고른 것은?

ㄱ. 인간은 합목적적이며 건설적인 존재이다.
ㄴ. 모든 인간에게는 객관적 현실만 존재한다.
ㄷ. 완전히 기능하는 사람은 자신의 경험에 대해 개방적이다.
ㄹ. 무조건적인 긍정적 관심이 건강한 성격 발달을 위한 중요한 요소이다.

① ㄱ, ㄴ
② ㄴ, ㄷ
③ ㄱ, ㄴ, ㄷ
④ ㄱ, ㄷ, ㄹ
⑤ ㄱ, ㄴ, ㄷ, ㄹ

답 ④

✔ 응시생들의 선택

① 1%	② 2%	③ 5%	④ 88%	⑤ 4%

ㄴ. 객관적 현실세계란 존재하지 않으며 개인이 주관적으로 인식한 현실세계만 존재한다고 주장하였다.

로저스(C. Rogers)의 현상학이론에서 '완전히 기능하는 사람'의 성격 특성을 모두 고른 것은?

ㄱ. 창조성
ㄴ. 경험에 대한 개방성
ㄷ. 실존적인 삶
ㄹ. 선택과 행동의 자유의식

① ㄱ, ㄴ, ㄷ
② ㄱ, ㄷ
③ ㄴ, ㄹ
④ ㄹ
⑤ ㄱ, ㄴ, ㄷ, ㄹ

답 ⑤

✔ 응시생들의 선택

① 7%	② 2%	③ 2%	④ 1%	⑤ 88%

로저스의 완전히 기능하는 사람
• 경험에 대한 개방성
• 실존적인 삶
• 자신이라는 유기체에 대한 신뢰
• 선택과 행동에 대한 자유로움
• 창조성

로저스(C. Rogers)의 이론에 관한 설명으로 옳은 것을 모두 고른 것은?

> ㄱ. 주관적 경험을 존중하고 존경과 긍정적 관심을 통해 성장을 고양할 수 있다.
> ㄴ. 원조관계에서 클라이언트가 자신의 세계를 다룰 수 있도록 지지한다.
> ㄷ. 인간은 능력이 있고 자기이해와 자아실현을 위한 잠재력을 가지고 있다.
> ㄹ. 치료과정은 지시적이며 치료자는 능동적 참여자이다.

① ㄱ, ㄴ, ㄷ
② ㄱ, ㄷ
③ ㄴ, ㄹ
④ ㄹ
⑤ ㄱ, ㄴ, ㄷ, ㄹ

답 ①

✅ 응시생들의 선택

① 81%	② 8%	③ 1%	④ 1%	⑤ 9%

ㄹ. 로저스는 비지시적 치료를 체계화하여 클라이언트 중심 모델로 발전시켰다. 치료자는 클라이언트의 자기 이해와 수용을 돕는 안내자이며, 클라이언트는 주체적 · 자발적 · 능동적 참여자이다.

로저스(C. Rogers)의 인간관에 관한 설명으로 옳지 않은 것은?

① 성격발달은 주로 자아(ego)를 중심으로 이루어진다.
② 로저스가 주장한 원조관계의 본질은 상담치료의 기본이 된다.
③ 인간은 통합적 유기체이므로 전체론적 관점에서 접근해야 한다.
④ 인간행동은 인간이 세계를 어떻게 지각하느냐에 따라 달라진다.
⑤ 개인의 존엄과 가치, 사회적 책임에 대한 소신은 사회복지실천 철학과 조화를 이룬다.

답 ①

✅ 응시생들의 선택

① 43%	② 17%	③ 13%	④ 17%	⑤ 10%

① 로저스에 의하면 성격발달은 대체로 자아가 아닌 자기(self)를 중심으로 이루어진다.

다음 내용이 **왜 틀렸는지**를 확인해보자

19-01-01

01 로저스의 이론은 클라이언트의 **생애발달 단계를 파악하고 평가**하는 데 공헌하였다.

> 로저스 이론은 성격발달 그 자체에 특별한 주의를 기울이지 않았기 때문에 발달단계에 대한 구체적인 시기를 언급하지 않았다.

10-01-15

02 성격발달은 주로 **자아(ego)**를 중심으로 이루어진다.

> 로저스는 성격발달은 대체로 자기(self)를 중심으로 이루어진다고 보았다.

03 현상학이론에 의하면 인간은 **본래 특정한 성격 유형을 갖고 태어난다**.

> 현상학이론에 의하면 인간은 본래 특정한 성격 유형을 갖고 태어나는 것이 아니라, 다양한 주관적인 경험들을 통해 자신을 형성한다.

04 로저스 이론의 주요 개념 중 **통합된 유기체**란 주관적 경험의 세계를 말한다.

> 로저스 이론의 주요 개념 중 주관적 경험의 세계를 말하는 것은 현상학적 장이다. 로저스는 같은 현상이라도 사람마다 그것을 경험하고 느끼는 방식에는 차이가 있기 때문에, 인간을 이해하려면 사람들이 자신의 경험들을 어떻게 주관적으로 느끼고 경험하느냐를 이해해야 한다고 보았다.

05 로저스 이론은 **인간의 무의식적 과정을 중요시** 하였다.

> 로저스 이론은 인간의 무의식적 과정에는 별다른 관심을 보이지 않았으며, 개인 존재의 고유성, 개인의 잠재력과 내적인 욕구의 중요성을 강조하였다.

15-01-02

06 로저스 이론은 상담사의 **지시적인 상담의 중요성을 인식**하는 데 유용하다.

> 로저스 이론은 비지시적인 상담, 내담자 중심 상담, 인간 중심 상담을 중요시 하였다.

07 로저스 이론은 인간의 **객관적인 경험을 강조**하는 이론이다.

`12-01-10`

> 로저스 이론은 인간의 주관적인 경험을 강조하는 이론이다. 인간은 다양한 주관적인 경험들을 통해 자신을 형성한다고 보았다.

08 현상학이론은 기본적인 **인간본성에 대해 악한 측면을 지나치게 강조한다는 비판**을 받았다.

> 현상학이론은 기본적인 인간본성에 대한 선한 측면을 너무 강조하여 인간의 악한 면과 부적응적인 인간에 대한 설명이 부족하다는 비판을 받았다.

빈칸에 들어갈 알맞은 말을 채워보자

`10-01-15`

01 로저스는 치료에서 중요한 것은 치료기법이 아니라 (   )(이)라고 보았다.

`07-01-23`

02 로저스는 심리사회적 문제는 자기개념과 (   )의 불일치에서 비롯된다고 보았다.

03 로저스가 말하는 (   )은/는 '주체로서의 나(I)'와 '객체로서의 나(me)'의 특징을 지각하여 구성한 것이다.

04 (   )은/는 자기실현을 위해 노력함으로써 진정한 자기 자신이 되는 사람을 의미한다.

05 인간은 자신을 유지하고 향상시키는 방향으로 자신의 능력을 개발하려는 (   )을/를 가지고 있다.

 답 **01** 원조관계 **02** 주관적 경험 **03** 자기 **04** 완전히 기능하는 사람 **05** 자기실현 경향성

다음 내용이 옳은지 그른지 판단해보자

01 로저스 이론은 개입과정에서 상담가의 진실성 및 일치성을 강조한다. [19-01-10]

02 로저스 이론에 의하면 모든 인간에게는 객관적 현실세계만 존재한다. [18-01-08]

03 로저스는 공감과 지시적인 상담을 강조하였다. [20-01-09]

04 로저스는 인간을 통합적 존재로 규정하였다. [20-01-09]

05 현상학이론에서는 상담자가 클라이언트의 표현, 행동, 감정, 사고방식 등에 대해 객관적으로 평가하고 판단할 것을 강조한다.

06 로저스에 의하면 미리 정해진 성격발달 패턴은 없으며, 삶의 경험에 따라 각 개인의 성격이 달라질 수 있다.

07 완전히 기능하는 사람은 의미 있는 타인으로부터 무조건적인 긍정적 관심을 경험한 사람이다.

답 **01** ○ **02** × **03** × **04** ○ **05** × **06** ○ **07** ○

해설 **02** 로저스 이론에 의하면 객관적 현실세계란 존재하지 않으며 개인이 주관적으로 인식한 현실세계만 존재한다.

03 로저스는 비지시적 상담을 강조하였다. 로저스는 클라이언트를 문제해결에 관한 자율성을 가진 존재로 보면서 문제에 대한 진단보다는 내담자와의 관계를 중요시하였다. 상담과정에서 클라이언트에게 상당 부분 주도권을 부여하면서 클라이언트의 자기결정권을 강조하였다.

05 현상학이론은 클라이언트의 주관적 경험을 강조하면서 상담자는 클라이언트를 평가하거나 판단하지 않고 있는 그대로 받아들여야 한다고 보았다.

5장

사회체계이론

이 장에서는

홀론, 개방체계와 폐쇄체계, 넥엔트로피와 엔트로피, 시너지, 균형상태, 항상성, 안정상태, 환류, 동등결과성, 다중결과성 등 체계이론의 다양한 개념들을 정리해두는 것은 필수이다. 생태체계이론에서는 이론적 특징 외에 브론펜브레너가 제시한 생태체계구성을 꼼꼼히 학습해두어야 한다.

10년간 출제분포도

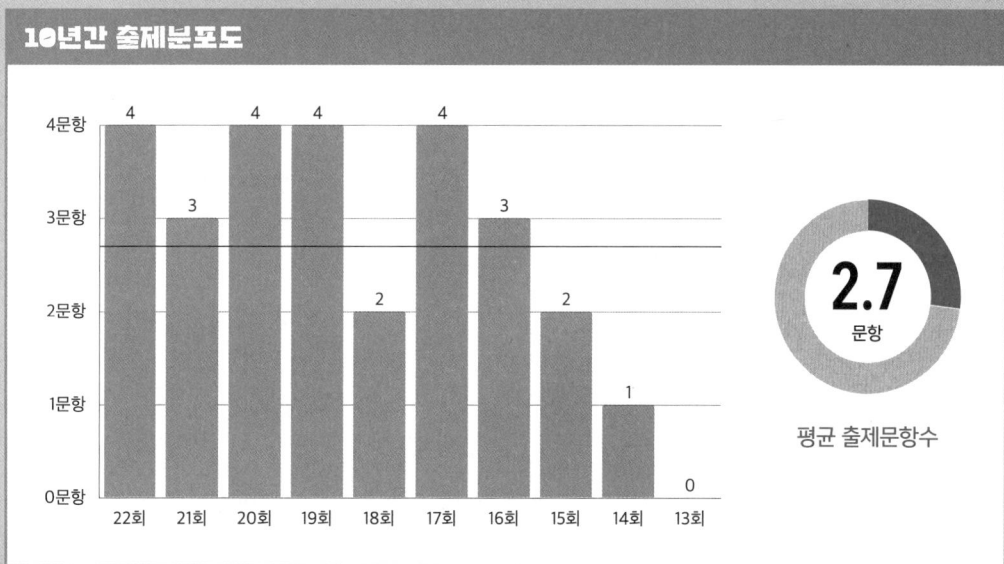

평균 출제문항수

2.7 문항

014 체계이론

최근 10년간 **10문항** 출제

복습 1 이론요약

체계이론의 특징

- 인간은 신체, 심리, 사회적 부분으로 분리된 존재가 아닌 **통합된 전체로 기능하는 존재**이다.
- **'환경 속의 인간' 관점**을 취한다.
- 체계의 구성단위들은 상호의존적이며 상호 영향을 주고받기 때문에 체계의 어느 한 부분의 변화는 전체로서의 체계, 그리고 그 체계를 구성하는 요소들에 영향을 준다.
- 체계에서 한 성원의 변화는 전체에 영향을 미친다.

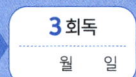

기본개념

인간행동과 사회환경 pp.160~

체계이론의 주요 개념

- **홀론**: 하나의 체계는 하위체계이면서 동시에 상위체계가 됨
- **개방체계**: 반투과적 경계, 외부 에너지를 자유롭게 받아들여 체계를 유지 · 발전시킴
- **폐쇄체계**: 다른 체계와 상호작용 하지 않음
- **넥엔트로피**: 외부 에너지를 유입해 체계 **내부에 있는 좋지 않은 에너지가 감소**되는 상태. 개방체계의 현상
- **엔트로피**: 외부와 교류하지 않아 **내부 에너지가 소모되고 무질서와 혼란**이 일어나는 상태. 폐쇄체계의 현상
- **시너지**: 체계 내 구성요소 간 상호작용으로 유용한 에너지의 증가. **개방체계**의 현상
- **균형상태(평형상태)**: 체계 내 수평적 상호작용을 하면서 외부와 관계하지 않고 현상유지에 초점을 두어 체계의 변화가 거의 없이 고정된 상태. **폐쇄체계**의 현상
- **항상성**: 체계가 균형을 위협받을 때 회복하고 일관성을 **유지**하려는 경향. **개방체계**의 현상
- **안정상태**: 체계 자체를 **변화**시키려는 경향. **개방체계**의 현상
- **투입 → 전환 → 산출 → 환류**
  - 투입: 환경에서 체계로 자원, 에너지, 정보 등이 유입되는 것
  - 전환: 투입된 자원을 처리하는 과정
  - 산출: 자원이 처리된 결과
  - 환류: 결과 정보를 체계로 보내는 순환 과정
- **정적 환류**: 체계가 한쪽 방향으로 계속 이탈되어 가는 것. 엔트로피 증가로 나타남
- **부적 환류**: 체계의 이탈을 수정 또는 변화시키는 것. 체계의 일부를 변화시키고 전체는 유지

- 호혜성: 한 체계의 일부가 변하면 다른 부분들과의 상호작용에 따라 나머지 부분들도 변화함
- 동등결과성: 다르게 투입해도 동일한 결과를 얻을 수 있음
- 다중결과성: 동일하게 투입해도 다른 결과가 나올 수 있음

기출문장 CHECK

01 (22-01-16) 호혜성은 한 체계에서 일부가 변화하면 그 변화가 체계의 나머지 부분들의 변화를 초래하게 되는 개념을 말한다.

02 (22-01-16) 호혜성의 예시로는 회사에서 간부 직원이 바뀌었을 때, 파생적으로 나타나는 조직의 변화 및 직원 역할의 변화 등을 들 수 있다.

03 (22-01-25) 넥엔트로피란 체계를 유지하고, 발전을 도모하고, 생존하는 것을 의미한다.

04 (22-01-25) 부적 환류는 체계가 목적 달성이 어려운 방식으로 움직이고 있다는 정보를 제공하여 체계의 변화를 도모한다.

05 (21-01-04) 피드백은 체계의 순환적 성격을 반영하는 개념으로 안정 상태를 유지하는데 필요하다.

06 (20-01-13) 항상성(homeostasis)은 비교적 안정적이며 지속적인 균형상태를 유지하기 위한 체계의 경향을 말한다.

07 (20-01-13) 시너지(synergy)는 체계 내부 간 혹은 외부와의 상호작용이 증가함으로써 체계 내에서 유용한 에너지양이 증가하는 현상이다.

08 (20-01-13) 균형(equilibrium)은 외부체계로부터의 투입이 없어 체계의 구조변화가 거의 없이 고정된 평형상태를 의미한다.

09 (20-01-13) 경계(boundary)란 체계와 환경 혹은 체계와 체계 간을 구분하는 일종의 테두리를 의미한다.

10 (19-01-13) 홀론(holon)은 하나의 체계는 상위체계에 속한 하위체계이면서 동시에 다른 것의 상위체계가 된다는 개념이다.

11 (18-01-15) 사회체계이론의 개념 중 체계 내부 간 또는 체계 외부와의 상호작용이 증가함으로써 체계 내의 에너지양이 증가하는 것은 시너지(synergy)이다.

12 (17-01-11) 체계는 부분성과 전체성을 동시에 가지며 위계질서가 존재하는 경우가 많다.

13 (16-01-10) 외부환경과 에너지의 상호교환이 이루어지지 않은 채 고립되어, 다른 체계로부터 투입도 없고 다른 체계로 산출도 전하지 못하는 체계는 폐쇄체계이다.

14 (15-01-13) 안정상태(steady state)는 환경과의 상호작용에서 부분들 간의 관계를 유지하기 위하여 에너지를 계속적으로 사용하는 상태를 의미한다.

15 (14-01-03) 인간행동은 체계 간에 에너지를 주고 받으면서 변화한다.

16 (12-01-12) 시너지는 체계 내에 유용한 에너지가 증가하는 것이다.

17 (11-01-06) 균형(equilibrium)은 외부로부터 새로운 에너지의 투입 없이 현상을 유지하려는 속성을 지닌다.

18 (11-01-20) 넥엔트로피는 체계 외부로부터 에너지를 유입함으로써 체계 내부에 유용하지 않은 에너지가 감소되는 것을 말한다.

19 (08-01-17) 개방체계는 체계 간 상호작용이 많다.

20 (08-01-18) 체계가 환경과 교류할 뿐 아니라 외부 여건에 응하기 위해 체계의 구조를 변형시키고자 노력하는 상태를 안정상태라고 한다.

21 (06-01-16) 항상성은 비교적 안정적이며 지속적인 균형 상태를 유지하기 위한 자동적 경향으로서 위협을 받았을 때 체계의 균형을 회복하려는 경향을 말한다.

22 (04-01-13) 체계가 안정상태를 유지하기 위해 성공적으로 해결해야 할 기능상 문제는 통합기능, 적응기능, 형태유지, 목적달성이다.

23 (03-01-13) 체계에서 한 성원의 변화는 전체에 영향을 미친다.

대표기출 확인하기

22-01-25 난이도 ★★★

체계이론에 관한 설명으로 옳지 않은 것은?

① 넥엔트로피(negentropy)란 체계를 유지하고, 발전을 도모하고, 생존하는 것을 의미한다.

② 항상성(homeostasis)은 비교적 안정적으로 균형 상태를 유지하기 위한 체계의 경향을 말한다.

③ 경계(boundary)는 체계를 외부 환경과 구분 짓는 둘레를 말한다.

④ 다중종결성(multifinality)은 서로 다른 경로와 방법을 통해 같은 결과에 도달할 수 있음을 말한다.

⑤ 부적 환류(negative feedback)는 체계가 목적 달성이 어려운 방식으로 움직이고 있다는 정보를 제공하여 체계의 변화를 도모한다.

> **알짜확인**
>
> • 체계이론에서 제시된 주요 개념들을 살펴보는 것은 필수이다. 헷갈리기 쉬운 개념들이 많기 때문에 정확히 구분하여 이해하고 암기할 수 있도록 해야 한다.

답 ④

✓ 응시생들의 선택

① 22%	② 6%	③ 2%	④ 56%	⑤ 14%

④ 다중종결성은 시작의 조건과 수단이 같아도 다른 결과가 나타날 수 있다는 것이다. 서로 다른 경로와 방법을 통해 같은 결과에 도달할 수 있음은 동등결과성이다.

관련기출 더 보기

22-01-16 난이도 ★★★

다음에 해당하는 개념으로 옳은 것은?

> • 한 체계에서 일부가 변화하면 그 변화가 체계의 나머지 부분들의 변화를 초래하게 되는 개념을 말한다.
> • 예시로는 회사에서 간부 직원이 바뀌었을 때, 파생적으로 나타나는 조직의 변화 및 직원 역할의 변화 등을 들 수 있다.

① 균형(equilibrium)

② 호혜성(reciprocity)

③ 안정상태(steady state)

④ 항상성(homeostasis)

⑤ 적합성(goodness of fit)

답 ②

✓ 응시생들의 선택

① 14%	② 46%	③ 12%	④ 23%	⑤ 5%

① 균형(평형상태): 폐쇄체계에서 체계의 구조 변화가 거의 없는 현상 유지의 상태이다.

③ 안정상태: 역동적으로 체계를 변화시켜 체계의 안정을 추구하는 것으로 개방체계적 속성이다.

④ 항상성: 체계의 균형에 위협이 일어났을 때 안정적이고 지속적인 균형상태를 유지하기 위한 개방체계적 속성이다.

⑤ 적합성: 인간의 적응 욕구와 환경자원이 부합되는 정도이며, 개인적 욕구와 사회적 요구 사이의 조화와 균형 정도를 의미한다.

생태체계이론의 주요 개념에 관한 설명으로 옳은 것은?

① 시너지는 폐쇄체계 내에서 체계 구성요소들 간 유용한 에너지의 증가를 의미한다.
② 엔트로피는 체계 내 질서, 형태, 분화 등이 정돈된 상태이다.
③ 항상성은 모든 사회체계의 기본 속성으로 체계의 목표와 정체성을 유지하려는 의도적 노력에 의해 수정된다.
④ 피드백은 체계의 순환적 성격을 반영하는 개념으로 안정 상태를 유지하는데 필요하다.
⑤ 적합성은 인간의 적응욕구와 환경자원의 부합정도로서 특정 발달단계에서 성취된다.

답 ④

✅ 응시생들의 선택

① 11%	② 8%	③ 26%	④ 37%	⑤ 18%

① 시너지: 체계의 상호작용 증가로 체계 내 유용한 에너지의 양이 증가하는 현상
② 엔트로피: 체계 내 상호작용의 감소로 유용한 에너지가 감소하는 상태
③ 항상성: 환경과 상호작용하면서 체계의 상태를 유지하려는 속성
⑤ 적합성: 인간의 적응욕구와 환경자원의 부합정도

➕ 덧붙임

• 균형, 항상성, 안정 등 3가지는 헷갈리기 쉽다. 균형은 폐쇄체계 속성이며, 항상성과 안정은 개방체계 속성이다. 항상성은 체계를 유지하는 것에 초점이 있고 안정은 항상성보다 더 개방적으로 변화노력을 한다.
• 엔트로피는 폐쇄체계, 넥엔트로피는 개방체계에서 나타난다.
• 시너지는 개방체계 속성이다.

체계이론의 개념에 관한 설명으로 옳은 것을 모두 고른 것은?

> ㄱ. 균형(equilibrium): 환경과 상호작용하기 위하여 체계의 구조를 변화시키는 과정 또는 상태
> ㄴ. 넥엔트로피(negentropy): 체계 내부의 유용하지 않은 에너지가 감소되는 상태
> ㄷ. 공유영역(interface): 두 개 이상의 체계가 공존하는 부분으로 체계 간의 교류가 일어나는 장소
> ㄹ. 홀론(holon): 외부와의 상호작용으로 체계 내의 에너지가 증가하는 현상 또는 상태

① ㄱ
② ㄱ, ㄹ
③ ㄴ, ㄷ
④ ㄴ, ㄷ, ㄹ
⑤ ㄱ, ㄴ, ㄷ, ㄹ

답 ③

✅ 응시생들의 선택

① 11%	② 3%	③ 68%	④ 10%	⑤ 8%

ㄱ. 균형은 체계가 고정된 구조를 가지고 주위환경과 수직적인 상호작용을 하기보다 체계 내에서 수평적인 상호작용을 하면서 거의 교류를 하지 않는 상태이다.
ㄹ. 홀론은 중간체계가 갖고 있는 이중적인 성격을 나타내주는 말로서 하나의 체계는 상위체계에 속한 하위체계이면서 동시에 다른 것의 상위체계가 된다는 개념이다.

사회체계이론의 개념 중 체계 내부 간 또는 체계 외부와의 상호작용이 증가함으로써 체계 내의 에너지양이 증가하는 것을 의미하는 것은?

① 엔트로피(entropy)
② 시너지(synergy)
③ 항상성(homeostasis)
④ 넥엔트로피(negentropy)
⑤ 홀론(holon)

답 ②

✅ 응시생들의 선택

① 5%	② 53%	③ 3%	④ 38%	⑤ 1%

사회체계이론의 주요 개념에 관한 설명으로 옳은 것은?

① 시너지(synergy)는 폐쇄체계의 특징과 관련이 있다.
② 안정상태(steady state)는 환경과의 상호작용에서 부분들 간의 관계를 유지하기 위하여 에너지를 계속적으로 사용하는 상태를 의미한다.
③ 항상성(homeostasis)은 시스템에서 위기가 왔을 때 불균형을 유지하려는 경향을 말한다.
④ 균형(equilibrium)은 주로 개방체계에서 나타나며 외부로부터 새로운 에너지를 투입하여 변화시키려 노력하는 속성이다.
⑤ 피드백(feedback)은 체계 구성 간의 상호작용이 증가함에 따라 유용한 에너지가 감소하는 상태를 의미한다.

답 ②

✔ 응시생들의 선택

① 2%	② 77%	③ 9%	④ 11%	⑤ 1%

① 시너지는 개방체계의 속성이다.
③ 항상성은 체계가 균형을 위협받았을 때 이를 회복하고자 하는 체계의 경향이다.
④ 균형은 주로 폐쇄체계에서 나타나며 체계가 고정된 구조를 가지고 주위환경과 수직적인 상호작용을 하기보다는 체계 내에서 수평적인 상호작용을 하면서 거의 교류를 하지 않는 상태이다.
⑤ 피드백은 자신이 수행한 것에 관한 정보를 체계가 받는 것으로써 체계의 작동을 점검하고 적응적 행동이 필요한지를 판단하여 이를 수정하는 능력을 의미한다.

다음 제시된 사례와 관계있는 개념은?

> 이혼 위기에 처한 부부가 상담을 받아 관계가 회복되는 계기를 맞게 되고, 외부 전문가의 도움으로 부부 간의 불화가 개선되고 긴장이 감소되었다.

① 엔트로피(entropy)
② 넥엔트로피(negentropy)
③ 시너지(synergy)
④ 균형(equilibrium)
⑤ 항상성(homeostasis)

답 ②

✔ 응시생들의 선택

① 9%	② 52%	③ 20%	④ 7%	⑤ 13%

② 가족이 부부상담을 받으면서 역기능적 관계가 개선되고 가족 내 긴장이 감소하는 경우는 넥엔트로피에 해당된다.

동일한 집단 프로그램에 참여한 청소년들이라 해도 부모나 교사와의 상호작용 과정에 따라 프로그램의 효과가 다르게 나타나게 된다. 이를 설명하는 체계이론의 개념은?

① 홀론(holon)
② 시너지(synergy)
③ 엔트로피(entropy)
④ 다중종결성(multifinality)
⑤ 안정상태(steady state)

답 ④

✔ 응시생들의 선택

① 13%	② 29%	③ 16%	④ 34%	⑤ 8%

④ 다중종결성은 처음의 조건과 수단이 비슷하다고 할지라도 다른 결과가 야기될 수 있음을 의미하는 개념이다. 즉, 동일한 치료적 접근을 사용하더라도 그 치료 결과의 질은 체계에 따라 달라질 수 있음을 의미한다고 하겠다. 이 문제의 핵심은 "동일한 집단프로그램에 참여하더라도 체계의 상호작용에 의해 그 결과에는 차이가 있다"이므로 이는 체계의 속성들 중 다중종결성에 해당된다고 볼 수 있다.

다음 내용이 왜 틀렸는지를 확인해보자

16-01-10

01 홀론은 체계를 외부환경으로부터 구분해주는 눈에 보이지 않는 선 혹은 테두리를 말한다.

> 경계는 체계를 외부환경으로부터 구분해주는 눈에 보이지 않는 선 혹은 테두리를 말한다. 홀론은 하나의 체계는 상위체계에 속한 하위체계이면서 동시에 다른 것의 상위체계가 된다는 개념이다.

15-01-13

02 시너지는 **폐쇄체계**의 특징과 관련이 있다.

> 시너지는 개방체계의 속성이다.

---

03 체계이론은 개인과 사회의 문제를 원인과 결과의 **직선적 관계로 해석**한다.

> 체계이론에서는 개인과 사회문제의 관계를 모두 원인인 동시에 결과라는 상호연결된 전체로 파악한다. 즉 직선적 원인론이 아닌 순환적 원인론에서 접근한다.

---

04 동등결과성은 처음의 조건과 수단이 비슷하다고 할지라도 다른 결과가 야기된다는 체계이론의 기본 가정이다.

> 다중결과성은 처음의 조건과 수단이 비슷하다고 할지라도 다른 결과가 야기된다는 체계이론의 기본 가정이다. 동등결과성은 각각 다른 체계들이 초기에는 각각 다른 상태였다고 하더라도 투입이 같은 경우에는 비슷한 안정 상태에 도달할 것이라는 의미이다.

20-01-13

05 넥엔트로피는 **폐쇄체계**가 지속되면 나타나는 현상이다.

> 넥엔트로피는 개방체계에서 나타나고, 엔트로피는 폐쇄체계에서 나타난다.

---

06 부부가 심각한 갈등을 반복하면서 지내오다가 자녀가 아프면 자녀를 치료하는 동안 잠시 덮어두었다가 자녀가 완쾌하면 예전과 같이 갈등상태에 돌입하게 되는 경우는 체계이론의 주요 개념 중 **시너지**에 해당하는 사례이다.

> 위의 사례는 항상성에 해당한다. 체계가 균형을 위협받았을 때 이를 회복하고자 하는 체계의 경향을 말한다.

빈칸에 들어갈 알맞은 말을 채워보자

01 (   )은/는 체계 외부로부터 에너지를 유입함으로써 체계 내부에 유용하지 않은 에너지가 감소하는 상태를 의미한다.

02 (   )은/는 고정된 구조를 지니며, 외부로부터 새로운 에너지의 투입 없이 현상을 유지하려는 속성을 지닌다.

03 (   )체계는 외부환경과 에너지의 상호교환이 이루어지지 않은 채 고립되어, 다른 체계로부터 투입도 없고 다른 체계로 산출도 전하지 못하는 체계이다.

04 체계가 환경과 교류할 뿐 아니라 외부 여건에 응하기 위해 체계의 구조를 변형시키고자 노력하는 상태를 (   )상태라고 한다.

답 **01** 넥엔트로피 **02** 균형 **03** 폐쇄 **04** 안정

다음 내용이 옳은지 그른지 판단해보자

01 공유영역(interface)은 두 개 이상의 체계가 공존하는 부분으로 체계 간의 교류가 일어나는 장소이다.

02 엔트로피는 체계 내에 질서, 형태, 분화가 있는 상태를 의미한다.

03 체계는 안정을 유지하려는 속성과 변화하려는 속성을 동시에 내포한다.

04 항상성은 주로 폐쇄체계에서 나타나는 균형상태이다.

05 체계이론은 인간을 외부체계와 끊임없이 상호작용하며 상호의존하는 존재로 본다.

답 **01** ○ **02** × **03** ○ **04** × **05** ○

해설 **02** 엔트로피란 체계 내에 질서, 형태, 분화가 없는 무질서한 상태로 체계 내에 유용한 에너지가 감소하는 상태를 의미한다.
04 항상성은 주로 개방체계에서 나타나는 균형상태이다.

015 생태체계이론

최근 10년간 **17문항** 출제 ★★★

복습 1 이론요약

생태체계이론의 특징

- 인간과 환경 사이의 상호보완성을 설명한다.
- 인간과 환경은 서로 분리되어 있는 것이 아니라 **지속적인 상호교류 안에서 존재**하는 하나의 체계로 본다.
- '환경 속의 인간'을 설명하는 데 있어서 **개인-환경 간에 적합성, 개인과 환경 간의 상호교류, 적응을 지지하거나 또는 방해하는 요소 등을 중요**하게 여긴다.
- 인간의 현재 행동은 인간과 환경 모두의 상호 이익을 찾는 과정에서 나타나는 것으로 본다.
- 클라이언트가 가진 어떠한 문제도 클라이언트 자신의 책임으로 보지 않고 **클라이언트를 둘러싸고 있는 환경과의 상호작용의 산물**로서 본다.

기본개념

인간행동과 사회환경
pp.183~

생태체계이론의 주요 개념

- 에너지: 인간과 환경 사이에 적극적으로 개입하는 자연발생적 힘. 투입이나 산출의 형태
- 적응: 주변 환경의 조건에 맞추어 조절하는 능력
- 적합성: 인간의 적응 욕구와 환경자원이 부합되는 정도
- 대처: 적응의 한 형태로 문제를 극복하기 위해 노력하는 것
- 유능성: 확고한 결정을 내리고, 자신의 판단을 신뢰하며, 자기확신을 갖고, 환경에 바람직한 영향을 미칠 수 있는 능력
- 스트레스: 개인과 환경 사이의 상호교류에서 나타나는 불균형으로 야기되는 생리·심리·사회적 상태
- 적소: 특정 집단이 공동체의 사회적 구조에서 차지하는 직접적 환경이나 지위

생태체계의 구성

- 미시체계(micro system): **개인 혹은 인간이 속한 가장 직접적인 사회적·물리적 환경**
- 중간체계(meso system): **두 가지 이상의 미시체계들 간의 관계 혹은 특정한 시점에서 미시체계들 간의 상호작용**
- 외(부)체계(exo system): **개인과 직접 상호작용하지는 않으나 미시체계에 영향을 주는 사회적 환경**
- 거시체계(macro system): **개인이 속한 사회의 이념이나 제도의 일반적인 형태 혹은 개인에게 영향을 미치는 환경요소, 광범위한 사회적 맥락**
- 시간체계(chronosystem): 개인의 전 생애에 걸쳐 일어나는 변화와 역사적인 환경을 포함하는 체계

01 (22-01-13) 중간체계는 미시체계 간의 상호작용에 초점을 둔다.

02 (22-01-15) 시간체계는 전 생애에 걸쳐 발생하는 변화와 사회역사적인 환경을 포함한다. 인간의 생에 단일 사건 뿐 아니라 시간의 경과와 함께 연속적으로 일어나는 사건들이 누적되어 영향을 미친다는 것을 보여주고 있다.

03 (21-01-02) 생태체계이론의 유용성: 문제에 대한 총체적 이해와 조망을 제공한다. 각 체계들로부터 다양하고 객관적인 정보획득이 용이하다. 각 환경 수준별 개입의 근거를 제시한다.

04 (21-01-02) 생태체계이론은 구체적인 방법과 기술 제시에는 한계가 있다.

05 (20-01-14) 브론펜브레너의 사회환경체계에서 중간체계는 상호작용하는 둘 이상의 미시체계 간의 관계로 구성된다.

06 (20-01-14) 생태이론에서는 인간을 목적지향적 존재로 보며, 환경 속 인간을 강조한다.

07 (20-01-14) 생태이론에서는 생활상의 문제는 전체 생활공간 내에서 이해해야 한다고 본다.

08 (20-01-14) 생태체계이론의 개념 중 스트레스는 개인과 환경 간 상호교류에서의 불균형이 야기하는 현상이다.

09 (20-01-15) 미시체계는 개인의 성장 시기에 따라 달라지며 상호호혜성에 기반을 두는 체계이다.

10 (19-01-03) 생태학 이론은 성격을 개인과 환경 사이의 상호교류의 산물로 이해한다.

11 (19-01-14) 중간체계는 개인이 참여하는 둘 이상의 미시체계 간의 상호작용으로서, 미시체계 간의 연결망을 의미한다.

12 (19-01-24) 거시체계는 역사적 · 사회적 · 문화적 요인에 의해서 형성되고 수정되는 특성이 있다.

13 (18-01-16) 생태학적 이론에 의하면 성격은 개인과 환경 사이의 상호작용의 산물이다.

14 (17-01-12) 개인–환경 간의 적합성은 생태학의 주요 개념이다.

15 (17-01-14) 중간체계는 개인이 새로운 환경으로 이동할 때마다 형성되거나 변화된다.

16 (17-01-15) 생태체계이론은 환경적 수준에 개입하는 근거를 제시한다.

17 (16-01-05) 생태체계이론은 체계이론과 생태학적 관점을 통합한다.

18 (16-01-19) 거시체계에는 국가, 사회제도가 포함된다.

19 (15-01-12) 생태학적 이론에서 적합성이란 인간의 욕구와 환경자원이 부합되는 정도를 말한다.

20 (11-01-17) '환경 속의 인간' 관점은 인간과 환경체계 사이의 유기적 관계를 설명한다.

21 (09-01-03) 생태체계적 관점은 개인, 집단, 지역사회 등 다양한 체계에 적용이 가능하다.

22 (05-01-16) 생태학 이론은 인간에 대한 낙관론적 견해를 지닌다.

23 (04-01-14) 생태학은 인간과 환경의 상호작용에 대하여 관점을 가진다.

24 (03-01-12) 생태체계이론의 원조 과정은 회복과 권한강화의 과정이라는 신념을 통해 사회복지전문직의 인본주의적 철학을 뒷받침해 준다.

25 (02-01-10) 생태학적 관점에서 생태학적 환경을 구분할 경우 가족, 학교, 사회복지관, 사회적 관계망 등은 체계의 범주에 속한다.

대표기출 확인하기

21-01-14 · 난이도 ★★☆

브론펜브레너(U. Bronfenbrenner)의 사회환경체계에 관한 설명으로 옳은 것은?

① 문화, 정치, 교육정책 등 거시체계는 개인의 삶에 직접적이고 강력한 영향을 미친다.
② 인간을 둘러싼 사회환경을 미시체계, 중간체계, 내부체계, 거시체계로 구분했다.
③ 중간체계는 상호작용하는 둘 이상의 미시체계 간의 관계로 구성된다.
④ 내부체계는 개인이 직접 참여하거나 관여하지는 않으나 개인에게 영향을 미치는 체계로 부모의 직장 등이 포함된다.
⑤ 미시체계는 개인이 새로운 환경으로 이동할 때마다 형성되거나 확대된다.

 알짜확인

- 생태이론의 주요 특징과 개념들을 정리해두어야 한다.
- 브론펜브레너가 제시한 사회환경체계의 구성을 이해하고 각 요소들이 의미하는 바를 사례와 연결할 수 있어야 한다.

답 ③

✔ **응시생들의 선택**

① 6%	② 8%	③ 69%	④ 3%	⑤ 14%

① 문화, 정치, 교육정책 등 거시체계는 개인의 삶에 직접적으로 개입하지 않으며, 간접적으로 강력한 영향을 미치는 환경요소이자 광범위한 사회적 맥락이다.
② 브론펜브레너는 인간을 둘러싼 사회환경을 미시체계, 중간체계, 외부체계, 거시체계로 구분하였다. 내부체계는 해당하지 않는다.
④ 개인이 직접 참여하거나 관여하지는 않으나 개인에게 영향을 미치는 체계로 부모의 직장 등이 포함되는 것은 내부체계가 아니라 외부체계이다.
⑤ 개인이 새로운 환경으로 이동할 때마다 형성되거나 확대되는 체계로 적절한 것은 미시체계가 아니고 중간체계이다.

관련기출 더 보기

22-01-13 · 난이도 ★★☆

생태체계 이론의 중간체계(meso system)에 관한 설명으로 옳은 것은?

① 미시체계 간의 상호작용에 초점을 둔다.
② 개인이 직접적으로 대면하는 체계를 의미한다.
③ 신념, 태도, 전통 등을 통해 영향력을 행사한다.
④ 대표적인 중간체계로 가족과 집단을 들 수 있다.
⑤ 문화, 정치, 사회, 법, 종교 등이 해당된다.

답 ①

✔ **응시생들의 선택**

① 77%	② 2%	③ 5%	④ 13%	⑤ 3%

② 개인이 직접적으로 대면하는 체계는 미시체계이다.
③⑤ 신념, 태도, 전통 등을 통해 영향력을 행사하는 체계는 거시체계이다. 구체적으로 문화, 정치, 사회, 법, 종교 등이 해당된다.
④ 가족과 집단은 개인에게 직접적인 환경인 미시체계이며, 가족과 집단 간의 관계 및 상호작용이 중간체계가 된다.

22-01-15 · 난이도 ★★☆

브론펜브레너(U. Bronfenbrenner)의 생태체계 이론에서 다음에 해당하는 개념으로 옳은 것은?

- 전 생애에 걸쳐 발생하는 변화와 사회역사적인 환경을 포함한다.
- 인간의 생에 단일 사건 뿐 아니라 시간의 경과와 함께 연속적으로 일어나는 사건들이 누적되어 영향을 미친다는 것을 보여주고 있다.

① 미시체계(micro system)
② 외체계(exo system)
③ 거시체계(macro system)
④ 환류체계(feedback system)
⑤ 시간체계(chrono system)

답 ⑤

✔ **응시생들의 선택**

① 2%	② 4%	③ 15%	④ 4%	⑤ 75%

생태체계이론의 유용성에 관한 설명으로 옳지 않은 것은?

① 문제에 대한 총체적 이해와 조망을 제공한다.
② 각 체계들로부터 다양하고 객관적인 정보획득이 용이하다.
③ 각 환경 수준별 개입의 근거를 제시한다.
④ 구체적인 방법과 기술 제시에는 한계가 있다.
⑤ 개인보다 가족, 집단, 공동체 등의 문제에 적용하는데 유용하다.

답 ⑤

✔ 응시생들의 선택

① 4%	② 13%	③ 14%	④ 24%	⑤ 45%

⑤ 생태체계이론은 개인과 환경과의 상호작용을 살펴보는 것이지, 개인에게 적용하기 어렵다거나 환경에만 초점을 둔다는 것은 아니다.

생태체계이론에 관한 설명으로 옳지 않은 것은?

① 인간은 목적 지향적이다.
② 적합성은 개인이 환경과 효과적으로 상호작용을 할 수 있는 능력이다.
③ 생활상의 문제는 전체 생활공간 내에서 이해해야 한다.
④ 스트레스는 개인과 환경 간 상호교류에서의 불균형이 야기하는 현상이다.
⑤ 환경 속의 인간을 강조한다.

답 ②

✔ 응시생들의 선택

① 48%	② 22%	③ 24%	④ 5%	⑤ 1%

② 개인이 환경과 효과적으로 상호작용을 할 수 있는 능력은 유능성이다. 적합성은 인간의 적응 욕구와 환경자원이 부합되는 정도이며, 개인적 욕구와 사회적 요구 사이의 조화와 균형 정도를 의미한다.

브론펜브레너(U. Bronfenbrenner)의 거시체계(macro system) 수준에서 학교폭력 피해 청소년에게 개입한 사례는?

① 피해 청소년과 개별 상담을 실시한다.
② 피해 청소년의 성장사와 가족력 등을 파악한다.
③ 피해 청소년 부모의 근무환경, 소득 등을 살펴본다.
④ 피해 청소년이 다시 피해를 입지 않도록 학교폭력에 대한 처벌을 강화하는 특별법을 제정한다.
⑤ 피해 청소년의 부모, 교사, 사회복지사가 함께 피해 청소년 보호를 위한 구체적 방법을 정기적으로 의논한다.

답 ④

✔ 응시생들의 선택

① 1%	② 2%	③ 5%	④ 81%	⑤ 11%

① 미시체계, ② 시간체계, ③ 외부체계, ⑤ 중간체계

생태학 이론에 관한 설명으로 옳지 않은 것을 모두 고른 것은?

> ㄱ. 인간과 환경을 서로 영향을 주고받는 단일체계로 간주한다.
> ㄴ. 인간본성에 대한 정신적·환경적 결정론을 이론적 바탕으로 한다.
> ㄷ. 성격을 개인과 환경 사이의 상호교류의 산물로 이해한다.
> ㄹ. 타인과 관계를 맺는 인간의 능력은 환경과의 상호작용을 통하여 후천적으로 습득된다고 전제한다.

① ㄷ
② ㄱ, ㄷ
③ ㄴ, ㄹ
④ ㄱ, ㄴ, ㄹ
⑤ ㄱ, ㄴ, ㄷ, ㄹ

답 ③

✔ 응시생들의 선택

① 9%	② 14%	③ 16%	④ 45%	⑤ 16%

ㄴ. 생태이론은 '환경 속 인간'이라는 전체적 인간관을 갖고 있다. 인간본성에 대한 유전적 결정론, 정신적 결정론, 환경적 결정론 중 어느 것도 따르지 않고 모두 배격했다.
ㄹ. 생태이론에서는 인간은 환경과 상호작용하는 잠재력을 가지고 태어난다고 보았다. 다만, 가지고 태어난 잠재력에 따라 타인과 관계를 맺지만, 일생을 통해 관계를 맺는 능력과 유형을 형성해가기 때문에 동일한 환경이라도 그에 대한 반응은 개인마다 다르다고 보았다.

17-01-12 난이도 ★☆☆

생태학의 주요 개념에 해당하는 것은?

① 무의식 결정론
② 자아실현 경향성
③ 단선적 인과론
④ 개인의 창조적 힘
⑤ 개인-환경 간의 적합성

답 ⑤

✅ 응시생들의 선택

① 1%	② 1%	③ 2%	④ 1%	⑤ 95%

⑤ 생태학은 활동적이며 성장하는 인간이 환경과 어떻게 관계되어 있는지에 대해 관심을 둔다.

16-01-05 난이도 ★☆☆

생태체계이론에 관한 설명으로 옳은 것을 모두 고른 것은?

> ㄱ. 체계이론과 생태학적 관점을 통합한다.
> ㄴ. 인간과 환경은 분리할 수 없으며 동시에 고려해야 한다.
> ㄷ. 적합성(goodness-of-fit)이란 체계가 균형을 위협받았을 때 이를 회복하려는 경향을 말한다.
> ㄹ. 실천과정의 사정(assessment) 단계에 유용하게 활용된다.

① ㄱ, ㄷ
② ㄴ, ㄷ
③ ㄷ, ㄹ
④ ㄱ, ㄴ, ㄹ
⑤ ㄱ, ㄴ, ㄷ, ㄹ

답 ④

✅ 응시생들의 선택

① 1%	② 1%	③ 1%	④ 92%	⑤ 5%

ㄷ. 체계가 균형을 위협받았을 때 이를 회복하려는 경향은 항상성(homeostasis)에 해당한다. 적합성이란 인간의 적응 욕구와 환경자원이 부합되는 정도이며, 개인적 욕구와 사회적 욕구 사이의 조화와 균형 정도를 의미한다.

17-01-15 난이도 ★★☆

생태체계이론이 사회복지실천에 유용한 점으로 옳지 않은 것은?

① 전체 체계를 고려하여 문제를 이해한다.
② 클라이언트와 사회복지사 간의 상호교류를 중시한다.
③ 각 체계들로부터 풍부한 정보의 획득이 가능하다.
④ 환경적 수준에 개입하는 근거를 제시한다.
⑤ 개인의 심리역동적 변화의지 향상에 초점을 둔다.

답 ⑤

✅ 응시생들의 선택

① 3%	② 5%	③ 3%	④ 4%	⑤ 85%

⑤ 생태체계이론은 개인의 심리역동적 변화의지 향상에 초점을 두기보다는 유기체들이 어떻게 상호 적응상태를 이루고 어떻게 상호 적응해가는지에 초점을 두며, 인간과 주변환경 간의 상호교류, 상호의존성 또는 역동적 교류와 적응을 설명하는 통합적 관점이다.

15-01-12 난이도 ★☆☆

생태학적 이론에 관한 설명으로 옳지 않은 것은?

① 인간과 환경의 지속적인 상호작용을 강조한다.
② 인간의 병리적인 관점을 강조한다.
③ 적합성이란 인간의 욕구와 환경자원이 부합되는 정도를 말한다.
④ 인간은 자신의 요구에 맞게 환경을 만들어내기도 한다.
⑤ 인간의 생활상의 문제는 전체 생활공간 내에서 이해한다.

답 ②

✅ 응시생들의 선택

① 0%	② 88%	③ 2%	④ 5%	⑤ 5%

② 생태학적 이론은 환경 속의 인간이라는 관점을 강조한다. 즉, 인간과 환경 사이의 상호보완성을 설명하는 데 관심을 둔다.

다음 내용이 **왜 틀렸는지**를 확인해보자

17-01-15

01 생태체계이론은 개인의 심리역동적 변화의지 향상에 초점을 둔다.

> 생태체계이론은 유기체들이 어떻게 상호 적응상태를 이루고 어떻게 상호 적응해가는지에 초점을 두며, 인간과 주변환경 간의 상호교류, 상호의존성 또는 역동적 교류와 적응을 설명하는 통합적 관점이다.

16-01-05

02 **적합성**이란 체계가 균형을 위협받았을 때 이를 회복하려는 경향을 말한다.

> 체계가 균형을 위협받았을 때 이를 회복하려는 경향은 항상성에 해당한다. 적합성이란 인간의 적응 욕구와 환경 자원이 부합되는 정도이며, 개인적 욕구와 사회적 욕구 사이의 조화와 균형 정도를 의미한다.

11-01-17

03 '환경 속의 인간' 관점에 의하면 **인간은 사회환경을 지배하는 독립적 존재**이다.

> '환경 속의 인간'은 상호 긴밀히 영향을 주고받으며 상호교류하는 인간과 환경 사이의 관계에 초점을 둔다. 따라서 인간은 사회환경에 영향을 받으면서 영향을 미치기도 하는 존재이다.

---

04 **거시체계**는 두 가지 이상의 미시체계들 간의 관계 혹은 특정한 시점에서 미시체계들 간의 상호작용을 의미한다.

> 두 가지 이상의 미시체계들 간의 관계 혹은 특정한 시점에서 미시체계들 간의 상호작용을 의미하는 것은 중간체계이다. 거시체계는 개인이 속한 사회의 이념이나 제도의 일반적인 형태 혹은 개인에게 영향을 미치는 환경요소, 광범위한 사회적 맥락이다.

---

05 인간은 환경에 반응하지만 **스스로 환경을 창조해 내지는 못한다.**

> 인간은 환경에 반응할 뿐만 아니라 스스로 환경을 창조해 내는 주인이기도 하다.

---

06 생태체계이론의 주요 개념으로 **대처**는 인간의 적응 욕구와 환경자원이 부합되는 정도를 말한다.

> 인간의 적응 욕구와 환경자원이 부합되는 정도는 적합성을 의미한다. 대처란 적응의 한 형태로 문제를 극복하기 위해 노력하는 것을 말한다.

07 생태체계이론에서 인간은 목적지향적, 사회문화적, **환경순응적** 존재이다.

> 생태체계이론에서 강조하는 '환경 속 인간'이 인간을 환경순응적 존재, 수동적 존재로 본다는 의미는 아니다. 오히려 인간을 능동적, 목적지향적, 사회문화적 존재로 보면서 인간은 스스로 환경과 관계하며 환경에 적응하기도 하고 환경에 영향을 미치기도 하며 자아를 발달해가는 존재로 설명하였다.

20-01-15

08 브론펜브레너의 생태체계 구성에서 **미시체계**는 개인의 발달에 영향을 미치는 관계를 포함하며, 부모의 직업, 자녀의 학교 등이 해당한다.

> 미시체계는 개인 혹은 인간이 속한 가장 직접적인 사회적 · 물리적 환경으로 가족, 또래집단 등이 해당한다. 부모의 직업, 자녀의 학교 등은 외체계에 해당한다.

빈칸에 들어갈 알맞은 말을 채워보자

19-01-14

01 (　　　　　)은/는 개인과 직접 상호작용하지는 않으나 미시체계에 영향을 주는 사회적 환경이다.

16-01-05

02 생태체계이론은 체계이론과 (　　　　)을/를 통합한다.

07-01-22

03 개인에게 직접적으로 영향을 미치며 성장함에 따라 변화하는 생태학적 환경은 (　　　　)이다.

04 (　　　　　)은/는 개인이 지각한 요구와 이러한 요구를 충족시킬 수 있는 자원을 활용할 수 있는 능력 사이의 불균형에서 발생한다.

05 생태학적 관점에서의 인간관은 한마디로 (　　　　)(이)라는 전체적 인간관을 가지고 있다.

> **답** **01** 외(부)체계 **02** 생태학적 관점 **03** 미시체계 **04** 스트레스 **05** 환경 속의 인간

다음 내용이 옳은지 그른지 판단해보자

18-01-16
01 생태학적 이론은 환경과의 상호작용에서 인간을 수동적인 존재로 본다. ◎ ⊗

15-01-12
02 생태학적 이론은 인간과 환경 사이의 상호보완성을 설명하는 데 관심을 둔다. ◎ ⊗

06-01-17
03 생태체계관점은 클라이언트에게 개입할 수 있는 단 하나의 유일한 기법을 제시한다. ◎ ⊗

05-01-27
04 생태학 이론은 인간에 대해 낙관론적 견해를 지닌다. ◎ ⊗

05 생태체계이론은 사회복지사가 클라이언트체계의 자원을 발견하며, 클라이언트체계의 역량을 강화하는 개념적 도구로서 활용되기도 한다. ◎ ⊗

06 미시체계는 사회환경 내의 다양한 중범위체계와 역동적으로 상호작용한다. ◎ ⊗

07 생태체계관점에 의하면 모든 인간행동은 내적인 욕구와 환경적인 욕구 사이의 조화를 찾기 위한 적응과정으로 보고 있기 때문에, 어떤 행동도 부적응 행동으로 규정할 수 없다. ◎ ⊗

08 생태체계 관점에서 클라이언트를 사정할 때에는 거시체계보다 미시체계에 초점을 두어야 한다. ◎ ⊗

답 **01** × **02** ○ **03** × **04** ○ **05** ○ **06** ○ **07** ○ **08** ×

해설 **01** 생태학적 이론은 환경과의 상호작용에서 인간을 능동적인 존재로 본다.
03 생태체계관점은 통합적 관점으로서 2가지 이상의 개입기법을 사용한다.
08 미시체계, 거시체계 모두 사정한다.

6장

가족체계, 집단체계

이 장에서는

가족체계와 집단체계는 실천기술론에서 상세히 공부하기 때문에 인행사에서는 출제율이 높지는 않다. 여기서는 실천기술론에 앞서 기본적인 사항을 예습하는 차원에서 살펴봐도 무방하다.

10년간 출제분포도

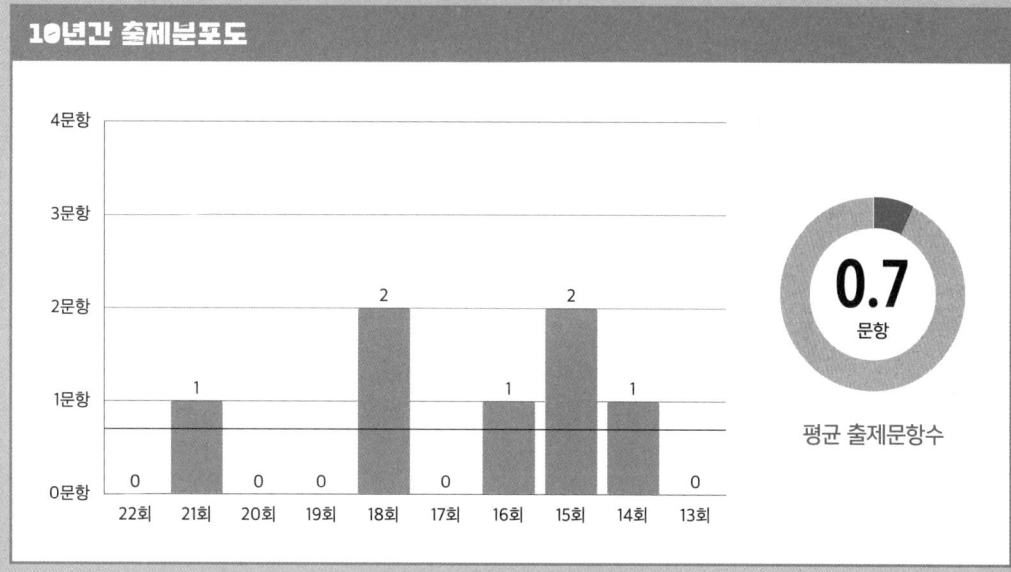

평균 출제문항수 **0.7** 문항

016 가족체계

최근 10년간 **2문항** 출제

이론요약

가족체계의 개념

- 가족구성원 모두는 가족 내에서 다른 가족원에게 일어나는 일의 영향을 받는다.
- 가족구성원 각자와 전체로서의 가족은 가족을 둘러싼 다른 많은 환경체계에 영향을 받는다.
- 가족은 시간이 지나면서 반복되는 상호작용 패턴, 즉 적응과 균형을 추구하는 단위이다.
- 전체로서의 가족은 각 가족원의 개인적인 특성의 합보다 크다.
- 가족은 더 큰 사회체계에 속하며 많은 하위체계를 포함한다.
- 한 가족구성원의 변화는 가족성원 전체에 영향을 미친다.

기본개념

인간행동과 사회환경
pp.184~

가족의 경계

- 폐쇄형 가족체계: 가족 내에서 권위가 있는 사람이 이웃과 지역사회라는 더 넓은 공간과 떨어진 가족공간을 만들어 낸다. 따라서 폐쇄형 가족체계의 특징은 외부와의 상호작용과 사람, 물건, 정보, 생각의 출입을 엄격히 제한하는 것이다.
- 개방형 가족체계: 개방형 체계에서 구성원들의 행위를 제한하는 규칙은 집단의 합의과정에서 도출되며, 가족의 경계는 유동적이다. 가족의 영토는 더 큰 지역사회의 공간으로 확대되는 동시에 외부문화도 가족공간으로 유입되는 것이다. 개인은 다른 식구들에게 악영향을 주거나 가족규범을 위반하지 않는 범위 내에서 외부와의 왕래를 스스로 통제할 수 있다.
- 임의형 가족체계: 이 부류에 속하는 가족구성원은 각자 자신의 영역과 가족의 영역을 확보하면서 개별적인 패턴을 만들어 간다. 임의형 가족체계는 가족경계선의 방어를 중요하지 않게 생각한다. 그래서 외부와의 교류에 제한이 없다. 실제로 임의형 가족은 집안 출입의 권리를 손님이나 제3자에게까지 확대하려는 경향이 있다.

가족의 형태

- 핵가족: 부부와 미혼자녀로 구성된 가족을 말한다.
- 확대가족: 부모가 결혼한 자녀 및 그들의 손자녀와 함께 사는 가족형태를 말한다.
- 수정확대가족: 부모와 자녀의 가족들이 별개의 가구를 구성하여 살지만, 가까운 거리에 떨어져 살기 때문에 마치 한집에 사는 것처럼 자주 왕래하고 협조하면서 살아가는 방식이다.
- 한부모가족: 모자가족 또는 부자가족을 말한다.

01 (18-01-04) 개방형 가족체계는 에너지, 정보, 자원을 다른 체계들과 교환한다.

02 (15-01-15) 개방형 가족체계는 외부로부터 정보를 통해 체계의 기능을 발전시킨다.

03 (10-01-30) 폐쇄형 가족체계는 외부와의 상호작용을 제한한다.

04 (09-01-29) 가족은 상호의존성이 강한 구조적 특성을 지니고 있다.

05 (08-01-19) 가족체계는 가족만의 독특한 규칙이 있다.

06 (08-01-20) 전체로서 가족은 부분의 합 이상이다.

07 (04-01-26) 역기능적인 가족체계는 변화보다는 평형을 유지하려는 속성이 강하다.

대표기출 확인하기

18-01-04 난이도 ★☆☆

개방형 가족체계에 관한 설명으로 옳은 것은?

① 외부체계와의 상호작용을 하지 않는다.
② 체계 내의 가족기능은 쇠퇴하게 된다.
③ 에너지, 정보, 자원을 다른 체계들과 교환한다.
④ 주변 환경으로부터 고립되어 있다.
⑤ 지역사회와의 교류가 제한된다.

 알짜확인

- 가족의 정의와 형태에 대해 이해해야 한다.
- 가족체계의 개념과 가족의 경계에 대해 이해해야 한다.

답 ③

✔ **응시생들의 선택**

① 1%	② 1%	③ 98%	④ 0%	⑤ 0%

① 외부체계와의 지속적인 상호작용이 이뤄진다.
② 체계 내의 가족기능이 원만하다.
④ 주변 환경과 다양한 상호작용이 이뤄진다.
⑤ 지역사회와의 교류가 활발하다.

➕ **덧붙임**

가족체계에 관한 문제는 출제비중이 낮다. 다른 과목들과 중복되는 내용이 많기 때문에 난이도가 낮은 문제들이 출제되고 있다. 가족이 갖는 특징, 가족의 경계 등에 대해 정리하도록 하자.

관련기출 더 보기

15-01-15 난이도 ★☆☆

개방형 가족체계에 관한 설명으로 옳은 것을 모두 고른 것은?

> ㄱ. 가족체계 내 엔트로피 상태가 지속된다.
> ㄴ. 외부로부터 정보를 통해 체계의 기능을 발전시킨다.
> ㄷ. 지역사회와의 교류가 활발하다.
> ㄹ. 투입과 산출이 거의 없는 상태이다.

① ㄱ, ㄴ
② ㄱ, ㄷ
③ ㄴ, ㄷ
④ ㄴ, ㄹ
⑤ ㄷ, ㄹ

답 ③

✔ **응시생들의 선택**

① 1%	② 2%	③ 95%	④ 1%	⑤ 1%

ㄱ. 엔트로피는 체계 구성요소 간의 상호작용이 감소함에 따라 유용한 에너지가 감소하는 상태를 말한다. 엔트로피는 폐쇄형 가족체계에서 나타나는 특성이다.
ㄹ. 개방형 가족체계는 가족 외부와의 경계가 분명하면서도 침투력이 있는 가족으로 가족의 경계가 유동적이다. 투입과 산출이 거의 없는 상태는 폐쇄형 가족체계에서 나타나는 특성이다.

08-01-20 난이도 ★☆☆

가족체계에 관한 설명 중 옳지 않은 것은?

① 단선적 접근에 기반한다.
② 전체로서 가족은 부분의 합 이상이다.
③ 가족 내 하부체계의 구성은 시간의 흐름에 따라 변한다.
④ 가족규칙은 가족원의 지위, 역할, 가족의식을 규정한다.
⑤ 유리된 가족은 가족관계가 소원하여 상호작용이 어렵다.

답 ①

✔ **응시생들의 선택**

① 79%	② 7%	③ 3%	④ 2%	⑤ 9%

① 가족에 대한 접근을 할 때는 문제의 본질을 보다 정확히 이해하기 위하여 단선적 접근보다는 순환적 접근에 기초해 문제를 개념화시킬 필요가 있다.

정답훈련

다음 내용이 왜 틀렸는지를 확인해보자

15-01-15

01 개방형 가족체계는 가족체계 내 엔트로피 상태가 지속된다.

> 엔트로피는 체계 구성요소 간의 상호작용이 감소함에 따라 유용한 에너지가 감소하는 상태를 말한다. 엔트로피는 폐쇄형 가족체계에서 나타나는 특성이다.

10-01-30

02 폐쇄형 가족체계는 **경계가 자유롭고 유동적이다.**

> 폐쇄적인 가족체계는 외부환경과 고립되어 있으며, 경계선이 폐쇄적일수록 자기 가족의 경계선 내부에서만 작동하므로 외부와의 상호작용이 제한적이다.

08-01-20

03 가족 내 하부체계의 구성은 **시간이 흘러도 변하지 않는다.**

> 가족 내 하부체계의 구성은 시간의 흐름에 따라 변한다.

04 **핵가족**은 부모가 결혼한 자녀 및 그들의 손자녀와 함께 사는 가족형태를 말한다.

> 부모가 결혼한 자녀 및 그들의 손자녀와 함께 사는 가족형태는 확대가족이다. 핵가족은 부부와 미혼자녀로 구성된 가족을 말한다.

05 한 가족구성원에게 변화가 일어나도 **가족성원 전체에는 영향을 미치지 못한다.**

> 한 가족구성원의 변화는 가족성원 전체에 영향을 미친다.

09-01-29

06 **가족**은 물리적 또는 지리적 특성에 근거한 하나의 사회체계이다.

> 물리적 또는 지리적 특성에 근거한 사회체계는 지역사회이다.

017 집단체계

1 회독	2 회독	3 회독
월 일	월 일	월 일

최근 10년간 **5문항** 출제 ★★★

이론요약

집단의 유형

▶ **치료집단, 과업집단, 자조집단**

기본개념

인간행동과 사회환경
pp.188~

• 치료집단: 사회정서적 욕구에 초점

  – 지지집단: 생활사건과 관련해 긴장감, 대처방법 등을 나눔 예 암환자의 가족 모임

  – 교육집단: 공통된 특정 관심사에 대한 지식, 정보 등을 학습 예 예비부모 학교

  – 성장집단: 자아향상, 사회정서적 건강 증진 예 잠재력 개발 집단

  – 치유집단: 병리 치료 및 회복 예 약물중독 치료집단

  – 사회화집단: 대인관계 등 사회적 기술 습득 예 ADHD 아동 집단

• 과업집단: 산출, 성과, 목표달성에 초점

• 자조집단: 지지집단과 유사하지만 구성원들이 주도하며 사회복지사는 간접적으로 도움을 줌

▶ **개방집단, 폐쇄집단**

• 개방집단: 집단 과정 중간에 새로운 성원을 받음

• 폐쇄집단: 새로운 성원을 받지 않음

▶ **일차집단, 이차집단**

• 일차집단: 원초집단. 가족, 또래집단, 이웃 등. 비공식적 통제

• 이차집단: 학교, 회사 등 계약된 관계. 공식적 통제

▶ **자연집단, 형성집단**

• 자연집단: 가족, 또래집단 등 자연발생적으로 만들어지는 집단 (≒일차집단)

• 형성집단: 과업을 진행하고 목적을 달성하기 위해 구성되는 집단 (≒이차집단)

01 (21-01-15) 집단활동을 통해 집단에 관한 정체성인 '우리의식'이 형성된다.

02 (18-01-17) 자조집단(self-help group)은 유사한 어려움과 관심사를 가진 구성원들의 경험을 나누며 바람직한 변화를 추구한다.

03 (16-01-13) 치료집단은 형성집단에 해당한다.

04 (16-01-13) 또래집단은 자연집단에 해당한다.

05 (15-01-14) 과업집단은 조직문제에 대한 해결책 모색이나 성과물 산출을 목적으로 한다.

06 (14-01-25) 집단은 구성원들 간의 관계를 형성하며 상호작용을 통해 성장한다.

07 (14-01-25) 집단 내 역할분화가 이루어진다.

08 (14-01-25) 집단을 통해 사회화의 기능이 이루어진다.

09 (14-01-25) 집단 구성원들은 서로 감정을 공유하며 규범과 목표를 수립한다.

10 (09-01-30) 치매노인 가족집단, 단도박모임, 자폐아동 부모집단은 자조집단에 해당한다.

11 (08-01-21) 집단지도자는 구성원들의 의도와 행동이 조화를 이루는지 살핀다.

12 (04-01-27) 자폐아를 둔 부모들의 모임은 자조집단에 해당한다.

대표기출 확인하기

21-01-15 난이도 ★★☆

집단에 관한 설명으로 옳은 것은?

① 2차집단은 인간의 성격형성을 목적으로 한다.
② 개방집단은 구성원의 개별화와 일정 수준 이상의 심도 깊은 목적 달성에 적합하다.
③ 구성원의 상호작용이 중요하므로 최소 단위는 4인 이상이다.
④ 형성집단은 특정 목적 없이 만들 수 있다.
⑤ 집단활동을 통해 집단에 관한 정체성인 '우리의식'이 형성된다.

 알짜확인

• 집단체계의 특성과 집단의 유형에 대해 이해해야 한다.

답 ⑤

✔ **응시생들의 선택**

① 4%	② 10%	③ 4%	④ 6%	⑤ 76%

① 2차집단은 목적달성을 위해 인위적으로 계약에 의해 만들어진 집단을 말한다.
② 개방집단은 가입과 탈퇴가 자유롭기 때문에 구성원에 대한 개별화나 일정 수준 이상의 심도 깊은 목적을 달성하는 데에는 한계가 있다.
③ 집단은 소속감, 공동의 목적이나 관심 및 상호작용 등을 통해 이루어지며, 2인으로도 집단이 될 수 있다.
④ 형성집단은 각종 위원회나 팀처럼 일정한 목적에 따라 만들어지는 집단으로, 목적달성을 위한 과업과 과업을 진행하기 위한 구조와 규칙을 갖는다.

관련기출 더 보기

18-01-17 난이도 ★☆☆

집단에 관한 설명으로 옳은 것은?

① 일차집단(primary group)은 목적 달성을 위해 인위적으로 만들어진 집단이다.
② 이차집단(secondary group)은 혈연이나 지연을 바탕으로 자연발생적으로 이루어진 집단이다.
③ 자연집단(natural group)은 특정위원회나 팀처럼 일정한 목적을 갖는 것이 특징이다.
④ 자조집단(self-help group)은 유사한 어려움과 관심사를 가진 구성원들의 경험을 나누며 바람직한 변화를 추구한다.
⑤ 개방집단(open-end group)은 집단이 진행되는 동안 새로운 구성원의 입회가 불가능하다.

답 ④

✔ **응시생들의 선택**

① 1%	② 1%	③ 1%	④ 97%	⑤ 0%

① 목적 달성을 위해 인위적으로 만들어진 집단은 이차집단이다.
② 혈연이나 지연을 바탕으로 자연발생적으로 이루어진 집단은 일차집단이다.
③ 특정위원회나 팀처럼 일정한 목적을 갖는 것이 특징인 집단은 형성집단이다.
⑤ 개방집단은 집단이 진행되는 동안 새로운 구성원의 입회가 가능하다.

집단의 구성동기에 따른 유형과 그 예가 올바르게 연결된 것을 모두 고른 것은?

> ㄱ. 자연집단(natural group) – 또래집단
> ㄴ. 1차집단(primary group) – 과업집단
> ㄷ. 형성집단(formed group) – 치료집단
> ㄹ. 2차집단(secondary group) – 이웃

① ㄱ, ㄹ   ② ㄱ, ㄷ
③ ㄴ, ㄹ   ④ ㄴ, ㄷ, ㄹ
⑤ ㄱ, ㄴ, ㄷ, ㄹ

답 ②

✓ 응시생들의 선택

① 12%	② 68%	③ 3%	④ 9%	⑤ 8%

② 1차집단은 혈연과 지연을 바탕으로 자연발생적으로 이루어지는 집단이고, 2차집단은 목적달성을 위해 인위적으로 계약에 의해 만들어진 집단이다. 따라서 과업집단은 2차집단에 해당하며(ㄴ), 이웃은 1차집단에 해당한다(ㄹ).

집단에 관한 설명으로 옳지 않은 것은?

① 역할분화가 이루어진다.
② 사회화의 기능을 수행한다.
③ 구성원들이 감정을 공유하며 규범과 목표를 수립한다.
④ 구성원들 간의 관계를 형성하며 상호작용을 통해 성장한다.
⑤ 구성원들을 지지하고 자극시키는 힘을 가지기 때문에 긍정적 기능만을 수행한다.

답 ⑤

✓ 응시생들의 선택

① 0%	② 0%	③ 0%	④ 1%	⑤ 99%

⑤ 집단은 긍정적인 기능을 목표로 하지만, 항상 긍정적 기능만을 수행하는 것은 아니다.

다음 내용이 옳은지 그른지 판단해보자

01 자조집단에서 사회복지사는 직접 개입하지 않고 간접적인 도움을 제공한다.

`15-01-14`

02 조직문제에 대한 해결책 모색이나 성과물 산출을 목적으로 하는 집단은 과업집단이다.

03 A사회복지관에서는 청소년을 대상으로 자기이해 증진을 위한 집단 프로그램을 진행하고 있다. 이때 집단 프로그램은 또래들과 함께하는 1차집단이다.

`18-01-17`

04 개방집단은 집단이 진행되는 동안 새로운 구성원의 입회가 불가능하다.

05 성장집단은 개인의 능력과 자의식을 넓히고 변화를 이끌어낼 수 있는 기회들을 성원들에게 제공하면서 자아향상을 강조하는 집단이다.

`16-01-13`

06 과업집단은 1차집단에 해당하며, 이웃은 2차집단에 해당한다.

07 집단 외부에 경쟁 집단이 존재하는 경우 내부 결속력이 강해지거나 갈등이 감소하는 등 집단의 역동성에 영향을 미치게 된다.

`14-01-25`

08 집단은 구성원들을 지지하고 자극시키는 힘을 가지기 때문에 긍정적 기능만을 수행한다.

답 **01** ○ **02** ○ **03** × **04** × **05** ○ **06** × **07** ○ **08** ×

해설 **03** 집단 프로그램은 특정 목적을 달성하기 위해 인위적으로 만들어지는 2차집단이다.
04 집단이 진행되는 동안 새로운 구성원의 입회가 불가능한 집단은 폐쇄집단이다. 개방집단은 집단이 진행되는 과정 중이라도 언제든 새로운 구성원의 입회가 가능하다.
06 과업집단은 2차집단에 해당하며, 이웃은 1차집단에 해당한다.
08 집단은 긍정적인 기능을 목표로 하지만, 항상 긍정적 기능만을 수행하는 것은 아니다.

7장

조직체계, 지역사회체계, 문화체계

이 장에서는

보편성, 변동성, 누적성, 상징성, 다양성, 학습성, 공유성, 사회성 등 문화의 특징과 함께 문화의 기능을 이해해두어야 한다. 더불어 다문화와 관련하여 베리의 문화적응이론이나 용광로 및 샐러드볼 개념도 짚고 넘어가자.

※ 알림: 기본개념서 7장에서는 문화체계와 함께 조직체계, 지역사회체계 등을 다루는데, 기출은 주로 문화체계에서 출제되어 이 책에서는 문화체계의 내용만 구성하였다.

10년간 출제분포도

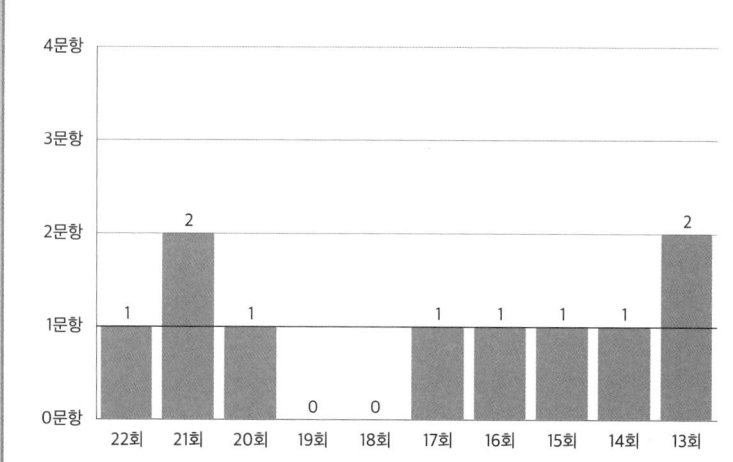

1.0 문항

평균 출제문항수

018 문화체계

강의 QR코드

최근 10년간 **10문항** 출제

1회독　월　일　　**2**회독　월　일　　**3**회독　월　일

복습 1 이론요약

문화의 특성

기본개념

인간행동과 사회환경
pp.203~

- 다른 사회의 구성원과 구별되는 **공통적인 속성을 지닌다**.
- 학습을 통해 후천적으로 획득되며, 사회화를 통해 개인의 일부가 된다.
- 상징적인 수단인 언어와 문자를 통해 **세대 간에 전승되며 축적**된다.
- 새로운 기술과 물리적 조건, 시대적 환경에 적합한 방식으로 **끊임없이 수정되고 조절**되며, 새로운 문화 특성이 추가되면서 변동된다.
- 지식, 도덕, 제도 등 수많은 부분들이 관계를 유지하면서 전체적으로 체계를 이룬다.
- 모든 문화는 외형으로 드러나는 것 외에 속으로 품고 있는 의미가 따로 존재한다.
- 모든 사회에 **공통적인 문화형태가 존재**한다.
- 문화는 형태를 갖는 **물질문화** 외에 가시적인 형태가 없는 비물질문화도 있다. **비물질문화**는 크게 **규범문화**(법, 제도 등)와 **관념문화**(철학, 종교, 예술 등)로 나뉜다.

문화의 기능

- 사회화 기능: 개인에게 다양한 생활양식을 내면화시켜 사회에 적응하면서 살아갈 수 있게 하는 기능이다.
- 욕구충족기능: 다양한 생활양식을 통해 의식주와 같은 개인의 기본적 욕구를 충족시키는 기능이다.
- 사회통제 기능: 규범이나 관습 등으로 개인 행동에 대한 규제와 사회악을 제거하는 기능이다.
- 사회존속 기능: 문화를 학습하고 전승하여 새로운 구성원들에게 필요한 생활양식을 전승하는 기능이다.

문화체계의 주요 개념

- 문화접촉: 둘 이상의 다른 문화가 서로 접촉하는 것이다.
- 문화마찰: 서로 다른 문화가 접촉하면서 발생하는 오해와 갈등이다.
- 문화변용: 둘 이상의 사회가 문화접촉에 의해 한쪽 또는 양쪽의 문화체계에 변화가 일어나는 현상이다.
- 문화변동: 내부적 요인 및 외부적 요인에 의해 사회와 문화체계가 변화하는 것을 말한다.
- 문화진화: 장기간에 걸쳐 일어나는 문화변동이다.
- 문화상대주의: 문화의 우열을 결정하는 것은 올바르지 않다고 주장하는 것이다.
- 문화사대주의: 다른 사회의 문화만을 동경, 숭상한 나머지 자기문화를 업신여기거나 낮게 평가하는 태도를 말한다.

베리(Berry)의 문화적응모형

- **통합**: 주류사회와의 관계 <u>유지</u>, 고유의 문화적 정체성 <u>유지</u>
- **동화**: 주류사회와의 관계 <u>유지</u>, 고유의 문화적 정체성 <u>거부</u>
- **분리**: 주류사회와의 관계 <u>거부</u>, 고유의 문화적 정체성 <u>유지</u>
- **주변화**: 주류사회와의 관계 및 고유의 문화적 정체성 <u>모두 거부</u>

용광로와 샐러드볼

- **용광로 이론**: 다양한 문화가 주류 문화에 녹아듦. <u>동화주의적 관점</u>
- **샐러드볼 이론**: 다양한 문화가 다채롭게 어울림. <u>다문화주의적 관점</u>

기출문장 CHECK

01 (22-01-03) 문화는 인간집단의 생활양식의 총체로 정의할 수 있다.

02 (22-01-03) 문화는 학습되고 전승되는 특징이 있다.

03 (22-01-03) 주류와 비주류 문화 사이의 권력 차이로 차별이 발생할 수 있다.

04 (22-01-03) 다문화주의는 다양한 문화나 언어를 공유하고 상호 존중하여 적극 수용하려는 입장을 취한다.

05 (21-01-16) 문화는 다른 사회의 구성원과 구별되는 공통적 속성이 있다.

06 (20-01-17) 문화변용은 둘 이상의 문화가 지속적으로 접촉하여 한쪽이나 양쪽에 변화가 일어나는 현상이다.

07 (17-01-16) 사회체계로서 문화는 구성원 간 공유되는 생활양식으로 다른 사회 구성원과 구별된다.

08 (16-01-18) 비물질문화에는 관념문화와 규범문화가 포함된다.

09 (15-01-16) 문화는 개인의 생리적 욕구와 심리적 욕구 충족에 영향을 준다.

10 (14-01-24) 문화는 생득적이기보다는 사회 속에서 성장하며 학습을 통해 습득된다.

11 (14-01-24) 문화변용은 둘 이상의 이질적인 문화가 접촉한 결과 한쪽 또는 쌍방의 원래 문화 형태에 변화를 일으키는 현상이다.

12 (14-01-24) 인간의 생활양식은 세대 간에 전승된다.

13 (14-01-24) 문화는 삶의 모든 영역에 영향을 미치며 지속적으로 변화한다.

14 (13-01-24) 다문화주의는 인간 사회의 인종적·문화적 다양성을 설명하는 개념이다.

15 (13-01-25) 주류사회와의 관계는 유지하지만 모국의 문화적 가치는 유지하지 않는 상태를 말하는 것은 베리(J. Berry)의 문화적응모형 중 동화(assimilation)에 해당한다.

16 (12-01-22) 문화는 사회의 안정과 질서를 위해 문제들을 제거, 조절하는 기능을 수행한다.

17 (11-01-14) 문화는 인간의 행동과 사고에 직·간접적으로 영향을 미치며 세대 간 전승된다.

18 (11-01-24) 문화는 시대적 상황에 따라 변화하지만 사회마다 공통적인 문화형태가 존재한다.

19 (08-01-22) 둘 이상의 사회가 직접 접촉하면서 한쪽이나 양쪽의 문화체계에 변화가 일어나는 현상은 문화변용이다.

20 (06-01-26) 문화는 세대 간에 전승되고 축적된다.

21 (05-01-17) 문화는 개인, 집단, 지역사회의 행동양식에 영향을 미치는 거시체계이다.

22 (02-01-11) 생활양식, 행동의 지침, 사회적 규범, 목표의 명확화 등은 문화에 의해 영향을 받는다.

복습 2 기출확인

22-01-03 난이도 ★★★

문화와 관련된 설명으로 옳지 않은 것은?

① 문화는 인간집단의 생활양식의 총체로 정의할 수 있다.
② 다문화주의는 다양한 문화나 언어를 공유하고 상호 존중하여 적극 수용하려는 입장을 취한다.
③ 베리(J. Berry)의 이론에서 동화(assimilation)는 자신의 고유문화와 새로운 문화를 모두 존중하는 상태를 의미한다.
④ 문화는 학습되고 전승되는 특징이 있다.
⑤ 주류와 비주류 문화 사이의 권력 차이로 차별이 발생할 수 있다.

 알짜확인

• 문화의 개념과 특성을 이해해야 한다.
• 문화체계의 주요 개념을 이해해야 한다.
• 다문화의 정의와 베리의 문화적응이론을 이해해야 한다.

답 ③

✔ **응시생들의 선택**

① 2%	② 4%	③ 87%	④ 0%	⑤ 7%

③ 베리의 이론에서 동화는 고유문화를 포기하고 새로운 문화와 관계하려는 상태를 의미한다.

20-01-17 난이도 ★★★

문화에 관한 설명으로 옳지 않은 것은?

① 사회체계로서 중간체계에 해당된다.
② 사회구성원들 간에 공유된다.
③ 문화변용은 둘 이상의 문화가 지속적으로 접촉하여 한쪽이나 양쪽에 변화가 일어나는 현상이다.
④ 세대 간에 전승되며 축적된다.
⑤ 사회화에 대한 지침을 제공한다.

답 ①

✔ **응시생들의 선택**

① 83%	② 0%	③ 6%	④ 2%	⑤ 9%

① 문화는 개별 클라이언트에게 영향을 주는 주요 거시체계 중 하나이다. 개별 미시체계가 살고 있는 사회 관습이나 습관, 기술, 예술, 가치, 사상, 과학, 종교적·정치적 행동을 포괄한다.

17-01-16 난이도 ★★★

사회체계로서 문화에 관한 설명으로 옳은 것은?

① 미시체계에 해당된다.
② 후천적으로 습득되기보다는 타고 나는 것이다.
③ 구성원 간 공유되는 생활양식으로 다른 사회 구성원과 구별된다.
④ 규범적 문화는 종교적 신념, 신화, 사상 등으로 구성된다.
⑤ 문화는 외부의 요구와 무관하게 고정되어 있다.

답 ③

✔ **응시생들의 선택**

① 1%	② 1%	③ 80%	④ 16%	⑤ 2%

① 문화는 개별 클라이언트에게 영향을 주는 주요 거시체계이다.
② 문화는 학습을 통해 후천적으로 획득되며, 사회화를 통해 개인의 일부가 된다.
④ 종교적 신념, 신화, 사상 등은 관념 문화이다.
⑤ 문화는 새로운 기술과 물리적 조건, 시대적 환경에 적합한 방식으로 끊임없이 수정되고 변화한다.

16-01-18 · 난이도 ★★☆

문화와 관련된 내용으로 옳은 것은?

① 관념문화에는 법과 관습이 포함된다.
② 물질문화에는 신화와 전설이 포함된다.
③ 문화는 중간체계로서 개인에게 영향을 미친다.
④ 비물질문화에는 관념문화와 규범문화가 포함된다.
⑤ 규범문화에는 종교적 신념과 과학적 진리가 포함된다.

답 ④

✔ 응시생들의 선택

① 22%	② 1%	③ 21%	④ 49%	⑤ 7%

① 법과 관습은 규범문화에 해당한다.
② 신화와 전설은 비물질문화이며, 관념문화에 해당한다.
③ 문화는 개별 클라이언트에게 영향을 주는 주요 거시 체계 중 하나이다.
⑤ 종교적 신념과 과학적 진리는 관념문화에 해당한다.

15-01-16 · 난이도 ★★☆

문화에 관한 설명으로 옳은 것은?

① 동화(assimilation)는 원문화의 가치를 유지하면서 주류사회의 문화에 소극적으로 참여하는 유형이다.
② 인간행동에 영향을 주는 미시체계이다.
③ 개인의 생리적 욕구와 심리적 욕구 충족에 영향을 준다.
④ 예술, 도덕, 제도 등이 각기 독립적으로 존재하며, 서로 영향을 주지 않는다.
⑤ 지속적으로 누적되기 때문에 항상 같은 형태를 지닌다.

답 ③

✔ 응시생들의 선택

① 11%	② 5%	③ 82%	④ 1%	⑤ 1%

① 동화는 주류사회와 관계는 유지하지만 기존의 문화적 정체성을 포기하는 유형이다.
② 문화는 개별 클라이언트에게 영향을 주는 거시체계이다.
④ 문화는 예술, 도덕, 제도 등이 긴밀한 관계를 유지하면서 전체적으로 체계를 이루고 있다.
⑤ 문화의 형태는 다양하며, 끊임없이 수정되고 조절된다.

13-01-25 · 난이도 ★★☆

베리(J. Berry)의 문화적응모형 가운데 동화(assimilation)의 개념에 관한 설명으로 옳은 것은?

① 주류사회와의 관계는 유지하지만 모국의 문화적 가치는 유지하지 않는 상태를 말한다.
② 주류사회와의 관계를 유지하면서 동시에 모국의 문화적 가치를 유지하는 상태를 말한다.
③ 모국과는 강한 유대관계를 지니지만 주류사회와의 관계는 유지하지 않는 상태를 말한다.
④ 두 개 이상의 문화가 지속적 접촉을 통해 한쪽이나 양쪽에 변화가 나타나는 상태를 말한다.
⑤ 주류사회와의 관계를 유지하지 않으면서 동시에 모국의 문화적 가치도 유지하지 않는 상태를 말한다.

답 ①

✔ 응시생들의 선택

① 47%	② 31%	③ 1%	④ 20%	⑤ 1%

② 베리(J. Berry)의 문화적응모형 가운데 통합 유형에 해당한다.
③ 베리(J. Berry)의 문화적응모형 가운데 분리 유형에 해당한다.
④ 문화변용 개념에 대한 설명이다.
⑤ 베리(J. Berry)의 문화적응모형 가운데 주변화 유형에 해당한다.

11-01-14 · 난이도 ★★☆

문화의 기능에 관한 설명으로 옳은 것을 모두 고른 것은?

> ㄱ. 개인의 생리적·심리적 욕구 충족에 기여한다.
> ㄴ. 인간의 행동과 사고에 직·간접적으로 영향을 미치며 세대 간 전승된다.
> ㄷ. 다양한 생활양식을 내면화시켜 개인이 사회에 적응하며 살아갈 수 있게 한다.
> ㄹ. 사회의 안정과 질서에 악영향을 미치는 문제들을 제거·조절하는 기능을 수행한다.

① ㄱ, ㄴ, ㄷ 　　② ㄱ, ㄷ
③ ㄴ, ㄹ 　　　　④ ㄹ
⑤ ㄱ, ㄴ, ㄷ, ㄹ

답 ⑤

✔ 응시생들의 선택

① 51%	② 3%	③ 5%	④ 0%	⑤ 42%

⑤ 문화의 기능에는 사회화 기능, 욕구충족 기능, 사회통제 기능, 사회존속 기능이 있다.

다음 내용이 왜 틀렸는지를 확인해보자

21-01-16

01 문화는 선천적으로 습득된다.

문화는 학습을 통해 후천적으로 획득되며, 사회화를 통해 개인의 일부가 된다.

16-01-18

02 문화는 중간체계로서 개인에게 영향을 미친다.

문화는 개별 클라이언트에게 영향을 주는 주요 거시체계 중 하나이다.

14-01-24

03 문화는 개인의 행동에 대한 규제와 사회통제의 기능을 수행하지 않는다.

문화의 기능에는 사회화 기능, 욕구충족 기능, 사회통제 기능, 사회존속 기능이 있다.

13-01-24

04 다문화주의란 일반적으로 인간사회의 인종적, 문화적 보편성을 설명하는 데 사용되는 개념이다.

다문화주의란 일반적으로 인간사회의 인종적, 문화적 다양성을 설명하는 데 사용되는 개념이다.

05 문화는 세월이 지나도 변동되지 않는 특성이 있다.

문화는 새로운 기술과 물리적 조건, 시대적 환경에 적합한 방식으로 끊임없이 수정되고 조절되며, 새로운 문화 특성이 추가되면서 문화는 변동한다.

11-01-24

06 동화(assimilation)는 원문화에 관한 정체성을 유지함과 동시에 이주민의 사회참여를 추구하는 것이다.

동화는 개인 혹은 집단의 고유 문화가 사회의 지배적인 문화에 통합되는 과정을 말하는 것이다. 다른 문화에 접촉하고 참여하면서 새로운 문화를 받아들이고, 점차 자신들이 과거에 가졌던 문화적 특성의 대부분을 잃게 되어 다른 사회구성원들과 비슷해지게 되는 것이다.

15-01-16

07 문화는 인간행동에 영향을 주는 **미시체계**이다.

> 문화는 인간행동에 영향을 주는 거시체계이다.

13-01-25

08 베리의 문화적응모형 중에서 **동화(assimilation)**는 주류사회와의 관계를 유지하면서 동시에 모국의 문화적 가치를 유지하는 상태를 말한다.

> 동화는 주류사회와의 관계는 유지하지만 모국의 문화적 가치는 유지하지 않는 유형이다.
> 주류사회와의 관계를 유지하면서 동시에 모국의 문화적 가치를 유지하는 상태는 통합이다.

09 용광로 개념은 주류 문화에 다양한 소수 문화가 녹아드는 양상을 설명하는 개념으로 **다양한 문화의 동등한 존중**을 강조한다.

> 용광로 개념은 주류 사회의 문화적 우월성을 전제로 하는 동화주의적 특징이 있다.

빈칸에 들어갈 **알맞은 말**을 채워보자

12-01-22

01 둘 이상의 사회가 장기간 직접적인 접촉에 의해 한쪽이나 양쪽의 문화체계에 변화가 일어나는 현상을 (   )(이)라 한다.

02 (   )은/는 지식, 신앙, 예술, 도덕 법률 및 기타 사회 구성원인 인간으로부터 획득된 모든 능력과 관습의 복합 총체이다.

03 문화는 물질문화와 비물질문화로 나뉘며, 비물질문화는 (①   )문화와 (②   )문화로 나뉜다. 비물질문화 중 (①   )문화는 인간에게 삶의 방향을 제시해주고 정신적인 삶을 풍요롭게 해주는 지식과 가치, 태도를 말한다.

04 베리는 동화, 통합, 분리, (   )(이)라는 4가지 문화적응 유형을 제시하였다.

05 베리의 문화적응 유형 중 주류사회와의 관계는 유지하지 않고 모국의 고유문화 문화 정체성과 특성을 유지하는 유형은 (   )이다.

답 **01** 문화변용 **02** 문화 **03** ① 관념 ② 규범 **04** 주변화 **05** 분리

다음 내용이 옳은지 그른지 판단해보자

16-01-18
01 규범문화에는 종교적 신념과 과학적 진리가 포함된다. ◎ ⊗

02 문화는 사회적 구성물인 정치, 경제, 사회, 역사 등이 상호작용한 결과물이다. ◎ ⊗

03 문화마찰은 서로 다른 문화가 접촉하면서 일어나는 갈등을 설명하는 개념이다. ◎ ⊗

11-01-14
04 문화는 다양한 생활양식을 내면화시켜 개인이 사회에 적응하며 살아갈 수 있게 한다. ◎ ⊗

05 모든 문화는 외형으로 드러나는 것 외에 속으로 품고 있는 의미, 즉 총체성을 갖고 있다. ◎ ⊗

06 문화는 상징적인 수단인 언어와 문자를 통해 세대 간에 전승되며 축적된다. ◎ ⊗

07 물질문화는 인간이 만들어서 사용하는 물리적인 대상을 말하며, 인간이 환경에 적응하고 기본적인 욕구를 충족시키기 위해 필요한 도구, 사용기술 등을 포함한다. ◎ ⊗

11-01-24
08 문화는 인간의 정신활동보다 자연환경적 차원을 더 중시한다. ◎ ⊗

21-01-16
09 문화는 다른 사회의 구성원과 구별되는 공통적 속성이 있다. ◎ ⊗

10 샐러드볼 개념은 한 사회에 다양한 문화가 섞이며 어우러지는 양상을 동화주의적 관점에서 설명하는 것이다. ◎ ⊗

답 01 × 02 ○ 03 ○ 04 ○ 05 × 06 ○ 07 ○ 08 × 09 ○ 10 ×

해설 **01** 종교적 신념과 과학적 진리는 관념문화에 해당한다.
05 문화가 내재적 의미를 갖고 있다는 것은 상징성이다. 문화의 특성 중 총체성은 여러 부분들이 연결되어 전체적인 체계를 이룸을 의미한다.
08 문화는 인간이 자연상태에서 벗어나 일정한 목적 또는 생활 이상(理想)을 실현하려는 활동 과정 및 그 과정에서 이룩한 물질적·정신적 산물이라고 말할 수 있다.
10 샐러드볼 개념은 한 사회에 다양한 문화가 자연스럽게 섞일 수 있음을 다문화주의적 관점에서 설명한 것이다.

8장

태아기, 영아기, 유아기

이 장에서는

태아기, 영아기, 유아기가 각각 한 문제는 꼭 출제된다고 생각하고 학습해야 한다. 태아기는 다운증후군, 클라인펠터증후군, 터너증후군 등 유전적 요인에 의한 장애까지 살펴봐야 한다. 영아기와 유아기는 헷갈리기 쉬운 특징들이 꽤 많기 때문에 구분하면서 기억해두어야 한다. 영아기에서는 신생아기에 나타나는 반사운동까지가 시험범위이다.

10년간 출제분포도

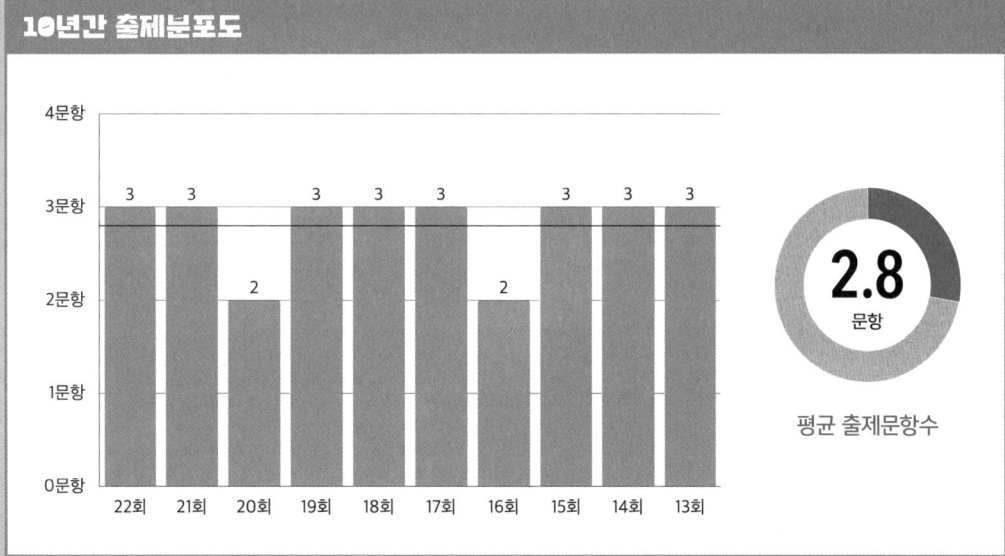

22회	21회	20회	19회	18회	17회	16회	15회	14회	13회
3	3	2	3	3	3	2	3	3	3

2.8 문항

평균 출제문항수

019 태아기

강의 QR코드

1 회독 월 일
2 회독 월 일
3 회독 월 일

최근 10년간 **10문항** 출제

복습 1 이론요약

태아기의 성장

- 배란기(수정 후 2주): <u>수정(정자와 난자가 만남) 후 수정란이 자궁벽에 착상할 때까지의 시기</u>를 말한다.
- 배아기(수정 후 2~8주): 태반이 발달하며, 배아는 태반과 연결된 탯줄을 통해 모체로부터 영양분과 산소를 공급받고, 배설물을 방출한다.
- 태아기(수정 후 9주~출생): <u>태아는 인간의 모습을 갖추기 시작</u>하며, 임산부가 태아의 움직임을 알 수 있다.

기본개념

인간행동과 사회환경
pp.214~

임신기간 구분

▶ 제1단계(임신초기, 임신 1~3개월)

- 가장 중요한 시기로, 태아의 급속한 세포분열이 일어나므로 임산부의 영양상태, 약물복용에 가장 영향을 받기 쉽다.
- 원시적인 형태의 심장과 소화기관이 발달한다. 두뇌와 신경계의 구조, 팔과 다리가 될 부위도 나타난다. 일반적으로 발달은 두뇌에서부터 몸 전체로 내려가면서 이루어진다.

▶ 제2단계(임신중기, 임신 4~6개월)

- 태아는 계속 성장하며, 손가락, 발가락, 피부, 지문, 머리털 등이 형성된다.
- 16~20주 사이에 태아의 움직임을 느낄 수 있다.

▶ 제3단계(임신말기, 임신 7~9개월)

- 태아 발달이 완성되고 출산 후 자궁 밖에서 생존하기 위한 준비를 마친다.
- 30주 정도가 지나면 신경계의 조절능력이 생기게 되므로 인큐베이터에서의 생존이 가능해진다. 임신 210일(7개월)을 출산예정일보다 빨리 태어난 태아가 살 수 있는 생존가능연령이라고 부른다.

태아기에 영향을 미치는 요인

- 임산부의 영양상태
- 약물 복용과 치료
- 알코올
- 흡연

- 임산부의 나이
- 임산부의 질병
- 모자의 혈액 불일치
- 임산부의 분만횟수

유전적 요인에 의해 발생할 수 있는 태아기의 주요 장애

- 다운증후군: **21번 염색체가 3개**. 신체 전반에 걸쳐 이상이 나타나며 특징적인 외모를 보임
- 터너증후군: 성염색체가 **X염색체 하나**. 외견상 여성으로 보이지만 2차 성징이 거의 없음
- 혈우병: X염색체의 이상으로 인해 **혈액이 응고되지 않는** 출혈성 질환
- 클라인펠터증후군: **XXY, XXXY 등 성염색체 이상**. 외모는 남성이지만 2차 성징에서 여성적 특징이 나타남
- 거대남성증후군: XYY와 같이 **Y염색체가 하나 더** 있음
- 페닐케톤뇨증: **단백질 분해효소의 결핍**으로 경련 및 발달장애 발생
- 겸상 적혈구 빈혈증: 적혈구 모양이 낫 모양으로 되는 유전자 돌연변이
- 흑내장성 지진아: 망막 위에 붉은 점이 생기고 점차 시력을 잃으며 신경세포가 퇴화

태아기 검사

- 초음파 검사: 임신 4주 혹은 5주에 시행할 수 있으며, 태아의 성별과 자궁 내의 자세, 다양한 신체의 이상을 탐지해낼 수 있다.
- 양수검사: 다운증후군, 근육영양장애 및 척추이열을 비롯한 선천성 기형을 알아낼 수 있으며, 태아의 성별도 구분할 수 있다.
- 융모생체표본검사: 태아의 선천성 기형을 진단하는 또 다른 방법으로서 임신 9~11주 사이에 검사가 가능하며, 염색체 이상이 의심되거나 35세 이상 임산부에게만 제한적으로 권고하는 검사이다.

01 (22-01-22) 배종기(germinal period)는 수정 후 수정란이 자궁벽에 착상할 때까지의 시기를 말한다.

02 (22-01-22) 임신 3개월이 지나면 태아의 성별구별이 가능해진다.

03 (20-01-18) 클라인펠터증후군은 X염색체를 더 많이 가진 남성에게 나타난다.

04 (19-01-16) 임산부의 심각하고 지속적인 불안은 높은 비율의 유산이나 난산, 조산, 저체중아 출산과 연관이 있다.

05 (18-01-18) 양수검사는 임신초기에 할 경우 자연유산의 위험성이 있으므로 임신중기에 실시하는 것이 좋다.

06 (17-01-17) 태아는 임신부의 정서 상태로부터 영향을 받을 수 있다.

07 (16-01-22) 태아의 발달과정 중 가장 먼저 발달하는 것은 심장이다.

08 (15-01-17) 유전성 질환은 유전자 이상으로 발생하는 신체적 · 정신적 이상을 모두 가리키는 것이다.

09 (15-01-22) 간접흡연, 항생제 섭취, 알코올 섭취, 폴리염화비페닐(PCB) 노출 등은 임신 중 태아기에 기형 혹은 저체중을 발생시키는 요인이다.

10 (14-01-17) 페닐케톤요증은 아미노산을 분해시키는 효소가 결핍된 열성유전자에 기인한다.

11 (13-01-16) 임신 16주경이 되면 산모는 태아의 움직임을 알 수 있다.

12 (12-01-07) 임산부의 연령, 영양상태, 정서적 상태, 흡연과 음주 등은 태아의 건강에 영향을 미치는 요인이다.

13 (11-01-09) 임산부의 연령이 16세 이하 또는 35세 이상일 경우, 태아의 선천성 결함 가능성이 높아진다.

14 (10-01-18) 융모생체표본검사는 임신 9~11주에 가능하며 염색체 이상이 의심되거나 35세 이상 임산부에게만 제한적으로 실시되는 태아진단검사이다.

15 (09-01-22) 혈우병은 대부분 남성에게 발병하며 X염색체의 열성 유전자에 기인한다.

16 (08-01-23) 임신 24주에는 태아가 영양분의 섭취와 배설을 한다.

17 (07-01-16) 산모의 흡연은 저체중아 출산, 임신기간의 단축, 자연유산의 증가 등을 가져온다.

18 (07-01-17) 다운증후군은 21번째 염색체가 하나 더 많이 생기는 증후군이다.

19 (06-01-17) 태아기 부부에게는 낙태에 대한 불안 상담, 선천성 장애아동에 대한 상담, 출산에 대한 불안 상담, 부부에 대한 사회적 정보제공 등의 사회복지서비스가 필요하다.

20 (05-01-18) 임산부의 정서상태, 임산부의 분만 횟수, 유전적 결함, 환경오염 등은 태아에게 영향을 미치는 요인이다.

21 (03-01-16) 태내기 때 어머니의 연령, 어머니의 건강상태, 어머니의 약물복용 등은 태아에게 영향을 미친다.

22 (02-01-13) 임산부의 약물복용이 태아에게 가장 많은 영향을 미치는 시기는 임신 1~3개월이다.

대표기출 확인하기

난이도 ★★★

다음 중 태내기(수정~출산)에 관한 설명으로 옳지 않은 것은?

① 배종기(germinal period)는 수정 후 수정란이 자궁벽에 착상할 때까지의 시기를 말한다.
② 임신 3개월이 지나면 태아의 성별구별이 가능해진다.
③ 양수검사(amniocentesis)를 통해서 다운증후군 등 다양한 유전적 결함을 판별할 수 있다.
④ 임신 중 어머니의 과도한 음주는 태아알콜증후군(fetal alcohol syndrome)을 초래할 수 있다.
⑤ 배아의 구성은 외배엽과 내배엽으로 이루어지며, 외배엽은 폐, 간, 소화기관 등을 형성하게 된다.

 알짜확인

• 태아기 발달의 특징을 이해해야 한다.
• 태아에 영향을 미칠 수 있는 요인을 파악해야 한다.
• 태아기의 주요 장애를 파악해야 한다.

답 ⑤

✓ **응시생들의 선택**

① 28%	② 16%	③ 3%	④ 2%	⑤ 51%

• 외배엽: 신경계로 분화하여 척추, 말초신경, 뇌 등 형성
• 중배엽: 근골격, 심혈관, 비뇨생식조직 등을 형성
• 내배엽: 폐, 간, 췌장 등 호흡 및 소화기관으로 분화

관련기출 더 보기

난이도 ★☆☆

태내기(수정~출산)에 유전적 요인으로 인해 발생할 수 있는 장애에 관한 설명으로 옳은 것은?

① 다운증후군은 지능 저하를 동반하지 않는다.
② 헌팅톤병은 열성 유전인자 질병으로서 단백질의 대사장애를 일으킨다.
③ 클라인펠터증후군은 X염색체를 더 많이 가진 남성에게 나타난다.
④ 터너증후군은 Y염색체 하나가 더 있는 남성에게 나타난다.
⑤ 혈우병은 여성에게만 발병한다.

답 ③

✓ **응시생들의 선택**

① 2%	② 11%	③ 73%	④ 10%	⑤ 4%

① 다운증후군은 대부분 지능 저하를 동반한다.
② 헌팅톤병은 신경계에 영향을 미치는 유전성 뇌 질환이다. 4번 염색체의 유전자 돌연변이에 의한 상염색체 우성으로 유전되는 질환이며, 일반적인 증상으로는 불수의적 움직임, 비정상적인 걸음걸이, 늘어지는 말투, 음식물을 제대로 삼킬 수 없는 연하 곤란, 인지 장애, 성격 장애 등이 있다.
④ 터너 증후군은 XX 또는 XY의 형태로 정상적으로 존재해야 하는 성염색체가 X 단일 염색체(45, X) 또는 X 부분 단일 염색체로 변경되어 발생하는 질환이다. X염색체가 하나뿐이라서 외견상 여성으로 보이지만 2차 성징이 거의 없는 것이 특징이다.
⑤ 혈우병은 혈액이 응고되지 않는 선천적 장애이다. 일반적으로 혈우병 A와 혈우병 B 유형이 혈우병의 95%를 차지하는데, 두 유형 모두 성염색체인 X염색체의 혈액 응고 인자가 부족한 경우로서 X염색체가 하나인 남성에게서 발생한다(여성은 무증상의 보인자). 하지만 혈우병 C의 경우 성염색체가 아닌 상염색체의 이상이 원인이기 때문에 여성에게도 발생한다.

태아기의 유전성 질환에 관한 설명으로 옳지 않은 것은?

① 유전성 질환은 유전자 이상으로 발생하는 신체적·정신적 이상을 모두 가리키는 것이다.
② 유전자 이상으로 인한 장애에 묘성(cat-cry) 증후군이 포함된다.
③ 유전성 질환은 유전적 요인과 환경적 요인의 상호작용에 의해 발생할 수 있다.
④ 유전성 질환을 가진 태아는 임신초기에 유산된다.
⑤ 유전질환 가능성을 알기 위하여 임신 15~17주경 양수를 채취하여 진단할 수 있으나 태아에 손상을 줄 우려가 있다.

답 ④

✔ 응시생들의 선택

| ① 1% | ② 7% | ③ 7% | ④ 76% | ⑤ 9% |

④ 유전성 질환을 가진 태아는 비정상적인 발달을 가져올 확률이 높지만, 유전성 질환을 가진 모든 태아가 유산되는 것은 아니다.

태아기의 유전적 요인에 의한 발달장애의 설명으로 옳지 않은 것은?

① 혈우병은 X염색체의 열성유전자에 기인한다.
② 터너증후군은 X염색체를 하나만 가진 여성에게 나타난다.
③ 클라인펠터증후군은 X염색체를 더 많이 가진 남성에게 나타난다.
④ 다운증후군은 23번 염색체가 하나 더 있어서 염색체 수가 47개이다.
⑤ 페닐케톤요증은 아미노산을 분해시키는 효소가 결핍된 열성유전자에 기인한다.

답 ④

✔ 응시생들의 선택

| ① 8% | ② 13% | ③ 6% | ④ 51% | ⑤ 22% |

④ 다운증후군은 염색체 이상으로 생기는 선천성 질환으로서 다른 사람들보다 21번째 염색체가 하나 더 있는 경우에 나타난다.

태내기의 발달에 관한 설명으로 옳지 않은 것은?

① 배아기는 수정 후 약 2~8주 사이를 말한다.
② 임신 16주경이 되면 산모는 태아의 움직임을 알 수 있다.
③ 터너증후군, 클라인펠터증후군은 염색체 이상으로 나타난다.
④ 임신 2~3개월이 되면 배아는 인간의 모습을 갖추기 시작한다.
⑤ 일반적으로 임신 3개월 혹은 13주가 되면 조산아의 생존이 가능하다.

답 ⑤

✔ 응시생들의 선택

| ① 4% | ② 6% | ③ 6% | ④ 43% | ⑤ 41% |

⑤ 30주 정도가 지나면 조산아보육기(인큐베이터, incubator)에서의 생존이 가능해지므로 임신 210일을 생존가능연령이라고 부른다.

태아기의 발달장애에 관한 설명으로 옳은 것은?

① 다운증후군은 23번 염색체가 하나 더 있어 염색체 수가 47개이다.
② 터너증후군은 남성의 정소발달이 불완전하여 생식이 불가능한 증상이다.
③ 클라인펠터증후군에서는 여성의 2차 성 특징이 나타나지 않는다.
④ 페닐케톤뇨증은 지방의 분해효소가 결여되어 발생한다.
⑤ 혈우병은 남성에게 발병하며 X염색체의 열성 유전자에 기인한다.

답 ⑤

✔ 응시생들의 선택

| ① 17% | ② 14% | ③ 6% | ④ 28% | ⑤ 35% |

① 다운증후군은 21번째 염색체가 하나 더 있다.
②③ 터너증후군은 여성에게, 클라인펠터증후군은 남성에게 발생하는 성염색체 이상이다. 즉, 터너증후군은 여성이면서도 여성의 2차 성징이 나타나지 않으며, 클라인펠터증후군은 남성이면서도 정자생산이 불가능한 특징을 보인다.
④ 페닐케톤뇨증은 단백질 분해효소의 결여로 나타난다.

다음 내용이 왜 틀렸는지를 확인해보자

18-01-18

01 양수검사는 임신초기에 하는 것이 산모와 태아에게 좋다.

> 양수검사는 임신초기에 할 경우 자연유산의 위험성이 있으므로 임신중기에 실시하는 것이 좋다.

02 첫 아이를 임신한 산모가 출산경험이 있는 산모보다 태내환경이 더 좋다.

> 출산경험이 있는 산모가 첫 아이를 임신한 산모보다 자궁과 태반 사이의 혈액의 흐름이 빨라 태내환경이 더 좋다.

14-01-17

03 페닐케톤뇨증은 성염색체인 X염색체 이상으로 발생하며 질병 저항력이 약하다.

> 혈우병은 성염색체인 X염색체 이상으로 발생하며 질병 저항력이 약하다.

04 산모 혈액검사는 태아의 성별과 자궁 내의 자세, 그리고 다양한 신체의 이상을 탐지해낼 수 있다.

> 초음파 검사는 태아의 성별과 자궁 내의 자세, 그리고 다양한 신체의 이상을 탐지해낼 수 있다.

05 수정 후 2주 미만인 배아기의 배아는 태반과 연결된 탯줄을 통해 모체로부터 영양분과 산소를 공급받고, 배설물을 방출한다.

> 수정 후 2~8주인 배아기의 배아는 태반과 연결된 탯줄을 통해 모체로부터 영양분과 산소를 공급받고, 배설물을 방출한다. 수정 후 2주 미만은 배란기라 하며, 수정(정자와 난자가 만남) 후 수정란이 자궁벽에 착상할 때까지의 시기를 말한다.

03-01-16

06 임산부의 학력 수준은 태아기에 중대한 영향을 미친다.

> 임산부의 학력 수준보다는 임산부의 연령, 건강상태, 약물남용 등이 더 큰 영향을 미친다.

빈칸에 들어갈 알맞은 말을 채워보자

14-01-17
01 (   )증후군은 X염색체를 하나만 가진 여성에게 나타난다.

13-01-16
02 임신 (   )주경이 되면 산모는 태아의 움직임을 알 수 있다.

11-01-09
03 염색체 이상으로 생기는 선천성 질환으로서 다른 사람들보다 21번째 염색체가 많은 장애를 (   )증후군 이라고 한다.

04 (   )검사는 임산부의 복강을 통해 자궁에 바늘을 삽입하여 양수를 채취하는 방법이다.

11-01-09
05 일반적으로 임산부의 연령이 16세 이하 또는 (   )세 이상일 경우 태아의 선천성 결함 가능성이 높아 진다.

06 임신초기인 (   )개월은 가장 중요한 시기로 태아의 급속한 세포분열이 일어나며, 인간의 모습을 갖추 기 시작한다.

07-01-17
07 태아기는 배란기 – (   ) – 태아기의 순으로 이루어진다.

18-01-18
08 (   )증후군은 남아가 XXY, XXXY 등의 성염색체를 가져 외모는 남성이지만 사춘기에 여성적인 2차 성 징이 나타난다.

답 **01** 터너 **02** 16 **03** 다운 **04** 양수 **05** 35 **06** 1~3 **07** 배아기 **08** 클라인펠터

다음 내용이 옳은지 그른지 판단해보자

17-01-17
01 태아는 임신부의 정서 상태로부터 영향을 받을 수 있다. ◎ ✕

15-01-17
02 유전성 질환은 유전적 요인에 의해서만 발생한다. ◎ ✕

11-01-09
03 정자의 X염색체와 난자가 만나 XX로 결합하면 여아가 태어나게 된다. ◎ ✕

10-01-18
04 임신 9~11주에 가능하며 염색체 이상이 의심되거나 35세 이상 임산부에게만 제한적으로 권고하는 태아진단검사는 융모생체표본검사이다. ◎ ✕

05 클라인펠터증후군은 혈액이 응고되지 않는 선천적 장애이다. ◎ ✕

09-01-22
06 페닐케톤뇨증은 단백질 분해효소가 결여되어 소변에 페닐피루브산이 함유되어 배출되는 증상이다. ◎ ✕

07 30주 정도가 지나면 신경계의 조절능력이 생기게 되므로 인큐베이터에서의 생존이 가능해진다. ◎ ✕

08 임신한 여성은 단백질과 엽산, 철분, 칼슘, 비타민을 충분히 섭취하는 것이 매우 중요하다. ◎ ✕

09 임신부는 음식을 평상시보다 15~30%(300~500kcal) 정도 적게 섭취하는 것이 바람직하다. ◎ ✕

10 다운증후군, 클라인펠터증후군 등은 불필요한 염색체가 존재하는 경우 발생하는 장애이다. ◎ ✕

답 01◯ 02✕ 03◯ 04◯ 05✕ 06◯ 07◯ 08◯ 09✕ 10◯

해설 **02** 유전성 질환은 유전적 요인과 환경적 요인의 상호작용에 의해 발생할 수 있다.
05 혈액이 응고되지 않는 선천적 장애는 혈우병이다.
09 임신부는 음식을 평상시보다 15~30% 정도 더 섭취하는 것이 바람직하다.

020 영아기

강의 QR코드

1회독 월 일 **2**회독 월 일 **3**회독 월 일

최근 10년간 **9문항** 출제

복습 1 이론요약

영아기의 특징

- 프로이트의 구강기, 에릭슨의 유아기(신뢰 대 불신), 피아제의 감각운동기에 해당한다.
- 제1성장 급등기에 해당한다.
- 감각운동을 통하여 지능발달을 도모한다.
- 주로 양육자인 어머니와의 관계의 양과 질이 대상관계와 대인관계 그리고 사회관계에 있어서 신뢰감과 불신감을 형성하는 근간이 된다고 볼 수 있다.
- 이 시기의 발달과업을 충실히 수행하면 건강한 신체와 정신 및 정서적 안정이 조화롭게 이루어져 건전한 인격체로 성장·발달하는 밑거름이 형성된다.

기본개념

인간행동과 사회환경
pp.224~

신체발달

- 머리에서 발가락으로 발달이 진행된다.
- 다리보다는 먼저 머리와 팔 같은 상체를 사용하는 법을 습득한다.
- 주로 입과 입 주위의 신체기관을 통하여 현실거래를 하는 시기로, 빨기, 깨물기, 침뱉기, 삼키기, 보유하기, 다물기 등의 형태를 보인다.

※신생아의 반사운동

- 생존반사
  - 빨기반사: 입에 닿으면 빠는 행동
  - 젖찾기반사: 탐색반사. 입 근처에 손가락을 대면 그 방향으로 입이나 머리를 돌려 찾음
  - 연하반사: 삼키기반사. 음식물을 삼키는 반사운동
- 원시반사
  - 모로반사: 경악반사. 외부자극이 있을 때 껴안는 것처럼 팔다리를 벌렸다가 움츠림
  - 걷기반사: 걸음마반사. 발이 바닥에 닿으면 한 다리를 들어올리려고 함
  - 파악반사: 쥐기반사. 손가락으로 손바닥을 자극하면 손가락을 꼭 움켜쥠
  - 바빈스키반사: 발바닥을 자극하면 발가락을 펼쳤다 오므림

인지발달

- 감각기관과 운동기능을 통해 세상을 인식한다.
- 자신의 욕구충족을 위해 의도적으로 행동하며, 새로운 목적을 성취하기 위해 의도적으로 익숙한 수단을 사용하기도 한다.
- 어떤 사물이 눈앞에 보이지 않아도 여전히 존재한다는 것을 믿는 <u>대상영속성이 생기기 시작</u>한다.
- <u>정신적으로 대상을 표상</u>하기 시작한다.

언어발달

▶ **언어 이전 시기(출생~12개월)**

- 언어발달의 첫 단계는 울음이다. 출생 후 약 1개월까지 분화되지 않은 반사적인 울음을 울다가 점차 이유를 알 수 있는 분화된 울음으로 바뀌게 된다.
- 4~5개월경에 옹알이가 나타난다. 옹알이는 영아에게 놀이의 기능을 하며, 이후 모국어 습득의 중요한 기제로 작용한다.
- 생후 1년경이 되면 분명하게 이해할 수 있는 단어를 사용하게 된다.

▶ **언어 시기(생후 12~24개월)**

- 생후 1년 반이 지나면, 두 단어를 결합한 의사표현이 가능하고, 2세경이 되면 어휘 수가 증가하여 250~300개의 단어를 이해하며 명사, 동사, 적은 수의 형용사도 구사할 수 있다.
- 24개월경에는 문장을 만들기 위해 단어를 연결시킬 수 있다.
- 언어발달의 특징은 자기중심적인 언어 사용이다. 상대방의 입장을 이해할 수 있는 능력이 없기 때문에 혼자 중얼거리거나 반복한다.

사회정서발달

- 정서발달은 성격발달의 기초가 되는 것으로 만 2세까지 성인에게서 볼 수 있는 대부분의 정서가 나타난다.
- 영아기 초기에는 기쁨, 슬픔, 놀람, 공포 등 일차정서가 나타나고, 첫 돌이 지나서 수치, 부러움, 죄책감 같은 이차정서가 나타난다.
- 신생아도 기쁨이나 슬픔 같은 정서를 가지고 태어나지만 분화가 덜 된 정서이며, 연령이 증가함에 따라 점차 분화된 정서를 나타낸다.
- <u>낯가림은 영아가 낯선 사람에 대해 불안반응을 보이는 현상</u>을 말한다.
- <u>분리불안은 영아가 부모나 애착을 느끼는 대상과 분리될 때 나타내는 불안반응</u>을 말한다.
- <u>애착은 영아와 양육자 사이에 형성되는 애정적 유대관계</u>이며, 애정이나 사랑과 같은 긍정적 정서의 의미를 말한다.

※ **애착 유형**

- 안정애착형: 애착이 잘 형성된 상태. 양육자와 밀접한 관계를 맺으면서도 분리되었을 때 능동적으로 위안을 찾음
- 회피애착형: 양육자가 자리를 비우든 돌아오든 별로 반응을 보이지 않음
- 저항애착형: 분리불안과 함께 양육자가 있어도 안정을 얻지 못하고 분노하는 양면성을 보임
- 혼란애착형: 불안정애착의 가장 심한 형태로 회피애착과 저항애착이 결합된 것

01 (22-01-17) 영아기(0~2세)는 에릭슨의 발달단계에서 주 양육자와의 '신뢰 대 불신'이 중요한 시기이다.

02 (22-01-21) 영아기(0~2세)는 애착발달이 중요하다.

03 (21-01-09) 영아기(0~2세) 인지발달은 감각기관과 운동기능을 통해 이루어지며 언어나 추상적 개념은 포함되지 않는다.

04 (21-01-09) 영아기 언어발달은 인지 및 사회성 발달과 밀접한 관련이 있다.

05 (21-01-09) 영아기에는 영아와 보호자 사이의 애착관계 형성이 중요하다.

06 (21-01-09) 영아기에는 낯가림이 시작된다.

07 (21-01-21) 파악반사는 손에 닿는 것을 움켜쥐고 놓지 않으려는 반사운동이다.

08 (21-01-21) 연하반사는 입 속에 있는 음식물을 삼키려는 반사운동이다.

09 (21-01-21) 모로반사는 갑작스러운 외부 자극에 팔과 다리를 쭉 펴면서 껴안으려고 하는 반사운동이다.

10 (21-01-21) 원시반사에는 바빈스키, 모로, 파악, 걷기 반사 등이 있다.

11 (20-01-25) 영아기(0~2세)의 발달과업으로는 신뢰감, 애착형성 등이다.

12 (19-01-17) 영아기(0~2세)는 제1성장 급등기라고 할 정도로 일생 중 신체적으로 급격한 성장이 일어난다.

13 (19-01-17) 영아기는 피아제의 감각운동기에 해당한다.

14 (19-01-17) 영아기는 프로이트의 구강기에 해당한다.

15 (18-01-19) 영아기(0~2세)는 제1성장 급등기라고 할 정도로 일생 중 신체적으로 급격한 성장이 일어난다.

16 (17-01-18) 영아기(0~2세)에는 주 양육자와 관계를 바탕으로 신뢰감을 형성한다.

17 (16-01-21) 불안정 저항애착형의 영아는 어머니가 떠나기 전부터 불안해하고, 어머니가 떠나면 극심한 불안을 보인다.

18 (14-01-23) 영아기(0~2세)는 피아제의 감각운동단계로서 목적지향적 행동을 한다.

19 (14-01-23) 영아기에는 모로반사, 바빈스키반사 등의 반사행동이 나타난다.

20 (13-01-22) 영아기(0~2세)에는 모로반사, 바빈스키반사 등의 반사행동이 나타난다.

21 (12-01-02) 영아기(0~2세)에는 애착관계를 형성한다.

22 (11-01-20) 피아제에 의하면, 영아기(0~2세)에는 통찰기 단계에서 상징적 표상사고가 시작된다.

23 (10-01-28) 영아기(0~2세)는 자아개념 및 성격발달의 기초를 형성하는 시기이다.

24 (09-01-23) 영아기(0~2세)에는 애착관계를 형성한다.

25 (08-01-24) 생후 9개월경 분리불안이 나타난다.

26 (05-01-19) 영아기(0~2세)에는 협응력이 생긴다.

27 (04-01-16) 영유아기에는 기초적 도덕성이 발달한다.

28 (02-01-14) 신생아의 발바닥을 자극시키면 발가락을 오므렸다 폈다 하고, 생후 1년 후에 사라지는 반사는 바빈스키반사이다.

대표기출 확인하기

22-01-17 난이도 ★☆☆

영아기(0~2세)에 관한 설명으로 옳은 것은?

① 콜버그(L. Kohlberg): 전인습적 도덕기에 해당한다.
② 에릭슨(E. Erikson): 주 양육자와의 "신뢰 대 불신"이 중요한 시기이다.
③ 피아제(J. Piaget): 보존(conservation) 개념이 확립되는 시기이다.
④ 프로이트(S. Freud): 거세불안(castration anxiety)을 경험하는 시기이다.
⑤ 융(C. Jung): 생활양식이 형성되는 시기이다.

 알짜확인

- 영아기(0~2세)의 다양한 발달적 특징을 파악해야 한다.
- 프로이트의 구강기, 에릭슨의 유아기(신뢰 대 불신), 피아제의 감각운동기 등과 연결하여 학습해야 한다.
- 신생아기의 생존반사나 영아기의 애착형성에 관한 사항도 주의 깊게 살펴보자.

답 ②

✔ 응시생들의 선택

① 5%	② 90%	③ 1%	④ 3%	⑤ 1%

① 콜버그의 전인습적 도덕기는 4~9세이다.
③ 피아제의 보존개념이 확립되는 시기는 구체적 조작기(7~11세)이다.
④ 프로이트의 거세불안을 경험하는 시기는 남근기(3~6세)이다.
⑤ 생활양식은 아들러의 개념이다. 아들러는 가족 내에서의 경험이 생활양식 형성에 중요한 영향을 미친다고 보았다.

관련기출 더 보기

21-01-21 난이도 ★★★

신생아기(출생~1개월)의 반사운동에 관한 설명으로 옳지 않은 것은?

① 바빈스키반사(Babinski reflect)는 입 부근에 부드러운 자극을 주면 자극이 있는 쪽으로 입을 벌리는 반사운동이다.
② 파악반사(grasping reflect)는 손에 닿는 것을 움켜쥐고 놓지 않으려는 반사운동이다.
③ 연하반사(swallowing reflect)는 입 속에 있는 음식물을 삼키려는 반사운동이다.
④ 모로반사(Moro reflect)는 갑작스러운 외부 자극에 팔과 다리를 쭉 펴면서 껴안으려고 하는 반사운동이다.
⑤ 원시반사(primitive reflect)에는 바빈스키, 모로, 파악, 걷기 반사 등이 있다.

답 ①

✔ 응시생들의 선택

① 53%	② 7%	③ 4%	④ 7%	⑤ 29%

① 바빈스키반사는 발바닥을 자극하면 엄지발가락은 위로 들어올리고 나머지 발가락은 부채꼴처럼 펼쳤다가 오므리는 반응이다.

➕ 덧붙임

신생아기 반사운동은 생존반사와 원시반사로 구분된다는 점도 기억해 두자.
- 생존반사: 빨기반사, 젖찾기반사, 연하반사
- 원시반사: 바빈스키반사, 모로반사, 걷기반사, 파악반사

영아기(0~2세)에 관한 설명으로 옳지 않은 것은?

① 제1성장 급등기라고 할 정도로 일생 중 신체적으로 급격한 성장이 일어난다.
② 프로이트(S. Freud)의 구강기, 피아제(J. Piaget)의 감각운동기에 해당된다.
③ 생존반사로는 연하반사(삼키기반사), 빨기반사, 바빈스키반사, 모로반사 등이 있다.
④ 대상이 눈에 보이지 않아도 존재한다는 사실을 인식할 수 있는 대상영속성이 습득된다.
⑤ 양육자와의 애착관계 형성은 사회·정서적 발달에 매우 중요하다.

답 ③

✅ 응시생들의 선택

① 22%	② 5%	③ 28%	④ 42%	⑤ 3%

③ 바빈스키반사, 모로반사 등은 원시반사에 해당한다.

영아기(0~2세)의 발달특성으로 옳은 것을 모두 고른 것은?

> ㄱ. 외부자극에 주로 반사운동을 한다.
> ㄴ. 주 양육자와 관계를 바탕으로 신뢰감을 형성한다.
> ㄷ. 대상영속성이 발달한다.
> ㄹ. 서열화 사고의 특징을 나타낸다.

① ㄱ, ㄴ　　　　　　　② ㄷ, ㄹ
③ ㄱ, ㄴ, ㄷ　　　　　④ ㄱ, ㄷ, ㄹ
⑤ ㄱ, ㄴ, ㄷ, ㄹ

답 ③

✅ 응시생들의 선택

① 17%	② 0%	③ 80%	④ 1%	⑤ 2%

ㄹ. 서열화 개념을 완전히 획득하는 시기는 구체적 조작기의 아동이다. 서열화는 어떤 특정의 속성이나 특징을 기준으로 하여 순서대로 배열하는 능력을 말한다.

영아기(0~2세)의 발달에 관한 설명으로 옳지 않은 것은?

① 애착관계를 형성한다.
② 성 정체성을 확립한다.
③ 울음, 옹알이 등의 언어적 표현을 한다.
④ 모로반사, 바빈스키반사 등의 반사행동이 나타난다.
⑤ 기쁨, 분노, 슬픔 등의 기초적인 정서를 느낄 수 있다.

답 ②

✅ 응시생들의 선택

① 2%	② 52%	③ 14%	④ 2%	⑤ 31%

② 성 정체성이 확고해지는 것은 청년기의 특징에 해당한다.

영아기(0~2세)의 설명으로 옳지 않은 것은?

① 애착관계에 관심을 가져야 한다.
② 자아개념 및 성격발달의 기초를 형성하는 시기이다.
③ 프로이트의 구강기, 에릭슨의 유아기, 피아제의 전조작기에 해당한다.
④ 태어난 지 1년 이내 몸무게가 2~3배 정도 증가한다.
⑤ 장난감을 빼앗아 숨겨도 그것을 찾으려고 하지 않는다면 대상영속성의 개념을 획득하지 못한 것이다.

답 ③

✅ 응시생들의 선택

① 1%	② 9%	③ 72%	④ 3%	⑤ 15%

③ 에릭슨의 유아기(乳兒期)는 일반적으로 말하는 유아기(幼兒期, 3~6세)가 아니라 젖을 먹는 시기, 즉 영아기를 일컫는 말이므로 이는 맞는 설명이다. 그러나 피아제의 전조작기는 2세부터 7세까지에 해당하므로 영아기에 해당하지 않는다.

다음 내용이 **왜 틀렸는지**를 **확인해보자**

10-01-28

01 영아기는 프로이트의 남근기, 에릭슨의 유아기, 피아제의 전조작기에 해당된다.

> 영아기는 프로이트의 구강기, 에릭슨의 유아기, 피아제의 감각운동기에 해당된다.

02 24개월경에는 단어를 연결시킬 수는 없으나, 분명하게 이해할 수 있는 단어를 사용한다.

> 24개월경에는 문장을 만들기 위해 단어를 연결시킬 수 있다.

13-01-22

03 0~2세의 신생아는 기쁨이나 슬픔 같은 정서를 아직 갖지 못한다.

> 신생아도 기쁨이나 슬픔 같은 정서를 가지고 태어나지만 분화가 덜 된 정서이며, 연령이 증가함에 따라 점차 분화된 정서를 나타낸다.

12-01-02

04 영아기에는 성적 호기심을 갖게 되고, 오이디푸스 콤플렉스를 경험한다.

> 성적 호기심은 프로이트의 발달단계 구분 중 남근기에 해당되는 특징이며, 이는 학령전기에 해당한다. 남근기에 남아는 어머니에 대해 이성적 관심을 갖고 아버지를 경쟁자로 인식하여 아버지에게 적대감을 갖게 되는 오이디푸스 콤플렉스를 경험하게 된다.

05 영아기에는 여아가 남아에 비해 몸무게와 키에서 약간 큰 경향이 있다.

> 영아기에는 여아가 남아에 비해 몸무게와 키에서 약간 작은 경향이 있다.

19-01-17

06 영아기(0~2세)는 에릭슨의 자율성 대 수치심 단계에 해당한다.

> 영아기는 에릭슨의 신뢰감 대 불신감의 단계에 해당한다.

빈칸에 들어갈 알맞은 말을 채워보자

01 신생아의 발바닥을 자극시키면 발가락을 오므렸다 폈다 하고, 생후 1년 후에 사라지는 반사를 (   )(이)라고 한다.

02 어떤 대상이 시야에서 사라지거나 들리지 않아도 그것이 계속 존재한다고 믿는 것을 (   )(이)라 하며, 9~10개월이 되면 이 개념이 생기기 시작한다.

03 영아기 사회성 발달에서 중요한 특징은 영아와 양육자 사이의 (   ) 형성이다.

04 일반적으로 영아의 연령이 (   ) 이후에는 애착형성이 불가능한 것은 아니지만 매우 어렵다고 본다.

05 (   )은/는 영아가 애착 대상과 분리될 때 나타내는 불안반응으로 9개월경에 시작되어 첫 돌 혹은 15개월경에 절정에 이르고 이후 감소된다.

06 영아가 애착을 형성하게 되면, 그 반작용으로 낯선 사람에 대해서는 불안을 보이게 되는데, 영아가 낯선 사람에 대해 불안반응을 보이는 현상을 (   )(이)라고 한다.

07 영아기에는 눈앞에 없는 사물이나 사건들을 정신적으로 그려내기 시작하고 행동을 하기 전에 머릿속에서 먼저 생각한 후 행동을 하는 (   )을/를 사용하기 시작한다.

08 영아기의 (   ) 반사는 음식물 섭취를 위한 중요한 반사운동으로서 입에 닿는 것은 무엇이든 빤다.

답 **01** 바빈스키반사 **02** 대상영속성 **03** 애착관계 **04** 2세 **05** 분리불안 **06** 낯가림 **07** 정신적 표상 **08** 빨기

다음 내용이 옳은지 그른지 판단해보자

17-01-18
01 영아기에는 서열화 사고의 특징을 나타낸다. ◎ ⊗

14-01-23
02 영아기는 피아제의 감각운동단계로서 목적지향적 행동을 한다. ◎ ⊗

13-01-22
03 영아기에는 성 정체성이 확고해진다. ◎ ⊗

04 낯가림과 분리불안은 영아가 특정인물과 애착을 형성하지 못했을 경우에 나타나는 증상이다. ◎ ⊗

10-01-28
05 태어난 지 1년 이내 몸무게가 2~3배 정도 증가한다. ◎ ⊗

06 영아기는 신체적 발달이 급격하게 성장하는 제1성장 급등기에 해당한다. ◎ ⊗

10-01-28
07 영아가 가지고 놀던 장난감을 빼앗아 숨겼을 때 그것을 찾으려고 하지 않는다면 대상영속성의 개념을 획득하지 못한 것이다. ◎ ⊗

11-01-30
08 영아는 움직이는 것보다 정지된 것을 선호하여 지각한다. ◎ ⊗

09 영아기에는 양육자와의 관계의 양과 질이 대상관계와 대인관계 그리고 사회관계에 있어서 신뢰감과 불신감을 형성하는 근간이 된다고 볼 수 있다. ◎ ⊗

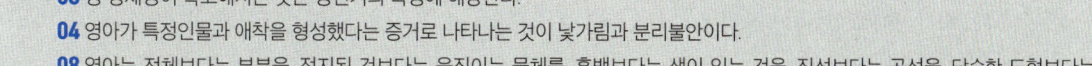

답 01✕ 02○ 03✕ 04✕ 05○ 06○ 07○ 08✕ 09○

해설 **01** 서열화 개념을 완전히 획득하는 시기는 구체적 조작기의 아동이다.
03 성 정체성이 확고해지는 것은 청년기의 특징에 해당한다.
04 영아가 특정인물과 애착을 형성했다는 증거로 나타나는 것이 낯가림과 분리불안이다.
08 영아는 전체보다는 부분을, 정지된 것보다는 움직이는 물체를, 흑백보다는 색이 있는 것을, 직선보다는 곡선을, 단순한 도형보다는 좀 더 복잡한 도형을, 다른 사물보다는 인간의 얼굴(그 중에서도 눈)을 선호하는 것으로 알려져 있다.

021 유아기

강의 QR코드

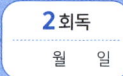 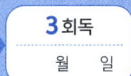

1회독	2회독	3회독
월 일	월 일	월 일

★★★ 최근 10년간 **9문항** 출제

이론요약

유아기의 특징

- 프로이트 발달의 <u>남근기</u>에 해당되며, 초기적 형태의 양심인 초자아가 발달한다.
- 에릭슨의 심리사회발달단계의 3단계인 학령전기에 해당되며, **주도성(솔선성) 대 죄의식**이 형성되는 시기이다.
- 피아제의 이론에 의하면, **전조작기 후기인 직관적 사고단계**이자, 도덕성 발달단계로는 **타율적 도덕성 단계**이며, 콜버그의 도덕성 발달단계에서는 **전인습적 도덕기**에 해당된다.
- 꾸준히 신체발달이 이루어지고 인지적 성장과 언어발달이 빠른 속도로 이루어진다.
- 부모로부터 사회화 교육을 받고 이를 바탕으로 향후 사회적 행동의 기준이 되는 가치관을 학습하게 된다.
- 오이디푸스 콤플렉스와 엘렉트라 콤플렉스의 시기이다. 남아는 오이디푸스적 갈등을 해결해가는 과정에서 도덕, 규범, 가치관, 성에 관련된 행동 등을 배운다. 여아는 엘렉트라적 갈등을 통해 아버지가 사랑하는 어머니의 모든 것을 모방하는 동일시를 시작함으로써 여자다움을 배운다.
- 또래집단과 상호작용을 통해 사회기술을 본격적으로 습득하고, 사물에 대한 호기심이 증가한다.

신체발달

▶ **걸음마기(1.5/2~4세)**
- 신체발달은 머리 부분에 집중되어 있으나, 점차 신체 하부로 확산되며, 머리가 신체에 비해 큰 편이지만 하체의 길이가 길어지고 가늘어 진다.
- 걷는 능력이 정교해지고 달리기와 뛰기 등 운동능력이 발달한다.
- 영아기에 비하면 신체 성장 비율은 감소한다.
- 유아 운동발달의 속도나 질적 특성은 유아의 동기, 학습 기회, 연습, 성인들의 지도에 따라 다르다.
- 대근육을 사용하는 달리기, 도약, 균형 잡기, 기어오르기, 던지기 등의 발달을 성취하게 되고, 소근육 운동인 블록 쌓기, 젓가락 잡기, 만들기, 그리기 등의 활동들을 한다.

▶ **학령전기(4~6세)**
- 5세가 되면 출생 시보다 5배 정도로 체중이 증가하고, 신장은 2배 정도 증가한다.
- 6세경에 뇌의 무게는 성인의 90~95%이다.

기본개념

인간행동과 사회환경
pp.235~

- 유치가 빠지고 보통 6세가 될 때까지 영구치는 나오지 않는다.
- 근육과 골격의 발달은 계속 진행되며, 머리 크기는 성인의 크기가 되고, 신경계의 전달능력도 향상된다.

인지발달

▶ 걸음마기(1.5/2~4세)
- 피아제의 인지발달단계 중 **전조작기 전기단계인 전개념적 사고단계(2~4세)**에 해당한다.
- 환경 내의 대상을 상징화하고 이를 내면화시키는 과정에서 성숙한 개념을 발달시키지 못한다.
- 걸음마기의 **상징적 사고, 자기중심적 사고, 물활론적 사고, 인공론적 사고, 전환적 추론 등은 전개념적 사고**의 특징이다.
- 모방, 심상, 상징화, 상징놀이, 언어기술과 같이 상징적으로 사물을 조작할 수 있는 표상기술을 익힌다.

▶ 학령전기(4~6세)
- 피아제의 인지발달단계 중 **전조작기 후기단계인 직관적 사고단계(4~7세)**에 해당한다.
- 여전히 신체의 경험과 지각적인 경험에 머물러 있지만, 사물을 기억하는 능력과 문제를 해결하는 능력은 지속적으로 성장한다.
- 정신적 표상에 의한 사고는 가능하나 아직 개념적 조작 능력은 발달하지 않는다.
- 보존개념이 형성되지 못하며, 서열화, 분류화(유목화)를 할 수 없다.

사회정서발달

▶ 걸음마기(1.5/2~4세)
- 정서분화가 두드러지게 나타나며, 정서가 복잡하고 다양해진다.
- 정서이해 능력이 발달하여 정서를 표현하는 단어를 사용하거나 이해하는 능력이 급속도로 증가한다.
- 자기주장적이고 반항적 행동을 통해 자율성이 발달한다.
- 충동을 조절하고 통제하는 능력과 환경을 지배하는 능력이 발달한다.
- **성역할 고정관념과 유형화된 성적 행동양식이 발달**한다.

▶ 학령전기(4~6세)
- 3~4세가 되면 즐거움, 사랑, 분노, 공포, 질투, 좌절감 등을 적절히 경험하고 표현하는 방법을 배우며, 5~6세가 되면 자신의 감정을 감추거나 가장하는 방식을 배운다.
- 자아개념에 자신의 성을 연결시키며, **성안정성과 성항상성 개념이 확립**된다.

01 (22-01-19) 유아기(3~6세)에는 자신의 성을 인식하는 성 정체성이 발달한다.

02 (22-01-19) 유아기(3~6세)는 놀이를 통한 발달이 활발한 시기이다.

03 (22-01-19) 유아기(3~6세)는 언어발달이 현저하게 이루어지는 시기이다.

04 (22-01-19) 유아기(3~6세) 정서적 표현의 특징은 일시적이며 유동적이다.

05 (21-01-11) 유아기(3~6세) 남아는 오이디푸스 콤플렉스를 경험하고 여아는 엘렉트라 콤플렉스를 경험한다.

06 (20-01-19) 유아기(3~6세)에는 전환적 추론이 가능하다.

07 (19-01-18) 유아기(3~6세)는 성적 정체성(gender identity)이 발달하는 시기이다.

08 (19-01-18) 유아기는 프로이트의 오이디푸스 · 엘렉트라 콤플렉스가 나타나는 시기이다.

09 (19-01-18) 유아기는 콜버그의 도덕발달단계에서 보상 또는 처벌회피를 위해 행동을 하는 시기이다.

10 (19-01-18) 유아기는 에릭슨의 주도성 대 죄의식 단계에 해당한다.

11 (18-01-20) 유아기(3~6세)는 프로이트의 오이디푸스 콤플렉스와 엘렉트라 콤플렉스가 일어나는 시기이다.

12 (17-01-19) 유아기(3~6세)는 프로이트의 오이디푸스 콤플렉스 시기로 이성부모에게 관심을 갖게 된다.

13 (15-01-23) 유아기(3~6세)에는 표상에 의한 상징적 사고, 자기중심적 사고, 비가역적 사고, 물활론적 사고 등의 인지발달 특성을 갖는다.

14 (14-01-20) 유아기(3~6세)의 주요 발달과업 중의 하나는 배변훈련이다.

15 (13-01-17) 유아기(3~6세)는 에릭슨의 주도성과 죄책감이 중요한 시기이다.

16 (12-01-23) 유아기(3~6세)에는 자아개념과 자아존중감을 형성한다.

17 (11-01-10) 유아기(3~6세)는 피아제의 전조작기에 해당하며 상징적 사고가 활발한 시기이다.

18 (10-01-21) 유아기(3~6세)에는 사고발달에 있어 직관적 사고, 물활론 등의 특징이 나타난다.

19 (09-01-24) 유아기(3~6세)는 언어와 지능이 발달하는 결정적 시기이다.

20 (08-01-25) 유아기(3~6세)는 상징놀이가 가능하다.

21 (07-01-10) 유아기(3~6세)에는 내가 좋아하는 것을 다른 사람도 좋아한다고 생각한다.

22 (06-01-19) 유아기(3~6세)에는 장난감을 숨기면 의자 뒤로 가서 찾는다.

23 (05-01-20) 학령전기(4~6세)의 유아는 불완전한 분류능력을 갖고 있다.

24 (03-01-17) 학령전기 아동은 운동기술을 획득하고 타인의 역할을 수용하기 시작한다.

대표기출 확인하기

22-01-19 난이도 ★★☆

유아기(3~6세)에 관한 설명으로 옳지 않은 것은?

① 자신의 성을 인식하는 성 정체성이 발달한다.
② 놀이를 통한 발달이 활발한 시기이다.
③ 신체적 성장이 영아기(0~2세)보다 빠른 속도로 진행된다.
④ 언어발달이 현저하게 이루어지는 시기이다.
⑤ 정서적 표현의 특징은 일시적이며 유동적이다.

 알짜확인

- 유아기(3~6세)의 주요 특징을 이해해야 한다.
- 프로이트의 남근기, 에릭슨의 학령전기(주도 대 죄의식), 피아제의 전조작기 및 타율적 도덕성, 콜버그의 전인습적 도덕성 등과 연결하여 살펴보자.

답 ③

응시생들의 선택

① 4%	② 2%	③ 86%	④ 2%	⑤ 6%

③ 유아기(3~6세)에도 꾸준히 신체적 성장이 이루어지지만 영아기(0~2세)보다 성장 속도는 감소한다.

관련기출 더 보기

20-01-19 난이도 ★★★

유아기(3~6세)에 관한 설명으로 옳지 않은 것은?

① 영아기(0~2세)보다 성장속도가 느려진다.
② 성역할의 내면화가 이루어진다.
③ 오로지 자신의 관점에 비추어 타인의 감정이나 사고를 예측하는 경향이 있다.
④ 피아제(J. Piaget)의 형식적 조작기에 해당한다.
⑤ 전환적 추론이 가능하다.

답 ④

응시생들의 선택

① 5%	② 4%	③ 3%	④ 79%	⑤ 9%

④ 유아기는 피아제 이론의 인지발달단계 중 전조작기에 해당한다.

18-01-20 난이도 ★☆☆

유아기(3~6세)의 발달에 관한 설명으로 옳은 것은?

① 프로이트(S. Freud)의 오이디푸스 콤플렉스와 엘렉트라 콤플렉스가 일어나는 시기이다.
② 콜버그(L. Kohlberg)의 후인습적 단계의 도덕적 사고가 나타나는 시기이다.
③ 피아제(J. Piaget)의 자율적 도덕성의 단계이다.
④ 심리사회적 유예가 일어나는 시기이다.
⑤ 보존기술, 분류기술 등 기본적 논리체계가 획득된다.

답 ①

응시생들의 선택

① 85%	② 3%	③ 4%	④ 1%	⑤ 7%

② 콜버그의 전인습적 단계의 도덕적 사고가 나타나는 시기이다.
③ 피아제의 타율적 도덕성의 단계이다.
④ 심리사회적 유예가 일어나는 시기는 청소년기이다.
⑤ 보존기술, 분류기술 등 기본적 논리체계가 획득되는 시기는 아동기이다.

유아기(3~6세)의 발달특성에 관한 설명으로 옳지 않은 것은?

① 피아제(J. Piaget)의 전조작기의 시기로 분리불안이 나타난다.
② 프로이트(S. Freud)의 오이디푸스 콤플렉스 시기로 이성 부모에게 관심을 갖게 된다.
③ 콜버그(L. Kohlberg)의 도덕발달단계에서는 보상 또는 처벌회피를 위해 행동한다.
④ 에릭슨(E. Erikson)의 주도성 대 죄의식 단계로 부모와 가족이 가장 큰 영향을 미친다.
⑤ 성적 정체성(gender identity)이 발달하는 시기이다.

답 ①

✔ 응시생들의 선택

① 53%	② 5%	③ 9%	④ 8%	⑤ 25%

① 유아기는 피아제의 전조작기의 시기가 맞지만, 분리불안은 영아기에 나타나는 반응이다. 분리불안은 영아가 부모나 애착을 느끼는 대상과 분리될 때 나타내는 반응으로서 20~24개월경에 없어진다.

➕ 덧붙임
⑤와 관련하여, 유아기는 성 정체성이 발달하는 시기이다. 자신이 어느 성별에 속하는지를 인식하기 시작하고 성 안정성, 성 항상성 등이 차츰 형성된다.

유아기(3~6세)의 인지발달 특성에 해당하지 않는 것은?

① 표상에 의한 상징적 사고
② 자기중심적 사고
③ 비가역적 사고
④ 물활론적 사고
⑤ 연역적 사고

답 ⑤

✔ 응시생들의 선택

① 5%	② 1%	③ 5%	④ 5%	⑤ 84%

⑤ 연역적 사고는 피아제 인지발달의 형식적 조작기인 청소년기에 해당하는 내용이다.

유아기(3~6세)의 발달특성으로 옳은 것은?

① 주요 발달과업 중의 하나는 배변훈련이다.
② 피아제(J. Piaget)의 구체적 조작기에 해당한다.
③ 콜버그(L. Kohlberg)의 인습적 수준의 도덕성 발달단계이다.
④ 에릭슨(E. Erikson)의 발달단계에서 신뢰감 대 불신감에 해당한다.
⑤ 물활론적 사고에서 완전히 벗어나 생명이 있는 것과 없는 것을 구분한다.

답 ①

✔ 응시생들의 선택

① 44%	② 9%	③ 16%	④ 4%	⑤ 27%

② 피아제의 전조작기에 해당한다.
③ 콜버그의 전인습적 도덕기에 해당한다.
④ 에릭슨의 학령전기에 해당하며, 주도성(솔선성) 대 죄의식이 형성되는 시기이다.
⑤ 전조작기인 유아기에는 물활론적 사고를 한다.

유아기(3~6세)의 발달에 관한 설명으로 옳은 것을 모두 고른 것은?

ㄱ. 피아제의 자기중심적 사고가 활발한 시기이다.
ㄴ. 에릭슨의 주도성과 죄책감이 중요한 시기이다.
ㄷ. 프로이트의 오이디푸스 콤플렉스와 엘렉트라 콤플렉스가 나타나는 시기이다.
ㄹ. 콜버그의 인습적 단계의 도덕적 사고가 나타나는 시기이다.

① ㄱ, ㄴ, ㄷ
② ㄱ, ㄷ
③ ㄴ, ㄹ
④ ㄹ
⑤ ㄱ, ㄴ, ㄷ, ㄹ

답 ①

✔ 응시생들의 선택

① 32%	② 11%	③ 1%	④ 0%	⑤ 54%

ㄹ. 콜버그의 전인습적 단계에 해당한다.

유아기(3~6세)에 관한 설명으로 옳지 않은 것은?

① 콜버그의 후인습적 도덕발달단계에 해당하며 타인과 좋은 관계를 맺는 데 치중하는 시기이다.
② 프로이트(S. Freud)의 남근기에 해당하며 이성부모에게 관심을 갖는 시기이다.
③ 피아제의 전조작기에 해당하며 상징적 사고가 활발한 시기이다.
④ 에릭슨의 주도성 대 죄의식 단계에 해당하며 책임의식이 고취되는 시기이다.
⑤ 융의 아동기에 해당하며 자아가 형성되는 시기이다.

답 ①

✓ 응시생들의 선택

① 64%	② 4%	③ 4%	④ 14%	⑤ 14%

① 유아기는 콜버그의 전인습적 도덕발달단계에 해당한다. 타인과 좋은 관계를 유지하는 것이 도덕적이라 보는 것은 인습적 수준에 해당하는 3단계(착한 소년소녀지향)의 특징이므로 유아기에 적합한 설명이 아니다.

유아기(3~6세)의 발달에 관한 설명으로 옳지 않은 것은?

① 정서의 분화가 두드러지게 나타난다.
② 영아기(0~2세)에 비해 성장속도가 완만해진다.
③ 주로 감각운동을 통하여 지능발달을 도모한다.
④ 사회성을 발달시키는 데 놀이가 중요한 역할을 한다.
⑤ 사고발달에 있어 직관적 사고, 물활론 등의 특징이 나타난다.

답 ③

✓ 응시생들의 선택

① 12%	② 45%	③ 33%	④ 5%	⑤ 5%

③ 피아제는 감각기관과 운동기능을 통해 이루어지는 감각운동이 영아의 지적 발달의 기본적 기제라고 하였다. 따라서 유아기가 아니라 영아기에 해당되는 설명이다.

다음 중 유아기(3~6세)의 특징은?

① 논리적 사고와 인과관계 추론이 가능하다.
② 표상 및 상징적 사고가 안 된다.
③ 타인의 입장에서 이해가 가능하다.
④ 내가 좋아하는 것을 다른 사람도 좋아한다고 생각한다.
⑤ 문제에 대해 모든 해결방법을 사용한다.

답 ④

✓ 응시생들의 선택

① 3%	② 2%	③ 5%	④ 85%	⑤ 5%

① 논리적 사고와 인과관계 추론이 가능한 시기는 형식적 조작기이다.
② 표상 및 상징적 사고가 가능하다.
③ 타인의 입장에서 이해가 가능한 시기는 구체적 조작기이다.
⑤ 문제에 대해 모든 해결방법을 사용하는 시기는 형식적 조작기이다.

학령전기(3~6세) 아동이 놀이를 통해 얻을 수 있는 것은?

ㄱ. 애착관계 형성
ㄴ. 운동기술
ㄷ. 대상영속성 형성
ㄹ. 타인의 역할 수용

① ㄱ, ㄴ, ㄷ   ② ㄱ, ㄷ
③ ㄴ, ㄹ   ④ ㄹ
⑤ ㄱ, ㄴ, ㄷ, ㄹ

답 ③

✓ 응시생들의 선택

① 5%	② 2%	③ 88%	④ 2%	⑤ 3%

ㄱ. 애착관계는 영아기에 형성한다.
ㄷ. 대상영속성은 감각운동기에 형성하고 전조작기에 완전히 획득한다.

다음 내용이 **왜 틀렸는지**를 확인해보자

17-01-19

01 에릭슨에 의하면 유아기는 **자아정체감 대 역할혼란의 단계로서 또래집단이 가장 큰 영향**을 미친다.

> 자아정체감 대 역할혼란의 단계로서 또래집단이 가장 큰 영향을 미치는 단계는 청소년기이다. 유아기는 주도성 대 죄의식의 단계로서 부모 또는 가족이 가장 큰 영향을 미친다.

14-01-20

02 유아기는 **피아제의 구체적 조작기**에 해당한다.

> 유아기는 피아제의 전조작기에 해당한다.

03 유아기 집단놀이의 또래관계에서 **남아는 여아와, 여아는 남아와 어울리는 경향**이 있다.

> 유아기 집단놀이의 또래관계에서 남아는 남아끼리, 여아는 여아끼리 어울리는 경향이 있다.

04 유아기에는 **주로 감각운동을 통하여 지능발달을 도모**한다.

> 주로 감각운동을 통하여 지능발달을 도모하는 시기는 영아기이다.

05 피아제에 따르면 이 시기 유아의 주요한 도덕적 발달은 **타율적인 도덕성에서 자율적인 도덕성으로의 전환**이다.

> 유아기는 타율적 도덕성 단계에 해당한다. 피아제는 7~10세의 아동기에 보통 타율적 도덕성과 자율적 도덕성이 함께 나타난다고 보았으며, 10세경부터 자율적 도덕성 단계에 도달한다고 보았다.

06 유아기의 **자기중심적 사고**는 무생물이 감정, 의도, 동기, 생각과 같은 살아 있는 생명의 특성을 가진다고 사고하는 것을 의미한다.

> 무생물에게 생명이 있다고 생각하는 것은 물활론적 사고라고 한다. 유아기의 자기중심적 사고는 자신과 타인을 구별할 능력이 생기지만 타인의 입장은 생각하지 못하는 경향을 말한다.

빈칸에 들어갈 알맞은 말을 채워보자

01 유아기 남아는 (①   ) 콤플렉스를, 여아는 (②   ) 콤플렉스를 경험한다.

12-01-23

02 유아기에는 피아제의 (   ) 도덕성이 발달한다.

03 유아기에는 (   )이 발달하기 시작하는데, 이는 생물학적인 의미를 넘어서 사회화 과정에서 습득된 것으로, 그 사회에서 기대하는 남녀의 규범을 의미한다.

04 3~4세 유아는 자기주장이 강하고 반항적인 행동이 절정에 달하는데, 이 시기를 (   )(이)라고 한다.

05 유아기의 (   )(이)란 어떤 사물을 볼 때 대상이나 상태가 갖는 여러 속성들 중에서 가장 두드러진 지각적 속성에 의해 판단하는 것이다.

06 유아기는 프로이트의 발달단계 중 (   )에 해당하며 이성부모에게 관심을 갖는 시기이다.

11-01-10

07 유아기는 에릭슨의 심리사회발달단계의 3단계인 (   )에 해당되며, 주도성 대 죄의식이 형성되는 시기이다.

08 유아기 보존개념의 획득을 어렵게 하는 (   )은/는 두 개 이상의 차원을 동시에 고려하지 못한 채 한 번에 한 가지 차원에만 주의를 집중하는 것을 말한다.

09 유아기 사고의 특성 중 하나인 (   )은/는 두 사건이 인접해서 일어날 때 두 현상 간에 관계가 없는데도 인과관계가 있는 것으로 생각하는 경향을 말한다.

답 **01** ① 오이디푸스 ② 엘렉트라   **02** 타율적   **03** 성역할   **04** 제1반항기   **05** 직관적 사고   **06** 남근기   **07** 학령전기   **08** 중심화   **09** 전환적 추론

다음 내용이 옳은지 그른지 판단해보자

01 `19-01-18` 유아기는 영아기(0~2세)에 비하여 성장속도는 감소되지만 그래도 꾸준히 성장한다. ◎ ⊗

02 `12-01-23` 유아기는 자아(self) 개념과 자아존중감이 형성되기 시작하는 시기이다. ◎ ⊗

03 `11-01-10` 콜버그의 후인습적 도덕발달단계에 해당하며 타인과 좋은 관계를 맺는 데 치중하는 시기이다. ◎ ⊗

04 `09-01-24` 유아기에는 주도성 대 죄의식의 심리사회적 위기에 직면한다. ◎ ⊗

05 유아기의 운동기능은 더욱 발달하여 사각형과 삼각형을 그릴 수 있을 정도로 근육이 정교해지며, 공을 주고받을 수 있게 된다. ◎ ⊗

06 유아기에는 여전히 신체의 경험과 지각적인 경험에 머물러 있지만, 사물을 기억하는 능력과 문제를 해결하는 능력은 지속적으로 성장한다. ◎ ⊗

07 `10-01-21` 유아기는 정서분화가 두드러지게 나타나며, 감각운동을 통해 지능발달을 도모한다. ◎ ⊗

08 `14-01-20` 유아기에는 물활론적 사고에서 완전히 벗어나 생명이 있는 것과 없는 것을 구분할 수 있게 된다. ◎ ⊗

09 자신의 성역할에 대한 인식이 생겨서 여아는 여자에 맞는 행동과 사회적 관계에, 남아는 남자에 맞는 행동과 사회적 관계에 관심을 가지고 동성의 친구들과 어울린다. ◎ ⊗

10 유아기의 아동은 자신에게 중요한 타인의 반응에 따라 긍정적 혹은 부정적 자아개념을 형성하게 된다. ◎ ⊗

답 **01** ○ **02** ○ **03** × **04** ○ **05** ○ **06** ○ **07** × **08** × **09** ○ **10** ○

해설 **03** 유아기는 콜버그의 전인습적 도덕발달단계에 해당하며, 타인과 좋은 관계를 유지하는 것이 도덕적이라 보는 것은 인습적 수준에 해당하는 특징이다.

07 감각운동을 통해 지능발달을 도모한다는 것은 피아제의 감각운동기에 해당하며, 이는 유아기(3~6세)가 아닌 영아기(0~2세)의 특징이다.

08 물활론적 사고는 무생물을 살아있는 생명체처럼 여기는 것을 의미하는데, 이러한 물활론적 사고는 유아기의 주요 특징 중 하나이다.

9장

아동기

이 장에서는

아동기(7~12세)의 주요 발달특징을 살펴본다. 유아기 자기중심성 극복, 보존개념 확립, 분류화, 서열화, 가역적 사고, 조합기술 획득, 또래집단과의 단체놀이 등의 특징을 이해해야 한다.

10년간 출제분포도

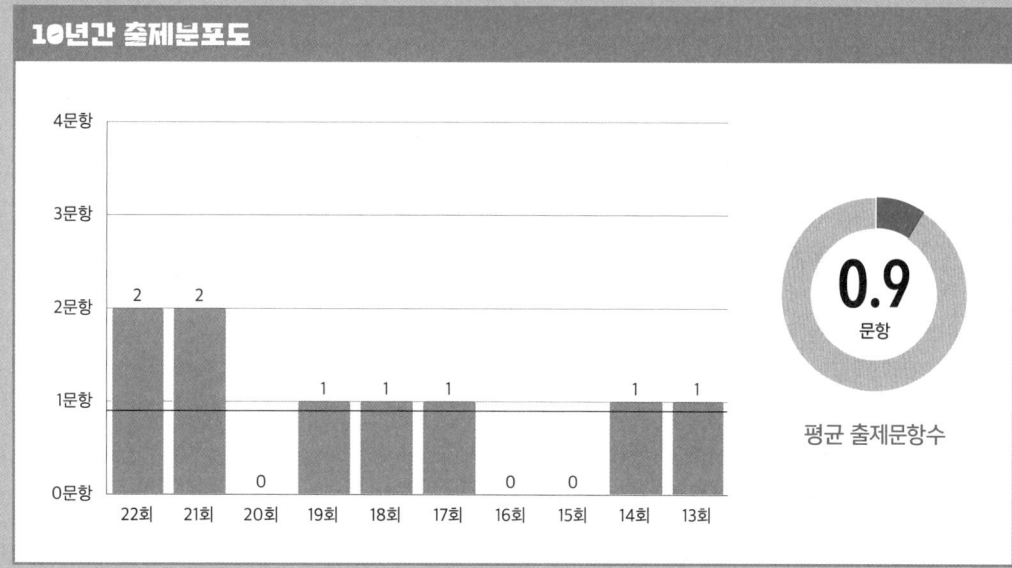

0.9 문항

평균 출제문항수

022 아동기

강의 QR코드

★★★
최근 10년간 **9문항** 출제

 이론요약

아동기의 특징

- 프로이트 발달단계 중 **잠복기(잠재기)**에 해당하며, 아동기 이전 단계인 학령전기에서 오이디푸스 콤플렉스가 해결되고 성적·공격적 충동이 억제됨으로써 중요한 발달적 사건은 일어나지 않는다고 본다.
- 에릭슨의 발달단계 중 **학령기(근면성 대 열등감)**에 해당하는 시기로서, 자아의 성장이 가장 확실해지며 근면성을 성취하는 시기이다.
- 콜버그의 도덕성 발달수준 중 **인습적 수준**에 해당한다.
- 피아제의 도덕발달단계에서는 **자율적 도덕성 단계**에 해당하지만, 7~10세의 아동기는 보통 타율적 도덕성과 자율적 도덕성이 함께 나타난다고 보며, 10세경부터 자율적 도덕성 단계에 도달한다고 본다.

기본개념

인간행동과 사회환경
pp.252~

신체발달

- 10세 이전까지는 남자아이가 여자아이보다 키가 크고 체중이 많이 나간다.
- 11~12세경에는 여자아이들의 신체적 성숙이 남자아이들보다 앞서며, 청소년기가 되면 남자아이들의 발육이 우세하다.
- 6세경에 젖니가 빠지기 시작하여 아동기 동안에는 1년에 약 4개정도 영구치로 대치된다.
- 뼈가 신체보다 빠른 속도로 자라서 성장통을 겪는다.
- 운동능력은 속도, 정확성, 안정성, 호응성 등의 면에서 더욱 발달한다.

인지발달

- 피아제 인지발달단계 중 **구체적 조작기(7~11/12세)**에 해당한다.
- 구체적 조작기에는 구체적인 사물과 행위에 대한 체계적 사고 능력이 발달하며, 아동의 사고는 자신이 직접 경험한 구체적인 세계에 한정된다.
- 아동의 사고 능력은 구체적인 수준에서 논리적인 수준으로 발달하며, 전조작기의 논리적 사고발달을 방해하는 몇몇 요인들(자기중심성, 비가역적 사고, 중심화)을 극복한다.
- 유아기의 자기중심적이고 직관적인 사고와 같은 전조작적 사고의 특색은 남아 있지만, 인지적으로 성숙하여 자신을 둘러싼 세계에 대해 사고하고 이해하는 능력이 달라진다.
- 타인의 입장, 감정 등을 이해할 수 있는 **조망수용 능력을 습득**한다.

- **논리적 사고가 현저하게 발달**하고 좀 더 복잡한 생각을 하며 다양한 변수를 고려하는 것도 가능하지만, **여전히 구체적인 부분에 머문다**는 한계도 있다.
- 구체적 조작을 성취함으로써 논리적으로 사고할 수는 있지만, 이러한 **논리를 언어나 가설적 문제에 적용하지는 못한다.**
- 아동기 후반은 형식적 조작사고가 발달하기 시작하므로 가설에 대한 연역적 추리가 가능해진다.
- 물체의 외형이 달라지더라도 양이나 부피 등 물체의 특성은 변하지 않고 원래와 동일하다는 사실을 인식하는 **보존개념을 확립**한다.
- 대상을 일정한 특징에 따라 다양한 범주로 나누는 능력으로서 상위유목과 하위유목 간의 관계, 즉 전체와 부분의 관계를 이해하는 **분류화가 가능**하다.
- 어떤 특정의 속성이나 특징을 기준으로 하여 순서대로 배열하는 능력인 **서열화 개념을 획득**하게 된다.
- 다양한 변수를 고려하여 상황과 사건을 파악하고 조사하는 등 좀 더 **복잡한 사고를 할 수 있다.**
- 사고의 비가역성을 극복함으로써 어떤 변화가 일어났을 때 이것을 이전 상태로 되돌려놓는 **가역적 사고가 가능**해진다.
- **조합기술을 획득**함으로써 덧셈이나 뺄셈과 같은 셈이 가능해진다.

사회정서발달

- 정서의 표현이 좀 더 지속적이며 정적이고, 직접적이었던 것이 다소 간접적으로 나타나는 것이 특징이다.
- 정서발달에 영향을 주는 요인은 **성숙, 학습, 정서의 조건화, 모방, 동정** 등이다.
- 아동의 **사회적 관계 범위가 학교로 확대**되면서 욕구가 좌절되고, 행동에 방해를 받고, 놀림을 당하거나 꾸중을 듣는 경우가 많아지면서 분노의 감정을 표현하는 경우가 빈번하게 된다.
- 애정을 쏟는 대상이 **가족성원에서 또래친구**로 변화해가며, 이성보다는 동성친구끼리 또래집단을 형성한다.
- 아동기에는 구체적인 방식으로 자신을 기술하던 것에서 벗어나 점차 추상적인 방식으로 자신에 대해 기술하기 시작한다.
- 부모 및 가족의 영향력이 줄어들고 학교라는 사회집단의 일원이 되면서 가족과는 다른 **새로운 친구관계를 경험**한다.
- 사회적 관계의 장이 가족에서부터 **이웃과 학교까지 확대**된다.
- 단체의 성공을 개인의 성공만큼 중요시하기 때문에 **단체놀이(팀놀이, team play)를 선호**한다.
- **공식적 학교교육을 통하여 사회가 요구하는 기본적 기술을 습득**하는 단계로서, 학교는 아동이 가족 외에 처음으로 경험하는 사회적 기관이며 아동의 발달에 중요한 영향을 미친다.
- 7세부터 10세까지는 일종의 과도기적 단계로서, 타율적 도덕성과 자율적 도덕성이 함께 나타나며, 10세경에 대부분의 아동은 두 번째 단계인 자율적 도덕성 단계에 도달한다.

01 (22-01-24) 아동기(7~12세)는 프로이트의 발달단계에서 성 에너지(리비도)가 무의식 속에 잠복하는 잠재기에 해당한다.

02 (22-01-24) 아동기(7~12세)는 피아제의 발달단계에서 보존, 분류, 유목화, 서열화 등의 개념을 점차적으로 획득하는 시기에 해당한다.

03 (22-01-24) 아동기(7~12세)는 콜버그 이론에서 인습적 수준의 도덕성 발달단계로 옮겨가는 시기에 해당한다.

04 (21-01-23) 아동기(7~12세)는 조합기술의 획득으로 사칙연산이 가능해진다.

05 (21-01-23) 아동기는 객관적, 논리적 사고가 가능해진다.

06 (21-01-23) 아동기는 정서적 통제와 분화된 정서표현이 가능해진다.

07 (19-01-19) 아동기(7~12세)에는 보존개념을 획득한다.

08 (19-01-19) 아동기에는 분류화 · 유목화가 가능하다.

09 (18-01-21) 단체놀이를 통해 개인의 목표가 단체의 목표에 속함을 인식하고 노동배분(역할분담)의 개념을 학습한다.

10 (17-01-20) 아동기(7~12세)에는 동성 또래관계를 통해 사회화를 경험한다.

11 (14-01-15) 아동기(7~12세)에는 한 가지 속성에 따라 대상을 배열하는 서열화가 가능하다.

12 (13-01-21) 아동기(7~12세)에는 논리적 사고를 하게 되고 물활론적 사고가 감소하는 시기이다.

13 (12-01-05) 아동기(7~12세)는 성에너지가 무의식 속으로 잠복하는 시기이다.

14 (12-01-16) 아동기에는 단체놀이를 통하여 협동, 경쟁, 협상하는 능력이 향상된다.

15 (11-01-29) 아동기(7~12세)는 사물의 분류와 보존의 개념을 획득한다.

16 (10-01-19) 아동기(7~12세)에는 단체놀이를 통하여 노동배분의 개념을 익힌다.

17 (09-01-20) 아동기(7~12세)는 자기중심성이 완화되고 역할수용이 가능한 시기이다.

18 (09-01-20) 아동기는 지적기능이 분화되어 객관적 지각이 가능해진다.

19 (09-01-20) 아동기는 정서적 통제와 분화된 정서표현이 가능해진다.

20 (09-01-20) 아동기는 사회적 관계의 장이 확대되는 시기이다.

21 (08-01-26) 아동기에는 보존, 분류, 조합의 개념이 점차 발달한다.

22 (07-01-11) 아동기(7~12세)에는 수와 보존개념을 논리적으로 알 수 있다.

23 (06-01-20) 아동기(7~12세)에는 또래집단에 어울리고 싶어 하며 그 집단의 규범과 압력에 민감해진다.

24 (06-01-21) 아동기(7~12세)에는 친지들을 자신과 가까운 순서대로 말할 수 있다.

25 (05-01-21) 아동기(7~12세)에는 부모 외의 새로운 영향력을 만난다.

26 (04-01-18) 가족, 친구, 개인적 요인, 자긍심 등은 후기 아동기의 자기개념 형성에 영향을 미친다.

27 (03-01-18) 아동기(7~12세)는 에릭슨 이론의 근면성 대 열등감의 시기이며, 피아제 이론의 구체적 조작기에 해당한다.

28 (02-01-18) 아동기는 친구와 어울리는 능력이 발달한다.

29 (02-01-19) 아동기에는 동성의 친구와 친밀한 관계를 경험한다.

대표기출 확인하기

21-01-23　난이도 ★★☆

아동기(7~12세)에 관한 설명으로 옳은 것을 모두 고른 것은?

> ㄱ. 제1의 반항기이다.
> ㄴ. 조합기술의 획득으로 사칙연산이 가능해진다.
> ㄷ. 객관적, 논리적 사고가 가능해진다.
> ㄹ. 정서적 통제와 분화된 정서표현이 가능해진다.
> ㅁ. 타인의 입장을 고려하지 못한다.

① ㄴ, ㄷ　　　　　　② ㄱ, ㄴ, ㄹ
③ ㄴ, ㄷ, ㄹ　　　　④ ㄷ, ㄹ, ㅁ
⑤ ㄱ, ㄷ, ㄹ, ㅁ

 알짜확인

- 아동기(7~12세)의 주요 발달특징을 파악해두어야 한다.
- 프로이트의 잠복기, 에릭슨의 학령기(근면 대 열등), 피아제의 구체적 조작기, 10세부터 자율적 도덕성, 콜버그의 인습적 도덕성(10~13세) 등에서 살펴본 특징을 상기하면서 학습하자.

답 ③

✓ **응시생들의 선택**

① 19%	② 16%	③ 56%	④ 3%	⑤ 6%

ㄱ. 제1의 반항기는 유아기에 해당한다. 부모와 자신이 분리된 존재라는 사실을 인식하면서 자기만의 방식대로 행동하려고 하는데, 이러한 자기주장적이고 반항적인 행동은 3~4세에 절정에 달한다. 제2의 반항기는 청소년기에 나타난다.

ㅁ. 피아제의 발달단계 중 구체적 조작기에 해당하는 아동기에는 전조작기의 자기중심성에서 벗어나 타인의 입장, 감정, 인지 등을 추론하고 이해할 수 있는 조망수용 능력을 습득하게 된다.

관련기출 더 보기

22-01-24　난이도 ★★☆

아동기(7~12세)의 발달에 관한 설명으로 옳은 것을 모두 고른 것은?

> ㄱ. 프로이트(S. Freud): 성 에너지(리비도)가 무의식 속에 잠복하는 잠재기(latency stage)
> ㄴ. 피아제(J. Piaget): 보존, 분류, 유목화, 서열화 등의 개념을 점차적으로 획득
> ㄷ. 콜버그(L. Kohlberg): 인습적 수준의 도덕성 발달단계로 옮겨가는 시기
> ㄹ. 에릭슨(E. Erikson): "주도성 대 죄의식"의 발달이 중요한 시기

① ㄱ, ㄴ　　　　　　② ㄴ, ㄹ
③ ㄱ, ㄴ, ㄷ　　　　④ ㄱ, ㄷ, ㄹ
⑤ ㄴ, ㄷ, ㄹ

답 ③

✓ **응시생들의 선택**

① 6%	② 1%	③ 65%	④ 12%	⑤ 16%

ㄹ. 에릭슨의 심리사회 발달단계에서 주도성 대 죄의식에 해당하는 시기는 학령전기(3~6세)이다. 아동기(7~12세)는 근면성 대 열등감의 심리사회적 위기를 겪는다.

아동기(7~12세)의 발달에 관한 설명으로 옳은 것을 모두 고른 것은?

> ㄱ. 에릭슨(E. Erikson)의 심리사회적 위기 중 솔선성 대 죄의식(initiative vs guilt)에 해당된다.
> ㄴ. 조합기술을 획득하기 위해서는 가역성, 보상성, 동일성의 원리에 대한 이해가 필요하다.
> ㄷ. 단체놀이를 통해 개인의 목표가 단체의 목표에 속함을 인식하고 노동배분(역할분담)의 개념을 학습한다.
> ㄹ. 추상적 사고가 가능해져서 미래의 사건을 예측할 수 있는 가설적, 연역적 사고가 발달한다.

① ㄱ
② ㄷ
③ ㄱ, ㄷ
④ ㄴ, ㄷ
⑤ ㄴ, ㄹ

답 ②

✓ 응시생들의 선택

| ① 3% | ② 14% | ③ 20% | ④ 57% | ⑤ 6% |

ㄱ. 에릭슨의 심리사회적 위기 중 근면성 대 열등감에 해당된다.
ㄴ. 보존개념을 획득하기 위해서는 가역성, 보상성, 동일성의 원리에 대한 이해가 필요하다.
ㄹ. 추상적 사고가 가능해져서 미래의 사건을 예측할 수 있는 가설적, 연역적 사고가 발달하는 시기는 청소년기이다.

➕ 덧붙임

ㄴ에 제시된 조합기술, 동일성, 보상성, 가역성 등은 모두 아동기의 특성에 해당하기 때문에 헷갈리기 쉬운 문제였다. 조합기술은 사칙연산과 관련되며, 동일성, 보상성, 가역성은 보존개념과 관련된다는 것까지 알고 있어야 정답을 찾을 수 있는 문제였다.

생애주기에 따른 주요 발달과업의 연결이 옳은 것은?

① 영아기(0~2세): 대상영속성, 자율적 도덕성
② 아동기(7~12세): 근면성, 보존개념
③ 청소년기(13~19세): 자아정체감, 분류화
④ 청년기(20~35세): 친밀감, 서열화
⑤ 중장년기(36~64세): 자아통합, 노부모 부양

답 ②

✓ 응시생들의 선택

| ① 4% | ② 62% | ③ 11% | ④ 3% | ⑤ 20% |

① 대상영속성은 영아기의 주요 발달과업이 맞지만, 자율적 도덕성은 구체적 조작기인 아동기의 주요 발달과업이다.
③ 자아정체감은 청소년기의 주요 발달과업이 맞지만, 분류화는 아동기의 주요 발달과업이다.
④ 친밀감은 청년기의 주요 발달과업이 맞지만, 서열화는 아동기의 주요 발달과업이다.
⑤ 노부모 부양은 중장년기의 주요 발달과업이 맞지만, 자아통합은 노년기의 주요 발달과업이다.

아동기(7~12세)의 발달특성으로 옳은 것을 모두 고른 것은?

> ㄱ. 자아정체감이 형성되는 결정적인 시기이다.
> ㄴ. 유치가 영구치로 바뀌고 보존개념을 획득할 수 있다.
> ㄷ. 가설연역적 추리 및 조합적 사고를 할 수 있다.
> ㄹ. 한 가지 속성에 따라 대상을 배열하는 서열화가 가능하다.

① ㄱ, ㄴ, ㄷ
② ㄱ, ㄷ
③ ㄴ, ㄹ
④ ㄹ
⑤ ㄱ, ㄴ, ㄷ, ㄹ

답 ③

✓ 응시생들의 선택

| ① 3% | ② 4% | ③ 77% | ④ 6% | ⑤ 10% |

ㄱ. 청소년기에 해당한다.
ㄷ. 형식적 조작기(청소년기)에 해당한다.

13-01-21   난이도 ★★☆

아동기(7~12세)에 관한 설명으로 옳은 것은?

① 생활의 중심이 가정에 한정된다.
② 자아정체감이 완성되는 시기이다.
③ 프로이트(S. Freud)의 남근기에 해당하는 시기이다.
④ 논리적 사고를 하게 되고 물활론적 사고가 감소하는 시기이다.
⑤ 에릭슨(E. Erikson)의 자율성 대 수치심의 단계에 해당하는 시기이다.

답 ④

✔ **응시생들의 선택**

① 1%	② 3%	③ 6%	④ 40%	⑤ 50%

① 아동기에는 사회적 관계의 장이 이웃과 학교까지 확대된다.
② 자아정체감 형성은 청소년기의 주요 발달과업에 해당한다.
③ 프로이트(S. Freud)의 잠복기에 해당하는 시기이다.
⑤ 에릭슨(E. Erikson)의 근면성 대 열등감의 단계에 해당하는 시기이다.

12-01-05   난이도 ★☆☆

아동기(7~12세)의 특징으로 옳은 것은?

① 성에너지가 무의식 속으로 잠복하는 시기이다.
② 자기중심적 사고에서 벗어나 추상적 개념을 획득하게 된다.
③ 또래집단과의 상호작용이 줄어들어 혼자 있는 시간이 늘어난다.
④ 신체적 성장과 발달이 급격하게 진행되어 골격이 완성되는 시기이다.
⑤ 학교에서의 성공이나 실패경험이 아동기 자아발달에 중요한 영향을 주지 않는다.

답 ①

✔ **응시생들의 선택**

① 72%	② 22%	③ 1%	④ 4%	⑤ 1%

② 추상적 사고, 가설-연역적 사고, 조합적 사고가 가능해지는 것은 피아제의 인지발달단계 중 형식적 조작기에 해당하며, 이것은 청소년기의 특징에 해당한다.
③ 아동기에는 또래집단과의 상호작용이 증가하면서 집단에 대한 소속감이 발달한다.
④ 급격한 신체 변화와 발달이 이루어지는 것은 청소년기의 특징에 해당한다. 아동기에는 점진적이고 지속적인 발달이 이루어진다.
⑤ 학교는 아동이 가족 외에 처음으로 경험하는 사회적 기관이며, 아동기 자아발달에 중요한 영향을 미친다.

11-01-29   난이도 ★★☆

아동기(7~12세)의 설명으로 옳은 것은?

① 사물의 분류와 보존의 개념을 획득한다.
② 자율성 대 수치감이 형성되는 시기이다.
③ 물활론적 사고가 주요 특징이다.
④ 성역할 정체감이 완성되는 시기이다.
⑤ 심리사회적 유예가 일어나는 시기이다.

답 ①

✔ **응시생들의 선택**

① 69%	② 9%	③ 6%	④ 12%	⑤ 4%

②③ 걸음마기에 해당한다.
④ 청년기에 해당한다.
⑤ 청소년기에 해당한다.

10-01-19   난이도 ★☆☆

아동기(7~12세)의 설명으로 옳은 것은?

① 프로이트의 남근기에 해당한다.
② 단체놀이를 통하여 노동배분의 개념을 익힌다.
③ 제1성장 급등기에 해당한다.
④ 주요 과업은 대상영속성 개념의 획득이다.
⑤ 신체적 성숙이 거의 완성되며 성역할에 대한 정체성이 확고해진다.

답 ②

✔ **응시생들의 선택**

① 12%	② 75%	③ 7%	④ 3%	⑤ 3%

① 프로이트의 남근기는 3~6세에 해당한다. 아동기는 프로이트의 잠복기에 해당한다.
③ 제1성장 급등기는 0~2세의 영아이다.
④ 대상영속성의 발달은 영아기의 주요 과업이다.
⑤ 신체적 성숙이 거의 완성되며 성역할 정체감이 확립되는 시기는 청년기이다.

다음 내용이 **왜 틀렸는지**를 확인해보자

17-01-20

01 아동기에는 자아중심적 사고 특성을 나타낸다.

> 자아중심적 사고 특성을 나타내는 시기는 청소년기이다.

11-01-29

02 아동기에는 심리사회적 유예가 일어나는 시기이다.

> 심리사회적 유예가 일어나는 시기는 청소년기이다. 심리사회적 유예는 최종의 정체감을 성취하기 이전의 일정한 자유 시험기간을 의미한다.

10-01-19

03 아동기의 주요 과업은 대상영속성 개념의 획득이다.

> 대상영속성의 발달은 영아기의 주요 과업이다. 어떤 대상이 시야에서 사라지거나 들리지 않아도 그것이 계속 존재한다고 믿는 것이 대상영속성인데, 9~10개월이 되면 이 개념이 생기기 시작한다.

---

04 아동기에는 아직 조합기술을 획득하지 못하였으므로 덧셈이나 뺄셈과 같은 셈은 불가능하다.

> 조합기술이란 일정 수의 사물이 있으면 그것을 펼치든 모으든 또는 형태를 바꾸든 수는 같다는 것을 이해할 수 있는 능력을 말한다. 아동기에는 조합기술을 획득함으로써 덧셈이나 뺄셈과 같은 셈이 가능해진다.

---

05 11~12세 남자아이들이 여자아이들보다 몸집이 큰 경우가 많다.

> 10세 이전까지는 남자아이들이 여자아이들보다 키가 크고 체중이 많이 나가지만, 11~12세경에는 여자아이들의 신체적 성숙이 남자아이들보다 앞서며 청소년기가 되면 남자아이들의 발육이 우세해진다.

10-01-19

06 아동기는 프로이트의 남근기에 해당한다.

> 아동기는 프로이트의 잠복기에 해당한다. 프로이트의 남근기는 3~6세에 해당한다.

07 아동기에 접어들면서 논리적 사고가 발달하여 **가설에 대한 연역적 사고가 가능**해진다.

> 아동기에는 논리적 사고가 발달하지만 구체적인 부분에 머문다(구체적 조작기). 아동기 후반에 이르러서야 연역적 사고가 가능해지기 시작한다.

10-01-19

08 **아동기**에는 신체적 성숙이 거의 완성되며 성역할에 대한 정체성이 확고해진다.

> 신체적 성숙이 거의 완성되며 성역할 정체감이 확립되는 시기는 청년기이다.

17-01-20

09 아동기(7~12세)는 **신뢰감 대 불신감**이 형성되는 시기이다.

> 아동기에는 근면성 대 열등감이 형성된다. 신뢰감 대 불신감이 형성되는 시기는 영아기이다.

빈칸에 들어갈 **알맞은 말**을 채워보자

18-01-21

01 (   )을/를 획득하기 위해서는 가역성, 보상성, 동일성의 원리에 대한 이해가 필요하다.

12-01-05

02 아동기는 성에너지가 무의식 속으로 잠복하는 시기로서, 프로이트의 발달단계 중 (   )에 해당한다.

12-01-16

03 아동기에는 (   )을/를 통하여 협동, 경쟁, 협상하는 능력이 향상된다.

04 아동기에는 어떤 특정의 속성이나 특징을 기준으로 하여 순서대로 배열하는 능력인 (   )이/가 가능하다.

03-01-18

05 아동기는 피아제의 발달단계 중 (   )에 해당한다.

 답 **01** 보존개념 **02** 잠재기(잠복기) **03** 단체놀이 **04** 서열화 **05** 구체적 조작기

다음 내용이 옳은지 그른지 판단해보자

13-01-21
01 에릭슨의 자율성 대 수치심의 단계에 해당하는 시기이다. ⊙ ⊗

06-01-22
02 아동기에는 사회적 규칙을 습득하기 시작한다. ⊙ ⊗

09-01-20
03 아동기는 제1성장 급등기에 해당하는 시기이다. ⊙ ⊗

07-01-11
04 아동기는 보존개념이 확립되는 시기이다. ⊙ ⊗

12-01-05
05 아동기는 자기중심적 사고에서 벗어나 추상적 개념을 획득하게 된다. ⊙ ⊗

22-01-21
06 아동기의 주요 발달과업은 자아정체감 확립이다. ⊙ ⊗

17-01-20
07 아동기는 동성 또래관계를 통해 사회화를 경험한다. ⊙ ⊗

17-01-20
08 아동기가 되면 경험하지 않고도 추론이 가능해진다. ⊙ ⊗

답 01 × 02 ○ 03 × 04 ○ 05 × 06 × 07 ○ 08 ×

해설 **01** 아동기는 에릭슨의 근면성 대 열등감의 단계에 해당하는 시기이다.
03 제1성장 급등기는 영아기(출생~2세)이다.
05 추상적 사고의 획득은 피아제의 인지발달단계 중 형식적 조작기에 해당하며, 이 시기는 청소년기이다.
06 자아정체감 확립은 청소년기(13~19세)의 주요 발달과업이다.
08 경험하지 않고도 추론이 가능해지는 것은 청소년기이다.

10장

청소년기

이 장에서는

청소년기(13~19세)에 나타나는 추상적 사고, 연역적 추론, 자아정체감 확립, 제2성장급등기, 심리사회적 유예기 등의 발달적 특징을 이해해야 한다. 더불어 청소년기의 자아중심성, 마르시아의 자아정체감 등에 대해서도 살펴봐야 한다.

10년간 출제분포도

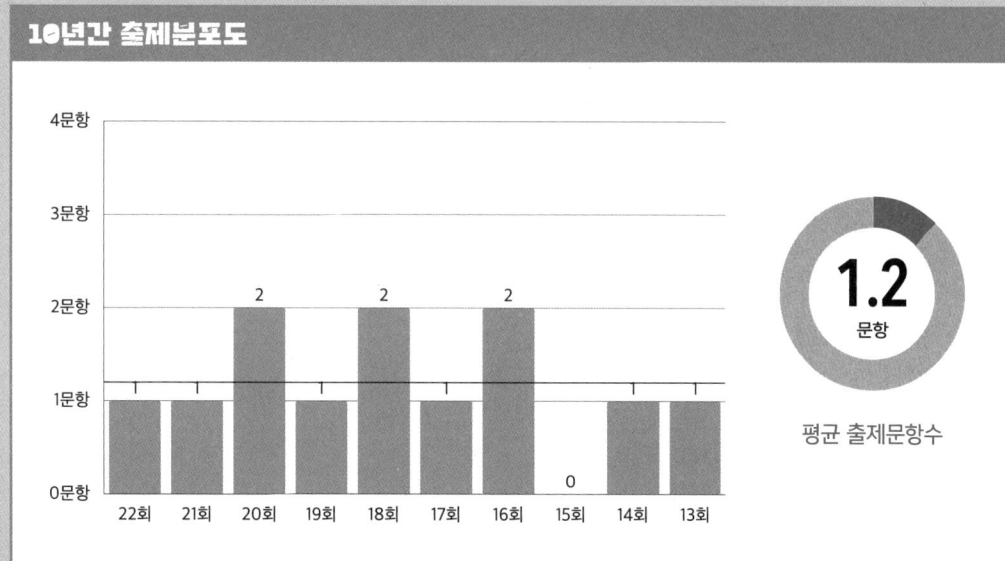

평균 출제문항수 1.2문항

023 청소년기

1 회독	2 회독	3 회독
월 일	월 일	월 일

최근 10년간 **12문항** 출제

복습
1 **이론요약**

청소년기의 특징

기본개념

인간행동과 사회환경
pp.264~

- 자기중심적 사고에서 벗어나 **추상적 사고가 가능**해진다.
- 가설을 통한 **연역적 사고와 논리적 추론**을 할 수 있다.
- 신체적 성장과 발달이 급격하게 진행되어 골격이 완성되는 시기이다.
- **자아정체감 확립을 주요 발달과업**으로 한다.
- 자아의식이 발달하여 고독에 빠지기 쉽고, **심리사회적 유예가 일어나는 시기**이다.
- 성적 성숙은 감정 기복과 같은 극단적 정서변화를 가져오기도 하며, 불안, 우울, 질투 등 부정적인 감정을 많이 경험하는 시기이다.
- 부모로부터 심리적으로 독립하고 자아정체감을 형성하는 심리적 이유기이다.
- 정서적 변화가 급격히 일어나는 질풍노도의 시기 또는 제2의 반항기라고 한다.
- 어린이도 성인도 아니라는 점에서 주변인으로 부르기도 한다.
- 프로이트 발달단계의 **생식기**에 해당하며, 에릭슨 발달단계의 **청소년기(자아정체감 대 역할혼란)**에 해당한다.

신체발달

- 사춘기 현상으로 인한 **급속한 신체의 외형적 성장과 호르몬의 변화에 따른 생식능력**을 획득한다.
- 간기능과 폐활량, 소화기능이 현저히 발달한다.
- 내분비선의 발달로 지방이 과다해져서 여드름이 발생한다.
- **제2차 성징이 출현하는 시기**로 성적으로 발달한다.
- 남성보다 여성에게서 섭식장애가 더 많이 나타나며, 섭식장애 중 거식증과 폭식증의 빈도가 가장 높다.

인지발달

- 피아제의 인지발달단계 중 **형식적 조작기**에 해당한다.
- 자신의 생각이 옳고그른지에 대해 비판적으로 검토할 수 있다.
- 경험하지 못한 사건에 대해 **가설을 설정하고 미래에 대한 예측이 가능**하다.
- 가능한 개념적 조합을 실제로 수행해보지 않아도 고려할 수 있다.
- 사건이나 현상과 관련된 변인을 동시에 다룰 수 있는 사고능력이 발달한다.

- **엘킨드의 청소년기 자기중심성**: 청소년기에는 급격한 신체적·정서적 변화로 자신의 외모와 행동에 지나치게 몰두하면서 자신의 관심사와 타인의 관심사를 구분하지 못한다.
  - **상상 속 관중**: 자신은 무대 위에 오른 배우이고 타인은 자신에게 관심을 갖고 집중하는 관중으로 여기기 때문에 강한 자의식을 가짐 – **내가 주인공!**
  - **개인적 우화**: 자신의 감정이나 사고는 너무 독특한 것이어서 다른 사람들은 자신을 이해할 수 없고 자신은 예외적인 존재라고 생각함 – **나는 특별해!**

사회정서발달

- 정서가 매우 강하고 변화가 심하며, 불안·우울 등 극단적인 정서를 경험한다.
- 자신의 격한 감정을 받아들이고 자신의 감정에 좀 더 관대해지는 것이 주요 발달과제이다.
- 부모의 지지와 승인을 필요로 하면서 동시에 부모의 통제를 받지 않으려 하며, 부모나 가족으로부터 분리되어 **친구나 자기 자신에게 의존하려는 경향이 증가**한다.
- 또래집단으로부터 인정받는 것이 중요해지면서 **또래집단의 영향력이 가장 큰 시기**이다.

마르시아의 자아정체감 4범주

- **정체감 성취**: 자아정체감의 위기를 성공적으로 극복하여 신념, 직업, 정치적 견해 등에 대해 스스로 의사결정을 내릴 수 있는 상태이다.
- **정체감 유예**: 현재 정체감 위기의 상태에 있으면서 자아정체감 형성을 위해 다양한 역할, 신념, 행동 등을 실험하고 있으나 의사결정을 못한 상태이다.
- **정체감 유실**: 부모나 사회의 가치관을 자신의 것으로 그대로 선택하므로, 위기도 경험하지 않고 쉽게 의사결정을 내리지만 독립적인 의사결정을 하지 못하는 상태이다.
- **정체감 혼란**: 정체감을 확립하기 위한 노력도 없고, 기존의 가치관에 대한 의문도 제기하지 않는 상태이다.

기출문장 CHECK

01 (22-01-18) 청소년기(13~19세)는 심리적 이유기의 특징을 보인다.

02 (22-01-18) 청소년기(13~19세)는 프로이트의 심리성적발달단계에서 생식기에 해당한다.

03 (21-01-22) 청소년기(13~19세)는 신체적 발달이 활발하여 제2의 성장 급등기로 불린다.

04 (21-01-22) 청소년기는 정서의 변화가 심하며 극단적 정서를 경험하기도 한다.

05 (21-01-22) 청소년기는 추상적 이론과 관념적 사상에 빠져 때로 부정적 정서를 경험한다.

06 (21-01-22) 청소년기의 특징적 발달 중 하나로 성적 성숙이 있다.

07 (20-01-21) 엘킨드의 청소년기 자기중심성: 다른 사람이 경험하는 위기가 자신에게는 일어나지 않으리라 믿는다. 자신의 감정이나 경험이 매우 특별하다고 생각한다. 상상적 관중을 의식하여 작은 실수에 대해서도 번민한다. 자신이 타인으로부터 집중적인 관심의 대상이 된다고 믿는다.

08 (19-01-20) 청소년기(13~19세)의 성적 성숙에는 개인차가 있지만 발달의 순서는 일정하다.

09 (18-01-22) 청소년기(13~19세)는 신체적 성장이 급속히 이루어진다는 점에서 제2의 성장급등기라고 한다.

10 (18-01-22) 청소년기는 어린이도 성인도 아니라는 점에서 주변인이라고 불린다.

11 (18-01-22) 청소년기는 정서적 변화가 급격히 일어난다는 점에서 질풍노도의 시기라고 한다.

12 (18-01-22) 청소년기는 피아제의 인지발달과정 중 형식적 조작기에 해당된다.

13 (18-01-25) 마르시아의 자아정체감 유형: 정체감 성취, 정체감 유예, 정체감 유실, 정체감 혼란

14 (17-01-21) 청소년기(13~19세)에는 부모의 권위에 도전하며 잦은 갈등을 겪는 시기이다.

15 (17-01-21) 청소년기는 심리적 이유기라고도 한다.

16 (17-01-21) 청소년기는 애착대상이 부모에서 친구로 이동하며, 동년배 집단에 참여하여 다양한 경험을 한다.

17 (16-01-14) 피아제의 이론에 따르면 청소년기는 형식적 조작기에 속한다.

18 (16-01-15) 정체감 혼란은 정체감을 확립하기 위한 노력도 없고, 기존의 가치관에 대한 의문도 제기하지 않는 상태를 말한다.

19 (14-01-22) 청소년기(13~19세)는 극단적인 정서 변화를 경험하게 된다.

20 (13-01-18) 청소년기(13~19세)는 질풍노도의 시기, 심리적 이유기, 주변인 시기, 성장 급등기라는 용어로도 쓰인다.

21 (12-01-18) 청소년기(13~24세)의 성적 성숙은 감정 기복과 같은 극단적 정서변화를 가져온다.

22 (12-01-24) 정체감 유예는 정체감 위기에 처하여 정체감을 확립하기 위한 다양한 실험을 수행하고 있는 상태를 말한다.

23 (11-01-16) 청소년기(13~18세)는 이상적 자아와 현실적 자아의 괴리로 인해 갈등과 고민이 많은 시기이다.

24 (10-01-26) 청소년기(13~19세)는 불안, 우울, 질투 등 부정적인 감정을 많이 경험하는 시기이다.

25 (09-01-19) 청소년기(13~24세)는 추상적 사고, 가설적·연역적 사고, 은유에 대한 이해가 가능하다.

26 (08-01-27) 자아정체감 성취는 위기극복에 스스로 의사결정을 할 수 있는 상태이다.

27 (07-01-12) 청소년기(12~18세)에는 또래집단 문화 활동에 몰두하는 시기이다.

28 (06-01-22) 청소년기(13~24세)에는 또래로부터 인정을 받고자 하는 욕구가 강하다.

29 (05-01-22) 청소년기(12~24세)는 형식적 조작기에 해당한다.

30 (04-01-19) 청소년기에는 경험하지 않은 일에 대한 인과관계 추론이 가능하다.

31 (04-01-20) 청소년기에는 또래집단에서 인정받고자 한다.

32 (03-01-19) 부모나 사회의 가치관을 그대로 수용하는 자아정체감의 발달수준은 정체감 유실이다.

33 (02-01-17) 청소년기에는 자아성장집단을 통해 있는 그대로의 나를 개방하는 능력을 기른다.

대표기출 확인하기

22-01-18 난이도 ★★☆

청소년기(13~19세)에 관한 설명으로 옳지 않은 것은?

① 신체적 측면에서 제2의 급성장기이다.
② 심리적 이유기의 특징을 보인다.
③ 부모보다 또래집단의 영향력이 커진다.
④ 피아제(J. Piaget)에 의하면 비가역적 사고의 특징이 나타나는 시기이다.
⑤ 프로이트(S. Freud)의 심리성적발달단계에서 생식기에 해당한다.

 알짜확인

• 청소년기를 칭하는 다양한 표현들과 함께 이 시기의 주요 발달적 특징과 과업을 살펴보자.
• 엘킨드의 자기중심성이나 마르시아의 장아정체감 유형 등은 단독으로 출제되기도 한다.
• 청소년기는 프로이트의 생식기, 에릭슨의 자아정체감 대 역할혼란, 피아제의 형식적 조작기 등의 특징을 상기하며 학습하기 바란다.

답 ④

✅ **응시생들의 선택**

① 1%	② 6%	③ 4%	④ 76%	⑤ 13%

④ 피아제는 전조작기(2~7세)에는 비가역적 사고의 특징이 나타나며 구체적 조작기(7~11세)에 가역적 사고가 가능해지면서 사물을 다양한 측면에서 이해하고 뒤집어 해석할 수도 있다고 설명하였다.

관련기출 더 보기

21-01-22 난이도 ★☆☆

청소년기(13~19세)에 관한 설명으로 옳지 않은 것은?

① 친밀감 형성이 주요 발달과업이다.
② 신체적 발달이 활발하여 제2의 성장 급등기로 불린다.
③ 특징적 발달 중 하나로 성적 성숙이 있다.
④ 정서의 변화가 심하며 극단적 정서를 경험하기도 한다.
⑤ 추상적 이론과 관념적 사상에 빠져 때로 부정적 정서를 경험한다.

답 ①

✅ **응시생들의 선택**

① 89%	② 1%	③ 4%	④ 2%	⑤ 4%

① 친밀감 형성은 성인초기(청년기)의 주요 발달과업이다.

20-01-21 난이도 ★☆☆

엘킨드(D. Elkind)가 제시한 청소년기(13~19세) 자기중심성(egocentrism)에 관한 내용으로 옳지 않은 것은?

① 다른 사람이 경험하는 위기가 자신에게는 일어나지 않으리라 믿는다.
② 상상적 관중을 의식하여 작은 실수에 대해서도 번민한다.
③ 자신의 감정이나 경험이 매우 특별하다고 생각한다.
④ 자신과 타인에 대해 객관적으로 이해하고 판단한다.
⑤ 자신이 타인으로부터 집중적인 관심의 대상이 된다고 믿는다.

답 ④

✅ **응시생들의 선택**

① 5%	② 4%	③ 1%	④ 88%	⑤ 2%

④ 청소년기에는 자신과 타인에 대해 자기중심적으로 이해하고 판단한다. 급격한 신체적·정서적 변화로 자신의 외모와 행동에 너무 몰두해 있으므로 다른 사람들도 자기만큼 자신에게 관심이 있다고 생각해 자신의 관심사와 타인의 관심사를 구분하지 못하게 되는데, 이를 청소년기의 자기중심성이라고 한다.

청소년기(13~19세)에 관한 설명으로 옳지 않은 것은?

① 신체적 성장이 급속히 이루어진다는 점에서 제2의 성장 급등기라고 한다.
② 어린이도 성인도 아니라는 점에서 주변인이라고 불린다.
③ 상상적 청중과 개인적 우화는 청소년기에 타인을 배려하는 사고가 반영된 예이다.
④ 피아제(J. Piaget)의 인지발달과정 중 형식적 조작기에 해당된다.
⑤ 정서적 변화가 급격히 일어난다는 점에서 질풍노도의 시기라고 한다.

답 ③

✅ 응시생들의 선택

① 1%	② 6%	③ 87%	④ 6%	⑤ 0%

③ 상상적 청중과 개인적 우화는 청소년기의 자기중심성 사고를 반영하는 개념이다.

청소년기 인지발달의 일반적 특성으로 옳지 않은 것은?

① 자기개념(self-concept)의 발달이 시작되고 자기효능감이 급격히 증가한다.
② 구체적인 사물에 한정되지 않고 추상적 개념을 다룰 수 있다.
③ 가설을 세울 수 있고 인과관계를 추론할 수 있는 연역적 사고가 가능해진다.
④ 피아제(J. Piaget)의 이론에 따르면 형식적 조작기에 속한다.
⑤ 자아중심적 사고로 상상적 청중 현상과 개인적 우화 현상을 보인다.

답 ①

✅ 응시생들의 선택

① 57%	② 10%	③ 4%	④ 7%	⑤ 22%

① 자기개념의 발달이 시작되고 자기효능감이 급격히 증가하는 시기는 아동기이다.

마르시아(J. Marcia)의 자아정체감이론에서 다음의 정체감 상태를 설명하는 것으로 옳은 것은?

> 철수는 어려서부터 변호사였던 아버지의 영향을 받아 법조인이 되는 것을 꿈으로 생각하였고, 사회에서도 유망한 직업이라 생각하여 법학과에 진학하였다. 철수는 법학 전공이 자신의 적성과 잘 맞는지 탐색해보지 못했지만 이미 선택했기에 법조인 외의 직업은 생각해본 적이 없다.

① 정체감 유실(identity foreclosure)
② 정체감 혼란(identity diffusion)
③ 정체감 성취(identity achievement)
④ 정체감 유예(identity moratorium)
⑤ 정체감 전념(identity commitment)

답 ①

✅ 응시생들의 선택

① 66%	② 4%	③ 3%	④ 19%	⑤ 8%

② 정체감 혼란은 정체감을 확립하기 위한 노력도 없고, 기존의 가치관에 대한 의문도 제기하지 않는 상태를 말한다.
③ 정체감 성취는 자아정체감의 위기를 성공적으로 극복하여 신념, 직업, 정치적 견해 등에 대해 스스로 의사결정을 내릴 수 있는 상태를 말한다.
④ 정체감 유예는 현재 정체감 위기의 상태에 있으면서 자아정체감 형성을 위해 다양한 역할, 신념, 행동 등을 실험하고 있으나 의사결정을 못한 상태를 말한다.
⑤ 정체감 전념은 마르시아의 자아정체감이론에 해당하지 않는다.

청소년기(13~24세)의 특징으로 옳지 않은 것은?

① 여성보다 남성에게서 섭식장애가 더 많이 나타난다.
② 자아정체감 확립이 주요 발달과업이다.
③ 또래에게 인정받고자 하는 욕구가 강하다.
④ 가설을 통한 연역적 사고와 논리적 추론을 할 수 있다.
⑤ 성적 성숙은 감정 기복과 같은 극단적 정서 변화를 가져온다.

답 ①

✔ 응시생들의 선택

① 90%	② 1%	③ 3%	④ 2%	⑤ 4%

① 섭식장애는 체중 증가에 대한 두려움이나 마른 몸매에 대한 강한 욕구, 다이어트에 대한 집착, 부적절한 체중조절 행위 등을 의미한다. 대표적인 유형에는 거식증과 폭식증이 있으며, 섭식장애를 보이는 이의 대다수는 여성이다.

인생주기별 주요 발달과업의 연결이 옳은 것은?

① 영아기(0~2세) – 애착발달, 자기중심성, 직관적 사고
② 아동기(7~12세) – 자존감의 발달, 부모로부터 독립
③ 청소년기(13~18세) – 자아정체감 형성, 형식적 조작사고 발달
④ 중년기(40~64세) – 직업선택, 도덕성 발달, 노부모 부양
⑤ 노년기(65세 이상) – 가족 내 역할변화와 적응, 만족스러운 직업성취

답 ③

✔ 응시생들의 선택

① 18%	② 2%	③ 77%	④ 1%	⑤ 2%

① 자기중심성과 직관적 사고는 학령전기(혹은 유아기) 특성이다.
② 부모로부터의 독립은 청년기의 발달과업이다.
④ 직업선택은 청년기 발달과업이고, 도덕성이 발달하기 시작하는 시기는 학령전기(혹은 유아기)부터이다.
⑤ 장년기가 된 자녀는 노인이 된 부모를 부양하며 역할전도를 경험하게 된다. 또한 장년기는 직업생활에 따른 성취를 얻는 시기이기도 하다.

청소년기(13~19세)의 설명으로 옳은 것을 모두 고른 것은?

> ㄱ. 구체적 조작기 사고에서 형식적 조작기 사고로 전환된다.
> ㄴ. 모든 사람이 자신에게 관심을 가지고 있다고 생각하는 '개인적 우화'가 나타난다.
> ㄷ. 불안, 우울, 질투 등 부정적인 감정을 많이 경험하는 시기이다.
> ㄹ. 도덕적 발달이 시작되는 시기이다.

① ㄱ, ㄴ, ㄷ　　　　② ㄱ, ㄷ
③ ㄴ, ㄹ　　　　　　④ ㄹ
⑤ ㄱ, ㄴ, ㄷ, ㄹ

답 ②

✔ 응시생들의 선택

① 69%	② 16%	③ 4%	④ 1%	⑤ 10%

ㄴ. 모든 사람이 자신에게 관심을 가지고 있다고 생각하는 것은 상상적 청중에 해당한다. 개인적 우화는 자신을 특별한 사람, 예외적 존재라고 생각하는 것이다.
ㄹ. 아동의 도덕적 발달을 연구한 피아제와 콜버그는 아동의 도덕적 발달이 각각 전조작기와 전인습적 도덕기부터 시작된다고 보았는데, 이는 유아기에 해당한다.

청소년기(13~24세)에 관한 설명으로 옳지 않은 것은?

① 급격한 신체변화와 더불어 인지적·정서적 변화가 일어난다.
② 추상적 사고, 가설적·연역적 사고, 은유에 대한 이해가 가능하다.
③ 자아정체감을 형성하고 발달시키는 과정에서 정서적 동요를 경험하는 시기이다.
④ 일차적 성 특징이 나타나는 시기이다.
⑤ 주변인으로서의 특성을 보인다.

답 ④

✔ 응시생들의 선택

① 4%	② 3%	③ 4%	④ 54%	⑤ 35%

④ 청소년기에는 2차 성징이 나타난다. 1차 성징은 사춘기 전부터 존재했고 사춘기에 보다 성숙해지는 것이므로 일차적 성 특징이 이 시기에 나타난다는 표현은 틀린 표현이다.

다음 내용이 왜 틀렸는지를 확인해보자

18-01-22

01 청소년기는 신체적 성장이 급속히 이루어진다는 점에서 **제1의 성장급등기**라고 한다.

> 제2의 성장급등기라고 한다. 제1의 성장급등기는 영아기(0~2세)에 해당한다.

13-01-18

02 질풍노도의 시기, 심리적 이유기, 주변인 시기, **제1반항기**, 성장급등기 등은 청소년기를 일컫는다.

> 제1반항기는 걸음마기에 해당한다. 유아기에는 부모와 자신이 별개의 존재라는 사실을 인식하기 시작하면서 자기주장이 강해져 반항적 행동을 보인다는 점에서 제1의 반항기라고 칭한다.

03 **피아제**는 청소년기에 성취해야 할 발달과업으로 자아정체감 형성을 제시하였다.

> 청소년기 발달과업으로 자아정체감을 제시한 학자는 에릭슨에 해당한다. 피아제는 청소년기를 형식적 조작기로 설명한 학자이다.

11-01-16

04 **청소년기**는 또래집단에서 단체놀이를 통해 상대를 존중하고 규칙과 예절을 배운다.

> 아동기의 특징이다.

19-01-20

05 청소년기의 성적 성숙에는 개인차가 있기 때문에 **발달의 순서가 일정하지 않다.**

> 성적 성숙에 개인차는 있지만 발달의 순서는 일정하다.

06 청소년기에는 신체의 외형적 성장이 급속하게 일어나지만, **신체 내부의 성장 속도는 다소 둔화된다.**

> 신체 외부뿐만 아니라 신체 내부의 발달도 크게 나타난다. 특히 간기능과 폐활량, 소화기능이 현저히 발달하며, 내분비선의 발달로 지방이 과다해져서 여드름이 발생한다.

빈칸에 들어갈 알맞은 말을 채워보자

01 `11-01-16`
에릭슨은 청소년기의 심리사회적 위기를 (   ) 대 역할혼란으로 보았다.

02 `17-01-21`
청소년기(13~19세)는 피아제 이론에서 (   )에 해당한다.

03 `10-01-26`
(   )은/는 청소년기에 나타나는 자기중심성 중 하나로 모든 사람이 자신에게 관심을 가지고 있다고 생각하는 것이다.

04 청소년기를 일컫는 말 중 (   )은/는 이 시기에 호르몬의 변화로 급격한 신체적, 성적 성숙이 일어남을 표현하는 것이다.

05 청소년기는 아동기에서 성인기로 전환하는 과도기로, 아동도 아니고 성인도 아니라는 점에서 (   )(이)라 부르기도 한다.

06 마르시아는 (   )와/과 전념을 기준으로 자아정체감을 4가지 범주로 구분했다.

07 `12-01-24`
청소년기에 자신의 삶에 대하여 고민하며 다양한 정보를 수집하고 탐색하는 행동을 지속하지만, 여전히 불확실한 상태로 선택과 결정을 하지 못한 채 구체적인 과업에 몰입하지 못하는 상태는 마르시아의 자아정체감 유형 중 정체감 (   )에 해당한다.

08 (   )은/는 청소년기에 부모의 지지와 승인을 필요로 하면서도 부모의 통제를 벗어나려 하며, 친구 혹은 자기자신에게 의존하려는 경향을 말한다.

09 (   )은/는 청소년기가 최종의 정체감을 성취하기 이전에 갖는 일종의 자유 시험기간임을 나타낸다.

> **답** **01** 자아정체감 **02** 형식적 조작기 **03** 상상적 청중(상상 속 관중) **04** 사춘기 **05** 주변인 **06** 위기 **07** 유예 **08** 심리적 이유
> **09** 심리사회적 유예기

다음 내용이 옳은지 그른지 판단해보자

16-01-14
01 청소년기(13~19세)에는 자기개념의 발달이 시작되고 자기효능감이 급격히 증가한다. ⓞ ⓧ

17-01-21
02 청소년기는 애착대상이 부모에서 친구로 이동한다. ⓞ ⓧ

03 청소년기에는 가설을 통한 연역적 사고와 논리적 추론이 가능하다. ⓞ ⓧ

19-01-20
04 1차 성징은 성적 성숙의 생리적 징후로서 여성의 가슴 발달과 남성의 넓은 어깨를 비롯하여 변성, ⓞ ⓧ
근육 발달 등의 변화가 나타나는 것을 말한다.

14-01-22
05 청소년기는 힘과 기술이 향상되지만 신체적 성장 속도는 둔화된다. ⓞ ⓧ

11-01-16
06 청소년기는 이상적 자아와 현실적 자아의 괴리로 인해 갈등과 고민이 많은 시기이다. ⓞ ⓧ

07 청소년기에는 이성이 새로운 관심의 대상이 되어 동성이 아닌 이성과의 친밀한 관계를 성취하려고 ⓞ ⓧ
한다.

08 청소년기는 성역할 정체감이 완성되는 시기이다. ⓞ ⓧ

20-01-25
09 청소년기(13~19세)의 주요 발달과업으로는 생산성, 서열화 등을 꼽을 수 있다. ⓞ ⓧ

답 **01** ✕ **02** ○ **03** ○ **04** ✕ **05** ✕ **06** ○ **07** ✕ **08** ✕ **09** ✕

해설 **01** 자기개념의 발달이 시작되고 자기효능감이 급격히 증가하는 시기는 아동기이다.
04 1차 성징은 사람이 처음 태어났을 때 생식기(생식기관)만으로 남자와 여자를 구분짓는 것을 말하며, 특별한 몸의 변화가 나타나지는 않는다.
05 청소년기는 신체적 성장과 발달이 급격하게 진행되어 골격이 완성되는 제2성장 급등기이다.
07 청소년기에는 이성이 새로운 관심의 대상이 되어 다양한 시도를 해보는 시기이지만 대체로 동성과의 관계가 더 강하고 중요하다. 이성과의 친밀한 관계를 성취하는 것은 청년기의 특징이다.
08 성역할 정체감이 완성되는 시기는 청년기이다.
09 생산성은 장년기의 발달과업이고, 서열화는 아동기의 발달과업이다. 청소년기(13~19세)의 주요 발달과업은 자아정체감 확립이다.

11장

청년기

이 장에서는

청년기의 발달과업에 대해 살펴본다. 학자들마다 연령 및 발달과업이 조금씩 다르긴 하지만, 대체로 직업선택 및 직업활동 시작, 사회적 관계 형성, 배우자 선택 및 결혼 등과 관련된 발달과업이 제시되고 있다.

10년간 출제분포도

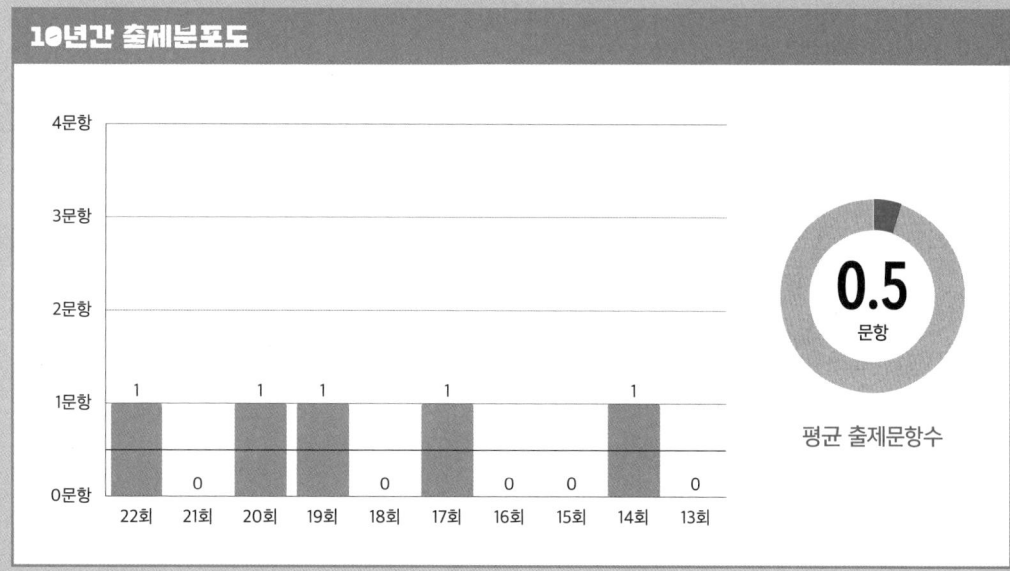

0.5 문항

평균 출제문항수

024 청년기

최근 10년간 **5문항** 출제

복습 1 이론요약

청년기의 특징

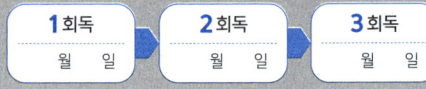

- 가족으로부터 독립을 준비해야 하며, **직업을 선택하고 경력**을 쌓아야 한다.
- 신체적 성숙이 거의 완성되며 신체적 기능이 최고조에 달한다.
- **성역할 정체감이 완성**되는 시기이다.
- 직업과 배우자 선택, 자녀 양육 등으로 스트레스를 받는다.
- 에릭슨의 **친밀감 대 고립감의 위기 단계**에 해당한다.

기본개념

인간행동과 사회환경
pp.278~

신체발달

- 최상의 신체적 상태를 유지하며, 전 생애에 있어서 활기, 힘, 건강이 최고조 수준에 달한다.
- 근육 및 내부기관은 만 19세에서 26세 사이에 최고조에 이른다.
- 신체적 능력과 기술을 규칙적으로 사용하면 청년기 이후에도 기능이 지속된다.

인지발달

- 청년기의 인지발달에 대해서는 아직 학자들 간에 합의된 바가 없다.
- 피아제는 청소년기에 형식적 조작사고가 발달한 이후 거의 인지발달이 이루어지지 않는다고 보는 반면, 그 이후에도 인지발달이 지속적으로 이루어진다고 보는 학자들도 있다.
- 일반적으로는 아동기와 마찬가지로 피아제의 이론적 틀인 형식적 조작사고가 중심이 되어 설명되는 경우가 많다.

사회정서발달

- 부모로부터 정서 및 경제적 독립을 하는 것이 주요 발달과제이며, **부모로부터 독립에 대한 갈망과 분리에 대한 불안이라는 양가감정을 갖기도 한다.**
- 직업을 통해 경제적으로 자립하고 자신의 인생을 개척해 나가면서 자아실현을 하는 시기이다.
- 결혼을 하고 자녀를 낳아 부모가 되면서 인생에 정착하는 시기이다.
- **성역할 정체감이 확고해지는 성적 사회화 과정**을 겪는다.

청년기의 발달과제

- 에릭슨의 발달단계 중 성인초기(20~24세)에 해당하며, 친밀감(intimacy) 형성이 주요 과제이다.
- 가족 외의 다른 사람들과 친밀한 관계를 형성하는 것은 자신의 정체성을 잃을지도 모른다는 두려움 없이 타인과 개방적이고 지지적이며 조화로운 관계를 형성하는 능력이다.
- 친밀감 형성을 위해서는 감정이입능력, 자기통제능력, 타인의 장단점을 수용하는 능력을 갖추어야 한다.
- 청소년기에 긍정적인 자아정체감을 확립한 사람은 좀 더 쉽게 타인과의 친밀한 관계를 형성하지만, 그렇지 못한 사람은 자신감을 갖지 못하므로 타인과의 사회적 관계에서 고립감을 느끼게 되어 자기 자신에게만 몰두하게 된다.

기출문장 CHECK

01 (22-01-20) 청년기(20~39세)는 직업 준비와 직업선택에 대한 의사결정을 하는 시기이다.

02 (20-01-22) 청년기(20~39세)는 부모로부터 심리적, 경제적으로 독립하여 자율성을 성취하는 시기이다.

03 (20-01-22) 청년기(20~39세)는 개인적 욕구와 사회적 욕구 사이에 균형을 찾아 직업을 선택하는 시기이다.

04 (20-01-22) 청년기(20~39세)는 타인과의 관계에서 친밀감을 형성하면서 결혼과 부모됨을 고려하는 시기이다.

05 (20-01-22) 청년기(20~35세)에는 자기부양 능력을 갖추어야 하는 시기이다.

06 (19-01-21) 하비거스트(R. Havighurst)는 청년기(20~35세)의 발달과업으로 배우자 선택, 직장생활 시작, 사회적 집단 형성, 직업의 준비와 선택 등을 제시하였다.

07 (17-01-22) 청년기(20~35세)에는 친밀감 형성과 성숙한 사회관계 성취가 중요하다.

08 (14-01-19) 청년기(20~34세)의 주요 발달과업은 진로 및 직업 선택, 혼인 준비 등이다.

09 (11-01-07) 성인초기(20~34세)에는 삶과 직업에 관한 목표와 희망을 명확하게 정의해야 한다.

10 (10-01-27) 청년기(20~35세)는 신체적 기능이 최고조에 달하며 이를 정점으로 쇠퇴하기 시작하는 시기이다.

11 (08-01-28) 청년기는 부모로부터 독립하여 자율성을 찾는 과정에서 양가감정을 경험한다.

12 (07-01-01) 청년기(성인초기, 19~29세)의 주요 발달과업은 직업의 선택이다.

13 (06-01-23) 청년기(성인초기)를 대상으로 예비부부 프로그램, 사회체험, 예비부모체험, 직장체험 등의 프로그램을 실시할 수 있다.

14 (05-01-23) 청년기에는 결혼과 부모역할을 준비한다.

15 (04-01-21) 청년기·성인초기에는 부모와 다른 성인들로부터 정서적으로 독립한다.

16 (04-01-22) 청년기의 친밀성은 이성교제와 결혼에 미치는 심리적 요인이다.

17 (02-01-18) 청년기 친밀감을 성취하는 데 있어서 또래는 사회적 관계의 장이 된다.

18 (01-01-06) 청년기(성인초기)에는 직업선택, 결혼이라는 과업을 수행한다.

대표기출 확인하기

22-01-20　난이도 ★☆☆

청년기(20~39세)에 관한 설명으로 옳은 것은?

① 에릭슨(E. Erikson)은 근면성의 발달을 중요한 과업으로 보았다.
② 다른 시기에 비하여 경제적으로 안정되어 있고 직업에서도 높은 지위와 책임을 갖게 된다.
③ 빈둥지 증후군을 경험하는 시기이다.
④ 또래와의 상호작용을 통하여 자아개념이 발달하기 시작한다.
⑤ 직업 준비와 직업선택에 대한 의사결정을 하는 시기이다.

알짜확인

• 청년기의 특징을 이해해야 한다.
• 청년기의 주요 발달 및 발달과업을 파악해야 한다.

답 ⑤

✅ **응시생들의 선택**

① 2%	② 3%	③ 2%	④ 1%	⑤ 92%

① 에릭슨은 친밀성의 발달을 중요한 과업으로 보았다. 근면성의 발달은 학령기에 해당한다.
② 청년기는 아직 직업을 찾고 자신의 위치를 만들어가는 시기이다.
③ 빈둥지 증후군을 경험하는 시기는 중년기에 해당한다.
④ 또래와의 상호작용을 통하여 자아개념이 발달하기 시작하는 시기는 유아기(3~6세)에 해당한다.

관련기출 더 보기

19-01-21　난이도 ★☆☆

하비거스트(R. Havighurst)의 청년기(20~35세) 발달과업으로 옳지 않은 것은?

① 배우자 선택
② 직장생활 시작
③ 경제적 수입 감소에 따른 적응
④ 사회적 집단 형성
⑤ 직업의 준비와 선택

답 ③

✅ **응시생들의 선택**

① 0%	② 0%	③ 98%	④ 1%	⑤ 1%

하비거스트의 청년기 발달과업
• 배우자를 선택하고, 가정을 꾸민다.
• 배우자와 함께 생활하는 방법을 학습한다.
• 자녀를 양육하고 가정을 관리한다.
• 직업생활을 시작한다.
• 시민의 의무를 완수한다.
• 마음이 맞는 사람들과 사회적 집단을 형성한다.

17-01-22　난이도 ★★☆

청년기(20~35세)에 관한 설명으로 옳지 않은 것은?

① 부모로부터의 독립에 대한 양가감정에서 해방된다.
② 직업의 준비와 선택은 주요한 발달과업이다.
③ 사랑하고 보살피는 능력이 심화되는 시기이다.
④ 사회적 성역할 정체감이 확립되는 시기이다.
⑤ 친밀감 형성과 성숙한 사회관계 성취가 중요하다.

답 ①

✅ **응시생들의 선택**

① 63%	② 1%	③ 16%	④ 18%	⑤ 2%

① 청년기는 부모로부터 정서 및 경제적 독립을 하는 것이 주요 발달과제 중 하나이지만, 부모로부터 독립하는 것에 대한 갈망과 분리에 대한 불안이라는 양가감정을 갖기도 한다.

청년기(20~34세)에 관한 설명으로 옳지 않은 것은?

① 신체적 기능이 최고조에 달하는 시기이다.
② 주요 발달과업은 진로 및 직업 선택, 혼인 준비 등이다.
③ 발달과업에서 신체적 요소보다는 사회문화적 요소를 중요시한다.
④ 아동기 이후 인생의 과도기로서 신체적·성적 성숙이 빠르게 진행된다.
⑤ 에릭슨(E. Erikson)의 발달단계에서 친밀감 대 고립감에 해당하는 시기이다.

답 ④

✅ 응시생들의 선택

① 1%	② 0%	③ 4%	④ 89%	⑤ 6%

④ 청년기에는 신체적 성숙이 거의 완성되며 신체적 기능이 최고조에 달하고, 성역할 정체감이 완성되는 시기이다.

청년기(20~35세)의 설명으로 옳은 것은?

① 제2성장 급등기이다.
② 또래집단의 영향력이 가장 큰 시기이다.
③ 질병으로 인한 사망률이 높아지는 시기이다.
④ 신체적 기능이 최고조에 달하며 이를 정점으로 쇠퇴하기 시작하는 시기이다.
⑤ 단기기억력은 약화되기 시작하지만 장기기억력은 변화하지 않는 시기이다.

답 ④

✅ 응시생들의 선택

① 6%	② 4%	③ 1%	④ 88%	⑤ 1%

① 제2의 성장급등은 청소년기에 일어난다.
② 또래집단의 영향력이 가장 큰 시기는 청소년기이다.
③ 질병으로 인한 사망률이 높아지는 시기는 장년기이다.
⑤ 단기기억력은 저하되지만 장기기억력에는 변화가 없는 시기는 장년기와 노년기의 인지특징에 해당된다.

성인초기(20~34세)에 관한 설명으로 옳지 않은 것은?

① 직업을 선택하고 경력을 쌓아야 한다.
② 타인과의 관계 속에서 친밀감을 형성한다.
③ 신체발달이 완성되며 매우 건강한 시기이다.
④ 자신의 과거에 대한 재평가를 통해 변화 가능성을 탐색해야 한다.
⑤ 삶과 직업에 관한 목표와 희망을 명확하게 정의해야 한다.

답 ④

✅ 응시생들의 선택

① 1%	② 4%	③ 2%	④ 91%	⑤ 2%

④ 자신의 과거에 대한 재평가를 통해 변화 가능성을 탐색해야 하는 시기는 장년기이다.

다음 중 청년기의 과업으로 맞는 것은?

① 구체적 조작기가 시작된다.
② 역할상실에 대한 대처가 가장 중요한 시기이다.
③ 직업활동과 여가선용이 주요 발달과업으로 등장한다.
④ 또래집단에게 인정받으려는 욕구가 강한 시기이다.
⑤ 부모로부터 독립하여 자율성을 찾는 과정에서 양가감정을 경험한다.

답 ⑤

✅ 응시생들의 선택

① 1%	② 2%	③ 2%	④ 3%	⑤ 92%

① 구체적 조작기는 아동기에 해당한다.
② 역할상실에 대한 대처가 가장 중요한 시기는 노년기이다.
③ 여가선용이 주요 발달과업으로 등장하는 시기는 장년기와 노년기이다.
④ 또래집단에게 인정받으려는 욕구가 강한 시기는 아동기이다.

다음 내용이 왜 틀렸는지를 확인해보자

01 에릭슨은 청년기의 위기로 **신뢰감 대 불신감**을 제시하였다.

에릭슨은 청년기의 위기로 친밀감 대 고립감을 제시하였다. 신뢰감 대 불신감은 유아기(출생~18개월)에 해당한다.

`14-01-19`

02 **청년기**는 아동기 이후 인생의 과도기로서 신체적·성적 성숙이 빠르게 진행된다.

청년기가 아닌 청소년기에 해당한다.
인간의 신체적 성장과 성숙은 청년기에 거의 완성되어 체력이 절정에 달하며 최상의 신체적 상태를 보인다.

`10-01-27`

03 **청년기**는 단기기억력은 약화되기 시작하지만 장기기억력은 변화하지 않는 시기이다.

단기기억력은 저하되지만 장기기억력에는 변화가 없는 시기는 중년기와 노년기이다.

04 청년기에 자신의 성역할에 대한 정체감이 확고해지는 과정을 **심리적 이유기**라고 한다.

자신의 성역할에 대한 정체감이 확고해지는 과정을 성적 사회화라고 한다. 성적 사회화의 요소로는 자신이 선호하는 성적 대상을 선택하는 것, 성역할 정체감을 확립하는 것, 적절한 성인의 성역할을 학습하는 것, 성행위에 대해서 이해하고 그 지식을 습득하는 것 등이 있다.

`02-01-18`

05 청년기 친밀감을 성취하는 데 가장 중요한 관계는 **부모**이다.

청년기 친밀감을 성취하는 데 가장 중요한 관계는 우정 및 애정의 관계이다.

06 청년기는 에릭슨의 발달단계 중 성인초기(20~24세)에 해당하며 **자아정체감 형성이 주요 과제**이다.

청년기는 에릭슨의 발달단계 중 성인초기(20~24세)에 해당하며 친밀감 형성이 주요 과제이다.

07 하비거스트는 초기 성인기에는 **성인으로서 사회적 · 시민적 의무를 달성할 것**, 직업을 선택하여 직업생활을 시작할 것 등을 발달과업으로 제시하였다.

> 하비거스트는 성인으로서 사회적 · 시민적 의무 달성을 중년기 과업으로 제시하였다.

08 에릭슨은 청소년기의 자아정체감 확립이 청년기의 친밀감 형성에 **영향을 주지 않는다**고 보았다.

> 에릭슨은 청소년기에 긍정적인 자아정체감을 확립한 사람은 청년기에 좀 더 쉽게 타인과 친밀한 관계를 형성한다고 보았다.

`17-01-25`

09 청년기(20~35세)의 주요 발달과업은 친밀감, **서열화** 등이 있다.

> 서열화는 특정한 속성이나 특징을 기준으로 하여 사물을 순서대로 배열하는 능력을 말한다. 아동기, 피아제의 구체적 조작기에 나타나는 특징이다.

빈칸에 들어갈 알맞은 말을 채워보자

`17-01-22`

01 청년기는 부모로부터 독립하는 것에 대하여 독립에 대한 갈망과 분리에 대한 불안이라는 ( )을/를 갖기도 한다.

02 청년기의 주요한 사회적 발달과제로서, ( )은/는 청년기 친밀성과 성숙한 사회관계 성취의 중심에 있다.

03 청년기의 주요 과업 중 하나인 ( )은/는 단순히 경제적 이유뿐만 아니라 자아개념에도 영향을 미치는 중요한 요인 중 하나이다.

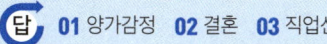 **답** **01** 양가감정 **02** 결혼 **03** 직업선택

다음 내용이 옳은지 그른지 판단해보자

11-01-07

01 성인초기에는 자신의 과거에 대한 재평가를 통해 변화가능성을 탐색해야 한다. ◎ ✕

02 급속한 신체의 외형적 성장과 호르몬의 변화에 따른 생식능력을 획득한다. ◎ ✕

03 직업을 선택하고 나아가서 경력을 쌓고 발전시키는 것이 청년기의 발달과제이다. ◎ ✕

04 친밀감은 청년기 동안의 중요한 생활사건인 이성교제와 결혼에 영향을 미친다. ◎ ✕

05 친밀감 형성을 위해서는 감정이입능력, 자기통제능력, 타인의 장단점을 수용하는 능력을 갖추어야 한다. ◎ ✕

06 레빈슨은 성인 초기에는 젊음과 늙음, 남성성과 여성성 등 자아 내부에 존재하는 양극성을 통합해 가야 한다고 보았다. ◎ ✕

(답) **01**✕ **02**✕ **03**○ **04**○ **05**○ **06**✕

(해설) **01** 자신의 과거에 대한 재평가를 통해 변화가능성을 탐색하는 시기는 장년기이다.
02 급속한 신체의 외형적 성장과 호르몬의 변화에 따른 생식능력을 획득하는 시기는 청소년기이다.
06 성인 초기가 아닌 성인 중기(중년기)의 발달과제로 제시한 내용이다.

12장

장년기

이 장에서는

장년기에서는 융이 제시한 중년기(40~64세) 개성화 과정을 다시 한번 짚어보면서, 이 시기에 경험하는 갱년기의 특징이나 인지적·신체적 변화를 확인한다. 직업적 성취도가 가장 높은 인생의 전성기이지만, 성과에 대한 스트레스나 조기 실직의 문제도 있음을 이해해야 한다.

10년간 출제분포도

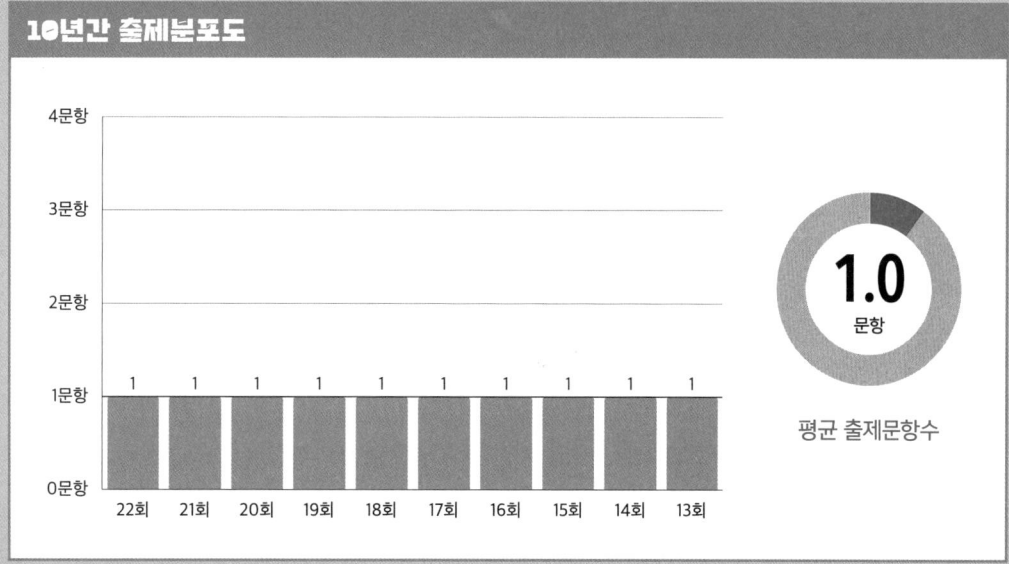

평균 출제문항수 1.0문항

	22회	21회	20회	19회	18회	17회	16회	15회	14회	13회
문항	1	1	1	1	1	1	1	1	1	1

025 장년기

강의 QR코드

최근 10년간 **10문항** 출제

복습 1 이론요약

장년기의 특징

- 질병으로 인한 사망률이 높아지는 시기이다.
- 단기기억력은 약화되기 시작하지만 장기기억력은 변화하지 않는 시기이다.
- 유동성 지능은 감퇴하지만, 결정성 지능은 계속 증가하는 경향이 있다.
- 전반적인 신진대사의 둔화가 일어난다.
- 경제적 성취 시기로 **인생의 황금기**라고 하지만, 조기 실직에 대한 스트레스도 크다.
- 중년기 호르몬 변화로 **갱년기를 경험**하게 된다.

기본개념

인간행동과 사회환경
pp.286~

※ 갱년기의 특징

- 여성은 에스트로겐, 남성은 테스토스테론 감소
- 남녀 모두 성적 능력이 저하되며 갱년기를 경험하며, 여성은 폐경으로 생식능력을 상실
- 주요 증상: 홍조, 발한, 피로감, 짜증감, 우울감, 수면장애, 손발저림, 근육통, 관절염 등

신체발달

- 스트레스를 받거나 신체 한 부분에 기능 이상이 있은 후 **회복능력이 감소**한다.
- 심장기능의 저하, 위·장관에서의 효소 분비 저하, 변비와 소화불량의 위험, 신장기능 감소, 전립선 비대 등의 증상이 나타난다.
- **에너지 수준이 감소하고 신체적 작업능력이 저하**된다.
- 고혈압을 비롯한 여러 **성인병의 위험에 노출**된다.

인지발달

- 정신적·신체적으로 적극적이지 못하여 **잠재 능력에 비해 수행 능력이 저하**된다.
- 창조적 생산성이 발달하며, 통합적 사고능력이 향상된다.
- 실제적인 **문제해결 능력이 정점**에 달한다.
- 자아의 에너지를 외적·물질적 차원으로부터 내적·정신적 차원으로 전환시키는 **개성화 현상**이 나타난다.
- 남자들은 여성적인 측면(아니마)을, 여자들은 남성적인 측면(아니무스)을 나타낸다.

사회정서발달

- 부부관계를 건강하고 활기 있게 유지하기 위해서 부부는 안정과 신뢰, 공감을 성취해야 한다.
- 자녀가 독립하는 시기에는 **빈둥지증후군으로 인해 우울증**과 같은 심리적 상태가 발생한다.
- 장년기 성인의 부모가 만성적인 질병이 있거나 부모 중 한 사람이 사망하는 등의 상황에 따라 부모와 자녀의 역할은 전환되어 장년기 자녀가 노년기의 부모를 부양하고 보살펴야 하는 **역할전도를 경험**하게 된다.
- 직업적 성취에 대한 열의가 가장 높기 때문에, 직업적 성공에 대한 스트레스도 많다.

장년기의 발달과제

▶ 에릭슨의 발달과업

- 에릭슨의 발달단계 중 **성인기(24~65세)에 해당하며, 생산성 대 침체의 심리사회적 위기**를 겪는다.
- 생산성이란 다음 세대를 이끌어 주고 돌봐주려는 일반적인 관심이다.
- 침체란 타인에게 거짓된 친밀성을 갖고 자기에게만 탐닉하는 것으로써, 자기만을 우선적으로 보호하는 것을 말한다.

▶ 펙의 발달과업

- 지혜에 가치를 부여하기 vs 물리적 힘에 가치를 부여하기: 현명한 선택을 할 수 있는 능력인 지혜 대신 육체적 힘을 중요시할 수도 있다.
- 대인관계의 사회화 vs 성적 대상화: 성 호르몬의 감소문제에 몰입하기보다는 폭넓고 개방적인 대인관계를 형성하고 사회화하는 데 관심을 기울일 필요가 있다.
- 정서적 유연성 vs 정서적 빈곤성: 다양한 이별을 통해 상실감을 경험하기 때문에 정서적으로 빈곤함을 경험할 수도 있다.
- 정신적 유연성 vs 정신적 경직성: 새로운 경험과 배움에 대해 폐쇄적인 태도를 취하기보다는 기존의 지식이나 경험과 통합하여 새로운 지혜를 창출하는 융통성을 발휘할 필요가 있다.

▶ 레빈슨의 발달과업

- 성인중기 혹은 장년기(40~60세)는 지혜와 판단력이 절정에 달하며 일에 몰두한다. 제자나 후배의 후견인으로서 그들을 지도하고 이끌어준다. 젊은 시절에 설정한 꿈과 현실 사이의 괴리를 발견하고 스스로 추구해오던 목표를 재평가하며, 노화의 증상과 신체능력의 감소를 경험한다.
- 전환기(40~45세): 젊음이 끝났다는 사실을 수용, 삶의 가치에 대한 재평가
- 초보 생애구조기(45~50세): 중년기 새로운 인생구조 만들기
- 전환기(50~55세): 중년기 생애구조 재평가
- 절정 생애구조기(55~60세): 중년기의 목표 실현, 완성

01 (22-01-21) 중년기(40~64세)에는 신진대사의 저하가 일어난다.

02 (22-01-23) 에릭슨(E. Erikson)에 의하면 중년기(40~64세)에는 "생산성 대 침체"라는 심리사회적 위기를 극복하게 되면 돌봄(care)의 덕목을 갖추게 된다.

03 (21-01-10) 중년기(40~64세)에는 외부세계에 쏟았던 에너지가 자신의 내부로 향한다.

04 (20-01-23) 융에 따르면, 중년기(40~64세)에는 외부세계에 쏟았던 에너지를 자신의 내부에 초점을 두며 개성화의 과정을 경험한다.

05 (19-01-22) 융은 중년기(40~64세)에 관한 구체적인 개념을 발전시킨 학자이다.

06 (19-01-22) 레빈슨은 중년기(40~64세) 과업으로 성인 초기의 생애구조에 대한 평가, 중년기에 대한 가능성 탐구, 새로운 생애구조 설계를 위한 선택 등을 제시하였다.

07 (19-01-22) 에릭슨은 중년기를 생산성 대 침체성의 시기라고 하였다.

08 (18-01-23) 중년기(성인중기, 40~64세)는 에릭슨의 생산성 대 침체성의 단계에 해당된다.

09 (18-01-23) 중년기에는 결정성 지능은 계속 증가하지만 유동성 지능은 감소한다.

10 (18-01-23) 중년기에는 성인병 같은 다양한 신체적 질환이 많이 나타나고 갱년기를 경험한다.

11 (18-01-23) 중년기에 남성은 테스토스테론이, 여성은 에스트로겐의 분비가 감소되는 호르몬의 변화과정을 겪는다.

12 (17-01-23) 생산성 대 침체성, 빈둥지증후군, 개성화 등은 중장년기(36~64세)의 특성에 해당한다.

13 (16-01-24) 중년기 여성의 경우 에스트로겐의 분비가 감소되며 남성의 경우 테스토스테론의 분비가 감소된다.

14 (15-01-21) 펙은 장년기에 성취해야 할 발달과업으로 폭넓고 개방적인 대인관계의 형성과 사회화, 정서적·정신적 유연성 등을 제시하였다.

15 (14-01-16) 중년기(40~64세)에는 삶의 경험으로 인해 문제해결 능력이 높아질 수 있다.

16 (13-01-19) 중년기(40~64세)에는 사회적, 가정적으로 인생의 전성기이지만 갑작스러운 실직을 경험하기도 한다.

17 (12-01-06) 중년기(40~64세)에는 신체구조상 전반적인 신진대사의 둔화가 일어난다.

18 (11-01-27) 결정성 지능은 중년기에도 계속 발달한다.

19 (10-01-20) 중년기(40~64세)에는 기억의 감퇴현상이 나타나지만 문제해결능력은 높아질 수 있다.

20 (09-01-26) 중년기(40~64세)에는 생리적 변화와 함께 여성의 경우 홍조현상이 나타난다.

21 (08-01-29) 장년기(45~60세)에는 인지능력은 떨어지지만 경험에 의해서 문제해결능력은 높아진다.

22 (07-01-13) 중년기에는 생산성 대 침체의 심리사회적 위기가 나타난다.

23 (06-01-24) 성인 자녀들이 독립한 후 부부만 남은 상태에서 남편은 경제사회적 활동으로 바쁜 반면, 전업주부인 여성은 소외감과 심리적 어려움을 경험하는 현상을 빈둥지증후군이라 한다.

24 (05-01-24) 40~50세 연령층은 상황에 대한 가정을 바꾸기보다는 상황에 대한 사실을 바꾸는 경향이 있다.

25 (04-01-23) 중년기에는 신체기능이 저하된다.

26 (03-01-22) 중년기에 접어들면서 여성이 적극적이고 독립적으로 변해간다는 이론은 융의 심리분석이론이다.

27 (03-01-23) 중장년기의 발달과업으로는 자녀양육, 노인부양, 직장의 전환, 여가활동 개발 등이 있다.

28 (02-01-19) 중장년기에는 소득 감소, 건강에 대한 자신감 결여 등의 위기를 겪는다.

29 (01-01-07) 갱년기에는 심각한 우울증에 빠지기도 한다.

대표기출 확인하기

중년기(40~64세)의 설명으로 옳은 것은?

① 에릭슨(E. Erikson)에 의하면 "생산성 대 침체"라는 심리사회적 위기를 극복하게 되면 돌봄(care)의 덕목을 갖추게 된다.
② 유동성 지능(fluid intelligence)은 높아지며 문제해결능력도 향상될 수 있다.
③ 자아통합이 완성되는 시기로 자신의 삶에 대한 평가를 시도한다.
④ 갱년기 증상은 여성에게 나타나고 남성은 경험하지 않는다.
⑤ 융(C. Jung)에 의하면 남성에게는 아니무스가, 여성에게는 아니마가 드러나는 시기이다.

>  **알짜확인**
>
> · 장년기의 주요 발달과업을 살펴보자.
> · 장년기에서는 갱년기의 증상을 알아두는 것도 필요하다.
> · 융의 개성화 과정, 에릭슨의 생산성 대 침체성 외에 레빈슨이나 펙 등의 학자들도 등장한 바 있다.

답 ①

☑ 응시생들의 선택

① 59%	② 14%	③ 17%	④ 2%	⑤ 8%

② 유동성 지능은 떨어지지만, 결정성 지능은 더 좋아진다.
③ 자아통합은 노년기의 발달과업이다.
④ 갱년기 증상은 성별을 불문하고 나타난다.
⑤ 남성이 억압시킨 여성성을 아니마(anima)라고 하고, 여성이 억압시킨 남성성을 아니무스(animus)라고 한다. 중년기 개성화 과정에서 억압했던 남성의 아니마와 여성의 아니무스가 중년기에 드러나게 된다.

관련기출 더 보기

중년기(40~64세)에 관한 설명으로 옳은 것은?

① 여성만이 우울, 무기력감 등 심리적 증상을 경험한다.
② 여성은 에스트로겐의 분비가 감소되고 남성은 테스토스테론의 분비가 증가된다.
③ 인지적 반응속도가 최고조에 달한다.
④ 외부세계에 쏟았던 에너지가 자신의 내부로 향한다.
⑤ 친밀감 형성이 주요 과업이며 사회관계망이 축소된다.

답 ④

☑ 응시생들의 선택

① 1%	② 4%	③ 5%	④ 85%	⑤ 5%

① 중년기 남녀 모두 심리적 증상을 경험할 수 있다.
② 중년기 여성은 에스트로겐의 분비가 감소되고 남성은 테스토스테론의 분비가 감소된다.
③ 중년기에는 신체적 능력의 감소와 더불어 인지적 능력이 감소된다는 견해와 인지적 능력은 감소되지 않으며 오히려 특정 측면의 인지 능력은 강화된다는 견해가 대립되고 있다.
⑤ 친밀감 형성은 에릭슨의 발달단계 중 성인초기(청년기)에 해당한다.

18-01-23 　　　난이도 ★★☆

중년기(성인중기, 40~64세)에 관한 설명으로 옳지 않은 것은?

① 에릭슨(E. Erikson)의 생산성 대 침체성(generativity vs stagnation)의 단계에 해당된다.
② 아들러(A. Adler)는 외부에 쏟았던 에너지를 자기 내부로 돌리며 개성화 과정을 경험한다고 본다.
③ 결정성 지능은 계속 증가하지만 유동성 지능은 감소한다고 본다.
④ 성인병 같은 다양한 신체적 질환이 많이 나타나고 갱년기를 경험한다.
⑤ 남성은 테스토스테론이, 여성은 에스트로겐의 분비가 감소되는 호르몬의 변화과정을 겪는다.

답 ②

✔ **응시생들의 선택**

① 4%	② 50%	③ 37%	④ 3%	⑤ 6%

② 외부에 쏟았던 에너지를 자기 내부로 돌리며 개성화 과정을 경험한다고 본 것은 융이다.

14-01-16 　　　난이도 ★★★

중년기(40~64세)의 발달 특성으로 옳지 않은 것은?

① 성격이 성숙해지고 성 정체성이 확립된다.
② 삶의 경험으로 인해 문제해결 능력이 높아질 수 있다.
③ 노화가 점차 진행되며 신체적 능력과 건강이 약해진다.
④ 에릭슨(E. Erikson)의 발달단계에서 생산성 대 침체성에 해당하는 시기이다.
⑤ 호르몬의 변화로 성적 능력이 저하되며 빈둥지증후군(empty nests syndrome)이 나타날 수 있다.

답 ①

✔ **응시생들의 선택**

① 88%	② 1%	③ 3%	④ 2%	⑤ 6%

① 성 정체성이 확립되는 것은 청년기의 특징이다.

13-01-19 　　　난이도 ★★☆

중년기(40~64세)의 특징으로 옳은 것은?

① 학습 능력은 증가하나 문제해결 능력은 감소한다.
② 남성이 여성보다 더 뚜렷한 갱년기를 경험한다.
③ 정서 변화가 매우 심하여 전인습적 도덕기라고 부른다.
④ 시각, 청각, 미각, 후각 등의 감각 기능이 가장 좋은 시기이다.
⑤ 사회적, 가정적으로 인생의 전성기이지만 갑작스러운 실직을 경험하기도 한다.

답 ⑤

✔ **응시생들의 선택**

① 33%	② 8%	③ 1%	④ 1%	⑤ 57%

① 학습 능력은 저하되지만, 오랜 경험을 통해 획득한 문제해결 능력은 높아진다.
② 여성이 더 뚜렷한 갱년기를 경험한다.
③ 콜버그의 전인습적 도덕기에 해당하는 것은 유아기이다.
④ 신진대사 활동이 둔화되고, 신체 기능의 쇠퇴가 일어나는 시기이다.

11-01-27 　　　난이도 ★★☆

중년기(40~64세)의 설명으로 옳은 것은?

① 왕성한 직업활동을 수행하고 있으므로 직업전환에 필요한 기술 습득을 위한 교육은 필요하지 않다.
② 폐경기 여성은 여성호르몬인 안드로겐의 감소로 인하여 관상동맥질환과 골다공증이 발생하는 경우가 많다.
③ 자아통합이 완성된 시기이므로 자신의 삶과 미래를 평가하려고 한다.
④ 어휘력과 언어 능력이 저하되므로 학습과 경험을 통합하여 사고하는 능력이 저하된다.
⑤ 결정성 지능은 중년기에도 계속 발달한다.

답 ⑤

✔ **응시생들의 선택**

① 3%	② 22%	③ 8%	④ 6%	⑤ 62%

① 중년기는 재취업, 이직, 창업 등에 관한 관심도 높은 시기이기 때문에 직업훈련, 고용알선 등의 복지 프로그램이 필요하다.
② 여성호르몬은 에스트로겐이다. 안드로겐은 남성호르몬이나 이와 비슷한 생리작용을 가지는 물질을 통틀어 이르는 말이다.
③ 자아통합이 완성되어 자신의 삶과 미래를 평가하려고 하는 시기는 노년기이다.
④ 중년기에는 보고, 읽고, 듣는 것을 자신의 학습과 경험으로 통합하여 사고하는 통합적 사고 능력이 향상된다.

다음 내용이 **왜 틀렸는지**를 확인해보자

13-01-19

01 장년기에는 학습 능력은 증가하나 문제해결 능력은 감소한다.

> 장년기에는 학습 능력은 저하되지만, 오랜 경험을 통해 획득한 문제해결 능력은 높아진다.

16-01-24

02 중년기에는 결정성(crystallized) 지능은 감소하고 유동성(fluid) 지능이 증가하는 인지변화를 경험한다.

> 중년기에는 유동성 지능은 떨어지지만, 결정성 지능은 더 좋아진다.
> 유동성 지능은 타고난 지능으로서 모든 유형의 문제해결에 동원되는 지능을 말하며, 결정성 지능은 교육이나 일상생활에서의 학습경험에 의존하는 지능을 말한다.

03 장년기에 남성은 남성적인 측면의 발달이, 여성은 여성적인 측면의 발달이 일어난다.

> 융의 성격발달이론에 의하면 장년기에 남성은 여성적인 측면의 발달이, 여성은 남성적인 측면의 발달이 이루어져 성격의 변화가 일어난다.

10-01-20

04 장년기는 에릭슨의 자아통합 대 절망 단계에 해당한다.

> 장년기는 에릭슨의 생산성 대 침체 단계에 해당한다.
> 자아통합 대 절망 단계는 노년기에 해당한다.

07-01-13

05 장년기에는 성격이 성숙되며 성역할 정체감이 확립된다.

> 성역할에 대한 정체감이 개념화되고 확고해지는 시기는 청년기에 해당한다.

06 장년기에는 내향성과 수동성이 증가하며 사회적 역할 축소 때문에 자부심이 저하된다.

> 내향성과 수동성이 증가하며 사회적 역할 축소 때문에 자부심이 저하되는 것은 노년기의 특징에 해당한다.

빈칸에 들어갈 알맞은 말을 채워보자

01 중년기의 남성은 테스토스테론, 중년기의 여성은 (　　　　　)의 분비가 감소되는 호르몬의 변화과정을 겪는다.

02 장년기에는 남녀의 성적 능력이 저하되며 (　　　　)을/를 경험하게 된다.

03 (　　　　　)은/는 장년기에 자아의 에너지를 외적·물적 차원으로부터 내적·정신적 차원으로 전환시키는 것을 의미한다.

04 융에 의하면 장년기 후기 남자들은 여성적인 측면을 보이는 아니마를, 여자들은 남성적인 측면을 보이는 (　　　　)을/를 나타낸다.

05 장년기에는 자녀의 독립 및 결혼으로 인해 우울증과 같은 심리적 상태인 (　　　　)이 나타난다.

 답 **01** 에스트로겐　**02** 갱년기　**03** 개성화·개별화　**04** 아니무스　**05** 빈둥지증후군

다음 내용이 옳은지 그른지 판단해보자

01 생리적 변화와 함께 갱년기 여성의 경우 홍조현상이 나타난다.

02 장년기에는 정서가 매우 강하고 변화가 심하며, 극단적인 정서를 경험한다.

03 장년기에는 자신의 관심사와 타인의 관심사를 구분하지 못한다.

04 아들러는 장년기에 남아 있는 무의식적인 성장 잠재력을 개발해야 한다고 했다.

05 펙은 장년기에 폭넓고 개방적인 대인관계를 형성하고 사회화하는 데 관심을 기울일 필요가 있다고 발달과업을 제시하였다.

답 **01** ○　**02** ×　**03** ×　**04** ×　**05** ○

해설 **02** 청소년기에는 정서가 매우 강하고 변화가 심하며, 극단적인 정서를 경험한다. 이러한 정서적 특성 때문에 청소년기를 질풍노도의 시기라고 부른다.
03 자신의 관심사와 타인의 관심사를 구분하지 못하는 것은 청소년기의 자아중심성을 의미한다.
04 융은 장년기에 남아 있는 무의식적인 성장 잠재력을 개발해야 한다고 했다.

13장

노년기

이 장에서는

노년기는 내향성, 수동성, 조심성, 경직성, 의존성, 우울성향, 과거 회상, 애착성향 등 성격변화 및 퇴직 이후 역할변화에 대한 이해가 필수이다. 또한 성공적인 노화와 관련하여 분리이론 및 활동이론을 살펴보고, 큐블러-로스가 제시한 비애과정 5단계(부-분-협-우-수)도 자주 출제된다.

10년간 출제분포도

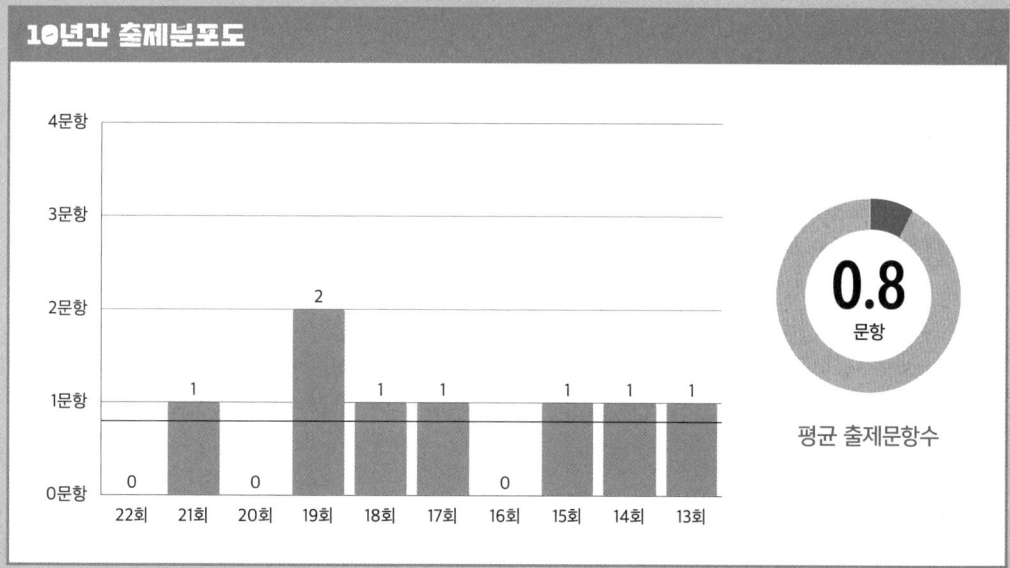

평균 출제문항수

0.8 문항

026 노년기

강의 QR코드

1 회독	2 회독	3 회독
월 일	월 일	월 일

최근 10년간 **8문항** 출제

이론요약

노년기의 특징

- **기능손상과 만성질환의 위험**으로 스트레스를 경험하기 쉽다.
- 전반적으로 반응속도가 저하되어 안전사고를 당할 가능성이 높다.
- **조심성, 경직성, 수동성, 내향성이 증가**한다.
- **자아통합 대 절망의 심리사회적 위기**를 경험한다.
- 노년기의 과업은 자신의 삶을 수용하는 것이다.
- 사회관계망의 축소로 인해 사회적 역할 변화를 경험한다.
- 사회적 역할의 축소는 고독과 소외를 초래하기도 한다.

기본개념

인간행동과 사회환경
pp.298~

신체발달

- 기민성과 민첩성이 떨어지며, 어깨는 굽고, 손발이 떨려 움직이기 어려워진다.
- 피부 건조와 주름이 늘면서 거칠어지기 때문에 촉각이 떨어진다.
- 어둠과 밝음의 상이한 수준에 적응할 수 있는 시력은 떨어지고, 색채 지각력 또한 줄어든다.
- 말은 느려지고 말을 멈추는 시간도 길고 잦아진다.
- 골다공증, 낙상이나 골절의 위험이 증가한다.
- 효소작용, 위액, 타액의 양이 줄어들어 소화가 힘들어진다.
- 폐의 크기가 줄어들어 산소섭취량(섭취율)이 줄어든다.
- 심장의 크기가 줄고 심장의 지방분이 늘어나며 심장근육은 늘어지며 말라붙는다.

인지발달

- 노인도 젊은이가 할 수 있는 것은 거의 할 수 있지만, 단지 그 속도가 느릴 뿐이다.
- 노년이라고 해서 인지능력이 반드시 감퇴하는 것은 아니다.
- 대부분의 지적 능력은 나이가 들더라도 유지된다. 지능 점수는 떨어지지만 이것이 지적 능력의 감소를 의미하는 것은 아니다.
- 새로운 정보를 축적하거나 정보를 처리하는 반응은 둔화되지만, 지식과 실용적 능력을 결합한 지혜가 발달한다.

성격발달

- 외부 사물이나 행동보다는 **내적인 측면에 관심과 주의**를 기울이며, 타인에 대한 **의존성이 증가**한다.
- 감각능력의 감퇴나 결정에 대한 자신감의 결여로 **확실한 것을 추구하려는 경향**이 강해진다.
- 자신에게 **익숙한 습관적 태도와 방법을** 고수한다.
- 질병, 배우자 사망, 경제사정 악화, 사회로부터의 고립, 일상생활에 대한 통제력 약화 등으로 **우울성향이 증가**한다.
- 과거 회상이 증가하면서 지금까지 해결하지 못한 것에 새로운 해결을 시도하고 새로운 인생의 의미를 발견하려 한다.
- 노화가 진행됨에 따라 **경제적 의존, 신체적 의존, 정서적 의존, 사회적 의존성이 전반적으로 증가**한다.

사회정서발달

- **직업역할을 상실**하므로 지위로 인한 위엄과 명예, 자아존중감, 삶의 만족도는 낮아진다.
- 퇴직으로 **경제적 능력이 약화**되고, 이에 따라 사회적 지위도 점차 저하된다.
- 조부모로서의 역할을 통해 자신의 존재가치를 확인하고 상실감을 극복하며, 삶에 대한 의욕적인 자세를 가질 수 있다.
- **배우자 상실**은 슬픔이나 우울뿐만 아니라 극심한 혼란을 초래한다.

노년기의 발달과제

▶ 에릭슨의 발달과업

- 에릭슨의 발달단계 중 **노년기(65세 이후)에 해당하며, 자아통합 대 절망의 심리사회적 위기**를 겪는다.
- 자아통합은 자신의 인생을 수용하고 갈등, 실패, 실망과 성공, 기쁨, 보람을 전체의 삶 속에 통합시키는 것이다.
- 절망은 자기 과거에 대한 지속적인 후회를 의미한다.

▶ 하비거스트의 발달과업

- 신체적 힘과 건강 약화에 따른 적응
- 퇴직과 경제적 수입감소에 따른 적응
- 배우자의 죽음에 대한 적응
- 자기 동년배집단과의 유대관계 강화
- 사회적 역할을 융통성 있게 수행하고 적응하는 일
- 생활에 적합한 물리적 생활환경의 조성

성공적 노화이론

- **분리이론**: 노년기는 사회적 · 심리적으로 철회하는 선천적 경향을 갖는다. 장년기의 역할과 사회적 활동에서 스스로 물러나며 타인에 대한 관심도 감소한다.
- **활동이론**: 사회적 · 심리적 분리가 일어나기는 하지만, 성공적인 노화를 한 사람은 노년기에도 지속적으로 활동하고 사회에 참여한다.

큐블러-로스(Kübler-Ross) 모델

- **부인**: 사실로 받아들이지 않는다. 흔히 의사의 오진이라고 생각한다.
- **격노와 분노**: 왜 하필 자신에게 이런 일이 일어났냐며 가족이나 의료진에게 분노를 터뜨린다.
- **협상**: 상실의 전부 또는 일부를 다시 회복하여 어떤 불가사의한 힘과 협상하고자 한다.
- **우울**: 이별할 수밖에 없다는 데서 오는 우울증이 나타난다.
- **수용**: 사실을 받아들인다.

01 (22-01-21) 노년기(65세 이상)에는 내향성과 수동성이 증가한다.

02 (21-01-20) 노년기(65세 이상) 주요 과업은 이제까지의 자신의 삶을 수용하는 것이다.

03 (21-01-20) 노년기에는 친근한 사물에 대한 애착이 많아진다.

04 (21-01-20) 노년기에는 내향성이 증가한다.

05 (21-01-20) 노년기에는 치매의 발병 가능성이 다른 연령대에 비해 높아진다.

06 (19-01-15) 큐블러-로스의 죽음과 상실에 대한 심리적 단계에서 자신의 죽음을 인정하고 가족과 함께 시간을 보내는 단계는 수용에 해당한다.

07 (19-01-23) 에릭슨은 노년기(65세 이상)의 발달과제로 자아통합이 중요하다고 주장하였다.

08 (19-01-23) 분리이론은 노년기를 노인 개인과 사회가 동시에 상호분리를 시작하는 시기로 보는 이론이다.

09 (19-01-23) 활동이론은 노년기를 잘 보내기 위해서는 은퇴와 같은 종결되는 역할들을 대치할 수 있는 활동을 발견하는 것이 중요하다는 이론이다.

10 (19-01-23) 큐블러-로스는 죽음과 상실에 대한 심리적 5단계를 제시하였다.

11 (18-01-24) 노년기(65세 이상)에는 시각, 청각, 미각 등의 감각기능이 약화되고, 생식기능 또한 점차 약화된다.

12 (18-01-24) 노년기의 주요 발달과업은 신체변화에 대한 적응, 인생에 대한 평가, 역할 재조정, 죽음에 대한 대비 등이다.

13 (18-01-24) 에릭슨은 노년기에 자아통합을 이루지 못하면 절망감을 느낀다고 보았다.

14 (18-01-24) 노년기에는 신장기능이 저하되어 신장질환에 걸릴 가능성이 증가하고, 방광이나 요도기능의 저하로 야간에 소변 보는 횟수가 증가한다.

15 (17-01-24) 큐블러-로스의 죽음에 대한 심리적 5단계: 부정 → 분노 → 타협 → 우울 → 수용

16 (15-01-24) 큐블러-로스가 제시한 '죽음의 직면단계'는 부정, 분노, 타협, 우울, 수용이 있다.

17 (14-01-18) 큐블러-로스가 주장한 인간이 죽음에 이르는 심리적 변화과정은 부정 → 분노 → 타협 → 우울 → 수용이다.

18 (13-01-20) 노년기(65세 이상)에는 중년기부터 나타나기 시작한 시각기능의 원시현상이 더욱 뚜렷해진다.

19 (12-01-20) 노년기(65세 이상)에는 단기기억보다 장기기억의 감퇴 속도가 느리다.

20 (11-01-13) 노년기(65세 이상)의 치매는 인지기능과 고등정신기능의 감퇴로 일상적 사회활동이나 대인관계에 지장을 준다.

21 (11-01-13) 노년기에는 일반적으로 단기기억 능력이 감퇴한다.

22 (11-01-13) 노년기에는 자아통합 대 절망의 심리사회적 위기를 경험한다.

23 (10-01-23) 노년기의 과업은 자신의 삶을 수용하는 것이다.

24 (10-01-23) 노년기 사회적 역할의 축소는 고독과 소외를 초래하기도 한다.

25 (10-01-23) 노년기에는 기능손상과 만성질환의 위험으로 인한 스트레스를 경험하기 쉽다.

26 (10-01-23) 노년기(65세 이상)에는 전반적으로 반응속도가 저하되어 안전사고를 당할 가능성이 높다.

27 (09-01-21) 노년기(65세 이상) 시기의 위기를 잘 극복하면 지혜라는 자아특질을 얻게 된다.

28 (09-01-27) 성공적 노화의 조건으로 원숙한 성격, 신체적 건강, 경제적 안정, 사회적 지지 등이 있다.

29 (08-01-30) 노년기에는 '자기몰두'에서 '자기초월'이라는 심리적 조절이 필요하다.

30 (07-01-04) 노년기의 성격적 특성으로는 내향성 증가, 우울성향 증가, 경직성 증가 등이 있다.

31 (07-01-14) 노년기에는 자아통합을 해야 하고 성취하지 못하면 절망감을 가진다.

32 (06-01-25) 노년기(65세 이상)에는 우울 성향이 증가한다.

33 (05-01-25) 노년기에는 새로운 역할 습득 기회를 갖는다.

34 (04-01-24) 손자녀의 양육을 부모에게 맡기고 조부모의 역할에 충실하는 조부모 유형은 공식형이다.

35 (04-01-25) 노년기에는 사회적 지위와 역할이 감소된다.

36 (03-01-24) 노년기에는 부양가족으로부터의 학대, 노화로 인한 의료비 증가, 퇴직으로 인한 역할 및 지위 상실, 민첩성 감소로 인한 범죄피해 가능성 증가 등의 문제에 사회복지사가 개입해야 한다.

37 (03-01-25) 노년기의 심리적 주요과업은 죽음에 대한 수용, 자아통합 대 자아절망 등이 있다.

38 (02-01-21) 노년기에는 내향성 및 의존성이 증가한다.

대표기출 확인하기

노년기(65세 이상)에 관한 설명으로 옳지 않은 것은?

① 주요 과업은 이제까지의 자신의 삶을 수용하는 것이다.
② 생에 대한 회상이 증가하고 사고의 융통성이 증가한다.
③ 친근한 사물에 대한 애착이 많아진다.
④ 치매의 발병 가능성이 다른 연령대에 비해 높아진다.
⑤ 내향성이 증가한다.

 알짜확인

- 노년기의 성격변화, 신체적 기능 약화 등 주요 특징을 살펴두자.
- 에릭슨 이론에서 자아통합 대 절망이라는 심리사회적 위기를 경험하는 시기이다.
- 큐블러-로스가 제시한 비애과정 5단계도 꼼꼼히 기억해두어야 한다.

답②

✔ **응시생들의 선택**

① 6%	② 68%	③ 16%	④ 2%	⑤ 8%

② 노년기에는 융통성이 아닌 경직성이 증가하여 습관에 따라 행동하고 익숙한 방식으로 문제를 해결하는 경향이 크다.

관련기출 더 보기

노년기(65세 이상)에 관한 설명으로 옳지 않은 것은?

① 분리이론은 노년기를 노인 개인과 사회가 동시에 상호분리를 시작하는 시기로 보는 이론이다.
② 활동이론은 노년기를 잘 보내기 위해서는 은퇴와 같은 종결되는 역할들을 대치할 수 있는 활동을 발견하는 것이 중요하다는 이론이다.
③ 에릭슨(E. Erikson)은 노년기의 발달과제로 자아통합이 중요하다고 주장하였다.
④ 큐블러-로스(E. Kübler-Ross)는 죽음과 상실에 대한 심리적 5단계를 제시하였다.
⑤ 펙(R. Peck)의 발달과업이론은 생애주기를 중년기와 노년기로 구분하여 설명하였다.

답⑤

✔ **응시생들의 선택**

① 33%	② 4%	③ 7%	④ 2%	⑤ 54%

⑤ 펙은 에릭슨의 자아통합 대 절망을 노년기의 주요 발달과업으로 인정하면서 에릭슨 이론의 발달단계 7단계와 8단계를 통합하여 7단계 이론을 주장하였다.

인생주기별 특징에 관한 설명으로 옳지 않은 것은?

① 영아기(0~2세)에는 주 양육자와의 안정된 정서적 신뢰관계가 다른 사람이나 사물과의 관계를 형성하는 데 영향을 미치고 이후의 사회적 발달의 밑바탕이 된다.
② 유아기(3~6세)는 사물을 정신적으로 표상할 수 있는 능력이 발달하여 가장놀이를 즐기며, 이는 사회정서발달에 영향을 미친다.
③ 아동기(7~12세)는 또래 친구들과 함께 많은 시간을 보내면서 정서 및 사회적 발달에 영향을 받아 도당기라고도 한다.
④ 청소년기(13~19세)는 또래집단의 지지를 더 선호함으로써 부모로부터 독립하려는 경향을 보인다.
⑤ 노년기(65세 이상)는 생물학적으로 노화를 경험하는 시기이면서 경제적으로 안정된 시기이므로 심리적 위기를 경험하지 않는다.

답 ⑤

✔ 응시생들의 선택

① 0%	② 1%	③ 1%	④ 3%	⑤ 95%

⑤ 노년기는 소득감소의 문제가 있으며, 자아통합 대 절망의 심리사회적 위기를 경험한다.

큐블러-로스(E. Kübler-Ross)의 죽음에 이르는 5단계에 관한 설명으로 옳지 않은 것은?

① 1단계: 죽음을 사실로 받아들이지 않고 부정한다.
② 2단계: 주변 사람들에게 화를 내며 분노한다.
③ 3단계: 죽음의 연기를 위해 특정 대상과 타협을 시도한다.
④ 4단계: 의사의 오진이라고 생각하며 죽음을 회피한다.
⑤ 5단계: 죽음을 수용하고 임종을 준비한다.

답 ④

✔ 응시생들의 선택

① 0%	② 2%	③ 6%	④ 91%	⑤ 1%

④ 큐블러-로스는 '부인 → 격노와 분노 → 협상 → 우울 → 수용'이라는 죽음에 이르는 5개의 심리적 단계를 제시하였다. 의사의 오진이라고 생각하며 죽음을 회피하는 단계는 1단계인 부인(부정)의 단계에 해당한다.

큐블러-로스(Kübler-Ross)가 주장한 인간이 죽음에 이르는 심리적 변화과정은?

① 부정 → 분노 → 우울 → 타협 → 수용
② 부정 → 분노 → 타협 → 우울 → 수용
③ 부정 → 분노 → 타협 → 수용 → 상실
④ 분노 → 부정 → 상실 → 타협 → 수용
⑤ 분노 → 부정 → 우울 → 타협 → 수용

답 ②

✔ 응시생들의 선택

① 29%	② 66%	③ 0%	④ 1%	⑤ 4%

노년기(65세 이상)의 특징으로 옳은 것은?

① 연령이 증가함에 따라 수면시간이 증가한다.
② 장기기억은 약화되지만 단기기억과 최근 기억은 강화된다.
③ 우리 사회는 노년기 연령규범에 대한 명확한 합의가 있다.
④ 제도적 지위와 역할은 늘어나며 비공식적 역할은 축소된다.
⑤ 중년기부터 나타나기 시작한 시각기능의 원시현상이 더욱 뚜렷해진다.

답 ⑤

✔ 응시생들의 선택

① 2%	② 48%	③ 14%	④ 2%	⑤ 34%

① 연령이 증가함에 따라 수면시간이 감소한다.
② 장기기억 능력보다 단기기억과 최근기억 능력이 약화된다.
③ 급격한 변화를 경험한 우리 사회는 아직 노년기에 적합한 연령규범에 대한 합의가 이루어지지 않고 있다.
④ 제도적 지위와 역할은 줄어들며 비공식적 지위와 역할은 크게 변화가 없지만, 희박한 지위와 역할은 증가하기도 한다.

12-01-20 난이도 ★☆☆

노년기(65세 이상)의 특징으로 옳은 것은?

① 심리사회적 위기는 친밀감 대 고립감이다.
② 결정할 일이 너무 많아 심리적 유예기간이 필요한 시기이다.
③ IQ 검사에서 젊은 사람과 점수 차이를 보이지 않는다.
④ 단기기억보다 장기기억의 감퇴 속도가 느리다.
⑤ 경제적으로 안정된 시기이므로 심리적 위기를 경험하지 않는다.

답 ④

✔ 응시생들의 선택

① 6%	② 4%	③ 9%	④ 80%	⑤ 1%

① 에릭슨의 발달단계에 있어서 노년기의 발달과업은 자아통합이며 자아통합을 이루지 못하면 절망감을 느끼게 된다.
② 청소년기는 신체적으로 성인과 유사하게 발달하지만, 사회적으로는 성인의 역할과 책임을 요구하지는 않고 일정 기간 연기하는 것이 허락된다. 이처럼 청소년기는 외부의 요구로부터 잠시 벗어나서 정체감 형성을 위한 다양한 실험을 해볼 수 있는 시기이며, 이러한 특성으로 인해 심리사회적 유예기라고 표현한다.
③ 노년기에는 IQ 검사에서 노인이 젊은 사람보다 다소 낮은 점수를 받는 경향이 있으며 나이가 들수록 점수는 점점 떨어진다.
⑤ 노년기에는 퇴직으로 인한 소득 감소로 경제적 어려움을 경험할 수 있다.

10-01-23 난이도 ★★☆

노년기(65세 이상)의 설명으로 옳은 것을 모두 고른 것은?

> ㄱ. 노년기의 과업은 자신의 삶을 수용하는 것이다.
> ㄴ. 사회적 역할의 축소는 고독과 소외를 초래하기도 한다.
> ㄷ. 전반적으로 반응속도가 저하되어 안전사고를 당할 가능성이 높다.
> ㄹ. 기능손상과 만성질환의 위험으로 인한 스트레스를 경험하기 쉽다.

① ㄱ, ㄴ, ㄷ   ② ㄱ, ㄷ
③ ㄴ, ㄹ   ④ ㄹ
⑤ ㄱ, ㄴ, ㄷ, ㄹ

답 ⑤

✔ 응시생들의 선택

① 47%	② 3%	③ 1%	④ 0%	⑤ 49%

⑤ 에릭슨은 노년기의 과업으로 자신의 과거 및 현재의 삶을 수용하고, 만족하며, 의미있게 생각하는 자아통합을 제시하였다(ㄱ). 그런데 노인의 사회적 지위와 역할의 상실을 당연시하는 사회분위기는 노인의 사회적 분리와 소외를 초래하는 경향이 있다(ㄴ). 또한 노년기에는 반응속도가 저하되어 안전사고를 유발할 가능성이 높아지며(ㄷ), 노년기에 이르면 신체적 기능의 저하로 인해 야기되는 만성질환으로 고통을 받을 가능성도 높아진다(ㄹ).

11-01-13 난이도 ★☆☆

노년기(65세 이상)에 관한 설명으로 옳지 않은 것은?

① 자아통합 대 절망의 심리사회적 위기를 경험한다.
② 치매는 인지기능과 고등정신기능의 감퇴로 일상적 사회활동이나 대인관계에 지장을 준다.
③ 조심성, 경직성, 능동성, 외향성이 증가한다.
④ 남성노인은 생식기능이 저하되고 성교 능력이 저하되긴 하지만 여성보다는 기능 저하가 덜하다.
⑤ 일반적으로 단기기억 능력이 감퇴한다.

답 ③

✔ 응시생들의 선택

① 3%	② 1%	③ 86%	④ 8%	⑤ 2%

③ 노년기에 조심성과 경직성이 증가하는 것은 맞지만, 능동성과 외향성이 증가하는 것은 아니다. 노년기에 증가하는 것은 수동성과 내향성이다.

09-01-21 난이도 ★★☆

노년기(65세 이상)의 발달특성으로 옳지 않은 것은?

① 생에 대한 회상이 증가하고 융통성이 증가한다.
② 이 시기의 위기를 잘 극복하면 지혜라는 자아특질을 얻게 된다.
③ 친근한 사물에 대한 애착심이 강하고 수동성이 증가한다.
④ 자아통합의 과업을 달성해야 하는 시기이기도 하다.
⑤ 전반적인 성취도는 떨어지지만 지적 능력이 전적으로 떨어지지는 않는다.

답 ①

✔ 응시생들의 선택

① 87%	② 5%	③ 1%	④ 1%	⑤ 6%

① 노년기에는 생에 대한 회상이 증가하고, 경직성이 증가하여 자신에게 익숙한 습관적 태도와 방법을 고수하는 경향이 있으며, 이로 인해 학습 능력과 문제해결능력이 저하되는 것이 일반적이다.

다음 내용이 왜 틀렸는지를 확인해보자

12-01-20

01 노년기의 심리사회적 위기는 **친밀감 대 고립감**이다.

> 노년기 심리사회적 위기는 자아통합 대 절망이다.

---

02 펙(R. Peck)은 노년기에 심리적으로 적응해야 할 과업과 관련하여 **사회활동**, 신체초월, 자기초월 등을 제시하였다.

> 펙은 노년기에 심리적으로 적응해야 할 과업과 관련하여 자기분화, 신체초월, 자기초월 등을 제시하였다. 그 중 자기분화는 그동안 직업역할에 몰두하던 것에서 벗어나 퇴직 이후에는 다른 역할을 통해 자아정체감을 유지하는 것이 중요함을 의미한다.

---

03 노년기에는 내적인 측면보다는 **외부의 사물이나 행동적인 것에 관심을 기울이는 등 외향성이 증가**한다.

> 노년기에는 내적인 측면에 관심과 주의를 기울이는 등 내향성이 증가한다.

---

04 노년기에는 자신에게 익숙한 습관적 태도와 방법을 고수하면서도 **융통성**이 증가한다.

> 노년기에는 경직성이 증가한다.

15-01-24

05 큐블러-로스의 죽음의 직면단계: 부정 → **자학** → **타협** → 우울 → **분노**

> 부정 → 분노 → 타협 → 우울 → 수용

12-01-20

06 큐블러-로스가 제시한 죽음의 적응단계 중 **4단계**는 조건을 받아들이고 이겨내기 위해 노력한다.

> 4단계는 우울단계로 주변 사람과 일상생활에 대한 애착을 보이고 이런 것들과 이별해야 한다는 점 때문에 우울이 나타난다.

빈칸에 들어갈 알맞은 말을 채워보자

01 에릭슨은 노년기에 (   )을/를 이루지 못하면 절망감을 느낀다고 보았다.

19-01-23

02 (   )이론은 노년기를 잘 보내기 위해서는 은퇴와 같은 종결되는 역할들을 대치할 수 있는 활동을 발견하는 것이 중요하다는 이론이다.

19-01-15

03 "요양병원에 입원하고 있는 A씨는 간암 말기 진단을 받았다. 그는 자신이 죽는다는 것을 인정하고, 가족들이 받게 될 충격을 최소화하기 위해 만남과 헤어짐, 죽음, 추억 등의 이야기를 나누며 시간을 보내고 있다."는 사례는 큐블러-로스의 비애과정 중 (   )에 해당한다.

04 큐블러-로스가 제시한 인간이 죽음에 적응하는 5단계 중 첫 단계는 (   )단계이다.

09-01-21

05 노년기 시기에 위기를 잘 극복하면 (   )(이)라는 자아특질을 얻게 된다.

12-01-20

06 노년기에는 (①   )기억보다 (②   )기억의 감퇴 속도가 느리다.

 답 **01** 자아통합 **02** 활동 **03** 수용 **04** 부정 **05** 지혜 **06** ① 단기 ② 장기

다음 내용이 옳은지 그른지 판단해보자

01 `10-01-23` 노년기에는 전반적으로 반응속도가 저하되어 안전사고를 당할 가능성이 높다. ⊙ ⊗

02 `06-01-25` 노년기에는 친근한 사물에 대한 애착이 감소한다. ⊙ ⊗

03 노년기에는 죽음에 대한 수용이 주요 발달과업 중 하나이다. ⊙ ⊗

04 `18-01-24` 노년기에는 시각, 청각, 미각 등의 감각기능이 약화되고, 생식기능 또한 점차 약화된다. ⊙ ⊗

05 `06-01-25` 노년기에는 성역할 고정관념이 더욱 강화되는 양상을 보인다. ⊙ ⊗

06 노년기에는 조부모로서의 역할을 수행함으로써 상실감을 극복할 수 있다. ⊙ ⊗

07 노년기 대상 사회복지실천에서는 소득이 감소함에 따라 심리적인 위축이나 신체적 건강 문제가 발생할 수 있음을 이해해야 한다. ⊙ ⊗

08 `09-01-27` 원숙한 성격, 신체적 건강, 경제적 안정, 사회적 지지 등을 통해 성공적인 노화를 이룰 수 있다. ⊙ ⊗

09 노년기 삶의 유형은 개인의 성격, 건강상태, 경제적 상황, 학력수준, 가족관계 및 주변인물 등 다차원적 요인에 영향을 받는다. ⊙ ⊗

답 **01** ○ **02** × **03** ○ **04** ○ **05** × **06** ○ **07** ○ **08** ○ **09** ○

해설 **02** 노년기에는 친근한 사물에 대한 애착이 더 강해진다.
05 남성은 친밀성, 의존성, 관계지향성이 증가하는 반면, 여성은 공격성, 자기 주장, 자기중심성, 권위주의 성향이 상대적으로 높아진다.

나눔의집 **사회복지사1급**

강의로 복습하는

기출회독

5영역

지역사회복지론

사회복지교육연구센터 편저

나눔의집

사회복지사1급, 이보다 완벽한 기출문제 분석은 없다!

1회 시험부터 함께해온 도서출판 나눔의집에서는 22회 시험까지의 기출문제를 모두 분석, 그동안 출제된 키워드를 정리하여 키워드별로 복습할 수 있도록 『기출회독』을 마련하였다.

최근 10년간 출제빈도를 중심으로 자주 출제된 키워드는 좀 더 집중력 있게 공부할 수 있도록 '빈출' 표시를 하였으며, 자주 출제되지는 않지만 언제든 출제될 가능성이 있는 키워드도 놓치지 않고 공부할 수 있도록 하였다.

10년간 출제되지 않았더라도 향후 출제가능성이 있다고 판단되거나 다른 키워드와 연계하여 봐둘 필요가 있다고 생각되는 경우에는 본 책에 포함하여 소개하였다.

기출문제를 풀어보는 것으로 그치는 것이 아니라 기출문제를 통해 23회 합격이 가능한 학습이 될 것이다.

키워드별 '3단계 복습'으로 효율적으로 공부하자!

『기출회독』은 키워드별 3단계 복습 과정을 제시하여 1회독만으로도 3회독의 효과를 누릴 수 있도록 구성하였다.

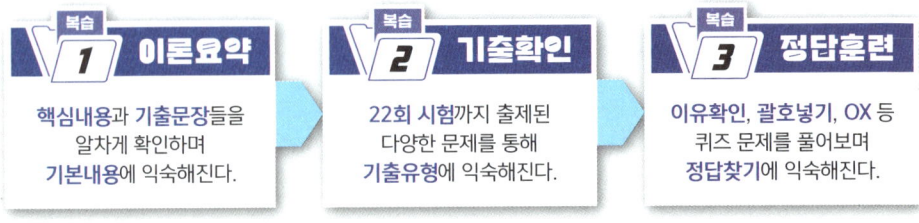

복습 **1 이론요약**
핵심내용과 기출문장들을 알차게 확인하며 **기본내용**에 익숙해진다.

복습 **2 기출확인**
22회 시험까지 출제된 다양한 문제를 통해 **기출유형**에 익숙해진다.

복습 **3 정답훈련**
이유확인, 괄호넣기, OX 등 퀴즈 문제를 풀어보며 **정답찾기**에 익숙해진다.

알림

- 이 책은 '나눔의집'에서 발간한 2025년 23회 대비 『기본개념』(2024년 4월 15일 펴냄)을 바탕으로 한다.
- 8회 이전 기출문제는 공개되지 않은 관계로 당시 응시생들의 기억을 바탕으로 검수 과정을 거쳐 기출문제를 복원하였다.
- <사회복지법제론>을 비롯해 법·제도의 변화와 관련된 기출문제의 경우 현재의 법·제도 내용이 반영될 수 있도록 수정하였다.
- 이 책에서 발생할 수 있는 오류 및 정정사항은 아임패스 내 '정오표' 게시판을 통해 확인할 수 있도록 게시할 예정이다.

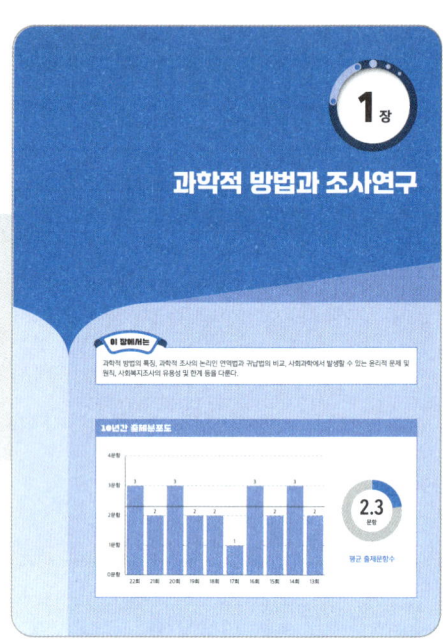

들어가기 전에

이 장에서는
각 장마다 학습할 내용을 간략히 소개하였다.

10년간 출제분포도
이 책에서 키워드에 따라 분석한 기출문제 중 10년간 출제문항 수를 그래프로 구성하여 각 장의 출제비중이 얼마나 되는지, 어떻게 변화하고 있는지 등을 확인할 수 있다.

기출 키워드 확인!

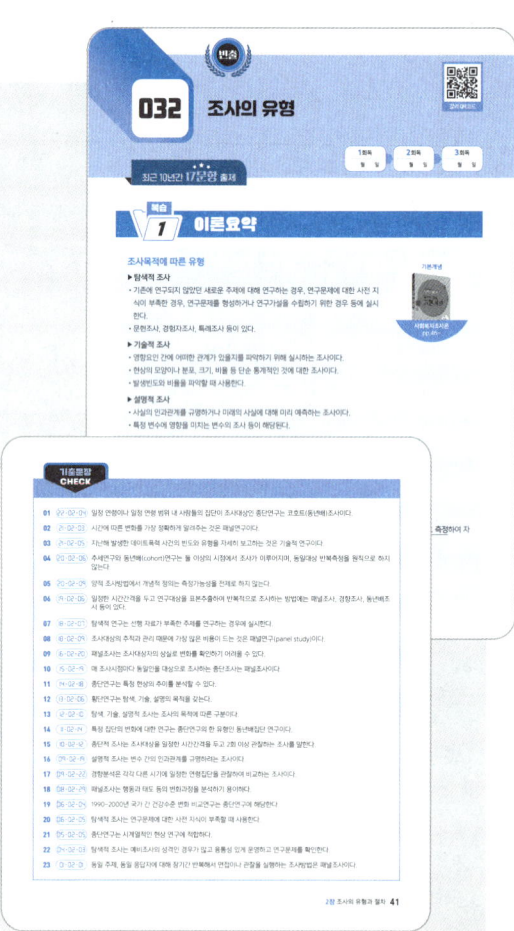

이 책은 기출 키워드에 따라 학습하도록 구성하였다. 특히 자주 출제된 키워드나 앞으로도 출제 가능성이 높은 키워드는 따로 '빈출' 표시를 하여 우선 배치하였다. 빈출 키워드는 전체 출제율과 최근 10개년간의 출제율을 중심으로 하되 내용 자체의 어려움, 다른 과목과의 연계성 등을 고려하여 선정하였다.

강의 QR코드
모바일을 통해 해당 키워드의 동영상 강의를 바로 볼 수 있다.

10년간 출제문항수
각 키워드에서 최근 10년간 출제된 문항수를 안내하여 출제빈도를 확인할 수 있도록 하였다.

복습 1. 이론요약

요약 내용과 기출문장을 함께 담아 이론을 정답으로 연결하도록 구성하였다.

이론요약
주요 내용을 간략히 정리하였으며 부족한 내용을 보충할 수 있도록 기본개념서의 쪽수를 표시하였다.

기출문장 CHECK
그동안 출제되었던 기출문제의 문장들 중 꼭 알아두어야 할 문장들을 선별하여 제시하였다.

복습 2. 기출확인

바로 기출문제를 풀어보며 학습한 이론을 되짚어보도록 구성하였다.

기출문제 풀기
다양한 유형의 문제를 최대한 접해볼 수 있도록 선정하였다.

알짜확인!
해당 키워드에서 살펴봐야 할 내용들, 주의해야 할 사항들을 짚어
주었다.

난이도
정답률, 내용의 어려움, 출제빈도, 정답의 혼란 정도 등을 고려하여
3단계로 구분하였다.

응시생들의 선택
5개의 선택지에 대한 마킹률을 표시하여 응시생들이 어떤 선택지들
을 헷갈려했는지 등을 참고해볼 수 있도록 하였다.

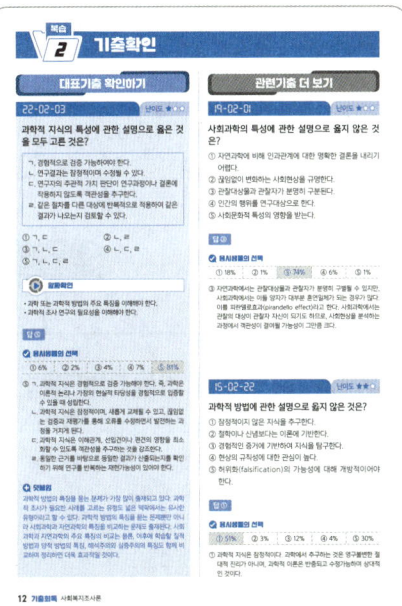

복습 3. 정답훈련

출제빈도와 난이도 등을 고려하여 정답찾기에
능숙해지도록 구성하였다.

이유확인 문제
제시된 문장에서 잘못된 부분을 확인함으로써
헷갈릴 수 있는 부분들을 짚어준다.

괄호넣기 문제
의외로 정답률이 낮게 나타나는 단답형 문제에
대비할 수 있다.

OX 문제
제시된 문장이 옳은 내용인지, 틀린 내용인지를
빠르게 판단해보는 훈련이다.

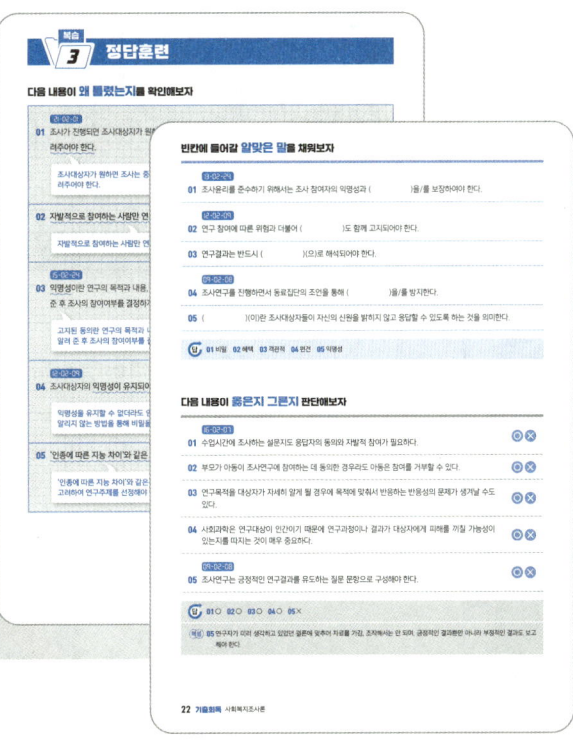

합격을 잡는 학습방법

아임패스와 함께하는 단계별 합격전략

나눔의집의 모든 교재는 강의가 함께한다. 혼자 공부하느라 머리 싸매지 말고, 아임패스를 통해 제공되는 강의와 함께 기본개념을 이해하고 암기하고 문제풀이 요령을 습득해보자. 또한 아임패스를 통해 선배 합격자들의 합격수기, 학습자료, 과목별 질문 등을 제공하고 있으니 23회 합격을 위해 충분히 활용해보자.

기본개념 학습 과정

1단계

강의로 쌓는 기본개념

어떤 유형의, 어떤 난이도의 문제가 출제되더라도 답을 찾기 위해서는 기본적인 개념이 탄탄하게 잡혀있어야 한다. 기본개념서를 통해 2급 취득 후 잊어버리고 있던 개념들을 되살리고, 몰랐던 개념들과 애매했던 개념들을 정확하게 잡아보자. 한 번 봐서는 다 알 수 없고 다 기억할 수도 없지만 이제 1단계, 즉 이제 시작이다. '이렇게 공부해서 될까?'라는 의심 말고 '시작이 반이다'라는 마음으로 자신을 다독여보자.

기본개념 완성을 위한 학습자료

기본개념 강의, 기본쌓기 문제, O X 퀴즈, 기출문제, 정오표, 묻고답하기, 지식창고, 보충자료 등을 아임패스를 통해 만나실 수 있습니다.

실전대비 과정

4단계

강의로 완성하는 FINAL 모의고사 (3회분)

그동안의 학습을 마무리하면서 합격에 대한 확신을 가져보자. 답안카드를 포함하고 있으므로 시험시간에 맞춰 풀어보기 바란다.

강의로 잡는 회차별 기출문제집

학습자가 자체적으로 모의고사처럼 시험시간에 맞춰 풀어볼 것을 추천한다.

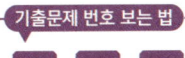

기출문제 번호 보는 법

22 – 01 – 25
기출회차 · 영역 · 문제번호

'기출회차-영역-문제번호'의 순으로 기출문제의 번호 표기를 제시하여 어느 책에서든 쉽게 해당 문제를 찾아볼 수 있도록 하였다.

기출문제 풀이 과정

2단계

강의로 복습하는 기출회독

한 번을 복습하더라도 제대로 된 복습이 되어야 한다는 고민으로 만들어진 책이다. 기출 키워드마다 다음 3단계 과정으로 학습해나간다. 기출회독의 반복훈련을 통해 내 것이 아닌 것 같던 개념들이 내 것이 되어감을 느낄 수 있을 것이다.
1. 기출분석을 통한 이론요약
2. 다양한 유형의 기출문제
3. 정답을 찾아내는 훈련 퀴즈

강의로 잡는 장별 기출문제집

기본개념서의 목차에 따라 편집하여 해당 장의 기출문제를 바로 풀어볼 수 있다.

요약정리 과정

예상문제 풀이 과정

3단계

강의로 끝내는 핵심요약집

8영역을 공부하다 보면 먼저 공부했던 영역은 잊어버리기 일쑤인데, 요약노트를 정리해두면 어디서 어떤 내용을 공부했는지를 쉽게 찾아볼 수 있다.

강의로 풀이하는 합격예상문제집

내 것이 된 기본개념들로 문제의 답을 찾아보는 시간이다. 합격을 위한 필수문제부터 응용문제까지 다양한 문제를 수록하여 정답을 찾는 응용력을 키울 수 있다.

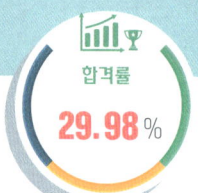

합격자 수
7,633 명

합격률
29.98 %

22회 시험 결과

22회 필기시험의 합격률은 지난 21회 40.70%보다 10%가량 떨어진 29.98%로 나타났다. 많은 수험생들이 3교시 과목을 어려워하는데, 이번 22회 시험의 3교시는 순간적으로 답을 찾기에 곤란할 만한 문제들이 더러 포진되어 있었고 그 결과가 합격률에 고르란히 나타난 듯하다. 이번 시험에서 정답논란이 있었던 사회복지정책론 19번 문제는 최종적으로 '전항 정답' 처리되었다.

22회 기출 분석 및 23회 합격 대책

22회 기출 분석

한동안 주춤했던 사회복지사의 역할이 2문제 출제되었고, 지역사회보호 개념이나 상호학습 개념, 포플의 모델 등 기출문제에서는 잘 등장하지 않았던 문제들도 출제되었다. 그렇지만 특별히 답을 찾기 어려울 만큼 헷갈리게 출제된 내용은 없어 기본개념서부터 차근차근 준비했다면 수월하게 풀어나갔을 것으로 보이며, 득점 현황 역시 평년과 유사할 것으로 보인다.

23회 합격 대책

의외로 <지역사회복지론>을 지나치는 수험생들이 있는데, 이 영역도 총점을 올리기에 좋은 영역이다. 4장의 이론이나 5장의 모델들을 공부할 때는 다소 버겁게 느껴질 수 있겠지만, 지역사회의 개념부터 실천단계별 주요 사항들, 개입기술, 지역사회보장협의체 및 사회복지협의회, 사회복지관, 사회복지공동모금회, 사회적 경제 주체 등 빈출 키워드를 확인하면서 23회 시험을 준비하면 충분히 득점 전략 영역으로 만들 수 있다.

22회 출제 문항수 및 키워드

장	22회	키워드
1	1	지역사회의 기능(길버트와 스펙트)
2	3	지역사회보호, 상호학습, 지역사회복지실천의 원칙
3	2	우리나라 역사, 영국 역사
4	2	지역사회복지 관련 이론 비교, 다원주의 사례
5	2	로스만의 사회행동모델, 포플의 모델
6	2	사정 단계의 내용 및 특징, 실천과정의 순서 나열
7	2	조력자로서의 역할, 사회계획모델에서의 역할(샌더스)
8	2	사회자본이론, 연계기술의 특징
9	1	임파워먼트모델의 특징
10	1	지역사회보장계획의 과정 및 내용
11	2	지방자치제도의 특징, 공공 전달체계의 개편
12	4	사회복지관의 기능 및 사업에 관한 문제(2문제), 사회복지공동모금회, 마을기업
13	1	주민참여 8단계

1장

지역사회의 개념과 유형

이 장에서는

지리적 의미와 기능적 의미의 지역사회 개념을 비롯하여, 공동사회와 이익사회, 상실이론/보존이론/개방이론, 지역사회의 유형화, 지역사회의 기능과 제도, 지역사회 기능의 비교 척도 등에 대해 학습한다.

10년간 출제분포도

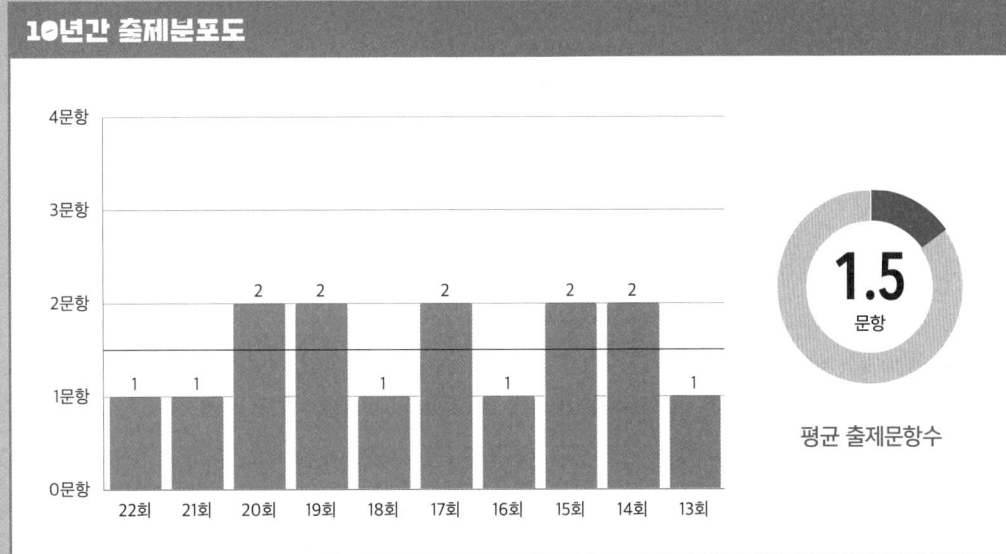

평균 출제문항수 **1.5** 문항

129 지역사회의 개념 등

강의 QR코드

최근 10년간 **15문항** 출제

 이론요약

지역사회의 개념

- **지리적 의미의 지역사회**: 지리적, 공간적 속성에 근거한 집단
- **기능적 의미의 지역사회**: 공통의 이해관계나 특성에 따라 모인 집단
- 지리적 의미의 지역사회에서 기능적 지역사회 개념으로 변화
- 시간과 공간을 뛰어 넘는 사이버공동체, 가상공동체(virtual community) 등 새로운 형태의 지역사회 출현

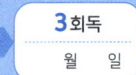

기본개념

지역사회복지론
pp.20~

지역사회에 대한 다양한 정의

- **파크와 버제스(Park & Burgess)** – "지역사회라는 용어는 한 지역을 구성하는 사람들과 조직들의 지리적 분포라는 견지에서 고려될 수 있는 사회와 사회집단에 적용된다. 모든 지역사회는 사회이지만, 모든 사회가 지역사회는 아니다."
- **맥키버(MacIver)** – "지역사회란 모든 형태의 **공동생활지역**으로서 부락 혹은 읍, 시, 도, 국가 혹은 더 넓은 지역까지도 포함한다. 어느 지역이 지역사회로 불리기 위해서는 다른 지역과 구별될 수 있어야 하고, 공동생활이란 그 지역의 개척자들이 부여한 특별한 의미를 가질 수 있는 자체적인 특성을 지녀야 한다."
- **워렌(Warren)** – "지역사회는 **지역적 접합성**을 가지는 주요한 사회적 기능을 수행하는 사회적 단위 및 체계의 결합이다."
- **힐러리(Hillery)** – "지역사회는 **지역적 영역의 공유, 공동의 유대, 사회·문화적 상호작용** 등의 3가지 구성요소가 나타난다."

지역사회를 바라보는 이론적 관점

- 지역사회 **상실이론**: 도시화로 인해 전통적인 공동체는 쇠퇴했다고 보는 관점으로 지역사회는 더 이상 존재하지 않는 잃어버린 것으로 간주
- 지역사회 **보존이론**: 상실이론에 대한 반론으로 제기된 이론. 도시에도 전통적 농촌사회와 같이 혈연, 이웃, 친구 등을 통해 사회적 지지를 받음
- 지역사회 **개방이론**: 기존의 지역성이라는 한정된 범주를 넘어 기능적 의미를 포괄. 사회적 지지망의 관점에서 비공식적 연계를 강조

공동사회와 이익사회(퇴니스)

서구 사회의 역사적 발전을 '**공동사회 연합체 → 공동사회 협의체 → 이익사회 협의체 → 이익사회 연합체**'의 순서로 설명

- 공동사회 연합체: 가족, 혈연, 이웃이나 친구를 통한 관계. 가족중심의 비공식복지
- 공동사회 협의체: 공동의 노동이나 직업적 소명에 기초한 관계. 교회나 길드 등에 의한 초기 형태의 공식복지
- 이익사회 협의체: 합리성 및 이해타산에 기초한 관계. 민간에 의한 자선적 조직 강조. 아직은 미약한 공식복지
- 이익사회 연합체: 산업화로 피폐해진 인간관계의 회복과 사회적 연대의 가치를 강조. 공식적·제도적 복지의 발전

좋은 지역사회의 특징(워렌)

- 구성원 사이의 인격적인 관계 형성
- 권력의 폭넓은 분산과 배분
- 다양한 소득집단, 인종집단, 종교집단, 이익집단을 포용
- 높은 수준의 지역적 통제
- 의사결정 과정에서 협력의 극대화, 갈등의 최소화
- 주민들의 자율성 보장

지역사회의 유형화(던햄)

- **인구 크기**: 대도시, 중소도시
- **경제적 기반**: 어촌, 산촌
- **정부 행정구역**: 특별시, 광역시, 시·군·구
- **인구구성의 사회적 특수성**: 외국인 밀집 지역 등

지역사회의 기능(길버트와 스펙트)

- **생산·분배·소비 → 경제제도**: 일상생활을 위해 필요한 재화와 서비스를 생산, 분배, 소비하는 과정과 관련된 기능
- **사회화 → 가족제도**: 지역사회 구성원들이 사회를 구성하는 가족, 집단, 조직, 지역사회의 지식, 가치, 행동유형을 터득하는 과정과 관련된 기능
- **사회통제 → 정치제도**: 지역사회가 그 구성원들에게 사회의 규범(법, 도덕, 규칙 등)에 순응하게 하는 기능
- **사회통합 → 종교제도**: 지역사회 구성원들의 상호 간 협력, 결속력 등을 강조하는 기능
- **상부상조 → 사회복지제도**: 지역사회 구성원들이 서로에게 도움을 주는 것과 관련된 기능

지역사회 기능의 비교척도(워렌)

- **지역적 자치성**: 지역사회의 기능을 수행하는 데 있어 타 지역에 의존하는 정도
- **서비스 영역의 일치성**: 서비스 영역이 동일지역 내에서 이루어지고 있는 정도
- **지역에 대한 주민들의 심리적 동일시**: 지역주민들이 가지는 소속감의 정도
- **수평적 유형**: 지역사회 내의 상이한 단위조직들의 상호 관련성

01 (22-05-02) 길버트와 스펙트가 제시한 지역사회의 기능 중 상부상조의 기능은 사회적 위험으로부터 어려움에 직면하게 되었을 때 구성원들 간에 서로 돕는 것이다.

02 (21-05-01) 길버트와 스펙트(N. Gilbert & H. Specht)의 지역사회 기능 중 사회통제 기능은 구성원들이 지역사회의 다양한 사회적 규범을 준수하고 순응하게 하는 것이다.

03 (20-05-01) 워렌(R. Warren)이 제시한 지역사회 비교척도 중 수평적 유형은 지역사회 내 상이한 단위 조직들 간의 구조적·기능적 관련 정도를 말한다.

04 (20-05-02) 생산·분배·소비 기능은 지역주민들이 필요한 재화와 서비스를 어느 정도 제공받을 수 있느냐를 결정하는 것을 의미하며, 사회통제 기능은 구성원들이 사회의 규범에 순응하게 하는 것을 의미한다.

05 (19-05-01) 기능적 공동체는 멤버십(membership) 공동체 개념을 말하며, 가상공동체인 온라인 커뮤니티도 포함된다.

06 (19-05-06) 던햄(A. Dunham)은 지역사회의 유형을 인구 크기, 산업구조 및 경제적 기반, 행정구역, 인구 구성의 사회적 특수성 등에 따라 구분하였다.

07 (18-05-02) 지역사회를 상호의존적인 집단들의 결합체로도 볼 수 있다(그린, Green).

08 (17-05-01) 지역사회의 기본요소(힐러리, Hillery): 사회적 상호작용, 공동의 유대감, 지리적 영역의 공유

09 (17-05-04) 다양성 존중과 사회가치의 공유, 구성원의 자율성 유지와 공동이익의 극대화, 법적 테두리 내에서 공동선의 추구와 조정 등은 지역사회의 역량을 향상시키는 요소이다.

10 (16-05-01) 던햄(A. Dunham)은 지역사회를 인구크기, 경제적 기반, 행정구역, 사회적 특수성으로 유형화했다.

11 (16-05-01) 퇴니스(F. Tönies)는 지역사회를 공동사회와 이익사회로 구분했다.

12 (15-05-02) 지역사회기능의 비교 척도: 서비스의 일치성, 심리적 동일시, 자치성, 수평적 유형

13 (15-05-03) 지리적 지역사회는 일정한 지리적 공간을 공유하는 사람들의 집단을 의미한다.

14 (14-05-01) 로스(Ross): 지역사회를 지리적인 지역사회와 기능적인 지역사회로 구분

15 (14-05-01) 워렌(Warren): 지역적 접합성을 가지는 주요한 사회적 기능수행의 단위와 체계의 결합

16 (14-05-02) 사회통합 기능의 예: '을' 종교단체가 지역주민 어르신을 대상으로 경로잔치를 개최하고 후원물품을 나누어준다.

17 (13-05-03) 모든 지역사회는 사회(society)이나, 모든 사회가 지역사회는 아니다.

18 (12-05-13) 외국인노동자 공동체는 일정한 지리적 공간 내에서 구성될 수 있다. 공동의 관심 및 정체성을 공유한다.

19 (11-05-02) 워렌은 좋은 지역사회를 위해서는 다양한 소득, 인종, 종교, 이익집단이 포함되어 있어야 하며, 구성원 사이에 인격적 관계가 이루어져야 한다고 보았다.

20 (10-05-02) 교통 및 통신수단의 발달로 과거에 비해 기능적 지역사회가 더 많이 나타나게 되었다.

21 (10-05-06) 사회통제의 기능: 지역사회 내 경찰과 사법권을 통해 그 구성원들에게 순응하도록 강제력을 발휘한다.

22 (09-05-01) 지역사회는 사회적 동질성에 의해 형성될 수 있다.

23 (08-05-01) 사이버 공동체, 가상 공동체 등이 지역사회로서 새롭게 등장하고 있다.

24 (07-05-01) 지역사회를 갈등의 장으로서 설명하기도 한다.

25 (06-05-01) 향우회, 읍·면·동, 동성애집단, 중산층이 모여 사는 아파트 등은 모두 지역사회로 볼 수 있다.

26 (05-05-01) 지역사회는 상호유대감, 공통된 문화 및 가치 등을 토대로 형성된다.

27 (03-05-01) 일정한 지리적 영역 내에서 같이 거주하는 사람들의 집합체는 지리적 의미의 지역사회이다.

대표기출 확인하기

18-05-02 난이도 ★★☆

지역사회에 관한 설명으로 옳지 않은 것은?

① 지역사회에 대한 정의나 구분은 학자에 따라 매우 다양하다.
② 현대의 지역사회는 지리적 개념을 넘어 기능적 개념까지 포괄하는 추세이다.
③ 지역사회를 상호의존적인 집단들의 결합체로도 볼 수 있다.
④ 펠린(P. F. Fellin)은 역량있는 지역사회를 바람직한 지역사회로 보았다.
⑤ 로스(M. G. Ross)는 지역사회의 기능을 사회통제, 사회통합 등 다섯 가지로 구분하였다.

▶ 알짜확인

- 지리적 의미의 지역사회와 기능적 의미의 지역사회에 대해 살펴보자.
- 상실이론, 보존이론, 개방이론 등 지역사회를 바라보는 이론적 관점에 대해 정리해두자.
- 공동사회에서 이익사회로 발전되었다고 본 퇴니스의 이론을 정리해두자.
- 던햄이 제시한 지역사회의 유형화에 대해 살펴보자.
- 길버트와 스펙트는 지역사회의 기능과 사회적 제도를 연결하여 설명하였다.
- 워렌이 제시한 지역사회 기능의 비교 척도에 대해 정리해두자.

답 ⑤

✔ 응시생들의 선택

① 1%	② 2%	③ 16%	④ 16%	⑤ 65%

⑤ 지역사회의 기능을 다섯 가지로 구분한 학자는 길버트와 스펙트(Gilbert & Specht)이다.

관련기출 더 보기

22-05-02 난이도 ★★☆

길버트와 스펙트(N. Gilbert & H. Specht, 1974)가 제시한 지역사회의 기능은?

> 사회적 위험으로부터 어려움에 직면하게 되었을 때 구성원들 간에 서로 돕는 것

① 생산·분배·소비의 기능
② 사회화의 기능
③ 상부상조의 기능
④ 사회통합의 기능
⑤ 사회통제의 기능

답 ③

✔ 응시생들의 선택

① 0%	② 3%	③ 86%	④ 9%	⑤ 2%

지역사회의 기능(길버트와 스펙트)

- 생산·분배·소비의 기능: 일상생활을 위해 필요한 재화와 서비스를 생산, 분배, 소비하는 과정과 관련된 기능
- 사회화의 기능: 사회가 향유하고 있는 지식, 사회적 가치 등을 지역사회 구성원에게 전달하는 기능
- 사회통제의 기능: 지역사회가 그 구성원들에게 사회의 규범(법, 도덕, 규칙 등)에 순응하게 하는 기능
- 사회통합의 기능: 지역사회 구성원들의 상호 간 협력, 결속력 등을 강조하는 기능
- 상부상조의 기능: 구성원들이 기존 사회제도에 의해서 욕구를 충족할 수 없는 경우에 강조되는 기능

다음은 워렌(R. Warren)이 제시한 지역사회 비교 척도 중 어느 것에 해당하는가?

> 지역사회 내 상이한 단위 조직들 간의 구조적·기능적 관련 정도

① 지역적 자치성
② 서비스 영역의 일치성
③ 수평적 유형
④ 심리적 동일성
⑤ 시민통제

답 ③

✅ **응시생들의 선택**

① 29%	② 32%	③ 32%	④ 6%	⑤ 1%

③ 워렌(R. Warren)이 제시한 지역사회 비교척도 중 수평적 유형은 지역사회 내의 상이한 단위조직들의 상호 관련성을 말한다.

길버트와 스펙트(N. Gilbert & H. Specht)가 제시한 지역사회의 기능으로 옳은 것은?

> • (ㄱ) 기능: 지역주민들이 필요한 재화와 서비스를 어느 정도 제공받을 수 있느냐를 결정하는 것
> • (ㄴ) 기능: 구성원들이 사회의 규범에 순응하게 하는 것

① ㄱ: 생산·분배·소비,   ㄴ: 사회통제
② ㄱ: 사회통합,   ㄴ: 상부상조
③ ㄱ: 사회통제,   ㄴ: 사회통합
④ ㄱ: 생산·분배·소비,   ㄴ: 상부상조
⑤ ㄱ: 상부상조,   ㄴ: 생산·분배·소비

답 ①

✅ **응시생들의 선택**

① 90%	② 2%	③ 4%	④ 3%	⑤ 1%

• 생산·분배·소비: 일상생활을 위해 필요한 재화 및 서비스의 생산·분배·소비에 관한 기능 → 경제제도
• 사회통제: 지역사회가 그 구성원들에게 사회의 규범에 순응하게 하는 기능 → 정치제도

기능적 공동체에 관한 설명으로 옳은 것을 모두 고른 것은?

> ㄱ. 멤버십(membership) 공동체 개념을 말한다.
> ㄴ. 외국인근로자 공동체의 사례가 포함된다.
> ㄷ. 가상공동체인 온라인 커뮤니티도 포함된다.
> ㄹ. 사회문화적 동질성이 기반이 된다.

① ㄱ   ② ㄴ, ㄹ
③ ㄷ, ㄹ   ④ ㄱ, ㄴ, ㄹ
⑤ ㄱ, ㄴ, ㄷ, ㄹ

답 ⑤

✅ **응시생들의 선택**

① 2%	② 2%	③ 7%	④ 6%	⑤ 83%

기능적 공동체는 지역적 경계를 넘어 공통된 관심사나 유사한 특징 등을 기반으로 형성되는 커뮤니티를 말한다.

➕ **덧붙임**

외국인근로자 공동체는 밀집 지역에서 형성될 수도 있고(지리적 지역사회), 인터넷 동호회 등을 통해 지역과 무관하게 형성될 수도 있다(기능적 지역사회).

던햄(A. Dunham)의 지역사회유형 구분과 예시의 연결로 옳지 않은 것은?

① 인구 크기 – 대도시, 중·소도시 등
② 산업구조 및 경제적 기반 – 농촌, 어촌, 산업단지 등
③ 연대성 수준 – 기계적연대 지역, 유기적연대 지역 등
④ 행정구역 – 특별시, 광역시·도, 시·군·구 등
⑤ 인구 구성의 사회적 특수성 – 쪽방촌, 외국인 밀집지역 등

답 ③

✅ **응시생들의 선택**

① 4%	② 5%	③ 71%	④ 4%	⑤ 16%

던햄은 지역사회를 유형화하는 기준으로 인구의 크기에 따른 기준, 경제적 기반에 따른 기준, 정부의 행정구역에 따른 기준, 인구구성의 사회적 특수성에 따른 기준 등 네 가지를 제시하였다. ③ 연대성 수준은 유형화 기준에 해당하지 않는다.

지역사회의 역량을 향상시키는 요소로 옳은 것을 모두 고른 것은?

> ㄱ. 다양성 존중과 사회가치의 공유
> ㄴ. 하위집단의 집합적인 동질성 강조
> ㄷ. 구성원의 자율성 유지와 공동 이익의 극대화
> ㄹ. 법적 테두리 내에서 공동선의 추구와 조정

① ㄱ, ㄴ　　　　　　② ㄱ, ㄹ
③ ㄴ, ㄷ　　　　　　④ ㄱ, ㄷ, ㄹ
⑤ ㄴ, ㄷ, ㄹ

답 ④

✔ 응시생들의 선택

① 5%	② 4%	③ 2%	④ 85%	⑤ 4%

ㄴ. 지역사회의 역량을 향상시키기 위해서는 다양한 소득집단, 인종집단, 종교집단, 이익집단을 포용하면서 의사소통을 통해 협력을 극대화할 수 있도록 하는 것이 필요하다.

지역사회기능의 비교 척도로 옳지 않은 것은?

① 사회성: 지역사회의 사회적 분화 정도
② 서비스의 일치성: 지역사회 내 서비스 영역이 동일지역 내에서 일치하는 정도
③ 심리적 동일시: 지역주민들이 자기 지역을 중요한 준거집단으로 생각하는 정도
④ 자치성: 지역사회가 타 지역에 의존하지 않는 정도
⑤ 수평적 유형: 상이한 조직들의 구조적·기능적 관련 정도

답 ①

✔ 응시생들의 선택

① 28%	② 17%	③ 13%	④ 8%	⑤ 34%

워렌은 지역사회기능의 비교 척도로 지역적 자치성, 서비스 영역의 일치성, 지역에 대한 주민들의 심리적 동일시, 수평적 유형 등 4가지를 제시하였다. ①의 사회성은 포함되지 않는다.

지역사회(community)에 관한 설명으로 옳지 않은 것은?

① 로스(M. G. Ross): 지역사회를 지리적인 지역사회와 기능적인 지역사회로 구분
② 메키버(R. M. MacIver): 인간의 공동생활이 영위되는 일정한 지역을 공동생활권으로 설명
③ 워렌(R. L. Warren): 지역적 접합성을 가지는 주요한 사회적 기능수행의 단위와 체계의 결합
④ 길버트와 스펙트(N. Gilbert & H. Specht): 지리적 영역, 사회·문화적 상호작용, 공동의 유대 등 3가지로 구성
⑤ 던함(A. Dunham): 지역사회의 유형을 인구의 크기, 경제적 기반 등의 기준으로 구분

답 ④

✔ 응시생들의 선택

① 6%	② 19%	③ 18%	④ 37%	⑤ 20%

④ 길버트와 스펙트는 지역사회가 생산·분배·소비의 기능, 사회화의 기능, 사회통제의 기능, 사회통합의 기능, 상부상조의 기능 등을 공통적으로 수행한다고 말했다.
지리적 영역, 사회·문화적 상호작용, 공동의 유대 등 3가지의 구성요소를 제시한 학자는 힐러리(Hillery)이다.

다음에서 설명하는 지역사회 기능은?

> 지역사회 내 경찰과 사법권을 통해 그 구성원들에게 순응하도록 강제력을 발휘한다.

① 사회통제
② 생산, 분배, 소비
③ 사회화
④ 사회통합
⑤ 상부상조

답 ①

✔ 응시생들의 선택

① 95%	② 1%	③ 1%	④ 2%	⑤ 1%

① 사회통제 기능은 지역사회 구성원들에게 사회의 규범(법, 도덕 등)에 순응하게 하는 기능을 의미한다.

다음 내용이 왜 틀렸는지를 확인해보자

08-05-01

01 지리적 지역사회가 **기능적 지역사회의 의미를 포괄**한다.

> 지리적 지역사회는 지리적 범위 내에서 지역사회를 살펴보는 것이고, 기능적 지역사회는 지리적 범위를 넘어선 개념이기 때문에 지리적 지역사회가 기능적 지역사회를 포괄하는 것은 아니다.

02 던햄(Dunham)이 제시한 지역사회의 유형화는 **기능적 의미의 지역사회를 고려**하였다.

> 던햄의 지역사회 유형화는 지리적 차원에서 제시된 것이다.

10-05-02

03 산업화 이후 공동사회(Gemeinschaft)가 발전되어 왔다.

> 산업화 이후에는 이익사회 형태가 발전하였다.

10-05-02

04 장애인 부모회는 **지리적 지역사회에 해당**한다.

> 지리적 범위를 넘어 구성될 수도 있다.

05 지역사회 보존이론에서 말하는 지역사회는 지역성의 의미에서 벗어나 **기능적 의미의 지역사회를 고려**하였다.

> 기능적 차원을 고려한 것은 개방이론이다.
> 보존이론은 전통적으로 지역사회에 있던 기능들이 여전히 유효하게 일어나고 있다고 본 입장이다.

11-05-02

06 좋은 지역사회가 되기 위해서는 **지역주민들의 자율권이 적절히 제한되어야** 한다.

> 좋은 지역사회가 되기 위해서는 지역주민의 자율권이 보장되어야 한다.

빈칸에 들어갈 알맞은 말을 채워보자

10-05-02
01 지역사회를 지리적 의미와 기능적 의미로 구분하여 제시한 학자는 (   )이다.

17-05-01
02 힐러리는 지역사회의 기본 3요소로 (   ), 공동의 유대감, 지리적 영역의 공유 등을 제시하였다.

14-05-01
03 지역사회의 기능을 측정하는 기준으로 지역적 자치성, 서비스 영역의 일치성, 심리적 동일시, 수평적 유형 등 4가지를 제시한 학자는 (   )이다.

16-05-01
04 던햄(Dunham)은 인구 크기 기준, (   ) 기준, 행정구역 기준, 사회적 특수성 기준 등에 따라 지역사회를 유형화하였다.

05 지역사회 (   )이론은 상실이론에 대한 반론으로 제기되어 현대에도 전통사회와 유사하게 지역사회의 사회적 기능이 이루어지고 있다고 본 관점이다.

14-05-02
06 '을' 종교단체가 지역주민 어르신을 대상으로 경로잔치를 개최하고 후원물품을 나누어준 것은 지역사회의 기능 중 (   ) 기능의 사례에 해당한다.

07 퇴니스에 따르면, (①   )사회는 전통적이고 정서적인 관계를 기반으로 하며, (②   )사회는 개인주의 및 합리적 이익추구를 기초로 한다.

15-05-02
08 지역사회 비교 척도 중 (   )은/는 지역주민들이 자기 지역을 중요한 준거집단으로 생각하는 정도를 말한다.

16-05-01
09 길버트와 스펙트는 지역사회의 (   ) 기능이 현대의 사회복지제도로 정착되었다고 보았다.

21-05-01
10 길버트와 스펙트의 지역사회 기능 중 구성원들이 지역사회의 다양한 사회적 규범을 준수하고 순응하게 하는 것은 (   ) 기능에 해당한다.

답 **01** 로스(Ross) **02** 사회적 상호작용 **03** 워렌(Warren) **04** 경제적 기반 **05** 보존 **06** 사회통합 **07** ① 공동 ② 이익
08 심리적 동일시 **09** 상부상조 **10** 사회통제

다음 내용이 옳은지 그른지 판단해보자

`15-05-03`
01 지리적 지역사회는 일정한 지리적 공간을 공유하는 사람들의 집단을 의미한다.

`14-05-02`
02 '갑' 마을에서 인사 잘하는 마을 만들기를 위하여 조례를 제정하고, 위반하는 청소년에게 벌금을 강
제로 부과하도록 하는 것은 지역사회의 사회화 기능에 해당한다.

`13-05-03`
03 모든 지역사회는 사회(society)이나, 모든 사회가 지역사회는 아니다.

04 맥키버(MacIver)는 공동생활권의 차원에서 지역사회를 설명하며 지역사회의 범위를 부락, 읍 단위
로 한정하였다.

05 워렌(Warren)은 좋은 지역사회는 구성원 사이에 인격적 관계를 바탕으로 한다고 보았다.

`16-05-01`
06 기능적 지역사회는 이념, 사회계층, 직업유형 등을 중심으로 이루어진다.

`12-05-13`
07 외국인노동자 공동체와 유사한 공동체는 공동의 관심을 바탕으로 정체성을 공유하면서도 상호작용
이 활발히 일어나지 않는 특징이 있다.

`15-05-03`
08 지역사회는 이익사회에서 공동사회로 발전한다.

답 **01** ○ **02** × **03** ○ **04** × **05** ○ **06** ○ **07** × **08** ×

해설 **02** 조례 제정과 같이 제도, 규범 등을 따르도록 하는 기능은 사회통제의 기능에 해당한다.
04 모든 형태의 공동생활지역으로 부락이나 읍 외에 시·도, 국가 혹은 더 넓은 지역도 지역사회로 포함된다고 설명하였다.
07 공동의 관심과 정체성을 공유하면서 상호작용이 활발히 일어나게 된다.
08 지역사회는 공동사회에서 이익사회로 발전한다(퇴니스).

2장

지역사회복지와
지역사회복지실천

이 장에서는

지역사회복지와 지역사회복지실천의 개념 및 의미를 살펴본다. 지역사회복지와 관련된 이념 및 개념을 비롯해 지역사회복지실천의 목적 및 기능, 원칙 등에 대해 학습한다.

10년간 출제분포도

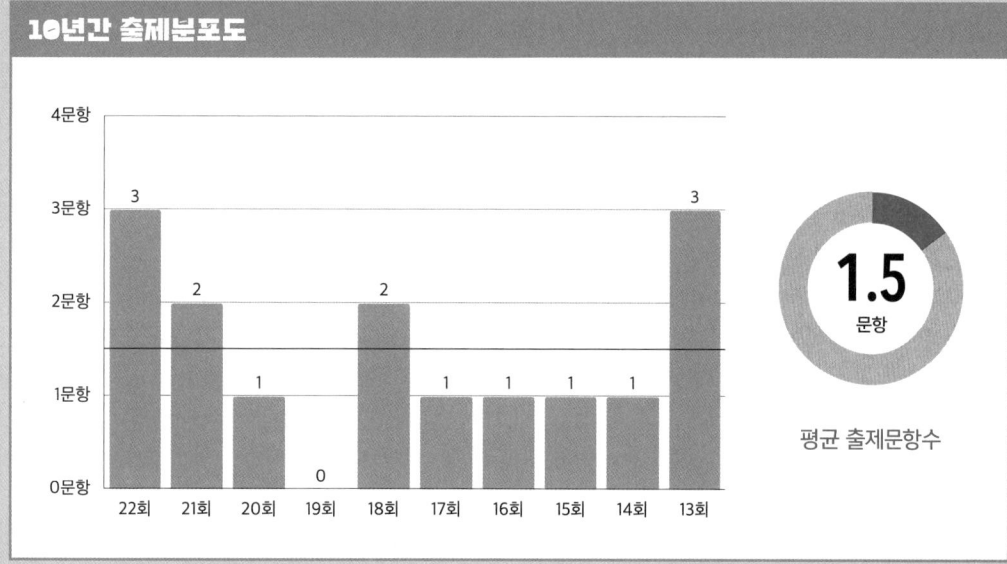

평균 출제문항수

1.5 문항

130 지역사회복지실천의 원칙 및 가치 등

강의 QR코드

1 회독	2 회독	3 회독
월 일	월 일	월 일

최근 10년간 **9문항** 출제 ★★★

복습 1

이론요약

지역사회복지실천의 원칙

- 지역사회는 있는 그대로 이해하고 수용
- 일차적인 클라이언트는 지역사회
- 지역사회의 **개별화** 존중 원칙
- 문제해결에 있어 **다양성을 존중**해야 함
- **주민참여**, 이용자의 주체적 참여 강조
- 지역사회 내 **다양한 계층**의 적극적 참여
- 지역사회의 네트워크화
- 기관 간 협력 및 분담
- **민·관 협동**
- 욕구의 가변성에 대한 이해
- **지역사회복지실천은 목적이 아니라 수단(궁극적 목적은 인간의 복지와 성장)**
- **지역사회는 자기결정의 권리를 가지며**, 강요에 의한 사업 추진은 거부
- 기관의 이익보다 지역주민의 욕구 우선
- 민주적 태도 견지
- 특정 계층이나 특정 집단이 아닌 **광범위한 집단의 이익을 고려**

기본개념

지역사회복지론
pp.40~

지역사회복지실천의 가치

- 다양성 및 문화의 이해: 다양한 문화가 인간행동과 사회에 미치는 영향, 기능을 파악하는 것
- 임파워먼트: 지역사회주민의 참여를 강조. 주민의 주체성을 키우고 부정적 자아상을 불식시키는 것
- 사회정의와 균등한 자원배분: 억압적이거나 정의롭지 못한 사회현실을 개혁하기 위한 노력
- 상호학습: 사회변화의 과정에서 실천가와 지역사회주민이 동등한 파트너와 교육자로서 적극적 학습자가 되는 것
- **비판의식 개발**: 억압을 조장하는 사회의 메커니즘을 이해하고 그러한 사회 구조 및 의사결정 과정에 주의를 집중하는 것

01 (22-05-08) 사회복지사는 자신이 가지고 있는 가치와 신념, 행동과 관습 등이 참여자보다 상위에 있는 전문가라고 생각할 수 있기 때문에 상호학습을 통하여 참여자들의 문화적 배경에 대해 배우고자 하는 자세가 필요하다.

02 (22-05-09) 지역사회복지실천 과정에서 지역사회 욕구 변화에 유연하게 대응해야 한다.

03 (22-05-09) 지역사회복지실천 과정에서 개입 목표 설정과 평가는 지역주민을 중심으로 이루어져야 한다.

04 (22-05-09) 지역사회복지실천에서는 지역사회의 자기결정권이 강조된다.

05 (21-05-08) 지역사회복지실천의 원칙으로 지역사회 기관 간 협력관계 구축, 지역사회 특성을 반영한 계획 수립, 욕구 가변성에 따른 실천과정의 변화 이해, 지역사회 변화에 초점을 둔 개입 등이 있다.

06 (20-05-06) 지역사회복지실천의 원칙: 지역주민 간의 상생협력화, 지역사회 특징을 반영한 실천, 지역사회 구성원 관점의 목표 형성, 지역사회 문제의 구조적 요인을 고려한 개입 등

07 (18-05-07) 지역사회복지실천은 억압을 조장하는 사회구조 및 의사결정과정을 주시하고 이해해야 하며, 억압적이고 정의롭지 못한 사회현실을 개혁하기 위해 노력해야 한다.

08 (18-05-07) 지역사회복지실천가는 불리한 조건에 처한 주민들의 역량강화에 주목해야 한다.

09 (17-05-05) 지역주민 간의 협력 관계 구축, 지역사회 구성원 중심의 목표 형성과 평가, 사회문제의 구조적 요인을 반영한 개입 방안 마련, 지역사회 변화에 초점을 둔 단계적 개입 등은 지역사회복지실천의 원칙이 된다.

10 (13-05-06) 지역사회복지실천은 문화적 다양성 존중, 배분적 사회정의, 임파워먼트, 상호학습 등의 가치를 추구한다.

11 (13-05-09) 지역사회복지실천에 있어 지역사회는 개인과 동일하게 자기결정의 권리를 갖는다.

12 (13-05-09) 지역사회복지실천에 있어 지역사회는 있는 그대로 이해되고 수용되어야 한다.

13 (12-05-02) 지역사회복지실천을 위해 지역사회에 대한 지역주민들의 불만을 집약한다.

14 (12-05-02) 지역사회복지실천을 위해 지역사회에서 달성하려는 공동의 목표와 이를 실천할 수 있는 방법을 수립한다.

15 (12-05-02) 지역사회복지실천에서는 지역주민들이 의사를 자유롭게 표현하도록 한다.

16 (12-05-02) 지역사회복지실천을 위해 지역주민들의 공감을 얻을 수 있는 풀뿌리 지도자를 발굴한다.

17 (11-05-09) 지역사회복지실천 활동은 지역주민과 그들의 욕구에 관심을 가져야 한다.

18 (11-05-09) 지역사회복지실천의 일차적인 클라이언트는 지역사회이어야 한다.

19 (08-05-02) 지역사회복지실천은 다양성, 역량강화, 배분적 사회정의, 비판의식 개발 등의 가치를 추구한다.

20 (07-05-05) 지역사회복지실천에서는 개별화의 원칙을 준수한다.

21 (07-05-05) 지역사회복지실천에서는 주민의 다양성을 인정하고, 각 계층의 적극적인 참여를 목표로 한다.

22 (06-05-12) 지역사회복지실천에서는 여러 계층의 적극적인 참여를 장려한다.

23 (06-05-12) 지역사회복지실천은 지역사회를 있는 그대로 이해하고 수용한다.

24 (06-05-12) 지역사회복지실천은 지역주민의 욕구충족을 목적으로 한다.

25 (06-05-12) 지역사회복지실천에 있어 사업을 진행하는 구조는 단순한 것이 좋다.

26 (06-05-21) 지역사회복지실천가들이 지역주민을 조직화하는 과정에서 서로 동등한 파트너로서 상호이해가 필요하다.

27 (06-05-21) 지역사회복지실천을 위해서는 지역사회에서 살아가는 사람들의 다양성과 문화를 이해할 필요가 있다.

28 (06-05-21) 지역사회복지실천에 있어 지역사회의 구조 및 의사결정과정에 대해 이해할 수 있는 비판적인 의식이 필요하다.

29 (06-05-21) 지역사회복지실천을 통해 지역사회의 불균등한 자원과 권력이 평등하게 분배될 수 있도록 한다.

대표기출 확인하기

22-05-09 · 난이도 ★★☆

지역사회복지실천 원칙으로 옳은 것을 모두 고른 것은?

ㄱ. 지역사회 욕구 변화에 따른 유연한 대응
ㄴ. 지역사회 주민을 중심으로 개입 목표 설정과 평가
ㄷ. 지역사회 특성의 일반화
ㄹ. 지역사회의 자기결정권 강조

① ㄱ, ㄴ
② ㄷ, ㄹ
③ ㄱ, ㄴ, ㄷ
④ ㄱ, ㄴ, ㄹ
⑤ ㄱ, ㄴ, ㄷ, ㄹ

▶ 알짜확인

- 지역사회복지실천에 있어서 고려해야 할 사항들인 원칙과 가치에 대해 살펴보자.
- 학자들마다 제시한 원칙이나 가치가 조금씩 다르기는 하지만 큰 틀에서 이해하면서 정리해두면 어렵지 않은 내용이다.
- 지역사회에도 개별화의 원칙이 적용된다는 점, 지역사회 내의 다양성이 존중되어야 한다는 점, 지역사회를 있는 그대로 이해하고 수용해야 한다는 점 등은 꼭 기억해두자.

답 ④

✓ 응시생들의 선택

① 3%	② 2%	③ 4%	④ 77%	⑤ 14%

ㄷ. 개인과 개인이 다른 것처럼 지역사회와 지역사회도 다르기 때문에 지역사회복지에 있어서도 개별화의 원칙이 적용되어야 한다.

관련기출 더 보기

20-05-06 · 난이도 ★☆☆

지역사회복지실천의 원칙으로 옳지 않은 것은?

① 지역사회 특성과 문제의 일반화
② 지역주민 간의 상생협력화
③ 지역사회 특징을 반영한 실천
④ 지역사회 구성원 관점의 목표 형성
⑤ 지역사회 문제의 구조적 요인을 고려한 개입

답 ①

✓ 응시생들의 선택

① 79%	② 6%	③ 2%	④ 7%	⑤ 6%

① 하나의 지역사회는 다른 지역사회와는 다른 특성과 문제를 갖고 있기 때문에 지역사회복지에서도 개별화의 원칙이 강조된다.

18-05-07 · 난이도 ★☆☆

지역사회복지실천 가치에 관한 설명으로 옳지 않은 것은?

① 상호학습이 없으면 비판적 의식은 제한적으로 생성됨
② 억압을 조장하는 사회구조 및 의사결정과정을 주시하고 이해함
③ 억압적이고 정의롭지 못한 사회현실 개혁을 위한 끊임없는 노력이 필요함
④ 실천가가 주목해야 할 역량강화는 불리한 조건에 처한 주민들의 능력 고취임
⑤ 다양한 문화에 대한 이해를 바탕으로 특수 문화가 있는 지역에서 일어나는 억압은 인정됨

답 ⑤

✓ 응시생들의 선택

① 5%	② 18%	③ 1%	④ 4%	⑤ 72%

⑤ 지역사회복지실천에서는 인간의 다양성과 다양한 문화에 대한 이해를 바탕으로 하며, 특수 문화에 대해 억압적인 사회적 분위기와 구조를 인식하고 비판하는 것도 중요하다.

지역사회복지실천의 원칙으로 옳지 않은 것은?

① 지역주민 간의 협력 관계 구축
② 지역사회 구성원 중심의 목표 형성과 평가
③ 지역사회의 특성과 문제의 일반화
④ 사회문제의 구조적 요인을 반영한 개입방안 마련
⑤ 지역사회 변화에 초점을 둔 단계적 개입

답 ③

응시생들의 선택

① 1%	② 11%	③ 64%	④ 17%	⑤ 7%

③ 지역사회의 특성과 문제에 대해서는 개별화된 접근이 필요하다.

지역사회복지실천의 원칙으로 옳지 않은 것은?

① 지역사회에 대한 지역주민들의 불만을 집약한다.
② 사업추진의 효율성을 위하여 지역사회의 능력 탐색은 보류될 수 있다.
③ 지역사회에서 달성하려는 공동의 목표와 이를 실천할 수 있는 방법을 수립한다.
④ 지역주민들이 의사를 자유롭게 표현하도록 한다.
⑤ 지역사회에서 주민의 공감을 얻을 수 있는 풀뿌리 지도자를 발굴한다.

답 ②

응시생들의 선택

① 3%	② 94%	③ 0%	④ 0%	⑤ 3%

② 지역사회의 자원을 토대로 지역사회의 문제와 지역주민의 욕구를 해결할 수 있기 때문에 지역사회의 능력 탐색은 사업추진의 효율성을 위해 반드시 필요하다.

지역사회복지 실천원칙에 관한 설명으로 옳은 것을 모두 고른 것은?

ㄱ. 지역사회는 개인과 동일하게 자기결정의 권리를 갖는다.
ㄴ. 지역사회는 있는 그대로 이해되고 수용되어야 한다.
ㄷ. 개인과 집단처럼 각 지역사회는 상이하다.
ㄹ. 문제해결 접근방법에서 다양성은 배제되어야 한다.

① ㄱ, ㄴ, ㄷ
② ㄱ, ㄷ
③ ㄴ, ㄹ
④ ㄹ
⑤ ㄱ, ㄴ, ㄷ, ㄹ

답 ①

응시생들의 선택

① 67%	② 17%	③ 5%	④ 4%	⑤ 9%

ㄹ. 문제해결 접근방법에서 다양성을 존중하도록 해야 한다.

지역사회복지실천의 원칙으로 옳지 않은 것은?

① 사회복지기관들이 서로 협력하고 기능을 분담하도록 한다.
② 지역사회복지실천 활동은 지역주민과 그들의 욕구에 관심을 가져야 한다.
③ 일차적인 클라이언트는 지역사회이어야 한다.
④ 사회복지기관의 효과적인 운영을 위해 집중과 분산이 병행되어야 한다.
⑤ 사회복지기관의 이익을 우선해야 한다.

답 ⑤

응시생들의 선택

① 0%	② 0%	③ 1%	④ 0%	⑤ 99%

⑤ 지역사회복지실천에서는 기관의 이익보다 지역주민의 욕구를 우선적으로 고려해야 한다.

다음 내용이 왜 틀렸는지를 확인해보자

06-05-12

01 지역사회복지실천은 지역사회의 특성을 **일반화해야 한다.**

지역사회의 특성을 개별화해야 한다.

13-05-06

02 지역사회복지실천은 문화적 다양성 존중, 배분적 사회정의, 임파워먼트 등의 가치를 추구하며, **비판의식을 지양**한다.

지역사회복지실천은 지역사회 내에 있는 문제를 인식하고, 억압을 조장하는 사회구조를 파악하여 문제가 해결될 수 있도록 노력한다는 점에서 비판의식을 지양하는 것이 아니라 지향한다.

06-05-12

03 지역사회복지실천을 위해서는 지역사회에 대한 **비판적 수용**이 요구된다.

지역사회를 이해하고 있는 그대로 수용해야 한다.

04 지역사회복지실천은 지역사회에서 **소외된 계층의 이익 확대라는 제한된 목적**으로 이루어져야 한다.

지역사회복지실천은 소외된 계층뿐만 아니라 지역사회 전체의 이익을 도모한다. 따라서 그 참여에 있어서도 특정 계층이나 특정 집단이 아닌 다양한 집단들의 참여를 강조한다.

13-05-09

05 지역사회복지실천은 문제해결 접근방법에서 **다양성을 배제해야 한다.**

다양성을 존중해야 한다.

12-05-02

06 지역사회복지실천에 있어 사업추진의 효율성을 위해 **지역사회의 능력탐색은 보류될 수 있다.**

지역사회의 능력, 강점, 자원을 토대로 지역사회의 문제와 지역주민의 욕구를 해결할 수 있기 때문에 지역사회의 능력탐색은 사업추진의 효율성을 위해 반드시 필요하다.

다음 내용이 옳은지 그른지 판단해보자

01 지역사회복지실천은 사회복지 실현을 위한 목적이다. ◎ ✕

02 지역복지 활동의 토대는 개인적 욕구를 넘어서는 사회적 욕구이다. ◎ ✕

03 지역사회복지실천에서 일차적인 클라이언트는 지역사회 내 소외계층이다. ◎ ✕

`21-05-08`
04 지역사회복지실천에서는 지역사회 기관 간 협력관계 구축을 중요시한다. ◎ ✕

`21-05-08`
05 지역사회복지실천에서는 욕구의 가변성에 따른 실천과정의 변화를 이해해야 한다. ◎ ✕

`22-05-08`
06 사회복지사는 자신이 가지고 있는 가치와 신념, 행동과 관습 등이 참여자보다 상위에 있는 전문가 라고 생각할 수 있기 때문에 상호학습을 통하여 참여자들의 문화적 배경에 대해 배우고자 하는 자 세가 필요하다. ◎ ✕

07 지역사회복지실천에 있어 주민참여를 확대하기 위해 주민에 대한 강제적인 참여 방안을 기획하는 것이 필요하다. ◎ ✕

답 **01**✕ **02**○ **03**✕ **04**○ **05**○ **06**○ **07**✕

해설 **01** 지역사회복지실천은 목적이 아니라 수단이다.
03 지역사회복지실천에서 일차적인 클라이언트는 지역사회이다.
07 주민의 참여는 어디까지나 주체적이고 자율적으로 이루어져야 한다.

1회독 월 일 → **2**회독 월 일 → **3**회독 월 일

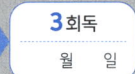
최근 10년간 **2문항** 출제

복습 **1** **이론요약**

시설보호

- 주거 개념을 포함하며 직원이 함께 거주
- **규율과 절차에 따라 자유와 선택이 제한되며 폐쇄적임**

시설의 사회화

- **시설 자원을 지역사회에 제공**, 사회복지에 대한 주민교육과 체험을 돕는 활동
- 시설과 서비스의 개방, 시설 운영의 개방
- 시설생활자의 지역사회 참여, 시설의 지역사회활동 참여 및 지원

지역사회보호

- 시설보호의 문제점을 해결하기 위한 대안으로 제기된 개념
- 지역사회에서 일상적 삶을 유지하면서 살아갈 수 있도록 사회복지서비스를 제공
- **가정이나 유사한 지역사회 내의 환경에서 서비스 제공**

재가보호(재가복지)

- 서비스 제공자가 **클라이언트 집에 찾아가 서비스를 제공**
- 방문서비스나 단기보호서비스 등도 포함
- 기관에 의해 이루어지는 **공식적 서비스**와 가족이나 이웃 등에 의해 이루어지는 **비공식적 서비스를 모두 포함**

지역사회조직

- 전통적인 전문사회복지실천의 한 방법으로서 공공과 민간 사회복지기관의 전문사회복지사에 의해 수행
- 조직적이고 의도적·계획적이며 과학적인 지식과 기술을 사용

지역사회개발

- 주민들 스스로 삶의 질 향상을 위해 대처기술을 획득하도록 지원하는 활동
- 사회자본의 증대로 이어짐

기본개념

지역사회복지론
pp.34~

01 (22-05-01) 지역사회보호는 1950년대 영국의 정신장애인과 지적장애인 시설수용보호에 대한 문제제기로 등장하였으며, 지역사회복지의 가치인 정상화와 관련이 있다.

02 (16-05-02) 지역사회조직(community organization)은 전통적인 전문 사회복지실천방법 중 하나이다.

03 (16-05-02) 지역사회보호(community care)는 가정 또는 그와 유사한 지역사회 내의 환경에서 서비스를 제공하는 사회적 돌봄의 형태이다.

04 (16-05-02) 재가보호(domiciliary care)는 대상자의 가정에서 서비스를 받는 것을 의미한다.

05 (12-05-01) 지역사회개발을 통하여 지역사회 구성원들의 사회적 관계를 향상시킬 수 있다.

06 (10-05-01) 지역사회조직: 전통적인 전문사회사업실천의 한 방법이며, 공공과 민간 사회복지기관의 전문사회복지사에 의해 수행된다. 이것은 보다 조직적이고, 추구하는 변화에 대해 의도적이며, 과학적인 지식과 기술을 사용한다.

07 (07-05-21) 시설의 사회화: 사회복지시설의 자원을 지역사회에 제공하고, 사회복지에 대한 주민들의 교육, 체험을 돕는 제반 활동을 의미한다.

08 (05-05-18) 시설 서비스의 개방, 지역사회 행사에의 참여, 지역주민에게 시설 개방 등은 생활시설의 사회화와 관련된 내용이다.

09 (04-05-01) 지역사회조직은 전통적인 전문사회사업의 방법 중의 하나이다.

10 (04-05-01) 지역사회조직은 지역사회를 중심으로 이루어지는 사회복지실천이다.

11 (03-05-20) 재가복지는 다양한 욕구충족을 위한 서비스 연계체계 구축에도 관심을 둔다.

12 (02-05-08) 지역사회조직은 공공성, 연대성, 자발성, 책임성 등의 성격을 갖는다.

13 (02-05-24) 생활시설의 개방화를 위해서는 시설의 설비 및 공간을 적극적으로 활용하고 시설생활자의 지역활동에의 참여를 지원해야 한다.

대표기출 확인하기

16-05-02 난이도 ★☆☆

지역사회복지 관련 개념에 대한 설명으로 옳지 않은 것은?

① 지역사회조직(community organization)은 전통적인 전문 사회복지실천방법 중 하나이다.
② 지역사회개발(community development)은 지역사회 문제를 해결하기 위해 전문가에 의한 주도적 개입을 강조한다.
③ 지역사회보호(community care)는 가정 또는 그와 유사한 지역사회 내의 환경에서 서비스를 제공하는 사회적 돌봄의 형태이다.
④ 지역사회복지실천(community practice)은 지역사회를 대상으로 하는 사회복지실천을 포괄적으로 일컫는 개념이다.
⑤ 재가보호(domiciliary care)는 대상자의 가정에서 서비스를 받는 것을 의미한다.

▶ 알짜확인

- 시설보호, 시설의 사회화, 지역사회보호, 재가복지, 지역사회조직, 지역사회개발, 지역사회계획, 지역사회교육, 지역사회행동 등 지역사회복지와 관련된 개념들을 정리해두자.

답 ②

✔ 응시생들의 선택

① 13%	② 78%	③ 5%	④ 1%	⑤ 3%

② 지역사회개발은 지역주민의 참여가 핵심이다. 주민들이 함께 연대감을 갖고 상호신뢰와 공동체 의식을 바탕으로 지역사회의 문제를 해결해나간다.

관련기출 더 보기

22-05-01 난이도 ★★☆

다음이 설명하는 것은?

1950년대 영국의 정신장애인과 지적장애인 시설수용보호에 대한 문제제기로 등장하였으며, 지역사회복지의 가치인 정상화(normalization)와 관련이 있다.

① 지역사회보호
② 지역사회 사회·경제적 개발
③ 자원개발
④ 정치·사회행동
⑤ 주민조직

답 ①

✔ 응시생들의 선택

① 79%	② 7%	③ 1%	④ 8%	⑤ 5%

지역사회보호는 시설보호의 문제점이 지적되면서 그 대안으로서 지역사회에서 일상적인 삶을 살아가면서 복지서비스를 받을 수 있도록 제기된 개념이다. 탈시설화 및 정상화 원리와 관련된다.

10-05-01 난이도 ★☆☆

다음에서 설명하는 것은?

전통적인 전문사회사업실천의 한 방법이며, 공공과 민간 사회복지기관의 전문사회복지사에 의해 수행된다. 이것은 보다 조직적이고, 추구하는 변화에 대해 의도적이며, 과학적인 지식과 기술을 사용한다.

① 지역화폐운동   ② 지역사회보호
③ 가상공동체   ④ 시설보호
⑤ 지역사회조직

답 ⑤

✔ 응시생들의 선택

① 2%	② 13%	③ 1%	④ 4%	⑤ 80%

⑤ 지역사회조직은 사회사업의 전통적인 방법 중 하나로서, 지역사회를 구성하는 개인, 집단, 이웃의 사회복지를 향상시키기 위해 지역사회 수준에서 전개되는 일련의 활동을 말한다.

다음 내용이 왜 틀렸는지를 확인해보자

07-05-21

01 시설의 전문화는 사회복지시설의 자원을 지역사회에 제공하고, 사회복지에 대한 주민들의 교육, 체험을 돕는 제반활동을 의미한다.

> 시설의 사회화에 관한 설명이다.

02 지역사회조직은 주민들 간에 자연발생적인 조직을 지역사회복지를 위한 기반으로 삼는다는 것이다.

> 지역사회조직은 지역사회복지실천을 위해 전문 사회복지사가 의도적이고 계획적으로 주민들을 조직화하는 것이다.

03 재가보호는 장기 서비스를 전제로 한다.

> 재가보호를 통해 장기 서비스만 제공되어야 하는 것은 아니다.

04 시설의 사회화는 시설생활자의 인권존중 및 생활보장이라는 공공성을 기초로 하며, 시설보호를 기반으로 한다.

> 탈시설화 이념과 맥락을 같이 한다.

05 시설보호는 주거를 포함한 복지 서비스로, 지역사회 내에서 정상적인 생활, 일상적인 삶을 영위할 수 있도록 함을 전제로 한다.

> 시설보호는 지역사회와 분리된 폐쇄적 운영으로 인해 비판받게 되면서 그 대안으로서 지역사회 내에서 정상적인 생활, 일상적인 삶을 영위을 할 수 있도록 해야 한다는 정상화 원리가 대두되었다.

다음 내용이 옳은지 그른지 판단해보자

04-05-01
01 지역사회조직은 지역주민들의 자조적인 활동이다. ◎ ⓧ

02 지역사회조직은 개별사회복지실천, 집단사회복지실천 등과 함께 전통적인 전문사회사업실천의 한 방법이다. ◎ ⓧ

12-05-01
03 지역사회보호는 시설보호의 강점을 유지하기 위해서 등장한 개념이다. ◎ ⓧ

04 재가복지는 이용자의 통원 서비스를 포함하지 않는다. ◎ ⓧ

03-05-20
05 재가복지서비스는 시설에 의한 서비스에 한정된 개념은 아니다. ◎ ⓧ

12-05-01
06 지역사회조직사업은 민간조직이 아닌 공공조직을 통하여 달성되는 영역이다. ◎ ⓧ

07 지역사회개발은 사회자본의 증대와 밀접한 관련이 있다. ◎ ⓧ

답 **01** ⓧ **02** ◎ **03** ⓧ **04** ⓧ **05** ◎ **06** ⓧ **07** ◎

해설 **01** 조직가 혹은 사회복지사 등의 전문가들이 적극적으로 주민들을 조직하여 원조하며 계획적이고 의도적으로 진행된다는 점에서 주민들의 자조적인 활동이라고 보기는 어렵다.

03 지역사회보호는 시설보호의 문제점을 해결하기 위한 대안으로 제시된 것이다.

04 재가복지라고 하면 보통 가정에서 서비스를 받는 것만 생각하기 쉬운데, 가정봉사원 파견 등 서비스 제공자가 이용자의 집에서 제공하는 방문 서비스와 클라이언트가 시설에 찾아와 서비스를 받는 통원 서비스를 모두 포함하는 개념이다.

06 지역사회조직사업은 공공조직과 민간조직의 협력을 바탕으로 달성되는 영역이다.

132 지역사회복지의 이념

강의 QR코드

최근 10년간 **2문항** 출제

이론요약

정상화

- 특별한 욕구나 장애를 가진 사람도 지역사회와 분리된 시설이나 병원이 아닌 일상적인 삶을 유지할 수 있도록 해야 함
- 지역사회 내에서의 통합된 생활을 강조하는 개념
- 덴마크에서는 1951년부터 기존의 격리보호주의에 대한 반대하는 움직임이 일면서, 1959년 정신지체인법에서 '정상화'라는 용어가 처음으로 등장

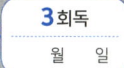
기본개념

지역사회복지론
pp.31~

사회통합

- 계층의 격차를 줄이고 사회의 전반적인 불평등을 줄이는 것을 추구
- 지역사회의 갈등 및 갈등의 가능성을 줄여나가는 것
- 사회적 약자가 평등하게 지역사회에서 살아가도록 하는 것

탈시설화

- 시설의 규모를 최소화하고 지역사회 내에서의 통합된 삶을 추구하는 개념
- 지역사회와 분리된 폐쇄적인 대규모 수용시설의 문제를 지적하면서 해체를 주장
- 그룹홈, 주간보호시설, 단기보호시설 등 다양한 시설의 형태를 제시
- 시설의 직원 중심으로 운영되어온 시스템에서 더 나아가 자원봉사자 등 지역주민이 참여하는 개방적 운영체제로의 변화(시설의 사회화)를 내포함

주민참여

- 지역사회의 문제를 해결하는 데 있어 지역주민들이 직접 문제의 해결과정에 참여하고 권한을 행사함으로써 주체가 되어야 함을 강조
- 지방분권화, 지방자치제 실시와 함께 더욱 강조되는 이념
- 지자체와 주민 간 파트너십 형성
- 자원봉사 활동

네트워크

- 지역사회주민의 욕구에 적합한 서비스를 제공하기 위해 지역 내 복지자원의 연계와 주민의 조직화 등을 추구하는 개념
- 서비스 공급자간 연계망 구축, 이용자 간의 조직화 등 다양한 연계망을 구성할 수 있음
- 이용자 중심의 서비스 제공
- 포괄적인 서비스 제공

기출문장 CHECK

01 (21-05-02) 주민참여는 개인의 자유와 권리 증진의 순기능이 있으며, 의견수렴 과정을 통해 합리적 의사결정을 할 수 있고, 지역주민의 공동체 의식을 강화한다.

02 (14-05-03) 정상화는 1950년대 덴마크를 비롯한 북유럽에서 시작된 이념이다.

03 (11-05-06) 주민참여: 지방자치의 실시로 그 중요성이 강조되는 원리이다. 주민과 지방자치단체와의 동등한 파트너십을 형성하는 방법이기도 하다.

04 (09-05-07) 정상화 이념은 휴먼서비스 영역에서 계획의 지침이 될 수 있다.

05 (05-05-02) 지역사회복지실천은 주민참여, 탈시설화, 정상화, 사회통합 등의 이념을 바탕으로 한다.

06 (02-05-09) 지역사회복지실천은 정상화, 주민참여, 사회통합, 지역 네트워크 등을 추구한다.

대표기출 확인하기

14-05-03 · 난이도 ★★☆

지역사회복지 이념에 관한 설명으로 옳은 것은?

① 정상화는 1950년대 덴마크를 비롯한 북유럽에서 시작된 이념이다.
② 탈시설화는 무시설주의를 지향하는 것이다.
③ 네트워크를 통하여 지역구성원의 개인정보를 누구나 공유할 수 있다.
④ 주민참여 이념은 주민자치, 주민복지로 설명되며 지역유일주의를 지향한다.
⑤ 사회통합은 세대간, 지역간 차이에서 발생하는 경제적 우위를 추구하기 위하여 노력한다.

 알짜확인

• 정상화, 사회통합, 탈시설화, 주민참여, 네트워크 등 지역사회복지실천의 발달을 이끈 이념들에 대해 정리해두도록 하자.

답 ①

✔ 응시생들의 선택

① 66%	② 16%	③ 3%	④ 9%	⑤ 6%

② 탈시설화는 시설의 폐지나 무시설주의를 의미하는 것이 아니라 거주시설의 형태를 그룹홈, 주간보호시설, 단기보호시설 등 소규모의 다양한 형태로 변화시켜가는 것을 의미한다.
③ 네트워크는 포괄적, 통합적 욕구충족을 위해 공급자 및 유관기관과의 연계체계를 구축하는 것을 의미하는 것이며, 이 과정에서 개인정보가 무분별하게 유출되는 것을 방지하기 위한 노력을 기울여야 한다.
④ 주민참여 이념은 주민자치, 주민복지를 위한 주민의 주체성을 강조한다. 하지만 지역유일주의, 지역이기주의를 지향하는 것은 아니다.
⑤ 사회통합은 사회에 전반적으로 나타나는 불평등과 갈등을 감소시키기 위한 노력이다.

관련기출 더 보기

21-05-02 · 난이도 ★★☆

다음의 설명에 해당하는 지역사회복지 이념은?

• 개인의 자유와 권리 증진의 순기능이 있다.
• 의견수렴 과정을 통해 합리적 의사결정을 할 수 있다.
• 지역주민의 공동체 의식을 강화한다.

① 정상화
② 주민참여
③ 네트워크
④ 전문화
⑤ 탈시설화

답 ②

✔ 응시생들의 선택

① 4%	② 89%	③ 6%	④ 0%	⑤ 1%

② 주민참여는 지방자치의 실시로 더욱 강조되는 원리이다. 주민의 욕구 및 문제를 해결하기 위한 주체로서 주민의 주체성을 강조하는 것이다. 지방자치단체와의 동등한 파트너십을 형성하는 방법이기도 하며, 주민들의 자원봉사활동과도 밀접한 관계가 있다.

09-05-07 · 난이도 ★★★

지역사회복지실천에서 정상화(normalization)의 이념에 관한 설명으로 옳은 것은?

① 전통적 복지서비스 이데올로기에 부합하는 개념이다.
② 일탈은 문화적으로 규정되며 절대적인 특성을 갖는다.
③ 시설집중화에 대하여 찬성하는 입장이다.
④ 휴먼서비스 영역에서 계획의 지침이 될 수 있다.
⑤ 1959년 미국의 정신지체법에서 출발하였다.

답 ④

✔ 응시생들의 선택

① 3%	② 17%	③ 12%	④ 43%	⑤ 25%

① 현대적 복지서비스 이데올로기에 부합되는 개념이다.
② 일탈은 문화적으로 규정되며 상대적인 특성을 갖는다.
③ 시설집중화가 아닌 탈시설화에 찬성하는 입장이다.
⑤ 1959년 덴마크의 정신지체법에서 출발하였다.

다음 내용이 **왜 틀렸는지**를 확인해보자

09-05-07

01 정상화 이념은 1959년 **미국**의 정신지체법에서 출발하였다.

> 1959년 덴마크의 정신지체법에서 출발하였다.

02 사회통합은 지역사회 내 다양한 계층 사이에 발생하는 **갈등 문제를 인식하지 못한다는 한계**가 있다.

> 다양한 계층 사이에 발생하는 갈등을 인식하고, 이러한 사회적 갈등을 대화와 토론, 타협 등을 통해 줄여나가려는 것이 사회통합이다.

14-05-03

03 탈시설화 이념은 **무시설주의를 지향**하는 것이다.

> 탈시설화는 시설의 폐쇄적인 운영을 비판한 것이지 시설 자체를 없애야 한다고 주장한 것은 아니다.

04 지역사회복지에서 자원봉사 활동은 **주민참여를 약화**시킨다.

> 자원봉사 활동은 주민참여의 한 가지 방법이기도 하다.

05 탈시설화의 영향으로 그룹홈, 주간보호시설, **대규모 생활시설** 등이 발달되었다.

> 탈시설화는 기존의 생활시설이 갖고 있던 폐쇄성을 지적하면서 시작된 개념으로, 그룹홈, 주간보호시설, 단기보호시설 등 다양한 형태의 소규모 시설이 발달하는 바탕이 되었다.

02-05-09

06 지역사회복지실천은 정상화, 통합화, 주민참여, **차별화** 등을 이념으로 한다.

> 차별화는 해당하지 않는다.

133 지역사회복지실천의 개념 및 특성

1회독 월 일 / **2회독** 월 일 / **3회독** 월 일

최근 10년간 **2문항** 출제

복습 1 이론요약

지역사회복지의 개념 및 특성

▶ **개념**
- 시설보호와 대치되는 개념
- **목표: 지역주민의 삶의 질 향상**
- 지역사회 문제의 예방, 문제적 제도의 변화를 꾀함
- 지역사회 및 지역주민의 역량강화
- 지역 내 복지 향상을 위한 **전문적, 비전문적 활동을 모두 포함**
- **특정 대상 중심의 활동이 아닌 지역성이 강조되는 활동**
- 일정한 지역 내에서 이루어지지만 지역성과 기능성을 모두 포함

기본개념

지역사회복지론
pp.33~, pp.37~

▶ **특성**
- **예방성**: 지역사회 내 문제를 조기에 발견하여 대응
- **통합성**: 서비스 제공기관 간 네트워크 구축을 통해 종합적 서비스 제공(서비스 공급자 관점)
- **포괄성**: 지역사회 주민들의 복잡하고 다양한 욕구충족과 문제해결을 위해 보건·복지·의료·교육 등 전반적인 영역을 다각도로 포괄(서비스 이용자 관점)
- **연대성·공동성**: 주민들이 연대를 형성하고 공동의 행동을 통하여 해결, 주민운동
- **지역성**: 주민의 생활권역을 기초로 전개, 물리적인 거리뿐만 아니라 **심리적인 거리까지 포함**

지역사회복지실천의 개념 및 목적

▶ **개념**
- 지역사회를 대상으로 하는 사회복지실천
- **지역사회는 실천의 대상인 동시에 실천을 위한 수단이 됨**

▶ **목적**
- 지역사회 참여·통합 강화
- 문제대처능력 향상
- 사회조건·서비스 향상
- 불이익집단의 이익 증대

▶ 기능(던햄)

- 지역사회계획 활동
- 적절한 프로그램 운영
- 사실발견과 조사
- 공적인 관계형성
- 기금 확보와 배당
- 근린집단사업
- 지역사회개발
- 지역사회행동
- 기타 지역사회조직 및 지역사회개발을 위한 교육·자문 등 지역복지의 실현을 위한 활동 수행

기출문장 CHECK

01 (13-05-01) 지역사회복지는 전문 또는 비전문 인력이 지역사회 수준에서 개입하는 것이다.

02 (13-05-01) 지역사회복지는 지역성과 기능성을 포함하는 지역사회 내에서 이루어진다.

03 (13-05-01) 지역사회복지는 지역사회 내에 존재하는 각종 제도에 영향을 준다.

04 (13-05-01) 지역사회복지는 공공과 민간의 협력이 강조되고 있는 추세이다.

05 (12-05-01) 지역사회는 지역사회복지의 실천수단이 된다.

06 (12-05-01) 지역사회복지실천은 공식적인 전문가에 의해서만 이루어지는 것은 아니다.

07 (11-05-04) 지역사회복지의 지역성: 지역사회복지는 주민의 생활권역을 기초로 하여 전개되는 것이다. 생활권역은 주민생활의 장이면서 동시에 사회참가의 장이므로 이 특성을 고려하여야 한다. 주민의 기초적인 생활권역을 구분하는 기준은 다양하며, 물리적 심리적 내용까지 파악해야 한다.

08 (09-05-02) 지역사회복지는 지역사회의 역량강화, 사회통합 구현, 사회적 연계망 구축 등을 추구한다.

09 (07-05-02) 지역사회복지는 지역주민의 삶의 질 향상이라는 목표를 갖는다.

10 (07-05-02) 지역사회복지는 지역사회 수준에 개입하는 일체의 사회적 노력을 의미한다.

11 (02-05-01) 지역사회복지는 지역 문제에 대한 예방적 효과 및 지역사회의 참여와 통합을 추구한다.

대표기출 확인하기

13-05-01
난이도 ★☆☆

지역사회복지에 관한 설명으로 옳지 않은 것은?

① 전문 또는 비전문 인력이 지역사회 수준에서 개입한다.
② 지역성과 기능성을 포함하는 지역사회 내에서 이루어진다.
③ 지역사회 내에 존재하는 각종 제도에 영향을 준다.
④ 공공과 민간의 협력이 강조되고 있는 추세이다.
⑤ 개인 및 가족 등 미시적 수준의 사회체계와 대립적인 위치에 있다.

 알짜확인

- 지역사회복지 및 지역사회복지실천의 개념을 정리해두도록 하자.
- 지역사회복지실천이 어떤 목적으로, 어떤 기능을 하는지, 어떤 특성을 갖는지 등에 대해 살펴보자.

답 ⑤

✅ **응시생들의 선택**

① 2%	② 0%	③ 0%	④ 1%	⑤ 97%

⑤ 지역사회복지는 개인, 가족 등 미시적 수준의 사회체계와 대립적인 위치에 있는 것이 아니라 연속선상에 놓여 있는 것이다.

관련기출 더 보기

11-05-04
난이도 ★★☆

다음에서 설명하는 지역사회복지 특성은?

> 지역사회복지는 주민의 생활권역을 기초로 하여 전개되는 것이다. 생활권역은 주민생활의 장이면서 동시에 사회참가의 장이므로 이 특성을 고려하여야 한다. 주민의 기초적인 생활권역을 구분하는 기준은 다양하며, 물리적·심리적 내용까지 파악해야 한다.

① 연대성   ② 예방성
③ 지역성   ④ 통합성
⑤ 공동성

답 ③

✅ **응시생들의 선택**

① 7%	② 0%	③ 64%	④ 25%	⑤ 3%

③ 지역사회복지는 일정한 지리적 권역을 고려하여 추진된다. 이는 주민의 생활권역을 중심으로 이루어지는데, 이러한 특성을 지역성이라고 한다.

다음 내용이 왜 틀렸는지를 확인해보자

01 지역사회복지실천의 대상은 지역사회 내 **불이익집단**이다.

> 지역사회복지실천은 불이익집단의 역량강화를 목표로 삼기는 하지만 기본적인 대상은 지역사회 전체이다.

02 지역사회복지는 지역주민의 삶의 질 향상을 목적으로 하기 때문에 **개별 주민의 문제해결 및 행동변화에 초점을** 둔다.

> 지역사회복지는 지역주민의 삶의 질 향상을 목적으로 한다. 이때 그 대상은 개별 주민이 아닌 지역사회 전체이다. 따라서 개별 주민의 문제해결 및 행동변화에 초점을 두는 것이 아니라 지역사회가 가진 문제를 해결하고 지역사회의 역량을 강화하는 데에 초점을 두게 된다.

03 지역사회복지실천은 **전문가에 의한 전문적 활동만을** 의미한다.

> 지역사회복지실천은 전문적 활동 외에 비전문적 활동을 모두 포괄한다. 가족, 이웃, 친구, 자조모임과 같은 집단 등을 통해서도 지역사회복지실천이 이루어질 수 있다.

09-05-02

04 지역사회복지는 지역주민의 복지 강화를 위해 **생활시설의 확충을 추구**한다.

> 지역사회복지는 시설보호와 대치되는 개념이다. 폐쇄적인 시설이 아닌 지역사회 내에서 지역주민을 보호하고 문제를 예방 및 해결하면서 복지를 추구한다.

05 지역사회복지실천은 **지리적 의미의 지역사회라는 한계를** 갖는다.

> 지역사회복지실천의 특성 중 하나인 지역성은 주민들의 생활권역이라는 물리적 거리를 기본으로 하면서도 심리적 거리까지 포괄하는 개념이다.

12-05-01

06 지역사회 자체는 지역사회복지의 **실천수단이 될 수 없다.**

> 지역사회복지실천에서 지역사회는 대상이자 수단이기도 하다. 이는 지역사회복지실천이 지역사회 및 지역주민을 위한 실천활동을 진행하면서도, 한편으로는 실천활동을 위한 인적·물적 자원들을 지역사회에서 얻기 때문이다.

3장

지역사회복지의 역사

이 장에서는

자선조직협회와 인보관 운동부터 영국의 지역사회보호 관련 보고서, 그리고 우리나라의 지역사회복지 발달 흐름 등에 대해 학습한다.

10년간 출제분포도

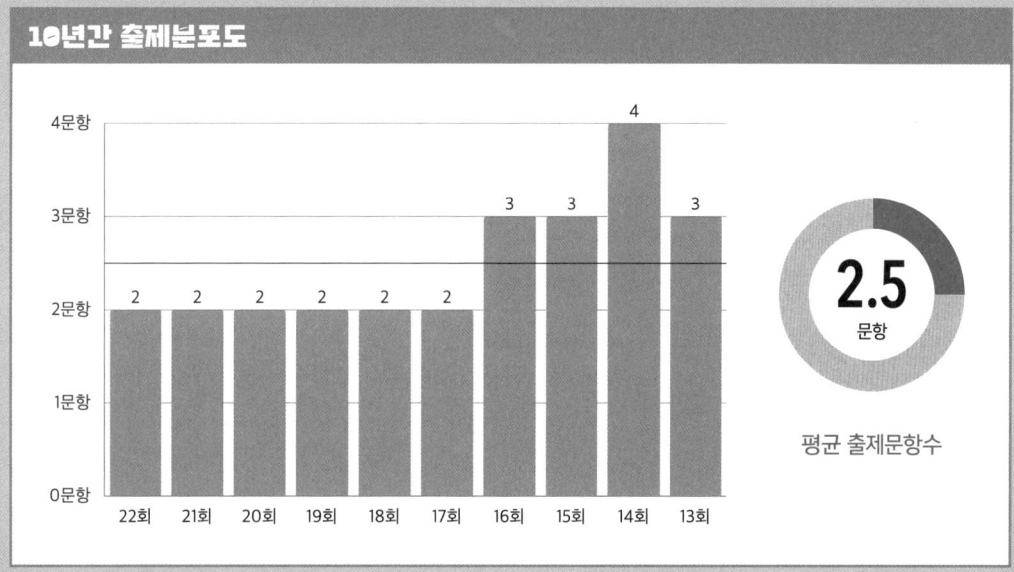

회차	22회	21회	20회	19회	18회	17회	16회	15회	14회	13회
문항	2	2	2	2	2	2	3	3	4	3

2.5문항

평균 출제문항수

134 우리나라 지역사회복지의 발달

1회독	2회독	3회독
월 일	월 일	월 일

최근 10년간 **15문항** 출제

이론요약

전통적인 인보상조 관행 및 국가제도

▶ **관행**

- 계: 큰 지출에 대비하기 위한 경제적 상부상조
- 두레: 농사일 협력을 위한 마을 전체의 공동노력
- 품앗이: 대체로 개인간 또는 소규모로 구성되어 노동력 상시 교환
- 향약: 마을 단위로 실시된 향촌의 자치규약. 현재의 조례와 유사
- 사창: 흉년에 대비하여 미리 향민에게 곡식을 징수·기증받아 저장해 두는 촌락단위의 구휼제도

▶ **국가제도**

- <u>오가작통법</u>: 5가구를 한 통으로 묶어 연대책임을 지움. 지방자치적 성격
- 의창: 흉년이 든 해에 기민을 구제하기 위하여 양곡을 저장·보관해두는 제도
- 상평창: 평상시 빈민에 대해 곡물을 대여함. 상환의 의무가 있음
- 진휼청: 조선시대 흉년에 곡물(진휼미)을 풀어 빈민을 구제하고 곡가를 조절하는 국가 기관
- 동서대비원: 치료를 목적으로 하는 의료구호 기관
- 혜민국: 의약, 의복제공 기관

일제강점기

- 전통적인 자생 복지활동은 위축·해체
- 조선구호령 실시(해방 이후 1961년 생활보호법이 제정됨에 따라 폐지)

해방 이후

▶ **외국민간원조단체 한국연합회(KAVA)**

- 전쟁 난민 및 고아를 돕기 위한 시설보호사업으로 시작
- 보건사업, 교육, 지역개발사업, 전문 사회복지사업 전개

▶ **새마을운동**

- 1958년 지역사회개발위원회 규정 공포, 이후 <u>1970년대 새마을운동</u>으로 전환

기본개념

지역사회복지론
pp.55~

- 지역사회개발 사업으로서 **근면, 자조, 협동**을 기본이념으로 함
- 농촌의 생활환경개선 사업에서 시작해 소득증대 사업으로 확대

1980년대

▶ **지역사회복지의 정착**
- 1983년 사회복지사업법 개정으로 사회복지관 운영에 대한 국가적 지원에 관한 규정 마련
- 1987년 사회복지전문요원 도입
- 1989년 주택건설촉진법, 1991년 주택건설 기준 등에 관한 규칙 등에 따라 일정 규모 이상의 저소득층 영구임대아파트 건립 시 사회복지관 설치 의무화

▶ **지역사회행동의 확산**
- **1980년대**를 거치면서 민간단체들을 중심으로 한 **사회행동이 증가**
- 저소득층 지역사회의 재개발반대운동, 핵발전소설치반대운동 등 지역을 배경으로 지역사회문제를 해결하기 위한 사회행동도 증가

1990년대

- 지방자치제도 실시(1995년 지방자치단체장 직선)
- 1992년 재가복지봉사센터 설립(2010년 재가복지봉사센터가 종합사회복지관으로 흡수 · 통합됨)
- 1997년 사회복지공동모금법 제정(1999년 사회복지공동모금회법으로 개정)
- 1999년 1기 사회복지 시설평가 시작

2000년대

- **2000년 국민기초생활보장법 시행**으로 지역사회 중심의 자활지원 사업 시작
- **2003년 사회복지사업법 개정으로 4년마다 지역사회복지계획 수립 의무화**(2005년 지역사회복지협의체 개소, 2007년 1기 계획 시작, 현재 지역사회보장계획)
- **2004년 아동복지법 개정으로 지역아동센터 법제화**
- 2007년 지역사회서비스투자사업 실시, 전자바우처 사회서비스 사업 시행
- **2010년 사회복지통합관리망 행복e음 개설**
- **2012년 시 · 군 · 구 희망복지지원단 설치**
- **2013년 사회보장정보시스템 개통**
- 2014년 사회보장급여의 이용 · 제공 및 수급권자 발굴에 관한 법률 제정, 2015년 시행
- **2016년 행정복지센터를 통한 '읍 · 면 · 동 복지허브화' 사업 실시**
- 2017년 주민자치형 공공서비스 실시, 읍 · 면 · 동 찾아가는 보건복지팀 설치
- 2019년 공공 체계를 통해 돌봄 서비스를 직접 제공하기 위한 사회서비스원 개소
- 2022년 차세대 사회보장정보시스템(희망이음) 개통

01 (22-05-03) 향약은 주민 교화 등을 목적으로 한 지식인 간의 자치적인 협동조직이다.

02 (22-05-03) 반열방은 메리 놀스에 의해 설립되었다(1906년).

03 (22-05-03) 태화여자관은 메리 마이어스에 의해 설립되었다(1921년).

04 (22-05-03) 새마을운동은 농촌에서 시작하여 도시까지 확대되었다.

05 (21-05-03) 2006년에 '자활후견기관'이 '지역자활센터'로 명칭이 변경되었고, 2007년부터 운영되었다.

06 (20-05-03) 1989년 주택건설촉진법 등에 의해 저소득층 영구임대아파트 건립 시 일정 규모의 사회복지관 건립을 의무화하였다.

07 (20-05-03) 국민기초생활보장법은 1999년 제정되어 2000년부터 시행되었다.

08 (20-05-03) 「사회보장급여의 이용·제공 및 수급권자 발굴에 관한 법률」이 2014년에 제정되어 2015년에 시행됨에 따라 지역사회복지협의체에서 지역사회보장협의체로 명칭이 변경되었다.

09 (19-05-03) 새마을 운동은 정부 주도적 지역사회 개발이었다.

10 (19-05-03) 사회복지관 운영은 지역사회 기반의 복지서비스를 촉진시켰다.

11 (19-05-03) 복지사각지대 발굴의 효과를 제고하고자 읍·면·동 복지허브화를 추진하였다.

12 (19-05-03) 국민기초생활보장제도의 시행은 지역사회 중심의 자활사업을 촉진시켰다.

13 (18-05-03) 1998년 사회복지공동모금제도 실시

14 (18-05-03) 2003년 사회복지사업법 개정으로 지역사회복지계획 수립의 법제화

15 (18-05-04) 2010년 사회복지통합관리망(행복e음) 구축

16 (17-05-07) 2012년 시·군·구 희망복지지원단 설치

17 (17-05-07) 2007년 지역사회서비스투자사업 실시

18 (16-05-03) 2000년대 도입된 지역사회서비스투자사업의 사회서비스이용권 비용 지급·정산은 사회보장정보원이 담당한다.

19 (16-05-03) 1990년대에는 재가복지서비스의 확대가 이루어졌다.

20 (16-05-03) 1950년대 외국원조기관은 구호 및 생활보호 등에 기여하였다.

21 (15-05-08) 진휼청은 조선시대 흉년으로 인한 이재민과 빈민을 구제한 국가기관이다.

22 (15-05-22) 2016년부터 '읍·면·동 복지허브화' 사업이 실시되었다.

23 (14-05-07) 사회복지공동모금회의 출범은 민간 재원의 발굴이라는 의의를 갖는다.

24 (14-05-07) 사회복지시설평가제도 도입은 기관운영의 효율성을 증가시키고자 한다.

25 (14-05-19) 우리나라 새마을운동은 지역사회개발사업과 관련 있다.

26 (14-05-19) 새마을운동은 근면·자조·협동을 주요 정신으로 한다.

27 (14-05-19) 매년 4월 22일은 정부지정 새마을의 날이다.

28 (13-05-15) 향약은 지역민의 순화, 덕화, 교화를 목적으로 한 자치적 협동조직이다.

29 (13-05-15) 계(契)는 조합적 성격을 지닌 자연발생적 조직이다.

30 (13-05-15) 품앗이는 농민의 노동력을 서로 차용 또는 교환하는 것이다.

31 (12-05-11) 1990년대에는 16개 광역 시·도에 사회복지공동모금회가 설립되었다.

| 32 | (11-05-07) | 새마을운동은 농한기 농촌마을가꾸기 시범사업 형태로 시작되었다. |

32 (11-05-07) 새마을운동은 농한기 농촌마을가꾸기 시범사업 형태로 시작되었다.

33 (11-05-07) 새마을운동은 근면·자조·협동을 주요 정신으로 한다.

34 (11-05-07) 새마을운동은 농촌생활환경개선운동으로 시작되었으나 소득증대운동으로 확대되었다.

35 (11-05-07) 새마을운동은 도시민의 의식개선운동으로도 전개되었다.

36 (09-05-06) 2003년 사회복지사업법 개정으로 지방자치단체에 지역사회복지협의체가 구성되고 지역사회복지계획이 수립되었다.

37 (09-05-06) 2004년 아동복지법 개정으로 지역아동센터를 아동복지시설로 법제화하였다.

38 (07-05-04) 외국 민간원조단체 한국연합회(KAVA)는 보건, 교육, 사회복지, 구호 및 지역사회개발 등의 분야에서 전문화된 사회복지사업을 우리나라에 도입했다.

39 (06-05-05) 2000년대에 들어서 지역아동센터가 법제화되었다.

40 (06-05-05) 1992년 사회복지사업법 개정으로 사회복지전담공무원에 대한 법적 근거가 마련되었다.

41 (04-05-30) 품앗이는 농촌의 가장 대표적인 노동협력 양식이며, 물품과 서비스를 주고받는 지역화폐의 기능도 갖는다.

대표기출 확인하기

21-05-03   난이도 ★★☆

한국의 지역사회복지 역사에 관한 설명으로 옳은 것은?

① 1960년대 – 지역자활센터 설치 · 운영
② 1970년대 – 사회복지관 운영 국고보조금 지원
③ 1980년대 – 희망복지지원단 설치 · 운영
④ 1990년대 – 재가복지봉사센터 설치 · 운영
⑤ 2010년대 – 사회복지사무소 시범 설치 · 운영

> **알짜확인**
>
> • 우리나라 지역사회복지의 발달 흐름을 주요 사건을 중심으로 정리해두자. 2000년대 이후의 변화는 특히 중요하다.
> • 전통적인 인보상조 관행이나 조선시대 국가에 의한 인보제도에 대해서도 살펴봐야 한다.
> • 새마을운동의 성격, 실행과정 등에 관한 문제도 가끔씩 출제되곤 했다.

답 ④

✔ 응시생들의 선택

① 3%	② 21%	③ 11%	④ 55%	⑤ 10%

① 2000년대 – 지역자활센터 설치 · 운영(2006년 '자활후견기관'을 '지역자활센터'로 명칭 변경, 2007년 운영)
② 1980년대 – 사회복지관 운영 국고보조금 지원(1983년)
③ 2010년대 – 희망복지지원단 설치 · 운영(2012년)
⑤ 2000년대 – 사회복지사무소 시범 설치 · 운영(2004~2006년)

관련기출 더 보기

22-05-03   난이도 ★★★

우리나라의 지역사회복지 역사에 관한 설명으로 옳지 않은 것은?

① 향약은 주민 교화 등을 목적으로 한 지식인 간의 자치적인 협동조직이다.
② 오가통 제도는 일제강점기 최초의 인보제도이다.
③ 메리 놀스(M. Knowles)에 의해 반열방이 설립되었다.
④ 태화여자관은 메리 마이어스(M. D. Myers)에 의해 설립되었다.
⑤ 농촌 새마을운동에서 도시 새마을운동으로 확대되었다.

답 ②

✔ 응시생들의 선택

① 25%	② 46%	③ 8%	④ 7%	⑤ 14%

② 오가통은 5개 가구(많게는 10개 가구)를 하나의 통으로 묶어 관리한 마을행정 조직이다. 실시된 시기가 분명하지는 않지만 조선 세종실록에 처음 기록된 것으로 알려져 있다.

우리나라 지역사회복지 역사를 과거부터 순서대로 옳게 나열한 것은?

> ㄱ. 영구임대주택단지 내에 사회복지관 건립이 의무화되었다.
> ㄴ. 지역사회복지협의체가 지역사회보장협의체로 명칭이 변경되었다.
> ㄷ. 국민기초생활 보장법 제정으로 공공의 책임성이 강화되었다.

① ㄱ → ㄴ → ㄷ   ② ㄱ → ㄷ → ㄴ
③ ㄴ → ㄱ → ㄷ   ④ ㄴ → ㄷ → ㄱ
⑤ ㄷ → ㄴ → ㄱ

답 ②

✅ **응시생들의 선택**

① 9%	② 63%	③ 5%	④ 7%	⑤ 16%

ㄱ. 1989년 주택건설촉진법 등에 의해 저소득층 영구임대아파트 건립 시 일정 규모의 사회복지관 건립을 의무화하였다.

ㄷ. 국민기초생활 보장법은 1999년 제정되어 2000년부터 시행되었다.

ㄴ. 「사회보장급여의 이용·제공 및 수급권자 발굴에 관한 법률」이 2014년에 제정되어 2015년에 시행됨에 따라 지역사회복지협의체에서 지역사회보장협의체로 명칭이 변경되었다.

2000년대 이후 한국의 지역사회복지발달에 영향을 미친 주요 사건을 모두 고른 것은?

> ㄱ. 지방자치단체의 장 직접 선출
> ㄴ. 시·군·구에 희망복지지원단 설치
> ㄷ. 영구임대아파트단지 내 사회복지관 건립 의무화
> ㄹ. 지역사회서비스투자사업 실시

① ㄱ, ㄴ   ② ㄴ, ㄹ
③ ㄷ, ㄹ   ④ ㄱ, ㄴ, ㄷ
⑤ ㄴ, ㄷ, ㄹ

답 ②

✅ **응시생들의 선택**

① 5%	② 58%	③ 3%	④ 6%	⑤ 28%

ㄱ. 우리나라에 지방분권화가 도입된 것은 1990년대로, 지방의회 선거는 1991년, 지방자치단체장 선거는 1995년 6월 실시됨에 따라 현행 지방자치제의 본격적인 시작은 1995년 7월 1일로 본다.

ㄷ. 1989년 주택건설촉진법, 1991년 주택건설 기준 등에 관한 규정 및 주택건설 기준 등에 관한 규칙 등을 통해 저소득층 영구임대아파트 건립 시 일정 규모의 사회복지관 건립을 의무화하였다.

우리나라 지역사회복지의 역사적 흐름에 관한 설명으로 옳지 않은 것은?

① 1950년대 외국원조기관은 구호 및 생활보호 등에 기여하였다.

② 1970년대 사회복지관 국고보조금 지침이 마련되었다.

③ 1980년대 민주화 운동으로 전개된 지역사회 생활권 보장을 위한 활동은 사회행동모델에서 비롯되었다.

④ 1990년대 재가복지서비스의 확대가 이루어졌다.

⑤ 2000년대 도입된 지역사회서비스투자사업의 사회서비스 이용권 비용 지급·정산은 사회보장정보원이 담당한다.

답 ②

✅ **응시생들의 선택**

① 3%	② 30%	③ 11%	④ 15%	⑤ 41%

② 1983년 사회복지사업법 개정으로 사회복지관이 공식적으로 국가 지원을 받을 수 있게 되었으며, 1989년 「사회복지관 운영·건립 국고보조사업지침」에 따라 국가지원금 산출방식이 마련되었다.

우리나라 새마을운동에 관한 설명으로 옳지 않은 것은?

① 지역사회개발사업과 관련이 있다.
② 농촌생활환경 개선운동으로 시작되었으나 소득증대운동으로 발전하지 못하였다.
③ 근면·자조·협동을 주요 정신으로 한다.
④ 1970년대 새마을운동 기록물은 유네스코 세계기록유산에 등재되어 있다.
⑤ 매년 4월 22일은 정부지정 새마을의 날이다.

답 ②

✔ 응시생들의 선택

| ① 2% | ② 69% | ③ 1% | ④ 16% | ⑤ 12% |

② 1970년대 농촌의 생활환경개선 사업으로 시작된 새마을운동은 소득증대 사업으로 확대되었으며, 도시지역에서는 의식개선 운동으로 전개되기도 하였다. 1980년대에 들어선 이후 민간주도로 전환되었다.

우리나라 지역사회복지 역사에 관한 설명으로 옳지 않은 것은?

① 오가통(五家統)은 지역이 자율적으로 주도한 인보제도이다.
② 두레는 촌락단위의 농민상호협동체이다.
③ 향약은 지역민의 순화, 덕화, 교화를 목적으로 한 자치적 협동조직이다.
④ 계(契)는 조합적 성격을 지닌 자연발생적 조직이다.
⑤ 품앗이는 농민의 노동력을 서로 차용 또는 교환하는 것이다.

답 ①

✔ 응시생들의 선택

| ① 58% | ② 22% | ③ 7% | ④ 10% | ⑤ 3% |

① 오가통은 각 하급 지방행정 구획을 일정수의 호수로 세분화하여 그 구역 내에 거주하는 성원이 인보상조와 연대책임으로 서로 돕도록 한 것으로, 지방자치제도적 성격을 갖는다.

우리나라의 지역사회복지 발달에 관한 설명으로 옳은 것을 모두 고른 것은?

> ㄱ. 1950년대 – 외국공공원조단체 한국연합회 조직
> ㄴ. 1960년대 – 최초 사회복지관 건립
> ㄷ. 1970년대 – 재가복지봉사센터 설치 및 운영
> ㄹ. 1990년대 – 16개 광역 시·도에 사회복지공동모금회 설립

① ㄱ, ㄴ, ㄷ   ② ㄱ, ㄷ
③ ㄴ, ㄹ   ④ ㄹ
⑤ ㄱ, ㄴ, ㄷ, ㄹ

답 ④

✔ 응시생들의 선택

| ① 7% | ② 27% | ③ 17% | ④ 30% | ⑤ 19% |

ㄱ. 1950년대 – 외국민간원조단체 한국연합회 조직(1952년)
ㄴ. 1920년대 – 최초 사회복지관 건립(태화여자관, 1921년)
ㄷ. 1990년대 – 재가복지봉사센터 설치 및 운영(1992년)

우리나라 지역사회복지 발달 순서를 바르게 나열한 것은?

> ㄱ. 1기 시·군·구 지역사회복지계획 수립
> ㄴ. 재가복지봉사센터 설립
> ㄷ. 국민기초생활보장제도 시행
> ㄹ. 사회복지시설평가 법제화

① ㄱ → ㄴ → ㄷ → ㄹ   ② ㄱ → ㄴ → ㄹ → ㄷ
③ ㄴ → ㄹ → ㄷ → ㄱ   ④ ㄷ → ㄱ → ㄹ → ㄴ
⑤ ㄹ → ㄴ → ㄷ → ㄱ

답 ③

✔ 응시생들의 선택

| ① 16% | ② 17% | ③ 22% | ④ 28% | ⑤ 17% |

ㄴ. 1992년 재가복지봉사센터 설립
ㄹ. 1997년 사회복지사업법 개정 및 1998년 시행규칙 개정으로 3년마다 1회 시설평가 의무화
ㄷ. 국민기초생활보장법 1999년 제정, 2000년 시행
ㄱ. 2005년 사회복지사업법 개정 법률 시행으로 2006년 1기 시·군·구 지역사회복지계획 수립, 2007년부터 실행

다음 내용이 **왜 틀렸는지**를 확인해보자

`14-05-05`

01 한국의 지역사회복지는 2000년대 들어서면서 중앙집권이 강화되는 경향을 보였다.

> 1990년대에 시작된 지방자치제의 영향을 받아 사회복지 역시 지방분권이 이루어졌다.

`09-05-06`

02 2000년대 들어서면서 사회복지공동모금법이 제정되어 민간단체에 의한 공동모금사업이 실시되었다.

> 사회복지공동모금법이 제정된 것은 1997년(시행은 1998년)이다. 현재는 사회복지공동모금회법(1999년 개정)으로 시행되고 있다.

---

03 사회복지시설에 대한 평가 의무화는 **1997년 사회보장기본법 개정**을 통해 이루어졌다.

> 1997년 사회복지사업법 개정으로 시설평가가 의무화되었다. 시설평가에 관한 법률조항의 시행은 이듬해인 1998년이었고, 실제 시설평가가 처음 진행된 것은 1999년이다.

`13-05-19`

04 2012년에는 사회보장기본법상의 **'사회서비스'가 '사회복지서비스'**로 변경되었다.

> '사회복지서비스'가 '사회서비스'로 변경, 확장되었다.

`08-05-03`

05 **1990년대**에는 지방자치 시대를 맞아 지역사회복지계획(현 지역사회보장계획)이 수립되었다.

> 지역사회복지계획에 관한 법 규정은 2003년 사회복지사업법 개정을 통해 마련되었고 2005년 7월부터 시행되어 2007년 제1기 계획이 시작되었다.

`16-05-03`

06 1970년대에는 **사회복지관 국고보조금 지침**이 마련되었다.

> 1983년 사회복지사업법 개정으로 사회복지관이 공식적으로 국가 지원을 받을 수 있게 되었으며, 1989년 「사회복지관 운영·건립 국고보조사업지침」에 따라 국가지원금 산출방식이 마련되었다.

12-05-11

07 1960년대 들어 우리나라 최초의 사회복지관이 건립되었다.

1921년에 설립된 태화여자관이 우리나라 최초의 사회복지관으로 평가되고 있다.

08 새마을운동은 1980년대 농촌의 지역사회개발 사업으로서 시작되었다.

새마을운동은 1970년대에 시작되었다.

12-05-11

09 1950년대 우리나라에는 **외국공공원조단체** 한국연합회(KAVA)가 조직되었다.

KAVA는 외국의 공공이 아닌 민간 원조단체였다.

03-05-04

10 계, 두레, 향약, **오가작통** 등은 민간이 주도했던 자생적인 인보관행이었다.

오가작통은 국가적으로 실시했던 인보제도였다.

11 혜민국, 상평창, 의창, 진휼청, **공굴** 등은 국가에서 상시적으로 운영했던 복지기구의 성격을 갖는다.

공굴은 중병 혹은 장애가 있는 사람이나 과부 등 농사를 짓기 어려운 사람들을 위해 마을 사람들이 공동으로 농사를 지어주던 관행이었다.

04-05-30

12 조선시대 오가작통은 오늘날 **공공근로의 성격**을 가졌다.

오가작통은 지방자치제도의 성격을 띠었다.

빈칸에 들어갈 알맞은 말을 채워보자

01 ( )년에는 사회복지시설평가를 위한 사회복지사업법 개정이 이루어졌다.

02 국민기초생활보장제도가 시행된 것은 ( )년이다.

03 2019년에는 공공부문에서 사회서비스 근로자를 직접 고용하고 사회서비스를 직접 제공하기 위해 ( ) 을/를 출범하였다.

04 2016년 읍·면·동 ( ) 사업을 추진하면서 동주민센터는 행정복지센터로 탈바꿈하였다.

05 2014년 제정된 「사회보장급여의 이용·제공 및 수급권자 발굴에 관한 법률」에 따른 지역사회보장계획은 ( )년마다 수립하도록 규정되어 있다.

06 ( )년에 시·군·구 단위에 설치된 희망복지지원단은 통합적 사례관리를 추진한다.

07 새마을운동은 근면, 자조, ( ) 등을 주요 정신으로 한다.

08 2015년 사회보장급여의 이용·제공 및 수급권자 발굴에 관한 법률의 시행으로 지역사회(①)계획은 지역사회(②)계획으로 그 범위가 확대되었다.

 답 01 1997 **02** 2000 **03** 사회서비스원 **04** 복지허브화 **05** 4 **06** 2012 **07** 협동 **08** ① 복지 ② 보장

다음 내용이 옳은지 그른지 판단해보자

17-05-07

01 2000년대에 들어서면서 저소득층 영구임대아파트 건립 시 일정 규모의 사회복지관 건립을 의무화했다.

02 새마을운동은 농촌 지역의 소득증대, 생활환경 개선, 의식개혁을 목적으로 추진된 민간운동이었다.

15-05-08

03 조선시대 흉년으로 인한 이재민과 빈민을 구제한 국가기관은 동서대비원이다.

04 1990년대 지방자치제도 실시 이후 2000년대에는 지역 중심의 복지 전달체계 개편이 이루어졌다.

05 1986년에 자활지원센터의 시범사업이 실시되었다.

13-05-15

06 향약은 유교적 예속의 보급, 공동체적 결속, 지역의 체제안정을 위해 마을 단위로 실시된 향촌의 자치규약을 말한다.

07 국민기초생활보장제도가 시행되면서 지역사회 중심의 자활지원사업이 본격적으로 전개되었다.

18-05-04

08 2018년에는 주민자치센터가 행정복지센터로 명칭 변경이 이루어졌다.

답 01 ✕ 02 ✕ 03 ✕ 04 ○ 05 ✕ 06 ○ 07 ○ 08 ✕

해설 **01** 1989년 주택건설촉진법, 1991년 주택건설 기준 등에 관한 규정 및 주택건설 기준 등에 관한 규칙 등을 통해 저소득층 영구임대아파트 건립 시 일정 규모의 사회복지관 건립을 의무화하였다.
02 새마을운동은 국가사업으로 실시되었다.
03 조선시대 흉년으로 인한 이재민과 빈민을 구제한 국가기관은 진휼청이다.
05 1996년에 자활지원센터의 시범사업이 실시되었다.
08 2016년 읍·면·동 복지허브화 사업 추진으로 주민센터가 행정복지센터로 탈바꿈하였다.

135 영국 지역사회복지의 발달

강의 QR코드

최근 10년간 **7문항** 출제

1 회독 월 일 → 2 회독 월 일 → 3 회독 월 일

복습 1 이론요약

근대 지역사회복지의 시작

- 1601년 이후 구빈법에 따른 수용과 구제 중심의 지역사회복지
- 1869년 런던, 자선조직협회 설립
- 1884년 런던, 인보관 토인비홀 설립

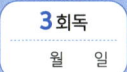

기본개념

지역사회복지론
pp.48~

지역사회복지 태동기(1950년대~1960년대 후반)

- 폐쇄적 시설에 대한 인권 문제 및 지방정부의 재정 부담 등이 제기되면서 새로운 보호의 장으로서 지역사회를 인식하기 시작
- 1959년 정신보건법(Mental Health Act) 제정으로 재가복지서비스 중심의 지역사회보호 정책 기틀 마련

지역사회보호 형성기

▶ **시봄 보고서(1968년)**

- 지역사회보호로 전환되는 계기가 된 보고서
- **지역사회를 사회서비스 제공자로 인식(비공식 서비스의 필요성 인식)하여 지역사회 기반의 서비스 제공 강조**
- **서비스의 협력적, 통합적 제공을 위한 행정개편을 주장**하며 사회서비스 부서 창설 및 지역별 전담사무소 설치 제안

▶ **하버트 보고서(1971년)**

- 가족과 근린 지역사회의 비공식 서비스를 통한 긴급한 욕구충족을 강조
- **공공 및 민간 사회서비스의 주요 과업은 비공식 서비스를 지원하는 것**에 있음을 역설

▶ **바클레이 보고서(1982년)**

- 대부분의 지역사회보호는 지역주민들 사이의 비공식 돌봄망을 통해 이루어짐을 인식
- **비공식 서비스와 공식 서비스 간의 파트너십 개발을 강조**

지역사회보호 발전기

▶ **그리피스 보고서(1988년)**

- 신보수주의 경향 하에서 케어의 혼합경제, 복지다원주의 논리를 따름
- **지역사회보호의 일차적 책임은 지방정부**에 있으며 계획은 지자체에서 수립

- 지방정부는 서비스의 공급자가 아닌, 서비스의 구매자·조정자로서의 역할을 해야 함
- 서비스 조직화의 원리로서 **사례관리 도입**

▶ **그리피스 보고서 이후**

- 그리피스 보고서의 주요 내용은 1990년에 제정된 「국민보건서비스 및 지역사회보호법(National Health Services and Community Care Act)」에 반영됨
- 개별화 원리, 이용자의 선택권 강화 및 욕구주도로 전환
- 케어 매니지먼트 도입

기출문장 CHECK

01 (22-05-04) 시봄보고서는 사회서비스의 협력과 통합을 제안하였다.

02 (22-05-04) 그리피스보고서는 지방정부의 책임을 강조하였다.

03 (20-05-04) 1959년 정신보건법(Mental Health Act) 제정으로 지역사회보호가 법률적으로 규정되었다.

04 (20-05-04) 영국의 지역사회복지는 시설보호에서 지역사회보호로 전환이 이루어졌다.

05 (20-05-04) 그리피스 보고서는 지역사회보호의 권한과 재정을 지방정부로 이양할 것을 권고하였다.

06 (19-05-07) 1980년대 그리피스(E. Griffiths) 보고서는 복지 주체의 다원화에 영향을 미쳤다.

07 (16-05-05) 영국의 그리피스 보고서는 지역사회보호를 위한 권한과 재정을 지방정부에 이양할 것을 주장하였다.

08 (16-05-05) 영국의 그리피스 보고서는 서비스의 적절성 확보를 위한 케어 매니지먼트를 강조하였다.

09 (15-05-07) 영국의 시봄 보고서는 사회서비스 부서의 창설을 제안하고 서비스의 협력 및 통합을 강조했다.

10 (07-05-03) 1970년대 영국에서는 비공식 서비스의 중요성을 강조한 하버트 보고서가 출판되었다.

대표기출 확인하기

22-05-04 난이도 ★★★

영국의 지역사회복지 역사에 해당하지 않는 것은?

① 자선조직협회(COS)는 사회진화론에 영향을 받았다.
② 토인비홀은 사무엘 바네트(S. Barnett) 목사가 설립한 인보관이다.
③ 헐하우스는 제인 아담스(J. Adams)에 의해 설립되었다.
④ 시봄(Seebohm)보고서는 사회서비스의 협력과 통합을 제안하였다.
⑤ 그리피스(Griffiths)보고서는 지방정부의 책임을 강조하였다.

▶ 알짜확인

• 영국의 발달사는 최근 출제율이 높다. 영국 사회복지 발달의 특징이라 할 수 있는 지역사회보호와 관련된 보고서들을 살펴보도록 하자.

답 ③

✓ 응시생들의 선택

① 7%	② 10%	③ 44%	④ 24%	⑤ 15%

③ 제인 아담스가 설립한 헐하우스는 미국 시카고에 세워진 것이다.

관련기출 더 보기

19-05-07 난이도 ★★☆

영국의 지역사회복지 역사에 관한 설명으로 옳은 것은?

① 헐 하우스(Hull House)는 빈민들의 도덕성 향상을 위해 노력하였다.
② 우애방문단은 기존 사회질서를 비판하고 개혁을 주장하였다.
③ 인보관 이념은 우애방문단 활동의 기반이 되었다.
④ 1960년대 존슨행정부는 '빈곤과의 전쟁'을 선포하고 다양한 지역사회 개혁을 단행하였다.
⑤ 1980년대 그리피스(E. Griffiths) 보고서는 복지 주체의 다원화에 영향을 미쳤다.

답 ⑤

✓ 응시생들의 선택

① 8%	② 3%	③ 9%	④ 19%	⑤ 61%

① 헐 하우스(Hull House)는 1889년 미국 시카고에 설립된 인보관이므로 영국의 역사는 아니다. 또한, 빈민들의 도덕성 향상을 강조한 것은 자선조직협회이다.
②③ 우애방문단은 자선조직협회의 활동가들이며, 사회질서의 비판 및 개혁을 주장한 것은 자선조직협회가 아닌 인보관 운동에 해당한다.
④ 1960년대 존슨행정부는 '빈곤과의 전쟁'을 선포하고 다양한 지역사회 개혁을 단행했는데, 이는 미국의 역사이다.

영국 지역사회복지의 발달에 영향을 미친 주요 사건을 순서대로 나열한 것은?

> ㄱ. 토인비홀(Toynbee Hall) 설립
> ㄴ. 정신보건법(Mental Health Act) 제정
> ㄷ. 그리피스(Griffiths)보고서
> ㄹ. 하버트(Harbert)보고서
> ㅁ. 시봄(Seebohm)보고서

① ㄱ - ㄴ - ㄷ - ㅁ - ㄹ
② ㄱ - ㄴ - ㅁ - ㄹ - ㄷ
③ ㄱ - ㅁ - ㄹ - ㄴ - ㄷ
④ ㄴ - ㄱ - ㅁ - ㄹ - ㄷ
⑤ ㄴ - ㄷ - ㅁ - ㄹ - ㄱ

답 ②

✔ 응시생들의 선택

① 11%	② 51%	③ 32%	④ 4%	⑤ 2%

ㄱ. 토인비홀(Toynbee Hall) 설립: 1884년
ㄴ. 정신보건법(Mental Health Act) 제정: 1959년
ㅁ. 시봄(Seebohm)보고서: 1968년
ㄹ. 하버트(Harbert)보고서: 1971년
ㄷ. 그리피스(Griffiths)보고서: 1988년

➕ 덧붙임

시봄 보고서(1968), 하버트 보고서(1971), 바클레이 보고서(1982), 그리피스 보고서(1988) 등은 모두 지역사회보호를 바탕으로 전개되었다는 점 같이 기억해두자.

영국의 그리피스 보고서(Griffiths Report, 1988)에서 강조하고 있는 지역사회보호에 관한 설명으로 옳은 것을 모두 고른 것은?

> ㄱ. 지역사회보호를 위한 권한과 재정을 지방정부에 이양할 것을 주장하였다.
> ㄴ. 지역사회보호를 위한 지방정부의 서비스 공급자 역할을 강조하였다.
> ㄷ. 서비스의 적절성 확보를 위한 케어 매니지먼트(care management)를 강조하였다.
> ㄹ. 지역사회보호 실천주체 다양화를 추구하였다.

① ㄱ, ㄴ 　　　② ㄱ, ㄹ
③ ㄴ, ㄷ 　　　④ ㄱ, ㄷ, ㄹ
⑤ ㄴ, ㄷ, ㄹ

답 ④

✔ 응시생들의 선택

① 17%	② 12%	③ 5%	④ 42%	⑤ 24%

ㄴ. 그리피스 보고서는 국가의 역할보다는 민간 부문에서 다양한 서비스가 공급되도록 해야 한다고 주장하면서 지방정부는 서비스의 구매·조정자로서의 역할을 해야 한다고 보았다.

영국의 지역사회보호 역사 중 다음의 특성 모두와 관련 있는 것은?

> • 사회서비스 부서 창설 제안
> • 대인사회서비스
> • 지역사회를 사회서비스 제공자로 인식
> • 서비스의 협력 및 통합

① 시봄(Seebohm) 보고서
② 하버트(Harbert) 보고서
③ 바클레이(Barclay) 보고서
④ 그리피스(Griffiths) 보고서
⑤ 베버리지(Beveridge) 보고서

답 ①

✔ 응시생들의 선택

① 20%	② 26%	③ 11%	④ 24%	⑤ 19%

① 시봄 보고서는 비공식적 서비스와 지역사회주민의 참여를 강조하며, 여러 부서에 산재되어 있는 서비스를 통합하도록 행정을 개편해야 한다고 주장했다.

다음 내용이 왜 틀렸는지를 확인해보자

01 1959년에는 정신보건법이 제정되면서 **시설보호에 관한 기틀**이 마련되기 시작하였다.

> 재가복지서비스 중심의 지역사회보호에 관한 기틀이 마련되기 시작하였다.

02 영국에서 발표된 지역사회보호 관련 보고서 중 가장 최초로 제시된 것은 **그리피스 보고서**로 당시 영국 사회복지 제도의 개혁을 강조하였다.

> 시봄 보고서이다.

20-05-04

03 영국 지역사회복지 발달과정에서 지역사회보호가 강조되면서 **민간서비스 및 비공식 서비스의 역할은 점차 감** 소하였다.

> 지역사회보호가 강조되면서 민간서비스, 비공식 서비스의 역할은 더욱 강조되었다.

04 그리피스 보고서는 지역사회보호의 일차적 책임주체가 **중앙정부**임을 강조하였다.

> 그리피스 보고서는 지역사회보호의 일차적 책임주체가 지방정부임을 강조하였다.

21-05-04

05 하버트 보고서는 **헐하우스 건립의 기초**가 되었다.

> 헐하우스는 1889년 미국에 세워진 인보관이다. 하버트 보고서는 1971년 영국에서 발표되었기 때문에 시기적으로 맞지 않는 서술이다.

빈칸에 들어갈 알맞은 말을 채워보자

15-05-07
01 1968년 발표된 (　　　　　) 보고서는 사회서비스 부서 창설, 대인사회서비스, 서비스의 협력 및 통합 등을 골자로 하였다.

02 영국 지역사회보호 형성기에는 다양한 보고서가 제출되었으며, 그 중 (　　　　　) 보고서는 비공식 보호서비스와 공식 보호서비스 간의 파트너십 개발을 강조하였다.

16-05-05
03 1988년 발표된 (　　　　　) 보고서는 지역사회보호를 위한 권한과 재정을 지방정부에 이양할 것을 주장하면서 서비스의 적절성 확보를 위한 케어 매니지먼트(care management)를 강조하였다.

04 1971년에 발표된 (　　　　　) 보고서는 가족체계와 근린 지역사회를 통해 이루어지는 비공식 서비스의 중요성을 강조하였다.

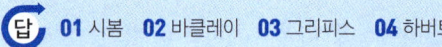 **답** **01** 시봄 **02** 바클레이 **03** 그리피스 **04** 하버트

다음 내용이 옳은지 그른지 판단해보자

01 영국 지역사회보호 형성기에는 시봄 보고서, 하버트 보고서, 그리피스 보고서 등 다양한 보고서가 발표되었다.

07-05-03
02 1930년대 영국에서는 시봄 보고서가 발표되면서 지역사회보호가 형성되기 시작하였다.

07-05-03
03 1970년대 영국에서는 비공식 서비스의 중요성을 강조한 하버트 보고서가 출판되었다.

04 시봄 보고서는 서비스의 통합적 제공을 위한 행정개편을 주장하였다.

16-05-05
05 그리피스 보고서는 지역사회보호를 위한 지방정부의 서비스 공급자 역할을 강조하였다.

답 **01** × **02** × **03** ○ **04** ○ **05** ×

해설 **01** 시봄 보고서, 하버트 보고서, 바클레이 보고서는 지역사회보호 형성기, 그리피스 보고서는 지역사회보호 발전기로 분류된다.
02 시봄 보고서는 1968년에 발표되었다.
05 그리피스 보고서는 지방정부는 서비스의 구매자 및 조정자로서 역할을 해야 한다고 보았다.

136 자선조직협회와 인보관 운동

강의 QR코드

1회독 월 일 → **2회독** 월 일 → **3회독** 월 일

★★★ 최근 10년간 **2문항** 출제

이론요약

COS(자선조직협회)

- 영국 – 1869년 런던(러스킨)
- 미국 – 1877년 뉴욕(거틴)
- **상류층, 부유층 등을 중심으로 조직**
- **빈곤을 개인의 문제로 봄**
- **사회진화론, 적자생존의 논리**
- 이전의 무분별한 자선활동을 조직화하여 체계적, 효율적 자선활동 진행
- **서비스의 조정에 초점**
- 가치있는 빈민과 가치없는 빈민을 구분하여 **선별적 구호활동** 진행
- 우애방문원을 조직하여 **우애방문원을 통한 개별방문지도 실시**
- **개별사회사업의 효시**

기본개념
지역사회복지론
pp.46~

인보관

- 영국 – 1884년 런던 '토인비홀'(바넷)
- 미국 – 1886년 뉴욕 Neighborhood Guild(코이트), 1889년 시카고 '헐하우스'(제인 애덤스)
- **대학생 등 지식인층을 중심으로 조직**
- **빈곤을 산업화, 도시화에 따른 사회적 산물로 봄**
- **자유주의, 급진주의, 계몽주의를 바탕**으로 함
- 3R: 빈민과 함께 거주(Residence), **사회조사**(Research), **사회개혁**(Reform)
- 주민의 조직화, 환경개선, 의식화 교육, 문화활동, 사회개혁 운동 진행
- **서비스의 제공에 초점**
- **빈곤해결 자체, 제도적 변화에 관심**
- 동료애, 우정을 바탕으로 관계 형성
- **집단사회사업으로 발전**

01 (22-05-04) 자선조직협회는 사회진화론에 영향을 받았다.

02 (22-05-04) 토인비홀은 사무엘 바네트 목사가 설립한 인보관이다.

03 (20-05-04) 자선조직협회는 사회진화론의 영향을 받았다.

04 (14-05-08) 세계 최초 인보관은 영국의 토인비홀이다.

05 (14-05-08) 인보관 운동의 주요 이념은 자유주의, 급진주의이다.

06 (14-05-08) 인보관 운동은 빈곤문제 해결을 위하여 환경에 관심을 갖고 접근하였다.

07 (13-05-13) 인보관 운동은 사회구조의 변화에 관심을 가졌다.

08 (13-05-13) 인보관 운동은 빈민들과 함께 거주하면서 사회문제를 해결하려 하였다.

09 (11-05-01) 자선조직협회에서는 우애방문원들이 가정방문을 진행했으며, 이들은 오늘날 사회복지사의 모태가 되었다.

10 (10-05-08) 자선조직협회는 가난의 책임이 개인에게 있다고 여겼다.

11 (08-05-04) 인보관 운동은 지역주민을 대상으로 다양한 교육활동을 펼치기도 했다.

12 (08-05-04) 자선조직협회의 주요 특징: 가치 있는 빈민과 가치 없는 빈민으로 구분, 자선기관의 서비스 조정, 사회조사 실시, 우애방문원을 통한 사례개입

13 (06-05-04) 인보관은 서비스를 직접 제공하는 한편 사회개혁 운동을 진행하기도 했다.

14 (05-05-03) 자선조직협회는 서비스의 연계 및 조정 등 지역복지의 기원이 되었다.

15 (04-05-10) 자선조직협회는 빈민의 개조에 역점을 두었다.

16 (03-05-03) 인보관 운동은 빈민들과 함께 거주하며 진행되었다.

17 (02-05-04) 인보관 운동은 사회개혁을 강조했다.

18 (02-05-05) 자선조직협회는 산발적 자선모금 활동을 체계화하고, 불합리하게 진행되던 자선사업을 개선하고, 빈곤조사를 실시하며, 우애방문원을 통해 서비스를 제공하기도 했다.

대표기출 확인하기

14-05-08 · 난이도 ★★★

인보관에 관한 설명으로 옳지 않은 것은?

① 세계 최초 인보관은 영국의 토인비홀이다.
② 일본의 인보관은 간다(神田)의 킹스레이관에서 시작되었다.
③ 우애방문 활동을 중심으로 전개하였다.
④ 주요 이념은 자유주의, 급진주의이다.
⑤ 빈곤문제 해결을 위하여 환경에 관심을 갖고 접근하였다.

▶ 알짜확인

- 자선조직협회 및 인보관 운동의 특징에 대해 파악해두어야 한다. 주로 이 둘의 차이점을 파악하고 있는지를 확인하는 문제가 출제되고 있기 때문에 학습할 때에도 둘의 차이점을 비교하면서 정리해두는 것이 필요하다.
- 둘 모두 지역사회복지의 발전에 영향을 미쳤지만, 자선조직협회는 빈곤의 책임을 개인에게 돌렸고, 인보관 운동은 빈곤문제를 산업화의 산물로 봤다는 근본적인 차이가 있다. 이 둘은 근본적인 관점이 다르기 때문에 활동 내용이나 이념 등도 다르다.

답 ③

✓ 응시생들의 선택

① 1%	② 4%	③ 87%	④ 6%	⑤ 2%

③ 자선조직협회는 우애방문원들로 하여금 빈곤자들에 대해 개별방문지도 활동을 수행하도록 하였다.

관련기출 더 보기

11-05-01 · 난이도 ★★★

자선조직협회(COS)와 인보관에 관한 설명으로 옳지 않은 것은?

① 자선조직협회에서는 우애방문원들이 가정방문을 하였다.
② 성직자나 대학생 등이 중심이 되어 인보관 운동을 전개하였다.
③ 우애방문원은 오늘날 사회복지사의 모태라고 할 수 있다.
④ 인보관 운동은 사회개혁을 추구했다.
⑤ 인보관 운동은 사회진화론에 바탕을 두었다.

답 ⑤

✓ 응시생들의 선택

① 2%	② 7%	③ 7%	④ 5%	⑤ 81%

⑤ 사회진화론은 변화하는 사회환경에 스스로의 능력으로 적응해나가는 존재만이 살아남을 수 있다고 하는 적자생존의 원리를 강조하며, 이는 자선조직협회의 사상적 바탕이 되었다. 자선조직협회는 이러한 사상에 입각하여 빈곤의 책임은 빈민 스스로에게 있다고 여기고, 개인의 노력을 강조하였다.

08-05-04 · 난이도 ★★★

인보관 활동에 대한 설명으로 옳은 것은?

① 지역주민 대상의 교육
② 가치있는 빈민과 가치없는 빈민으로 구분
③ 자선기관의 서비스 조정
④ 사회조사(social survey)의 실시
⑤ 우애방문원을 통한 사례개입

답 ①

✓ 응시생들의 선택

① 79%	② 0%	③ 4%	④ 15%	⑤ 2%

②③④⑤ 자선조직협회에 해당하는 설명이다.

다음 내용이 옳은지 그른지 판단해보자

05-05-03
01 인보관 운동은 서비스의 연계 및 조정 등 지역복지의 기원이 되었다.

13-05-13
02 인보관 운동은 1:1 방문서비스를 원칙으로 하였다.

06-05-04
03 인보관 운동은 서비스를 직접 제공하는 한편 사회개혁 운동을 전개하기도 하였다.

---

04 인보관 운동은 함께 생활함으로써 문제를 파악할 수 있다는 전제를 가졌다.

10-05-08
05 자선조직협회는 급진적 이데올로기로 설명된다.

---

06 자선조직협회 활동은 개별사회사업의 발전에, 인보관 운동은 집단사회사업의 발전에 영향을 주었다.

04-05-10
07 자선조직협회는 자선기관들의 네트워크를 형성하였고 자선활동을 체계화하기 위해 노력했다.

---

08 인보관 운동은 빈민들의 의존문화 근절에 초점을 두고 문맹퇴치 등 다양한 교육활동을 진행했다.

답  **01** × **02** × **03** ○ **04** ○ **05** × **06** ○ **07** ○ **08** ×

해설 **01** 서비스의 연계 및 조정 등의 기원이 된 것은 자선조직협회의 활동이다.
02 자선조직협회는 우애방문원을 통해 1:1 방문서비스를 진행하였다.
05 자선조직협회는 사회진화론, 전자생존의 논리를 바탕으로 하며, 인보관 운동은 급진주의, 계몽주의, 자유주의를 바탕으로 한다.
08 인보관 운동에서는 문맹퇴치를 비롯한 다양한 교육활동을 진행했지만, 빈민들의 의존문화 근절에 초점을 둔 것은 자선조직협회에 해당한다.

137 미국 지역사회복지의 발달

강의 QR코드

1회독 월 일　**2회독** 월 일　**3회독** 월 일

최근 10년간 **1문항** 출제

복습 1 이론요약

지역사회복지의 태동기(1890~1910년대)

기본개념

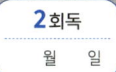 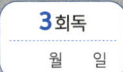

지역사회복지론
pp.51~

- 산업화에 따른 농촌인구의 도시화나 급증한 이민자들로 인한 도시빈곤, 남북전쟁 후의 흑인문제, 주택문제, 질병 등의 사회문제를 개선하려는 지역단위의 노력이 필요한 상황에서 국가의 역할은 국민의 재산권 보호와 자유 수호, 인권의 보장에 한정되어야 한다는 주장이 제기됨
- 이념적으로는 **사회진화론, 실용주의, 자유주의 등의 영향이 크게 작용**
- 사회적 문제해결을 위한 활동으로 영국의 영향을 받아 자선조직협회와 인보관 운동이 활발하게 추진

지역사회복지의 형성기(1920~1950년대)

- 20세기 초 사회복지기관의 재정난과 모금활동의 투명성 의혹 등에 따라 자선가 중심의 지역공동모금제도 및 지역복지협의회를 설립
- 자선조직협회 활동을 근간으로 하여 지역사회의 문제와 욕구를 충족시키기 위해 복지사업을 계획, 조정하는 것을 목적으로 사회복지기관협의회를 설립
- 사회문제나 빈곤의 해결방법을 개인이 아닌 지역사회조직화로부터 찾고자 하는 노력인 **지역사회조직화(CO: Community Organization)의 발달**
- 대공황 등으로 인한 복지수요 급증으로 기존의 민간 복지서비스로는 이를 담당하기 부족하여 연방정부의 개입이 확산됨에 따라 지역사회의 사업들도 정부기관으로 이양되거나 연방정부 단위의 사업으로 확대

지역사회복지의 정착기(1960년대 이후)

- 1960년대 **빈곤과의 전쟁**으로 연방정부의 책임 확대, 1965년 헤드스타트 프로그램 도입
- 1960년대 인종차별철폐운동, 반동운동, 여성해방운동 등 **시민운동의 성장으로 1970년대 지역사회조직사업 촉진**
- 1970년대 반복지주의적 물결 태동
- 1981년 신보수주의적 레이거노믹스 정책으로 '작은 정부'를 추진하면서 사회복지 부문의 민영화 진행

01 (16-05-04) 1970년대 미국에서 일어난 인종차별 금지와 반전(反戰) 운동은 지역사회조직사업을 촉진하였다.

02 (10-05-03) 사회진화론, 급진주의, 실용주의, 자유주의 등은 1800년대 후반부터 1900년대 초반의 미국 지역사회복지 발달에 영향을 미쳤다.

03 (09-05-05) 미국의 지역사회복지 역사에서 지역사회조직사업은 1960년대 들어와서 사회사업 전문분야의 위치를 확고히 하였다.

04 (09-05-05) 미국에서 인보관 운동은 자선조직협회보다 뒤에 시작되었다.

05 (08-05-06) 미국의 지역사회복지 역사에서 자선조직협회는 기관 간 서비스를 조정하기 위한 활동을, 인보관은 다양한 사회문제에 대처하기 위한 활동을 전개했다.

06 (08-05-06) 제1차 세계대전 이후 미국에서는 공동모금이 활성화되었다.

대표기출 확인하기

16-05-04   난이도 ★★★

미국 지역사회복지의 역사적 특징으로 옳은 것은?

① 대공황 이전에는 공공이 지역사회복지실천의 주요 전달체계를 담당하였다.
② 케네디와 존슨 행정부의 '빈곤과의 전쟁'은 사회복지의 지방정부 역할과 책임을 강조하였다.
③ 1970년대 인종차별 금지와 반전(反戰)운동은 지역사회조직사업을 촉진하였다.
④ 1990년대 '복지개혁(Welfare Reform)'은 풀뿌리 지역사회조직활동을 강조하였다.
⑤ 오바마 행정부는 연방정부 중심의 지역사회복지 프로그램 평가에 주안점을 두었다.

 알짜확인

• 미국의 역사에서 빈곤과의 전쟁, 신보수주의, 민영화 등의 흐름은 눈여겨 살펴봐야 한다. 지역사회복지와 관련해서는 세계대전을 거치며 시작된 공동모금과 1960~70년대 인권운동, 시민권운동 등이 지역사회조직사업의 발달로 이어졌다는 점은 기억해 둘 만하다.

답 ③

✔ **응시생들의 선택**

① 15%	② 23%	③ 19%	④ 30%	⑤ 13%

① 대공황 이후 다양한 공공 복지사업이 마련되었다.
② 케네디와 존슨 행정부의 '빈곤과의 전쟁'은 연방정부의 역할과 책임을 강조하였다.
④ 1990년대 미국의 사회복지는 기관의 행정, 계획, 조직발전, 평가개발을 중심으로 이루어졌다. 1996년 복지개혁은 개인책임에 따른 근로연계복지가 핵심이었고, 공공부조에 대해서는 주정부에 권한과 책임을 이양했다.
⑤ 오바마 전 미국 대통령은 지역사회운동을 했던 활동가이기도 했고, 이를 바탕으로 이른바 '풀뿌리식' 선거운동을 진행하였다. 이로써 당선 이후 풀뿌리 지역사회조직활동에 대한 학문적, 실천적 관심이 더욱 확대되었다.

관련기출 더 보기

12-05-16   난이도 ★★☆

미국의 지역사회복지 발달 과정을 빠른 연대 순으로 배치한 것은?

ㄱ. 헐 하우스(Hull House) 건립
ㄴ. 자선조직협회 창설
ㄷ. 지역공동모금을 위한 상공회의소의 자선연합회 출현
ㄹ. '작은 정부' 지향으로 복지에 대한 지방정부 책임 강조
ㅁ. '빈곤과의 전쟁' 선포로 사회복지에 대한 연방정부 역할 증대

① ㄱ ─ ㄴ ─ ㄷ ─ ㄹ ─ ㅁ
② ㄱ ─ ㄴ ─ ㄷ ─ ㅁ ─ ㄹ
③ ㄱ ─ ㄷ ─ ㄴ ─ ㄹ ─ ㅁ
④ ㄴ ─ ㄱ ─ ㄷ ─ ㅁ ─ ㄹ
⑤ ㄴ ─ ㄷ ─ ㄱ ─ ㅁ ─ ㄹ

답 ④

✔ **응시생들의 선택**

① 3%	② 15%	③ 3%	④ 67%	⑤ 12%

ㄴ. 1877년 ─ ㄱ. 1889년 ─ ㄷ. 1913년 ─ ㅁ. 1960년대 ─ ㄹ. 1970년대 후반 이후

10-05-03   난이도 ★★☆

1800년대 후반부터 1900년대 초반의 미국 지역사회복지 발달에 영향을 미친 이념이 아닌 것은?

① 사회진화주의
② 급진주의
③ 실용주의
④ 자유주의
⑤ 민권운동

답 ⑤

✔ **응시생들의 선택**

① 11%	② 10%	③ 25%	④ 12%	⑤ 42%

⑤ 미국에서 민권운동이 활발하게 진행된 시기는 1960년대~1970년대에 해당한다.

다음 내용이 **옳은지 그른지** 판단해보자

08-05-06

01 1990년대 이후 미국에서는 지역사회조직에 기초한 옹호적 접근이 강조되었다.

---

02 1980년대 미국에서는 신보수주의에 입각하여 국민의 복지에 대한 국가의 책임이 강조되었다.

---

03 제1차 세계대전을 거치면서 전시모금회가 생겨났고, 이는 이후 공동모금회로 발전하였다.

16-05-04

04 미국에서 케네디 및 존슨 행정부의 '빈곤과의 전쟁'은 사회복지에 대한 지방정부의 역할과 책임을 강조하였다.

---

05 1960년대 미국에서는 베트남 전쟁으로 인한 반전운동을 시작으로 이후 인종차별철폐운동, 여성해방운동 등 다양한 사회행동이 일어났고, 이는 지역사회조직사업의 발전으로 이어졌다.

10-05-03

06 사회진화론, 급진주의, 실용주의, 자유주의 등의 이념은 1800년대 후반부터 1900년대 초반의 미국 지역사회복지 발달에 영향을 미쳤다.

09-05-05

07 미국에서는 레이거노믹스 이후 복지예산 삭감에 대한 압력이 줄어들었다.

답 **01** × **02** × **03** ○ **04** × **05** ○ **06** ○ **07** ×

해설 **01** 1990년대 이후에는 지역사회조직에 기초한 옹호적 접근보다는 사회복지기관의 기획 및 마케팅 같은 행정적 능력이나 프로그램 평가 등이 강조되었다.
02 1980년대는 신보수주의에 따라 사회복지에 대한 정부지원이 축소되고 사회복지 영역들도 민영화가 단행되기 시작했다.
04 빈곤과의 전쟁은 지방정부가 아닌 연방정부(중앙정부)의 역할과 책임을 강조하고 확대했다.
07 1980년대 신보수주의 경향을 레이거노믹스라고 일컫는다. 레이거노믹스에 따라 복지예산 삭감에 대한 압력은 증가했다.

4장

지역사회복지의 주요 이론

이 장에서는

구조기능론, 갈등이론, 교환이론, 자원동원이론, 생태이론 등을 비롯해 지역사회복지에 함의를 주는 다양한 이론들을 살펴본다.

10년간 출제분포도

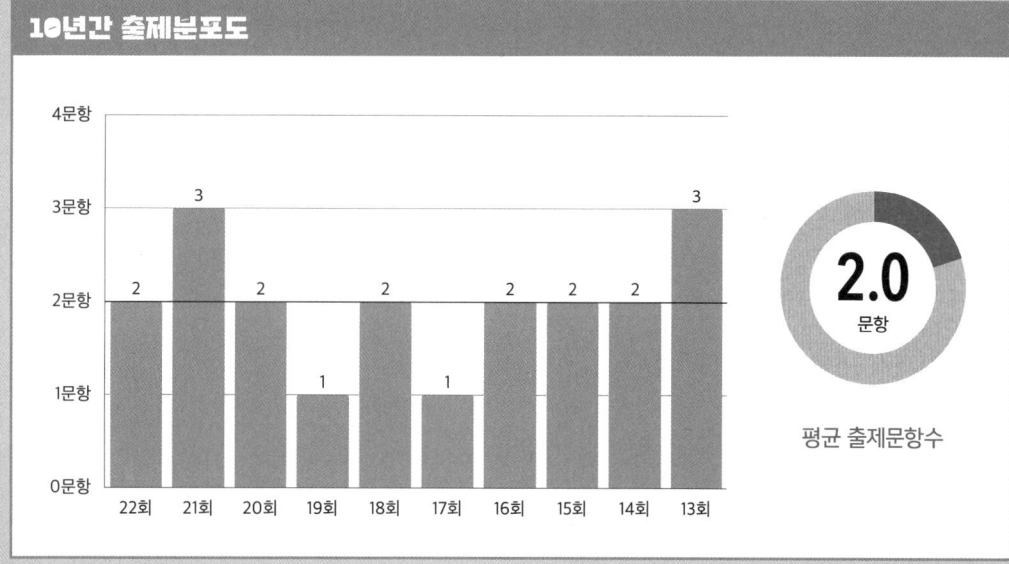

평균 출제문항수

2.0 문항

138 지역사회복지실천 이론들

강의 QR코드

최근 10년간 **20문항** 출제

복습 1

이론요약

구조기능이론

- 지역사회는 여러 부분으로 구성되어 있고, 각 부분은 전체가 기능을 잘 발휘할 수 있도록 기여
- 지역사회의 균형과 안정을 강조

기본개념

지역사회복지론
pp.66~

갈등이론

- 사회의 권력과 자원 등이 불평등하기 때문에 갈등은 본질적으로 발생하는 불가피한 현상이라고 봄
- 갈등을 사회변화를 가능하게 하는 주요 기제로 간주
- 어느 한 집단이 다른 집단을 성공적으로 완전히 지배함에 따라 안정이 일어날 수 있지만 이는 일시적인 현상일 뿐 사회는 본래 분열되어 있다고 봄

※ 알린스키(Alinsky)
  - 갈등이론을 지역사회조직화에 적용한 대표적인 학자
  - 모든 사람이 재화와 서비스에 평등하게 접근할 수 있어야 하며, 지역사회조직의 목표는 지배집단과 피지배집단이 동등한 혜택을 받는 것이라고 주장
  - 소수의 지배집단이 갖고 있는 자원과 의사결정의 권한을 가져오기 위한 피지배집단의 조직화와 대항을 강조

사회체계이론

- 다양한 체계들 간의 상호작용을 강조
- 지역사회의 각 구성요소들이 상호 긴밀하게 연결되어 집단이 형성되고, 여러 집단이 서로 결합되어 제도를 이루고, 여러 제도들이 서로 결합되어 지역사회를 이룬다고 봄

생태(체계)이론

- 인간과 그를 둘러싼 사회환경을 하나의 거대한 생태계로 파악(환경 속 인간 관점)
- 사회환경의 변천과정을 역동적으로 설명할 수 있는 이론
- 경쟁, 지배, 집중화, 계승, 분산 등의 개념을 통해 지역사회의 변화과정을 설명

- 인간은 환경과 상호작용하면서 환경에 적응하는 동시에 진화하는 역동적 존재임을 가정하면서도, **환경에 대한 적응(환경과의 적합성)**을 전제로 체계의 안정성을 지향하기 때문에 적극적인 변화나 저항을 추구하지는 않음

자원동원이론

- 사회운동조직의 역할과 한계를 규명하는 이론
- 조직의 활성화를 위해 자원이 필요하며 **자원의 유무에 따라 사회운동의 성패가 결정된다고 봄**
- 자원에는 돈, 정보, 사람, 조직원 간의 연대성, 사회운동의 목적과 방법에 대한 정당성 등이 포함됨
- 자원동원의 핵심 과제는 '조직원을 어떻게 확보할 것인가'와 '잠재적 조직원에게 조직의 철학과 이념을 어떻게 전달할 것인가'에 있음

교환이론

- 사회적·물질적 자원의 **교환을 인간 상호작용의 근본 형태로 파악**
- 지역사회복지실천도 교환의 장에서 이루어짐
- 교환자원: 상담, 지역중심 서비스, 기부금, 재정지원, 정보, 정치적 권력, 의미, 힘 등
- **교환관계의 단절이나 불균형, 교환자원의 부족 및 고갈 등으로 인해 지역사회문제가 발생할 수 있음**

※ 하드캐슬의 권력균형전략
- **경쟁**: 교환에 참여하는 대신 다른 자원을 찾는 것
- **재평가**: A가 B의 자원을 재평가하여 종속을 피하는 방법
- **호혜성**: A와 B가 서로에게 필요한 교환관계임을 인식하게 하여 A와 B의 관계를 독립적이고 동등한 관계로 바꾸는 것
- **연합**: B에 종속된 A, C, D 등이 힘을 합쳐 B의 권력에 대항하는 전략
- **강제**: 물리적 힘을 동원하여 B가 갖고 있는 자원을 A가 장악하는 전략(법적, 윤리적 문제가 발생할 수 있으므로 유의해야 함)

엘리트주의와 다원주의

- 엘리트주의: 소수의 지배 엘리트 집단(정치와 경제 등에서 중요한 정책을 결정할 때 우월한 지위에서 영향을 미치는 사람 또는 집단)이 국가의 정책을 좌우하는 권력을 장악하고 있다고 봄
- 다원주의: 다원화된 현대사회에서는 각 이익집단의 대결과 갈등을 정부가 종합하여 균형적인 결정을 내린다는 것

사회구성론

- 지식의 객관성을 강조하는 전통적인 실증주의를 비판
- **개인이 처한 사회나 문화 속 맥락에 따라 현실의 문제나 상황을 구성 또는 재구성할 수 있다는 관점**
- **다양한 문화를 가진 클라이언트**와의 지속적이고 집중적인 대화과정을 강조함
- 클라이언트의 행동에 영향을 끼치는 사회·경제 및 정치적 구조에 대한 이해를 갖고, 클라이언트의 다양한 문화적 가치와 규범에 대한 민감성을 강조

권력의존이론

- 집단들이 갖고 있는 자원의 크기에 따라 권력이 발생하며 **권력이 작은 집단은 권력이 큰 집단에 의존하게 된다는 관점**
- **지역사회 내 집단들 사이에 힘의 획득, 분산 등 권력구조를 파악**하기 위한 이론적 토대가 됨

01 (22-05-05) 교환이론은 자원의 교환을 통한 지역사회의 발전을 강조한다.

02 (21-05-05) 갈등이론은 이해관계의 대립을 불평등한 분배로 설명한다.

03 (21-05-07) 사회복지관이 지방정부로부터 보조금 집행에 대한 지도점검을 받는 것은 권력의존이론의 관점으로 이해할 수 있다.

04 (20-05-07) 사회구성(주의) 이론: 가치나 규범, 신념, 태도 등은 다양한 문화적 집단에 따라 다르게 구성된다.

05 (19-05-02) 사회구성주의이론은 지역사회 문제를 객관적 사실로 인정하지 않고, 특정 집단에 의해 규정된다고 본다.

06 (18-05-05) 갈등이론은 갈등현상을 사회적 과정의 본질로 간주한다.

07 (17-05-08) 사회구성론의 적용 예: A사회복지사는 결혼이주여성들을 지원하는 과정에서 그들의 행동에 영향을 미쳤던 자국의 사회, 경제 및 정치적 구조를 이해하고 그들의 문화적 가치와 규범에 대한 의미를 해석해야 한다.

08 (16-05-07) 생태체계이론의 적용 예: 도농복합지역 A시의 최근 10년간 사회지표 분석결과, 원도심 지역은 공동화가 이루어지면서 노인가구 및 1인 가구 증가율이 급상승한 반면, 농촌지역은 공공기관 이전으로 인구의 평균연령이 낮아져 A시가 계층화되고 있는 것으로 나타났다.

09 (15-05-01) 다원주의이론의 관점: 다양한 집단과 조직이 이익을 표출함으로써 정책과정에 영향을 미칠 수 있다. 지역사회복지정책은 이익집단들 간의 갈등과 타협의 산물로 간주된다. 지역사회복지정책 결정은 이익집단들의 상대적 영향력 정도에 따라 달라진다.

10 (15-05-05) 권력의존이론의 적용 예: 사회복지관은 생존차원에서 외부 재정지원을 필요로 하지만 재정지원자의 요구를 무시하기 어렵다. 이런 상황에서 A사회복지관은 기관운영 재원을 마련하기 위해 다양한 후원기관을 발굴하였고, 이를 통해 직원들은 사업운영의 자율성이 확대되는 것을 경험하였다.

11 (14-05-04) 기능주의 관점에서는 조화, 적응, 안정, 균형을 중시한다.

12 (14-05-04) 기능주의 관점에서는 사회변화가 점진적으로 이루어진다고 전제한다.

13 (14-05-06) 사회구성주의에서는 지식은 사회적으로 구성되는 것이라고 본다.

14 (13-05-21) 사회체계이론은 보수적 이론으로 비판받지만 지역사회의 구조와 기능을 설명할 수 있다.

15 (13-05-21) 사회교환이론은 비영리 조직의 마케팅이나 네트워킹 활동을 설명할 수 있다.

16 (13-05-22) 생태학이론: 지역사회는 공간을 점유하는 인간집합체로서 경쟁, 중심화, 분산 및 분리 등의 현상이 존재한다. 지역사회의 변환과정을 역동적 진화과정으로 설명할 수 있다.

17 (12-05-14) 자원동원: 사회운동을 발전시키기 위하여 회원들을 적극적으로 참여하도록 독려한다. 조직의 발전을 위해서 구성원 모집, 자금 확충, 직원 고용에 힘쓴다.

18 (11-05-03) 자원동원이론은 힘의존이론(power dependency theory)에 영향을 받았다.

19 (11-05-05) 생태이론의 특징: 지역사회가 변화에 순응하면 살아남고 순응하지 못하면 도태된다는 자연의 섭리를 강조한다. 중심화나 분산 등의 개념을 사용하여 지역사회의 변환과정을 역동적으로 설명할 수 있다.

20 (10-05-04) 갈등론적 관점을 기반으로 한 지역사회복지실천은 지역사회의 불평등 관계를 바꾸는 데에 초점을 둔다.

21 (10-05-07) 교환이론에서 하드캐슬(Hardcastle)은 권력균형전략으로 경쟁, 재평가, 호혜성, 연합, 강제 등을 제시하였다.

22 (09-05-03) 자원동원론: 사회운동조직들의 역할과 한계를 설명한다.

23 (08-05-08) 체계이론: 다양한 체계들 간의 상호작용을 강조하며, 수평적인 관점과 수직적인 관점에 초점을 둔다.

24 (07-05-06) 갈등이론은 사회행동모델과 관련이 깊다.

25 (06-05-10) 갈등이론에서는 갈등이 지역사회 내부의 결속력을 강화시켜주기도 한다고 보았다.

대표기출 확인하기

다음을 설명하고 있는 이론은?

> 최근 A지방자치단체와 B지방자치단체는 중앙정부로부터 각각 100억 원의 복지 예산을 지원받았다. 노인복지단체가 많은 A지방자치단체는 지역 노인회의 요구로 노인복지 예산 편성 비율이 전체 예산의 50%를 차지하게 되었고, 상대적으로 젊은 층이 많이 거주하고 있는 B지방자치단체는 노인복지 예산의 편성비율이 20% 수준에 그쳤다.

① 교환이론
② 갈등주의이론
③ 사회체계이론
④ 사회자본이론
⑤ 다원주의이론

 알짜확인

- 하나의 이론이 한 문제로 출제되기도 하지만 한 문제에서 여러 이론들이 종합적으로 다뤄지는 경우가 많아 몇몇 이론만 집중적으로 공부해서는 안 된다.
- 각 이론의 주요 특징들을 주요 키워드와 함께 정리하여 헷갈리지 않도록 하자.
- 단순히 특징만 파악하는 문제뿐만 아니라 이론이 실제 어떻게 적용될 수 있는지를 생각해보는 문제도 출제된다는 점에서 다소 깊이 있는 공부가 요구된다.

답 ⑤

✓ **응시생들의 선택**

① 3%	② 7%	③ 34%	④ 31%	⑤ 25%

다원주의는 사회는 여러 독립적인 이익집단이나 결사체로 이루어져 있으므로 집단 간의 경쟁, 갈등, 협력에 의해 민주적으로 운영된다는 사상이다. 주어진 지문의 내용을 보면 A지방자치단체는 지역 내 '노인회'라는 이익집단 결사체가 예산확보에 대해 영향력을 행사하고 있는 반면, B지방자치단체는 젊은 층이 많이 거주하고 있어 노인인구의 영향력이 상대적으로 약하게 나타나고 있음을 알 수 있다. 이러한 사례는 다원주의의 이론을 전제로 설명할 수 있다. 또한 이 사례에서는 분권화에 따라 중앙정부의 일률적인 정책이 아닌 지역사회마다 다른 다원적 정책 실시가 가능함도 알 수 있다.

관련기출 더 보기

갈등이론에 관한 설명으로 옳은 것은?

① 이익과 보상으로 사회적 관계가 유지된다.
② 특정 집단이 지닌 문화의 의미를 해석한다.
③ 지역사회는 상호의존적인 부분들로 구성되어 있다.
④ 조직구조 개발에 자원동원 과정을 중요하게 여긴다.
⑤ 이해관계의 대립을 불평등한 분배로 설명한다.

답 ⑤

✓ **응시생들의 선택**

① 10%	② 4%	③ 6%	④ 3%	⑤ 77%

① 사회교환이론에 관한 설명이다.
② 사회구성론에 관한 설명이다.
③ 구조기능론에 관한 설명이다.
④ 자원동원이론에 관한 설명이다.

지역사회복지를 권력의존이론의 관점에서 설명한 것을 모두 고른 것은?

> ㄱ. 장애인 편의시설 설치를 위해 다양한 장애인 단체가 의사결정에 참여하도록 한다.
> ㄴ. 노인복지관은 은퇴노인의 재능을 활용한 봉사활동을 기획한다.
> ㄷ. 사회복지관은 지방정부로부터 보조금 집행에 대한 지도점검을 받았다.

① ㄱ　　　　　　　　　② ㄷ
③ ㄱ, ㄴ　　　　　　　④ ㄱ, ㄷ
⑤ ㄱ, ㄴ, ㄷ

답 ②

응시생들의 선택

| ① 4% | ② 55% | ③ 3% | ④ 30% | ⑤ 8% |

ㄱ. 장애인 편의시설 설치를 위해 다양한 장애인 단체가 의사결정에 참여하도록 하는 것은 다원주의이론에 해당한다.
ㄴ. 노인복지관이 은퇴노인의 재능을 활용한 봉사활동을 기획하는 것은 교환이론, 사회자본이론 등의 맥락으로 볼 수 있다.

이론과 주요 개념의 연결이 옳지 않은 것은?

① 사회체계이론 – 체계와 경계
② 생태학적 관점 – 분리(segregation), 경쟁, 침입, 계승
③ 사회자본이론 – 네트워크, 일반화된 호혜성 규범
④ 갈등이론 – 갈등전술, 내부결속
⑤ 사회교환이론 – 자기효능감, 집단효능감

답 ⑤

응시생들의 선택

| ① 1% | ② 48% | ③ 9% | ④ 3% | ⑤ 39% |

⑤ 사회교환이론은 인간은 자신의 이익을 추구하기 때문에 누군가와 사회적, 물질적 자원의 교환이라는 상호작용을 맺게 된다는 것이다.

지역사회복지 관련 이론과 내용의 연결로 옳은 것은?

① 다원주의이론: 인간과 환경과의 상호작용에 초점을 둔다.
② 구조기능론: 지역사회 내 갈등이 변화의 원동력이다.
③ 사회구성주의이론: 지역사회 문제를 객관적 사실로 인정하지 않고, 특정 집단에 의해 규정된다고 본다.
④ 권력관계이론: 지역사회는 구성 부분들의 조화와 협력으로 발전된다.
⑤ 사회자본이론: 지역사회 내 소수의 엘리트 집단의 권력이 정책을 좌우한다.

답 ③

응시생들의 선택

| ① 40% | ② 16% | ③ 32% | ④ 6% | ⑤ 6% |

① 인간과 환경의 상호작용에 초점을 둔 이론은 생태이론이다.
② 갈등을 변화의 원동력으로 본 것은 갈등론적 관점이다.
④ 지역사회가 구성 부분들의 조화와 협력으로 발전된다고 본 것은 구조기능적 관점이다.
⑤ 지역사회 내 소수의 엘리트 집단의 권력이 정책을 좌우한다고 본 것은 엘리트주의이다.

다음 사례에 해당하는 지역사회복지 실천이론이 올바르게 짝지어진 것은?

> A사회복지관은 지역의 B단체로부터 많은 후원금을 지원받았고 단체 회원들의 자원봉사 참여가 많았다. 그러나 최근에는 B단체의 후원금과 자원봉사자가 감소하여 교육을 통해 주민들의 역량을 강화시켜 복지관 사업에 함께 참여하도록 하고 있다. 또한, 다양한 후원기관을 발굴하고자 노력 중이다.

① 사회학습이론, 권력의존이론
② 권력의존이론, 사회구성이론
③ 사회구성이론, 다원주의이론
④ 다원주의이론, 엘리트이론
⑤ 엘리트이론, 사회학습이론

답 ①

응시생들의 선택

| ① 29% | ② 44% | ③ 22% | ④ 1% | ⑤ 4% |

- 사회학습이론: 지역사회 및 환경에 대한 학습을 통해 주민들의 역량을 강화시킴으로써 지역사회의 발전을 이끌어낼 수 있다고 본다.
- 권력의존이론: 지역주민이나 집단 또는 조직의 힘의 소유 여부가 지역사회의 발전에 중대한 영향을 미친다는 것을 강조한다.

지역사회에 관한 기능주의 관점을 설명한 것으로 옳은 것을 모두 고른 것은?

> ㄱ. 사회는 항상 불안하다고 전제한다.
> ㄴ. 조화, 적응, 안정 균형을 중시한다.
> ㄷ. 소수 엘리트에 의한 주도적 가치판단을 중시한다.
> ㄹ. 사회변화가 점진적으로 이루어진다고 전제한다.

① ㄱ, ㄴ, ㄷ   ② ㄱ, ㄷ
③ ㄴ, ㄹ   ④ ㄹ
⑤ ㄱ, ㄴ, ㄷ, ㄹ

답 ③

✅ **응시생들의 선택**

① 3%	② 5%	③ 87%	④ 3%	⑤ 2%

ㄱ. 사회불안과 갈등을 본질적 속성으로 본 이론은 갈등이론이다.
ㄷ. 엘리트주의에 해당하는 내용이다.

사회복지사는 '아동보호를 위한 마을만들기 지원사업'을 시작하기 위해 지역사회복지 이론에 기초한 실천을 계획하였다. 다음 중 옳은 것을 모두 고른 것은?

> ㄱ. 사회체계이론의 관점에서 학교나 병원과 같은 아동관련 하위체계를 조사하고 방문할 계획이다.
> ㄴ. 생태학이론의 관점에서 과거부터 지금까지의 아동관련 지역사회 활동을 조사할 계획이다.
> ㄷ. 사회자본이론의 관점에서 '아동이 살기 좋은 마을은 모두에게 안전한 마을'이라는 슬로건 하에 지역사회의 호혜성을 강화할 계획이다.
> ㄹ. 갈등이론의 관점에서 학부형의 연대가 중요하므로 비학부형은 참여대상에서 제외할 계획이다.

① ㄱ, ㄴ, ㄷ   ② ㄱ, ㄷ
③ ㄴ, ㄹ   ④ ㄹ
⑤ ㄱ, ㄴ, ㄷ, ㄹ

답 ①

✅ **응시생들의 선택**

① 31%	② 64%	③ 2%	④ 1%	⑤ 2%

ㄹ. 갈등이론은 갈등을 해결해나가는 과정이 곧 사회발전의 과정으로 이어진다고 본다. 따라서 학부형이 아니어도 참여할 수 있다.

하드캐슬(Hardcastle)이 제시한 전략 중 A정신건강복지센터가 사용한 전략은?

> A정신건강복지센터는 B정신병원으로부터 클라이언트를 의뢰받고 있다. 최근에 B정신병원이 클라이언트를 의뢰해 주는 조건으로, 입원환자들을 위한 상담서비스에 A정신건강복지센터의 자원봉사자를 활용할 수 있도록 요구하였다. A정신건강복지센터는 현재의 자원봉사인력을 고려할 때, 이러한 조건을 들어주기가 어려웠다. 이에 인근에 있는 C정신병원과 새롭게 연계하여 필요한 클라이언트를 의뢰받기로 하였다.

① 경쟁   ② 연합
③ 강압   ④ 타협
⑤ 호혜

답 ①

✅ **응시생들의 선택**

① 22%	② 52%	③ 1%	④ 14%	⑤ 11%

① A정신건강복지센터는 B정신병원과의 교환 관계에서 문제가 발생하자 다른 C정신병원을 통해 당면 문제를 해결하고자 하는 것이기 때문에 경쟁 전략에 해당한다.

자원동원이론에 관한 설명으로 옳은 것은?

① 사회적 불만의 팽배가 사회운동의 직접적 원인이다.
② 지역사회의 신뢰, 네트워크, 호혜성을 강조한다.
③ 의사결정 시 각 조직 간의 자원 불균형을 고려하지 않는다.
④ 자원동원이론은 힘의존이론(power dependency theory)에 영향을 받았다.
⑤ 자원에는 연대성이 포함되지 않는다.

답 ④

✅ **응시생들의 선택**

① 8%	② 44%	③ 3%	④ 44%	⑤ 1%

④ 갈등이론, 힘(권력)의존이론, 자원동원이론 등은 모두 힘과 관련된 이론들로 서로 연관성이 있다.

다음 내용이 왜 틀렸는지를 확인해보자

01 갈등이론에서는 갈등으로 인해 사회가 분열되고 사회변화가 제한된다고 보았다.

> 갈등이론에서는 사회가 분열되어 있다고 보며, 갈등 상황에서 해결책을 만들어 나가는 과정을 곧 사회발전의 과정이라고 보았다.

02 다원주의는 개인 혹은 개별 집단이 자신의 목표와 이익을 달성하기 위해 각자의 의견을 표출함으로써 대립과 타협이 일어나며 그 과정에서 가장 큰 힘을 가진 개인 혹은 집단이 권력을 갖고 정책을 좌우하게 된다는 것이다.

> 다원주의에서는 개인과 집단 사이에 갈등이 일어날 때 정부가 공정하고 종합적인 입장에서 조정하여 균형 있는 정책을 내놓는다고 본다.

03 생태이론은 인간과 환경 사이의 갈등, 환경에 대한 인간의 저항 등을 설명한다.

> 생태이론은 기본적으로 체계의 안정성을 지향하기 때문에 갈등이나 저항을 설명하지 못하며, 환경에 대한 인간의 변화 노력은 적극적인 변화가 아닌 대안 제시 정도에 그친다.

04 사회구성론은 다양한 문화적 배경을 가진 클라이언트와 함께하는 사회복지사에게 문화적 민감성을 가질 수 있는 함의를 제공하면서도 지배구조에 대한 적응을 강조한다는 한계가 있다.

> 사회구성론은 기존 지식이 지배집단의 이익을 대변하는 경향에 대해 비판적이다. 따라서 지배구조나 잘못된 제도에 대한 적응을 강조하지 않는다. 오히려 이에 대해 어떻게 대항해야 할 것인지에 관심을 갖는다.

05 교환이론에서는 교환이 반복될수록 당사자 간에 갈등이 커진다고 보았다.

> 교환이론에서는 교환행위가 반복됨에 따라 당사자 사이에 사회적 관계가 더욱 강화된다고 보았다.

06 자원동원이론은 신뢰, 네트워크, 호혜성 등의 개념을 통해 자원이 사회운동의 성패에 미치는 영향력을 설명하였다.

> 자원동원이론은 조직원의 충원, 자금조달, 적절한 조직구조의 개발 등 자원의 유무에 따라 사회운동의 성패가 결정된다고 보았다.
> 신뢰, 네트워크, 호혜성 등은 사회자본이론에서 제시된 개념들이다.

빈칸에 들어갈 알맞은 말을 채워보자

15-05-05

01 (   )이론의 예: 사회복지관은 생존차원에서 외부 재정지원을 필요로 하지만 재정지원자의 요구를 무시하기 어렵다. 이런 상황에서 A사회복지관은 기관운영 재원을 마련하기 위해 다양한 후원기관을 발굴하였고, 이를 통해 직원들은 사업운영의 자율성이 확대되는 것을 경험하였다.

13-05-22

02 (   )이론: 지역사회는 공간을 점유하는 인간집합체로서 경쟁, 중심화, 분산 및 분리 등의 현상이 존재한다. 지역사회의 변환과정을 역동적 진화과정으로 설명할 수 있다.

12-05-14

03 (   )이론: 사회운동을 발전시키기 위하여 회원들을 적극적으로 참여하도록 독려한다. 조직의 발전을 위해서 구성원 모집, 자금 확충, 직원 고용에 힘쓴다.

10-05-07

04 하드캐슬이 제시한 권력균형전략: 경쟁, (   ), 호혜성, 연합, 강제

15-05-01

05 (   )이론: 다양한 집단과 조직이 이익을 표출함으로써 정책 과정에 영향을 미칠 수 있다. 지역사회복지정책 결정은 이익집단들의 상대적 영향력 정도에 따라 달라진다.

17-05-08

06 (   )이론의 예: A사회복지사는 결혼이주여성들을 지원하는 과정에서 그들의 행동에 영향을 미쳤던 자국의 사회, 경제 및 정치적 구조를 이해하고 그들의 문화적 가치와 규범에 대한 의미를 해석해야 한다.

09-05-03

07 (   )이론: 전체 사회는 크고 작은 하위체계로 구성되어 있다고 보면서 다양한 하위체계들 사이의 상호작용을 강조하였다.

21-05-06

08 (   )이론의 예: A지역은 외국인 노동자의 유입으로 특정 국적의 외국인 주거 공동체가 형성되기 시작하면서 주민 간 갈등이 발생하였다.

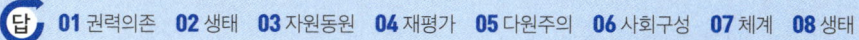

답 **01** 권력의존 **02** 생태 **03** 자원동원 **04** 재평가 **05** 다원주의 **06** 사회구성 **07** 체계 **08** 생태

다음 내용이 옳은지 그른지 판단해보자

13-05-21
01 갈등이론은 갈등을 둘러싼 연대와 권력형성의 도구가 될 수 있다는 측면에서 사회행동모델에 유용하다.

22-05-05
02 기능주의이론은 지역사회 변화의 원동력을 갈등으로 간주한다.

22-05-05
03 자원동원이론은 이익집단들 간의 갈등과 타협을 강조한다.

11-05-03
04 자원동원이론에서 말하는 자원에 연대성은 포함되지 않는다.

09-05-04
05 사회교환론은 사회복지조직이 생존을 위해 외부의 재정적 지원에 의존하게 되는 현실을 설명하는 이론이다.

11-05-05
06 생태이론은 지역사회가 변화에 순응하면 살아남고 순응하지 못하면 도태된다는 자연의 섭리를 강조한다.

13-05-21
07 자원동원이론은 재정자원에 초점을 두고 있어 사회적 소수자의 권리옹호를 위한 실천에는 유용하지 않다.

09-05-03
08 사회구성론은 모든 현상에 대한 객관적 진실이 존재한다는 점에 의구심을 던지며, 개인이 처한 사회문화적 맥락에 따라서 현실의 문제나 상황을 구성 또는 재구성할 수 있다고 보았다.

답 01 ○ 02 × 03 × 04 × 05 × 06 ○ 07 × 08 ○

해설 **02** 갈등을 지역사회 변화의 원동력으로 본 것은 갈등이론이다.
03 사회를 구성하는 여러 이익집단들이 서로 경쟁, 갈등, 협력하면서 정책결정이 이루어진다고 본 것은 다원주의이론이다.
04 자원동원이론에서의 자원은 물질적인 차원에 한정된 것은 아니다.
05 사회복지조직이 생존을 위해 외부의 재정적 지원에 의존하게 됨을 설명한 이론은 권력의존이론이다.
07 사회운동조직이 비주류계층 및 사회적 약자의 권리옹호나 대변 등을 포함한 사회적 항의 활동을 할 때 동원할 수 있는 자원의 정도와 범위에 따라 활동의 역할과 한계가 규정된다는 점에서 자원동원이론을 적용해볼 수 있다.

5장

지역사회복지 실천모델의 이해

이 장에서는

로스만의 제시한 지역사회개발모델, 사회계획모델, 사회행동모델을 비롯해 웨일과 갬블의 모델, 테일러와 로버츠의 모델, 포플의 모델 등 지역사회복지 실천모델에 대해 살펴본다.

10년간 출제분포도

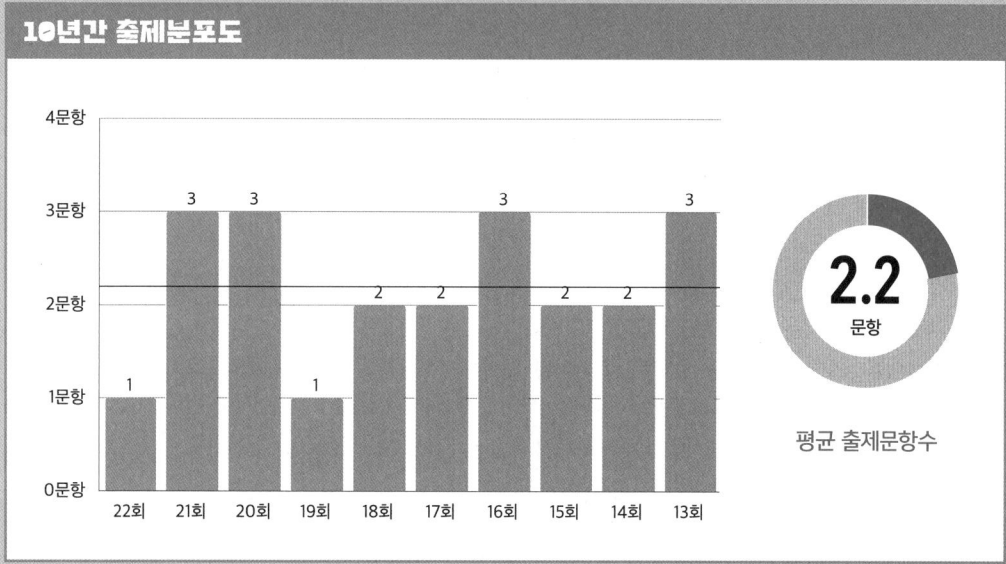

평균 출제문항수

139 로스만의 모델

강의 QR코드

1회독 월 일 | **2**회독 월 일 | **3**회독 월 일

최근 10년간 **9문항** 출제

복습 1 이론요약

지역사회개발모델

- 지역사회의 변화를 위한 **주민참여 강조**
- **과업지향적 소집단 활용**
- **자조정신, 자발적 협동, 민주적 절차, 교육, 토착 지도자 개발에 초점**
- 일부 집단이 아닌 **다양한 집단의 참여를 강조**
- **과정중심 목표**
- **전술: 합의, 대화, 집단토의**
- 기본 전략: "함께 모여서 이야기해보자"
- 사회복지사의 역할: 촉매자, 조정자, 교육자

기본개념

지역사회복지론
pp.88~

사회계획모델

- **사회문제 해결에 초점**
- **전문가에 의한** 조사·분석, 대안모색, 합리적·체계적 계획 수립 및 실행
- **과업중심 목표**
- 전술: 문제분석, 사정, 목표설정, 실행, 평가(상황에 따라 합의, 갈등 활용)
- 기본 전략: "진상을 파악해서 합리적인 조치를 강구하자"
- 사회복지사의 역할: 계획가, 전문가, 분석가

사회행동모델

- 지역사회에 존재하는 **권력관계와 불평등에 초점, 공정한 자원 분배의 요구**
- 사회정의와 민주주의에 입각하여 **기존 구조의 변화를 모색**
- 피지배집단 내지는 **억압받는 집단의 조직화 강조**
- **과정중심 목표, 과업중심 목표 모두 강조**(다만 때때로 과정중심 목표가 무시되기도 함)
- **전술: 갈등 및 대결, 항의, 시위 등**
- 기본 전략: "억압자(지배집단)를 분쇄하기 위해 규합하자"
- 사회복지사의 역할: 옹호자, 행동가, 중재자, 조직가

혼합모델

각각의 모델은 다음과 같이 혼합적으로 활용할 수 있다.

- **계획 · 개발모형**: 새로운 계획 과정에 주민의 참여를 강조한다.
- **행동 · 계획모형**: 다양한 형태의 사회행동과 함께 문제해결을 위한 과학적 조사와 연구도 병행한다.
- **개발 · 행동모형**: 과정에서는 개발모델의 특성을 나타내면서 목적에서는 사회행동모델을 따른다.

※ 지역사회복지실천의 목표

로스만(Rothman)은 지역사회복지실천의 목표를 크게 과업중심 목표와 과정중심 목표로 구분하였고, 던햄(Dunham)은 과업중심 목표와 과정중심 목표에 관계중심 목표를 추가하여 설명하였다.

- **과정중심 목표**: 문제해결을 위한 수단과 방법에 있어 지역사회의 역량강화 및 협동관계 수립, 참여 등을 강조한다.
- **과업중심 목표**: 어떤 사업을 기획할 것인지, 어떤 입법 활동이 필요할 것인지 등 문제에 대한 분석을 토대로 지역사회에 대한 개입에 따른 성과(혹은 결과)에 초점을 맞춘다.
- **관계중심 목표**: 지역사회 구성요소 간의 사회관계에 있어 변화를 시도하는 데에 역점을 둔다.

기출문장 CHECK

01 (22-05-16) 사회행동모델의 변화를 위한 기본 전략은 억압자에 대항하기 위한 규합이다.

02 (22-05-16) 사회행동모델은 지역사회 내 불평등한 권력구조의 변화를 지향한다.

03 (22-05-16) 사회행동모델은 변화 매개체로 대중조직을 활용한다.

04 (22-05-16) 사회행동모델은 여성운동, 빈민운동, 환경운동 등 시민운동에도 활용될 수 있다.

05 (21-05-10) 사회행동모델에서는 지역사회 내 집단들이 갈등관계로 인해 타협과 조정이 어렵다고 본다.

06 (20-05-09) 지역사회개발모델은 지역사회의 아노미 상황에 사용할 수 있다.

07 (20-05-09) 지역사회개발모델은 변화를 위한 전략으로 문제해결에 다수의 사람을 참여시킨다.

08 (20-05-09) 지역사회개발모델은 지역사회 변화를 위한 전술로 합의방법을 사용한다.

09 (20-05-09) 지역사회개발모델에서 변화의 매개체는 과업지향의 소집단이다.

10 (18-05-08) 사회행동모델은 불이익을 받거나 권리가 박탈당한 사람의 이익을 옹호한다.

11 (18-05-08) 지역사회개발모델은 지역사회나 문제의 아노미 또는 쇠퇴된 상황을 전제한다.

12 (17-05-06) 지역사회 내 자원 배분과 권력 이양에 초점을 두는 것은 사회행동모델에 해당하며, 고도의 복잡한 지역사회문제를 조사 · 분석하고 해결방안을 모색하는 데에 초점을 두는 것은 사회계획모델에 해당한다.

13 (16-05-09) 지역사회개발모델의 주요 특징: 지역사회 주민의 광범위한 참여를 전제로 한다. 조력자, 촉매자, 조정자로서의 사회복지사 역할을 강조한다. 과업의 성취보다는 과정중심 목표에 중점을 둔다. 변화의 매개체로 과업지향적인 소집단을 활용한다.

14 (15-05-12) 로스만의 지역사회개발모델은 합의와 집단토의 등을 변화전술과 기법으로 활용한다.

15 (14-05-22) 지역사회개발모델+사회계획모델의 예: 사회복지사로 종사하는 '갑'은 지역 내에 독거노인들이 급격히 증가하면서 여러 가지 생활 어려움에 직면해 있는 현실을 직시하고, 동시에 관련 자료의 수집 및 분석과 분야의 전문가들을 만나서 설명과 그 문제해결을 위한 모임을 갖기로 하였다. 그리고 지역주민들이 참여하는 토론회 개최 등을 통해 문제해결방안을 모색한다.

16 (13-05-02) 로스만의 지역사회개발모델은 변화 매개체로서 과업지향의 소집단을 활용한다.

17 (12-05-15) 사회계획모델의 예: 2014년 A시의 지역복지전문가들이 보건, 교육, 주택, 고용, 복지 등 지역사회 문제를 해결하고 자 문제규명, 욕구사정, 목표개발 등을 실행하려는 움직임이 있다.

18 (11-05-11) 로스만의 지역사회개발모델은 지리적 측면에서의 지역사회 전체를 대상 집단으로 본다.

19 (11-05-15) 사회행동모델에서는 '지역사회는 혜택과 권한의 배분에 따른 계층이 유지되고 있다'고 본다.

20 (11-05-19) 로스만의 사회행동모델에서는 갈등이나 대결을 전술로 이용한다.

21 (10-05-10) 로스만의 사회행동모델은 지역사회집단들 간에 적대적이거나 이해가 상반되는 문제가 있는 경우나 논의·협상으로 결정하기 어려운 문제를 해결하는 데 적합하다.

22 (10-05-29) 대중조직 개발, 조직적 대항, 입법로비 활동, 불매운동 등은 사회행동모형에서 사용하는 행동 및 전술 유형이다.

23 (09-05-09) 지역사회개발모델의 개입목표는 지역사회 능력의 향상과 통합에 있다.

24 (09-05-10) 사회계획모델은 객관적 자료분석 결과를 고려한 합리성에 기반하며, '위로부터의 접근'의 속성을 갖는다.

25 (09-05-11) 사회개발+사회계획 모형의 사례: 사회복지사 A의 사회조사결과, 모금활동과 관련한 주민참여가 취약하다는 점이 발견되었다. 이에 A는 주민들의 참여방안을 수립하였으며, 주민들은 모금 관련 교육 훈련에 참가하였다. 6개월 후 주민조직을 결성하여 주체적으로 모금활동을 전개하였다.

26 (08-05-11) 지역사회개발모델은 지역 내 관련 집단 간에 합의와 협력을 이끌어내기가 현실적으로 어렵다는 한계가 있다.

27 (07-05-10) 사회행동모델에서의 클라이언트 집단은 주로 희생자나 불이익을 받는 집단이다.

28 (07-05-29) 사회행동모델은 문제해결을 위한 전술로 대결을 활용한다.

29 (06-05-07) 청소년 비행, 불량주택, 실업자 등의 사회문제해결에 역점을 두는 모델은 사회계획모델이다.

30 (05-05-05) 지역사회개발모델에서는 지역사회 구성원을 문제해결이 가능한 사람으로 본다.

31 (05-05-07) 사회행동모델은 대중조직과 정치과정의 활용을 매개로 하는 지역사회복지실천모델이다.

32 (05-05-22) 로스만의 실천모델 중 전문가들에 의해 지역사회문제를 해결하고 규명하는 모델은 사회계획모델이다.

33 (04-05-14) 지역사회개발모델은 문제해결에 필요한 지역사회 역량기반의 강화를 강조한다.

34 (03-05-05) 사회계획모델은 범죄, 주택 등의 사회문제를 해결하고자 하는 과정이다.

35 (03-05-06) 지역사회개발모델은 전체 지역사회를 클라이언트 집단으로 간주한다.

대표기출 확인하기

22-05-16 　난이도 ★★☆

로스만(J. Rothman)의 사회행동 모델에 해당하지 않는 것은?

① 클라이언트 집단을 소비자로 본다.
② 변화를 위한 기본 전략은 '억압자에 대항하기 위한 규합'을 추구한다.
③ 지역사회 내 불평등한 권력구조의 변화를 지향한다.
④ 변화 매개체로 대중조직을 활용한다.
⑤ 여성운동, 빈민운동, 환경운동 등 시민운동에도 활용될 수 있다.

 알짜확인

- 각 모델의 초점 및 목표, 변화를 위한 전략, 전술 및 기법, 변화 매개체 등에 대해 꼼꼼하게 학습해두어야 한다.
- 3가지 모델은 혼합된 형태로 활용될 수 있음을 함께 살펴봐야 한다.
- 어떤 상황에서 어떤 모델이 적용될 수 있는지를 이해함으로써 사례제시형 문제에 대비해두어야 한다.

답 ①

✅ 응시생들의 선택

① 69%	② 13%	③ 8%	④ 8%	⑤ 2%

① 클라이언트 집단을 소비자로 보는 것은 사회계획모델에 해당한다.

관련기출 더 보기

21-05-10 　난이도 ★★☆

로스만(J. Rothman)의 지역사회복지 실천모델에 관한 설명으로 옳은 것을 모두 고른 것은?

> ㄱ. 지역사회개발모델은 지역사회 구성원의 조직화를 주요 실천과정으로 본다.
> ㄴ. 지역사회개발모델의 변화 매개체는 공식적 조직과 객관적 자료이다.
> ㄷ. 사회계획모델에서 사회복지사의 핵심 역할은 협상가, 옹호자이다.
> ㄹ. 사회행동모델에서는 지역사회 내 집단들이 갈등관계로 인해 타협과 조정이 어렵다고 본다.

① ㄱ, ㄷ　　　　② ㄱ, ㄹ
③ ㄴ, ㄷ　　　　④ ㄱ, ㄴ, ㄹ
⑤ ㄱ, ㄷ, ㄹ

답 ②

✅ 응시생들의 선택

① 24%	② 44%	③ 6%	④ 18%	⑤ 8%

ㄴ. 지역사회개발모델의 변화 매개체는 과업지향적 소집단이다. 사회계획모델에서의 변화 매개체는 공식적 조직이며, 변화를 위한 전술로 객관적 자료를 분석한다.
ㄷ. 사회복지사의 핵심 역할이 협상가, 옹호자인 것은 사회행동모델이다.

다음 예시문의 (   )에 들어갈 내용을 옳게 나열한 것은?

> 지역사회복지실천의 효과성을 높이기 위해 로스만(J. Rothman)의 모델을 순차적으로 적용해볼 수 있다. 즉 (ㄱ)모델로 지역사회 내의 자원 배분과 권력 이양을 성취한 후, 고도의 복잡한 지역사회문제를 조사·분석하고 해결방안을 모색하기 위해 (ㄴ) 모델을 적용할 수 있다.

① ㄱ: 사회행동, ㄴ: 사회계획
② ㄱ: 지역사회개발, ㄴ: 계획
③ ㄱ: 사회행동, ㄴ: 근린지역의 지역사회조직
④ ㄱ: 근린지역의 지역사회조직, ㄴ: 계획
⑤ ㄱ: 연합, ㄴ: 사회계획

답 ①

✓ 응시생들의 선택

① 76%	② 12%	③ 5%	④ 3%	⑤ 4%

ㄱ: 지역사회 내의 자원 배분과 권력 이양을 성취하기 위해서는 사회행동모델을 적용할 수 있다. 사회행동모델은 지역사회에는 권력과 자원의 불평등한 관계가 존재한다는 전제하에 이를 완화하기 위한 사회변화를 꾀한다.
ㄴ: 고도의 복잡한 지역사회문제를 조사·분석하고 해결방안을 모색하는 것은 사회계획모델에 해당한다. 사회계획모델은 전문가에 의한 합리적인 계획 수립 및 실행을 강조하는 모델이다.

로스만(J. Rothman)의 지역사회개발모델에 관한 설명으로 옳지 않은 것은?

① 지역사회 주민의 광범위한 참여를 전제한다.
② 조력자, 촉매자, 조정자로서의 사회복지사 역할을 강조한다.
③ 과업의 성취보다는 과정중심 목표에 중점을 둔다.
④ 변화의 매개체로 과업지향적인 소집단을 활용한다.
⑤ 변화전략은 표적대상에 대한 조치를 취할 수 있도록 주민을 동원하는 것이다.

답 ⑤

✓ 응시생들의 선택

① 4%	② 11%	③ 15%	④ 35%	⑤ 35%

⑤ 집단행동을 조직하여 표적집단에 대한 조치를 취할 수 있도록 하는 것은 사회행동모델의 변화전략에 해당한다.

다음은 지역사회복지실천 모델 중 어떤 모델에 관한 설명인가?

> 2014년 A시의 지역복지전문가들이 보건, 교육, 주택, 고용, 복지 등 지역사회 문제를 해결하고자 문제규명, 욕구사정, 목표개발 등을 실행하려는 움직임이 있다.

① 지역사회개발모델
② 사회계획모델
③ 사회행동모델
④ 연합모델
⑤ 기능적인 지역사회모델

답 ②

✓ 응시생들의 선택

① 23%	② 63%	③ 7%	④ 2%	⑤ 5%

② 사회계획모델은 범죄, 주택, 정신건강과 같은 사회문제의 해결에 있어 전문가에 의한 합리적인 계획 수립과 기술적 과정, 통제된 변화를 강조한다.

로스만(J. Rothman)의 지역사회복지실천모델에 관한 설명으로 옳은 것은?

① 지역사회개발모델은 과업중심의 목표를 강조한다.
② 지역사회개발모델은 지리적 측면에서의 지역사회 전체를 대상 집단으로 본다.
③ 사회계획모델은 과정중심의 목표를 강조한다.
④ 사회계획모델에서는 클라이언트가 전문가의 동지로 여겨진다.
⑤ 사회행동모델에서는 권력의 소재를 전문가의 후원자나 고용기관으로 본다.

답 ②

✓ 응시생들의 선택

① 8%	② 65%	③ 7%	④ 7%	⑤ 12%

① 지역사회개발모델은 과정중심의 목표를 강조한다.
③ 사회계획모델은 과업중심의 목표를 강조한다.
④ 사회계획모델에서 전문가는 문제해결의 주체이며, 클라이언트는 수혜자에 머무른다.
⑤ 사회행동모델에서 권력의 소재는 시정해야 할 대상이나 불합리하고 불평등한 권력구조이다.

다음 내용이 왜 틀렸는지를 확인해보자

08-05-11

01 지역사회개발모델에서는 전략적 수단에 대해 주민들의 저항이 일어날 수 있다는 한계가 있다.

> 수단에 대한 주민들의 저항은 사회행동모델에서 발생할 수 있는 한계이다. 지배집단에 대한 갈등 및 대결, 항의, 시위 등을 추진하기 때문에 주민들이 이러한 전술에 대해 과격하다고 느껴 반대나 저항이 일어나기도 한다.

10-05-29

02 보건교육활동, 대중조직개발 등은 사회행동모델의 주요 행동 내용이다.

> 사회행동모델은 대중조직 활동은 진행하지만 보건교육활동은 거리가 멀다.

---

03 사회계획모델에서 사회복지사는 분석가, 계획가, 전문가로서 주민들 간 대화를 통해 합의를 이끌어내는 데 초점을 둔다.

> 주민들 간 대화와 합의는 지역사회개발모델에서의 전술이다. 사회계획모델에서는 사회복지사가 문제를 분석하고 사정하여 적절한 계획을 세우고 실행해나가는 것이 전술이다.

04-05-22

04 사회행동모델의 기본 전략은 논리적 조치를 강구하는 것이다.

> 논리적 조치를 강구하는 것은 사회계획모델의 기본 전략이다.

07-05-09

05 ○○단체는 뉴타운 개발로 거주지에서 밀려나게 된 ○○지역 주민들의 현황과 문제점을 조사하고, 이를 기반으로 주민들의 주거권을 옹호하기 위한 활동을 진행하였다. → 이는 사회계획모델과 지역사회개발모델이 혼합된 사례이다.

> 주민들의 현황 및 문제점 조사는 사회계획모델에 해당하며, 옹호 활동은 사회행동모델에 해당한다. 따라서 사회계획모델과 사회행동모델이 혼합된 형태의 사례이다.

다음 내용이 옳은지 그른지 판단해보자

05-05-05
01 지역사회개발모델은 지역사회에는 전문가가 해결해야 할 문제가 많다고 전제한다. ◎ ⊗

02 지역사회개발모델에서는 권력을 가진 사람들도 지역사회를 위한 공동의 목적에 따라 공동의 노력을 기울인다고 전제한다. ◎ ⊗

03 소비자운동이나 환경운동 등은 사회행동모델과 사회계획모델이 혼합된 형태로 진행되기도 한다. ◎ ⊗

04 사회행동모델에서는 지역사회의 근본적인 제도적, 구조적 변화를 추구하기 때문에 과정중심적 활동은 일어나지 않는다. ◎ ⊗

04-05-15
05 변화를 위한 전술에서 사실 여부와 기술적 과정을 강조하는 지역사회복지실천모델은 사회행동모델이다. ◎ ⊗

05-05-07
06 대중조직과 정치과정을 변화의 매개체로 활용하는 모델은 사회행동모델이다. ◎ ⊗

08-05-10
07 사회계획모델에서 클라이언트는 서비스를 받는 수혜자의 위치에 머무른다. ◎ ⊗

08 지역사회개발모델은 지역주민들이 문제해결에 필요한 역량이나 잠재적 능력이 없다고 전제한다. ◎ ⊗

16-05-09
09 지역사회개발모델은 변화의 매개체로 과업지향적인 소집단을 활용한다. ◎ ⊗

10 권력구조에 있는 구성원을 협력자로 인식하며 변화전략으로 문제해결에 있어 지역사회 다수의 사람을 참여시키는 모델은 지역사회개발모델이다. ◎ ⊗

답 **01**× **02**○ **03**○ **04**× **05**× **06**○ **07**○ **08**× **09**○ **10**○

해설 **01** 지역사회에는 전문가가 해결해야 할 문제가 많다고 전제하는 것은 사회계획모델이다.
04 대중조직의 규합이 사회행동에서의 힘이 되기 때문에 조직화를 강조하며 구성원들의 정치적 영향력을 증대시키는 데에 관심을 두게 되는데, 이는 과정중심적 활동이다. 이렇듯 사회행동모델은 과업중심적이기도 하지만 과정중심적인 성격을 갖기도 한다.
05 사실 여부와 기술적 과정을 강조하는 모델은 사회계획모델이다.
08 지역사회개발모델에서는 지역주민들이 문제를 해결해나갈 수 있는 잠재력을 가지고 있다고 전제하며, 전문가는 이 잠재력을 끌어내기 위한 조력자로서의 역할을 해야 한다고 본다.

140 웨일과 갬블의 모델

강의 QR코드

최근 10년간 **8문항** 출제

복습 1 이론요약

8가지 모델의 주요 특징

기본개념
지역사회복지론
pp.93~

▶ **근린 지역사회조직모델**
• <u>지리적 의미의 지역사회 내에서</u> 지역사회개발을 통한 지역주민의 삶의 질 향상을 목표로 함
• 지역사회 구성원들의 능력개발을 강조

▶ **기능적 지역사회조직모델**
• 지리적인 의미의 지역사회가 아닌 동일한 정체성이나 관심사, 이해관계를 기초로 한 <u>기능적 지역사회의 조직에 초점</u>
• 이 모델의 구성원들은 지리적으로 흩어져 있기 때문에 사회복지사는 이들 사이의 원활한 소통을 위한 정보전달자로서의 역할을 수행하게 됨

▶ **지역사회의 사회·경제 개발모델**
• 지역사회의 전반적인 개발을 위해서 <u>사회적 개발과 경제적 개발이 동시에 진행</u>되어야 함을 강조
• 방글라데시의 그라민 뱅크가 대표적인 예

▶ **사회계획모델**
• 객관성, 합리성에 기반을 두고 지역사회 문제를 해결하려는 모델
• **전문가의 지식과 기술, 객관적 조사와 자료분석 등을 기초로 함**

▶ **프로그램 개발과 지역사회 연계모델**
• <u>사회계획모델을 바탕으로</u> 하면서도 지역의 욕구를 충족하기 위해서는 <u>지역사회와의 연계 및 주민의 참여가 중요함을 강조</u>하는 모델

▶ **정치·사회 행동모델**
• 지역주민의 <u>정치적 권력의 강화와 기존 제도의 변화를 추구</u>
• 정치적 캠페인, 옹호, 집단소송, 로비활동 등을 진행

▶ **연대활동(연합)모델**
• 한 집단의 노력으로는 문제해결이 어렵다는 점에서 <u>분리된 개별 조직을 집합적인 활동에 동참</u>시키는 모델

- 다양한 개별 집단, 조직들이 독립성을 유지하면서 새로운 조직을 구성하거나 연대하여 사회변화 행동을 진행

▶ **사회운동모델**
- **사회운동을 통해 바람직한 사회변화를 추구**하는 것을 강조하는 모델
- **사회정의 실현**을 위한 사회전체의 변화에 초점
- 인권운동, 여성운동, 반전운동 등

4가지 유형

8가지 모델은 기능과 특성에 따라 4가지 유형으로 다음과 같이 재분류할 수 있다.
- 개발: 지역사회의 사회·경제개발모델
- 조직화: 근린지역사회조직모델, 기능적 지역사회조직모델
- 계획: 프로그램 개발과 지역사회 연계모델, 사회계획모델
- 사회변화: 정치·사회행동모델, 연대활동모델, 사회운동모델

로스만 모델과의 비교

웨일과 갬블의 모델은 다음과 같이 로스만의 모델을 바탕으로 세분화한 것이다.
- 지역사회개발모델 – 근린지역사회조직모델, 기능적 지역사회조직모델, 지역사회의 사회·경제개발모델
- 사회계획모델 – 프로그램 개발과 지역사회 연계모델, 사회계획모델
- 사회행동모델 – 정치·사회행동모델, 연대활동모델, 사회운동모델

01 (21-05-09) 기능적 지역사회조직은 일반 대중 및 정부기관을 변화의 표적체계로 파악한다.

02 (20-05-10) 정치·사회행동 모델의 특징: 기회를 제한하는 불평등에 도전, 사회적·정치적·경제적 정의를 위한 행동, 표적체계에 선출직 공무원도 해당

03 (19-05-05) 근린지역사회조직 모형은 대면접촉이 이루어지는 가까운 지역사회에 초점을 둔다. 사회복지사의 역할은 조직가, 촉진자, 교육자, 코치 등이다.

04 (18-05-08) 기능적 지역사회조직모델은 발달장애아동의 부모 모임과 같이 공통 이슈를 지닌 집단의 이해관계를 기반으로 한다.

05 (18-05-08) 연합모델의 표적체계는 선출직 공무원이나 재단 및 정부당국이 될 수 있다.

06 (18-05-13) 사회·경제 개발모델: 주민의 관점에서 개발계획을 수립하고, 주민들이 사회·경제적 투자를 이용하도록 준비시킨다.

07 (17-05-03) 프로그램 개발과 지역사회연계 모델에서 사회복지사는 계획가, 관리자, 프로포절 제안자로서의 역할을 수행한다.

08 (16-05-08) 사회운동모델의 성취목표는 특정 대상집단 또는 이슈 관련 사회정의를 위한 행동이다.

09 (15-05-09) 연합모델: 프로그램의 방향 또는 자원을 최대한 끌어낼 수 있는 조직 기반을 형성하는 것을 목표로 한다. 변화의 표적체계는 선출된 공무원, 재단, 정부기관 등이다. 일차적 구성원은 특정 이슈에 이해관계가 있는 조직이다. 사회복지사의 역할은 중재자, 협상가, 대변인 등이다.

10 (13-05-12) 근린지역사회조직모델: 사회적·경제적 환경의 변화를 위한 구성원의 능력개발을 목표로 하며, 사회복지사의 주된 역할은 조직가, 교사, 촉진자이다.

11 (11-05-21) 기능적 지역사회조직모델: 지리적 의미의 지역사회보다는 기능적 지역사회에 초점을 두고 있다. 이해관계 즉, 학교폭력 추방이나 정신지체아동의 사회재활과 같은 특정의 공통 관심사나 이슈를 기반으로 조직화되는 특성이 있다.

12 (11-05-26) 근린지역사회조직모델은 지역사회개발모델에서 그 원형을 찾을 수 있다.

13 (08-05-13) 정치·사회행동모델의 사례: 지적장애아동의 성공적인 사회재활을 위해 장애인에 대한 차별적 처우를 시정하도록 정부당국의 조치를 촉구하고 있다.

14 (05-05-06) 지역사회의 사회·경제개발모델은 지역주민을 표적체계로 한다.

15 (04-05-19) 사회운동모델은 일반 대중이나 정치제도를 변화를 위한 표적체계로 하여 사회변화를 추구하는 모델이다.

대표기출 확인하기

다음에서 설명하는 웨일과 갬블(M. Weil & D. Gamble)의 지역사회복지 실천모델은?

- 공통 관심사나 특정 이슈에 대한 정책, 행위, 인식의 변화에 초점
- 일반 대중 및 정부기관을 변화의 표적체계로 파악
- 조직가, 촉진자, 옹호자, 정보전달자를 사회복지사의 주요 역할로 인식

① 사회계획
② 기능적 지역사회조직
③ 프로그램 개발과 지역사회 연계
④ 연합
⑤ 정치사회행동

 알짜확인

- 8가지 모델의 종류를 암기하는 것은 기본이다. 웨일과 갬블은 로스만의 3가지 모델을 기반으로 8가지 모델로 확장하여 제시하였다. 따라서 8가지 모델의 특징을 정리할 때에는 로스만의 모델과 비교하면서 어떻게 세분화되었는지를 살펴보면 좀 더 수월하게 학습할 수 있을 것이다.

답 ②

✅ **응시생들의 선택**

① 7%	② 18%	③ 9%	④ 7%	⑤ 59%

① 사회계획모델: 지역사회의 사회적 욕구 통합과 사회서비스 관계망 조정 등에 관심을 두며, 사회복지사는 조사자, 관리자, 프로포절 작성자 등의 역할을 한다.
③ 프로그램 개발과 지역사회 연계 모델: 사회복지사는 대변인, 계획가, 관리자, 프로포절 제안자 등의 역할을 수행하며 특정 대상이나 지역사회를 위한 서비스를 개발한다.
④ 연합모델: 특정 이슈에 이해관계가 있는 조직들이 자원을 동원하고 복합적인 권력기반을 구축하기 위한 모델이다. 사회복지사는 중재자, 협상가, 대변가 등의 역할을 한다.
⑤ 정치사회행동모델: 정책 및 정책결정자의 변화에 초점을 둔 모델로 선거권자, 선출직 공무원 등을 표적체계로 한다. 사회복지사는 옹호자, 조직가, 조사자, 조정자 등의 역할을 한다.

관련기출 더 보기

다음의 설명에 해당되는 웨일과 갬블(M. Weil & D. Gamble)의 실천모델은?

- 기회를 제한하는 불평등에 도전
- 사회적·정치적·경제적 정의를 위한 행동
- 표적체계에 선출직 공무원도 해당

① 근린·지역사회 조직화 모델
② 지역사회 사회·경제개발 모델
③ 프로그램 개발과 지역사회연계 모델
④ 정치·사회행동 모델
⑤ 사회계획 모델

답 ④

✅ **응시생들의 선택**

① 3%	② 11%	③ 2%	④ 80%	⑤ 4%

① 근린·지역사회 조직화 모델: 지리적으로 가까운 지역 사회조직화에 초점을 두고, 지역주민의 삶의 질 향상에 관심을 둔다. 로스만의 지역사회개발모델과 유사한 모델이다.
② 지역사회 사회·경제개발 모델: 지역주민의 소득, 자원 등과 관련하여 지역사회의 사회적 개발과 경제적 개발이 동시에 이루어져야 함을 강조한다. 로스만의 지역사회개발모델에서 파생된 모델이다.
③ 프로그램 개발과 지역사회연계 모델: 지역주민의 욕구충족을 위해서는 지역사회와 프로그램이 연계되어야 함을 강조한다. 로스만의 사회계획모델에서 세분화된 모델이다.
⑤ 사회계획 모델: 객관적 조사를 토대로 지역사회의 문제를 합리적으로 해결하려는 모델이다. 로스만의 사회계획모델과 유사한 모델이다.

다음에서 설명하는 웨일과 갬블(M. Weil & D. Gamble)의 지역사회복지 실천모형에 해당하는 것은?

> • 대면접촉이 이루어지는 가까운 지역사회에 초점을 둔다.
> • 조직화를 위한 구성원의 능력개발, 지역주민의 삶의 질 증진을 목표로 한다.
> • 사회복지사의 역할은 조직가, 촉진자, 교육자, 코치 등이다.

① 근린지역사회조직 모형
② 프로그램개발 모형
③ 정치사회적행동 모형
④ 연합 모형
⑤ 사회운동 모형

답 ①

응시생들의 선택

① 83%	② 10%	③ 1%	④ 2%	⑤ 4%

① 근린지역사회조직 모형은 지리적으로 가까운 지역사회 조직화에 초점을 두고, 지역사회주민의 삶의 질에 관심을 두고 있다. 주요 전략은 지역사회의 변화를 유도하기 위한 지역사회주민의 능력개발과 외부개발자들이 지역에 미칠 영향을 조절하는 것이다. 사회복지사는 조직가, 교사, 코치, 촉진자 등의 역할을 수행한다.

다음에서 설명하는 지역사회복지실천모델은?

> 주민의 관점에서 개발계획을 수립하고, 주민들이 사회·경제적 투자를 이용하도록 준비시킨다.

① 사회운동모델
② 정치·사회적 행동모델
③ 근린지역사회 조직모델
④ 지역사회 사회·경제 개발모델
⑤ 프로그램 개발과 지역사회 연결모델

답 ④

응시생들의 선택

① 1%	② 2%	③ 8%	④ 78%	⑤ 11%

④ 지역사회 사회·경제 개발모델은 지역주민의 소득, 자원, 사회적 지원의 개발 등 지역사회의 경제개발과 사회개발이 동시에 진행되어야 한다는 관점이다. 지역주민의 삶의 질 향상을 목적으로 시민참여를 통한 사회·경제적 발전을 도모한다.

웨일과 갬블(M. Weil & D. Gamble)의 지역사회복지실천모델에 관한 설명으로 옳은 것을 모두 고른 것은?

> ㄱ. 사회운동모델: 성취목표는 특정 대상집단 또는 이슈 관련 사회정의를 위한 행동이다.
> ㄴ. 근린지역사회조직모델: 사회복지사의 역할은 정보전달자, 관리자 등이다.
> ㄷ. 사회계획모델: 관심영역은 특정 욕구를 가진 대상자를 위한 서비스 개발이다.
> ㄹ. 정치·사회행동모델: 일차적 구성원은 선출된 공무원, 사회복지기관 등이다.

① ㄱ　　　　　　　② ㄱ, ㄴ
③ ㄴ, ㄷ　　　　　④ ㄷ, ㄹ
⑤ ㄱ, ㄷ, ㄹ

답 ①

응시생들의 선택

① 22%	② 31%	③ 10%	④ 3%	⑤ 34%

ㄴ. 근린지역사회조직모델에서 주된 사회복지사의 역할은 조직가, 교사, 코치, 정보전달자, 촉진자 등이다.
ㄷ. 사회계획모델은 지역사회의 사회적 욕구 통합과 사회서비스 관계망 조정에 관심을 둔다. 관심영역을 특정 욕구를 가진 대상자를 위한 서비스 개발에 두는 것은 프로그램 개발과 지역사회연계모델에 해당한다.
ㄹ. 정치·사회행동모델의 일차적 구성원은 정치적 권한이 있는 시민이다. 선출된 공무원은 변화를 위한 표적체계에 해당한다.

다음에서 설명하는 웨일과 갬블(Weil & Gamble)의 지역사회복지실천모델은?

- 목표는 프로그램의 방향 또는 자원을 최대한 끌어낼 수 있는 조직 기반
- 변화의 표적체계는 선출된 공무원, 재단, 정부기관
- 일차적 구성원은 특정 이슈에 이해관계가 있는 조직
- 사회복지사의 역할은 중재자, 협상가, 대변인

① 연합
② 정치적 권력강화
③ 근린지역사회조직
④ 기능적인 지역사회조직
⑤ 프로그램의 개발과 조정

답 ①

✓ 응시생들의 선택

① 14%	② 35%	③ 30%	④ 12%	⑤ 9%

② 정치적 권력강화 모델과 ⑤ 프로그램의 개발과 조정 모델은 테일러와 로버츠의 모델 중 하나이다.
③ 근린지역사회조직 모델은 지리적 의미의 지역사회 내에서 지역사회개발을 통한 지역주민의 삶의 질 향상을 목표로 하며, 지역사회 구성원들의 능력개발을 강조한다.
④ 기능적인 지역사회조직 모델은 동일한 정체성이나 관심사, 이해관계를 기초로 한 기능적 지역사회의 조직에 초점을 둔다.

웨일과 갬블(M. Weil & D. Gamble)의 지역사회복지 실천모델에 관한 설명으로 옳은 것을 모두 고른 것은?

> ㄱ. 프로그램 개발과 지역사회연계모델의 목적은 특정 대상 집단이나 이슈에 대한 사회정의를 실현하는 것이다.
> ㄴ. 정치·사회행동모델은 선거권자와 공무원 등을 표적체계로 하고 특정 대상자를 위한 서비스 개발을 목적으로 한다.
> ㄷ. 연합모델의 관심영역은 지역사회의 사회적 욕구통합과 사회서비스 관계망 조정 등이다.
> ㄹ. 근린지역사회조직모델은 지역사회개발모델에서 그 원형을 찾을 수 있다.

① ㄱ, ㄴ, ㄷ
② ㄱ, ㄷ
③ ㄴ, ㄹ
④ ㄹ
⑤ ㄱ, ㄴ, ㄷ, ㄹ

답 ④

✓ 응시생들의 선택

① 7%	② 21%	③ 26%	④ 27%	⑤ 18%

ㄱ. 프로그램 개발과 지역사회연계모델은 지역주민들의 욕구충족을 위해 지역사회와 연계된 다양한 프로그램을 개발하고 확대하는 것을 목표로 한다.
ㄴ. 정치·사회행동모델은 정책 또는 정책결정자의 변화를 통해 사회정의를 추구한다.
ㄷ. 연합모델은 연합을 구성하는 집단과 특정 이슈에 관심을 둔다.

➕ 덧붙임

근린지역사회조직모델, 기능적 지역사회조직모델, 지역사회의 사회·경제개발모델 등 3가지는 모두 로스만의 지역사회개발모델을 세분화한 모델이기 때문에 헷갈리기 쉽다.
가장 큰 차이점을 정리하면, 근린지역사회조직모델은 지리적 의미의 지역사회를, 기능적 지역사회조직모델은 기능적 의미의 지역사회를 토대로 하며, 지역사회의 사회·경제개발모델은 사회개발과 경제개발이 같이 이루어져야 한다는 입장의 모델로 주로 저소득층이 일차적 구성원이 된다.

다음 내용이 왜 틀렸는지를 확인해보자

`11-05-26`

01 프로그램 개발과 지역사회연계모델의 목적은 특정 대상집단이나 이슈에 대한 **사회정의를 실현**하는 것이다.

> 사회정의 실현을 목적으로 하는 모델은 사회운동모델이다.
> 프로그램 개발과 지역사회연계모델은 사회계획모델에서 세분화된 모델로, 특정 대상이나 지역사회를 위한 서비스를 개발하는 데에 목적을 둔다.

---

02 지역사회의 사회·경제 개발모델은 **로스만의 사회계획모델에서 그 원형을 찾을 수 있다.**

> 사회·경제 개발모델은 로스만의 지역사회개발모델을 토대로 세분화된 모델 중 하나이다.

`11-05-26`

03 연합모델의 관심영역은 **지역사회의 사회적 욕구통합과 사회서비스 관계망 조정** 등이다.

> 지역사회의 사회적 욕구통합과 사회서비스 관계망 조정 등에 관심을 두는 모델은 사회계획모델에 해당한다.
> 연합모델은 특정 문제의 해결을 위해 다양한 집단의 연대를 끌어내는 데에 초점을 둔다.

---

04 기능적 지역사회조직모델은 **지리적 의미의 지역사회에 초점**을 둔 모델이다.

> 기능적 지역사회조직모델은 기능적 의미의 지역사회에 초점을 둔 모델이다.

---

05 사회운동모델에서 사회복지사는 **중재자, 협상가, 조직가로서의 역할**을 강조한다.

> 사회운동모델에서 사회복지사는 옹호자, 촉진자로서의 역할을 수행한다.

`11-05-26`

06 정치·사회행동모델은 선거권자와 공무원 등을 표적체계로 하고 **특정 대상자를 위한 서비스 개발을 목적**으로 한다.

> 특정 대상자를 위한 서비스 개발을 목적으로 하는 모델은 프로그램 개발과 지역사회연계모델에 해당한다.
> 정치·사회행동모델은 선거권자와 공무원 등을 표적체계로 하지만, 정치권력의 형성, 제도의 변화 등에 관심을 둔다.

빈칸에 들어갈 알맞은 말을 채워보자

`13-05-12`
01 (　　　　　　) 모델: 사회적·경제적 환경의 변화를 위한 지역사회 구성원의 능력개발을 목표로 하며, 사회복지사의 주된 역할은 조직가, 교사, 촉진자이다.

`04-05-19`
02 (　　　　　　) 모델: 일반 대중이나 정치제도를 표적체계로 하여 옹호하거나 이슈화를 진행한다.

`10-05-11`
03 (　　　　　　) 모델: 자원을 동원할 수 있는 잠재력을 가진 연대조직체를 형성하여 집합적으로 문제를 해결하고자 한다.

`11-05-21`
04 (　　　　　　) 모델: 학교폭력 추방이나 정신지체아동의 사회재활과 같은 특정의 공통 관심사나 이슈를 기반으로 조직화되는 특성이 있다.

`18-05-13`
05 (　　　　　　) 모델: 주민의 관점에서 개발계획을 수립하고, 주민들이 사회·경제적 투자를 이용하도록 준비시킨다.

`10-05-11`
06 (　　　　　　) 모델: 객관성과 합리성에 기반을 두고 지역사회문제를 해결하려는 모형으로, 전문가의 지식과 기술, 객관적 조사와 자료분석 등을 기초로 한다.

`17-05-03`
07 (　　　　　　) 모델: 사회복지사는 계획가, 관리자, 프로포절 제안자 등의 역할을 주로 수행한다.

`16-05-08`
08 (　　　　　　) 모델: 일차적 구성원은 정치적 권한이 있는 시민이다. 선출직 공무원을 표적체계로 하여 기존 제도의 변화를 추구한다.

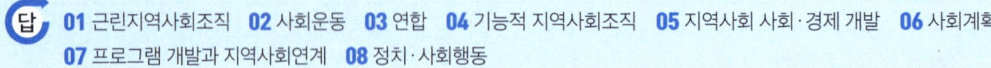
답 **01** 근린지역사회조직 **02** 사회운동 **03** 연합 **04** 기능적 지역사회조직 **05** 지역사회 사회·경제 개발 **06** 사회계획
07 프로그램 개발과 지역사회연계 **08** 정치·사회행동

테일러와 로버츠의 모델

강의 QR코드

1회독	2회독	3회독
월 일	월 일	월 일

★ ★ ★
최근 10년간 **5문항** 출제

복습 1 이론요약

테일러와 로버츠가 제시한 5가지 모델

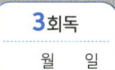
기본개념

지역사회복지론
pp.98~

- 프로그램 개발 및 조정 모델: 지역사회의 변화를 효과적이고 효율적으로 유도하기 위해 공공기관을 중심으로 프로그램을 개발하고 조정해나가는 모델로, 클라이언트의 참여는 매우 제한적이다.
- 계획모델: 로스만의 사회계획모델이 지나치게 합리적이고 과학적인 접근을 지향한다는 점을 지적하며 의사결정에 있어 상호교류와 인간지향적 특성을 추가하고자 한 모델이다.
- 지역사회연계모델: 클라이언트의 개별적 문제를 지역사회에 연계하여 지역사회의 문제를 해결하고자 하는 모델이다.
- 지역사회개발모델: 지역사회의 자체적 역량을 개발하여 지역사회 문제를 스스로 해결할 수 있도록 지지하고 지원하는 것에 초점을 둔다.
- 정치적 권력강화(역량강화)모델: 사회적으로 배제된 집단과 그 구성원들에 초점을 두면서 배제된 집단구성원의 사회참여 노력을 확대시키는 것에 중점을 둔다. 클라이언트의 참여와 결정권이 가장 강하게 나타나는 모델이다.

기출문장 CHECK

01 (21-05-11) 테일러와 로버츠(S. Taylor & R. Roberts)의 지역사회개발모델은 지역주민의 참여와 자조를 중시한다.

02 (14-05-23) 테일러와 로버츠의 모델: 프로그램 개발 및 조정 모델, 계획모델, 지역사회연계모델, 지역사회개발모델, 정치적 권력강화모델

03 (13-05-17) 테일러와 로버츠의 계획모델은 합리적 기획모델에 기초한 조사전략 및 기술을 강조한다. 특히 사람들과의 상호교류적 노력을 강조하고, 옹호적이며 진보적인 접근을 포함한다.

대표기출 확인하기

21-05-11   난이도 ★★☆

테일러와 로버츠(S. Taylor & R. Roberts)의 지역사회복지 실천모델에 관한 설명으로 옳지 않은 것은?

① 프로그램 개발과 조정: 지역주민의 역량강화 및 지도력 개발에 관심
② 계획: 구체적 조사전략 및 기술 강조
③ 지역사회연계: 지역사회 문제해결을 위한 관계망 구축 강조
④ 지역사회개발: 지역주민의 참여와 자조 중시
⑤ 정치적 역량강화: 상대적으로 권력이 약한 시민의 권한 강화에 관심

 알짜확인

• 테일러와 로버츠의 모델 자체는 출제율이 높은 편은 아니지만, 로스만의 모델이나 웨일과 갬블의 모델에 관한 문제에서 선택지로 구성되어 응시생들을 혼란에 빠뜨릴 때가 종종 있다. 따라서 각 학자가 제시한 모델 이름을 정확히 기억해두는 것이 필요하다.

답 ①

✓ 응시생들의 선택

① 45%	② 17%	③ 4%	④ 9%	⑤ 25%

① 지역주민의 역량강화 및 지도력 개발에 관심을 두는 것은 지역사회개발모델이다. 프로그램 개발과 조정 모델은 지역사회의 변화를 효과적이고 효율적으로 유도하기 위해 공공기관을 중심으로 프로그램을 개발하고 조정해나가는 모델이다. 서비스는 행정기관이 직접 전달하거나, 민간단체나 협회를 통해 전달할 수 있다. 후원자가 전적으로 의사결정을 하고 클라이언트(대상자)는 이들에 의해 기획된 서비스를 제공받으며, 클라이언트의 참여는 매우 제한적이다.

관련기출 더 보기

22-05-10   난이도 ★★☆

포플(K. Popple, 1996)의 지역사회복지실천 모델을 모두 고른 것은?

ㄱ. 지역사회개발	ㄴ. 지역사회보호
ㄷ. 지역사회조직	ㄹ. 지역사회연계

① ㄱ, ㄴ   ② ㄷ, ㄹ
③ ㄱ, ㄴ, ㄷ   ④ ㄱ, ㄴ, ㄹ
⑤ ㄱ, ㄴ, ㄷ, ㄹ

답 ③

✓ 응시생들의 선택

① 4%	② 3%	③ 14%	④ 13%	⑤ 66%

ㄹ. 지역사회연계 모델을 제시한 학자는 테일러와 로버츠이다. 테일러와 로버츠는 후원자의 권한과 클라이언트의 권한 정도에 따라 프로그램 개발 및 조정 모델, 계획모델, 지역사회연계 모델, 지역사회개발 모델, 정치적 역량강화 모델 등을 제시하였다.

➕ 덧붙임

최근에는 커뮤니티케어가 강조되는 정책적 흐름을 반영하여 지역사회보호 모델을 제시한 포플의 모델도 시험에 등장하기 시작했다. 아직 상세하게 출제되지는 않았으나 지역사회보호, 지역사회조직, 지역사회개발, 사회·지역계획, 지역사회교육, 지역사회행동, 여권주의적 지역사회사업, 인종차별철폐 지역사회사업 등 제시한 모델을 기억해두는 것은 필요하다.

 난이도 ★★☆

테일러와 로버츠(S. Taylor & R. Roberts) 모델에 해당되는 것을 모두 고른 것은?

ㄱ. 프로그램 개발 및 조정
ㄴ. 지역사회개발
ㄷ. 정치적 권력(역량)강화
ㄹ. 연합
ㅁ. 지역사회연계

① ㄱ, ㄴ
② ㄴ, ㄷ
③ ㄱ, ㄹ, ㅁ
④ ㄱ, ㄴ, ㄷ, ㅁ
⑤ ㄱ, ㄷ, ㄹ, ㅁ

답 ④

✅ 응시생들의 선택

| ① 3% | ② 4% | ③ 15% | ④ 54% | ⑤ 24% |

ㄹ. 연합모델은 웨일과 갬블의 모델에 해당한다.

난이도 ★★★

테일러와 로버츠(S. H. Taylor & R. W. Roberts)의 지역사회복지실천모델이 아닌 것은?

① 정치적 권력강화
② 지역사회개발
③ 지역사회연계
④ 연합
⑤ 계획

답 ④

✅ 응시생들의 선택

| ① 47% | ② 6% | ③ 4% | ④ 36% | ⑤ 7% |

④ 테일러와 로버츠는 후원자의 권한과 클라이언트의 권한 비율에 따라 프로그램 개발 및 조정, 계획모델, 지역사회연계모델, 지역사회개발모델, 정치적 권력강화모델 등 5가지를 제시하였다. 왼쪽에서 오른쪽으로 갈수록 후원자의 권한보다 클라이언트의 권한이 강하게 나타난다.

다음 내용이 **왜 틀렸는지**를 확인해보자

01 정치적 역량강화모델은 로스만의 **지역사회개발모델을 바탕으로** 한다.

> 정치적 역량강화모델은 로스만의 사회행동모델과 유사하다.

14-05-23

02 테일러와 로버츠의 모델: 정치적 권력강화, 지역사회개발, 지역사회연계, **연합**, 계획

> 연합모델은 웨일과 갬블이 제시한 모델이다.

03 테일러와 로버츠의 계획모델은 조사전략 및 기술을 강조하기 때문에 **과정을 무시한다는 한계**가 있다.

> 이 모델은 로스만의 사회계획모델이 지나치게 합리적이고 과학적인 접근만을 지향한다는 한계를 지적하면서 의사결정에 있어 클라이언트와의 교류를 강조하는 등 과정적 측면을 고려하였다.

12-05-04

04 지역사회연계 모델은 **후원자가 클라이언트보다 더 많은 결정권한**이 있다.

> 지역사회연계모델은 클라이언트와 후원자의 영향력이 동등한 모델이다.

05 지역사회개발모델보다 프로그램 개발 및 조정모델에서 **클라이언트의 권한**이 더 크게 나타난다.

> '프로그램 개발 및 조정 < 계획 < 지역사회연계 < 지역사회개발 < 정치적 역량강화'의 순서대로 클라이언트의 권한이 강하게 나타난다.

16-05-10

06 테일러와 로버츠의 모델 중 **지역사회개발 모델**은 갈등이론과 다원주의 사회에서 다양한 이익집단의 경쟁원리에 기초한 모델로, 시민참여를 보장하고 극대화하는 데에 중요한 목적이 있다.

> 지역사회개발 모델이 아닌 정치적 역량강화 모델에 관한 설명이다.

6장

지역사회복지 실천과정

이 장에서는

지역사회복지의 실천과정 및 각 과정별 과업에 관한 사항을 학습한다. 기본적으로 각 과정을 순서대로 나열할 수 있어야 하며, 각 과정에서 요구되는 과업을 파악해두어야 한다.

※ 알림: 이 책은 출제빈도를 우선으로 구성하고 있어 사정 단계를 먼저 소개하지만, 실제 실천과정은 '문제확인 → 사정 → 계획 및 실행 → 평가'의 순서로 진행된다.

10년간 출제분포도

회차	22회	21회	20회	19회	18회	17회	16회	15회	14회	13회
문항수	2	2	3	1	2	2	3	3	1	4

2.3 문항

평균 출제문항수

142 사정 단계

1회독 월 일 **2회독** 월 일 **3회독** 월 일

강의 QR코드

최근 10년간 **12문항** 출제

복습 1 이론요약

사정의 개념 및 원칙

- 문제확인 단계에서 파악된 문제를 해결하기 위한 <u>서비스나 프로그램을 개발하기 위한 준비단계</u>
- 주요 원칙: 사정의 목표와 초점의 명확화, 제한된 자원과 역량을 고려, 구체적 쟁점이나 문제에 초점, 지역주민의 참여

기본개념
지역사회복지론
pp.106~

사정에서 고려할 사항

- 지역사회의 발전 과정
- 정치적·사회적 구조
- 경제적 상황
- 사회문화적 특징

사정의 유형

- 포괄적 사정: 특정한 문제나 표적집단에 한정하지 않고 지역사회 전반을 대상으로 한 사정 유형
- 문제중심 사정: 지역사회에서 우선적으로 해결이 필요한 중요한 영역에 초점을 둔 유형
- 하위체계 사정: 지역사회의 특정 하위체계를 중심으로 사정
- 자원사정: 권력, 전문기술, 재정, 서비스 등 인적·물적 자원 영역을 검토
- 협력 사정: 지역사회 참여자들이 완전한 파트너로서 조사계획, 참여관찰, 분석과 실행 국면 등에 관계되면서 지역사회에 의해 수행되는 사정

사정을 위한 자료수집 방법

▶ 양적 접근
- 구조화된 서베이
  - 구조화된 질문지를 통해 설문조사를 진행하여 응답을 구하는 방식
- 사회지표 분석
  - 통계청, 국가기관, 복지 관련 전문 기관 등에서 진행한 수치화된 자료를 활용하여 욕구를 파악하는 방법

▶ 질적 접근

- **델파이기법**
  - 문제와 관련된 전문가에게 **이메일이나 우편 등을 통해 개방형 질문으로 설문지를 발송하여 의견을 취합**하는 방식
  - **참여자 간의 영향력은 방지**할 수 있지만 정해진 기간 안에 의견 취합이 안 되는 경우가 많으며, 반복적으로 진행하다 보면 점점 답변 회수율이 떨어질 수 있음
- **명목집단기법**
  - **참여자들이 의견을 무기명으로 적어 제출**하면 사회자가 각 내용을 발표한 후 투표를 진행하여 우선순위 결정
  - 참여자들이 서로 누가 어떤 의견을 냈는지 모른다는 점은 델파이기법의 장점과 동일함
- **초점집단기법**
  - 소집단으로 구성하여 **참여자들의 토론 및 질의응답**을 통해 문제에 대한 의견을 듣는 방법
  - 전문가도 참여하지만 **수혜자, 잠정적 수혜자, 지역주민 등이 참여하는 직접적 욕구조사 방법**
- **주요정보제공자기법**
  - 문제와 관련된 전문가, 실무자 등을 통해 대상집단 및 욕구를 파악하는 방법
  - 서비스 제공자, 관련 단체의 대표자 등 **전문가들이 주로 참여하는 간접적 욕구조사 방법**
- **지역사회포럼**
  - **모든 지역주민들에게 공개적으로 진행**하는 방식으로, 토론자들이 먼저 관련 문제에 대한 설명 및 토론 등을 진행한 후 방청한 지역주민들과의 질의응답 시간을 진행함
  - 지역주민의 욕구나 문제에 대한 지역주민의 인식을 알 수 있음
  - 다양한 의견이 제시될 수 있으나 문제의 본질이나 욕구파악이 오히려 어려울 수 있음
- **공청회**
  - 정부의 프로그램이나 계획에 대해 의견을 개진할 수 있는 기회를 제공
  - 공청회에 참석한 참석자들의 견해가 전체 지역주민을 대표하는지를 확신하기 어려우며, 통제가 어렵다는 한계가 있음
  - ※ 포럼과 진행방식은 동일하지만 공청회의 주체는 국가 및 지자체
- **참여관찰**
  - 지역주민의 일상적인 삶에 참여하여 주민들의 문제를 직접 보고 들으며 체험하는 방법

01 (22-05-12) 지역사회 사정을 통해 지역사회의 욕구를 파악한다.

02 (22-05-12) 지역사회 사정을 위해 지역 공청회를 통해 주민 의견을 수렴할 수 있다.

03 (22-05-12) 지역사회 사정을 위해 명목집단 등을 활용하여 욕구의 우선순위를 결정할 수 있다.

04 (22-05-12) 지역사회 사정을 위해 서베이, 델파이기법 등을 활용하여 자료를 수집할 수 있다.

05 (21-05-13) 지역사회포럼은 지역주민이 참여할 수 있는 공개 모임을 개최하여 구성원의 의견을 모색한다.

06 (20-05-15) 델파이 기법: 전문가 패널의 의견을 수렴하는 방법, 합의에 이르기까지 여러 번 설문 실시, 반복되는 설문을 통하여 패널의 의견 수정 가능

07 (19-05-10) 자원봉사자 수, 예산 규모, 이용자 수 등에 관한 사정은 자원 사정에 해당한다.

08 (17-05-11) 델파이 기법은 응답 내용이 합의에 이르기까지 여러 번에 걸쳐 설문 과정을 반복한다.

09 (15-05-10) 초점집단(Focus Group) 기법: 지역사회집단의 이해관계를 가장 잘 대표할 수 있는 참여자들을 선정하여 한 곳에 모여 특정 문제에 대한 의견을 집단으로 토론한다.

10 (14-05-09) 자원 사정은 지역사회에서 이용할 수 있는 권력, 전문기술, 재정, 서비스 등을 조사하는 사정이다.

11 (13-05-08) 명목집단기법은 문제이해, 목표확인, 행동계획 개발 등에 활용된다.

12 (10-05-21) 명목집단기법: 지역주민을 한 자리에 모아 지역에 영향을 미치는 문제나 이슈를 제시하도록 하고, 참가자들로 하여금 열거된 문제에 대한 우선순위를 매기도록 하는 과정을 거친다.

13 (07-05-07) 지역사회포럼을 통해 지역주민들은 자신이 생각하는 지역사회 문제에 대한 의견을 이야기할 수 있다.

14 (06-05-15) 비공식적 인터뷰, 민속학적 방법 등은 지역사회의 정보를 얻기 위해 사용하는 질적 접근 방법이다.

대표기출 확인하기

21-05-13 　　　　　　난이도 ★☆☆

지역사회 욕구사정 방법에 관한 설명으로 옳은 것은?

① 명목집단기법: 지역주민으로부터 설문조사를 통해 직접적으로 자료를 획득
② 초점집단기법: 전문가 패널을 대상으로 반복된 설문을 통해 합의에 이를 때까지 의견을 수렴
③ 델파이기법: 정부기관이나 사회복지 관련 조직에 의해 수집된 기존 자료를 활용
④ 지역사회포럼: 지역주민이 참여할 수 있는 공개 모임을 개최하여 구성원의 의견을 모색
⑤ 사회지표분석: 지역사회 문제를 잘 파악하고 있는 사람들을 대상으로 정보를 확보

> ▶ **알짜확인**
>
> • 사정의 원칙, 고려해야 할 사항, 사정의 유형 등 다양한 내용을 꼼꼼히 살펴봐야 한다.
> • 사정방법(욕구조사 방법)은 자칫 헷갈릴 수 있는 비슷한 방법들이 있으니 잘 구분할 수 있도록 방법적 차이를 파악해두어야 한다.

답 ④

✔ **응시생들의 선택**

① 4%	② 5%	③ 3%	④ 85%	⑤ 3%

① 지역주민으로부터 설문조사를 통해 직접적으로 자료를 획득하는 것은 서베이 조사에 해당한다.
② 전문가 패널을 대상으로 반복된 설문을 통해 합의에 이를 때까지 의견을 수렴하는 것은 델파이기법에 해당한다.
③ 정부기관이나 사회복지 관련 조직에 의해 수집된 기존 자료를 활용하는 것은 사회지표분석에 해당한다.
⑤ 지역사회 문제를 잘 파악하고 있는 사람들을 대상으로 정보를 확보하는 것은 초점집단기법에 해당한다.

관련기출 더 보기

22-05-12 　　　　　　난이도 ★★☆

지역사회 사정에 해당하지 않은 것은?

① 지역사회의 욕구를 파악한다.
② 협력·조정을 위한 네트워크를 구축한다.
③ 지역 공청회를 통해 주민 의견을 수렴한다.
④ 명목집단 등을 활용한 욕구의 우선순위를 결정할 수 있다.
⑤ 서베이, 델파이기법 등을 활용하여 자료를 수집한다.

답 ②

✔ **응시생들의 선택**

① 3%	② 52%	③ 1%	④ 21%	⑤ 23%

② 협력·조정을 위한 네트워크의 구축은 계획 및 실행단계에서의 과업이다.

22-05-13 　　　　　　난이도 ★☆☆

지역사회복지실천 과정의 순서로 옳은 것은?

ㄱ. 지역사회 사정	ㄴ. 실행
ㄷ. 성과평가	ㄹ. 실행계획 수립

① ㄱ→ㄴ→ㄷ→ㄹ　　　　② ㄱ→ㄹ→ㄴ→ㄷ
③ ㄹ→ㄱ→ㄴ→ㄷ　　　　④ ㄹ→ㄱ→ㄷ→ㄴ
⑤ ㄹ→ㄴ→ㄷ→ㄱ

답 ②

✔ **응시생들의 선택**

① 1%	② 76%	③ 18%	④ 3%	⑤ 2%

ㄱ. 지역사회 사정: 지역사회의 문제 및 욕구 파악
ㄹ. 실행계획 수립: 목표설정, 자원확보, 구체적인 활동 계획
ㄴ. 실행: 계획에 따른 실행 및 점검
ㄷ. 성과평가: 실행에 따른 결과 평가

다음 자료를 활용한 지역사회 사정(assessment) 유형에 해당하는 것은?

> • 사회복지시설 및 기관의 자원봉사자 수
> • 관할 지방자치단체의 사회복지분야 예산 규모
> • 기업의 사회공헌 프로그램 유형과 이용자 수

① 하위체계 사정　　　② 포괄적 사정
③ 자원 사정　　　　　④ 문제중심 사정
⑤ 협력적 사정

답 ③

✅ 응시생들의 선택

① 1%	② 9%	③ 86%	④ 1%	⑤ 3%

③ 자원 사정은 권력, 전문기술, 재정, 서비스 등 인적·물적 자원 영역을 검토한다.

지역사회복지실천에서 이루어지는 초기 욕구사정에 관한 설명으로 옳지 않은 것은?

① 욕구의 상대적 중요성을 확인하는 목적이 있다.
② 지역사회복지 실천을 위한 성과평가의 의미를 갖는다.
③ 욕구사정에 대한 다양한 방법론을 이해해야 한다.
④ 문제확인과 해결의 우선순위에 주안점을 둔다.
⑤ 욕구사정의 초점은 서비스 및 접근가능성이 포함된다.

답 ②

✅ 응시생들의 선택

① 3%	② 86%	③ 2%	④ 8%	⑤ 1%

② 욕구사정은 주민들의 문제와 욕구를 살펴보고 프로그램 설계를 위해 정보를 분석하는 과정으로, 성과평가의 의미를 갖는 것은 아니다.

지역사회를 분석하기 위해서는 지역사회 사정(assessment)을 해야 하는데, 다음의 지역사회사정과정 중 사회복지사가 확인한 변수는?

> A종합사회복지관에 근무하는 사회복지사는 지역에 혼자 사는 노인에게 밑반찬서비스를 제공하는 지역부녀회, 기초노령연금을 지급하는 동주민센터, 후원금을 지원하는 종교단체가 있다는 사실을 확인하였다.

① 사람　　　　　　　② 사회문제
③ 가치　　　　　　　④ 자원의 유용성
⑤ 서비스 전달 조직

답 ⑤

✅ 응시생들의 선택

① 0%	② 0%	③ 1%	④ 22%	⑤ 77%

사례는 지역사회 내 노인복지와 관련하여 서비스를 전달하고 있는 조직들을 사정한 것으로 하위체계 사정에 해당한다.

지역사회복지실천 과정 중 욕구사정 단계에서 고려해야 할 사항을 모두 고른 것은?

> ㄱ. 프로그램의 적절성 정도
> ㄴ. 지역사회 문제해결을 위해 필요한 재원 확보
> ㄷ. 사회변화를 추구하는 집단 간의 합의 도출
> ㄹ. 지역사회의 사회구조와 경제적인 상황

① ㄱ, ㄴ, ㄷ　　　　　② ㄱ, ㄷ
③ ㄴ, ㄹ　　　　　　　④ ㄹ
⑤ ㄱ, ㄴ, ㄷ, ㄹ

답 ④

✅ 응시생들의 선택

① 6%	② 13%	③ 29%	④ 24%	⑤ 28%

ㄱ. 계획단계에서 적절성에 따라 프로그램을 수립하기도 하며, 평가단계에서 결과적으로 적절했는지를 살펴보기도 한다.
ㄴ. ㄷ. 지역사회 문제해결을 위해 필요한 재원 확보 및 사회변화를 추구하는 집단 간의 합의 도출은 지역사회복지실천 계획을 수립하고 실행해나가는 과정에서 고려해야 할 사항에 해당한다.

다음 내용이 왜 틀렸는지를 확인해보자

01 사정단계는 지역사회의 전반적인 분위기를 파악하고 문제나 욕구를 확인하기 위해 **정보를 수집하는 데에 초점을 둔다.**

> 사정단계는 서비스나 프로그램을 개발하기 위한 준비단계이기 때문에 정보수집에 그치는 것이 아니라 수집된 정보를 토대로 문제를 구체화시켜야 한다.

13-05-08

02 하위체계사정은 하위체계의 **정태적인 이해를 높이는 데 활용**된다.

> 하위체계사정은 하위체계의 역동성을 고려하여 동태적으로 파악할 수 있도록 진행해야 한다.

03 초점집단조사방법은 **다수의 사람들이** 정보와 의견을 나눌 수 있도록 하는 욕구조사방법이다.

> 초점집단조사방법은 문제와 관련 있는 소수의 사람들이 한 자리에 모여 정보와 의견을 나눔으로써 욕구조사를 진행하는 방법이다.

17-05-11

04 델파이기법에서 설문지는 **폐쇄형 질문으로 구성**한다.

> 설문구성은 개방형으로 시작해서 이후에는 유사한 응답내용을 폐쇄형으로 구성하여 질문한다.

13-05-08

05 민속학적(ethnographic) 방법은 일반적으로 **표준화된 면담도구를 사용**한다.

> 민속학적 방법은 표준화된 면담도구를 사용하기보다는 현지 관찰을 통해 지역주민의 삶, 행동, 문화, 가치 등을 파악한다.

06 협력 사정을 통해 지역사회에 존재하는 재정, 서비스, 전문기술 등 **인적, 물적 자원 영역을 검토**한다.

> 인적, 물적 자원 영역을 검토하는 것은 자원 사정에 해당한다.
> 협력 사정은 문제에 관한 조사 계획부터 관찰, 분석, 실행 등의 과정에 지역사회 참여자들이 완전한 파트너로서 협조하며 함께하는 사정을 말한다.

07-05-07

07 지역사회포럼은 공청회와 달리 **참석자들에 대한 통제가 용이하다.**

지역사회포럼과 공청회는 진행방식이 동일하다. 전문가들이 주제와 관련된 화제를 제시하고 청중들이 질문이나 의견을 제시하게 되는데, 분위기가 과열될 경우 통제가 어렵다.

13-05-08

08 **비공식적 인터뷰**는 자료수집과정에서 신뢰도와 일관성을 높이는 방법이다.

비공식 인터뷰는 질적 방법에 해당하는데, 대체로 질적 방법은 양적 방법에 비해 신뢰도와 일관성에 취약하다.

빈칸에 들어갈 알맞은 말을 채워보자

16-05-16

01 ( ) 기법은 모든 참여자가 직접 만나 욕구에 대한 우선순위를 결정한다. 욕구순위에 대한 합의의 과정이 반복시행을 거쳐 이루어질 수 있다.

17-05-11

02 ( ) 기법은 지역사회문제에 대한 전문지식을 갖고 있는 주요 정보제공자로 구성하며, 응답 내용이 합의에 이르기까지 여러 번에 걸쳐 설문 과정을 반복한다.

09-05-13

03 ( ) 기법은 질적 자료수집 방법 중 하나로써 소집단으로 구성되며 여러 명이 동시에 질의와 응답에 참여할 수 있고, 집중적인 토론에 유용한 지역사회사정 방법이다.

04 ( ) 사정은 해결이 필요한 특정 이슈나 영역에 초점을 두어 진행하는 사정 유형이다.

14-05-09

05 ( ) 사정은 지역사회에서 이용할 수 있는 권력, 전문기술, 재정, 서비스 등을 조사하는 사정이다.

06-05-15

06 민속학적 방법, 비공식 인터뷰는 질적 자료수집 방법이며, 사회지표 분석은 ( ) 방법이다.

답 **01** 명목집단 **02** 델파이 **03** 초점집단 **04** 문제중심 **05** 자원 **06** 양적

다음 내용이 옳은지 그른지 판단해보자

01 `22-05-12` 지역사회 사정 과정에서는 명목집단 등을 활용하여 욕구의 우선순위를 결정할 수 있다. ⓞⓧ

02 욕구조사단계에서는 주요 정보제공자 인터뷰, 지역사회포럼 개최, 사회지표 등을 활용할 수 있다. ⓞⓧ

03 `13-05-20` 목적 및 목표 설정단계는 지역주민 욕구사정 이전에 진행한다. ⓞⓧ

04 지역사회 사정에서는 지역사회의 문제 및 지역주민의 욕구를 파악하는 데에 주력한다. ⓞⓧ

05 우선적으로 해결해야 할 지역사회의 문제 영역에 초점을 두는 사정 유형은 자원 사정이다. ⓞⓧ

06 `17-05-11` 델파이 기법은 응답 내용이 합의에 이르기까지 여러 번에 걸쳐 설문 과정을 반복한다. ⓞⓧ

07 사정을 통해서 지역사회의 문제를 욕구로 변환하여 서비스 개발로 연결할 수 있도록 해야 한다. ⓞⓧ

답 **01**○ **02**○ **03**× **04**○ **05**× **06**○ **07**○

해설 **03** 사정의 결과를 토대로 목적 및 목표 설정을 한다.
05 우선적으로 해결해야 할 지역사회의 문제 영역에 초점을 두는 사정 유형은 문제중심 사정이다.

143 문제확인 단계

강의 QR코드

1회독	**2**회독	**3**회독
월 일	월 일	월 일

최근 10년간 **2문항** 출제

복습 1 이론요약

주요 내용

- 이미 발생한 문제 외에 잠재적 문제도 파악
- 지역사회의 문제를 탐색함에 있어서는 **개방적인 태도**를 가져야 함
- 객관적 자료 확보, 관련 당사자·전문가 등과 인터뷰 등 다양한 조사방법 활용
- **문제를 둘러싼 지역사회의 관련 상황 파악**
- 문제로 인해 이익을 보는 집단과 손해를 보는 집단을 분석
- **문제의 원인 및 지속 요인 확인**
- 여러 문제들에 대한 우선순위 선정
- 표적집단은 문제를 겪는 동시에 변화가 필요한 집단으로 **시간과 자원의 한계에 따라 표적집단을 파악**

기본개념

지역사회복지론
pp.105~

기출문장 CHECK

01 (20-05-11) 문제확인 단계의 과업: 이슈의 개념화, 이슈와 관련된 다양한 가치관 고려, 이슈와 관련된 이론과 자료 분석

02 (12-05-05) 문제확인 단계에서는 문제에 대해 공식적으로 인정하고 지역사회행동을 위한 어젠다(agenda)로 채택한다.

03 (12-05-05) 지역사회문제를 규명하기 위해 해당 문제와 관련된 문헌을 검토한다.

04 (12-05-05) 문제확인 단계에서는 문제해결을 위한 장애 요인과 문제의 지속 요인을 파악한다.

05 (10-05-13) 문제확인 단계에서는 초기에는 개방적인 태도를 가지고, 관련된 당사자들과 폭넓게 대화를 나누며, 다양한 조사방법을 통해 객관적인 자료를 확보해야 한다.

06 (10-05-13) 문제확인 단계에서는 시간과 자원의 양에 따라 표적집단을 결정하는 것이 필요하다.

대표기출 확인하기

20-05-11   난이도 ★★★

다음의 설명에 해당하는 지역사회복지실천 단계는?

- 이슈의 개념화
- 이슈와 관련된 다양한 가치관 고려
- 이슈와 관련된 이론과 자료 분석

① 문제확인 단계   ② 자원동원 단계
③ 실행 단계   ④ 모니터링 단계
⑤ 평가 단계

 알짜확인

- 문제확인 단계의 과업과 함께 주의해야 할 사항들을 정리해두도록 하자.

답 ①

✓ **응시생들의 선택**

| ① 79% | ② 6% | ③ 7% | ④ 7% | ⑤ 1% |

지역사회의 문제 및 문제와 관련된 다양한 지형들을 살펴보는 과정은 문제확인 단계에 해당한다.

관련기출 더 보기

13-05-25   난이도 ★★★

다음은 지역사회복지실천 과정 중 어느 단계에 관한 설명인가?

주거빈곤의 어려움을 호소하는 클라이언트에 대해 사회복지사는 해당 지역에 대한 조사를 실시한 후 이를 개인의 경제적 문제, 지역사회의 불량주택문제, 공공임대주택정책의 문제 중 어떤 문제로 볼 것인지를 결정하였다.

① 자원계획 및 동원단계   ② 목적 및 목표 설정단계
③ 문제발견 및 분석단계   ④ 실행단계
⑤ 평가단계

답 ③

✓ **응시생들의 선택**

| ① 2% | ② 10% | ③ 88% | ④ 0% | ⑤ 0% |

사례의 내용은 상담과정에서 나타난 클라이언트의 문제를 분석하고, 확인하는 활동으로 문제발견 및 분석단계에 해당한다.

10-05-13   난이도 ★★★

지역사회복지실천 과정에서 문제확인에 관한 설명으로 옳지 않은 것은?

① 관련된 당사자들과 폭넓게 대화를 나눈다.
② 문제의 범위 설정에 있어 초기에는 개방적인 태도를 갖는다.
③ 시간과 자원의 양에 따라 표적집단을 결정하는 것이 필요하다.
④ 과거의 지역사회복지실천을 위한 장애요인은 무시해야 한다.
⑤ 문제확인을 위해서는 다양한 조사방법을 통해 객관적인 자료를 확보해야 한다.

답 ④

✓ **응시생들의 선택**

| ① 1% | ② 1% | ③ 1% | ④ 96% | ⑤ 1% |

④ 지역사회의 문제해결을 위한 과거의 접근방법과 노력들, 장애요인, 실패이유 등을 파악하는 것이 필요하다.

다음 내용이 옳은지 그른지 판단해보자

01 지역사회의 문제를 살펴볼 때에는 현재 나타난 문제뿐만 아니라 잠재적 문제도 살펴봐야 한다.

`10-05-13`
02 문제확인 단계에서는 과거에 나타났던 문제해결의 장애요인은 무시해야 한다.

`12-05-05`
03 지역사회의 문제를 확인하는 단계에서는 지역사회 지도자, 공직자, 토착주민, 지역운동가 등 유력인사의 인식은 배제한다.

04 문제를 확인하는 과정에서는 표적집단의 규모를 파악해두는 것이 필요하다.

05 문제를 확인하기 위해서는 문제로 인해 손해를 보게 된 집단에 대해서만 집중적으로 조사해야 한다.

답 **01** ○ **02** × **03** × **04** ○ **05** ×

해설 **02** 과거에 나타났던 장애요인들을 확인해야 한다.
03 지역 내 유력인사의 인식도 포함해야 한다.
05 문제를 확인하는 단계에서는 문제와 관련된 다양한 정치적 지형을 살펴보는 것이 필요하다. 따라서 문제로 손해를 보게 된 집단뿐만 아니라 이익을 얻게 된 집단도 함께 살펴봐야 한다.

계획 및 실행 단계

1회독 월 일   **2**회독 월 일   **3**회독 월 일

최근 10년간 **5문항** 출제

복습 1 이론요약

준비/계획 단계

• 목표 설정: 미션 > 목적 > 목표로 구체화됨

• 목표에 따라 프로그램 계획

• 예산 수립

• 프로그램 홍보

실행 단계

• 계획에 맞춰 실행

• 주민조직화, 참여자들의 동기 강화, 참여자들 간 갈등 관리

• 진행상황을 점검하며 상황변화에 대응

• 지역사회의 서비스 공급주체 간 연계 협력을 추진

기본개념

지역사회복지론
pp.110~

기출문장 CHECK

01 21-05-12 실행 단계에서는 재정자원의 집행, 추진인력의 확보 및 활용, 협력과 조정을 위한 네트워크 구축 등을 수행한다.

02 20-05-12 실행 단계의 과업: 재정자원 집행, 참여자 간의 갈등 관리, 클라이언트의 적응 촉진, 협력과 조정을 위한 네트워크 구축

03 18-05-10 프로그램을 기획하는 과정에서는 업무 설계, 구체적인 실행 방법 수립 등을 진행한다.

04 18-05-10 프로그램 기획의 목적은 개별 사회복지기관이 다룰 수 있는 영역과 범위 안에 있는 이슈를 해결하기 위함이다.

05 15-05-15 실행 단계에서는 참여자의 적응을 촉진하고, 참여자 간 저항과 갈등을 관리한다.

06 09-05-14 목적은 미션보다 좀 더 구체적인 방향을 제시한다. 목표들은 목적에 통합될 수 있어야 한다.

07 09-05-14 결과목표는 표적집단을 어떠한 상태로 향상시킬 것인가의 내용을 담고 있어야 한다.

08 09-05-14 과정목표는 무슨 일을 누가 어떻게 할 것인지에 관해 기술한다.

09 03-05-11 계획 단계에서는 실천 목표를 설정하고, 목표 달성을 위한 방법을 선택한다.

대표기출 확인하기

21-05-12 · 난이도 ★★★

지역사회복지 실천과정에서 다음 과업이 수행되는 단계는?

- 재정자원의 집행
- 추진인력의 확보 및 활용
- 협력과 조정을 위한 네트워크 구축

① 문제발견 및 분석 단계
② 사정 및 욕구 파악 단계
③ 계획 단계
④ 실행 단계
⑤ 점검 및 평가 단계

 알짜확인

- 문제를 해결하기 위해 프로그램에 대한 계획을 세우고 실행에 옮기는 과정에서 고려해야 할 사항들을 생각해보자.
- 계획을 세우기에 앞서 목표를 설정하게 되는데 이와 관련된 사항들을 정리해두자.

답 ④

✅ **응시생들의 선택**

① 2%	② 4%	③ 19%	④ 73%	⑤ 2%

④ 실행 단계에서는 지역사회복지실천의 다양한 개입 전략과 전술을 고려하여 선택한다. 계획에 맞춰 자원을 집행하고 프로그램을 실행하며, 문제해결의 주체가 되는 지역주민의 참여를 조직화한다. 참여자들의 동기를 강화하고 반응을 확인하며, 참여자들 간 갈등을 관리한다. 진행상황을 점검하며 상황변화에 대응하고, 지역사회의 서비스 공급주체 간 연계·협력을 추진한다.

관련기출 더 보기

20-05-12 · 난이도 ★★★

지역사회복지 실천의 '실행 단계'에 해당하지 않는 것은?

① 재정자원 집행
② 참여자 간의 갈등 관리
③ 클라이언트의 적응 촉진
④ 실천계획의 목표 설정
⑤ 협력과 조정을 위한 네트워크 구축

답 ④

✅ **응시생들의 선택**

① 5%	② 3%	③ 5%	④ 84%	⑤ 3%

④ 목표 설정은 계획 단계에 해당한다. 설정된 목표에 따라 계획을 수립하고 수립된 계획을 실행에 옮기게 된다.

18-05-10 · 난이도 ★★★

다음에서 설명하는 사회복지사의 활동방법은?

- 업무 설계 기재
- 구체적인 실행방법 명시
- 개별 사회복지기관이 다룰 수 있는 영역과 범위 안에 있는 이슈를 해결하기 위함

① 사회지표 분석 ② 프로그램 기획
③ 커뮤니티 프로파일링 ④ 지역사회 지도 그리기
⑤ 청원

답 ②

✅ **응시생들의 선택**

① 6%	② 72%	③ 18%	④ 3%	⑤ 1%

①③④ 지역사회를 조사하는 과정에서 진행될 수 있는 활동들이다.
⑤ 청원은 특정 조직이나 기관이 일정한 조치를 요청하기 위해 다수인의 서명지를 제출하는 것이다.

다음 내용이 왜 틀렸는지를 확인해보자

03-05-11

01 계획 단계에서는 지역주민들이 문제를 어떻게 경험하고 어떻게 인식하고 있는지를 파악하는 데 중점을 둔다.

> 문제를 어떻게 경험하고 어떻게 인식하고 있는지를 파악하는 것은 계획 단계 이전에 이루어져야 한다.

15-05-15

02 지역사회복지실천 과정에서 참여자의 적응 촉진, 참여자 간 저항과 갈등 관리 등은 문제확인 단계에서의 과업이다.

> 실행 단계에서의 과업이다.

03 계획 과정에서는 인적, 물적 자원을 동원하기 위한 사정을 반드시 진행해야 한다.

> 자원에 대한 사정은 계획 과정 이전에 진행되며, 사정의 결과를 계획 수립에 반영하게 된다.

09-05-14

04 목적과 목표를 설정하는 과정에는 클라이언트를 참여시킬 수 없다.

> 목적과 목표를 설정할 때에 클라이언트를 참여시킴으로써 소비자주권주의를 실현할 수 있다.

평가 단계

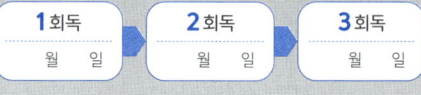

1회독 월 일   2회독 월 일   3회독 월 일

최근 10년간 **4문항** 출제

이론요약

평가 유형

- 양적 평가: 수량화된 자료를 바탕으로 한 평가 방식으로 주로 성과 정도를 파악할 때 이용
- 질적 평가: 인터뷰, 관찰 등을 통해 진행하는 평가 방식으로 수량화가 어려운 부문에서 진행하거나 모니터링의 용도로 사용됨
- 형성평가: 진행과정의 문제점을 발견하여 수정·보완하기 위한 평가
- 총괄평가: 달성하고자 했던 목표를 얼마나 잘 성취했는가의 여부를 평가

평가 요소(논리모델)

- 투입: 프로그램에 투여되는 인적, 물적 자원
- 전환(활동, 과정): 제공하는 서비스 및 개입방법 등을 의미
- 산출: 프로그램을 통해 제공된 실적, 결과물
- 성과: 프로그램 종결 후 클라이언트에게서 나타난 변화

기본개념

지역사회복지론
pp.111~

기출문장 CHECK

01 (12-05-03) 지역아동센터 사업에 대한 평가를 진행할 때 투입 예산, 자원봉사자 수, 센터 종사자 수, 센터 규모 등은 투입 요소에 해당한다.

02 (09-05-15) 효율성평가는 투입비용과 서비스 산출단위의 비교량으로 평가한다.

03 (09-05-15) 평가는 변화의 장점이나 가치에 대해 판단을 내리는 사회적 과정이다.

04 (09-05-15) 형성평가는 프로그램 초기에 등장한 문제점을 수정, 보완하기 위해 실시한다.

대표기출 확인하기

09-05-15 　　　난이도 ★★★

지역사회복지실천 과정 중 평가에 관한 설명으로 옳지 않은 것은?

① 평가는 변화의 장점이나 가치에 대해 판단을 내리는 사회적 과정이다.
② 형성평가는 프로그램 초기에 등장한 문제점을 수정, 보완하기 위해 실시한다.
③ 효율성평가는 투입비용과 서비스 산출단위의 비교량으로 평가한다.
④ 과정목표의 성취여부는 주로 양적인 기준에 의해 판단한다.
⑤ 성과평가는 일반적으로 효과성평가의 속성을 갖는다.

 알짜확인

• 평가 유형, 평가 요소(논리모델) 등을 토대로 평가의 대상 및 초점 등에 대해 살펴보자.

답 ④

✅ **응시생들의 선택**

① 1%	② 0%	③ 2%	④ 71%	⑤ 27%

④ 질적 기준 혹은 주관적 판단에 초점을 둘 수도 있다.

관련기출 더 보기

12-05-03 　　　난이도 ★★★

지역아동센터 사업에 대한 평가를 한다고 할 때 속성이 다른 하나는?

① 투입 예산
② 자원봉사자 수
③ 센터 종사자 수
④ 아동의 학교 출석률
⑤ 센터 규모

답 ④

✅ **응시생들의 선택**

① 8%	② 5%	③ 1%	④ 74%	⑤ 12%

④ 투입한 예산, 자원봉사자의 수, 센터 종사자의 수, 센터 규모와 같은 인적·물적 자원은 '투입'에 해당한다.

다음 내용이 옳은지 그른지 판단해보자

01 평가에 대한 계획은 모든 개입이 종료된 후 수립한다. ◎ ✕

02 논리모델의 구성: 투입 → 산출 → 전환 → 성과 ◎ ✕

03 수량화된 자료를 바탕으로 한 양적 평가는 프로그램의 성과 정도를 파악할 때 유용하다. ◎ ✕

04 형성평가는 개입이 종료된 후 결과보다는 과정에 초점을 두고 진행된다. ◎ ✕

05 총괄평가는 달성하고자 했던 목표의 달성 여부에 관심을 둔다. ◎ ✕

답 **01** ✕ **02** ✕ **03** ○ **04** ✕ **05** ○

해설 **01** 평가에 대한 계획 역시 계획 단계에서 수립한다.
02 논리모델의 구성: 투입 → 전환(활동) → 산출 → 성과
04 형성평가는 개입이 진행되는 과정에서 실시된다.

7장

지역사회복지실천에서의 사회복지사의 역할

이 장에서는

지역사회복지실천에서 수행하게 되는 사회복지사의 역할에 대해 학습한다. 안내자, 행정가, 조직가, 조력가, 사회치료자, 계획가, 행동가 등 다양한 역할을 수행하게 됨을 이해하는 장이다.

10년간 출제분포도

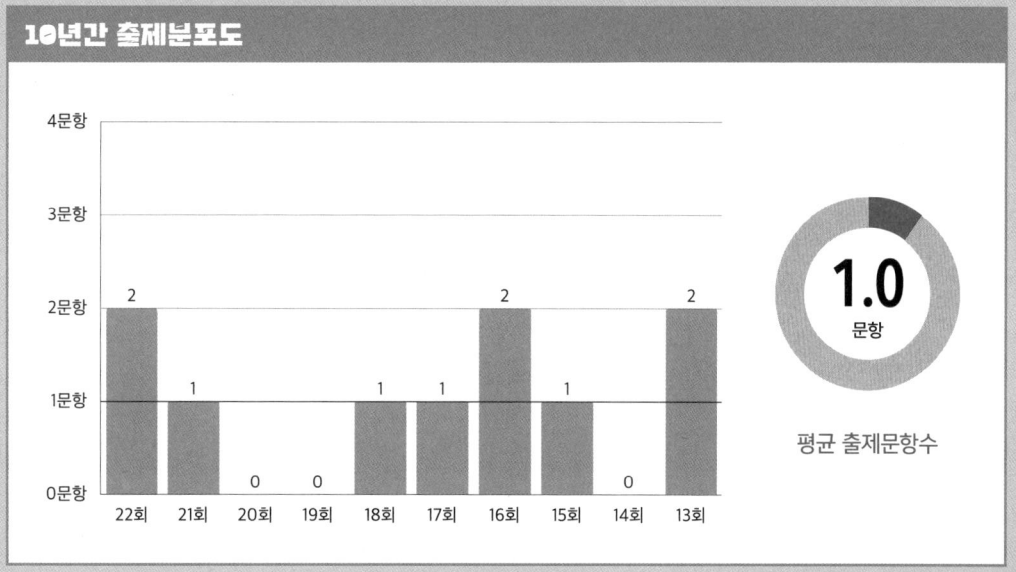

평균 출제문항수 1.0 문항

146 사회복지사의 역할

강의 QR코드

1회독	2회독	3회독
월 일	월 일	월 일

최근 10년간 **10문항** 출제

복습 1 이론요약

사회복지사는 다음에 제시된 다양한 역할을 동시에 수행해야 할 때가 많은데, 이로 인해 <u>어떤 역할을 더 우선시해야 하는가와 관련해 역할갈등을 느낄 수 있다.</u>

기본개념

지역사회복지론
pp.118~

지역사회개발모델에서 사회복지사의 역할

▶ **안내자**
- **가장 1차적인 역할**
- 지역의 사회·문화에 대한 충분한 지식을 가져야 함
- 지역사회의 잠재능력을 파악해야 함
- **지역사회에 대하여 객관적인 입장을 취하고 있는 그대로 수용해야 함**
- 특정 집단을 옹호하거나 반대로 특정 집단에 대해 배타적인 태도를 취해서는 안 됨
- 사회복지사가 직접 판단을 내리는 것이 아닌 <u>주민들이 판단을 내릴 수 있도록 지원</u>

▶ **조력가**
- 지역주민들의 표출된 불만을 집약
- <u>조직화 격려</u>
- 좋은 인간관계의 조성
- **공동목표 강조**

▶ **전문가**
- 지역사회 진단, 조사
- 타 지역사회에 대한 정보 및 방법에 관한 조언
- 자료 제공 및 직접적 충고, 기술상의 정보 제공
- 사업 과정에 대한 설명 및 평가

▶ **사회치료자**
- 지역사회에 대해 적절히 진단하여 주민들의 이해를 도움
- <u>금기적 사고나 전통적 태도가 지역사회에 긴장을 일으키거나 지역사회의 발전을 방해할 때에 이를 변화시키기 위한 활동을 전개</u>

- 지역사회가 발전해온 역사, 지역사회의 권력구조 등에 대해 파악해야 함

사회계획모델에서 사회복지사의 역할

▶ 계획가
- 목표 설정
- 목표달성을 위한 수단 검토
- 문제해결을 위한 계획

▶ 분석가
- 사회문제와 문제에 영향을 미치는 요인들을 조사
- 프로그램 과정 분석
- 계획 수립의 과정 분석
- 변화에 대한 평가

▶ 조직가
- 주민들의 참여의식 고취
- 주민들의 사기진작 및 능력 격려

▶ 행정가
- 계획 수립 및 프로그램 운영
- 인적·물적 자원 관리

사회행동모델에서 사회복지사의 역할

조력가 < 중개자 < 옹호자 < 행동가로 갈수록 사회복지사의 적극성이 강하게 나타남

▶ 조력가
- 취약계층의 복지 증진을 위해 그들 편에 서서 활동 전개
- 간접적 개입으로 중립적 입장을 취함

▶ 중개자(자원연결자)
- 사회복지사는 **클라이언트와 지역사회의 자원을 연결**하는 역할을 수행
- 지역주민이 필요로 하는 자원이 어디 있는지 가르쳐줌으로써 이에 접근할 수 있게 해줌

▶ 옹호자(대변자)
- 주민 입장의 정당성을 주장하여 문제가 해결될 수 있도록 함
- 클라이언트 편에서 클라이언트의 역할을 대신함

▶ 행동가
- 수동적이거나 중립적 자세를 취하지 않고 클라이언트와 함께 행동

▶ 조직가(그로스만, Grossman)
- 기술적 과업: 문제에 대한 토의, 집단행동 조직, 목적 성취(행동의 성공/승리)에 초점
- 이데올로기적 과업: 기존의 권력구조에 대항, 주민들의 정치의식 증대를 꾀함, 주민들의 통제능력 향상을 추구 등

01 (22-05-14) 사회복지사는 조력자로서 좋은 대인관계를 조성하는 일, 불만을 집약하는 일, 공동의 목표를 강조하는 일, 조직화를 격려하는 일 등을 수행한다.

02 (22-05-15) 샌더스는 사회계획모델에서의 사회복지사의 역할로 분석가, 조직가, 계획가, 행정가 등을 제시하였다.

03 (21-05-14) 사회복지사의 옹호자의 역할은 지역주민 입장의 정당성을 주장하고, 지도력과 자원을 제공한다.

04 (17-05-15) 조력자의 역할: 지역사회 내 다양한 집단들에 의해 표출된 불만을 집약, 지역사회조직 과정에서 지역주민들에게 공동의 목표 강조

05 (16-05-14) 사회복지사는 중개자로서 클라이언트가 필요로 하는 자원을 연결해주는 역할을 한다.

06 (15-05-13) 사회복지사는 자원연결자(중개자)로서 서비스 및 시설입소 의뢰, 취업정보 제공 및 알선 등을 제공한다.

07 (13-05-10) 사회치료자 역할의 예: 사회복지사는 지역사회개발모델에 근거하여 낙후된 도시지역을 대상으로 지역 진단을 실시하고, 해당 지역에 대한 주민들의 이해를 높였다. 그리고 주민간의 협력을 방해하는 요인을 제거하도록 도왔다.

08 (13-05-24) 저소득층 독거노인을 위한 의료 네트워크 형성 사업을 하려고 하는 사회복지사는 옹호자, 촉매자, 협상가, 조정가 등 다양한 역할을 동시에 수행할 수 있다.

09 (12-05-09) 행정가 역할의 예: P 사회복지사는 사회복지관 평가에 대비하여 업무를 조정하고 준비를 위한 계획표를 작성하였다. 그리고 해당 기간 동안의 문서를 정리하고 직원들이 각 분야별로 역할을 분담하도록 하였다. 이는 사회복지관이 우수하게 평가받을 수 있도록 하기 위한 노력이다.

10 (11-05-13) 조력자 역할의 예: 저소득층 밀집지역에서 활동하는 사회복지사는 지역주민의 조직화를 통해 지역사회의 생활환경 개선을 위한 사업을 추진하였다.

11 (11-05-17) 문제해결을 위한 합리적 계획수립과 통제된 변화를 강조하는 사회계획모델에서는 계획가로서의 역할이 강조된다.

12 (11-05-28) 조력자로서의 역할은 조직화를 격려한다.

13 (10-05-15) 중개자 역할의 예: 사회복지사는 중증장애아동을 양육하고 있는 부모의 양육스트레스를 경감시키고자 장애인 주간보호서비스에 대한 정보를 제공하였다. 장애인의 부모는 사회복지사의 정보를 활용하여 장애인 주간보호서비스를 이용하게 되었다.

14 (09-05-16) 지역주민들이 스스로 조직화하여 문제를 해결해나갈 수 있도록 원조하였다면 이는 조직가로서의 역할로 볼 수 있다.

15 (09-05-17) 사회복지사는 안내자로서 자신의 역할에 대해 설명하고, 객관적인 입장을 견지해야 한다.

16 (08-05-12) 조력가로서의 사회복지사는 주민들의 불만을 집약하고, 조직화를 격려하고, 조직 내 인간관계에 관심을 두며, 공동의 목표를 강조한다.

17 (06-05-02) 옹호자 역할의 예: 성폭력 피해여성들의 권익을 위해 전국적인 서명운동을 진행했다.

18 (05-05-11) 중개자의 역할은 클라이언트가 필요로 하는 자원에 대한 소재를 밝혀주는 것이다.

19 (05-05-23) 사회복지사는 조력가로서 주민들이 불만을 표출할 수 있도록 돕는다.

20 (04-05-12) 사회복지사는 중개자로서 클라이언트가 필요로 하는 자원을 소개해준다.

21 (03-05-12) 사회복지사는 안내자로서 지역주민들이 문제해결을 위한 목표를 설정하도록 돕는다.

22 (03-05-13) 사회복지사는 전문가로서 문제와 관련하여 수집된 자료를 제공하고 직접적인 충고를 하기도 한다.

23 (02-05-13) 그로서(Grosser)는 사회복지사의 역할을 조력가, 중개자, 옹호자, 행동가 등으로 구분하였다.

24 (02-05-13) 로스(Ross)는 사회복지사의 역할을 안내자, 조력가, 전문가, 사회치료자 등으로 구분하였다.

대표기출 확인하기

21-05-14 | 난이도 ★★★

다음에서 제시된 사회복지사의 핵심 역할은?

> A지역은 저소득가구 밀집지역으로 방임, 결식 등 취약계층 아동 비율이 높은 곳이다. 사회복지사는 지역사회 아동의 안전한 보호와 부모의 양육부담 완화를 위해 아동돌봄시설 확충을 위한 서명운동 및 조례제정 입법 활동을 하였다.

① 옹호자
② 교육자
③ 중재자
④ 자원연결자
⑤ 조정자

 알짜확인

- 사회복지사의 역할에 관한 문제는 주로 사례제시형으로 출제되고 있다. 각 역할은 서로 겹치는 점도 있기 때문에 뚜렷하게 구분하기에 헷갈리는 부분들도 있지만 각 역할의 주된 초점을 중심으로 구분해두어야 사례제시형 문제의 답을 찾기가 수월하다.
- 사회복지사는 여러 역할을 동시에 수행하게 된다는 점도 함께 기억해두자.

답 ①

✔ 응시생들의 선택

① 89%	② 2%	③ 1%	④ 3%	⑤ 5%

① 사회복지사가 A지역 저소득가구 아동의 안전한 보호와 부모의 양육부담 완화를 위해 아동돌봄시설 확충을 위한 서명운동 및 조례제정 입법 활동을 하는 것은 옹호자(대변자)의 역할에 해당한다. 옹호자의 역할은 자원의 소재를 알려주는 중개자의 역할에서 더 나아가 클라이언트나 지역사회에 필요한 정보를 직접 수집한다. 지역주민 입장의 정당성을 주장하고, 지도력과 자원을 제공하며, 사회복지사는 전문적 역량을 오로지 클라이언트의 이익을 위해서 사용한다.

관련기출 더 보기

22-05-14 | 난이도 ★★☆

지역사회개발 모델 중 조력자로서의 사회복지사 역할이 아닌 것은?

① 좋은 대인관계를 조성하는 일
② 지역사회를 진단하는 일
③ 불만을 집약하는 일
④ 공동의 목표를 강조하는 일
⑤ 조직화를 격려하는 일

답 ②

✔ 응시생들의 선택

① 3%	② 71%	③ 21%	④ 3%	⑤ 2%

② 지역사회개발 모델에서 강조되는 역할은 안내자, 조력자, 전문가, 사회치료자 등이다. 그 중 지역사회 진단이 중요한 역할은 전문가로서의 역할과 사회치료자로서의 역할이다. 사회복지사는 전문가로서 지역사회를 현 상황을 진단하여 도움이 될 자료를 만들고 정보를 제공할 수 있어야 한다. 한편, 사회치료자로서 지역사회에 존재하는 불화나 긴장상태에 대해 적절히 진단하고 주민들에게 문제의 원인, 성격 등을 이해시킬 수 있어야 한다.

22-05-15 | 난이도 ★★☆

사회계획 모델에서 샌더스(I. T. Sanders)가 주장한 사회복지사의 역할이 아닌 것은?

① 분석가
② 조직가
③ 계획가
④ 옹호자
⑤ 행정가

답 ④

✔ 응시생들의 선택

① 10%	② 6%	③ 2%	④ 67%	⑤ 15%

④ 옹호자는 사회행동모델에서의 주요 역할이다.

16-05-12 난이도 ★☆☆

밑줄 친 사회복지사의 핵심 역할로 옳은 것은?

A지역은 공장지대에 위치해 있어 학교의 대기오염도가 매우 높게 나타났다. 그래서 사회복지사는 <u>학생들의 건강권 확보를 위한 조례 제정 입법활동을 하였다.</u>

① 계획가 ② 옹호자
③ 치료자 ④ 교육자
⑤ 행정가

답 ②

✔ 응시생들의 선택

① 4%	② 76%	③ 1%	④ 1%	⑤ 18%

사례에서 사회복지사는 학생들의 건강권 확보를 위한 옹호 활동을 진행하였다.

13-05-10 난이도 ★★★

사회복지사가 지역사회개발모델에 근거하여 아래와 같은 실천을 하였다. 이를 모두 충족하는 사회복지사의 역할은?

사회복지사는 낙후된 도시지역을 대상으로 지역진단을 실시하고, 해당 지역에 대한 주민들의 이해를 높였다. 그리고 주민간의 협력을 방해하는 요인을 제거하도록 도왔다.

① 안내자 ② 조정자
③ 사회치료자 ④ 촉매자
⑤ 조사자

답 ③

✔ 응시생들의 선택

① 7%	② 60%	③ 23%	④ 8%	⑤ 2%

사례와 같이 문제에 대한 주민들의 이해를 돕고 갈등이나 불화를 일으키는 요인을 제거하고 긴장을 해소하는 데에 초점을 두는 역할은 사회치료자로서의 역할이다.

➕ 덧붙임

많은 응시생들이 선택한 조정자로서의 역할은 지역 내 흩어져 있는 서비스가 중복되거나 누락되지 않도록 하는 데에 초점을 둔다.

12-05-09 난이도 ★★☆

다음에서 설명하는 사회복지사의 역할은?

P 사회복지사는 사회복지관 평가에 대비하여 업무를 조정하고 준비를 위한 계획표를 작성하였다. 그리고 해당 기간 동안의 문서를 정리하고 직원들이 각 분야별로 역할을 분담하도록 하였다. 이는 사회복지관이 우수하게 평가받을 수 있도록 하기 위한 노력이다.

① 행정가 ② 조직가
③ 계획가 ④ 분석가
⑤ 치료자

답 ①

✔ 응시생들의 선택

① 56%	② 17%	③ 26%	④ 1%	⑤ 0%

② 조직가: 지역주민이나 단체를 지역사회행동체계에 참여시킨다.
③ 계획가: 사회문제 해결을 위해 계획을 수립하고, 목표를 설정한다.
④ 분석가: 사회문제를 분석하고, 그러한 사회문제에 영향을 미치는 요인들을 조사한다.
⑤ 치료자: 적절한 진단을 통해 규명된 성격과 특성을 주민들에게 제시하여 그들의 이해를 돕는다.

11-05-28 난이도 ★★☆

사회복지사의 역할에 관한 설명이 바르게 연결된 것은?

① 조력자 – 조직화를 격려
② 안내자 – 공동목표의 강조
③ 전문가 – 불만의 집약
④ 계획가 – 자기 역할의 수용
⑤ 행동가 – 프로그램 운영 규칙 적용

답 ①

✔ 응시생들의 선택

① 68%	② 19%	③ 3%	④ 1%	⑤ 9%

②③ 사회복지사는 조력가로서 불만을 집약하고, 조직화를 격려하며, 좋은 인간관계를 조성하고, 공동목표를 강조하는 일을 하게 된다.
④ 자기 역할을 수용하고, 자신과 지역사회를 동일시하며, 지역사회의 조건에 대해 객관적 입장을 취하는 역할을 하는 것은 안내자로서의 역할이다.
⑤ 프로그램 운영 규칙 적용과 관련한 것은 행정가로서의 역할에 해당한다.

다음 내용이 왜 틀렸는지를 확인해보자

01 조직가로서의 역할은 클라이언트 집단을 조직화하여 집단행동을 끌어내는 데에 초점을 둘 뿐 <u>그 조직의 실제적인 활동에 대해 원조하는 것은 아니다.</u>

> 조직가의 역할에는 집단행동을 조직화하는 것 외에 조직의 유지 및 활동 원조 등이 모두 포함된다.

`05-05-23`
02 **조력가로서의 역할**은 지역사회에 있는 문제를 파악하고 분석하여 문제해결을 위한 계획을 수립하는 것이다.

> 분석가 및 계획가로서의 역할에 해당한다.

`03-05-13`
03 사회복지사는 전문가로서 **지역주민들의 불만을 집약**하고 문제와 관련된 자료를 수집하여 제공할 수 있어야 한다.

> 지역주민들의 불만을 집약하는 역할은 주로 조력가로서의 역할이다.

04 사회계획모델에서는 **안내자, 사회치료자**, 계획가, 조직가, 행정가로서의 역할이 강조된다.

> 안내자, 사회치료자로서의 역할은 지역사회개발모델에서 더 강조된다.

`05-05-10`
05 임대주택단지 내 사회복지관에서 근무하는 K사회복지사는 그 지역의 전기 임대료 지원을 요구하는 조례제정을 주제로 청원을 제출했다. → **행정가로서의 역할**에 해당한다.

> 대변가로서의 역할에 해당한다.

`07-05-08`
06 A지역에서 일하는 사회복지사 B는 공부방을 세우려고, 시청에서 근무하는 분들을 만나 예산을 확보하기 위해 노력하고 있다. → **행동가로서의 역할**에 해당한다.

> 해결책 및 목표를 수립하고 목표를 달성하기 위한 수단들을 파악하는 것은 계획가로서의 역할에 해당한다.
> 행동가로서의 역할은 갈등적인 상황에서 주민들의 행동을 조직화하고 적극적으로 함께 행동하는 것이다.

빈칸에 들어갈 알맞은 말을 채워보자

01 사회복지사는 중증장애아동을 양육하고 있는 부모의 양육스트레스를 경감시키고자 장애인 주간보호서비스에 대한 정보를 제공하였다. 장애인의 부모는 사회복지사의 정보를 활용하여 장애인 주간보호서비스를 이용하게 되었다. → (   )로서의 역할

02 지역 내 환경문제를 해결하기 위해 주부들을 모집하여 환경봉사단을 결성하고 교육 훈련 프로그램에 참여하도록 하여 지역사회의 환경문제를 스스로 해결해 나갈 수 있도록 원조하였다. → (   )로서의 역할

03 지역사회 내 다양한 집단들에 의해 표출된 불만을 집약하고, 지역사회조직 과정에서 주민들에게 공동의 목표를 강조한다. → (   )로서의 역할

 답 **01** 중개자 **02** 조직가 **03** 조력자

다음 내용이 옳은지 그른지 판단해보자

01 사회행동모델에 따라 지역복지를 실천하는 사회복지사는 조력가, 중개자, 옹호자, 행동가로서의 역할을 수행한다.

02 안내자로서의 역할은 가장 1차적인 역할로 사회복지사가 주민들을 대신하여 전문적인 판단을 내리고 문제해결방안을 지시한다.

03 사회복지사는 문제해결을 방해하는 지역사회 내의 금기적 사고나 전통적 태도를 변화시키기 위한 활동을 전개하는 사회치료자로서의 역할을 한다.

04 그로서(Grosser)가 제시한 사회복지사의 역할은 중개자 < 조력가 < 행동가 < 옹호자의 순서로 사회복지사의 적극성이 더 강해진다.

답 **01** ○ **02** × **03** ○ **04** ×

(해설) **02** 안내자로서의 역할은 사회복지사가 직접 판단하거나 지시하지 않으며 주민들이 판단을 내릴 수 있도록 다양한 자료를 제시해주는 데에 초점을 둔다.
04 조력가 < 중개자 < 옹호자 < 행동가의 순서대로 사회복지사의 적극성이 더 강하게 나타난다.

8장

지역사회복지 실천기술 Ⅰ

이 장에서는

지역사회복지실천에서 활용되는 기술 중 조직화, 네트워크, 자원동원 등을 살펴본다. 각각의 주요 특징을 정리해두되, 주민조직과 네트워크를 통해 자원동원이 이루어질 수 있기 때문에 서로 연결성을 갖는다는 점도 기억해두어야 한다.

10년간 출제분포도

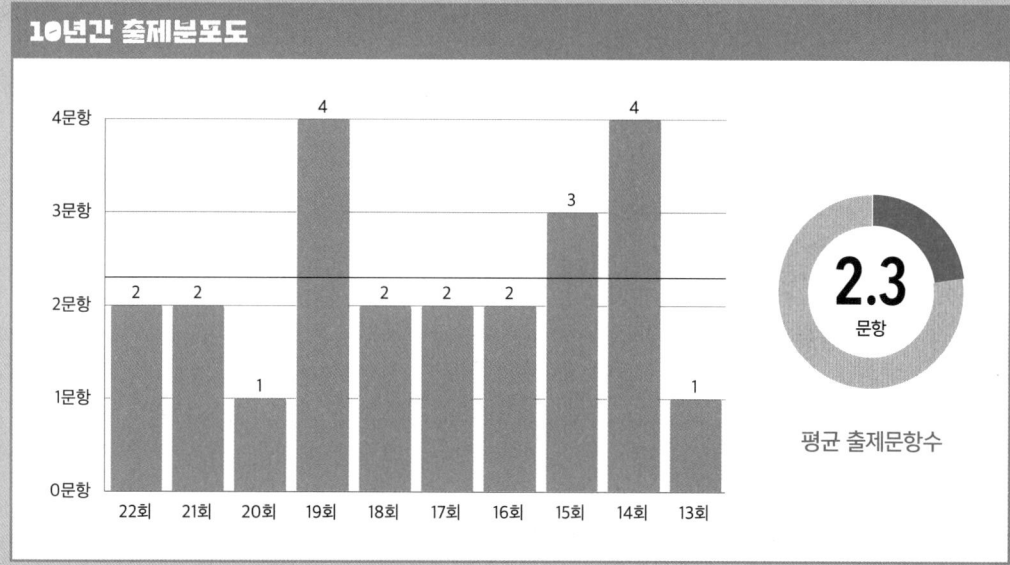

회차	22회	21회	20회	19회	18회	17회	16회	15회	14회	13회
문항수	2	2	1	4	2	2	2	3	4	1

2.3 문항

평균 출제문항수

147 조직화 기술

강의 QR코드

1회독	2회독	3회독
월 일	월 일	월 일

최근 10년간 **7문항** 출제

복습 **1** 이론요약

조직화 기술의 주요 특징

- 지역사회의 문제해결을 위해 <u>시급한 쟁점을 중심</u>으로 주민조직 형성
- 지역사회의 불만을 <u>공통된 불만으로 집약</u>
- **주체는 사회복지사가 아닌 주민이며, 사회복지사는 주민들의 참여를 이끌어야 함**
- 사회복지사는 주민들 사이의 <u>다양한 의견과 갈등을 인식해야 함</u>
- 주민들이 주체적으로 문제를 해결해나갈 수 있도록 <u>주민 리더의 성장</u>을 도움
- **정서적 활동**을 통해 유대감을 형성
- 주민조직은 <u>해산을 전제로 하지 않음.</u> 지속적인 유지를 통해 지역문제를 예방하거나 빠르게 대응할 수 있도록 함
- 사회복지사는 조직가로서 촉매자, 연계자, 교사, 촉진자 등의 역할을 수행

기본개념

지역사회복지론
pp.126~

기출문장 CHECK

01 (20-05-14) 조직화 기술: 지역주민이 주체가 되어 사회복지조직의 목표를 성취하도록 운영한다. 지역주민이 자신들의 문제를 함께 풀어나가는 과정을 포함한다.

02 (19-05-08) 주민조직은 지역사회의 문제해결을 위해 조직된다.

03 (18-05-14) 조직화 과정에서 사회복지사는 주민들의 능력개발을 위한 교사로서의 역할을 수행한다.

04 (16-05-11) 조직화에서 사회복지사는 주민조직이 원활하게 활동할 수 있도록 지역사회의 특성을 파악해야 하며, 주민들의 참여유도, 역량강화, 갈등관리 등의 역할을 수행하게 된다.

05 (15-05-17) 조직화에 있어 회의 기술, 협상 기술, 지역문제 이슈설정 기술, 지역사회 지도자 발굴 기술 등이 요구된다.

06 (14-05-14) 사회복지사는 조직화 과정에서 지역사회가 여러 갈등을 갖고 있음을 알아야 한다.

07 (14-05-14) 조직화에 있어 사회복지사는 해당 조직의 행사에 참여하여 운영과정을 이해해야 한다.

08 (09-05-18) 조직화 기술은 클라이언트의 문제를 해결하기 위해 필요한 인력이나 서비스를 규합한다.

09 (09-05-18) 지역사회 문제를 해결하기 위해 전체 주민을 대표하는 주민들을 선정하여 조직화한다.

대표기출 확인하기

20-05-14 난이도 ★★☆

조직화 기술에 관한 설명으로 옳은 것을 모두 고른 것은?

ㄱ. 지역주민이 주체가 되어 사회복지조직의 목표를 성취하도록 운영한다.
ㄴ. 지역주민이 자신들의 문제를 함께 풀어나가는 과정을 포함한다.
ㄷ. 지역사회 역량강화를 위해 지역사회복지 거버넌스 구조와 기능을 축소시킨다.

① ㄴ　　　　　　　　② ㄱ, ㄴ
③ ㄱ, ㄷ　　　　　　④ ㄴ, ㄷ
⑤ ㄱ, ㄴ, ㄷ

▶ **알짜확인**

• 조직화 기술에서 가장 유의해야 할 점은 사회복지사는 주민조직을 만들고 조직의 활동이 적절히 이루어질 수 있도록 지원하는 것이 주요 역할이며, 문제해결의 주체는 주민이라는 점이다.

답 ②

✓ **응시생들의 선택**

① 7%	② 81%	③ 2%	④ 2%	⑤ 8%

ㄷ. 지역사회 역량강화를 위해 지역사회복지 거버넌스 구조와 기능을 확대시킬 필요가 있다.

관련기출 더 보기

19-05-08 난이도 ★★☆

공식 사회복지조직과 주민조직을 네 가지 차원에서 비교·제시하였다. 다음에서 옳은 것을 모두 고른 것은?

	차원	공식 사회복지조직	주민조직
ㄱ	목표	조직의 미션달성	지역사회 문제해결
ㄴ	지역사회개입모델	사회행동 모델이 주로 쓰임	사회계획모델이 주로 쓰임
ㄷ	정부통제로부터의 자율성	상대적으로 높음	상대적으로 낮음
ㄹ	주요 참여자	사회복지사 등의 전문직	일반주민

① ㄱ, ㄴ　　　　　　② ㄱ, ㄷ
③ ㄱ, ㄹ　　　　　　④ ㄴ, ㄹ
⑤ ㄴ, ㄷ, ㄹ

답 ③

✓ **응시생들의 선택**

① 2%	② 5%	③ 76%	④ 9%	⑤ 8%

ㄴ. 공식 사회복지조직은 주로 사회계획모델이 쓰이고, 주민조직은 지역사회개발모델과 관련이 깊으며 사회행동을 진행하기도 한다.
ㄷ. 공식 사회복지조직은 공공과 민간을 모두 포함하는데, 공공기관뿐만 아니라 민간기관도 기본적으로 법률 및 정책의 범위 내에서 활동하며 국가나 지방자치단체의 위탁을 받거나 예산지원을 받기 때문에 정부통제로부터의 자율성은 상대적으로 낮을 수밖에 없다.

17-05-10 · 난이도 ★★☆

다음 설명에 해당하는 지역사회복지 실천기술은?

> A사회복지사는 지역사회 내 저소득 장애인의 취업문제를 해결하는 과정에서 당사자들이 문제의식을 갖게 하고, 그들 스스로 문제해결능력을 향상시키기 위해 노력하였다.

① 중개
② 연계
③ 옹호
④ 조직화
⑤ 자원개발

답 ④

✅ 응시생들의 선택

① 4%	② 2%	③ 32%	④ 47%	⑤ 15%

④ 주민들이 스스로 문제해결능력을 향상시킬 수 있도록 하는 것은 조직화 기술에 해당한다.

15-05-17 · 난이도 ★★★

사회복지사가 활용하는 조직화 기술에 해당하지 않는 것은?

① 회의 기술
② 협상 기술
③ 지역문제 이슈설정 기술
④ 지역사회 지도자 발굴 기술
⑤ 주민통제 기술

답 ⑤

✅ 응시생들의 선택

① 10%	② 14%	③ 8%	④ 43%	⑤ 25%

⑤ 조직화 기술은 주민을 통제하는 것이 아니라 지역주민의 참여를 유도하고 독려함으로써 지역사회의 문제를 해결해나가고자 하는 기술이다.

➕ 덧붙임

조직화 초기 과정에서는 사회복지사가 문제를 쟁점화하여 주민들을 규합하며 주도적인 역할을 하게 되지만, 시간이 지날수록 점차 주민들이 주도적인 역할을 할 수 있도록 해야 한다. 따라서 주민조직을 잘 이끌어 나갈 수 있는 지도자를 발굴해내는 것도 조직화 과정에서 사회복지사가 수행해야 할 역할이다.

14-05-14 · 난이도 ★★★

지역사회 조직화 과정에서 사회복지사가 지켜야 할 중요한 원칙으로 옳지 않은 것은?

① 지역사회는 여러 갈등을 갖고 있음을 알아야 한다.
② 지역사회의 외적 능력에 우선 중점을 두어야 한다.
③ 모든 일에 솔직하고 근면하여야 한다.
④ 행사에 참여하여 운영과정을 이해해야 한다.
⑤ 지역사회 관련법, 제도, 규칙 등을 알아야 한다.

답 ②

✅ 응시생들의 선택

① 0%	② 96%	③ 2%	④ 1%	⑤ 1%

② 조직화 기술은 지역사회가 스스로 상황을 인식하고 목표를 세우고 문제를 해결해나갈 수 있도록 돕는 기술이다. 사회복지사는 지역사회가 스스로 문제를 해결해나갈 수 있도록 지역사회의 인적, 물적 자원을 활용하고 개발하도록 해야 한다.

09-05-18 · 난이도 ★★☆

지역사회복지 실천 중 조직화 기술에 관한 설명으로 옳지 않은 것은?

① 지역복지운동은 조직화 기술을 활용한다.
② 클라이언트의 문제를 해결하기 위해 필요한 인력이나 서비스를 규합한다.
③ 지역사회 문제를 해결하기 위해 전체 주민을 대표하는 주민들을 선정하여 모임을 구성한다.
④ 효과적인 조직화를 위해서는 갈등과 대립을 의도적으로 피해야 한다.
⑤ 사회복지관을 비롯한 다양한 지역사회기관에서 활용한다.

답 ④

✅ 응시생들의 선택

① 7%	② 3%	③ 36%	④ 52%	⑤ 2%

④ 조직화는 문제에 공감하는 주민들을 규합하는 것이기 때문에 적대 집단에 대한 갈등과 대립을 활용함으로써 더 많은 주민들의 적극적인 참여를 유도할 수 있다.

다음 내용이 왜 틀렸는지를 확인해보자

15-05-17

01 사회복지사는 효과적인 조직화를 위해 **주민통제 기술을 활용**한다.

> 조직화 기술은 주민을 통제하는 것이 아니라 지역주민의 참여를 유도하고 독려함으로써 지역사회의 문제를 해결해나가고자 하는 기술이다.

04-05-17

02 조직화에 있어 **쟁점은 시급한 문제로 표현되어서는 안 된다.**

> 쟁점을 시급한 문제로 표현하는 것이 결집에 유리하다.

04-05-17

03 효과적인 조직화를 위해 **갈등과 대립을 의도적으로 만들어서는 안 된다.**

> 효과적인 조직화를 위해서 갈등과 대립을 의도적으로 활용하기도 한다.

04 조직화는 주요 쟁점이 해결된 이후에 **해산을 전제로 한다.**

> 조직화는 쟁점을 중심으로 구성되긴 하지만 해산을 전제로 하지는 않는다. 문제해결 이후에도 주민조직이 유지되게 함으로써 또 다른 쟁점에 대한 활동이 이어질 수 있다.

14-05-14

05 사회복지사는 지역사회 조직화 과정에서 **지역사회의 외적 능력에 우선 중점을 두어야 한다.**

> 조직화 기술은 지역사회가 스스로 상황을 인식하고 목표를 세우고 문제를 해결해나갈 수 있도록 돕는 기술이다. 따라서 지역사회의 외적 능력에만 중점을 두는 것이 아니라 지역사회가 가지고 있는 능력을 활용할 수 있도록 해야 한다.

06 사회복지사는 주민조직의 결성 및 유지를 위해 주민들에게 다양한 정보와 필요한 기술을 가르치는 **옹호자**로서의 역할을 수행한다.

> 다양한 정보를 제공하고 필요한 기술을 가르치는 역할은 보통 교사로서의 역할에 해당한다.

다음 내용이 옳은지 그른지 판단해보자

20-05-14
01 조직화는 지역주민이 자신들의 문제를 함께 풀어나가는 과정을 포함한다.

15-05-17
02 조직화 기술에서는 지역사회 지도자 발굴을 강조한다.

14-05-14
03 조직화 과정에서 사회복지사는 지역사회에 여러 갈등이 있음을 알아야 한다.

04 사회복지사가 주민 조직화를 추진하는 궁극적인 목적은 취약계층의 권리를 대변하기 위함이다.

10-05-19
05 주민조직의 형성 초기에는 지역주민들이 주도적인 역할을 수행하게 되지만 점차 사회복지사가 주도적인 역할을 수행하는 것이 좋다.

06 조직화에서는 주민 간 유대관계가 중요하기 때문에 정서적인 내용이 담긴 활동을 포함하는 것도 필요하다.

답 **01** ○ **02** ○ **03** ○ **04** × **05** × **06** ○

(해설) **04** 주민 조직화는 지역주민들이 모임을 통해 지역의 문제와 욕구를 <u>스스로</u> 해결해나갈 수 있도록 하기 위한 것이다. 취약계층의 권리 대변은 옹호 기술의 목적이다.

05 주민조직의 형성 초기에는 주민들의 참여를 이끌어내기 위해 사회복지사의 역할이 크게 나타나지만 점차 지역 주민들이 주도적인 역할을 수행할 수 있도록 해야 한다.

148 네트워크 기술

1회독 월 일 → 2회독 월 일 → 3회독 월 일

최근 10년간 **11문항** 출제

이론요약

주요 특징

- 지역사회 또는 지역주민에게 <u>필요한 자원이나 서비스를 연결</u>하는 것을 돕는 기술
- 지역사회의 유용한 자원에 대한 정보나 그것을 이용할 지역주민의 능력이 부족할 경우 적절
- 지역사회 내 <u>서비스의 중복 제공이나 누락 문제를 해결하기 위한 전략</u>
- 다양한 집단이 독립성을 유지하면서 상호신뢰를 바탕으로 공동의 목적을 달성하기 위해 네트워크를 구축, 지속하는 과정에 활용
- <u>상호 신뢰와 호혜성에 기반</u>을 두며, 긴밀한 상호의존 관계를 가지면서도 <u>수평적인 관계 강조</u>

기본개념

지역사회복지론
pp.129~

네트워크 구성의 원칙

- 자발성
- 분권성
- 평등성
- 유연성

사회자본

- 사회공동체 구성원 사이의 협조, 협동을 가능하게 해주는 <u>네트워크, 규범, 신뢰</u>를 통해 구성
- 네트워크의 형성을 통해 사회자본이 확보될 수 있다는 점에서 네트워크는 사회자본을 위한 필요조건이 됨
- 사회자본의 주요 특징
  - 사회자본은 <u>양적, 질적으로 모두 충족</u>되어야 사회자본의 총량이 증가하게 됨
  - 사회자본의 <u>이익은 그 공동체에 공유됨</u>
  - 사회자본은 그 <u>유지를 위한 별도의 지속적 노력이 필요함</u>
  - 사회자본의 교환은 <u>동시성을 전제로 하지 않음</u>
  - 사회자본은 <u>사용할수록 그 총량이 증가함</u>

01 (22-05-06) 사회자본의 구성요소로는 신뢰, 네트워크, 호혜성 등이 있다.

02 (22-05-17) 연계기술을 통해 클라이언트 중심의 사회적 관계망을 강화시킬 수 있다.

03 (22-05-17) 연계기술을 통해 이용자 중심의 통합적 서비스를 제공할 수 있다.

04 (22-05-17) 연계기술을 통해 새로운 인프라 구축에 필요한 시간과 비용을 줄일 수 있다.

05 (22-05-17) 연계기술을 통해 사회복지시설의 서비스 중복·누락을 방지할 수 있다.

06 (21-05-15) 연계 기술은 사회복지사의 자원 네트워크를 확장한다.

07 (19-05-04) 네트워크는 사회적 자본의 전제가 된다.

08 (19-05-04) 사회적 자본은 지역사회의 집합적 자산으로서 의미를 가진다.

09 (19-05-04) 사회적 자본은 한 번 형성된 후에도 소멸될 수 있다.

10 (19-05-04) 사회적 자본의 한 가지 요소인 신뢰는 공동체의 문제를 해결할 수 있는 자원이다.

11 (19-05-13) 네트워크 기술은 자원의 효율적 관리, 서비스의 중복과 누락 방지, 시민 연대의식 강화, 지역주민에게 필요한 자원이나 서비스 연결 등의 측면에서 강조된다.

12 (18-05-12) 네트워크에 참여하는 기관들은 평등한 주체로서의 관계가 보장되어야 한다.

13 (18-05-12) 구성원 사이의 신뢰와 호혜성이 형성되어야 네트워크가 지속될 수 있다.

14 (18-05-12) 사회적 교환은 네트워크 형성과 유지의 작동원리이다.

15 (17-05-12) 연계 기술의 특징: 사회복지기관의 서비스 제공과정에서 효율성 증대, 사회복지사의 연계망 강화 및 확장, 이용자 중심의 통합적 서비스 제공, 서비스 계획의 공동 수립과 서비스 제공에서 팀 접근 수행

16 (15-05-19) 연계 기술을 사용하는 사회복지사는 자원연결자, 중개자 등으로서의 역할을 한다.

17 (15-05-23) 사회자본은 호혜적 문화를 기초로 형성된다.

18 (15-05-23) 사회자본은 구성원 일부가 아닌 모두에게 공유된다.

19 (14-05-11) 지역사회복지에서 네트워크가 성공적으로 이루어지기 위해서는 자발성을 기초로 해야 하며, 협력의 목적과 비전이 공유되어야 한다.

20 (13-05-23) 네트워크 기술은 서비스 중복 및 누락 문제를 해결하기 위해 사용할 수 있다.

21 (13-05-23) 지역사회보장협의체는 네트워크 기술의 한 예로 볼 수 있다.

22 (13-05-23) 네트워크에서는 상호 신뢰 형성을 위해 수평적 관계를 유지한다.

23 (12-05-18) 사회자본의 특징: 동시에 교환되는 것을 전제로 하지 않는다. 한번 획득되더라도 언제든지 사라질 수 있다. 보상에 대한 믿음이 존재할 수 있다. 관계를 맺고 있는 지역사회주민들과 이익이 공유될 수 있다.

24 (10-05-14) 연계 기술의 특징: 상호 신뢰와 호혜성에 기반하여 유지된다. 서비스 중복을 막고 새로운 인프라 구축을 위한 시간과 비용을 절감할 수 있다.

25 (09-05-20) 효율적 자원관리를 목적으로 정기회의를 통해 공동으로 서비스 계획을 수립하고, 개별기관의 정체성은 유지하면서 팀 접근 서비스를 시도해 나가는 지역사회복지 실천기술은 네트워크 기술이다.

26 (08-05-16) 네트워크에서는 참여집단들 사이의 공동의 목표를 도출하는 것이 필요하다.

27 (08-05-16) 네트워킹은 신축적인 연결망을 구축해야 한다.

28 (08-05-16) 네트워킹에서는 관련 조직들을 매개하는 중심조직이 설정되어야 한다.

29 (08-05-16) 네트워킹에서는 참여조직들 간 원활한 의사소통이 이루어질 수 있도록 해야 한다.

대표기출 확인하기

22-05-17
난이도 ★★☆

연계기술에 해당하지 않는 것은?

① 클라이언트 중심의 사회적 관계망을 강화시킬 수 있다.
② 이용자 중심의 통합적 서비스를 제공할 수 있다.
③ 새로운 인프라 구축에 필요한 시간과 비용을 줄일 수 있다.
④ 사회복지시설의 서비스 중복·누락을 방지할 수 있다.
⑤ 지역사회 공공의제를 개발하고 주민 의식화를 강화할 수 있다.

 알짜확인

• 지역사회 차원에서 서비스의 중복과 누락을 피하고 자원을 보다 효율적으로 활용하기 위한 네트워크 기술의 개념 및 특징 등을 정리해두자.
• 네트워크를 통해 형성되는 사회자본의 특징에 대해서도 파악해 두어야 한다.

답 ⑤

✓ 응시생들의 선택

① 5%	② 5%	③ 10%	④ 9%	⑤ 71%

⑤ 지역사회 공공의제 개발 및 주민 의식화 강화는 임파워먼트 기술의 특징이다.

관련기출 더 보기

22-05-06
난이도 ★★☆

사회자본이론과 관련된 개념을 모두 고른 것은?

ㄱ. 신뢰	ㄴ. 호혜성
ㄷ. 경계	ㄹ. 네트워크

① ㄱ, ㄴ
② ㄷ, ㄹ
③ ㄱ, ㄴ, ㄷ
④ ㄱ, ㄴ, ㄹ
⑤ ㄱ, ㄴ, ㄷ, ㄹ

답 ④

✓ 응시생들의 선택

① 2%	② 6%	③ 5%	④ 62%	⑤ 25%

ㄷ. 경계는 체계이론에서의 개념이다.

21-05-15
난이도 ★★☆

지역사회복지 실천기술 중 연계에 관한 내용으로 옳지 않은 것은?

① 인적·물적 자원의 효율적 관리
② 사회복지사의 자원 네트워크 확장
③ 지역의 사회적 자본 확대
④ 클라이언트 중심의 통합적 서비스 제공
⑤ 지역주민 권익향상을 위한 사회행동

답 ⑤

✓ 응시생들의 선택

① 5%	② 10%	③ 10%	④ 6%	⑤ 69%

⑤ 지역주민 권익향상을 위한 사회행동은 옹호 기술에 해당한다.

➕ 덧붙임

네트워크를 통해 인적·물적 자원을 확보함으로써 주민들의 권익향상에 이바지할 수 있지만, 네트워크 자체가 사회행동을 목적으로 하는 것은 아니다.

지역사회복지 실천에서 사회복지사의 기술과 역할 간 연결로 옳지 않은 것은?

① 네트워킹 기술 – 촉진자
② 연계 기술 – 옹호자
③ 참여 기술 – 교육가
④ 임파워먼트 기술 – 자원연결자
⑤ 자원동원 기술 – 모금가

답 ②

✔ **응시생들의 선택**

① 11%	② 29%	③ 15%	④ 19%	⑤ 26%

② 연계 기술은 지역사회 또는 지역주민에게 필요한 자원이나 서비스를 연결해주는 기술로 자원연결자, 중개자 등으로서의 역할을 한다.

지역사회복지 네트워크의 성공요인이 아닌 것은?

① 조직의 자발성이 인정되어야 한다.
② 조직의 경쟁성이 우선되어야 한다.
③ 네트워크 관리자의 역할이 중요하다.
④ 협력의 목적과 비전이 공유되어야 한다.
⑤ 자원이 풍부하여야 참여가 원활할 수 있다.

답 ②

✔ **응시생들의 선택**

① 0%	② 95%	③ 1%	④ 0%	⑤ 4%

② 네트워크는 조직 간에 필요한 서비스와 자원을 연계, 협력하기 위한 것이지 경쟁을 위해 조직하는 것은 아니다.

사회자본(social capital)이 갖는 특성으로 옳지 않은 것은?

① 사용할수록 총량이 감소한다.
② 동시에 교환되는 것을 전제로 하지 않는다.
③ 한번 획득되더라도 언제든지 사라질 수 있다.
④ 보상에 대한 믿음이 존재할 수 있다.
⑤ 관계를 맺고 있는 지역사회주민들과 이익이 공유될 수 있다.

답 ①

✔ **응시생들의 선택**

① 42%	② 38%	③ 6%	④ 10%	⑤ 4%

① 사회자본은 사회공동체 구성원 사이의 협조나 협동을 가능하게 해주는 사회 네트워크나 규범, 그리고 신뢰를 말한다. 사회자본은 많은 사람들이 사용을 하면 할수록 더 축적되기 때문에 사용할수록 그 총량이 감소하는 것이 아니라 증가한다.

지역사회복지 연계 기술의 특징에 관한 설명으로 옳은 것을 모두 고른 것은?

> ㄱ. 상호 신뢰와 호혜성에 기반하여 유지된다.
> ㄴ. 개별조직들 간 수직적인 관계를 통해 조직의 독립성을 유지한다.
> ㄷ. 서비스 중복을 막고 새로운 인프라 구축을 위한 시간과 비용을 절감할 수 있다.
> ㄹ. 지역사회 연계활동은 사회적 자본을 잠식한다는 한계를 가지고 있다.

① ㄱ, ㄴ, ㄷ 　　　　② ㄱ, ㄷ
③ ㄴ, ㄹ 　　　　　④ ㄹ
⑤ ㄱ, ㄴ, ㄷ, ㄹ

답 ②

✔ **응시생들의 선택**

① 4%	② 93%	③ 1%	④ 1%	⑤ 1%

ㄴ. 네트워크는 수평적인 관계가 강조된다.
ㄹ. 네트워크를 통해 사회자본을 강화하고 발전시킬 수 있는 토대를 마련할 수 있다.

다음 내용이 왜 틀렸는지를 확인해보자

01 네트워크는 참여 조직 간 상호적 관계가 관건이기 때문에 **참여와 탈퇴에 제한을 두어야 한다**.

> 네트워크는 유연하게 구성될 수 있어야 한다. 참여의 보장과 마찬가지로 탈퇴도 자유롭게 선택할 수 있어야 하며, 하나의 네트워크에 참여하는 조직이 다른 네트워크에 참여함에 있어 제약을 가해서는 안 된다.

13-05-23

02 지역사회보장협의체는 네트워킹 기술을 활용한 **사례로 보기 어렵다**.

> 지역사회보장협의체는 민·관의 연계·협력을 위한 네트워크 조직이라고 볼 수 있다.

08-05-16

03 네트워크에 참여하는 조직들은 중심 조직을 기점으로 **위계적이고 집권적으로 구조화**되어야 한다.

> 네트워크는 평등하고 민주적이며 수평적으로 구조화되어야 한다.

02-05-11

04 사회복지기관 간 연계에 따른 가장 큰 장점은 **서비스 기관의 단일화**이다.

> 연계는 서비스 기관을 단일화하는 것이 아니라 서비스가 통합적으로 이루어질 수 있도록 하는 것에 있다.

05 사회자본은 **동시적 교환을 전제**로 한다.

> 사회자본의 교환은 동시성을 전제로 하지 않는다.

15-05-23

06 사회자본의 **총량은 고정적**이다.

> 사회자본은 구성원 간 연대성이 높아지면 자본의 총량도 증가하는 특징을 갖는다. 즉, 사회자본의 총량은 고정적인 것이 아니라 유동적이다.

다음 내용이 옳은지 그른지 판단해보자

18-05-12
01 네트워크에 참여하는 기관들은 평등한 주체로서의 관계가 보장되어야 한다. ⊙ ⊗

02 원활한 네트워크를 위해서는 참여조직들을 매개하는 중심조직이 설정되어야 하고, 이 중심조직에 따라 위계적으로 구성되어야 한다. ⊙ ⊗

17-05-12
03 사회복지기관은 연계 기술을 통해 서비스 제공의 효율성을 증대시킬 수 있다. ⊙ ⊗

04 네트워크 기술은 자원확보를 위해 다양한 지역사회 주체들을 강제적으로 동원한다. ⊙ ⊗

15-05-23
05 사회자본은 사회적 교환관계에 내재된 자본이다. ⊙ ⊗

15-05-23
06 사회자본은 구성원 일부가 아닌 모두에게 공유된다. ⊙ ⊗

02-05-11
07 기관 간 네트워크를 통해 서비스가 비전문화될 수 있다. ⊙ ⊗

18-05-12
08 구성원 사이에 신뢰와 호혜성이 형성되어야 네트워크가 지속될 수 있다. ⊙ ⊗

09 사회자본의 창출은 지역주민의 역량강화를 위한 자원이 된다. ⊙ ⊗

답 01 ○ 02 × 03 ○ 04 × 05 ○ 06 ○ 07 × 08 ○ 09 ○

해설 **02** 네트워크의 참여조직들 사이에 중심조직이 설정되어야 하는데, 이는 위계적 구조의 정점에 있는 조직을 의미하는 것이 아니라 참여조직들 사이에 효율적인 연결을 위해 구심점이 되는 역할을 하는 조직이 필요함을 의미한다.
04 네트워킹 기술은 다양한 지역사회 주체들의 자발적 참여를 전제로 한다.
07 네트워크를 통한 서비스라고 해서 전문성이 떨어지는 것은 아니다. 기관 간 네트워크를 통해 서비스의 중복과 누락 방지 및 서비스의 통합적 제공이 가능하며, 지역사회 자원의 효율적인 활용이 가능하다.

149 자원동원 기술

강의 QR코드

최근 10년간 **5문항** 출제

이론요약

주요 특징

- 지역사회주민의 욕구충족과 문제해결을 위해 자원이 필요한 경우 **자원을 발굴하고 동원하는 기술**
- 기부 능력이 있는 잠재적 기부자를 발굴하고, 기부할 수 있는 동기를 부여
- 홍보를 통하여 기관의 목적과 사업을 적극적으로 알리고 기관에 대한 신뢰성을 높임
- DM 발송, 이벤트, 인터넷, 대중매체 활용, 공익연계마케팅(CRM) 등 다양한 방법 활용
- 자원개발/동원기술은 크게 3가지 방식으로 구분됨
  - 지역사회의 조직/구조를 활용하거나 강화하는 방식: 시민단체 등 기존 조직 활용
  - 지역주민을 개인 차원에서 설득하는 방식
  - 지역주민들의 집단적 참여를 통한 방식: 주민모임 조직

※ 공익연계마케팅(CRM)

- **기업의 사회공헌 활동을 마케팅으로 활용하는 방법**
- 기업과 기관이 연계하여 기업의 상품수익을 일부를 기관에 후원/기부하는 방식
- 기업은 이미지 제고를 통해 상품의 판매를 촉진할 수 있고, 기관 및 단체에서는 기금 및 자원을 마련할 수 있다.

기본개념
지역사회복지론
pp.133~

01 (21-05-16) 자원개발 및 동원 기술은 지역사회주민의 욕구충족과 문제해결을 위해 자원이 필요한 경우 자원을 발굴하고 동원하는 기술이다.

02 (16-05-13) 자원개발 기술은 지역사회 내에서 기관의 신뢰성을 형성 및 유지하기 위해서도 활용된다.

03 (14-05-10) 인적 자원을 동원하기 위해서는 개별적으로 접촉하기도 하며, 지역사회 내에 기존 조직이나 네트워크를 활용하기도 한다.

04 (14-05-15) 후원 개발사업을 통해 지역주민의 참여를 유도할 수 있다.

05 (14-05-15) 후원 개발사업은 후원자의 자아실현 기회가 될 수 있다.

06 (12-05-07) 공익연계 마케팅: 기업이 전략적으로 이용하는 방법이다. 기업의 이미지를 높여 상품판매에도 긍정적인 영향을 준다. 사회복지기관의 자원개발에도 기여하며 사회공헌활동도 한다.

07 (10-05-12) 사회복지사는 자원을 개발하기 위한 기법으로 이벤트, 대중매체 광고, ARS 등을 활용할 수 있다.

08 (06-05-18) 인적 자원을 동원함에 있어 기존 조직들은 중요한 자원이 되지만, 조직 간 경쟁과 갈등이 일어날 수도 있다.

09 (05-05-21) 인적 자원을 개발하고 동원함에 있어 기존 조직들은 중요한 자원이 된다.

10 (05-05-21) 인적 자원을 개발하고 동원함에 있어 참여 경험이 없는 사람을 대상으로 추진하는 것은 더 어려울 수 있다.

11 (03-05-26) 자원동원 기술은 지역사회 연대감 증대의 효과를 가져올 수 있다.

대표기출 확인하기

21-05-16
난이도 ★☆☆

다음 사례에서 사회복지사가 활용한 기술은?

> A사회복지사는 독거노인이 따뜻한 겨울을 보낼 수 있도록 지역 내 종교단체에 예산과 자원봉사자를 지원해 줄 것을 요청하였다.

① 조직화
② 옹호
③ 자원개발 및 동원
④ 협상
⑤ 교육

 알짜확인

- 자원동원 기술의 특징 및 방식 등에 대해 정리해두어야 한다.
- 앞서 배운 네트워크기술과의 차이점도 같이 생각해보자.
- 자원동원을 위한 한 가지 방법인 공익연계마케팅에 대해서도 살펴보자. 이는 사회복지행정론 12장 마케팅 기법을 통해서도 이따금씩 출제된 바 있다.

답 ③

✅ **응시생들의 선택**

① 1%	② 4%	③ 87%	④ 7%	⑤ 1%

③ A사회복지사가 독거노인을 위해 지역 내 종교단체에 예산과 자원봉사자를 지원해 줄 것을 요청한 것은 자원개발 및 동원 기술에 해당한다. 자원개발 및 동원 기술은 지역사회주민의 욕구충족과 문제해결을 위해 자원이 필요한 경우 자원을 발굴하고 동원하는 기술이다.

관련기출 더 보기

19-05-14
난이도 ★★☆

지역사회복지 실천 과정에서 사회복지사가 활용한 기술은?

> 사회복지사 A는 가족캠핑을 희망하는 한부모 가족 10세대를 대상으로 프로그램을 계획하고 있다. A는 개인적으로 참여하고 있는 수영 클럽을 통해 프로그램 운영에 필요한 예산과 자원봉사자를 확보하고자 운영진에게 모임 개최를 요청하였고, 성공적인 결과를 얻었다.

① 옹호　　　　　　② 조직화
③ 임파워먼트　　　④ 지역사회교육
⑤ 자원개발 및 동원

답 ⑤

✅ **응시생들의 선택**

① 1%	② 5%	③ 1%	④ 1%	⑤ 92%

문제의 사례는 사회복지사가 자신의 개인적인 네트워크를 통해 인적, 물적 자원을 동원한 사례이다.

14-05-10
난이도 ★★★

다음 중 지역사회 인적자원을 동원하는 기술로 옳은 것을 모두 고른 것은?

> ㄱ. 지역사회 기존 조직의 활용
> ㄴ. 개별적 접촉
> ㄷ. 지역사회 네트워크 활용
> ㄹ. 지역사회 재정 분석

① ㄱ, ㄴ, ㄷ　　　　② ㄱ, ㄷ
③ ㄴ, ㄹ　　　　　　④ ㄹ
⑤ ㄱ, ㄴ, ㄷ, ㄹ

답 ①

✅ **응시생들의 선택**

① 67%	② 19%	③ 1%	④ 1%	⑤ 12%

ㄹ. 문제는 인적 자원을 동원하기 위한 방안을 모색하는 것이기 때문에 물적 자원에 해당하는 지역사회의 재정을 살펴볼 필요는 없다.

다음 내용이 옳은지 그른지 판단해보자

01 자원동원은 지역주민이 서비스를 받을 이유가 충분함에도 제외되었을 때에 사회복지사 또는 활동가, 전문가 등이 그 권리의 확보를 위해 개입하는 활동이다.

`05-05-21`
02 인적 자원을 개발하고 동원하기 위해서는 참여한 경험이 없는 사람을 대상으로 추진하는 것이 효율적이다.

03 자원동원을 위해 기존 네트워크를 활용하기도 한다.

`03-05-26`
04 자원동원은 지역주민의 자발적 참여, 자원봉사자, 후원자 개발 등을 통해 지역사회복지에 관한 연대의식을 증대시킬 수 있다.

05 자원동원을 위해서는 개별적인 대면 접촉보다는 불특정 다수에게 DM을 발송하는 것이 더 효과적이다.

06 주민들이 주민모임에 적극적으로 참여하도록 하는 것은 자원동원의 기반이 될 수 있다.

`10-05-12`
07 사회복지사는 지역사회의 자원을 개발 및 동원함에 있어 자연발생적 상황에 따라 대처한다.

`06-05-18`
08 지역사회복지실천을 위해 인적 자원을 동원함에 있어 기존 조직을 활용할 때에는 다양한 조직 간 경쟁의 문제가 발생할 수 있다.

`10-05-12`
09 지역사회 자원동원을 위해서는 기부자들의 욕구를 규명하는 것이 필요하다.

답 **01** × **02** × **03** ○ **04** ○ **05** × **06** ○ **07** × **08** ○ **09** ○

해설 **01** 지역주민이 서비스를 받을 이유가 충분함에도 제외되었을 때에 개입하는 활동은 옹호 활동이다.
02 예를 들어, 자원봉사자들을 모집할 때에는 기존에 경험이 없는 사람들보다 경험이 있는 사람을 위주로 하거나 기존의 자원봉사모임과 연계하는 것이 효율적이다.
05 발송된 DM은 받은 사람이 우편물을 확인하지 않을 수 있기 때문에 그 효과가 떨어질 수 있다. 개별적 대면 접촉은 참여에 대한 욕구는 있지만 소극적인 사람을 설득하기에 용이하면서도 참여하고자 하는 사람의 선호도를 파악할 수도 있기 때문에 효과가 더 높을 수 있다. 다만, 두 방법 모두 장단점이 있기 때문에 상황에 따라 적합한 것을 선택하거나 둘 다 활용할 수도 있다.
07 사회복지사는 지역사회의 자원을 개발 및 동원함에 있어 의식적으로 환경을 조성할 수 있어야 한다.

9장

지역사회복지 실천기술 Ⅱ

이 장에서는

옹호 기술, 역량강화 기술을 비롯해 협상, 협력 등에 대해 정리한다. 옹호의 다양한 유형과 전략을 살펴봐야 하고, 역량강화는 지역주민의 힘의 획득을 위해 사회행동적 차원에서 전개될 수 있음을 기억해두면서 비판의식 제고, 사회자본 창출 등의 방법들을 살펴보자.

10년간 출제분포도

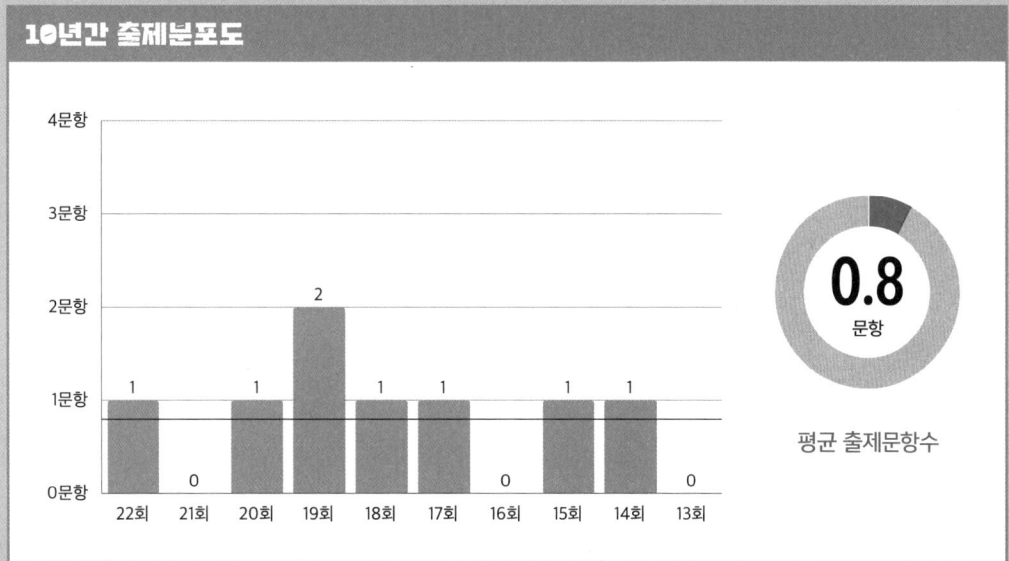

평균 출제문항수

0.8 문항

150 옹호 기술

강의 QR코드

최근 10년간 **5문항** 출제

1회독	2회독	3회독
월 일	월 일	월 일

복습 1  **이론요약**

옹호의 개념

- **사회정의**를 지키고 유지하려는 목적으로 지역주민이나 지역사회의 입장에서 **직접적으로 대변·보호·개입·지지**하는 일련의 행동을 의미
- 옹호 기술은 기존의 권리를 확보하도록 하거나 새로운 권리를 확보할 수 있도록 실질적인 **사회행동**에 참여하는 것
- 효과적인 옹호를 위해서는 적극적이고 단호한 태도를 견지할 필요가 있음

기본개념

지역사회복지론
pp.138~

옹호의 유형

- 자기옹호: 옹호를 필요로 하는 지역주민이 스스로를 대변하는 활동
- 개인옹호: 클라이언트가 스스로 자신을 옹호할 수 없을 때 사회복지사가 개인이나 가족을 대신하여 진행하는 옹호 활동
- 집단옹호: 희생자 집단 등과 같이 집단 공동의 문제를 해결하기 위한 집단옹호
- 지역사회옹호: 소외된 혹은 같은 문제를 경험하는 지역주민들을 위한 활동
- 정치옹호(정책옹호): 입법·행정·사법 영역 등 다양한 영역에서 사회정의와 복지를 증진하기 위해서 진행
- 체제변환적 옹호: 근본적인 제도상의 변화를 추구하려는 활동

옹호의 기술(전술)

- **설득**: 추가적인 정보를 제공하거나 잘못된 정보를 바로 잡아 표적체계가 기존의 결정과는 다른 결정을 내릴 수 있도록 함
- **표적을 난처하게 하기**: 해당 기관 앞에서 시위하기, 해당 기관의 잘못을 밝히는 전단지 배포, 언론을 통해 알리기 등
- **정치적 압력**: 클라이언트는 곧 유권자임을 이용해 시·도의원을 만나 문제에 대해 논의하고 새로운 정책을 강구하게 할 수 있음
- 탄원서에 주민들의 서명을 받아 문제를 알림
- **청원**: 특정 조직이나 기관이 일정한 조치를 요청하기 위해 다수인의 서명지를 제출
- 기타 청문, 고충처리, 이의신청 등

01 (20-05-13) 옹호 기술의 특징: 소외되고 억압된 집단의 입장을 주장한다. 보이콧, 피케팅 등의 방법으로 표적을 난처하게 한다. 지역주민이 정당한 처우나 서비스를 받지 못하는 경우에 활용된다.

02 (19-05-09) 정치적 압력 행사, 해당 기관 난처하게 하기, 증언청취 요청, 탄원서 서명 등은 옹호 활동의 전술이다.

03 (17-05-14) 청원: A지방자치단체가 별도의 조치를 해줄 것을 요청하기 위해 다수의 서명지를 전달하는 활동

04 (15-05-24) 옹호 기술의 특징: 사회정의를 지키고 유지하는 목적, 표적 집단에 대한 강력한 영향력이나 압력 행사, 정당한 처우나 서비스를 받지 못하는 경우에 활용

05 (14-05-16) 옹호 기술 중 하나인 설득은 대상, 메시지, 전달자, 전달형식을 구성요소로 한다.

06 (12-05-12) 사회복지사가 클라이언트를 위한 옹호를 할 때, 설득, 증언청취, 표적을 난처하게 하기, 정치적 압력 등의 전술을 활용한다.

07 (11-05-14) 자조집단이 스스로 돕는 것은 자기옹호(self-advocacy)에 해당한다.

08 (08-05-30) 옹호 기술에서 사회복지사는 클라이언트의 이익을 위해 전문적인 대변인으로서 활동한다.

09 (08-05-30) 사회복지사는 옹호를 위해 탄원서에 서명을 받아 표적집단을 설득하는 자료로 활용할 수 있다.

10 (06-05-17) 옹호 기술은 클라이언트의 이익과 권리를 직접적으로 대변, 보호, 지지, 방어하는 활동이다.

11 (04-05-27) 장애인들의 이동권 보장을 위한 시위 행동은 옹호 활동의 사례로 볼 수 있다.

대표기출 확인하기

20-05-13
난이도 ★★☆

다음에 제시된 지역사회복지 실천기술은?

- 소외되고, 억압된 집단의 입장을 주장한다.
- 보이콧, 피케팅 등의 방법으로 표적을 난처하게 한다.
- 지역주민이 정당한 처우나 서비스를 받지 못하는 경우에 활용된다.

① 프로그램 개발 기술　② 기획 기술
③ 자원동원 기술　　　④ 옹호 기술
⑤ 지역사회 사정 기술

 알짜확인

- 옹호를 위해 활용되는 설득, 증언청취, 표적을 난처하게 하기, 정치적 압력, 탄원서 서명, 청원 등의 전술을 파악해두자.
- 옹호는 직접개입이 아닌 간접개입이라는 점이나 스스로 옹호하는 자기옹호를 비롯해 다양한 옹호의 유형이 있다는 점도 기억해두자.

답 ④

✅ **응시생들의 선택**

① 1%	② 1%	③ 5%	④ 88%	⑤ 5%

옹호 기술은 사회정의의 유지를 위해 사회복지사가 지역주민 혹은 지역사회의 입장을 대변하는 기술을 말한다. 지역주민이 자신의 이익이나 권리에 대해 잘 알지 못하거나 어떻게 행사해야 하는지에 관한 정보가 부족할 때에 적합하다.

관련기출 더 보기

19-05-09
난이도 ★★☆

지역사회복지실천에서 옹호(advocacy)활동에 해당하지 않는 것은?

① 지역사회 내 복지자원을 조정하고 연계한다.
② 시의원 등에게 정치적 압력을 행사한다.
③ 피케팅으로 해당 기관을 난처하게 한다.
④ 행정기관에 증언 청취를 요청한다.
⑤ 지역주민으로부터 탄원서에 서명을 받는다.

답 ①

✅ **응시생들의 선택**

① 75%	② 6%	③ 17%	④ 1%	⑤ 1%

① 지역사회 내 복지자원을 조정하고 연계하는 것은 연계 기술에 해당한다.

17-05-14
난이도 ★☆☆

다음이 설명하는 지역사회복지 실천기술은?

A지방자치단체가 별도의 조치를 해줄 것을 요청하기 위해 다수의 서명지를 전달하는 활동

① 설득　　　　② 청원
③ 의뢰　　　　④ 지역사회교육
⑤ 정보제공

답 ②

✅ **응시생들의 선택**

① 5%	② 91%	③ 2%	④ 1%	⑤ 1%

청원은 옹호 기술에서 활용되는 전술 중 하나로, 특정 조직이나 기관이 일정한 조치를 요청하기 위해 다수인의 서명지를 제출하는 것이다. 청원에 대해서는 '청원법'을 통해 규정하고 있으며, 피해의 구제, 공무원의 비위의 시정 또는 공무원에 대한 징계나 처벌의 요구, 법률 등의 제·개정 및 폐지, 공공의 제도 또는 시설의 운영, 그 밖에 국가기관 등의 권한에 속하는 사항 등에 한하여 청원을 할 수 있다.

옹호(advocacy) 기술의 특성 중 옳은 것을 모두 고른 것은?

> ㄱ. 사회정의를 지키고 유지하는 목적
> ㄴ. 조직 구성원의 경제적 자립 강조
> ㄷ. 표적 집단에 대한 강력한 영향력이나 압력 행사
> ㄹ. 정당한 처우나 서비스를 받지 못하는 경우에 활용

① ㄱ, ㄴ
② ㄱ, ㄷ
③ ㄴ, ㄷ
④ ㄱ, ㄷ, ㄹ
⑤ ㄱ, ㄴ, ㄷ, ㄹ

답 ④

✓ 응시생들의 선택

① 8%	② 2%	③ 1%	④ 73%	⑤ 16%

ㄴ. 구성원의 자립을 강조하는 것은 역량강화 기술로 볼 수 있다.

지역사회복지실천에서 옹호(advocacy) 기술 중 하나인 설득의 구성요소가 아닌 것은?

① 대상(audience)
② 메시지(message)
③ 전달형식(format)
④ 전달자(communicator)
⑤ 의제설정(agenda setting)

답 ⑤

✓ 응시생들의 선택

① 4%	② 2%	③ 5%	④ 9%	⑤ 80%

⑤ 설득은 전달자가 대상에게 추가적인 정보를 제공하거나 잘못된 정보를 바로 잡아 기존의 결정을 바꿀 수 있도록 하는 것이다. 설득의 구성요소에는 대상, 메시지, 전달형식, 전달자 등이 있다.

사회복지사가 클라이언트를 위한 옹호를 할 때, 옹호의 구체적 전술에 해당하지 않는 것은?

① 설득
② 증언청취
③ 표적을 난처하게 하기
④ 정치적 압력
⑤ 의뢰

답 ⑤

✓ 응시생들의 선택

① 6%	② 8%	③ 24%	④ 14%	⑤ 48%

⑤ 의뢰는 연계 기술에 해당한다.

자기옹호(self-advocacy)에 관한 설명으로 옳은 것은?

① 희생자 집단을 위한 옹호자의 활동
② 특정 법안의 통과를 저지하는 활동
③ 성평등을 이루기 위한 여성운동
④ 자조집단이 스스로 돕는 것
⑤ 근본적인 제도상의 변화를 추구

답 ④

✓ 응시생들의 선택

① 6%	② 2%	③ 32%	④ 58%	⑤ 2%

④ 자기옹호는 자기 자신 또는 문제를 공유하고 있는 자조집단이 직접 자신들의 문제를 해결해나가는 것을 말한다.

다음 내용이 **왜 틀렸는지**를 확인해보자

01 옹호는 사회복지사가 클라이언트의 입장을 대변하는 활동을 말하기 때문에 **클라이언트가 스스로를 옹호하는 활동은 허용되지 않는다.**

> 클라이언트가 스스로에 대한 옹호 활동을 진행하는 자기옹호 역시 옹호의 한 가지 유형이다. 이때 사회복지사는 행정적, 기술적 지원 및 정보 제공, 격려 등의 역할을 하게 된다.

08-05-30

02 사회복지사가 옹호 활동을 진행할 때에는 타협적이고 양보하는 태도를 유지하는 것이 필요하다.

> 옹호 활동은 지역주민들의 입장을 대변하는 것이기 때문에 단호하고 적극적인 태도를 가져야 한다.

05-05-14

03 옹호 활동의 사례로 장애인의 이동권 확보를 위한 지하철편의시설설치 운동, **청소년 자원활동가 모임, 벽촌에서의 집짓기 활동** 등을 꼽을 수 있다.

> 청소년 자원활동가 모임이나 벽촌에서의 집짓기 활동 등은 표적체계에 주민들의 권리를 주장하는 활동은 아니기 때문에 옹호의 사례라고 보기는 어렵다.

04 옹호 기술은 사회복지사가 주민들에게 서비스를 직접 제공하여 문제를 해결한다.

> 옹호 기술은 표적체계로 하여금 문제해결을 위한 조치를 취하도록 하는 것에 있다. 즉 사회복지사의 옹호 활동 그 자체로 문제가 해결되는 것이 아니라 표적체계의 조치로 문제가 해결된다는 점에서 간접적 실천이다.

08-05-14

05 사회복지사는 옹호를 통해 **클라이언트가 직접 활동하도록** 해야 한다.

> 옹호 기술은 주민들이 자신들의 힘으로는 문제를 해결하기 어려울 때 이들을 대신해주는 것이다.

14-05-16

06 옹호 기술 중 하나인 설득의 구성요소로, 대상, 메시지, 전달자, 전달형식, **의제설정** 등을 꼽을 수 있다.

> 의제설정은 해당하지 않는다.

151 역량강화 기술

강의 QR코드

1회독 월 일 **2회독** 월 일 **3회독** 월 일

최근 10년간 **3문항** 출제

복습 1 이론요약

역량강화 기술의 주요 특징

- 지역주민의 강점을 인정하고 <u>주민들이 스스로 삶을 결정</u>할 수 있도록 역량을 강화
- **지역구성원들이 가진 능력에 대한 믿음**을 전제로 함
- **궁극적인 목적은 주민들의 삶의 질 향상**
- 생태학적 관점과 강점관점에 근거
- 개인의 심리적 적응 및 회복, 사회구조적 차원의 개입 등 다체계적 수준의 개입
- 클라이언트의 의식향상을 지향
- 민주적이고 상호협력적인 관계를 구축
- 지역주민의 문제인식 및 주체적인 문제해결을 강조
- 클라이언트는 수혜자가 아닌 권리를 갖고 행사할 수 있는 서비스 소비자, 서비스 청구자

기본개념

지역사회복지론
pp.141~

임파워먼트를 위한 방법

- 문제의 원인이 되는 **사회구조적 요인에 대한 비판의식**을 갖도록 원조
- 사회구조적 문제에 대한 지역주민들의 자기주장 원조
- **공공의제로 만들기**
- 지역주민들의 권력 키우기
- 지역주민들의 조직화 및 캠페인 활동 등을 통한 역량 건설
- 지역주민의 역량강화를 위한 협력과 연대 등의 **사회자본 창출**을 원조

01 `22-05-11` 임파워먼트 기술의 예: 행복시(市)에 근무하는 A사회복지사는 무력화 되어 있는 클라이언트의 잠재 역량 및 자원을 인정하고 삶을 스스로 결정할 수 있도록 북돋아주었다.

02 `19-05-12` 임파워먼트 기술은 지역주민의 강점을 인정하고 스스로 삶을 결정할 수 있도록 역량을 강화하며, 지역구성원의 능력에 대한 신념을 중요시 한다.

03 `18-05-11` 임파워먼트 기술에는 권력 키우기, 의식 고양하기, 공공의제 만들기, 지역사회 사회자본 확장 등이 있다.

04 `09-05-19` 의식 제고하기, 공공의제로 만들기, 자기 목소리 내기, 사회자본 창출하기 등은 임파워먼트를 위한 전략이다.

대표기출 확인하기

22-05-11 난이도 ★★★

다음 사례에서 사회복지사가 활용한 기술은?

> 행복시(市)에 근무하는 A사회복지사는 무력화 되어 있는 클라이언트의 잠재 역량 및 자원을 인정하고 삶을 스스로 결정할 수 있도록 북돋아주었다.

① 자원동원 기술　② 자원개발 기술
③ 임파워먼트 기술　④ 조직화 기술
⑤ 네트워크 기술

 알짜확인

- 지역주민의 역량강화를 위한 다양한 전술을 살펴두어야 한다. 특히 역량강화에는 사회구조적 문제에 대한 비판의식 키우기나 사회자본을 통해 자원역량을 강화하는 것도 포함됨을 기억해두자.

답 ③

✓ **응시생들의 선택**

① 2%	② 1%	③ 95%	④ 1%	⑤ 1%

임파워먼트는 클라이언트의 잠재적 역량, 자원, 강점 등을 발전·확장시켜 클라이언트의 삶의 질을 향상시키고자 한다.

관련기출 더 보기

18-05-11 난이도 ★★☆

임파워먼트 기술에 해당하는 것을 모두 고른 것은?

> ㄱ. 권력 키우기
> ㄴ. 의식 고양하기
> ㄷ. 공공의제 만들기
> ㄹ. 지역사회 사회자본 확장

① ㄹ　　　　　　② ㄱ, ㄷ
③ ㄴ, ㄹ　　　　　④ ㄱ, ㄴ, ㄷ
⑤ ㄱ, ㄴ, ㄷ, ㄹ

답 ⑤

✓ **응시생들의 선택**

① 2%	② 2%	③ 25%	④ 19%	⑤ 52%

⑤ 임파워먼트를 위한 방법에는 의식 고양하기, 자기주장, 공공의제 만들기, 권력 키우기, 역량 건설, 지역사회 사회자본 확장 등이 있다.

다음 내용이 **옳은지 그른지** 판단해보자

01 권리를 박탈당한 지역주민들을 위해 사회행동을 전개하기도 한다.

`09-05-19`
02 지역사회의 사회자본 창출은 역량강화와 무관하다.

03 사회복지사는 클라이언트의 삶에 대한 전문가로서 그들의 역량을 강화시켜줄 책임이 있다.

04 조직화, 자원동원 등의 기술은 지역주민의 자원체계를 확장함으로써 역량을 강화할 수 있다.

`19-05-12`
05 임파워먼트는 지역구성원의 능력에 대한 신념을 중요시 한다.

06 지역사회복지실천에서 역량강화의 궁극적인 목적은 지역주민 개개인의 문제를 해결해주는 것에 있다.

07 사회복지사는 지역주민의 역량강화를 위해 사회환경적 변화를 모색해야 한다.

08 지역주민들이 자신들이 겪고 있는 문제와 관련된 다차원적 요인을 살펴보고 비판의식을 기를 수 있도록 원조한다.

답 **01** ○ **02** × **03** × **04** ○ **05** ○ **06** × **07** ○ **08** ○

해설 **02** 사회자본의 창출은 지역주민의 역량강화를 위한 자원이 되기 때문에 역량강화를 위한 전략이 된다.
03 역량강화에서 클라이언트의 삶에 대한 전문가는 클라이언트이다.
06 역량강화의 궁극적인 목적은 주민들의 삶의 질 향상에 있다.

10장

지역사회복지 네트워크의 실제

이 장에서는

민·관 협력을 통해 추진되는 지역사회보장계획과 함께 계획을 심의하는 기관인 지역사회보장협의체 및 시·도 사회보장위원회 등을 살펴본다. 또한 민간 기관들 간의 연계를 위해 설립된 사회복지협의회에 대해 살펴본다.

10년간 출제분포도

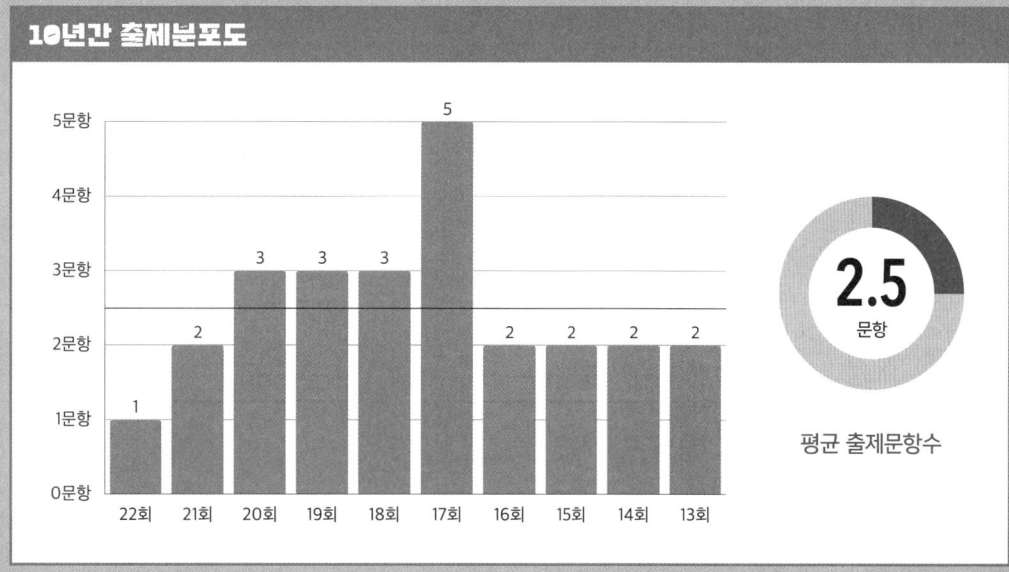

회차	문항수
22회	1
21회	2
20회	3
19회	3
18회	3
17회	5
16회	2
15회	2
14회	2
13회	2

2.5 문항

평균 출제문항수

152 지역사회보장계획

강의 QR코드

1회독 월 일 → **2회독** 월 일 → **3회독** 월 일

최근 10년간 **11문항** 출제

복습 1 이론요약

목적 등

- 지역사회보장서비스를 <u>종합적·계획적·중장기적으로 추진</u>하기 위한 방법
- **4년마다 수립 + 해마다 연차별 시행계획 수립**
- 필요성: 지역사회복지의 제도화, 서비스의 지속적·안정적 공급, 서비스 공급주체의 다원화, 사회자원 조달과 적정배분
- 목표: **지역 차원의 통합적 시행계획** 수립, **지역주민의 참여**를 유도, 지역의 사회복지 공급 주체로서의 **공공과 민간 간 협력**

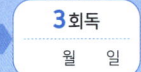
기본개념

지역사회복지론
pp.150~

연혁

- 2003년 사회복지사업법 개정, 2005년 7월부터 계획 수립을 의무화하는 규정 마련
- 2007~2010년 1기 계획 진행
- 2015년 7월 「사회보장급여의 이용·제공 및 수급권자 발굴에 관한 법률」 신설 시행에 따라 '지역사회보장계획'으로 변화됨

계획 수립의 원칙

- 지역성
- 과학성
- 연속성
- 실천성
- 자율성
- 참여성

계획의 내용

▶ **시·군·구 계획**
- 지역사회보장 수요의 측정, 목표 및 추진전략
- 지역사회보장지표의 설정 및 목표

- 지역사회보장의 분야별 추진전략, 중점 추진사업 및 연계협력 방안
- 지역사회보장 전달체계의 조직과 운영
- 사회보장급여의 사각지대 발굴 및 지원 방안
- 지역사회보장에 필요한 재원의 규모와 조달 방안
- 지역사회보장에 관련한 통계 수집 및 관리 방안

▶ **시·도 계획**
- 시·군·구의 사회보장이 균형적이고 효과적으로 추진될 수 있도록 지원하기 위한 목표 및 전략
- 지역사회보장지표의 설정 및 목표
- 시·군·구에서 사회보장급여가 효과적으로 이용 및 제공될 수 있는 기반 구축 방안
- 시·군·구 사회보장급여 담당 인력의 양성 및 전문성 제고 방안
- 지역사회보장에 관한 통계자료의 수집 및 관리 방안

수립 절차

① 지역주민 등 이해관계자 의견수렴
② 시·군·구 지역사회보장계획 수립
③ 지역사회보장협의체 심의, 시·군·구 의회 보고
④ 시·도지사에게 제출
⑤ 제출된 시·군·구 지역사회보장계획의 종합·조정
⑥ 시·도 사회보장위원회 심의, 시·도 의회 보고
⑦ 보건복지부장관에 제출
⑧ 사회보장위원회 보고

※ 지역사회보장협의체
지역의 사회보장을 증진하고, 사회보장과 관련된 서비스를 제공하는 관계 기관과의 연계·협력을 강화하기 위해 해당 시·군·구 단위에 설치한다.

※ 시·도 사회보장위원회
시·도의 사회보장 증진을 위하여 시·도 단위에 설치되며, 시·도 계획을 심의한다.

※ 사회보장위원회
사회보장에 관한 주요 시책을 심의·조정하기 위해 사회보장기본법에 따라 국무총리 소속으로 설치된다.

시행결과의 평가
- 보건복지부장관은 시·도 계획의 시행결과를, 시·도지사는 시·군·구 계획의 시행결과를 평가할 수 있다.
- 시·도지사는 평가를 시행한 경우 그 결과를 보건복지부장관에게 제출하여야 하며, 보건복지부장관은 이를 종합·검토하여 사회보장위원회에 보고하여야 한다.

지역사회보장균형발전지원센터
보건복지부장관은 시·도 및 시·군·구의 사회보장 추진 현황 분석, 지역사회보장계획의 평가, 지역 간 사회보장의 균형발전 지원 등의 업무를 효과적으로 수행하기 위하여 지역사회보장균형발전지원센터를 설치·운영할 수 있다.

01 (21-05-18) 시·군·구 지역사회보장계획은 4년마다 수립하고 매년 연차별 시행계획을 수립해야 한다.

02 (19-05-17) 지역사회보장계획은 사회보장에 관한 기본계획과 연계되도록 하여야 한다.

03 (18-05-18) 시·군·구 지역사회보장계획에는 지역사회보장 전달체계의 조직과 운영, 지역 내 부정수급 발생 현황 및 방지대책, 사회보장급여의 사각지대 발굴 및 지원 방안, 지역사회보장의 분야별 추진전략, 중점 추진사업 및 연계협력 방안 등의 내용이 포함된다.

04 (16-05-21) 지역사회보장계획은 지역사회보장서비스의 수급조정과 안정적 공급을 위해 필요하다.

05 (16-05-21) 지역사회보장계획은 「사회보장급여의 이용·제공 및 수급권자 발굴에 관한 법률」에 근거한다.

06 (15-05-16) 지역사회보장계획은 사회보장급여의 사각지대 발굴 및 지원 방안을 모색한다.

07 (15-05-16) 지역사회보장계획은 지역사회보장서비스의 수급조정과 안정적 공급을 도모한다.

08 (15-05-16) 지역사회보장계획은 사회서비스 전 영역에 포괄적으로 관심을 둔다.

09 (11-05-20) 지역사회보장계획에는 지역사회보장에 필요한 재원의 규모와 조달방안에 관한 사항, 사회보장급여의 사각지대 발굴 및 지원 방안에 관한 사항, 지역사회보장 수요의 측정, 목표 및 추진 전략에 관한 사항 등이 포함된다.

10 (10-05-22) 시장·군수·구청장은 지역주민 등 이해관계인의 의견을 들은 후 시·군·구 계획을 수립하고, 지역사회보장협의체의 심의와 해당 시·군·구 의회의 보고를 거쳐 시·도지사에게 제출하여야 한다.

11 (09-05-22) 지역사회보장계획은 사회보장에 관한 기본계획과 연계되어야 한다.

12 (09-05-22) 지역사회보장계획을 수립할 때는 지역주민 등 이해관계인의 의견을 들어야 한다.

13 (09-05-22) 시·도사회보장위원회는 시·도의 지역사회보장계획을 심의해야 한다.

14 (09-05-22) 보건복지부장관은 시·도 지역사회보장계획의 시행결과를, 시·도지사는 시·군·구 지역사회보장계획의 시행결과를 각각 보건복지부령으로 정하는 바에 따라 평가할 수 있다.

15 (08-05-19) 지역사회보장계획은 복지수요측정에 관한 사항을 포함한다.

16 (05-05-15) 지역사회보장계획에는 수요 측정, 사회복지 인력조달, 사회복지 시설공급 대책 등의 내용이 포함된다.

대표기출 확인하기

22-05-19 난이도 ★★★

지역사회보장에 관한 계획(이하 '지역사회보장계획'이라 한다)에 관한 설명으로 옳은 것은?

① 시장 · 군수 · 구청장은 4년마다 지역사회보장계획을 수립한 후 보건복지부장관에게 제출한다.
② 시 · 군 · 구의 지역사회보장계획은 시 · 도사회보장위원회의 심의를 거친다.
③ 지역사회보장계획은 사회복지사업법에 의거 매년 연차별 시행계획을 수립한다.
④ 시 · 도의 지역사회보장계획은 지역사회보장협의체의 심의를 거친다.
⑤ 지역사회보장계획의 수립 및 지역사회보장조사의 시기 · 방법 등에 필요한 사항은 대통령령으로 정한다.

> ▶ **알짜확인**
>
> • 지역사회보장계획이 시작된 역사적 과정 및 의의, 근거법률 등을 살펴보자.
> • 지역사회보장계획의 수립 절차 및 원칙을 정리해두자.
> • 지역사회보장계획에 포함되는 내용을 파악해두어야 한다.

답 ⑤

✔ **응시생들의 선택**

① 14%	② 17%	③ 29%	④ 17%	⑤ 23%

① ② 시장 · 군수 · 구청장은 4년마다 지역사회보장계획을 수립한 후 지역사회보장협의체의 심의와 해당 시 · 군 · 구 의회의 보고를 거쳐 시 · 도지사에게 제출하여야 한다.
③ 지역사회보장계획은 사회보장급여의 이용 · 제공 및 수급권자 발굴에 관한 법률에 의거하여 매년 연차별 시행계획을 수립한다.
④ 시 · 도의 지역사회보장계획은 시 · 도사회보장위원회의 심의와 해당 시 · 도 의회의 보고를 거쳐 보건복지부장관에게 제출하여야 한다.

관련기출 더 보기

20-05-17 난이도 ★★★

시 · 군 · 구 지역사회보장계획에 포함되어야 하는 사항을 모두 고른 것은?

> ㄱ. 지역사회보장 전달체계의 조직과 운영
> ㄴ. 사회보장급여의 사각지대 발굴 및 지원 방안
> ㄷ. 지역사회보장에 관련한 통계 수집 및 관리 방안
> ㄹ. 지역사회보장에 필요한 재원의 규모와 조달 방안

① ㄱ, ㄴ
② ㄱ, ㄷ
③ ㄴ, ㄷ
④ ㄱ, ㄴ, ㄹ
⑤ ㄱ, ㄴ, ㄷ, ㄹ

답 ⑤

✔ **응시생들의 선택**

① 2%	② 2%	③ 2%	④ 12%	⑤ 82%

모두 시 · 군 · 구 지역사회보장계획에 포함되어야 하는 사항이다.

19-05-17 난이도 ★★☆

지역사회보장계획에 관한 설명으로 옳은 것은?

① 시 · 군 · 구 지역사회보장계획은 변경할 수 없다.
② 사회보장에 관한 기본계획과 연계되도록 하여야 한다.
③ 3년마다 수립하고, 매년 연차별 시행계획을 수립하여야 한다.
④ 시 · 군 · 구 지역사회보장계획은 사회보장위원회의 심의를 거쳐야 한다.
⑤ 지역사회보장계획의 평가, 지원 등을 위한 지역사회보장지원센터를 설치 · 운영할 수 있다.

답 ②

✔ **응시생들의 선택**

① 1%	② 67%	③ 9%	④ 14%	⑤ 9%

① 시 · 군 · 구 지역사회보장계획은 변경할 수 있다.
③ 4년마다 수립하고, 매년 연차별 시행계획을 수립하여야 한다.
④ 시 · 군 · 구 지역사회보장계획은 지역사회보장협의체의 심의를 거쳐야 한다.
⑤ 지역사회보장지원센터라는 명칭의 기관은 없다.

지역사회보장계획의 수립 과정을 순서대로 옳게 나열한 것은?

> ㄱ. 세부사업 계획 수립 ㄴ. 지역사회보장협의체 심의
> ㄷ. 지역사회보장조사 ㄹ. 행·재정계획 수립
> ㅁ. 의회 보고 ㅂ. 추진 비전 및 목표 수립

① ㄱ - ㄴ - ㅁ - ㄹ - ㅂ - ㄷ
② ㄴ - ㄹ - ㄱ - ㅁ - ㅂ - ㄷ
③ ㄷ - ㄹ - ㅂ - ㄱ - ㄴ - ㅁ
④ ㄷ - ㅂ - ㄹ - ㄱ - ㄴ - ㅁ
⑤ ㄷ - ㅂ - ㄱ - ㄹ - ㄴ - ㅁ

답 ⑤

✔ 응시생들의 선택

① 1%	② 1%	③ 7%	④ 53%	⑤ 38%

수립절차
지역사회보장조사 및 지역주민 등 이해관계인의 의견 청취 → 시·군·구 계획 수립 → 지역사회보장협의체 심의 및 시·군·구 의회 보고 → 시·도지사에 제출 → 시·도 계획 수립 → 시·도 사회보장위원회 심의 및 시·도 의회 보고 → 보건복지부장관에 제출 → 보건복지부장관은 사회보장위원회에 보고

지역사회보장계획에 관한 설명으로 옳지 않은 것은?

① 지역사회보장서비스의 수급조정과 안정적 공급을 위해 필요하다.
② 시·군·구 및 시·도는 4년마다 지역사회보장계획을 수립해야 한다.
③ 시·군·구 지역사회보장계획은 시·군·구 의회의 심의와 지역사회보장협의체의 보고를 거쳐야 한다.
④ 「사회보장급여의 이용·제공 및 수급권자 발굴에 관한 법률」에 근거한다.
⑤ 시·군·구 지역사회보장계획은 시행연도의 전년도 9월 30일까지 시·도지사에게 제출되어야 한다.

답 ③

✔ 응시생들의 선택

① 2%	② 19%	③ 37%	④ 7%	⑤ 35%

③ 시·군·구 지역사회보장계획은 지역사회보장협의체의 심의와 해당 시·군·구 의회의 보고를 거쳐 시·도지사에게 제출해야 한다.

지역사회보장계획 수립의 기본원칙이 아닌 것은?

① 과학성
② 비연속성
③ 실천성
④ 지역성
⑤ 자율성

답 ②

✔ 응시생들의 선택

① 10%	② 76%	③ 2%	④ 3%	⑤ 9%

② 지역사회보장계획은 4년 단위의 중·장기 계획이므로 연차별 시행계획의 성과 등을 평가하여 매년 사업의 타당성 및 적절성을 점검하면서 사업의 연속성이 확보되도록 해야 한다. 사회보장에 관한 기본계획과의 연계를 통해 사회보장의 정책 및 실천의 연속성을 확보해야 한다. 시·도 계획과 시·군·구 계획이 유기적으로 연결되도록 해야 한다.

지역사회보장계획에 관한 설명으로 옳은 것을 모두 고른 것은?

> ㄱ. 시·도지사는 시·도사회보장위원회의 심의를 거쳐 지역사회보장계획을 수립하여야 한다.
> ㄴ. 시·군·구 계획은 지역주민 등 이해관계인의 의견을 들어야 하며, 지역사회보장협의체의 심의를 거쳐야 한다.
> ㄷ. 사회보장에 관한 기본계획과 연계되어야 한다.
> ㄹ. 지역의 지역사회활동계획과 연계되어야 한다.

① ㄱ, ㄴ, ㄷ   ② ㄱ, ㄷ
③ ㄴ, ㄹ   ④ ㄹ
⑤ ㄱ, ㄴ, ㄷ, ㄹ

답 ①

✔ 응시생들의 선택

① 15%	② 7%	③ 10%	④ 3%	⑤ 65%

ㄹ. 지역사회보장계획은 사회보장기본법상 사회보장에 관한 기본계획과 연계되도록 규정되어 있으며, '지역의 지역사회활동계획과 연계되어야 한다.'는 내용의 조문은 없다.

다음 내용이 왜 틀렸는지를 확인해보자

01 지역사회보장계획에 관한 사항은 **사회보장기본법에서 규정**하고 있다.

> 사회복지사업법상 지역사회복지계획으로 출발하여 현재 「사회보장급여의 이용·제공 및 수급권자 발굴에 관한 법률」에 따라 운영되고 있다.

`09-05-22`

02 보건복지부장관은 시·군·구 지역사회보장계획의 **시행결과를 평가해야 한다.**

> 시행결과에 대한 평가가 의무사항은 아니다.

03 시·군·구 계획은 지역사회보장협의체의 심의와 함께 **시·도 의회의 보고를** 거쳐야 한다.

> 시·군·구 계획은 지역사회보장협의체의 심의와 시·군·구 의회의 보고를 거쳐야 한다.
> 시·도 계획은 시·도사회보장위원회의 심의와 시·도 의회의 보고를 거쳐야 한다.

`11-05-20`

04 지역사회보장계획에는 **지역사회보장협의체의 구성에 관한 사항을 포함**한다.

> 지역사회보장협의체는 지역사회보장계획을 심의하는 기관으로, 사회보장급여의 이용·제공 및 수급권자 발굴에 관한 법률 및 시행령에 그 구성에 관한 사항이 규정되어 있다.

`15-05-16`

05 지역사회보장계획은 **주택, 고용, 문화를 제외한** 보건과 의료영역에 초점을 둔다.

> 지역사회보장계획은 사회서비스 전 영역에 포괄적으로 관심을 둔다. 사회서비스란 사회복지서비스, 보건의료서비스를 비롯해 주택, 고용, 문화와 관련된 서비스를 모두 포괄한다.

06 시·도지사는 시·도 지역사회보장계획의 시행결과를, 시·군·구청장은 시·군·구 지역사회보장계획의 시행결과를 평가할 수 있다.

> 보건복지부장관은 시·도 지역사회보장계획의 시행결과를, 시·도지사는 시·군·구 지역사회보장계획의 시행결과를 평가할 수 있다.

빈칸에 들어갈 알맞은 말을 채워보자

01 (   )년부터 제1기 지역사회복지계획이 진행되었다.

14-05-20
02 시·도지사 및 시·군·구청장은 (   )년마다 지역사회보장계획을 수립해야 한다.

14-05-20
03 「사회보장급여의 이용·제공 및 수급권자 발굴에 관한 법률」의 제정으로 지역사회복지계획의 범위를 사회복지에서 (   )(으)로 확장하였다.

04 지역사회보장계획은 (   )에 따른 사회보장에 관한 기본계획과 연계되도록 하여야 한다.

16-05-21
05 시·군·구 지역사회보장계획은 시행연도의 전년도 9월 30일까지 (   )에게 제출해야 한다.

06 보건복지부장관은 제출받은 시·도 지역사회보장계획을 (①)에 (②)하여야 한다.

 답 **01** 2007 **02** 4 **03** 사회보장 **04** 사회보장기본법 **05** 시·도지사 **06** ① 사회보장위원회 ② 보고

다음 내용이 옳은지 그른지 판단해보자

01 시·군·구 지역사회보장계획은 지역사회보장협의체의 심의를 거쳐야 한다.

10-05-20
02 지역사회보장계획의 시행에 따라 공급자 중심의 지역사회복지실천이 강화되는 기반이 마련되었다.

03 지역사회보장계획이 수립되면 반드시 지역주민 등 이해관계인의 의견을 수렴하는 과정을 거쳐야 한다.

04 보건복지부장관은 지역사회보장계획의 평가, 지역 간 사회보장의 균형발전 지원 등의 업무를 효과적으로 수행하기 위하여 지역사회보장균형발전지원센터를 설치·운영할 수 있다.

 **답** **01** ○ **02** × **03** × **04** ○

(해설) **02** 지역사회보장계획은 서비스 공급 주체의 다원화, 민관 협력, 주민참여 등을 위해 시행되었다.
03 지역주민 등 이해관계인의 의견을 수렴한 이후에 시·군·구 지역사회보장계획을 수립한다.

153 지역사회보장협의체

1회독	2회독	3회독
월 일	월 일	월 일

복습 1 이론요약

지역사회보장협의체의 설치 및 구성

▶ **근거 법률**
- 사회보장급여의 이용·제공 및 수급권자 발굴에 관한 법률
- 법률 외의 사항은 시·군·구 조례로 정한다.

▶ **설치 및 구성**
- 시·군·구청장은 지역의 사회보장을 증진하고, 사회보장과 관련된 서비스를 제공하는 관계 기관·법인·단체·시설과 연계·협력을 강화하기 위하여 해당 시·군·구에 지역사회보장협의체를 둔다.
- **위원장 1명을 포함한 10명 이상 40명 이하의 위원으로 구성한다.**
- 위원장은 위원 중에서 호선하되, 공무원인 위원과 위촉 위원 각 1명을 공동위원장으로 선출할 수 있다.
- **위원의 임기는 2년**이다. 다만, 위원장은 한 차례 연임 가능하며 공무원인 위원의 임기는 그 재직기간으로 한다.

▶ **실무협의체**
- 지역사회보장협의체의 업무를 효율적으로 수행하기 위하여 지역사회보장협의체에 실무협의체를 둔다.
- 위원장 1명을 포함하여 10명 이상 40명 이하의 위원으로 구성한다.

▶ **실무분과**
실무협의체의 위원장은 지역의 사회보장 관련 기관·법인·단체·시설 간 연계·협력을 강화하기 위하여 실무분과를 구성·운영할 수 있으며, 실무분과의 운영에 관한 세부 사항은 시·군·구의 조례로 정할 수 있다.

지역사회보장협의체의 심의·자문 사항

- 시·군·구의 지역사회보장계획 수립·시행 및 평가에 관한 사항
- 시·군·구의 지역사회보장조사 및 지역사회보장지표에 관한 사항
- 시·군·구의 사회보장급여 제공에 관한 사항
- 시·군·구의 사회보장 추진에 관한 사항
- **읍·면·동 단위 지역사회보장협의체**의 구성 및 운영에 관한 사항
- 그 밖에 위원장이 필요하다고 인정하는 사항

읍·면·동 지역사회보장협의체

▶ 설치 및 구성

- 특별자치시장 및 시장·군수·구청장은 읍·면·동 단위로 읍·면·동의 사회보장 관련 업무의 원활한 수행을 위하여 해당 읍·면·동 단위에 지역사회보장협의체를 둔다.
- 읍·면·동 협의체의 위원은 읍·면·동별로 각 10명 이상으로 한다.
- 법률 외의 사항은 시·군·구 조례로 정한다.

▶ 업무

읍·면·동 협의체는 다음의 업무를 지원한다.
- 관할 지역의 저소득 주민·아동·노인·장애인·한부모가족·다문화가족 등 사회보장사업에 의한 도움을 필요로 하는 사람 발굴 업무
- 사회보장 자원 발굴 및 연계 업무
- 지역사회보호체계 구축 및 운영 업무
- 그 밖에 관할 지역 주민의 사회보장 증진을 위하여 필요한 업무

기출문장 CHECK

01 (21-05-19) 사회보장에 관한 업무를 담당하는 공무원은 지역사회보장협의체의 실무협의체 위원이 될 수 있다.

02 (20-05-18) 시·군·구 지역사회보장협의체는 시·군·구의 지역사회보장계획 수립·시행 및 평가에 관한 사항, 시·군·구의 사회보장급여 제공에 관한 사항, 시·군·구의 사회보장 추진에 관한 사항, 읍·면·동 단위 지역사회보장협의체의 구성 및 운영에 관한 사항 등을 심의·자문한다.

03 (19-05-18) 지역사회보장협의체는 「사회보장급여의 이용·제공 및 수급권자 발굴에 관한 법률」에 법적 근거를 두고 있다.

04 (19-05-18) 지역사회보장협의체는 위원장을 포함하여 10명 이상 40명 이하의 위원으로 구성하고, 임기는 2년이다.

05 (18-05-19) 시·군·구 지역사회보장협의체는 시·군·구 사회보장 추진, 시·군·구 사회보장급여 제공, 시·군·구 지역사회보장계획 수립·시행 및 평가, 읍·면·동 단위 지역사회보장협의체의 구성 및 운영 등에 관한 사항을 심의·자문한다.

06 (17-05-20) 읍·면·동 지역사회보장협의체는 복지대상자 발굴, 지역특화사업 추진, 지역자원의 발굴 및 연계, 지역인적안전망 구축 등의 역할을 수행한다.

07 (16-05-22) 2015년 지역사회복지협의체가 지역사회보장협의체로 명칭이 변경되었다.

08 (16-05-22) 지역사회보장협의체는 공공과 민간의 적극적이고 자발적인 참여가 전제되어야 한다.

09 (16-05-22) 지역사회보장협의체는 사회보장 관련 서비스제공 기관과의 연계·협력을 강화할 목적으로 운영된다.

10 (16-05-22) 지역사회보장협의체는 사회보장 관련 기관·법인·단체·시설 간 연계와 협력 강화를 위해 실무분과를 운영한다.

11 (13-05-04) 지역사회보장협의체 내 실무협의체에서는 실무분과에서 발의된 쟁점에 대해 논의한다.

12 (13-05-04) 지역사회보장협의체는 지역사회복지자원을 개발하고, 발굴하는 기능을 갖고 있다.

13 (07-05-16) 지역사회보장협의체 위원의 임기는 2년이나 공무원의 경우 재직기간까지이다.

14 (07-05-26) 지역사회보장협의체는 지역사회 내 잠재적 복지자원 발굴 및 자원 간 연계협력을 목적으로 한다.

15 (06-05-23) 지역사회보장협의체는 사업에 맞춰 실무분과를 구성할 수 있다.

16 (05-05-15) 지역사회보장계획에는 수요 측정, 사회복지 인력조달, 사회복지 시설공급 대책 등의 내용이 포함된다.

대표기출 확인하기

20-05-18 난이도 ★★★

시·군·구 지역사회보장협의체의 심의·자문 사항이 아닌 것은?

① 시·군·구의 지역사회보장계획 수립·시행 및 평가에 관한 사항
② 시·군·구의 사회보장급여 제공에 관한 사항
③ 시·군·구의 사회보장 추진에 관한 사항
④ 읍·면·동 단위 지역사회보장협의체의 구성 및 운영에 관한 사항
⑤ 읍·면·동의 지역사회보장조사 및 지역사회보장지표에 관한 사항

 알짜확인

- 시·군·구 지역사회보장계획의 심의기관인 지역사회보장협의체의 조직 및 구성에 관한 사항, 심의·자문 사항 등이 출제되어오고 있다.

답 ⑤

✓ 응시생들의 선택

① 16%	② 16%	③ 6%	④ 20%	⑤ 42%

⑤ 읍·면·동이 아닌 시·군·구의 지역사회보장조사 및 지역사회보장지표에 관한 사항을 심의·자문한다.

시·군·구 지역사회보장협의체의 심의·자문 사항
- 시·군·구의 지역사회보장계획 수립·시행 및 평가에 관한 사항
- 시·군·구의 지역사회보장조사 및 지역사회보장지표에 관한 사항
- 시·군·구의 사회보장급여 제공에 관한 사항
- 시·군·구의 사회보장 추진에 관한 사항
- 읍·면·동 단위 지역사회보장협의체의 구성 및 운영에 관한 사항
- 그 밖에 위원장이 필요하다고 인정하는 사항

관련기출 더 보기

21-05-19 난이도 ★★★

지역사회보장협의체의 실무협의체 운영에 관한 설명으로 옳은 것은?

① 사회보장업무를 담당하는 공무원은 제외된다.
② 위원장 1명을 포함하여 10명 미만의 위원으로 구성한다.
③ 지역사회보장계획과 관련된 조례를 제정한다.
④ 시·군·구의 사회보장급여 제공에 관한 사항을 심의·자문한다.
⑤ 전문성 원칙에 따라 현장 전문가를 중심으로 구성한다.

답 ⑤

✓ 응시생들의 선택

① 3%	② 12%	③ 9%	④ 42%	⑤ 34%

① 사회보장에 관한 업무를 담당하는 공무원은 실무협의체의 위원이 될 수 있다.
② 위원장 1명을 포함하여 10명 이상 40명 이하의 위원으로 구성한다.
③ 실무협의체가 조례를 제정하지는 않는다. 별도의 조례는 시·군·구 지방의회에서 제정한다.
④ 시·군·구의 사회보장급여 제공에 관한 사항을 심의·자문하는 것은 지역사회보장협의체의 대표협의체이다.

지역사회보장협의체에 관한 설명으로 옳은 것은?

① 사회복지사업법에 법적 근거를 두고 있다.
② 10명 이상 25명 이하의 위원으로 구성하고, 임기는 2년이다.
③ 관할 지역의 사회복지사업에 관한 중요사항을 심의·건의한다.
④ 민·관 네트워크를 통한 지역복지 거버넌스 구조와 기능을 축소시킨다.
⑤ 실무협의체, 실무분과, 읍·면·동 협의체 간 수평적 네트워크 관계를 형성한다.

답 ⑤

✅ **응시생들의 선택**

① 14%	② 9%	③ 34%	④ 3%	⑤ 40%

① 사회보장급여의 이용·제공 및 수급권자 발굴에 관한 법률에 법적 근거를 두고 있다.
② 위원장을 포함하여 10명 이상 40명 이하의 위원으로 구성하고, 임기는 2년이다.
③ 관할 지역의 사회보장을 증진하고, 사회보장과 관련된 서비스를 제공하는 관계 기관·법인·단체·시설과 연계·협력을 강화하기 위한 역할을 한다.
④ 민·관 네트워크를 통한 지역복지 거버넌스 구조와 기능을 확대시킨다.

지역사회보장협의체의 구성 조직 및 역할을 적절하게 연결하고 있는 것은?

① 대표협의체: 통합사례관리 지원
② 실무협의체: 지역사회보장계획의 의회 보고
③ 실무분과: 사회복지법인 이사의 추천과 선임 조정
④ 실무분과: 지역사회보장계획의 연차별 시행계획 모니터링
⑤ 읍·면·동 지역사회보장협의체: 실무협의체 업무 지원

답 ④

✅ **응시생들의 선택**

① 7%	② 19%	③ 7%	④ 43%	⑤ 24%

시·군·구 지역사회보장협의체
• 대표협의체는 지역사회 내 사회보장 증진을 위해 민·관 협력을 강화하기 위한 역할을 수행한다.
• 실무협의체는 대표협의체의 업무를 효율적으로 수행하기 위해 구성된다.
• 실무분과는 지역의 사회보장 관련 기관·법인·단체·시설 간 연계·협력을 강화하기 위하여 실무협의체 산하에 구성된다.

읍·면·동 지역사회보장협의체
• 읍·면·동 단위에 구성되어 관할 지역주민의 사회보장 증진을 위한 업무를 지원한다.

읍·면·동 지역사회보장협의체의 역할로 볼 수 없는 것은?

① 복지대상자 발굴
② 지역특화사업 추진
③ 지역자원의 발굴 및 연계
④ 지역인적안전망 구축
⑤ 지역사회보장지표의 생성

답 ⑤

✅ **응시생들의 선택**

① 14%	② 16%	③ 3%	④ 5%	⑤ 62%

읍·면·동 단위 지역사회보장협의체는 관할 지역의 저소득 주민·아동·노인·장애인·한부모가족·다문화가족 등 사회보장 대상자 발굴, 사회보장 자원 발굴 및 연계, 지역사회보호체계 구축 및 운영 등 관할 지역주민의 사회보장 증진을 위한 업무 지원을 위해 구성한다.

지역사회보장협의체에 관한 설명으로 옳지 않은 것은?

① 사회보장 관련 서비스제공 기관과의 연계·협력을 강화할 목적으로 운영된다.
② 공공과 민간의 적극적이고 자발적인 참여가 전제되어야 한다.
③ 2015년 지역사회복지협의체가 지역사회보장협의체로 명칭이 변경되었다.
④ 실무협의체는 시·군·구의 사회보장급여 제공에 관한 사항을 심의·자문한다.
⑤ 사회보장 관련 기관·법인·단체·시설 간 연계와 협력 강화를 위해 실무분과를 운영한다.

답 ④

✅ **응시생들의 선택**

① 6%	② 8%	③ 26%	④ 46%	⑤ 14%

④ 시·군·구의 사회보장급여 제공에 관한 사항에 대한 심의·자문은 대표협의체에서 이루어진다. 실무협의체는 지역사회보장협의체의 업무를 효율적으로 수행하기 위해 구성된다.

다음 내용이 왜 틀렸는지를 확인해보자

01 지역사회보장협의체의 업무를 효율적으로 수행하기 위하여 지역사회보장협의체에 <u>읍·면·동 협의체</u>를 둔다.

> 지역사회보장협의체의 업무를 효율적으로 수행하기 위하여 지역사회보장협의체에 실무협의체를 둔다.

13-05-04

02 지역사회보장협의체는 <u>공공 간의 연계방식으로 시작해서</u> 공공과 민간의 연계방식으로 전개되었다.

> 지역사회보장협의체는 그 시작부터 공공과 민간의 연계체계를 강화하기 위한 목적으로 설치되었다.

03 지역사회보장협의체는 <u>시·도에, 실무협의체는 시·군·구에 설치</u>하여 효율적으로 연계된 계획을 추진한다.

> 지역사회보장협의체는 시·군·구 단위에 설치되며, 협의체 내에 실무협의체가 구성된다.

19-05-18

04 지역사회보장협의체는 <u>사회복지사업법</u>에 그 법적 근거를 두고 있다.

> 2005년 사회복지사업법에 따라 지역사회복지협의체로 시작하여 2015년 사회보장급여의 이용·제공 및 수급 권자 발굴에 관한 법률이 시행되면서 이 법률에 따라 운용되고 있다.

05 지역사회보장협의체 및 실무협의체의 조직·운영에 관한 <u>모든 사항은</u> 해당 시·군·구의 조례로 정한다.

> 지역사회보장협의체는 사회보장급여의 이용·제공 및 수급권자 발굴에 관한 법률에서 규정하고 있으며, 이 법 령에서 정하는 사항 외에 필요한 사항은 보건복지부령이 정하는 바에 따라 해당 시·군·구의 조례로 정한다.

06 <u>시·도지사는</u> 시·군·구 단위의 지역사회보장협의체 외에 읍·면·동 단위의 사회보장 관련 업무의 수행을 위해 읍·면·동 협의체를 둔다.

> 시장·군수·구청장은 읍·면·동 단위로 읍·면·동의 사회보장 관련 업무의 원활한 수행을 위하여 해당 읍· 면·동에 지역사회보장협의체를 둔다.

빈칸에 들어갈 알맞은 말을 채워보자

01 ( )은/는 시·군·구 지역사회보장계획을 심의하는 기관이다.

02 시·군·구 지역사회보장협의체는 ( )의 지역사회보장조사 및 지역사회보장지표에 관한 사항을 심의·자문한다.

03 지역사회보장협의체는 위원장 1명을 포함하여 (①)명 이상 (②)명 이하의 위원으로 구성한다.

04 법률에서 정한 사항 외에 지역사회보장협의체 및 실무협의체의 조직·운영에 필요한 사항은 보건복지부령으로 정하는 바에 따라 해당 시·군·구의 ( )(으)로 정한다.

05 실무협의체의 위원장은 지역의 사회보장 관련 기관·법인·단체·시설 간 연계·협력을 강화하기 위하여 ( )을/를 구성·운영할 수 있다.

> **답** **01** 지역사회보장협의체 **02** 시·군·구 **03** ① 10 ② 40 **04** 조례 **05** 실무분과

다음 내용이 옳은지 그른지 판단해보자

01 시·군·구 지역사회보장협의체는 민·관 협력을 기반으로 지역사회보장을 추진한다.

02 시·군·구 지역사회보장협의체는 읍·면·동 단위 지역사회보장협의체의 구성 및 운영에 관하여 심의·자문한다.

03 시·군·구 지역사회보장계획에 대한 심의는 지역사회복지협의회에서 진행한다.

04 지역사회보장협의체의 실무분과는 지역에 상관없이 동일하게 구성한다.

> **답** **01** ○ **02** ○ **03** × **04** ×

> **해설** **03** 시·군·구 지역사회보장계획에 대한 심의는 시·군·구 지역사회보장협의체의 역할이다.
> **04** 실무분과는 지역의 상황에 따라 대상별, 기능별 등 다양한 형태로 구성이 가능하다.

154 사회복지협의회

강의 QR코드

1회독 월 일 > 2회독 월 일 > 3회독 월 일

최근 10년간 **5문항** 출제

복습 1 이론요약

기본 사항

- 구성: 전국 단위의 한국사회복지협의회(중앙협의회)와 시·도(광역) 사회복지협의회를 두며, 시·군·구(지역) 사회복지협의회를 둘 수 있다.
- 사회복지협의회의 기본 업무
  - 사회복지에 관한 조사·연구 및 정책 건의
  - 사회복지 관련 기관·단체 간의 연계·협력·조정
  - 사회복지 소외계층 발굴 및 민간사회복지자원과의 연계·협력
  - 대통령령으로 정하는 사회복지사업의 조성 등

기본개념

지역사회복지론
pp.159~

한국사회복지협의회

- 2009년 **기타 공공기관으로 지정**되었다.
- 한국사회복지협의회의 업무(기능)
  - 사회복지에 관한 조사·연구 및 정책건의
  - 사회복지에 관한 교육훈련
  - 사회복지에 관한 자료수집 및 간행물 발간
  - 사회복지에 관한 계몽 및 홍보
  - 자원봉사활동의 진흥
  - 사회복지사업에 종사하는 사람의 교육훈련과 복지증진
  - 사회복지에 관한 학술 도입과 국제사회복지단체와의 교류
  - 보건복지부장관이 위탁하는 사회복지에 관한 업무
  - 그 밖에 협의회의 목적 달성에 필요하여 정관으로 정하는 사항

시·도 사회복지협의회

- 광역시·도 단위에 설립
- 한국사회복지협의회의 산하기구로 조직되었다가 1998년 사회복지사업법 개정에 따라 **독립된 사회복지법인**으로서 각 지방의 사회복지협의회로서 운영되고 있다.

시·군·구 사회복지협의회

- 시·군·구 단위에 설립
- 시·도 사회복지협의회만으로는 지역에 밀접한 사회복지가 어렵다는 한계에 부딪히면서 주민들의 자생적 필요에 따라 1995년 원주시에 처음 조직되었다.
- **2003년 사회복지사업법 개정에 따라 사회복지법인으로 법적 근거가 마련되었다.**
- 지역사회복지의 대표적인 협의·조정기관으로서 지역사회복지활동 기능, 기관 간 연락·조정·협의 기능, 지원·유지 기능 등을 수행한다.

기출문장 CHECK

01 (20-05-21) 한국사회복지협의회는 사회복지에 관한 교육훈련, 사회복지에 관한 계몽 및 홍보, 자원봉사활동의 진흥, 사회복지 사업에 관한 기부문화의 조성 등의 사업을 진행한다.

02 (19-05-20) 사회복지협의회는 사회복지사업법에 근거를 둔 법정단체이다.

03 (19-05-20) 한국사회복지협의회는 기타 공공기관으로 지정되었다.

04 (19-05-20) 광역 및 지역 단위 사회복지협의회는 독립적인 사회복지법인이다.

05 (19-05-20) 사회복지협의회는 사회복지기관 간 연계·협력·조정 등의 업무를 수행한다.

06 (18-05-20) 사회복지협의회는 민간 사회복지 증진을 위한 법적 단체이다.

07 (18-05-20) 1970년 사회복지법인 한국사회복지협의회로 명칭 변경

08 (18-05-20) 사회복지협의회는 사회복지 소외계층 발굴 및 민간사회복지자원과의 연계·협력, 사회복지에 관한 조사·연구 및 정책 건의 등의 기능을 한다.

09 (17-05-23) 사회복지협의회는 사회복지시설 및 기관 중심의 지역사회복지 증진을 위한 법정단체이다.

10 (14-05-21) 사회복지협의회는 민간 사회복지의 증진을 위한 법정단체이다.

11 (14-05-21) 사회복지협의회는 사회복지에 관한 조사·연구 및 정책건의를 수행한다.

12 (14-05-21) 사회복지협의회는 사회복지 소외계층 발굴 및 민간사회복지자원과의 연계·협력 업무를 수행한다.

13 (14-05-21) 사회복지협의회는 사회복지 관련 기관·단체 간의 연계·협력·조정을 추진한다.

14 (09-05-26) 사회복지협의회는 사회복지사업법에 법적 근거를 두고 있으며 지역사회의 특성에 적합한 역할을 수행한다.

15 (09-05-26) 사회복지협의회는 구호활동을 하던 민간사회사업기관들의 모임에서 시작되었다.

16 (07-05-23) 시·군·구 사회복지협의회는 시·군·구로부터 재정적 지원을 받을 수 있다.

17 (04-05-06) 한국사회복지협의회는 사회복지에 관한 조사, 연구 및 정책 건의 등의 활동을 수행한다.

18 (03-05-19) 한국사회복지협의회는 사회복지단체 상호 간의 연락 조정 및 협의의 기능을 중심으로 한다.

19 (02-05-16) 지역사회복지협의회는 지역복지를 민간 차원에서 종합적으로 수행한다.

20 (02-05-22) 지역사회복지협의회는 전문성의 원칙, 민간성의 원칙, 주민욕구 중심의 원칙, 주민활동 주체의 원칙 등을 바탕으로 한다.

대표기출 확인하기

20-05-21 난이도 ★★☆

한국사회복지협의회의 주요 사업이 아닌 것은?

① 사회복지에 관한 교육훈련
② 사회복지에 관한 계몽 및 홍보
③ 자원봉사활동의 진흥
④ 사회복지사업에 관한 기부문화의 조성
⑤ 읍·면·동이 위탁하는 사회복지에 관한 업무

 알짜확인

• 기존에는 앞서 공부한 지역사회보장협의체와 구분할 수 있느냐에 초점을 둔 문제가 많았지만, 최근에는 협의회 자체의 사업이나 성격을 파악하는 문제가 출제되고 있어 꼼꼼히 살펴봐야 한다.
• 중앙협의회는 공공기관은 아니지만 기타공공기관으로 지정되었다는 점, 광역 및 지역 단위의 협의회도 각각 독립된 사회복지법인이라는 점, 지역 단위 협의회는 의무 설치는 아니라는 점 등을 같이 기억해두자.

답 ⑤

✓ 응시생들의 선택

| ① 4% | ② 3% | ③ 33% | ④ 13% | ⑤ 47% |

⑤ 읍·면·동이 아닌 보건복지부장관이 위탁하는 사회복지에 관한 업무를 수행한다.

관련기출 더 보기

19-05-20 난이도 ★★☆

사회복지협의회에 관한 설명으로 옳지 않은 것은?

① 사회복지사업법에 근거를 둔 법정단체이다.
② 민·관 협력을 위해 시·군·구에 설치된 공공기관이다.
③ 한국사회복지협의회는 기타 공공기관으로 지정되었다.
④ 사회복지기관 간 연계·협력·조정 등의 업무를 수행한다.
⑤ 광역 및 지역 단위 사회복지협의회는 독립적인 사회복지법인이다.

답 ②

✓ 응시생들의 선택

| ① 8% | ② 45% | ③ 14% | ④ 1% | ⑤ 32% |

② 사회복지협의회는 민간기관이다. 민·관 협력을 위해 시·군·구에 설치된 공공기관은 지역사회보장협의체이다.

18-05-20 난이도 ★★☆

사회복지협의회에 관한 설명으로 옳지 않은 것은?

① 민간 사회복지 증진을 위한 법적 단체
② 사회복지 소외계층 발굴 및 민간사회복지자원과의 연계·협력
③ 시·도와 시·군·구에 모두 의무 설치된 것은 아님
④ 1970년 사회복지법인 한국사회복지협의회로 명칭 변경
⑤ 사회복지에 관한 조사·연구 및 정책 건의

답 ③

✓ 응시생들의 선택

| ① 11% | ② 5% | ③ 69% | ④ 11% | ⑤ 4% |

③ 2024년 사회복지사업법 개정에서는 '전국 단위의 한국사회복지협의회(중앙협의회), 시·도 사회복지협의회 및 시·군·구 사회복지협의회를 둔다'라고 규정하여 기존에 '둘 수 있다'라는 임의규정을 개정하였다.

사회복지협의회에 관한 설명으로 옳은 것은?

① 읍·면·동 중심의 공공부문 전달체계와 지역사회보호체계를 구축하고 운영한다.
② 관계법령에 따라 10명 이상 40명 이하의 규모로 위원회를 구성해야 한다.
③ 시·군·구 단위에 의무적으로 설치해야 하는 것은 아니다.
④ 사회복지시설 및 기관 중심의 지역사회복지 증진을 위한 법정단체이다.
⑤ 사회보장급여의 이용·제공 및 수급권자 발굴에 관한 법률에 근거하여 설립된다.

답 ④

✓ 응시생들의 선택

| ① 16% | ② 18% | ③ 16% | ④ 32% | ⑤ 18% |

① 민간 부분의 협력체계이다.
② 위원회 구성 규정은 없다.
③ 2024년 사회복지사업법 개정으로 시·군·구 단위에 사회복지협의회를 '둘 수 있다'에서 '둔다'로 변경되었다.
⑤ 사회복지사업법에 의한다.

사회복지사업법령상 우리나라 사회복지협의회에 관한 설명으로 옳지 않은 것은?

① 사회복지 소외계층 발굴 및 민간사회복지자원과의 연계·협력 업무를 수행한다.
② 사회복지에 관한 조사·연구 및 정책건의를 수행한다.
③ 사회복지관련 기관·단체 간의 연계·협력·조정 업무를 수행한다.
④ 시·군·구 기초자치단체에 의무적으로 설립하여야 한다.
⑤ 민간 사회복지의 증진을 위한 법정단체이다.

답 ④

✓ 응시생들의 선택

| ① 10% | ② 9% | ③ 3% | ④ 47% | ⑤ 31% |

④ 사회복지협의회는 사회복지사업법에서 규정하고는 있지만 의무적 설치를 규정하고 있지는 않다.

한국사회복지협의회에 관한 설명으로 옳은 것은?

① 민간과 공공의 연계·협력·조정을 기초로 한 협력기관
② 복지수요 사정에 따른 지역사회보장계획 수립
③ 보건·복지 전달체계의 효율적 관리
④ 사회복지 관련 기관·단체 간의 연계·협력·조정
⑤ 사회복지사에 대한 전문지식 및 기술의 개발

답 ④

✓ 응시생들의 선택

| ① 15% | ② 4% | ③ 2% | ④ 62% | ⑤ 16% |

④ 한국사회복지협의회는 민간의 사회복지 관련 기관·단체 간의 협력과 연계를 도모하기 위한 조직으로, 지역사회의 복지욕구를 효과적으로 달성하기 위해 상호 협력과 조정, 조사연구 등을 실시한다.

우리나라 사회복지협의회에 관한 설명으로 옳지 않은 것은?

① 사회복지사업법에 설립 근거를 두고 있다.
② 시·군·구에도 둘 수 있다.
③ 민간과 공공기관이 협의하는 기구이다.
④ 구호활동을 하던 민간사회사업기관들의 모임에서 시작되었다.
⑤ 사회복지시설과 기관이 시행하는 업무를 협의·조정한다.

답 ③

✓ 응시생들의 선택

| ① 15% | ② 2% | ③ 45% | ④ 30% | ⑤ 8% |

③ 사회복지협의회는 지역사회복지에 관심 있는 단체들 간의 자율적 협력·조정 단체이다.

다음 내용이 **왜 틀렸는지**를 확인해보자

01 사회복지협의회는 사회복지사업법에 따른 **공공기관**이다.

> 중앙위원회인 한국사회복지협의회의 경우 그 공공성을 인정받아 기타공공기관으로 지정되었을 뿐 사회복지협의회는 민간에서 자생적으로 만들어진 민간단체이다.

`04-05-06`

02 한국사회복지협의회는 사회복지에 관한 조사·연구 및 정책건의, **지역사회보장계획 심의**, 자원봉사활동의 진흥 등에 관한 업무를 진행한다.

> 지역사회보장계획에 대한 심의는 지역사회보장협의체의 역할이다.

03 사회복지협의회는 **사회복지법인은 아니다.**

> 사회복지사업법에 따라 사회복지법인으로 규정되어 있다.

`07-05-23`

04 시·군·구 사회복지협의회는 **시·도 사회복지협의회의 지회**로 운영되고 있다.

> 시·군·구 사회복지협의회와 시·도 사회복지협의회는 별도의 법인으로 설치·운영되고 있다.

`09-05-26`

05 사회복지협의회는 지역사회복지에 대한 **민간과 공공기관의 협의를 위해 설치**된 기구이다.

> 사회복지협의회는 지역사회복지에 관심 있는 민간단체들 간의 자율적 협력·조정 단체이며, 공공과 민간 간 협력을 위한 기구는 지역사회보장협의체이다.

다음 내용이 옳은지 그른지 판단해보자

01 17-05-23 사회복지협의회는 사회보장급여의 이용·제공 및 수급권자 발굴에 관한 법률에 근거하여 설립된다.

02 사회복지협의회는 공공 사회복지제도를 운영함에 있어 민간 자원을 동원하기 위한 기관으로서 설립되었다.

03 18-05-20 1970년에 사회복지법인 한국사회복지협의회로 명칭을 변경하였다.

04 한국사회복지협의회는 2009년 기타공공기관으로 지정되었다.

05 한국사회복지협의회는 기타공공기관으로 지정되면서 법정단체가 되었다.

06 중앙협의회의 설립 및 운영 등에 관한 허가, 인가, 보고 등은 보건복지부장관에 의한다.

07 한국사회복지협의회는 사회복지에 관한 조사·연구 등을 추진한다.

 답 01✕ 02✕ 03○ 04○ 05✕ 06○ 07○

해설 **01** 사회복지협의회의 근거 법률은 사회복지사업법이다.
02 사회복지협의회는 민간기관들의 연계·조정·협력 등을 위해 설립된 것으로, 공공 사회복지제도를 운영하기 위해 설립된 것은 아니다.
05 사회복지사업법에 따른 법정단체가 된 것은 1983년 사회복지사업법 개정을 통해서이다.

11장

지역사회복지실천의 추진체계 Ⅰ

이 장에서는

지방분권화에 따른 영향 및 공공 전달체계를 중심으로 지역사회복지실천의 추진체계를 살펴본다.

10년간 출제분포도

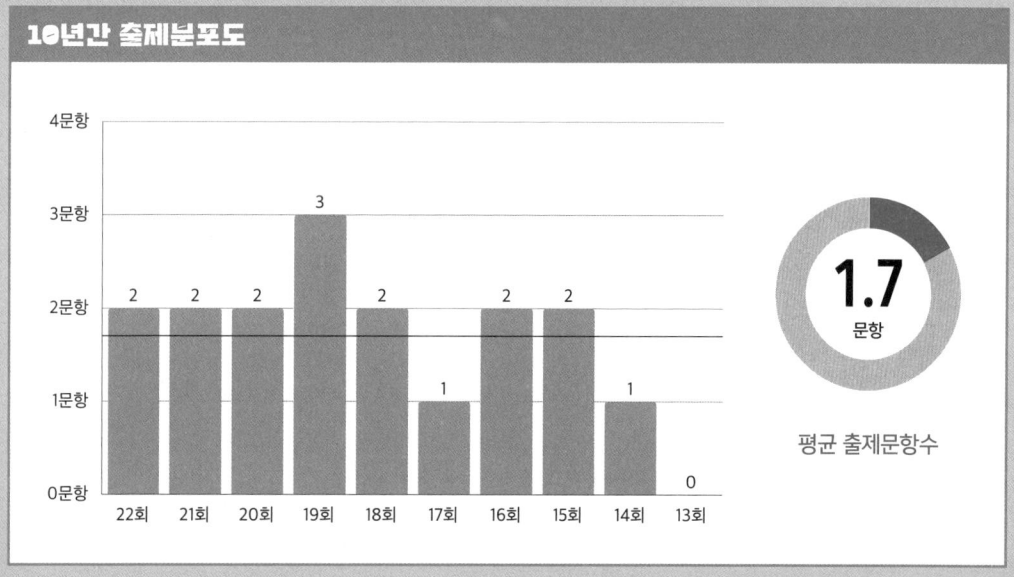

평균 출제문항수 **1.7** 문항

155 지방분권화

강의 QR코드

1회독	**2**회독	**3**회독
월 일	월 일	월 일

최근 10년간 **8문항** 출제

복습 1 이론요약

연혁

기본개념

지역사회복지론
pp.166~

- 1995년 7월 1일 지방자치제도 전면 실시
- 2003년 사회복지사업법 개정
  - 지역사회복지계획 수립의 의무화
  - 민·관 협치를 위한 지역사회복지협의체 도입
  - ※ 2014년 사회보장급여의 이용·제공 및 수급권자 발굴에 관한 법률이 제정(2015년 시행)되면서 사회복지사업법에 있던 지역사회복지계획 등에 관한 규정이 이 법률로 이관되었으며, 사회복지에서 사회보장으로 범위를 넓혀 현재 지역사회보장계획으로 실시되고 있다.
- 2003년 지방이양 및 국고보조 사업의 정비 추진
  - 2004년 국고보조금 정비방안 확정
  - 2005년부터 국고보조 사업을 지방으로 이양
- 2005년~2014년 지방이양 사업을 위한 분권교부세 한시적 시행(2015년부터 보통교부세로 통합)
- 2015년 장애인거주시설, 노인시설(양로), 정신요양시설 운영사업에 대해 중앙정부 사업으로 환원

사회복지 부문에서 지방분권화가 미친 영향

▶ 긍정적 측면
- 지방정부의 자율성 확대
- 지방정부의 권한 및 책임성 강화
- 지역의 특성이 반영된 복지제도 수립 가능
- 지역주민의 새로운 욕구에 대한 새 정책 수립에 용이

▶ 부정적 측면
- 중앙정부의 사회적 책임성 약화, 사회서비스 축소에 대한 우려
- 지방정부의 성향에 따라 복지제도가 약화될 수 있음
- 지방정부의 재정력 격차에 따른 복지서비스의 격차 및 불평등 심화 문제
- 지역 이기주의 확산

01 (22-05-18) 지방자치제는 자기통치원리를 담고 있다.

02 (22-05-18) 지방자치는 주민자치와 단체자치를 일컫는다.

03 (22-05-18) 지방자치법을 제정함으로써 지방 분권을 위한 법적 장치가 만들어졌다.

04 (22-05-18) 지방자치단체는 사회복지시설을 평가할 수 있다.

05 (21-05-17) 지방분권으로 인한 주민참여로 권력의 재분배가 이루어진다.

06 (20-05-16) 지방자치제도에 따라 복지예산이 지방으로 이양되어 지방정부의 책임이 강화된다.

07 (19-05-15) 지방분권에 따라 주민참여의 기회 확대, 지역 특성에 맞는 정책 수립, 지방자치단체의 역할과 책임 강화 등이 가능하다.

08 (19-05-15) 지방분권으로 인해 지역 간 복지수준의 격차가 발생할 수 있다.

09 (19-05-16) 지방자치제는 민주주의 사상에 기초하며, 지역문제에 대한 자기통치 원리를 담고 있다.

10 (19-05-16) 지방자치제는 지방자치단체의 행정사무가 주민참여에 의해 이루어져야 한다.

11 (18-05-17) 지방자치는 지방정부 간 복지 수준의 불균형을 초래하기도 했다.

12 (18-05-17) 지방자치의 영향: 지역주민들의 주체적 참여 기회 제공, 지역사회복지에 대한 책임의식 향상, 지방자치단체장 후보의 사회복지 관련 선거공약 활성화

13 (15-05-14) 지방분권화의 긍정적 영향: 지역사회복지에 대한 주민의 주체적 참여기회 제공, 주민욕구 맞춤형 복지 프로그램 제공, 지방행정부서의 역할 강화, 비정부조직(NGO)의 자원 활용

14 (14-05-24) 지방자치제의 부정적 측면: 지방자치단체 간 재정능력의 차이로 복지수준이 다를 수 있다. 지역 이기주의가 나타날 수 있다. 복지서비스의 지역 간 불균형이 나타날 수 있다.

15 (12-05-21) 지방분권화의 긍정적 영향: 복지의 분권화를 통해 효율적인 복지집행체계의 구축이 용이해질 수 있다.

16 (12-05-21) 지방분권화의 부정적 영향: 사회복지 행정업무와 재정을 지방에 이양함으로써 중앙정부의 사회적 책임성을 약화시킬 수 있다. 지방자치단체장의 의지에 따라 복지서비스의 지역 간 불균형이 나타날 수 있다. 지방정부가 사회개발정책에 우선을 두는 경우 지방정부의 복지예산이 감소될 수 있다. 지방정부간의 재정력 격차로 복지수준의 차이가 나타날 수 있다.

17 (10-05-28) 지방분권화 이후 민간 부문의 과제: 사회복지종사자들의 직무능력 개발과 책임성 강화, 복지관련 연계망 구축기반 마련, 지역사회의 종교·시민단체 등과의 상호협조 강화, 공공부문에 대한 견제 및 협력

18 (10-05-30) 지방자치제 도입에 따라 중앙정부 중심의 복지행정으로부터 지방정부 중심의 복지행정으로 전환되었다.

19 (10-05-30) 지방자치는 지역의 특성에 맞고 그 지역주민의 복지수요에 부응하도록 독자적인 계획을 수립하고, 차별화된 정책 수립이 가능하다.

20 (09-05-21) 지방자치는 주민들의 참여를 높일 수 있고, 지역의 욕구에 부합하는 복지서비스를 개발하기에 유리하다.

21 (09-05-21) 지방자치로 인해 지방정부 간 복지 불균형이 심화될 수 있다.

22 (08-05-17) 지방분권화에 따라 지방정부는 사회복지서비스 기획 능력을 갖춰야 한다.

23 (07-05-28) 지방분권화는 중앙정부의 권한과 책임을 지방정부로 이양하는 것으로 행정분권과 재정분권을 주요 내용으로 한다.

24 (03-05-15) 지방분권화에 따라 지방재정의 부실화와 지역 간 불평등이 나타날 수 있다.

대표기출 확인하기

22-05-18 　난이도 ★★☆

지방자치제에 관한 설명으로 옳은 것을 모두 고른 것은?

ㄱ. 지방자치제는 자기통치원리를 담고 있다.
ㄴ. 지방자치는 주민자치와 단체자치를 일컫는다.
ㄷ. 지방자치단체는 사회복지시설을 평가할 수 있다.
ㄹ. 지방자치법을 제정함으로써 지방 분권을 위한 법적 장치가 만들어졌다.

① ㄱ, ㄴ　　　　　② ㄷ, ㄹ
③ ㄱ, ㄴ, ㄷ　　　④ ㄱ, ㄴ, ㄹ
⑤ ㄱ, ㄴ, ㄷ, ㄹ

 알짜확인

- 지방분권화가 사회복지 부문에 미친 영향을 살펴보는 문제가 주로 출제되고 있는데, 긍정적 영향과 부정적 영향을 구분할 수도 있어야 한다.
- 우리나라 사회복지 부문의 지방분권화는 2000년대에 본격화되었지만, 지방자치제도의 실시 자체는 1995년이라는 점도 같이 기억해두어야 한다.

답 ⑤

✔ 응시생들의 선택

① 5%	② 10%	③ 8%	④ 21%	⑤ 56%

모두 옳은 내용이다.

➕ 덧붙임

ㄷ의 내용을 틀린 것으로 본 응시생들이 꽤 있었는데, 사회복지 시설평가의 주체는 보건복지부장관 및 시·도지사로 시·도 단위 지자체별로 실행되고 있다.

관련기출 더 보기

21-05-17 　난이도 ★★☆

지방분권에 관한 설명으로 옳은 것은?

① 사회보험제도의 지방분권이 확대되고 있다.
② 주민참여로 권력의 재분배가 이루어진다.
③ 지역주민의 욕구에 대한 민감성이 약화된다.
④ 복지수준의 지역 간 균형이 이루어진다.
⑤ 중앙정부의 사회적 책임성이 강화된다.

답 ②

✔ 응시생들의 선택

① 16%	② 66%	③ 2%	④ 10%	⑤ 6%

① 사회보험제도는 국가(중앙정부)의 책임으로 시행되고 있다.
③ 지역주민의 새로운 욕구나 변화된 욕구에 민감하게 반응하여 지역의 특성에 맞는 복지정책의 수립을 가능하게 한다.
④ 지방자치단체들 간에 재정력의 격차가 존재하는 상황에서, 지방분권화를 통해 기존의 재정력 격차가 확대되면 재정이 취약한 지방정부의 경우 복지 예산의 감축이 이루어질 수도 있다. 이러한 경우 지역 간 복지수준의 격차와 불평등을 심화시킬 수 있다.
⑤ 중앙정부의 사회복지 책임성 약화나 사회복지서비스 공급 축소에 대한 우려가 있다. 즉, 중앙정부가 맡아야만 하는 사회복지의 역할을 축소시키는 부정적 영향을 초래할 수 있다.

19-05-15 　난이도 ★☆☆

지방분권에 관한 설명으로 옳지 않은 것은?

① 주민참여 기회가 확대된다.
② 중앙정부의 책임성이 강화된다.
③ 지역 특성에 맞는 정책을 수립할 수 있다.
④ 지역 간 복지수준의 격차가 발생할 수 있다.
⑤ 지방자치단체의 역할과 책임을 강화시킬 수 있다.

답 ②

✔ 응시생들의 선택

① 1%	② 97%	③ 0%	④ 1%	⑤ 1%

② 지방분권은 지방정부의 책임성이 강화되는 반면, 상대적으로 중앙정부의 책임성은 약해지는 측면이 있다.

지방자치제에 관한 설명으로 옳지 않은 것은?

① 민주주의 사상에 기초를 두고 있다.
② 지방자치단체의 장은 선거로 선출한다.
③ 지역문제에 대한 자기통치 원리를 담고 있다.
④ 우리나라에서는 1990년에 처음으로 실시되었다.
⑤ 지방자치단체의 행정사무가 주민참여에 의해 이루어져야 한다.

답 ④

✔ 응시생들의 선택

① 1%	② 4%	③ 25%	④ 35%	⑤ 35%

④ 우리나라 지방자치제는 1995년 7월 1일부로 전면적으로 실시되었다.

지방자치가 지역사회복지에 미친 긍정적 영향을 모두 고른 것은?

> ㄱ. 지역사회복지에 대한 주민의 주체적 참여기회 제공
> ㄴ. 주민욕구 맞춤형 복지 프로그램 제공
> ㄷ. 지방행정부서의 역할 강화
> ㄹ. 비정부조직(NGO)의 자원 활용

① ㄱ, ㄴ　　　　　　　② ㄴ, ㄷ
③ ㄱ, ㄴ, ㄷ　　　　　④ ㄱ, ㄷ, ㄹ
⑤ ㄱ, ㄴ, ㄷ, ㄹ

답 ⑤

✔ 응시생들의 선택

① 9%	② 7%	③ 45%	④ 2%	⑤ 37%

지방분권화(지방자치)로 중앙정부의 권한이 지방정부로 이양됨에 따라 지방정부의 자율성이 강화되고, 지역사회의 특성이 반영된 정책수립이 가능해졌으며, 지역주민의 참여 기회가 확대되게 되었다.

지역사회복지를 위한 지방분권의 부정적 측면이 아닌 것은?

① 사회복지 행정업무와 재정을 지방에 이양함으로써 중앙정부의 사회적 책임성을 약화시킬 수 있다.
② 지방정부가 사회개발정책에 우선을 두는 경우 지방정부의 복지예산이 감소될 수 있다.
③ 복지의 분권화를 통해 효율적인 복지집행체계의 구축이 용이해질 수 있다.
④ 지방자치단체장의 의지에 따라 복지서비스의 지역 간 불균형이 나타날 수 있다.
⑤ 지방정부간의 재정력 격차로 복지수준의 차이가 나타날 수 있다.

답 ③

✔ 응시생들의 선택

① 5%	② 5%	③ 87%	④ 2%	⑤ 1%

③ 복지의 분권화를 통해 효율적인 복지집행체계의 구축이 용이해질 수 있다는 점은 지방분권의 긍정적 측면에 해당한다.

지방분권화에 따른 지역사회복지 환경의 변화로 민간 사회복지부문 전반에 걸쳐서 요구되는 것을 모두 고른 것은?

> ㄱ. 사회복지종사자들의 직무능력 개발과 책임성 강화
> ㄴ. 복지관련 연계망 구축기반 마련
> ㄷ. 지역사회의 종교·시민단체 등과의 상호협조 강화
> ㄹ. 공공부문에 대한 견제와 협력의 강화

① ㄱ, ㄴ, ㄷ　　　　　② ㄱ, ㄷ
③ ㄴ, ㄹ　　　　　　　④ ㄹ
⑤ ㄱ, ㄴ, ㄷ, ㄹ

답 ⑤

✔ 응시생들의 선택

① 30%	② 5%	③ 3%	④ 0%	⑤ 61%

지역사회복지 환경의 변화에 따라 민간 사회복지 부문에 요구되는 역할에는 '공공부문의 서비스를 보완하는 서비스 개발 및 강화, 종사자들의 직무능력 개발과 책임성 강화, 지역사회 종교·시민단체 등과의 상호협조, 복지관련 연계망 구축기반 마련, 공공부문에 대한 견제와 협력' 등이 있다.

다음 내용이 왜 틀렸는지를 확인해보자

14-05-24

01 지방분권화는 사회복지에 대한 지방자치단체의 권한과 책임성이 강화될 수 있다는 **부정적** 측면도 있다.

> 지방자치단체의 권한과 책임성이 강화될 수 있다는 것은 지방분권화의 긍정적 영향이다.

19-05-16

02 우리나라 지방자치제는 **1990년**에 처음으로 실시되었다.

> 우리나라 지방자치제는 1995년 7월 1일부로 전면적으로 실시되었다.

12-05-25

03 2015년부터 아동복지시설 사업은 **중앙정부로의 환원**되었다.

> 장애인거주시설, 노인시설(양로), 정신요양시설 운영사업은 2015년 중앙정부로 환원되었지만, 아동복지사업은 중앙환원 사업에 포함되지 않았다.

08-05-17

04 지방분권화에 따라 **전국적으로 일률적이고 획일적인** 복지서비스 제공이 가능해졌다.

> 지방분권화는 해당 자치구에 대한 사회복지서비스 사업을 실시하기 때문에 전국적 통일성을 기하기는 어렵다.

10-05-30

05 지역마다 차별화된 복지정책의 수립이 가능해진 것은 지방분권화의 대표적인 **부정적 영향**에 해당한다.

> 지역별 차별화된 복지정책 수립은 지역의 특성과 주민의 욕구에 맞춘 복지정책의 수립을 의미하기 때문에 대표적인 긍정적 영향에 해당한다.

다음 내용이 옳은지 그른지 판단해보자

01 지방자치제 도입 이후 우리나라 공공 사회복지 전달체계 개편은 지역중심의 사회복지사업을 강조 하는 방향으로 이루어지고 있다.

02 지방자치제에 따라 지방의 재정 격차는 복지 격차로 이어지는 결과를 보이기도 한다.

18-05-17
03 지방자치 발달에 따라 지역사회복지에 대한 중앙정부의 책임과 권한이 강화되었다.

15-05-14
04 지방자치에 따라 지역사회복지에 대한 주민의 주체적인 참여 기회가 약화되었다.

14-05-24
05 지방분권화에 따라 지역 이기주의가 심화될 수 있다는 우려도 있다.

06 복지사업의 지방이양을 위해 2005년부터 실시된 보통교부세는 2015년부터 분권교부세로 통합되 었다.

10-05-30
07 지방자치제 도입에 따라 중앙정부 중심의 복지행정으로부터 지방정부 중심의 복지행정으로 전환되 었다.

18-05-17
08 지방자치제도의 도입 이후 지방자치단체장 후보의 사회복지에 대한 관심과 선거공약이 증가하고 있다.

답 01 ○ 02 ○ 03 × 04 × 05 ○ 06 × 07 ○ 08 ○

해설 **03** 지방자치발달에 따라 지역사회복지에 대한 지방정부의 책임과 권한이 강화되는 반면, 중앙정부의 책임과 권한은 축소되는 측면도 있다.
04 지역주민의 참여 기회를 확대하는 방향으로 나아가고 있다.
06 복지사업의 지방이양을 위해 2005년부터 실시된 분권교부세는 2015년부터 보통교부세로 통합되었다.

156 지역사회복지 관련 동향 및 향후 과제

최근 10년간 9문항 출제

복습 1 이론요약

공공 전달체계의 개편

- 1995. 7. ~ 1999. 12. 보건복지사무소 시범사업
- 2004. 7. ~ 2006. 6. 사회복지사무소 시범사업
- 2006. 7. 8대 서비스를 포괄하는 주민생활지원서비스 전달체계 확립
- 2010년 사회복지통합관리망(행복e음) 구축, 시·군·구 위기가구 사례관리 사업 실시
- 2012년 시·군·구 '희망복지지원단' 운영으로 통합사례관리 시행
- 2013년 사회보장정보시스템 완전 개통
- 2016년 행정복지센터를 중심으로 하는 읍·면·동 복지허브화 사업 추진
- 2017년 주민자치형 공공서비스 구축, 읍·면·동에 찾아가는 보건복지팀 설치
- 2018년 지역사회 통합돌봄 계획 발표 이후 2019년부터 지자체별 선도사업 실시
- 2019년 공공부문의 돌봄 서비스 직접 제공을 위한 사회서비스원 시범운영

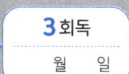

기본개념

지역사회복지론
pp.169~

지역복지의 향후 과제

- 복지재정의 불평등과 복지수준의 격차 감소
- 중앙정부와 지방정부 간 역할분담
- 사회복지 재정 확보를 위한 중앙정부의 지원
- 지역사회 수준에서 사회복지를 주도적으로 기획하고 집행할 수 있는 다양한 제도적 장치 마련
- 적극적인 주민참여와 민간부문의 역량강화
- 민간의 복지 연계망 구축
- 민간의 공공부문에 대해 견제 및 민·관 협력

01 (21-05-25) 최근 복지전달체계는 수요자 중심의 복지서비스를 제공하고, 보건과 연계한 서비스의 통합성이 강화되었다.

02 (20-05-25) 2015년: 서울 '찾아가는 동주민센터' 사업 실시 → 2018년 : 읍·면·동 찾아가는 보건복지서비스로 전국에 확대

03 (20-05-25) 2016년: 읍·면·동 복지허브화를 추진하면서 동주민센터를 행정복지센터로 재구성하고, 맞춤형 복지 전담팀 설치 시작

04 (20-05-25) 2015년: 지역사회복지계획이 지역사회보장계획으로 변경

05 (19-05-25) 2010년 사회복지통합관리망(행복e음) 구축

06 (19-05-25) 2012년 시·군·구 단위 희망복지지원단 운영

07 (19-05-25) 2017년 읍·면·동 찾아가는 보건복지서비스

08 (19-05-25) 2019년 사회서비스원 시범사업

09 (18-05-24) 2016년 읍·면·동 복지허브화

10 (16-05-24) 탈시설화 경향에 따라 지역사회 중심의 복지체계 구축이 중요해지고 있다.

11 (15-05-25) 희망복지지원단은 지역주민 맞춤형 통합서비스체계 구축을 목적으로 지역사회가 보유한 자원과 서비스를 총괄적으로 조정한다.

12 (11-05-30) 지역사회복지는 복지재정분권화로 인한 지역 간 복지재정 불균형 해소, 민간복지 전달체계의 네트워크 강화 등의 문제를 풀어나가야 한다.

13 (06-05-06) 우리나라의 지역사회복지는 지역사회 구성원들의 역량강화에 주목하는 경향이 있으며, 지역사회 중심의 통합적 서비스 체계에 대해 강조하는 경향이 있다.

대표기출 확인하기

22-05-25　난이도 ★★☆

우리나라 지역사회복지 환경 변화의 순서로 옳은 것은?

> ㄱ. 희망복지지원단 설치·운영
> ㄴ. 사회복지통합관리망(행복e음) 구축
> ㄷ. 지역사회통합돌봄(커뮤니티케어) 선도사업 시행
> ㄹ. '읍·면·동 복지 허브화' 사업 시행

① ㄱ→ㄴ→ㄷ→ㄹ
② ㄱ→ㄴ→ㄹ→ㄷ
③ ㄴ→ㄱ→ㄷ→ㄹ
④ ㄴ→ㄱ→ㄹ→ㄷ
⑤ ㄴ→ㄷ→ㄱ→ㄹ

▶ 알짜확인

- 지역사회복지와 관련된 공공 전달체계가 어떻게 변화되어 왔는지, 현재의 전달체계는 어떠한지 등을 정리해두도록 하자.
- 지방분권화와 관련하여 지역사회복지의 향후 과제, 앞으로 나아가야 할 방향 등에 대해 생각해보자.

답 ④

✔ 응시생들의 선택

① 9%	② 16%	③ 15%	④ 57%	⑤ 3%

ㄴ. 사회복지통합관리망(행복e음) 구축: 2010년
ㄱ. 희망복지지원단 설치·운영: 2012년
ㄹ. '읍·면·동 복지 허브화' 사업 시행: 2016년
ㄷ. 지역사회통합돌봄(커뮤니티케어) 선도사업 시행: 2019년

관련기출 더 보기

21-05-25　난이도 ★★★

최근 복지전달체계의 동향으로 옳지 않은 것은?

① 사회복지 전담인력의 확충
② 수요자 중심 복지서비스 제공
③ 통합사례관리의 축소
④ 민·관 협력의 활성화
⑤ 보건과 연계한 서비스의 통합성 강화

답 ③

✔ 응시생들의 선택

① 1%	② 2%	③ 95%	④ 1%	⑤ 1%

③ 통합사례관리는 활성화되고 있다. 특히, 2012년부터 구성·운영된 희망복지지원단은 복합적 욕구를 가진 대상자에게 통합사례관리를 통해 공공·민간의 급여·서비스·자원 등을 맞춤형으로 연계·제공하는 통합서비스를 제공하고 있다.

20-05-25　난이도 ★☆☆

최근 지역사회복지 동향으로 옳지 않은 것은?

① '찾아가는 동주민센터' 사업 실시
② 읍·면·동 맞춤형 복지 전담팀 설치
③ 지역사회통합돌봄사업의 축소
④ 행정복지센터로의 행정조직 재구조화
⑤ 지역사회복지계획이 지역사회보장계획으로 변경

답 ③

✔ 응시생들의 선택

① 3%	② 1%	③ 92%	④ 2%	⑤ 2%

③ 지역사회통합돌봄사업은 지방자치단체 차원에서 어르신들에 대한 통합돌봄이 이루어질 수 있도록 하기 위한 것으로 2018년 노인 커뮤니티케어 중심의 '지역사회 통합돌봄 기본계획'을 수립해 2019년 6월부터 선도사업을 실시하였고 2025년까지 지역사회 통합돌봄(커뮤니티케어) 제공기반을 구축해나갈 계획이다.

다음 내용이 왜 틀렸는지를 확인해보자

06-05-06

01 우리나라 지역사회복지의 개편은 공공 전달체계의 역할을 더욱 강조하는 방향으로 이루어지고 있다.

> 우리나라 지역사회복지는 공공과 민간의 협력을 강조하면서 개편이 이루어져 왔다.

16-05-24

02 최근 읍·면·동 복지허브화로 지역사회복지 네트워크가 약화되고 있다.

> 읍·면·동 복지허브화 사업은 행정복지센터를 중심으로 한 지역 내 복지서비스의 통합 제공을 추구한다. 따라서 지역 내 네트워크를 강화하고 있다.

03 2012년 읍·면·동 단위에 설치된 희망복지지원단은 복합적 욕구를 가진 대상자에게 통합 사례관리를 제공하기 위해 마련된 것이다.

> 희망복지지원단은 시·군·구 단위에 설치되었다.

16-05-25

04 최근 우리나라는 중앙정부 중심의 지역사회복지서비스 전달체계가 구축되고 있다.

> 지방분권화 이후 지역중심의 서비스 전달이 이루어질 수 있도록 하는 전달체계가 구축되고 있다.

17-05-25

05 최근 공공 사회복지 전달체계가 읍·면·동 중심으로 개편됨에 따라 사회보장정보시스템(행복e음)이 개시되었다.

> 사회보장정보시스템은 중앙 및 지자체에서 시행되는 다양한 사회보장급여의 신청, 조사, 지원 등의 업무처리를 지원하기 위해 마련된 시스템으로 읍·면·동 중심의 개편과는 무관하다.

다음 내용이 옳은지 그른지 판단해보자

01 2010년에는 사회복지통합관리망 행복e음이 구축되었다. ◎ ⊗

20-05-25
02 2016년에는 읍·면·동 복지허브화를 추진하면서 동주민센터를 행정복지센터로 재구성하였다. ◎ ⊗

03 보건복지사무소 시범사업은 사회복지사무소 시범사업이 종료된 이후에 도입되었다. ◎ ⊗

04 지역사회 통합돌봄은 지역사회보호를 기반으로 추진된 정책이다. ◎ ⊗

05 최근 공공 복지 전달체계는 시·군·구 중심의 찾아가는 보건복지 서비스를 주요 골자로 제시하고 있다. ◎ ⊗

21-05-25
06 최근 복지전달체계는 수요자 중심의 복지서비스를 제공하고, 보건과 연계한 서비스의 통합성이 강화되었다. ◎ ⊗

답 **01** ○ **02** ○ **03** × **04** ○ **05** × **06** ○

(해설) **03** 보건복지사무소 시범사업은 1995~1999년에, 사회복지사무소 시범사업은 2004~2006년에 실시되었다.
05 2017년 이후 읍·면·동 단위에 찾아가는 보건복지팀이 설치되었다.

12장

지역사회복지실천의 추진체계 II

이 장에서는

사회복지관, 공동모금회, 사회적 경제 주체 등 지역사회복지의 다양한 실천기관을 살펴본다.

10년간 출제분포도

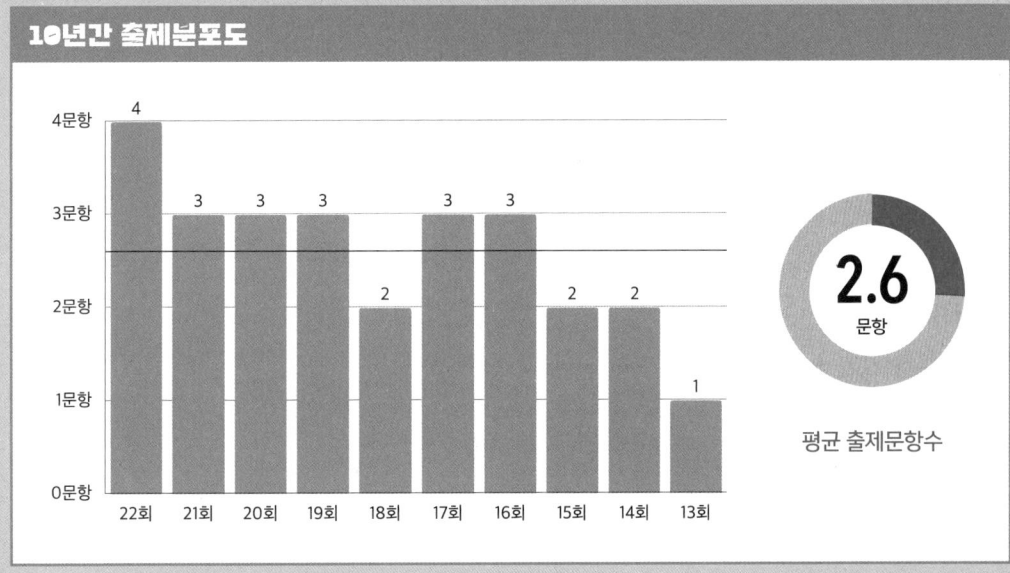

평균 출제문항수

2.6 문항

157 사회복지관

강의 QR코드

최근 10년간 **10문항** 출제 ★★★

1회독 월 일 **2**회독 월 일 **3**회독 월 일

복습 1 이론요약

사회복지관 설치

기본개념

지역사회복지론
pp.176~

- 사회복지관은 지방자치단체, 사회복지법인 및 기타 비영리법인이 설치·운영할 수 있다.
- 지방자치단체는 사회복지관을 설치한 후 운영능력이 있는 사회복지법인 등에 위탁하여 운영할 수 있다.
- **시·도지사 및 시장·군수·구청장이 사회복지관을 설치하고자 할 때에는 저소득층 밀집지역에 우선 설치**하되, 사회복지관이 일부 지역에 편중되지 않도록 한다.

사회복지관 운영의 기본원칙

- 지역성의 원칙
- 통합성의 원칙
- 전문성의 원칙
- 중립성의 원칙
- 책임성의 원칙
- 자원활용의 원칙
- 자율성의 원칙
- 투명성의 원칙

사업대상

사회복지서비스 욕구를 가지고 있는 **모든 지역주민이 사업대상**이다. **다만 다음의 경우에 우선하여 제공**한다.

- 국민기초생활보장 수급자, 차상위계층
- 장애인, 노인, 한부모가정, 다문화가정
- 직업 및 취업 알선이 필요한 주민
- 보호와 교육이 필요한 유아·아동 및 청소년
- 그 밖에 사회복지관의 사회복지서비스를 우선 제공할 필요가 있다고 인정되는 주민

사회복지관의 기능 및 사업

▶**사회복지사업법**

사회복지관은 지역복지증진을 위하여 다음의 사업을 실시할 수 있다.

- 지역사회의 특성과 지역주민의 복지욕구를 고려한 **서비스 제공 사업**
- 국가·지방자치단체 및 민간 부문의 사회복지서비스를 연계·제공하는 **사례관리 사업**

- 지역사회 복지공동체 활성화를 위한 **복지자원 관리, 주민교육 및 조직화 사업**
- 그 밖에 복지증진을 위한 사업으로서 지역사회에서 요청하는 사업

▶ **사회복지사업법 시행규칙**
- 사례관리 기능
  - 사례발굴
  - 사례개입
  - 서비스 연계
- 서비스 제공 기능
  - **가족기능 강화**: 가족관계증진사업, 가족기능보완사업, 가정문제해결·치료사업, 부양가족지원사업, 다문화가정, 북한이탈주민 등 지역 내 이용자 특성을 반영한 사업
  - **지역사회보호**: 급식서비스, 보건의료서비스, 경제적 지원, 일상생활 지원, 정서서비스, 일시보호서비스, 재가복지봉사서비스
  - **교육문화**: 아동·청소년 사회교육, 성인기능교실, 노인 여가·문화, 문화복지사업
  - **자활지원 등 기타**: 직업기능훈련, 취업알선, 직업능력개발, 그 밖의 특화사업
- 지역조직화 기능
  - **복지 네트워크 구축**: 지역사회연계사업, 지역욕구조사, 실습지도
  - **주민 조직화**: 주민복지증진사업, 주민조직화 사업, 주민교육
  - **자원 개발 및 관리**: 자원봉사자 개발·관리, 후원자 개발·관리

기출문장 CHECK

01 (22-05-20) 사회복지관은 지역사회의 특성과 지역주민의 복지욕구를 고려한 서비스 제공 사업, 국가·지방자치단체 및 민간부문의 사회복지서비스를 연계·제공하는 사례관리 사업, 지역사회 복지공동체 활성화를 위한 복지자원 관리, 주민교육 및 조직화 사업 등을 실시한다.

02 (22-05-21) 사회복지관의 사업내용 중 주민 협력 강화를 위한 주민의식 교육은 지역조직화 기능에 해당한다.

03 (21-05-21) 아동 자립생활 지원을 위한 후원자 개발은 사회복지관 사업 내용 중 지역사회 조직화 기능에 해당한다.

04 (20-05-20) 서비스 제공 기능: 가족기능 강화, 지역사회보호, 교육문화, 자활지원 등

05 (19-05-19) 사회복지관은 취약계층 주민에게 우선적인 서비스를 제공하여야 한다.

06 (19-05-19) 자원봉사자 개발 및 관리는 지역조직화 기능에 해당한다.

07 (19-05-19) 사회복지관의 운영위원회는 5명 이상 15명 이하의 위원으로 구성하며, 프로그램 개발 및 평가에 관한 사항을 심의한다.

08 (18-05-22) 국민기초생활보장법에 따른 수급자 및 노인, 보호가 필요한 유아, 교육이 필요한 청소년, 취업 알선이 필요한 주민 등은 사회복지관의 우선 사업대상이다.

09 (17-05-24) 사례관리 기능의 예: A종합사회복지관은 인근 독거노인의 복합적이고 장기적인 욕구를 사정하고 통합적인 서비스 제공 및 점검계획을 수립하였다.

10 (17-05-24) 주민 조직화 사업의 예: A종합사회복지관은 독거노인의 생활을 지원하기 위해 주민봉사단을 조직하여 정기적인 가정방문을 실시하고 있다.

11 (16-05-19) 사회복지관은 경제적 지원, 일상생활 지원 등의 지역사회보호 사업을 수행한다.

12 (16-05-19) 사회복지관은 주민복지증진사업, 주민조직화 사업, 사례 발굴 및 개입, 아동·청소년 사회교육 및 문화복지사업 등을 추진한다.

13 (15-05-06) 사회복지관의 운영은 사회복지사업법에 근거한다.

14 (15-05-06) 사회복지관의 3대 기능: 사례관리 기능, 서비스제공 기능, 지역조직화 기능

15 (15-05-06) 사회복지관의 운영원칙으로는 지역성, 전문성, 책임성 등이 있다.

16 (15-05-06) 사회복지관에 대해서도 시설평가를 실시하고 있다.

17 (12-05-24) 사회복지관은 서비스 연계 등을 포함한 사례관리 기능을 수행한다.

18 (12-05-24) 사회복지관은 자원개발 및 관리 등을 포함한 지역조직화 기능을 수행한다.

19 (14-05-18) 사회복지사업법령상 사회복지관은 3년마다 평가를 받아야 한다.

20 (14-05-18) 사회복지관은 사례관리, 서비스제공, 지역조직화 기능 등을 수행한다.

21 (14-05-18) 지역성, 전문성, 책임성의 원칙에 따라 운영되어야 한다.

22 (14-05-18) 지역사회의 특성과 지역주민의 욕구와 문제에 신속히 대응해야 한다.

23 (11-05-27) 사회복지관은 효율적인 서비스 제공을 위하여 자율성의 원칙에 따라 운영되어야 한다.

24 (10-05-25) 지역사회보호 사업분야에는 보건의료서비스가 있다.

25 (10-05-25) 가족기능 강화 사업분야에는 가족관계증진사업이 속한다.

26 (10-05-25) 자활지원 사업분야에는 직업기능훈련이 포함된다.

27 (10-05-25) 교육문화 사업으로서 노인 여가·문화 사업을 실시할 수 있다.

28 (08-05-23) 1990년대에는 시설평가제도에 따라 사회복지관도 평가를 받기 시작했다.

29 (07-05-19) 사회복지관은 저소득층 및 취약계층 주민에 대해서는 우선적인 사업대상으로 한다.

30 (06-05-25) 주민조직화 및 교육, 복지 네트워크 구축, 자원봉사자 개발 등은 지역 조직화 기능에 해당한다.

31 (05-05-16) 사회복지관의 주민 조직화 사업에는 주민교육 및 주민복지증진사업이 포함된다.

32 (04-05-04) 사회복지관의 자원봉사자 개발 및 관리는 지역조직화 기능에 해당한다.

33 (03-05-23) 밑반찬 배달 서비스는 지역사회보호사업, 방과 후 교육 프로그램은 가족기능 강화 사업, 직업기능훈련 프로그램은 자활지원 사업에 해당한다.

34 (03-05-21) 사회복지관은 국민기초생활보장 수급자, 차상위계층, 장애인, 노인, 한부모가정, 다문화가정 등에 대해서는 우선적인 사업대상으로 하여야 한다.

35 (02-05-15) 사회복지관은 지역성, 책임성, 통합성, 자원활용 등의 원칙을 토대로 한다.

36 (02-05-14) 사회복지관의 사업 중 후원자 개발은 지역조직화 기능에 해당한다.

대표기출 확인하기

사회복지관의 사업내용 중 기능이 다른 것은?

① 지역 내 보호가 필요한 대상자 및 위기 개입 대상자 발굴
② 개입 대상자의 문제와 욕구에 맞는 맞춤형 서비스 제공을 위한 사례 개입
③ 지역 내 민간 및 공공자원 연계 및 의뢰
④ 발굴한 사례에 대한 개입계획 수립
⑤ 주민 협력 강화를 위한 주민의식 교육

 알짜확인

• 사회복지관의 사업 분야 및 내용은 가장 많이 출제된 만큼 어떤 사업들이 있는지와 함께 그 세부내용까지 파악해두어야 한다.
• 설치 및 운영 관련 규정과 사업대상 등도 살펴봐야 하는데, 사회복지관은 누구나 이용할 수 있지만 취약계층에 대해서는 우선 제공함을 기억해두자.
• 사회복지관의 운영에 있어 고려되는 원칙들에 대해 생각해보자.

답 ⑤

✔ **응시생들의 선택**

① 8%	② 3%	③ 11%	④ 5%	⑤ 73%

⑤는 지역조직화 기능 중 주민조직화 사업에 해당한다.
①②③④는 사례관리 기능에 해당한다. 사례관리 기능 중에서도 ①④는 사례발굴 사업, ②는 사례개입 사업, ③은 서비스 연계 사업에 해당한다.

관련기출 더 보기

사회복지사업법상 ( )에 들어갈 내용으로 옳은 것은?

> 제34조의5(사회복지관의 설치 등) ① 제34조제1항과 제2항에 따른 시설 중 사회복지관은 지역복지증진을 위하여 다음 각 호의 사업을 실시할 수 있다.
> 1. 지역사회의 특성과 지역주민의 복지욕구를 고려한 (ㄱ) 사업
> 2. 국가·지방자치단체 및 민간 부문의 사회복지서비스를 연계·제공하는 (ㄴ) 사업
> 3. 지역사회 복지공동체 활성화를 위한 복지자원 관리, 주민 교육 및 (ㄷ) 사업

① ㄱ: 서비스 제공, ㄴ: 사례관리, ㄷ: 조직화
② ㄱ: 서비스 제공, ㄴ: 조직화, ㄷ: 사례관리
③ ㄱ: 사례관리, ㄴ: 서비스 제공, ㄷ: 조직화
④ ㄱ: 조직화, ㄴ: 사례관리, ㄷ: 재가복지
⑤ ㄱ: 조직화, ㄴ: 지역사회보호, ㄷ: 사례관리

답 ①

✔ **응시생들의 선택**

① 49%	② 13%	③ 32%	④ 3%	⑤ 3%

21-05-21 　난이도 ★★★

사회복지관 사업 내용 중 지역사회 조직화 기능에 해당하는 것은?

① 독거노인을 위한 도시락 배달
② 한부모 가정 아동을 위한 문화 프로그램 제공
③ 아동 자립생활 지원을 위한 후원자 개발
④ 학교 밖 청소년을 위한 직업기능 교육
⑤ 장애인 일상생활 지원을 위한 서비스 제공

답 ③

✓ 응시생들의 선택

① 8%	② 8%	③ 71%	④ 10%	⑤ 3%

③ 아동 자립생활 지원을 위한 후원자를 개발하는 것은 지역사회 조직화 기능 중 하나인 자원 개발 및 관리에 해당한다.

20-05-20 　난이도 ★★★

사회복지관 사업내용 중 서비스 제공 기능에 해당하지 않는 것은?

① 지역사회 보호
② 사례관리
③ 교육문화
④ 자활지원
⑤ 가족기능 강화

답 ②

✓ 응시생들의 선택

① 25%	② 26%	③ 9%	④ 20%	⑤ 20%

사회복지관의 기능 및 사업분야
• 사례관리 기능: 사례발굴, 사례개입, 서비스 연계
• 서비스 제공 기능: 가족기능 강화, 지역사회 보호, 교육문화, 자활지원 등 기타
• 지역조직화 기능: 복지 네트워크 구축, 주민 조직화, 자원 개발 및 관리

➕ 덧붙임

이 문제에서 묻고 있는 '서비스 제공 기능'은 법령에서 정하고 있는 사회복지관의 기능 중 하나인데, 단순히 사회복지관에서 제공하는 서비스를 찾는 문제라고 판단해 혼란에 빠져 답을 찾지 못한 응시생들이 많았다.

14-05-18 　난이도 ★★★

사회복지관에 관한 설명으로 옳지 않은 것은?

① 지역사회의 특성과 지역주민의 욕구와 문제에 신속히 대응해야 한다.
② 사례관리, 서비스제공, 지역조직화 기능 등을 수행한다.
③ 사업 대상은 사회적 취약계층에 한하여 실시하여야 한다.
④ 사회복지사업법령상 사회복지관은 3년마다 평가를 받아야 한다.
⑤ 지역성, 전문성, 책임성의 원칙에 따라 운영되어야 한다.

답 ③

✓ 응시생들의 선택

① 1%	② 0%	③ 96%	④ 2%	⑤ 1%

③ 사회복지관은 사회적 취약계층을 우선대상으로 할 뿐, 모든 지역주민에게 개방되어 있다.

10-05-25 　난이도 ★★★

사회복지관의 각 분야별 사업내용이 아닌 것은?

① 주민조직화 분야 – 일시보호서비스
② 가족기능 강화 분야 – 가족관계증진사업
③ 자활지원 분야 – 직업기능훈련
④ 지역사회보호 분야 – 보건의료서비스
⑤ 교육문화 분야 – 어르신 여가, 문화

답 ①

✓ 응시생들의 선택

① 82%	② 1%	③ 2%	④ 12%	⑤ 3%

① 일시보호서비스는 지역사회보호 분야에 해당한다.

다음 내용이 왜 틀렸는지를 확인해보자

07-05-19

01 사회복지관은 **지방자치단체만이 설치·운영할 수 있다.**

> 사회복지관은 지방자치단체, 사회복지법인 및 기타 비영리법인이 설치·운영할 수 있다. 국가나 지방자치단체가 설치하고자 할 때에는 사회복지법인이나 비영리법인에 위탁하여 운영하게 할 수 있다.

02 시·도지사 및 시·군·구청장이 사회복지관을 설치하고자 할 때에는 **저소득층 밀집지역에 한정하여 설치**하여야 한다.

> 시·도지사 및 시·군·구청장이 사회복지관을 설치하고자 할 때에는 저소득층 밀집지역에 우선적으로 설치하도록 규정하고 있을 뿐 이 지역에 한정하여 설치해야 하는 것은 아니다.

02-05-15

03 사회복지관의 운영원리로 지역성, 책임성, 통합성, **영리성** 등을 꼽을 수 있다.

> 기본적으로 사회복지 법인 및 기관은 영리성을 추구하지 않는다.

14-05-18

04 사회복지관의 사업은 **사회적 취약계층에 한하여 실시**하여야 한다.

> 사회복지관은 사회적 취약계층을 우선대상으로 할 뿐, 모든 지역주민에게 개방되어 있다.

05-05-16

05 사회복지관의 교육문화 사업에는 **직업기능 훈련**도 포함된다.

> 직업기능 훈련은 자활지원 사업으로 실시된다.

11-05-27

06 사회복지관은 종합적 사회복지서비스를 제공하는 기능보다는 **조직화사업 기능에 더 초점**을 맞추어야 한다.

> 사회복지관은 가족복지, 지역사회보호, 지역사회조직, 교육문화, 자활사업 등의 다양한 서비스를 종합적으로 제공한다.

빈칸에 들어갈 알맞은 말을 채워보자

01 사회복지관의 설치 및 운영과 관련해서는 (   )법의 규정을 따른다.

06-05-24
02 사회복지관이 자원배분, 운영형태, 기금조달 등에 관한 사항을 홈페이지를 통해 공개한 것은 사회복지관의 운영원칙 중 (   )과 관련된다.

03 사회복지관의 운영원칙 중 (   )의 원칙은 지역 내 다양한 민간 및 공공 기관과의 연계를 추진하여 지역사회 복지체계를 효율적이고 효과적으로 운영해야 함을 의미한다.

15-05-06
04 사회복지관의 사업은 크게 (   ) 기능, 서비스제공 기능, 지역조직화 기능 등 3가지로 구분된다.

11-05-27
05 사회복지관의 사업 중 (   ) 사업은 취약계층의 가족기능을 보완하고 부양가족을 지원하기 위해 실시되는 사업이다.

05-05-16
06 사회복지관의 사업 중 복지 네트워크 구축은 (   ) 기능에 해당한다.

08-05-22
07 사회복지관의 사업 중 (   ) 사업의 담당자는 재가복지봉사서비스, 급식서비스, 일시보호서비스 등을 제공한다.

08 시·도지사 및 시·군·구청장이 사회복지관을 설치하고자 할 때에는 (   )지역에 우선하여 설치하도록 한다.

17-05-24
09 지역 독거노인의 복합적이고 장기적인 욕구 사정, 통합적인 서비스 제공, 점검계획 등은 (   ) 기능에 해당한다.

17-05-24
10 독거노인의 생활을 지원하기 위해 주민봉사단을 조직하여 정기적인 가정방문을 실시하는 것은 지역조직화 기능 중 (   ) 사업분야에 해당한다.

답 **01** 사회복지사업 **02** 투명성 **03** 통합성 **04** 사례관리 **05** 가족기능 강화 **06** 지역조직화 **07** 지역사회보호
08 저소득층 밀집 **09** 사례관리 **10** 주민 조직화

158 사회적 경제의 주체

최근 10년간 **8문항** 출제

이론요약

사회적 경제의 개념 및 특징

- 기존의 이윤의 극대화를 최고 가치로 하는 시장경제와 달리 사회적 가치를 추구하는 경제 활동을 의미
- 양극화 해소, 일자리 창출 등 공동이익과 사회적 가치의 실현을 추구
- 상호협력과 사회연대를 바탕으로 사업체를 통해 경제활동을 수행
- 우리나라에는 사회적 기업, 마을기업, 협동조합, 자활기업 등이 대표적

기본개념

지역사회복지론
pp.183~

사회적 경제 조직들

▶ **사회적 기업**
- 취약계층에게 사회서비스 또는 일자리를 제공하여 지역주민의 삶의 질을 높이는 등의 **사회적 목적을 추구**하면서 재화 및 서비스의 생산·판매 등 **영업활동**을 하는 기업
- 「**사회적기업 육성법**」**(고용노동부)**에 따라 고용노동부 장관의 인증을 받은 기관
- 영리기업과 비영리기업의 중간 형태의 기업으로 **영리 추구와 함께 사회적 목적을 추구**

▶ **협동조합**
- 재화 또는 용역의 구매·생산·판매·제공 등을 협동으로 영위함으로써 조합원의 권익을 향상하고 지역사회에 공헌하고자 하는 사업조직
- 「**협동조합 기본법**」**(기획재정부)**에 따라 설립
- **사회적 협동조합**: 지역주민들의 권익·복리 증진과 관련된 사업을 수행하거나 취약계층에게 사회서비스 또는 일자리를 제공하며 영리를 목적으로 하지 않는 협동조합(비영리법인)
- 5인 이상의 조합원 자격을 가진 자가 발기인이 되어 정관을 작성하고 창립총회의 의결을 거친 후 소재지 관할 시·도지사에 신고하여 설립

▶ **자활기업**
- 조합 또는 부가가치세법상 사업자의 형태를 갖추고 **기초생활 수급자 또는 차상위자를 2인 이상 포함하여야 함**
- 「**국민기초생활보장법**」**(보건복지부)**에 의한 자활기업 요건을 갖추고 보장기관으로부터 인정을 받아 설립

- 지원요건
  - 구성원 중 수급자가 1/5 이상이면서 수급자 및 차상위자가 1/3 이상이어야 함
  - 자활기업의 모든 참여자에 대하여 최저임금 이상의 임금지급이 가능하여야 함
  - 근로일수가 조건이행기준을 충족하여야 함(주당 3일, 22시간 이상)
  - 자활근로사업단의 자활기업 전환 시 사업의 동일성 유지
  - 창업 전 교육 및 보수 교육 이수

▶ **마을기업**
- 주민의 자발적인 참여와 협동적 관계망에 기초해 주민의 욕구와 지역 문제를 해결하며 마을 공동체의 가치와 철학을 실현하는 마을 단위의 기업으로 마을주민이 일정 비율 이상 참여해야 함(설립 시 최소 5인 이상)
- 사회적기업이나 협동조합과 달리 마을기업에 대한 별도의 법률은 없으며 행정안전부의 지침을 따르고 있음
- 각종 사업을 통해 **수익을 추구하는 기업**으로 비영리 사회단체는 부적합

기출문장 CHECK

01 (22-05-23) 마을기업은 지역공동체에 기반하여 활동한다. 도시재생 활성화 및 지원에 관한 특별법에 근거를 두고 있다. 주민이 지역자원을 활용한 수익사업을 통해 지역공동체를 활성화한다.

02 (21-05-22) 사회적 기업은 서비스 수혜자, 근로자 등 이해관계자가 참여하는 의사결정 구조를 갖추어야 한다.

03 (20-05-22) 사회적 기업은 경제적 이익을 추구한다.

04 (20-05-22) 사회적 경제는 자본주의 시장경제의 대안모델이다.

05 (20-05-22) 사회적 협동조합의 목적은 취약계층에게 사회서비스 또는 일자리를 제공하는 것이다.

06 (19-05-22) 사회적 기업, 마을기업, 사회적 협동조합, 자활기업 등은 사회적 경제 주체에 해당한다.

07 (18-05-23) 협동조합의 발기인은 5인 이상의 조합원 자격을 가진 자가 된다.

08 (18-05-23) 마을기업은 회원 외에도 지역 주민의 의견을 적극 반영한다.

09 (18-05-23) 자활기업은 조합 또는 「부가가치세법」상의 사업자로 한다.

10 (17-05-22) 협동조합은 협동조합기본법에 따라 조합원의 권익옹호와 지역사회에 공헌하는 사업조직을 말한다.

11 (17-05-22) 마을기업은 주민이 지역자원을 활용한 수익사업을 통해 지역공동체를 활성화한다.

12 (17-05-22) 자활기업은 저소득층이 상호 협력하여 공동사업자의 형태로 탈빈곤을 도모한다.

13 (17-05-22) 사회적 경제는 사회적 목적과 민주적 운영 원리를 가진 호혜적 경제활동조직이다.

14 (16-05-18) 자활기업은 저소득층의 탈빈곤을 위한 자활사업을 운영한다.

15 (16-05-20) 사회적 경제 주체는 사회적 가치 실현을 중요시한다.

16 (16-05-20) 마을기업은 지역공동체에 기반하여 활동한다.

17 (15-05-20) 사회적 기업은 사회적 목적을 추구하면서도 재화 및 서비스의 생산·판매 등 영업활동을 한다.

18 (15-05-20) 협동조합은 조합원의 권익 향상과 지역사회 공헌을 목적으로 한다.

대표기출 확인하기

20-05-22 난이도 ★★☆

사회적 경제에 관한 설명으로 옳은 것을 모두 고른 것은?

ㄱ. 사회적 기업은 경제적 이익을 추구한다.
ㄴ. 사회적 경제는 자본주의 시장경제의 대안모델이다.
ㄷ. 사회적 협동조합의 목적은 취약계층에게 사회서비스 또는 일자리를 제공하는 것이다.

① ㄱ   ② ㄴ
③ ㄱ, ㄴ   ④ ㄴ, ㄷ
⑤ ㄱ, ㄴ, ㄷ

▶ 알짜확인

• 사회적 경제 주체는 영리사업을 추구한다는 점 기억해두자.
• 단순히 사회적 경제의 특성을 살펴보는 문제뿐만 아니라 사회적 기업, 협동조합, 마을기업, 자활기업 등의 특징을 파악하는 문제도 출제되고 있으므로 꼼꼼히 살펴봐야 한다.

답 ⑤

✔ 응시생들의 선택

| ① 10% | ② 4% | ③ 21% | ④ 16% | ⑤ 49% |

⑤ 사회적 경제는 기존의 이윤의 극대화를 최고 가치로 하는 시장경제와 달리 사회적 가치를 추구하는 경제활동을 의미한다. 양극화 해소, 일자리 창출 등 공동이익과 사회적 가치의 실현을 위해 사회적 경제조직이 상호협력과 사회연대를 바탕으로 사업체를 통해 수행하는 경제활동이다.

관련기출 더 보기

22-05-23 난이도 ★★☆

다음 설명을 모두 충족하는 것은?

• 지역공동체에 기반하여 활동한다.
• 도시재생 활성화 및 지원에 관한 특별법에 근거를 두고 있다.
• 주민이 지역자원을 활용한 수익사업을 통해 지역공동체를 활성화한다.

① 사회적기업   ② 마을기업
③ 자활기업   ④ 협동조합
⑤ 자선단체

답 ②

✔ 응시생들의 선택

| ① 9% | ② 70% | ③ 5% | ④ 13% | ⑤ 3% |

21-05-22 난이도 ★★☆

사회적 기업에 관한 설명으로 옳은 것을 모두 고른 것은?

ㄱ. 유급근로자를 고용하여 영업활동을 해야 사회적 기업으로 인증받을 수 있다.
ㄴ. 조직형태는 민법에 따른 조합, 상법에 따른 회사, 특별법에 따른 법인 등이 있다.
ㄷ. 보건복지부로부터 사회적 기업으로 인증을 받아야 활동할 수 있다.
ㄹ. 서비스 수혜자, 근로자 등 이해관계자가 참여하는 의사결정 구조를 갖추어야 한다.

① ㄱ, ㄴ   ② ㄱ, ㄷ
③ ㄴ, ㄷ   ④ ㄱ, ㄴ, ㄹ
⑤ ㄱ, ㄷ, ㄹ

답 ④

✔ 응시생들의 선택

| ① 11% | ② 10% | ③ 13% | ④ 41% | ⑤ 25% |

ㄷ. 사회적 기업은 고용노동부장관의 인증을 받는다.

사회적 경제에 관한 설명으로 옳은 것을 모두 고른 것은?

> ㄱ. 협동조합의 발기인은 5인 이상의 조합원 자격을 가진 자가 된다.
> ㄴ. 마을기업은 회원 외에도 지역 주민의 의견을 적극 반영한다.
> ㄷ. 자활기업은 조합 또는 「부가가치세법」상의 사업자로 한다.

① ㄱ
② ㄱ, ㄴ
③ ㄱ, ㄷ
④ ㄴ, ㄷ
⑤ ㄱ, ㄴ, ㄷ

답 ⑤

✓ 응시생들의 선택

① 3%	② 56%	③ 5%	④ 9%	⑤ 27%

모두 옳은 내용이다. 현재 우리나라의 대표적인 사회적 경제 주체로는 사회적 기업, 마을기업, 협동조합, 자활기업 등을 꼽을 수 있다.

사회적 경제 영역에 관한 설명으로 옳지 않은 것은?

① 협동조합은 협동조합기본법에 따라 조합원의 권익옹호와 지역사회에 공헌하는 사업조직을 말한다.
② 마을기업은 주민이 지역자원을 활용한 수익사업을 통해 지역공동체를 활성화한다.
③ 사회적 기업은 취약계층에게 일자리를 제공하며 사회적기업육성법에 따라 영리를 추구하지 않는다.
④ 자활기업은 저소득층이 상호 협력하여 공동사업자의 형태로 탈빈곤을 도모한다.
⑤ 사회적 경제는 사회적 목적과 민주적 운영 원리를 가진 호혜적 경제활동조직이다.

답 ③

✓ 응시생들의 선택

① 3%	② 2%	③ 79%	④ 11%	⑤ 5%

③ 사회적 기업은 "취약계층에게 사회서비스 또는 일자리를 제공하여 지역주민의 삶의 질을 높이는 등의 사회적 목적을 추구하면서 재화 및 서비스의 생산·판매 등 영업활동을 하는 기업"으로 영리를 추구한다.

사회적 경제의 주체에 관한 설명으로 옳은 것을 모두 고른 것은?

> ㄱ. 마을기업은 지역공동체 이익을 추구하고 지역자원을 활용한다.
> ㄴ. 사회적 기업은 사회적 목적을 추구하며, 영업활동을 하는 기업은 아니다.
> ㄷ. 협동조합은 조합원의 권익 향상과 지역사회 공헌을 목적으로 한다.
> ㄹ. 지역자활센터는 수급자와 차상위계층의 자활을 촉진하며, 사회복지법인만이 신청할 수 있다.

① ㄱ, ㄷ
② ㄴ, ㄷ
③ ㄴ, ㄹ
④ ㄱ, ㄴ, ㄷ
⑤ ㄱ, ㄴ, ㄷ, ㄹ

답 ①

✓ 응시생들의 선택

① 67%	② 2%	③ 1%	④ 25%	⑤ 5%

ㄴ. 「사회적기업 육성법」에서는 사회적 기업을 '취약계층에게 사회서비스 또는 일자리를 제공하여 지역주민의 삶의 질을 높이는 등의 사회적 목적을 추구하면서 재화 및 서비스의 생산·판매 등 영업활동을 하는 기업'으로 정의하고 있다.

ㄹ. 지역자활센터는 수급자와 차상위계층의 자활 촉진에 필요한 정보 제공, 상담, 직업교육 및 취업알선, 자금융자 알선 등의 각종 사업을 추진한다. 사회복지법인, 사회적 협동조합 등 비영리법인과 단체 등이 신청할 수 있다.

정답훈련

다음 내용이 왜 틀렸는지를 확인해보자

01 사회적 기업에 대한 인증은 <u>보건복지부</u>에서 진행된다.

사회적 기업에 대한 인증은 고용노동부 소관이다.

02 사회적 기업은 사회적 목적을 추구하기 때문에 **영업활동을 해서는 안 된다.**

사회적 기업은 사회적 목적과 함께 영리를 추구하기 때문에 영업활동을 한다.

03 사회적 협동조합은 **영리법인으로 설립**해야 한다.

사회적 협동조합의 법인격은 비영리법인이다.

04 협동조합의 가입과 탈퇴는 극히 **제한**된다.

협동조합 구성원들의 가입과 탈퇴는 자유롭게 이루어진다.

05 마을기업으로 지정받기 위해서는 **대표자만 해당 지역의 주민**이면 충분하다.

마을기업으로 지정받기 위해서는 최소 5인 이상의 지역주민이 포함되어야 한다.

06 자활기업의 설립을 위해서는 **구성원 모두가 기초생활보장 수급자이어야 한다.**

자활기업의 설립요건은 2인 이상의 수급자 또는 차상위자이다.

빈칸에 들어갈 **알맞은 말**을 채워보자

01 사회적기업은 ( )법에서 규정하고 있다.

02 자활기업은 ( )법을 따른다.

03 협동조합은 ( )법을 근거로 한다.

다음 내용이 **옳은지 그른지** 판단해보자

`16-05-20`
01 사회적 기업은 사회적 일자리 창출을 목적으로 한다.

`16-05-20`
02 협동조합은 조합원 자격자 5인 이상으로 설립한다.

`17-05-22`
03 협동조합은 협동조합 기본법에 따라 조합원의 권익옹호와 지역사회에 공헌하는 사업조직을 말한다.

04 마을기업은 모든 직원이 해당 지역의 주민이어야 한다.

`18-05-23`
05 자활기업은 조합 또는 「부가가치세법」상 1인 이상의 사업자로 설립한다.

답 **01** ○ **02** ○ **03** ○ **04** × **05** ○

해설 **04** 해당 지역의 주민이 일정 비율 이상이면 가능하다.

159 사회복지공동모금

강의 QR코드

1 회독 월 일 → 2 회독 월 일 → 3 회독 월 일

★★★ 최근 10년간 **6문항** 출제

복습 1 **이론요약**

공동모금회의 구성 및 운영

- 사회복지공동모금회법에 따라 설립
- 전국공동모금회와 17개 시·도지회로 구성(지회는 독립법인이 아님)
- 모금회의 법인격은 사회복지사업법에 따른 **사회복지법인**
- 정관을 작성하여 **보건복지부장관의 인가**를 받아 등기함으로써 설립
- 임원: 회장 1인, 부회장 3인, 사무총장 1인을 포함한 15인 이상 20인 이하의 이사와 감사 2인(임기는 3년, 1회 연임 가능)

기본개념

지역사회복지론 pp.188~

모금방법

- 모금은 연중 계속되며, 사랑의 온도계와 같이 특정 기간 집중모금을 진행하기도 함
- 개인모금
- 기업모금
- 방송모금
- 지정기부: 기부자가 특정 대상 및 분야를 지정
- 복권발행: 재원 조성을 위해 보건복지부 장관의 승인을 받아 복권 발행 가능

배분

▶ 공동모금회의 배분사업

- 신청사업: 사회복지 증진을 위하여 자유주제 공모형태로 복지사업을 신청 받아 배분하는 사업
- 기획사업: 배분대상자로부터 제안 받은 내용 중 선정하여 배분하는 사업 또는 모금회가 그 주제를 정하여 배분하는 사업
- 긴급지원사업: 재난구호 및 긴급구호, 저소득층 응급지원 등 긴급히 지원해야 할 필요가 있는 경우에 배분하는 사업
- 지정기탁사업: 기부자가 기부금품의 배분 지역, 대상자, 사용용도를 지정한 경우 그 지정취지에 따라 배분
- 복권기금사업: 복권 발행을 통해 조성된 기금으로 배분하는 사업

▶ 공동모금회의 배분대상

- 배분대상
  - 사회복지사업 기타 사회복지활동을 행하는 비영리 법인·기관·단체 및 시설(개인신고시설 포함)

- 사회복지서비스를 필요로 하는 개인
- 배분제외대상
  - 동일한 사업으로 국가 · 지방자치단체 또는 다른 기관으로부터 지원을 받았거나 받기로 확정된 사업
  - 법령상 금지된 행위에 사용되는 비용
  - 정치 · 종교적 목적에 이용될 수 있는 경우
  - 수익을 주된 목적으로 하는 사업
  - 공직선거법에 위반되는 경우
  - 모금회의 제재조치에 따른 배분대상 제외기간에 배분신청한 경우
  - 모금회 배분분과실행위원회의 심의결과 배분대상 제외 필요성이 인정되는 사업 또는 비용

기출문장 CHECK

01 (22-05-22) 사회복지공동모금회는 사회복지법인이다.

02 (22-05-22) 사회복지공동모금회는 특별시 · 광역시 · 특별자치시 · 도 · 특별자치도 단위 사회복지공동모금지회를 둔다.

03 (22-05-22) 모금회가 아닌 자는 사회복지공동모금 또는 이와 유사한 명칭을 사용하지 못한다.

04 (22-05-22) 사회복지활동 등을 지원하기 위한 재원을 조성하기 위하여 복권을 발행할 수 있다.

05 (20-05-19) 사회복지공동모금회에서 회장, 부회장 및 이사의 임기는 3년으로 하며, 한 차례만 연임할 수 있다.

06 (20-05-19) 특별시 · 광역시 · 특별자치시 · 도 · 특별자치도 단위 사회복지공동모금지회를 둔다.

07 (20-05-19) 모금회의 업무를 처리하기 위하여 사무총장 1명과 필요한 직원 및 기구를 둔다.

08 (19-05-21) 사회복지공동모금회는 사회복지사업법에 의한 사회복지법인이다.

09 (17-05-21) 사회복지공동모금회의 배분사업은 신청사업, 기획사업, 긴급지원사업, 지정기탁사업으로 구분되어 있다.

10 (17-05-21) 사회복지공동모금회는 노블레스 오블리주 실천을 위한 아너 소사이어티(honor society)를 운영하고 있다.

11 (13-05-11) 사회복지공동모금회의 모금방식은 기간을 기준으로 크게 연말집중모금과 연중모금으로 분류한다.

12 (11-05-29) 사회복지공동모금회는 지역사회의 재원을 동원하고 배분하는 전문기관이다.

13 (10-05-26) 기획사업: 취약한 사회복지현장의 역량강화를 위한 지역사회복지사업으로 모금회에서 주제를 정하여 배분하는 사업

14 (07-05-24) 사회복지공동모금회는 공동모금 재원의 배분, 공동모금 재원의 운용 및 관리, 다른 기부금품 모집자와의 협력사업 등을 추진한다.

15 (05-05-17) 공동모금은 개별 민간기관이 재원을 마련함에 있어 소요되는 부담을 덜어줄 수 있다.

16 (05-05-19) 지로모금, 사랑의 계좌모금 등을 통해 집중모금을 하기도 한다.

17 (05-05-19) 특별사업형의 대표적인 모금방법 중 하나는 ARS 모금이다.

18 (05-05-19) 기업중심형은 다소 강제적이라는 부정적 측면이 있다.

19 (02-05-17) 사회복지공동모금회의 일반적 배분절차: 심사기준확정 → 서류심사 → 면접심사 → 현장방문심사 → 최종사정

20 (02-05-18) 공동모금은 제도적 틀 내에서 민간자원을 동원하고, 기부문화에 대한 의식을 증진시킨다는 의의가 있다.

대표기출 확인하기

22-05-22
난이도 ★★★

사회복지공동모금회법상 사회복지공동모금회에 관한 설명으로 옳지 않은 것은?

① 사회복지공동모금회는 사회복지법인이다.
② 특별시·광역시·특별자치시·도·특별자치도 단위 사회복지공동모금지회를 둔다.
③ 임원의 임기는 2년으로 하며, 한 차례만 연임할 수 있다.
④ 모금회가 아닌 자는 사회복지공동모금 또는 이와 유사한 명칭을 사용하지 못한다.
⑤ 사회복지활동 등을 지원하기 위한 재원을 조성하기 위하여 복권을 발행할 수 있다.

 알짜확인

• 공동모금의 성격 및 의의 등을 생각해보자.
• 공동모금의 방법, 배분사업, 배분대상 등에 대해 살펴두어야 한다.

답 ③

✔ **응시생들의 선택**

① 9%	② 18%	③ 49%	④ 13%	⑤ 11%

③ 임원의 임기는 3년으로 하며, 한 차례만 연임할 수 있다.

관련기출 더 보기

20-05-19
난이도 ★★★

사회복지공동모금회법상 사회복지공동모금회에 관한 설명으로 옳지 않은 것은?

① 회장, 부회장 및 이사의 임기는 3년으로 하며, 한 차례만 연임할 수 있다.
② 사회복지공동모금사업을 수행한다.
③ 모금회의 업무를 처리하기 위하여 사무총장 1명과 필요한 직원 및 기구를 둔다.
④ 특별시·광역시·특별자치시·도·특별자치도 단위 사회복지공동모금지회를 둔다.
⑤ 사회복지사업이나 그 밖의 사회복지활동 등을 지원하기 위한 재원을 조성하기 위하여 기획재정부장관의 승인을 받아 복권을 발행할 수 있다.

답 ⑤

✔ **응시생들의 선택**

① 36%	② 2%	③ 10%	④ 12%	⑤ 40%

⑤ 복권을 발행하기 위해서는 그 종류, 조건, 금액 및 방법 등에 관하여 미리 보건복지부장관의 승인을 받아야 한다.

사회복지공동모금회에 관한 설명으로 옳지 않은 것은?

① 기획, 홍보, 모금, 배분 업무를 수행한다.
② 사회복지사업법에 의한 사회복지법인이다.
③ 지정기부금 모금단체이다.
④ 사회복지 프로그램의 전문성 제고에 기여할 수 있다.
⑤ 지역사회의 자원을 동원하는 민간운동적인 특성이 있다.

답 ③

✔ 응시생들의 선택

① 1%	② 40%	③ 36%	④ 12%	⑤ 11%

③ 지정기부는 기부자가 특정 대상 및 분야에 대해 기부하는 것을 말하는데, 사회복지공동모금회에서는 지정기부를 진행하기도 하지만, 지정 없이 기부를 받기도 한다.

➕ 덧붙임

②번을 선택한 응시생들이 꽤 많았다. 해당 문장은 '사회복지공동모금회는 사회복지사업법에 의해 설립된다'는 의미가 아니라 '사회복지공동모금회는 사회복지법인이다'라는 의미이기 때문에 옳은 문장이다. 사회복지공동모금회법 제4조제2항에 따라, 사회복지공동모금회는 사회복지사업법에 따른 사회복지법인이다.

우리나라의 사회복지공동모금회에 관한 설명으로 옳은 것은?

① 설립 근거법은 사회복지사업기금법이다.
② 조직은 시·도별 지회형식에서 독립법인형식으로 변경되었다.
③ 모금방식은 기간을 기준으로 크게 연말집중모금과 연중모금으로 분류한다.
④ 배분사업은 신청사업과 지정기탁사업의 2가지로 구성된다.
⑤ 전체 모금액 중 개인모금액이 차지하는 비중이 법인모금액보다 크다.

답 ③

✔ 응시생들의 선택

① 48%	② 8%	③ 36%	④ 6%	⑤ 2%

① 설립 근거법은 사회복지공동모금회법이다.
② 시·도지회는 별도의 독립법인은 아니다.
④ 배분사업에는 신청사업, 기획사업, 긴급지원사업, 지정기탁사업이 있다.
⑤ 개인모금액보다 법인모금액이 차지하는 비중이 더 크다.

자원 동원 기관에 관한 설명으로 옳지 않은 것은?

① 사회복지공동모금회의 신청사업은 프로그램사업과 긴급지원사업으로 나누어 공모형태로 진행된다.
② 기업의 사회공헌센터를 통한 기여 형태는 현금, 물품, 인력 등으로 다양하다.
③ 기부식품등 제공사업은 이용자에게 기초푸드뱅크·마켓을 통해 기부물품을 제공하고 있다.
④ 자원봉사센터는 자원봉사활동기본법에 근거하여 자원봉사자를 양성·배치하는 역할을 수행한다.
⑤ 사회복지공동모금회는 노블레스 오블리주 실천을 위한 아너 소사이어티(honor society)를 운영하고 있다.

답 ①

✔ 응시생들의 선택

① 50%	② 5%	③ 5%	④ 9%	⑤ 31%

① 사회복지공동모금회의 배분사업은 신청사업, 기획사업, 긴급지원사업, 지정기탁사업 등으로 구분되어 있다.

사회복지공동모금회에 관한 설명으로 옳은 것은?

① 민간재원 뿐만 아니라 공공재원까지 동원함을 목적으로 한다.
② 지역사회의 재원을 동원하고 배분하는 전문기관이다.
③ 에너지 빈곤층을 위해 정유회사에서 유류를 기부하는 것은 모금활동으로 볼 수 없다.
④ 모금사업은 연말에만 집중모금을 통해 이루어진다.
⑤ 기업모금이 전체모금에서 차지하는 비중이 상대적으로 적다.

답 ②

✔ 응시생들의 선택

① 16%	② 79%	③ 2%	④ 1%	⑤ 2%

② 사회복지공동모금회는 민간의 재원을 효율적으로 모금하고 배분하는 기관이다. 모금은 상시적인 연중모금이나 특별한 행사를 통한 모금, 연말 집중모금 등 다양한 방법이 있다. 기업의 모금은 매우 큰 비중을 차지한다.

다음 내용이 **왜 틀렸는지**를 확인해보자

01 사회복지공동모금회의 설립근거가 되는 법률은 **사회복지사업법**이다.

> 사회복지공동모금회법이다.

09-05-30

02 각 지역에 있는 공동모금회는 **독립적인 법인**이다.

> 각 지역에 있는 공동모금회는 독립적인 법인은 아니며, 사회복지공동모금회의 지회로 운영되고 있다.

13-05-11

03 공동모금의 배분사업은 **신청사업과 지정기탁사업의 2가지**로 이루어진다.

> 신청사업, 기획사업, 복권사업, 지정기탁사업, 긴급지원 등이 이루어지고 있다.

04 공동모금회에서 진행하는 모든 모금사업은 연말에 진행되는 사랑의 온도계와 같이 **특정 기간 집중적으로 모금하는 방식**을 취한다.

> 연말에 진행되는 집중모금사업에 따른 모금액이 큰 비중을 차지하기는 하지만 상시적으로 연중모금을 진행하고 있다.

02-05-18

05 개인을 비롯한 신고시설이 아닌 경우에는 공동모금의 **배분을 받을 수 없다**.

> 사회복지사업 기타 사회복지활동을 행하는 비영리 법인·기관·단체 및 시설(개인신고시설 포함), 사회복지서비스를 필요로 하는 개인 등이 공동모금의 배분대상이 된다.

06 정치적, 종교적 목적을 가진 경우에도 공동모금의 배분을 **받을 수 있다**.

> 정치적, 종교적 목적에 이용될 수 있는 경우에는 배분을 받을 수 없다.

다음 내용이 옳은지 그른지 판단해보자

01 사회복지공동모금회는 사회복지법인이다. ◉ ⊗

20-05-19
02 사회복지공동모금회는 기획재정부장관의 승인을 받아 복권 사업을 진행할 수 있다. ◉ ⊗

03 모금액은 사회복지서비스를 필요로 하는 개인에 대해서도 배분될 수 있다. ◉ ⊗

04 모금회는 사회복지사업이나 그 밖의 사회복지활동을 지원하기 위하여 연중 기부금품을 모집 · 접수할 수 있다. ◉ ⊗

05 기부금품의 기부자는 배분지역, 배분대상자, 사용 용도 등을 지정할 수 없다. ◉ ⊗

06 사회복지공동모금은 공동체 의식, 상부상조 정신을 바탕으로 한다. ◉ ⊗

12-05-19
07 사회복지공동모금회는 간접 서비스기관이 아니다. ◉ ⊗

답 **01**○ **02**✕ **03**○ **04**○ **05**✕ **06**○ **07**✕

해설 **02** 사회복지공동모금회는 보건복지부장관의 승인을 받아 복권 사업을 진행할 수 있다.
05 기부금품의 기부자는 배분지역, 배분대상자, 사용 용도 등을 지정할 수 있다.
07 사회복지공동모금회는 간접 서비스기관이다.

기타:
지역자활센터, 자원봉사센터

강의 QR코드

1회독	2회독	3회독
월 일	월 일	월 일

최근 10년간 **2문항** 출제

복습 1 이론요약

자활사업 관련 기관

광역자활센터와 지역자활센터는 사회복지법인, 사회적협동조합 등 비영리법인과 단체 등의 신청에 따라 **보장기관이 지정함으로써 설립**된다.

기본개념

지역사회복지론
pp.194~

▶ **지역자활센터(시·군·구)의 주요 사업**

- 자활의욕 고취를 위한 교육
- 자활을 위한 정보제공, 상담, 직업교육 및 취업알선
- 생업을 위한 자금융자 알선
- 자영창업 지원 및 기술·경영 지도
- 자활기업의 설립·운영 지원
- 그 밖에 자활을 위한 각종 사업

▶ **광역자활센터(시·도)의 주요 사업**

- 시·도 단위의 자활기업 창업지원
- 시·도 단위의 수급자 및 차상위자에 대한 취업·창업 지원 및 알선
- 지역자활센터 종사자 및 참여자에 대한 교육훈련 및 지원
- 지역특화형 자활프로그램 개발·보급 및 사업개발 지원
- 지역자활센터 및 자활기업에 대한 기술·경영 지도
- 그 밖에 자활촉진에 필요한 사업으로서 보건복지부장관이 정하는 사업

▶ **한국자활복지개발원**

- 수급자 및 차상위자의 자활촉진에 필요한 사업을 수행하기 위해 설립된 법인
- 2020년 기타공공기관으로 지정
- 임원: 원장 1명을 포함한 11명 이내의 이사와 감사 1명
- 사업
  - 자활지원사업의 개발 및 평가
  - 자활 지원을 위한 조사·연구 및 홍보
  - 광역자활센터, 지역자활센터 및 자활기업의 기술·경영 지도 및 평가

- 자활 관련 기관 간의 협력체계 구축·운영
- 자활 관련 기관 간의 정보네트워크 구축·운영
- 취업·창업을 위한 자활촉진 프로그램 개발 및 지원
- 고용지원서비스의 연계 및 사회복지서비스의 지원 대상자 관리
- 수급자 및 차상위자의 자활촉진을 위한 교육·훈련, 광역자활센터 등 자활 관련 기관의 종사자 및 참여자에 대한 교육·훈련 및 지원
- 국가 또는 지방자치단체로부터 위탁받은 자활 관련 사업
- 그 밖에 자활촉진에 필요한 사업으로서 보건복지부장관이 정하는 사업

▶ **자활기관협의체**

시·군·구청장은 자활지원사업의 효율적인 추진을 위해 지역자활센터, 직업안정기관, 사회복지시설의 장 등과 상시적인 협의체계인 자활기관협의체를 구축해야 한다.

자원봉사 관련 기관

▶ **자원봉사센터**
- 국가기관 및 지방자치단체는 자원봉사센터를 법인으로 운영하거나 비영리법인에 위탁 방식으로 운영해야 하며, 필요에 따라 직접 운영할 수 있음
- 주요 기능: 자원봉사 수급 조정, 활동 내용 기록 및 등록, 자원봉사활동의 지원, 자원봉사자 교육, 홍보, 네트워크 구축, 조사·연구 및 프로그램 개발

▶ **한국자원봉사협의회**
- 정관을 작성하여 **행정안전부장관의 인가**를 받아 등기함으로써 설립
- 전국 단위의 자원봉사활동을 진흥 및 촉진하기 위해 회원단체 간 협력 및 사업지원, 대국민 홍보 및 국제교류, 정책 개발 및 조사·연구, 정책 건의, 정보의 연계 및 지원 등의 사업을 추진

기출문장 CHECK

01 (21-05-20) 중앙자원봉사센터는 자원봉사센터의 정책을 개발하고 연구한다.

02 (12-05-08) 자활사업 활성화를 위해 민·관협력체계인 자활기관협의체가 운영되고 있다.

03 (10-05-23) 지역자활센터는 빈곤층의 기초생활을 보장하면서 종합적 자립자활서비스를 제공하여 삶을 개선하는 데 목적이 있다.

04 (10-05-27) 자원봉사센터는 자원봉사활동 개발·장려·연계·협력 등의 사업을 수행하기 위하여 설치된 기관이다.

05 (10-05-27) 자원봉사센터는 자원봉사활동을 효율적으로 추진하기 위하여 필요하다고 인정할 때에는 국가기관 및 지방자치단체가 운영할 수 있다.

06 (10-05-27) 시·군·구 자원봉사센터는 자원봉사 수요기관 및 단체에 자원봉사자 배치 사업을 한다.

07 (06-05-28) 자원봉사활동의 특성 중 이타성은 자원봉사자의 자기실현 뿐만 아니라 어려움에 처한 이웃에게 인간의 존엄성을 유지할 수 있게 하며, 나아가 사회 전체의 삶의 질을 향상시킴을 의미한다.

08 (06-05-28) 자원봉사활동은 무보수성, 자발성, 공익성에 의해서 수행될 수 있어야 한다.

대표기출 확인하기

21-05-20   난이도 ★★★

자원봉사활동 추진체계의 역할로 옳지 않은 것은?

① 보건복지부: 자원봉사활동의 진흥을 위한 국가기본계획 수립
② 지방자치단체: 자원봉사센터 운영을 위한 예산 지원
③ 중앙자원봉사센터: 자원봉사센터 정책 개발 및 연구
④ 시·도 자원봉사센터: 자원봉사 프로그램 개발 및 보급
⑤ 시·군·구 자원봉사센터: 지역 자원봉사 거점역할 수행

 알짜확인

• 자활사업과 관련하여 지역자활센터, 한국자활복지개발원 등의 추진체계를 파악해두자.
• 자원봉사센터의 기능을 비롯해 자원봉사활동의 특징을 살펴보자.

답 ①

✓ 응시생들의 선택

① 37%	② 10%	③ 20%	④ 22%	⑤ 11%

① 자원봉사활동의 진흥을 위한 국가 기본계획을 수립하는 것은 행정안전부이다. 행정안전부장관은 관계 중앙행정기관의 장과 협의하여 자원봉사활동의 진흥을 위한 국가기본계획을 5년마다 수립하여야 한다.

관련기출 더 보기

16-05-18   난이도 ★★★

지역사회 복지기관에 관한 설명으로 옳지 않은 것은?

① 지역자활센터에서는 조건부수급자만을 대상으로 자활의욕 고취를 위한 사업을 추진한다.
② 사회복지관은 경제적 지원, 일상생활 지원 등의 지역사회 보호 사업을 수행한다.
③ 자원봉사센터는 자원봉사를 필요로 하는 기관과 단체에 자원봉사자를 공급한다.
④ 자활기업은 저소득층의 탈빈곤을 위한 자활사업을 운영한다.
⑤ 사회복지공동모금회는 취약한 사회복지현장의 역량강화를 위해 주제를 정하여 사업을 배분하기도 한다.

답 ①

✓ 응시생들의 선택

① 85%	② 4%	③ 1%	④ 4%	⑤ 6%

① 지역자활센터는 기초수급자 및 차상위계층을 포함한 근로능력 있는 지역 내 저소득층 주민에게 체계적인 자활지원서비스를 제공하기 위한 기관이다.

12-05-17   난이도 ★★★

자원봉사센터의 목적이 아닌 것은?

① 다양한 자원봉사자들의 참여를 촉진하고 개발·육성한다.
② 자원봉사를 필요로 하는 기관과 단체들에게 자원봉사자를 공급한다.
③ 지역사회 자원의 조직화와 소통·조정·연계를 한다.
④ 자원봉사에 대한 인식을 증진시키고 자원봉사자의 위상을 제고시킨다.
⑤ 자원봉사 활동에 드는 비용을 모금한다.

답 ⑤

✓ 응시생들의 선택

① 0%	② 0%	③ 9%	④ 5%	⑤ 86%

⑤ 자원봉사센터는 자원봉사활동에 드는 비용을 모금하지는 않는다.

다음 내용이 **왜 틀렸는지**를 확인해보자

01 **한국자활복지개발원**은 지역자활센터, 직업안정기관, 사회복지시설의 장 등과 상시적인 협의를 위해 시·군·구에 마련된 협의체이다.

> 자활기관협의체에 관한 설명이다.

`15-05-20`

02 지역자활센터는 수급자와 차상위계층의 자활을 촉진하기 위해 **사회복지법인으로서 설립**된다.

> 사회복지법인뿐만 아니라 사회적협동조합 등 비영리법인과 단체도 가능하다.

`16-05-18`

03 지역자활센터에서는 **조건부수급자만을 대상으로** 자활의욕 고취를 위한 사업을 추진한다.

> 지역자활센터는 기초수급자 및 차상위계층을 포함한 근로능력 있는 지역 내 저소득층 주민에게 체계적인 자활지원서비스를 제공하기 위한 기관이다.

04 **지역자활센터**는 시·도 단위에서 자활기업의 창업을 지원한다.

> 시·도 단위에 설치되는 광역자활센터의 역할이다.

`10-05-27`

05 한국자원봉사협의회는 **보건복지부장관**의 인가를 받아 설립한다.

> 한국자원봉사협의회는 정관을 작성하여 행정안전부장관의 인가를 받아 등기함으로써 설립된다.

06 지방자치단체에 설치되는 자원봉사센터는 **비영리법인에 위탁하여 운영하여야 한다**.

> 국가기관 및 지방자치단체는 자원봉사활동을 효율적으로 추진하기 위해 필요하다고 인정할 경우에는 자원봉사센터를 운영할 수 있다.

13장

장

지역사회복지운동

이 장에서는

지역사회복지운동의 개념과 그 필요성, 주민참여의 개념 및 단계 등에 대해 살펴본다.

10년간 출제분포도

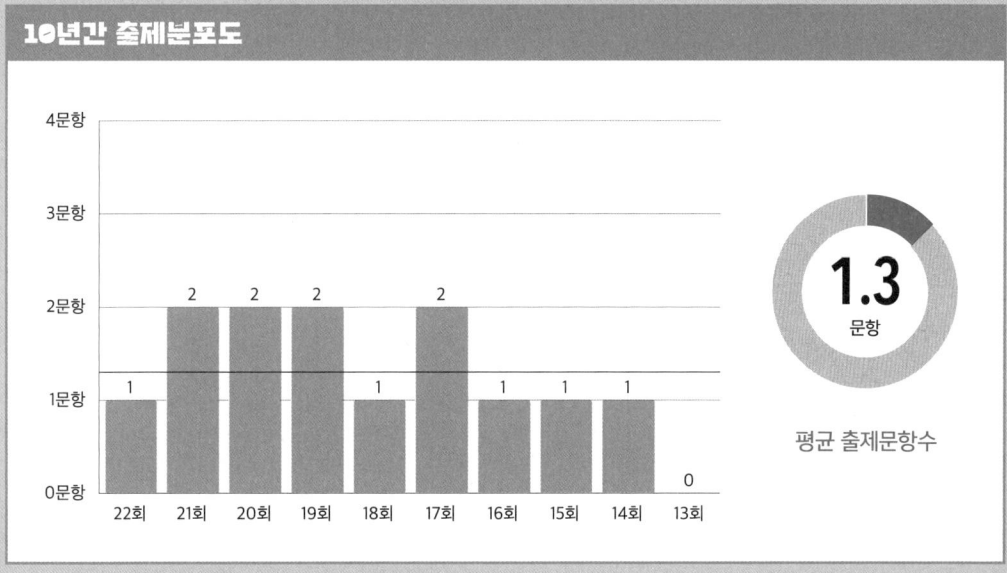

평균 출제문항수

1.3 문항

161 주민참여 8단계

강의 QR코드

1회독 월 일 → 2회독 월 일 → 3회독 월 일

복습 1 이론요약

주민참여의 개념

지역주민들이 공식적인 정부의 의사결정 과정에 관여하여 주민들의 욕구를 정책이나 계획에 반영되도록 하는 적극적인 노력을 말한다.

기본개념

지역사회복지론
pp.212~

주민참여 8단계(아른스테인)

	단계	내용	
8	주민통제 (citizen control)	주민 스스로 입안하고, 결정에서 집행 그리고 평가단계에까지 주민이 통제하는 단계	주민권력 (degree of citizen power)
7	권한위임 (delegated power)	주민들이 특정한 계획에 관해서 우월한 결정권을 행사하고 집행단계에 있어서도 강력한 권한을 행사함	
6	협동관계 (partnership)	행정기관이 최종결정권을 가지고 있지만 주민들이 필요한 경우 그들의 주장을 협상으로 유도할 수 있음	
5	회유 (placation)	각종 위원회 등을 통해 주민의 참여범위가 확대되지만 최종적인 판단은 행정기관이 한다는 점에서 제한적임	형식적 참여 (degree of tokenism)
4	상담 (consultation)	공청회나 집회 등의 방법으로 행정에 참여하기를 유도하고 있으나 형식적인 단계에 그침	
3	정보제공 (informing)	행정이 주민에게 일방적으로 정보를 제공하며 환류는 잘 일어나지 않음	
2	치료 (therapy)	주민의 욕구불만을 일정한 사업에 분출시켜서 치료하는 단계로서 행정의 일방적인 지도에 그침	비참여 (non-participation)
1	조작 (manipulation)	행정과 주민이 서로 간의 관계를 확인한다는 것에서 의의를 찾을 수 있으며, 공무원이 일방적으로 교육, 설득시키고 주민은 단순히 참석하는 수준	

01 (21-05-23) '의사결정권 행사 – 계획단계에 참여 – 조직대상자 – 단순 정보 수혜자'의 순서는 지역주민 참여수준이 높은 것에서 낮은 것의 순이다.

02 (19-05-24) 회유 단계의 예: A시(市)는 도시재생사업과 관련하여 주민들과 갈등을 겪고 있다. B씨는 A시의 추천으로 도시재생사업 추진위원회에 주민대표로 참여하였다. 하지만 회의는 B씨의 기대와는 달리 A시가 의도한 방향대로 최종 결정되었다.

03 (17-05-16) 조작: 행정기관과 주민이 서로 간의 관계 확인, 행정기관이 일방적으로 주민들을 교육, 설득시키고 주민은 단순히 참여하는 수준, 주민참여에서 권력분배정도가 가장 낮은 수준

04 (16-05-23) 권한위임: 주민들이 특정계획에 관해서 우월한 결정권을 행사하고 집행단계에서도 강력한 권한을 행사하는 단계

05 (14-05-17) 주민회유(placation): 각종 위원회 등을 통해 주민의 참여 범위는 확대되지만 최종적인 판단은 행정기관이 수행하는 단계

06 (12-05-23) 정보제공, 상담, 회유는 형식적 참여에 해당한다.

07 (04-05-11) 협동관계: 권력관계의 변화와 권력의 재분배가 가능한 주민참여 단계

08 (03-05-28) 주민참여를 통해 지역의 공동체성이 강화되고, 지역주민의 욕구가 반영될 수 있다.

09 (03-05-28) 주민참여를 위한 행정비용이 추가적으로 발생할 수 있으며, 시간이 지연되는 문제가 발생할 수 있다.

10 (02-05-29) 주민참여를 통해 주민들이 주체가 되어 지역사회의 문제를 발견하고 해결해나갈 수 있다.

대표기출 확인하기

22-05-24
난이도 ★★☆

아른스테인(S. Arnstein)이 분류한 주민참여 단계에 해당하지 않는 것은?

① 협동관계
② 정보제공
③ 주민회유
④ 주민동원
⑤ 권한위임

 알짜확인

- 아른스테인이 제시한 주민참여 8단계를 순서대로 암기해두어야 한다. 또한 8단계는 크게 주민권력, 형식적 참여, 비참여 등 3가지로 구분되는데 이를 같이 살펴두도록 하자.

답 ④

✓ **응시생들의 선택**

① 11%	② 11%	③ 15%	④ 49%	⑤ 14%

아른스테인의 주민참여 8단계는 조작, 치료, 정보제공, 상담, 회유, 협동관계, 권한위임, 주민통제 등 총 8단계이다.

관련기출 더 보기

21-05-23
난이도 ★★☆

지역사회복지실천에서 지역주민 참여수준이 높은 것에서부터 낮은 것의 순서로 옳게 나열한 것은?

ㄱ. 계획단계에 참여
ㄴ. 조직대상자
ㄷ. 단순 정보 수혜자
ㄹ. 의사결정권 행사

① ㄴ - ㄷ - ㄹ - ㄱ
② ㄷ - ㄱ - ㄴ - ㄹ
③ ㄷ - ㄴ - ㄱ - ㄹ
④ ㄹ - ㄱ - ㄴ - ㄷ
⑤ ㄹ - ㄴ - ㄱ - ㄷ

답 ④

✓ **응시생들의 선택**

① 5%	② 6%	③ 14%	④ 57%	⑤ 18%

아른스테인의 주민참여 8단계에 따라 참여수준이 높은 것에서부터 낮은 것의 순서로 살펴보면, ㄹ. 의사결정권 행사(권한위임-주민권력) - ㄱ. 계획단계에 참여(회유-형식적 참여) - ㄴ. 조직대상자(상담-형식적 참여) - ㄷ. 단순 정보 수혜자(정보제공-형식적 참여)의 순이다.

주민참여와 관련이 없는 것은?

① 지방자치제도의 발달
② 마을만들기 사업(운동)
③ 지역사회복지 정책결정과정
④ 공무원 중심의 복지정책 결정권한 강화
⑤ 아른스테인(S. Arnstein)의 주장

답 ④

✔ **응시생들의 선택**

① 3%	② 1%	③ 2%	④ 92%	⑤ 2%

④ 주민참여는 공공정책을 결정하는 과정에 주민들의 욕구가 반영되도록 하기 위한 적극적인 노력이다.

다음 설명은 아른스테인(S. Arnstein)이 분류한 주민참여단계 중 어디에 해당되는가?

- 행정기관과 주민이 서로 간의 관계 확인
- 행정기관이 일방적으로 주민들을 교육, 설득시키고 주민은 단순히 참여하는 수준
- 주민참여에서 권력분배정도가 가장 낮은 수준

① 주민회유(placation)
② 협동관계(partnership)
③ 정보제공(informing)
④ 권한위임(delegated power)
⑤ 조작(manipulation)

답 ⑤

✔ **응시생들의 선택**

① 25%	② 6%	③ 29%	④ 4%	⑤ 36%

⑤ 아른스테인이 제시한 주민참여단계 중 권력분배정도가 가장 낮은 단계는 1단계인 조작단계이다.

다음 사례에서 설명하는 아른스테인(S. Arnstein)의 주민참여 수준은?

A시(市)는 도시재생사업과 관련하여 주민들과 갈등을 겪고 있다. B씨는 A시의 추천으로 도시재생사업 추진위원회에 주민대표로 참여하였다. 하지만 회의는 B씨의 기대와는 달리 A시가 의도한 방향대로 최종 결정되었다.

① 조작   ② 회유
③ 주민통제   ④ 권한위임
⑤ 정보제공

답 ②

✔ **응시생들의 선택**

① 16%	② 47%	③ 19%	④ 10%	⑤ 8%

② 아른스테인의 주민참여 8단계 중 회유 단계는 각종 위원회 등을 통해 주민의 참여 범위가 확대되지만 최종적인 판단은 행정기관이 한다는 점에서 주민참여는 제한적이다.

지역사회복지운동에서 아른스테인(Arnstein)의 주민참여 단계 중 형식적 참여에 속하는 것은?

① 대책치료(therapy)
② 여론조작(manipulation)
③ 주민회유(placation)
④ 주민통제(citizen control)
⑤ 권한위임(delegated power)

답 ③

✔ **응시생들의 선택**

① 5%	② 19%	③ 28%	④ 14%	⑤ 34%

- 주민통제, 권한위임, 협동관계 ⇒ 주민권력
- 회유, 상담, 정보제공 ⇒ 형식적 참여
- 치료, 조작 ⇒ 비참여 상태

다음 내용이 **왜 틀렸는지**를 확인해보자

01 주민참여 8단계에서 가장 **주민의 권한이 가장 큰 단계는 권한위임 단계**이다.

> 주민의 권한이 가장 큰 단계는 주민통제 단계이다.

`04-05-11`

02 주민참여 단계 중 협동관계에서는 기존의 권력관계의 변화와 권력의 재분배가 **불가능하다**.

> 협동관계에서는 주민들이 권한을 갖게 됨에 따라 기존의 권력관계의 변화와 권력의 재분배가 가능하다.

03 주민참여 단계 중 형식적 참여의 범주에 속하는 **치료 단계**, 상담 단계, 회유 단계에서는 미약하게나마 주민의 영향력이 나타난다.

> 치료 단계는 비참여 상태에 해당한다. 주민들의 형식적인 참여만 이루어질 뿐 실질적인 권한이나 영향력은 없다.

`14-05-17`

04 아른스테인의 주민참여 수준 8단계 중 각종 위원회 등을 통해 주민의 참여 범위는 확대되지만 최종적인 판단은 행정기관이 수행하는 단계는 **정보제공 단계**이다.

> 주민회유 단계에 해당한다.
> 정보제공 단계는 행정기관이 주민에게 관련 정보만 제공할 뿐 실질적인 환류가 일어나지는 않는다.

`03-05-28`

05 주민참여는 정책 결정에 소요되는 **행정비용 및 시간을 절약할 수 있다**는 긍정적 효과가 있다.

> 주민참여를 위해서는 정책에 대한 정보제공, 주민투표, 공청회 등을 진행하기 위한 별도의 행정 비용과 시간이 필요하기 때문에 비용과 시간을 절약하기는 어렵다.

빈칸에 들어갈 알맞은 말을 채워보자

14-05-17

01 (　　　　　) 단계: 각종 위원회 등을 통해 주민의 참여 범위는 확대되지만 최종적인 판단은 행정기관이 수행하는 단계이다.

02 (　　　　　) 단계: 최종결정권이 행정기관에 있기는 하지만 주민들의 주장에 따라 협상할 수 있는 단계로, 권력의 재분배가 가능하다.

16-05-23

03 (　　　　　) 단계: 주민들이 특정계획에 관해서 우월한 결정권을 행사하고 집행단계에서도 강력한 권한을 행사한다.

04 (　　　　　) 단계: 주민은 단순히 참석하는 수준에 그칠 뿐이며, 행정기관과 주민이 서로 간의 관계를 확인한다는 의의가 있을 뿐이다.

05 (　　　　　) 단계: 공청회나 집회 등에 따라 주민들이 행정에 참여할 수 있도록 유도하는 방식으로 형식적 수준의 단계이다.

06 협동관계, 권한위임, (　　　　　) 등의 단계는 주민권력 상태에 해당한다.

12-05-23

07 주민회유 단계는 비참여, 형식적 참여, 주민권력 중 (　　　　　) 상태에 속한다.

답 **01** 주민회유 **02** 협동관계 **03** 권한위임 **04** 조작 **05** 상담 **06** 주민통제 **07** 형식적 참여

다음 내용이 옳은지 그른지 판단해보자

01 정보제공 단계는 주민참여에서 권력분배정도가 가장 낮은 수준이다. ◎ ✕

02 조작 단계는 주민들이 의견을 모아 행정에 전달할 수 있는 실질적인 체계가 마련된다. ◎ ✕

03 비참여 상태는 참여의 형식만 흉내낼 뿐 실질적인 주민들의 의사결정 권한은 없는 상태이다. ◎ ✕

16-05-23

04 협동관계는 주민들이 특정계획에 관해서 우월한 결정권을 행사하고 집행단계에서도 강력한 권한을 행사하는 단계이다. ◎ ✕

12-05-23

05 정보제공, 상담, 회유는 형식적 참여에 해당한다. ◎ ✕

06 주민통제 단계는 주민들의 참여가 이루어지기는 하지만 영향력은 미약하다. ◎ ✕

> **답** **01**✕ **02**✕ **03**○ **04**✕ **05**○ **06**✕

> **해설** **01** 권력분배정도가 가장 낮은 단계는 조작 단계이다.
> **02** 조작 단계는 비참여 상태에 해당한다. 비참여 상태는 참여의 형식만 미약하게 나타날 뿐 실질적으로는 주민참여가 이루어진다고 보기 어려운 상태이다.
> **04** 협동관계가 아닌 권한위임 단계에 해당하는 설명이다.
> **06** 주민통제 단계는 주민참여 8단계 중 마지막 단계로 주민권력이 가장 높은 단계이다.

162 지역사회복지운동

강의 QR코드

1회독	2회독	3회독
월 일	월 일	월 일

최근 10년간 **6문항** 출제

복습 1 이론요약

지역사회복지운동의 개념

- 지역사회의 내적 정체성을 실현·고양시키고 지역사회의 변화를 추구하기 위해 전개되는 조직적인 운동
- 목표: 지역사회 역량강화, 지역공동체 형성, 사회연대의식 고취 등을 통해 지역사회 문제를 해결
- 주체: **지역주민 (사회복지 전문가, 지역사회 활동가, 사회복지 실무자, 클라이언트 등을 모두 포함)**
- 필요성: 사회복지정책 결정에 영향을 미침, 지역사회조직의 활성화, 주민의 권리의식 제고

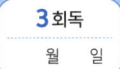
기본개념

지역사회복지론
pp.217~

의의 및 특징

- **지역주민의 주체성과 역량을 강화하고, 지역사회의 변화를 주도**
- 주민참여의 활성화에 의해 **복지권리의식과 시민의식을 배양하는 사회권 확립 운동**
- 지역사회복지의 확산과 발전을 위한 **생활운동**
- 지역사회의 **다양한 자원 활용 및 관련 조직 간의 유기적인 협력**이 이루어지는 동원운동
- 주민들의 주체적인 참여와 행동을 통하여 지역사회의 변화목표와 사회복지를 달성하기 위해 **의도적으로 추진하는 사회운동**
- 시민운동과 마찬가지로 **시민사회의 성장**을 추구하며, **사회변화, 사회정의**에 관심을 둠
- **노동운동, 민중운동 등과 같이 제한적인 계층이 아닌 지역주민 전체를 기반으로 함**

유형

- 목적지향적이고 의도적인 사회행동으로서의 주민운동
- 문제 또는 이슈 중심의 지역사회복지운동

활동 내용

- 서비스 제공: **직접 서비스 제공**, 사회복지 관련 이벤트성 사업, **사회복지 및 의식 제고를 위한 교육**, 지역운동단체 간 네트워크 형성

- 옹호 활동: 특정 사회문제와 관련된 단체 간 연대활동
- 주민조직화
- 지역사회에 대한 조사·연구, 정책개발 등

01 (21-05-24) 지역사회복지운동은 목적지향적인 조직적 활동이다.

02 (20-05-23) 지역사회복지운동의 주된 관심사는 주민 삶의 질과 관련된 생활영역에 있다.

03 (20-05-23) 지역사회복지운동에서는 지역사회의 다양한 자원 활용 및 조직 간 유기적 협력이 이루어진다.

04 (20-05-23) 지역사회복지운동에는 다양한 이념이 사용될 수 있다.

05 (20-05-23) 지역사회복지운동의 주체는 사회복지전문가, 지역활동가, 지역사회복지이용자 등 다양하다.

06 (19-05-23) 지역사회복지운동은 복지권리·시민의식을 배양하는 사회권 확립운동이다.

07 (18-05-25) 지역사회복지운동의 의의: 복지권리의식과 시민의식을 배양하는 복지권 확립, 지역사회의 다양한 자원활용 및 관련조직 간의 협력을 통한 지역자원동원, 지역사회의 정체성 확인과 역량강화를 통해 지역사회변화를 주도, 사회복지가 추구하는 사회적 가치로서 사회정의 실현

08 (17-05-09) 지역주민, 지역사회활동가, 사회복지전문가 등이 지역사회복지운동의 주체가 될 수 있다.

09 (17-05-09) 지역사회복지운동은 지역주민의 삶의 질과 관련된 생활영역을 포함한다.

10 (15-05-11) 지역사회의 변화를 주도하는 조직운동, 지역사회복지의 확산과 발전을 위한 생활운동, 복지권리의식과 시민의식을 배양하는 사회권 확립 운동, 지역사회 관련 조직 간의 유기적인 협력이 이루어지는 연대운동 등은 지역사회복지운동에 해당한다.

11 (09-05-18) 지역사회복지운동은 조직화 기술을 활용한다.

12 (03-05-25) 지역사회복지운동은 지역사회의 변화를 추구하는 조직적인 운동이다.

13 (02-05-26) 지역사회복지운동의 활성화를 위해서 지역사회 복지단체의 네트워크, 운동주체 조직화, 시민사회단체와의 연대 등이 필요하다.

14 (02-05-27) 지역사회복지운동은 주민참여의 활성화, 주민 복지권 증진, 지역사회복지자원의 확충 등을 목표로 한다.

복습 2 기출확인

대표기출 확인하기

21-05-24 난이도 ★★☆

지역사회복지운동에 관한 설명으로 옳은 것은?

① 사회복지 전문가 중심의 활동으로 이루어진다.
② 목적지향적인 조직적 활동이다.
③ 운동의 초점은 정치권력의 장악이다.
④ 지역사회의 구조적 문제는 배제된다.
⑤ 지역사회복지운동단체는 서비스제공 활동을 하지 않는다.

 알짜확인

- 지역사회복지운동의 목표, 주체, 성격 등을 파악해두어야 한다.
- 지역의 일부 계층에 의한 활동이 아니라 전체 지역주민이 주체가 된 활동이라는 점은 중요하다.

답 ②

✔ 응시생들의 선택

① 6%	② 88%	③ 1%	④ 2%	⑤ 3%

① 지역주민이 주체가 되지만 사회복지 전문가, 지역사회 활동가, 사회복지 실무자, 지역사회의 클라이언트 모두 주체가 될 수 있다.
③ 지역사회 문제를 해결하기 위해 지역사회의 변화 또는 지역사회의 역량강화를 통해 지역주민의 욕구충족과 사회연대의식의 고취, 지역공동체 형성을 목표로 한다.
④ 지역사회의 구조적 문제를 포함하여 지역사회 문제를 해결하기 위해 활동한다.
⑤ 지역사회복지운동단체는 직접 서비스 제공, 사회복지 이벤트 사업, 지역사회 내 다양한 지역운동단체들 간의 관계망을 형성할 수 있는 사업, 사회복지교육 등의 서비스제공 활동을 한다.

관련기출 더 보기

20-05-23 난이도 ★★☆

지역사회복지운동에 관한 설명으로 옳지 않은 것은?

① 지역사회복지운동의 계층적 기반은 노동운동이나 여성운동과 같이 뚜렷하다.
② 지역사회복지운동의 주된 관심사는 주민 삶의 질과 관련된 생활영역에 있다.
③ 지역사회의 다양한 자원 활용 및 조직 간 유기적 협력이 이루어진다.
④ 지역사회복지운동에는 다양한 이념이 사용될 수 있다.
⑤ 지역사회복지운동의 주체는 사회복지전문가, 지역활동가, 지역사회복지이용자 등 다양하다.

답 ①

✔ 응시생들의 선택

① 85%	② 4%	③ 4%	④ 3%	⑤ 4%

① 지역사회복지운동은 지역주민 전체를 기반으로 하기 때문에 대상자가 포괄적이다. 노동운동, 여성운동 같이 일부를 계층적 기반으로 하지 않는다.

19-05-23 난이도 ★★☆

지역사회복지운동에 관한 설명으로 옳은 것은?

① 계획되지 않은 조직적 활동이다.
② 사회복지 전문가 중심의 활동이다.
③ 개인의 성장과 변화에 우선적인 초점을 둔다.
④ 노동자, 장애인 등 일부 주민을 대상으로 한다.
⑤ 복지권리·시민의식을 배양하는 사회권 확립운동이다.

답 ⑤

✔ 응시생들의 선택

① 2%	② 2%	③ 4%	④ 2%	⑤ 90%

① 지역주민의 삶의 질 향상을 목적으로 하는 의식적이며 조직적인 활동이다.
② 지역사회복지운동은 전문가 중심의 활동이라고 말할 수는 없다.
③ 개인이 아닌 지역사회복지의 확산과 발전에 초점을 둔다.
④ 지역사회복지운동은 일부 계층, 특정 집단을 대상으로 하는 것이 아니라 지역주민 전체를 포괄한다.

지역사회복지운동이 갖는 의의에 관한 설명으로 옳은 것을 모두 고른 것은?

> ㄱ. 복지권리의식과 시민의식을 배양하는 복지권 확립
> ㄴ. 지역사회의 다양한 자원활용 및 관련조직 간의 협력을 통한 지역자원동원
> ㄷ. 지역사회의 정체성 확인과 역량강화를 통해 지역사회변화를 주도
> ㄹ. 사회복지가 추구하는 사회적 가치로서 사회정의 실현

① ㄱ
② ㄱ, ㄹ
③ ㄴ, ㄷ
④ ㄱ, ㄴ, ㄷ
⑤ ㄱ, ㄴ, ㄷ, ㄹ

답 ⑤

✅ 응시생들의 선택

① 1%	② 2%	③ 5%	④ 14%	⑤ 78%

⑤ 지역사회복지운동이 갖는 의의로 모두 옳은 내용이다.

지역사회복지운동에 관한 설명으로 옳지 않은 것은?

① 지역사회복지서비스 제공기관의 주도성을 강화하기 위해 필요하다.
② 지역주민, 지역사회활동가, 사회복지전문가 등이 운동의 주체가 될 수 있다.
③ 지역사회문제를 해결하기 위한 목적지향성을 가진다.
④ 국민기초생활보장법 시행 이후 자활후견기관(지역자활센터)이 설치·운영되어 자활운동이 공적 전달체계에 편입되었다.
⑤ 지역주민의 삶의 질과 관련된 생활영역을 포함한다.

답 ①

✅ 응시생들의 선택

① 50%	② 1%	③ 5%	④ 43%	⑤ 1%

① 지역사회복지운동은 주민들의 권리의식을 제고하여 주민들이 주체적으로 참여하여 지역사회의 문제를 해결해나가고 변화시켜나갈 수 있도록 하는 것이지, 서비스 제공기관의 주도성을 강화할 목적으로 이루어지는 것은 아니다.

지역사회복지운동에 해당하지 않는 것은?

① 지역사회의 변화를 주도하는 조직운동
② 노동자 계층의 소득수준을 높이는 민중운동
③ 지역사회복지의 확산과 발전을 위한 생활운동
④ 복지권리의식과 시민의식을 배양하는 사회권 확립 운동
⑤ 지역사회 관련 조직 간의 유기적인 협력이 이루어지는 연대운동

답 ②

✅ 응시생들의 선택

① 2%	② 70%	③ 9%	④ 10%	⑤ 9%

② 지역사회복지운동은 특정계층이 아닌 모든 지역사회주민과 지역사회를 위해 진행되는 활동을 의미한다.

우리나라 지역사회복지운동에 관한 설명으로 옳지 않은 것은?

① 1990년대 이후 활성화되고 있다.
② 지역화폐운동은 사회복지운동이 아니다.
③ 지역사회복지서비스 이용자도 주체가 될 수 있다.
④ 마을 만들기는 지역사회복지운동의 하나이다.
⑤ 생활운동의 의미를 지니고 있다.

답 ②

✅ 응시생들의 선택

① 2%	② 81%	③ 6%	④ 4%	⑤ 7%

② 지역사회복지운동의 예에는 지역화폐운동, 마을 만들기, 주민조례운동 등이 있다.

다음 내용이 왜 틀렸는지를 확인해보자

01 지역사회복지운동은 주민운동으로서의 성격을 갖고 있지만 **구체적인 쟁점에 따라 조직되지는 않는다.**

> 지역사회복지운동은 특정 사회문제나 이슈를 중심으로 시민운동 차원에서 조직될 수 있다.

02 지역사회복지운동 단체는 주민조직화, 옹호 활동 등을 진행하며, **각종 서비스나 교육 프로그램을 제공하지는 않는다.**

> 주민들에게 각종 서비스를 제공하기도 하며, 의식 제고를 위한 교육 프로그램을 제공하기도 한다.

`03-05-25`

03 지역사회복지운동은 **지역복지관의 난립과 경쟁**을 가져올 수 있다.

> 지역사회복지운동은 다양한 기관 간 협력을 기반으로 한다는 점에서 지역복지관의 난립과 경쟁을 가져온다는 것은 적절치 않다.

04 지역사회복지운동은 지역사회복지에 주민참여를 이끌어내기 위한 친목적 의미의 활동으로 **문제해결이라는 목적을 위한 활동은 아니다.**

> 지역사회복지운동은 지역사회의 문제해결 및 역량강화라는 목적을 가지고 지역사회의 변화를 꾀하기 위해 전개되는 조직적이고 의도적인 활동이다.

`15-05-11`

05 지역사회복지운동은 노동자 계층의 소득수준을 높이기 위한 민중운동과 같이 **특정 계층을 기반**으로 한다.

> 지역사회복지운동은 특정 계층을 기반으로 하는 것이 아니라 지역주민 전체를 포괄한다.

06 지역사회복지운동은 주민들의 욕구에 따라 **자연발생적으로 일어나는 활동**이다.

> 지역사회복지운동은 지역사회의 문제를 해결하고자 하는 목적지향적인 운동으로 지역주민이 운동의 주체가 되며 참여 주민을 확대하기 위한 의도적인 노력이 필요하다.

다음 내용이 옳은지 그른지 판단해보자

01 지역사회복지운동의 주체는 지역주민이기 때문에 사회복지사 등의 전문가는 조력자로서의 역할에 머무른다.

02 지역사회복지운동은 지역사회의 문제해결을 위한 목적지향적, 계획적, 의도적 활동이다.

15-05-11
03 지역사회복지운동은 지역사회 관련 조직 간의 유기적인 협력이 이루어지는 연대운동이다.

04 지역사회복지운동은 소외집단의 욕구에 초점을 두고 있기 때문에 전체 지역주민을 포괄하지 못한다는 단점도 있다.

05 지역사회복지운동은 지역주민의 삶의 질 향상과 사회정의 실현을 추구하는 지역단위의 운동이다.

02-05-27
06 지역사회복지운동은 지방정부의 통제력 강화를 목표로 한다.

15-05-11
07 지역사회복지운동은 지역사회복지의 확산과 발전을 위한 생활운동으로서의 의미를 갖는다.

18-05-25
08 지역사회복지운동은 사회복지가 추구하는 사회적 가치로서 사회정의의 실현을 꾀한다.

답 01 × 02 ○ 03 ○ 04 × 05 ○ 06 × 07 ○ 08 ○

해설 **01** 지역사회복지운동의 주체는 지역주민을 포함한 전문가, 클라이언트 모두이다.

04 지역사회복지운동에서 소외집단의 욕구에 관심을 두는 것은 소외집단의 문제를 지역사회의 문제 중 하나로 보고 전체 지역사회 차원에서 그 문제를 해결해야 한다고 보기 때문이다. 즉 소외집단의 문제를 전체 지역사회 차원에서 공론화하고 지역주민들의 참여와 지역사회가 가진 다양한 자원을 통해 자조적으로 해결해가는 것이 지역사회복지운동이다.

06 지역사회복지운동은 지역주민과 지역사회조직의 지역사회 참여를 강화하여 지역사회 문제해결에 있어 지역주민이 주체가 될 수 있도록 하는 활동으로 지방정부의 통제력을 강화하기 위한 활동은 아니다.

나눔의집 **사회복지사1급**

강의로 복습하는
기출회독

2영역

사회복지조사론

사회복지
전문출판 **나눔의집**

사회복지사1급, 이보다 완벽한 기출문제 분석은 없다!

1회 시험부터 함께해온 도서출판 나눔의집에서는 22회 시험까지의 기출문제를 모두 분석, 그동안 출제된 키워드를 정리하여 키워드별로 복습할 수 있도록 『기출회독』을 마련하였다.

최근 10년간 출제빈도를 중심으로 자주 출제된 키워드는 좀 더 집중력 있게 공부할 수 있도록 '빈출' 표시를 하였으며, 자주 출제되지는 않지만 언제든 출제될 가능성이 있는 키워드도 놓치지 않고 공부할 수 있도록 하였다.

10년간 출제되지 않았더라도 향후 출제가능성이 있다고 판단되거나 다른 키워드와 연계하여 봐둘 필요가 있다고 생각되는 경우에는 본 책에 포함하여 소개하였다.

기출문제를 풀어보는 것으로 그치는 것이 아니라 기출문제를 통해 23회 합격이 가능한 학습이 될 것이다.

키워드별 '3단계 복습'으로 효율적으로 공부하자!

『기출회독』은 키워드별 3단계 복습 과정을 제시하여 1회독만으로도 3회독의 효과를 누릴 수 있도록 구성하였다.

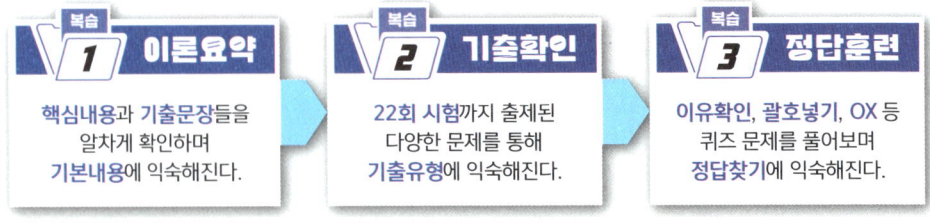

복습 1 이론요약

핵심내용과 기출문장들을 알차게 확인하며 **기본내용**에 익숙해진다.

복습 2 기출확인

22회 시험까지 출제된 다양한 문제를 통해 **기출유형**에 익숙해진다.

복습 3 정답훈련

이유확인, 괄호넣기, OX 등 퀴즈 문제를 풀어보며 **정답찾기**에 익숙해진다.

알림

- 이 책은 '나눔의집'에서 발간한 2025년 23회 대비 『기본개념』(2024년 4월 15일 펴냄)을 바탕으로 한다.
- 8회 이전 기출문제는 공개되지 않은 관계로 당시 응시생들의 기억을 바탕으로 검수 과정을 거쳐 기출문제를 복원하였다.
- <사회복지법제론>을 비롯해 법·제도의 변화와 관련된 기출문제의 경우 현재의 법·제도 내용이 반영될 수 있도록 수정하였다.
- 이 책에서 발생할 수 있는 오류 및 정정사항은 아임패스 내 '정오표' 게시판을 통해 확인할 수 있도록 게시할 예정이다.

※ 14장 조사계획서 및 조사보고서는 6회 시험 이후 출제되지 않아 기출회독 키워드에서 제외되었습니다.

기출회독 활용맵

들어가기 전에

이 장에서는
각 장마다 학습할 내용을 간략히 소개하였다.

10년간 출제분포도
이 책에서 키워드에 따라 분석한 기출문제 중 10년간 출제문항 수를 그래프로 구성하여 각 장의 출제비중이 얼마나 되는지, 어떻게 변화하고 있는지 등을 확인할 수 있다.

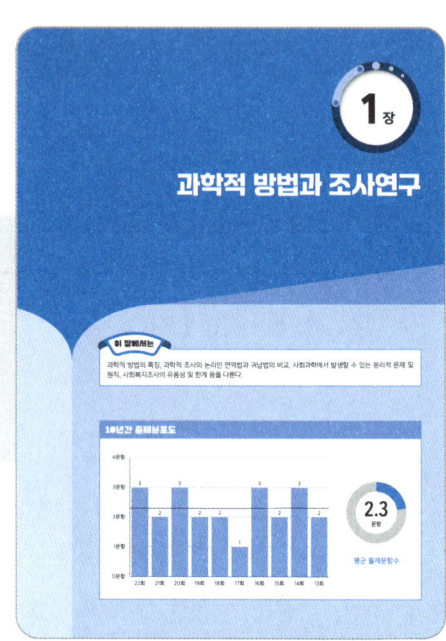

기출 키워드 확인!

이 책은 기출 키워드에 따라 학습하도록 구성하였다. 특히 자주 출제된 키워드나 앞으로도 출제 가능성이 높은 키워드는 따로 '빈출' 표시를 하여 우선 배치하였다. 빈출 키워드는 전체 출제율과 최근 10개년간의 출제율을 중심으로 하되 내용 자체의 어려움, 다른 과목과의 연계성 등을 고려하여 선정하였다.

강의 QR코드
모바일을 통해 해당 키워드의 동영상 강의를 바로 볼 수 있다.

10년간 출제문항수
각 키워드에서 최근 10년간 출제된 문항수를 안내하여 출제빈도를 확인할 수 있도록 하였다.

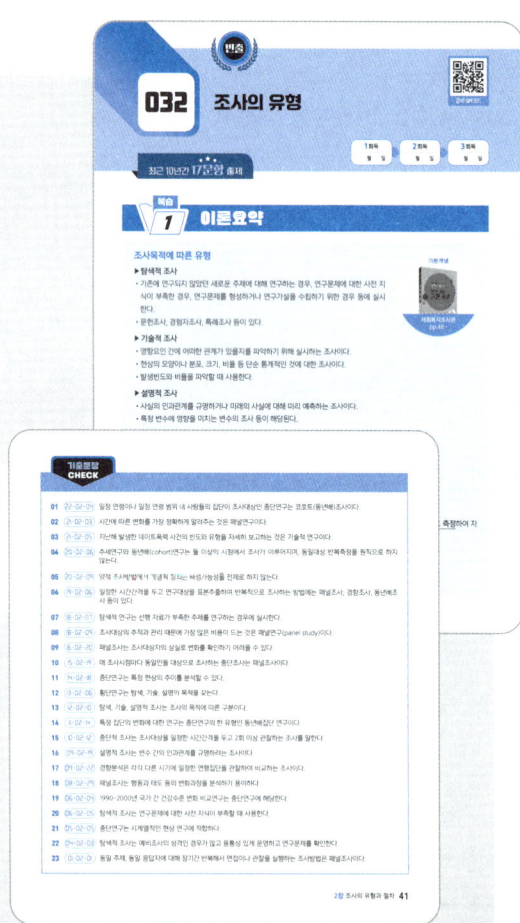

복습 1. 이론요약

요약 내용과 기출문장을 함께 담아 이론을 정답으로 연결하도록 구성하였다.

이론요약
주요 내용을 간략히 정리하였으며 부족한 내용을 보충할 수 있도록 기본개념서의 쪽수를 표시하였다.

기출문장 CHECK
그동안 출제되었던 기출문제의 문장들 중 꼭 알아두어야 할 문장들을 선별하여 제시하였다.

복습 2. 기출확인

바로 기출문제를 풀어보며 학습한 이론을 되짚어보도록 구성하였다.

기출문제 풀기
다양한 유형의 문제를 최대한 접해볼 수 있도록 선정하였다.

알짜확인!
해당 키워드에서 살펴봐야 할 내용들, 주의해야 할 사항들을 짚어
주었다.

난이도
정답률, 내용의 어려움, 출제빈도, 정답의 혼란 정도 등을 고려하여
3단계로 구분하였다.

응시생들의 선택
5개의 선택지에 대한 마킹률을 표시하여 응시생들이 어떤 선택지들
을 헷갈려했는지 등을 참고해볼 수 있도록 하였다.

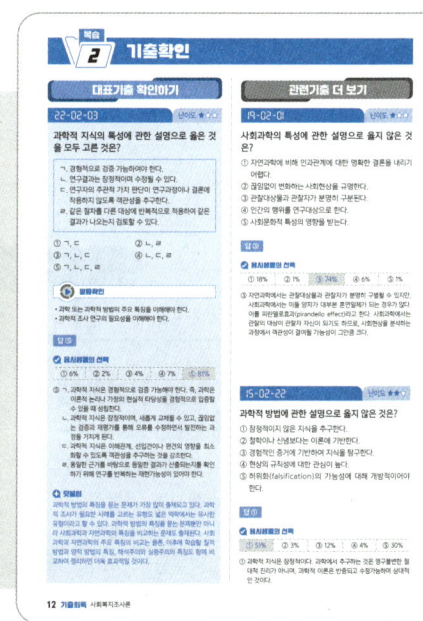

복습 3. 정답훈련

출제빈도와 난이도 등을 고려하여 정답찾기에
능숙해지도록 구성하였다.

이유확인 문제
제시된 문장에서 잘못된 부분을 확인함으로써
헷갈릴 수 있는 부분들을 짚어준다.

괄호넣기 문제
의외로 정답률이 낮게 나타나는 단답형 문제에
대비할 수 있다.

OX 문제
제시된 문장이 옳은 내용인지, 틀린 내용인지를
빠르게 판단해보는 훈련이다.

합격을 잡는 학습방법

아임패스와 함께하는 단계별 합격전략

나눔의집의 모든 교재는 강의가 함께한다. 혼자 공부하느라 머리 싸매지 말고, 아임패스를 통해 제공되는 강의와 함께 기본개념을 이해하고 암기하고 문제풀이 요령을 습득해보자. 또한 아임패스를 통해 선배 합격자들의 합격수기, 학습자료, 과목별 질문 등을 제공하고 있으니 23회 합격을 위해 충분히 활용해보자.

기본개념 학습 과정

1단계

강의로 쌓는 기본개념

어떤 유형의, 어떤 난이도의 문제가 출제되더라도 답을 찾기 위해서는 기본적인 개념이 탄탄하게 잡혀있어야 한다. 기본개념서를 통해 2급 취득 후 잊어버리고 있던 개념들을 되살리고, 몰랐던 개념들과 애매했던 개념들을 정확하게 잡아보자. 한 번 봐서는 다 알 수 없고 다 기억할 수도 없지만 이제 1단계, 즉 이제 시작이다. '이렇게 공부해서 될까?'라는 의심 말고 '시작이 반이다'라는 마음으로 자신을 다독여보자.

기본개념 완성을 위한 학습자료

기본개념 강의, 기본쌓기 문제, ○ X 퀴즈, 기출문제, 정오표, 묻고답하기, 지식창고, 보충자료 등을 아임패스를 통해 만나실 수 있습니다.

실전대비 과정

4단계

강의로 완성하는 FINAL 모의고사 (3회분)

그동안의 학습을 마무리하면서 합격에 대한 확신을 가져보자. 답안카드를 포함하고 있으므로 시험시간에 맞춰 풀어보기 바란다.

강의로 잡는 회차별 기출문제집

학습자가 자체적으로 모의고사처럼 시험시간에 맞춰 풀어볼 것을 추천한다.

기출문제 번호 보는 법

22 - 01 - 25
기출회차   영역   문제번호

'기출회차-영역-문제번호'의 순으로 기출문제의 번호 표기를 제시하여 어느 책에서든 쉽게 해당 문제를 찾아볼 수 있도록 하였다.

기출문제 풀이 과정

2단계

강의로 복습하는 기출회독

한 번을 복습하더라도 제대로 된 복습이 되어야 한다는 고민으로 만들어진 책이다. 기출 키워드마다 다음 3단계 과정으로 학습해나간다. 기출회독의 반복훈련을 통해 내 것이 아닌 것 같던 개념들이 내 것이 되어감을 느낄 수 있을 것이다.
1. 기출분석을 통한 이론요약
2. 다양한 유형의 기출문제
3. 정답을 찾아내는 훈련 퀴즈

강의로 잡는 장별 기출문제집

기본개념서의 목차에 따라 편집하여 해당 장의 기출문제를 바로 풀어볼 수 있다.

요약정리 과정

예상문제 풀이 과정

3단계

강의로 끝내는 핵심요약집

8영역을 공부하다 보면 먼저 공부했던 영역은 잊어버리기 일쑤인데, 요약노트를 정리해 두면 어디서 어떤 내용을 공부했는지를 쉽게 찾아볼 수 있다.

강의로 풀이하는 합격예상문제집

내 것이 된 기본개념들로 문제의 답을 찾아보는 시간이다. 합격을 위한 필수문제부터 응용문제까지 다양한 문제를 수록하여 정답을 찾는 응용력을 키울 수 있다.

사회복지사1급 출제경향

22회 시험 결과

22회 필기시험의 합격률은 지난 21회 40.70%보다 10%가량 떨어진 29.98%로 나타났다. 많은 수험생들이 3교시 과목을 어려워하는데, 이번 22회 시험의 3교시는 순간적으로 답을 찾기에 곤란할 만한 문제들이 더러 포진되어 있었고 그 결과가 합격률에 고르란히 나타난 듯하다. 이번 시험에서 정답논란이 있었던 사회복지정책론 19번 문제는 최종적으로 '전항 정답' 처리되었다.

22회 기출 분석 및 23회 합격 대책

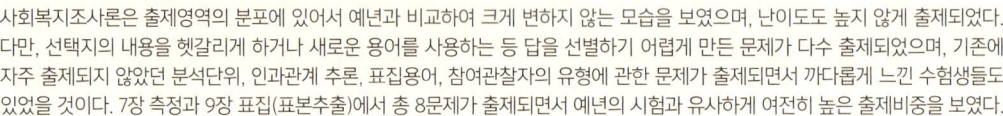

22회 기출 분석

사회복지조사론은 출제영역의 분포에 있어서 예년과 비교하여 크게 변하지 않는 모습을 보였으며, 난이도도 높지 않게 출제되었다. 다만, 선택지의 내용을 헷갈리게 하거나 새로운 용어를 사용하는 등 답을 선별하기 어렵게 만든 문제가 다수 출제되었으며, 기존에 자주 출제되지 않았던 분석단위, 인과관계 추론, 표집용어, 참여관찰자의 유형에 관한 문제가 출제되면서 까다롭게 느낀 수험생들도 있었을 것이다. 7장 측정과 9장 표집(표본추출)에서 총 8문제가 출제되면서 예년의 시험과 유사하게 여전히 높은 출제비중을 보였다.

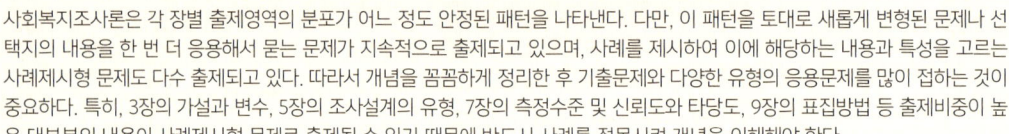

23회 합격 대책

사회복지조사론은 각 장별 출제영역의 분포가 어느 정도 안정된 패턴을 나타낸다. 다만, 이 패턴을 토대로 새롭게 변형된 문제나 선택지의 내용을 한 번 더 응용해서 묻는 문제가 지속적으로 출제되고 있으며, 사례를 제시하여 이에 해당하는 내용과 특성을 고르는 사례제시형 문제도 다수 출제되고 있다. 따라서 개념을 꼼꼼하게 정리한 후 기출문제와 다양한 유형의 응용문제를 많이 접하는 것이 중요하다. 특히, 3장의 가설과 변수, 5장의 조사설계의 유형, 7장의 측정수준 및 신뢰도와 타당도, 9장의 표집방법 등 출제비중이 높은 대부분의 내용이 사례제시형 문제로 출제될 수 있기 때문에 반드시 사례를 접목시켜 개념을 이해해야 한다.

22회 출제 문항수 및 키워드

장	22회	키워드
1	3	과학철학, 과학적 탐구의 윤리적 문제, 과학적 지식의 특성
2	2	종단연구의 유형(패널조사, 동년배조사), 분석단위
3	2	변수의 유형, 영가설과 연구가설
4	2	인과관계의 추론, 내적 타당도 저해요인(통계적 회귀)
5	2	통제집단 사전사후검사 설계, 정태적 집단비교 설계
6	1	단일사례설계
7	4	측정수준, 내적 일관성 신뢰도법, 신뢰도와 타당도
8	1	척도의 유형(보가더스의 사회적 거리척도, 리커트 척도)
9	4	표집용어, 표집방법의 유형, 표집오차, 질적 연구의 표집방법
10	1	자료수집 유형
11	1	내용분석법
12	0	−
13	2	질적 연구의 특성, 참여관찰자의 유형
14	0	−

1장

과학적 방법과 조사연구

이 장에서는

과학적 방법의 특징, 과학적 조사의 논리인 연역법과 귀납법의 비교, 사회과학에서 발생할 수 있는 윤리적 문제 및 원칙, 사회복지조사의 유용성 및 한계 등을 다룬다.

10년간 출제분포도

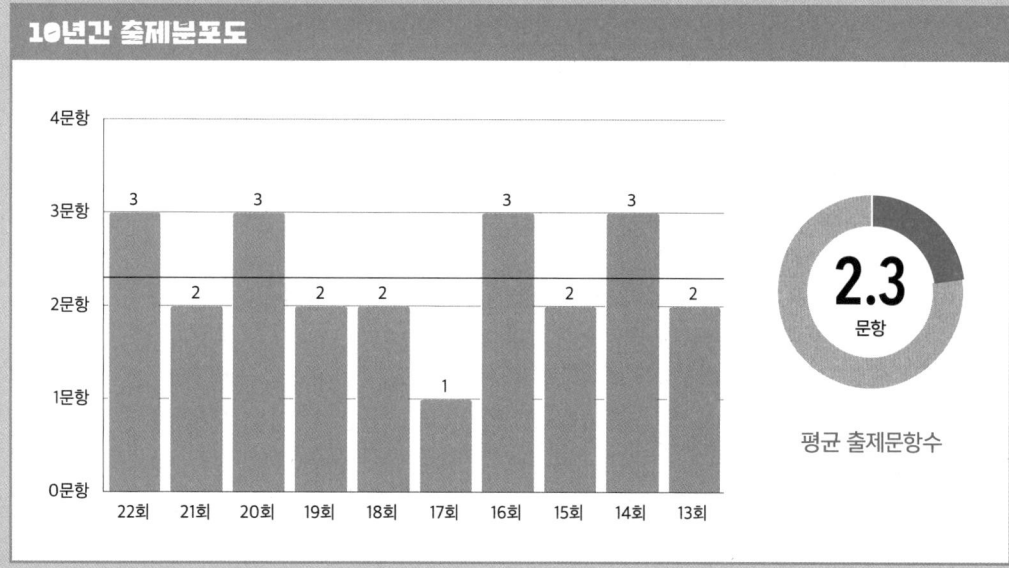

평균 출제문항수 2.3문항

027 과학적 방법의 특징 및 필요성

강의 QR코드

1회독	2회독	3회독
월 일	월 일	월 일

최근 10년간 **6문항** 출제

복습 1 이론요약

과학적 방법의 특징

- 과학은 인간의 논리적 사고에 기반한 활동이기 때문에 **논리적 추론을 거쳐 타당성이 입증**되어야 한다.
- 과학에서의 결정론은 **확률적 결정론**으로서 어떠한 결과에 대해 그 원인을 100% 확실하게 단정하기는 어렵다.
- 과학은 비교적 **일반적이며 보편적**으로 적용될 수 있는 지식을 추구한다.
- 과학적 지식은 **경험적으로 검증 가능**해야 한다.
- 이해관계, 선입견이나 편견의 영향을 최소화할 수 있도록 **객관성을 추구**하는 것을 강조한다.
- 연구자가 각기 다른 주관적인 동기가 있더라도 동일한 연구과정과 방법을 적용하였다면 **동일한 연구결과에 도달**해야 한다.
- 과학은 동일한 근거를 바탕으로 동일한 결과가 산출되는지를 확인하기 위해 연구를 반복하는 것, 즉 **반복 또는 재현이 가능**해야 한다.
- 과학은 어떤 현상이 발생하게 된 **원인을 탐구하여 현상을 설명**하기 위해 노력한다.
- 과학에서 추구하는 것은 영구불변한 절대적 진리가 아니며, 과학적 이론은 **반증되고 수정가능**하며 상대적인 것이다.

기본개념

사회복지조사론
pp.26~

과학적 조사 연구의 필요성

- **실천현장에서의 문제 해결**을 위한 지식을 탐색할 수 있다.
- **사회복지서비스 질의 향상**을 위한 지식과 기술을 개발할 수 있다.
- 새롭고 효과적인 **사회복지실천 개입방법을 개발**할 수 있다.
- 지역주민의 **복지욕구 분석 및 클라이언트에 관한 임상적 자료의 체계적 수집**이 가능하다.
- 조사대상에 대한 **비윤리적 행위를 예방**할 수 있다.
- 서비스 프로그램의 **효과성을 평가**할 수 있다.

01 (22-02-03) 과학적 지식은 같은 절차를 다른 대상에 반복적으로 적용하여 같은 결과가 나오는지 검토할 수 있다.

02 (19-02-01) 사회과학은 자연과학에 비해 인과관계에 대한 명확한 결론을 내리기 어렵다.

03 (16-02-04) 사회복지사는 지역주민의 복지적 욕구를 파악할 때 과학적 조사연구방법을 활용한다.

04 (15-02-22) 과학적 방법은 경험적인 증거에 기반하여 지식을 탐구한다.

05 (14-02-06) 서비스의 질을 높일 수 있는 실천기술 개발을 위해서 사회복지사에게는 과학적 조사방법론이 필요하다.

06 (12-02-15) 과학적 방법은 모든 지식은 잠정적이라는 태도에 기반한다.

07 (12-02-17) 주민대표자의 응답이 전체 주민의 의견을 대표하는지 알고 싶을 때 과학적 조사가 필요하다.

08 (11-02-01) 과학적 방법은 객관성의 추구를 강조한다.

09 (09-02-01) 과학적 조사는 일정한 규칙과 절차를 통해 이루어진다.

10 (05-02-01) 과학적 방법은 경험적 검증이 가능해야 한다.

11 (04-02-01) 조사연구는 과학성, 합리성, 객관성, 경험가능성 등의 특성을 갖는다.

12 (03-02-04) 과학적 연구방법은 연구목적상 필요한 자료수집과 분석의 기준과 방향을 제시한다.

대표기출 확인하기

22-02-03 난이도 ★★★

과학적 지식의 특성에 관한 설명으로 옳은 것을 모두 고른 것은?

> ㄱ. 경험적으로 검증 가능하여야 한다.
> ㄴ. 연구결과는 잠정적이며 수정될 수 있다.
> ㄷ. 연구자의 주관적 가치 판단이 연구과정이나 결론에 작용하지 않도록 객관성을 추구한다.
> ㄹ. 같은 절차를 다른 대상에 반복적으로 적용하여 같은 결과가 나오는지 검토할 수 있다.

① ㄱ, ㄷ ② ㄴ, ㄹ
③ ㄱ, ㄴ, ㄷ ④ ㄴ, ㄷ, ㄹ
⑤ ㄱ, ㄴ, ㄷ, ㄹ

▶ 알짜확인

• 과학 또는 과학적 방법의 주요 특징을 이해해야 한다.
• 과학적 조사 연구의 필요성을 이해해야 한다.

답 ⑤

✔ 응시생들의 선택

① 6%	② 2%	③ 4%	④ 7%	⑤ 81%

⑤ ㄱ. 과학적 지식은 경험적으로 검증 가능해야 한다. 즉, 과학은 이론적 논리나 가정의 현실적 타당성을 경험적으로 입증할 수 있을 때 성립한다.
　ㄴ. 과학적 지식은 잠정적이며, 새롭게 교체될 수 있고, 끊임없는 검증과 재평가를 통해 오류를 수정하면서 발전하는 과정을 거치게 된다.
　ㄷ. 과학적 지식은 이해관계, 선입견이나 편견의 영향을 최소화할 수 있도록 객관성을 추구하는 것을 강조한다.
　ㄹ. 동일한 근거를 바탕으로 동일한 결과가 산출되는지를 확인하기 위해 연구를 반복하는 재현가능성이 있어야 한다.

➕ 덧붙임

과학적 방법의 특징을 묻는 문제가 가장 많이 출제되고 있다. 과학적 조사가 필요한 사례를 고르는 유형도 넓은 맥락에서는 유사한 유형이라고 할 수 있다. 과학적 방법의 특징을 묻는 문제뿐만 아니라 사회과학과 자연과학의 특징을 비교하는 문제도 출제된다. 사회과학과 자연과학의 주요 특징의 비교는 물론, 이후에 학습할 질적 방법과 양적 방법의 특징, 해석주의와 실증주의의 특징도 함께 비교하며 정리하면 더욱 효과적일 것이다.

관련기출 더 보기

19-02-01 난이도 ★☆☆

사회과학의 특성에 관한 설명으로 옳지 않은 것은?

① 자연과학에 비해 인과관계에 대한 명확한 결론을 내리기 어렵다.
② 끊임없이 변화하는 사회현상을 규명한다.
③ 관찰대상물과 관찰자가 분명히 구분된다.
④ 인간의 행위를 연구대상으로 한다.
⑤ 사회문화적 특성의 영향을 받는다.

답 ③

✔ 응시생들의 선택

① 18%	② 1%	③ 74%	④ 6%	⑤ 1%

③ 자연과학에서는 관찰대상물과 관찰자가 분명히 구별될 수 있지만, 사회과학에서는 이들 양자가 대부분 혼연일체가 되는 경우가 많다. 이를 피란델로효과(pirandello effect)라고 한다. 사회과학에서는 관찰의 대상이 관찰자 자신이 되기도 하므로, 사회현상을 분석하는 과정에서 객관성이 결여될 가능성이 그만큼 크다.

15-02-22 난이도 ★★☆

과학적 방법에 관한 설명으로 옳지 않은 것은?

① 잠정적이지 않은 지식을 추구한다.
② 철학이나 신념보다는 이론에 기반한다.
③ 경험적인 증거에 기반하여 지식을 탐구한다.
④ 현상의 규칙성에 대한 관심이 높다.
⑤ 허위화(falsification)의 가능성에 대해 개방적이어야 한다.

답 ①

✔ 응시생들의 선택

① 51%	② 3%	③ 12%	④ 4%	⑤ 30%

① 과학적 지식은 잠정적이다. 과학에서 추구하는 것은 영구불변한 절대적 진리가 아니며, 과학적 이론은 반증되고 수정가능하며 상대적인 것이다.

과학적 방법에 관한 설명으로 옳은 것은?

① 연역법적 논리의 상대적 우월성을 지지한다.
② 윤리적 실천을 수행할 수 있게 한다.
③ 모든 지식은 잠정적이라는 태도에 기반한다.
④ 연구의 반복을 요구하지 않는다.
⑤ 선별적 관찰에 근거한다.

답 ③

✅ **응시생들의 선택**

① 13%	② 9%	③ 66%	④ 3%	⑤ 9%

① 대표적인 과학적 조사의 논리인 연역법과 귀납법은 어느 한 가지 접근방법이 상대적으로 우월성을 가지고 있다기보다는 서로 순환적인 과정이며 상호보완적인 관계라고 볼 수 있다.
② 과학적으로 충분히 실험이 가능한 연구라고 하더라도 실험 대상인 인간에게 피해를 미칠 수 있다면 윤리적으로 수행할 수 없는 경우도 발생할 수 있다.
④ 과학적 방법은 반복적인 검증과정을 필요로 한다.
⑤ 선별적 관찰이란 과도한 일반화(소수의 사례를 관찰해서 얻은 결과를 일반적인 사실로 받아들이거나 다수에게 확대 적용하는 오류)에서 비롯되는 경우가 많으며, 어떤 현상을 관찰할 때 자신의 선입관에 들어맞는 경우들만을 선택하고, 이에 맞지 않은 경우에는 무시하거나 의미를 부여하지 않는 것을 의미한다. 선별적 관찰은 비과학적인 방법으로 인해 생겨날 수 있는 오류에 해당한다. 과학적 방법은 체계적이고 포괄적인 관찰에 근거한다.

과학적 조사가 필요한 사례에 해당하지 않는 것은?

① 사회복지사의 윤리적 갈등을 해소할 필요가 있을 때
② 결혼이주민 조사 시 연구자의 문화적 편견을 검토하고 싶을 때
③ 주민대표자의 응답이 전체 주민의 의견을 대표하는지 알고 싶을 때
④ 정량평가 외에 정성평가를 체계화하고 싶을 때
⑤ 선임사회복지사의 경험적 지식이 타당한지 알고 싶을 때

답 ①

✅ **응시생들의 선택**

① 57%	② 5%	③ 6%	④ 11%	⑤ 21%

① 사회복지사의 윤리적 갈등은 '윤리'의 성격상 가시적으로 측정 또는 계량화하기 어려우며 과학적 조사나 통계방법을 적용하는 것이 적절하지 않을 수 있다.

과학적 방법에 관한 설명으로 옳지 않은 것은?

① 잠정적이지 않은 지식을 추구한다.
② 경험적 증거에 기반하여 지식을 탐구한다.
③ 체계적이고 포괄적인 방법에 의존한다.
④ 객관성의 추구를 강조한다.
⑤ 재현과 반복의 가능성이 높다.

답 ①

✅ **응시생들의 선택**

① 61%	② 17%	③ 14%	④ 2%	⑤ 5%

① 과학적 방법을 통해 추구하는 지식은 절대적인 지식이 아니라 잠정적인 지식이다. 즉 지금은 어떤 현상을 가장 잘 설명하는 이론이지만 이는 잠정적일 뿐 그 현상을 보다 더 잘 설명할 수 있는 이론이 출현한다면 파기될 가능성이 언제나 열려 있다는 것이다.

과학적 조사에 관한 설명으로 옳지 않은 것은?

① 연구결과에 대해 잠정적이다.
② 인과관계의 규명을 추구한다.
③ 조사자의 규범적 판단에 의거한다.
④ 관찰에 의한 증거에 바탕을 두고 있다.
⑤ 일정한 규칙과 절차를 통해 이루어진다.

답 ③

✅ **응시생들의 선택**

① 3%	② 7%	③ 83%	④ 3%	⑤ 4%

③ 과학적 조사는 객관적인 연구를 위해 연구자의 가치가 연구에 개입되지 않도록 가치중립적인 연구를 수행해야 한다.

다음 내용이 왜 틀렸는지를 확인해보자

19-02-01

01 사회과학은 자연과학에 비해 인과관계에 대한 명확한 결론을 내릴 수 있다.

> 사회과학은 자연과학에 비해 인과관계에 대한 명확한 결론을 내리기 어렵다.

12-02-15

02 과학적 방법은 연구의 반복을 요구하지 않는다.

> 과학적 방법은 반복적인 검증과정을 필요로 한다.

03 과학은 경험적 관찰을 통해서 곧바로 지식이 형성된다.

> 과학은 경험적 관찰을 통해서 곧바로 지식이 형성되는 것이 아니라 논리적 추론을 거쳐 타당성이 입증되어야 한다.

04 과학이 결정론적이라는 것은 확률적 결정론이 아니라 단정적 결정론을 의미한다.

> 과학이 결정론적이라는 것은 단정적 결정론이 아니라 확률적 결정론을 의미한다.

11-02-01

05 과학은 다양한 이론과 의견을 수렴하기 위해 주관성을 추구한다.

> 과학은 이해관계, 선입견이나 편견의 영향을 최소화할 수 있도록 객관성을 추구하는 것을 강조한다.

06 과학에서 절대불변의 진리는 존재하며, 모든 지식은 확정적이라는 태도에 기반한다.

> 과학에서 절대불변의 진리는 없으며, 모든 지식은 잠정적이라는 태도에 기반한다.

빈칸에 들어갈 알맞은 말을 채워보자

15-02-22
01 과학적 방법은 철학이나 신념보다는 (　　　　　)에 기반한다.

02 과학적 이론은 반증되고 수정가능하며 (　　　　　)인 것이다.

14-02-06
03 과학적 조사방법론은 현장에서 서비스의 질을 높일 수 있는 (　　　　　)을/를 위해 필요하다.

04 과학은 인간의 (　　　　　) 사고에 기반한 활동이다.

09-02-01
05 과학적 조사는 원인과 결과의 관계, 즉 (　　　　　)의 규명을 추구한다.

06 과학은 특수한 현상이 아닌 (　　　　　)인 현상에 대한 일반적인 이해와 설명을 목표로 한다는 특징이 있다.

07 과학은 자연현상이나 사회현상 속에 존재하는 논리적이고 지속적인 패턴, 즉 규칙을 (　　　　　)한다.

08 자연과학에서는 관찰대상물과 관찰자가 분명히 구별될 수 있지만, 사회과학에서는 이들 양자가 대부분 혼연일체가 되는 경우가 많은데, 이를 (　　　　　)(이)라고 한다.

답 **01** 이론　**02** 상대적　**03** 실천기술 개발　**04** 논리적　**05** 인과관계　**06** 보편적　**07** 일반화　**08** 피란델로효과

다음 내용이 옳은지 그른지 판단해보자

14-02-06
01 과학적 조사방법론은 사회복지사가 제공하는 서비스에 대한 평가를 위해 필요하다. ⊙ ⊗

12-02-15
02 과학적 방법은 선별적 관찰에 근거한다. ⊙ ⊗

03 과학은 이론적 논리나 가정의 현실적 타당성을 경험적으로 입증할 수 있을 때 성립한다. ⊙ ⊗

04 과학은 끊임없는 검증과 재평가를 통해 오류를 수정하면서 발전하는 과정을 거친다. ⊙ ⊗

07-02-01
05 사회과학은 사회문화적 특성의 영향을 받는다. ⊙ ⊗

06 과학은 관심의 대상이 되는 경험적 사건이나 형태를 모두 포괄하여 설명할 수 있는 일반 법칙을 개발하고 예측하는 것이다. ⊙ ⊗

07 과학은 어떤 현상이 발생하게 된 원인을 탐구하여 그 현상을 설명하기 위해 노력한다. ⊙ ⊗

04-02-01
08 과학적 조사연구는 과학성, 합리성, 주관성, 경험 가능성이라는 특성을 갖고 있다. ⊙ ⊗

답 01 ○ 02 × 03 ○ 04 ○ 05 ○ 06 ○ 07 ○ 08 ×

해설 **02** 선별적 관찰은 비과학적인 방법으로 인해 생겨날 수 있는 오류에 해당한다. 과학적 방법은 체계적이고 포괄적인 관찰에 근거한다.
08 주관성은 해당되지 않는다. 과학적 조사연구는 경험주의 방법을 사용하며, 인간의 합리적 사고를 바탕으로 구체적이며 객관적인 연구를 지향한다.

028 사회과학에서의 윤리

강의 QR코드

1회독	2회독	3회독
월 일	월 일	월 일

최근 10년간 **7문항** 출제

복습 1 이론요약

사회과학에서의 윤리성 문제

- **익명성 및 비밀보장**: 조사대상자의 사생활을 보호하고 **익명성 및 비밀을 보장**해야 한다.
- **연구주제와 내용**: **사회적 윤리를 고려**하여 연구주제와 내용을 선정해야 한다.
- **연구대상자에게 미치는 피해**: 대부분의 연구대상이 인간이므로 연구과정이나 결과가 **대상자에게 피해를 끼칠 가능성**이 있는지를 확인해야 한다.
- **고지된 동의와 자발적 참여**: 연구의 목적과 내용, 참여자에게 주어지는 혜택 또는 위험과 피해, 연구 참여가 가져올 수 있는 결과 등을 **미리 잠정적 조사대상자에게 알려준 후**에 조사대상자로 하여금 조사에 참여할 것인가 아닌가를 결정하게 해야 한다.
- **연구대상자를 속이는 것**: **조사대상자를 속이는 행위**는 도덕적으로 바람직하지 않으며, 특정 답변을 유도해서는 안 된다.
- **연구대상자에게 필요한 서비스를 제공하지 않는 것**: 통제집단으로 할당된 대상자들은 **필요한 서비스를 받지 못하여** 권익이 침해되는 문제가 발생할 수 있다.
- **연구결과의 분석과 보고**: 연구결과는 객관적으로 해석되어야 하며, 정적인 결과뿐만 아니라 **부정적인 결과도 반드시 보고**해야 한다.

기본개념

사회복지조사론
pp.36~

01 (22-02-02) 사회복지조사에서는 비밀유지가 엄격히 지켜질 수 없는 상황이 발생할 수 있다.

02 (21-02-01) 참여자가 연구에 참여하여 얻을 수 있는 혜택은 사전에 고지한다.

03 (18-02-06) 연구참여자에게 연구과정에서 발생할 수 있는 고통을 미리 알리고 사전 동의를 구하였다.

04 (16-02-07) 수업시간에 조사하는 설문지도 응답자의 동의와 자발적 참여가 필요하다.

05 (15-02-24) 조사과정에서 드러난 문제점과 실패도 모두 보고해야 한다.

06 (14-02-05) 아동 대상 연구에서 보호자에게 연구 참여 동의를 얻어야 한다.

07 (13-02-24) 조사 과정 중 본인이 원하면 언제라도 중단할 수 있음을 알려주었다.

08 (12-02-09) 고지된 동의는 조사자를 보호하기 위해 활용될 수 있다.

09 (11-02-11) 조사 참여에 대한 개별 동의서를 사전에 받아야 한다.

10 (10-02-20) 차량통행량을 측정하고자 할 때, 운전자에게 고지에 입각한 동의를 구할 필요는 없다.

11 (09-02-08) 동료집단 조언을 통해 편견을 방지해야 한다.

12 (06-02-03) 조사가 진행될 때 조사대상자의 사생활보호는 지켜져야 한다.

13 (03-02-01) 조사연구자는 응답자의 비밀을 보장해야 한다.

대표기출 확인하기

22-02-02 | 난이도 ★★★

과학적 탐구에서 제기되는 윤리적 문제에 관한 설명으로 옳지 않은 것은?

① 어떤 경우라도 연구참여자 속이기는 허용되지 않는다.
② 고지된 동의는 조사대상자의 판단능력을 고려하여야 한다.
③ 연구자는 기대했던 연구결과와 다르더라도 그 결과를 사실대로 보고해야 한다.
④ 사회복지조사에서는 비밀유지가 엄격히 지켜질 수 없는 상황이 발생할 수 있다.
⑤ 연구자는 개인정보 유출 등으로 인해 연구참여자에게 피해를 주지 않도록 신중을 기해야 한다.

▶ 알짜확인

• 사회과학 또는 사회조사의 윤리적 원칙을 이해하고 이에 해당하는 사례를 파악해야 한다.

답 ①

✓ 응시생들의 선택

① 38%	② 30%	③ 2%	④ 29%	⑤ 1%

① 연구대상자를 속이는 행위가 바람직하지 않다는 것은 반론의 여지가 없지만, 연구목적상 연구의 자세한 내용을 모두 밝히지 않고 숨겨야 하는 경우도 있을 수 있다. 특히 실험의 경우 연구대상자가 연구목적, 내용 등을 자세히 알게 되면 반응성 문제가 나타날 수 있어 어느 정도 대상자를 속이는 것이 불가피할 때가 많다. 관찰의 경우도 누군가가 자신을 관찰하고 있다는 사실을 알면 평소와 다른 행동을 보일 가능성이 있다.

➕ 덧붙임

연구윤리를 묻는 문제는 사회조사연구의 윤리적 원칙을 고르는 형태나 윤리적으로 문제가 있는 사례를 고르는 형태로 출제되고 있다. 고지된 동의, 익명성, 비밀보장 등의 원칙과 함께 예외가 되는 경우를 함께 기억해둘 필요가 있다.

관련기출 더 보기

18-02-06 | 난이도 ★★☆

연구윤리에 부합하는 사회복지조사로 옳은 것은?

① 연구참여자가 평소와 다른 행동을 하지 않도록 연구자의 신분을 숨기고 자료를 수집하였다.
② 연구결과의 확산을 위해 연구참여자의 신분을 다른 연구기관에 동의 없이 공개하였다.
③ 연구결과에 영향을 미치지 않도록 연구참여자에게 일어날 수 있는 이익을 미리 알리지 않았다.
④ 연구 참여여부를 성적평가와 연계하여 연구참여자의 참여동기를 높였다.
⑤ 연구참여자에게 연구과정에서 발생할 수 있는 고통을 미리 알리고 사전 동의를 구하였다.

답 ⑤

✓ 응시생들의 선택

① 2%	② 0%	③ 2%	④ 2%	⑤ 94%

① 연구참여자의 반응성 문제가 연구 결과에 영향을 미칠 수 있겠으나, 연구참여자를 속이는 행위는 도덕적으로 바람직하지 않다.
② 연구참여자의 신분은 연구참여자의 동의를 반드시 구한 뒤에 활용하여야 한다.
③ 연구참여자에게 일어날 수 있는 이익뿐만 아니라 연구에 수반될 위험과 피해 등도 미리 고지하여야 한다.
④ 연구 참여여부를 성적평가와 연계하는 것은 자발적 참여의 윤리원칙에 위배된다.

사회과학의 연구윤리에 관한 설명으로 옳지 않은 것은?

① 수업시간에 조사하는 설문지도 응답자의 동의와 자발적 참여가 필요하다.
② 연구자는 연구대상자에게 피해를 줘서는 안 된다.
③ 응답자의 익명성과 비밀을 보장해야 한다.
④ 연구의 공익적 가치는 일반적으로 연구윤리보다 우선해야 한다.
⑤ 타인의 연구결과를 인용 없이 사용하는 경우를 표절이라 한다.

답 ④

✔ 응시생들의 선택

① 2%	② 1%	③ 1%	④ 95%	⑤ 1%

④ 연구의 공익적 가치는 일반적으로 연구윤리보다 우선해야 한다고 볼 수 없다. 연구의 공익적 가치나 장기적 이익이 윤리적으로 문제를 가진 실천으로 인한 해악보다 더 중요한지 반드시 판단해야 한다.

사회복지조사의 연구윤리에 관한 설명으로 옳은 것을 모두 고른 것은?

ㄱ. 연구대상을 관찰하기에 앞서 그들의 동의를 구해야 한다.
ㄴ. 연구로부터 얻을 수 있는 사회적 이익이 비용을 초과해야만 한다.
ㄷ. 조사과정에서 드러난 문제점과 실패도 모두 보고해야 한다.
ㄹ. 비밀성이 보장되면 익명성도 보장된다.

① ㄱ
② ㄴ
③ ㄱ, ㄷ
④ ㄱ, ㄷ, ㄹ
⑤ ㄱ, ㄴ, ㄷ, ㄹ

답 ③

✔ 응시생들의 선택

① 3%	② 1%	③ 47%	④ 43%	⑤ 6%

③ ㄴ. 연구로부터 얻을 수 있는 사회적 이익은 상황에 따라 달라질 수 있으며, 반드시 비용을 초과해야 하는 것은 아니다.
ㄹ. 비밀성이 보장된다고 무조건 익명성이 보장되는 것은 아니다.

연구윤리에 관한 설명으로 옳지 않은 것은?

① 아동 대상 연구에서 보호자에게 연구 참여 동의를 얻어야 한다.
② 연구결과의 분석과 보고단계에서도 연구윤리가 준수되어야 한다.
③ 기관생명윤리위원회의 심사를 통과한 경우 사전에 연구 참여자에게 연구목적을 밝히지 않을 수 있다.
④ 사회복지사인 연구자가 연구참여자의 아동학대행위를 알게 되었더라도 비밀보장의 원칙을 준수해야 한다.
⑤ 설문조사 참여자에게 자발적 참여를 보장하는 것은 연구윤리의 기본원칙이다.

답 ④

✔ 응시생들의 선택

① 1%	② 0%	③ 23%	④ 76%	⑤ 0%

④ 우리나라와 미국의 사회복지사 윤리강령에서는 클라이언트에 대해서 지켜야 할 일반적 윤리기준과는 별도로 '사회복지관련 연구의 연구대상은 신체적, 정신적 불편이나 위험, 위해로부터 보호되어야 한다'고 규정하고 있다.

사회조사의 윤리적 원칙으로 옳지 않은 것은?

① 윤리적 원칙은 연구결과의 보고에도 적용된다.
② 고지된 동의는 조사자를 보호하기 위해 활용될 수 있다.
③ 연구 참여에 따른 위험과 더불어 혜택도 고지되어야 한다.
④ 조사대상자의 익명성이 유지되어야만 조사내용의 비밀유지가 가능하다.
⑤ 아동 대상 연구에서는 부모 등 후견인에게 고지된 동의를 받아야 한다.

답 ④

✔ 응시생들의 선택

① 8%	② 15%	③ 11%	④ 61%	⑤ 5%

④ 익명성을 유지할 수 없더라도 연구자가 연구대상자의 신원과 개인정보를 알고 있지만 이를 공개하거나 외부에 알리지 않는 방법을 통해 비밀을 보장하도록 한다.

다음 내용이 왜 틀렸는지를 확인해보자

21-02-01

01 조사가 진행되면 조사대상자가 원하더라도 조사의 객관적인 결과를 위해 **어떠한 경우에도 중단할 수 없음을 알려주어야 한다.**

> 조사대상자가 원하면 조사는 중단될 수 있으며, 또한 조사 과정 중 본인이 원하면 언제라도 중단할 수 있음을 알려주어야 한다.

02 **자발적으로 참여하는 사람만 연구에 포함시킬 경우** 연구목적을 달성하는 데 효과적이다.

> 자발적으로 참여하는 사람만 연구에 포함시킬 경우에 연구결과를 일반화하기가 어렵다.

15-02-24

03 **익명성**이란 연구의 목적과 내용, 소요시간, 참여자에게 주어지는 혜택과 위험 등을 잠정적 조사대상자에게 알려준 후 조사의 참여여부를 결정하게 하는 것이다.

> 고지된 동의란 연구의 목적과 내용, 소요시간, 참여자에게 주어지는 혜택과 위험 등을 잠정적 조사대상자에게 알려 준 후 조사의 참여여부를 결정하게 하는 것이다.

12-02-09

04 조사대상자의 **익명성이 유지되어야만 조사내용의 비밀유지가 가능**하다.

> 익명성을 유지할 수 없더라도 연구자가 연구대상자의 신원과 개인정보를 알고 있지만 이를 공개하거나 외부에 알리지 않는 방법을 통해 비밀을 보장하도록 한다.

05 **'인종에 따른 지능 차이'와 같은 연구주제**는 사회과학에서의 연구윤리에 위반되지 않는다.

> '인종에 따른 지능 차이'와 같은 연구는 조사결과를 수용하는 데 논란의 여지가 있을 수 있으므로 사회적 윤리를 고려하여 연구주제를 선정해야 한다.

빈칸에 들어갈 알맞은 말을 채워보자

01 조사윤리를 준수하기 위해서는 조사 참여자의 익명성과 (　　　　　)을/를 보장하여야 한다.

12-02-09
02 연구 참여에 따른 위험과 더불어 (　　　　)도 함께 고지되어야 한다.

03 연구결과는 반드시 (　　　　)(으)로 해석되어야 한다.

09-02-08
04 조사연구를 진행하면서 동료집단의 조언을 통해 (　　　　)을/를 방지한다.

05 (　　　　)(이)란 조사대상자들이 자신의 신원을 밝히지 않고 응답할 수 있도록 하는 것을 의미한다.

답 **01** 비밀　**02** 혜택　**03** 객관적　**04** 편견　**05** 익명성

다음 내용이 옳은지 그른지 판단해보자

16-02-07
01 수업시간에 조사하는 설문지도 응답자의 동의와 자발적 참여가 필요하다.　

02 부모가 아동이 조사연구에 참여하는 데 동의한 경우라도 아동은 참여를 거부할 수 있다.　

03 연구목적을 대상자가 자세히 알게 될 경우에 목적에 맞춰서 반응하는 반응성의 문제가 생겨날 수도 있다.　

04 사회과학은 연구대상이 인간이기 때문에 연구과정이나 결과가 대상자에게 피해를 끼칠 가능성이 있는지를 따지는 것이 매우 중요하다.　

09-02-08
05 조사연구는 긍정적인 연구결과를 유도하는 질문 문항으로 구성해야 한다.　◎Ⓧ

답 **01**○　**02**○　**03**○　**04**○　**05**×

해설 **05** 연구자가 미리 생각하고 있었던 결론에 맞추어 자료를 가감, 조작해서는 안 되며, 긍정적인 결과뿐만 아니라 부정적인 결과도 보고해야 한다.

029 과학철학 및 패러다임

강의 QR코드

최근 10년간 **10문항** 출제 ★★★

이론요약

과학철학

- **귀납주의**: 16세기에 귀납주의의 선구자라고 볼 수 있는 베이컨은 경험, 즉 현상에 대한 반복적인 실험과 관찰을 통해 과학적인 지식을 얻을 수 있다고 주장했다.
- **연역주의**: 17세기에 연역주의는 데카르트에 의해 발전했는데, 일반적인 전제로부터 특별한 사례들에 대한 결론을 도출하는 연역적 사고에 바탕을 두고 있다.
- **논리실증주의**: 고전적인 실증주의와 경험주의, 그리고 논리학 등의 영향이 결합되어 발전한 과학철학이다. 경험적으로 검증될 수 있는 명제만이 유의미하다고 주장하며, 형이상학적인 명제를 배제한다.
- **포퍼의 반증주의**: 과학의 발전은 기존 이론과 상충되는 현상을 관찰하는 데서 출발하며, 기존 이론의 모순에 대한 **계속적인 반증과정을 통해** 이뤄진다고 본다. 진리로 끝없이 접근하는 과정을 과학의 목적으로 설정하고, 추측과 반박을 통해 오류를 제거함으로써 가장 효과적으로 과학의 목적을 이룰 수 있다고 본다.
- **쿤의 과학적 혁명론(패러다임론)**: 패러다임의 우열을 비교할 수 있는 객관적 기준은 존재하지 않는다고 보았으며, 과학의 변화와 발전은 지식이 축적되는 누적적인 과정이 아니라 **혁명적인 과정을 통해 성취**된다고 보았다.

기본개념

사회복지조사론
pp.29~

사회과학의 3대 패러다임

▶ **실증주의**

- 사회현상은 우연히 일어나는 것이 아니라 일정한 질서와 규칙에 의해 일어난다고 보며, 사회 내의 법칙, 규칙 등을 찾아내고자 한다.
- 대규모의 표본에 대한 **양적 연구방법을 사용**하는 경향이 강하다.
- **객관성, 정확성, 일반화(혹은 법칙화) 등을 강조**한다.
- 연구의 가치중립성을 중시하며, 경험적 관찰을 통해 이론을 재검증한다.
- 관찰자의 존재나 인식과는 무관하게 객관적 실재가 독립적으로 존재한다고 본다.

▶ **해석주의**

- 외형적으로 유형화된 어떤 행동을 관찰하는 것이 아니라, 행동 깊숙이 자리 잡고 있는 **행위자 입장에서의 의미**를 찾는 데 초점을 둔다.
- 인간의 **주관적 의식을 중요시**하며, 사회적 행위의 주관적 의미에 대한 이해를 강조한다.

- 현장연구, 참여관찰 등과 같은 **질적 연구방법을 주로 활용**한다.
- 모든 사람에게 동일하게 사용되는 객관적인 측정도구에만 의존해서는 사람들을 올바르게 이해할 수 없다고 믿는다.

▶ **비판적 사회과학**
- 사회 변화의 본질적이고 구조적인 측면을 파악하는 것이 중요하다고 생각한다.
- 억압에 초점을 맞추며, 억압받는 집단의 임파워먼트를 위해 연구 절차를 활용한다.

기출문장 CHECK

01 (22-02-01) 포퍼(K. Popper)는 이론이란 증명되는 것이 아니라 반증되는 것이라고 하였다.

02 (21-02-02) 후기실증주의는 객관적인 지식에 대한 직접적 확증은 불가능하다고 본다.

03 (20-02-02) 논리적 경험주의는 과학의 이론들이 확률적으로 검증되는 관찰에 의해서만 정당화될 수 있다고 주장한다.

04 (20-02-03) 실증주의는 보편적이고 적용가능한 통계적 분석도구를 사용한다.

05 (18-02-04) 후기실증주의 과학철학은 지식의 본질을 잠정적, 확률적으로 본다.

06 (17-02-01) 실증주의는 인간행위를 예측할 수 있는 확률적 법칙을 강조한다.

07 (16-02-01) 해석주의적 패러다임은 삶에 대한 주관적 의미에 관해 깊이 있게 탐구한다.

08 (16-02-05) 쿤에 의하면 과학의 변화와 발전은 지식이 축적되는 누적인 과정이 아니라 혁명적인 과정을 통해 성취된다.

09 (14-02-03) 쿤(T. Kuhn)은 패러다임의 우열을 비교할 수 있는 객관적 기준은 존재하지 않는다고 보았다.

10 (13-02-04) 실증주의는 적은 수의 표본으로 결과를 일반화하는 것은 무리라고 주장한다.

11 (11-02-03) 해석주의는 현상에 대한 직접적 이해가 가능하지 않다고 본다.

12 (11-02-10) 쿤(T. Kuhn)의 과학철학에 의하면 과학적 진리는 사회의 성격에 영향을 받는다.

13 (10-02-18) 해석주의는 개인의 일상경험을 해석하고 이해하는 것이 목적이다.

14 (06-02-02) 교통사고는 공단지역에서 많이 발생한다는 명제는 실증주의 사회과학의 특성을 가진 명제이다.

15 (03-02-03) 논리실증주의는 연역적 논리를 사용한다.

대표기출 확인하기

22-02-01 난이도 ★★★

과학철학에 관한 설명으로 옳지 않은 것은?

① 쿤(T. Kuhn)은 과학적 혁명에서 패러다임 전환을 제시하였다.
② 쿤(T. Kuhn)은 당대의 지배적 패러다임에서 벗어나지 않는 것을 정상과학이라고 지칭하였다.
③ 포퍼(K. Popper)는 쿤의 과학적 인식에 내재된 문제점을 극복하기 위하여 반증주의를 제시하였다.
④ 포퍼(K. Popper)의 반증주의는 연역법에 의존한다.
⑤ 포퍼(K. Popper)는 이론이란 증명되는 것이 아니라 반증되는 것이라고 하였다.

 알짜확인

- 다양한 과학철학(귀납주의, 연역주의, 논리실증주의, 포퍼의 반증주의, 쿤의 과학적 혁명론)의 주요 내용을 이해한다.
- 사회과학의 3대 주류 패러다임(실증주의, 해석주의, 비판적 사회과학)의 주요 내용을 이해한다.

답 ③

✅ **응시생들의 선택**

① 4%	② 43%	③ 23%	④ 27%	⑤ 3%

③ 포퍼의 반증주의가 쿤의 과학적 혁명론(패러다임론)보다 시대적으로 먼저 제시되었으며, 쿤이 포퍼의 반증주의에 대하여 문제점을 제시하였다.

➕ **덧붙임**

과학철학의 경우 포퍼의 반증주의와 쿤의 과학적 혁명론에 관한 문제가 주로 출제되고 있다. 전반적인 과학철학의 흐름과 각각의 철학을 비교하여 어떠한 차이점이 있는지를 파악해야 한다. 패러다임의 경우 실증주의와 해석주의의 특성을 비교하는 문제가 주로 출제되고 있는데, 실증주의와 해석주의는 양적 연구와 질적 연구의 개념을 비교하는 문제에서도 자주 다루어지는 내용이므로 반드시 명확하게 정리해둘 필요가 있다.

관련기출 더 보기

21-02-02 난이도 ★★☆

사회과학의 패러다임에 관한 설명으로 옳지 않은 것은?

① 실증주의는 연구결과를 해석할 때 정치적 가치나 이데올로기의 영향을 적극적으로 고려한다.
② 해석주의는 삶에 관한 심층적이고 주관적인 이해를 얻고자 한다.
③ 비판주의는 사회변화를 목적으로 사회의 본질적이고 구조적 측면의 파악에 주목한다.
④ 후기실증주의는 객관적인 지식에 대한 직접적 확증은 불가능하다고 본다.
⑤ 포스트모더니즘은 객관적 실재와 진리의 보편적 기준을 거부한다.

답 ①

✅ **응시생들의 선택**

① 42%	② 4%	③ 7%	④ 37%	⑤ 10%

① 실증주의는 관찰자의 존재나 인식과는 무관하게 객관적 실재가 독립적으로 존재한다고 보며, 객관성, 정확성, 일반화(혹은 법칙화) 등을 강조한다.

17-02-01 난이도 ★★☆

실증주의에 관한 설명으로 옳지 않은 것은?

① 인간행위를 예측할 수 있는 확률적 법칙을 강조한다.
② 과학과 비과학을 철저히 구분하려 한다.
③ 관찰결과의 일반화 가능성을 강조한다.
④ 연구결과를 잠정적인 지식으로 간주한다.
⑤ 사회적 행동을 행위자의 입장에서 이해하려 한다.

답 ⑤

✅ **응시생들의 선택**

① 5%	② 16%	③ 6%	④ 13%	⑤ 60%

⑤ 사회적 행동을 행위자의 입장에서 이해하려 하는 것은 해석주의이다.

쿤(T. Kuhn)의 과학적 패러다임에 관한 설명으로 옳지 않은 것은?

① 현상에 대한 우리의 관점을 조직하는 근본적인 도식을 패러다임이라 한다.
② 과학은 지식의 누적에 의해 점진적으로 진보한다고 본다.
③ 학문 공동체의 사회적 성격이 과학이론 선택에 중요한 역할을 한다.
④ 상이한 과학적 패러다임은 실재의 본질에 대한 다른 입장을 반영한다.
⑤ 기존 패러다임의 위기가 명백해지면 새로운 패러다임으로 전환된다.

답 ②

✅ 응시생들의 선택

① 3%	② 44%	③ 17%	④ 20%	⑤ 16%

② 쿤에 의하면 과학의 변화와 발전은 지식이 축적되는 누적적인 과정이 아니라 혁명적인 과정을 통해 성취된다. 즉, 과학적 진보에 불연속성을 강조하였다.

사회과학 패러다임에 관한 설명으로 옳은 것을 모두 고른 것은?

> ㄱ. 사회과학의 패러다임이 폐기되는 경우는 자연과학의 패러다임에 비해 흔하지 않다.
> ㄴ. 한 시기에 여러 개의 패러다임이 공존할 수 있다.
> ㄷ. 쿤(T. Kuhn)은 패러다임의 변화를 점진적인 것이 아니라 혁신적인 것으로 봤다.
> ㄹ. 일반적으로 패러다임의 우열을 가릴 수 있는 객관적 기준이 존재한다.

① ㄱ, ㄴ, ㄷ   ② ㄱ, ㄷ
③ ㄴ, ㄹ   ④ ㄹ
⑤ ㄱ, ㄴ, ㄷ, ㄹ

답 ①

✅ 응시생들의 선택

① 62%	② 14%	③ 18%	④ 1%	⑤ 5%

① ㄹ. 쿤(T. Kuhn)은 패러다임의 우열을 비교할 수 있는 객관적 기준은 존재하지 않는다고 보았다. 새로운 패러다임이 옛 패러다임보다 더 좋다고 말할 수 없으며, 두 패러다임을 비교할 수 있는 객관적인 언어도 존재하지 않는다고 보았다.

인식론에 관한 설명으로 옳지 않은 것은?

① 실증주의는 경험적 관찰을 통해 이론을 재검증한다.
② 해석주의는 사회적 행위의 주관적 의미에 대한 이해를 강조한다.
③ 실증주의는 적은 수의 표본으로 결과를 일반화하는 것은 무리라고 주장한다.
④ 해석주의는 주로 언어를 분석대상으로 활용한다.
⑤ 실증주의는 연구자의 가치나 태도 활용을 강조한다.

답 ⑤

✅ 응시생들의 선택

① 15%	② 9%	③ 12%	④ 6%	⑤ 58%

⑤ 연구자의 가치나 태도 활용을 강조하는 것은 해석주의에 해당하는 설명이다.

실증주의와 해석주의에 관한 설명으로 옳지 않은 것은?

① 해석주의는 주로 언어를 분석대상으로 활용한다.
② 실증주의는 흔히 경험주의라고도 불린다.
③ 해석주의는 현상에 대한 직접적 이해가 가능하지 않다고 본다.
④ 실증주의는 객관적 실재가 독립적으로 존재한다고 본다.
⑤ 해석주의는 보편적으로 적용가능한 분석도구가 존재한다고 본다.

답 ⑤

✅ 응시생들의 선택

① 6%	② 7%	③ 38%	④ 9%	⑤ 39%

⑤ 보편적으로 적용가능한 분석도구가 존재한다고 보는 입장은 실증주의다. 실증주의를 토대로 하는 양적 조사에서는 보통 표준화된 측정도구를 사용하여 자료를 수집하고 분석한다.

다음 내용이 왜 틀렸는지를 확인해보자

16-02-05

01 쿤에 의하면 과학은 **지식의 누적에 의해 점진적으로 진보한다고 본다.**

> 쿤에 의하면 과학의 변화와 발전은 지식이 축적되는 누적적인 과정이 아니라 혁명적인 과정을 통해 성취된다. 즉, 과학적 진보에 불연속성을 강조하였다.

13-02-04

02 **해석주의**는 적은 수의 표본으로 결과를 일반화하는 것은 무리라고 주장한다.

> 적은 수의 표본으로 결과를 일반화하는 것은 무리라고 주장하는 것은 실증주의에 해당하는 설명이다.

11-02-10

03 쿤의 과학적 혁명론에 의하면 과학의 진보에는 **특정한 패턴이나 구조가 존재하지 않는다.**

> 쿤은 과학의 진보를 패러다임의 이동 과정으로 설명하면서 특정한 패턴이나 구조가 존재한다고 보았다.

04 **패러다임**이란 어떠한 법칙이나 이론이 참이 아닌 것을 증명하는 특수명제를 찾아 보여주는 작업이다.

> 반증이란 어떠한 법칙이나 이론이 참이 아닌 것을 증명하는 특수명제를 찾아 보여주는 작업이다.

05 해석주의는 **서베이와 같은 양적 연구방법**을 주로 활용한다.

> 해석주의는 현장연구, 참여관찰 등과 같은 질적 연구방법을 주로 활용한다.

06 **실증주의 연구자들**은 사람들을 알 수 있는 최선의 방법은 유연하고 주관적인 접근 방법을 택하여 연구대상의 세계를 연구대상의 관점에서 바라보는 것이라고 주장한다.

> 해석주의 연구자들은 사람들을 알 수 있는 최선의 방법은 유연하고 주관적인 접근 방법을 택하여 연구대상의 세계를 연구대상의 관점에서 바라보는 것이라고 주장한다.

빈칸에 들어갈 알맞은 말을 채워보자

20-02-03
01 해석주의는 사회현상의 (　　　　　) 의미에 대한 해석을 중요시한다.

13-02-04
02 (　　　　　)은/는 경험적 관찰을 통해 이론을 재검증한다.

03 포퍼(K. Popper)에 의하면 과학의 발전은 기존 이론과 상충되는 현상을 관찰하는 데서 출발하며, 기존 이론의 모순에 대한 계속적인 (　　　　　)과정을 통해 이뤄진다고 본다.

04 (　　　　　)은/는 외형적으로 유형화된 어떤 행동을 관찰하는 것이 아니라, 행동 깊숙이 자리잡고 있는 행위자 입장에서의 의미를 찾는 데 초점을 둔다.

05 (　　　　　)은/는 특정 시기에 특정 공동체의 구성원들이 공유하고 있는 신념, 가치, 기술 등의 총체를 지칭하는 개념이다.

답 **01** 주관적　**02** 실증주의　**03** 반증　**04** 해석주의　**05** 패러다임

다음 내용이 **옳은지 그른지** 판단해보자

17-02-01
01 실증주의는 사회적 행동을 행위자의 입장에서 이해하려 한다. ◎⊗

16-02-01
02 비판사회과학적 패러다임은 억압받는 집단의 권한을 강화하는 데에 관심을 둔다. ◎⊗

14-02-03
03 쿤(T. Kuhn)에 의하면 일반적으로 패러다임의 우열을 가릴 수 있는 객관적 기준이 존재한다. ◎⊗

04 해석주의에 의하면 사회적 현실은 사람들이 그것을 경험하고 의미를 부여함으로써 의식 속에 존재한다. ◎⊗

05 논리실증주의는 경험적으로 검증될 수 있는 명제만이 유의미하다고 주장하며, 형이상학적인 명제를 배제한다. ◎⊗

06 후기실증주의는 과학을 절대적인 것이 아닌 확률적인 관점에서 본다. ◎⊗

07 쿤에 의하면 서로 다른 패러다임을 가진 연구자들은 같은 문제를 바라보더라도 해당 문제를 다른 방식으로 인식할 수 있다. ◎⊗

08 실증주의 연구자들은 사람들의 일상적인 경험, 심층적 의미와 감정 등을 해석할 수 있는 자연스러운 환경에서 사람들을 관찰한다. ◎⊗

답  **01**× **02**○ **03**× **04**○ **05**○ **06**○ **07**○ **08**×

해설 **01** 사회적 행동을 행위자의 입장에서 이해하려 하는 것은 해석주의이다.
03 쿤(T. Kuhn)은 패러다임의 우열을 비교할 수 있는 객관적 기준은 존재하지 않는다고 보았다.
08 해석주의 연구자들은 사람들의 일상적인 경험, 심층적 의미와 감정 등을 해석할 수 있는 자연스러운 환경에서 사람들을 관찰한다.

030 연역법과 귀납법

강의 QR코드

1회독	2회독	3회독
월 일	월 일	월 일

최근 10년간 0문항 출제

복습 1 이론요약

연역법

기본개념

사회복지조사론
pp.27~

- 전통적인 과학적 조사의 접근방법이다.
- 일반적(general) 사실이나 법칙으로부터 특수한(specific) 사실이나 법칙을 추론해내는 접근방법이다.
- 연구주제를 '가설'의 형태로 만들어 실증적으로 증명할 수 있다는 가정에서 출발한다.
- 연역법의 대표적인 예는 삼단논법이다.
- 논리 전개과정: 이론 → 가설 → 조작화(가설의 구체화) → 관찰 → 검증(가설 채택 또는 기각)

귀납법

- 개별적인 사실들로부터 일반적인 원리나 이론으로 전개해 나가는 논리적 과정이다.
- 경험의 세계에서 관찰된 사실들이 공통적인 유형으로 전개되는 것을 객관적인 수준에서 증명하는 것이다.
- 논리 전개과정: 주제선정 → 관찰 → 유형발견(경험적 일반화) → 이론(임시결론)

기출문장 CHECK

01 (11-02-20) 경험적 관찰에서 보편적 유형을 찾는 것은 귀납법이다.

02 (10-02-17) 연구질문에 대한 연역적 탐구방법의 과정은 '이론적 이해 – 가설 – 조작화 – 측정 – 가설검증'이다.

03 (07-02-03) 귀납법의 순서는 '주제선정 – 관찰 – 유형발견 – 임시결론'이다.

04 (06-02-01) 귀납적 방법은 개별 사실에서 이론을 유추해가는 과정이다.

05 (04-02-02) 연역적 방법은 이론에 의해 가설을 세우고 이를 경험적으로 검증한다.

대표기출 확인하기

11-02-20 난이도 ★★★

귀납법과 연역법에 관한 설명으로 옳은 것은?

① 귀납법과 연역법은 상호배타적이다.
② 귀납법은 이론에서 조작화와 관찰로 이어진다.
③ '모든 사람은 죽는다'와 같은 명제에서 시작하는 것은 귀납법이다.
④ 연역법은 개별 사례의 관찰에서 출발한다.
⑤ 경험적 관찰에서 보편적 유형을 찾는 것은 귀납법이다.

 알짜확인

• 과학적 조사의 논리인 연역법과 귀납법의 특징을 파악해야 한다.

답 ⑤

✔ 응시생들의 선택

① 5%	② 5%	③ 10%	④ 4%	⑤ 76%

① 귀납법과 연역법은 상호보완적으로 사용될 수 있다.
② 이론에서 조작화와 관찰로 이어지는 것은 연역법이다.
③ 일반적인 명제에서 시작하는 것은 연역법이다.
④ 개별 사례의 관찰에서 출발하는 것은 귀납법이다.

➕ 덧붙임

최근 시험에서는 단독 문제로 출제되고 있지는 않지만 연역법과 귀납법의 논리에 관한 내용은 이후 양적 연구와 질적 연구의 연구방법을 이해하는 데 있어서도 중요한 내용이므로 반드시 명확하게 정리해두어야 한다.

관련기출 더 보기

10-02-17 난이도 ★★★

연구질문에 대한 연역적 탐구방법의 과정으로 옳은 것은?

① 이론적 이해 → 가설 → 조작화 → 측정 → 가설검증
② 이론적 이해 → 조작화 → 측정 → 가설 → 가설검증
③ 관찰 → 잠정적 결론 → 일반화
④ 관찰 → 유형의 발견 → 잠정적 결론
⑤ 관찰 → 잠정적 결론 → 유형의 발견

답 ①

✔ 응시생들의 선택

① 90%	② 5%	③ 2%	④ 2%	⑤ 1%

① 연역적 방법은 기존의 이론적 틀에서 개념 간의 관계를 논리적으로 추론하여 가설을 설정하고, 가설을 조작적으로 구체화하여 이 가설이 현실에서 그대로 나타나고 있는가를 관찰하여 확인하는 절차를 취하는 것이다. 이와 같은 연역적 방법은 가설을 검증함으로써 이론을 간접적으로 검증하는 방법이 된다.

06-02-01 난이도 ★★★

귀납적 방법에 대한 설명이 아닌 것은?

① 개별 사실에서 이론을 유추해가는 과정이다.
② 얼마나 관찰해야 이론이 되는지 알 수 없다.
③ 관찰조사 → 경험적 일반화 → 이론화 과정을 거친다.
④ 일반화된 이론을 통해 개별적 사실을 확인하는 방법이다.
⑤ 기존의 이론이 없을 때 사용하는 방법이다.

답 ④

✔ 응시생들의 선택

① 2%	② 3%	③ 3%	④ 90%	⑤ 2%

④ 연역적 방법에 대한 설명이다.

다음 내용이 **왜 틀렸는지**를 확인해보자

01 **귀납법**은 전통적인 과학적 조사의 접근방법으로서, 일반적 사실이나 법칙으로부터 특수한 사실이나 법칙을 추론해내는 접근방법이다.

> **연역법**은 전통적인 과학적 조사의 접근방법으로서, 일반적 사실이나 법칙으로부터 특수한 사실이나 법칙을 추론해내는 접근방법이다.

`07-02-03`

02 **연역법**의 순서는 주제선정 → 관찰 → 유형발견 → 임시결론이다.

> **귀납법**의 순서는 주제선정 → 관찰 → 유형발견 → 임시결론이다.

`04-02-02`

03 **연역적 방법**은 관찰로부터 시작하여 이론을 확정하거나 수정한다.

> 관찰로부터 시작하여 이론을 확정하거나 수정하는 것은 **귀납적 방법**에 해당하는 내용이다.

04 일반적으로 기존의 이론이 존재할 때 **귀납법**을 사용하며, 기존의 이론이 존재하지 않을 때 **연역법**을 사용한다.

> 일반적으로 기존의 이론이 존재할 때 **연역법**을 사용하며, 기존의 이론이 존재하지 않을 때 **귀납법**을 사용한다.

05 연역적 방법과 귀납적 방법은 **상호배타적**이다.

> 연역적 방법과 귀납적 방법은 **상호보완적**이며 서로 순환적인 과정이다.

빈칸에 들어갈 알맞은 말을 채워보자

11-02-20

01 경험적 관찰에서 보편적 유형을 찾는 것은 (　　　　　)이다.

02 (　　　　　)의 대표적인 예는 삼단논법이다.

03 연역법에서 범할 수 있는 오류는 (　　　　　)이다.

 답 **01** 귀납법　**02** 연역법　**03** 구성의 오류

다음 내용이 옳은지 그른지 판단해보자

06-02-01

01 귀납적 방법은 일반화된 이론을 통해 개별적 사실을 확인하는 방법이다.

02 귀납법은 이론에서 출발한다면, 연역법은 관찰에서 출발한다는 차이가 있다.

03 연역법과 귀납법은 명확하게 구별되기보다는 서로 연결되어 있는 수레바퀴와 같아 이들을 반복하면서 과학을 발전시키게 된다.

 **답** **01** ✕　**02** ✕　**03** ○

해설 **01** 일반화된 이론을 통해 개별적 사실을 확인하는 방법은 연역적 방법이다.
　　　02 연역법은 이론에서 출발한다면, 귀납법은 관찰에서 출발한다는 차이가 있다.

031 사회복지조사

강의 QR코드

1회독	2회독	3회독
월 일	월 일	월 일

최근 10년간 **2문항** 출제

복습 1 이론요약

사회복지조사의 특성

기본개념

사회복지조사론
pp.40~

- 사회복지조사는 주로 인간의 욕구 충족과 현실 문제해결을 위한 프로그램 수행 등에 필요한 지식 산출이라는 측면에서 **응용조사의 성격**이 강하다.
- 사회복지조사는 주로 사회적 약자의 문제를 다루기 때문에 **사회개량적 성격**이 있다.
- 사회복지조사의 하나인 욕구조사는 대상자 선정과 욕구의 종류 및 수준을 파악함으로써 **사회복지서비스를 계획적으로 제공**할 수 있도록 도와준다.
- 사회복지조사는 사회복지 서비스의 **효과성과 효율성을 평가하기 위한 도구**로서 활용된다.
- 프로그램이나 대안이 복지욕구에 적합한 것인지를 시험해야 하는데, 조사를 통해 **프로그램의 상호작용과 상관관계를 분석**함으로써 간접적으로 시험할 수 있다.
- 사회복지조사는 문제를 계량화하고 객관적·통계적으로 검증할 수 있는 **과학적 연구를 지향**한다.

사회복지조사의 유용성

- 사회복지의 과학적 기초를 형성한다.
- 인간의 문제에 대한 객관적인 자료를 수집하고 개입 계획을 세우며, 개입 후 효과성을 평가하여 가설의 연관성과 문제의 인과관계를 검증할 수 있다.
- 사회복지이론을 형성하고 이를 바탕으로 실천기술을 구축하는 데 유용하다.
- 사회복지 개입의 효과를 입증하고 이를 통해 전문직으로서의 책임과 역할을 다하기 위해 사회복지조사가 활용될 수 있다.

사회복지조사의 한계

- 사회복지조사는 경험적으로 인식된 내용만을 포함하는데, 인간의 경험적 인식의 범위는 한계가 있다.
- 사회복지조사는 제한된 기간 내에 조사할 수 있는 내용이 양적으로 제한되어 있기 때문에 조사상 필요한 내용이 조사 종료 후 발생할 수도 있다.
- 사회복지조사는 일정한 지역 내에서 수행되므로 표본의 대표성 문제가 발생할 수 있다.
- 투입되는 조사요원과 조사대상의 확대, 조사기간의 연장 등에 대해 상당한 비용을 지불해야 한다.
- 사회복지학은 가치개입적 학문이므로 조사자의 개인적 가치가 조사과정에 개입될 가능성이 있다.

- 조사결과는 논리의 타당성보다는 조사 당시의 사회적 사상과 이념이나 정치적인 통제 및 문화적인 요인에 따라 수용과 거부가 결정되기도 한다.

사회복지조사방법론 지식이 필요한 이유

- 실천현장에서의 문제 해결을 위한 지식 탐색
- 사회복지서비스 질의 향상을 위한 지식과 기술의 개발
- 새롭고 효과적인 사회복지실천 개입방법의 개발
- 지역주민의 복지욕구 분석 및 클라이언트에 관한 임상적 자료의 체계적 수집
- 조사대상에 대한 비윤리적 행위의 예방
- 서비스 프로그램의 효과성 평가

기출문장 CHECK

01 (20-02-05) 사회복지조사는 연구의 전 과정에서 결정주의적 성향을 지양해야 한다.

02 (19-02-02) 사회복지학은 순수과학이 아닌 응용과학에 속한다.

03 (10-02-01) 지역주민의 복지욕구 분석을 위해서 사회복지실무자에게 사회복지조사방법론 지식이 필요하다.

04 (09-02-28) 실천지식과 기술을 과학적으로 발전시키기 위해 사회복지조사가 필요하다.

05 (05-02-03) 사회복지조사는 과학적 방법을 지향한다.

06 (04-02-26) 사회복지조사의 유용성에는 목표 효과성, 서비스 효과성, 과정의 효과성 등이 있다.

07 (02-02-01) 사회복지조사는 사회복지서비스의 효과성, 효율성을 평가하기 위한 도구로 활용된다.

대표기출 확인하기

20-02-05
난이도 ★★★

사회복지조사에 관한 설명으로 옳은 것을 모두 고른 것은?

ㄱ. 사회복지 관련 이론 개발에 사용된다.
ㄴ. 여론조사나 인구센서스 조사는 전형적인 탐색 목적의 조사연구이다.
ㄷ. 연구의 전 과정에서 결정주의적 성향을 지양해야 한다.
ㄹ. 조사범위에 따라 횡단연구와 종단연구로 나눠진다.

① ㄱ, ㄷ
② ㄴ, ㄹ
③ ㄱ, ㄴ, ㄷ
④ ㄴ, ㄷ, ㄹ
⑤ ㄱ, ㄴ, ㄷ, ㄹ

▶ 알짜확인

• 사회복지조사의 주요 특징을 파악해야 한다.
• 사회복지조사의 유용성 및 한계를 파악해야 한다.

답 ①

✔ 응시생들의 선택

① 18%	② 8%	③ 23%	④ 6%	⑤ 45%

① ㄴ. 여론조사나 인구센서스 조사는 기술적 조사이다. 기술적 조사는 현상의 모양이나 분포, 크기, 비율 등 단순 통계적인 것에 대한 조사이다.
　 ㄹ. 시간적 차원에 따라 횡단연구와 종단연구로 나눠진다. 횡단연구는 일정 시점에서 특정 표본이 가지고 있는 특성을 파악하기 때문에 주로 표본조사를 행하며 측정이 반복해서 이루어지지 않는다. 반면, 종단연구는 시간의 흐름에 따라 조사대상이나 상황의 변화를 측정하는 것으로 일정한 시간 간격을 두고 반복적으로 측정하여 자료를 수집하는 조사방법이다.

➕ 덧붙임

사회복지조사에 관한 문제는 사회복지조사의 특징을 묻거나 사회복지조사가 사회복지사에게 왜 필요한지를 묻는 문제가 주로 출제되고 있다. 특히 사회복지조사의 필요성이나 사회복지조사방법론 지식이 필요한 이유를 묻는 문제가 가장 많이 출제되고 있는데, 과학적 방법의 필요성에 관한 내용과 함께 출제되기도 한다.

관련기출 더 보기

19-02-02
난이도 ★☆☆

사회과학과 사회복지학에 관한 설명으로 옳은 것을 모두 고른 것은?

ㄱ. 사회복지학은 사회문제에 대처하기 위한 학문이다.
ㄴ. 사회과학은 사회복지의 실천적 지식의 제공 및 이론적 발전에 기여할 수 있다.
ㄷ. 사회복지학은 응용과학이 아닌 순수과학에 속한다.
ㄹ. 사회복지학은 사회과학에 의해 발전된 개념들을 활용할 수 있다.

① ㄴ, ㄷ
② ㄷ, ㄹ
③ ㄱ, ㄴ, ㄷ
④ ㄱ, ㄴ, ㄹ
⑤ ㄱ, ㄷ, ㄹ

답 ④

✔ 응시생들의 선택

① 2%	② 1%	③ 4%	④ 89%	⑤ 4%

④ ㄷ. 사회복지학은 응용과학에 속한다.

09-02-28
난이도 ★☆☆

사회복지조사의 필요성에 관한 설명으로 옳은 것을 모두 고른 것은?

ㄱ. 개입의 효과성을 높이기 위해
ㄴ. 실천과정에서 적용한 이론 검증을 위해
ㄷ. 서비스 이용자에 대한 책임성을 높이기 위해
ㄹ. 실천지식과 기술을 과학적으로 발전시키기 위해

① ㄱ, ㄴ, ㄷ
② ㄱ, ㄷ
③ ㄴ, ㄹ
④ ㄹ
⑤ ㄱ, ㄴ, ㄷ, ㄹ

답 ⑤

✔ 응시생들의 선택

① 1%	② 0%	③ 1%	④ 0%	⑤ 98%

⑤ 모두 옳은 내용이다.

정답훈련

다음 내용이 왜 틀렸는지를 확인해보자

01 사회복지조사는 조사문제의 선정이나 조사방법, 조사결과의 분석과 해석과정에 <u>개인의 가치가 영향을 미칠 위</u><u>험이 적다.</u>

> 사회복지학은 가치개입적 학문이므로 조사자의 개인적 가치가 조사과정에 개입될 가능성이 있다.

02 사회복지조사는 인간을 대상으로 하기 때문에 **주관적이고 비과학적**이다.

> 사회복지조사는 문제를 계량화하고 객관적·통계적으로 검증할 수 있는 과학적 연구를 지향한다.

03 사회복지조사에서는 **조작적 정의가 필요하지 않다.**

> 사회복지조사는 개념적 정의를 경험적으로 측정이 가능하도록 구체화하는 조작적 정의가 필요하다.

`19-02-02`

04 사회복지학은 **순수과학에 속하며**, 실제 현장에서 직접 실천되는 실천과학이다.

> 사회복지학은 인간의 욕구를 충족시키기 위해 과학적인 지식을 사용하며, 복잡한 인간체계를 연구하기 위해 개발된 지식과 기술을 사용하는 응용과학이다.

빈칸에 들어갈 알맞은 말을 채워보자

01 (　　　　　　)(이)란 개인의 복지욕구를 충족시키고 사회적 문제를 해결하기 위한 방안을 강구하기 위해 자료를 수집하는 절차이다.

02 사회복지조사는 (　　　　　　)을/를 형성하고 이를 바탕으로 실천기술을 구축하는 데 유용하다.

03 사회복지조사는 주로 사회적 약자(장애인, 노동자, 노인 등)의 문제를 다루기 때문에 (　　　　　　) 성격이 있다.

답 **01** 사회복지조사　**02** 실천이론　**03** 사회개량적

다음 내용이 옳은지 그른지 판단해보자

09-02-28
01 사회복지조사는 서비스 이용자에 대한 책임성을 높이기 위해 필요하다.　

05-02-03
02 사회복지조사는 질적 연구방법만을 사용한다.　

03 사회복지 개입의 효과를 입증하고 이를 통해 전문직으로서의 책임과 역할을 다하기 위해 사회복지 조사가 활용될 수 있다.　

답 **01** ○　**02** ×　**03** ○

해설 **02** 사회복지조사는 양적 연구와 질적 연구의 방법을 모두 사용한다.

2장

조사의 유형과 절차

이 장에서는

조사목적과 시간적 차원에 따른 조사의 유형, 조사의 과학적 수행절차, 분석단위의 개념과 유형, 분석단위와 관련된 오류 등을 다룬다.

10년간 출제분포도

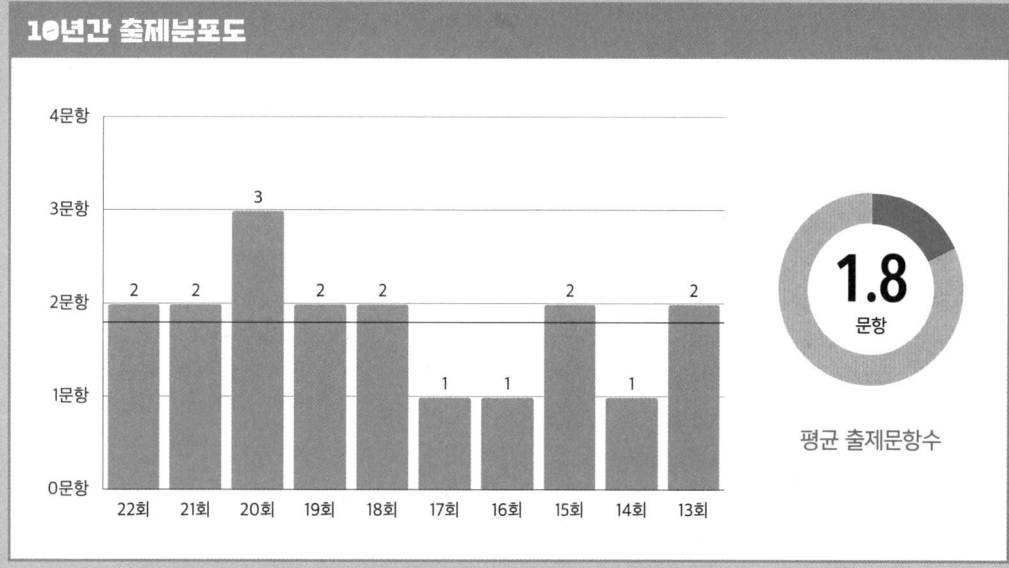

평균 출제문항수 **1.8** 문항

032 조사의 유형

강의 QR코드

최근 10년간 **17문항** 출제

이론요약

조사목적에 따른 유형

기본개념

사회복지조사론
pp.46~

▶ 탐색적 조사
- 기존에 연구되지 않았던 새로운 주제에 대해 연구하는 경우, 연구문제에 대한 사전 지식이 부족한 경우, 연구문제를 형성하거나 연구가설을 수립하기 위한 경우 등에 실시한다.
- 문헌조사, 경험자조사, 특례조사 등이 있다.

▶ 기술적 조사
- 영향요인 간에 어떠한 관계가 있을지를 파악하기 위해 실시하는 조사이다.
- 현상의 모양이나 분포, 크기, 비율 등 단순 통계적인 것에 대한 조사이다.
- 발생빈도와 비율을 파악할 때 사용한다.

▶ 설명적 조사
- 사실의 인과관계를 규명하거나 미래의 사실에 대해 미리 예측하는 조사이다.
- 특정 변수에 영향을 미치는 변수의 조사 등이 해당된다.

시간적 차원에 따른 유형

▶ 횡단조사
- 일정 시점에서 특정 표본이 가지고 있는 특성을 파악하거나, 특성에 따라 집단을 분류하는 조사이다.
- **일정 시점에서 측정**하므로 정태적인 성격을 갖고 있다.
- 주로 표본조사를 행하며 측정이 반복해서 이루어지지 않는다.

▶ 종단조사
- 시간의 흐름에 따라 조사대상이나 상황의 변화를 측정하는 것으로 **일정한 시간 간격을 두고 반복적으로 측정**하여 자료를 수집한다.
- 일정한 시간적 간격을 두고 측정하므로 동태적이다.
- **장기간 동안 측정이 반복**해서 이루어진다.
- 패널조사: 장기간 반복적으로 조사를 실시하며, **매 조사시점마다 동일인을 대상**으로 조사한다.

- 경향조사: 시간의 흐름에 따라 나타나는 **일반적인 대상 집단의 변화**를 조사한다.
- 동년배조사: 시간의 변화에 따른 특정 **동류집단의 변화**를 조사한다.

01 (22-02-04) 일정 연령이나 일정 연령 범위 내 사람들의 집단이 조사대상인 종단연구는 코호트(동년배)조사이다.

02 (21-02-03) 시간에 따른 변화를 가장 정확하게 알려주는 것은 패널연구이다.

03 (21-02-05) 지난해 발생한 데이트폭력 사건의 빈도와 유형을 자세히 보고하는 것은 기술적 연구이다.

04 (20-02-06) 추세연구와 동년배(cohort)연구는 둘 이상의 시점에서 조사가 이루어지며, 동일대상 반복측정을 원칙으로 하지 않는다.

05 (20-02-09) 양적 조사방법에서 개념적 정의는 측정가능성을 전제로 하지 않는다.

06 (19-02-06) 일정한 시간간격을 두고 연구대상을 표본추출하여 반복적으로 조사하는 방법에는 패널조사, 경향조사, 동년배조사 등이 있다.

07 (18-02-07) 탐색적 연구는 선행 자료가 부족한 주제를 연구하는 경우에 실시한다.

08 (18-02-09) 조사대상의 추적과 관리 때문에 가장 많은 비용이 드는 것은 패널연구(panel study)이다.

09 (16-02-20) 패널조사는 조사대상자의 상실로 변화를 확인하기 어려울 수 있다.

10 (15-02-19) 매 조사시점마다 동일인을 대상으로 조사하는 종단조사는 패널조사이다.

11 (14-02-18) 종단연구는 특정 현상의 추이를 분석할 수 있다.

12 (13-02-06) 횡단연구는 탐색, 기술, 설명의 목적을 갖는다.

13 (12-02-10) 탐색, 기술, 설명적 조사는 조사의 목적에 따른 구분이다.

14 (11-02-14) 특정 집단의 변화에 대한 연구는 종단연구의 한 유형인 동년배집단 연구이다.

15 (10-02-12) 종단적 조사는 조사대상을 일정한 시간간격을 두고 2회 이상 관찰하는 조사를 말한다.

16 (09-02-19) 설명적 조사는 변수 간의 인과관계를 규명하려는 조사이다.

17 (09-02-22) 경향분석은 각각 다른 시기에 일정한 연령집단을 관찰하여 비교하는 조사이다.

18 (08-02-29) 패널조사는 행동과 태도 등의 변화과정을 분석하기 용이하다.

19 (06-02-04) 1990-2000년 국가 간 건강수준 변화 비교연구는 종단연구에 해당한다.

20 (06-02-05) 탐색적 조사는 연구문제에 대한 사전 지식이 부족할 때 사용한다.

21 (05-02-05) 종단연구는 시계열적인 현상 연구에 적합하다.

22 (04-02-03) 탐색적 조사는 예비조사의 성격인 경우가 많고 융통성 있게 운영하고 연구문제를 확인한다.

23 (01-02-01) 동일 주제, 동일 응답자에 대해 장기간 반복해서 면접이나 관찰을 실행하는 조사방법은 패널조사이다.

대표기출 확인하기

22-02-04 · 난이도 ★★☆

다음에서 설명하는 조사유형을 바르게 짝지은 것은?

> ㄱ. 동일한 표본을 대상으로 시간을 달리하여 추적 관찰하는 연구
> ㄴ. 일정 연령이나 일정 연령 범위 내 사람들의 집단이 조사대상인 종단연구

① ㄱ: 경향조사, ㄴ: 코호트(cohort)조사
② ㄱ: 경향조사, ㄴ: 패널조사
③ ㄱ: 코호트(cohort)조사, ㄴ: 경향조사
④ ㄱ: 패널조사, ㄴ: 경향조사
⑤ ㄱ: 패널조사, ㄴ: 코호트(cohort)조사

 알짜확인

• 조사목적에 따른 조사유형별 특징을 이해해야 한다.
• 시간적 차원에 따른 조사유형별 특징을 이해해야 한다.

답 ⑤

✅ **응시생들의 선택**

① 7%	② 7%	③ 5%	④ 40%	⑤ 41%

⑤ ㄱ. 동일한 표본을 대상으로 시간을 달리하여 추적 관찰하는 연구는 패널조사이다. 장기간 반복적으로 조사를 실시하는데, 매 조사시점마다 동일인을 대상(동일한 표본)으로 조사하는 것이 특징이다. 다만, 비용이 많이 들며 시간이 지나면서 조사대상(패널)이 중도에 탈락하는 문제가 있다.

ㄴ. 일정 연령이나 일정 연령 범위 내 사람들의 집단이 조사대상인 종단연구는 코호트조사(동년배조사)이다. 코호트조사는 시간의 변화에 따른 특정 동년배집단(일정 연령이나 일정 연령 범위 내 사람들의 집단)의 변화를 조사하는 것이다.

➕ **덧붙임**

조사유형과 관련한 문제들은 설명적 조사, 패널조사와 같은 개별유형에 대한 이해를 묻는 유형부터 종단조사와 횡단조사를 비교하는 유형, 조사유형 전반에 대한 이해를 묻는 유형 등 다양한 형태로 출제되고 있다. 특히 종단조사의 대표적인 3가지 유형(패널조사, 동년배조사, 경향조사)을 구분할 수 있는 능력을 요구하는 문제가 주로 출제되고 있기 때문에 각 유형의 차이를 정확히 이해하는 것이 필요하다.

관련기출 더 보기

21-02-03 · 난이도 ★☆☆

종단연구(longitudinal study)에 관한 설명으로 옳은 것은?

① 베이비붐 세대를 시간변화에 따라 연구하는 것은 추이연구(trend study)이다.
② 일정 기간 센서스 자료를 비교하여 전국 인구의 성장을 추적하는 것은 동류집단연구(cohort study)이다.
③ 매번 동일한 집단을 관찰하는 연구는 패널연구(panel study)이다.
④ 시간에 따른 변화를 가장 정확하게 알려주는 것은 동류집단연구(cohort study)이다.
⑤ 일반 모집단의 변화를 시간변화에 따라 연구하는 것은 동류집단연구(cohort study)이다.

답 ③

✅ **응시생들의 선택**

① 12%	② 3%	③ 71%	④ 6%	⑤ 8%

① 베이비붐 세대를 시간변화에 따라 연구하는 것은 동류집단연구이다.
② 일정 기간 센서스 자료를 비교하여 전국 인구의 성장을 추적하는 것은 패널연구이다.
④ 시간에 따른 변화를 가장 정확하게 알려주는 것은 패널연구이다.
⑤ 일반 모집단의 변화를 시간변화에 따라 연구하는 것은 추이연구이다.

사회조사의 목적에 관한 설명으로 옳지 않은 것은?

① 지난해 발생한 데이트폭력 사건의 빈도와 유형을 자세히 보고하는 것은 기술적 연구이다.
② 외상 후 스트레스로 퇴역한 군인을 위한 서비스 개발의 가능성을 파악하기 위한 초기면접은 설명적 연구이다.
③ 사회복지협의회가 매년 실시하는 사회복지기관 통계조사는 기술적 연구이다.
④ 지방도시에 비해 대도시의 아동학대 비율이 높은 이유를 보고하는 것은 설명적 연구이다.
⑤ 지역사회 대상 설문조사를 통해 사회복지서비스의 만족도를 조사하는 것은 기술적 연구이다.

답 ②

✅ **응시생들의 선택**

① 20%	② 44%	③ 5%	④ 17%	⑤ 14%

② 서비스 개발이 가능한지를 파악하기 위한 연구는 탐색적 연구이다. 즉, 기존에 연구되지 않았거나 혹은 사전 지식이 부족한 경우 등 어떠한 내용을 탐색하기 위한 목적으로 수행하는 조사이다.

다음에서 설명하는 조사유형에 해당하는 것은?

- 둘 이상의 시점에서 조사가 이루어진다.
- 동일대상 반복측정을 원칙으로 하지 않는다.

① 추세연구, 횡단연구
② 패널연구, 추세연구
③ 횡단연구, 동년배(cohort)연구
④ 추세연구, 동년배(cohort)연구
⑤ 패널연구, 동년배(cohort)연구

답 ④

✅ **응시생들의 선택**

① 13%	② 6%	③ 9%	④ 63%	⑤ 9%

④ 둘 이상의 시점에서 조사가 이루어졌다는 것은 반복 측정이 이루어진 것이므로 종단조사에 해당한다. 종단조사에는 패널연구, 추세연구(경향연구), 동년배연구가 있는데, 종단조사 중 패널연구만이 동일대상을 반복적으로 측정하기 때문에 동일대상 반복측정을 원칙으로 하지 않는 것은 추세연구(경향연구), 동년배연구가 해당된다.

다음 연구 상황에 유용한 조사유형은?

일본 후쿠시마 원전 유출이 지역주민들의 삶에 초래한 변화를 연구하고자 하였으나 관련 연구나 선행 자료가 상당히 부족함을 발견하였다.

① 평가적 연구
② 기술적 연구
③ 설명적 연구
④ 탐색적 연구
⑤ 척도개발 연구

답 ④

✅ **응시생들의 선택**

① 3%	② 5%	③ 7%	④ 79%	⑤ 6%

④ 주어진 사례처럼 관련 연구나 선행 자료가 부족한 주제를 연구하는 경우에 실시하는 것을 탐색적 연구라 한다. 탐색적 연구는 기존에 연구되지 않았던 새로운 주제에 대해 연구하는 경우, 연구문제에 대한 사전 지식이 부족한 경우, 연구문제를 형성하거나 연구가설을 수립하기 위한 경우 등에 실시한다.

종단연구(longitudinal study)에 관한 설명으로 옳지 않은 것은?

① 시간흐름에 따른 조사대상의 변화를 측정하는 연구이다.
② 일정기간의 변화에 대해 가장 포괄적 자료를 제공하는 것은 동년배집단연구(cohort study)이다.
③ 조사대상의 추적과 관리 때문에 가장 많은 비용이 드는 것은 패널연구(panel study)이다.
④ 일정 주기별 인구변화에 대한 조사는 경향연구(trend study)이다.
⑤ 동년배집단연구는 언제나 동일한 대상을 조사하는 것은 아니다.

답 ②

✅ **응시생들의 선택**

① 3%	② 61%	③ 9%	④ 15%	⑤ 12%

② 일정기간의 변화에 대해 가장 포괄적 자료를 제공하는 것은 패널연구이다. 종단조사 중 패널연구만이 동일인을 반복적으로 조사하기 때문에 일정 기간에 걸쳐 나타나는 변화에 대해 가장 포괄적인 자료를 제공할 수 있다.

다음에서 설명하는 조사는?

> 기초연금의 노인 빈곤 감소효과를 알아보기 위해 동일한 노인을 표본으로 10년간 매년 조사한다.

① 전수조사
② 추세조사
③ 패널조사
④ 탐색적 조사
⑤ 횡단적 조사

답 ③

✔ 응시생들의 선택

① 4%	② 7%	③ 81%	④ 3%	⑤ 5%

③ 매 조사시점마다 동일인을 대상으로 조사하는 종단조사는 패널조사이다.

사회조사의 유형에 관한 설명으로 옳은 것을 모두 고른 것은?

> ㄱ. 탐색, 기술, 설명적 조사는 조사의 목적에 따른 구분이다.
> ㄴ. 패널조사와 동년배집단(cohort)조사는 동일대상인에 대한 반복측정을 원칙으로 한다.
> ㄷ. 2차자료 분석연구는 비관여적 연구방법에 해당한다.
> ㄹ. 탐색적 조사의 경우에도 명확한 연구가설과 구체적 조사계획이 사전에 수립되어야 한다.

① ㄱ, ㄴ, ㄷ
② ㄱ, ㄷ
③ ㄴ, ㄹ
④ ㄹ
⑤ ㄱ, ㄴ, ㄷ, ㄹ

답 ②

✔ 응시생들의 선택

① 13%	② 65%	③ 5%	④ 5%	⑤ 12%

② ㄴ. 동일인에 대한 반복측정을 원칙으로 하는 것은 패널조사에 해당하는 설명이다.
　 ㄹ. 탐색적 조사는 새로운 연구주제에 대한 조사를 진행하거나 조사의 가능성을 탐색하기 위해서 본격적인 조사가 시작되기 전에 진행하며, 조사설계를 확정하기 전에 즉, 명확한 연구가설이나 구체적인 조사계획이 수립되기 전에 진행되는 경우가 많다.

횡단연구와 종단연구에 관한 설명으로 옳은 것은?

① 일정기간에 걸쳐 발생하는 변화에 관한 연구는 종단연구이다.
② 횡단연구는 상대적으로 비용이 많이 든다.
③ 종단연구는 한 시점에서 대상을 관찰한다.
④ 동일대상을 반복 관찰하는 것은 횡단연구이다.
⑤ 특정 집단의 변화에 대한 횡단연구는 경향연구(trend study)이다.

답 ①

✔ 응시생들의 선택

① 81%	② 4%	③ 3%	④ 5%	⑤ 7%

② 조사를 한 번만 하는 횡단조사보다는 여러 번에 걸쳐 조사가 이루어지는 종단연구가 상대적으로 많은 비용이 든다.
③ 한 시점에서 대상을 관찰하는 연구는 횡단연구이다.
④ 동일대상을 반복 관찰하는 것은 종단연구이다.
⑤ 특정 집단의 변화에 대한 연구는 종단연구의 한 유형인 코호트(혹은 동년배집단)연구이다.

종단적 조사에 관한 설명으로 옳지 않은 것은?

① 조사대상을 일정한 시간간격을 두고 2회 이상 관찰하는 조사를 말한다.
② 패널조사는 매 조사시점마다 동일인이 조사대상이 되도록 계획된다.
③ 개인의 노동시장활동과 같은 장기적 추이를 분석하는 데 활용된다.
④ 경향분석(trend analysis)은 매 조사시점마다 조사대상이 동일인이 아니다.
⑤ 1990년대와 2000년대 10대들의 직업선호도 비교는 동류집단(cohort) 조사이다.

답 ⑤

✔ 응시생들의 선택

① 8%	② 10%	③ 11%	④ 10%	⑤ 61%

⑤ 1990년대와 2000년대 10대들의 직업선호도 비교는 경향조사이다.

다음 내용이 왜 틀렸는지를 확인해보자

18-02-09

01 일정기간의 변화에 대해 가장 포괄적 자료를 제공하는 것은 **동년배집단연구**이다.

> 일정기간의 변화에 대해 가장 포괄적 자료를 제공하는 것은 패널연구이다.

02 **표본조사**란 조사대상이라고 생각되는 모든 부분, 즉 모집단 전체를 대상으로 조사하는 조사연구로서 대표적인 것이 인구조사이다.

> 전수조사란 조사대상이라고 생각되는 모든 부분, 즉 모집단 전체를 대상으로 조사하는 조사연구로서 대표적인 것이 인구조사이다.

11-02-14

03 일정기간에 걸쳐 발생하는 변화에 관한 연구는 **횡단연구**이다.

> 일정기간에 걸쳐 발생하는 변화에 관한 연구는 종단연구이다.

09-02-19

04 **기술적 조사**는 변수 간의 인과관계를 규명하려는 조사이며, 가설을 검증하려는 조사이다.

> 설명적 조사는 변수 간의 인과관계를 규명하려는 조사이며, 가설을 검증하려는 조사이다.

08-02-29

05 **동년배조사**는 동일한 대상을 조사하므로 반복할 때마다 표본을 유지하기가 어렵다.

> 패널조사는 동일한 대상을 조사하므로 반복할 때마다 표본을 유지하기가 어렵다.

06 조사목적에 따른 유형에서 인구주택총조사, 실태조사, 여론조사 등이 대표적인 **탐색적 조사**에 해당한다.

> 조사목적에 따른 유형에서 인구주택총조사, 실태조사, 여론조사 등이 대표적인 기술적 조사에 해당한다.

빈칸에 들어갈 알맞은 말을 채워보자

21-02-03
01 베이비붐 세대를 시간변화에 따라 연구하는 것은 (   )이다.

20-02-06
02 (   )와 동년배조사는 둘 이상의 시점에서 조사가 이루어지며, 동일대상을 반복하여 측정하지 않는다.

03 (   )은/는 시간이 지나면서 조사대상이 중도에 탈락하는 문제가 발생할 수 있다.

04 (   )은/는 일정 시점에서 특정 표본이 가지고 있는 특성을 파악하거나, 특성에 따라 집단을 분류하는 것으로 사회복지 분야에서 널리 사용된다.

05 현상의 모양이나 분포, 크기, 비율 등 단순 통계적인 것에 대한 조사는 (   )이다.

13-02-06
06 (   )은/는 장기간에 걸쳐 조사하는 연구로 질적 연구로도 이루어진다.

12-02-10
07 조사의 목적에 따라 탐색적 조사, 기술적 조사, (   )(으)로 구분할 수 있다.

10-02-12
08 1990년대 10대와 2000년대 10대의 직업선호도를 비교조사하는 것은 (   )에 해당한다.

04-02-08
09 (   )은/는 예비조사의 성격인 경우가 많고 융통성 있게 운영하고 연구문제를 확인한다.

10 (   )은/는 전수조사가 어려운 경우 모집단의 일부만을 추출하여 모집단 전체를 추정하는 조사이다.

답 **01** 동년배조사 **02** 경향조사 **03** 패널조사 **04** 횡단조사 **05** 기술적 조사 **06** 종단연구 **07** 설명적 조사 **08** 경향조사 **09** 탐색적 조사 **10** 표본조사

다음 내용이 옳은지 그른지 판단해보자

01 횡단조사는 유형에 따라 서로 다른 시점에서 동일 대상자를 추적해 조사해야 하므로 표본의 크기가 작아지게 된다. ◎ ⊗

13-02-06
02 추이(trend)조사는 패널연구보다 개인의 변화에 대해 더 명확한 자료를 제공한다. ◎ ⊗

03 종단조사 중 패널조사만이 동일인을 반복적으로 조사한다. ◎ ⊗

04 예비조사는 탐색적 조사에 해당하며, 보통 설문지 작성의 사전단계에서 이루어진다. ◎ ⊗

05 종단조사는 장기간 반복적으로 측정이 이루어지므로 비용이 많이 든다. ◎ ⊗

06 패널조사는 상당 기간에 걸쳐 표본의 거처를 지속적으로 파악해야 하므로 종단조사들 중 가장 수행이 어렵다. ◎ ⊗

07 질적 조사는 대상의 속성을 계량적으로 표현하고 그들의 관계를 통계분석을 통해 밝혀내는 조사이다. ◎ ⊗

11-02-14
08 종단연구는 한 시점에서 대상을 관찰한다. ◎ ⊗

10-02-12
09 종단적 조사는 개인의 노동시장활동과 같은 장기적 추이를 분석하는 데 활용된다. ◎ ⊗

06-02-07
10 A대학교 재학생의 연령별 소비실태조사는 종단연구가 될 수 있다. ◎ ⊗

답 **01**× **02**× **03**○ **04**○ **05**○ **06**○ **07**× **08**× **09**○ **10**×

해설 **01** 종단조사는 유형에 따라 서로 다른 시점에서 동일 대상자를 추적해 조사해야 하므로 표본의 크기가 작아지게 된다.
02 특정 개인들의 변화에 대한 전체적인 모습을 보여줄 수 있으며, 가장 포괄적이고 명확한 자료를 제공하는 것은 패널연구의 특징에 해당한다.
07 양적 조사는 대상의 속성을 계량적으로 표현하고 그들의 관계를 통계분석을 통해 밝혀내는 조사이다.
08 한 시점에서 대상을 관찰하는 연구는 횡단연구이다.
10 일정 시점에서 이루어지는 연구이므로 횡단연구에 해당한다.

033 조사의 절차

복습 1 이론요약

문제형성

- 조사의 주제, 목적, 이론적 배경, 중요성 등을 파악하고, 이를 체계적으로 정립하는 과정이다.
- 기존의 관련 자료나 문헌조사, 전문가의 의견, 예비조사 등을 참고로 할 수 있다.
- 조사문제의 형성은 주제선정과 문제설정으로 구분된다.

기본개념

사회복지조사론
pp.53~

가설형성

- 선정된 조사문제를 실증적으로 검증 가능하도록 구체화하는 과정이다.
- 가설은 연구목적과 조사문제와 일관성을 유지하면서 세부적이고 경험적이며, 현실적으로 연구가 가능해야 하며, 측정 가능해야 하고, 문제에 대한 구체적인 해답을 제공할 수 있어야 한다.

조사설계

- 조사연구를 효과적 · 효율적 · 객관적으로 수행하기 위한 논리적인 전략이다.
- 가설을 검증하기 위해 자료를 수집하고 분석하는 전반적인 과정을 계획하고 통제하기 위한 전략이다.

자료수집

- 자료는 관찰, 면접, 설문지 등 여러 가지 방법을 통해 수집된다.
- 과학적 조사자료는 조사자가 직접 수집하는 1차 자료와 이미 다른 주체가 수집한 2차 자료로 구분된다.

자료분석 및 해석

- 수집된 자료의 편집과 코딩과정이 끝나면 통계기법을 이용해 분석이 이루어진다.
- 통계분석 방법은 조사설계 때부터 수집할 자료의 성격을 일관성 있게 결정해야 한다.
- 자료분석이 끝나면 결과에 대해 의미 있는 해석이 이뤄져야 한다.

보고서 작성

연구결과를 객관적으로 증명하고 경험적으로 일반화시키기 위해 일정한 형식으로 기술하여 타인에게 전달하기 위한 보고서를 작성한다.

01 (19-02-04) 사회복지조사의 과학적 수행과정은 '조사문제형성(설정) → 가설형성(설정) → 조사설계 → 자료수집 → 자료분석 및 해석 → 보고서 작성'으로 진행된다.

02 (17-02-17) 조사연구는 '조사문제 형성 → 가설형성 → 조사설계 → 자료수집 → 자료분석 및 해석 → 보고서 작성'의 과정으로 진행된다.

03 (12-02-12) 연구문제설정은 가설설정과 조사설계의 전 단계이다.

04 (11-02-02) '연구주제 선정 → 연구문제 선정 → 문헌검토 → 가설구성 → 조사설계 → 설문지 문항 검토 → 자료수집 → 자료분석과 해석 → 보고서 작성'의 순서로 진행된다.

05 (09-02-11) 자료분석단계는 수집된 자료의 코딩이 끝난 후, 통계기법을 이용하여 분석하는 단계이다.

06 (05-02-04) 자료수집 방법 결정, 조사대상 선정, 조사도구 작성 및 검증 등은 자료조사 설계와 관련 있다.

07 (02-02-03) 노인의 우울증에 대한 조사연구를 할 때 우울증에 대한 개념 정의는 조사연구의 문제형성 단계이다.

대표기출 확인하기

19-02-04
난이도 ★★☆

사회복지조사를 위한 수행단계로 옳은 것은?

① 문제설정 → 가설설정 → 조사설계 → 자료수집 → 자료분석 → 보고서 작성
② 문제설정 → 가설설정 → 자료수집 → 자료분석 → 조사설계 → 보고서 작성
③ 가설설정 → 문제설정 → 자료수집 → 조사설계 → 자료분석 → 보고서 작성
④ 가설설정 → 문제설정 → 자료수집 → 자료분석 → 조사설계 → 보고서 작성
⑤ 가설설정 → 문제설정 → 조사설계 → 자료수집 → 자료분석 → 보고서 작성

 알짜확인

• 사회복지조사의 과학적 조사절차를 이해해야 한다.

답 ①

✔ **응시생들의 선택**

① 67%	② 13%	③ 6%	④ 4%	⑤ 10%

① 사회복지조사의 과학적 수행과정은 '조사문제형성(설정) → 가설형성(설정) → 조사설계 → 자료수집 → 자료분석 및 해석 → 보고서 작성'으로 진행된다.

➕ 덧붙임

조사연구 과정과 관련해서는 조사연구 과정 전반에 대한 이해를 묻는 문제, 각 단계에 해당하는 경우를 고르는 문제, 순서대로 조사과정을 연결하는 문제 등이 출제되고 있다.

관련기출 더 보기

17-02-17
난이도 ★★★

조사연구 과정의 일부분이다. 이를 올바르게 나열한 것은?

> ㄱ. '대학생들의 전공에 따라 다문화수용성이 다를 것이다'라는 가설설정
> ㄴ. 표본을 추출하여 자료수집
> ㄷ. 대학생들의 다문화수용성에 관한 선행연구 고찰
> ㄹ. 구조화된 설문지 작성

① ㄱ → ㄴ → ㄷ → ㄹ
② ㄱ → ㄷ → ㄴ → ㄹ
③ ㄱ → ㄷ → ㄹ → ㄴ
④ ㄷ → ㄱ → ㄴ → ㄹ
⑤ ㄷ → ㄱ → ㄹ → ㄴ

답 ⑤

✔ **응시생들의 선택**

① 9%	② 21%	③ 18%	④ 23%	⑤ 29%

⑤ 조사연구는 '조사문제 형성 → 가설형성 → 조사설계 → 자료수집 → 자료분석 및 해석 → 보고서 작성'의 과정으로 진행된다. 따라서 대학생들의 다문화수용성에 관한 선행연구를 고찰(문제형성)하고 '대학생들의 전공에 따라 다문화수용성이 다를 것이다'라는 가설을 설정한 다음에 구조화된 설문지를 작성한 뒤 표본을 추출하여 자료를 수집한다.

12-02-12
난이도 ★☆☆

조사연구의 과정에 관한 설명으로 옳지 않은 것은?

① 연구문제의 발견 및 설정은 조사에서 핵심적인 부분이다.
② 가설은 연구문제와 그 이론에 따라 구성되는 것이 바람직하다.
③ 연구문제설정은 가설설정과 조사설계의 전 단계이다.
④ 연구문제설정에서 비용, 시간, 윤리성 등이 고려되어야 한다.
⑤ 조사연구과정은 자료의 분석으로 마무리된다.

답 ⑤

✔ **응시생들의 선택**

① 6%	② 4%	③ 10%	④ 7%	⑤ 73%

⑤ 조사연구과정의 마지막 단계는 조사보고서를 작성하는 것이다.

다음 내용이 왜 틀렸는지를 확인해보자

12-02-12

01 조사연구과정은 **자료의 분석으로 마무리된다.**

> 조사연구과정의 마지막 단계는 조사보고서를 작성하는 것이다.

11-02-02

02 조사과정의 단계는 **연구문제 설정 → 연구주제 선정 → 문헌검토 → 조사설계 → 가설구성 → 설문지 문항 검토 → 자료수집 → 자료분석과 해석 → 보고서 작성의 순서이다.**

> 조사과정의 단계는 연구주제 선정 → 연구문제 설정 → 문헌검토 → 가설구성 → 조사설계 → 설문지 문항 검토 → 자료수집 → 자료분석과 해석 → 보고서 작성의 순서이다.

03 조사과정 중 가설형성 단계는 **양적 연구와 질적 연구에 반드시 포함되어야** 하는 단계이다.

> 조사과정 중 가설형성 단계는 주로 양적 연구에 포함되며, 질적 연구에서는 생략된다.

05-02-04

04 자료수집 방법 결정, 조사대상 선정, 조사도구 작성 및 검증을 하는 단계는 **문제형성 단계이다.**

> 자료를 수집하고 분석하는 전반적인 과정을 계획하는 단계는 조사설계 단계이다.

05 **자료수집 단계는** 선정된 주제와 관련하여 연구대상의 문제를 보다 구체적이고 체계적으로 표현하여 가설로 발전할 수 있도록 체계화하는 과정이다.

> 문제형성 단계는 선정된 주제와 관련하여 연구대상의 문제를 보다 구체적이고 체계적으로 표현하여 가설로 발전할 수 있도록 체계화하는 과정이다.

빈칸에 들어갈 알맞은 말을 채워보자

09-02-11

01 조사대상 변수들 사이의 논리적 구조를 설정하고 가설설정에서 일반화에 이르기까지 필요한 제반활동에 대하여 계획을 세우는 단계는 (   ) 단계이다.

02 연구결과를 객관적으로 증명하고 경험적으로 일반화시키기 위해 일정한 형식으로 기술하여 타인에게 전달하기 위한 (   )을/를 작성한다.

03 (   ) 단계는 선정된 조사문제를 실증적으로 검증 가능하도록 구체화하는 과정이다.

답 **01** 조사설계　**02** 보고서　**03** 가설형성

다음 내용이 옳은지 그른지 판단해보자

01 노인의 우울증에 대한 조사연구를 할 때 우울증에 대한 개념 정의는 문제형성단계이다.　

02 가설은 연구목적과 조사문제와 일관성을 유지하면서 세부적이고 경험적이어야 한다.　

03 과학적 조사자료는 조사자가 직접 수집하는 1차자료와 이미 다른 주체가 수집한 2차자료로 구분된다.　

답 **01** ○　**02** ○　**03** ○

034 분석단위

강의 QR코드

1회독	2회독	3회독
월 일	월 일	월 일

★ ★ ★

최근 10년간 **3문항** 출제

복습 **1** **이론요약**

분석단위의 유형

- 개인: 가장 전형적인 연구대상으로 클라이언트의 개인적 속성이나 지역사회 주민의 욕구조사를 하는 경우 분석단위는 개인이다.
- 집단: 부부, 또래, 동아리, 읍·면·동, 시·도, 국가 등이 있으며, 여기서 집단구성원을 분석단위로 하면 미시조사가 되고 집단 자체를 분석단위로 하면 거시조사가 된다.
- 공식적 사회조직: 지역사회복지관, 시설, 학교, 교회, 시민단체 등을 말한다.
- 사회적 가공물: 신문의 사설, 도서, 그림, 대중음악, 인터넷 등 사회적 존재에 의해 가공된 행위나 결과를 분석하는 것을 말한다.

기본개념

사회복지조사론
pp.55~

분석단위와 관련된 오류

- 생태학적 오류: **집단을 분석단위로 한 조사결과에 기초해 개인(들)에 대한 결론**을 내리는 오류이다. 즉, 집단을 대상으로 한 조사결과에 근거해서 개인에 대해서도 똑같을 것이라고 가정할 때 발생하는 오류이다.
- 개인주의적 오류: **개인을 분석단위로 한 조사결과에 기초해 집단을 단위로 하는 해석(결론)**을 내리는 오류를 말한다. 즉, 개인을 분석단위로 한 조사결과에 기초해 집단에 대해서도 똑같을 것이라고 가정할 때 발생하는 오류이다.
- 환원주의 오류: 사회현상의 원인은 다양한 것이 있을 수 있는데도 불구하고 인간과 사회에 대한 현상들의 원인으로 생각되는 개념이나 변수를 지나치게 제한하거나 한 가지로 환원시킴으로써 **지나친 단순화로 잘못을 범하는 오류**, 즉 복합적 현상을 단 하나 혹은 몇 개의 개념으로 협소하게 설명해 버리는 오류를 말한다.

기출문장 CHECK

01 (22-02-05) 이혼, 폭력, 범죄 등과 같은 분석단위는 사회적 가공물(social artifacts)에 해당한다.

02 (15-02-20) 생태학적 오류는 집단을 분석단위로 한 조사결과에 기초해 개인(들)에 대한 결론을 내리는 오류이다.

03 (08-02-21) 발달장애인 가족구성원의 대처전략이라는 연구에서 분석단위는 개인이다.

04 (03-02-05) 환원주의 오류란 넓은 범위의 인간의 사회적 행위를 지나치게 한정된 변수로 귀착시키려는 오류를 말한다.

대표기출 확인하기

22-02-05 　　난이도 ★★★

분석단위에 관한 설명으로 옳은 것을 모두 고른 것은?

> ㄱ. 이혼, 폭력, 범죄 등과 같은 분석단위는 사회적 가공물(social artifacts)에 해당한다.
> ㄴ. 생태학적 오류는 집단에 대한 조사를 기초로 하여 개인을 분석단위로 주장하는 오류이다.
> ㄷ. 환원주의는 특정 분석단위 또는 변수가 다른 분석단위 또는 변수에 비해 관련성이 높다고 설명하는 경향이 있다.

① ㄴ　　　　　　② ㄱ, ㄴ
③ ㄱ, ㄷ　　　　④ ㄴ, ㄷ
⑤ ㄱ, ㄴ, ㄷ

 알짜확인

• 분석단위의 유형과 이에 해당하는 사례를 이해해야 한다.
• 분석단위와 관련된 오류를 파악해야 한다.

답 ⑤

✔ 응시생들의 선택

① 22%	② 19%	③ 17%	④ 19%	⑤ 23%

⑤ ㄱ. 분석단위 유형 중 사회적 가공물이란 신문의 사설, 도서, 그림, 대중음악, 인터넷 등 사회적 존재에 의해 가공된 행위나 결과를 분석하는 것을 말한다.
ㄴ. 생태학적 오류는 집단을 분석단위로 한 조사결과에 기초해 개인(들)에 대한 결론을 내리는 오류이다. 즉, 집단을 대상으로 한 조사결과에 근거해서 개인에 대해서도 똑같을 것이라고 가정할 때 발생하는 오류이다.
ㄷ. 환원주의(축소주의)는 사회현상의 원인은 다양한 것이 있을 수 있는데도 불구하고 인간과 사회에 대한 현상들의 원인으로 생각되는 개념이나 변수를 지나치게 제한하거나 한 가지로 환원시킴으로써 지나친 단순화로 잘못을 범하는 오류, 즉 복합적 현상을 단 하나 혹은 몇 개의 개념으로 협소하게 설명해 버리는 오류를 말한다.

➕ **덧붙임**

분석단위의 개념, 분석단위의 유형, 분석단위와 관련된 오류 등에 관하여 정리해둘 필요가 있으며, 특히 분석단위의 유형과 오류에 관한 문제는 사례형 문제가 자주 출제되므로 반드시 해당하는 사례와 함께 정리해두어야 한다.

관련기출 더 보기

15-02-20 　　난이도 ★★☆

다음에서 설명하는 오류는?

> 17개 시·도를 조사하여 대학 졸업 이상의 인구비율이 높은 지역이 낮은 지역에 비해 중위소득이 더 높음을 알게 되었다. 이를 통해 학력수준이 높은 사람이 낮은 사람에 비해 소득수준이 높다는 결론에 도달했다.

① 무작위 오류
② 체계적 오류
③ 환원주의 오류
④ 생태학적 오류
⑤ 개체주의적 오류

답 ④

✔ 응시생들의 선택

① 4%	② 22%	③ 19%	④ 43%	⑤ 12%

④ 생태학적 오류는 집단을 분석단위로 한 조사결과에 기초해 개인(들)에 대한 결론을 내리는 오류이다. 즉, 집단을 대상으로 한 조사결과에 근거해서 개인에 대해서도 똑같을 것이라고 가정할 때 발생하는 오류이다.

08-02-21 　　난이도 ★★☆

연구주제와 분석단위가 올바르게 연결되지 않은 것은?

① 사회복지 지출에 있어서의 국가 간 비교 – 국가
② 발달장애인 가족구성원의 대처 전략 – 개인
③ 사회복지사 직무만족도에 영향을 미치는 요인 – 개인
④ 지역 간 재정자립도 비교 – 지역
⑤ 직원 구성에 있어서의 사회복지기관 간 유형 비교 – 개인

답 ⑤

✔ 응시생들의 선택

① 8%	② 15%	③ 12%	④ 9%	⑤ 56%

⑤ 직원 구성에 있어서의 사회복지기관 간 유형 비교에서 분석단위는 기관이다.

다음 내용이 왜 틀렸는지를 확인해보자

08-02-21

01 지역 간 재정자립도 비교에 관한 연구에서 <u>분석단위는 지역에 살고 있는 개인</u>이다.

> 지역 간 재정자립도 비교에 관한 연구에서 분석단위는 지역이다.

02 <u>개인주의적 오류</u>는 집단을 분석단위로 한 조사결과에 기초해 개인(들)에 대한 결론을 내리는 오류이다.

> 집단을 분석단위로 한 조사결과에 기초해 개인(들)에 대한 결론을 내리는 오류는 생태학적 오류이다. 개인주의적 오류는 개인을 분석단위로 한 조사결과에 기초해 집단을 단위로 하는 결론을 내리는 오류를 말한다.

03 흑인 거주비율이 높은 지역의 범죄율이 높다는 조사결과에 기초하여 흑인들이 범죄를 많이 저지른다고 결론짓는 것은 <u>환원주의</u>에 해당한다.

> 흑인 거주비율이 높은 지역의 범죄율이 높다는 조사결과에 기초하여 흑인들이 범죄를 많이 저지른다고 결론짓는 것은 생태학적 오류에 해당한다. 환원주의는 복합적 현상을 단 하나 혹은 몇 개의 개념으로 협소하게 설명해버리는 오류를 말한다.

빈칸에 들어갈 알맞은 말을 채워보자

01 가장 전형적인 연구대상으로 클라이언트의 개인적 속성이나 지역사회 주민의 욕구조사를 하는 경우 분석단위는
(　　　　　)이다.

08-02-21
02 사회복지 지출에 있어서의 국가 간 비교에 관한 연구에서 분석단위는 (　　　　　)이다.

03-02-05
03 넓은 범위의 인간의 사회적 행위를 지나치게 한정된 변수로 귀착시키려는 오류를 (　　　　　)(이)라고 한다.

 01 개인 **02** 국가 **03** 환원주의

다음 내용이 옳은지 그른지 판단해보자

01 20대 부부와 40대 부부사이의 결혼만족도 차이에 관한 연구에서 분석단위는 개인이다. ⊙⊗

02 개인주의적 오류는 개별주의적 오류, 개체주의적 오류라고도 한다. ⊙⊗

03 배아줄기세포에 관한 신문사설을 조사 비교했다면, 이 연구에서 분석단위는 사회적 가공물이다. ⊙⊗

 01 ✕ **02** ◯ **03** ◯

(해설) **01** 20대 부부와 40대 부부사이의 결혼만족도 차이에 관한 연구에서 분석단위는 집단이다.

3장

조사문제와 가설

10년간 출제분포도

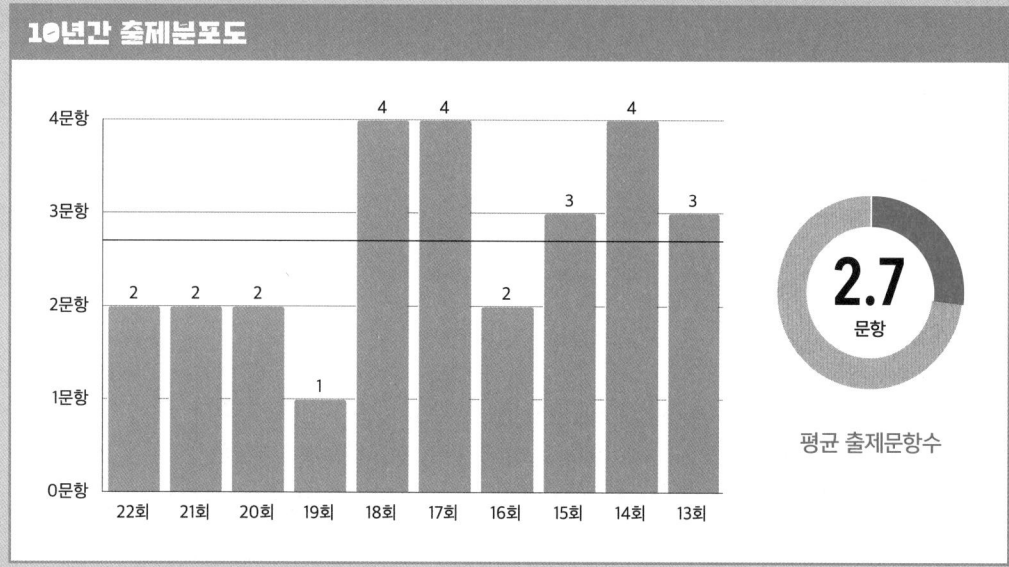

평균 출제문항수

2.7 문항

035 조사문제

1 회독	2 회독	3 회독
월 일	월 일	월 일

최근 10년간 **4문항** 출제

복습 1 이론요약

조사문제의 해결가능성

- 조사문제의 명확한 구조화: 의도가 모호하고 문제 범위가 명확하지 못한 조사문제를 제기할수록 조사문제의 해결가능성은 낮아진다.
- 조사문제에 진술된 용어의 명확한 표현: 문제의 진술에 표현된 용어가 명확하게 정의되어 있지 않으면, 문제가 정확히 이해되지 않으므로 조사문제의 해결가능성은 낮아진다.
- 연구의 경험적 검증가능성과 실현가능성: 조사문제가 경험적 검증과정을 거쳐 수행될 수 없다면 조사문제에 대한 정확한 해답을 구하기 어렵다.

기본개념

사회복지조사론
pp.60~

조사문제의 선정기준

- 독창성: 독창성이란, 기존의 것을 답습하지 않고 비교 분석 또는 재구성하거나 새로운 관점 혹은 견해를 제시하는 것이다.
- 경험적 검증가능성: 사회복지조사는 과학적 조사이기 때문에 경험적 검증가능성이 중요하다. 조사문제로 선정되기 위해서는 그 문제에 대한 해답을 찾는 것이 가능하고 구체적인 가설이 도출될 수 있고 가설에서 사용된 조작적 정의를 통해 경험적으로 측정될 수 있어야 한다.
- 윤리적 배려: 사회복지조사는 사회복지윤리에 지배된다. 조사문제의 해답이 사회구성원의 행복을 증진시키는 데 기여해야 하고 정신적·신체적으로 피해를 주지 않아야 한다.
- 현실적 제한: 조사문제의 해답을 찾는 데 드는 시간적·비용적 노력, 조사인력, 장비 등과 같은 현실적인 상황을 고려해서 해답을 찾아야 한다.

개념적 정의와 조작적 정의

▶ **개념적 정의**

- 명목적 정의라고도 한다.
- 연구대상인 사람, 사물의 속성, 사회적 현상 등의 변수를 <u>개념적으로 정의하는 것</u>이다.
- 사전적 정의와 마찬가지로 특정 용어가 의미하는 바가 무엇인지를 말로 서술해 놓은 것이다.
- 어떤 변수에 대해 개념적 정의를 내리는 과정을 <u>개념화(conceptualization)</u>라 한다.

▶ **조작적 정의**
- 추상적인 개념을 실증적·경험적으로 **측정 가능하도록 구체화한 정의**이다.
- 어떤 변수를 측정할 수 있는 방법이 무엇인지를 제시해주는 것이다.
- 조작적 정의는 추상적 세계와 경험적 세계를 연결하는 중간다리 역할을 한다.
- 어떤 변수에 대해 조작적 정의를 내리는 과정을 **조작화(operationalization)**라 한다.

기출문장 CHECK

01 (21-02-18) 변수의 조작적 정의는 개념적 정의를 실제로 관찰할 수 있는 수준으로 전환시키는 것이다.

02 (16-02-06) 연구문제가 변수 간의 관계를 예측할 필요는 없다.

03 (15-02-08) 조작화를 통해 추상적인 용어를 관찰 가능한 변수로 만들고, 두 가지 이상의 변수들 간의 관계를 경험적으로 검증 가능하도록 진술하는 가설로 만들 수 있다.

04 (14-02-10) 연구문제는 연구의 관심이나 의문의 대상이 서술되어야 한다.

05 (12-02-21) 노인의 우울에 관하여 연구할 때 조작적 정의를 하기 위하여 우울관련 척도를 탐색 후 선정한다.

06 (11-02-13) 조작화 과정의 최종 산물은 수량화이다.

07 (10-02-13) 개념의 조작화는 양적 조사에서 매우 중요한 과정이다.

08 (08-02-03) 개념을 경험적 수준으로 구체화하는 과정은 '개념적 정의 – 조작적 정의 – 변수의 측정'이다.

09 (06-02-06) 신앙심은 종교의식 참여빈도로 조작적 정의할 수 있다.

10 (04-02-07) 연구주제는 기존 연구로 설명이 충분하지 않은 것을 주제로 선정하는 것이 좋다.

11 (02-02-06) 연구문제는 경험적으로 검증 가능해야 한다.

대표기출 확인하기

21-02-18 난이도 ★★☆

변수의 조작적 정의에 관한 설명으로 옳은 것을 모두 고른 것은?

> ㄱ. 개념적 정의를 실제로 관찰할 수 있는 수준으로 전환시키는 것이다.
> ㄴ. 조작적 정의를 하면 개념의 의미가 다양하고 풍부해진다.
> ㄷ. 조작적 정의를 통해 개념이 더욱 추상화된다.
> ㄹ. 조작적 정의가 없어도 가설검증이 가능하다.

① ㄱ
② ㄱ, ㄴ
③ ㄴ, ㄷ
④ ㄱ, ㄴ, ㄷ
⑤ ㄱ, ㄷ, ㄹ

▶ **알짜확인**

- 조사문제의 특성과 선정기준에 관하여 이해해야 한다.
- 개념적 정의와 조작적 정의의 차이에 대해 파악해야 한다.

답 ①

✓ **응시생들의 선택**

| ① 47% | ② 24% | ③ 8% | ④ 12% | ⑤ 9% |

① ㄴ. 조작적 정의를 하면 개념의 의미가 다양하고 풍부해지는 것이 아니라 경험적으로 측정 가능하도록 구체화된다.
　ㄷ. 조작적 정의는 추상적인 개념을 실증적·경험적으로 측정 가능하도록 하는 것이다.
　ㄹ. 가설검증을 위해서는 조작적 정의가 필요하다. 따라서 양적 연구방법에서 사용되어 진다.

➕ **덧붙임**

조사문제에 관해서는 조사문제 설정 및 서술 시 고려해야 하는 사항, 개념적 정의와 조작적 정의에 관한 문제가 주로 출제되고 있다. 특히 개념적 정의와 조작적 정의의 특성을 비교하는 문제가 가장 많이 출제되고 있다. 개념적 정의와 조작적 정의로 이어지는 과정은 추상적 개념을 경험적으로 측정 가능하도록 만드는 과정이기도 하다. 이러한 과정에 대한 설명과 함께 실제 사례를 통해 각 단계에서 이루어지는 작업에 대한 이해를 요구하는 문제들이 출제되고 있다.

관련기출 더 보기

15-02-08 난이도 ★★★

다음 조합된 단어들과 동일한 논리적 구성을 가진 것은?

> 개념화 : 개념 : 명제

① 이론화 : 개념 : 가설
② 이론화 : 가설 : 개념
③ 조작화 : 변수 : 가설
④ 조작화 : 가설 : 변수
⑤ 조작화 : 개념 : 가설

답 ③

✓ **응시생들의 선택**

| ① 20% | ② 9% | ③ 32% | ④ 17% | ⑤ 22% |

③ <보기>에 제시된 단어들의 구성을 살펴보면 개념화를 통해 개념이 되고, 두 가지 이상의 개념이 연결되어 진술을 의미하는 명제가 된다. 이러한 흐름과 동일한 논리적 구조를 보이는 것은 조작화 : 변수 : 가설이다. 조작화를 통해 추상적인 용어를 관찰 가능한 변수로 만들고, 두 가지 이상의 변수들 간의 관계를 경험적으로 검증 가능하도록 진술하는 가설로 만들 수 있다.

14-02-10 난이도 ★★☆

연구문제(research question)의 서술에 관한 설명으로 옳은 것은?

① 주로 평서문 형태로 서술되어야 한다.
② 다루는 범위가 넓게 서술되어야 한다.
③ 연구결과의 함의에 맞추어 서술되어야 한다.
④ 연구의 관심이나 의문의 대상이 서술되어야 한다.
⑤ 정(+)의 관계로 서술되어야 한다.

답 ④

✓ **응시생들의 선택**

| ① 7% | ② 4% | ③ 17% | ④ 67% | ⑤ 5% |

① 주로 의문문 형태로 서술되어야 한다.
② 다루는 범위가 좁게 서술되어야 한다.
③ 함의는 연구문제에 따른 연구결과를 통해 서술된다.
⑤ 정(+)의 관계 또는 부(-)의 관계로 서술되어야 한다.

노인의 우울에 관하여 연구할 때 조작적 정의 (operational definition) 단계에 해당하는 것은?

① 사전(dictionary)을 참고하여 우울을 명확히 정의한다.
② 노인의 우울에 대한 기존 연구 결과를 정리한다.
③ 우울관련 척도를 탐색 후 선정한다.
④ 우울한 노인과 그렇지 않은 노인의 차이에 대해 조사한다.
⑤ 우울한 노인의 현황을 파악한다.

답 ③

✔ 응시생들의 선택

① 23%	② 12%	③ 36%	④ 22%	⑤ 7%

③ 조작적 정의 단계는 추상적인 개념을 실증적, 경험적으로 측정 가능하도록 구체화하는 단계이다. 이를 위해서 개념이나 변수를 측정할 수 있는 측정도구, 즉 척도를 선택하는 과정이 포함된다.

개념의 조작화 과정에 관한 설명으로 옳은 것은?

① 조작적 정의, 명목적 정의, 측정의 순서로 이루어진다.
② 조작적 정의의 개념에 대한 사전적 정의이다.
③ 변수를 조작적으로 정의하는 방법은 한정되어 있다.
④ 조작화 과정의 최종 산물은 수량화이다.
⑤ 질적 조사에서 중요한 과정이다.

답 ④

✔ 응시생들의 선택

① 8%	② 13%	③ 12%	④ 48%	⑤ 20%

① 명목적 정의(= 개념적 정의), 조작적 정의, 측정의 순서로 이루어진다.
② 개념에 대한 사전적 정의는 명목적 정의(혹은 개념적 정의)이다.
③ 조작적 정의는 어떤 개념을 어떻게 측정할지에 대한 방법을 제시하는 것으로 어떤 개념을 조작적으로 정의하는 방법은 많다.
⑤ 조작적 정의나 측정은 추상적 개념을 수량화하기 위한 과정이기 때문에 양적 조사에서 매우 중요한 과정이다.

개념의 조작화에 관한 설명으로 옳지 않은 것은?

① 표준화된 척도는 조작화의 산물이다.
② 추상적 세계와 경험적 세계를 연결하는 작업이다.
③ 명목적 정의(nominal definition)로서 충분히 조작화가 가능하다.
④ 개념적으로 정의된 내용이 실제로 관찰되게 정의하는 것이다.
⑤ 양적 조사에서 매우 중요한 과정이다.

답 ③

✔ 응시생들의 선택

① 4%	② 11%	③ 56%	④ 8%	⑤ 21%

③ 개념화는 추상적 개념을 정교화, 구체화하여 개념적(명목적) 정의를 제시하는 것인데 반하여, 조작화는 추상적인 개념을 실증적이고 경험적으로 측정 가능하도록 구체적인 기준을 제시하는 조작적 정의를 제시하는 것이다. 명목적 정의는 조작화가 아닌 개념화의 요건에 해당한다.

개념을 경험적 수준으로 구체화하는 과정을 순서대로 나열한 것은?

> ㄱ. 조작적 정의
> ㄴ. 개념적 정의
> ㄷ. 변수의 측정

① ㄱ - ㄴ - ㄷ
② ㄴ - ㄱ - ㄷ
③ ㄷ - ㄴ - ㄱ
④ ㄴ - ㄷ - ㄱ
⑤ ㄱ - ㄷ - ㄴ

답 ②

✔ 응시생들의 선택

① 18%	② 56%	③ 20%	④ 4%	⑤ 2%

② 개념적 정의가 조작적 정의에 선행하며, 이후에 정의된 변수를 측정한다. 조작적 정의는 개념적 정의를 특정한 연구목적에 적합하도록 관찰 가능한 일정한 기준으로 변환시킨 것이다.

다음 내용이 **왜 틀렸는지**를 확인해보자

14-02-10

01 연구문제는 다루는 **범위가 넓게** 서술되어야 한다.

> 연구문제가 명확하려면 다루는 범위가 좁게 서술되어야 한다.

02 학업 스트레스를 학업으로 인해 느끼는 불안과 감정이라고 정의한 것은 **조작적 정의**에 해당한다.

> 학업 스트레스를 학업으로 인해 느끼는 불안과 감정이라고 정의한 것은 측정을 가능하게 정의하는 것이 아닌 사전적 의미를 정의하는 것으로써 개념적 정의에 해당한다.

03 조사문제의 선정기준에 있어서 **시간적·비용적 노력, 조사인력, 장비 등과 같은 현실적인 제한들은 고려하지 않아도 된다.**

> 조사문제의 해답을 찾는 데 드는 시간적·비용적 노력, 조사인력, 장비 등과 같은 현실적인 상황을 고려해서 해답을 찾아야 한다.

10-02-13

04 **명목적 정의로서 충분히 조작화가 가능**하다.

> 명목적 정의는 조작화가 아닌 개념화의 요건에 해당한다. 사전적 정의와 마찬가지로 특정 용어가 의미하는 바가 무엇인지를 말로 서술해 놓은 것이다.

06-02-06

05 빈곤을 물질적 결핍상태로 정의하는 것은 **조작적 정의**에 해당한다.

> 빈곤을 물질적 결핍상태로 정의하는 것은 측정을 가능하게 정의하는 것이 아닌 사전적 의미를 정의하는 것으로써 개념적 정의에 해당한다.

06 조사문제에 사용된 용어는 경험적이고 측정 가능해야 하므로 **개념적 정의**를 통해 문제해결 가능성을 높일 수 있다.

> 조사문제에 사용된 용어는 경험적이고 측정 가능해야 하므로 조작적 정의를 통해 문제해결 가능성을 높일 수 있다.

빈칸에 들어갈 알맞은 말을 채워보자

01 (　　　　　　)(이)란 어떤 현상이나 사물의 의미를 추상적인 용어를 사용하여 관념적으로 구성한 것이다.

02 개념적 정의를 (　　　　　)(이)라고도 한다.

15-02-08 → **03** 노인의 우울에 관하여 연구할 때 우울관련 척도를 탐색 후 선정하는 단계는 (　　　　　)에 해당한다.

10-02-13 → **04** 개념의 조작화는 (　　　　　)에서 매우 중요한 과정이다.

> **답**   **01** 개념   **02** 명목적 정의   **03** 조작적 정의   **04** 양적 조사

다음 내용이 옳은지 그른지 판단해보자

21-02-18 → **01** 조작적 정의를 하면 개념의 의미가 다양하고 풍부해진다.

14-02-10 → **02** 연구문제는 반드시 정(+)의 관계로 서술되어야 한다.

03 조작적 정의는 개념적 정의를 벗어나 광범위하게 측정 가능하도록 재정의하는 것이어야 한다.

04 조사문제로 선정되기 위해서는 구체적인 가설이 도출될 수 있고 가설에서 사용된 조작적 정의를 통해 경험적으로 측정될 수 있어야 한다.

08-02-03 → **05** 개념을 경험적 수준으로 구체화하는 과정은 '조작적 정의 – 개념적 정의 – 변수의 측정' 순으로 이루어진다.

> **답**   **01** ×   **02** ×   **03** ×   **04** ○   **05** ×
>
> **해설**   **01** 조작적 정의를 하면 개념의 의미가 다양하고 풍부해지는 것이 아니라 경험적으로 측정 가능하도록 구체화된다.
> **02** 연구문제는 정(+)의 관계 또는 부(–)의 관계로 서술되어야 한다.
> **03** 조작적 정의는 개념적 정의를 벗어나지 않는 범위에서 측정 가능하도록 재정의하는 것이어야 한다.
> **05** 개념을 경험적 수준으로 구체화하는 과정은 '개념적 정의 – 조작적 정의 – 변수의 측정' 순으로 이루어진다.

036 가설

강의 QR코드

최근 10년간 **11문항** 출제

복습 1 이론요약

가설의 정의

- 가설은 **두 개 이상의 변수나 현상 간의 특별한 관계를 검증 가능한 형태**로 서술하여 변수들 간의 관계를 가정/예측하는 진술이나 문장이다.
- 가설은 이론에서 도출되며, 가설에 대한 검증을 통해 이론을 발전시켜 나간다.
- 가설은 검증될 수 있으며, 연구주제의 객관적인 검증을 위한 수단이 되므로 가설의 검증은 과학적 조사연구에서 핵심적인 요소가 된다.
- 가설은 실증적인 확인을 위해 **구체적이어야 하고, 현상과 관련성을 가져야 하며, 아직 진실여부가 확인되지 않은 사실**이다.

기본개념

사회복지조사론
pp.64~

가설의 특성

- 문제해결성: 가설검증을 통해 **연구문제해결에 도움**을 준다.
- 상호연관성: 변수는 2개 이상으로 구성되며 **그것들 간의 관계**를 나타내고 있어야 한다.
- 검증가능성: 경험적으로 검증하기 위해 변수의 **조작적 정의가 필요**하다.
- 명확성: 가설은 **명확해야** 한다.
- 추계성: 가설은 아직 진실 여부가 확인되지 않은 사실이므로 **확률적으로 표현**된다.
- 구체성: 가설은 측정가능한 변수 간의 관계를 나타내므로 **구체적이어야** 한다.

가설의 유형

▶연구가설

- 과학적 가설, 작업가설, 실험가설이라고 불린다. 영가설을 통해 간접적으로 검증된다. 즉, 직접적으로 검증되지 않는다.
- 이론으로부터 도출된 가설로서 검증될 때까지는 조사문제에 대한 잠정적 해답으로 간주되는 가설이다.

▶영가설

- 연구가설을 부정하거나 기각하기 위해(= **연구가설을 반증하기 위해**) 설정하는 가설이다.
- 변수 간의 차이가 없다거나 관계가 없다는 내용으로 서술된다.
- 'A와 B는 관계가 없을 것이다.', 'A에 따라 B는 차이가 없을 것이다.'라는 형식으로 표현된다.

▶ 대립가설

- 영가설에 대립되는 가설, 즉 영가설이 거짓일 때 채택하기 위해 설정되는 가설이다.
- 'A와 B는 관계가 있을 것이다.', 'A에 따라 B는 차이가 있을 것이다.'라는 형식으로 표현된다.

제1종 오류와 제2종 오류

영가설이 참인데도 이를 부정(기각)하는 결정을 하는 오류를 제1종 오류(type I error: α오류)라고 하고, **영가설이 거짓인데도 이를 긍정(채택)하는 결정을 하는 오류를 제2종 오류(type II error: β오류)**라고 한다. 이 두 가지 오류는 하나를 줄이면 다른 하나가 높아지기 때문에 둘 다 낮게 할 수는 없다.

기출문장 CHECK

01 (22-02-07) 연구가설은 그 자체를 직접 검증할 수 없고 영가설을 통해 간접적으로 검증된다.

02 (21-02-04) 연구가설에 대한 반증가설이 영가설이다.

03 (20-02-19) 통계치에 대한 확률(p)이 유의수준(α)보다 낮으면 영가설이 기각된다.

04 (18-02-02) 영가설(null hypothesis)은 변수 간 관계가 우연임을 말하는 가설이다.

05 (18-02-08) 가설은 이론적 배경을 가져야 한다.

06 (17-02-08) '여성의 노동참여율이 높을수록 출산율은 낮을 것이다'라는 가설은 경험적으로 검증할 수 있는 가설이다.

07 (16-02-03) 가설은 변수 간의 관계를 가정하는 문장이다 .

08 (15-02-04) 2종 오류는 실제로는 참이 아닌 영가설을 기각하지 못하는 것을 말한다.

09 (15-02-17) 영가설은 독립변수가 종속변수에 영향을 미치지 않는다고 가정한다.

10 (14-02-11) 영가설은 연구가설을 반증하기 위해 사용되는 가설이다.

11 (13-02-01) 탐색적 조사는 가설을 설정할 필요가 없다.

12 (11-02-25) 바람직한 가설은 변수 간의 관계를 기술하여야 한다.

13 (10-02-14) 영가설은 가설검정에 있어 후건긍정의 오류를 피하기 위한 논리적 필요성 때문에 설정한다.

14 (09-02-03) 가설은 2개 이상의 변수들 간의 관계를 서술한 것이다.

15 (08-02-04) 가설은 이론에 대한 경험적 검증이 가능하다.

16 (07-02-02) 대립가설이란 영가설이 거짓일 때 채택하기 위해 설정하는 가설이다.

17 (06-02-07) 좋은 가설은 변수 간 명확한 관계 정의가 있어야 한다.

18 (05-02-06) 가설 설정 시 다른 이론들과 연관이 있는지를 고려해야 한다.

19 (04-02-06) 귀무가설은 변수 간의 차이가 없다거나 관계가 없다는 내용으로 서술된다.

20 (03-02-06) 연구가설을 검증하기 위해 영가설이 필요하다.

21 (02-02-08) 영가설은 연구가설을 검증하기 위한 가설이다.

대표기출 확인하기

22-02-07 난이도 ★★☆

영가설(null hypothesis)과 연구가설(research hypothesis)에 관한 설명으로 옳은 것은?

① 연구가설은 연구의 개념적 틀 혹은 연구모형으로부터 도출될 수 있다.
② 연구가설은 그 자체를 직접 검증할 수 있다.
③ 영가설은 연구가설의 검정 결과에 따라 채택되거나 기각된다.
④ 연구가설은 수집된 자료에서 나타난 차이나 관계가 표본추출에서 오는 우연에 의한 것으로 진술된다.
⑤ 연구가설은 영가설에 대한 반증의 목적으로 설정된다.

 알짜확인

• 가설의 주요 특성과 작성방법에 대해 파악해야 한다.
• 가설의 유형별 특징을 이해해야 한다.

답 ①

응시생들의 선택

① 50%	② 6%	③ 29%	④ 8%	⑤ 7%

② 연구가설은 그 자체를 직접 검증할 수 없고 영가설을 통해 간접적으로 검증된다.
③ 연구가설은 영가설의 검정 결과에 따라 채택되거나 기각된다.
④ 영가설은 수집된 자료에서 나타난 차이나 관계가 표본추출에서 오는 우연에 의한 것으로 진술된다.
⑤ 영가설은 연구가설에 대한 반증의 목적으로 설정된다.

덧붙임

가설의 원칙과 가설의 유형에 따른 특성 등 가설에 대한 설명으로 옳은 것(옳지 않은 것)을 고르는 형태로 주로 출제되었으며, 최근 시험에서는 영가설에 관한 문제가 자주 출제되고 있다. 영가설의 개념에 관한 내용뿐만 아니라 제1종 오류와 제2종 오류, 유의수준 등 통계적 가설검증에 관한 내용과 접목시켜 출제되기 때문에 문제의 난이도가 높으므로 이에 대비해야 한다.

관련기출 더 보기

21-02-04 난이도 ★★☆

영가설에 관한 설명으로 옳은 것을 모두 고른 것은?

ㄱ. 연구가설에 대한 반증가설이 영가설이다.
ㄴ. 영가설은 변수 간에 관계가 없음을 뜻한다.
ㄷ. 대안가설을 검증하여 채택하는 가설이다.
ㄹ. 변수 간의 관계가 우연이 아님을 증명한다.

① ㄱ, ㄴ	② ㄱ, ㄹ
③ ㄴ, ㄷ	④ ㄱ, ㄷ, ㄹ
⑤ ㄴ, ㄷ, ㄹ	

답 ①

응시생들의 선택

① 47%	② 24%	③ 8%	④ 12%	⑤ 9%

① ㄷ. 영가설은 연구가설을 부정하거나 기각하기 위해 설정하는 가설이다.
ㄹ. 영가설은 변수 간의 관계가 우연임을 말하는 가설이다.

18-02-08 난이도 ★★★

가설에 관한 설명으로 옳은 것을 모두 고른 것은?

ㄱ. 이론적 배경을 가져야 한다.
ㄴ. 변수 간 관계를 가정한 문장이다.
ㄷ. 가설구성을 통해 연구문제가 도출된다.
ㄹ. 창의적 해석이 가능하도록 개방적으로 구성되어야 한다.

① ㄱ, ㄴ	② ㄱ, ㄷ
③ ㄱ, ㄴ, ㄹ	④ ㄴ, ㄷ, ㄹ
⑤ ㄱ, ㄴ, ㄷ, ㄹ	

답 ①

응시생들의 선택

① 35%	② 5%	③ 10%	④ 10%	⑤ 40%

① ㄷ. 연구문제가 먼저 도출된 후 가설구성이 진행된다.
ㄹ. 가설은 경험적으로 검증 가능해야 하므로 객관적이고 명확해야 하며, 측정가능한 변수 간의 관계를 구체적으로 나타내야 한다.

경험적으로 검증할 수 있는 가설의 예로 옳은 것은?

① 불평등은 모든 사회에서 나타날 것이다.
② 대한민국에서 65세 이상인 노인이 전체 인구의 14% 이상이다.
③ 다양성이 존중되는 사회가 그렇지 않은 사회보다 더 바람직하다.
④ 여성의 노동참여율이 높을수록 출산율은 낮을 것이다.
⑤ 모든 행위는 비용과 보상에 의해 결정된다.

답 ④

✅ **응시생들의 선택**

① 5%	② 29%	③ 7%	④ 52%	⑤ 7%

④ 가설은 2개 이상의 변수로 구성되어야 하며, 그것들 간의 관계를 나타내고 있어야 한다. '여성의 노동참여율이 높을수록 출산율은 낮을 것이다.'라는 가설은 여성의 노동참여율과 출산율이란 2개의 변수로 구성되어 있으며, 이 2개의 변수 간에 관계를 나타내고 있으므로 검증 가능하다.

통계적 가설 검정에 관한 설명으로 옳지 않은 것은?

① 신뢰수준을 높이면 1종 오류를 줄일 수 있다.
② 유의수준을 낮추면 1종 오류가 늘어난다.
③ 유의확률이 유의수준보다 낮으면 영가설이 기각된다.
④ 2종 오류가 증가하면 통계적 검정력은 감소한다.
⑤ 2종 오류는 실제로는 참이 아닌 영가설을 기각하지 못하는 것을 말한다.

답 ②

✅ **응시생들의 선택**

① 8%	② 16%	③ 37%	④ 12%	⑤ 27%

② 1종 오류는 영가설이 참인데도 이를 부정(기각)하는 결정을 하는 오류를 말한다. 2종 오류는 영가설이 거짓인데도 이를 긍정(채택)하는 오류를 말한다. 한편, 유의수준은 조사가설이 참이 아닌데 우연히 조사가설과 같은 연구결과가 나올 확률로, 다시 말하면 연구결과를 가지고 조사가설을 받아들임으로써 범할 수 있는 오류의 수준이다. 이것은 제1종 오류의 확률과 같은 것으로 유의수준을 낮추면 1종 오류도 줄어든다.

개입의 효과를 평가하는 연구에서 '두개 모집단의 평균 간에 차이가 없을 것이다'라는 영가설에 관한 설명으로 옳지 않은 것은?

① 위의 가설을 기호로 표시하면 $\mu1 = \mu2$이다.
② 가설검증에서 반드시 필요한 가설이다.
③ 연구자가 참으로 증명되기를 기대하는 가설이다.
④ 개입의 효과가 우연(표본추출오차)에 의해서 발생하였다고 진술하는 가설이다.
⑤ 연구가설을 반증하기 위해 사용되는 가설이다.

답 ③

✅ **응시생들의 선택**

① 8%	② 7%	③ 52%	④ 26%	⑤ 7%

③ 영가설은 연구가설을 부정하거나 기각하기 위해 설정하는 가설이다. 즉, 연구자가 거짓으로 증명되기를 기대하는 가설이다.

양적 연구의 가설에 관한 설명으로 옳지 않은 것은?

① 변수 간 관계를 검증 가능한 형태로 서술한 문장이다.
② 가설은 연구문제 해결에 도움을 줄 수 있다.
③ 영(null)가설은 독립변수가 종속변수에 영향을 미치지 않는다고 설정한다.
④ 하나의 가설에 변수가 많을수록 가설 검증에 유리하다.
⑤ 탐색적 조사는 가설을 설정할 필요가 없다.

답 ④

✅ **응시생들의 선택**

① 1%	② 1%	③ 5%	④ 71%	⑤ 21%

④ 3개 이상의 변수들을 포함하는 가설의 검증은 복잡해질 가능성이 있기 때문에 가능하면 단순한 가설을 만들어 검증하는 것이 적절하다.

다음 내용이 왜 틀렸는지를 확인해보자

15-02-04

01 유의수준을 낮추면 **1종 오류가** 늘어난다.

> 유의수준은 조사가설이 참이 아닌데 우연히 조사가설과 같은 연구결과가 나올 확률로, 다시 말하면 연구결과를 가지고 조사가설을 받아들임으로써 범할 수 있는 오류의 수준이다. 이것은 1종 오류의 확률과 같은 것으로 유의수준을 낮추면 1종 오류도 줄어든다.

15-02-17

02 가설은 반드시 **방향성을 가져야 한다.**

> 반드시 방향성을 가져야 하는 것은 아니다. 방향이 제시되지 않은 비방향성 가설도 존재한다.

13-02-01

03 **연구가설은** 독립변수가 종속변수에 영향을 미치지 않는다고 설정한다.

> 독립변수가 종속변수에 영향을 미치지 않는다고 설정하는 것은 영가설이다.

04 **항상 참인 문장과 항상 거짓인 문장도** 가설이 될 수 있다.

> 항상 참인 문장과 항상 거짓인 문장은 가설이 될 수 없으며, 참일 수도 거짓일 수도 있는 문장이 가설로 사용될 수 있다.

05 가설에서 **변수는 1개 이상으로** 구성되어야 한다.

> 가설은 2개 이상의 변수로 구성되며 그것들 간의 관계를 나타내고 있어야 한다.

06 영가설이 참인데도 이를 부정(기각)하는 결정을 하는 오류를 **제2종 오류라고** 한다.

> 영가설이 참인데도 이를 부정(기각)하는 결정을 하는 오류를 제1종 오류라고 한다.

빈칸에 들어갈 알맞은 말을 채워보자

21-02-04

01 ( )(이)란 영가설이 거짓일 때 채택하기 위해 설정하는 가설이다.

18-02-02

02 ( )은/는 연구가설을 반증하기 위해 사용되는 가설이다.

13-02-01

03 ( ) 조사는 가설을 설정할 필요가 없다.

04 검증하고자 하는 관계의 방향이 제시되지 않는 가설을 ( ) 가설이라고 한다.

05 ( )은/는 과학적 가설, 작업가설, 실험가설이라고 불리며, 영가설을 통해 간접적으로 검증된다.

답 **01** 대립가설 **02** 영가설 **03** 탐색적 **04** 비방향성 **05** 연구가설

다음 내용이 옳은지 그른지 판단해보자

17-02-08

01 "여성의 노동참여율이 높을수록 출산율은 낮을 것이다."라는 가설은 경험적으로 검증할 수 있다. ◎ ✕

02 가설은 이론에서 도출되며, 가설에 대한 검증을 통해 이론을 발전시켜 나간다. ◎ ✕

03 3개 이상의 변수들을 포함하는 가설의 검증은 보다 수월하게 검증할 수 있다. ◎ ✕

11-02-25

04 가설은 반드시 정(+)의 관계로 기술되어야 한다. ◎ ✕

05 영가설을 설정하는 근거는 가설은 검증되는 것이 아니라 반증되는 것이라는 포퍼의 반증주의에 있다. ◎ ✕

06 조사문제가 형성되었으면 이것을 바탕으로 경험적으로 검증 가능한 명제 형태의 가설을 구성한다. ◎ ✕

07 $p < .05$의 유의수준은 제2종 오류가 있을 확률이 5% 미만이라고 할 수 있다. ◎ ✕

08 가설을 경험적으로 검증하기 위해서는 변수의 조작적 정의가 필요하다. ◎ ✕

(답) **01** ○ **02** ○ **03** ✕ **04** ✕ **05** ○ **06** ○ **07** ✕ **08** ○

(해설) **03** 3개 이상의 변수들을 포함하는 가설의 검증은 복잡해질 가능성이 있기 때문에 가능하면 단순한 가설을 만들어 검증하는 것이 적절하다.
04 가설은 변수 간 관계의 성격에 따라 정(+)의 관계로도, 부(-)의 관계로도 기술될 수 있다.
07 $p < .05$의 유의수준은 제1종 오류가 있을 확률이 5% 미만이라고 할 수 있다.

037 변수

강의 QR코드

1회독	**2**회독	**3**회독
월 일	월 일	월 일

최근 10년간 **12문항** 출제

이론요약

변수의 의미

- 개념: 정신적 이미지 또는 인식으로서 어떤 현상이나 사물의 의미를 추상적인 용어를 사용하여 관념적으로 구성한 것이다.
- 변수: 한 연속선상에서 둘 이상의 값을 가지는 개념으로서 연구대상의 속성에 계량적인 수치를 부여하여 경험적으로 측정 가능하게 하는 개념이다.
- 상수: 결코 변하지 않는 단 하나의 값을 갖는 것으로써 일부 변수들은 숫자에 의해서라기보다는 낱말부호로 지정된 범주를 가지고 있다.

기본개념

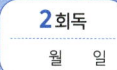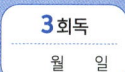

사회복지조사론
pp.70~

변수의 종류

- 독립변수: 조사하고자 하는 사건이나 상황을 발생시키는 <u>**원인이 되는 변수**</u>이다.
- 종속변수: 다른 변수에 영향을 받는 <u>**결과가 되는 변수**</u>이다.
- 매개변수: 종속변수에 일정한 영향을 주는 변수로서, 독립변수와 종속변수 사이에 개입하여 <u>**두 변수를 연결하는 변수**</u>이다.
- 조절변수: 독립변수가 종속변수에 미치는 영향력의 강도, <u>**방향을 조절하는 변수**</u>이다.
- 외생변수: 원래 관계가 없는 독립변수와 종속변수의 관계를 관계가 있는 것처럼 <u>**가식적 관계(허위관계)로 만드는 변수**</u>이다.
- 억압(억제)변수: 원래 관계가 있는 두 변수가 제3의 변수로 인해 관계가 없는 것처럼 보이는 <u>**가식적 영관계**</u>가 나타난 경우, 이때의 제3의 변수를 억압변수라고 한다.
- 통제변수: 독립변수와 종속변수의 관계에 영향을 미칠만한 제3의 변수, 즉 외생변수, 매개변수, 조절변수, 억제변수들 중 연구자가 중점적으로 보고자 하는 변수들의 실제적 관계를 검증하기 위해 <u>**조사과정에 영향을 미치지 않도록 통제하는 변수**</u>이다.

01 (22-02-06) 독립변수는 설명변수이고, 종속변수는 결과변수이다.

02 (20-02-08) 통제변수는 제3의 변수 중 조사설계에서 조사자가 통제하려는 변수이다.

03 (19-02-05) 독립변수 앞에서 독립변수에 영향을 주는 변수를 선행변수라고 한다.

04 (18-02-05) 조절변수는 독립변수와 종속변수 간의 관계의 강도나 방향에 영향을 미치는 변수이다.

05 (18-02-24) 명목변수로 분석가능한 통계수치는 최빈값이다.

06 (17-02-04) '사회복지사의 근무지역에 따른 직업만족도 차이의 연구'라는 논문의 제목에서 알 수 있는 것은 독립변수, 종속변수, 분석단위, 독립변수의 측정수준이다.

07 (17-02-13) 종속변수를 유발할 수 있는 독립변수 이외의 변수들을 총칭하여 외생변수라고 한다.

08 (17-02-21) 변수는 연속형 또는 비연속형으로 측정될 수 있다.

09 (14-02-07) 모든 측정수준(명목, 서열, 등간, 비율)의 변수가 매개변수로 사용될 수 있다.

10 (14-02-13) '청소년이 제공받은 전문가 지지는 외상경험이 정신건강에 미치는 부정적 영향을 완화시켜 줄 것이다'라는 가설에서 전문가 지지는 조절변수이다.

11 (13-02-07) 독립변수와 종속변수의 관계를 밝히기 위해 실제 자료의 통계분석에서 사용하는 변수로는 조절변수, 통제변수, 매개변수 등이 있다.

12 (13-02-10) '연령의 많고 적음에 따라서 지역사회응집력에 거주기간이 미치는 영향력은 다를 것이다'라는 가설에서 연령은 조절변수이다.

13 (12-02-04) '소득이 삶의 만족도에 미치는 영향은 성별에 따라 다르다'라는 가설은 조절변수를 활용한 가설이다.

14 (12-02-19) 독립변수는 모든 형태의 척도(명목, 서열, 등간, 비율)가 활용될 수 있다.

15 (11-02-21) 복지정책이 소득수준 향상의 원인일 때 복지정책은 독립변수이다.

16 (10-02-11) 통제변수는 독립변수와 종속변수 간의 허위적 관계를 밝히는 데 활용된다.

17 (09-02-13) 독립변수는 예측변수, 종속변수는 피예측변수이다.

18 (09-02-23) '교사의 지지가 높으면 집단따돌림이 아동의 자아존중감에 미치는 영향을 감소시킬 것이다'라는 가설에서 교사의 지지는 조절변수이다.

19 (08-02-02) '사회복지사의 전문성은 실천관계를 향상시켜 궁극적으로는 클라이언트의 만족도에 영향을 미칠 것이다'라는 가설에서 실천관계는 매개변수이다.

20 (05-02-07) '사회복지시설 근무자의 업무 자율성은 자아실현 충족을 높이고 높아진 자아실현 충족은 업무 능률성을 향상시킨다'라는 가설에서 자아실현 충족은 매개변수이다.

21 (04-02-05) 종속변수는 독립변수에 의해 설명된다.

22 (02-02-09) '사회복지기관에 1급 사회복지사가 많으면 서비스 질이 높아진다'라는 가설에서 서비스 질은 종속변수이다.

대표기출 확인하기

22-02-06   난이도 ★★☆

변수에 관한 설명으로 옳지 않은 것은?

① 매개변수(mediating variable)는 독립변수의 영향을 받아 종속변수에 영향을 미치는 변수이다.
② 통제변수(control variable)는 독립변수와 종속변수의 관계에 영향을 줄 수 있기 때문에 통제대상이 되는 변수이다.
③ 독립변수는 결과변수이고, 종속변수는 설명변수이다.
④ 조절변수(moderating variable)는 독립변수와 종속변수 간의 관계의 강도에 영향을 미칠 수 있다.
⑤ 변수들 간의 관계는 그 속성에 따라 직선이 아닌 곡선의 형태로도 나타날 수 있다.

 알짜확인

- 변수의 의미를 이해해야 한다.
- 변수의 종류별 특징을 살펴보고 이에 해당하는 사례를 접목시켜 이해해야 한다.

답 ③

✔ **응시생들의 선택**

① 2%	② 5%	③ 86%	④ 3%	⑤ 4%

③ 독립변수가 설명변수이고, 종속변수는 결과변수이다. 독립변수는 인과관계에서 다른 변수의 변화를 일으키는 변수로서 인과에서 '원인'을 나타내며, 원인변수, 설명변수, 예측변수라고도 부른다. 종속변수는 다른 변수에 영향을 받지만, 다른 변수에 영향을 미칠 수 없는 변수로서 인과관계에서 '결과'를 나타내며, 결과변수, 피설명변수, 피예측변수, 반응변수, 가설적 변수라고도 부른다.

➕ **덧붙임**

변수의 종류에 따른 특징과 기능을 구분하는 문제나 가설 사례에서 변수의 종류를 구분하는 유형이 주로 출제되고 있다. 특히 매개변수, 조절변수, 통제변수가 가장 많이 출제되므로 의미를 명확하게 구분해서 이해할 필요가 있다. 대부분 사례형태로 제시되기 때문에 조사사례를 보고 무엇이 독립변수이고, 종속변수인지 그리고 그 둘 사이에 영향을 미치는 성격에 따라 제3의 변수가 무엇인지를 구분할 수 있어야 한다.

관련기출 더 보기

20-02-08   난이도 ★★★

다음 사례에서 부모의 재산은 어떤 변수인가?

> 한 연구에서 부모의 학력이 자녀의 대학 진학률에 영향을 미치는 것으로 나타났다. 그러나 부모의 재산이 비슷한 조사대상에 한정하여 다시 분석해 본 결과, 부모의 학력과 자녀의 대학 진학률 사이에는 통계적으로 유의미한 관계가 없는 것으로 나타났다.

① 독립변수
② 종속변수
③ 조절변수
④ 억제변수
⑤ 통제변수

답 ⑤

✔ **응시생들의 선택**

① 7%	② 5%	③ 22%	④ 28%	⑤ 38%

⑤ 독립변수는 '부모의 학력'이 되고, 종속변수는 '자녀의 대학 진학률'이 된다. 사례에서 의도적으로 '부모의 재산'이 비슷한 조사대상을 한정시켜 다시 분석했다는 것은 '부모의 재산'을 통제시켰다는 의미이다. 즉, 외생변수인 '부모의 재산'을 의도적으로 통제시켜서(비슷한 수준의 조사대상을 한정시켜서) 다시 분석했다는 것이므로 '부모의 재산'은 통제변수가 된다.

다음 (   )에 알맞은 내용으로 옳은 것은?

> - 독립변수 앞에서 독립변수에 영향을 주는 변수를 (ㄱ)라고 한다.
> - 독립변수의 결과인 동시에 종속변수의 원인이 되는 변수를 (ㄴ)라고 한다.
> - 다른 변수에 의존하지만 다른 변수에 영향을 미칠 수 없는 변수를 (ㄷ)라고 한다.
> - 독립변수와 종속변수 모두에 영향을 미치는 제3의 변수를 (ㄹ)라고 한다.

① ㄱ: 외생변수, ㄴ: 더미변수, ㄷ: 종속변수, ㄹ: 조절변수
② ㄱ: 외생변수, ㄴ: 매개변수, ㄷ: 종속변수, ㄹ: 더미변수
③ ㄱ: 선행변수, ㄴ: 조절변수, ㄷ: 종속변수, ㄹ: 외생변수
④ ㄱ: 선행변수, ㄴ: 매개변수, ㄷ: 외생변수, ㄹ: 조절변수
⑤ ㄱ: 선행변수, ㄴ: 매개변수, ㄷ: 종속변수, ㄹ: 외생변수

답 ⑤

✅ 응시생들의 선택

① 1%	② 4%	③ 5%	④ 23%	⑤ 67%

⑤
- 독립변수 앞에서 독립변수에 영향을 주는 변수를 선행변수라고 한다. 선행변수를 통제해도 독립변수와 종속변수 사이의 관계는 사라지지 않지만, 독립변수를 통제하면 선행변수와 종속변수 사이의 관계는 사라진다.
- 독립변수의 결과인 동시에 종속변수의 원인이 되는 변수를 매개변수라고 한다. 독립변수와 종속변수를 중간에서 연결시켜 두 변수가 간접적으로 관계를 갖게 한다.
- 다른 변수에 의존하지만 다른 변수에 영향을 미칠 수 없는 변수를 종속변수라고 한다. 독립변수의 영향을 받아 일정한 결과를 나타내는 변수이다.
- 독립변수와 종속변수 모두에 영향을 미치는 제3의 변수를 외생변수라고 한다. 독립변수와 종속변수의 가식적 관계를 만드는 변수이다.

또래관계증진 프로그램이 결혼이민자 가정 자녀들의 자아정체감에 미치는 영향을 평가하는 연구를 실시하고자 한다. 이때 자아정체감의 차이를 불러올 수 있는 부모의 사회경제적 지위는 다음 중 무엇에 해당하는가?

① 산출변수
② 외생변수
③ 투입변수
④ 종속변수
⑤ 전환변수

답 ②

✅ 응시생들의 선택

① 3%	② 74%	③ 11%	④ 6%	⑤ 6%

② 독립변수(또래관계증진 프로그램)와 종속변수(자아정체감)의 관계를 대안적으로 설명하는 제3의 변수(부모의 사회경제적 지위)는 외생변수이다. 종속변수를 유발할 수 있는 독립변수 이외의 변수들을 총칭하여 외생변수라고 한다. 외생변수인 부모의 사회경제적 지위를 통제하지 않으면 독립변수인 또래관계증진 프로그램과 종속변수인 자아정체감의 관계가 잘못 설명되어져 결과인 자아정체감의 차이를 불러올 수 있다.

다음 가설에서 ㄱ~ㄷ이 의미하는 변수의 종류를 바르게 짝지은 것은?

> 청소년이 제공받은 전문가 지지(ㄱ)는 외상경험(ㄴ)이 정신건강(ㄷ)에 미치는 부정적 영향을 완화시켜 줄 것이다.

① ㄱ: 독립변수, ㄴ: 매개변수, ㄷ: 조절변수
② ㄱ: 조절변수, ㄴ: 독립변수, ㄷ: 종속변수
③ ㄱ: 독립변수, ㄴ: 종속변수, ㄷ: 통제변수
④ ㄱ: 통제변수, ㄴ: 종속변수, ㄷ: 매개변수
⑤ ㄱ: 매개변수, ㄴ: 독립변수, ㄷ: 종속변수

답 ②

✅ 응시생들의 선택

① 5%	② 63%	③ 3%	④ 1%	⑤ 28%

② 외상경험이 정신건강에 미치는 영향에 관한 연구인 것으로 보아 외상경험은 독립변수, 정신건강은 종속변수가 된다. 이 연구에서 청소년이 제공받은 전문가 지지가 두 변수의 관계의 강도나 방향에 영향을 미치므로 전문가 지지는 조절변수이다.

다음 가설에서 ㄱ~ㄷ이 의미하는 것을 바르게 짝지은 것은?

> 연령(ㄱ)의 많고 적음에 따라서 지역사회응집력(ㄴ)에 거주기간(ㄷ)이 미치는 영향력은 다를 것이다.

① ㄱ: 조절변수, ㄴ: 독립변수, ㄷ: 종속변수
② ㄱ: 독립변수, ㄴ: 종속변수, ㄷ: 매개변수
③ ㄱ: 조절변수, ㄴ: 종속변수, ㄷ: 독립변수
④ ㄱ: 독립변수, ㄴ: 매개변수, ㄷ: 종속변수
⑤ ㄱ: 매개변수, ㄴ: 종속변수, ㄷ: 독립변수

답 ③

✔ 응시생들의 선택

① 16%	② 8%	③ 61%	④ 12%	⑤ 4%

③ 가설에서는 거주기간(독립변수)이 지역사회응집력(종속변수)에 미치는 영향력을 연령이 조절하고 있다고 볼 수 있다. 따라서 연령은 조절변수에 해당한다. 조절변수란 독립변수가 종속변수에 미치는 영향력을 조절하는 변수이다.

조절변수를 활용한 가설에 해당하는 것은?

① 소득은 삶의 만족도에 영향을 미친다.
② 소득이 삶의 만족도에 미치는 영향은 성별에 따라 다르다.
③ 소득과 삶의 만족도는 밀접한 관계가 있다.
④ 소득은 의료접근성을 통하여 삶의 만족도에 영향을 미친다.
⑤ 비슷한 소득일 때 거주지역에 따라 삶의 만족도는 차이가 난다.

답 ②

✔ 응시생들의 선택

① 5%	② 28%	③ 6%	④ 26%	⑤ 35%

② 조절변수란 독립변수와 종속변수 간의 관계의 강도나 방향에 영향을 미치는 변수를 말한다. 소득이라는 독립변수가 삶의 만족도라는 종속변수에 미치는 영향이 성별에 따라 다르다고 했기 때문에 성별은 조절변수가 된다.

변수에 관한 설명으로 옳은 것은?

① 독립변수는 모든 형태의 척도(명목, 서열, 등간, 비율)가 활용될 수 있다.
② 매개변수는 독립변수와 종속변수에게 영향을 미친다.
③ 통제변수는 종속변수와 관련성이 없어야 한다.
④ 조절변수는 독립변수에게 영향을 미친다.
⑤ 종속변수의 수는 외생변수의 수에 따라 결정된다.

답 ①

✔ 응시생들의 선택

① 28%	② 44%	③ 11%	④ 11%	⑤ 6%

② 매개변수는 독립변수의 결과인 동시에 종속변수의 원인이 되는 변수이다. 시간적으로 독립변수 다음에 위치하며, 종속변수에만 영향을 미치는 변수이다.
③ 통제변수란 독립변수와 종속변수의 인과관계에 영향을 주는 제3의 변수 중 통제하려는 변수를 말한다. 통제변수는 종속변수와 관련성이 있다.
④ 조절변수란 독립변수와 종속변수의 관계의 강도나 방향에 영향을 미치는 변수이다. 조절변수는 종속변수에 영향을 미친다.
⑤ 종속변수의 수가 외생변수의 수에 따라 결정되는 것은 아니다.

변수 간의 관계에 대한 설명으로 옳지 않은 것은?

① 복지정책이 소득수준 향상의 원인일 때 복지정책은 독립변수이다.
② 소득수준 향상이 경제발전의 결과라면 소득수준은 종속변수이다.
③ 경제수준이 비슷한 국가를 대상으로 복지정책의 빈곤감소효과를 조사할 때 경제수준은 통제변수이다.
④ 경제발전으로 복지정책의 재원이 늘어 생활수준이 향상되었다면 경제발전은 매개변수이다.
⑤ 경제여건에 따라 복지정책의 빈곤감소효과가 달라진다면 경제여건은 조절변수이다.

답 ④

✔ 응시생들의 선택

① 4%	② 12%	③ 34%	④ 40%	⑤ 10%

④ A(경제발전)가 B(복지정책 재원)에 영향을 미쳐 C(생활수준)가 향상되었다면, 여기서 A는 독립변수, B는 매개변수, C는 종속변수가 된다.

다음 내용이 왜 틀렸는지를 확인해보자

17-02-21

01 변수는 직접 관찰할 수 있는 것들만 측정한 것이다.

> 변수는 한 연속선상에서 둘 이상의 값을 가지는 개념이며, 연구대상의 속성에 계량적인 수치를 부여하여 측정가능하게 하는 것으로써 직접 관찰할 수 있는 것들만 측정한 것은 아니다.

---

02 조절변수는 독립변수와 종속변수 간의 관계의 강도나 방향에 영향을 미치는 변수로서 **독립변수가 없으면 존재할 수 없다.**

> 조절변수는 독립변수와 종속변수 간의 관계의 강도나 방향에 영향을 미치는 변수로서 독립변수가 없어도 존재할 수 있다.

---

03 직장 동료와의 관계가 좋으면 직장 만족도가 높아져 근로자의 장기근속에 영향을 미친다는 가설에서 **직장 만족도는 조절변수에 해당**한다.

> 직장 동료와의 관계는 독립변수, 직장 만족도는 매개변수, 근로자의 장기근속은 종속변수에 해당한다.

10-02-11

04 **매개변수**는 독립변수와 종속변수 간의 허위적 관계를 밝히는 데 활용된다.

> 통제변수는 독립변수와 종속변수 간의 허위적 관계를 밝히는 데 활용된다.

07-02-26

05 '실업의 결정요인에 관한 연구: 고용지원센터 이용자를 중심으로'라는 논문의 제목만으로 알 수 있는 사항은 **독립변수, 종속변수, 분석단위**이다.

> 독립변수(종속변수인 실업에 영향을 미치는 각종 원인들)에 대한 내용은 구체적으로 나타나 있지 않다.

---

06 사례관리 개입이 퇴원한 정신질환자들의 지역사회 적응수준을 증가시킨다고 하면, **독립변수는 지역사회 적응수준이고 종속변수는 사례관리 개입 여부**이다.

> 사례관리 개입이 퇴원한 정신질환자들의 지역사회 적응수준을 증가시킨다고 하면, 독립변수는 사례관리 개입 여부이고 종속변수는 지역사회 적응수준이다.

빈칸에 들어갈 알맞은 말을 채워보자

19-02-05

01 독립변수와 종속변수 모두에 영향을 미치는 제3의 변수를 (   )(이)라고 한다.

12-02-19

02 (   )은/는 독립변수의 결과인 동시에 종속변수의 원인이 되는 변수이다.

03 제3의 변수로 인해 두 변수의 실제 관계를 정 반대의 관계로 나타나게 하는 변수를 (   )(이)라고 한다.

04 (   )은/는 한 연속선상에서 둘 이상의 값을 가지는 개념으로서 연구대상의 속성에 계량적인 수치를 부여하여 경험적으로 측정 가능하게 하는 개념이다.

05 A는 B에 영향을 미친다는 가설에서 A는 (   )이다.

11-02-21

06 경제발전으로 복지정책의 재원이 늘어 생활수준이 향상되었다면 복지정책의 재원은 (   )이다.

07 (   )은/는 다른 변수에 영향을 받지만, 다른 변수에 영향을 미칠 수 없는 변수로서 인과관계에서 결과를 나타낸다.

08 원래 관계가 있는 두 변수가 제3의 변수로 인해 관계가 없는 것처럼 보이는 가식적 영관계가 나타난 경우, 이때의 제3의 변수를 (   )(이)라고 한다.

 답 **01** 외생변수 **02** 매개변수 **03** 왜곡변수 **04** 변수 **05** 독립변수 **06** 매개변수 **07** 종속변수 **08** 억압변수

다음 내용이 옳은지 그른지 판단해보자

01 [14-02-07] 매개변수가 2개 이상인 연구모형이 가능하다. ◎ ⊗

02 [12-02-19] 독립변수는 모든 형태의 척도(명목, 서열, 등간, 비율)가 활용될 수 있다. ◎ ⊗

03 [09-02-13] 선행변수를 통제해도 독립변수와 종속변수 간의 관계는 유지된다. ◎ ⊗

04 독립변수는 결과변수, 피설명변수라고도 부른다. ◎ ⊗

05 통제변수는 종속변수에 이르는 시간적 전후 관계와 논리적 과정에 대한 이해를 가능케 함으로써 인과관계에 대해 정확히 규명할 수 있도록 한다. ◎ ⊗

06 두 변수 사이의 관계가 가식적 관계인지 아닌지를 밝히기 위해서는 외생변수를 통제해야 한다. ◎ ⊗

07 종속변수는 독립변수의 영향을 받아 일정한 결과를 나타내는 변수로서 실험설계에서는 관찰대상의 속성이 종속변수에 해당된다. ◎ ⊗

08 독립변수와 종속변수 이외의 변수를 총칭하여 제3의 변수라고 한다. ◎ ⊗

09 독립변수와 종속변수에 영향을 미칠 법한 외생변수, 매개변수, 조절변수, 억제변수 등을 조사에서 실제 통제시키면 이때부터 통제변수가 된다. ◎ ⊗

10 상수(constant)란 결코 변하지 않는 단 하나의 값을 갖는 것이다. ◎ ⊗

답 01 ○ 02 ○ 03 ○ 04 × 05 × 06 ○ 07 ○ 08 ○ 09 ○ 10 ○

해설 **04** 결과변수, 피설명변수는 종속변수를 말한다. 독립변수는 원인변수, 설명변수, 예측변수라고도 부른다.
05 매개변수는 종속변수에 이르는 시간적 전후 관계와 논리적 과정에 대한 이해를 가능케 함으로써 인과관계에 대해 정확히 규명할 수 있도록 한다.

4장

조사설계와 인과관계

이 장에서는

조사설계의 내적 타당도와 외적 타당도의 특징, 조사설계의 내적 타당도와 외적 타당도의 저해요인 및 통제방법,
인과관계의 논리 등을 다룬다.

10년간 출제분포도

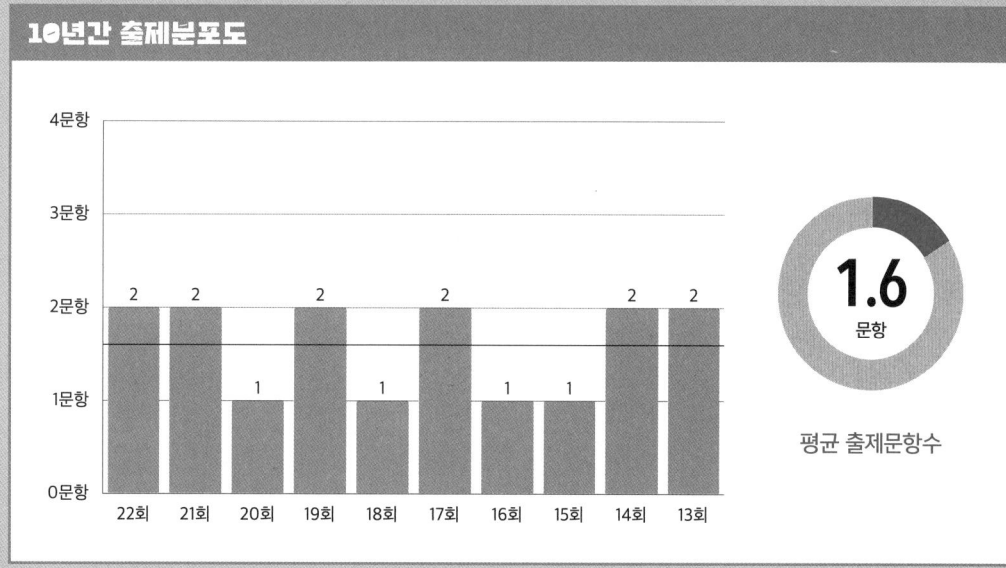

평균 출제문항수

1.6
문항

038 조사설계의 타당도

강의 QR코드

최근 10년간 **15문항** 출제

복습 **1** **이론요약**

조사설계의 의미와 목적

- 조사문제의 답을 얻기 위한 조사연구의 계획, 구조, 전략 등을 포괄하는 것으로써 조사의 전반적인 과정을 의미한다.
- 연구자에게 타당성이 있고 객관적이며 정확하고 경제적으로 조사문제의 해답을 제공한다.
- 가설상의 조사질문을 신뢰할 수 있고 타당한 해답을 구할 수 있도록 만든다.
- 변수 간의 관계가 검증될 수 있도록 만들면, 관찰이나 분석의 방향을 제시한다.
- 통계분석의 방법을 제시하며, 가능한 결론의 윤곽을 제시한다.

기본개념
사회복지조사론
pp.84~

조사설계의 타당도

- 내적 타당도: 어떤 연구결과 각 변수 사이의 인과관계를 추론해 보았을 때, 어느 한 쪽의 변수가 다른 쪽 변수의 **원인이 되는지를 확신할 수 있는 정도**를 말한다. 조사설계에서는 내적 타당도와 외적 타당도 가운데 우선적으로 내적 타당도를 높이는 것이 중요하며, 연구의 내적 타당도는 그 연구가 내적 타당도의 다양한 저해요인을 얼마나 잘 통제했는지 여부에 따라 정해진다.
- 외적 타당도: 어떤 연구결과에 기술된 인과관계가 그 연구의 조건을 넘어서서 **일반화될 수 있는 정도**를 의미한다. 내적 타당도의 핵심이 '인과관계'라면, 외적 타당도의 핵심은 '일반화'이다.

내적 타당도

▶ **내적 타당도 저해요인**
- 역사(우연한 사건): 사전-사후 검사 사이에 발생하는 통제 불가능한 사건이다.
- 성장(성숙, 시간적 경과): 연구 기간 중에 발생하는 개인의 신체적·심리적 성숙을 말한다.
- 검사(측정, 테스트, 시험효과, 주시험효과): 사전검사가 사후검사에 영향을 미쳐 변수 간 변화를 초래하는 것이다.
- 도구요인(도구, 도구화): 검사효과를 제거하기 위해 사전-사후 검사 시 서로 다른 척도를 사용하거나 신뢰도가 낮은 척도를 사용할 경우 전후 차이가 진정한 변화인지 알 수 없다.
- 통계적 회귀: 종속변수의 값이 지나치게 높거나 지나치게 낮은 사람들을 실험집단으로 선택했을 경우 다음 검사에는 독립변수의 효과가 없더라도 높은 집단은 낮아지고 낮은 집단은 높아지는 현상을 말한다.

- 피험자의 상실(실험대상의 변동, 탈락, 소멸): 실험과정에서 일부 실험대상자가 이사, 사망, 질병, 싫증 등의 사유로 탈락하는 경우 조사대상의 표본 수가 줄어들면서 잘못된 실험결과가 될 수 있다.
- 선택과의 상호작용: 선택의 편의가 있을 때 잘못된 선택과 역사 또는 성장이 상호작용하여 문제를 일으키는 것이다.
- 인과관계 방향의 모호성: 독립변수와 종속변수 간에 어느 것이 원인인지 불확실해서 인과관계의 방향을 결정하기 어려운 경우가 있다.
- 확산/모방: 실험집단의 효과가 통제집단에 전파되어 두 집단 간의 차이가 약해져 비교가 어려워지는 경우를 말한다.
- 선정상의 편견(편향된 선별, 선택적 편의): 조사대상을 실험집단과 통제집단으로 나눌 때 종속변수에 영향을 미칠 수 있는 요인이 어느 한 집단으로 편향되는 경우이다.

▶ **내적 타당도를 높이는 방법**
- 무작위 할당: 연구대상자들을 실험집단과 통제집단에 유사한 속성으로 배치하는 방법이다.
- 배합/짝짓기: 연구주제에 영향을 미칠 것이라고 여겨지는 속성을 실험집단과 통제집단에 동일하도록 만드는 방법이다.
- 통계적 통제: 통제해야 할 변수들을 독립변수로 간주하여 실험설계에 포함시키고 실험을 실시한 후 결과를 분석함에 있어 통계적으로 그 영향을 통제하는 방법이다.

외적 타당도

▶ **외적 타당도 저해요인**
- 표본의 대표성: 연구결과를 실제 상황에 일반화할 수 있으려면 연구대상이 모집단을 대표해야 한다.
- 연구환경과 절차: 연구의 환경이나 절차들도 모집단의 일반적인 상황과 유사해야 한다.
- 실험조사에 대한 반응성: 조사대상자가 자신이 실험에 참여하고 있다는 것을 의식하지 않아야 한다.

▶ **외적 타당도를 높이는 방법**
- 표본의 대표성: 확률적 표집 또는 무작위 표집으로 대표성을 높일 수 있다.
- 가실험효과 통제: 조사상황을 피험자에게 알리지 않거나 가실험통제집단 설계를 사용한다.

01 (22-02-24) 통계적 회귀는 프로그램의 개입과 관계없이 사후검사 측정치가 평균값에 근접하려는 경향을 말한다.

02 (21-02-07) 어떤 변수가 다른 변수의 원인임을 정확하게 기술하는 것이 내적 타당도이다.

03 (21-02-14) 자발적 참여자만을 대상으로 연구표본을 구성하게 되면 연구의 외적 타당도가 저해된다.

04 (19-02-07) 외적 타당도를 높이기 위해서는 확률표집방법으로 연구대상을 선정하거나 표본크기를 크게 하여야 한다.

05 (19-02-18) 연구 참여자의 반응성은 외적 타당도를 저해하는 요인이다.

06 (18-02-12) 사전점수가 매우 높은 집단을 선정하면 내적 타당도를 저해한다.

07 (17-02-03) 외적 타당도를 높이는 중요한 전략 중 하나는 연구를 반복적으로 실시하여 결과를 축적하는 것이다.

08 (16-02-21) 선정편향은 조사설계의 타당도 저해요인으로서 조사대상을 실험집단이나 통제집단으로 나눌 때 종속변수에 영향을 미칠 수 있는 요인이 어느 한 집단으로 편향되는 경우를 말한다.

09 (15-02-10) 역사, 성숙, 중도탈락은 조사설계의 내적 타당도 저해요인에 해당한다.

10 (14-02-02) 동일한 프로그램의 효과성이 서울과 제주에서 같지 않은 것은 외적 타당도의 문제이다.

11 (14-02-04) 편향된 집단 선택은 조사대상을 실험집단이나 통제집단으로 나눌 때 종속변수에 영향을 미칠 수 있는 요인이 어느 한 집단으로 편향되는 경우를 말한다.

12 (13-02-12) 호손효과를 통제하기 위해서는 통제집단을 추가하여 조사결과의 진위여부를 파악할 필요가 있다.

13 (13-02-15) 성숙효과는 단순히 시간의 경과나 연구대상자들의 성장이나 노화와 같은 자연적인 발달상의 변화가 종속변수에 영향을 미치는 것을 의미한다.

14 (12-02-14) 도구효과는 사전검사와 사후검사에 있어서 각각 측정도구를 달리했을 때 발생할 수 있다.

15 (12-02-20) 내적 타당도는 인과관계에 대한 확신의 정도와 관련 있다.

16 (11-02-05) 통계적 회귀는 사전검사에서 너무 높거나 낮은 극단적인 점수를 나타냈다면 사후검사에서는 독립변수의 효과와 무관하게 평균값으로 수렴하는 경향을 의미한다.

17 (11-02-28) 연구대상의 조사반응성은 외적 타당도를 저해할 수 있다.

18 (10-02-27) 사전-사후검사에서 서로 다른 척도를 사용해서 발생하는 타당도 저해요인은 도구효과(instrumentation)이다.

19 (09-02-07) 개입확산은 집단들 간에 통제되지 않은 교류와 상호작용, 모방으로 인해 집단 간 차이에 대한 설명이 불분명해지는 경우를 의미한다.

20 (09-02-27) 외부 사건(history)은 사전-사후 검사 사이에 발생하는 통제 불가능한 사건을 의미한다.

21 (08-02-06) 실직자 재훈련과정이 실직자들의 자격증 취득 시험점수를 향상시키는 데 도움이 되는지 알아보기 위해 동일한 대상자를 두 차례 반복 측정을 했다면 검사효과가 발생할 수 있다.

22 (07-02-17) 동일한 대상자에게 반복적으로 조사를 시행할 때 가장 많이 나타날 수 있는 내적 타당도는 검사요인이다.

23 (06-02-08) 테스트요인은 동일한 측정도구를 사용하여 두 번 이상 테스트를 실시하는 경우 나타나는 현상을 의미한다.

24 (06-02-09) 호손효과는 연구대상자들이 긍정적인 방향으로 자신의 행동을 바꾸는 경향을 말한다.

25 (05-02-09) 너무 점수가 높거나 낮은 대상을 선정할 경우 중간값으로 변화하는 통계적 회귀가 나타날 수 있다.

26 (04-02-09) 내적 타당도를 저해하는 내적 요인은 우연한 사건/역사, 시간적 경과 또는 성숙, 테스트 효과/검사, 도구, 통계적 회귀, 실험대상자 상실, 선택과의 상호작용, 개입(치료)의 확산 또는 모방 등이 있다.

27 (03-02-07) 외적 타당도 저해요인으로는 표본의 대표성과 실험에 대한 민감성이 있다.

기출확인

복습 2

대표기출 확인하기

22-02-24   난이도 ★★☆

내적 타당도 저해 요인 중 통계적 회귀에 관한 설명으로 옳은 것은?

① 프로그램의 개입 후 측정치가 기초선으로 돌아가려는 경향
② 프로그램 개입의 효과가 완전한 선형관계로 나타나는 경향
③ 프로그램의 개입과 관계없이 사후검사 측정치가 평균값에 근접하려는 경향
④ 프로그램 개입 전부터 이미 이질적인 두 집단이 사후조사 결과에서도 차이가 나타나는 경향
⑤ 프로그램의 개입 전후에 각각 다른 측정도구로 측정함으로써 차이가 나타나는 경향

▶ 알짜확인

- 조사설계의 내적 타당도와 외적 타당도의 특징을 이해해야 한다.
- 조사설계의 내적 타당도와 외적 타당도의 저해요인 및 통제방법을 파악해야 한다.

답 ③

✅ 응시생들의 선택

① 28%	② 5%	③ 45%	④ 17%	⑤ 5%

③ 통계적 회귀는 사전검사에서 매우 높거나 낮은 극단적인 점수를 나타냈다면 사후검사에서는 독립변수의 효과와 무관하게 평균값으로 수렴하는 경향을 의미한다. 따라서 극단적인 측정값을 보이는 대상자를 선정하지 않도록 해야 한다.

➕ 덧붙임

내적 타당도와 외적 타당도의 개념을 명확하게 구분할 줄 알아야 한다. 특히, 타당도 저해요인과 관련해서는 사례를 제시한 뒤, 해당 사례에서 타당도를 저해하는 요인이 무엇인지를 묻는 형태가 가장 많이 출제되고 있으므로 사례와 접목시켜 이해해야 한다.

관련기출 더 보기

21-02-07   난이도 ★★☆

조사설계의 내적 타당도와 외적 타당도에 관한 설명으로 옳은 것은?

① 어떤 변수가 다른 변수의 원인임을 정확하게 기술하는 것이 외적 타당도이다.
② 연구결과를 연구조건을 넘어서는 상황이나 모집단으로 일반화하는 정도가 내적 타당도이다.
③ 내적 타당도는 외적 타당도의 필요조건이지만 충분조건은 아니다.
④ 실험대상의 탈락이나 우연한 사건은 외적 타당도 저해요인이다.
⑤ 외적 타당도가 낮은 경우 내적 타당도 역시 낮다.

답 ③

✅ 응시생들의 선택

① 5%	② 5%	③ 67%	④ 11%	⑤ 12%

① 어떤 변수가 다른 변수의 원인임을 정확하게 기술하는 것은 내적 타당도이다. 즉, 내적 타당도는 어떤 연구결과 각 변수 사이의 인과관계를 추론해 보았을 때, 어느 한 쪽의 변수가 다른 쪽 변수의 원인이 되는지를 확신할 수 있는 정도를 말한다.
② 연구결과를 연구조건을 넘어서는 상황이나 모집단으로 일반화하는 정도가 외적 타당도이다. 즉, 외적 타당도는 어떤 연구결과에 기술된 인과관계가 그 연구의 조건을 넘어서서 일반화될 수 있는 정도를 의미한다.
④ 실험대상의 탈락이나 우연한 사건은 내적 타당도 저해요인이다.
⑤ 외적 타당도가 낮더라도 내적 타당도는 높을 수 있다.

연구의 외적 타당도를 저해하는 상황으로 옳은 것은?

① 연구대상의 건강 상태가 시간 경과에 따라 회복되는 상황
② 자아존중감을 동일한 측정도구로 사전-사후 검사하는 상황
③ 사회적 지지를 다른 측정도구로 사전-사후 검사하는 상황
④ 실험집단과 통제집단 간 연령 분포의 차이가 크게 발생하는 상황
⑤ 자발적 참여자만을 대상으로 연구표본을 구성하게 되는 상황

답 ⑤

응시생들의 선택

① 7%	② 5%	③ 16%	④ 26%	⑤ 46%

① 연구대상의 건강 상태가 시간 경과에 따라 회복되는 상황에서는 '시간적 경과/성숙'이라는 내적 타당도 저해요인이 발생할 수 있다.
② 자아존중감을 동일한 측정도구로 사전-사후 검사하는 상황에서는 '테스트효과/주시험효과/측정효과/검사효과'라는 내적 타당도 저해요인이 발생할 수 있다.
③ 사회적 지지를 다른 측정도구로 사전-사후 검사하는 상황에서는 '도구효과'라는 내적 타당도 저해요인이 발생할 수 있다.
④ 실험집단과 통제집단 간 연령 분포의 차이가 크게 발생하는 상황에서는 '편향된 선별/선택의 편의/선정상의 편견'이라는 내적 타당도 저해요인이 발생할 수 있다.

다음 (   )에 알맞은 내용으로 옳은 것은?

- 내적 타당도를 높이기 위해서는 (ㄱ) 이외의 다른 변수가 (ㄴ)에 개입할 조건을 통제하여야 한다.
- 외적 타당도를 높이기 위해서는 (ㄷ)으로 연구대상을 선정하거나 표본크기를 (ㄹ)하여야 한다.

① ㄱ: 원인변수, ㄴ: 결과변수, ㄷ: 확률표집방법, ㄹ: 크게
② ㄱ: 원인변수, ㄴ: 결과변수, ㄷ: 무작위할당, ㄹ: 작게
③ ㄱ: 원인변수, ㄴ: 결과변수, ㄷ: 확률표집방법, ㄹ: 작게
④ ㄱ: 결과변수, ㄴ: 원인변수, ㄷ: 확률표집방법, ㄹ: 크게
⑤ ㄱ: 결과변수, ㄴ: 원인변수, ㄷ: 무작위할당, ㄹ: 작게

답 ①

응시생들의 선택

① 69%	② 9%	③ 11%	④ 9%	⑤ 2%

① • 내적 타당도를 높이기 위해서는 원인변수(독립변수) 이외의 다른 변수가 결과변수(종속변수)에 개입할 조건을 통제하여야 한다. 내적 타당도는 어떤 연구결과가 각 변수 사이의 인과관계를 추론해 보았을 때, 어느 한 쪽의 변수가 다른 쪽 변수의 원인이 되는지를 확신할 수 있는 정도를 말한다. 내적 타당도를 높이기 위해서는 무작위할당, 배합/짝짓기, 통계적 통제 등의 방법으로 저해요인들이 실험과정에 개입되지 않도록 통제하여야 한다.
• 외적 타당도를 높이기 위해서는 확률표집방법으로 연구대상을 선정하거나 표본크기를 크게 하여야 한다. 외적 타당도는 어떤 연구결과에 기술된 인과관계가 그 연구의 조건을 넘어서서 일반화될 수 있는 정도를 의미한다. 외적 타당도를 높이기 위해서는 표본의 대표성을 높이거나 가실험 통제집단 설계 등의 방법을 사용할 수 있다.

외적 타당도를 저해하는 요인으로 옳은 것은?

① 실험대상의 탈락　　② 외부사건(history)
③ 통계적 회귀　　④ 개입의 확산 또는 모방
⑤ 연구 참여자의 반응성

답 ⑤

응시생들의 선택

① 8%	② 20%	③ 15%	④ 15%	⑤ 42%

⑤ 외적 타당도의 저해요인으로는 표본의 대표성, 연구환경과 절차, 실험조사에 대한 반응성, 가실험효과 등이 있다. 실험대상의 탈락, 외부사건, 통계적 회귀, 개입의 확산 또는 모방은 모두 내적 타당도 저해요인에 해당한다.

외적 타당도와 내적 타당도에 관한 설명으로 옳지 않은 것은?

① 사전검사의 실시가 내적 타당도에 부정적으로 영향을 미칠 수 있다.
② 외적 타당도를 높이는 중요한 전략 중 하나는 연구를 반복적으로 실시하여 결과를 축적하는 것이다.
③ 내적 타당도가 높으면 외적 타당도 또한 높다.
④ 자신이 연구대상자라는 인식이 외적 타당도를 낮출 수 있다.
⑤ 내적 타당도는 인과관계를 추론할 수 있는 정도를 의미한다.

답 ③

✔ 응시생들의 선택

① 5%	② 11%	③ 68%	④ 14%	⑤ 2%

③ 내적 타당도의 핵심이 인과관계라면, 외적 타당도의 핵심은 일반화이다. 내적 타당도가 높다 하더라도 외적 타당도는 낮을 수 있다.

조사설계의 타당성에 관한 설명으로 옳은 것은?

① 내적 타당도와 외적 타당도는 서로 필요조건의 관계에 있다.
② 조사대상의 성숙은 외적 타당도에 영향을 미치는 요인이다.
③ 동일한 프로그램의 효과성이 서울과 제주에서 같지 않은 것은 외적 타당도의 문제이다.
④ 외적 타당도는 연구결과에 대한 대안적 설명 가능성 정도를 의미한다.
⑤ 특정 프로그램의 효과를 확인하기 위해 연구의 외적 타당도를 확보해야 한다.

답 ③

✔ 응시생들의 선택

① 26%	② 4%	③ 43%	④ 16%	⑤ 11%

① 내적 타당도와 외적 타당도는 서로 상반되는 관계에 있다.
② 조사대상의 시간적 경과 또는 성숙은 내적 타당도에 영향을 미치는 요인이다.
④ 외적 타당도는 연구의 결과가 연구대상 이외의 경우로 확대, 일반화될 수 있는 정도를 의미한다.
⑤ 특정 프로그램의 효과를 확인하기 위해 연구의 내적 타당도를 확보해야 한다.

다음 연구의 내적 타당도에 영향을 미칠 수 있는 요인은?

아동학대 예방을 위한 부모교육의 효과성 검증을 위해 아동보호전문기관을 통해 교육참여를 희망하는 부모를 모집하고 교육을 실시하였다. 교육 종료 후 1년 동안, 교육을 받은 부모집단과 받지 않은 부모집단에서 아동학대 사례로 확인된 부모의 비율을 비교하였다.

① 통계적 회귀　　　　② 편향된 집단선택
③ 반복된 검사　　　　④ 동시타당도
⑤ 인과관계 방향성의 모호함

답 ②

✔ 응시생들의 선택

① 15%	② 64%	③ 3%	④ 6%	⑤ 12%

② 실험집단에 교육참여를 희망하는 부모를 배치하는 것은 종속변수에 영향을 미칠 수 있는 요인이 어느 한 집단으로 편향된 경우이다.

매우 건강한 90대 남성노인들에게 건강서비스를 1년 동안 제공한 후 건강상태를 측정한 결과, 이들의 상태가 나빠졌고 통제집단인 여성 노인들에 비해서도 낮게 나타났다. 이 연구에서 영향을 미칠 수 있는 내적 타당도 저해요인을 모두 고른 것은?

ㄱ. 성숙효과
ㄴ. 선택(selection)과의 상호작용
ㄷ. 통계적 회귀
ㄹ. 위약(placebo)효과

① ㄱ, ㄴ, ㄷ　　　　② ㄱ, ㄷ
③ ㄴ, ㄹ　　　　④ ㄹ
⑤ ㄱ, ㄴ, ㄷ, ㄹ

답 ①

✔ 응시생들의 선택

① 67%	② 3%	③ 3%	④ 15%	⑤ 12%

① ㄱ. 1년 동안 제공되었기에 성숙효과(노화)가 나타날 수 있다.
　ㄴ. 실험집단은 남성노인, 통제집단은 여성노인으로 구분하였기에 집단의 차이로 인한 선택과의 상호작용이 나타날 수 있다.
　ㄷ. 매우 건강한 노인들을 실험집단으로 선택하였기에 통계적 회귀가 나타날 수 있다.

다음 연구설계의 내용에서 확인될 수 있는 내·외적 타당도 저해요인에 관한 설명으로 옳은 것은?

> 지진에 의해 정신적 충격에 빠진 재난지역주민 대상위기개입 프로그램의 효과성을 검증하고자 한다. 이를 위해 위기개입 직전과 개입 후 한 달 만에 각각 동일한 척도로 디스트레스(SCL-90) 정도를 측정하여 비교하였다.

① 우연한 사건이 내적 타당도를 저해하고 있다.
② 도구효과가 내적 타당도를 저해하고 있다.
③ 실험대상자의 상실(attrition)이 외적 타당도를 저해하고 있다.
④ 성숙효과가 내적 타당도를 저해하고 있다.
⑤ 선택효과가 외적 타당도를 저해하고 있다.

답 ④

✔ 응시생들의 선택

① 15%	② 39%	③ 12%	④ 29%	⑤ 5%

① 우연한 사건은 우연히 발생한 외부적인 사건이 연구결과에 영향을 미치는 것을 의미한다. <보기>에서는 이와 관련한 특별한 설명을 찾아볼 수 없다.
② 도구효과란 사전검사와 사후검사에 있어서 각각 측정도구를 달리했을 때 발생할 수 있다. <보기>에서는 동일한 척도로 측정하고 있기 때문에 도구효과는 해당하지 않는다.
③ 실험대상자의 상실(attrition)이란 내적 타당도 저해요인으로 실험대상자들이 여러 가지 이유로 실험 도중에 탈락하거나 그만두는 경우 표본수가 줄어들면서 발생하는 문제를 의미한다.
⑤ 선택효과(편향된 선별, 선택의 편의라고도 함)는 조사대상을 실험집단이나 통제집단으로 나눌 때 발생한 집단 간의 차이가 결과에 영향을 미치는 것으로 종속변수에 영향을 미칠 수 있는 요인이 어느 한 집단으로 편향되는 경우를 말한다. 이것은 내적 타당도 저해요인에 해당한다.

다음의 사례내용과 내적 타당도 저해요인을 옳게 나타낸 것은?

> • 사례 1 - 동일한 지역 내의 두 복지관 가운데 한 복지관에서 효과가 높았던 여가프로그램이 다른 복지관에서는 높지 않은 것으로 나타났다.
> • 사례 2 - 노인을 대상으로 물리치료 프로그램을 1년 동안 실시한 후, 프로그램의 성과를 평가한 결과 노인들의 신체적 건강상태에 변화가 없는 것으로 나타났다.

	사례 1	사례 2
①	개입확산	성숙효과
②	플라시보효과	개입확산
③	통계적 회귀	개입확산
④	성숙효과	개입확산
⑤	통계적 회귀	플라시보효과

답 ①

✔ 응시생들의 선택

① 70%	② 12%	③ 8%	④ 7%	⑤ 3%

① 개입확산은 실험집단에서 실시한 프로그램이나 특정한 자극들에 의해서 실험집단의 사람들이 효과를 얻게 되고, 그 효과들이 다른 집단의 사람들(통제집단)에게 전파되어 두 집단 간의 차이가 약해지는 것이다. 성숙효과는 연구기간 중에 발생하는 개인의 신체적·심리적 성숙을 의미한다.

다음에서 나타날 수 있는 내적 타당도 저해요인으로 가장 가까운 것은?

> 50명 학급에 사전검사를 통해 학습능력이 가장 저조한 학생들 10명을 대상으로 테스트를 실시하였다. 그 결과 평균 3점이 향상되었다.

① 역사요인   ② 실험대상 변동
③ 통계적 회귀   ④ 선정 요인
⑤ 표본의 대표성

답 ③

✔ 응시생들의 선택

① 2%	② 8%	③ 72%	④ 6%	⑤ 12%

③ 너무 점수가 높거나 낮은 대상을 선정할 경우 중간값으로 변화하는 통계적 회귀가 나타날 수 있다.

다음 내용이 왜 틀렸는지를 확인해보자

18-02-12

01 사전점수가 매우 높은 집단을 선정하면 <u>내적 타당도를 높일 수 있다.</u>

> 사전점수가 매우 높은 집단을 선정하면 내적 타당도를 저해한다.

15-02-10

02 역사, 성숙, 표본의 대표성, 중도탈락은 조사설계의 내적 타당도 저해요인에 해당한다.

> 표본의 대표성은 조사설계의 외적 타당도 저해요인에 해당한다.

03 사전-사후검사 사이에 발생하는 통제 불가능한 사건으로서 조사기간이 길수록 <u>**도구효과의 영향**</u>을 받을 가능성은 커진다.

> 사전-사후 검사 사이에 발생하는 통제 불가능한 사건으로서 조사기간이 길수록 우연한 사건(history)의 영향을 받을 가능성은 커진다.

10-02-27

04 사전-사후검사에서 서로 다른 척도를 사용해서 발생하는 타당도 저해요인은 **검사효과**이다.

> 사전-사후검사에서 서로 다른 척도를 사용해서 발생하는 타당도 저해요인은 도구효과이다.

05 개입의 확산은 사전검사에서 극단적인 점수를 나타내어 사후검사에서는 독립변수의 효과와 무관하게 평균값으로 수렴하는 경향을 의미한다.

> 통계적 회귀는 사전검사에서 극단적인 점수를 나타내어 사후검사에서는 독립변수의 효과와 무관하게 평균값으로 수렴하는 경향을 의미한다.

06 내적 타당도를 높이기 위한 방법으로는 확률적 표집 또는 무작위 표집, 가실험 통제집단 설정 등이 있고, 외적 타당도를 높이기 위한 방법으로는 무작위 할당, 배합 혹은 짝짓기, 통계적 통제, 외생변수의 제거 등이 있다.

> 내적 타당도를 높이기 위한 방법으로는 무작위 할당, 배합 혹은 짝짓기, 통계적 통제, 외생변수의 제거 등이 있고, 외적 타당도를 높이기 위한 방법으로는 확률적 표집 또는 무작위 표집, 가실험 통제집단 설정 등이 있다.

빈칸에 들어갈 알맞은 말을 채워보자

19-02-07

01 (　　　　　　　)을/를 높이기 위해서는 확률표집방법으로 연구대상을 선정하거나 표본크기를 크게 하여야 한다.

14-02-02

02 동일한 프로그램의 효과성이 서울과 제주에서 같지 않은 것은 (　　　　　　)의 문제이다.

03 내적 타당도의 핵심이 인과관계라면, 외적 타당도의 핵심은 (　　　　　)이다.

04 내적 타당도를 저해하는 외적 요인들을 통제하기 위해서는 연구대상자들을 실험집단 및 통제집단에 무작위로 배치하는 (　　　　　) 방법을 사용해야 한다.

07-02-20

05 (　　　　　　)은/는 피실험자들을 주요 변수에 따라 실험집단과 통제집단에 일일이 일치하도록 배치시키는 방법이다.

06 (　　　　　　)은/는 동일한 측정도구를 사용하여 두 번 이상 테스트를 실시하는 경우 나타나는 현상을 의미한다.

07 극단적인 측정값을 보이는 대상자를 선정하면 (　　　　　　)(이)라는 내적 타당도 저해요인이 발생할 가능성이 있다.

08 가실험효과가 발생하는 경우 실험조사에서는 나타났던 결과가 자연적인 상황에서는 나타나지 않을 가능성이 있기 때문에 (　　　　　)을/를 떨어뜨리는 요인으로 작용한다.

답 **01** 외적 타당도　**02** 외적 타당도　**03** 일반화　**04** 무작위 할당　**05** 정밀배합　**06** 테스트효과/주시험효과/검사효과
07 통계적 회귀　**08** 외적 타당도

다음 내용이 옳은지 그른지 판단해보자

21-02-07
01 내적 타당도는 외적 타당도의 필요조건이지만 충분조건은 아니다.

17-02-03
02 내적 타당도를 높이는 중요한 전략 중 하나는 연구를 반복적으로 실시하여 결과를 축적하는 것 이다.

14-02-02
03 특정 프로그램의 효과를 확인하기 위해 연구의 외적 타당도를 확보해야 한다.

04 내적 타당도를 높이기 위해 철저히 통제된 실험을 하게 되는 경우 내적 타당도는 높아지는 대신, 모 집단의 일반적인 상황과는 다르기 때문에 외적 타당도가 떨어질 수 있다.

05 선택의 편의라는 요인과 역사요인 혹은 성숙요인이 상호작용을 일으키는 경우 외적 타당도를 저해 할 수 있다.

06 내적 타당도를 높이기 위한 방법 중 하나인 배합은 연구주제에 영향을 미칠 것이라고 여겨지는 속 성을 실험집단과 통제집단에 동일하도록 만드는 것이다.

07 초등학교 학생들에 대한 농구교실이 아동의 신장에 미치는 효과를 연구했다면 농구교실이 아동의 성장에 미치는 효과도 있지만 연구기간 동안 아동의 자연 성장, 즉, 내적 타당도 저해요인인 성숙의 결과일 수도 있다.

09-02-07
08 성숙효과는 연구기간 중에 발생하는 개인의 신체적·심리적 성숙을 의미한다.

09 조사대상을 확률적 표집 또는 무작위 표집으로 선정하는 방식으로 대표성을 높이면 외적 타당도를 높일 수 있다.

10 연구대상자들을 실험집단 및 통제집단에 무작위로 배치하여 내적 타당도 저해요인을 통제할 수 있다.

답 01○ 02× 03× 04○ 05× 06○ 07○ 08○ 09○ 10○

해설 **02** 외적 타당도를 높이는 중요한 전략 중 하나는 연구를 반복적으로 실시하여 결과를 축적하는 것이다.
03 특정 프로그램의 효과를 확인하기 위해서는 연구의 내적 타당도를 확보해야 한다.
05 선택의 편의라는 요인과 역사요인 혹은 성숙요인이 상호작용을 일으키는 경우 내적 타당도를 저해할 수 있다.

039 인과관계의 논리

최근 10년간 **2문항** 출제

복습 1 이론요약

인과관계의 성립

- 공변성: 원인으로 추정되는 변수와 결과로 추정되는 변수가 동시에 존재하며, 상호연관성을 가지고 변화해야 한다.
- 시간적 우선성: 원인이 결과보다 시간적으로 우선해야 한다.
- 개방체계 전제: 사회현상은 통제된 조건의 폐쇄체계보다는 개방체계를 전제로 할 수밖에 없어서 어떤 원인에 노출된 실험대상이 다른 사회현상과도 접촉해서 결과에 영향을 미친다.
- 확률적 결론: 사회과학의 연구가 개방된 시스템에서 이루어지고 외생변수가 존재하기 때문에 여러 가지 원인이 작용하여 확률적일 수밖에 없다.
- 외생변수 통제: 외부의 영향력(외생변수)을 배제한 상태에서 독립변수와 종속변수라는 두 변수 간의 공변성과 시간적 우선성을 확인할 수 있어야 한다.
- 원인의 조작화: 사회과학에서 인과관계는 원인이 조작가능할 때, 이론의 가치가 보다 높아진다.
- 비대칭적 관계: A변수가 변하면 B변수도 변하지만 역은 성립하지 않는다.

기본개념

사회복지조사론
pp.94~

인과관계를 추리하는 방법

- 일치법: 주어진 현상에 관한 두 개 또는 그 이상의 사례들이 공통된 하나의 조건을 가지고 있을 때, 그 조건을 현상의 원인 또는 결과로 간주하는 방법이다.
- 공변법: 어떤 현상이 특정한 방식으로 변화할 때마다 다른 현상도 특정한 방식으로 변화하면 이들 두 현상은 인과적으로 관련되어 있다고 간주하는 방법이다.
- 차이법: 둘 이상의 사례에서 한 가지 조건에만 차이가 있고 다른 조건들은 공통적으로 포함하고 있는데 두 사례의 결과에서 차이가 나타난다면, 그 한 가지 조건이 결과에서의 차이를 설명하는 원인이라고 간주할 수 있다.
- 잔여법: 어떤 현상의 일부에 대해서 다른 선행요건이나 원인이 밝혀졌다면, 그 현상의 잔여부분이 나머지 조건이나 사실의 원인이 될 수 있다.
- 일치차이병용법: 어떤 현상이 나타난 둘 이상의 사례에서 한 가지 공통된 요소가 존재하고, 그 현상이 나타나지 않는 둘 이상의 사례에서는 그러한 요소가 없을 때 그것들의 차이점인 요소를 원인으로 간주하는 것이다.

01 (22-02-08) 독립변수와 종속변수 간의 관계는 두 변수 모두의 원인이 되는 제3의 변수로 설명되어서는 안 된다.

02 (17-02-02) 인과관계를 성립시키기 위해서는 독립변수와 종속변수가 일정한 방식으로 같이 변해야 한다.

03 (09-02-14) 통제성은 독립변수와 종속변수 간 인과관계에 영향을 미칠 수 있는 제3의 요인을 적절히 통제했는지를 말한다.

04 (05-02-08) A변수가 변하면 B변수도 변하지만 역은 성립하지 않는다는 것은 비대칭적 관계를 말한다.

05 (04-02-10) 둘 이상의 사례에서 한 가지 조건에만 차이가 있고 다른 조건들은 공통적으로 포함하고 있는데 두 사례의 결과에서 차이가 나타난다면, 그 한 가지 조건이 결과에서의 차이를 설명하는 원인이라고 간주할 수 있다.

06 (02-02-11) A가 변하면 B가 변한다는 것은 원인과 결과에 대한 인과관계를 나타낸다.

대표기출 확인하기

22-02-08 　난이도 ★★★

인과관계 추론에 관한 설명으로 옳은 것은?

① 독립변수들 사이의 상관관계는 인과관계 추론의 일차적 조건이다.
② 독립변수와 종속변수 간의 관계는 두 변수 모두의 원인이 되는 제3의 변수로 설명되어서는 안 된다.
③ 종속변수가 독립변수를 시간적으로 앞서야 한다.
④ 횡단적 연구는 종단적 연구에 비해 인과관계 추론에 더 적합하다.
⑤ 독립변수의 변화는 종속변수의 변화와 관련성이 없어야 한다.

> **알짜확인**
>
> • 인과관계의 성립 요건을 파악해야 한다.
> • 인과관계를 추리하는 근거 방법을 파악해야 한다.

답 ②

✔ 응시생들의 선택

① 40%	② 36%	③ 4%	④ 14%	⑤ 6%

① 독립변수와 종속변수 사이의 상관관계는 인과관계 추론의 일차적 조건이다.
③ 독립변수가 종속변수를 시간적으로 앞서야 한다. 즉, 원인이 결과보다 시간적으로 우선해야 한다.
④ 일정 시간의 흐름에 따라 반복적으로 측정한 종단적 연구가 일정 시점에서만의 측정으로 연구한 횡단적 연구보다 인과관계 추론에 더 적합하다.
⑤ 독립변수의 변화는 종속변수의 변화와 관련성이 있어야 한다. 즉, 원인으로 추정되는 변수와 결과로 추정되는 변수가 동시에 존재하며, 상호연관성을 가지고 변화해야 한다.

➕ 덧붙임

조사설계에서는 가설에서 설정한 인과관계를 밝히는 것을 목적으로 하는 만큼 인과관계를 이해하는 것이 중요하다. 인과관계가 성립되기 위한 기본 요건, 인과관계를 추리하는 방법을 중심으로 정리해두자.

관련기출 더 보기

17-02-02 　난이도 ★★☆

인과관계를 성립시키기 위한 요건에 해당하는 것을 모두 고른 것은?

> ㄱ. 독립변수가 종속변수를 시간적으로 앞서야 한다.
> ㄴ. 독립변수와 종속변수가 일정한 방식으로 같이 변해야 한다.
> ㄷ. 독립변수와 종속변수의 관계가 허위적 관계이어야 한다.

① ㄱ	② ㄱ, ㄴ
③ ㄱ, ㄷ	④ ㄴ, ㄷ
⑤ ㄱ, ㄴ, ㄷ	

답 ②

✔ 응시생들의 선택

① 36%	② 55%	③ 4%	④ 1%	⑤ 4%

② 독립변수와 종속변수의 관계가 허위적 관계(ㄷ)이면 인과관계를 성립시킬 수 없다.

09-02-14 　난이도 ★★☆

다음 내용과 관련하여 A 사회복지사가 간과하고 있는 인과관계의 조건은?

> 아동보호전문기관의 A 사회복지사는 지역사회의 아동학대 발생을 줄이기 위해 예방 프로그램을 실시하였다. 프로그램을 시행한 후 지역사회의 아동학대발생 비율을 조사한 결과, 그 비율이 줄어들었음을 발견하고 예방 프로그램이 효과적이라고 판단하였다.

① 공변성	② 논리성
③ 간결성	④ 통제성
⑤ 시간적 우선성	

답 ④

✔ 응시생들의 선택

① 8%	② 10%	③ 12%	④ 62%	⑤ 8%

④ 프로그램(독립변수)과 아동학대 비율(종속변수) 사이의 인과관계에 영향을 미칠만한 제3의 요인이 전혀 고려되지 않고 있으므로 통제성을 간과하고 있다고 할 수 있다.

다음 내용이 왜 틀렸는지를 확인해보자

01 가식적 영관계는 두 변수가 단지 제3의 변수(외생변수)로 발생했기 때문에 두 변수가 서로 관련되어 있어 보이는 관계이다.

> 두 변수가 단지 제3의 변수(외생변수)로 발생했기 때문에 두 변수가 서로 관련되어 있어 보이는 관계는 가식적 관계이다.

02 고학력일수록 소득이 높다는 가설에서 교육수준의 변화가 있을 때 반드시 소득수준의 변화도 일어나야 한다는 것은 인과관계 성립 요건 중 **시간적 우선성**으로 설명할 수 있다.

> 고학력일수록 소득이 높다는 가설에서 교육수준의 변화가 있을 때 반드시 소득수준의 변화도 일어나야 한다는 것은 인과관계 성립 요건 중 공변성으로 설명할 수 있다. 공변성은 원인으로 추정되는 변수와 결과로 추정되는 변수가 동시에 존재하며, 상호연관성을 가지고 변화해야 한다는 것이다.

03 어떤 현상의 일부에 대해서 다른 선행요건이나 원인이 밝혀졌다면, 그 현상의 잔여부분이 나머지 조건이나 사실의 원인이 될 수 있다는 것은 **차이법**이다.

> 어떤 현상의 일부에 대해서 다른 선행요건이나 원인이 밝혀졌다면, 그 현상의 잔여부분이 나머지 조건이나 사실의 원인이 될 수 있다는 것은 잔여법(잉여법)이다.

04 사회과학의 인과관계는 **확률적으로가 아니라 결정론적으로** 표현된다.

> 사회과학의 인과관계는 결정론적으로가 아니라 확률적으로 표현된다.

05 사회과학에서 인과관계는 **원인의 조작이 불가능할 때**, 이론의 가치가 보다 높아진다.

> 사회과학에서 인과관계는 원인이 조작가능할 때, 이론의 가치가 보다 높아진다.

빈칸에 들어갈 알맞은 말을 채워보자

01 ( )(이)란 어떤 변수가 원인으로 작용해서 다른 변수에 영향을 미치는 결과로서 나타나는 관계를 의미한다.

02 ( )은/는 일치법과 차이법을 함께 적용하는 것이다.

05-02-08

03 "운동을 많이 할수록 비만도가 작고, 비만도가 작을수록 운동을 많이 한다."는 것은 ( )의 경우에 해당한다.

 01 인과관계 **02** 일치차이병용법 **03** 대칭적 관계

다음 내용이 옳은지 그른지 판단해보자

01 인과관계가 성립되기 위해서는 원인이 결과보다 시간적으로 우선해야 한다.

02 차이법은 주어진 현상에 관한 두 개 또는 그 이상의 사례들이 공통된 하나의 조건을 가지고 있을 때, 그 조건을 현상의 원인 또는 결과로 간주하는 방법이다.

03 원인으로 추정되는 요인의 양과 빈도수를 증가시킴에 따라 표적문제의 양태가 일관되게 심한 변화를 일으킨다면, 양자 간에 인과관계가 있다고 판단할 수 있다.

답 **01** ○ **02** × **03** ○

해설 **02** 주어진 현상에 관한 두 개 또는 그 이상의 사례들이 공통된 하나의 조건을 가지고 있을 때, 그 조건을 현상의 원인 또는 결과로 간주하는 방법은 일치법이다.

5장

조사설계의 유형

이 장에서는

실험설계의 전반적인 특성, 순수실험설계의 유형별 특징, 유사실험설계의 유형별 특징, 전실험설계의 유형별 특징 등을 다룬다.

10년간 출제분포도

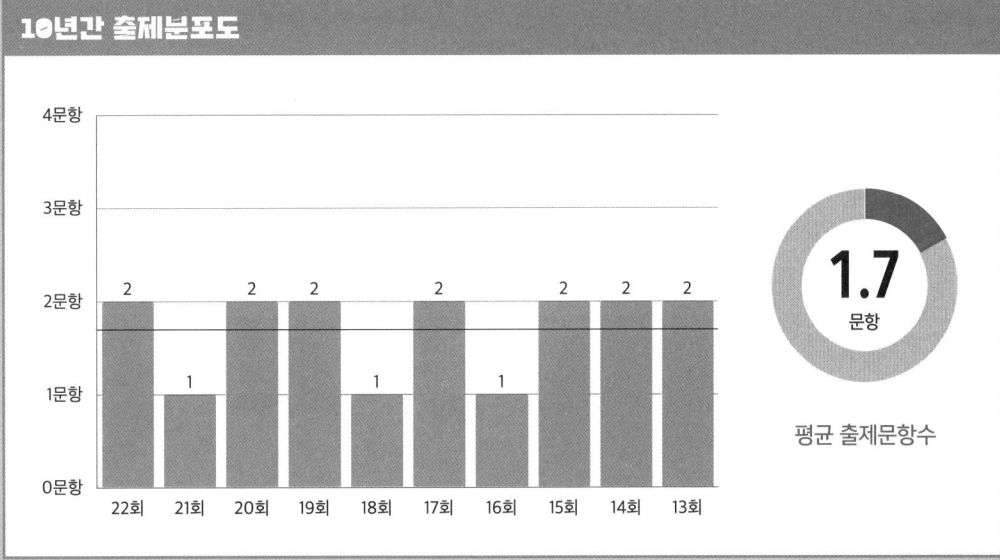

평균 출제문항수

1.7 문항

040 실험설계의 유형별 특징

강의 QR코드

1 회독 월 일   **2 회독** 월 일   **3 회독** 월 일

★ ★ ★ 최근 10년간 **16문항** 출제

복습 1 이론요약

순수실험설계

- 통제집단 사전사후검사 설계: 연구대상을 실험집단과 통제집단에 무작위로 배치하고 **실험집단에 독립변수를 실험처치하기 전에 양 집단에 사전검사를 실시한다.** 실험처치를 한 후 양 집단에 사후검사를 실시하고 두 결과 간의 차이를 비교한다.
- 통제집단 사후검사 설계: 통제집단 사전사후검사 설계에서 **사전검사를 실시하지 않는다.**
- 솔로몬 4집단 설계: **통제집단 사전사후검사 설계와 통제집단 사후검사 설계가 결합**된 형태이며, 내적 타당도가 가장 높다.
- 요인 설계: **독립변수가 두 개** 이상일 때 적용되는 설계이다.
- 가실험 통제집단 설계: 통제집단 사후검사 설계에 **가실험효과를 측정할 수 있는 집단**을 추가적으로 결합해 만든 설계이다.

기본개념
사회복지조사론
pp.107~

유사실험설계

- 단순시계열 설계: 독립변수를 노출시키기 전후에 일정 기간을 두고 **정기적으로 몇 차례 종속변수를 측정**한다.
- 복수시계열 설계: 단순시계열 설계에 **통제집단을 추가**한 설계이다.
- 비동일 통제집단 설계: **임의적인 방법으로 양 집단을 선정**하고 사전사후검사를 실시하여 종속변수의 변화를 비교한다.

전실험설계

- 1회사례 설계: **어떤 단일 집단에 실험처치**를 하고, 그 후에 그 집단의 종속변수의 특성을 검사하여 결과를 평가하는 설계이다.
- 단일집단 사전사후검사 설계: 조사대상자에 대해서 **사전검사를 실시하고 독립변수를 도입한 후 사후검사를 실시**하여 인과관계를 추정한다.
- 정태적 집단비교 설계: 통제집단 사후검사 설계에서 **무작위 할당만 제외**된 형태이다.

01 (22-02-18) 통제집단 사전사후검사 설계는 무작위 할당을 통해 외적 요인의 통제를 시도한다.

02 (22-02-22) 정태적 집단비교 설계는 통제집단 사후검사 설계에서 무작위 할당만 제외된 형태이다.

03 (21-02-13) 통제집단 사전사후검사 설계는 실험집단과 통제집단을 무작위로 배치하여 집단 간의 동질성을 확보한다.

04 (20-02-23) 순수실험설계는 실험집단과 통제집단의 동질성 확보가 필요하다.

05 (20-02-24) 단순시계열 설계의 개입효과는 사전검사와 사후검사 측정치의 평균을 비교해서 측정할 수 있다.

06 (18-02-10) 통제집단 사후검사 설계는 사전조사를 실시하지 않아 내적 타당도를 저해하지 않는다.

07 (17-02-09) 비동일 통제집단 설계는 임의적인 방법으로 양 집단을 선정하고 사전–사후검사를 실시하여 종속변수의 변화를 비교하는 것이다.

08 (17-02-12) 단일집단 사전사후검사 설계는 전실험설계로서 내적·외적 타당도 저해요인을 거의 통제하지 못한다.

09 (16-02-02) 요인 설계는 독립변수의 속성에 따라 할당행렬을 만들고 행렬 상의 각 범주에 따라 집단을 설정한다.

10 (15-02-18) 통제집단 사후검사 설계는 무작위 할당으로 통제집단과 실험집단을 나누고 실험집단에만 개입을 한다.

11 (14-02-12) 순수실험설계는 준(유사)실험설계에 비해 내적 타당도가 높다.

12 (13-02-18) 정태(고정) 집단비교(static group comparison) 설계는 집단 간 동질성 보장이 어렵다.

13 (13-02-21) 단순시계열(simple time-series) 설계는 종속변수의 변화를 추적·비교할 수 있다.

14 (11-02-09) 솔로몬 4집단 설계와 통제집단 사후검사 설계는 검사효과(testing)를 통제할 수 있는 실험설계이다.

15 (11-02-12) 단일집단 사전사후검사 설계는 일회사례 연구보다 진일보한 설계이다.

16 (10-02-29) 솔로몬 연구설계는 통제집단 사전사후검사 설계와 통제집단 사후검사 설계를 합한 형태이다.

17 (10-02-30) 1회검사사례 설계는 어떤 단일집단에 실험처치를 한 뒤에 종속변수의 특성을 검사하여 결과를 평가하는 방법이다.

18 (09-02-15) 비동일 비교집단 설계(nonequivalent comparison groups design)는 시계열 설계와 달리 실험집단과 비교집단으로 구성된다.

19 (08-02-07) 복수시계열 조사는 단순시계열 설계의 우연한 사건 등에 의한 내적 타당도의 문제점을 개선하기 위해 단순시계열 설계에 통제집단을 추가한 것이다.

20 (08-02-08) 인과관계의 시간적 우선성을 파악하기 가장 어려운 조사설계는 상관관계 설계이다.

21 (08-02-10) 순수실험설계는 실험집단과 통제집단을 무작위로 배치한다.

22 (07-02-15) 솔로몬 4집단비교 설계는 내적 타당도 저해요인을 통제할 수 있다.

23 (06-02-10) 솔로몬 4집단비교 설계는 내적 타당도가 가장 높다.

24 (05-02-11) 솔로몬 4집단 설계는 설계의 타당도는 높으나 실험의 어려움이 있다

25 (04-02-11) 실험집단과 통제집단에 무작위 할당을 할 수 없는 경우에는 순수실험설계를 포기하고 유사실험설계를 실시한다.

26 (02-02-12) 순수실험설계는 독립변수와 종속변수의 관계를 알기 위해 통제집단을 설정한다.

27 (01-02-03) 순수실험설계에 필요한 요건으로는 무작위 할당, 통제집단, 독립변수 조작 등이 있다.

대표기출 확인하기

22-02-22 | 난이도 ★★☆

다음에서 설명하는 설계에 해당하는 것은?

> 심리상담 프로그램이 시설입소노인의 정서적 안정감에 미치는 영향을 알아보기 위해 사전조사 없이 A요양원의 노인들을 대상으로 프로그램을 실시하였다. 프로그램 종료 후, 인구사회학적 배경이 유사한 B요양원 노인들을 비교집단으로 하여 두 집단의 정서적 안정감을 측정하였다.

① 비동일 통제집단 설계
② 정태적 집단비교 설계
③ 다중시계열 설계
④ 통제집단 사후검사 설계
⑤ 플라시보 통제집단 설계

 알짜확인

- 순수실험설계의 유형별 특징을 이해해야 한다.
- 유사실험설계의 유형별 특징을 이해해야 한다.
- 전실험설계의 유형별 특징을 이해해야 한다.

답 ②

✔ 응시생들의 선택

① 26%	② 46%	③ 7%	④ 16%	⑤ 5%

② 해당 사례에서 무작위 할당이 아닌 임의적으로 유사한 A요양원 노인들과 B요양원 노인들로 집단을 구분하였으며, 두 집단 모두 사전조사는 실시하지 않았다. A요양원의 노인들(실험집단)에게만 실험처치(심리상담 프로그램)를 실시하였고, 실험처치를 하지 않은 B요양원의 노인들(통제집단)과 함께 두 집단 모두 사후검사를 실시하였다. 따라서 해당 사례는 정태적 집단비교 설계에 해당한다.
정태적 집단비교 설계는 실험집단과 통제집단을 임의적으로 선정하고 실험집단은 실험처치를 한 후 사후검사를, 통제집단은 실험처치를 하지 않고 사후검사를 실시한다. 이 방법은 통제집단 사후검사 설계에서 무작위 할당만 제외된 형태이다.

➕ 덧붙임

설계유형의 특징이나 사례를 제시하고 이에 해당하는 적합한 설계유형을 고르는 형태가 주로 출제되고 있다. 또한 개별 설계유형에 국한하지 않고 여러 설계유형에 공통적인 특징을 제시하고 이에 해당하는 설계유형을 비교해서 파악하는 능력을 요구하는 문제도 출제되고 있다.

관련기출 더 보기

21-02-13 | 난이도 ★★★

다음의 연구에서 활용한 연구설계에 관한 설명으로 옳은 것은?

> 청소년의 자원봉사의식 향상 프로그램의 효과성을 검증하기 위하여 청소년 200명을 무작위로 두 개의 집단으로 나눈 후 A측정도구를 활용하여 사전검사를 실시하였다. 하나의 집단에만 프로그램을 실시한 후 두 개의 집단 모두를 대상으로 A측정도구를 활용하여 사후검사를 실시하였다.

① 테스트효과의 발생 가능성이 낮다.
② 집단 간 동질성의 확인 가능성이 낮다.
③ 사전검사와 프로그램의 상호작용효과의 통제가 가능하다.
④ 자연적 성숙에 따른 효과의 통제가 가능하다.
⑤ 실험집단의 개입효과가 통제집단으로 전이된다.

답 ④

✔ 응시생들의 선택

① 4%	② 20%	③ 43%	④ 11%	⑤ 22%

④ 프로그램의 효과성 검증을 위해 청소년 200명을 무작위로 두 개의 집단(실험집단과 통제집단)으로 나누었고, 양 집단에 사전검사를 실시한 후 하나의 집단(실험집단)에만 프로그램을 실시하고, 이후 다시 양 집단에 사후검사를 실시하였으므로 이 사례는 '통제집단 사전사후검사 설계'에 해당한다. 통제집단 사전사후검사 설계는 자연적 성숙에 따른 효과, 통계적 회귀 등의 내적 타당도 저해 요인의 통제가 가능하다.

다음과 같은 절차로 진행된 유사(준)실험설계의 특징으로 옳지 않은 것은?

- 우울예방 프로그램에 참여할 하나의 집단을 모집함
- 우울검사를 일정한 간격으로 여러 차례 실시함
- 우울예방 프로그램을 진행함
- 우울검사를 동일한 측정도구를 이용해 일정한 간격으로 여러 차례 실시함

① 통제집단을 두기 어려울 때 사용할 수 있다.
② 검사효과가 발생할 수 없다.
③ 정태적 집단비교설계(static-group comparison design)보다 내적 타당도가 높다.
④ 개입효과는 사전검사와 사후검사 측정치의 평균을 비교해서 측정할 수 있다.
⑤ 사전검사와 개입의 상호작용효과가 발생할 수 있다.

답 ②

✔ 응시생들의 선택

① 4%	② 73%	③ 13%	④ 4%	⑤ 6%

② 단순시계열 설계에 해당한다. 우울예방 프로그램 진행 전에 실시한 우울검사를 우울예방 프로그램 진행 후에도 실시하였기 때문에, 즉 프로그램 진행 전후에 동일한 측정도구를 이용하여 우울검사를 실시하였기 때문에 검사효과가 발생할 수 있다.

➕ 덧붙임

초창기 시험에는 순수실험설계의 특징과 유형에 관한 문제가 주로 출제되었으나 최근 시험에서는 유사실험설계 및 전실험설계에 관한 내용도 자주 출제되고 있다. 특정 실험설계에 관한 사례를 제시하고 해당하는 설계유형을 찾는 문제 유형이 가장 많이 출제되고 있으며, 한 문제에 다양한 설계유형의 특징을 선택지로 제시하여 옳은 것 또는 옳지 않은 것을 찾는 문제 유형도 자주 출제되고 있다.

외부사건(history)을 통제할 수 있는 실험설계를 모두 고른 것은?

ㄱ. 솔로몬 4집단 설계
ㄴ. 단일집단 사전사후검사 설계
ㄷ. 단일집단 사후검사 설계
ㄹ. 통제집단 사후검사 설계

① ㄹ
② ㄱ, ㄹ
③ ㄴ, ㄷ
④ ㄱ, ㄴ, ㄹ
⑤ ㄴ, ㄷ, ㄹ

답 ②

✔ 응시생들의 선택

① 6%	② 55%	③ 6%	④ 24%	⑤ 9%

② 통제집단 사후검사 설계(ㄹ)는 사전검사를 실시하지 않고 사후검사만을 통해 집단 간의 차이를 측정하므로 사전검사와 사후검사 사이에 발생하는 외부사건을 통제할 수 있다. 솔로몬 4집단 설계(ㄱ)는 사전검사로 인한 영향을 통제하기 위해 통제집단 사전사후검사 설계에 사전검사를 실시하지 않는 또 다른 실험집단과 통제집단을 추가한 설계이므로 외부사건을 통제할 수 있다.

실험설계의 유형에 관한 설명으로 옳지 않은 것은?

① 다중시계열 설계는 통제집단을 설정하지 않는다.
② 단일집단 사전사후검사 설계는 검사효과를 통제하기 어렵다.
③ 통제집단 사후검사 설계는 사전검사의 영향을 배제할 수 있다.
④ 시계열 설계는 검사효과와 외부사건을 통제하기 어렵다.
⑤ 정태적 집단비교 설계는 두 집단의 본래의 차이를 확인하기 어렵다.

답 ①

✔ 응시생들의 선택

① 37%	② 16%	③ 15%	④ 12%	⑤ 20%

① 다중(복수)시계열 설계는 단순시계열 설계의 내적 타당도 저해요인에 의한 문제점을 개선하기 위해 단순시계열 설계에 통제집단을 추가한 것이다.

다음 연구설계에 관한 설명으로 옳지 않은 것은?

> 노인복지관의 노노케어 프로그램 자원봉사자 40명을 무작위로 골라 20명씩 두 집단으로 배치하고, 한 집단에는 자원봉사 교육을 실시하고 다른 집단에는 아무런 개입을 하지 않았다. 10주 후 두 집단 간 자원봉사 만족도를 비교·분석하였다.

① 사전조사를 실시하지 않아 내적 타당도를 저해하지 않는다.
② 무작위 선정으로 내적 타당도를 저해하지 않는다.
③ 통제집단을 확보하기 어려울 때 사용할 수 있는 설계이다.
④ 사전검사를 하지 않아도 집단 간 차이를 어느 정도 통제할 수 있다.
⑤ 통제집단 전후비교에 비해 설계가 간단하여 사회조사에서 많이 활용된다.

답 ③

✅ 응시생들의 선택

① 20%	② 9%	③ 45%	④ 20%	⑤ 6%

③ 주어진 사례는 통제집단 사후검사 설계로서 큰 어려움 없이 통제집단을 확보할 수 있다. 무작위로 두 집단을 나누어 한 집단에는 자원봉사 교육을 실시하고 다른 집단에는 아무런 개입을 하지 않았는데, 아무런 개입을 하지 않은 이 집단이 통제집단이 된다.

다음에 해당하는 설계로 옳은 것은?

> 학교폭력 예방프로그램의 효과를 평가하기 위해 ○○시 소재 중학교 중에서 학교와 학생들의 특성이 유사한 A학교와 B학교를 선정하였다. 두 학교 학생들을 대상으로 사전검사를 실시한 다음 A학교에서 학교폭력 예방프로그램을 실시한 후 다시 한 번 두 학교 학생들을 대상으로 사후검사를 실시하였다.

① 비동일 통제집단 설계
② 통제집단 사후검사 설계
③ 정태적 집단(고정집단) 비교 설계
④ 일회검사사례연구
⑤ 솔로몬 4집단 설계

답 ①

✅ 응시생들의 선택

① 43%	② 23%	③ 21%	④ 1%	⑤ 12%

① 비동일 통제집단 설계는 임의적인 방법으로 양 집단을 선정하고 사전-사후검사를 실시하여 종속변수의 변화를 비교하는 것이다. 주어진 사례는 A학교와 B학교라는 실험집단과 통제집단을 무작위 할당 없이 임의로 선정한 후 사전-사후검사를 실시하였으므로 비동일 통제집단 설계이다.

요인 설계(factorial design)에 관한 설명으로 옳지 않은 것은?

① 집단비교 결과의 일반화 가능성이 높은 편이다.
② 독립변수의 속성에 따라 할당행렬을 만들고 행렬 상의 각 범주에 따라 집단을 설정한다.
③ 독립변수가 많을수록 요인 설계를 활용하기 쉽다.
④ 주효과와 상호작용효과를 동시에 확인할 수 있다.
⑤ 분산분석(ANOVA)의 통계적 기법을 활용할 수 있다.

답 ③

✅ 응시생들의 선택

① 17%	② 6%	③ 60%	④ 10%	⑤ 7%

③ 요인 설계는 고려해야 할 독립변수의 수가 많은 경우 시간과 비용 면에서 효율적이지 못하다.

다음 연구에 관한 설명으로 옳지 않은 것은?

> 요가가 노인의 우울감에 미치는 영향을 조사하기 위해 우울감을 호소하는 노인 100명을 모집하였다. 이들 중 50명을 무작위로 선정하여 화요일에 요가강좌를 실시하고 이틀 후인 목요일에 100명을 대상으로 우울감 정도를 측정하였다.

① 요가강좌가 실험자극이다.
② 통제집단이 존재한다.
③ 요가강좌에 참여한 50명과 참여하지 않은 50명의 동질성을 확보하는 것이 중요하다.
④ 유사실험설계에서 사전조사가 생략되었다.
⑤ 내적 타당도 저해요인이 존재한다.

답 ④

✅ 응시생들의 선택

① 3%	② 12%	③ 17%	④ 47%	⑤ 21%

④ 순수실험설계 중 통제집단 사후검사 설계에 해당한다. 참고로 유사실험설계는 모두 사전조사를 실시한다.

실험설계에 관한 설명으로 옳지 않은 것은?

① 통제집단 사후검사 설계는 무작위할당으로 통제집단과 실험집단을 나누고 실험집단에만 개입을 한다.
② 정태적(static) 집단비교 설계는 실험집단과 개입이 주어지지 않은 집단을 사후에 구분해서 종속변수의 값을 비교한다.
③ 비동일 통제집단 설계는 임의적으로 나눈 실험집단과 통제집단 간의 교류를 통제한다.
④ 솔로몬 4집단 설계는 통제집단 사전사후검사 설계와 통제집단 사후검사 설계를 결합한 것이다.
⑤ 복수시계열 설계는 실험집단과 통제집단에 대해 개입 전과 개입 후 여러 차례 종속변수를 측정한다.

답 ③

✅ 응시생들의 선택

① 14%	② 38%	③ 29%	④ 9%	⑤ 10%

③ 비동일 통제집단 설계는 임의적으로 나눈 실험집단과 통제집단 간의 교류 등을 통제하지 못해 실험집단의 결과가 통제집단으로 모방되거나 확산되는 효과 등을 제거하지 못한다는 단점이 있다.

실험설계에 관한 설명으로 옳지 않은 것은?

① 순수실험설계는 무작위할당을 활용해야 한다.
② 순수실험설계는 준(유사)실험설계에 비해 내적 타당도가 높다.
③ 준(유사)실험설계에는 사전 측정이 있어야 한다.
④ 준(유사)실험설계에는 두 개 이상의 집단이 필요하다.
⑤ 단일집단 사전사후검사 설계는 전실험설계이다.

답 ④

✅ 응시생들의 선택

① 5%	② 16%	③ 29%	④ 31%	⑤ 19%

④ 반드시 두 개 이상의 집단이 필요한 것은 아니다. 준(유사)실험설계의 유형 중 하나인 단순시계열설계는 통제집단을 별도로 두지 않고 동일집단 내 여러 번에 걸쳐 정기적으로 측정한다.

다음 가설을 검증하기 위해 적합한 실험설계 방식은?

> ADHD 아동에게 프로그램 유형(놀이치료/음악치료)과 실시시기(낮시간/밤시간)를 달리함에 따라 개입의 효과가 달라질 것이다.

① 1회검사사례 설계
② 통제집단 사후검사 설계
③ 요인 설계
④ 복수시계열 설계
⑤ 단일집단 사전사후검사 설계

답 ③

✅ 응시생들의 선택

① 1%	② 7%	③ 47%	④ 32%	⑤ 13%

③ 요인 설계는 독립변수가 2개 이상일 때 적용되는 설계로서, 각 변수의 분류항목의 조합의 수만큼 실험집단을 설정하고 개별 독립변수–종속변수, 두 개 이상의 독립변수–종속변수의 인과관계를 검증하는 방법이다. 두 개 이상의 독립변수가 상호작용하면서 종속변수에 미치는 영향을 파악할 수 있고, 조사결과의 일반화(외적 타당도) 정도가 높은 장점이 있다.

다음 내용이 왜 틀렸는지를 확인해보자

`20-02-23`

01 순수실험설계의 인과성 검증에 있어서 사전조사와 사후조사를 실시할 때 통제집단의 종속변수 측정치는 **통계적으로 유의미한 차이가 있어야 한다.**

> 사전조사와 사후조사에서 통제집단의 종속변수 측정치는 통계적으로 유의미한 차이가 없어야 한다. 반면, 실험집단의 종속변수 측정치는 통계적으로 유의미한 차이가 있어야 한다.

`16-02-02`

02 요인 설계는 외적 타당도를 높일 수 있으며, **시간과 비용적인 측면에서도 효율적**이다.

> 요인 설계는 외적 타당도를 높일 수 있으나, 고려해야 할 독립변수의 수가 많은 경우, 시간과 비용면에서 효율적이지 못하다.

`15-02-18`

03 **단순시계열 설계**는 실험집단과 통제집단에 대해 개입 전과 개입 후 여러 차례 종속변수를 측정한다.

> 복수시계열 설계는 실험집단과 통제집단에 대해 개입 전과 개입 후 여러 차례 종속변수를 측정한다.

`11-02-09`

04 검사효과를 통제할 수 있는 실험설계는 **통제집단 사전사후검사 설계**와 **통제집단 사후검사 설계**이다.

> 검사효과를 통제할 수 있는 실험설계는 솔로몬 4집단 설계와 통제집단 사후검사 설계이다.

---

05 통제집단 사후검사 설계에서 무작위 할당만 제외된 형태의 설계는 **분리표본 사전사후검사 설계**이다.

> 통제집단 사후검사 설계에서 무작위 할당만 제외된 형태의 설계는 정태적 집단비교 설계이다.

`06-02-10`

06 **통제집단 사후검사 설계**는 인과관계를 파악하기 위한 가장 보편적인 방법으로 실험집단과 통제집단을 무작위로 배치하고 개입 전후 두 집단에 대한 검사를 실시한다.

> 인과관계를 파악하기 위한 가장 보편적인 방법으로 실험집단과 통제집단을 무작위로 배치하고 개입 전후 두 집단에 대한 검사를 실시하는 것은 통제집단 사전사후검사 설계이다.

빈칸에 들어갈 알맞은 말을 채워보자

`19-02-24`

01 다중시계열 설계는 단순시계열 설계의 내적 타당도 저해요인에 의한 문제점을 개선하기 위해 단순시계열 설계에 (   )을/를 추가한 것이다.

`17-02-09`

02 (   )은/는 임의적인 방법으로 양 집단을 선정하고 사전–사후검사를 실시하여 종속변수의 변화를 비교하는 것이다.

`15-02-18`

03 (   )은/는 통제집단 사전사후검사 설계와 통제집단 사후검사 설계를 결합한 것이다.

04 (   )은/는 실험집단과 통제집단을 임의적으로 선정하고 실험집단은 독립변수를 도입한 후 사후검사를, 통제집단은 독립변수를 도입하지 않고 사후검사를 실시한다.

05 (   )은/는 준실험설계라고도 하며, 실험설계의 기본 요소 중 한두 가지가 결여된 설계이다.

06 (   )은/는 독립변수가 두 개 이상일 때 적용되는 설계이다.

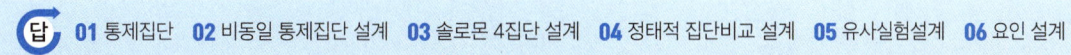

답 **01** 통제집단 **02** 비동일 통제집단 설계 **03** 솔로몬 4집단 설계 **04** 정태적 집단비교 설계 **05** 유사실험설계 **06** 요인 설계

다음 내용이 옳은지 그른지 판단해보자

19-02-16
01 솔로몬 4집단 설계는 외부사건(history)을 통제할 수 있다. ◎ ⊗

02 순수실험설계는 무작위 할당, 통제집단, 독립변수의 조작, 종속변수에 대한 사전-사후 검사 및 비교 등 실험의 기본 요소를 모두 갖추고 있다. ◎ ⊗

03 순수실험설계는 인위적인 통제와 조작이 수월하여 실제 연구에서 많이 사용된다. ◎ ⊗

04 복수시계열 설계는 무작위 할당이 이루어지지 않아 실험집단과 통제집단이 이질적일 가능성이 크다. ◎ ⊗

05 전실험설계는 내적 타당도와 외적 타당도 저해요인을 거의 통제하지 못한다. ◎ ⊗

18-02-10
06 통제집단 사후검사 설계는 사전검사를 하지 않아도 집단 간 차이를 어느 정도 통제할 수 있다. ◎ ⊗

07 단순시계열 설계는 우연한 사건들의 영향을 통제할 수 있다. ◎ ⊗

08 비동일 통제집단 설계는 통제집단 사전사후검사 설계와 유사하지만 단지 무작위 할당에 의해 실험집단과 통제집단이 선택되지 않은 점이 다르다. ◎ ⊗

12-02-11
09 무료급식 서비스를 받은 노인의 변화를 분석하고자 할 때는 실험설계를 사용하는 것이 적합하다. ◎ ⊗

07-02-11
10 솔로몬 4집단비교 설계는 통제집단이 3개이고, 실험집단이 1개이다. ◎ ⊗

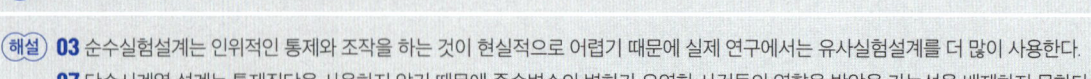

답 01 ○ 02 ○ 03 × 04 ○ 05 ○ 06 ○ 07 × 08 ○ 09 ○ 10 ×

해설 **03** 순수실험설계는 인위적인 통제와 조작을 하는 것이 현실적으로 어렵기 때문에 실제 연구에서는 유사실험설계를 더 많이 사용한다.
07 단순시계열 설계는 통제집단을 사용하지 않기 때문에 종속변수의 변화가 우연한 사건들의 영향을 받았을 가능성을 배제하지 못한다.
10 솔로몬 4집단비교 설계는 실험처치를 가하는 실험집단이 2개, 가하지 않는 통제집단이 2개이다.

041 실험설계의 특성

강의 QR코드

1회독 월 일 → **2회독** 월 일 → **3회독** 월 일

★★★ 최근 10년간 **1문항** 출제

복습 1 이론요약

실험설계의 특징
- 연구자의 의도에 따라 독립변수를 조작하면서 효과를 관찰할 수 있다.
- 장기간에 걸친 연구를 가능하게 해준다.
- 실험조건을 연구자가 임의로 조작하여 원하는 방향으로 진행시킬 수 있다.
- 실험상황을 다시 조성하게 되면 반복적으로 동일하거나 유사한 연구를 다시 수행할 수 있어 연구의 보편성과 일반성을 높일 수 있다.
- 실험환경이 인위적이므로 현실성이 결여될 수 있다.
- 대상자가 실험자의 기대에 따라 의도적으로 행동함으로써 실험결과에 영향을 미칠 수 있다.
- 표집된 연구대상이 모집단의 특성과 이질적인 경우가 많다.
- 엄격한 실험적 상황을 수립하여 변수를 통제하고 조작하기 어려운 대상이 많다.
- 복잡한 사회문제를 실험이라는 방법으로 규명하는 데 한계가 있다.

기본개념
사회복지조사론
pp.103~

실험설계의 기본 요소
- 조사설계의 기본요소로는 **종속변수의 비교, 독립변수의 조작, 외생변수 통제, 실험대상의 무작위화**가 있다.
- 실험의 기본적인 구성은 실험대상을 실험집단과 통제 집단에 무작위 할당하고, 독립변수를 실험집단에 도입하며, 통제집단에는 도입하지 않고, 실험집단과 통제집단이 종속변수에서 보이는 변화를 비교하는 것이다.

기출문장 CHECK

01 (14-02-14) 실험설계에서 무작위 할당으로 우연한 사건의 영향 같은 내적 타당도 저해요인을 예방할 수 있다.

02 (12-02-11) 무료급식 서비스를 받은 노인의 변화를 분석하고자 할 때는 실험설계가 적합하다.

03 (09-02-24) 실험설계에서 외생변수가 종속변수에 미치는 효과를 통제하기 위해서는 무작위 집단할당 방법을 이용한다.

04 (02-02-13) 실험집단과 통제집단은 실험처치 유무라는 차이가 있다.

대표기출 확인하기

14-02-14 난이도 ★★★

실험설계에서 무작위 할당으로 예방할 수 있는 문제는?

① 낮은 응답률
② 과다한 연구비용
③ 과다한 표본추출오차
④ 연구 일정의 지연
⑤ 우연한 사건의 영향

 알짜확인

- 실험조사설계의 주요 특징을 파악해야 한다.
- 실험조사설계의 기본 요소를 파악해야 한다.

답 ⑤

✔ **응시생들의 선택**

① 5%	② 8%	③ 50%	④ 5%	⑤ 32%

⑤ 실험설계에서 독립변수가 도입되기 이전의 두 집단(실험집단과 통제집단)은 가능한 한 집단이 동질적일수록 실험의 내적 타당도가 높아진다. 따라서 연구대상을 두 집단으로 나눌 때는 가능한 두 집단의 차이가 나지 않도록 무작위 할당을 하는 것이 필요하며, 이는 우연한 사건의 영향 같은 내적 타당도 저해 요인을 예방할 수 있다.

➕ **덧붙임**

실험설계의 전반적인 특성을 묻는 문제가 출제되었다. 출제빈도가 높지는 않지만 순수실험설계, 유사실험설계, 전실험설계를 좀 더 명확하게 학습하기 위해서는 실험설계의 전반적인 특성을 반드시 알아야 한다. 특히, 조사설계 유형의 구분은 실험의 요건을 얼마나 충족하는가에 따라 분류되므로 실험의 기본 요소가 무엇인지를 파악하는 것이 매우 중요하다.

관련기출 더 보기

09-02-24 난이도 ★★★

실험설계에서 외생변수가 종속변수에 미치는 효과를 통제하기 위한 방법으로 옳지 않은 것은?

① 무작위 집단할당 방법을 이용한다.
② 동질적 집단할당을 위해 표본의 크기를 작게 한다.
③ 사전에 집단의 특성을 파악하여 이질적 구성 요소를 최소화한다.
④ 실험집단과 통제집단에 피실험자들을 동일 비율로 할당한다.
⑤ 피실험자들을 대상으로 제비뽑기 방법을 이용하여 실험집단과 통제집단으로 구분한다.

답 ②

✔ **응시생들의 선택**

① 10%	② 35%	③ 14%	④ 16%	⑤ 25%

② 실험설계에서는 외생변수를 통제하기 위해 실험집단과 통제집단의 동질적 구성을 위한 무작위 할당이나 배합, 통계학적 통제(공분산분석 등) 등의 방법을 이용한다.

02-02-13 난이도 ★☆☆

실험집단과 통제집단의 차이는 무엇인가?

① 집단 크기의 차이
② 집단 구성원의 차이
③ 집단 구성 시기의 차이
④ 검사 여부의 차이
⑤ 실험처치 유무

답 ⑤

✔ **응시생들의 선택**

① 1%	② 1%	③ 2%	④ 8%	⑤ 88%

⑤ 실험설계의 기본 조건 중에서 독립변수의 조작(실험처치)은 독립변수의 변화가 종속변수에 미치는 영향을 관찰하기 위한 것이다.

다음 내용이 **왜 틀렸는지**를 확인해보자

01 실험조사설계는 가치-윤리적 문제에 대처가 가능하므로 <u>결과에 제한이 없다.</u>

> 가치-윤리적 문제를 제대로 다룰 수 없기 때문에 인간 행태문제와 관련된 실험의 연구결과는 항상 제한이 있다.

02 독립변수를 <u>통제집단에 도입하며, 실험집단에는 도입하지 않고</u> 두 집단이 종속변수에서 보이는 변화를 비교한다.

> 독립변수를 실험집단에 도입하고, 통제집단에는 도입하지 않는다.

03 실험조사설계의 기본 요소는 <u>독립변수의 비교, 종속변수의 조작,</u> 외생변수 통제, 실험대상의 무작위화이다.

> 실험조사설계의 기본 요소는 종속변수의 비교, 독립변수의 조작, 외생변수 통제, 실험대상의 무작위화이다.

04 **통계적 통제**는 연구대상을 확률표본추출의 방법을 통해서 두 집단으로 나눔으로써 두 집단의 속성을 비슷하게 만들고자 하는 것이다.

> 무작위화는 연구대상을 확률표본추출의 방법을 통해서 두 집단으로 나눔으로써 두 집단의 속성을 비슷하게 만들고자 하는 것이다.

05 실험설계에서는 **독립변수가 도입된 이후**에 실험집단과 통제집단을 가능한 한 동질적으로 나누어야 한다.

> 실험설계에서는 독립변수가 도입되기 이전에 실험집단과 통제집단을 가능한 한 동질적으로 나누어야 한다.

빈칸에 들어갈 알맞은 말을 채워보자

14-02-14

01 실험설계에서 (　　　　)(으)로 우연한 사건의 영향을 예방할 수 있다.

02 (　　　　)(이)란, 연구의 초점이 되는 현상 가운데 원인이 되는 변수인 독립변수를 실험자가 인위적으로 변화시키는 것을 말한다.

03 실험조사설계는 가능한 (　　　　)을/를 위협하는 요인들을 제거해서 인과관계를 보다 명확히 규명하고자 하는 설계방법이다.

> **답** **01** 무작위 할당　**02** 독립변수의 조작　**03** 내적 타당도

다음 내용이 옳은지 그른지 판단해보자

01 실험설계에서 독립변수가 도입되기 이전의 실험집단과 통제집단은 가능한 한 집단이 동질적일수록 내적 타당도가 높아진다.

02-02-13

02 실험집단과 통제집단은 집단 크기의 차이가 있다.

03 연구대상의 특성과 연구의 상황에 따라 짝짓기/배합의 방법을 사용하여 두 집단의 차이를 줄일 수도 있다.

> 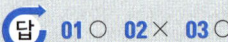 **답** **01** ○　**02** ×　**03** ○
>
> (해설) **02** 실험집단과 통제집단의 집단 크기는 차이가 없으며, 실험처치를 했는가 안 했는가의 차이가 있다.

6장

단일사례설계

이 장에서는

단일사례설계의 특성, 단일사례설계의 유형, 단일사례설계의 평가 등을 다룬다.

10년간 출제분포도

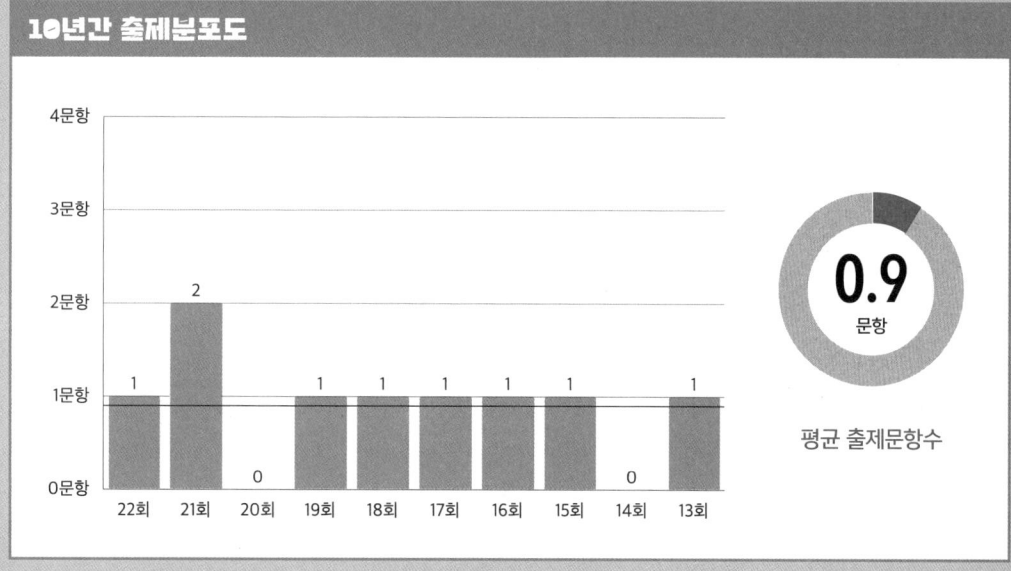

평균 출제문항수

0.9 문항

042 단일사례설계의 특성

1 회독	2 회독	3 회독
월 일	월 일	월 일

최근 10년간 **6문항** 출제

 **이론요약**

단일사례설계의 특성

- 단일사례연구의 1차적인 목적은 가설의 검증에 있는 것이 아니라 어떤 표적행동에 대한 **개입의 효과성을 분석**하는 데 있다.
- 하나의 대상 또는 사례를 가지고 **반복적인 측정을 통해 개입의 효과**를 평가한다.
- 개인이나 집단뿐만 아니라 조직이나 지역사회도 연구대상이 될 수 있다.
- 조사연구의 과정이 실천 과정과 분리되지 않고 통합 가능하다.
- 개인의 효과성에 대한 즉각적인 피드백을 얻을 수 있다.
- 기초선 단계에서 경향을 충분하게 파악하기 위하여 개입을 지연시키는 것은 윤리적으로 문제가 될 수 있다.
- 단일사례연구만으로 **인과관계를 확신하기는 어렵다**.
- 조사연구의 대상이 하나의 사례에 국한되기 때문에 그 결과를 **일반화하는 데 제약**이 따른다.

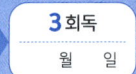

기본개념

사회복지조사론
pp.120~

단일사례설계의 기본 구조

▶ 기초선단계
- 연구자가 개입하기 이전 단계로서 'A'로 표시한다.
- 개입 전의 문제상황, 표적행동을 반복 측정하여 경향을 알아내는 단계로서 통제집단과 유사한 역할을 수행한다.
- 충분히 관찰이 이루어질 때 단일사례연구의 내적 타당도가 향상된다.
- 그래프에 시간 순서대로 측정점을 표시하고 측정점들을 줄로 연결한 후 그래프 경향을 관찰한다.

▶ 개입단계
- 표적행동에 대한 개입이 이뤄지는 기간이다.
- 이 기간 동안에는 표적행동의 상태에 대한 관찰을 병행해야 한다.
- 단일사례설계의 구조를 설명하는 데 있어서 개입국면을 일반적으로 'B'로 표시한다.
- 개입단계에서는 측정을 하는 사람, 장소, 측정방법, 기타 조건을 기초선 단계와 동일하게 해야 한다.

개입평가 기준 및 유의성 분석

▶ 개입평가 기준

- 변화의 파동: 관찰된 표적행동의 특성이 시간의 경과에 따라 파동을 일으키며 변화되는 정도를 말한다.
- 변화의 경향: 기초선기간과 개입기간 동안 경향의 방향이 일치되면 개입영향을 판단하기 어렵고, 상반되면 개입영향의 판단이 쉽다.
- 변화의 수준: 관찰된 행동 특성의 점수의 위치를 말하는 것으로 기초선 점수 수준과 개입기간 점수 수준 사이에 차이가 클수록 개입효과에 대한 확신이 높아진다.

▶ 개입의 유의성 분석

- 시각적 유의성: 기초선의 수준과 개입선의 변화들을 시각적으로 분석한다.
- 통계적 유의성: 개입단계 동안 관찰된 자료가 예상되는 변화의 파동과 어떻게 다른지를 통계적으로 분석한다.
  - 평균비교법: **기초선이 비교적 안정적이고 수치화하는 것이 가능할 경우**에 기초선과 개입단계의 평균을 구하여 비교하는 방법이다.
  - 경향선 접근법: **기초선이 다소 불안정한 경우**에 기초선에 나타난 측정값들의 경향선을 활용하여 개입 전과 후의 차이를 평가하는 방법이다.
- 실용적 유의성: 변화의 크기가 실천적 의미에서 정당성을 보장하는지 임상적인 기준에서 판단하는 것이다.

기출문장 CHECK

01 (22-02-20) 단일사례연구는 윤리적인 문제가 발생할 수 있다.

02 (21-02-16) 단일사례설계의 경향선 분석에서는 기초선의 측정값을 두 영역으로 나누어 경향선을 구한다.

03 (18-02-11) 기초선과 개입기간 두 평균값의 통계적 검증을 통해 개입효과를 판단한다.

04 (17-02-16) 단일사례설계 중 다중기초선설계는 동일한 개입을 특정 연구대상자의 여러 표적행동에 적용하여 개입의 효과를 평가할 수 있다.

05 (16-02-25) 단일사례설계는 경향과 변화를 파악하도록 반복 관찰한다.

06 (15-02-16) 경향선 접근은 단일사례설계에서 기초선이 불안정하게 형성되어 있는 경우, 기초선의 변화의 폭과 기울기까지 고려하여 결과를 분석하는 것이다.

07 (13-02-14) 단일사례연구는 조사연구 과정과 실천 과정이 통합될 수 있다.

08 (12-02-01) 단일사례연구는 여러 명의 조사대상들에게 개입시기를 다르게 하면 우연한 사건효과를 통제할 수 있다.

09 (04-02-12) 단일사례연구는 개입의 효과성을 알기 위한 설계다.

10 (03-02-10) 단일사례연구는 변화의 파동, 경향, 수준 등을 평가한다.

11 (01-02-04) 단일사례연구는 개인, 1가족, 1집단, 1조직에 적용 가능하다.

대표기출 확인하기

단일사례연구에 관한 설명으로 옳지 않은 것은?

① 복수의 각기 다른 개입방법을 연속적으로 도입할 수 없다.
② 시계열 설계의 논리를 개별사례에 적용한 것이다.
③ 윤리적인 문제가 발생할 수 있다.
④ 실천 과정과 조사연구 과정이 통합될 수 있다.
⑤ 다중기초선 설계의 적용이 가능하다.

 알짜확인

- 단일사례설계의 주요 특성을 파악한다.

답 ①

✔ **응시생들의 선택**

| ① 62% | ② 5% | ③ 10% | ④ 8% | ⑤ 15% |

① 복수의 각기 다른 개입방법을 연속적으로 도입할 수 있다. ABCD설계와 같이 하나의 기초선 자료에 대해서 여러 개의 각기 다른 방법(BCD)으로 개입할 수 있다.

➕ **덧붙임**

단일사례설계의 주요 특성과 기본적인 구조를 묻는 문제가 출제되고 있다. 출제 비중이 높지는 않지만 최근 시험에서는 평균적으로 1문제씩 출제되고 있다. 단일사례설계와 관련된 내용은 사회복지조사론에서 출제되지 않더라도 <사회복지실천기술론>의 사회복지실천 평가 영역에서 출제될 가능성이 있다.

관련기출 더 보기

단일사례설계의 결과분석 방법에 관한 설명으로 옳지 않은 것은?

① 시각적 분석은 변화의 수준, 파동, 경향을 고려해야 한다.
② 통계적 분석을 할 때 기초선이 불안정한 경우 평균비교가 적합하다.
③ 평균비교에서는 평균과 표준편차를 함께 고려해야 한다.
④ 경향선 분석에서는 기초선의 측정값을 두 영역으로 나누어 경향선을 구한다.
⑤ 임상적 분석은 결과 판단에 주관적 요소의 개입 가능성이 크다.

답 ②

✔ **응시생들의 선택**

| ① 5% | ② 53% | ③ 7% | ④ 19% | ⑤ 16% |

② 기초선이 다소 불안정한 경우에 사용하는 방법은 경향선 접근법이다.

단일사례설계의 개입효과에 관한 설명으로 옳지 않은 것은?

① 개입 후 변화의 파동이 심하면 효과 판단이 어렵다.
② 기초선이 불안정할 경우 기초선의 경향선을 이용하여 통계적으로 개입효과를 판단한다.
③ 기초선에서 개입기간까지의 경향선을 통해 시각적으로 개입효과를 판단한다.
④ 기초선과 개입기간 두 평균값의 통계적 검증을 통해 개입효과를 판단한다.
⑤ 개입 후 상당한 기간이 지나 최초의 변화가 발생할 경우 개입효과가 있다고 판단한다.

답 ⑤

✔ **응시생들의 선택**

| ① 11% | ② 6% | ③ 6% | ④ 7% | ⑤ 70% |

⑤ 개입 후 상당한 기간이 지나 최초의 변화가 발생한 것은 이것이 개입의 효과로 인한 변화인지, 다른 요인으로 인한 변화인지 확신할 수 없다.

난이도 ★☆☆

단일사례설계에 관한 설명으로 옳지 않은 것은?

① 기초선 국면과 개입 국면이 있다.
② 연구대상과 개입방법은 여러 개가 될 수 없다.
③ 조사연구 과정과 실천 과정의 통합이 가능하다.
④ 경향과 변화를 파악하도록 반복 관찰한다.
⑤ 통계적 원리를 적용하여 분석할 수 있다.

답 ②

✓ 응시생들의 선택

① 3%	② 69%	③ 7%	④ 12%	⑤ 9%

② 단일사례설계는 개인, 집단, 조직, 지역사회 등이 연구대상이 될 수 있으며, ABCD설계와 같이 여러 개의 각기 다른 방법으로 개입할 수 있다.

난이도 ★★☆

다음에서 설명하는 것은?

> 단일사례설계에서 기초선이 불안정하게 형성되어 있는 경우, 기초선의 변화의 폭과 기울기까지 고려하여 결과를 분석한다.

① 평균비교
② 시각적 분석
③ 경향선 접근
④ 임상적 분석
⑤ 이론적 분석

답 ③

✓ 응시생들의 선택

① 6%	② 29%	③ 50%	④ 11%	⑤ 4%

③ 경향선 접근법은 단일사례설계에서 기초선이 다소 불안정하게 형성되어 있는 경우 사용하는 방법이다. 기초선(A)의 관찰점을 전반부와 후반부로 나눠 각 평균을 구해 두 점을 잇는 직선을 그어 개입(B)부분까지 연장하는 경향선을 긋는다. 만일 개입단계에서의 관찰점이 모두 경향선 아래 또는 위에 있으면 그 개입은 효과적이라고 할 수 있다.

난이도 ★★☆

단일사례연구에 관한 설명으로 옳지 않은 것은?

① 개인과 집단뿐만 아니라 조직이나 지역사회도 연구대상이 될 수 있다.
② 외적 타당도가 높다.
③ 개입효과에 대한 즉각적인 피드백이 가능하다.
④ 조사연구 과정과 실천 과정이 통합될 수 있다.
⑤ 반복측정으로 통제집단 효과를 볼 수 있다.

답 ②

✓ 응시생들의 선택

① 9%	② 39%	③ 29%	④ 4%	⑤ 19%

② 외적 타당도가 낮다. 즉, 일반화하기 어렵다. 조사연구의 대상이 하나의 사례에 국한되기 때문에 그 결과를 일반화하는 데 제약이 따른다.

난이도 ★★★

단일사례연구에 관한 설명으로 옳지 않은 것은?

① 단일사례로서 개인, 가족, 단체 등이 분석대상이다.
② 여러 명의 조사대상들에게 개입시기를 다르게 하면 우연한 사건효과를 통제할 수 있다.
③ 기초선으로 성숙효과를 통제할 수 있다.
④ 측정을 위한 비관여적 관찰도 가능하다.
⑤ 비반응성 연구의 한 유형이다.

답 ⑤

✓ 응시생들의 선택

① 2%	② 33%	③ 29%	④ 8%	⑤ 28%

⑤ 비반응성 연구란 연구대상자가 연구대상자임을 의식하여 부자연스럽게 응답하거나 왜곡된 행동을 나타낼 가능성(이것을 반응성이라고 한다)으로 인해 야기되는 오류를 피하기 위한 연구방법이다. 간접관찰, 2차 자료분석이나 내용분석과 같은 방법이 비반응성 연구에 해당한다. 단일사례연구는 이에 해당하지 않는다.

다음 내용이 왜 틀렸는지를 확인해보자

18-02-11

01 기초선이 안정할 경우 기초선의 경향선을 이용하여 통계적으로 개입효과를 판단한다.

> 기초선이 불안정할 경우 기초선의 경향선을 이용하여 통계적으로 개입효과를 판단한다.

02 단일사례설계는 우연한 사건과 같은 내적 타당도 저해요인을 통제하는 데 유리한 설계방법이다.

> 단일사례설계는 우연한 사건과 같은 내적 타당도를 저해하는 요인을 충분히 통제할 수 없다. 따라서 개입이 표적행동의 변화에 미치는 효과의 신뢰도가 낮다.

03 연구자가 개입하기 이전 단계를 개입단계라고 하며, B로 표시한다.

> 연구자가 개입하기 이전 단계를 기초선단계라고 하며, A로 표시한다.

13-02-14

04 단일사례설계는 외적 타당도가 높다.

> 단일사례설계는 하나의 사례에 국한되기 때문에 일반화의 어려움이 있어 외적 타당도가 낮다.

05 단일사례설계의 목적은 가설의 검증이다.

> 단일사례설계의 1차적인 목적은 가설의 검증에 있는 것이 아니라 표적행동에 대한 개입의 효과성을 분석하는 데 있다.

06 단일사례설계의 일반적인 연구대상 선정방법은 모집단으로부터 **무작위 표본추출**하는 것이다.

> 연구대상을 모집단으로부터 무작위 표본추출하는 것은 표본조사설계에 해당한다.

07 단일사례설계는 즉각적인 평가가 어려워 결과를 얻는 데 오랜 시간이 걸린다.

> 단일사례설계는 개입에 대한 평가가 즉각적으로 이루어질 수 있으므로 신속하게 결과를 얻을 수 있다.

빈칸에 들어갈 알맞은 말을 채워보자

01 기초선이 비교적 안정적이고 수치화하는 것이 가능할 경우, 기초선과 개입단계의 평균을 구하여 비교하는 방법을 ( )(이)라고 한다.

02 표적행동에 대한 개입이 이뤄지는 기간을 ( )(이)라고 하며, B로 표시한다.

03 ( )은/는 개입 전의 문제상황, 표적행동을 반복 측정하여 경향을 알아내는 단계로서 통제집단과 유사한 역할을 수행한다.

04 기초선이 불안정하게 형성되어 있는 경우, 기초선의 변화의 폭과 기울기까지 고려하여 결과를 분석하는 방법을 ( )(이)라고 한다.

05 단일사례설계만으로 ( )을/를 확신하기는 어렵다.

 답 **01** 평균비교법 **02** 개입단계 **03** 기초선단계 **04** 경향선 접근법 **05** 인과관계

다음 내용이 옳은지 그른지 판단해보자

01 단일사례설계는 조사연구 과정과 실천 과정이 통합될 수 없다.

02 단일사례설계는 개입효과에 대한 즉각적인 피드백이 가능하다.

03 외적 타당도가 낮은 것을 보완할 수 있는 방법은 동일한 개입방법을 여러 대상과 상황에서 반복 실시하는 것이다.

04 단일사례설계는 개인이나 집단만 연구대상이 될 수 있다.

05 변화의 파동은 관찰된 표적행동의 특성이 시간의 경과에 따라 파동을 일으키며 변화되는 정도를 말한다.

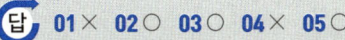 **답** **01** × **02** ○ **03** ○ **04** × **05** ○

해설 **01** 단일사례설계는 조사연구의 과정이 실천 과정과 분리되지 않고 통합 가능하다.
04 개인이나 집단뿐만 아니라 조직이나 지역사회도 연구대상이 될 수 있다.

043 단일사례설계의 유형별 특징

강의 QR코드

1회독 월 일 · 2회독 월 일 · 3회독 월 일

최근 10년간 **3문항** 출제

이론요약

AB설계

- 기초선 설정 후 바로 개입하는 설계로서 가장 기본적인 단일사례설계 유형이다.
- 개입으로 인한 효과인지에 대한 인과관계 확인이 어렵다.

기본개념

사회복지조사론
pp.126~

ABA설계

- 기초선 → 개입 → 기초선
- AB설계의 낮은 신뢰도 문제를 극복할 수 있지만 개입효과를 평가하기 위해 개입을 중단하기 때문에 윤리적 문제가 제기될 수 있다.

ABAB설계(반전설계)

- 기초선 → 개입 → 기초선 → 개입
- 연구목적 달성을 위해 개입을 중단하고 일정 기간 관찰한 후 다시 개입을 재개한다.
- 개입과 철회를 반복함으로써 같은 결과가 나오면 인과관계를 명확히 파악할 수 있다.

BAB설계(선개입설계)

- 개입 → 기초선 → 개입
- 위기개입이나 기초선을 측정할 수 없는 상황에 유용하지만 기초선 없이 개입이 이루어져 개입의 효과성을 판단하기 어렵다.

ABCD설계(다중요소설계)

- 기초선 → 개입 → 각기 다른 C, D 개입
- 도움이 되지 않는 개입을 수정하거나 실제로 표적문제에 변화를 가져오는지 설명하고자 할 때 유용하다.
- 이월효과, 순서효과, 우연한 사건과 관련된 제한점들이 존재한다.

복수기초선

- 둘 이상의 기초선을 사용하는 설계이다.
- 둘 이상의 클라이언트, 둘 이상의 문제에 대해 적용하는 설계로서 동시에 기초선을 측정하면서 각각 다른 시점에 개입한다.
- 개입을 중단하는 대신에 동시에 개입을 시작하므로 윤리적·실천적 문제를 피할 수 있다.

01 (21-02-15) BA설계는 개입의 긴급성이 있는 상황에 적합하다.

02 (19-02-17) ABAB설계는 외부요인을 통제할 수 있어 개입의 효과를 확인할 수 있다.

03 (17-02-16) 다중기초선설계는 동일한 개입을 특정 연구대상자의 여러 표적행동에 적용하여 개입의 효과를 평가할 수 있다.

04 (10-02-28) 단일사례설계 중 ABCD설계는 기초선 형성 후 서로 다른 복수의 개입방법을 연속적으로 도입한다.

05 (07-02-19) ABAB설계는 윤리적 문제를 야기할 수 있다.

06 (02-02-14) 위급한 상황에 즉시 개입을 하고 문제가 호전되면 기초선을 설정하고 다시 개입단계로 돌아가는 설계는 BAB설계이다.

07 (01-02-05) 단일사례연구 설계에서 하나의 문제에 대해서 여러 가지 각기 다른 방식으로 개입하는 설계방법은 ABCD설계이다.

대표기출 확인하기

19-02-17 · 난이도 ★★★

단일사례설계방법에 관한 설명으로 옳은 것은?

① ABCD설계는 여러 개의 개입효과를 개별적으로 증명하기 위한 설계이다.
② AB설계는 외부요인을 충분히 통제할 수 있기 때문에 여러 유형의 문제에 적용가능하다.
③ 복수기초선설계는 기초선단계 이후 여러 개의 다른 개입방법을 순차적으로 적용한다.
④ ABAB설계는 외부요인을 통제할 수 있어 개입의 효과를 확인할 수 있다.
⑤ 평균비교는 기초선이 불안정할 때 기초선의 변화의 폭과 기울기까지 고려하여 결과를 분석하는 방법이다.

 알짜확인

• 단일사례설계의 유형별 특징을 파악해야 한다.

답 ④

✓ 응시생들의 선택

① 31%	② 4%	③ 20%	④ 31%	⑤ 14%

① ABCD설계는 여러 개의 개입효과를 개별적으로 증명하는 것이 아닌 하나의 기초선 자료에 대해서 여러 개의 각기 다른 방법(BCD)으로 개입하는 것이다.
② AB설계는 하나의 기초선단계와 개입단계로 구성되어 있기 때문에 우연한 사건과 같은 내적 타당도를 저해하는 요인을 충분히 통제할 수 없다.
③ 복수기초선설계는 하나의 동일한 개입방법을 여러 문제, 대상, 상황에 적용하여 개입의 효과성을 파악하는 것이다. 여러 문제, 상황에 대하여 개입시점을 다르게 적용하여 같은 효과를 얻는다면, 표적문제의 변화가 외부사건에 의한 영향이 아닌 개입에 의한 변화임을 확인할 수 있다.
⑤ 평균비교는 기초선이 비교적 안정적이고 수치화하는 것이 가능할 경우, 기초선과 개입단계의 평균을 구하여 비교하는 방법이다.

➕ 덧붙임

사례를 제시하고 이 사례가 어떤 유형의 단일사례설계에 해당하는지를 묻는 문제와 단일사례설계의 유형별 특징을 묻는 문제가 출제되고 있다. 단일사례설계의 기본적인 특성과 함께 단일사례설계의 유형(AB설계, ABA설계, ABAB설계, BAB설계, ABCD설계 등)별 특징들을 비교해서 이해할 필요가 있다.

관련기출 더 보기

21-02-15 · 난이도 ★★☆

단일사례설계에 관한 설명으로 옳은 것을 모두 고른 것은?

> ㄱ. BA설계는 개입의 긴급성이 있는 상황에 적합하다.
> ㄴ. ABAC설계는 선행효과의 통제가 가능하다.
> ㄷ. ABAB설계는 AB설계에 비해 외부사건의 영향력에 대한 통제력이 크다.
> ㄹ. 복수기초선디자인은 AB설계에 비해 외부사건의 영향력에 대한 통제력이 크다.

① ㄱ, ㄴ ② ㄴ, ㄹ ③ ㄷ, ㄹ
④ ㄱ, ㄴ, ㄷ ⑤ ㄱ, ㄷ, ㄹ

답 ⑤

✓ 응시생들의 선택

① 11%	② 6%	③ 9%	④ 26%	⑤ 48%

⑤ ㄴ. ABAC설계는 선행된 개입의 효과와 혼재될 수 있다는 단점이 있다.

10-02-28 · 난이도 ★☆☆

단일사례설계 중 ABCD설계에 관한 설명으로 옳은 것을 모두 고른 것은?

> ㄱ. 기초선 형성 후 서로 다른 복수의 개입방법을 연속적으로 도입한다.
> ㄴ. 우연한 사건은 개입효과에 영향을 미치지 않는다.
> ㄷ. 서로 다른 개입방법의 효과성을 비교한다.
> ㄹ. 다중기초선설계는 순서효과를 통제할 수 있게 한다.

① ㄱ, ㄴ, ㄷ ② ㄱ, ㄷ ③ ㄴ, ㄹ
④ ㄹ ⑤ ㄱ, ㄴ, ㄷ, ㄹ

답 ②

✓ 응시생들의 선택

① 7%	② 81%	③ 2%	④ 3%	⑤ 7%

② ㄴ. ABCD설계는 우연한 사건을 배제할 수 없다는 한계를 갖는다.
　ㄹ. 순서효과는 다중기초선설계와는 무관하다.

다음 내용이 왜 틀렸는지를 확인해보자

01 ABCD설계는 <u>기초선 → 개입단계 → 제2기초선 → 제2개입단계</u>의 순서로 진행된다.

> ABCD설계는 기초선 → 개입단계 → 각기 다른 C, D 개입단계의 순서로 진행된다.

`02-02-14`

02 클라이언트가 위기상황에 있어서 즉각적 개입이 필요한 경우 <u>AB설계</u>를 사용한다.

> 클라이언트가 위기상황에 있어서 즉각적 개입이 필요한 경우 BAB설계를 사용한다. 기초선 없이 일단 개입부터 실시(B)한 후에 개입을 중단하는 기초선단계(A)를 도입한 후 다시 개입을 재개(B)하는 설계이다.

03 ABCD설계는 <u>융통성이 없어 개입계획을 변경하기 어렵다는 단점</u>이 있다.

> ABCD설계는 융통성이 있어서 연속적인 단계에서 옳다고 입증된 대로 개입계획을 변경할 수 있다.

04 <u>BAB설계</u>는 개입효과를 높이 확신할 수 있기 때문에 실천현장에서 가장 유용한 설계이다.

> 개입효과를 높이 확신할 수 있기 때문에 실천현장에서 유용한 설계는 ABAB설계이다.

05 <u>ABCD설계</u>는 개입효과를 평가하기 위한 목적으로 개입을 중단하므로 윤리적 문제를 일으킬 수 있다.

> ABA설계는 개입효과를 평가하기 위한 목적으로 개입을 중단하므로 윤리적 문제를 일으킬 수 있다.

빈칸에 들어갈 알맞은 말을 채워보자

01 ABAB설계는 기초선 → 개입단계 → (   ) → 제2개입단계의 순서로 진행된다.

17-02-16

02 (   )은/는 하나의 동일한 개입방법을 여러 문제, 대상, 상황에 적용하여 개입효과가 나타나는지 확인하여 개입의 효과성을 파악하는 설계 유형이다.

03 (   )은/는 클라이언트에게 적합한 새로운 개입방법을 적용해볼 수 있다는 장점이 있다.

 답 **01** 제2기초선 **02** 다중기초선설계 **03** ABCD설계

다음 내용이 옳은지 그른지 판단해보자

07-02-19
01 ABAB설계가 ABA설계보다 신뢰도가 더 낮다.

02 ABCD설계는 이월효과, 순서효과, 우연한 사건 등의 제한점이 발생할 수 있다.

03 BAB설계는 외생요인을 통제하기 어려운 것과 개입의 효과가 지속적인 경우 기초선단계와 제2개입단계에서 표적행동의 상태가 유사하므로, 개입효과를 평가하기 어렵다.

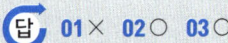 **답** **01** ✕ **02** ◯ **03** ◯

(해설) **01** ABAB설계는 ABA설계보다 개입과 표적행동 간 인과관계의 설명을 좀 더 믿을만하게 해준다.

7 장

측정

이 장에서는

측정의 수준, 측정의 신뢰도와 타당도, 측정의 오류 등을 다룬다.

10년간 출제분포도

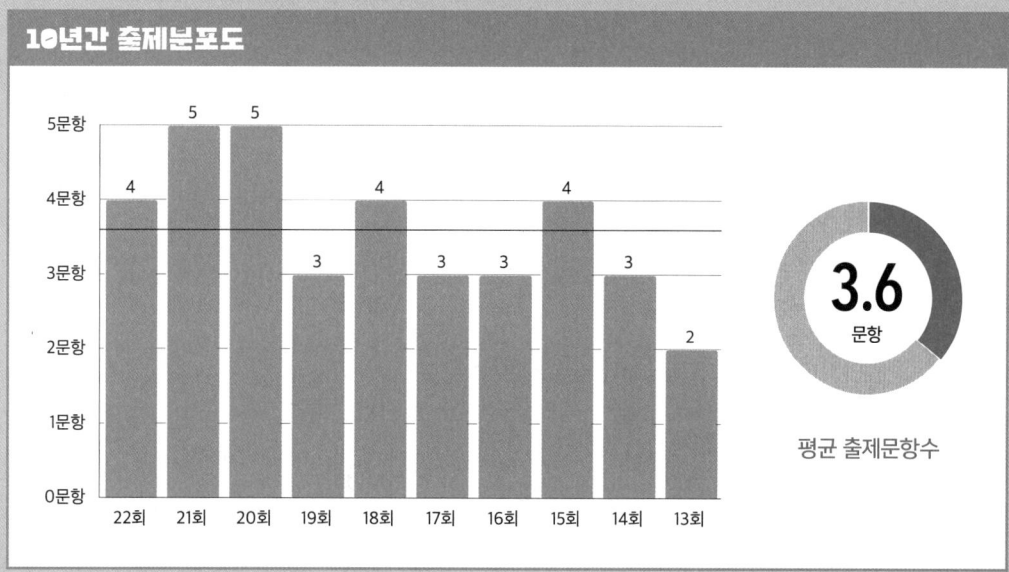

회차	22회	21회	20회	19회	18회	17회	16회	15회	14회	13회
문항	4	5	5	3	4	3	3	4	3	2

3.6 문항

평균 출제문항수

044 측정수준

최근 10년간 **11문항** 출제

복습 1 이론요약

강의 QR코드

명목수준의 측정

- 측정대상의 특성을 분류할 목적으로 대상에 숫자를 부여하는 것이다.
- 가장 낮은 수준의 측정으로 글자 그대로 이름을 부여하는 **명목적인 것을 의미**한다.
- 명목수준의 측정에서 사용되는 숫자는 양적인 크기를 갖지 못한다.
- 명목척도는 **상호배타적이고 포괄적인 특성**을 갖는다.
- **성별, 계절, 인종, 종교, 지역, 혈액형 등**

서열수준의 측정

- 측정대상을 그 특징이나 속성에 따라 일정한 범주로 분류하고, 범주들 간의 **상대적 순서관계**를 밝히는 것이다.
- 측정대상 간의 대소, 고저, 전후, 상하 등에 따라 **서열화**한다.
- 상호배타적인 특성과 함께 **순서의 의미**도 지닌다.
- 서열 간 간격이 동일하지 않고 절대량의 크기를 나타내지 않는다.
- **노인장기요양등급, 정치성향(보수, 중도, 진보), 생활수준(상, 중, 하), 석차, 학점, 선호도 등**

등간수준의 측정

- 어떤 대상의 속성에 대해 순위를 부여할 수 있을 뿐 아니라 각 순위(서열)범주 사이의 거리를 계산할 수 있고 **범주 사이의 간격이 동일**한 척도이다.
- 등간격이므로 **산술적 계산(±)에 사용**될 수 있다.
- **절대 영점이 없기** 때문에 곱하기, 나누기 같은 비율계산에는 사용할 수 없다.
- **도덕지수(MQ), 지능지수(IQ), 섭씨온도, 화씨온도, 물가지수, 생산성 지수, 사회지표, 시험점수 등**

비율수준의 측정

- 속성이 전혀 존재하지 않는 상태의 **절대 영점이 존재**한다.
- '0'이 실제적 의미를 가지고 있기 때문에 **모든 사칙연산(±, ×, ÷)이 가능**하다.
- 비율척도의 숫자는 속성의 **실제 양을 나타낸다.**
- **TV 시청률, 투표율, 길이, 높이, 서비스 횟수, 자녀수, 가격, 연령, 체중, 신장 등**

기본개념

사회복지조사론
pp.140~

측정수준별 특성 비교

특성 \ 척도	명목척도	서열척도	등간척도	비율척도
범주(category)	○	○	○	○
순위(order)	×	○	○	○
등간격	×	×	○	○
절대 영(0)	×	×	×	○
비교방법 (숫자부여방법)	확인, 분류	순위비교	간격비교	절대력, 크기비교
수학 (산술적 계산)	=	=, >, <	=, >, <, ±	=, >, <, ±, ×, ÷
통계 (평균의 측정)	최빈값	중앙값	산술평균	기하평균 모든 통계

기출문장 CHECK

01 (22-02-09) 교육연수(정규 학교 교육을 받은 기간)는 비율척도에 해당한다.

02 (22-02-10) 온도(℃), 지능지수(IQ)는 모두 등간수준의 측정에 해당한다.

03 (21-02-06) 장애인의 성별, 장애 유형, 장애인의 거주지역, 장애인의 직업 종류는 모두 명목척도에 해당한다.

04 (21-02-09) 교육수준은 서열척도에 해당하며, 백분율, 최빈값, 중앙값(중위수) 등을 사용할 수 있다.

05 (20-02-10) 연령, 백신접종률은 비율수준의 측정에 해당한다.

06 (18-02-18) 장애 유형은 정신장애, 지체장애 등 장애의 특성에 따른 유형을 분리한 것으로 명목변수에 해당한다.

07 (17-02-23) 학점(A, B, C)은 서열등급이며 최빈치 분석이 가능하다.

08 (16-02-08) 연령은 모든 척도 수준으로 분석이 가능하다.

09 (16-02-11) 사회복지사가 이수한 보수교육 시간(분)은 비율측정에 해당한다.

10 (15-02-23) 인종과 종교는 명목척도이다.

11 (13-02-16) 1만원과 2만원의 차이는 400만원과 401만원의 차이와 동일하다.

12 (12-02-25) 출신 고등학교 지역은 명목척도에 해당한다.

13 (11-02-04) 비율변수 0은 경험세계에서 속성이 존재하지 않는다.

14 (08-02-11) 사회복지학과 졸업생수는 비율변수이다.

15 (07-02-08) 사회복지시설 이용만족도는 서열척도이며, 화씨 온도는 등간척도이다.

16 (04-02-13) 명목척도는 상호배타성을 갖추어야 한다.

복습 2 기출확인

대표기출 확인하기

22-02-09 난이도 ★☆☆

척도의 종류가 올바르게 짝지어진 것은?

> ㄱ. 종교 – 기독교, 불교, 천주교, 기타
> ㄴ. 교육연수 – 정규 학교 교육을 받은 기간(년)
> ㄷ. 학점 – A, B, C, D, F

① ㄱ: 명목척도, ㄴ: 서열척도, ㄷ: 비율척도
② ㄱ: 명목척도, ㄴ: 비율척도, ㄷ: 서열척도
③ ㄱ: 비율척도, ㄴ: 등간척도, ㄷ: 서열척도
④ ㄱ: 서열척도, ㄴ: 등간척도, ㄷ: 비율척도
⑤ ㄱ: 서열척도, ㄴ: 비율척도, ㄷ: 명목척도

> ▶ **알짜확인**

- 측정의 수준별 특성을 비교하여 이해해야 한다.

답 ②

✓ 응시생들의 선택

① 8%	② 86%	③ 3%	④ 2%	⑤ 1%

② ㄱ. 종교는 명목척도에 해당한다. 가장 낮은 수준의 측정으로 글자 그대로 이름을 부여하는 명목적인 것을 의미하며, 상호배타적인 특성을 갖는다. 성별, 계절, 인종, 종교, 지역, 혈액형 등이 명목척도에 해당한다.
　ㄴ. 교육연수는 비율척도에 해당한다. 비율척도의 숫자는 속성의 실제 양을 나타내며, '0'이 실제적 의미를 가지고 있기 때문에 모든 사칙연산(±, ×, ÷)이 가능하다. 고용률, 자녀수, 서비스 횟수, 체중, 연령 등이 비율척도에 해당한다.
　ㄷ. 학점은 서열척도에 해당한다. 측정대상을 그 특징이나 속성에 따라 일정한 범주로 분류하고, 범주들 간의 상대적 순서관계를 밝힌다. 서열 간 간격이 동일하지 않고 절대량의 크기를 나타내지 않는다. 석차, 학점, 선호도, 노인장기요양 등급 등이 서열척도에 해당한다.

➕ 덧붙임

측정수준에 관한 설명으로 옳지 않은 것을 고르는 유형, 변수와 측정수준을 연결하는 유형 등이 출제되고 있다. 4가지 측정수준의 사례와 특징, 수학적인 속성상의 차이를 중심으로 이해할 필요가 있다. 측정수준별 주요 사례들을 반드시 정리해두어야 한다.

관련기출 더 보기

21-02-06 난이도 ★★☆

다음 연구과제의 변수들을 측정할 때 ㄱ~ㄹ의 척도 유형을 바르게 짝지은 것은?

> 장애인의 성별(ㄱ)과 임금수준의 관계를 정확하게 파악하기 위해서는 장애 유형(ㄴ), 거주지역(ㄷ), 직업 종류 (ㄹ)와 같은 변수들의 영향력을 적절히 통제해야 한다.

① ㄱ: 명목, ㄴ: 명목, ㄷ: 명목, ㄹ: 명목
② ㄱ: 명목, ㄴ: 서열, ㄷ: 서열, ㄹ: 명목
③ ㄱ: 명목, ㄴ: 서열, ㄷ: 명목, ㄹ: 비율
④ ㄱ: 명목, ㄴ: 등간, ㄷ: 명목, ㄹ: 명목
⑤ ㄱ: 명목, ㄴ: 등간, ㄷ: 서열, ㄹ: 비율

답 ①

✓ 응시생들의 선택

① 60%	② 4%	③ 12%	④ 19%	⑤ 5%

① ㄱ. 장애인의 성별(남자, 여자), ㄴ. 장애 유형(지체장애인, 시각장애인 등), ㄷ. 거주지역(서울, 인천 등), ㄹ. 직업 종류(회사원, 자영업 등)는 모두 명목척도에 해당한다.

20-02-10 난이도 ★★★

측정수준이 서로 다른 변수로 묶인 것은?

① 연령, 백신 접종률
② 학년, 이수과목의 수
③ 섭씨(℃), 화씨(℉)
④ 강우량, 산불발생 건 수
⑤ 거주 지역, 혈액형

답 ②

✓ 응시생들의 선택

① 26%	② 33%	③ 6%	④ 19%	⑤ 16%

① 연령, 백신 접종률 – 비율수준의 측정
② 학년 – 서열수준의 측정, 이수과목의 수 – 비율수준의 측정
③ 섭씨(℃), 화씨(℉) – 등간수준의 측정
④ 강우량, 산불발생 건 수 – 비율수준의 측정
⑤ 거주 지역, 혈액형 – 명목수준의 측정

다음 변수의 측정수준을 고려하여 변수의 유형을 순서대로 나열한 것은?

- 장애 유형 – 정신장애, 지체장애 등
- 장애 등록 후 기간 – 개월 수
- 장애 등록 연령 – 나이
- 장애인의 건강 정도 – 상, 중, 하

① 비율변수, 비율변수, 서열변수, 명목변수
② 명목변수, 비율변수, 비율변수, 서열변수
③ 명목변수, 등간변수, 명목변수, 서열변수
④ 등간변수, 비율변수, 서열변수, 비율변수
⑤ 명목변수, 비율변수, 비율변수, 명목변수

답 ②

✔ 응시생들의 선택

① 1%	② 65%	③ 28%	④ 3%	⑤ 3%

② • 장애 유형: 정신장애, 지체장애 등 장애의 특성에 따른 유형을 분리한 것으로 명목변수에 해당한다.
  • 장애 등록 후 기간: 장애 등록 후 기간을 나타내는 개월 수는 절대 영점이 성립되는 비율변수에 해당한다.
  • 장애 등록 연령: 장애 등록 연령을 나타내는 나이는 절대 영점이 성립되는 비율변수에 해당한다.
  • 장애인의 건강 정도: 장애인의 건강 정도를 나타내는 상, 중, 하는 상호배타적인 특성과 함께 순서(서열)의 의미를 지니므로 서열변수에 해당한다.

측정의 4등급–사례–가능한 통계분석의 연결이 옳지 않은 것은?

① 명목등급 – 베이비붐세대 여부 – 백분율
② 서열등급 – 학점(A, B, C) – 최빈치
③ 등간등급 – 온도(℃) – 중위수
④ 비율등급 – 시험점수(0~100점) – 산술평균
⑤ 명목등급 – 성별, 현재흡연 여부 – 교차분석

답 ④

✔ 응시생들의 선택

① 55%	② 7%	③ 12%	④ 13%	⑤ 13%

④ 0~100점을 나타내는 시험점수는 등간등급(등간수준, 등간척도)이다.

척도 수준(level of measurement)에 관한 설명으로 옳은 것은?

① 연령은 모든 척도 수준으로 분석이 가능하다.
② 표준화된 지능검사점수는 비율척도다.
③ 소득을 비율척도로 질문하면 다른 척도 수준으로 질문할 때보다 응답률이 높은 편이다.
④ 등간척도는 절대영점이 있다.
⑤ 서열척도는 비율척도로 변환이 가능하다.

답 ①

✔ 응시생들의 선택

① 23%	② 14%	③ 40%	④ 13%	⑤ 10%

② 표준화된 지능검사점수는 등간척도다.
③ 소득을 비율척도로 질문하면 다른 척도 수준으로 질문할 때보다 비교적 자신의 소득 수준이 상세하게 노출되므로 응답률이 낮아질 수 있다.
④ 등간척도는 절대영점이 없다. 절대영점이 있는 척도는 비율척도이다.
⑤ 서열척도는 비율척도보다 하위수준의 척도이므로 비율척도로 변환이 불가능하다.

한 연구에서 사용된 "소득(단위: 원)" 변수에 관한 설명으로 옳지 않은 것은?

① 1만원과 2만원의 차이는 400만원과 401만원의 차이와 동일하다.
② 0원은 실제적 의미가 있는 절대영점이다.
③ 표준편차를 계산할 수 없다.
④ 사칙연산이 가능하다.
⑤ 명목척도로 변환할 수 있다.

답 ③

✔ 응시생들의 선택

① 10%	② 36%	③ 32%	④ 4%	⑤ 18%

③ 비율척도는 모든 통계기법의 활용이 가능하며, 표준편차를 계산할 수 있다.

다음 내용이 **왜 틀렸는지**를 확인해보자

16-02-08

01 소득을 비율척도로 질문하면 다른 척도 수준으로 질문할 때보다 응답률이 높은 편이다.

> 소득을 비율척도로 질문하면 다른 척도 수준으로 질문할 때보다 비교적 자신의 소득 수준이 상세하게 노출되므로 응답률이 낮아질 수 있다.

16-02-11

02 사회복지사의 근무기관 평가등급 점수(A, B, C, D)는 **등간측정**에 해당한다.

> 사회복지사의 근무기관 평가등급 점수(A, B, C, D)는 범주들 간의 상대적 순서관계가 있지만, 서열 간 간격이 동일하지 않고 절대량의 크기를 나타내는 것이 아니므로 서열측정에 해당한다.

15-02-23

03 석차로 평가된 성적은 **등간척도**이다.

> 석차의 간격은 동일하지 않으므로 석차로 평가된 성적은 서열척도이다.

04 20세는 10세보다 나이가 두 배 더 많다는 것처럼 비율적 계산이 가능한 것은 **서열척도**이다.

> 20세는 10세보다 나이가 두 배 더 많다는 것처럼 비율적 계산이 가능한 것은 비율척도이다.

05 **서열수준**의 측정에서 숫자의 크기는 아무런 의미가 없고 단지 부여된 숫자가 다르면 그 대상의 특성이 다르다는 의미이다.

> 명목수준의 측정에서 숫자의 크기는 아무런 의미가 없고 단지 부여된 숫자가 다르면 그 대상의 특성이 다르다는 의미이다.

06 **명목수준**으로 갈수록 측정수준이 높으며, 하위 측정수준의 속성을 내포한다.

> 비율수준으로 갈수록 측정수준이 높으며, 하위 측정수준의 속성을 내포한다.

빈칸에 들어갈 알맞은 말을 채워보자

`15-02-23`

01 IQ와 온도는 대표적인 (   )이다.

02 성별, 계절, 인종, 종교, 지역 등은 (   )에 해당한다.

`11-02-04`

03 비율척도는 속성이 전혀 존재하지 않는 상태의 (   )이 존재한다.

04 (   )은/는 정확하게 정량화하기 어려운 응답자의 태도, 선호도, 사회계층 등의 측정에 이용된다.

05 (   )은/는 서열범주 간 간격이 같으므로 산술적 계산(±)에 사용될 수 있다.

 답 **01** 등간척도 **02** 명목척도 **03** 절대영점 **04** 서열척도 **05** 등간척도

다음 내용이 옳은지 그른지 판단해보자

01 연령(10대, 20대, 30대, 40대 이상)은 서열척도에 해당하며, 중앙값을 분석방법으로 사용할 수 있다. ⓞ ⓧ

02 상위수준의 측정은 하위수준으로 전환이 가능하지만, 하위수준에서 이루어진 측정은 상위수준으로 전환할 수 없다. ⓞ ⓧ

17-02-23
03 베이비붐 세대 여부는 명목등급이며, 백분율을 분석할 수 있다. ⓞ ⓧ

16-02-08
04 서열척도는 비율척도로 변환이 가능하다. ⓞ ⓧ

05 비율척도의 예로는 투표율, 자녀수, 가격 등이 있다. ⓞ ⓧ

13-02-16
06 1만원과 2만원의 차이는 400만원과 401만원의 차이와 동일하므로 소득은 비율척도에 해당한다. ⓞ ⓧ

07 노인장기요양등급, 정치성향(보수, 중도, 진보)은 등간척도에 해당한다. ⓞ ⓧ

08 서열척도는 기하평균 등 대부분의 통계분석 방법을 사용할 수 있다. ⓞ ⓧ

09 비율척도의 숫자는 속성의 실제 양을 나타낸다. ⓞ ⓧ

10 장애 유형, 결혼 여부, 인종, 출생률은 모두 명목척도에 해당한다. ⓞ ⓧ

답 **01** ○ **02** ○ **03** ○ **04** × **05** ○ **06** ○ **07** × **08** × **09** ○ **10** ×

해설 **04** 서열척도는 비율척도보다 하위수준의 척도이므로 비율척도로 변환이 불가능하다.
07 노인장기요양등급, 정치성향(보수, 중도, 진보)은 서열척도에 해당한다.
08 기하평균 등 대부분의 통계분석 방법을 사용할 수 있는 것은 비율척도이다.
10 출생률은 비율척도에 해당한다.

045 측정의 신뢰도와 타당도

★★★ 최근 10년간 **22문항** 출제

복습 1 이론요약

측정의 의미

- 일정한 규칙에 따라 대상에 값을 부여하는 과정이다.
- 이론을 구성하고 있는 추상적 개념들을 현실세계에서 경험할 수 있는 자료와 연결시켜주는 수단이다.
- 특정 분석단위에 대해 질적 · 양적 값이나 수준을 결정하고 이를 규칙화해 숫자를 부여하는 과정이다.
- 측정은 변수에 대한 조작적 정의에 입각해 이뤄진다.

기본개념

사회복지조사론
pp.145~

측정의 신뢰도

▶ **신뢰도의 개념**
- **측정값의 일관성**을 의미한다.
- 같은 대상에 대해 반복적으로 측정할 때 어느 정도 동일한 측정값을 산출하는지의 정도를 말한다.

▶ **신뢰도의 평가방법**
- **검사−재검사법**: 한 번의 측정이 이뤄진 후에 동일한 상황에서 동일한 측정도구, 동일한 대상을 다시 한 번 측정하여 두 측정값이 어느 정도 일관되는지를 비교하는 방법이다.
- **대안법**: 서로 다른 유사한 양식의 두 가지 측정도구로 동일한 대상을 측정해서 상관관계를 검증하여 신뢰도를 측정하는 방법이다.
- **내적 일관성 신뢰도법**
  - 반분법: 측정도구를 반으로 나눠 같은 시간에 각각 독립된 두 개의 척도로 사용함으로써 신뢰도를 추정하는 방법이다.
  - 크론바하의 알파계수: 반분법에서 산출한 모든 신뢰도계수들의 평균값으로 신뢰도를 계산하는 방법이다.

측정의 타당도

▶ **타당도의 개념**
- 측정하고자 하는 개념을 **얼마나 정확히 측정하였는가**를 의미한다.
- 측정한 값과 대상의 진정한 값과의 일치 정도를 말한다.

- **내용타당도**: 측정도구에 포함된 관찰내용들이 측정하려고 하는 속성이나 개념을 얼마나 대표성 있게 포함하고 있는가에 대해 논리적으로 판단하는 것이다.
- **기준타당도**
  - 예측타당도: 측정도구를 이용하여 측정한 결과가 미래의 사건, 결과 등을 얼마나 잘 예측할 수 있는가를 통해서 타당도를 평가하는 것이다.
  - 동시타당도: 측정도구의 측정값을 외적인 기준과 동시적인 시점에서 비교하여 타당도를 평가하는 것이다.
- **구성타당도**
  - 이해타당도: 측정도구가 구성개념을 이론에 따라 체계적·논리적·포괄적으로 이해하고 있는 정도를 평가하는 것이다.
  - 집중타당도: 동일한 개념이나 이론적으로 연관성이 높을 것으로 예상되는 개념들을 측정하는 서로 다른 측정도구의 측정결과 간의 상관관계를 평가하는 것이다.
  - 판별타당도: 서로 다른 개념을 측정하는 측정도구가 동일한 대상을 측정했을 때 얻은 측정값들 간의 상관관계를 평가하는 것이다.

신뢰도와 타당도의 관계

- 타당도가 높으면 신뢰도도 반드시 높다. 타당도가 낮으면 신뢰도는 높을 수도 있고, 낮을 수도 있다.
- 신뢰도가 높으면 타당도는 높을 수도 있고, 낮을 수도 있다.
- 신뢰도는 타당도의 필요조건이지만 충분조건은 아니다. 즉, 신뢰도는 타당도 확보를 위한 기본적 전제 조건이다.

01 (22-02-12) 내적 일관성 신뢰도법에는 반분법과 크론바하의 알파계수가 있다.

02 (22-02-13) 신뢰도가 높으면 타당도는 높을 수도 있고, 낮을 수도 있다.

03 (21-02-23) 개발된 측정도구의 측정값을 현재 사용되고 있는 측정도구와 비교하는 것은 동시타당도(concurrent validity)이다.

04 (21-02-24) 동일한 상황에서 동일한 측정도구로 동일한 대상을 다시 측정하는 방법은 신뢰도를 측정하는 방법이다.

05 (20-02-13) 하나의 개념을 측정하는 개별 항목들 간의 일관성은 신뢰도를 의미한다.

06 (20-02-14) 신뢰도를 높이기 위해서는 조사대상자가 알지 못하는 내용에 대해서 측정하지 않는 것이 좋다.

07 (20-02-15) 측정할 때마다 실제보다 5g 더 높게 측정되는 저울은 신뢰도가 있다.

08 (19-02-11) 신뢰도를 측정하는 방법에는 재검사법, 대안법, 반분법 등이 있다.

09 (18-02-16) 신뢰도는 일관성으로 표현될 수 있는 개념이다.

10 (18-02-21) 구성타당도(construct validity)는 측정되는 개념이 속한 이론 체계 내에서 다른 개념들과 논리적으로 어느 정도 관련성을 갖고 있는 지를 경험적으로 검증하는 가장 수준이 높은 타당도이다.

11 (17-02-07) 측정도구의 신뢰도는 일관성 또는 안정성으로 표현될 수 있는 개념이다.

12 (17-02-15) 기준타당도 중 동시타당도는 측정도구의 측정값을 외적인 기준과 동시적인 시점에서 비교하여 타당도를 평가하는 방법이다.

13 (16-02-13) 측정할 때마다 항상 30분 빠르게 측정되는 시계는 신뢰도가 높은 것이다.

14 (15-02-02) A시설 어린이들의 발달 상태를 조사하기 위해 체중계를 이용하여 몸무게를 측정했는데 항상 2.5kg이 더 무겁게 측정되었다면 이 체중계는 신뢰도는 높지만 타당도는 낮다.

15 (14-02-17) 반분법은 내적 일관성 신뢰도를 평가하는 방법이다.

16 (13-02-08) 반분법은 일관성 확인을 위해 두 번 조사해야 하는 불편함이 없다.

17 (12-02-06) 내용타당도는 측정도구가 측정하고자 하는 개념을 골고루 포함하고 있다고 전문가들이 인정하고 동의할 때 확보되는 타당도이다.

18 (12-02-13) 측정도구의 높은 신뢰성이 측정의 타당성을 보증하지 않는다.

19 (11-02-07) 판별타당도는 A와 B라는 측정도구가 서로 다른 개념을 측정하는 도구라면, 동일한 대상을 측정했을 때 얻은 측정값들 간의 상관관계가 낮아야 함을 의미한다.

20 (11-02-24) 재검사법을 사용하여 신뢰도를 평가할 경우 측정대상이 동일해야 한다.

21 (10-02-21) 동일대상에게 시기만 달리하여 동일 측정도구로 조사한 결과를 비교하는 신뢰도 측정법은 검사-재검사법이다.

22 (10-02-26) 예측타당도는 측정도구가 장래의 사건을 예견하는 능력이 어느 정도인지에 따라 측정도구의 타당도를 평가하는 방법이다.

23 (09-02-12) 크론바하 알파(Cronbach's alpha)는 척도를 구성하는 전체 문항 조합들의 상관관계 평균값을 계산한 것이다.

24 (08-02-12) 내용타당도는 전문가의 판단에 기초한다.

25 (07-02-18) 구성타당도는 추상적인 속성을 측정하는 척도의 타당도 검증에 적절하다.

26 (06-02-12) 타당도는 측정하고자 하는 값과 일치하는 여부정도다.

27 (05-02-12) 신뢰도가 높을수록 크론바하 알파 값이 높다.

28 (02-02-15) 신뢰도 평가방법으로서 외생변수, 반복검사로 인한 주시험효과가 큰 방법은 검사-재검사법이다.

대표기출 확인하기

22-02-13   난이도 ★★☆

신뢰도와 타당도에 관한 설명으로 옳은 것은?

① 타당도가 있다면 어느 정도 신뢰도가 있다고 볼 수 있다.
② 신뢰도가 높을 경우 타당도도 높다고 할 수 있다.
③ 요인분석법은 신뢰도를 측정하는 방법이다.
④ 신뢰도는 측정하려고 의도된 개념을 얼마나 정확하게 측정하는가를 나타내는 것이다.
⑤ 주어진 척도가 측정하고자 하는 내용을 담고 있다고 일련의 전문가가 판단할 때 판별타당도가 있다고 한다.

알짜확인

- 측정의 신뢰도의 개념과 평가 방법을 이해해야 한다.
- 측정의 타당도의 개념과 평가 방법을 이해해야 한다.
- 신뢰도와 타당도의 관계를 파악해야 한다.

답 ①

✔ 응시생들의 선택

① 68%	② 9%	③ 6%	④ 8%	⑤ 9%

② 신뢰도가 높으면 타당도는 높을 수도 있고, 낮을 수도 있다.
③ 요인분석법은 연구하고자 하는 현상 또는 추상적인 개념이 몇 개의 요인들로 구성되어 있다고 가정하고, 그러한 요인들 각각을 측정할 수 있는 여러 개의 질문문항들을 만들어 조사를 실시한 후, 그 결과를 분석하여 타당도를 검증하는 방법이다.
④ 측정하려고 의도된 개념을 얼마나 정확하게 측정하는가를 나타내는 것은 타당도이다. 신뢰도는 같은 대상에 대해 반복적으로 측정할 때 어느 정도 동일한 측정값을 산출하는지의 정도를 말한다.
⑤ 주어진 척도가 측정하고자 하는 내용을 담고 있다고 일련의 전문가가 판단할 때 내용타당도가 있다고 한다.

➕ 덧붙임

측정의 신뢰도와 타당도에 관한 문제는 사례를 제시하고 해당하는 신뢰도와 타당도를 고르는 문제, 신뢰도와 타당도에 대한 전반적인 내용을 동시에 비교하는 문제 등이 출제되고 있다. 특히 평가 방법의 경우 사례형 문제로 자주 출제되고 있으므로 반드시 개념과 사례를 접목시켜 정리해야 한다.

관련기출 더 보기

21-02-24   난이도 ★★★

신뢰도를 측정하는 방법으로 옳지 않은 것은?

① 동일한 상황에서 동일한 측정도구로 동일한 대상을 다시 측정하는 방법
② 측정도구를 반으로 나누어 두 개의 독립된 척도로 구성한 후 동일한 대상을 측정하는 방법
③ 상관관계가 높은 문항들을 범주화하여 하위요인을 구성하는 방법
④ 동질성이 있는 두 개의 측정도구를 동일한 대상에게 측정하는 방법
⑤ 전체 척도와 척도의 개별항목이 얼마나 상호연관성이 있는지 분석하는 방법

답 ③

✔ 응시생들의 선택

① 13%	② 13%	③ 30%	④ 16%	⑤ 28%

③ 상관관계가 높은 문항들을 범주화하여 하위요인을 구성하는 방법을 요인분석이라고 한다. 요인분석은 타당도를 검증하는 방법이다.

20-02-13   난이도 ★★☆

척도의 타당도를 평가하는 기준이 아닌 것은?

① 하나의 개념을 측정하는 개별 항목들 간의 일관성
② 이론적으로 관련성이 없는 두 개념을 측정한 두 척도 간의 상관관계
③ 어떤 척도와 기준이 되는 척도 간의 상관관계
④ 개념 안에 포함된 포괄적인 의미를 척도가 포함하는 정도
⑤ 개별 항목들이 연구자가 의도한 개념을 구성하는 요인으로 모이는 정도

답 ①

✔ 응시생들의 선택

① 48%	② 21%	③ 3%	④ 9%	⑤ 19%

① 하나의 개념을 측정하는 개별 항목들 간의 일관성은 신뢰도를 의미한다. 즉, 같은 대상에 대해 반복적으로 측정할 때 어느 정도 동일한 측정값을 산출하는지의 정도를 말한다.

신뢰도에 관한 설명으로 옳은 것을 모두 고른 것은?

> ㄱ. 재검사법, 반분법은 신뢰도를 평가하는 방법이다.
> ㄴ. 신뢰도는 타당도의 필요충분조건이다.
> ㄷ. 측정할 때마다 실제보다 5g 더 높게 측정되는 저울은 신뢰도가 있다.

① ㄱ
② ㄴ
③ ㄱ, ㄴ
④ ㄱ, ㄷ
⑤ ㄱ, ㄴ, ㄷ

답 ④

✔ 응시생들의 선택

① 7%	② 4%	③ 15%	④ 45%	⑤ 29%

④ ㄴ. 신뢰도는 타당도의 필요조건이지만 충분조건은 아니다. 타당도가 높으면 신뢰도는 반드시 높지만, 신뢰도가 높다고 타당도가 반드시 높진 않다.

다음 사례에서 측정하고자 하는 타당도로 옳은 것은?

> 연구자는 새로 개발한 우울척도 A의 타당도를 확인하기 위하여 자아존중감 척도 B와의 상관계수를 산출하였다. 그 결과, A와 B의 상관관계가 매우 낮은 것을 확인하였다.

① 동시타당도(concurrent validity)
② 판별타당도(discriminant validity)
③ 내용타당도(content validity)
④ 수렴타당도(convergent validity)
⑤ 예측타당도(predictive validity)

답 ②

✔ 응시생들의 선택

① 28%	② 45%	③ 14%	④ 7%	⑤ 6%

② 판별타당도는 A와 B라는 측정도구가 서로 다른 개념을 측정(혹은 이론적으로 연관성이 낮은 개념을 측정)하는 도구라면, 동일한 대상을 측정했을 때 얻은 측정값들 간의 상관관계가 낮아야 함을 의미한다. 주어진 사례처럼 A와 B의 상관관계가 매우 낮게 나왔다면 판별타당도가 높다고 말할 수 있다.

측정도구의 신뢰도에 관한 설명으로 옳은 것은?

① 일관성 또는 안정성으로 표현될 수 있는 개념이다.
② 측정도구가 의도하는 개념의 실질적 의미를 반영하는 정도와 관련이 있다.
③ 검사-재검사 신뢰도는 가장 널리 사용되는 신뢰도 유형이다.
④ 사회적 바람직성 편향은 신뢰도를 낮추는 주요 요인이다.
⑤ 특정 개념을 측정하는 문항수가 많을수록 신뢰도는 낮아진다.

답 ①

✔ 응시생들의 선택

① 61%	② 7%	③ 22%	④ 5%	⑤ 5%

② 측정도구가 의도하는 개념의 실질적 의미를 반영하는 정도와 관련이 있는 것은 타당도이다.
③ 일반적으로 가장 널리 사용되는 신뢰도 유형은 크론바하의 알파계수를 이용한 방법이다.
④ 사회적 바람직성 편향은 체계적 오류에 속하며, 체계적 오류는 타당도와 관련이 있다.
⑤ 특정 개념을 측정하는 문항수가 많을수록 신뢰도는 높아진다.

신뢰도와 타당도에 관한 설명으로 옳은 것은?

① 측정할 때마다 항상 30분 빠르게 측정되는 시계는 신뢰도가 높은 것이다.
② 측정도구의 신뢰도가 높으면 타당도도 높아진다.
③ 측정도구를 동일 응답자에게 반복 적용했을 때 일관된 결과가 나오면 타당도가 높은 것이다.
④ 동일한 변수를 측정할 때 신뢰도와 타당도를 높이기 위해서는 관련 문항 수를 줄인다.
⑤ 타당도를 검사하기 위해 복수양식법을 활용한다.

답 ①

✔ 응시생들의 선택

① 66%	② 11%	③ 11%	④ 3%	⑤ 9%

② 측정도구의 신뢰도가 높다고 해서 반드시 타당도가 높은 것은 아니다.
③ 측정값의 일관성을 의미하는 것은 신뢰도이다. 즉, 측정도구를 동일 응답자에게 반복 적용했을 때 일관된 결과가 나오면 신뢰도가 높은 것이다. 타당도는 측정하고자 하는 개념을 얼마나 정확히 측정하였는가를 말한다.
④ 동일한 변수를 측정할 때 신뢰도와 타당도를 높이기 위해서는 관련 문항 수를 늘려야 한다.
⑤ 복수양식법은 신뢰도 평가 방법에 해당한다.

A시설 어린이들의 발달 상태를 조사하기 위해 체중계를 이용하여 몸무게를 측정했는데 항상 2.5kg이 더 무겁게 측정되었다. 이 측정에 관한 설명으로 옳은 것은?

① 타당도는 높지만 신뢰도는 낮다.
② 신뢰도는 높지만 타당도는 낮다.
③ 신뢰도도 높고 타당도도 높다.
④ 신뢰도도 낮고 타당도도 낮다.
⑤ 신뢰도나 타당도를 평가할 수 없다.

답 ②

✓ 응시생들의 선택

① 15%	② 66%	③ 3%	④ 11%	⑤ 5%

② 신뢰도는 측정값의 일관성을 의미하며, 타당도는 측정한 값과 대상의 진정한 값의 일치 정도를 의미한다. A시설 어린이들의 몸무게를 측정한 결과, 항상 2.5kg이 더 무겁게 일관적으로 측정되었으므로 신뢰도는 높다고 할 수 있지만, 어린이들의 실제 몸무게와는 2.5kg의 차이가 나는 것이므로 타당도는 낮다고 할 수 있다.

다음에서 사용한 타당도는?

> 새로 개발된 주관적인 행복감 측정도구를 사용하여 측정한 결과와 이미 검증되고 널리 사용되고 있는 주관적인 행복감 측정도구의 결과를 비교하여 타당도를 확인한다.

① 내용(content)타당도
② 동시(concurrent)타당도
③ 예측(predictive)타당도
④ 요인(factor)타당도
⑤ 판별(discriminant)타당도

답 ②

✓ 응시생들의 선택

① 11%	② 39%	③ 6%	④ 5%	⑤ 39%

② 타당도를 평가하고자 하는 측정도구로 측정한 값이 기준이 되는 다른 측정도구의 측정값 혹은 이미 존재하고 있는 측정도구와 비교하여 그 결과가 얼마나 일치하는가를 따짐으로써 측정도구의 타당도를 평가하는 방법은 동시타당도이다.

내적 일관성 신뢰도에 관한 설명으로 옳지 않은 것은?

① 반분법은 내적 일관성 신뢰도를 평가하는 방법이다.
② 척도 내 문항들 간 상관관계를 분석하여 평가한다.
③ 가장 일반적인 신뢰도 평가방법이다.
④ 크론바 알파(Cronbach's alpha)를 사용하여 나타낼 수 있다.
⑤ 동등한 것으로 추정되는 2개의 측정도구를 사용하여 평가하는 방법이 최근 추세이다.

답 ⑤

✓ 응시생들의 선택

① 9%	② 10%	③ 11%	④ 10%	⑤ 60%

⑤ 동등한 것으로 추정되는 2개의 측정도구를 사용하는 것은 복수양식법에 해당하며, 동일한 현상을 측정하는 데 사용될 2개의 동등한 측정도구를 개발하는 것이 어려워 사용하기가 번거로울 수 있다.

총 20문항의 척도를 10문항씩 두 조합으로 나눈 후, 평균점수 간 상관관계를 보고 측정의 일관성을 확인하였다. 이에 관한 설명으로 옳지 않은 것은?

① 신뢰도 측정방법 중 하나다.
② 일관성 확인을 위해 두 번 조사해야 하는 불편함이 없다.
③ 20문항이 동일 개념을 측정해야 적용할 수 있다.
④ 문항을 어떻게 두 조합으로 나누는지에 따라 상관관계가 달라진다.
⑤ 상관관계가 낮을 경우 어떤 문항을 제거할지 알 수 있다.

답 ⑤

✓ 응시생들의 선택

① 32%	② 20%	③ 12%	④ 7%	⑤ 28%

⑤ 반분법은 척도의 문항을 어떻게 절반, 즉 두 조합으로 나누느냐에 따라서 상관관계, 즉 신뢰도가 달라질 수 있다. 문항 전체의 신뢰도는 측정할 수 있지만 개별 문항의 신뢰도나 개별 문항이 전체 척도의 신뢰도에 미치는 영향을 별도로 측정할 수 없는 한계가 있다. 따라서 2개의 척도의 상관관계가 낮을 경우 개별 문항의 신뢰도를 측정할 수 없기 때문에 어떤 문항을 제거해야 할지 알 수 없다.

다음 내용이 **왜 틀렸는지**를 확인해보자

20-02-14

01 신뢰도를 높이기 위해서는 조사대상자가 알지 못하는 내용도 반드시 측정해야 한다.

> 신뢰도를 높이기 위해서는 조사대상자가 알지 못하는 내용에 대해서는 측정하지 않는 것이 좋다.

16-02-13

02 측정도구를 동일 응답자에게 반복 적용했을 때 일관된 결과가 나오면 **타당도가 높은** 것이다.

> 측정값의 일관성을 의미하는 것은 신뢰도이다. 즉, 측정도구를 동일 응답자에게 반복 적용했을 때 일관된 결과가 나오면 신뢰도가 높은 것이다. 타당도는 측정하고자 하는 개념을 얼마나 정확히 측정하였는가를 말한다.

03 타당도는 측정값들 사이의 일치도를 말하는 개념이고, 신뢰도는 측정값과 실제값 사이의 일치도를 말하는 개념이다.

> 신뢰도는 측정값들 사이의 일치도를 말하는 개념이고, 타당도는 측정값과 실제값 사이의 일치도를 말하는 개념이다.

10-02-21

04 동일대상에게 시기만 달리하여 동일 측정도구로 조사한 결과를 비교하는 신뢰도 측정법은 **대안법**이다.

> 동일대상에게 시기만 달리하여 동일 측정도구로 조사한 결과를 비교하는 신뢰도 측정법은 검사-재검사법이다. 검사-재검사법은 한 번의 측정이 이뤄진 후에 동일한 상황에서 동일한 측정도구, 동일한 대상을 다시 한 번 측정하여 두 측정값이 어느 정도 일관되는지를 비교하는 방법이다.

05 **기준타당도**는 궁극적으로 전문가의 주관적 판단에 의존할 수밖에 없는 한계를 지니며, 통계적 검증이 어렵다.

> 내용타당도는 궁극적으로 전문가의 주관적 판단에 의존할 수밖에 없는 한계를 지니며, 통계적 검증이 어렵다.

06-02-12

06 문항의 내용과 관계없이 문항의 수가 많을수록 신뢰도가 높아진다.

> 동일한 개념의 항목이 많아야 신뢰도를 높일 수 있으며, 문항의 수가 지나치게 많아지면 타당도를 유지하기 어려워진다.

빈칸에 들어갈 알맞은 말을 채워보자

01 측정되는 개념이 속한 이론 체계 내에서 다른 개념들과 논리적으로 어느 정도 관련성을 갖고 있는 지를 경험적으로 검증하는 가장 수준이 높은 타당도는 (   )이다.

16-02-13

02 측정도구를 동일응답자에게 반복 적용했을 때 일관된 결과가 나오면 (   )가 높은 것이다.

14-02-17

03 내적 일관성 신뢰도는 척도 내 문항들 간 (   )을/를 분석하여 평가한다.

13-02-08

04 (   )은/는 측정도구를 반으로 나눠 같은 시간에 각각 독립된 두 개의 척도로 사용함으로써 신뢰도를 추정하는 방법이다.

12-02-13

05 동일인이 한 체중계로 여러 번 몸무게를 측정하는 것은 체중계의 (   )와 관련되어 있다.

11-02-07

06 우울 척도 A의 측정치가 우울 척도 B보다는 자아존중감 척도 C의 측정치와 더 일치할 때 척도 A의 (   )은/는 문제가 된다.

07 공무원시험 성적이 좋으면 업무도 잘한다는 사실로부터 알 수 있는 공무원시험의 타당도는 (   )이다.

08 (   )은/는 서로 다른 두 가지 형태의 측정도구로 동일한 대상을 차례로 측정하고 그 점수들 사이의 상관관계를 통해 신뢰도를 검증하는 방법이다.

09 (   )(이)란 측정도구에 포함된 내용들이 측정하려고 하는 속성이나 개념을 얼마나 대표성 있게 포함하고 있는가에 대해 논리적으로 판단하는 것이다.

10 크론바하의 알파계수는 0에서 1까지의 값을 가지며, (   )에 가까울수록 신뢰도가 높다.

답 **01** 구성타당도 **02** 신뢰도 **03** 상관관계 **04** 반분법 **05** 신뢰도 **06** 판별타당도 **07** 예측타당도 **08** 대안법 **09** 내용타당도 **10** 1

다음 내용이 옳은지 그른지 판단해보자

01 예측타당도의 하위타당도에는 기준 관련 타당도와 동시타당도가 있다. ◎ ✕

02 반분법은 내적 일관성 신뢰도를 평가하는 방법이다. ◎ ✕

03 크론바하 알파는 척도를 구성하는 전체 문항 조합들의 상관관계 평균값을 계산한 것이다. ◎ ✕

04 신뢰도가 높으면 반드시 타당도도 높다. ◎ ✕

05 측정항목이 많거나 선택범위가 넓을수록 신뢰도는 낮아진다. ◎ ✕

06 신뢰도를 높이기 위해서는 응답자가 무관심하거나 잘 모르는 내용은 측정하지 않는 것이 좋다. ◎ ✕

07 반분법은 반분을 어떻게 하느냐에 따라 다양한 상관계수(신뢰도계수)가 산출되지만, 크론바하의 알파계수는 단일한 신뢰도계수를 산출한다. ◎ ✕

08 대안법은 동일한 현상을 측정하는 데 사용될 두 개의 동등한 측정도구를 개발하는 것이 어렵다는 단점이 있다. ◎ ✕

09 구성타당도는 이해타당도, 집중타당도, 판별타당도로 구성되어 있는데, 이 세 가지의 타당도가 높아야 구성타당도가 높다고 말할 수 있다. ◎ ✕

10 반분법은 개별 문항의 신뢰도나 개별 문항이 전체 척도의 신뢰도에 미치는 영향을 별도로 측정할 수 있다. ◎ ✕

답 01✕ 02◎ 03◎ 04✕ 05✕ 06◎ 07◎ 08◎ 09◎ 10✕

해설 **01** 기준 관련 타당도의 하위타당도에는 예측타당도와 동시타당도가 있다.
04 타당도가 높은 측정은 신뢰도도 높은 경향이 있지만, 신뢰도가 높다고 반드시 타당도가 높은 것은 아니다.
05 신뢰도를 높이기 위해서는 측정항목(하위변수)을 늘리고 선택범위(값)를 넓혀야 한다.
10 반분법은 문항 전체의 신뢰도는 측정할 수 있지만 개별 문항의 신뢰도나 개별 문항이 전체 척도의 신뢰도에 미치는 영향을 별도로 측정할 수 없는 한계가 있다.

046 측정의 오류

강의 QR코드

1회독 월 일 **2회독** 월 일 **3회독** 월 일

최근 10년간 **6문항** 출제

복습 1 이론요약

체계적 오류

- 변수에 **일정하게 체계적으로 영향을 주어** 측정결과가 모두 높아지거나 모두 낮아지게 되는 편향된 경향을 보이는 오류이다.
- 인구통계학적·사회경제적 특성으로 인한 오류, 개인적 성향으로 인한 오류, 측정하려는 개념이 태도인지 행동인지 모호할 때 발생하는 오류, 편향(고정반응에 의한 편향, 사회적 적절성의 편향, 문화적 차이에 의한 편향)에 따른 오류가 있다.

기본개념

사회복지조사론
pp.154~

비체계적 오류(무작위적 오류)

- 오류의 값이 인위적이거나 편향된 것이 아니라 다양하게 분산되어 있어 **무작위적으로 발생**하는 오류이다.
- 측정대상, 측정과정, 측정수단, 측정자 등에 일관성 없이 영향을 미침으로써 발생하는 오류이다.
- 비체계적 오류를 줄이기 위해서는 측정도구의 내용을 명확하게 하고, 측정항목 수를 가능한 범위 안에서 늘리며, 신뢰할 수 있는 측정도구를 사용해야 한다. 또한 측정자들의 측정방식이나 태도에 일관성이 있어야 하며, 조사대상자가 모르는 내용은 측정하지 말아야 하고, 측정자에게 측정도구에 대한 교육을 철저히 해야 한다.

기출문장 CHECK

01 (21-02-17) 연구자의 의도가 포함된 질문은 체계적 오류를 발생시킨다.

02 (18-02-23) 비관여적 관찰은 체계적 오류를 최소화한다.

03 (15-02-14) 체계적 오류는 측정의 타당도를 저해한다.

04 (14-02-08) 측정의 무작위 오류(random error)는 설문문항이 지나치게 많을 경우 발생하기 쉽다.

05 (09-02-09) 측정오류는 신뢰도와 타당도가 확보된 측정도구를 이용하여 예방할 수 있다.

06 (03-02-12) 체계적 오류, 무작위 오류는 측정에서 나타날 수 있는 오류이다.

07 (02-02-16) 측정오류를 최소화하기 위해서는 측정자를 대상으로 측정도구에 대한 사전교육을 충분히 해야 한다.

대표기출 확인하기

21-02-17 난이도 ★★☆

측정의 오류에 관한 설명으로 옳지 않은 것은?

① 연구자의 의도가 포함된 질문은 체계적 오류를 발생시킨다.
② 사회적으로 바람직한 응답은 체계적 오류를 발생시킨다.
③ 측정의 오류는 연구의 타당도를 낮춘다.
④ 타당도가 낮은 척도의 사용은 무작위 오류를 발생시킨다.
⑤ 측정의 다각화는 측정의 오류를 줄여 객관성을 높인다.

 알짜확인

- 측정의 체계적 오류의 특성을 이해해야 한다.
- 측정의 비체계적 오류의 특성을 이해해야 한다.

답 ④

✔ **응시생들의 선택**

| ① 10% | ② 20% | ③ 12% | ④ 46% | ⑤ 12% |

④ 측정오류는 변수를 측정하는 과정에서 나타나는 오류로서 본질적으로 신뢰도와 타당도의 문제이다. 타당도는 체계적 오류, 신뢰도는 비체계적 오류(무작위 오류)와 관련된 개념이다. 따라서 타당도가 낮은 척도의 사용은 체계적 오류를 발생시킨다.

➕ **덧붙임**

한동안 출제되지 않다가 최근 시험에서 다시 출제되고 있다. 주로 체계적 오류와 비체계적 오류(무작위적 오류)의 특성을 비교하는 형태로 출제되었으며, 측정오류를 줄이기 위해서는 어떠한 노력들이 필요한지에 대해 묻는 문제도 출제되었다.

관련기출 더 보기

18-02-23 난이도 ★★★

측정 시 나타날 수 있는 체계적 오류에 관한 설명으로 옳지 않은 것은?

① 코딩 왜곡은 체계적 오류를 발생시킨다.
② 익명의 응답은 체계적 오류를 최소화한다.
③ 편견 없는 단어는 체계적 오류를 최소화한다.
④ 척도구성 과정의 실수는 체계적 오류를 발생시킨다.
⑤ 비관여적 관찰은 체계적 오류를 최소화한다.

답 ①

✔ **응시생들의 선택**

| ① 14% | ② 35% | ③ 8% | ④ 19% | ⑤ 24% |

① 코딩 왜곡은 비체계적 오류를 발생시킨다. 비체계적 오류는 오류의 값이 인위적이거나 편향된 것이 아니라 다양하게 분산되어 있어 무작위적으로 발생하는 오류이다. 측정대상, 측정과정, 측정수단, 측정자 등에 일관성 없이 영향을 미침으로써 발생한다.

15-02-14 난이도 ★★☆

측정의 오류에 관한 설명으로 옳은 것은?

① 편향에 의해 체계적 오류가 발생한다.
② 무작위 오류는 측정의 타당도를 저해한다.
③ 체계적 오류는 측정의 신뢰도를 저해한다.
④ 표준화된 측정도구를 사용하더라도 체계적 오류를 줄일 수 없다.
⑤ 측정자, 측정 대상자 등에 일관성이 없어 생기는 오류를 체계적 오류라 한다.

답 ①

✔ **응시생들의 선택**

| ① 49% | ② 14% | ③ 10% | ④ 13% | ⑤ 14% |

② 무작위 오류는 측정의 신뢰도를 저해한다.
③ 체계적 오류는 측정의 타당도를 저해한다.
④ 표준화된 측정도구를 사용하는 것은 체계적 오류를 줄일 수 있다.
⑤ 측정자, 측정 대상자 등에 일관성이 없어 생기는 오류를 무작위 오류라 한다.

측정의 무작위 오류(random error)에 관한 설명으로 옳은 것은?

① 응답자가 자신에 대한 이미지를 좋게 만들기 위해 응답할 때 발생한다.
② 타당도를 낮추는 주요 원인이다.
③ 설문문항이 지나치게 많을 경우 발생하기 쉽다.
④ 연구자가 응답자에게 유도성 질문을 할 때 발생한다.
⑤ 일정한 양태와 일관성을 갖는 오류이다.

답 ③

✔ 응시생들의 선택

① 8%	② 41%	③ 36%	④ 6%	⑤ 9%

① 응답자가 자신에 대한 이미지를 좋게 만들기 위해 응답할 때 발생하는 것은 체계적 오류이다.
② 무작위 오류는 신뢰도와 관련된 개념이다.
④ 연구자가 응답자에게 유도성 질문을 할 때 발생하는 것은 체계적 오류이다.
⑤ 일정한 양태와 일관성을 갖는 오류는 체계적 오류이다.

측정에서 나타날 수 있는 오류를 나타낸 것 중 맞는 것은?

> ㄱ. 체계적 오류
> ㄴ. 생태학적 오류
> ㄷ. 무작위 오류
> ㄹ. 표준오차

① ㄱ, ㄴ, ㄷ
② ㄱ, ㄷ
③ ㄴ, ㄹ
④ ㄹ
⑤ ㄱ, ㄴ, ㄷ, ㄹ

답 ②

✔ 응시생들의 선택

① 2%	② 92%	③ 2%	④ 1%	⑤ 3%

② ㄴ. 생태학적 오류는 분석에서 나타날 수 있는 오류이다.
　ㄹ. 표준오차는 표집에서의 오류이다.

측정오류(measurement error)에 관한 설명으로 옳은 것을 모두 고른 것은?

> ㄱ. 체계적 오류는 측정도구의 구성에서 발생할 수 있다.
> ㄴ. 측정오류의 정도는 측정대상과 측정도구의 성격에 따라 차이가 나타난다.
> ㄷ. 측정오류는 신뢰도와 타당도가 확보된 측정도구를 이용하여 예방할 수 있다.
> ㄹ. 무작위 오류는 수집된 자료를 코딩하는 과정에서 잘못 입력하는 경우에 발생한다.

① ㄱ, ㄴ, ㄷ
② ㄱ, ㄷ
③ ㄴ, ㄹ
④ ㄹ
⑤ ㄱ, ㄴ, ㄷ, ㄹ

답 ⑤

✔ 응시생들의 선택

① 31%	② 18%	③ 12%	④ 7%	⑤ 32%

⑤ ㄱ. 측정도구 작성 시 편견이 섞인 단어나 특정 문화집단만 이해할 수 있는 단어를 사용하는 경우 사회적 적절성의 편향이라든가 문화적 차이에 의한 편향 등으로 체계적 오류가 발생할 수도 있다.
　ㄴ. 측정오류는 측정도구, 측정환경, 측정대상자에 따라 달라질 수 있다.
　ㄷ. 체계적 오류는 타당도와 관련되며, 비체계적 오류는 신뢰도와 관련된 오류이므로 신뢰도와 타당도가 확보된 측정도구를 이용하면 오류를 줄일 수 있다.
　ㄹ. 비체계적 오류(무작위 오류)는 측정대상, 측정과정, 측정수단, 측정자 등에 일관성 없이 영향을 미침으로써 발생하는 오류이다.

다음 내용이 **왜 틀렸는지**를 확인해보자

01 측정하려는 개념이 태도인지 행동인지 모호할 때 발생하는 오류는 <u>비체계적 오류</u>에 해당한다.

> 측정하려는 개념이 태도인지 행동인지 모호할 때 발생하는 오류는 체계적 오류에 해당한다.

02 비체계적 오류를 줄이기 위해서는 <u>측정항목 수를 최대한 줄여야 한다.</u>

> 비체계적 오류를 줄이기 위해서는 측정항목 수를 가능한 범위 안에서 늘려야 한다.

03 타당도는 <u>비체계적 오류</u>, 신뢰도는 <u>체계적 오류</u>와 관련된 개념이다.

> 타당도는 체계적 오류, 신뢰도는 비체계적 오류와 관련된 개념이다.

04 인구통계학적 또는 사회경제적인 특성으로 인해 일정한 방향으로 오류가 나타나는 경향과 개인적 성향으로 일정하게 나타나는 경향에서 발생하는 것을 <u>비체계적 오류</u>라고 한다.

> 인구통계학적 또는 사회경제적인 특성으로 인해 일정한 방향으로 오류가 나타나는 경향과 개인적 성향으로 일정하게 나타나는 경향에서 발생하는 것을 체계적 오류라고 한다.

05 <u>고정반응에 의한 편향</u>은 응답자들이 조사자의 의도에 맞춰 대답하거나 집단적 규범에 일치하는 응답을 하는 경우이다.

> 응답자들이 조사자의 의도에 맞춰 대답하거나 집단적 규범에 일치하는 응답을 하는 경우는 사회적 적절성의 편향이다.

빈칸에 들어갈 알맞은 말을 채워보자

15-02-14

01 측정자, 측정 대상자 등에 일관성이 없어 생기는 오류를 (　　　　　　)(이)라 한다.

09-02-09

02 측정오류는 신뢰도와 타당도가 확보된 (　　　　　　)을/를 이용하여 예방할 수 있다.

03 (　　　　　　)은/는 설문지에서 일정한 유형의 질문 문항들이 연속될 때 응답자들이 고정된 반응을 나타내는 것을 말한다.

 답 **01** 무작위 오류　**02** 측정도구　**03** 고정반응에 의한 편향

다음 내용이 옳은지 그른지 판단해보자

01 비체계적 오류는 측정도구, 측정대상, 측정상황의 3가지 측면에서 모두 발생한다.

02 개인적 성향으로 인한 오류는 무작위적 오류에 해당한다.

14-02-08
03 무작위 오류는 연구자가 응답자에게 유도성 질문을 할 때 발생한다.

04 자료수집과정에 편향 또는 편견이 개입될 때도 체계적 오류가 발생할 수 있다.

05 비체계적 오류를 줄이기 위해서는 조사대상자가 잘 모르거나 관심이 없는 내용도 반드시 응답하도록 유도해야 한다.

답 **01** ○　**02** ✕　**03** ✕　**04** ○　**05** ✕

(해설) **02** 개인적 성향으로 인한 오류는 체계적 오류에 해당한다.
03 연구자가 응답자에게 유도성 질문을 할 때 발생하는 것은 체계적 오류이다.
05 비체계적 오류를 줄이기 위해서는 조사대상자가 잘 모르거나 관심이 없는 내용에 대해서는 측정하지 않는다.

8장

척도

이 장에서는

척도의 개념과 척도화의 유형 등을 다룬다.

10년간 출제분포도

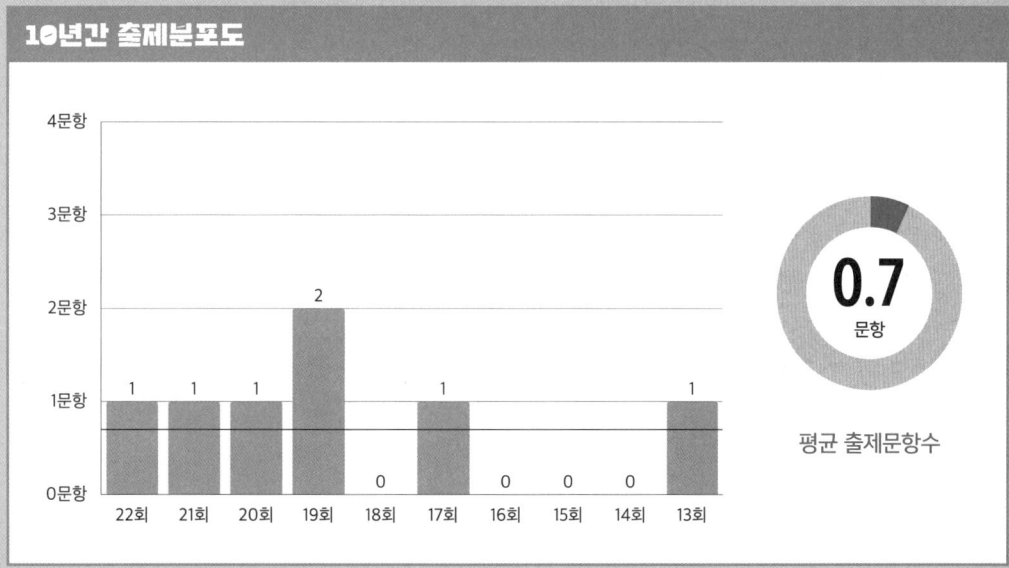

0.7 문항

평균 출제문항수

강의 QR코드

1 회독	2 회독	3 회독
월 일	월 일	월 일

최근 10년간 **7문항** 출제

척도의 의미와 필요성

- 관찰된 현상에 대해 일정한 규칙에 따라 수치나 기호를 부여하는 것을 측정이라 하고, 이 측정을 위한 도구를 척도라고 한다.
- 척도는 측정하고자 하는 대상에 부여하는 숫자나 기호들의 체계이다.
- 척도는 하나의 단순지표로서는 제대로 측정하기 어려운 복합적인 개념들을 측정할 수 있다.
- 척도는 변수에 대한 양적인 측정치를 제공함으로써 정확성을 높인다.

기본개념

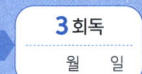

사회복지조사론
pp.163~

평정 척도

- 평가자가 측정대상의 연속성을 전제로 하여, 일정한 등급법에 따라 평가함으로써 대상의 속성을 구별하는 척도이다.
- 대부분 서열척도이지만 항목 간 거의 비슷한 정도의 차이가 있다고 가정하면 등간척도로 간주할 수도 있다.

리커트 척도

- 단순합계척도의 대표적 방법이며, 설문조사에서 가장 보편적으로 사용된다.
- 개별문항에 응답자가 답한 점수를 합산해 해당 개념의 점수를 산출한다.
- 각 문항들은 **동등한 가치를 가지며, 총점에 따라 서열**이 새겨진다.

거트만 척도

- **누적척도이며, 단일차원적 척도**의 대표적인 방법이다.
- 개별 항목들이 일정한 기준에 의해 일관성 있게 서열을 이루고 있다.
- 예측성이 높으며, 복잡한 계량적 과정 없이 쉽게 서열적으로 척도화가 가능하다.
- 척도를 구성하는 질문문항의 내용을 강도에 따라 일관성 있고 누적적이게 되도록 작성하는 것이 쉽지 않다.
- 각 문항들 간에 서열이 매겨진다.

의미분화 척도

- 개념에 **함축된 의미를 평가**하기 위해 고안한 척도이다.
- 일직선으로 도표화된 척도의 양극단에 서로 상반되는 형용사를 배열한다.

사회적 거리 척도

- 보가더스가 인종적 편견의 강도를 측정하기 위해 제시한 척도로서, 누적척도에 해당된다.
- 응답자 자신과 다른 사회적 범주(국적, 인종)의 구성원 간에 인지되는 **거리감을 측정**한다.

써스톤 척도

- 리커트 척도의 단점을 보완하는 등간–비율 척도이다.
- 어떤 사실에 대해 가장 우호적인 태도와 가장 비우호적인 태도를 나타내는 양 극단을 등간격으로 구분하여 여기에 수치를 부여함으로써 등간척도를 구성한다.
- 등간 성격을 갖는 척도를 만들기 위해 문항평가자들을 통해 사전평가 시행 후 결과를 분석하여 **각 문항에 대한 중앙값을 척도치로 부여**한다.

기출문장 CHECK

01 (22-02-11) 리커트(Likert) 척도는 각 문항의 점수를 합산하여 전체적인 경향이나 특성을 측정하는 방법이다.

02 (21-02-22) 보가더스(Bogardus)의 사회적 거리 척도는 누적 척도이다.

03 (20-02-11) 리커트 척도(Likert scale)는 문항 간 내적 일관성이 중요하다.

04 (19-02-09) 서열척도의 대표적인 유형은 리커트 척도이다.

05 (17-02-05) 써스톤 척도는 어떤 사실에 대하여 가장 긍정적인 태도와 가장 부정적인 태도를 나타내는 양 극단을 등간적으로 구분하여, 여기에 수치를 부여함으로써 등간척도를 구성하는 방법이다.

06 (13-02-22) 척도 구성을 위한 요인분석(factor analysis)을 통해 문항들의 단일차원성, 척도 내의 불필요한 문항, 하위척도의 존재가능성, 각 문항의 상대적 영향력 등을 확인할 수 있다.

07 (12-02-22) 의미분화(semantic differential) 척도는 한 쌍의 반대가 되는 형용사를 사용한다.

08 (11-02-08) 리커트 척도는 서열척도이다.

09 (10-02-23) 사회적 거리감 척도는 보가더스가 인종적 편견의 강도를 측정하기 위해 제시한 척도이다.

10 (09-02-05) 리커트(Likert) 척도의 각각의 문항은 측정하고자 하는 개념의 속성에 대해 동일한 기여를 한다.

11 (08-02-14) 척도구성의 기본 요건으로는 응답범주의 포괄성, 응답범주 간 상호배타성, 응답범주 간 내적 일관성 등이 있다.

12 (07-02-09) 평정 척도(rating scale)는 찬반의 응답범주 수가 균형을 이루어야 한다.

13 (07-02-10) 리커트 척도는 합산법 척도의 대표적 방법이다.

14 (06-02-14) 척도구성 시 응답범주들은 응답 가능한 상황을 포괄하고 있어야 한다.

15 (05-02-16) 써스톤의 유사등간법은 한 개념을 여러 개의 문항을 통해 조사한다.

16 (04-02-15) 리커트 척도는 실용적이며 사용의 용이성이 높아 널리 쓰인다.

17 (03-02-14) 높은 수준의 척도일수록 많은 정보를 담고 있다.

대표기출 확인하기

21-02-22 · 난이도 ★★☆

척도에 관한 설명으로 옳은 것은?

① 리커트 척도는 개별문항의 중요도를 차등화한다.
② 보가더스의 사회적 거리 척도는 누적 척도이다.
③ 평정 척도는 문항의 적절성 평가가 용이하다.
④ 거트만 척도는 다차원적 내용을 분석할 때 사용된다.
⑤ 의미차별 척도는 느낌이나 감정을 나타내는 한 쌍의 유사한 형용사를 사용한다.

> **알짜확인**

• 척도화의 유형별 특징을 이해해야 한다.

답 ②

✅ 응시생들의 선택

① 12%	② 49%	③ 13%	④ 10%	⑤ 16%

① 리커트 척도는 하나의 개념을 측정하기 위해 여러 문항들을 이용하는 척도로서, 각 문항들은 동일한 응답범주를 사용하며 모두 동등한 가치를 부여받는다. 즉, 개별문항에 가중치를 부여하지 않는다.
③ 평정 척도는 문항의 적절성 평가가 어렵다. 평정 척도는 평가자가 측정대상의 연속성을 전제로 하여, 일정한 등급법에 따라 평가함으로써 대상의 속성을 구별하는 척도이다. 즉, 설정한 각 단계에 임의 수치를 부여하여 여기서 얻어진 수치의 합계 또는 평균을 측정대상이 가지는 척도점수로 가정하는 척도이다. 객관적 평가도구의 작성이 어려우며, 척도에 대한 주관적 판단을 요구하기 때문에 평가자의 주관, 편견 등이 작용할 가능성이 높다.
④ 거트만 척도는 단일한 개념을 측정하는 단일차원성을 특징으로 한다. 단일차원성이란 척도가 한 가지 혹은 단일한 개념, 차원만을 측정하고 있는 것을 의미한다. 따라서 둘 이상의 개념을 측정하는 다차원적인 척도로는 사용되기 어렵다.
⑤ 의미차별 척도는 느낌이나 감정을 나타내는 서로 상반되는 형용사를 사용한다. 즉, 어떤 개념에 대한 생각이나 느낌을 다양한 차원에서 평가하기 위해 그에 대한 형용사를 정하고 양 극단에 서로 상반되는 형용사를 배치하여 그 속성에 대한 평가를 내리도록 하는 척도이다.

➕ 덧붙임

척도 구성의 기본 요건을 묻는 문제, 개별 척도 유형에 대한 문제, 척도의 사례를 제시하고 해당하는 척도를 고르는 문제 등이 출제되고 있다. 실제 척도 사례를 보고 척도 유형을 구분할 수 있는 능력이 필요하다.

관련기출 더 보기

20-02-11 · 난이도 ★★☆

척도 유형에 관한 설명으로 옳지 않은 것은?

① 리커트 척도는 문항 간 내적 일관성이 중요하다.
② 거트만 척도는 누적 척도이다.
③ 써스톤 척도의 장점은 개발의 용이성이다.
④ 보가더스 척도는 사회집단 간의 심리적 거리감을 측정하는 데 적절하다.
⑤ 의미분화 척도의 문항은 한 쌍의 대조되는 형용사를 사용한다.

답 ③

✅ 응시생들의 선택

① 10%	② 12%	③ 60%	④ 12%	⑤ 6%

③ 써스톤 척도는 척도 개발에 상당한 시간과 노력이 소요된다는 단점이 있다.

19-02-12 · 난이도 ★★☆

다음이 설명하는 척도로 옳은 것은?

> • 사회복지사에 대해 느끼는 감정에 대해 해당 점수에 체크하시오.
>
> | | 1점 2점 3점 4점 5점 6점 7점 8점 | |
> |---|---|---|
> | 1. 친절한 | ├─┼─┼─┼─┼─┼─┼─┤ | 불친절한 |
> | 2. 행복한 | ├─┼─┼─┼─┼─┼─┼─┤ | 불행한 |

① 리커트 척도(Likert scale)
② 거트만 척도(Guttman scale)
③ 보가더스 척도(Borgadus scale)
④ 어의적 분화 척도(Semantic differential scale)
⑤ 써스톤 척도(Thurstone scale)

답 ④

✅ 응시생들의 선택

① 25%	② 13%	③ 5%	④ 44%	⑤ 13%

④ 의미분화 척도라고도 한다.

다음은 무엇에 관한 설명인가?

> A연구소가 정치적 보수성을 판단할 수 있는 문항들의 상대적인 강도를 11개의 점수로 평가자들에게 분류하게 한다. 다음 단계로 평가자들 간에 불일치도가 높은 항목들을 제외하고, 각 문항이 평가자들로부터 받은 점수의 중위수를 가중치로 하여 정치적 보수성 척도를 구성한다.

① 거트만(Guttman) 척도
② 써스톤(Thurstone) 척도
③ 리커트(Likert) 척도
④ 보가더스(Borgadus) 척도
⑤ 의미차이(sematic differential) 척도

답 ②

✔ 응시생들의 선택

① 20%	② 41%	③ 19%	④ 12%	⑤ 8%

② 써스톤 척도는 어떤 사실에 대하여 가장 긍정적인 태도와 가장 부정적인 태도를 나타내는 양 극단을 등간적으로 구분하여, 여기에 수치를 부여함으로써 등간척도를 구성하는 방법이다. 문항평가자들을 통해 사전평가를 시행하고 그 결과를 분석하여 각 문항에 대한 중앙값을 척도치로 부여한다. 주어진 사례에서 '평가자들로부터 받은 점수의 중위수를 가중치로 하여 척도를 구성하였'고 하였으므로 이는 써스톤 척도에 해당한다.

척도에 관한 설명으로 옳지 않은 것은?

① 보가더스의 사회적 거리 척도는 누적척도의 한 종류이다.
② 의미분화(semantic differential) 척도는 한 쌍의 반대가 되는 형용사를 사용한다.
③ 리커트 척도의 각 문항은 등간척도이다.
④ 거트만 척도는 각 문항을 서열적으로 구성한다.
⑤ 써스톤 척도를 개발하는 과정은 리커트 척도와 비교하여 많은 시간과 노력이 요구된다.

답 ③

✔ 응시생들의 선택

① 16%	② 7%	③ 55%	④ 12%	⑤ 10%

③ 리커트 척도는 서열척도에 해당한다.

리커트(Likert) 척도에 관한 설명으로 옳은 것은?

① 비율척도이다.
② 개별 문항의 중요도는 동등하지 않다.
③ 단일 문항으로 측정하는 장점이 있다.
④ 질적 조사에서 보편적으로 사용된다.
⑤ 척도나 지수 개발에 용이하다.

답 ⑤

✔ 응시생들의 선택

① 9%	② 11%	③ 27%	④ 12%	⑤ 41%

① 리커트 척도는 서열척도이다.
② 개별 문항의 중요도가 동등하다고 간주된다.
③ 리커트 척도, 거트만 척도, 의미분화 척도, 써스톤 척도는 모두 복수의 문항으로 측정한다.
④ 측정이 쉽고 단순하여 양적 조사에서 가장 보편적으로 사용된다.

다음 설문문항은 어떤 척도를 활용한 것인가?

> 각 집단(이주노동자, 북한이탈주민)에 대해 귀하는 어느 수준까지는 받아들일 수 있는지 제시된 7가지 문항 중 최고수준에 '○'표 해주시기 바랍니다.

수준		문항	이주 노동자	북한 이탈주민
최고수준	7	결혼하여 가족으로 받아들이겠다.		
	6	친구로서 받아들이겠다.		
↕	⋮			
최저수준	2	방문객으로만 받아들이겠다.		
	1	우리나라에서 추방한다.		

① 총화평정 척도   ② 사회적 거리 척도
③ 써스톤 척도   ④ 리커트 척도
⑤ 의미분화 척도

답 ②

✔ 응시생들의 선택

① 5%	② 68%	③ 14%	④ 10%	⑤ 3%

② 사회적 거리 척도는 개인 혹은 집단이 다른 인간이나 집단에 대하여 가지는 친밀감의 정도를 사회적 거리라는 개념으로 정의하고 이를 측정하기 위한 몇 개의 하위 문항으로 구성된다.

다음 내용이 왜 틀렸는지를 확인해보자

01 등간-비율 척도화에는 평정 척도화, 총화평정 척도화, 리커트 척도화, 거트만 척도화 등이 있다.

> 평정 척도화, 총화평정 척도화, 리커트 척도화, 거트만 척도화 등은 서열척도화이다.

02 의미분화 척도는 주관적인 개념 측정이 어렵다는 단점이 있다.

> 의미분화 척도는 가치와 태도와 같은 주관적인 개념 측정에 용이하다는 장점이 있다.

03 써스톤 척도가 문항들의 서열성을 두어 척도 구성을 했다면, 거트만 척도는 서열 문항들 간에 등간성까지 갖춘 척도이다.

> 거트만 척도가 문항들의 서열성을 두어 척도 구성을 했다면, 써스톤 척도는 서열 문항들 간에 등간성까지 갖춘 척도이다.

11-02-08

04 거트만 척도는 하나의 개념을 측정하기 위해 여러 문항들을 이용하며, 각 문항들은 동일한 응답범주를 사용하며 모두 동등한 가치를 부여받는다.

> 리커트 척도는 하나의 개념을 측정하기 위해 여러 문항들을 이용하며, 각 문항들은 동일한 응답범주를 사용하며 모두 동등한 가치를 부여받는다.

10-02-23

05 의미분화 척도는 보가더스가 인종적 편견의 강도를 측정하기 위해 제시한 척도이다.

> 사회적 거리 척도는 보가더스가 인종적 편견의 강도를 측정하기 위해 제시한 척도이다.

06 리커트 척도는 어떤 사실에 대하여 가장 긍정적인 태도와 가장 부정적인 태도를 나타내는 양 극단을 등간적으로 구분하여, 여기에 수치를 부여한다.

> 써스톤 척도는 어떤 사실에 대하여 가장 긍정적인 태도와 가장 부정적인 태도를 나타내는 양 극단을 등간적으로 구분하여, 여기에 수치를 부여한다.

빈칸에 들어갈 알맞은 말을 채워보자

12-02-22

01 리커트 척도의 각 문항은 (   )이다.

02 (   )은/는 서열척도에 해당하며, 척도를 구성하는 문항들이 내용의 강도에 따라 일관성 있게 서열을 이루고 있어서 단일차원적이고 누적적인 척도를 구성하고 있다.

03 (   )은/는 어떤 개념에 대한 생각이나 느낌을 다양한 차원에서 평가하기 위해 그에 대한 형용사를 정하고 양 극단에 서로 상반되는 형용사를 배치하여 그 속성에 대한 평가를 내리도록 하는 척도이다.

04 (   )(이)란 척도가 한 가지 혹은 단일한 개념만을 측정하고 있는 것으로써 척도를 구성하는 문항, 항목들이 단일한 차원을 반영해야 한다는 것을 의미한다.

05 (   )은/는 척도를 구성하는 여러 개의 문항들 중 불필요한 문항을 제거하고 각 문항의 상대적 영향력을 비교하여 적절한 문항을 선택하는 과정에서 활용된다.

답 **01** 서열척도 **02** 거트만 척도 **03** 의미분화 척도 **04** 단일차원성 **05** 요인분석

다음 내용이 옳은지 그른지 판단해보자

21-02-22

01 보가더스의 사회적 거리 척도는 거트만 척도와 같이 누적적인 문항으로 구성되는 척도이다. ◎ ✕

02 리커트 척도는 각 문항별 응답점수의 총합이 측정하고자 하는 개념을 대표한다는 가정에 근거한다. ◎ ✕

07-02-10

03 리커트 척도는 사전 문항평가자를 활용한다. ◎ ✕

04 리커트 척도는 두 명의 응답자의 총점이 동일하더라도 각 문항에 대한 응답은 다를 수 있기 때문에 총점으로 각 문항에 대해 어떻게 응답했는지는 알기 어렵다. ◎ ✕

05 측정대상의 성별을 분류할 목적으로 숫자를 부여하는 측정방법은 서열척도이다. ◎ ✕

06 요인분석에서 하나의 요인으로 묶여진 측정 문항들은 판별타당도가 높은 것으로 판단하고, 서로 다른 요인들 간에는 수렴타당도가 높은 것으로 해석할 수 있다. ◎ ✕

07 명목척도화의 응답범주들은 논리적 연관성을 가지고 있어야 한다. ◎ ✕

08 서열적 척도화에는 평정 척도, 총화평정 척도, 리커트 척도, 써스톤 척도 등이 있다. ◎ ✕

답 01 ○ 02 ○ 03 ✕ 04 ○ 05 ✕ 06 ✕ 07 ○ 08 ✕

해설 **03** 사전 문항평가자를 활용하는 것은 써스톤 척도이다.
05 측정대상의 성별을 분류할 목적으로 숫자를 부여하는 측정방법은 명목척도이다.
06 요인분석에서 하나의 요인으로 묶여진 측정 문항들은 수렴타당도가 높은 것으로 판단하고, 서로 다른 요인들 간에는 판별타당도가 높은 것으로 해석할 수 있다.
08 써스톤 척도는 서열적 척도화가 아닌 등간-비율척도화에 해당한다.

9장

표집(표본추출)

이 장에서는

표집의 특성, 표집방법, 표본의 크기와 표본오차, 정규분포 등을 다룬다.

10년간 출제분포도

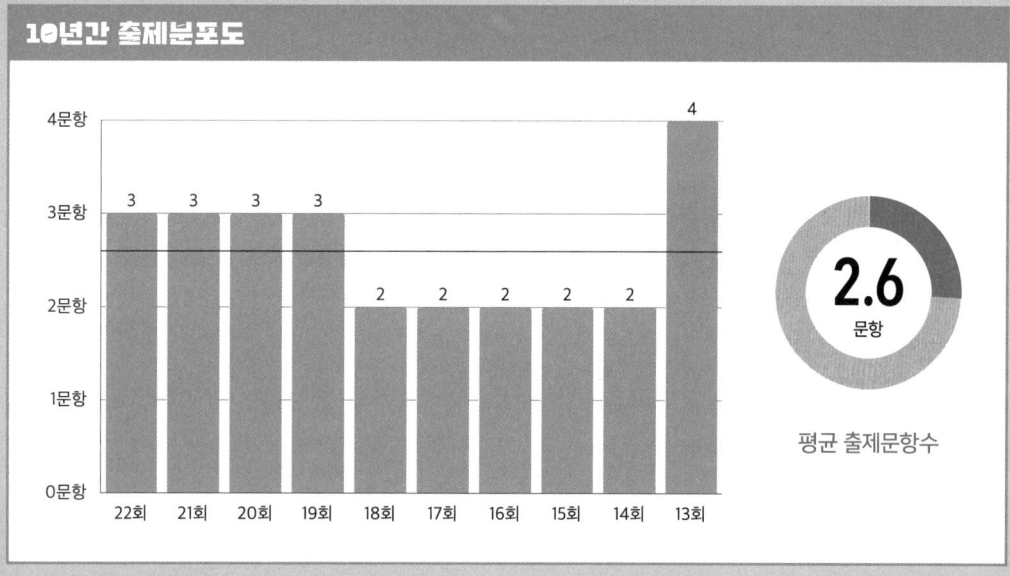

평균 출제문항수

2.6 문항

048 표집방법

강의 QR코드

1회독	2회독	3회독
월 일	월 일	월 일

최근 10년간 **19문항** 출제

1 이론요약

표집 관련 용어

- 모집단: 연구대상이 되는 집단 전체이다.
- 표집틀: 표본을 추출하기 위한 모집단의 목록이다.
- 표집단위: 표본이 추출되는 각 단계에서 표본으로 추출되는 요소들의 단위이다. 일반적으로 표집단위는 분석단위와 일치하지만 표집방법에 따라 일치하지 않는 경우도 있다.
- 관찰단위: 자료를 직접 수집하는 요소 또는 요소의 총합체를 말하는 것으로 자료수집단위라고도 한다. 대부분은 분석단위와 관찰단위가 일치하지만 항상 그런 것은 아니다.
- 모수: 모집단의 변수를 요약하여 기술한 수치, 모집단의 특성을 수치로 표현한 것, 모집단의 속성을 나타내는 값이다.
- 통계치: 표본에서 변수의 특성을 요약하여 기술한 수치이다. 연구조사자는 표본조사를 통해 구한 통계치를 바탕으로 모수를 추정한다.

기본개념

사회복지조사론
pp.178~

표본설계의 과정

모집단 확정 → 표집틀 선정 → 표집방법 결정 → 표본의 크기 결정 → 표본추출

확률표집방법

▶ 확률표집방법의 개념
- 모집단의 각 표집단위가 모두 추출될 기회를 가지고 있고, 각 단위가 추출될 확률을 정확히 알고 무작위 방법에 기초하여 표집하면, 이를 확률표집이라고 하고 이 방법으로 추출된 표본을 확률표본이라고 한다.
- 확률표집방법은 통계치로부터 모수치를 정확히 추정하는 방법을 제시해준다.

▶ 확률표집방법의 유형
- 단순무작위표집법: 표집틀에서 각 사람이나 표집단위에 번호를 할당하여 조사자가 일정한 유형 없이 **단순히 무작위로 추출하는 방법**이다.
- 체계적 표집법: 표집틀인 모집단 목록에서 **일정한 순서에 따라** 매 k번째 요소를 표본으로 추출하는 방법이다.
- 층화표집법: 모집단을 먼저 서로 중복되지 않는 **여러 개의 층으로 분류한 후**, 각 층에서 단순무작위표집에 따라 표본

을 추출하는 방법이다.

- 군집표집법: 모집단을 여러 개의 집락 또는 집단들로 구분하여, 이들 집락이나 집단 중 일부를 선택하고, **선택된 집락 또는 집단 안에서만** 표본을 무작위 추출하는 방법이다.

비확률표집방법

▶ 비확률표집방법의 개념

- **모집단에 대한 지식·정보가 제한되어 있거나 모집단으로부터 선택될 확률이 미리 알려지지 않은 경우** 사용한다.
- 표집절차가 복잡하지 않으며 비용이 훨씬 적게 든다. 통계의 복잡성이 없으며 활용 가능한 응답자를 즉석에서 활용할 수 있다.
- 각 단위가 표본에 포함될 확률을 알 수 없고 표본오차를 산정할 수 없다. 어떤 사람이 선택될 확률이 알려지지 않기 때문에 표본이 모집단을 대표하고 있다고 말할 수 없고, 따라서 연구의 일반화에도 제한점이 있다.

▶ 비확률표집방법의 유형

- 편의표집법: 표본 선정의 편리성에 기준을 두고 **조사자 임의대로** 확보하기 쉽고 편리한 표집단위를 표본으로 추출하는 방법이다.
- 유의표집법: 전문가의 판단으로 **조사의 목적과 의도에 맞는 대상**을 표본으로 선정하는 방법이다.
- 할당표집법: 모집단의 속성 중 조사내용에 영향을 주는 요소를 정해서 이를 기준으로 몇 개의 범주로 구분하고, 각 범주에 해당하는 표본을 모집단에서 차지하는 범주의 비율에 따라 할당하고 각 범주로부터 **할당된 수의 표본을 임의적으로 추출**하는 방법이다.
- 눈덩이표집법: 연구에 필요한 특성을 갖춘 소수의 표본을 찾고, 그 표본을 통해서 다른 사람을 소개받아 **점차 표본의 수를 늘려가는** 방법이다.

질적 연구의 표집방법

- 기준표집: 연구자가 연구의 초점에 맞추어 미리 결정한 어떤 기준을 충족시키는 사례들을 선정하는 방법이다.
- 최대변화량 표집: 적은 수의 표본이지만 다양한 속성을 가진 사례들을 골고루 확보하기 위한 방법이다.
- 동질적 표집: 최대변화량 표집과 대조적이며, 동질적인 사례들로 표본을 선정하는 방법이다.
- 결정적 사례: 어떤 상황이나 문제에 대한 구체적인 정보를 제공하는 결정적인 사례를 표집하는 방법이다.
- 예외사례표집: 규칙적인 유형에 맞지 않는 극단적이거나 예외적인 사례를 검토하는 방법이다.
- 극단적/일탈적 사례: 연구자가 관심을 보이고 있는 현상이 전형적으로 나타나는 사례와 매우 특이하고 예외적인 사례를 표집하여 주요 현상에 대한 이해를 넓히는 방법이다.
- 준예외사례표집: 예외사례표집의 경우처럼 극단적인 사례나 예외적인 사례가 너무 특이해서 연구하는 현상을 왜곡할 가능성을 우려하여 일상적인 것보다는 약간 예외적이라고 할 수 있을 정도의 사례를 선정하는 방법이다.

01 (22-02-15) 눈덩이표집(snowball sampling)은 질적 연구나 현장연구에서 많이 사용된다.

02 (22-02-17) 판단(judgemental) 표집, 결정적 사례(critical case) 표집, 극단적 사례(extreme case) 표집, 최대변이 (maximum variation) 표집은 질적 연구에서 사용된다.

03 (21-02-21) 표집오류를 줄이기 위해 층화표집방법(stratified sampling)을 사용할 수 있다.

04 (21-02-25) 할당표집방법은 우발적 표집보다 표본의 대표성이 높다.

05 (20-02-17) 체계적 표집법은 주기성으로 인해 오차가 개입되어 대표성의 문제가 발생할 수 있다.

06 (20-02-18) 단순무작위표집(simple random sampling)은 모집단으로부터 표본으로 추출될 확률을 알 수 있다.

07 (19-02-14) 이론적(theoretical) 표본추출, 눈덩이(snowball) 표본추출, 극단적 사례(extreme case) 표본추출, 최대변이 (maximum variation) 표본추출은 일반적으로 질적 조사에서 사용된다.

08 (18-02-19) 조사대상을 전문가의 판단으로 조사의 목적과 의도에 맞게 선정한 것은 의도적 표집이다.

09 (18-02-22) 확률표집은 모집단의 규모와 특성을 알 때 사용할 수 있다.

10 (17-02-19) 할당표본추출은 모집단의 구성요소들이 표본으로 선정될 확률이 동일하지 않다.

11 (16-02-23) 할당표집은 모집단의 속성 중 조사내용에 영향을 주는 요소를 정해서, 이를 기준으로 몇 개의 범주로 구분하고 각 범주에 해당하는 표본을 모집단에서 차지하는 범주의 비율에 따라 할당하고 각 범주로부터 할당된 수의 표본을 임 의적으로 추출하는 방법이다.

12 (15-02-01) 체계적 표집은 확률표집방법에 해당하며, 표집틀인 모집단 목록에서 일정한 순서에 따라 매 k번째 요소를 표본으 로 추출하는 방법이다.

13 (14-02-19) 층화표본추출은 전체 모집단이 아니라 여러 하위집단에서 표본을 추출한다.

14 (13-02-05) 질적 연구를 진행할 때는 편의(convenience)표집, 극단적 사례(extreme case)표집, 이론적(theoretical) 표집, 1사례(one case)표집 등을 사용한다.

15 (13-02-13) 체계적 표집은 확률표집방법에 해당하며, 일정한 순서를 정해서 매번 그 순서에 해당하는 요소를 표본으로 추출하 는 방법이다.

16 (12-02-23) 비확률표집은 연구자의 편견이 개입될 수 있다.

17 (11-02-16) 이질적 집단보다 동질적 집단에서 추출한 표본의 표집오차가 작다는 이론에 기초한 표집방법은 할당(quota)표집, 층화(stratified)표집 등이 있다.

18 (11-02-29) 일반적으로 극단적 사례(extreme case)표집, 전형적 사례(typical case)표집, 눈덩이(snowball)표집, 편의 (convenience)표집 등은 질적 연구에서 사용된다.

19 (10-02-24) 군집표집은 서로 동질적인 몇 개의 집단으로 나누고 이중 일부 집단을 선정하여 선택된 집단에서만 표본을 선정하 는 방법이다.

20 (09-02-04) 유의표집은 표본의 대표성을 보장할 수 없다.

21 (07-02-12) 시 · 도 2개를 선정하고, 읍 · 면 · 동 10개를 선정하고, 그 중에서 사회복지전담공무원 2명을 선정하는 방법은 집락 표집이다.

22 (06-02-26) 남녀 비율을 각각 50%씩 할당한 후 비율이 채워질 때까지 유의표집하는 것은 비확률표집에 해당한다.

23 (04-02-16) 모집단을 동질적인 하위집단으로 나누고 다시 그 하위집단을 단순무작위 표집이나 체계적 표집으로 표본을 추출 하는 방법은 층화표집이다.

대표기출 확인하기

22-02-15 난이도 ★★★

표집에 관한 설명으로 옳지 않은 것은?

① 의도적 표집(purposive sampling)은 비확률표집이다.
② 할당표집(quota sampling)은 동일추출확률에 근거한다.
③ 눈덩이표집(snowball sampling)은 질적 연구나 현장연구에서 많이 사용된다.
④ 집락표집(cluster sampling)은 모집단에 대한 표집틀이 갖추어지지 않더라도 사용가능하다.
⑤ 체계적 표집(systematic sampling)은 주기성(periodicity)이 문제가 될 수 있다.

 알짜확인

• 확률표집방법의 유형별 특징을 이해해야 한다.
• 비확률표집방법의 유형별 특징을 이해해야 한다.
• 질적 연구 표집방법의 유형별 특징을 이해해야 한다.

답 ②

응시생들의 선택

① 8%	② 29%	③ 12%	④ 45%	⑤ 6%

② 할당표집은 비확률표집방법에 해당한다. 비확률표집은 각 단위가 표본에 포함될 확률을 알 수 없고 표본오차를 산정할 수 없다. 즉, 동일추출확률에 근거하지 않고 어떤 사람이 선택될 확률이 알려지지 않기 때문에 표본이 모집단을 대표하고 있다고 말할 수 없고, 따라서 연구의 일반화에도 제한점이 있다.

➕ 덧붙임

표집방법에 관한 문제는 매년 1문제 이상 반드시 출제되는 영역 중 하나이다. 초창기 시험에서는 확률표집방법과 비확률표집방법의 특징을 비교하는 문제가 출제되었지만 최근 시험에서는 개별 표집방법들을 실제 사례와 연결하는 문제가 자주 출제되고 있다.

관련기출 더 보기

20-02-17 난이도 ★★★

다음 사례의 표집에 관한 설명으로 옳은 것은?

> 400명의 명단에서 80명의 표본을 선정하는 경우, 그 명단에서 최초의 다섯 사람 중에서 무작위로 한 사람을 뽑는다. 그 후 표집간격 만큼을 더한 번호에 해당하는 사람을 표본으로 선택한다.

① 단순무작위 표집이다.
② 표집틀이 있어야 한다.
③ 모집단의 배열에 일정한 주기성을 가지고 있어야 한다.
④ 비확률표집법을 사용하였다.
⑤ 모집단에 대한 대표성이 부족하다.

답 ②

응시생들의 선택

① 13%	② 30%	③ 37%	④ 9%	⑤ 11%

① 체계적 표집법(계통표집법)에 해당한다. 표집틀인 모집단 목록에서 일정한 순서에 따라 매 k번째 요소를 표본으로 추출하는 방법이다.
③ 모집단의 배열에 일정한 주기성을 가지고 있으면 안 된다. 체계적 표집법은 주기성으로 인해 오차가 개입되어 대표성의 문제가 발생할 수 있다.
④ 확률표집방법을 사용하였다.
⑤ 확률표집방법은 비확률표집방법에 비해 모집단에 대한 대표성이 크다.

질적 조사에서 일반적으로 사용되는 표본추출방법으로 옳지 않은 것은?

① 이론적(theoretical) 표본추출
② 집락(cluster) 표본추출
③ 눈덩이(snowball) 표본추출
④ 극단적 사례(extreme case) 표본추출
⑤ 최대변이(maximum variation) 표본추출

답 ②

✅ **응시생들의 선택**

① 20%	② 43%	③ 18%	④ 10%	⑤ 9%

② 집락 표본추출은 확률표집방법에 해당한다. 질적 조사는 일반적으로 확률표집방법이 아닌 비확률표집방법을 사용하여 연구자가 연구에 필요한 표본을 의도적으로 선택하는 방법을 사용한다. 질적 조사의 표집방법에는 이론적 표본추출, 최대변이 표본추출, 동질적 표본추출, 결정적 사례 표본추출, 극단적 사례 표본추출, 예외사례 표본추출, 눈덩이 표본추출 등이 있다.

다음 사례에서 설명하는 표본추출방법은?

사회복지사들의 감정노동 정도를 조사하기 위하여 설문조사를 실시하였다. 표본은 전국 사회복지관에 근무하는 사회복지사를 대상으로 연령(30세 미만, 30세 이상 50세 미만, 50세 이상)을 고려하여 연령 집단별 각각 100명씩 총 300명을 임의 추출하였다.

① 비례층화 표본추출
② 할당 표본추출
③ 체계적 표본추출
④ 눈덩이 표본추출
⑤ 집락 표본추출

답 ②

✅ **응시생들의 선택**

① 30%	② 47%	③ 10%	④ 2%	⑤ 11%

② 주어진 사례는 연령을 기준으로 범주를 구분하고 각 범주로부터 할당된 수의 표본을 임의적으로 추출하였으므로 할당 표본추출에 해당한다.

다음에 해당하는 표집방법은?

빈곤노인을 위한 새로운 사회복지서비스 개발을 위해 사회복지관의 노인 사례관리 담당자에게 의뢰하여 자신의 욕구를 잘 표현할 수 있는 빈곤노인을 조사대상으로 선정하였다.

① 층화표집　　　　② 할당표집
③ 의도적 표집　　　④ 우발적 표집
⑤ 체계적 표집

답 ③

✅ **응시생들의 선택**

① 4%	② 9%	③ 78%	④ 1%	⑤ 8%

③ 노인 사례관리 담당자에게 의뢰하여 자신의 욕구를 잘 표현할 수 있는 빈곤노인을 조사대상으로 선정하였다고 한 것은 조사대상을 전문가의 판단으로 조사의 목적과 의도에 맞게 선정하였다는 것을 의미하는데 이를 의도적 표집이라고 한다. 유의표집, 판단표집이라고도 한다.

초·중·고등학생의 행복도를 조사하기 위해 모집단에서 차지하는 비율에 맞춰 조사대상자를 표집하고자 한다. 이때 적절하게 사용할 수 있는 비확률표집방법은?

① 층화(stratified)표집
② 체계(systematic)표집
③ 할당(quota)표집
④ 눈덩이(snowball)표집
⑤ 편의(convenience)표집

답 ③

✅ **응시생들의 선택**

① 25%	② 6%	③ 62%	④ 4%	⑤ 3%

① 층화표집: 확률표집방법에 해당하며, 모집단을 먼저 서로 중복되지 않는 여러 개의 층으로 분류한 후, 각 층에서 단순무작위표집에 따라 표본을 추출하는 방법이다.
② 체계표집: 확률표집방법에 해당하며, 표집틀인 모집단 목록에서 일정한 순서에 따라 매 k번째 요소를 표본으로 추출하는 방법이다.
④ 눈덩이표집: 비확률표집방법에 해당하며, 처음에는 연구에 필요한 특성을 갖춘 소수의 표본을 찾고, 그 표본을 통해서 다른 사람을 소개받아 점차로 표본의 수를 늘려가는 방법이다.
⑤ 편의표집: 비확률표집방법에 해당하며, 표본 선정의 편리성에 기준을 두고 조사자 임의대로 확보하기 쉽고 편리한 표집단위를 추출하는 방법이다.

다음 조사에 해당하는 표집방법은?

> 한국산업인력공단은 2015년 사회복지사 1급 국가시험 합격자 명단에서 수험번호가 가장 앞 쪽인 10명 중 무작위로 첫 번째 요소를 추출하였다. 그 후 첫 번째 요소로부터 매 10번째 요소를 추출하여 합격자들의 특성을 파악하였다.

① 체계적 표집
② 단순무작위표집
③ 층화표집
④ 할당표집
⑤ 다단계 집락표집

답 ①

✔ 응시생들의 선택

① 64%	② 12%	③ 13%	④ 8%	⑤ 3%

① 표집틀인 모집단 목록에서 일정한 순서에 따라 매 k번째 요소를 표본으로 추출하는 방법은 확률표집방법 중 체계적 표집법에 해당한다.

'시설보호아동이 경험한 학교생활의 본질과 맥락에 대한 연구'를 진행할 때, 일반적으로 사용되는 표집방법이 아닌 것은?

① 편의(convenience)표집
② 극단적 사례(extreme case)표집
③ 이론적(theoretical) 표집
④ 층화(stratified)표집
⑤ 1사례(one case)표집

답 ④

✔ 응시생들의 선택

① 8%	② 25%	③ 15%	④ 20%	⑤ 31%

④ 질적 연구를 진행할 때 일반적으로 사용되는 표집방법을 고르는 문제이다. 층화표집은 확률표집방법에 해당하며 양적 연구에 주로 활용된다.

➕ 덧붙임

양적 연구와 질적 연구에서 사용하는 표집방법을 구분할 수 있어야 한다. 질적 연구에서 사용하는 표집방법은 주로 비확률표집방법에 해당한다는 것을 기억하자.

1,000명을 번호 순서대로 배열한 모집단에서 4번이 처음 무작위로 선정되고 9번, 14번, 19번, … 등이 차례로 체계(systematic)표집을 통해 선정되었다. 이 표집에서 표집간격(ㄱ)과 표본 수(ㄴ)가 바르게 짝지어진 것은?

① (ㄱ) 4 (ㄴ) 200
② (ㄱ) 4 (ㄴ) 250
③ (ㄱ) 5 (ㄴ) 200
④ (ㄱ) 5 (ㄴ) 250
⑤ (ㄱ) 10 (ㄴ) 200

답 ③

✔ 응시생들의 선택

① 8%	② 7%	③ 63%	④ 14%	⑤ 8%

③ 표집간격(k)은 모집단 수(N)를 표본 수(n)로 나눈 것이다(k=N/n). 이 문제에서는 4번, 9번, 14번, 19번, … 등을 차례로 표집하고 있기 때문에 표집간격이 5임을 알 수 있다. 따라서 5=1000/n이므로 표본 수(n)는 200이 된다.

다음에 해당하는 표집방법은?

> 성인의 정치의식을 조사하기 위해 소득을 기준으로 최상, 상, 하, 최하로 구분한 다음, 각각의 계층이 모집단에서 차지하고 있는 비율에 맞추어 1,500명의 표본을 4개의 소득계층별로 무작위 표집하였다.

① 층화(stratified) 표집
② 군집(cluster) 표집
③ 할당(quota) 표집
④ 체계적(systematic) 무작위표집
⑤ 단순(simple) 무작위표집

답 ①

✔ 응시생들의 선택

① 66%	② 8%	③ 7%	④ 18%	⑤ 1%

① 층화표집은 독립변수에 영향을 미칠 것으로 간주되는 주요변수 또는 모집단에서 같은 비율로 표집되지 못할 가능성이 있는 주요 변수의 카테고리별로 모집단을 나누어(층화하여) 각각의 모집단 카테고리별로 무작위 표집을 하는 방법을 말한다.

다음 내용이 **왜 틀렸는지**를 확인해보자

15-02-13

01 확률표집은 모집단으로부터 표본으로 추출될 확률을 알 수 없다.

> 확률표집은 모집단으로부터 표본으로 추출될 확률을 알 수 있다. 확률표집은 모집단의 각 표집단위가 모두 추출될 기회를 가지고 있고, 각 단위가 추출될 확률을 정확히 알고 무작위 방법에 기초하여 표집하는 방법이다.

14-02-19

02 확률표집방법 중 **단순무작위표집법**은 주기성(periodicity)이 문제가 될 수 있다.

> 확률표집방법 중 체계적 표집법은 주기성(periodicity)이 문제가 될 수 있다. 체계적 표집법은 표집틀인 모집단 목록에서 일정한 순서에 따라 매 k번째 요소를 표본으로 추출하는 방법이다.

03 층화표집법은 층화를 위한 기준으로 연구목적에 부합하는 변수를 사용하는데, 이렇게 **층화한 하위집단은 이질적인 특성**을 갖는다.

> 층화표집법은 층화를 위한 기준으로 연구목적에 부합하는 변수를 사용하는데, 이렇게 층화한 하위집단은 동질적인 특성을 갖는다.

04 **유의표집법**은 모집단을 중복되지 않는 집단들로 분리한 후, 각 집단으로부터 체계적으로 표본을 추출하는 방법이다.

> 모집단을 중복되지 않는 집단들로 분리한 후, 각 집단으로부터 체계적으로 표본을 추출하는 방법은 층화표집법이다. 유의표집법은 연구자/전문가의 판단으로 조사의 목적과 의도에 맞는 대상을 표본으로 선정하는 방법이다.

05 일탈적인 대상을 연구하거나 모집단의 구성원을 찾기 어려운 대상을 연구할 때는 **할당표집법**을 주로 사용한다.

> 약물중독, 성매매, 도박 등과 같이 일탈적인 대상을 연구하거나 노숙인, 이주노동자, 불법이민자 등 모집단의 구성원을 찾기 어려운 대상을 연구하는 경우에는 눈덩이표집법을 주로 사용한다.

06 층화표집과 할당표집은 **이질적 집단에서 추출한 표본의 표집오차가 작다는 논리**에 기초한 표집방법이다.

> 층화표집과 할당표집은 이질적 집단보다 동질적 집단에서 추출한 표본의 표집오차가 작다는 논리에 기초한 표집방법이다.

빈칸에 들어갈 알맞은 말을 채워보자

17-02-19

01 할당표본추출은 (   )(으)로서 모집단의 구성요소들이 표본으로 선정될 확률이 동일하지 않다.

14-02-19

02 모집단을 여러 개의 집단들로 구분하여 이들 집단 중 일부를 선택하고, 선택된 집단 안에서만 표본을 무작위로 추출하는 방법은 (   )이다.

03 (   )은/는 층화표집법과 유사하지만 할당된 표본의 수를 무작위 표집이 아닌 임의표집한다는 점에서 층화표집과 다르다.

04 질적 연구의 표집방법 중 (   )은/는 규칙적인 유형에 맞지 않는 극단적이거나 예외적인 사례를 검토하는 방법이다.

13-02-13

05 1,000명을 번호 순서대로 배열한 모집단에서 4번이 처음 무작위로 선정되고 9번, 14번, 19번 등이 차례로 체계표집을 통해 선정되었다면 이 표집에서 표본 수는 (   )이 된다.

11-02-29

06 눈덩이표집법은 주로 (   )에서 많이 활용된다.

07 모집단에 대한 지식이나 정보가 제한되어 있거나 모집단으로부터 선택될 확률이 미리 알려지지 않은 경우에는 (   )을/를 사용한다.

08 모집단의 각 표집단위가 모두 추출될 기회를 가지고 있고, 각 단위가 추출될 확률을 정확히 알고 무작위 방법에 기초하여 표집하는 것을 (   )(이)라고 한다.

답 **01** 비확률표집방법 **02** 집락표집법 **03** 할당표집법 **04** 예외사례표집법 **05** 200 **06** 질적 연구 **07** 비확률표집방법 **08** 확률표집방법

다음 내용이 옳은지 그른지 판단해보자

20-02-18
01 임의표집은 모집단의 대표성이 높은 표본을 추출한다. ◎ ⊗

18-02-22
02 확률표집은 의식적이거나 무의식적인 편향(bias)을 방지할 수 있다. ◎ ⊗

14-02-19
03 할당표본추출은 연구자의 편향적 선정이 이루어 질 수 있다. ◎ ⊗

12-02-08
04 최대변화량표집은 적은 수의 표본이지만 다양한 속성을 가진 사례들을 골고루 확보하기 위한 방법이다. ◎ ⊗

05 집락표집법은 집락 간의 동질성이 확보되지 않는다면 표집오차가 발생할 가능성이 커진다. ◎ ⊗

06 비확률표집방법은 각 단위가 표본에 포함될 확률을 알 수 없고 표본오차를 산정할 수 없다. ◎ ⊗

07 체계적 표집법은 모집단을 구성하는 요소들이 일정한 순서대로 배열되어 있다면 표본추출 과정에서 체계적인 오류가 발생할 수 있다. ◎ ⊗

09-02-04
08 유의표집은 표본의 대표성을 보장할 수 있다. ◎ ⊗

09 할당표집은 비확률표집이지만 가능한 한 모집단을 대표하는 표본을 얻고자 하는 방법이다. ◎ ⊗

10 집락표집은 하위 집단 각각에서 모두 표본을 추출하지만, 층화표집은 하위 집단들 중 선택된 집단에서만 표본을 추출한다. ◎ ⊗

답 **01** ✕ **02** ○ **03** ○ **04** ○ **05** ○ **06** ○ **07** ○ **08** ✕ **09** ○ **10** ✕

해설 **01** 임의표집은 표본의 대표성 문제와 표집의 편의 문제가 발생할 수 있다.
08 유의표집은 표본의 대표성을 보장할 수 없다.
10 층화표집은 하위 집단 각각에서 모두 표본을 추출하지만, 집락표집은 하위 집단들 중 선택된 집단에서만 표본을 추출한다.

049 표본의 크기와 표본오차

강의 QR코드

최근 10년간 **9문항** 출제

복습 1 이론요약

표본의 크기

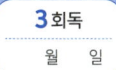
기본개념

- 표본의 크기는 조사자가 선택하는 신뢰수준에 따라 달라지는데, **신뢰수준이 높으면 표본의 크기도 커져야 한다.**
- 표본의 크기는 조사문제나 조사가설의 내용에 따라서도 달라지는데, 일반적으로 연구하고자 하는 **주요 변인의 수가 많으면 표본의 크기도 커져야 한다.**
- 모집단 요소들이 유사한 속성을 많이 가지고 있다면 표본의 크기는 작아도 되지만 모집단의 이질성이 크다면 표본의 크기는 커야 한다.
- 연구하고자 하는 **변수의 수가 증가할수록 표본의 크기는 더욱 커져야 한다.**

사회복지조사론
pp.184~

- 실험연구나 사례연구, 또는 다른 질적 연구의 경우 그들이 가지고 있는 속성상 사례 수가 적을 수밖에 없는 반면, 서베이조사에서는 표본의 크기가 대체로 크다.
- 표본 하나에 대한 소요비용이 일정하다고 간주한다면 표본의 크기가 클수록 비용이 증가하게 된다.
- **표본의 크기를 크게 하면 표본오차는 감소하지만, 비표본오차의 발생가능성은 높아진다.**

표본오차

- 표집오차라고도 하며, **모집단 값과 표본의 값 간의 차이**를 말한다.
- 실질적인 의미에서는 모집단 전체의 값을 알 수 없기 때문에 표본으로부터 얻어진 값을 토대로 연구자가 정한 일정한 신뢰수준에서 나타날 수 있는 오차의 범위를 추정하게 된다.
- 표본오차를 추정할 때 영향을 주는 요인은 표본의 크기, 신뢰구간 등이다.

비표본오차

- 비표집오차라고도 한다.
- 표본추출과정에서 유발되는 오차가 아니라 설문지나 조사자료의 작성, 또는 인터뷰과정에서 비롯되는 오류, 분석된 자료의 그릇된 해석, 자료집계나 자료를 분석하는 도중에 발생하는 요인들, 응답자의 불성실한 태도 등에서 야기되는 오차이다.

01 (22-02-16) 표집오차는 표집방법에 따라 달라질 수 있다.

02 (21-02-19) 표본으로 추출될 기회가 동등하면 표집오차는 감소한다.

03 (20-02-16) 층화를 통해 단순무작위추출의 표집오차를 줄일 수 있다.

04 (19-02-13) 신뢰수준을 높이려면 표본의 크기도 커져야 한다.

05 (17-02-20) 무작위로 추출된 표본의 크기는 표본의 대표성과 관계가 있다.

06 (16-02-09) 동일한 조건이라면 이질적 집단보다 동질적 집단에서 추출한 표본의 표집오차가 작다.

07 (14-02-16) 양적 연구에서 표본의 크기가 클수록 유의미한 결과를 얻는데 유리하다.

08 (13-02-09) 표본크기가 커질수록 모수와 통계치의 유사성이 커진다.

09 (12-02-05) 표집오차(sampling error)는 일반적으로 표본규모가 클수록 감소한다.

10 (10-02-25) 표본의 크기는 조사자가 선택하는 신뢰수준에 따라 달라진다.

11 (09-02-17) 표본의 크기는 모집단의 특성을 추정하는 정확성과 관계가 있다.

12 (07-02-11) 표본의 크기를 결정하는 요인으로는 조사가설의 내용, 조사비용의 한도, 모집단의 동질성, 모집단의 크기 등이 있다.

13 (06-02-28) 표본조사에 있어서 대표성을 높이기 위해서는 표본의 크기를 늘려야 한다.

14 (04-02-18) 표본오차는 표본값과 모수의 차이이다.

15 (03-02-17) 표본의 크기는 표집오차에 직접적으로 영향을 준다.

16 (02-02-17) 신뢰수준과 분석변수의 수는 표본의 크기를 결정하는 데 직접적인 영향을 미친다.

대표기출 확인하기

22-02-16   난이도 ★★☆

표집오차(sampling error)에 관한 설명으로 옳지 않은 것은?

① 표본의 선정과정에서 발생하는 오차이다.
② 표집방법에 따라 달라질 수 있다.
③ 동일한 조건이라면 표본크기가 클수록 감소한다.
④ 모집단의 크기와 표본크기의 차이를 말한다.
⑤ 동일한 조건이라면 이질적 집단보다 동질적 집단에서 추출한 표본의 표집오차가 작다.

> **알짜확인**

- 표본의 크기에 따른 표본오차, 신뢰수준, 신뢰구간의 관계를 파악해야 한다.
- 표본오차와 비표본오차의 특징을 파악해야 한다.

답 ④

✅ 응시생들의 선택

① 11%	② 3%	③ 25%	④ 54%	⑤ 7%

④ 표집오차란 모집단 값과 표본의 값 간의 차이를 말한다.

➕ 덧붙임

표본의 크기는 표본의 대표성, 표본오차 등과 밀접한 관련이 있다. 따라서 표본의 크기에 대한 개념뿐만 아니라 표본의 크기에 따른 표본오차와의 관계, 신뢰수준과 신뢰구간의 관계 등에 대한 이해가 필요하다. 최근 시험에서도 표본의 크기, 표본오차 등과 관련된 다양한 개념 및 관계를 종합적으로 묻는 문제가 지속적으로 출제되고 있으므로 이에 대비해야 한다.

관련기출 더 보기

20-02-16   난이도 ★★★

다른 조건이 같다면, 확률표집에서 표집오차(sampling error)에 관한 설명으로 옳지 않은 것은?

① 표준오차(standard error)가 커지면 표집오차도 커진다.
② 신뢰수준(confidence level)을 높이면 표집오차가 감소한다.
③ 표본의 수가 증가하면 표집오차가 감소한다.
④ 이질적인 모집단보다 동질적인 모집단에서 추출한 표본의 표집오차가 작다.
⑤ 층화를 통해 단순무작위추출의 표집오차를 줄일 수 있다.

답 ②

✅ 응시생들의 선택

① 28%	② 25%	③ 20%	④ 8%	⑤ 19%

② 신뢰수준을 높게 잡으면 표집오차가 커지고, 표본의 크기가 커지면 표집오차는 작아진다.

19-02-13   난이도 ★★☆

표본크기에 관한 설명으로 옳지 않은 것은?

① 표본의 크기가 클수록 시간과 비용이 많이 든다.
② 신뢰수준을 높이려면 표본의 크기도 커져야 한다.
③ 표본의 크기가 증가하면 표본오차(sampling error)도 커진다.
④ 모집단이 이질적인 경우에는 표본의 크기를 늘려야 한다.
⑤ 같은 표본추출방법을 사용한다면 표본의 크기가 클수록 대표성은 커진다.

답 ③

✅ 응시생들의 선택

① 1%	② 8%	③ 65%	④ 18%	⑤ 8%

③ 표본의 크기가 증가하면 표본오차는 작아진다.

표본크기와 표집오차에 관한 설명으로 옳은 것을 모두 고른 것은?

> ㄱ. 자료수집 방법은 표본크기와 관련 있다.
> ㄴ. 표본크기가 커질수록 모수와 통계치의 유사성이 커진다.
> ㄷ. 표집오차가 커질수록 표본이 모집단을 대표하는 정확성이 낮아진다.
> ㄹ. 동일한 표집오차를 가정한다면, 분석변수가 많아질수록 표본크기는 커져야 한다.

① ㄱ, ㄴ, ㄷ　　　　② ㄱ, ㄷ
③ ㄴ, ㄹ　　　　　　④ ㄹ
⑤ ㄱ, ㄴ, ㄷ, ㄹ

답 ⑤

✅ 응시생들의 선택

① 20%	② 12%	③ 10%	④ 20%	⑤ 37%

⑤ ㄱ. 실험설계나 사례연구, 혹은 질적 연구의 경우 특징상 표본의 크기가 작을 수 있고, 반면에 서베이조사에서는 표본의 크기가 대체로 큰 편이다.
　ㄴ. ㄷ. 표집오차란 표본추출에서 발생하는 모집단의 값(모수)과 표본값(통계치)의 차이를 의미하며 표본크기가 커질수록 표집오차는 줄어든다. 즉, 모수와 통계치의 유사성이 커진다는 것은 통계치가 모수에 근접할 확률이 높아진다는 것이다. 반대로 표집오차가 커진다는 것은 모수와 통계치의 차이가 커진다는 것이며, 표본이 모집단을 대표하는 정확성이 낮아진다는 것이다.
　ㄹ. 표본크기는 분석에 포함되는 변수의 수에 통계분석 방법에서 변수당 요구하는 최소 사례 수를 곱해 결정하는 경우가 많다. 즉, 분석변수가 많아질수록 표본크기는 커져야 한다.

표집오차에 관한 설명으로 옳지 않은 것은?

① 표본의 통계치와 모수 간의 차이를 의미한다.
② 일반적으로 표본규모가 클수록 감소한다.
③ 표본의 선정과정에서 발생하는 오차이다.
④ 모집단의 크기에 비례한다.
⑤ 모집단의 동질성에 영향을 받는다.

답 ④

✅ 응시생들의 선택

① 5%	② 16%	③ 15%	④ 52%	⑤ 12%

④ 표집오차의 크기는 모집단의 크기에 따라 좌우되는 것이 아니라 표본의 크기에 좌우된다. 표집오차는 표본오차라고도 하며 표본의 크기에 반비례하며, 모집단이 동질적일수록 낮다.

표본에 관한 설명으로 옳은 것을 모두 고른 것은?

> ㄱ. 표본의 크기는 조사자가 선택하는 신뢰수준에 따라 달라진다.
> ㄴ. 표집오차는 모수(parameter)와 표본의 통계치(statistics) 간의 차이를 의미한다.
> ㄷ. 다른 조건이 일정할 때, 표본의 크기가 커지면 표준오차는 작아진다.
> ㄹ. 신뢰수준을 95%에서 99%로 높이려면 표본의 크기를 줄여야 한다.

① ㄱ, ㄴ, ㄷ　　　　② ㄱ, ㄷ
③ ㄴ, ㄹ　　　　　　④ ㄹ
⑤ ㄱ, ㄴ, ㄷ, ㄹ

답 ①

✅ 응시생들의 선택

① 65%	② 11%	③ 11%	④ 1%	⑤ 12%

① ㄹ. 신뢰수준을 95%에서 99%로 높이려면 표본의 크기가 커져야 한다.

표본의 크기에 관한 설명으로 옳지 않은 것은?

① 표본의 크기는 표집 비용과 시간에 영향을 받는다.
② 한 변수 내의 범주의 수가 많을수록 표본의 크기는 커져야 한다.
③ 표본의 크기가 커질수록 비표집오차는 표집오차처럼 감소한다.
④ 표본의 크기는 모집단의 특성을 추정하는 정확성과 관계가 있다.
⑤ 표본의 크기가 작으면 통계적 검증력이 떨어지고 제2종 오류를 범하기 쉽다.

답 ③

✅ 응시생들의 선택

① 4%	② 2%	③ 82%	④ 4%	⑤ 8%

③ 표본의 크기가 커지면 표집오차는 줄어드는 경향이 있지만 조사기간이 길어지거나 조사인력이 많아지면서 비표집오차는 오히려 증가할 수 있다.

다음 내용이 **왜 틀렸는지**를 확인해보자

16-02-22

01 95% 신뢰수준은 100번 조사하면 95번 정도는 오차가 허용될 수 있다는 의미이다.

> 신뢰수준은 동일한 조사를 100번 하면 동일한 결과가 나올 확률을 의미한다. 95% 신뢰수준은 동일한 조사를 100번 하면 95번은 동일한 결과가 나올 확률을 의미하며, 5번 정도는 오차가 허용될 수 있다는 의미이다.

02 표본의 크기를 크게 하면 표본오차는 커지지만, 비표본오차의 발생가능성은 낮아진다.

> 표본의 크기를 크게 하면 표본오차는 감소하지만, 비표본오차의 발생가능성은 높아진다.

14-02-16

03 표본의 대표성은 표본오차와 정비례한다.

> 표본의 대표성은 표본오차와 반비례한다.

10-02-25

04 신뢰수준을 95%에서 99%로 높이려면 표본의 크기를 줄여야 한다.

> 신뢰수준을 95%에서 99%로 높이려면 표본의 크기가 커져야 한다.

05 모집단이 이질적인 경우에는 동질적인 경우보다 표본의 크기를 작게 할 수 있다.

> 모집단이 동질적인 경우에는 이질적인 경우보다 표본의 크기를 작게 할 수 있다.

06 연구하고자 하는 변수의 수가 증가할수록 표본의 크기는 작아야 한다.

> 연구하고자 하는 변수의 수가 증가할수록 표본의 크기는 더욱 커져야 한다. 각 변수에 일정 수의 표본이 있어야 그 변수가 통계적으로 유의미하게 분석되고 분석결과를 신뢰할 수 있다.

빈칸에 들어갈 알맞은 말을 채워보자

16-02-09

01 표본오차는 모수와 ( ) 간의 차이를 의미한다.

16-02-09

02 ( )은/는 모집단에서 정해진 크기 N의 표본을 무수히 많이 뽑아서 그 표본의 평균값들을 각각 구한 후 그 표본 평균값들 간에 계산한 표준편차를 의미한다.

03 표본오차를 추정할 때 영향을 주는 요인은 표본의 크기, ( ) 등이다.

04 표본추출과정에서 유발되는 오차가 아닌 설문지 작성, 자료분석, 응답자의 불성실한 태도 등에서 야기되는 오차를 ( )(이)라고 한다.

05 표본의 크기는 모집단의 구성요소들이 연구하고자 하는 속성들을 유사하게 가지고 있는 정도인 ( )에 따라 달라진다.

답 **01** 표본의 통계치 **02** 표준오차 **03** 신뢰구간 **04** 비표본오차 **05** 모집단의 동질성

다음 내용이 옳은지 그른지 판단해보자

20-02-16

01 층화를 실시하여도 단순무작위추출의 표집오차는 줄일 수 없다.

19-02-13

02 같은 표본추출방법을 사용한다면 표본의 크기가 클수록 대표성은 커진다.

16-02-09

03 동일한 조건이라면 이질적 집단보다 동질적 집단에서 추출한 표본의 표집오차가 작다.

12-02-05

04 표본오차는 모집단의 크기에 반비례한다.

09-02-17

05 표본의 크기가 작으면 통계적 검증력이 떨어지고 제2종 오류를 범하기 쉽다.

답 **01** × **02** ○ **03** ○ **04** × **05** ○

해설 **01** 층화를 통해 단순무작위추출의 표집오차를 줄일 수 있다.
04 표본오차는 모집단의 크기가 아닌 표본의 크기에 반비례한다.

10장

자료수집방법 Ⅰ : 서베이(설문조사)

이 장에서는

서베이 방법의 특징, 서베이의 유형 등을 다룬다.

10년간 출제분포도

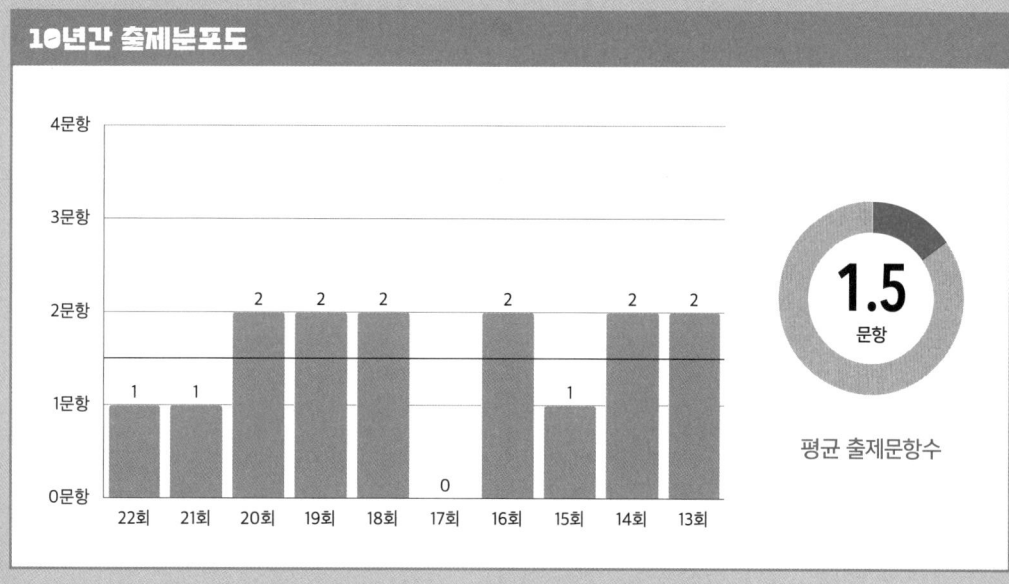

평균 출제문항수

1.5 문항

050 서베이 방법의 특징

강의 QR코드

이론요약

서베이 방법의 특징

- 대규모 모집단의 특성을 기술하는 데 유용하다.
- 연구결과를 일반화하기가 상대적으로 용이하다.
- 표준화된 설문지를 사용함으로써 객관적으로 측정할 수 있다.
- 외생변수의 통제가 불가능하기 때문에 변수들 간의 인과관계를 규명함에 있어 내적 타당도가 결여될 수 있다.
- 한 시점에서 끝나는 경우가 많아 시계열적인 정보를 얻기 어렵다.

기본개념

사회복지조사론
pp.192~

설문지 질문의 형태

- 개방형 질문: 미리 정해진 응답범주를 제공하는 것이 아니라 응답자의 생각, 느낌, 의견 등을 자유롭게 기록할 수 있는 형태이다. 응답할 수 있는 응답범주를 모두 파악하기 힘든 경우나 응답범주가 너무 많아 열거하기 힘든 경우에 적절하다.
- 폐쇄형 질문: 응답자에게 미리 정해진 응답범주를 제시하여 특정한 응답 범주를 선택하도록 하는 형태이다. 가능한 응답범주가 제한적일 경우에 적절하며, 응답범주는 포괄적이고 상호배타적이어야 한다.

질문 응답범주의 형식

- 찬반형 질문: "예-아니오", "찬성-반대"와 같이 간단한 찬반양론을 묻는 질문에 적당한 형태이다.
- 다항선택형 질문: 여러 개의 응답 범주 중에서 하나 혹은 그 이상의 범주를 선택하도록 하는 질문으로 보통 3~5개의 선택 항목으로 구성된다.
- 서열형 질문: 일련의 응답범주들에 대한 중요성, 선호나 우선순위 등에 따른 순서에 따라 선택하는 질문이다.
- 평정형 질문: 강도를 달리하는 응답범주들 중 하나를 선택하는 것이다.
- 행렬식 질문: 여러 개의 질문들이 동일한 응답 범주를 가지고 있는 경우에 사용한다.

설문지 질문의 구성

- 질문의 내용을 응답자가 정확하게 파악할 수 있도록 작성해야 한다.
- 응답자의 능력과 특성을 고려하여 적절하게 구성해야 한다.
- 추상적으로 질문하기보다는 구체적으로 질문해야 한다.

- 유도질문과 이중질문은 피해야 한다.
- 질문 내에 어떤 가정이나 암시는 피해야 한다.
- 편견을 내포하는 용어나 서술은 피해야 한다.
- 응답 범주에 애매하거나 막연한 내용이 포함되지 않도록 해야 한다.

설문지 질문의 배열

- **흥미롭고 답하기 쉬운 질문을 먼저 배치**해야 한다.
- **민감한 질문이나 개방형 질문은 뒷부분에 배치**해야 한다.
- 질문을 논리적으로 배열해야 한다.
- 응답군이 조성되지 않도록 문항을 적절히 배치해야 한다.
- **신뢰도를 검사하는 질문은 서로 떨어지게 배치**해야 한다.
- **일반적인 것을 먼저 묻고 특수한 것을 뒤에** 물어야 한다.
- 질문지에는 표지, 응답지침 등을 포함해야 한다.

기출문장 CHECK

01 (20-02-20) 표집방법, 표본의 크기, 설문조사의 시기, 측정도구의 신뢰성 등은 설문조사 결과를 해석할 때 유의해야 할 사항에 해당한다.

02 (20-02-21) 질문의 유형과 형태를 결정할 때 조사대상자의 응답능력을 고려할 필요가 있다.

03 (19-02-23) 다항선택식(multiple choice) 질문은 응답범주들 중에서 하나 또는 그 이상을 선택하도록 하는 질문이다.

04 (18-02-20) 명목측정을 위한 질문은 단일차원성의 원칙을 지켜 내용을 구성한다.

05 (16-02-15) 신뢰도 측정을 위해 짝(pair)으로 된 문항들은 가급적 떨어지게 배치한다.

06 (15-02-11) 폐쇄형 질문의 응답범주는 상호배타적이어야 한다.

07 (13-02-20) 응답하기 쉬운 문항일수록 설문지의 앞에 배치하는 것이 좋다.

08 (12-02-18) 심층적이고 질적인 면접은 대부분 개방형 질문으로 구성된다.

09 (10-02-03) 설문지 작성과정 중 사전검사(pretest)를 실시하는 이유는 응답내용 간에 모순 또는 합치되지 않는지를 확인하기 위함이다.

10 (10-02-08) 설문지의 회수율 모니터링은 비응답자들의 추가응답률을 높이는 데 활용된다.

11 (10-02-09) 설문조사는 대단위 모집단의 태도와 성향을 측정할 때 적합한 방법이다.

12 (09-02-30) 질문 문항은 가치중립적인 용어를 사용해야 한다.

13 (08-02-23) 응답의 고정반응을 피하기 위해 질문을 다양화해야 한다.

14 (06-02-19) 설문지 문항은 이중의미를 내포하면 안 된다.

15 (05-02-22) 설문지 작성 시 조사내용을 포함한 항목은 나누고, 항목별 세부문항을 만든다.

16 (04-02-21) 질문은 되도록 짧게 한다.

17 (01-02-09) 이중질문은 하지 않아야 한다.

대표기출 확인하기

19-02-23 | 난이도 ★★★

설문지 작성방법에 관한 설명으로 옳은 것은?

① 개방형 질문은 미리 유형화된 응답범주들을 제시해 놓은 질문 유형이다.
② 행렬식(matrix) 질문은 한 주제의 응답에 따라 부가질문을 연결해서 사용하는 질문이다.
③ 많은 정보가 필요할 경우 이중질문을 사용한다.
④ 신뢰도 측정을 위해 짝(pair)으로 된 문항들을 이어서 배치한다.
⑤ 다항선택식(multiple choice) 질문은 응답범주들 중에서 하나 또는 그 이상을 선택하도록 하는 질문이다.

 알짜확인

- 서베이 방법의 장단점을 이해해야 한다.
- 설문지 질문의 형태와 응답범주 형식의 특성을 파악한다.
- 설문지 질문의 어구구성 및 문항배열의 특성을 파악한다.

답 ⑤

✔ 응시생들의 선택

① 3%	② 19%	③ 3%	④ 5%	⑤ 70%

① 개방형 질문은 미리 정해진 응답범주를 제공하는 것이 아니라 응답자의 생각, 느낌, 의견 등을 자유롭게 기록할 수 있는 형태이다.
② 행렬식 질문은 여러 개의 질문들이 동일한 응답 범주를 가지고 있는 경우에 사용한다. 질문지를 효율적으로 사용할 수 있고 응답하는 데 걸리는 시간을 줄여주는 장점이 있지만, 유사한 질문들이 인접하여 배치되기 때문에 고정반응이 발생할 수 있는 단점이 있다.
③ 이중질문은 두 가지 이상의 질문을 포함하는 질문으로서 질문의 어구를 구성할 때는 이중질문을 피하는 것이 좋다.
④ 신뢰도 측정을 위해 짝(pair)으로 된 문항들은 서로 떨어지게 배치해야 한다.

➕ 덧붙임

주로 서베이 방법의 주요 특징을 묻는 문제와 설문지 작성과 관련된 문제가 출제되고 있다. 특히 설문지에서 질문의 어구를 구성하고 문항을 배열할 때 지켜야 할 원칙들은 출제빈도가 매우 높은 영역이다. 설문지 작성에서 유의할 사항, 설문지를 구성하는 질문 유형, 사전검사를 실시하는 이유, 설문조사의 회수율 모니터링 등에 관한 문제가 출제되었다.

관련기출 더 보기

20-02-21 | 난이도 ★★★

자료수집방법에 관한 설명으로 옳은 것은?

① 질문의 유형과 형태를 결정할 때 조사대상자의 응답능력을 고려할 필요가 있다.
② 설문문항 작성 시 이중질문을 넣어야 한다.
③ 비참여관찰법은 연구자가 관찰대상과 상호작용을 유지하는 것이 중요하다.
④ 설문지에서 질문 순서는 무작위 배치를 원칙으로 한다.
⑤ 우편조사는 프로빙(probing) 기술이 중요하다.

답 ①

✔ 응시생들의 선택

① 90%	② 3%	③ 3%	④ 2%	⑤ 2%

② 설문문항 작성 시 이중질문은 피해야 한다.
③ 비참여관찰법은 제3자의 입장으로 관찰하는 것이다.
④ 무작위로 배치된 질문은 주제의 전환이 계속 이루어져 응답을 하는 데 어려움이 생길 수 있다.
⑤ 프로빙 기술, 즉 심층규명(probing)이 중요한 것은 면접조사이다.

18-02-20 | 난이도 ★★★

설문지 작성에 관한 내용으로 옳지 않은 것은?

① 개연성 질문(contingency questions)은 사고의 흐름에 따라 배치한다.
② 고정반응(response set)을 예방하기 위해 유사질문들은 분리하여 배치한다.
③ 민감한 주제나 주관식 질문은 설문지의 뒷부분에 배치한다.
④ 명목측정을 위한 질문은 단일차원성의 원칙을 지켜 내용을 구성한다.
⑤ 신뢰도 측정을 위한 질문들을 가능한 서로 가깝게 배치한다.

답 ⑤

✔ 응시생들의 선택

① 4%	② 3%	③ 1%	④ 4%	⑤ 88%

⑤ 신뢰도를 측정하기 위하여서 한 질문지 내에 표현은 각기 다르지만 동일한 질문 목적을 가진 문항 짝들을 배치하는 경우에는 가능한 서로 멀리 떨어져 있게 하는 것이 좋다.

설문지 작성에 관한 설명으로 옳은 것은?

① 개방형 질문은 응답률을 높이기 위해 주로 설문지의 앞부분에 배치한다.
② 수반형(contingency) 질문이 많아질수록 응답률은 높아진다.
③ 명확한 응답을 얻기 위해 이중(double-barreled)질문을 사용한다.
④ 문항은 응답자의 특성과 무관하게 작성되어야 한다.
⑤ 신뢰도 측정을 위해 짝(pair)으로 된 문항들은 가급적 떨어지게 배치한다.

답 ⑤

✔ 응시생들의 선택

① 11%	② 7%	③ 6%	④ 3%	⑤ 73%

① 개방형 질문은 깊은 생각과 시간을 필요로 하기 때문에 응답하기 어렵다는 생각을 심어주어 질문 전체를 거부할 가능성이 있으므로 설문지 뒷부분에 배치한다.
② 여과형 질문과 수반형 질문이 많아질수록 응답률은 낮아질 가능성이 있다.
③ 이중질문이란 두 가지 이상의 질문을 포함하는 질문으로서 가능하면 피해야 한다.
④ 문항은 응답자의 특성과 관련되게 작성되어야 한다.

설문지 문항의 작성방법에 관한 설명으로 옳지 않은 것은?

① 이중(double-barreled)질문과 유도질문은 피하는 것이 좋다.
② 신뢰도 측정을 위해 짝(pair)으로 된 문항들은 함께 배치하는 것이 좋다.
③ 응답하기 쉬운 문항일수록 설문지의 앞에 배치하는 것이 좋다.
④ 일반적인 것을 먼저 묻고 특수한 것을 뒤에 묻는 것이 좋다.
⑤ 객관식 문항의 응답 항목은 상호배타적이어야 한다.

답 ②

✔ 응시생들의 선택

① 13%	② 54%	③ 3%	④ 7%	⑤ 23%

② 신뢰도를 측정하기 위한 문항들은 되도록 서로 멀리 떨어져 있게 하는 것이 좋다.

설문지 작성에 관한 설명으로 옳지 않은 것은?

① 폐쇄형 질문의 응답범주는 포괄적(exhaustive)이어야 한다.
② 응답자의 이해능력을 고려하여 설문문항이 작성되어야 한다.
③ 폐쇄형 질문의 응답범주는 상호배타적(mutually exclusive)이지 않아도 된다.
④ 심층적이고 질적인 면접은 대부분 개방형 질문으로 구성된다.
⑤ 이중질문(double-barreled question)은 배제되어야 한다.

답 ③

✔ 응시생들의 선택

① 24%	② 1%	③ 69%	④ 4%	⑤ 2%

③ 상호배타적이라는 의미는 응답범주들이 서로 중복되어서는 안 된다는 것이다. 폐쇄형 질문의 응답범주는 상호배타적이어야 한다.

다음과 같은 유형의 질문은?

> 귀하는 대통령선거에서 투표한 적이 있습니까?
> ☐ 예 (1~3번 질문에 답해 주십시오)
> ☐ 아니오 (1~3번 질문을 건너뛰고 4번 질문으로 바로 가십시오)

① 복수응답 유발형 질문
② 행렬식 질문
③ 동일유형 질문
④ 여과형 질문
⑤ 개방형 질문

답 ④

✔ 응시생들의 선택

① 10%	② 32%	③ 10%	④ 45%	⑤ 3%

④ 여과형 질문은 응답자의 일부를 구분하기 위해 사용하는 질문이다.

다음 내용이 **왜 틀렸는지**를 확인해보자

16-02-15

01 개방형 질문은 응답률을 높이기 위해 주로 **설문지의 앞부분에 배치**한다.

> 개방형 질문은 깊은 생각과 시간을 필요로 하기 때문에 응답하기 어렵다는 생각을 심어주어 질문 전체를 거부할 가능성이 있으므로 설문지 뒷부분에 배치한다.

13-02-20

02 **특수한 것을 먼저 묻고 일반적인 것을 뒤에 묻는 것**이 좋다.

> 일반적인 것을 먼저 묻고 특수한 것을 뒤에 묻는 것이 좋다.

03 사전조사는 본 조사의 핵심문항으로 구성된 **약식 질문지로 수행**한다.

> 사전조사는 약식이 아닌 본래 작성된 질문지를 가지고 소수의 표본을 대상으로 실시한다.

12-02-18

04 설문지 질문을 구성할 때는 응답의 빠른 진행을 위하여 **이중질문을 많이 활용**해야 한다.

> 설문지 질문을 구성할 때는 두 가지 이상의 질문을 포함하는 이중질문을 피해야 한다.

05-02-22

05 설문지는 통계적 편의를 위해 **개방형 질문을 주로 사용**한다.

> 개방형 질문은 선택항목이 없는 형태이므로 통계적 처리에 불편함이 있다.

06 서베이 방법은 **소규모 모집단의 특성을 기술하는 데 유용**하다.

> 서베이 방법은 대규모 모집단의 특성을 기술하는 데 유용하다.

빈칸에 들어갈 알맞은 말을 채워보자

19-02-23

01 ( )은/는 여러 개의 질문들이 동일한 응답 범주를 가지고 있는 경우에 사용한다.

13-02-20

02 객관식 문항의 응답 항목은 ( )이어야 한다.

10-02-02

03 응답이 한쪽으로 치우치지 않는지 확인하기 위해 ( )을/를 실시해야 한다.

09-02-30

04 ( ) 질문형태는 응답해석에 편견이 개입될 수 있다.

05 응답자가 질문내용을 깊이 고려하지 않고 일정한 방향으로 응답해 버리는 것을 ( )(이)라 한다.

답 **01** 행렬식 질문   **02** 상호배타적   **03** 사전검사   **04** 개방형   **05** 응답군

다음 내용이 옳은지 그른지 판단해보자

16-02-15

01 문항은 객관성을 위해 응답자의 특성과 무관하게 작성되어야 한다.

13-02-20

02 응답하기 쉬운 문항일수록 설문지의 앞에 배치하는 것이 좋다.

03 편향적인 질문은 반드시 피해야 한다.

04 평정형 질문은 일련의 응답범주들에 대한 중요성, 선호나 우선순위 등에 따른 순서에 따라 선택하는 질문이다.

05 폐쇄형 질문은 응답자가 질문에 응답하기 꺼려한다.

답 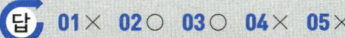 **01** ✕   **02** ○   **03** ○   **04** ✕   **05** ✕

해설 **01** 문항은 응답자의 특성과 관련되게 작성되어야 한다.
04 일련의 응답범주들에 대한 중요성, 선호나 우선순위 등에 따른 순서에 따라 선택하는 질문은 서열형 질문이다.
05 폐쇄형 질문은 응답자가 질문에 응답하기 용이하다.

051 서베이의 유형

강의 QR코드

최근 10년간 **7문항** 출제

1 회독	2 회독	3 회독
월 일	월 일	월 일

복습 1 이론요약

우편조사

▶ 장점

- 비용과 시간을 절약할 수 있다.
- 익명성을 보장할 수 있으며, 면접자의 편견을 배제할 수 있다.
- 지리적으로 널리 퍼져 있는 응답자들에게 모두 접근할 수 있다.
- 응답자가 편리할 때 설문지를 완성할 수 있다.

▶ 단점

- 응답의 융통성이 결여될 수 있다.
- 응답률과 회수율이 낮다.
- 언어적 행동만 조사가 가능하다.
- 응답자의 환경에 대한 통제가 불가능하다.
- 복잡한 질문지 구성체제를 사용할 수 없으며, 추가질의가 어렵다.

면접조사

▶ 장점

- 응답의 융통성이 있으며, 비교적 응답률이 높다.
- 면접상황에 대한 통제가 가능하며, 비언어적 행위 등 추가적인 정보를 얻을 수 있다.
- 읽고 쓰는 능력이 부족한 사람들을 대상으로 조사를 실시할 수 있다.
- 복잡한 질문을 사용할 수 있으며, 질문의 순서를 통제할 수 있다.

▶ 단점

- 비용이 많이 들며, 면접자에 의한 오류가 발생할 수 있다.
- 익명성 보장이 미약하므로 민감한 질문에 응답자가 꺼려할 수 있다.
- 응답자가 여러 지역에 퍼져 있는 경우 접근성이 낮다.
- 면접자가 응답자의 응답을 이해하지 못하거나 오기할 가능성이 있다.

기본개념

사회복지조사론
pp.203~

조사유형별 장단점 비교

- 우편설문법은 비언어적 행위의 관찰이 불가능하지만, 대인면접법은 응답자의 비언어적 행위에 대한 관찰을 통해 추가적인 정보를 얻을 수 있다.
- 우편설문법에 비해 대인면접법은 면접을 진행하는 조사원의 선발, 훈련, 관리에 많은 비용이 소요되며 이들에 대한 보수 및 교통비 등으로도 많은 비용이 소요된다.
- 우편설문법은 설문을 보낸 대상자가 응답했는지 아니면 대리인이 응답했는지를 확인할 수 없다. 반면에 대인면접법은 직접 조사자와 대상자가 얼굴을 맞대고 자료를 수집하기 때문에 대리응답의 가능성은 낮다.
- 우편설문법에 비해 대인면접법은 질문과정에서 유연성이 높다. 비구조화면접의 경우 상황에 따라 질문의 순서를 변경할 수 있고, 깊이 있게 파고 들어가는 대화가 가능하며 불명확한 응답의 경우 그 자리에서 확인이 가능하다.
- 우편설문법에 비해 대인면접법은 (종류에 따라 구조화 정도에는 차이가 있지만) 응답환경에 대한 통제와 구조화가 용이하다.
- 자기기입식 설문조사는 대인면접법에 비해 응답자의 익명성이 더 잘 보장되며, 응답자가 응답을 꺼려할 수 있는 민감한 질문에 대한 응답에 있어서도 응답자의 부담을 줄일 수 있다.
- 우편설문법과 인터넷조사는 응답자가 지리적으로 광범위하게 분포되어 있어도 응답이 가능한 장점이 있다.

기출문장 CHECK

01 (22-02-23) 심층면접, 비구조화 면접은 질문 내용 및 방법의 표준화 정도가 낮은 자료수집 유형에 해당한다.

02 (21-02-08) 응답자의 익명성 보장 수준은 면접조사보다 우편설문이 더 높다.

03 (19-02-25) 전화조사는 무작위 표본추출이 가능하다.

04 (18-02-17) 대규모 인원을 대상으로 비용 부담이 가장 작고 절차가 간편한 자료수집방법은 온라인조사이다.

05 (16-02-16) 대인면접에 비해 우편설문은 동일 표집조건 시 비용이 절감된다.

06 (13-02-03) 대인면접법은 비언어적 행위의 관찰이 가능하다.

07 (12-02-16) 어린이나 노인에게는 대면면접조사가 가장 적절하다.

08 (11-02-06) 자기기입식 설문조사에 비해 면접설문조사는 개방형 질문에 유리하다.

09 (10-02-04) 자기기입식 설문조사는 개인의 민감한 문제를 다루는 데 유리하다.

10 (09-02-16) 표준화 면접에는 개방형 및 폐쇄형 질문을 모두 사용할 수 있다.

11 (08-02-24) 인터넷조사는 조사비용이 절감되고 설문조사과정이 신속하다는 장점이 있다.

12 (07-02-22) 우편조사 시 회수율을 높이기 위해서 설문지 반송 기한을 기재한다.

13 (06-02-18) 전자서베이(e-mail survey)는 자료수집이 용이하며, 비용이 절감된다는 장점이 있다.

14 (05-02-21) 비구조화된 면접에 비해 구조화된 면접은 신뢰도를 높일 수 있다.

15 (04-02-20) 우편조사 방법은 접근이 용이하여 넓은 지역을 조사할 수 있다.

16 (03-02-21) 면접조사는 예정된 질문 이외의 질문이 가능하다.

대표기출 확인하기

대표기출 확인하기

21-02-08 난이도 ★☆☆

피면접자를 직접 대면하는 면접조사가 우편설문에 비해 갖는 장점이 아닌 것은?

① 응답자의 익명성 보장 수준이 높다.
② 보충적 자료수집이 가능하다.
③ 대리 응답의 방지가 가능하다.
④ 높은 응답률을 기대할 수 있다.
⑤ 조사 내용에 대한 심층적 이해가 가능하다.

 알짜확인

• 서베이의 유형별 주요 특징을 파악해야 한다.

답 ①

✔ **응시생들의 선택**

① 92%	② 2%	③ 2%	④ 2%	⑤ 2%

① 응답자의 익명성 보장 수준은 면접조사보다 우편설문이 더 높다. 우편설문은 응답자가 자신의 신분이 직접적으로 노출되는 대면 상황이 없기 때문에 익명성이 보장되며 공개하기 어려운 응답도 가능하다.

➕ **덧붙임**

서베이의 유형과 관련해서 개별 유형의 장단점을 묻는 형태뿐만 아니라 유형 간에 비교하는 형태로도 출제되고 있다. 또한 설문조사의 특징, 면접조사의 특징, 자기기입식 설문조사와 면접법을 비교하는 유형도 출제되고 있다. 설문조사의 유형별 장단점과 면접법의 장단점을 비교해서 이해하는 능력이 요구된다.

관련기출 더 보기

19-02-25 난이도 ★☆☆

서베이(survey) 조사에 관한 설명으로 옳은 것을 모두 고른 것은?

> ㄱ. 전화조사는 무작위 표본추출이 가능하다.
> ㄴ. 우편조사는 심층규명이 쉽다.
> ㄷ. 배포조사는 응답 환경을 통제하기 쉽다.
> ㄹ. 면접조사는 우편조사에 비해 비용이 많이 든다.

① ㄱ, ㄴ
② ㄱ, ㄹ
③ ㄴ, ㄷ
④ ㄱ, ㄷ, ㄹ
⑤ ㄴ, ㄷ, ㄹ

답 ②

✔ **응시생들의 선택**

① 6%	② 77%	③ 1%	④ 14%	⑤ 2%

② ㄴ. 심층규명은 면접조사를 진행하는 과정에서 면접원이 의견 교환을 활성화하고 보다 많은 정보를 획득하기 위해 사용하는 기법이다.
   ㄷ. 배포조사는 응답자에게 질문지를 배포한 후 진행되기 때문에 응답자의 응답 환경을 일일이 통제하기 어렵다.

18-02-17 난이도 ★☆☆

A대학교는 전체 재학생 중 5백 명을 선정하여 취업욕구조사를 하고자 한다. 비용 부담이 가장 작고 절차가 간편한 자료수집방법은?

① 우편조사
② 방문조사
③ 전화조사
④ 온라인조사
⑤ 면접조사

답 ④

✔ **응시생들의 선택**

① 9%	② 1%	③ 5%	④ 85%	⑤ 0%

④ 온라인조사는 네트워크, 인터넷 등에 컴퓨터가 연결된 상태에서 이뤄지는 조사이다. 온라인조사는 일반 면접보다 시간적, 공간적으로 비용절감의 효과가 있다.

대인면접에 비해 우편설문이 갖는 장점은?

① 질문 과정의 유연성 증대
② 동일 표집조건 시 비용의 절감
③ 높은 응답률
④ 응답환경의 통제 용이
⑤ 심층규명 증대

답 ②

✔ 응시생들의 선택

① 5%	② 87%	③ 1%	④ 4%	⑤ 3%

② 우편설문은 대인면접에 비해 비용이 적게 소요되며 최소의 노력과 경비로 광범위한 지역과 대상을 표본으로 삼을 수 있다. 대인면접은 면접원에 대한 교육과 교통비 등 조사과정에서 시간과 비용이 많이 소요된다.

서베이(survey)에서 우편설문법과 비교한 대인면접법의 특성으로 옳지 않은 것은?

① 비언어적 행위의 관찰이 가능하다.
② 대리응답의 가능성이 낮다.
③ 질문과정에서의 유연성이 높다.
④ 응답환경을 구조화하기 어렵다.
⑤ 표집조건이 동일하다면 비용이 많이 든다.

답 ④

✔ 응시생들의 선택

① 1%	② 3%	③ 2%	④ 79%	⑤ 15%

④ 우편설문법에 비해 대인면접법은 (종류에 따라 구조화 정도에는 차이가 있지만) 응답환경에 대한 통제와 구조화가 용이하다. 여기서 구조화란 사전에 미리 규정해놓는 것을 의미한다. 가장 구조화된 형태인 구조화면접의 경우 질문내용과 순서, 응답 장소와 시간, 상황 등을 미리 고정하고 통일하여 모든 응답자들에게 동일하게 적용한다.

우편조사, 전화조사, 대면면접조사에 관한 비교설명으로 옳은 것은?

① 일반적으로 우편조사의 응답률이 가장 높다.
② 우편조사와 전화조사는 자기기입식 자료수집 방법이다.
③ 대면면접조사에서는 추가질문하기가 가장 어렵다.
④ 원거리 응답자에게는 우편조사보다 대면면접조사가 더 적절하다.
⑤ 어린이나 노인에게는 대면면접조사가 가장 적절하다.

답 ⑤

✔ 응시생들의 선택

① 1%	② 6%	③ 1%	④ 3%	⑤ 89%

① 세 가지 유형 중에서 대면면접조사의 응답률이 가장 높은 편이다.
② 우편조사는 자기기입식 자료수집 방법이지만, 전화조사는 자기기입식 자료수집 방법이 아니다.
③ 우편조사는 추가질문하기가 가장 어렵다.
④ 원거리 응답자에게는 전화조사가 더 적절할 수 있다.

자기기입식 설문조사에 비해 면접설문조사가 갖는 장점을 모두 고른 것은?

ㄱ. 자료입력이 편리하다.
ㄴ. 응답의 결측치를 최소화한다.
ㄷ. 조사대상 1인당 비용이 저렴하다.
ㄹ. 개방형 질문에 유리하다.

① ㄱ, ㄴ, ㄷ 　　② ㄱ, ㄷ
③ ㄴ, ㄹ　　　　④ ㄹ
⑤ ㄱ, ㄴ, ㄷ, ㄹ

답 ③

✔ 응시생들의 선택

① 6%	② 4%	③ 56%	④ 28%	⑤ 5%

③ 자기기입식 설문조사는 표준화된 설문지를 통해 조사가 이루어지기 때문에 자료입력이 편리하다. 그리고 면접조사에 비해 조사비용이 저렴하다. 그러나 무응답률이 높은 단점이 있다. 반면 면접조사의 경우 응답률이 높다(즉 응답의 결측치가 낮다)는 장점을 갖는다. 또한 자기기입식 설문조사의 경우 개방형 질문이 많으면 대답을 잘 안하는 경향이 높은데 비해 면접조사에서는 개방형 질문이 유리하다는 장점이 있다.

다음 내용이 **왜 틀렸는지**를 확인해보자

16-02-16

01 대인면접법에 비해 **우편설문은 질문과정에서 유연성이 높다.**

> 우편설문에 비해 대인면접법은 질문과정에서 유연성이 높다. 비구조화면접의 경우 상황에 따라 질문의 순서를 변경할 수 있고, 깊이 있게 파고 들어가는 대화가 가능하며 불명확한 응답의 경우 그 자리에서 확인이 가능하다.

02 **우편조사**는 읽고 쓰는 능력이 부족한 사람들을 대상으로도 조사를 실시할 수 있다.

> 읽고 쓰는 능력이 부족한 사람들을 대상으로 조사를 실시하기에 적합한 방법은 면접조사이다.

13-02-03

03 우편설문법은 **비언어적 행위의 관찰이 가능하다는 장점**이 있다.

> 비언어적 행위의 관찰이 가능한 것은 대인면접법이다. 우편설문법은 비언어적 행위의 관찰이 불가능하지만, 대인면접법은 응답자의 비언어적 행위에 대한 관찰을 통해 추가적인 정보를 얻을 수 있다.

11-02-06

04 면접설문조사에 비해 **자기기입식 설문조사는 개방형 질문에 유리**하다.

> 자기기입식 설문조사에 비해 면접설문조사는 개방형 질문에 유리하다. 개방형 질문을 통해 조사자의 의도나 질문형식에 구애받지 않고 응답자가 자유롭게 답할 수 있어 다양한 정보를 얻을 수 있다.

05 연구문제 범위만 정하고 질문의 순서나 내용은 미리 정하지 않은 면접을 **표준화 면접**이라고 한다.

> 연구문제 범위만 정하고 질문의 순서나 내용은 미리 정하지 않은 면접을 비구조화된 면접이라고 한다. 표준화 면접은 질문 내용과 순서, 표현 등이 자세하고 구체적으로 규정된 면접계획표에 따라 면접을 진행한다.

06 **우편설문법과 면접조사**는 응답자가 지리적으로 광범위하게 분포되어 있어도 응답이 가능한 장점이 있다.

> 우편설문법과 인터넷조사는 응답자가 지리적으로 광범위하게 분포되어 있어도 응답이 가능한 장점이 있다.

빈칸에 들어갈 알맞은 말을 채워보자

01 우편조사는 응답자가 자신의 신분을 알리지 않아도 되므로 (　　　　　)이 보장된다는 장점이 있다.

02 우편조사는 (　　　　　) 자료수집 방법이다.

03 (　　　　　)은/는 면접조사를 진행하는 과정에서 면접원이 의견 교환을 활성화하고 보다 많은 정보를 획득하기 위해 사용하는 기법이다.

04 표준화 면접은 비표준화 면접보다 (　　　　　)가 높다.

05 구조화된 면접은 대부분의 질문이 (　　　　　) 질문으로 구성된다.

 답 **01** 익명성　**02** 자기기입식　**03** 심층규명　**04** 신뢰도　**05** 폐쇄형

다음 내용이 옳은지 그른지 판단해보자

16-02-16
01 대인면접에 비해 우편설문은 동일 표집조건 시 비용이 절감된다. ◎ ⊗

08-02-24
02 구조화된 면접 시 면접조사표가 질문문항, 질문의 순서, 어조까지 정확히 제시한다. ◎ ⊗

06-02-18
03 전자서베이(e-mail survey)는 자료수집이 용이하며, 비용이 절감된다는 장점이 있다. ◎ ⊗

04 우편조사는 면접조사에 비해 응답률이 높다. ◎ ⊗

05 구조화 면접의 경우 면접자에 의한 오류가 발생할 가능성이 높다. ◎ ⊗

06 우편설문법과 대인면접법은 모두 대리응답의 가능성이 낮다. ◎ ⊗

07 우편조사는 언어적 행동만 조사가 가능하며, 회수율이 낮을 수 있다는 단점이 있다. ◎ ⊗

03-02-21
08 면접조사는 예정된 질문 이외의 질문이 가능하다. ◎ ⊗

답 **01** ○ **02** ○ **03** ○ **04** × **05** × **06** × **07** ○ **08** ○

해설 **04** 면접조사는 우편조사에 비해 응답률이 높다.
05 비구조화 면접의 경우 면접자에 의한 오류가 발생할 가능성이 높다.
06 대인면접법은 대리응답의 가능성이 낮지만, 우편설문법은 대리인이 응답했는지에 관한 여부를 확인할 수 없다.

11장

자료수집방법 Ⅱ:
관찰과 내용분석법

이 장에서는

관찰법과 내용분석법의 주요 특징을 다룬다.

10년간 출제분포도

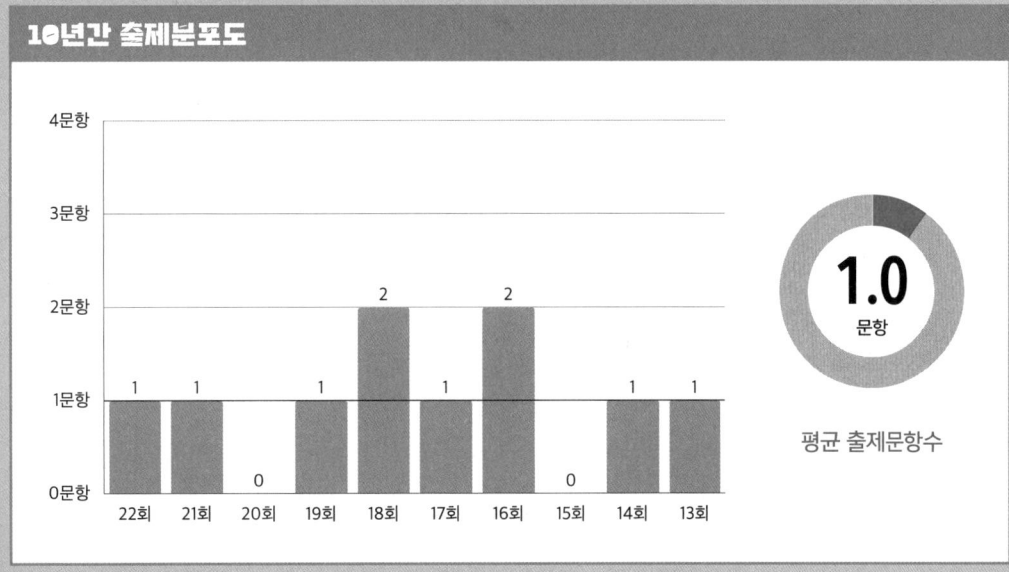

	22회	21회	20회	19회	18회	17회	16회	15회	14회	13회
문항	1	1	0	1	2	1	2	0	1	1

1.0 문항
평균 출제문항수

052 내용분석법

최근 10년간 **8문항** 출제

복습 1 이론요약

내용분석법의 특징

- 인간과 사회의 의사소통 기록물인 신문, 서적, 잡지, TV, 라디오, 영화, 일기, 녹음테잎, 녹화테잎, 연설, 편지, 일기, 상담기록서 등을 체계적으로 분석하는 방법이다.
- 문헌연구의 일종이며, **의사전달의 내용(메시지)이 분석대상**이다.
- 의사소통의 드러난 내용뿐만 아니라 **숨은 내용도 분석대상**이다.
- 객관성, 체계성, 일반성 등 과학적 연구방법의 요건을 갖춰야 한다.
- 양적인 분석방법과 질적인 분석방법 모두를 사용한다.

기본개념

사회복지조사론
pp.220~

내용분석법의 장단점

- 직접적으로 자료를 수집하는 방법에 비해 상대적으로 **시간과 비용이 절감**된다.
- 비관여적 연구방법이기 때문에 **반응성이 생기지 않는다**.
- 조사에 융통성이 있어 자료의 수정이나 반복이 가능하며, 장기간에 걸친 **종단연구가 가능**하다.
- 다른 연구방법과 함께 사용하는 것이 가능하며, 가치, 태도, 성향, 창의성, 인간성 등 다양한 심리적 변수를 효과적으로 측정할 수 있다.
- 기록된 의사전달 자료에만 의존하므로 기록으로 남아 있지 않은 것은 분석하기 어렵다.
- 이미 기록된 자료를 바탕으로 추상적 개념을 측정하고자 하기 때문에 타당도를 확보하기 어렵다.
- 분석하고 싶은 자료에 접근하거나 구하는 것 자체가 어렵다.

내용분석법의 분석단위

- 단어: 가장 작은 분석단위로서, 경계가 명확해서 구분이 쉽지만 표본이 방대하면 양이 많아 다루기 어렵고 맥락에 따라 그 의미가 달라지는 단점이 있다.
- 주제: 문헌기록이 주장하는 내용이거나 도덕적 목적을 말하며, 대량의 자료를 다룰 때 유용한 분석단위가 될 수 있다.
- 인물: 주로 희곡, 소설, 드라마, 영화 등의 자료를 다룰 때 사용된다.
- 문단(문장)과 단락: 형태적으로 구분하기 쉽지만 하나 이상의 주제를 담은 문장이 있을 수 있기 때문에 어느 하나의 범주에 명확하게 속하기 어려운 단점이 있다.
- 사항(항목, 품목): 어떤 의사소통 전체의 단위로서, 책 한 권, 수필 한 편, 드라마 한 편, 논문 한 편 등으로 사용할 수 있다.
- 공간 또는 시간: 인쇄물의 지면이나 방송의 시간 등의 자료를 다룰 때 사용된다.

01 (22-02-19) 내용분석은 숨은 내용(latent content)의 분석이 가능하다.

02 (19-02-15) 내용분석(content analysis)은 연구대상자의 반응성을 배제할 수 있다.

03 (18-02-13) 내용분석은 양적 조사와 질적 조사에 공통으로 사용할 수 있다.

04 (17-02-10) 내용분석법은 무작위표본추출, 층화표본추출, 체계적 표본추출, 군집표본추출을 사용할 수 있다.

05 (16-02-18) 주제보다 단어를 기록단위로 할 때 자료수집양이 많다.

06 (14-02-24) 내용분석을 해야 할 사례수가 많으면 표본추출하여 줄일 수 있다.

07 (13-02-17) 하나의 단락 안에 두 개 이상의 주제가 들어 있는 경우 주제를 기록단위로 한다.

08 (12-02-02) 내용분석법은 인간의 모든 형태의 의사소통기록물을 활용할 수 있다.

09 (11-02-17) 내용분석법은 필요한 경우 재분석이 가능하다.

10 (09-02-02) 내용분석은 비용과 시간을 절감할 수 있다.

11 (08-02-26) 내용분석은 직접 조사가 어려울 때 사용하기 용이하다.

12 (07-02-29) 내용분석은 비관여적인 조사방법이다.

13 (06-02-20) 내용분석기법은 질적 내용을 양적 자료로 전환한다.

14 (04-02-23) 내용분석은 시간과 비용면에서 경제적이다.

15 (03-02-23) 서적, 신문, 잡지, 라디오, 텔레비전, 영화, 편지, 일기, 상담기록서 등 다양한 자료들이 대상이 된다.

대표기출 확인하기

22-02-19 난이도 ★★☆

내용분석에 관한 설명으로 옳지 않은 것은?

① 반응적(reactive) 연구방법이다.
② 서베이(survey) 조사에서 사용하는 표본 추출방법을 사용할 수 있다.
③ 연구과정에서 실수를 하더라도 재조사가 가능하다.
④ 숨은 내용(latent content)의 분석이 가능하다.
⑤ 양적 분석과 질적 분석 모두 적용 가능하다.

 알짜확인

• 내용분석법의 주요 특징을 파악해야 한다.

답 ①

✔ **응시생들의 선택**

① 56%	② 16%	③ 12%	④ 10%	⑤ 6%

① 내용분석법은 인간과 사회의 의사소통 기록물을 체계적으로 분석하는 방법으로서 비반응성/비반응적/비관여적 연구방법에 해당한다. 즉, 연구조사자가 연구대상의 반응에 영향을 미치는 조사방법이 아니기 때문에 반응성이 생기지 않는다.

➕ **덧붙임**

내용분석과 관련해서는 내용분석의 장단점을 묻는 문제와 내용분석 연구의 사례를 제시한 후 해당 연구 방법의 특징을 묻는 문제가 주로 출제되고 있다. 비반응성 연구로 분류할 수 있는 내용분석의 특징과 장단점을 기억해둘 필요가 있다.

관련기출 더 보기

19-02-15 난이도 ★★☆

내용분석(content analysis)에 관한 설명으로 옳지 않은 것을 모두 고른 것은?

ㄱ. 기존자료에 의존하기 때문에 연구의 범위가 무제한적이다.
ㄴ. 선정편향(selection bias)이 발생할 수 있다.
ㄷ. 연구대상자의 반응성을 배제할 수 있다.
ㄹ. 기존자료를 활용하는 질적 조사이기 때문에 가설검증은 필요하지 않다.

① ㄴ
② ㄱ, ㄴ
③ ㄱ, ㄹ
④ ㄷ, ㄹ
⑤ ㄱ, ㄴ, ㄹ

답 ③

✔ **응시생들의 선택**

① 11%	② 9%	③ 40%	④ 25%	⑤ 15%

③ ㄱ. 기존자료에 의존하기 때문에 연구의 범위가 제한적이다.
　ㄹ. 내용분석법은 질적인 내용을 양적인 자료로 전환하는 과정이기 때문에 가설검증이 필요할 수도 있다.

18-02-13 난이도 ★★☆

내용분석에 관한 설명으로 옳지 않은 것은?

① 역사적 분석과 같은 시계열 분석에 어려움이 있다.
② 인간의 의사소통 기록을 체계적으로 분석한다.
③ 분석상의 실수를 언제라도 수정할 수 있다.
④ 양적 조사와 질적 조사에 공통으로 사용할 수 있다.
⑤ 기존 자료를 활용하여 타당도 확보가 어렵다.

답 ①

✔ **응시생들의 선택**

① 39%	② 5%	③ 14%	④ 5%	⑤ 37%

① 내용분석법은 역사적 분석과 같은 시계열 분석 등 장기간에 걸친 종단연구가 가능하다.

지난 20년 동안 A신문의 사회면 기사를 자료로 노인에 대한 인식변화를 알아보기 위해 진행한 연구에 관한 설명으로 옳은 것을 모두 고른 것은?

ㄱ. 범주항목들은 신문기사 자료로부터 도출된다.
ㄴ. 주제보다 단어를 기록단위로 할 때 자료수집 양이 많다.
ㄷ. 맥락단위는 기록단위보다 더 큰 단위여야 한다.
ㄹ. 이 연구에서는 양적 분석방법을 사용할 수 없다.

① ㄱ, ㄴ
② ㄱ, ㄷ
③ ㄱ, ㄴ, ㄷ
④ ㄱ, ㄴ, ㄹ
⑤ ㄴ, ㄷ, ㄹ

답 ③

✔ 응시생들의 선택

① 20%	② 9%	③ 62%	④ 8%	⑤ 1%

③ ㄹ. 내용분석은 양적 분석방법과 질적 분석방법 모두를 사용한다. 내용분석에서는 메시지의 잠재적인 내용에 대한 분석이 이뤄지기 때문에 양적인 정보만을 기술하고 분석하는 것은 진정한 의미의 내용분석이라 보기 어렵고, 자료의 질적인 내용에 대한 분석방법도 함께 사용하는 경향이 있다.

장애인에 대한 인식의 변화를 알아보기 위해 지난 20년간 개봉된 영화 중 장애인이 등장하는 영화를 분석하기로 하였다. 이 연구에 관한 설명으로 옳지 않은 것은?

① 연구 모집단을 규정하고 표본추출의 틀(sampling frame)을 구해야 한다.
② 사례수가 많으면 표본추출하여 줄일 수 있다.
③ '장애인에 대한 인식'의 조작적 정의가 필요하다.
④ 이 조사에서 표본추출의 단위는 사람이다.
⑤ 장애인에 대한 인식에서 현재적 내용과 잠재적 내용을 구분하여 분석할 수 있다.

답 ④

✔ 응시생들의 선택

① 10%	② 10%	③ 8%	④ 61%	⑤ 11%

④ 이 조사에서 표본추출의 단위는 사람이 아닌 (장애인이 등장하는) 영화이다.

다음과 같은 조사방법의 특징으로 옳은 것은?

보편적 복지에 대한 한국사회의 인식변화를 알아보고자 과거 10년간 한국의 주요 일간지 보도자료를 분석하고자 한다.

① 표집(sampling)이 불가능하다.
② 수량분석이 불가능하다.
③ 보도자료 문장에 나타나지 않는 숨은 내용(latent content)은 코딩할 수 없다.
④ 인간의 모든 형태의 의사소통기록물을 활용할 수 있다.
⑤ 사전조사가 따로 필요치 않다.

답 ④

✔ 응시생들의 선택

① 3%	② 3%	③ 46%	④ 28%	⑤ 20%

① 내용분석에서도 다른 자료수집 방법에서 활용되는 표집방법이 적용될 수 있다.
② 내용분석은 기본적으로 질적인 자료를 양적인 자료로 전환하는 방법으로 수량분석이 가능하다.
③ 문장에 나타나 있기 때문에 분명하게 파악할 수 있는 내용뿐만 아니라 저변에 깔려 있는 숨은 내용도 분석대상으로 코딩할 수 있다.
⑤ 조사자가 관심을 갖고 있는 연구주제에 관한 자료를 파악하기 위해 이러한 예비조사가 필요할 수 있다.

사회복지사 1급 국가시험이 1회부터 10회까지 아동 관련 이슈를 얼마나 다루었는지를 분석할 때 사용된 연구방법에 관한 설명으로 옳지 않은 것은?

① 분석대상에 영향을 미치지 않는다.
② 필요한 경우 재분석이 가능하다.
③ 직접조사보다 경제적이다.
④ 양적 내용을 질적 자료로 전환한다.
⑤ 다양한 기록자료 유형을 분석할 수 있다.

답 ④

✔ 응시생들의 선택

① 10%	② 2%	③ 5%	④ 65%	⑤ 17%

④ 내용분석은 비관여적인 연구이므로 연구가 분석대상에 영향을 미치지 않으며, 필요한 경우 재분석이 가능하다는 장점이 있다. 직접적으로 자료를 수집하여 분석하는 조사보다 비용이나 시간 면에서 경제적이며, 다양한 기록자료 유형을 분석할 수 있다. 내용분석에서는 질적 자료를 양적 자료로 전환하여 분석한다.

다음 내용이 왜 틀렸는지를 확인해보자

18-02-13

01 내용분석 연구에서는 **양적 분석방법을 사용할 수 없다**.

> 내용분석은 양적 분석방법과 질적 분성방법 모두를 사용한다.

13-02-17

02 **주제를 기록단위로 할 때가 단어를 기록단위로 할 때보다** 자료수집 양이 많다.

> 단어를 기록단위로 할 때가 주제를 기록단위로 할 때보다 자료수집 양이 더 많다.

12-02-02

03 내용분석은 **의사소통의 드러난 내용만이 분석대상**이 된다.

> 내용분석은 의사소통의 드러난 내용뿐만 아니라 숨은 내용도 분석대상이 된다.

04 내용분석은 장기간에 걸친 **종단연구는 불가능**하다.

> 내용분석은 장기간에 걸친 종단연구가 가능하다.

11-02-17

05 내용분석법은 **양적인 내용을 질적 자료로 전환**하는 방법이다.

> 내용분석법은 질적인 내용을 양적 자료로 전환하는 방법이다. 연구목적에 따라 변수를 측정할 수 있도록 의사전달의 내용을 객관적이며 계량적으로 전환하는 연구방법이다.

06 **주제는** 분석단위 중 가장 작은 분석단위로서, 경계가 명확해서 구분이 쉽다는 장점이 있지만, 표본이 방대하면 양이 많아 다루기 어려울 수 있다.

> 단어는 분석단위 중 가장 작은 분석단위로서, 경계가 명확해서 구분이 쉽다는 장점이 있지만, 표본이 방대하면 양이 많아 다루기 어려울 수 있다.

07 내용분석법은 기록되지 않은 자료를 분석하는 데 적합한 방법이다.

> 내용분석법은 기록된 의사전달 자료에만 의존하므로 기록으로 남아 있지 않은 것은 분석하기 어렵다.

빈칸에 들어갈 알맞은 말을 채워보자

01 (   )은/는 연구문제와 관련해서 내용 범주에 넣어서 집계하고, 기술적 또는 설명적으로 진술할 수 있는 의사소통의 단위를 말한다.

02 (   )(이)란 분석대상 자료들을 분류하고 범주화하는 것을 의미한다.

03 내용분석은 자료의 수정이나 반복이 가능하여 (   )이 있다.

04 내용분석은 반응성이 생기지 않는 (   ) 조사방법이다.

05 내용분석법은 의사전달의 (   )이 주요 분석대상이다.

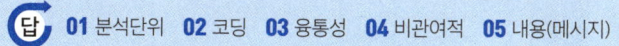

답 **01** 분석단위 **02** 코딩 **03** 융통성 **04** 비관여적 **05** 내용(메시지)

다음 내용이 옳은지 그른지 판단해보자

19-02-15
01 내용분석은 기존자료에 의존하기 때문에 연구의 범위가 제한이 없다. ◎ ✕

02 내용분석은 분석하고 싶은 자료를 구하는 것 자체가 어려운 경우가 있다. ◎ ✕

16-02-18
03 내용분석의 맥락단위는 기록단위보다 더 작은 단위여야 한다. ◎ ✕

04 분석범주는 연구목적에 적합해야 하고, 포괄적이어야 하며, 상호배타적이어야 한다. ◎ ✕

05 내용분석법은 이미 기록된 자료를 바탕으로 추상적 개념을 측정하고자 하기 때문에 타당도를 확보 ◎ ✕
하기 어려운 점도 있다.

06 내용분석의 타당도는 측정에서 타당도의 개념과 마찬가지로 내용타당도, 기준관련 타당도, 개념타 ◎ ✕
당도 등이 모두 사용될 수 있다.

답 **01** ✕ **02** ○ **03** ✕ **04** ○ **05** ○ **06** ○

해설 **01** 내용분석은 기존자료에 의존하기 때문에 연구의 범위가 제한적이다.
03 내용분석의 맥락단위는 기록단위보다 더 큰 단위여야 한다.

053 관찰법

1회독 월 일 → 2회독 월 일 → 3회독 월 일

최근 10년간 **2문항** 출제

복습 1 이론요약

관찰법의 장단점

- **비언어적 행동에 관한 자료수집이 용이**하다.
- 자연스러운 상황에서 장기간에 걸친 자료수집이 가능하다.
- 조사대상자의 행동이 발생하는 현장에서 **즉각적으로 자료를 수집**할 수 있다.
- 자연적 환경에서 조사하기 때문에 외생변수를 통제하기가 현실적으로 어렵다.
- 계량화의 어려움이 있으며, 계량화를 하더라도 빈도나 백분율 정도만이 가능하다.
- **관찰자의 주관이나 편견이 개입**될 수 있다.

관찰법의 유형

- 조직적 관찰과 비조직적 관찰: 관찰법의 통제 또는 구조화, 체계화 여부
- 자연적 관찰과 인위적 관찰: 상황이 인공적인지 여부
- 직접 관찰과 간접 관찰: 관찰시기가 행동발생과 일치하는지 여부
- 공개적 관찰과 비공개적 관찰: 응답자가 관찰 사실을 아는지 여부
- 인간 관찰과 기계 관찰: 관찰도구가 인간인가, 기계인가 여부

기본개념

사회복지조사론
pp.214~

기출문장 CHECK

01 (21-02-11) 관찰법은 관찰을 통해 자료를 수집하므로 드러나지 않는 내면적 의식의 파악이 어렵다.

02 (16-02-17) 관찰법은 행위가 일어나는 현장에서 즉시 자료수집이 가능하다.

03 (09-02-26) 관찰은 비언어적 행위에 대한 자료수집이 용이하다.

04 (07-02-24) 관찰은 조사반응성에 의해 피관찰자의 행위에 왜곡이 있을 수 있다.

05 (06-02-21) 관찰은 장기간 종단분석이 가능하다.

06 (04-02-22) 관찰자의 타당성을 높이기 위해 유사한 내용은 동일한 용어로 처리하도록 한다.

대표기출 확인하기

21-02-11 · 난이도 ★★★

관찰을 통한 자료수집에 관한 설명으로 옳은 것은?

① 피관찰자에 의해 자료가 생성된다.
② 비언어적 상황의 자료수집이 용이하다.
③ 자료수집 상황에 대한 통제가 용이하다.
④ 내면적 의식의 파악이 용이하다.
⑤ 수집된 자료를 객관화하는 최적의 방법이다.

 알짜확인

• 관찰법의 주요 특징을 파악해야 한다.

답 ②

✅ **응시생들의 선택**

① 4%	② 81%	③ 5%	④ 5%	⑤ 5%

① 피관찰자를 관찰하는 관찰자에 의해 자료가 생성된다.
③ 자료수집 상황에 대한 통제가 어렵다.
④ 관찰을 통해 자료를 수집하므로 드러나지 않는 내면적 의식의 파악이 어렵다.
⑤ 관찰자의 추리나 주관이 개입될 가능성이 높기 때문에 수집된 자료를 객관화하는 최적의 방법이라고 볼 수 없다.

➕ **덧붙임**

관찰법의 특징 혹은 관찰법의 장단점을 묻는 문제가 주로 출제되고 있다. 관찰법의 특징을 묻는 문제라고 해도 실제 지문들은 장단점으로 제시되는 경우가 대부분이다. 따라서 관찰법의 장점과 단점을 꼭 숙지하자.

관련기출 더 보기

16-02-17 · 난이도 ★★★

관찰법에 관한 설명으로 옳지 않은 것은?

① 행위가 일어나는 현장에서 즉시 자료수집이 가능하다.
② 관찰자의 주관성이 개입될 수 있다.
③ 비언어적 상황에 대한 자료수집이 가능하다.
④ 서베이에 비해 자료의 계량화가 쉽다.
⑤ 질적 연구나 탐색적 연구에 사용하기 용이하다.

답 ④

✅ **응시생들의 선택**

① 1%	② 1%	③ 1%	④ 95%	⑤ 2%

④ 관찰법은 관찰자의 비계량화된 인식의 형태를 취하기 때문에 어떤 특성을 미리 열거하고 측정할 정도를 미리 준비하기보다는 사건이 발생될 때 단순히 관찰하고 기록한다. 따라서 계량화를 하는 데 있어서 어려움이 있다.

09-02-26 · 난이도 ★★★

자료수집방법으로서 관찰에 관한 설명으로 옳은 것은?

① 관찰 신뢰도는 관찰자의 역량과 관련이 없다.
② 관찰 가능한 지표는 언어적 행위에만 국한된다.
③ 관찰은 면접조사보다 조사환경의 인위성이 크다.
④ 관찰은 자연적 환경에서 외생변수의 통제가 용이하다.
⑤ 관찰은 응답과정에서 발생할 수 있는 오류를 줄일 수 있다.

답 ⑤

✅ **응시생들의 선택**

① 2%	② 3%	③ 7%	④ 4%	⑤ 84%

① 관찰의 신뢰도는 관찰대상, 관찰기구, 관찰자의 역량과 관련 있다.
② 관찰은 비언어적 행위에 대한 자료수집이 용이하다.
③ 관찰은 조사의 현장성 및 즉시성이 있어서 응답자의 행위가 일어나는 현장에서 즉시 사실을 포착할 수 있다.
④ 관찰은 자연적 환경에서 조사하기 때문에 외생변수를 통제하기가 현실적으로 어렵다.

다음 내용이 **왜 틀렸는지**를 확인해보자

`09-02-26`

01 관찰은 자연적 환경에서 **외생변수의 통제가** 용이하다.

> 관찰은 자연적 환경에서 조사하기 때문에 외생변수를 통제하기가 현실적으로 어렵다.

`07-02-24`

02 관찰법은 관찰내용을 수량화하여 일반화하는 것이 용이하다.

> 관찰법은 관찰내용의 수량화가 어렵기 때문에 관찰결과를 일반화시키기가 어렵다.

03 음료수 선호도 조사를 하기 위해 일반 슈퍼에서 불특정 소비자의 음료수 구매를 관찰하는 것은 **인위적 관찰**에 해당한다.

> 음료수 선호도 조사를 하기 위해 일반 슈퍼에서 불특정 소비자의 음료수 구매를 관찰하는 것은 자연적 관찰에 해당한다.

04 관찰법의 신뢰도와 타당도를 높이기 위해서는 하나의 관찰대상을 **한 명의 관찰자가 여러 번 관찰한 후 결과를 비교하여 편견을 제거**한다.

> 관찰법의 신뢰도와 타당도를 높이기 위해서는 하나의 관찰대상을 여러 명의 관찰자가 동시 관찰한 후 결과를 비교하여 편견을 제거한다.

05 관찰은 익명성이 확실하게 보장된다는 장점이 있다.

> 관찰은 관찰자와 관찰대상 간의 신분 노출로 인해서 익명성이 보장되기 어려운 경우가 많다.

빈칸에 들어갈 알맞은 말을 채워보자

01 ( )은/는 관찰자가 관찰대상자의 활동에 참여하여 관찰하는 방법이다.

04-02-22
02 관찰조사의 ( )을/를 높이기 위해서는 사실과 해석을 구분하여 기록하도록 한다.

03 일상적인 환경에서 일어나는 자연적 행동을 관찰하는 방법을 ( )(이)라 한다.

답 **01** 참여관찰 **02** 타당성 **03** 자연적 관찰

다음 내용이 옳은지 그른지 판단해보자

16-02-17
01 관찰법은 서베이에 비해 자료의 계량화가 쉽다. ⊙ ⊗

02 관찰법은 관찰자가 직접적인 자료수집의 도구가 된다. ⊙ ⊗

03 관찰법은 관찰자 개인의 주관성이 개입될 수 있다. ⊙ ⊗

답 **01** × **02** ○ **03** ○

해설 **01** 관찰법은 관찰자의 비계량화된 인식의 형태를 취하기 때문에 계량화를 하는 데 있어서 어려움이 있다.

12장

욕구조사와 평가조사

이 장에서는

욕구조사와 평가조사의 주요 특징을 다룬다.

10년간 출제분포도

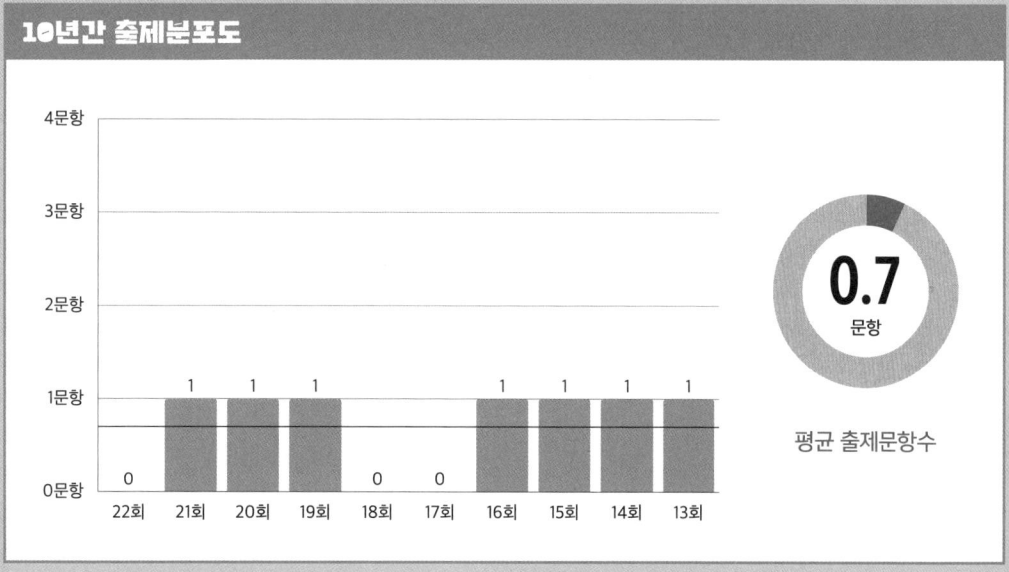

평균 출제문항수

0.7 문항

054 욕구조사

강의 QR코드

1회독	2회독	3회독
월 일	월 일	월 일

최근 10년간 **6문항** 출제

이론요약

직접적인 자료수집방법

- **표적인구 조사방법**: 프로그램 제공을 통해 문제해결의 대상으로 삼는 <u>표적집단에 설문조사를 실시하여 욕구와 서비스 이용상태를 파악하는 기법</u>이다.
- **델파이기법**: <u>전문가들에게 우편으로 의견이나 정보를 수집</u>하여 분석한 결과를 다시 응답자들에게 보내 의견을 묻는 식으로 만족스러운 결과를 얻을 때까지 계속하는 방법이다.
- **초점집단기법**: 조사대상 집단 중에서 <u>중요한 정보를 얻을 수 있는 사람을 추출</u>하여 심층적으로 면접하는 방법이다.
- **포럼(지역사회 공개토론회)**: <u>지역사회의 사람들이 함께 모여</u> 자신들의 욕구에 대해 자유롭게 의견을 교환하고 상호 작용을 할 수 있는 토론회를 통해 욕구를 조사하는 방법이다.
- **주요 정보제공자 조사**: 지역사정을 잘 알고 그들을 대변할 수 있는 <u>주요 정보제공자들을 대상</u>으로 하는 조사를 말한다.
- **명목집단기법**: 소수의 그룹이 공동의 문제나 질문에 대해 우선 각자 나름대로 제안이나 해결책을 제시하고 나중에 <u>그들의 제안을 공유하는 기법</u>이다.

간접적인 자료수집방법

- **사회지표분석**: 정부기관이나 연구기관의 관련 전문가가 정기적 또는 비정기적으로 발표한 자료를 활용하여 지역사회의 욕구를 파악하는 방법이다.
- **행정자료 조사**: 지역사회의 사회복지기관이나 협회, 연구소 등 사회단체에서 행정 및 관리를 위해 수집한 자료를 분석하여 욕구를 파악하는 방법이다.

기본개념

사회복지조사론
pp.230~

01 (21-02-10) 델파이조사는 반대 의견에 대한 패널 참가자들의 감정적 충돌을 줄일 수 있다.

02 (19-02-22) 초점집단(focus group) 조사는 연구자의 개입에 의해 편향이 발생할 수 있다.

03 (16-02-19) 델파이기법은 전문가들에게 우편으로 의견이나 정보를 수집하여 분석한 결과를 다시 응답자들에게 보내 의견을 묻는 식으로 만족스러운 결과를 얻을 때까지 계속하는 방법이다.

04 (15-02-15) 욕구조사를 위한 자료수집을 위해 정부기관에서 발표하는 사회지표를 활용한다.

05 (14-02-22) 델파이조사는 연구자가 사전에 결정한 방향으로 패널의 의견이 유도될 위험이 있다.

06 (13-02-19) 초점집단조사의 자료수집 과정에서는 연구자의 주관적 개입이 가능하다.

07 (11-02-30) 지역의 일반주민을 대상으로 자료를 수집하는 방법은 지역사회 서베이, 공청회가 포함된다.

08 (10-02-02) 주요 정보제공자(key informants)를 활용한 욕구조사는 비용이 적게 든다.

09 (10-02-06) 지역사회 공개토론회는 관심 있는 사람들만 참석하는 자기선택으로 인해 표본의 편의현상이 나타난다.

10 (09-02-06) 사회지표조사는 지역사회 주민욕구의 장기적 변화를 파악하기 쉽다.

11 (07-02-30) 브래드쇼가 분류한 욕구 중 상대적 욕구는 사회지표를 통해 확인할 수 있다.

12 (06-02-22) 지역사회 욕구조사 방법 중 소수의 사람을 통하여 자료를 획득하는 방법은 초점집단조사이다.

13 (03-02-24) 욕구조사의 자료수집방법에는 주요 정보제공자, 델파이기법, 지역사회 서베이, 사회지표조사 등이 있다.

대표기출 확인하기

21-02-10　　난이도 ★☆☆

델파이조사에 관한 설명으로 옳지 않은 것은?

① 전문가 패널을 대상으로 견해를 파악한다.
② 되풀이 되는 조사과정을 통해 합의를 도출한다.
③ 반대 의견에 대한 패널 참가자들의 감정적 충돌을 줄일 수 있다.
④ 패널 참가자의 익명성 보장에 어려움이 있다.
⑤ 조사자료의 정리에 연구자의 편향이 발생할 수 있다.

 알짜확인

• 욕구조사의 자료수집방법별 주요 특징을 파악해야 한다.

답 ④

응시생들의 선택

① 1%	② 4%	③ 14%	④ 71%	⑤ 10%

④ 델파이조사는 전문가들에게 우편으로 의견이나 정보를 수집하여 분석한 결과를 다시 응답자들에게 보내 의견을 묻는 식으로 만족스러운 결과를 얻을 때까지 계속하는 방법이다. 어떤 불확실한 사항에 대한 전문가들의 합의를 얻으려고 할 때 적용될 수 있다. 델파이조사는 익명성이 보장되어 참가자의 영향력을 줄일 수 있다.

덧붙임

욕구조사의 다양한 방법들을 비교하거나 개별 방법들에 대한 특징을 묻는 유형이 주로 출제되고 있다. 각각의 자료수집방법의 장단점과 특징들을 비교해보면서 상황에 따라 적절한 자료수집방법을 연결시켜보는 연습이 필요하다. 사회복지조사론 외에도 <지역사회복지론>이나 <사회복지행정론>에서도 출제되는 내용이니만큼 확실히 정리해둘 필요가 있다.

관련기출 더 보기

19-02-22　　난이도 ★☆☆

초점집단(focus group) 조사에 관한 설명으로 옳지 않은 것은?

① 집단을 활용한 자료수집방법이다.
② 익명의 전문가들을 패널로 활용한다.
③ 욕구조사에서 활용된다.
④ 직접적인 자료수집 방법이다.
⑤ 연구자의 개입에 의해 편향이 발생할 수 있다.

답 ②

응시생들의 선택

① 3%	② 70%	③ 9%	④ 5%	⑤ 13%

② 익명의 전문가들을 패널로 활용하는 것은 델파이 기법이다. 초점집단 조사는 조사대상 집단 중에서 중요한 정보를 얻을 수 있는 사람을 추출하여 심층적으로 면접하는 방법이다. 지역의 집단들을 대표해서 그들의 문제나 관심 또는 욕구를 가장 잘 나타낼 수 있는 대표들을 선출하여 하나의 초점집단을 형성한다.

14-02-22　　난이도 ★★☆

델파이조사에 관한 설명으로 옳지 않은 것은?

① 전문가 패널의 의견을 수렴하는 방법으로 활용된다.
② 외형적으로는 설문조사방법과 유사하다.
③ 연구자가 사전에 결정한 방향으로 패널의 의견이 유도될 위험이 있다.
④ 패널의 후광효과를 방지하기 어렵다.
⑤ 반복되는 설문을 통하여 패널의 의견이 수정될 수 있다.

답 ④

응시생들의 선택

① 2%	② 8%	③ 37%	④ 43%	⑤ 10%

④ 델파이조사의 익명성 보장은 후광효과를 최소화시키고, 자신의 견해를 자유롭게 개진해 나갈 수 있게 하는 데 도움을 준다.

욕구조사의 방법으로 각각 바르게 짝지어진 것은?

> ㉠ 기존자료를 활용하는 방법
> ㉡ 전문가를 대상으로 직접 수집하는 방법
> ㉢ 지역의 일반주민을 대상으로 직접 수집하는 방법

① ㉠: 사회지표조사 ㉡: 델파이조사 ㉢: 지역사회 서베이
② ㉠: 서비스이용기록분석 ㉡: 주요 정보제공자 조사 ㉢: 이차적 자료분석
③ ㉠: 델파이조사 ㉡: 주요 정보제공자 조사 ㉢: 공청회
④ ㉠: 서비스이용기록분석 ㉡: 지역사회 서베이 ㉢: 이차적 자료분석
⑤ ㉠: 델파이조사 ㉡: 공청회 ㉢: 사회지표조사

답 ①

✔ 응시생들의 선택

① 87%	② 6%	③ 5%	④ 1%	⑤ 1%

① 기존자료를 활용하는 조사로는 사회지표조사, 서비스이용기록분석, 이차적 자료분석이 포함된다. 전문가를 대상으로 직접 수집하는 방법은 델파이조사이다. 지역의 일반주민을 대상으로 자료를 수집하는 것은 지역사회 서베이, 공청회가 포함된다. 주요 정보제공자 조사는 해당 지역사회복지단체의 간부, 인접 직종의 전문직 종사자, 지역유지, 정치적 지도자, 행정관료 등 지역사회문제에 대해 직접적으로 잘 알고 있다고 생각되는 사람들을 조사하는 것이다.

대규모 설문조사와 비교하여 주요 정보제공자(key informants)를 활용한 욕구조사에 관한 설명으로 옳지 않은 것은?

① 표본추출이 용이하다.
② 표본의 대표성이 높다.
③ 비용이 적게 든다.
④ 양적 정보뿐만 아니라 질적 정보도 파악할 수 있다.
⑤ 정보제공자들이 가지고 있는 정보의 양과 질에 의존하게 된다.

답 ②

✔ 응시생들의 선택

① 7%	② 37%	③ 6%	④ 43%	⑤ 7%

② 주요 정보제공자 조사의 단점은 의도적 표집으로 표본의 편의현상이 나타날 수 있다. 따라서 대규모 설문조사와 비교하여 주요 정보제공자 조사는 표본의 대표성이 낮다.

욕구조사에서 지역사회 공개토론회의 특징으로 옳은 것을 모두 고른 것은?

> ㄱ. 모든 지역주민이 동등하게 의견을 제시할 기회를 갖는다.
> ㄴ. 표본의 대표성이 높다.
> ㄷ. 현실적 실행가능성이 낮다.
> ㄹ. 이익집단의 영향을 배제할 수 없다.

① ㄱ, ㄴ, ㄷ　　　　② ㄱ, ㄷ
③ ㄴ, ㄹ　　　　　　④ ㄹ
⑤ ㄱ, ㄴ, ㄷ, ㄹ

답 ④

✔ 응시생들의 선택

① 14%	② 18%	③ 16%	④ 19%	⑤ 33%

④ ㄱ. 표현력이 부족한 사람들과 소수집단의 문제는 반영되지 못할 위험성이 있다.
　ㄴ. 관심 있는 사람들만 참석하는 자기선택으로 인해 표본의 편의현상이 나타난다.
　ㄷ. 비용·시간 측면에서 매우 효율적이고 현실적 실행가능성이 높다.

욕구조사의 유형에 관한 설명으로 옳지 않은 것은?

① 지역주민서베이는 수요자 중심의 욕구사정에 적합하다.
② 지역자원재고조사는 지역사회 서비스 자원에 대한 정보 획득이 용이하다.
③ 사회지표조사는 지역사회 주민욕구의 장기적 변화를 파악하기 쉽다.
④ 지역사회포럼은 조사대상자를 상대로 개별적으로 자료를 수집하는 데 유리하다.
⑤ 주요 정보제공자(key informant) 조사는 정보제공자의 편향성이 나타날 수 있다.

답 ④

✔ 응시생들의 선택

① 2%	② 3%	③ 6%	④ 87%	⑤ 2%

④ 지역사회포럼은 지역사회 주민들이 자신의 욕구나 문제를 잘 알고 있다는 것을 전제로 하여, 조사자가 주민들을 한 자리에 참여시켜 공개적인 모임을 통하여 욕구나 문제를 관찰하고 파악하는 방법이다.

다음 내용이 왜 틀렸는지를 확인해보자

16-02-19

01 델파이기법은 대면집단의 상호작용을 중요시한다.

> 델파이기법은 익명 집단이 서로 대면하지 않고 상호작용한다.

02 명목집단기법에서는 참가자들이 서로를 전혀 모르지만, 델파이기법에서는 참가자들이 서로 누구인지 알 수 있다는 차이점이 있다.

> 델파이기법에서는 참가자들이 서로를 전혀 모르지만, 명목집단기법에서는 참가자들이 서로 누구인지 알 수 있다.

10-02-02

03 초점집단기법은 정보제공자들이 가지고 있는 정보의 양과 질에 의존하게 된다.

> 주요 정보제공자 조사는 정보제공자들이 가지고 있는 정보의 양과 질에 의존하게 된다.

10-02-06

04 지역사회 공개토론회는 모든 지역주민이 동등하게 의견을 제시할 기회를 갖으며, 표본의 대표성이 높다.

> 지역사회 공개토론회는 모든 지역주민이 동등하게 의견을 제시할 기회를 갖지 못하며, 표본의 대표성이 낮다.

06-02-22

05 초점집단기법은 대규모 집단을 통하여 자료를 획득하는 방법이다.

> 초점집단기법은 조사대상 집단 중에서 중요한 정보를 얻을 수 있는 사람을 추출하여 소규모로 진행된다.

06 델파이기법은 창의적인 의견들을 수렴하는 데 가장 효과적인 방법이다.

> 극단적인 판단은 의견일치를 위해 제외되는 경향이 있어 창의적인 의견들이 손상될 수 있다는 단점이 있다.

빈칸에 들어갈 알맞은 말을 채워보자

14-02-22
01 ( )은/는 전문가 패널의 의견을 수렴하는 방법으로 활용된다.

02 ( )(으)로부터 얻은 정보는 해당 지역의 조사대상 집단들의 특정한 실태를 파악하고 변화 후의 차이를 확인하는 데 유용하다.

03 ( )은/는 서비스를 직접 제공하는 사람을 만나 조사하는 방법으로 전문적인 욕구를 바탕으로 욕구조사를 할 수 있다.

10-02-06
04 ( )은/는 현실적 실행가능성이 높지만 이익집단의 영향을 배제할 수 없다.

05 ( )은/는 조사대상 집단 중에서 중요한 정보를 얻을 수 있는 사람을 추출하여 심층적으로 면접하는 방법이다.

 답 01 델파이조사 **02** 사회지표분석 **03** 프로그램 운영자 조사 **04** 지역사회 공개토론회 **05** 초점집단기법

다음 내용이 옳은지 그른지 판단해보자

21-02-10
01 델파이기법은 익명이므로 참가자의 영향력을 줄일 수 있다.

02 표적인구 조사방법은 시간적·비용적 측면에서 경제적이지 못하다.

13-02-19
03 초점집단조사는 내용타당도를 높이는 목적으로 사용될 수 있다.

04 지역사회 공개토론회는 토론과정을 적절히 통제하지 않을 경우 도출되는 의견이 방만하거나 지엽적일 수 있다.

05 주요 정보제공자 조사는 표본추출이 어렵다.

 **답 01** ○ **02** ○ **03** ○ **04** ○ **05** ✕

(해설) **05** 주요 정보제공자 조사는 표본을 쉽게 선정할 수 있어 표본추출이 용이하다.

055 평가조사

강의 QR코드

최근 10년간 **2문항** 출제

복습 1

이론요약

평가조사의 의미

- 프로그램 평가조사는 프로그램의 효과성, 효율성, 적절성, 만족도 등을 체계적으로 분석하여 결정권자로 하여금 합리적인 결정을 내릴 수 있도록 정보를 산출하는 사회적 과정이다.
- 평가조사의 대상은 프로그램의 효과성, 프로그램의 운영과정, 프로그램의 효율성, 프로그램의 내용, 프로그램 운영자의 전문성 등이다.

기본개념

사회복지조사론
pp.240~

평가조사의 목적

- 프로그램 과정상 환류(feedback)적 목적
- 이론 형성
- 설계적 목적
- 서비스 전달체계의 개선
- 기관운영의 책임성을 이행
- 프로그램 진행과정의 개선
- 합리적인 자원배분

프로그램 평가조사의 중요성

- 사회복지 분야의 책임성 요구
- 내부적으로 효과적이고 효율적인 기관 운영
- 수혜자 중심적 프로그램 운영
- 객관적 이론의 정립
- 사회복지 기관의 정체성 확립
- 전문성 형성
- 운영방향의 일관성

평가조사의 종류

▶ **목적에 따른 분류**

- 형성평가: **프로그램 운영 도중에** 프로그램의 개선과 발전을 위해 이뤄지는 평가이다
- 총괄평가: 프로그램의 지속, 중단, 확대 등에 관한 **총괄적인 의사결정을 해야 할 때** 실시한다.
- 통합평가: 형성평가와 총괄평가를 합쳐 놓은 평가이다.

▶ **평가대상에 따른 분류**

- 프로그램 평가: 프로그램의 효과성, 효율성, 영향, 질, 클라이언트 만족도 등에 관심을 두고 평가가 이뤄진다.

- 기관평가: 기관의 프로그램을 평가하고 서비스 전달의 진행상황을 확인한다.

▶ **평가규범에 따른 분류**

- 효과성 평가: 프로그램의 **목적달성 정도**를 평가한다.
- 효율성 평가: 투입과 산출을 비교 평가, 즉 **비용최소화와 산출극대화**를 평가한다.
- 공평성 평가: 프로그램의 효과와 비용이 사회집단 간에 **공평하게 배분되었는지** 평가한다.

▶ **평가주체에 따른 분류**

- 자체평가: 프로그램 담당자 스스로 행하는 평가이다.
- 내부평가: 프로그램을 직접 담당하지 않는 기관 내부자에 의해 이뤄지는 평가이다.
- 외부평가: 프로그램을 담당하는 기관의 외부자에 의해 이뤄지는 평가이다.

프로그램 평가의 기준

- 노력성: 프로그램 활동의 양을 기준으로 한다.
- 효과성: 프로그램 목표의 달성 정도를 기준으로 한다.
- 효율성: 투입 대비 산출 정도를 기준으로 한다.
- 서비스의 질: 프로그램의 전문성을 기준으로 한다.
- 과정: 프로그램 결과의 경로를 기준으로 한다.
- 영향: 사회문제나 이용자 변화에 미친 영향을 기준으로 한다.
- 형평성: 프로그램 배분의 공평성을 기준으로 한다.

기출문장 CHECK

01 (20-02-04) 평가연구는 질적 연구방법을 적용할 수 있다.

02 (15-02-03) 프로그램 평가연구에서 결과를 해석할 때 정치적 관점이 개입될 수 있다.

03 (10-02-07) 외부평가자와 비교하여 내부평가자를 활용할 때 현실적인 제약요건들을 융통성 있게 감안하여 평가할 수 있다는 장점이 있다.

04 (09-02-18) 실행오류는 매개변수 변화가 의도한 대로 발생하지 않는 경우를 말한다.

05 (09-02-25) 비용편익(cost-benefit)평가는 프로그램에 드는 비용과 성과를 모두 화폐적 단위로 나타냄으로써 효율성을 평가하는 방법이다.

06 (08-02-28) 메타평가는 기존의 평가에서 발견했던 사실을 재분석하는 평가에 대한 평가이다.

07 (07-02-21) 총괄평가는 프로그램의 종료 후에 실시하며, 프로그램의 지속, 중단, 확대 등에 관한 총괄적인 의사결정을 하기 위해 진행하는 평가이다.

08 (06-02-23) 만족도에 대한 평가는 주관적일 가능성이 크다.

09 (05-02-26) 성과평가는 프로그램의 전반적인 영향을 평가하는 방법으로서 목표지향적인 평가에 적합하다.

10 (04-02-24) 형성평가는 프로그램 운영 도중에 프로그램의 개선과 발전을 위해 이뤄지는 평가이다.

11 (03-02-26) 프로그램 평가의 기준으로서 통합성은 서로 연관된 서비스를 통합해서 제공하고 있는 정도를 말한다.

대표기출 확인하기

20-02-04 난이도 ★☆☆

평가연구에 관한 설명으로 옳지 않은 것은?

① 보고서의 형식은 의뢰기관의 요청에 따를 수 있다.
② 목표달성에 대한 해석이 다양한 이해관계에 영향을 받을 수 있다.
③ 질적 연구방법을 적용할 수 있다.
④ 프로그램의 실행과정도 평가할 수 있다.
⑤ 과학적 객관성을 저해하더라도 의뢰기관의 요구를 수용하여 평가결과를 조정할 수 있다.

 알짜확인

- 평가조사의 종류별 주요 특징을 파악해야 한다.
- 평가조사의 주요 내용을 이해해야 한다.

답 ⑤

✔ **응시생들의 선택**

① 1%	② 1%	③ 3%	④ 3%	⑤ 92%

⑤ 과학은 이해관계, 선입견이나 편견의 영향을 최소화할 수 있도록 객관성을 추구하는 것을 강조하기 때문에 평가결과 역시 객관적으로 해석되어야 한다. 의뢰기관의 요구에 따라 자료를 가감, 조작한다거나 연구자의 의도와 다른 결과가 나왔다고 해서 이 부분을 고의적으로 제외하고 결과를 발표해서는 안 된다. 또한 긍정적인 결과뿐만 아니라 부정적인 결과도 보고해야 한다.

➕ **덧붙임**

최근 시험에서는 자주 출제되지는 않고 있지만 평가조사의 다양한 유형에 따른 특징을 이해할 필요가 있다. 주로 제시된 사례에 적합한 평가유형을 고르는 형태의 문제가 꾸준히 출제되고 있으므로 각 유형을 비교해보는 연습이 필요할 것이다. 특히, 효과성 평가와 효율성 평가의 개념은 많이 헷갈리는 내용이기 때문에 명확하게 개념을 정리해야 한다.

관련기출 더 보기

09-02-25 난이도 ★☆☆

A복지관에서는 전년 대비 예산축소로 인해 현재 운영하고 있는 서로 다른 프로그램들의 비용과 성과를 화폐 가치기준으로 평가하여 차등 지원하였다. 이때 사용된 평가방법은?

① 메타(meta)평가
② 형성(formative)평가
③ 비용편익(cost-benefit)평가
④ 비용성과(cost-outcome)평가
⑤ 비용효과(cost-effectiveness)평가

답 ③

✔ **응시생들의 선택**

① 1%	② 3%	③ 82%	④ 6%	⑤ 8%

③ 프로그램에 드는 비용과 성과를 모두 화폐적 단위로 나타냄으로써 효율성을 평가하는 방법이다.

08-02-28 난이도 ★★☆

제3평가자가 여러 복지관에서 완성한 자체평가서들을 신뢰도, 타당도, 유용성, 비용 측면에서 다시 점검하는 것은?

① 총괄평가
② 형성평가
③ 효율성평가
④ 효과성평가
⑤ 메타평가

답 ⑤

✔ **응시생들의 선택**

① 5%	② 8%	③ 12%	④ 10%	⑤ 65%

⑤ 메타평가는 평가를 잘 했는지에 대한 평가, 즉 평가에 대한 평가이다. 평가계획서나 평가결과를 다른 평가자에 의해 점검받는 것으로써 평가의 신뢰도, 타당도, 유용도, 평가의 방식, 보고의 문제, 적정성, 평가비용 등을 평가한다.

다음 내용이 **왜 틀렸는지**를 확인해보자

01 형성평가는 프로그램의 지속, 중단, 확대 등에 관한 총괄적인 의사결정을 해야 할 때 실시한다.

> 프로그램의 지속, 중단, 확대 등에 관한 총괄적인 의사결정을 해야 할 때 실시하는 것은 총괄평가이다.

09-02-18

02 실행오류는 프로그램 개입이 매개변수들의 변화는 초래하였지만, 개입 목표의 성과지표는 변화하지 않는 경우를 말한다.

> 프로그램 개입이 매개변수들의 변화는 초래하였지만, 개입 목표의 성과지표는 변화하지 않는 경우를 이론적 오류라고 한다. 실행오류는 매개변수 변화가 의도한 대로 발생하지 않는 경우를 말한다.

08-02-28

03 제3평가자가 여러 복지관에서 완성한 자체 평가서들을 다시 점검하는 것은 **적합성 평가**이다.

> 제3평가자가 여러 복지관에서 완성한 자체 평가서들을 다시 점검하는 것은 메타평가이다. 메타평가는 평가를 잘 했는지에 대한 평가, 즉 평가에 대한 평가이다.

04 비용-효과분석은 모든 비용과 편익을 화폐로 환산함으로써 서로 다른 목표를 갖는 프로그램까지도 비교할 수 있다.

> 모든 비용과 편익을 화폐로 환산함으로써 서로 다른 목표를 갖는 프로그램까지도 비교할 수 있는 것은 비용-편익분석이다. 비용-효과분석은 단지 비용 측면만을 금전적 가치로 분석하고 편익(성과)에 대해서는 화폐단위 환산을 하지 않는 분석방법이다.

05 내부평가는 외부평가에 비해 객관적이고 독립적이다.

> 내부평가는 프로그램을 직접 담당하지 않는 기관 내부자에 의해 이뤄지는 평가이고, 외부평가는 프로그램을 담당하는 기관의 외부자에 의해 이뤄지는 평가이다. 내부평가는 외부평가에 비해 객관적이지 못하거나 독립적이지 못할 수 있다.

빈칸에 들어갈 알맞은 말을 채워보자

01 프로그램 평가에서 기대한 효과성이 나타나지 않는 오류는 크게 (   )와/과 실행오류로 나뉜다.

02 (   )은/는 프로그램 운영 도중에 프로그램의 개선과 발전을 위해 이뤄지는 평가이다.

03 프로그램 평가의 기준 중 (   )은/는 목적달성 정도를 나타내는 평가기준으로서 프로그램의 성공 여부로 나타난다.

 답 **01** 이론적 오류 **02** 형성평가 **03** 효과성

다음 내용이 옳은지 그른지 판단해보자

01 공평성 평가는 투입과 산출을 비교 평가, 즉 비용최소화와 산출극대화를 평가한다.

02 적절성은 현실적으로 적합한 양과 질의 범위 내에서 프로그램이 계획되고 운영되는가를 기준으로 평가한다.

03 프로그램 평가 기준으로 형평성은 동일한 접근기회와 균등한 배분이 이루어지는 것을 말한다.

 답 **01**× **02**○ **03**○

해설 **01** 효율성 평가는 투입과 산출을 비교 평가, 즉 비용최소화와 산출극대화를 평가한다.

13장

질적 연구방법론

질적 연구의 특성 및 질적 연구의 유형별 주요 특징을 다룬다.

10년간 출제분포도

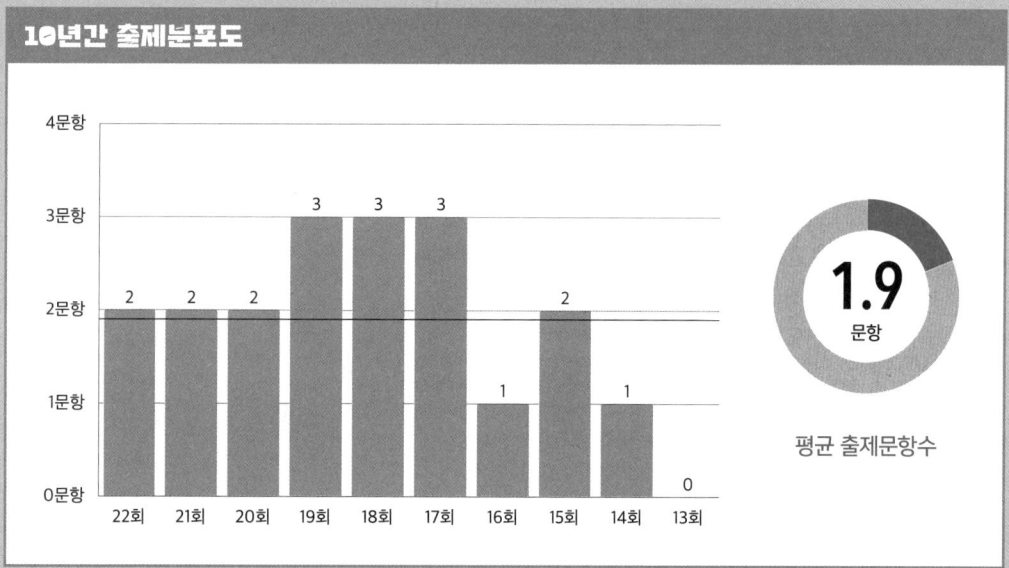

평균 출제문항수 1.9문항

056 질적 연구의 특성

강의 QR코드

최근 10년간 **11문항** 출제

복습 1 이론요약

질적 연구의 특징

- **귀납적 방법을 주로 활용**하지만, 연역적 방법을 배제하는 것은 아니다.
- 양적 연구에 비해 자료수집 및 **분석과정이 유연하고 융통성**이 있다.
- **연구자 자신을 자료수집의 중요한 도구**로 활용한다.
- 주로 **기술적이고 탐색적인 연구에 활용**된다.
- 조사대상자의 삶의 현장에서 이루어지는 구체적인 삶에 대한 심층적인 이해와 파악을 추구한다.
- 조사대상이 되는 **표본의 수가 양적 연구에 비해 적다.**
- 질적 연구는 연구 과정에서 잠정적인 가설들이 형성되는 것이 일반적이다.
- 정밀한 표본추출과 표준화된 측정에 기초한 연구보다 일반화 가능성이 적다.

기본개념

사회복지조사론
pp.252~

질적 연구가 적절한 사례

- 잘 알려지지 않은 주제에 대한 탐색적 접근을 하고자 하는 경우
- 자연스러운 상황에서 생생한 경험에 대한 이해와 그 의미를 분석하고자 하는 경우
- 다양한 유형의 행위, 지위나 역할과 관련된 행위, 사회적 관계, 소규모 집단, 생활양식이나 하위 문화 등의 주제를 연구하는 경우

질적 연구의 엄격성

- 연구자와 연구대상자 간의 장기간에 걸친 관계형성은 연구대상자의 반응성과 연구자의 편견을 줄이는 데 도움이 될 수도 있다. 하지만, 연구자의 지나친 몰입으로 인해 관찰과 해석에 있어서 문제가 생길 수도 있다.
- 다른 동료연구자들의 점검을 통해 자료수집과 해석에 있어서 편견이나 문제점을 점검한다.
- 연구자가 연구대상자에게 관찰결과와 해석의 정확성에 대해 확인할 수 있도록 한다.
- 연구자의 해석에 적합하지 않은 예외사례를 충분히 찾아보도록 한다.
- 연구자뿐만 아니라 다른 사람들이 연구결과를 살펴볼 수 있도록 자료수집 및 분석의 과정을 모두 기록하고 공개한다.

다원측정/삼각측정/다원화/다각화(triangulation)

- **질적 연구의 신뢰도와 타당도를 확보하기 위한 전략 중에 하나**이다. 측정오류를 최소화하고 조사자나 조사대상자의

편견과 오류를 수정, 완화하고 자료수집의 객관성을 높이기 위한 방법이다.
- 대표적인 유형으로 이론의 다원화(하나의 자료를 해석하기 위해 다양한 이론과 복수의 관점을 활용, 대조적인 이론적 지향을 가진 동료 연구자가 자료를 분석), 연구방법의 다원화(한 연구에서 여러 가지 연구방법을 함께 활용), 관찰자 다원화(한 연구에서 여러 명의 관찰자가 관찰), 자료의 다원화[다양한 출처의 자료(면접, 문헌자료, 관찰자료 등)를 활용], 학제 간 다원화(다른 학문영역에 있는 연구자들과 공동으로 연구)가 있다.

질적 연구에 관한 쟁점

- 질적 연구와 양적 연구의 병행에 관한 쟁점: 양자를 상호보완적으로 사용하여 질적 연구의 단점인 객관성을 보완할 수 있다. 양자를 동시에 사용하는 것이 바람직하다는 의견이 있지만 실질적으로 두 접근은 각기 서로 다른 가정에 근거를 두고 있기 때문에 동시에 사용하는 것은 쉽지 않다.
- 질적 연구의 과학성에 관한 쟁점: 과학적이라고 반드시 연역적이고 가설검증적인 연구만 의미하는 것은 아니다. 질적 연구에 있어서 과학적인 연구란, 엄격하고 체계적인 경험적 탐구를 의미하며 현실에 기반한 이론을 추구하는 것이다.
- 질적 연구의 일반화 가능성에 관한 쟁점: 질적 연구는 연구결과를 일반적으로 적용하기보다는 그 연구결과가 다른 상황과 대상에 어느 정도 일반화될 수 있는지에 초점을 둔다.
- 질적 연구에서 연구자의 주관성 배제에 관한 쟁점: 질적 연구의 목적은 주관적인 것을 객관적으로 연구하는 것이다. 질적 연구자는 주관성에 대한 반성을 포함하는 세부적인 현장기록을 통해 편견 개입의 가능성을 줄여야 한다.
- 관찰자 효과의 제거에 관한 쟁점: 연구자의 존재가 연구 대상자의 행동에 변화를 일으키는 일종의 반응성이다. 질적 연구자들은 자연스럽고 비강요적이며, 비심판적인 태도로 대상자와 상호작용을 하고자 노력하지만 영향력을 모두 제거할 수는 없기 때문에 순수하게 '자연 상태로의 연구'란 사실상 어렵다.
- 질적 연구의 신뢰성 확보에 관한 쟁점: 질적 연구자들이 주장하는 신뢰성은 양적 연구자들이 주장하는 관찰결과의 일관성이 아니라 연구자가 기록하는 내용과 실제로 일어나는 상황 간에 일치되는 정도, 즉 자료의 정확성과 포괄성을 신뢰성으로 간주한다.

01 (22-02-21) 질적 연구는 관찰로부터 이론을 도출하는 귀납적 방법을 활용한다.

02 (21-02-20) 질적 연구의 엄격성을 높이기 위해서는 연구자의 해석에 적합하지 않은 예외 사례를 충분히 찾아본다.

03 (19-02-03) 양적 조사는 가설검증을 지향하고, 질적 조사는 탐색, 발견을 지향한다.

04 (19-02-21) 질적 조사의 엄격성(rigor)을 높이는 방법에는 장기간 관찰, 부정적 사례(negative cases) 분석, 다각화(triangulation) 등이 있다.

05 (18-02-14) 질적 연구는 풍부하고 자세한 사실의 발견이 가능하다.

06 (17-02-11) 실천, 이야기, 생활방식, 하위문화 등이 질적 조사의 주제가 된다.

07 (15-02-05) 질적 연구는 소수의 사례를 깊이 있게 관찰할 수 있다.

08 (14-02-09) 질적 연구의 엄격성(rigor)을 높이기 위해서 해석에 적합하지 않은 부정적인 사례(negative case)를 찾아야 한다.

09 (12-02-07) 질적 연구는 연구자 자신이 도구가 된다.

10 (11-02-19) 질적 연구는 자료의 수집과 분석이 단계상 분명히 구분되지 않을 수 있다.

11 (08-02-30) 질적 연구결과와 양적 연구결과는 서로 보완적인 관계를 갖는다.

12 (07-02-27) 질적 조사의 엄밀성을 높이기 위해 다각적 접근방법을 활용한다.

13 (06-02-24) 질적 연구는 현상학적 인식론에 기반한다.

14 (05-02-24) 가정폭력 피해 여성에 대한 심층면접, 거리 노숙인에 대한 관찰참여 연구, 장수마을에서의 생활경험 등의 연구는 질적 조사에 적합하다.

15 (03-02-25) 질적 연구는 복잡한 사회적 현상이나 문제를 단순화시키지 않고 가능한 '있는 그대로' 개방적인 체계에서 파악한다.

16 (02-02-19) 질적 연구방법은 일반화가 어렵다.

대표기출 확인하기

22-02-21
난이도 ★★★

질적 연구에 관한 설명으로 옳은 것은?

① 변수 중심의 분석이 이루어진다.
② 논리실증주의적 관점을 견지한다.
③ 인간행동의 규칙성과 보편성을 중시한다.
④ 모집단을 대표할 수 있는 표본을 추출한다.
⑤ 관찰로부터 이론을 도출하는 귀납적 방법을 활용한다.

 알짜확인

- 질적 연구의 주요 특성을 파악해야 한다.
- 질적 연구의 유형별 특징과 연구 방법을 파악해야 한다.
- 질적 연구의 엄격성에 대해 이해해야 한다.

답 ⑤

✅ **응시생들의 선택**

① 5%	② 5%	③ 6%	④ 5%	⑤ 79%

⑤ 질적 연구는 귀납적 방법을 주로 활용한다. 양적 연구에 비해 연구과정이 덜 구조화되어 있고, 과정에 보다 많은 관심을 두며, 주로 탐색적인 연구에 활용된다. 대상자의 삶의 현장에서 이루어지는 구체적인 일상에 대한 심층적인 이해와 파악을 추구하며, 심층적이고 풍부한 사실의 발견, 상황이나 맥락을 중요시한다. 해석주의 관점을 견지하며, 연구자가 의도적으로 표본을 추출하기 때문에 대상자가 소규모일 경우가 많다. ①~④는 모두 양적 연구에 관한 설명이다.

➕ **덧붙임**

질적 연구방법의 주요 특징을 묻는 문제, 질적 연구방법과 양적 연구방법의 특징을 비교하는 문제, 질적 연구의 조사도구에 관한 문제, 질적 연구의 엄격성에 관한 문제, 질적 연구의 표본추출방법에 관한 문제, 질적 연구에 적합한 연구주제를 찾는 문제 등 다양한 유형으로 출제되고 있다.

관련기출 더 보기

21-02-20
난이도 ★★★

「마을만들기 사업 참여경험에 관한 연구」의 엄격성을 높이는 방법으로 옳은 것을 모두 고른 것은?

> ㄱ. 삼각측정(triangulation)
> ㄴ. 예외 사례 표본추출
> ㄷ. 장기적 관찰
> ㄹ. 연구윤리 강화

① ㄱ, ㄴ
② ㄷ, ㄹ
③ ㄱ, ㄴ, ㄷ
④ ㄱ, ㄴ, ㄹ
⑤ ㄱ, ㄴ, ㄷ, ㄹ

답 ⑤

✅ **응시생들의 선택**

① 4%	② 6%	③ 13%	④ 12%	⑤ 65%

⑤ **질적 연구의 엄격성을 높이는 방법**
- 연구자와 연구대상자가 장기간에 걸쳐 긍정적 관계를 형성한다.
- 다른 동료연구자들을 통해 자료수집과 해석에 있어서 편견이나 문제점이 있는지 점검받는다.
- 연구자가 연구대상자에게 관찰결과와 해석의 정확성에 대해 확인할 수 있도록 한다.
- 연구자의 해석에 적합하지 않은 예외사례를 충분히 찾아본다.
- 연구자뿐만 아니라 다른 사람들이 연구결과를 살펴볼 수 있도록 자료수집 및 분석의 과정을 기록하고 공개한다.
- 다원측정/삼각측정/다원화/다각화(triangulation)와 같은 신뢰도와 타당도를 확보하기 위한 전략을 사용한다.

양적 조사와 질적 조사의 비교로 옳지 않은 것은?

① 질적 조사에 비하여 양적 조사의 표본크기가 상대적으로 크다.
② 질적 조사에 비하여 양적 조사에서는 귀납법을 주로 사용한다.
③ 양적 조사에 비하여 질적 조사는 사회 현상의 주관적 의미에 관심을 갖는다.
④ 양적 조사는 가설검증을 지향하고, 질적 조사는 탐색, 발견을 지향한다.
⑤ 양적 조사에 비하여 질적 조사는 조사결과의 일반화가 어렵다.

답 ②

✔ 응시생들의 선택

① 4%	② 78%	③ 4%	④ 9%	⑤ 5%

② 귀납법은 개별적인 사실들로부터 일반적인 원리나 이론으로 전개해 나가는 논리적 과정으로서 주로 질적 조사에서 사용한다.

질적 연구에 관한 설명으로 옳지 않은 것은?

① 풍부하고 자세한 사실의 발견이 가능하다.
② 문제에 대한 통찰력을 제공한다.
③ 연구참여자의 상황적 맥락 안에서 이루어진다.
④ 다른 연구자들이 재연하기 용이하다.
⑤ 현상에 대해 심층적으로 기술한다.

답 ④

✔ 응시생들의 선택

① 8%	② 4%	③ 6%	④ 79%	⑤ 3%

④ 질적 연구는 잘 알려지지 않은 주제에 대한 탐색적 접근을 하고자 하는 경우에 활용되며, 양적 연구에 비해 비교적 적은 표본의 수를 대상으로 연구자 자신이 자료수집의 중요한 도구가 되어 연구문제에 대한 심층적 이해와 파악을 추구한다. 따라서 다른 연구자들이 이와 유사하거나 똑같은 연구를 재연하기가 쉽지 않다.

질적 조사의 자료수집에 관한 설명으로 옳은 것은?

① 심층면접은 주요 자료수집 방법 중 하나이다.
② 연구자는 자료수집과정에서 배제되는 것이 원칙이다.
③ 완전관찰자로서의 연구자는 먼저 자료제공자들과 라포형성이 요청된다.
④ 가설설정은 자료수집을 위해 필수적 요건이다.
⑤ 표준화된 측정도구를 갖추어야 자료수집이 가능하다.

답 ①

✔ 응시생들의 선택

① 77%	② 3%	③ 8%	④ 7%	⑤ 5%

② 질적 연구에서 연구자는 자료수집의 중요한 도구로 활용되며, 연구자의 관찰과 통찰 등을 통해 자료를 수집하고 분석한다.
③ 완전관찰자는 비관여적이며, 제3자의 입장에서 관찰한다.
④ 가설설정이 자료수집을 위해 필수적 요건인 것은 양적 조사이다.
⑤ 표준화된 측정도구를 갖추어야 자료수집이 가능한 것은 양적 조사이다.

질적 조사에 관한 설명으로 옳지 않은 것은?

① 실천, 이야기, 생활방식, 하위문화 등이 질적 조사의 주제가 된다.
② 자연주의는 질적 조사의 오랜 전통이다.
③ 확률표본추출방법이 사용될 수 있다.
④ 일반화 가능성이 양적 조사보다 높다.
⑤ 현장연구라고 명명되기도 한다.

답 ④

✔ 응시생들의 선택

① 2%	② 8%	③ 16%	④ 71%	⑤ 3%

④ 일반화 가능성은 양적 조사가 질적 조사보다 높다.

양적 연구와 비교한 질적 연구의 특성으로 옳지 않은 것은?

① 연구자의 역할이 더 중요하다.
② 소수의 사례를 깊이 있게 관찰할 수 있다.
③ 연구결과의 일반화가 목표가 아니다.
④ 일반적으로 신뢰도가 더 높다.
⑤ 귀납적 추론의 경향이 더 강하다.

답 ④

✅ 응시생들의 선택

① 4%	② 1%	③ 17%	④ 69%	⑤ 9%

④ 질적 연구는 양적 연구에 비해 신뢰도가 낮을 수밖에 없다.

'연장입양아동이 주관적으로 경험한 입양됨의 의미'와 같은 연구주제를 다룰 때 주로 사용되는 연구방법에 관한 설명으로 옳지 않은 것은?

① 초기의 분석틀을 도중에 변경할 수 있다.
② 개방형 질문과 구조화 면접으로 심층정보를 얻는다.
③ 연구도구로서 연구자가 가진 자질이 중요하다.
④ 자료의 수집과 분석이 단계상 분명히 구분되지 않을 수 있다.
⑤ 연구자의 주관성이 개입될 수 있다.

답 ②

✅ 응시생들의 선택

① 41%	② 32%	③ 7%	④ 15%	⑤ 5%

② 질적 연구에서는 개방형 질문과 비구조화 면접을 통해 심층정보를 얻는다. 구조화 면접은 질문의 내용과 말 표현, 순서 등이 미리 고정되어 있으며, 모든 응답자들에게 똑같이 이를 적용해야 한다. 깊이 있는 탐색적 조사를 시도하는 질적 연구들에서는 이처럼 엄격히 구조화된 면접조사 방법이 오히려 부적절할 수 있다.

질적 연구의 엄격성(rigor)을 높이는 전략을 모두 고른 것은?

ㄱ. 장기적 관여(prolonged engagement)를 위한 노력
ㄴ. 연구자의 원주민화(going native)를 경계하는 노력
ㄷ. 해석에 적합하지 않은 부정적인 사례(negative case) 찾기
ㄹ. 내부자적(emic) 시각을 유지하기 위해 완전관찰자 역할 지향

① ㄱ, ㄴ, ㄷ　　　　② ㄱ, ㄷ
③ ㄴ, ㄹ　　　　④ ㄹ
⑤ ㄱ, ㄴ, ㄷ, ㄹ

답 ①

✅ 응시생들의 선택

① 38%	② 17%	③ 18%	④ 5%	⑤ 22%

① ㄹ. 내부자적 시각을 유지하기 위해서는 완전관찰자의 역할이 아닌 완전참여자의 역할을 지향해야 할 것이다.

다음 중 질적 조사를 하기에 적당한 것은?

ㄱ. 가정폭력 피해 여성에 대한 심층면접
ㄴ. 거리 노숙인에 대한 관찰참여 연구
ㄷ. 장수마을에서의 생활경험
ㄹ. 노인의 장기요양 욕구에 대한 전국조사

① ㄱ, ㄴ, ㄷ　　　　② ㄱ, ㄷ
③ ㄴ, ㄹ　　　　④ ㄹ
⑤ ㄱ, ㄴ, ㄷ, ㄹ

답 ①

✅ 응시생들의 선택

① 33%	② 12%	③ 5%	④ 2%	⑤ 48%

① 질적 연구는 주로 서술적이고 탐색적인 연구에 활용되며, 조사대상자의 삶의 현장에서 이루어지는 구체적인 일상의 삶에 대한 심층적인 이해와 파악을 추구한다. 또한 연구대상자가 소규모일 경우가 많다. (ㄹ) 노인의 장기요양 욕구에 대한 전국조사는 연구대상자가 대규모이며, 통계적이고 양적인 조사에 해당한다.

다음 내용이 왜 틀렸는지를 확인해보자

19-02-21

01 질적 조사의 엄격성을 높이기 위해서는 관찰 기간이 짧아야 한다.

> 질적 조사의 엄격성을 높이기 위해서는 연구대상자를 장기간 충분히 관찰하여야 한다.

17-02-06

02 질적 연구에서 연구자는 자료수집과정에서 배제되는 것이 원칙이다.

> 질적 연구에서 연구자는 자료수집의 중요한 도구로 활용되며, 연구자의 관찰과 통찰 등을 통해 자료를 수집하고 분석한다.

03 질적 연구는 주로 실증주의적 인식론에 기반을 두고 있다면, 양적 연구는 현상학적 인식론에 기반을 두고 있다.

> 양적 연구는 주로 실증주의적 인식론에 기반을 두고 있다면, 질적 연구는 현상학적 인식론에 기반을 두고 있다.

13-02-23

04 질적 연구방법은 선(先)이론 후(後)조사의 방법을 활용한다.

> 양적 연구방법은 일반적으로 이론에서 출발하여 가설을 구체화하고, 경험적인 검증 과정을 거치는 연역적 방법을 선호한다. 반면에 질적 연구방법은 관찰에서 출발하여 유형화와 잠정적인 결론으로 이어지는 귀납적 방법을 선호한다.

05 질적 연구는 정밀한 표본추출과 표준화된 측정에 기초한 연구보다 일반화 가능성이 높다.

> 질적 연구는 정밀한 표본추출과 표준화된 측정에 기초한 연구보다 일반화 가능성이 낮다.

04-02-25

06 질적 연구를 수행할 때 연구자와 대상은 중도에 변경하여도 연구의 결과에는 큰 영향을 미치지 않는다.

> 질적 연구에서 연구자는 대상과 긴밀한 관계를 유지하면서 주관적으로 수행하므로 대체해서는 안 된다.

빈칸에 들어갈 알맞은 말을 채워보자

21-02-20

01 (　　　　　　　)은/는 질적 연구에서 측정오류를 최소화하고, 조사자나 조사대상자의 편견과 오류를 수정, 완화하며 자료수집의 객관성을 높이기 위한 방법이다.

19-02-03

02 (　　　　　　　)은/는 개별적인 사실들로부터 일반적인 원리나 이론으로 전개해 나가는 논리적 과정으로서 주로 질적 조사에서 사용한다.

15-02-09

03 자료 수집원을 다양화하여 질적 연구의 (　　　　　　)을/를 높일 수 있다.

04 질적 연구는 주로 기술적이고 (　　　　　　)인 연구에 활용된다.

05 질적 연구는 양적 연구에 비해 연구과정이 덜 구조화되어 있으므로 자료수집 및 분석과정에 (　　　　　　)이 있다.

답 **01** 다각화/다원측정/삼각측정　**02** 귀납법　**03** 엄격성　**04** 탐색적　**05** 융통성

다음 내용이 옳은지 그른지 판단해보자

01 `18-02-14` 질적 연구는 다른 연구자들이 재연하기가 쉽지 않다. ⓞ ⓧ

02 `17-02-11` 실천, 이야기, 생활방식, 하위문화 등이 질적 조사의 주제가 된다. ⓞ ⓧ

03 `15-02-05` 양적 연구에 비하여 질적 연구가 일반적으로 신뢰도가 더 높다. ⓞ ⓧ

04 질적 연구는 연구 과정에서 잠정적인 가설들이 형성되는 것이 일반적이다. ⓞ ⓧ

05 자연스러운 상황에서 생생한 경험에 대한 이해와 그 의미를 분석하고자 하는 경우에는 질적 연구가 적합하다. ⓞ ⓧ

06 `11-02-19` 질적 연구는 연구자의 주관성이 개입될 수 없기 때문에 객관적인 결과를 도출할 수 있다. ⓞ ⓧ

07 질적 연구는 상대적으로 비용이 적게 들 수 있지만, 장기간에 걸친 연구는 많은 시간과 비용을 필요로 한다. ⓞ ⓧ

08 `04-02-25` 질적 연구는 관찰자에 따라 사물이 서로 다르게 인식된다고 전제한다. ⓞ ⓧ

09 질적 연구는 엄격한 인과관계를 규명하기보다는 복합적인 상호작용의 규명에 초점을 둔다. ⓞ ⓧ

10 질적 연구의 엄격성을 위해서는 다른 동료연구자들의 점검을 통해 자료수집과 해석에 있어서 편견이나 문제점을 점검해야 한다. ⓞ ⓧ

답 **01** ○ **02** ○ **03** × **04** ○ **05** ○ **06** × **07** ○ **08** ○ **09** ○ **10** ○

해설 **03** 질적 연구에 비하여 양적 연구가 일반적으로 신뢰도가 더 높다.
06 질적 연구는 연구자의 주관성이 개입될 확률이 높다.

057 질적 연구의 유형과 방법

강의 QR코드

1회독 월 일 　 **2회독** 월 일 　 **3회독** 월 일

최근 10년간 **11문항** 출제

복습 1 이론요약

질적 연구의 유형

기본개념

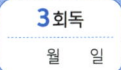

사회복지조사론
pp.253~

- 근거이론(현실기반이론): 조사과정을 통해 체계적으로 수정되고 분석된 자료를 상호 비교함으로써 이론을 추출해내는 방법이다. **기존에 이론적 기반이 갖추어지지 않은 분야를 연구하는 데 적합**하다.
- 민속지학(문화기술지): 어떤 문화 속에서 생활하는 사람들의 관점에서 문화를 연구하는 방법이다. **연구자가 오랜 기간 대상자와 함께 생활하면서 관찰대상자의 관점으로 문화를 이해**한다.
- 현상학적 연구: 어떤 경험이 그 경험을 한 사람에게 주는 의미가 무엇인지를 탐구하는 방법이다. **사물이나 현상의 본질보다는 경험이 드러내는 본질을 탐구**한다.
- 참여행동연구: **대상자들에게 연구의 목적과 절차에 대한 통제권이 주어진 사회조사의 한 접근 방법**이다. 연구자는 대상자가 자신의 이익을 위해 효과적으로 일할 수 있는 기회를 제공한다.
- 내러티브 탐구: 한 명 이상의 개인을 면접하거나 관련 문서들을 활용하여 자료를 수집하고 **개인의 인생 이야기에 대한 내러티브를 전개해 나가는 질적 탐구전략**이다.

근거이론의 자료분석

- 개방코딩: 확보된 자료를 전사한 후, 각 의미 단위마다 속성과 차원에 따라 '명명'하는 과정이다.
- 축코딩: 개방코딩을 통하여 도출된 각 범주와 하위 범주들 간의 관계를 연결시키고, 범주를 속성과 차원의 수준으로 계속 발전시키며, 범주의 관련성을 패러다임 모형으로 파악하는 것이다.
- 선택코딩: 코딩의 마지막 단계로서 모든 범주의 유형을 통합시키고 정교화하여 이후 새로운 이론을 생성하고, 이를 도식화하기 위한 과정이다.

질적 연구의 방법

▶ **참여관찰**

- 자료가 연구자에 의해 직접 구해지므로 연구대상자의 보고능력이나 의지에 방해받지 않는다.
- 어린이와 같이 언어구사력이 떨어지는 집단에 효과적이다.
- 조사연구설계를 수정할 수 있어서 연구에 유연성이 있다.

- 비용적인 측면에서 경제적이다.
- 관찰자의 선입견이 개입될 수 있으며, 관찰자 효과가 나타날 수 있다.
- 연구대상이 소수의 개인이나 집단 등으로 제한되며, 대규모 집단은 어렵다.

완전 참여자 (complete participant)	• 관찰자는 대상자와 자연스럽게 생활하고 상호작용한다. • 연구대상자들은 완전 참여자의 신분과 목적을 모른다.
관찰 참여자 (participant-as-observer)	• 연구자는 조사대상 집단의 일원으로 참여하여 활동한다. • 연구대상자들에게 참여자의 신분과 목적을 알린다.
참여 관찰자 (observer-as-participant)	• 연구대상자들에게 참여자의 신분과 목적을 알린다. • 조사집단에 완전히 참여하지는 않는다.
완전 관찰자 (complete observer)	• 완전관찰자는 사회과정의 일부가 되지 않으면서 사회과정을 관찰한다. • 연구조사자가 비관여적이므로 관찰자효과를 일으킬 가능성은 적지만, 연구대상의 완전한 이해의 가능성도 낮다.

▶ **심층면접**
- 응답의 이유, 의견, 가치, 동기, 경험 등 언어적인 표현뿐만 아니라 몸짓, 표정 등 비언어적 반응까지 관찰이 가능하다.
- 개인면접과 달리 면접시간이 많이 걸리고 내용도 깊어져 매우 상세한 정보를 얻을 수 있다.
- 무작위 표집방법을 사용하지 않고 표본의 수도 작기 때문에 면접의 결과를 일반화시키는 데 무리가 있고, 조사과정에서 면접원의 편견의 개입 등이 문제가 된다.
- 유형: 비공식 대화면접, 면접지침 접근법, 표준화 개방형 면접

혼합연구방법론(mixed methodology)
- 혼합연구방법은 질적 연구와 양적 연구를 결합하거나 연합하여 탐구하는 접근방법이다.
- 양적 연구의 결과에서 질적 연구가 시작될 수도 있고, 질적 연구의 결과에서 양적 연구가 시작될 수도 있다. 연구자에 따라 어떤 연구방법에 더 비중을 두는 가에는 차이가 있을 수 있다.
- 양적 연구는 주로 실증주의 패러다임에 토대를 두고, 질적 연구는 주로 해석주의 패러다임에 토대를 두는데, 혼합연구방법은 다양한 연구 패러다임을 수용할 수 있어야 한다.

01 (22-02-25) 완전 참여자(complete participant)는 관찰대상의 승인을 받지 않고 관찰한다는 점에서 연구윤리 문제가 제기될 수 있다.

02 (21-02-12) 참여행동연구는 사회변화와 임파워먼트에 초점을 둔다.

03 (20-02-01) 문화기술지연구, 심층사례연구, 근거이론연구, 내러티브연구는 질적 연구의 유형에 해당한다.

04 (20-02-25) 근거이론의 분석방법에서 축코딩은 발견된 범주를 가지고 중심현상을 중심으로 인과적 조건을 만든다.

05 (19-02-19) 축코딩은 수집된 자료에서 나타난 범주들 간의 관계를 파악하기 위해 범주들을 특정한 구조적 틀에 맞추어 연결하는 과정이다.

06 (18-02-15) 혼합연구방법(mixed methodology)은 질적 연구방법으로 발견한 연구주제를 양적 연구방법을 이용하여 탐구하기도 한다.

07 (18-02-25) 현상학은 사물이나 현상의 본질을 탐구한다기보다는 사물이나 현상에 대한 경험의 본질을 탐구하는 것이다.

08 (17-02-06) 심층면접은 질적 조사의 주요 자료수집 방법 중 하나이다.

09 (16-02-24) 혼합연구방법론(mixed methodology)은 질적 연구의 결과에 기반하여 양적 연구를 시작할 수 있다.

10 (15-02-09) 현상학은 개인의 주관적인 경험의 본질과 의미에 초점을 둔다.

11 (11-02-22) 참여행동연구(participatory action research)에서 연구대상자는 자신의 문제와 해결책을 스스로 정의한다.

12 (10-02-05) 현장연구조사(field research)는 연구대상자를 자연적 상황에서 탐구할 수 있다.

13 (09-02-29) 근거이론(grounded theory) 접근을 채택한 연구는 자료분석을 통해 이론을 도출하는 데 관심을 갖는다.

14 (06-02-24) 질적 연구는 현상학적 인식론에 기반한다.

대표기출 확인하기

21-02-12 | 난이도 ★★☆

다음의 연구에서 활용한 질적 연구방법에 관한 설명으로 옳은 것은?

> A사회복지사는 가정 밖 청소년들의 범죄피해와 정신건강의 문제를 당사자의 관점에서 이해하고 주체적으로 해결하기 위해 연구를 시작하였다. 연구에 참여한 가정 밖 청소년들은 A사회복지사와 함께 범죄피해와 정신건강과 관련된 사회구조적인 문제를 해결하기 위한 다양한 방안들을 스스로 만들고 수행하였다.

① 개방코딩-축코딩-선택코딩의 방법을 활용한다.
② 범죄피해와 정신건강을 설명하는 이론 개발에 초점을 둔다.
③ 단일사례에 대한 깊이 있는 분석에 초점을 둔다.
④ 관찰대상의 개인적 설화를 만드는 것에 초점을 둔다.
⑤ 사회변화와 임파워먼트에 초점을 둔다.

▶ 알짜확인

- 질적 연구의 유형별 특징을 파악해야 한다.
- 질적 연구의 주요 연구 방법을 파악해야 한다.

답 ⑤

✔ 응시생들의 선택

① 11%	② 6%	③ 15%	④ 5%	⑤ 63%

⑤ 주어진 사례는 참여행동연구에 해당한다. 참여행동연구에서 연구자의 기능은 연구대상자가 자신의 이익을 위해 효과적으로 일할 수 있는 기회를 제공하는 것이다. 즉, 소외계층 참여자들은 그들의 문제를 정의하고 필요한 해결책을 찾으며, 그들의 목적을 실현시키는 데 도움이 될 만한 연구가 어떻게 설계되어야 하는지를 이끌어간다. 연구자와 연구대상자가 함께 집합적으로 토론과 상호작용을 통해 문제를 분석해나가는 교육과정이기도 하며, 급진적인 변화와 연구대상자의 임파워먼트를 목적으로 추구하기도 한다.

➕ 덧붙임

최근 시험에서 질적 연구의 유형에 관한 문제가 빠짐없이 출제되고 있다. 특히 근거이론의 자료분석방법인 개방코딩, 축코딩, 선택코딩에 관한 내용이 자주 다뤄지고 있다. 질적 연구방법과 양적 연구방법을 통합하는 혼합연구방법에 관한 문제도 단독 문제로 종종 출제된다.

관련기출 더 보기

22-02-25 | 난이도 ★★☆

완전 참여자(complete participant)에 관한 설명으로 옳은 것은?

① 연구대상이 관찰된다는 사실을 알기에 자연적인 상태에서의 관찰이 불가능하다.
② 관찰대상과 상호작용 없이 연구대상을 관찰할 수 있다.
③ 관찰대상의 승인을 받고 관찰대상과 어울리면서도 객관성을 유지할 수 있다.
④ 관찰대상의 승인을 받지 않고 관찰한다는 점에서 연구윤리 문제가 제기될 수 있다.
⑤ 관찰 상황을 인위적으로 통제한 상황에서 관찰을 진행할 수 있다.

답 ④

✔ 응시생들의 선택

① 14%	② 7%	③ 25%	④ 48%	⑤ 6%

④ 완전 참여자는 연구대상자(관찰대상)의 승인 없이 활동에 완전히 참여하여 연구대상자와 자연스럽게 생활하고 상호작용하는 것이기에 연구의 윤리적 문제가 제기될 수 있다.

20-02-01 | 난이도 ★☆☆

다음 중 질적 연구와 가장 거리가 먼 것은?

① 문화기술지(ethnography)연구
② 심층사례연구
③ 사회지표조사
④ 근거이론연구
⑤ 내러티브(narrative)연구

답 ③

✔ 응시생들의 선택

① 7%	② 6%	③ 70%	④ 11%	⑤ 6%

③ 사회지표조사는 정부기관이나 연구기관의 관련 전문가가 정기적 또는 비정기적으로 발표한 2차 자료를 활용하여 조사하는 방법이다.

근거이론의 분석방법에서 축코딩(axial coding)에 관한 설명으로 옳은 것은?

① 추상화시킨 구절에 번호를 부여한다.
② 개념으로 도출된 내용을 가지고 하위범주를 만든다.
③ 발견된 범주의 속성과 차원을 고려하여 유형화를 시도한다.
④ 이론개발을 위해 핵심범주를 중심으로 다른 범주와의 통합과 정교화를 만드는 과정을 진행한다.
⑤ 발견된 범주를 가지고 중심현상을 중심으로 인과적 조건을 만든다.

답 ⑤

✅ 응시생들의 선택

① 7%	② 21%	③ 22%	④ 28%	⑤ 22%

⑤ 축코딩은 개방코딩을 통하여 도출된 각 범주와 하위 범주들 간의 관계를 연결시키고, 범주를 속성과 차원의 수준으로 계속 발전시키며, 범주의 관련성을 패러다임 모형으로 파악하는 과정이다. 연구자는 중심현상, 인과적 조건, 상호작용 전략을 확인·구체화하고, 맥락적 조건, 중재적 조건을 확인하며 이 현상의 결과를 묘사한다.

다음에서 설명하는 근거이론의 분석방법은?

수집된 자료에서 나타난 범주들 간의 관계를 파악하기 위해 범주들을 특정한 구조적 틀에 맞추어 연결하는 과정이다. 중심현상을 설명하는 전략들, 전략을 형성하는 맥락과 중재 조건, 그리고 전략을 수행한 결과를 설정하여 찾아내는 과정이다.

① 조건 매트릭스
② 개방코딩
③ 축코딩
④ 괄호치기
⑤ 선택코딩

답 ③

✅ 응시생들의 선택

① 28%	② 7%	③ 40%	④ 3%	⑤ 22%

③ 축코딩에 관한 설명이다.

질적 연구방법과 적절한 연구 주제가 바르게 연결된 것을 모두 고른 것은?

ㄱ. 현상학 – 늙어간다는 것이 어떤 의미인지를 이해할 수 있다.
ㄴ. 참여행동연구 – 이혼 가족이 경험한 가족해체 사례를 심층적으로 이해할 수 있다.
ㄷ. 근거이론 – 지속적 비교 기법을 통해 노인의 재취업경험을 이론화할 수 있다.
ㄹ. 생애사 – 위안부 피해자 할머니 삶의 중요한 사건을 이해할 수 있다.

① ㄱ, ㄴ   ② ㄴ, ㄷ
③ ㄷ, ㄹ   ④ ㄱ, ㄷ, ㄹ
⑤ ㄱ, ㄴ, ㄷ, ㄹ

답 ④

✅ 응시생들의 선택

① 7%	② 5%	③ 7%	④ 32%	⑤ 49%

④ ㄱ. 현상학은 사물이나 현상의 본질을 탐구한다기보다는 사물이나 현상에 대한 경험의 본질을 탐구하는 것이다. 따라서 늙어간다는 것이 어떤 의미인지를 이해할 수 있다.
ㄷ. 근거이론은 조사과정을 통해 체계적으로 수정되고 분석된 자료를 상호 비교 검토함으로써 이론을 추출해내는 방법으로서 지속적 비교 기법을 통해 노인의 재취업경험을 이론화할 수 있다.
ㄹ. 생애사는 특정 개인의 생애에 대해 탐구하는 방법으로서 위안부 피해자 할머니 삶의 중요한 사건을 이해할 수 있다.

질적 조사로 보기 어려운 것은?

① 근거이론연구
② 문화기술지연구
③ 솔로몬설계연구
④ 내러티브연구
⑤ 현상학적 연구

답 ③

✅ 응시생들의 선택

① 14%	② 9%	③ 62%	④ 7%	⑤ 8%

③ 질적 조사의 유형에는 근거이론(현실기반이론)연구, 민속지학(문화기술지)연구, 현상학적 연구, 참여행동연구, 내러티브연구 등이 있다.

혼합연구방법론(mixed methodology)에 관한 설명으로 옳지 않은 것은?

① 질적 연구 결과와 양적 연구 결과는 일치해야 한다.
② 양적 연구와 질적 연구에 대한 전문적 지식이 모두 필요하다.
③ 연구에 따라 양적 연구와 질적 연구의 상대적 비중이 상이할 수 있다.
④ 질적 연구의 결과에 기반하여 양적 연구를 시작할 수 있다.
⑤ 상충되는 패러다임들도 수용할 수 있어야 한다.

답 ①

응시생들의 선택

① 68%	② 2%	③ 3%	④ 22%	⑤ 5%

① 질적 연구결과와 양적 연구결과는 경우에 따라 상반될 수도 있다.

질적 연구방법에 관한 설명으로 옳지 않은 것은?

① 근거이론의 목적은 사람, 사건 및 현상에 대한 이론의 생성이다.
② 문화기술지(ethnography)는 특정 문화를 이해하기 위한 방법, 과정 및 결과이다.
③ 현상학은 개인의 주관적인 경험의 본질과 의미에 초점을 둔다.
④ 자료 수집원을 다양화하여 연구의 엄격성을 높일 수 있다.
⑤ 부정적 사례(negative case)의 목적은 연구자가 편견에 빠지지 않게 동료집단이 감시기제로서의 역할을 하는 것이다.

답 ⑤

응시생들의 선택

① 9%	② 4%	③ 11%	④ 23%	⑤ 53%

⑤ 부정적 사례 분석은 연구조사자가 반대적인 증거(연구조사자의 해석에 적합하지 않은 예외사례 찾기)를 충분히 찾아보는 것으로, 질적 연구의 신뢰성을 검증하기 위해 사용한다.

다음은 어떤 연구에 관한 설명인가?

- 연구자가 연구대상자보다 우위에 있다는 암묵적 가정에 도전한다.
- 연구대상자는 자신의 문제와 해결책을 스스로 정의한다.
- 연구대상자는 연구설계에 주도적 역할을 수행한다.

① 현상학(phenomenology)
② 문화기술지(ethnography)
③ 근거이론(grounded theory)
④ 참여행동연구(participatory action research)
⑤ 내러티브탐구(narrative inquiry)

답 ④

응시생들의 선택

① 21%	② 2%	③ 14%	④ 53%	⑤ 11%

④ 참여행동연구에서는 연구대상자들이 보통 소외계층인 경우가 많고 연구자는 이들이 자신들의 이익을 위해 효과적으로 일할 수 있는 기회를 제공하는 역할을 수행한다. 연구대상자들이 그들의 문제를 정의하고 필요한 해결책을 찾으며, 그들의 목적을 실현시키는 데 도움이 될 만한 연구가 어떻게 설계되어야 하는지를 이끌어간다. 이 연구는 조사연구가 단순히 지식생산의 수단만이 아니라 "교육과 의식개발, 그리고 그런 의식을 행동으로 옮기는 수단"으로 기능해야 한다는 신념을 토대로 한다.

근거이론(grounded theory) 접근을 채택한 연구에 관한 설명으로 옳지 않은 것은?

① 조사과정에서 조사자의 관점이 중요시된다.
② 자료 분석을 통해 이론을 도출하는데 관심을 갖는다.
③ 연구결과의 일반화를 극대화하기 위해 확률표집이 선호된다.
④ 비구조화된 인터뷰와 관찰을 사용하므로 자료의 체계화가 중요하다.
⑤ 조사연구의 상황에서 조사자와 조사대상자 간 상호작용이 반영될 수 있다.

답 ③

응시생들의 선택

① 4%	② 6%	③ 70%	④ 11%	⑤ 9%

③ 근거이론은 질적 연구의 한 방법으로 비확률표집을 선호한다.

다음 내용이 왜 틀렸는지를 확인해보자

19-02-19

01 개방코딩은 수집된 자료에서 나타난 범주들 간의 관계를 파악하기 위해 범주들을 특정한 구조적 틀에 맞추어 연결하는 과정이다.

> 축코딩에 관한 내용이다. 축코딩은 범주를 하위범주와 연결시키는 과정이다. 축코딩 단계에서는 패러다임을 구성하고, 구조를 만들며, 과정을 발견한다.

17-02-14

02 근거이론연구, 문화기술지연구, 솔로몬설계연구 등은 질적 조사에 해당한다.

> 솔로몬설계연구는 질적 조사에 해당하지 않는다. 질적 조사의 유형에는 근거이론연구, 민속지학(문화기술지)연구, 현상학적 연구, 참여행동연구, 내러티브연구 등이 있다.

03 민속지학은 귀납적인 과정을 거쳐 현실적인 자료에 근거하여 개발된 이론으로서 현실기반이론 또는 기초이론이라 한다.

> 귀납적인 과정을 거쳐 현실적인 자료에 근거하여 개발된 이론으로서 현실기반이론 또는 기초이론이라 하는 것은 근거이론이다.

04 참여관찰은 정교하고 객관적이므로 일반화 가능성이 높다.

> 참여관찰은 주관성이 많이 개입되고, 일반화 가능성이 낮을 수 있으므로 결론이 제한적이다. 또한 연구대상이 소수의 개인이나 집단 등으로 제한되며, 관찰자의 선입견이 개입될 수 있어 관찰자 효과가 나타날 수 있다.

15-02-09

05 개인의 주관적인 경험의 본질과 의미에 초점을 두는 연구를 수행할 때는 질적 연구의 유형 중 **문화기술지 방법**을 사용하는 것이 가장 적절하다.

> 개인의 주관적인 경험의 본질과 의미에 초점을 두는 연구를 수행할 때는 현상학 방법을 사용하는 것이 가장 적절하다. 문화기술지 방법은 어떤 문화 속에서 생활하는 사람들의 관점에서 문화를 연구할 때 적절한 방법이다.

06 참여관찰자의 유형 중 **완전 참여자**(complete participant)는 관찰자 효과를 일으킬 가능성이 적지만, 연구대상의 완전한 이해의 가능성도 낮다.

> 완전 관찰자(complete observer)는 연구조사자가 비관여적이므로 관찰자 효과를 일으킬 가능성은 적지만, 연구대상의 완전한 이해의 가능성도 낮다.

빈칸에 들어갈 알맞은 말을 채워보자

21-02-12

01 (   )은/는 연구대상자들에게 연구의 목적과 절차에 대한 통제권이 주어진 사회조사의 한 접근방법이다.

18-02-15

02 (   )은/는 질적 연구와 양적 연구를 결합하거나 연합하여 탐구하는 접근방법이다.

03 (   )은/는 개인의 인생을 탐색하는 데 초점을 두는 질적 탐구전략으로, 그들이 의식하지 못하는 더 깊은 이야기들을 통해 그 안에 살고 있음을 인식시키는 방법이다.

04 근거이론의 자료분석 방법 중 (   )은/는 코딩의 마지막 단계로서 모든 범주의 유형을 통합시키고 정교화하여 이후 새로운 이론을 생성하고, 이를 도식화하기 위한 과정이다.

17-02-06

05 자료수집방법으로서 (   )은/는 개인면접과 달리 면접시간이 많이 걸리고 내용도 깊어져 매우 상세한 정보를 얻을 수 있다.

답 **01** 참여행동연구 **02** 혼합연구방법 **03** 내러티브 탐구 **04** 선택코딩 **05** 심층면접

다음 내용이 옳은지 그른지 판단해보자

01 혼합연구방법은 질적 연구방법으로 발견한 연구주제를 양적 연구방법을 이용하여 탐구하기도 한다. ◎ ✕

02 양적 연구와 질적 연구를 통합한 혼합연구는 다원측정(triangulation)이 불가능하다. ◎ ✕

03 질적 조사는 확률표본추출방법을 사용할 수 없다. ◎ ✕

04 질적 연구에서 활용되는 면접은 개방형인 경우가 많다. ◎ ✕

05 참여관찰은 어린이와 같이 언어구사력이 떨어지는 집단에는 비효과적이다. ◎ ✕

06 근거이론의 목적은 사람, 사건 및 현상에 대한 이론의 생성이다. ◎ ✕

07 근거이론 접근을 채택한 연구는 비구조화된 인터뷰와 관찰을 사용하므로 자료의 체계화가 중요하다. ◎ ✕

08 질적 연구방법은 구조화된 면접을 많이 활용한다. ◎ ✕

09 자료분석 시 범하기 쉬운 오류 중 원주민화(going native)는 연구자가 대상자와 동일시하여 정체성과 분석감을 상실하는 것이다. ◎ ✕

10 근거이론 연구에서 많이 활용하는 이론적 표집은 이론적으로 의미를 부여할 수 있는 표본을 구성하는 데 초점을 둔다. ◎ ✕

(답) **01** ◯　**02** ✕　**03** ✕　**04** ◯　**05** ✕　**06** ◯　**07** ◯　**08** ✕　**09** ◯　**10** ◯

(해설) **02** 다원측정은 복수의 관점을 활용하여 조사대상의 의미를 명확히 파악하는 방법으로서 혼합연구에서도 다원측정이 가능하다.
03 질적 조사도 확률표본추출방법이 사용될 수 있다.
05 참여관찰은 어린이와 같이 언어구사력이 떨어지는 집단에 효과적이다.
08 질적 연구에서는 사회현상에 대해 주관적이고 해석적인 접근방법을 사용하므로 틀에 짜인 구조화된 면접은 적절하지 않다.

나눔의집 **사회복지사1급**

강의로 복습하는
기출회독

3영역

사회복지실천론

사회복지교육연구센터 편저

사회복지 전문출판 **나눔의집**

사회복지사1급, 이보다 완벽한 기출문제 분석은 없다!

1회 시험부터 함께해온 도서출판 나눔의집에서는 22회 시험까지의 기출문제를 모두 분석, 그동안 출제된 키워드를 정리하여 키워드별로 복습할 수 있도록 『기출회독』을 마련하였다.

최근 10년간 출제빈도를 중심으로 자주 출제된 키워드는 좀 더 집중력 있게 공부할 수 있도록 '**빈출**' 표시를 하였으며, 자주 출제되지는 않지만 언제든 출제될 가능성이 있는 키워드도 놓치지 않고 공부할 수 있도록 하였다.

10년간 출제되지 않았더라도 향후 출제가능성이 있다고 판단되거나 다른 키워드와 연계하여 봐둘 필요가 있다고 생각되는 경우에는 본 책에 포함하여 소개하였다.

기출문제를 풀어보는 것으로 그치는 것이 아니라 기출문제를 통해 23회 합격이 가능한 학습이 될 것이다.

키워드별 '3단계 복습'으로 효율적으로 공부하자!

『기출회독』은 키워드별 **3단계 복습** 과정을 제시하여 1회독만으로도 3회독의 효과를 누릴 수 있도록 구성하였다.

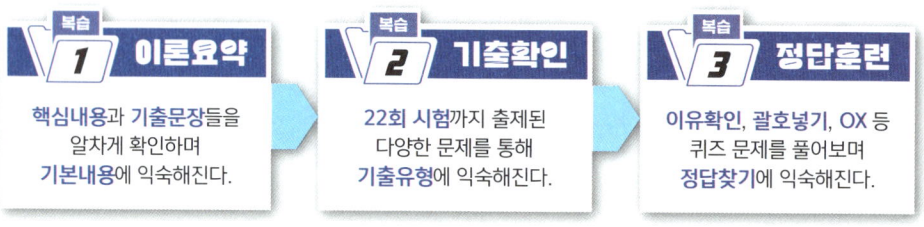

복습 1 이론요약	복습 2 기출확인	복습 3 정답훈련
핵심내용과 기출문장들을 알차게 확인하며 **기본내용**에 익숙해진다.	22회 시험까지 출제된 다양한 문제를 통해 **기출유형**에 익숙해진다.	이유확인, 괄호넣기, OX 등 퀴즈 문제를 풀어보며 **정답찾기**에 익숙해진다.

알림

- 이 책은 '나눔의집'에서 발간한 2025년 23회 대비 『기본개념』(2024년 4월 15일 펴냄)을 바탕으로 한다.
- 8회 이전 기출문제는 공개되지 않은 관계로 당시 응시생들의 기억을 바탕으로 검수 과정을 거쳐 기출문제를 복원하였다.
- <사회복지법제론>을 비롯해 법·제도의 변화와 관련된 기출문제의 경우 현재의 법·제도 내용이 반영될 수 있도록 수정하였다.
- 이 책에서 발생할 수 있는 오류 및 정정사항은 아임패스 내 '정오표' 게시판을 통해 확인할 수 있도록 게시할 예정이다.

기출회독 차례

기출회독 활용맵

들어가기 전에

이 장에서는
각 장마다 학습할 내용을 간략히 소개하였다.

10년간 출제분포도
이 책에서 키워드에 따라 분석한 기출문제 중 10년간 출제문항수를 그래프로 구성하여 각 장의 출제비중이 얼마나 되는지, 어떻게 변화하고 있는지 등을 확인할 수 있다.

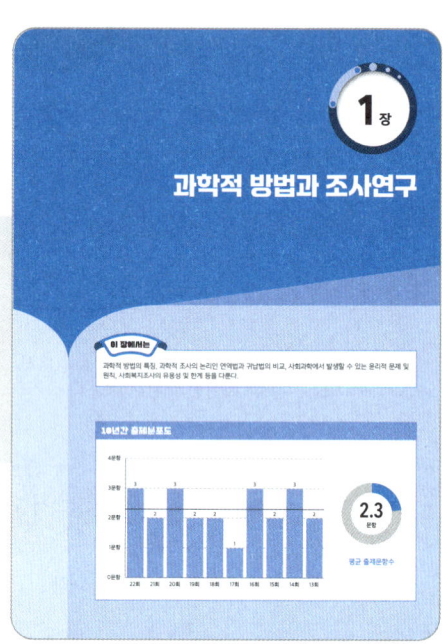

기출 키워드 확인!

이 책은 기출 키워드에 따라 학습하도록 구성하였다. 특히 자주 출제된 키워드나 앞으로도 출제 가능성이 높은 키워드는 따로 '빈출' 표시를 하여 우선 배치하였다. 빈출 키워드는 전체 출제율과 최근 10개년간의 출제율을 중심으로 하되 내용 자체의 어려움, 다른 과목과의 연계성 등을 고려하여 선정하였다.

강의 QR코드
모바일을 통해 해당 키워드의 동영상 강의를 바로 볼 수 있다.

10년간 출제문항수
각 키워드에서 최근 10년간 출제된 문항수를 안내하여 출제빈도를 확인할 수 있도록 하였다.

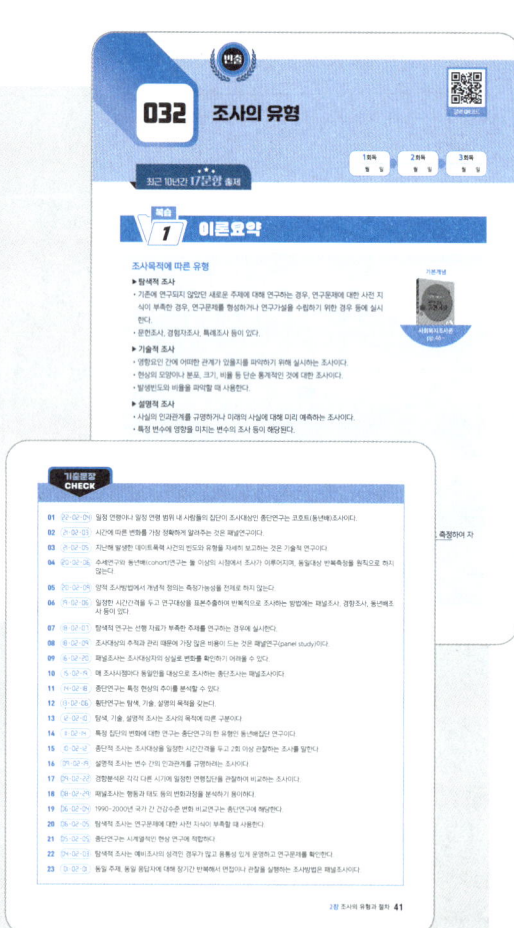

복습 1. 이론요약

요약 내용과 기출문장을 함께 담아 이론을 정답으로 연결하도록 구성하였다.

이론요약
주요 내용을 간략히 정리하였으며 부족한 내용을 보충할 수 있도록 기본개념서의 쪽수를 표시하였다.

기출문장 CHECK
그동안 출제되었던 기출문제의 문장들 중 꼭 알아두어야 할 문장들을 선별하여 제시하였다.

복습 2. 기출확인

바로 기출문제를 풀어보며 학습한 이론을 되짚어보도록 구성하였다.

기출문제 풀기
다양한 유형의 문제를 최대한 접해볼 수 있도록 선정하였다.

알짜확인!
해당 키워드에서 살펴봐야 할 내용들, 주의해야 할 사항들을 짚어주었다.

난이도
정답률, 내용의 어려움, 출제빈도, 정답의 혼란 정도 등을 고려하여 3단계로 구분하였다.

응시생들의 선택
5개의 선택지에 대한 마킹률을 표시하여 응시생들이 어떤 선택지들을 헷갈려했는지 등을 참고해볼 수 있도록 하였다.

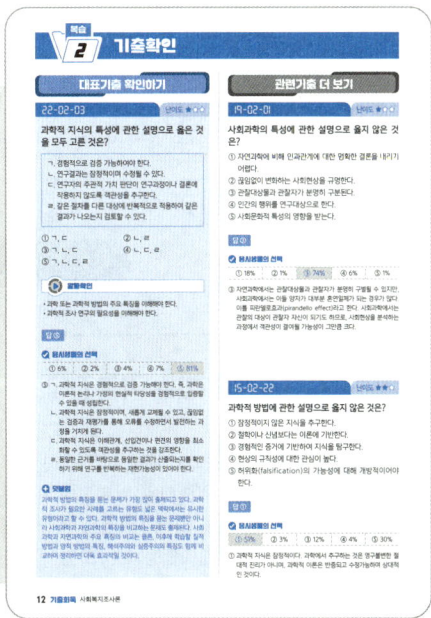

복습 3. 정답훈련

출제빈도와 난이도 등을 고려하여 정답찾기에 능숙해지도록 구성하였다.

이유확인 문제
제시된 문장에서 잘못된 부분을 확인함으로써 헷갈릴 수 있는 부분들을 짚어준다.

괄호넣기 문제
의외로 정답률이 낮게 나타나는 단답형 문제에 대비할 수 있다.

OX 문제
제시된 문장이 옳은 내용인지, 틀린 내용인지를 빠르게 판단해보는 훈련이다.

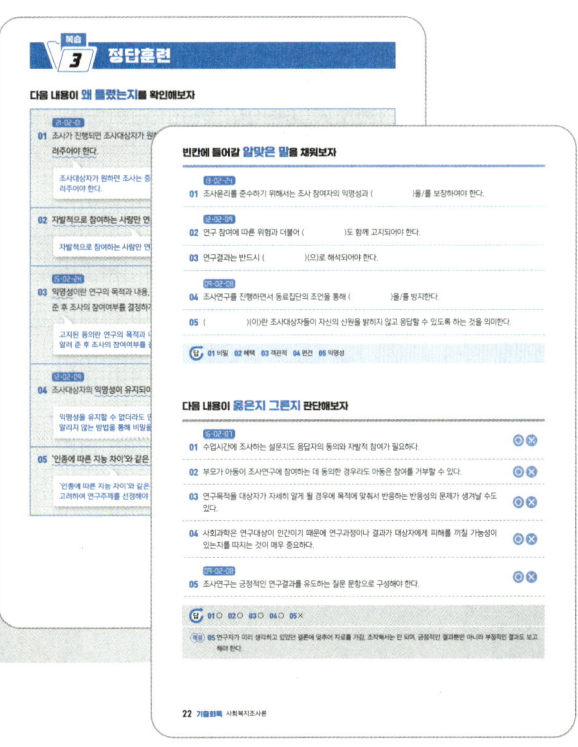

합격을 잡는 학습방법

기본개념 학습 과정

강의로 쌓는 기본개념

어떤 유형의, 어떤 난이도의 문제가 출제되더라도 답을 찾기 위해서는 기본적인 개념이 탄탄하게 잡혀있어야 한다. 기본개념서를 통해 2급 취득 후 잊어버리고 있던 개념들을 되살리고, 몰랐던 개념들과 애매했던 개념들을 정확하게 잡아보자. 한 번 봐서는 다 알 수 없고 다 기억할 수도 없지만 이제 1단계, 즉 이제 시작이다. '이렇게 공부해서 될까?'라는 의심 말고 '시작이 반이다'라는 마음으로 자신을 다독여보자.

기본개념 완성을 위한 학습자료

기본개념 강의, 기본쌓기 문제, ○×퀴즈, 기출문제, 정오표, 묻고답하기, 지식창고, 보충자료 등을 아임패스를 통해 만나실 수 있습니다.

1단계

실전대비 과정

강의로 완성하는 FINAL 모의고사 (3회분)

그동안의 학습을 마무리하면서 합격에 대한 확신을 가져보자. 답안카드를 포함하고 있으므로 시험시간에 맞춰 풀어보기 바란다.

강의로 잡는 회차별 기출문제집

학습자가 자체적으로 모의고사처럼 시험시간에 맞춰 풀어볼 것을 추천한다.

4단계

기출문제 번호 보는 법

 **22 - 01 - 25**
기출회차 영역 문제번호

'기출회차-영역-문제번호'의 순으로 기출문제의 번호 표기를 제시하여 어느 책에서든 쉽게 해당 문제를 찾아볼 수 있도록 하였다.

기출문제 풀이 과정

2단계

강의로 복습하는 기출회독

한 번을 복습하더라도 제대로 된 복습이 되어야 한다는 고민으로 만들어진 책이다. 기출 키워드마다 다음 3단계 과정으로 학습해나간다. 기출회독의 반복훈련을 통해 내 것이 아닌 것 같던 개념들이 내 것이 되어감을 느낄 수 있을 것이다.
1. 기출분석을 통한 이론요약
2. 다양한 유형의 기출문제
3. 정답을 찾아내는 훈련 퀴즈

강의로 잡는 장별 기출문제집

기본개념서의 목차에 따라 편집하여 해당 장의 기출문제를 바로 풀어볼 수 있다.

요약정리 과정

예상문제 풀이 과정

3단계

강의로 끝내는 핵심요약집

8영역을 공부하다 보면 먼저 공부했던 영역은 잊어버리기 일쑤인데, 요약노트를 정리해 두면 어디서 어떤 내용을 공부했는지를 쉽게 찾아볼 수 있다.

강의로 풀이하는 합격예상문제집

내 것이 된 기본개념들로 문제의 답을 찾아보는 시간이다. 합격을 위한 필수문제부터 응용문제까지 다양한 문제를 수록하여 정답을 찾는 응용력을 키울 수 있다.

합격자 수
7,633 명

합격률
29.98 %

22회 시험 결과

22회 필기시험의 합격률은 지난 21회 40.70%보다 10%가량 떨어진 29.98%로 나타났다. 많은 수험생들이 3교시 과목을 어려워하는데, 이번 22회 시험의 3교시는 순간적으로 답을 찾기에 곤란할 만한 문제들이 더러 포진되어 있었고 그 결과가 합격률에 고르란히 나타난 듯하다. 이번 시험에서 정답논란이 있었던 사회복지정책론 19번 문제는 최종적으로 '전항 정답' 처리되었다.

22회 기출 분석 및 23회 합격 대책

22회 기출 분석

우리나라 사회복지 역사에서 외원단체 활동이 미친 영향을 살펴보는 문제, 1929년 밀포드 회의에서 결정된 공통요소를 확인하는 문제, 2023년 개정된 윤리강령의 윤리기준 영역을 확인하는 문제 등이 당황스럽게 느껴졌을 것 같다. 그 밖에는 답을 찾기 쉬운 문제들이 대다수였다.

23회 합격 대책

<사회복지실천론>에서도 주요 역사, 윤리강령, 통합적 접근, 사례관리, 관계론, 면접 기술 및 개입 기술 등 암기할 사항들이 꽤 있다. 그럼에도 다른 영역들에 비해 쉽고 흥미롭게 공부할 수 있는 영역이다. 이 영역을 충실히 학습하면 <사회복지실천기술론>을 조금은 쉽게 학습할 수 있기 때문에 꼼꼼히 학습하여 점수를 확보하기 바란다.

22회 출제 문항수 및 키워드

장	22회	키워드
1	1	사회복지실천의 이념 중 사회진화론
2	4	윤리적 쟁점 중 자기결정권, 인권의 특징, 윤리적 의사결정의 우선순위, 한국사회복지사 윤리강령 중 클라이언트에 대한 윤리기준
3	3	1929년 밀포드 회의의 공통요소, 기능주의의 특징, 외원단체 활동의 의의
4	1	사회복지 실천현장 분류
5	4	통합적 접근의 특징, 4체계 모델의 사례 적용, 강점관점의 특징, 임파워먼트 모델의 특징
6	2	사례관리의 원칙, 사례관리자의 역할
7	4	전문적 원조관계의 특징, 원조관계의 요소 중 헌신과 의무, 원조관계 형성의 장애요인, 비스텍의 관계형성 원칙 중 수용의 특징
8	2	경청의 특징, 면접의 유형
9	1	사례에서 나타난 정보의 출처
10	1	사정의 특성
11	1	계획수립단계에서의 과업
12	1	모델링 기술
13	0	-

1장

장

사회복지실천의 개념 및 정의

이 장에서는

사회복지실천의 개념, 목적 및 기능, 이념적 배경, 학문적 성격, 실천방법의 분류, 사회복지 전문직에 대한 정체성 논란 등의 내용을 학습한다. 그린우드가 제시한 전문직의 속성(이-권-승-윤-문)을 파악해두어야 하며, 미시/중시/거시적 실천 및 직접/간접적 실천을 구분할 수 있어야 한다.

10년간 출제분포도

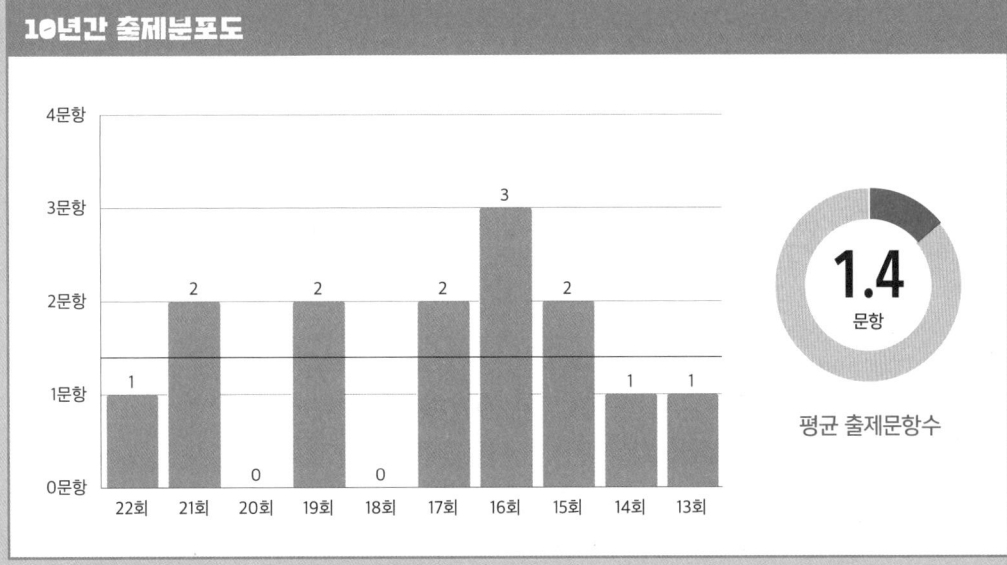

	22회	21회	20회	19회	18회	17회	16회	15회	14회	13회
문항	1	2	0	2	0	2	3	2	1	1

1.4 문항

평균 출제문항수

058 사회복지 전문직의 정체성 논란

강의 QR코드

1회독	**2**회독	**3**회독
월 일	월 일	월 일

최근 10년간 **4문항** 출제

복습 1 이론요약

플렉스너 비판과 이후 사회복지계 반응

기본개념

사회복지실천론
pp.31~

- 1915년 플렉스너(Flexner)는 사회복지는 전문직으로서 다음 5가지 특성이 결여되어 있다고 주장
  - 사회과학적 기초 결여
  - 독자적이고 명확한 지식체계 및 전수할 만한 전문기술의 결여
  - 정부의 책임 아래 실시되는 교육 및 전문적 자격제도의 부재
  - 전문적 조직체의 부재
  - 전문적 실천과 관련된 강령의 부재
- 플렉스너의 비판 이후 사회복지직을 하나의 전문직으로 정립하기 위해 전문가 조직의 건설, 사회복지교육의 강화, 사회사업가 자격조건의 엄격화, 사회복지 지식과 기술의 정교화 등의 노력이 진행됨
  - 전문사회복지학교의 설립 확대
  - 1917년 리치몬드의 『사회진단』 출간
  - 1921년 미국사회복지사협회(American Association of Social Workers) 설립
  - 정신분석을 바탕으로 전문적 치료자로서의 위상을 높이고자 함 (→ 이후 정신분석학적 치료가 아닌 사회복지 전문직으로서 구분될 수 있는 정체성 확립의 필요성이 제기됨)

그린우드가 제시한 전문직의 속성

- 1957년 그린우드(Greenwood)는 사회복지직은 다음과 같은 속성을 갖고 있으며, 이미 전문직이자 전문직화를 계속적으로 추구해가는 과정에 있다고 주장
- 5가지 전문직 속성
  - **체계적인 이론**: 전문직만의 체계화된 지식기반과 기술
  - **전문적인 권위**: 클라이언트와의 관계에서 사회복지사에게 부여된 권위와 신뢰
  - **사회적 승인(인가)**: 사회적으로 전문직에게 부여된 권한과 특권
  - **윤리강령**: 전문직의 특권이 오용되는 것을 방지하고 규제하기 위한 윤리강령
  - **전문직 문화**: 전문적 가치와 규범의 공유

01 (19-03-02) 그린우드가 제시한 전문직 속성 중 윤리강령은 전문가가 지켜야 할 전문적 행동기준과 원칙을 기술해 놓은 것으로, 전문직은 윤리강령에 따라 자기규제를 통해 클라이언트를 보호할 수 있다.

02 (17-03-03) 사회복지전문직은 전문적 이론체계를 갖고 있으며, 고유한 정체성을 발전시켜야 한다. 또한 개인의 변화와 사회적 변혁에 관심을 두며, 미시 및 거시적 개입방법을 모두 이해하여야 한다.

03 (17-03-08) 플렉스너의 비판(1915년) 이후 리치몬드의 『사회진단』(1917년)이 출간되었다.

04 (16-03-10) 플렉스너(Flexner)는 사회복지는 전문직으로서 갖추어야 할 특성들이 결여되어 있다고 주장한 학자이다.

05 (15-03-04) 사회복지 전문직에 대한 플렉스너의 비판 이후 이에 대한 대응으로 리치몬드는 『사회진단』을 출간하였다.

06 (11-03-24) 그린우드(Greenwood)는 체계적 이론, 전문적 권위, 사회적 인가, 전문직 문화, 윤리강령 등을 사회복지 전문직의 속성으로 꼽았다.

대표기출 확인하기

19-03-02 　　　　　난이도 ★★☆

그린우드(E. Greenwood)가 제시한 전문직의 속성 중 다음 설명에 해당하는 것은?

> • 자기규제를 통해 클라이언트를 보호한다.
> • 전문가가 지켜야 할 전문적 행동기준과 원칙을 기술해 놓은 것이다.

① 윤리강령　　　　　② 전문직 문화
③ 사회적인 인가　　　④ 전문적인 권위
⑤ 체계적인 이론

 알짜확인

• 사회복지 전문직에 관한 논란 및 발전과 관련하여 플렉스너의 비판과 그린우드가 제시한 전문직의 속성 등에 대해 정리해두어야 한다.
• 플렉스너의 비판 및 이후 사회복지계의 반응 등에 관한 내용은 발전사 문제에서도 종종 등장하고 있으므로 잘 정리해두기 바란다.

답 ①

✅ **응시생들의 선택**

① 78%	② 5%	③ 1%	④ 15%	⑤ 1%

그린우드가 제시한 전문직의 속성은 제시된 선택지와 같이 5가지가 있다.
① 윤리강령: 전문직의 특권이 오용되는 것을 방지하고 규제하기 위한 윤리강령
② 전문직 문화: 전문적 가치와 규범의 공유
③ 사회적 인가(승인): 사회적으로 전문직에게 부여된 권한과 특권
④ 전문적인 권위: 클라이언트와의 관계에서 사회복지사에게 부여된 권위와 신뢰
⑤ 체계적인 이론: 전문직만의 체계화된 지식기반과 기술

관련기출 더 보기

16-03-10 　　　　　난이도 ★★★

사회복지 전문직에 관한 설명으로 옳지 않은 것은?

① 서구에서 전문직 교육과정이 시작된 것은 19세기 후반이다.
② 실천의 가치와 지식은 방법(methods)을 통해 현장에서 구현된다.
③ 한국 사회복지사의 자격 및 처우에 관한 사항은 사회복지사업법에 근거한다.
④ 플렉스너(A. Flexner)는 체계적 이론과 전문적 권위, 윤리강령 등을 전문직의 속성으로 꼽았다.
⑤ 밀포드(Milford)회의에서 사회복지실천의 공통요소를 제시하였다.

답 ④

✅ **응시생들의 선택**

① 32%	② 17%	③ 20%	④ 24%	⑤ 7%

④ 플렉스너는 사회복지는 전문직으로서 갖추어야 할 특성들이 결여되어 있다고 주장한 학자이다.
체계적 이론, 전문적 권위, 사회적 승인, 윤리강령, 전문직 문화(가치 및 규범) 등을 제시하며 사회복지직은 이미 전문직으로서의 속성을 갖추었다고 본 학자는 그린우드(Greenwood)이다.

11-03-24 　　　　　난이도 ★★☆

그린우드(Greenwood)가 제시한 전문직의 속성을 모두 고른 것은?

> ㄱ. 체계적 이론　　　ㄴ. 전문적 권위
> ㄷ. 사회적 인가　　　ㄹ. 전문직 문화

① ㄱ, ㄴ, ㄷ　　　　② ㄱ, ㄷ
③ ㄴ, ㄹ　　　　　　④ ㄹ
⑤ ㄱ, ㄴ, ㄷ, ㄹ

답 ⑤

✅ **응시생들의 선택**

① 18%	② 5%	③ 9%	④ 1%	⑤ 67%

다음 내용이 **왜 틀렸는지**를 확인해보자

01 그린우드(Greenwood)는 사회복지 전문직이 전문직으로서의 속성을 갖추지 못했기 때문에 전문직으로 볼 수 없다고 주장했다.

> 사회복지 전문직이 전문직으로서의 속성을 갖추지 못했기 때문에 전문직으로 볼 수 없다고 주장한 학자는 플렉스너이다. 그린우드는 사회복지직은 이미 전문직으로서의 속성을 갖추었고 전문직화를 추구해나가는 과정 속에 있다고 주장했다.

`16-03-10`
02 플렉스너(Flexner)는 체계적 이론과 전문적 권위, 윤리강령 등을 전문직의 속성으로 꼽았다.

> 플렉스너는 사회복지계는 전문직으로서 갖추어야 할 특성들이 결여되어 있다고 주장한 학자이다.

03 플렉스너의 비판에 대한 반응으로 **자선조직협회, 인보관운동 등이 생겨났다**.

> 플렉스너의 비판은 1915년의 일이고, 자선조직협회 및 인보관운동은 19세기 말에 등장했다.

04 그린우드는 전문직의 속성으로 체계화된 이론, 전문적 권위, 사회적 승인, 윤리강령 등 **네 가지**를 제시하였다.

> 그린우드는 전문직의 속성으로 체계화된 이론, 전문적 권위, 사회적 승인, 윤리강령, 전문직 문화 등 다섯 가지를 제시하였다.

`15-03-04`
05 리치몬드(M. Richmond)의 '**사회진단(Social diagnosis)' 출간 이후** 플렉스너는 사회복지직은 전문직으로서의 요소를 갖추지 못했다는 비판을 제기하였다.

> 사회복지실천 전문직으로의 발전과정에서 플렉스너의 비판(1915년)에 대한 반응으로 리치몬드(M. Richmond)가 '사회진단(Social diagnosis, 1917)'을 출간하였다.

06 플렉스너의 비판 이후 사회복지는 **대상별 세분화가 촉진**되었다.

> 플렉스너의 비판 이후 사회복지의 학술성과 전문성을 확립하려는 노력이 촉진되었다.

빈칸에 들어갈 알맞은 말을 채워보자

01 ( )은/는 1915년 사회복지직은 전문직으로 갖추어야 할 특성이 결여되어 있다고 주장한 학자이다.

02 메리 리치몬드는 미국사회복지사협회(NASW)의 창립 회원으로, ( )년에는 「사회진단」을 출간하면서 사회복지의 학문적 발전을 이끈 학자로 평가되고 있다.

03 그린우드가 제시한 속성 중 ( )은/는 클라이언트가 사회복지사에게 부여한 신뢰와 관련된다.

 답 **01** 플렉스너 **02** 1917 **03** 전문적 권위

다음 내용이 옳은지 그른지 판단해보자

01 플렉스너는 사회복지는 전문직으로서 갖추어야 할 특성들이 결여되어 있다(Flexner, 1915)고 주장하면서 그 근거 중 하나로 공식적인 자격제도가 없음을 지적하였다.

02 그린우드가 제시한 전문직 속성 중 전문직 문화는 다른 분야와 구별되는 사회복지만의 고유한 이론 및 이를 바탕으로 한 기술을 포함한다.

03 그린우드(Greenwood)가 사회복지 전문직에 관한 속성을 제시한 이후 미국사회복지사협회(American Association of Social Workers)가 설립되었다.

> `15-03-04`

04 플렉스너의 비판 이후 의료 및 정신보건 분야의 사회복지사들은 프로이트의 정신분석 이론과 기술을 사용하면서 치료자로서의 역할을 강조함으로써 사회복지 전문직으로서의 위상을 높이고자 하였다.

답 **01** ○ **02** × **03** × **04** ○

(해설) **02** 전문직 문화는 사회복지 전문직 사이에 공유되는 규범, 가치 등을 의미한다. 다른 분야와 구별되는 사회복지만의 고유한 이론 및 기술은 체계적 이론에 해당한다.
03 사회복지 전문직에 관한 플렉스너의 비판 이후 1921년 미국사회복지사협회(American Association of Social Workers)가 설립되었다.

059 사회복지실천방법의 분류

| 1회독 | 2회독 | 3회독 |
| 월 일 | 월 일 | 월 일 |

강의 QR코드

★★★ 최근 10년간 **4문항** 출제

복습 1 이론요약

클라이언트체계의 규모에 따른 실천방법의 분류

- 미시적 실천: 일반적으로 **클라이언트를 직접 만나 이루어지는 활동**을 말한다.
- 중시적 실천: 클라이언트에게 직접적인 영향을 미치는 **학교, 직장, 이웃 등 동료 간 관계의 체계**를 변화시키는 것을 말하며, 집단을 통한 실천을 포함한다.
- 거시적 실천: 클라이언트의 삶에 영향을 미치는 **지역사회나 전체 사회, 혹은 국가의 복지체계를 대상으로 하는 활동**으로, 사회적 정책 개발 및 제안, 취약집단 옹호, 지역사회 자원 개발 등이 이에 해당한다.

클라이언트의 접촉 유무에 따른 분류

- 직접실천: **클라이언트를 직접 변화시킴**으로써 클라이언트의 문제해결을 도모하는 실천방식
- 간접실천: **클라이언트를 둘러싼 환경체계에 개입**하여 환경을 변화시켜 클라이언트의 문제를 해결하는 실천방식

기본개념

사회복지실천론 pp.27~

기출문장 CHECK

01 (21-03-10) 거시적 실천의 예: 다문화 청소년을 위한 조례 제정 추진, 피학대 노인 보호를 위한 제도 개선 제안, 장애인복지에 필요한 정부 예산 증액 촉구, 고독사 문제 해결을 위한 정책 토론회 개최

02 (16-03-24) 지역사회보장협의체에서 기관실무자 네트워크 회의를 소집하는 것은 중시적 실천에 해당한다.

03 (15-03-11) 미시적 실천은 개인의 가장 친밀한 상호작용 과정에 개입하는 실천활동으로서, 가정방문, 상담 등이 해당한다.

04 (13-03-01) 모금활동, 후원자 개발 및 관리, 사회복지정책 분석 및 평가는 거시적 수준의 실천에 해당한다.

05 (11-03-25) 정책 개발 등 클라이언트를 둘러싼 환경체계에 개입하는 것은 간접실천에 해당하며, 상담, 가정방문 등 클라이언트를 직접 변화시켜 문제를 해결하는 방식은 직접실천에 해당한다.

06 (10-03-18) 아동학대 예방을 위한 홍보 활동, 학교폭력 예방을 위한 자원봉사자 모집, 희귀질환 아동을 위한 모금 활동 등은 간접 실천에 해당한다.

07 (07-03-22) 전화를 통한 상담은 직접 실천에 해당한다.

대표기출 확인하기

21-03-10 난이도 ★☆☆

거시 수준의 사회복지실천에 관한 내용으로 옳지 않은 것은?

① 다문화 청소년을 위한 조례 제정을 추진한다.
② 부모와 자녀의 관계증진을 위한 소집단프로그램을 진행한다.
③ 피학대 노인 보호를 위한 제도 개선을 제안한다.
④ 장애인복지에 필요한 정부 예산 증액을 촉구한다.
⑤ 고독사 문제 해결을 위해 정책 토론회를 개최한다.

 알짜확인

- 사회복지실천을 미시, 중시, 거시적 수준에 따라 구분할 수 있어야 한다.
- 직접실천과 간접실천을 구분할 수 있어야 한다.

답 ②

✅ **응시생들의 선택**

① 2%	② 92%	③ 2%	④ 2%	⑤ 2%

② 집단 프로그램은 대체로 중시 수준의 실천으로 본다.

관련기출 더 보기

16-03-24 난이도 ★★★

사회복지실천의 개입수준과 활동이 바르게 연결된 것은?

① 중시적(mezzo) 실천: 사례관리대상자에게 주거환경개선을 위한 청소서비스 제공
② 미시적(micro) 실천: 사회복지관에서 후원자개발을 위한 행사 진행
③ 거시적(macro) 실천: 공공부조서비스의 적격성을 파악하기 위한 욕구사정 실시
④ 중시적(mezzo) 실천: 지역사회보장협의체에서 기관실무자 네트워크 회의 소집
⑤ 미시적(micro) 실천: 지역특성에 맞는 주민대상 프로그램 개발을 위한 지역조사 실시

답 ④

✅ **응시생들의 선택**

① 7%	② 7%	③ 33%	④ 43%	⑤ 10%

① 미시적 실천에 해당한다.
② 거시적 실천에 해당한다.
③ 미시적 실천에 해당한다.
⑤ 거시적 실천에 해당한다.

미시적 실천을 모두 고른 것은?

> ㄱ. 위탁가정 아동 방문
> ㄴ. 노숙인 보호를 위한 모금 활동
> ㄷ. 정신장애인 재활 상담
> ㄹ. 직업재활 대상자를 위한 자원 개발

① ㄹ
② ㄱ, ㄷ
③ ㄴ, ㄹ
④ ㄱ, ㄴ, ㄷ
⑤ ㄱ, ㄴ, ㄷ, ㄹ

답 ②

✔ 응시생들의 선택

① 1%	② 85%	③ 3%	④ 6%	⑤ 5%

ㄴ, ㄹ. 거시적 실천에 해당한다.

직접실천에 해당하지 않는 것은?

① 장애인 취업상담
② 독거어르신 재가방문
③ ADHD아동 지원정책 개발
④ 치매어르신 주간보호 제공
⑤ 정신장애인 사회기술훈련 실시

답 ③

✔ 응시생들의 선택

① 1%	② 1%	③ 95%	④ 3%	⑤ 1%

③ 정책개발, 프로그램 개발, 홍보, 옹호, 모금, 후원자 및 자원봉사자 모집, 의뢰, 연계 등은 간접실천에 해당한다.

다음 내용이 **왜 틀렸는지**를 확인해보자

01 사회복지사가 지역사회 내 장애인 이동권 보장을 위해 옹호 활동을 진행한 것은 **중시적 실천에 해당**한다.

옹호 활동은 거시적 실천에 해당한다.

10-03-18

02 독거어르신 재가방문 서비스는 **직접실천에 해당하지 않는다.**

독거어르신 재가방문 서비스는 직접실천에 해당한다.

11-03-25

03 치매어르신 주간보호 제공, 정신장애인 사회기술훈련 실시, **ADHD아동 지원정책 개발** 등은 직접실천에 해당한다.

ADHD아동 지원정책 개발은 간접실천에 해당한다.

04 미시 수준의 실천 활동은 대체로 **간접적 실천**에 해당한다.

미시 수준의 실천 활동은 대체로 직접적 실천에 해당한다.

다음 내용이 옳은지 그른지 판단해보자

01 국가적 정책개발, 법안에 대한 분석, 지역사회 자원 개발, 취약집단에 대한 옹호 및 지원 활동, 다양한 집단 간의 교섭과 타협 등이 거시적 실천에 해당한다.

02 클라이언트의 사회성 향상을 위해 진행되는 사회기술훈련은 거시적 실천에 해당한다.

`13-03-01`
03 급여대상자 사후관리는 미시적 수준의 실천에 해당한다.

04 대면하지 않고 이루어지는 전화 상담이나 이메일 상담, 인터넷 게시판을 통한 상담 등은 간접실천에 해당한다.

05 저소득 독거 어르신들을 지원하기 위해 지역사회 내 자원을 확보하기 위한 활동은 미시적 실천에 해당한다.

`15-03-11`
06 위탁가정 아동 방문, 정신장애인 재활 상담 등은 미시적 실천에 해당한다.

07 클라이언트의 삶에 영향을 미치는 환경체계에 대한 활동이나 국가의 복지체계를 대상으로 한 사회복지사의 활동은 사회복지실천으로 보지 않는다.

답 01 ○ 02 × 03 ○ 04 × 05 × 06 ○ 07 ×

해설 **02** 클라이언트의 사회성 향상을 위해 진행되는 훈련, 교육, 상담 등은 미시적 실천이다. 집단 활동으로 사회기술훈련이 이루어진다면 중시적 실천으로 볼 수 있다.

04 전화, 이메일, 인터넷 게시판 등은 대면 상담에 어려움을 느끼는 클라이언트들이 이용할 수 있는 다른 수단일 뿐 대면하지 않고 진행된다고 해서 간접실천인 것은 아니다.

05 저소득 독거 어르신들에게 지원 서비스를 제공하는 것은 미시적 실천에 해당하지만, 클라이언트를 지원하기 위해 자원을 개발하고 동원하는 활동들은 거시적 실천에 해당한다.

07 클라이언트의 삶에 영향을 미치는 환경체계에 대한 활동이나 국가의 복지체계를 대상으로 한 사회복지사의 활동 등은 거시 수준의 사회복지실천에 해당한다.

060 사회복지실천의 목적 및 기능

강의 QR코드

1회독 월 일 2회독 월 일 3회독 월 일

★★★ 최근 10년간 **2문항** 출제

복습 1 **이론요약**

사회복지실천의 목적

기본개념

사회복지실천론
pp.20~

- 궁극적 목적은 '**인간의 삶의 질 향상**'으로, 이는 시대나 사회가 변해도 달라지지 않는다.
- 세부 목적은 사회·문화, 시대적 배경 등에 따라 달라질 수 있다.

▶ **미국사회복지사협회(NASW)**

사회복지실천의 목적은 모든 개인의 삶의 질 향상을 위해 개인과 환경 간에 상호호혜적 상호작용을 촉진하고 유지시키는 것이다.

▶ **핀커스와 미나한**

- 개인의 문제해결 및 대처 능력 향상
- 개인을 자원, 서비스, 기회를 제공해주는 체계와 연결
- 그 체계들이 효과적이고 인도적으로 운영되도록 촉진
- 사회정책의 개발과 발전에 기여

사회복지실천의 기능

▶ **헵워스와 라슨**

- 사회적 기능 향상
- 개인의 역기능 치료
- 사회정의 향상

▶ **미국사회복지사협회(NASW)**

- 사람들의 역량을 확대하고, 문제해결 능력 및 대처 능력 향상을 지원한다.
- 사람들의 자원 획득을 지원한다.
- 조직이 사람들에게 반응하도록 한다.
- 개인과 환경 내 다른 사람들과의 상호작용을 촉진한다.
- 조직과 제도 간의 상호관계에 영향을 미친다.
- 사회정책 및 환경정책에 영향을 미친다.

기출문장 CHECK

01 (14-03-24) 클라이언트의 삶의 질 향상은 사회복지실천의 목표이다.

02 (10-03-07) 사회복지실천은 개인과 환경 간 불균형 발생 시 문제를 감소하도록 돕는다.

03 (10-03-07) 사회복지실천은 개인과 환경 간의 상호 유익한 관계를 증진시킨다.

04 (06-03-20) 사회복지실천은 개인, 지역, 환경 내에 존재하는 자원을 발견하고 활용한다.

05 (05-03-01) 사회복지실천은 서비스, 자원, 기회 등의 체계 간 연결에 초점을 둔다.

06 (04-03-24) 사회복지실천은 사회정책의 개발에 기여한다.

07 (02-03-03) 사회복지실천은 사람들의 문제해결 능력을 향상시키는 데에 목적이 있다.

대표기출 확인하기

17-03-01 난이도 ★☆☆

사회복지실천의 목적과 기능으로 옳지 않은 것은?

① 사회정의의 증진
② 클라이언트의 삶의 질 증진
③ 클라이언트의 가능성과 잠재력 개발
④ 개인과 사회 간 상호유익한 관계 증진
⑤ 개인이 조직에게 효과적으로 순응하도록 원조

 알짜확인

- 사회복지실천의 목표는 사회적, 문화적 영향을 받아 다르게 설정될 수 있다. 하지만 궁극적인 목적은 인간의 삶의 질 향상에 있으며 이는 변하지 않는다는 점 같이 기억해두자.
- 사회복지실천은 개인뿐만 아니라 개인과 환경(자원체계)에 모두 관심을 둔다는 점도 중요하다.

답 ⑤

✔ **응시생들의 선택**

① 5%	② 0%	③ 0%	④ 1%	⑤ 94%

⑤ 개인과 조직 혹은 환경 사이의 상호작용과 균형 있는 관계에 초점을 두고 문제해결을 위해 원조를 하는 것이지 개인이 조직에 순응하도록 하는 데에 초점을 두지는 않는다.

관련기출 더 보기

12-03-11 난이도 ★★☆

전미사회복지사협회(NASW)가 제시한 사회복지실천의 기능으로 옳지 않은 것은?

① 사회정책과 환경정책에 영향을 미친다.
② 사람들이 자원을 획득하도록 원조한다.
③ 개인이 조직의 요구에 부응하도록 돕는다.
④ 사람들의 역량을 확대하고 대처능력 향상을 돕는다.
⑤ 조직 간의 상호관계에 영향력을 행사한다.

답 ③

✔ **응시생들의 선택**

① 7%	② 2%	③ 67%	④ 2%	⑤ 21%

③ 개인이 조직의 요구에 부응하도록 돕는 것이 아니라 조직이 사람에게 반응하도록 하는 것이다.

다음 내용이 왜 틀렸는지를 확인해보자

01 사회복지실천의 목표는 시대적 상황이나 사회·문화적 배경 등의 영향을 <u>받지 않는다</u>.

> 사회복지실천은 인간의 삶의 질 향상이라는 궁극적인 목적을 추구하지만, 시대적 상황이나 사회·문화적 배경 등의 영향을 받음으로써 그 목표가 달라지기도 한다.

02 사회복지실천활동은 클라이언트 개인의 문제해결 및 욕구충족에 대해 **사회복지사가 전적인 책임을 갖고** 지속적으로 지원함을 원칙으로 한다.

> 문제해결 및 욕구충족을 위한 책임과 노력은 클라이언트에게도 있다.

`05-03-01`

03 사회복지실천은 **사회복지사의 신념과 선의를 실현**시켜나가기 위한 활동이다.

> 전문직으로서의 신념과 선의를 바탕으로 실천활동을 하지만 이것이 목적은 아니다.

04 특정 정당이나 종교의 목표를 달성하고자 하는 활동도 <u>사회복지실천으로 볼 수 있다</u>.

> 특정 정당이나 특정 종교의 목표를 달성하기 위한 활동을 사회복지실천으로 보지는 않는다.

`04-03-01`

05 사회복지실천은 <u>클라이언트의 문제를 대신 해결</u>해주기 위한 활동이다.

> 사회복지실천에서 문제해결의 실질적인 주체는 클라이언트이며, 사회복지사는 클라이언트의 문제가 해결될 수 있도록 돕는다.

06 사회복지실천의 기능은 클라이언트에게 필요한 사회적 기능 및 필요한 자원의 획득을 <u>돕는 것에 한정된다</u>.

> 사회복지실천의 기능은 클라이언트의 사회적 기능 증진을 위한 활동 외에 사회정의를 향상시키는 것도 포함된다.

사회복지실천의 이념과 철학적 배경

강의 QR코드

1회독	**2**회독	**3**회독
월 일	월 일	월 일

최근 10년간 **4문항** 출제

복습 1 이론요약

주요 이념

- 상부상조/상호부조: 사회복지 발생 이전에 빈곤문제에 대처하는 가장 원초적 제도(품앗이, 두레)
- 자선, 사랑 등 종교적 윤리: 교회와 수도원을 중심으로 하는 구빈활동
- 인도주의와 박애사상: 비이기적이고 직접적인 도움의 행위
- 사회진화론: 사회적합계층은 살아남고, 사회부적합계층은 소멸된다는 이론, 사회통제적 측면
- **민주주의**: 모든 인간은 **평등**하다는 것을 인정, **클라이언트의 자기결정권**에 영향을 미침
- **개인주의**: 빈곤문제에 있어 개인의 의무와 책임을 고려한 '**최소한 수혜자격의 원칙**', '**열등처우의 원칙**'이 만들어진 배경이 됨. 개인의 권리와 자유, 특성을 고려하는 '**개별화 원칙**', '**자기결정의 원칙**'의 바탕이 되기도 함
- 다양화: 성별, 인종, 문화 등에 관한 상대적 관점

기본개념

사회복지실천론
pp.23~

기출문장
CHECK

01 (22-03-01) 사회진화론은 사회복지실천의 사회통제적 측면과 관련성이 높은 이념이다.

02 (21-03-09) 개인주의는 사회복지실천에서 개별화의 원칙, 개인의 권리와 의무 강조, 최소한의 수혜자격 원칙 등에 영향을 미쳤다.

03 (19-03-03) 인도주의, 민주주의, 개인주의, 문화 다양성 등은 사회복지실천의 이념적 배경이 된다.

04 (16-03-03) 민주주의는 빈곤에 대한 사회적 책임 중시, 대상자의 서비스 선택권 강조, 서비스 이용자의 정책결정 참여, 제공자와 소비자의 동등한 관계 등에 영향을 미쳤다.

05 (11-03-01) 이타주의는 타인을 위하여 봉사하는 정신으로 실천되었다.

06 (11-03-01) 민주주의는 클라이언트의 자기결정권의 강조를 가져왔다.

07 (11-03-01) 사회진화론은 사회통제의 기능을 갖는다.

08 (10-03-04) 다양화 경향은 다양한 계층과 문제를 인정하는 계기가 되었다.

09 (10-03-04) 개인주의 사상은 엄격한 자격요건 하에서 최소한의 서비스만 제공하는 경향을 낳기도 하였다.

10 (09-03-04) 사회복지실천의 이념적 배경 중 사회진화론은 사회통제와 관련이 깊다.

대표기출 확인하기

개인주의가 사회복지실천에 미친 영향으로 옳은 것을 모두 고른 것은?

> ㄱ. 개별화
> ㄴ. 개인의 권리와 의무 강조
> ㄷ. 최소한의 수혜자격 원칙
> ㄹ. 사회적 책임 중시

① ㄱ, ㄴ, ㄷ   ② ㄱ, ㄴ, ㄹ
③ ㄱ, ㄷ, ㄹ   ④ ㄴ, ㄷ, ㄹ
⑤ ㄱ, ㄴ, ㄷ, ㄹ

 알짜확인

- 사회복지실천에 영향을 미친 다양한 이념과 철학적 배경들을 살펴보자.

답 ①

✅ **응시생들의 선택**

① 53%	② 11%	③ 2%	④ 2%	⑤ 32%

ㄹ. 개인주의는 빈곤에 대한 사회적 책임보다 개인의 책임을 강조한 이념으로, 최소한 수혜자격 원칙, 열등처우의 원칙 등으로 이어졌다. 개인의 존재와 가치를 중요시하여 사회복지실천에서는 개별화 원칙, 자기결정 원칙 등에 기여한 측면이 있다.

➕ **덧붙임**

간혹 개인주의를 이기주의로 생각하여 사회복지실천과 무관하거나 부정적인 것으로 생각하는 수험생들이 있는데 개인주의는 '최소한 수혜자격의 원칙', '개별화의 원칙' 등에 영향을 준 사회복지실천의 이념적 배경이라는 점 기억해두자.

관련기출 더 보기

사회복지실천의 이념적 배경을 모두 고른 것은?

> ㄱ. 인도주의   ㄴ. 민주주의
> ㄷ. 개인주의   ㄹ. 문화 다양성

① ㄱ, ㄴ   ② ㄴ, ㄷ
③ ㄷ, ㄹ   ④ ㄱ, ㄴ, ㄹ
⑤ ㄱ, ㄴ, ㄷ, ㄹ

답 ⑤

✅ **응시생들의 선택**

① 6%	② 1%	③ 1%	④ 63%	⑤ 29%

사회복지실천 이념에 관한 설명으로 옳지 않은 것은?

① 사회진화론에 근거한 사회복지실천은 인보관 활동에서 찾아볼 수 있다.
② 다양화 경향은 다양한 계층과 문제를 인정하는 계기가 되었다.
③ 우애방문자들은 취약계층에게 인도주의적 서비스를 제공하고자 하였다.
④ 시민의식의 확산으로 주는 자 중심에서 받는 자 중심의 서비스로 전환되었다.
⑤ 개인주의 사상은 엄격한 자격요건 하에서 최소한의 서비스만 제공하는 경향을 낳기도 하였다.

답 ①

✅ **응시생들의 선택**

① 75%	② 2%	③ 6%	④ 7%	⑤ 10%

① 사회진화론은 자선조직협회 활동의 이념적 바탕이 되었다.

다음 내용이 **왜 틀렸는지**를 확인해보자

11-03-01

01 인도주의 사상은 빈곤이나 장애를 클라이언트의 책임으로 돌렸다.

> 인도주의는 '타인을 위하여 봉사'하는 정신을 말한다.
> 빈곤이나 장애 등의 문제에 접근함에 있어 개인의 책임을 고려한 것은 개인주의 사상과 관련된다.

10-03-04

02 민주주의 사상은 **엄격한 자격요건 하에서 최소한의 서비스만 제공**하는 경향을 낳기도 하였다.

> 개인주의 사상은 엄격한 자격요건 하에서 최소한의 서비스만 제공하는 경향을 낳기도 하였다.
> 민주주의 사상은 모든 인간은 평등하다는 것을 인정한 사상이자, 클라이언트의 자기결정권 개념에도 영향을 미쳤다.

10-03-04

03 사회진화론에 근거한 사회복지실천은 **인보관 활동**에서 찾아볼 수 있다.

> 사회진화론은 자선조직협회의 이념적 배경이 되었다.

빈칸에 들어갈 **알맞은 말**을 채워보자

16-03-03

01 빈곤에 대한 사회적 책임을 고려하고, 서비스 제공자와 소비자의 동등한 관계 형성을 강조한 것은 (　　　　　　) 사상과 관련이 깊다.

02 (　　　　　　) 사상은 사회복지실천에 있어 개별화 원칙의 바탕이 되었다.

09-03-04

03 (　　　　　　)은/는 사회통제적 측면과 관련이 깊으며, 자선조직협회 활동의 이념적 바탕이 되었다.

답 **01** 민주주의 　**02** 개인주의 　**03** 사회진화론

다음 내용이 옳은지 그른지 판단해보자

16-03-03

01 민주주의를 바탕으로 사회복지에 있어 최소한의 수혜자격 원칙이 생겨났다. ⭕❌

10-03-04

02 다양화 경향은 다양한 계층과 문제를 인정하는 계기가 되었다. ⭕❌

09-03-04

03 사회복지실천의 이념적 배경 중 사회진화론은 사회통제와 관련이 깊다. ⭕❌

04 민주주의는 사회복지실천에 있어 클라이언트의 자기결정권을 강조하는 바탕이 되었다. ⭕❌

05 인도주의는 자선조직협회 우애방문원의 활동 철학이기도 했다. ⭕❌

답 **01** ✕ **02** ○ **03** ○ **04** ○ **05** ○

해설 **01** 최소한의 수혜자격 원칙은 개인주의를 바탕으로 한다.

2장

사회복지실천의 가치와 윤리

이 장에서는

사회복지실천의 가치와 윤리에 대해 학습한다. 한국사회복지사 윤리강령에 관한 문제가 가장 많이 출제되긴 했지만 실천현장에서 발생할 수 있는 다양한 갈등유형이나 로웬버그와 돌고프의 윤리원칙(생-평-자-최-삶-비-공), 최근에는 인권 개념에 관한 문제까지 두루두루 출제되고 있다.

10년간 출제분포도

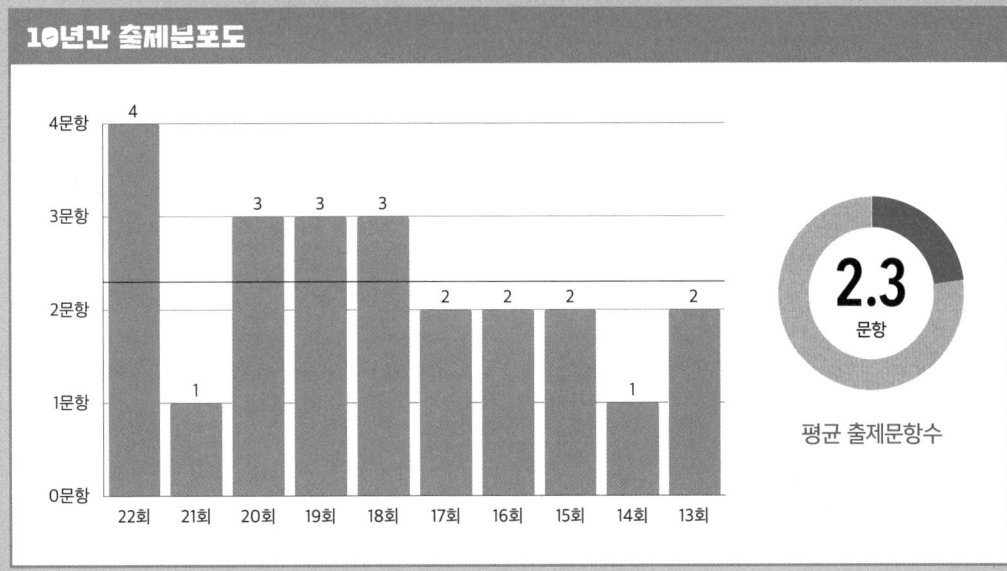

평균 출제문항수 **2.3** 문항

062 한국사회복지사 윤리강령

최근 10년간 **8문항** 출제

복습 1 이론요약

윤리강령 전문

- 인본주의 · 평등주의 사상에 기초, 모든 인간의 존엄성과 가치를 존중, 천부의 자유권 과 생존권 보장
- 사회적 · 경제적 약자들의 편에 서서 사회정의와 평등 · 자유와 민주주의 가치를 실현
- 도움을 필요로 하는 사람들의 사회적 지위와 기능 향상에 노력, 사회제도 개선 등에 참여
- 개인의 주체성과 자기결정권을 보장
- 전문적 지식과 기술 개발, 사회적 가치를 실현하는 전문가로서의 능력과 품위 유지

기본개념

사회복지실천론
pp.46~

윤리강령의 목적

사회복지 전문직의 가치와 윤리적 실천을 위한 기준 안내 및 윤리적 이해가 충돌할 때 고려해야 할 사항을 제시

- 사회복지 **전문직의 사명과 사회복지실천의 기반이 되는 핵심가치 제시**
- 사회복지 **전문직의 핵심가치를 실현하기 위한 윤리적 원칙** 제시, **사회복지실천의 지침으로 사용될 윤리기준** 제시
- 실천현장에서 발생하는 **윤리적 갈등 상황**에 필요한 윤리기준 제시
- 사회복지사가 **전문가로서 품위와 자질을 유지**하고, **자기관리를 통해 클라이언트를 보호**할 수 있도록 안내
- 사회복지의 전문성을 확보하고 **외부 통제로부터 전문직을 보호**할 수 있는 기준 제공
- **시민에게 전문가로서 사회복지사의 역할과 태도를 알리는 수단**으로 작용

윤리강령의 가치와 원칙

▶ **핵심가치 1. 인간 존엄성**

- 윤리적 원칙: **사회복지사는 인간의 존엄성과 가치를 인정하고 존중한다.**
- 개인적 · 사회적 · 문화적 · 정치적 · 종교적 다양성 고려, 개인의 인권 보호 · 존중, 클라이언트의 자율성 존중, 자기결정 지원, 클라이언트의 역량강화 및 환경변화 지원, 실천과정에서 클라이언트의 개입과 참여 보장

▶ **핵심가치 2. 사회정의**

- 윤리적 원칙: **사회복지사는 사회정의 실현을 위해 앞장선다.**
- 차별에 도전하고 사회정의를 촉진, 다양성을 존중하는 포용적 지역사회 조성 노력, 불공정한 사회제도와 관행의 변화를 위해 사회의 다양한 구성원들과 협력, 연대 활동

사회복지사의 윤리기준

▶ 기본적 윤리기준

• 전문가로서의 자세

 – <u>인간 존엄성 존중</u>: 인간 존엄 · 자유 · 평등에 헌신, 사회적 약자 옹호 · 대변. 인간의 존엄성과 가치에 대한 인정 및 존중. 차별 금지. 다양한 문화 인식 및 존중, 문화적 역량 기반 실천. 문화적 민감성 및 자기인식

 – <u>사회정의 실현</u>: 사회정의 실현 및 복지 증진에 헌신, 환경변화 노력. 자원에 대한 평등한 접근과 공평한 분배 노력. 차별 · 억압 인식 및 해결 · 예방에 대한 노력

• 전문성 개발을 위한 노력

 – <u>직무 능력 개발</u>: 지식 · 기술 개발 및 이를 공유. 사회적 다양성의 특징, 차별 · 억압 등 이해. 사회복지기술의 향상, 교육 · 훈련 · 슈퍼비전 등. 정보통신 지식 · 기술 습득, 윤리적 문제 인식

 – <u>지식기반의 실천 증진</u>: 실천평가와 연구조사 실시, 지식기반 형성. 연구 참여자 안내 및 자발적인 동의. 정보에 대한 비밀보장. 연구 참여자 보호 및 연구윤리 준수

• 전문가로서의 실천

 – <u>품위와 자질 유지</u>: 전문가로서의 품위와 자질 유지, 업무 책임. 전문직의 가치와 권위 훼손 금지. 성실하고 공정한 업무 수행. 부정행위, 범죄행위, 사기, 기만행위, 차별, 학대, 따돌림, 괴롭힘 등의 행동 및 묵인 금지. 자신의 소속, 전문 자격이나 역량 등 고지. 클라이언트 및 동료 등과 성적 관계 금지, 성폭력, 성적 · 인격적 수치심을 주는 행위 금지. 전문가 단체의 활동에 적극 참여

 – <u>자기 관리</u>: 정신적 · 신체적 건강 문제, 법적 문제 등에 대한 조치. 자신의 정신적 · 신체적 건강, 안전 유지 · 보호

 – <u>이해 충돌에 대한 대처</u>: 클라이언트 이익 우선, 아동 · 소수자 등 우선. 개인적 신념과 직업적 의무가 충돌할 때 동료 및 슈퍼바이저와 논의, 부득이한 경우 의뢰. 기관 내외로부터 부당한 간섭과 압력에 대응

 – <u>경제적 이득에 대한 실천</u>: 지불 능력에 상관없이 서비스 제공 및 차별금지, 서비스 이용료 책정 가능, 업무 관련 경제적 이득 취득 금지

▶ 클라이언트에 대한 윤리기준

• 클라이언트의 **권익옹호**

• 클라이언트의 **자기결정권 존중**

• 클라이언트의 **사생활 보호 및 비밀보장**

• 정보에 입각한 **동의**

• 기록 · 정보 관리

• 직업적 경계 유지

• 서비스의 종결

▶ 사회복지사의 동료에 대한 윤리기준

• 동료: 동료에 대한 존중. 동료 및 다른 전문직 동료와 협력 · 협업. 동료의 비윤리적 문제에 대한 대처, 동료와의 비윤리적 관계 금지 및 비윤리적 행동에 가담 또는 용인 금지 등

• 슈퍼바이저: 슈퍼바이지에 대한 업무지원. 개인의 이익을 위한 지위 이용 금지. 수련생 · 실습생에 대한 인격적 · 성적 수치심 유발 행위 금지 등

▶ 기관에 대한 윤리기준

• 기관의 사명, 정책과 사업 목표 달성을 위한 노력

• 기관의 성장 · 발전을 위한 노력

• 기관의 부당한 정책이나 요구에 대한 대응

- 지역사회에 대한 이해, 클라이언트의 지역사회와 함께 살아가도록 지원
- 정치적 영역의 영향을 인식하여 사회정의 실현을 위한 정책 수립 및 법령 제 · 개정 지원 · 옹호
- 사회재난 · 국가적 위급상황에 적극적 활동
- 지역사회 및 전체사회의 복지 증진 및 삶의 질 향상 노력
- 인간과 자연, 생명 등 생태에 미칠 영향 고려

기출문장 CHECK

01 (22-03-15) 한국사회복지사 윤리강령 중 '클라이언트에 대한 윤리기준'에서는 서비스의 종결, 기록 · 정보 관리, 직업적 경계 유지, 정보에 입각한 동의 등을 규정하고 있다.

02 (20-03-06) 한국사회복지사 윤리강령은 외부 통제로부터 전문직을 보호할 수 있는 기준 제공, 윤리적 갈등 상황에서 의사결정에 필요한 윤리기준 제시, 사회복지사가 자기관리를 통해 클라이언트를 보호할 수 있도록 안내, 시민에게 전문가로서 사회복지사의 역할과 태도를 알리는 수단 등의 목적을 갖는다.

03 (19-03-07) 동료의 클라이언트를 의뢰받을 때는 기관 및 슈퍼바이저와 논의하는 과정을 거쳐야 하며, 클라이언트에게 설명하고 동의를 얻은 후 서비스를 제공한다. – 클라이언트에 대한 윤리기준 > 직업적 경계 유지

04 (18-03-03) 사회복지사는 자신이 일하는 지역사회를 이해하고, 클라이언트가 지역사회에서 서로 도우며 함께 살아가도록 지원해야 한다. – 사회에 대한 윤리기준

05 (17-03-05) 윤리강령은 윤리적 갈등이 생겼을 때 법적 제재의 근거가 되는 것은 아니다.

06 (16-03-02) 사회복지사는 존중과 신뢰를 기반으로 동료를 대하며, 전문가로서의 지위와 인격을 훼손하는 언행을 하지 않는다. 사회복지사는 사회복지 전문직의 권익 증진을 위해 동료와 다른 전문직 동료와도 협력하고 협업한다. – 동료에 대한 윤리기준 > 동료

07 (16-03-02) 슈퍼바이저는 전문적 기준에 따라 슈퍼비전을 수행하며, 공정하게 평가하고 평가 결과를 슈퍼바이지와 공유한다. 슈퍼바이저는 개인적인 이익 추구를 위해 자신의 지위를 이용해서는 안 된다. – 동료에 대한 윤리기준 > 슈퍼바이저

08 (15-03-03) 사회복지사는 정치적 영역이 클라이언트의 권익과 사회복지실천에 미치는 영향을 인식하여 사회정의 실현을 위한 사회정책의 수립과 법령 제 · 개정을 지원 · 옹호해야 한다. – 사회에 대한 윤리기준

09 (15-03-03) 사회복지사는 평가나 연구조사를 할 때, 연구 참여자의 권리를 보장하기 위해, 연구 관련 사항을 충분히 안내하고 자발적인 동의를 얻어야 한다. – 기본적 윤리기준 > 전문성 개발을 위한 노력 > 지식기반의 실천 증진

10 (15-03-03) 사회복지사는 클라이언트의 지불 능력에 상관없이 복지 서비스를 제공해야 하며, 이를 이유로 차별해서는 안 된다. – 기본적 윤리기준 > 전문가로서의 실천 > 경제적 이득에 대한 실천

11 (15-03-03) 사회복지사는 어떠한 상황에서도 클라이언트와 사적 금전 거래, 성적 관계 등 부적절한 행동을 해서는 안 된다. – 클라이언트에 대한 기준 > 직업적 경계 유지

대표기출 확인하기

22-03-15 | 난이도 ★★★

한국 사회복지사 윤리강령에서 '사회복지사의 윤리기준' 중 '클라이언트에 대한 윤리기준' 영역에 해당하지 않는 것은?

① 서비스의 종결
② 기록·정보 관리
③ 직업적 경계 유지
④ 정보에 입각한 동의
⑤ 이해 충돌에 대한 대처

 알짜확인

• 윤리강령의 목적을 확인하는 문제, 윤리기준의 규정으로 옳은 것을 가려내는 문제, 특정 기준에 어떤 내용이 규정되었는지를 파악하는 문제, 제시된 내용이 어느 규정에 해당하는지를 찾는 문제 등 다양한 유형으로 세세하게 출제되어 왔다.
• 윤리강령은 법률이 아니기 때문에 법적 구속력이나 강제성이 있는 것은 아니며, 윤리강령 자체가 법적 제재나 처벌의 근거가 되지 않는다는 점도 종종 등장했으므로 꼭 기억해두자.

답 ⑤

✓ 응시생들의 선택

① 18%	② 19%	③ 28%	④ 4%	⑤ 31%

⑤ 이해 충돌에 대한 대처는 기본적 윤리기준 중 전문가로서의 실천에 해당한다.

관련기출 더 보기

20-03-06 | 난이도 ★★☆

한국사회복지사 윤리강령의 목적으로 옳은 것을 모두 고른 것은?

ㄱ. 사회복지의 전문성을 확보하고 외부 통제로부터 전문직을 보호할 수 있는 기준을 제공한다.
ㄴ. 윤리적 갈등 상황에서 의사결정에 필요한 사항을 확인하고 판단하는 데 필요한 윤리기준을 제시한다.
ㄷ. 사회복지사가 전문가로서 품위와 자질을 유지하고, 자기관리를 통해 클라이언트를 보호할 수 있도록 안내한다.
ㄹ. 시민에게 전문가로서 사회복지사의 역할과 태도를 알리는 수단으로 작용한다.

① ㄱ, ㄷ
② ㄱ, ㄹ
③ ㄱ, ㄴ, ㄹ
④ ㄴ, ㄷ, ㄹ
⑤ ㄱ, ㄴ, ㄷ, ㄹ

답 ⑤

✓ 응시생들의 선택

① 1%	② 2%	③ 7%	④ 28%	⑤ 62%

한국사회복지사 윤리강령의 목적
1. 윤리강령은 사회복지 전문직의 사명과 사회복지실천의 기반이 되는 핵심가치를 제시한다.
2. 윤리강령은 사회복지 전문직의 핵심가치를 실현하기 위한 윤리적 원칙을 제시하고, 사회복지실천의 지침으로 사용될 윤리기준을 제시한다.
3. 윤리강령은 사회복지 실천현장에서 발생하는 윤리적 갈등 상황에서 의사결정에 필요한 사항을 확인하고 판단하는 데 필요한 윤리기준을 제시한다.
4. 윤리강령은 사회복지사가 전문가로서 품위와 자질을 유지하고, 자기관리를 통해 클라이언트를 보호할 수 있도록 안내한다.
5. 윤리강령은 사회복지의 전문성을 확보하고 외부 통제로부터 전문직을 보호할 수 있는 기준을 제공한다.
6. 윤리강령은 시민에게 전문가로서 사회복지사의 역할과 태도를 알리는 수단으로 작용한다.

한국사회복지사 윤리강령 중 다음 내용이 제시되어 있는 윤리기준은?

> 동료의 클라이언트를 의뢰받을 때는 기관 및 슈퍼바이저와 논의하는 과정을 거쳐야 하며, 클라이언트에게 설명하고 동의를 얻은 후 서비스를 제공한다.

① 기본적 윤리기준
② 클라이언트에 대한 윤리기준
③ 사회복지사의 동료에 대한 윤리기준
④ 사회에 대한 윤리기준
⑤ 기관에 대한 윤리기준

답 ②

✅ 응시생들의 선택

① 9%	② 49%	③ 39%	④ 0%	⑤ 3%

클라이언트에 대한 윤리기준 중 직업적 경계 유지
- 사회복지사는 클라이언트와의 전문적 관계를 자신의 개인적 이익을 위해 이용해서는 안 된다.
- 사회복지사는 업무 외의 목적으로 정보통신기술을 사용해 클라이언트와 의사소통을 해서는 안 된다.
- 사회복지사는 어떠한 상황에서도 클라이언트와 사적 금전 거래, 성적 관계 등 부적절한 행동을 해서는 안 된다.
- 동료의 클라이언트를 의뢰받을 때는 기관 및 슈퍼바이저와 논의하는 과정을 거쳐야 하며, 클라이언트에게 설명하고 동의를 얻은 후 서비스를 제공한다.
- 사회복지사는 정보처리기술을 이용하는 것이 클라이언트의 권리를 침해할 위험성이 있다는 사실을 인식하고 직업적 범위 안에서 활용한다.

사회복지사 윤리에 관한 설명으로 옳은 것을 모두 고른 것은?

> ㄱ. 사회복지사는 원조과정에서 자신의 이익을 위해 행동해서는 안 됨
> ㄴ. 로웬버그와 돌고프의 윤리원칙 준거틀은 생명보호를 최우선으로 함
> ㄷ. 윤리강령은 윤리적 갈등이 생겼을 때 법적 제재의 근거를 제공함
> ㄹ. 사회복지사는 국가자격이므로 사회복지사 윤리강령은 국가가 채택함

① ㄱ, ㄴ
② ㄱ, ㄷ
③ ㄱ, ㄴ, ㄷ
④ ㄱ, ㄴ, ㄹ
⑤ ㄴ, ㄷ, ㄹ

답 ①

✅ 응시생들의 선택

① 65%	② 3%	③ 20%	④ 11%	⑤ 1%

윤리강령은 법적 제재의 근거가 되는 것도 아니며 국가적으로 채택된 것도 아니다.

한국사회복지사 윤리강령에서 사회복지사의 동료에 대한 윤리기준으로 옳지 않은 것은?

① 슈퍼바이저는 사회복지사의 개인적 문제가 클라이언트에게 부정적 영향을 미칠 경우 그를 직접 치료하여 해결해야 한다.
② 슈퍼바이저는 전문적 기준에 따라 슈퍼비전을 수행하며, 공정하게 평가하고 평가 결과를 슈퍼바이지와 공유한다.
③ 슈퍼바이저는 개인적인 이익 추구를 위해 자신의 지위를 이용해서는 안 된다.
④ 사회복지사는 존중과 신뢰를 기반으로 동료를 대하며, 전문가로서의 지위와 인격을 훼손하는 언행을 하지 않는다.
⑤ 사회복지사는 사회복지 전문직의 권익 증진을 위해 동료와 다른 전문직 동료와도 협력하고 협업한다.

답 ①

✅ 응시생들의 선택

① 75%	② 7%	③ 9%	④ 6%	⑤ 3%

①에 해당하는 규정은 없으며, 슈퍼바이저가 슈퍼바이지나 클라이언트의 문제를 직접 치료하여 해결해야 하는 것은 아니다.

다음 내용이 **왜 틀렸는지**를 확인해보자

Ⅱ-03-02

01 윤리강령은 전문직의 행동기준과 원칙을 제시하여 **법적 제재의 힘을 갖는다.**

> 윤리강령이 법률과 같은 지위를 갖는 것은 아니기 때문에 법적인 효력을 갖지는 못한다.

---

02 '사회복지사는 사회정의 실현을 위해 앞장선다'는 윤리적 원칙을 위해 클라이언트의 자율성을 존중하고, 자기결정을 지원한다.

> 클라이언트의 자율성을 존중하고, 자기결정을 지원한다는 것은 '인간의 존엄성과 가치를 인정하고 존중한다'는 윤리적 원칙과 관련된다.

---

03 사회복지사의 기본적 윤리기준에서는 '전문가로서의 실천'과 관련하여 품위와 자질 유지, 자기 관리, 이해 충돌에 대한 대처, **클라이언트의 권익옹호** 등을 제시하고 있다.

> '전문가로서의 실천'과 관련하여 품위와 자질 유지, 자기 관리, 이해 충돌에 대한 대처, 경제적 이득에 대한 실천 등을 제시하고 있다.
> 클라이언트의 권익옹호는 클라이언트에 대한 윤리기준에 해당한다.

---

04 윤리강령에서는 클라이언트에 대한 사회복지실천 기록을 작성함에 있어 **개별성과 주관성을** 지킬 것을 규정하고 있다.

> 기록은 사회복지사의 윤리적 실천의 근거이자 평가·점검의 도구이기 때문에 중립적이고 객관적으로 작성해야 한다고 규정하고 있다.

---

05 사회복지사는 클라이언트가 악의적으로 민원 제기를 할 경우에도 **서비스를 중단하거나 거부권을 행사할 수 없다.**

> 클라이언트에 대한 윤리기준 중 서비스의 종결에 관하여 '사회복지사는 클라이언트의 고의적·악의적·상습적 민원 제기에 대해 소속 기관, 슈퍼바이저, 전문가 자문 등의 논의 과정을 거쳐 서비스를 중단하거나 거부권을 행사할 수 있다.'고 규정하고 있다.

빈칸에 들어갈 알맞은 말을 채워보자

01 한국사회복지사 윤리강령에서는 핵심가치로 (①   ), (②   ) 등 두 가지를 제시하고 있다.

02 (   )에 대한 윤리기준으로서 정보에 입각한 동의, 기록 · 정보 관리, 직업적 경계 유지, 서비스의 종결 등과 관련해 규정하고 있다.

03 (   )에 대한 윤리기준으로서 사회복지사는 자신이 일하는 지역사회를 이해하고, 클라이언트가 지역 사회에서 서로 도우며 함께 살아가도록 지원해야 한다.

04 동료의 클라이언트를 의뢰받을 때는 기관 및 슈퍼바이저와 논의하는 과정을 거쳐야 하며, 클라이언트에게 설명하 고 (   )을/를 얻은 후 서비스를 제공한다.

05 '사회복지사는 다양한 문화의 강점을 인식하고 존중하며, 문화적 역량을 바탕으로 사회복지를 실천한다'는 규정은 기본적 윤리기준 중 (   )에 해당한다.

06 클라이언트의 (   ) 존중과 관련하여, 사회복지사는 의사결정이 어려운 클라이언트에 대해서는 클라 이언트의 이익과 권리를 보장하기 위한 적절한 조치를 취해야 한다.

07 사회복지사는 (   )의 사명과 비전을 확인하고, 정책과 사업 목표를 달성하기 위해 노력해야 한다.

답 **01** ① 인간 존엄성 ② 사회정의   **02** 클라이언트   **03** 사회   **04** 동의   **05** 전문가로서의 자세   **06** 자기결정권   **07** 기관

다음 내용이 옳은지 그른지 판단해보자

01 한국사회복지사 윤리강령에서는 사회복지사가 다양한 문화의 강점을 인식하고 존중하며, 문화적 역량을 바탕으로 사회복지를 실천할 것을 규정하고 있다.

02 한국사회복지사 윤리강령은 실천현장에서 발생할 수 있는 윤리적 갈등 상황에 대한 윤리기준을 제시하기 위한 목적을 담고 있다.

03 윤리강령에서는 클라이언트가 지불 능력이 있을 때와 그렇지 않을 때에 해당하는 윤리기준을 각각 제시하고 있다.

`06-03-11`

04 윤리강령에서는 사회복지사로 하여금 존중과 신뢰를 기반으로 동료를 대하며, 전문가로서의 지위와 인격을 훼손하는 언행을 하지 않도록 규정하고 있다.

05 윤리강령에서는 사회복지사의 개인적 신념과 사회복지사로서 직업적 의무 사이에 이해 충돌이 발생할 때에는 슈퍼바이저의 의견을 따라야 하며, 부득이한 경우에는 클라이언트를 다른 사회복지사에게 의뢰할 것을 규정하고 있다.

06 윤리강령에서는 최상의 서비스를 제공하기 위해 사회복지사가 자신의 정신적·신체적 건강, 안전의 유지·보호·관리에 노력할 것을 규정하고 있다.

`10-03-24`

07 "사회복지사는 클라이언트의 성, 연령, 정신·신체적 장애, 경제적 지위, 정치적 신념, 종교, 인종, 국적, 결혼상태, 임신 또는 출산, 가족 형태 또는 가족 상황, 성적 지향, 젠더 정체성, 기타 개인적 선호·특징·조건·지위 등을 이유로 차별을 하지 않는다."는 윤리강령의 규정은 클라이언트에 대한 윤리기준에 해당한다.

08 기본적 윤리기준에서는 클라이언트에게 제공되는 서비스가 더 이상 클라이언트의 이해나 욕구에 부합하지 않으면 업무상 관계와 서비스를 종결할 것을 규정하고 있다.

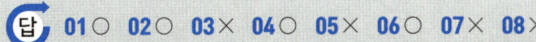

답 01 ○ 02 ○ 03 × 04 ○ 05 × 06 ○ 07 × 08 ×

해설 **03** 클라이언트의 지불 능력에 상관없이 복지 서비스를 제공해야 하며, 이를 이유로 차별해서는 안 된다고 규정하고 있다.
05 동료 및 슈퍼바이저와 논의할 것을 규정하고 있을 뿐 슈퍼바이저의 의견을 반드시 따라야 하는 것은 아니다.
07 기본적 윤리기준 중 전문가로서의 자세에 해당한다. 전문가로서의 자세 중에서도 인간 존엄성 존중과 관련한 사항이다.
08 기본적 윤리기준이 아닌 클라이언트에 대한 윤리기준에서 규정하고 있는 내용이다.

063 사회복지실천현장에서의 갈등

강의 QR코드

1회독	2회독	3회독
월 일	월 일	월 일

최근 10년간 **5문항** 출제

복습 **1** 이론요약

사회복지실천에서의 가치 갈등

- **가치상충**: 두 가지 이상의 가치가 상충할 때 발생
- **의무상충**: 사회복지사의 기관에 대한 의무와 클라이언트에 대한 의무 사이에서 느끼게 되는 윤리적 갈등
- **클라이언트체계의 다중성**: 클라이언트가 다수인 경우 누구의 이익을 최우선적으로 고려해야 할 것인가
- **결과의 모호성**: 사회복지사가 내릴 결정에 따른 결과가 불투명할 때 느끼게 되는 갈등
- **권력의 불균형**: 사회복지사와 클라이언트 간 관계가 권력적으로 평등하지 않기 때문에 발생하게 되는 갈등

사회복지실천에서의 윤리적 갈등(윤리적 딜레마)

- 윤리적 딜레마는 사회복지사가 전문가로서 지켜야 하는 윤리적 의무와 책무가 서로 충돌하고 있어 어떠한 실천행동을 선택하는 것이 윤리적으로 올바른 것인지 판단하기 힘든 상태를 말한다.
- 윤리적 갈등의 3가지 범주
  - 직접 실천에서 발생할 수 있는 윤리적 갈등
  - 사회복지정책 및 프로그램 차원에서의 갈등
  - 기관 및 동료와의 윤리적 갈등
- 주요 쟁점
  - 클라이언트의 자기결정권
  - 클라이언트의 비밀보장
  - 진실성의 의무
  - 기타: 공정한 분배, 상충된 기대, 동료와의 관계, 규칙과 정책 준수, 개인적 가치와 전문적 가치, 전문적 관계 유지 등에 있어서 나타날 수 있는 갈등

기본개념

사회복지실천론
pp.55~

01 (22-03-03) 특정 문제에 대해 어떠한 서비스를 제공할 것인가를 결정할 때 클라이언트의 의사를 존중해 주는 것을 의미하는 윤리적 쟁점은 클라이언트의 자기결정권이다.

02 (19-03-06) 소속기관의 예산 절감 요구로 클라이언트에게 필요한 서비스를 제공하지 못할 때, 사회복지사가 겪게 되는 가치갈등의 유형은 의무상충에 해당한다.

03 (18-03-06) 실천 결과가 모호할 때, 사회복지사와 클라이언트 간에 힘이 불균형할 때, 클라이언트 체계가 여럿일 때, 기관에 대한 의무와 클라이언트에 대한 의무가 상충할 때 등에 사회복지사는 윤리적 딜레마를 경험할 수 있다.

04 (17-03-04) 윤리적 갈등 상황에서 적용되는 윤리기준은 지속적으로 변화한다.

05 (17-03-04) 사회복지사가 가치갈등에 대응하는 첫 단계는 가치갈등의 존재를 인식하는 것이다.

06 (17-03-04) 윤리적 결정에 따른 결과의 모호성으로 윤리적 딜레마가 발생할 수 있다.

07 (13-03-04) 보호시설 입소를 원하지 않는 클라이언트와 시설 입소가 필요하다고 생각하는 사회복지사 간에는 자기결정과 온 정주의 가치가 상충하고 있다.

08 (09-03-07) 사회복지관에서 기존의 여성취업준비 프로그램을 축소하고, 새로운 결혼이주여성 한글교실 프로그램을 기획하고 자 할 때 행정적인 측면에서 '제한된 자원의 공정한 분배'에 관한 윤리적 쟁점이 발생하게 된다.

09 (08-03-05) 가치상충의 예: 자녀를 갖기 원하는 지적장애여성 클라이언트의 자기결정권에 대해, 사회복지사 P씨는 자녀양육 등의 생활상 어려움을 염려하고 있다.

10 (05-03-05) 가치갈등의 상황에서 사회복지사는 개인적 가치, 기관의 가치, 사회적 가치 및 클라이언트의 가치 등을 모두 고려 할 수 있어야 한다.

11 (02-03-24) 아동상담 과정에서 클라이언트 아동이 아버지로부터 성폭행 당한 사실을 알게 되었을 때에는 비밀보장의 원칙을 따르지 않을 수 있다.

12 (01-03-02) 사회복지사가 윤리적 딜레마에 직면했을 때에는 슈퍼바이저와 상의하고 클라이언트와 함께 결정하는 것이 필요하다.

대표기출 확인하기

19-03-06 · 난이도 ★★☆

소속기관의 예산 절감 요구로 클라이언트에게 필요한 서비스를 제공하지 못할 때, 사회복지사가 겪게 되는 가치갈등은?

① 가치상충
② 의무상충
③ 결과의 모호성
④ 힘 또는 권력의 불균형
⑤ 클라이언트 체계의 다중성

 알짜확인

- 실천과정에서 발생할 수 있는 가치 갈등, 윤리적 갈등 상황을 생각해보고 사회복지사로서 어떤 기준에 따라 어떤 선택을 해야 할지에 대해서도 생각해보아야 한다.

답 ②

응시생들의 선택

① 11%	② 71%	③ 3%	④ 14%	⑤ 1%

② 사회복지사는 클라이언트에게 필요한 서비스를 제공해야 할 의무와 동시에 기관의 직원으로서의 의무를 가지게 되며 이러한 의무들 사이에서 느끼게 되는 갈등을 의무상충이라고 한다.

덧붙임

의무상충과 가치상충을 헷갈려하는 수험생들이 종종 있다. 가치상충의 상황은 두 개 혹은 그 이상의 가치 중에 어떤 것을 우선해야 하는가를 판단해야 할 경우를 의미한다. 이를 테면 클라이언트의 자기결정권과 생명보호라는 가치가 충돌할 때를 예로 들 수 있다.

관련기출 더 보기

13-03-04 · 난이도 ★★☆

보호시설 입소를 원하지 않는 클라이언트와 시설 입소가 클라이언트에게 도움이 된다고 여기는 사회복지사 간에 상충되는 가치의 연결로 옳은 것은?

① 자기결정 – 사생활보호
② 비밀보장 – 진실성 고수
③ 자기결정 – 온정주의
④ 사생활보호 – 평등주의
⑤ 진실성 고수 – 온정주의

답 ③

응시생들의 선택

① 23%	② 2%	③ 68%	④ 1%	⑤ 6%

③ 문제에서는 보호시설 입소를 원하지 않는 클라이언트의 자기결정권과 전문가의 입장에서 클라이언트에게 도움이 된다고 생각하는 시설 입소를 권하는 사회복지사의 온정주의적 태도가 상충되고 있다.

11-03-03 · 난이도 ★★☆

장애인복지관의 사회복지사에게 사회복지사의 이모가 지적장애를 가진 자신의 딸을 클라이언트로 개입해줄 것을 요청하였다. 이때 발생할 수 있는 윤리적 쟁점은?

① 진실성 고수
② 전문적 관계 유지
③ 클라이언트의 알 권리
④ 규칙과 정책의 준수
⑤ 제한된 자원의 공정한 분배

답 ②

응시생들의 선택

① 1%	② 74%	③ 2%	④ 7%	⑤ 16%

② 이모의 자녀는 사회복지사에게 조카이며 이는 전문적 관계 이전에 사적 관계가 형성되어 있기 때문에 이중관계가 형성된다. 이럴 경우 이 관계는 사적인 관계가 바탕이 되어 있기 때문에 전문적 관계 형성에 방해가 될 수 있다.

정답훈련

빈칸에 들어갈 알맞은 말을 채워보자

01 ( )상충은 사회복지사가 기관에 대한 의무와 클라이언트에 대한 의무 사이에 갈등하게 되는 경우를 말한다.

02 ( )상충은 두 가지 이상의 가치가 상충함에 따라 윤리적 갈등이 발생하는 상황을 말한다.

> **답** **01** 의무 **02** 가치

다음 내용이 옳은지 그른지 판단해보자

`01-03-02`
01 사회복지사가 윤리적 딜레마에 직면했을 때에는 슈퍼바이저와 상의하고 클라이언트와 함께 결정하는 것이 필요하다.

02 윤리적 갈등은 클라이언트에 대한 직접실천 과정에서만 특수하게 발생한다.

`08-03-05`
03 자녀를 갖기 원하는 지적장애여성 클라이언트의 자기결정권에 대해, 사회복지사 P씨는 자녀양육 등의 생활상 어려움을 염려하고 있다. 이 상황에서 의무상충이 일어나고 있다.

04 사회복지사가 가치상충을 느낄 때 이를 클라이언트에게 구체적으로 알려야 할 의무는 없다.

`17-03-04`
05 기관의 목표가 클라이언트의 이익에 위배될 때 가치상충으로 윤리적 딜레마가 발생할 수 있다.

> **답** **01**○ **02**× **03**× **04**○ **05**×
>
> **해설** **02** 윤리적 갈등은 클라이언트에 대한 직접실천의 과정에서도 발생하며, 그밖에 동료와의 관계나 간접실천의 과정에서도 발생할 수 있다.
> **03** 이 상황에서는 클라이언트의 자기결정권과 생활상의 어려움에 따른 아이의 생명보호라는 두 가지 가치 사이에 가치상충이 일어나고 있다.
> **05** 사회복지사는 기관의 일원으로서 기관의 목표를 달성해야 하는 의무를 갖는 동시에 클라이언트의 이익을 위해 노력해야 한다는 의무를 갖는다. 이러한 상황에서 이 두 가지 의무 중 어느 하나를 우선시해야 하는 상황이 발생할 수 있으며 이를 의무상충이라고 한다.

064 윤리원칙의 우선순위

강의 QR코드

1회독 월 일   **2**회독 월 일   **3**회독 월 일

최근 10년간 **4문항** 출제

이론요약

로웬버그와 돌고프의 윤리원칙의 내용과 우선순위

여러 원칙이 충돌하는 경우 상위의 원칙을 우선 적용

- 윤리원칙 1. 생명보호의 원칙
- 윤리원칙 2. 평등과 불평등의 원칙
- 윤리원칙 3. 자율과 자유의 원칙(자기결정의 원칙)
- 윤리원칙 4. 최소 해악의 원칙(혹은 최소 손실의 원칙)
- 윤리원칙 5. 삶의 질 향상의 원칙
- 윤리원칙 6. 사생활 보호와 비밀보장의 원칙
- 윤리원칙 7. 진실성과 정보공개의 원칙(혹은 성실의 원칙)

기본개념

사회복지실천론
pp.60~

윤리적 의사결정과정

- 1단계: 문제가 무엇인지, 문제를 야기하는 요인은 무엇인지를 확인
- 2단계: 누가 클라이언트이고 피해자인지를 비롯해 해당 문제와 관련된 사람과 집단을 확인
- 3단계: 2단계에서 확인된 다양한 주체들이 주어진 문제와 관련해서 어떤 가치가 있는지 확인
- 4단계: 문제의 해결 혹은 경감 등을 위한 개입목표의 명확화
- 5단계: 개입 대상 및 수단 확인
- 6단계: 확정된 목표에 따라 설정된 각각의 개입 방안의 효과성과 효율성을 평가
- 7단계: 누가 의사결정에 참여할 것인가를 결정
- 8단계: 개입방법 선택
- 9단계: 선택된 개입방법의 수행
- 10단계: 수행에 대한 점검
- 11단계: 수행에 따른 결과 평가 및 추가 문제 확인

기출문장 CHECK

01 (20-03-04) 로웬버그와 돌고프의 윤리적 원칙 심사표에서 '도움을 요청해 온 클라이언트의 의사를 존중해 주는 것'은 자율성과 자유의 원칙에 해당한다.

02 (18-03-08) 윤리적 의사결정과정: 문제확인 → 문제와 관련된 사람 확인 → 문제와 관련된 사람들이 갖는 가치 확인 → 개입목표의 명확화 → 대상 및 수단 확인 → 개입방안 평가 → 의사결정자 선정 → 개입방법 선택 → 실행 → 점검 → 결과평가

03 (14-03-01) 윤리결정의 원칙 나열: ① 생명보호의 원칙, ② 평등과 불평등의 원칙, ③ 자율과 자유의 원칙, ④ 최소 해악의 원칙, ⑤ 삶의 질 향상의 원칙, ⑥ 사생활 보호와 비밀보장의 원칙, ⑦ 성실의 원칙

04 (09-03-06) 암에 걸린 클라이언트가 자살을 원할 때 사회복지사는 생명보호의 원칙을 가장 우선시해야 한다.

05 (07-03-28) 자살을 하려는 클라이언트에 대해 가장 우선적으로 적용해야 하는 윤리적 원칙은 생명보호의 원칙이다.

06 (04-03-12) 윤리적 의사결정 가장 우선적으로 고려해야 할 원칙은 생명보호의 원칙이다.

22-03-05   난이도 ★★☆

로웬버그와 돌고프(F. Loewenberg & R. Dolgoff)의 윤리적 원칙 중 다음 사례에서 아동학대전담공무원이 결정을 할 때 최우선적으로 고려해야 할 원칙은?

> 아동학대가 발생한 가정의 학대피해아동을 원가정에서 생활하도록 할 것인가 또는 학대피해아동쉼터에서 생활하도록 할 것인가에 대해 1차 결정을 해야 한다.

① 평등과 불평등의 원칙
② 최소 손실의 원칙
③ 사회정의 실현의 원칙
④ 진실성과 정보 개방의 원칙
⑤ 사생활보호와 비밀보장의 원칙

 알짜확인

- 로웬버그와 돌고프가 제시한 윤리원칙, '생평자최삶비공'은 우선순위에 따라 제시된 것이므로 순서대로 암기해야 한다.
- 이 7가지 윤리원칙은 사례제시형 문제로 출제되어 사례에서 가장 우선하는 원칙이 무엇인지를 살펴보는 문제로 출제될 수 있음에 주의해야 한다.

답 ②

응시생들의 선택

① 16%	② 60%	③ 13%	④ 2%	⑤ 9%

② 제시된 사례는 원가정에서의 생활과 쉼터에서의 생활 중 어떤 결정이 학대피해아동에게 가장 덜 유해한 결과를 가져올 것인가가 쟁점이 되기 때문에 최소 손실의 원칙에 해당한다.

20-03-04   난이도 ★★☆

로웬버그와 돌고프(F. Loewenberg & R. Dolgoff)의 윤리적 원칙 심사표에서 '도움을 요청해 온 클라이언트의 의사를 존중해 주는 것'에 해당하는 윤리적 원칙은?

① 자율성과 자유의 원칙
② 평등과 불평등의 원칙
③ 최소 손실의 원칙
④ 사생활과 비밀보장의 원칙
⑤ 진실성과 정보개방의 원칙

답 ①

응시생들의 선택

① 73%	② 6%	③ 2%	④ 12%	⑤ 7%

① 자율성과 자유의 원칙은 자기결정의 원칙을 의미한다. 실천과정에 있어 클라이언트의 독립성, 자율성, 자유가 중요하게 고려되어야 함을 의미한다.

돌고프, 로웬버그와 해링턴(R. Dolgoff, F. Loewenberg & D. Harrington)의 윤리적 의사결정과정의 순서로 옳은 것은?

> ㄱ. 가장 적절한 전략이나 개입방법을 선택한다.
> ㄴ. 해당문제와 관련된 사람과 제도를 확인한다.
> ㄷ. 확인된 목표에 따라 설정된 개입방안의 효과성과 효율성을 평가한다.
> ㄹ. 문제를 해결하거나 문제의 정도를 경감할 수 있는 개입목표를 명확히 한다.

① ㄴ - ㄱ - ㄹ - ㄷ
② ㄴ - ㄹ - ㄱ - ㄷ
③ ㄴ - ㄹ - ㄷ - ㄱ
④ ㄹ - ㄴ - ㄱ - ㄷ
⑤ ㄹ - ㄷ - ㄴ - ㄱ

답 ③

✅ 응시생들의 선택

① 13%	② 58%	③ 14%	④ 13%	⑤ 2%

ㄱ. 8단계, ㄴ. 2단계, ㄷ. 6단계, ㄹ. 4단계

➕ 덧붙임

'평가'라고 해서 무조건 마지막 단계라고 생각해서는 안 된다. 6단계에서 목표를 달성할 수 있는 여러 개입방안들에 대한 효율성과 효과성을 평가하며, 그 결과는 이후 8단계에서 개입방안을 선택할 때 근거가 된다.

로웬버그와 돌고프(Lowenberg & Dolgoff)가 제시한 윤리적 의사결정의 우선순위를 순서대로 바르게 나열한 것은?

> ㄱ. 생명보호의 원칙
> ㄴ. 자기결정의 원칙
> ㄷ. 삶의 질 향상의 원칙
> ㄹ. 정보개방의 원칙

① ㄱ → ㄴ → ㄷ → ㄹ
② ㄱ → ㄷ → ㄹ → ㄴ
③ ㄴ → ㄱ → ㄹ → ㄷ
④ ㄷ → ㄴ → ㄱ → ㄹ
⑤ ㄹ → ㄱ → ㄷ → ㄴ

답 ①

✅ 응시생들의 선택

① 79%	② 19%	③ 1%	④ 1%	⑤ 0%

윤리원칙의 우선순위
생명보호의 원칙 → 평등과 불평등의 원칙 → 자기결정의 원칙 → 최소해악의 원칙 → 삶의 질 향상의 원칙 → 사생활 보호와 비밀보장의 원칙 → 정보공개의 원칙

윤리적 의사결정에 있어 가장 우선적으로 고려할 것은?

① 최소손실의 원칙
② 자율과 자유의 원칙
③ 생명보호의 원칙
④ 사생활 보호 및 비밀보장의 원칙
⑤ 성실의 원칙

답 ③

✅ 응시생들의 선택

① 0%	② 1%	③ 97%	④ 1%	⑤ 1%

③ 로웬버그와 돌고프는 윤리원칙의 준거틀을 제시하면서 인간의 생명보호가 모든 다른 것에 우선한다고 하였다.

다음 내용이 왜 틀렸는지를 확인해보자

01 로웬버그와 돌고프가 제시한 윤리원칙은 어떤 원칙이 더 우선시되어야 하는가를 규정하기 위한 것은 아니다.

> 윤리원칙은 여러 원칙이 상충하는 경우 상위의 원칙을 우선 적용할 것을 제시하고자 한 것이다.

07-03-28

02 클라이언트가 자살 계획에 대해 이야기하는 경우라도 비밀보장의 원칙은 적용되어야 한다.

> 생명보호의 원칙이 더 우선하기 때문에 비밀보장 원칙 적용의 예외 상황이 된다.

03 최소 해악의 원칙은 선택 가능한 대안들 중에서 클라이언트에게 가장 큰 이익이 되도록 선택해야 함을 의미한다.

> 최소 해악의 원칙(최소 손실의 원칙)은 가장 최소한으로 유해한 것을 선택해야 함을 의미한다.

18-03-08

04 윤리적 의사결정과정에 따르면, 개입의 대상과 수단을 확인한 후 개입의 목표를 분명히 설정해야 한다.

> 개입목표를 명확히 설정(4단계)한 후 그에 따라 개입의 대상과 수단을 확인(5단계)한다.

04-03-12

05 윤리적 의사결정에서 가장 최우선적으로 고려해야 할 원칙은 삶의 질 향상의 원칙이다.

> 최우선하는 원칙은 생명보호의 원칙이다.

14-03-01

06 윤리원칙의 우선순위: 생명보호의 원칙 → 평등과 불평등의 원칙 → 삶의 질 향상의 원칙 → 자기결정의 원칙 → 최소 해악의 원칙 → 비밀보장의 원칙 → 정보개방의 원칙

> 윤리원칙의 우선순위: 생명보호의 원칙 → 평등과 불평등의 원칙 → 자기결정의 원칙 → 최소 해악의 원칙 → 삶의 질 향상의 원칙 → 비밀보장의 원칙 → 정보개방의 원칙

065 사회복지실천의 가치 기반

강의 QR코드

1회독 월 일 → **2회독** 월 일 → **3회독** 월 일

★★★
최근 10년간 **6문항** 출제

복습 1 이론요약

사회복지실천의 주요 가치

- 사회복지실천의 본질적 가치: 인간의 존엄성 존중, 분배정의
- 인간의 존엄성, 인간의 자율성, 기회의 균등성, 사회적 책임성, 개인의 가치와 존엄성, 개인에 대한 존경, 개인의 변화가능성, 클라이언트의 자기결정권, 비밀보장, 사생활보장, 적절한 자원과 서비스 제공, 역량강화, 동등한 기회보장, 비차별성, 다양성 존중 등
- 개인이 선호하는 가치, 기관이 추구하는 가치, 전문직으로서의 가치, 사회적으로 더 중요시되는 가치 등이 충돌할 수 있다.

기본개념

사회복지실천론
pp.36~

상대적 중요성에 따른 가치체계(펌프리)

- 궁극적 가치: 자유, 인간의 존엄성, 사회정의 등 가장 추상적인 수준의 가치
- 차등적 가치: 낙태, 동성애 등과 같이 사회문화적 차이에 따라 찬반이 가능한 가치
- 수단적 가치: 자기결정, 비밀보장 등 궁극적 가치를 달성하기 위한 수단이 되는 가치

사회복지 전문직의 가치(레비)

▶ **사람우선 가치**
- 인간에 대한 바람직한 개념
- 인간이 가진 타고난 가치 및 존엄성 존중, 개별성에 대한 인정, 상호책임성과 소속의 욕구, 일반적인 욕구 존중 등

▶ **결과우선 가치**
- 목표로 하는 결과에 대한 개념
- 성장·발전의 기회 제공, 서비스 제공에 따른 결과 성취, 문제 예방·해결에 대한 사회적 책임 등

▶ **수단우선 가치**
- 인간을 대하는 바람직한 방법
- 서비스를 수행하는 방법과 수단, 도구에 대한 가치
- 실천에 있어 클라이언트의 자기결정권을 인정하고 비심판적 태도를 가져야 한다는 것

인권과 사회복지실천

▶ **인권의 특징**
- 보편적 권리, 천부적 권리
- 불가분적 권리, 불가양적 권리
- 상호의존적 권리, 공동체적 권리

▶ **사회복지실천에서의 인권 가치**
- 인간의 존엄성
- 자유
- 평등
- 사회적 연대

가치와 윤리

가치	윤리
• 무엇이 좋고 바람직한가와 관련 • 행동의 방향성 • 일반적으로 선호하는 더 폭 넓은 사회의 가치를 반영	• 마땅히 따라야 할 규범 • 어떤 행동의 옳고 그름에 대한 판단 • 가치를 기반으로 하여 구현된 행동지침, 규범

기출문장 CHECK

01 (22-03-04) 인권의 천부성은 인간이 세상에 태어나면서부터 존엄성을 가지고 태어났다는 의미이다.

02 (21-03-20) 동등한 사회 참여 기회 제공은 레비가 제시한 사회복지전문직의 가치 중 결과우선 가치에 해당한다.

03 (20-03-19) '양로시설에서 생활하는 노인의 의사결정을 사회복지사가 대신할 수 없다'는 의미의 인권 특성은 불가양성·불가분성이다.

04 (19-03-11) 인권은 모든 인간에게 해당되는 보편적 권리이다. 개인, 집단, 국가가 상호 간에 책임을 동반하는 권리이다. 사회적 약자를 위하여 지켜지고 확보되어야 하는 권리이다. 법이 보장하고 있지 않다 해도 인간의 존엄성 보장에 필요한 권리이다.

05 (15-03-06) 자기결정권 존중은 레비가 제시한 사회복지전문직의 가치 중 수단에 관한 가치에 해당한다.

06 (14-03-02) 가치는 신념과 관련이 있고, 윤리는 행동과 관련이 있다.

07 (13-03-03) 레비는 사회복지 전문직의 가치를 사람우선 가치, 결과우선 가치, 수단우선 가치 등으로 구분하여 제시했다.

08 (09-03-05) 가치가 좋고 바람직한 것에 대한 지침이라면, 윤리는 옳고 그름에 대한 판단기준이다.

09 (07-03-17) 사회복지실천은 각 개인이 지닌 고유성을 존중하고, 개인의 잠재능력을 실현시킬 기회를 제공하는 데에 가치를 둔다.

10 (04-03-25) 인간의 존엄성 가치는 클라이언트의 개별화, 자기결정권 존중의 토대가 된다.

11 (02-03-04) 인간존엄성, 배분적 사회정의, 자기결정권, 비밀보장 등은 사회복지실천의 가치 기반이 된다.

대표기출 확인하기

22-03-04 · 난이도 ★☆☆

인권에 관한 설명으로 옳지 않은 것은?

① 천부성은 인간이 세상에 태어나면서부터 존엄성을 가지고 태어났다는 의미이다.
② 자유권은 시민적, 정치적 권리이다.
③ 평화권은 국가들 간의 연대와 단결의 권리이다.
④ 보편성은 자기의 인권은 자기만이 소유할 수 있다는 의미이다.
⑤ 평등권은 경제적, 사회적, 문화적 권리이다.

 알짜확인

- 사회복지실천의 가치와 관련하여 가치체계 및 주요 가치, 사회복지전문직의 가치 등에 대해 정리해두자.
- 인권의 특징과 함께 사회복지실천에서 인권이 갖는 의미도 생각해볼 필요가 있다.

답 ④

✅ 응시생들의 선택

① 1%	② 4%	③ 9%	④ 85%	⑤ 1%

④ 인권의 보편성은 모든 인간이 누리는 권리라는 의미이다.

관련기출 더 보기

21-03-20 · 난이도 ★★☆

레비(C. Levy)가 제시한 사회복지전문직의 가치 중 결과우선가치에 해당하는 것은?

① 자기 결정권 존중
② 인간 존엄성에 대한 믿음
③ 비심판적 태도
④ 동등한 사회 참여 기회 제공
⑤ 개별성에 대한 인정

답 ④

✅ 응시생들의 선택

① 23%	② 9%	③ 9%	④ 54%	⑤ 5%

① ③ 수단우선가치
② ⑤ 사람우선가치

14-03-02 · 난이도 ★★☆

가치와 윤리에 관한 설명으로 옳지 않은 것은?

① 가치는 좋고 바람직한 것에 대한 믿음이다.
② 윤리는 옳고 그름을 판단하는 도덕적 지침이다.
③ 가치와 윤리는 불변의 특징을 지닌다.
④ 가치는 신념과 관련이 있고, 윤리는 행동과 관련이 있다.
⑤ 사회복지사 윤리강령은 법적 구속력을 가지지 않는 특징이 있다.

답 ③

✅ 응시생들의 선택

① 1%	② 1%	③ 84%	④ 3%	⑤ 11%

③ 가치는 무엇이 더 좋은가, 더 나은가와 관련된 개념이라면, 윤리는 따라야 할 규범적 차원이라고 말할 수 있다. 가치와 윤리는 사회문화적 상황에 영향을 받아 형성되기 때문에 변화할 수 있다.

다음 내용이 **옳은지 그른지** 판단해보자

`13-03-03`

01 레비는 사회복지 전문직의 가치를 사람우선 가치, 결과우선 가치, 평가우선 가치 등 3가지로 구분하여 제시하였다.

---

02 클라이언트에 대한 자기결정권 존중 및 비밀보장 등은 사회복지의 궁극적 가치를 달성하기 위한 수단적 가치이다.

`15-03-06`

03 레비가 제시한 사회복지 전문직의 가치 중 상호책임성은 수단우선 가치에 해당한다.

`04-03-25`

04 인간존엄의 가치를 바탕으로 클라이언트의 개별화, 자기결정권, 열등처우의 원칙 등이 발달되었다.

---

05 가치는 사회문화적 차이에 따라 찬반 논란이 일어날 수 있으며 이를 차등적 가치라고 한다.

---

06 다문화 클라이언트의 증가에 따라 사회복지실천에 있어 다양성의 가치가 주목되고 있다.

`19-03-11`

07 인권은 법이 보장하고 있지 않다 해도 인간의 존엄성 보장에 필요한 권리이다.

---

08 인권은 누구나 갖고 태어나는 것으로 자유의지에 따라 다른 사람에게 나누어줄 수 있다.

답 **01**× **02**○ **03**× **04**× **05**○ **06**○ **07**○ **08**×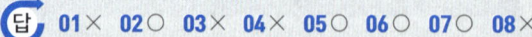

해설 **01** 사람우선 가치, 결과우선 가치, 수단우선 가치 등으로 구분하여 제시하였다.

03 레비가 제시한 사회복지 전문직의 가치 중 상호책임성은 사람우선 가치에 해당한다.

04 인간존엄의 가치를 바탕으로 클라이언트의 개별화, 자기결정권, 비밀보장의 원칙 등이 발달되었다. 영국 신구빈법의 운영원칙 중 하나인 열등처우의 원칙은 구제를 받는 빈민의 처우는 최하급의 독립노동자의 수준보다 낮아야 한다는 것으로 인간존엄의 가치와는 거리가 멀다.

08 인권은 누구나 갖고 태어나는 천부적 권리이며, 다른 사람에게 나누어줄 수 없는 불가분적·불가양적 권리이다.

3장

사회복지실천의
역사적 발달과정

이 장에서는

자선조직협회와 인보관운동, 진단주의와 기능주의 등은 단독으로도 출제되곤 하며, 리치몬드의 사회진단, 밀포드 회의에서의 공통요소 정리 등은 정확한 연도를 기억해두어야 한다. 서구 역사보다 우리나라 역사의 출제율이 낮기는 하지만 우리나라 역사는 지역사회복지론이나 사회복지행정론 등에서도 비슷한 내용들이 출제되기 때문에 여기에서도 꼼꼼히 봐두자.

10년간 출제분포도

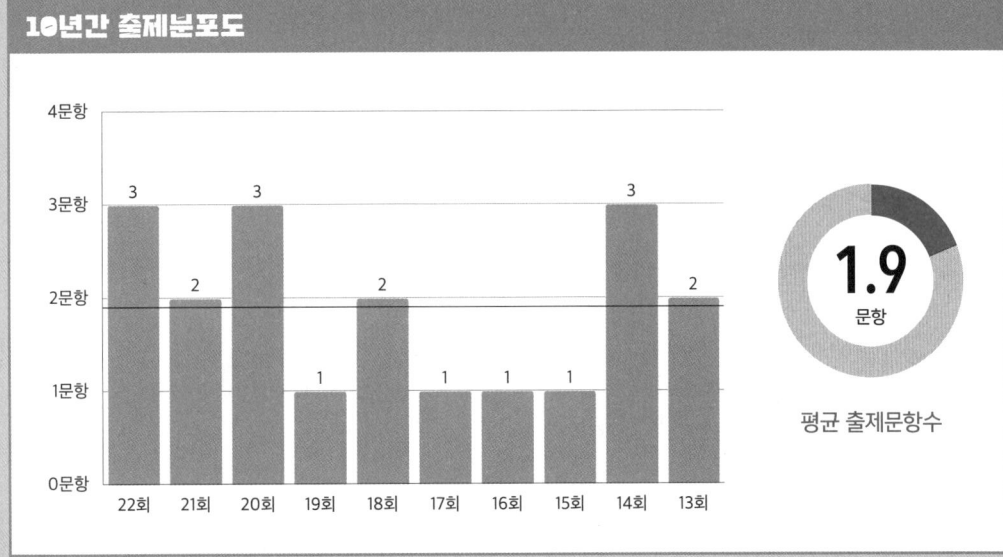

평균 출제문항수 1.9문항

066 서구 사회복지실천의 역사

최근 10년간 **14문항** 출제

이론요약

태동기

기본개념

사회복지실천론
pp.64~

▶ **자선조직협회**
- 영국: 1869년 런던, 미국: 1877년 뉴욕
- **빈곤을 개인의 문제로 파악**
- **가치 있는 빈민과 가치 없는 빈민을 구분**하여 선별적 구호활동을 진행
- 기관 간 서비스 조정을 통해 **자선의 오남용 및 의존문화를 근절**하는 데에 초점
- **사회진화론, 적자생존의 논리**
- **기독교적 도덕성** 강조
- 중산층 부인이 중심이 된 **우애방문원**의 가정방문
- **지역사회복지, 사회복지조사, 개별사회사업**의 발전에 영향을 줌

▶ **인보관운동**
- 영국: 1884년 런던 토인비홀, 미국: 1886년 뉴욕 근린길드(코이트), 1889년 시카고 헐하우스(제인 아담스)
- **빈곤을 사회문제의 산물로 인식**
- **빈민지역에 함께 거주**
- 교육시설, 문화 프로그램 등 **다양한 서비스를 직접 개발·제공**
- 빈곤문제를 비롯한 노동착취 문제, 주택 문제, 공공위생 문제 등과 관련된 **제도적 개혁을 추구**
- **인보관운동의 3R**: Residence(거주), Research(연구조사), Reform(개혁)
- **연구와 조사**를 바탕으로 **사회제도를 개혁**해야 하며, **함께 살면서** 같이 생활하지 않으면 빈민을 이해하지 못한다는 전제
- **지역사회복지, 집단사회사업**의 발전에 영향을 줌

전문직 확립기(~1920)

- 교육 및 훈련제도 채택: 우애방문원에 대한 교육 시작, 플렉스너 비판 이후 17개의 전문사회복지학교 설립
- 보수체계 정립: 무급 자원봉사자인 우애방문원에게 보수 지급
- 사회복지전문직협회 설립
- 메리 리치몬드의 『사회진단』 발간(1917년)을 시작으로 사회복지실천 기초이론 구축

전문직 분화기(~1950)

▶ **사회복지실천 3대 방법론 확립**
- 개별사회사업
- 집단사회사업
- 지역사회조직

▶ **진단주의와 기능주의의 대립**
- 진단주의
  - 프로이트의 **정신분석학을 기반**으로 함
  - 인간은 무의식의 힘에 좌우된다는 기계적 · 결정론적 관점
  - **병리적 관점**으로 사회복지사가 치료의 중심이 됨
  - **과거 통찰 중심**
- 기능주의
  - 1930년대 **진단주의에 반대**하며 등장
  - 인간에 대한 창의적 · 의지적 · 낙관론적 관점
  - **인간의 성장 가능성 강조**
  - 사회복지사는 원조자이며, **변화의 중심과 책임은 클라이언트에게 있음**
  - '**지금―여기**'라는 현재 상황의 현실에 초점
  - 긴급한 문제에 대한 시간제한적 원조

통합기(1950~1970)

※ 1929년 밀포드 회의: 사회복지실천의 공통 요소 정리
- 기존의 전통적 3대 방법론의 한계 대두
- 문제해결모델, 4체계모델, 6체계모델, 단일화모델 등

다양화 · 확장기(1970년대 이후)

- 1970년대에 들어서면서 다양한 사회복지실천모델에 대한 연구가 활발해짐
- 빈곤뿐 아니라 비행, 장애, 보건, 정신건강 등 다양한 문제에 대한 관심으로 확장
- 병리보다 강점에 초점을 두며 개입전략의 다양성을 강조
- 과제중심모델, 강점관점, 역량강화모델 등의 등장

기출문장 CHECK

01 (22-03-02) 기능주의에서는 개인의 의지, 전문가와 클라이언트 사이의 원조관계, 기관의 기능 등을 강조하였다.

02 (21-03-01) 1929년 밀포드(Milford) 회의에서 사회복지실천의 공통요소를 발표하였다.

03 (21-03-08) 자선조직협회는 민간 사회복지기관의 활동을 체계적으로 조정하기 위해 등장하였다.

04 (21-03-08) 자선조직협회는 적자생존에 기반한 사회진화론을 구빈의 이론적 기반으로 삼았다.

05 (21-03-08) 자선조직협회는 과학적이고 적절한 자선활동을 수행하기 위해 클라이언트 등록체계를 실시하였다.

06 (21-03-08) 자선조직협회 활동은 개별사회사업의 초석이 되었다.

07 (20-03-01) 인보관운동의 특징: 지역사회에서 함께 살면서 활동함. 지역사회 문제에 관한 연구와 조사를 실시함. 빈민지역의 주택 개선, 공중보건 향상 등에 관심을 둠. 사회문제에 대한 집합적이고 개혁적인 해결을 강조함

08 (20-03-03) 인도주의, 이타주의, 사회진화론 등은 자선조직협회 우애방문자들의 실천이념이었다.

09 (20-03-02) 기능주의 학파의 특징: 개인의 의지 강조. 인간의 성장가능성 중시. '지금-이곳'에 초점. 인간과 환경의 관계 분석

10 (18-03-02) 자선조직협회(COS)는 빈민 지원 시 중복과 누락을 방지하고자 시작되었다.

11 (18-03-07) 우애방문자들의 활동에 보수를 지급하고, 지도·감독에 대한 체계를 마련한 것은 사회복지실천이 봉사활동에서 전문직으로 출발하게 된 계기가 되었다.

12 (17-03-08) 메리 리치몬드의 사회진단은 1917년에 발간되었다.

13 (17-03-08) 1920년대 정신분석학에 기초한 진단주의 학파가 등장하였으며, 이에 대한 대항으로 1930년대 후반 기능주의 학파가 등장하였다.

14 (17-03-08) 전문직 분화기에는 사회복지실천 3대 방법론(개별사회사업, 집단사회사업, 지역사회조직)이 분화되었다.

15 (16-03-01) 기능주의는 시간 제한적이고 과제중심적인 단기개입을 선호한다.

16 (16-03-01) 진단주의는 과거의 심리사회적 문제가 현재의 기능에 영향을 미친다는 관점을 갖는다.

17 (15-03-01) 인보관운동은 빈곤의 원인을 산업화의 결과로 보았다.

18 (14-03-15) 자선조직협회는 빈곤의 원인을 개인의 나태함과 게으름 등으로 보았다.

19 (14-03-15) 자선조직협회는 개별사회사업의 태동에 영향을 주었다.

20 (14-03-15) 인보관은 집단사회사업의 태동에 영향을 주었다.

21 (14-03-19) 1917년 메리 리치몬드의 사회진단이 출간되었다.

22 (14-03-19) 1929년 밀포드 회의를 통해 개별사회복지실천을 위한 공통 요소가 발표되었다.

23 (13-03-06) 자선조직협회는 빈민들에 대해 수혜자격을 심사했다.

24 (13-03-06) 자선조직협회는 우애방문자(friendly visitors)의 활동을 중심으로 하였다.

25 (12-03-18) 기능주의 학파는 현재를, 진단주의 학파는 과거를 중시하였다.

26 (12-03-18) 진단주의 학파는 클라이언트가 과거부터 현재까지 어떻게 살아왔는지, 과거 경험은 어떠했는지 등과 같은 생활력(life history)을 강조하였다.

27 (11-03-13) 인보관운동은 함께 거주, 연구조사, 사회개혁 등을 기반으로 했다.

28 (08-03-06) 인보관운동은 지역주민을 대상으로 사회교육을 진행했다.

29 (08-03-06) 자선조직협회는 중복적인 구제활동을 조정하는 데에 초점을 두었다.

30 (07-03-02) 자선조직협회는 개인주의적 빈곤관을 바탕으로 했다.

31 (04-03-03) 기능주의 학파에서는 치료라는 말을 거부하고 그 대신 원조과정이라는 표현을 사용했다.

32 (02-03-15) 1950년대에는 사회복지실천방법을 통합하려는 움직임이 활발해졌다.

33 (01-03-04) 인보관운동은 클라이언트를 이웃으로 생각하고 그들이 생활하는 곳에서 함께 거주했다.

34 (01-03-04) 인보관운동은 사회환경의 중요성을 강조하였다.

35 (01-03-04) 최초의 인보관은 영국의 토인비홀이다.

대표기출 확인하기

22-03-02 난이도 ★★★

기능주의(functionalism)에서 강조한 내용으로 옳은 것을 모두 고른 것은?

ㄱ. 개인의 의지
ㄴ. 개인에 대한 심리 내적 진단
ㄷ. 전문가와 클라이언트 사이의 원조관계
ㄹ. 기관의 기능

① ㄱ, ㄴ 　　　　② ㄷ, ㄹ
③ ㄱ, ㄷ, ㄹ 　　　④ ㄴ, ㄷ, ㄹ
⑤ ㄱ, ㄴ, ㄷ, ㄹ

 알짜확인

- 메리 리치몬드의 사회진단으로 사회복지실천의 이론과 방법의 체계화가 시작된 이후 진단주의와 기능주의 학파의 대립이 있었으며, 분화된 접근방법을 통합하려는 시도가 진행되었다. 이러한 발달 흐름을 전반적으로 이해하면서 주요 사건들에 대해 정리해두어야 한다.
- 사회복지실천의 시작이 되는 COS와 인보관운동의 공통점 및 차이점 등을 살펴보자.

답 ③

✅ 응시생들의 선택

① 9%	② 14%	③ 53%	④ 4%	⑤ 20%

ㄴ. 개인에 대한 심리 내적 진단은 프로이트의 정신분석학을 바탕으로 한 진단주의의 특징이다.

관련기출 더 보기

22-03-07 난이도 ★★★

1929년 밀포드(Milford) 회의에서 발표한 사회복지사가 갖추어야 할 기본적인 지식 및 방법론에 관한 공통요소에 해당하지 않는 것은?

① 사회에서 받아들여지는 규범적 행동에서 벗어난 행동에 관한 지식
② 인간관계 규범의 활용도
③ 클라이언트 사회력(social history)의 중요성
④ 사회치료(social treatment)에 지역사회자원 활용
⑤ 집단사회사업의 목적, 윤리, 의무를 결정하는 철학적 배경 이해

답 ⑤

✅ 응시생들의 선택

① 33%	② 17%	③ 19%	④ 15%	⑤ 16%

밀포드 회의에서의 사회복지실천 공통요소
1. 사회에서 받아들여지는 규범적 행동으로부터 벗어난 행동에 관한 지식
2. 인간관계 규범의 활용도
3. 클라이언트 사회력의 중요성
4. 클라이언트 치료를 위한 방법론
5. 사회치료에 지역사회 자원 활용
6. 개별사회복지실천이 요구하는 과학적 지식과 경험 적용
7. 개별사회복지실천의 목적, 윤리, 의무를 결정하는 철학적 배경 이해
8. 이상 모든 것을 사회치료에 융합

20-03-01 | 난이도 ★☆☆

인보관운동에 관한 내용으로 옳지 않은 것은?

① 빈민을 통제하는 사회통제적 기능을 담당함
② 인보관에서 일하는 사람은 지역사회에서 함께 살면서 활동함
③ 지역사회 문제에 관한 연구와 조사를 실시함
④ 빈민지역의 주택 개선, 공중보건 향상 등에 관심을 둠
⑤ 사회문제에 대한 집합적이고 개혁적인 해결을 강조함

답 ①

☑ 응시생들의 선택

① 83%	② 5%	③ 4%	④ 2%	⑤ 6%

① 인보관운동은 빈곤의 원인을 사회적 · 환경적 문제로 보아 사회개혁 활동을 진행하였고 국가의 적극적인 개입을 요구하기도 했다.
한편, 빈민을 통제하는 사회통제적 기능을 가진 것은 자선조직협회였다. 자선조직협회는 빈곤의 원인을 나태함, 게으름 등과 같은 개인의 결함에 있다고 보았다. 이러한 관점에 따라 자선조직협회의 우애방문원은 수혜자의 집을 방문하여 생활 방식이나 태도를 교육하고 교화하는 데 초점을 두었다. 이를 통해 빈민들이 사회의 불안세력이 되는 것을 막아 사회체계를 유지하려 했다는 점에서 사회통제적 성격이 있었다.

18-03-07 | 난이도 ★★☆

사회복지실천이 봉사활동에서 전문직으로 출발하게 된 계기가 아닌 것은?

① 우애방문자들의 활동에 보수를 지급하기 시작하였다.
② 우애방문자를 지도 · 감독하는 체계를 마련하였다.
③ 자선조직협회는 교육 프로그램을 마련하였다.
④ 의사인 카보트(R. Cabot)가 매사추세츠병원에 의료사회복지사를 정식으로 채용하였다.
⑤ 전통적 방법론의 한계로 인하여 통합적 방법론이 등장하였다.

답 ⑤

☑ 응시생들의 선택

① 11%	② 4%	③ 26%	④ 25%	⑤ 34%

⑤ 통합적 방법론이 등장한 것은 1950년대 이후 '사회복지실천 방법 통합기'의 내용이다.

①②③④ 1900년 전후~ 1920년 전후 무렵 '사회복지실천 전문직 확립기'의 내용이다.

16-03-01 | 난이도 ★★☆

사회복지실천의 전문화 과정에서 기능주의와 진단주의에 관한 설명으로 옳은 것은?

① 기능주의의 대표적인 학자는 메리 리치몬드(M. Richmond)이다.
② 기능주의는 과거의 심리사회적 문제가 현재의 기능에 영향을 미친다는 관점을 갖는다.
③ 기능주의는 인간의 성장가능성과 자유의지를 강조한다.
④ 진단주의는 시간 제한적이고 과제중심적인 단기개입을 선호한다.
⑤ 진단주의는 기관의 기능과 서비스를 최대한 활용하여 문제를 해결하는 것을 선호한다.

답 ③

☑ 응시생들의 선택

① 6%	② 6%	③ 73%	④ 10%	⑤ 5%

① 메리 리치몬드는 진단주의 학파에 속한다.
② 과거를 현재와 연결하여 살펴보는 것은 정신분석학을 토대로 발달한 진단주의의 특징이다.
④ 시간 제한적이고 과제중심적인 방식은 기능주의 학파의 특징이다.
⑤ 기관의 기능을 활용하는 것은 기능주의의 특징이다.

14-03-19 | 난이도 ★☆☆

사회복지실천의 발달과정을 순서대로 바르게 나열한 것은?

> ㄱ. 한국의 사회복지사업법이 제정되었다.
> ㄴ. 리치몬드(M. Richmond)의 사회진단이 출간되었다.
> ㄷ. 밀포드(Milford)회의에서 개별사회사업의 공통요소를 정리하였다.
> ㄹ. 펄만(H. Perlman)의 문제해결모델이 등장하였다.

① ㄴ → ㄷ → ㄹ → ㄱ
② ㄴ → ㄹ → ㄱ → ㄷ
③ ㄴ → ㄹ → ㄷ → ㄱ
④ ㄹ → ㄱ → ㄴ → ㄷ
⑤ ㄹ → ㄴ → ㄱ → ㄷ

답 ①

☑ 응시생들의 선택

① 67%	② 9%	③ 21%	④ 1%	⑤ 2%

ㄴ. 1917년, ㄷ. 1929년, ㄹ. 1957년, ㄱ. 1970년

다음 내용이 왜 틀렸는지를 확인해보자

08-03-06

01 인보관운동은 **수혜자격 심사**를 통해 빈민을 지원했다.

> 수혜자격에 대한 심사를 진행한 것은 자선조직협회의 활동에 해당한다.

16-03-01

02 **기능주의**는 과거의 심리사회적 문제가 현재의 기능에 영향을 미친다고 본다.

> 기능주의가 아닌 진단주의에 해당한다.

21-03-08

03 **자선조직협회**는 빈민지역에 거주하며 지역사회 문제에 대한 집합적이고 개혁적인 해결을 강조하였다.

> 인보관운동의 특징이다.

08-03-07

04 사회복지 전문직의 분화기에는 진단주의 학파와 기능주의 학파 간 **갈등이 해소되었다**.

> 사회복지 전문직의 분화기에는 진단주의 학파와 기능주의 학파 간 갈등이 일었다.

12-03-18

05 진단주의 학파는 **미국의 대공황 이후 등장**하였다.

> 진단주의 학파는 1920년대를 전후로 정신분석학의 영향을 받아 발달하였고, 미국의 대공황을 거치면서 1930년대에 기능주의 학파가 등장하였다.

15-03-01

06 자선조직협회는 **연구와 조사를 통해 사회제도를 개혁해야 한다**는 기본개념을 가졌다.

> 연구와 조사를 통해 사회제도를 개혁해야 한다는 기본개념을 가진 것은 인보관 운동이다.

빈칸에 들어갈 알맞은 말을 채워보자

02-03-15
01 1917년에 발간된 메리 리치몬드의 ( )은/는 사회복지실천에 관한 이론과 방법을 체계화시킨 최초의 책이다.

07-03-01
02 1929년 ( )회의에서는 개별사회복지실천 방법론을 기본으로 하여 8가지 사회복지실천의 공통요소를 정리하였다.

16-03-01
03 (①)주의는 과거의 심리사회적 문제가 현재의 기능에 영향을 미친다고 보았으며, 이에 반해 (②)주의는 인간의 성장가능성과 자유의지를 강조한다.

01-03-04
04 세계 최초의 인보관은 1884년에 설립된 영국 런던의 ( )이다.

14-03-15
05 자선조직협회는 (①)사회사업의 발달에, 인보관운동은 (②)사회사업의 발달에 영향을 미쳤다.

06 자선조직협회는 ( )의 가정방문 활동을 통해 빈곤자들이 빈곤 상태에서 벗어날 수 있도록 원조하였다.

07 자선조직협회와 달리 ( )은/는 사회환경의 중요성과 사회개혁의 필요성을 강조하며 교육 활동을 진행하였다.

11-03-13
08 인보관운동의 3R: 거주(Residence), 연구조사(Research), ( )

09 사회복지실천의 발달 과정에서 개별사회사업, 집단사회사업, 지역사회조직론 등 3대 방법론이 확립된 것은 ( )에 해당한다.

답 **01** 사회진단 **02** 밀포드 **03** ① 진단 ② 기능 **04** 토인비홀 **05** ① 개별 ② 집단 **06** 우애방문원 **07** 인보관운동
08 개혁(Reform) **09** 전문직 분화기

다음 내용이 옳은지 그른지 판단해보자

02-03-15
01 1950년대에는 사회복지실천방법을 통합하려는 움직임이 활발해졌다. ◎ ✕

02 문제해결모델, 4체계모델, 6체계모델, 단일화모델 등은 사회복지실천의 통합적 방법론으로서 제기된 모델들이다. ◎ ✕

08-03-07
03 사회복지 전문직의 분화기에는 진단주의 학파와 기능주의 학파 간 갈등이 해소되었다. ◎ ✕

04 플렉스너는 리치몬드의 『사회진단』을 비판하며 사회복지직은 전문성이 결여되어 있다고 지적했다. ◎ ✕

08-03-06
05 자선조직협회는 수혜자격에 대한 심사를 진행하여 자격 있는 빈민에게 서비스를 제공했다. ◎ ✕

06 우애방문원은 지식인층으로 구성되어 빈곤층의 사회문제에 대한 의식화 교육에 힘썼다. ◎ ✕

20-03-03
07 자선조직협회의 우애방문원은 사회개혁을 강조하였다. ◎ ✕

08 미국 최초의 인보관은 제인 아담스가 설립한 '헐하우스'이다. ◎ ✕

12-03-18
09 진단주의 학파는 과거를, 기능주의 학파는 현재를 중시한다. ◎ ✕

20-03-02
10 기능주의학파는 인간과 환경의 관계를 분석하는 데 초점을 두었다. ◎ ✕

답 01 ◯ 02 ◯ 03 ✕ 04 ✕ 05 ◯ 06 ✕ 07 ✕ 08 ✕ 09 ◯ 10 ◯

해설 **03** 사회복지 전문직의 분화기에는 진단주의 학파와 기능주의 학파 간 갈등이 일었다.
04 플렉스너의 사회복지직 전문성에 대한 비판은 1915년이며, 이에 대한 대응으로 리치몬드의 사회진단이 1917년 출간되었다.
06 우애방문원은 중산층 이상의 부인들로 구성되어 빈곤가정을 방문하면서 생활 전반에 관한 지도 및 기독교적 도덕성에 입각한 교화 등을 진행하였다. 사회문제에 대한 의식화 교육을 진행하지는 않았다.
07 사회개혁은 인보관운동의 특징이다.
08 미국 최초의 인보관은 1886년에 코이트가 설립한 뉴욕의 근린길드이다.

067 우리나라 사회복지실천의 역사

1회독	2회독	3회독
월 일	월 일	월 일

★★★
최근 10년간 **5문항** 출제

이론요약

주요 역사

- **1921년: 태화여자관 설립**(현재 태화기독교사회복지관, 최초의 지역사회복지관으로 평가됨)
- **1947년: 이화여자대학교 기독교 사회사업학과 최초 설립**
- **1952년: 외국 민간원조기관 한국연합회(KAVA) 결성**
- 1959년: 국립의료원, 원주기독병원 등에서 의료사회사업 시작
- 1967년 한국사회사업가협회 조직(1985년 한국사회복지사협회로 명칭 변경)
- 1985년부터 시·도 단위로 종합사회복지관이 설립되기 시작
- **1987년: 사회복지전문요원 공공영역에 배치**
- **1989년**: 저소득층 영구임대아파트 건립 시 일정 규모의 **사회복지관 건립 의무화**
- **1992년**: 사회복지사업법 개정을 통해 **사회복지전담공무원에 관한 규정 마련**
- **1996년**: 정신보건법 시행(1995년 제정), 1997년부터 정신보건사회복지사(현 정신건강사회복지사) 국가자격 취득을 위한 수련이 시작됨
- 1997년: 한국학교사회복지학회 창립
- 1999년: 시설평가 첫 시행(제도 마련은 1997년)
- 2000년: 별정직 사회복지전문요원 → 일반직 사회복지전담공무원 전환·배치
- 2000년: 한국학교사회사업실천가협회 창립, 매년 9월 7일 사회복지의 날 지정
- **2003년: 제1회 사회복지사 1급 자격시험 제도 시행(1997년 사회복지사업법 개정으로 도입)**
- 2005년: 건강가정기본법 시행에 따라 건강가정지원센터 설립
- 2005년: 1기 지역사회복지계획 수립(2007년 시행)
- 2005년: 학교사회복지사 자격시험 실시
- 2008년: 의료사회복지사 자격시험 실시
- 2017년: 2016년 정신보건법이 정신건강증진 및 정신질환자 복지서비스 지원에 관한 법률로 개정되면서 정신보건사회복지사도 정신건강사회복지사로 변화함
- 2020년: 2018년 개정 사회복지사업법에 따른 의료사회복지사, 학교사회복지사, 정신건강사회복지사 자격 인정

01 (21-03-01) 1987년부터 사회복지전문요원이 국내 행정기관에 배치되었다.

02 (21-03-01) 1983년 사회복지사업법 개정에 따라 국내에서 사회복지사 명칭을 사용하기 시작하였다.

03 (21-03-01) 1921년에는 태화여자관이 설립되었다.

04 (19-03-01) 1947년 이화여자대학교에 기독교 사회사업학과가 최초로 설립되었다.

05 (19-03-01) 1983년 사회복지사업법 개정에서 사회복지사라는 명칭을 사용하기 시작하였다.

06 (19-03-01) 1987년부터 사회복지전문요원(이후 전담공무원)을 행정기관에 배치하기 시작하였다.

07 (17-03-08) 한국의 사회복지사업법은 1970년에 제정되었다.

08 (14-03-23) 1987년부터 사회복지전문요원이 공공영역에 배치되었다.

09 (12-03-06) 건강가정지원센터는 2000년대 중반부터 운영되기 시작하였다.

10 (11-03-14) 한국사회복지사협회는 1967년에 창립되었다.

11 (11-03-14) 정신보건사회복지사(현 정신건강사회복지사) 제도는 1997년부터 시행되었다.

12 (09-03-10) 사회복지사 1급 시험은 2003년에 첫 시행되었다.

13 (09-03-10) 사회복지 시설평가 제도가 법제화된 것은 1997년이다.

대표기출 확인하기

21-03-01   난이도 ★★★

사회복지실천의 역사적 발달과정을 발생한 순서대로 옳게 나열한 것은?

ㄱ. 밀포드(Milford) 회의에서 사회복지실천의 공통요소를 발표하였다.
ㄴ. 사회복지사업법에 따라 국내에서 사회복지사 명칭을 사용하기 시작하였다.
ㄷ. 태화여자관이 설립되었다.
ㄹ. 사회복지전문요원이 국내 행정기관에 배치되었다.

① ㄱ - ㄴ - ㄷ - ㄹ
② ㄱ - ㄷ - ㄴ - ㄹ
③ ㄱ - ㄷ - ㄹ - ㄴ
④ ㄷ - ㄱ - ㄴ - ㄹ
⑤ ㄷ - ㄱ - ㄹ - ㄴ

 알짜확인

- 태화여자관 설립, 사회복지사 명칭 사용, 사회복지사 자격제도 도입, 사회복지전문요원 및 사회복지전담공무원 도입 등 주요 사건들을 중심으로 우리나라 사회복지발전의 흐름을 정리해두자.

답 ④

✅ **응시생들의 선택**

① 2%	② 36%	③ 11%	④ 38%	⑤ 13%

ㄷ. 1921년, ㄱ. 1929년, ㄴ. 1983년, ㄹ. 1987년

➕ **덧붙임**

간혹 우리나라 역사와 서구 역사가 한 문제에 출제되어 더 헷갈리게 만들곤 한다. 역사는 정확한 연도를 암기하여 순서대로 나열할 수 있도록 해야 하는데 암기가 쉽지는 않다. 우리나라 역사는 실천론 외에 지역사회복지론, 사회복지행정론 등에서도 등장하기 때문에 포기해버리지 말고 '보다 보면 외워지겠지'라는 마음으로 공부할 때마다 눈에 익혀두기 바란다.

관련기출 더 보기

22-03-06   난이도 ★★☆

1960년대와 1970년대 외원단체 활동이 우리나라 사회복지발달에 미친 영향으로 옳지 않은 것은?

① 사회복지가 종교와 밀접한 관련 하에 전개되도록 하였다.
② 전문 사회복지의 시작을 촉발하였다.
③ 시설 중심보다 지역사회 중심의 사회복지가 발전하는 계기를 만들었다.
④ 사회복지가 거시적인 사회정책보다는 미시적인 사회사업 위주로 발전하게 하였다.
⑤ 사람들이 사회복지를 구호사업 또는 자선사업과 같은 것으로 인식하게 하였다.

답 ③

✅ **응시생들의 선택**

① 11%	② 4%	③ 61%	④ 16%	⑤ 8%

③ 1960년대와 1970년대 외원단체 활동은 한국전쟁 이후 선교적·구호적 활동으로, 물자지원 및 시설수용 등을 위주로 전개되었다. 우리나라의 경제 상황이 좋아지면서 외원기관의 비중이 감소하고 정부가 사회복지사업을 추진하기 시작했으며, 1970년 사회복지사업법 제정 이후 사회복지기관들의 증가 및 지역사회개발사업으로서 새마을운동이 시작되면서 지역사회 중심의 사회복지가 형성되기 시작하였다.

한국 사회복지실천의 역사적 발달과정을 발생한 순서대로 나열한 것은?

> ㄱ. 대학교에서 사회복지 전문 인력의 양성교육을 시작하였다.
> ㄴ. 사회복지사업법에 따라 사회복지사 명칭을 사용하기 시작하였다.
> ㄷ. 사회복지전문요원(이후 전담공무원)을 행정기관에 배치하기 시작하였다.
> ㄹ. 정신건강증진 및 정신질환자 복지서비스 지원에 관한 법률에 따라 정신건강사회복지사 명칭을 사용하기 시작하였다.

① ㄱ - ㄴ - ㄷ - ㄹ
② ㄴ - ㄱ - ㄹ - ㄷ
③ ㄴ - ㄹ - ㄱ - ㄷ
④ ㄷ - ㄴ - ㄹ - ㄱ
⑤ ㄹ - ㄷ - ㄴ - ㄱ

답 ①

✓ 응시생들의 선택

① 72%	② 16%	③ 3%	④ 8%	⑤ 1%

ㄱ. 1947년 이화여자대학교에 기독교 사회사업학과가 최초로 설립되었다.
ㄴ. 1970년 사회복지사업법 제정 당시에는 사회복지사업종사자라는 명칭을 사용하였으며, 이후 1983년 개정에서 사회복지사라는 명칭을 사용하기 시작하였다.
ㄷ. 1987년부터 사회복지전문요원을 행정기관에 배치하기 시작하였다. 이후 2000년에는 사회복지전담공무원으로 전환되었다.
ㄹ. 정신건강사회복지사라는 명칭은 정신건강증진 및 정신질환자 복지서비스 지원에 관한 법률이 2016년 개정, 2017년 시행되면서 사용하기 시작하였다.

한국의 사회복지실천의 역사에 관한 설명으로 옳은 것은?

① 1987년부터 사회복지전문요원이 공공영역에 배치되었다.
② 2000년에 사회복지사 1급 제1회 국가시험이 시행되었다.
③ 2002년부터 노인장기요양보험제도가 실시되었다.
④ 1975년 한국외원단체협의회(KAVA)가 탄생하였다.
⑤ 1931년 태화여자관이 설립되었다.

답 ①

✓ 응시생들의 선택

① 78%	② 1%	③ 5%	④ 7%	⑤ 9%

② 2003년, ③ 2008년, ④ 1952년, ⑤ 1921년

한국 사회복지실천의 역사에 관한 설명으로 옳은 것은?

① 한국전쟁 이후 외원단체들의 지원은 재가 중심의 사회복지를 발전시켰다.
② 1997년 사회복지사업법의 개정으로 2001년부터 사회복지사 1급 국가시험이 실시되었다.
③ 1980년대 후반부터 사회복지전담공무원이 배치되었고, 1990년대 후반에 사회복지전문요원으로 명칭이 변경되었다.
④ 1980년대 초반에 개정된 사회복지사업법에서 사회복지관의 설립·운영을 지원하는 근거가 마련되었다.
⑤ 정신보건사회복지사와 학교사회복지사는 1990년대 후반부터 법정 국가자격이 되었다.

답 ④

✓ 응시생들의 선택

① 4%	② 2%	③ 16%	④ 69%	⑤ 9%

④ 1983년에 개정된 사회복지사업법을 토대로 사회복지관의 설립 및 운영을 지원하는 근거가 마련되었다.

① 한국전쟁 이후 외원단체들의 지원은 시설 중심의 사회복지를 발전시켰다.
② 1997년 사회복지사업법의 개정으로 2003년부터 사회복지사 1급 국가시험이 실시되었다.
③ 1980년대 후반부터 사회복지전문요원이 배치되었다. 이후 1999년 10월 행정자치부에서 사회복지전문요원의 일반직 전환 및 신규채용 지침을 승인함으로써 공식적으로는 2000년부터 사회복지전담공무원으로 전환되었다.
⑤ 정신보건법 시행에 따라 1997년 정신보건전문요원으로서 정신보건사회복지사 자격이 제정되었고, 학교사회복지사는 2018년 사회복지사업법 개정(2020년 시행)으로 법정 국가자격이 되었다.

빈칸에 들어갈 **알맞은 말**을 채워보자

09-03-10
01 사회복지 시설평가 제도가 법제화된 것은 (   )년이다.

02 1921년 설립된 (   )은/는 인보관운동의 성격을 가졌으며, 우리나라 지역사회복지사업의 시초로 평가되고 있다.

03 1992년 개정된 (①   )법을 통해 시 · 군 · 구 및 읍 · 면 · 동 단위에서 사회복지사업에 관한 업무를 담당할 (②   )에 관한 규정이 마련되었다.

14-03-23
04 1987년부터 (   )이/가 별정직 공무원으로 공공영역에 배치되었다.

09-03-10
05 사회복지사 1급 국가자격시험은 (   )년에 첫 시행되었다.

06 2000년대 중반 도입된 (   )을/를 통해 지역 단위의 복지계획이 수립되고 있다.

11-03-14
07 1967년 한국사회사업가협회가 탄생했고, 1985년 (   )(으)로 개칭하였다.

12-03-06
08 (   )년 제정된 정신보건법에 따라 정신보건사회복지사 자격제도가 실시되었으며, 현재는 정신건강사회복지사로 변화하였다.

답 **01** 1997 **02** 태화여자관 **03** ① 사회복지사업 ② 사회복지전담공무원 **04** 사회복지전문요원 **05** 2003
06 지역사회복지협의체(현 지역사회보장협의체) **07** 한국사회복지사협회 **08** 1995

4장

사회복지실천현장에 대한 이해

이 장에서는

실천현장을 1차 현장/2차 현장, 이용시설/생활시설, 공공기관/민간기관 등의 기준에 따라 구분할 수 있어야 한다.
사회복지사의 역할을 살펴보는 문제도 간혹 등장하는데 중개자, 중재자, 조정자 등은 헷갈리지 않도록 하자.

10년간 출제분포도

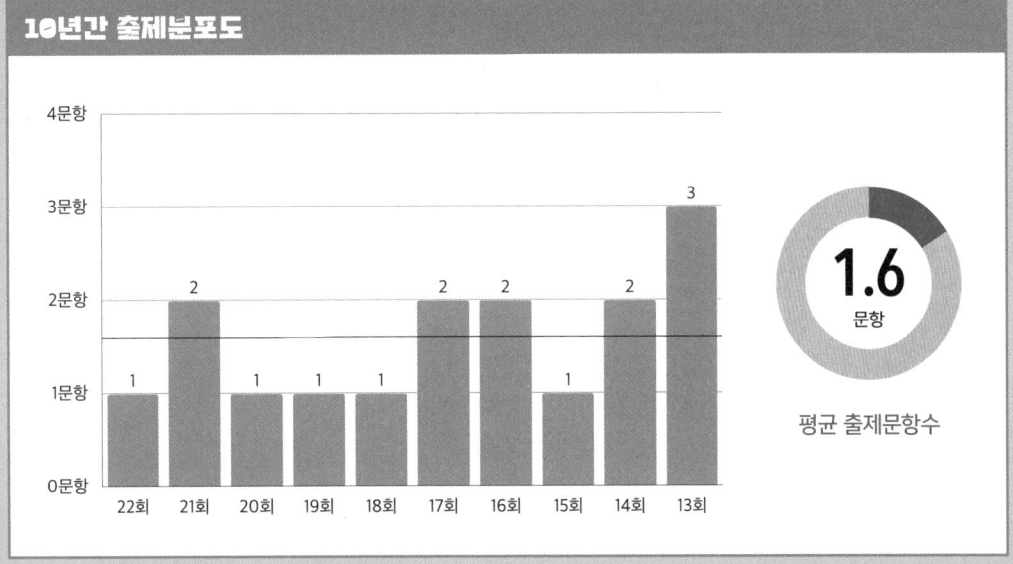

평균 출제문항수

1.6 문항

실천현장의 분류

1 회독	2 회독	3 회독
월 일	월 일	월 일

최근 10년간 **12문항** 출제

이론요약

기관의 기능에 따른 분류

▶ **1차 현장**
- **사회복지서비스 제공이 기관의 주된 기능**
- 지역사회복지관, 노인복지관, 지역아동센터, 자활지원센터 등

▶ **2차 현장**
- **기관의 일차적인 기능은 따로 있으며, 필요에 의해 사회복지서비스를 제공**하는 것
- 의료기관, 교정시설, 학교사회복지, 동주민센터, 어린이집(보육시설) 등

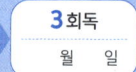

기본개념

사회복지실천론
pp.85~

주거서비스 제공 여부

▶ **생활시설**
- **주거서비스를 포함한 사회복지서비스를 제공**하는 기관
- 장애인거주시설, 아동양육시설, 청소년쉼터, 치매요양센터, 그룹홈

▶ **이용시설**
- **주거서비스를 제공하지 않음**
- 사회복지관, 장애인복지관, 청소년상담센터, 주간보호센터

기관 설립주체 및 재원조달방식

▶ **공공기관**
- 정부 또는 정부 지원에 의해 운영되는 기관
- 행정체계와 집행체계로 나뉨

▶ **민간기관**
- 사회복지 관련 사업을 목적으로 하는 기관
- 기부금이나 후원금·재단 전입금, 기타 서비스 이용료를 재원으로 함
- 사회복지법인이나 재단법인, 사단법인, 종교단체, 시민단체 등

서비스 제공방식

- 직접서비스기관: 지역사회복지관, 아동양육시설, 지역자활센터 등 클라이언트에게 **사회복지서비스를 직접 제공**하는 기관
- 간접서비스기관: 자원봉사센터, 사회복지공동모금회, 사회복지협의회 등 클라이언트에게 **서비스를 직접 제공하지 않지만** 사회복지서비스와 관련된 기관

기출문장 CHECK

01 (22-03-08) 노인복지관은 1차 현장이다.

02 (22-03-08) 교정시설은 2차 현장이다.

03 (22-03-08) 장애인거주시설, 노인요양원 등은 생활시설이다.

04 (21-03-13) 사회복지관은 1차 현장, 종합병원은 2차 현장이다.

05 (21-03-13) 발달장애인지원센터는 이용시설이다.

06 (20-03-07) 양로시설, 사회복지관, 지역아동센터, 장애인 거주시설 등은 1차 현장에 해당한다.

07 (19-03-05) 재가복지센터, 아동상담소, 주간보호센터, 지역사회복지관 등은 이용시설에 해당한다.

08 (18-03-04) 노인복지관, 지역아동센터는 1차 현장이면서 이용시설이다.

09 (18-03-04) 보건소, 학교 등은 2차 현장이다.

10 (18-03-04) 아동양육시설, 노인요양시설 등은 생활시설이다.

11 (17-03-02) 다문화가족지원센터, 지역아동센터, 장애인복지관, 사회복지관 등은 이용시설이다.

12 (17-03-02) 사회복지공동모금회, 사회복지협의회 등은 간접서비스기관이다.

13 (17-03-02) 사회복지공동모금회, 한국사회복지사협회 등은 민간기관이다.

14 (16-03-11) 노인의료복지시설, 자립지원시설 등을 생활시설이다.

15 (15-03-02) 아동보호치료시설은 생활시설이다.

16 (15-03-02) 어린이집은 이용시설이다.

17 (14-03-17) 보호관찰소는 2차 현장이며, 자활지원센터는 1차 현장이다.

18 (12-03-12) 요양병원은 2차 현장이며 생활시설이다.

19 (12-03-12) 청소년쉼터는 1차 현장이며 생활시설이다.

20 (09-03-02) 노인복지관은 재가노인서비스를 제공하는 이용시설이다.

21 (07-03-07) 장애인 직업재활시설은 이용시설이다.

22 (06-03-23) 사회복지관에서 자원봉사자 교육을 진행하는 것은 1차 현장에서의 실천활동이다.

23 (05-03-09) 종합사회복지관 및 장애인복지관은 모두 1차 현장이다.

24 (04-03-27) 가정폭력피해자 보호시설(쉼터)은 생활시설이다.

25 (03-03-08) 아동양육시설은 1차 현장이다.

26 (02-03-08) 교정시설 및 행정복지센터는 2차 현장에 해당한다.

27 (02-03-08) 가정, 병원, 교회, 사회복지기관 모두 사회복지 실천현장이라고 볼 수 있다.

대표기출 확인하기

사회복지실천현장 분류의 예로 옳지 않은 것은?

① 1차 현장: 노인복지관
② 이용시설: 아동보호치료시설
③ 생활시설: 장애인거주시설
④ 2차 현장: 교정시설
⑤ 생활시설: 노인요양원

▶ 알짜확인

- 이용시설을 1차 현장, 생활시설을 2차 현장이라고 생각하는 수험생들이 간혹 있는데 절대 아니다. 이용시설과 생활시설은 주거서비스를 제공하는가에 따라, 1차 현장과 2차 현장은 주요 기능이 사회복지인가에 따라 나뉜다.
- 사회복지관처럼 흔히 아는 시설의 경우 판단하기 쉽지만 다소 생소한 시설은 헷갈릴 수 있어 문제에 어떤 시설이 제시되었는가에 따라 정답률이 들쑥날쑥하게 나타나고 있으므로 시설의 사업과 성격을 파악하여 구분할 수 있도록 하는 연습이 필요하다.

답 ②

✔ 응시생들의 선택

① 3%	② 79%	③ 3%	④ 8%	⑤ 7%

② 아동보호치료시설은 아동이 입소하여 서비스를 받는 시설로 생활시설에 해당한다.

관련기출 더 보기

사회복지실천현장의 기능과 목적에 따른 분류에서 1차 현장에 해당하지 않는 것은?

① 양로시설
② 교정시설
③ 사회복지관
④ 지역아동센터
⑤ 장애인 거주시설

답 ②

✔ 응시생들의 선택

① 8%	② 80%	③ 4%	④ 2%	⑤ 6%

② 교정시설은 교도소, 구치소, 보호감호소, 소년원 등을 통칭한다. 교정시설에는 교정 사회복지사가 근무하면서 사회복지 차원의 서비스를 제공하기도 하지만 1차적 목적은 사회복지서비스의 제공이 아닌 교정에 있기 때문에 2차 현장에 해당한다.

➕ 덧붙임

양로시설은 노인복지법에 따른 노인을 입소시켜 급식과 그 밖에 일상생활에 필요한 편의를 제공함을 목적으로 하는 시설이다. 양로시설은 노인주거복지시설로 1차 현장이다. 양로시설과 헷갈려하는 시설이 요양시설인데 요양시설은 노인의료복지시설로 의료와 함께 복지 서비스가 제공되어 2차 현장으로 분류된다.

이용시설에 해당하지 않는 것은?

① 재가복지센터
② 아동상담소
③ 주간보호센터
④ 아동양육시설
⑤ 지역사회복지관

답 ④

✅ **응시생들의 선택**

① 4%	② 3%	③ 1%	④ 91%	⑤ 1%

④ 주거서비스 제공 여부에 따라 이용시설과 생활시설로 구분되며, 아동양육시설은 생활시설에 해당한다. 아동양육시설은 아동복지법에 따른 아동복지시설 중 하나로, 보호대상아동을 입소시켜 보호, 양육 및 취업훈련, 자립지원 서비스 등을 제공하는 것을 목적으로 하는 시설이다.

사회복지 실천현장 중 생활시설로만 구성된 것은?

① 재가노인복지시설, 장애인지역사회재활시설
② 장애인직업재활시설, 아동보호치료시설
③ 노인의료복지시설, 자립지원시설
④ 정신요양시설, 지역자활센터
⑤ 장애인주간보호시설, 성폭력피해자보호시설

답 ③

✅ **응시생들의 선택**

① 9%	② 14%	③ 45%	④ 10%	⑤ 22%

① 재가노인복지시설, 장애인지역사회재활시설 모두 이용시설이다.
② 장애인직업재활시설은 이용시설에 해당하며, 아동보호치료시설은 생활시설에 해당한다.
④ 정신요양시설은 생활시설, 지역자활센터는 이용시설이다.
⑤ 장애인주간보호시설은 이용시설, 성폭력피해자보호시설은 생활시설이다.

이용시설 – 간접서비스기관 – 민간기관의 예를 순서대로 바르게 나열한 것은?

① 지역아동센터 – 사회복지협의회 – 주민센터
② 장애인복지관 – 주민센터 – 지역사회보장협의체
③ 청소년쉼터 – 사회복지관 – 사회복지공동모금회
④ 사회복지관 – 노인보호전문기관 – 성폭력피해상담소
⑤ 다문화가족지원센터 – 사회복지공동모금회 – 한국사회복지사협회

답 ⑤

✅ **응시생들의 선택**

① 12%	② 21%	③ 5%	④ 12%	⑤ 50%

① 지역아동센터: 이용시설, 사회복지협의회: 간접, 주민센터: 공공
② 장애인복지관: 이용시설, 주민센터: 직접, 지역사회보장협의체: 공공
③ 청소년쉼터: 생활시설, 사회복지관: 직접, 사회복지공동모금회: 민간
④ 사회복지관: 이용시설, 노인보호전문기관: 직접, 성폭력피해상담소: 민간(국가 또는 지자체에서도 설치·운영 가능)

사회복지실천현장 중 1차 현장이면서 동시에 이용시설로만 구성된 것은?

① 노인복지관, 아동상담소, 종합병원
② 보호관찰소, 사회복지관, 정신건강복지센터
③ 학교, 정신건강복지센터, 사회복지관
④ 부랑인시설, 청소년쉼터, 보건소
⑤ 지역자활센터, 지역아동센터, 장애인복지관

답 ⑤

✅ **응시생들의 선택**

① 12%	② 2%	③ 3%	④ 36%	⑤ 47%

① 노인복지관, 아동상담소만 1차 현장이면서 이용시설이다.
② 사회복지관만 1차 현장이면서 이용시설이다. 보호관찰소, 정신건강복지센터는 2차 현장이면서 이용시설이다.
③ 학교는 2차 현장이면서 이용시설이다.
④ 부랑인시설과 청소년쉼터는 1차 현장이지만 생활시설이며, 보건소는 2차 현장이면서 이용시설이다.

다음 내용이 왜 틀렸는지를 확인해보자

01 공공시설은 1차 현장, 민간시설은 2차 현장으로 구분한다.

> 1차 현장, 2차 현장의 구분은 기관의 기능에 따른 구분이다.

`04-03-27`

02 가정폭력피해자보호시설(쉼터)은 **이용시설**에 해당한다.

> 가정폭력피해자보호시설(쉼터)은 주거 서비스를 제공하기 때문에, 즉 클라이언트가 시설에 입소하여 서비스를 받기 때문에 생활시설에 해당한다.

`12-03-12`

03 정신건강복지센터는 **1차 현장이며 이용시설**이다.

> 정신건강복지센터는 2차 현장이며 이용시설이다.

04 재가노인복지시설은 이용시설이며, **노인주간보호센터는 생활시설**이다.

> 노인주간보호센터는 이용시설로 재가노인복지시설 중 주간서비스를 제공하는 시설이다. 부득이한 사유로 가족이 보호할 수 없는 낮 시간 동안 시설에서 제공하는 서비스를 받을 수 있다.

05 사회복지관은 1차 현장이지만, 노인복지관, 장애인복지관, 아동복지관 등은 **2차 현장**에 해당한다.

> 노인복지관, 장애인복지관, 아동복지관 등은 대상에 따라 특화된 복지관일 뿐 모두 1차 현장에 해당한다.

06 사회복지공동모금회, 자원봉사센터, **지역자활센터** 등은 간접서비스기관이다.

> 지역자활센터는 기초생활 수급자 및 차상위계층, 저소득층 주민들에게 직업훈련, 자활교육, 직업알선 등의 서비스를 지원하는 직접서비스기관이다.

빈칸에 들어갈 알맞은 말을 채워보자

01 학교, 보호관찰소, 의료기관 등 기관의 일차적인 기능은 따로 있으며, 필요에 의해 사회복지서비스를 제공하는 기관을 (   )차 현장이라고 한다.

02 사회복지관이나 지역아동센터처럼 주거서비스를 제공하지 않는 시설을 (   )시설이라고 한다.

03 (   )시설은 주거서비스를 포함한 사회복지서비스를 제공하는 시설을 말한다.

12-03-12
04 청소년쉼터는 (①   )차 현장이며 (②   )시설이다.

05 아동양육시설은 (①   )차 현장이며, 영유아 어린이집은 (②   )차 현장이다.

09-03-02
06 노인복지관은 재가노인서비스를 제공하는 (   )시설이다.

07 이용자에게 사회서비스를 직접 제공하는 기관이 직접 서비스 기관이라면, 사회복지공동모금회나 자원봉사센터와 같이 서비스를 직접 제공하지 않으면서도 사회복지의 실현을 위해 운영되는 기관을 (   ) 서비스 기관이라고 한다.

17-03-02
08 기관의 설립주체에 따라 구분할 때 지역사회보장협의체는 공공기관이며, 한국사회복지사협회는 (   ) 기관이다.

18-03-04
09 장애인복지관, 노인복지관, 지역아동센터는 (①   )차 현장이면서 (②   )시설이다.

03-03-08
10 모자가족복지시설은 (①   )차현장이고, 보건소는 (②   )차현장이다.

답 **01** 2 **02** 이용 **03** 생활 **04** ① 1 ② 생활 **05** ① 1 ② 2 **06** 이용 **07** 간접 **08** 민간 **09** ① 1 ② 이용 **10** ① 1 ② 2

다음 내용이 옳은지 그른지 판단해보자

11-03-27
01 지역아동센터는 민간기관이다. ⓞⓧ

11-03-27
02 보건소는 1차 현장에 해당한다. ⓞⓧ

17-03-02
03 사회복지공동모금회는 공공기관이다. ⓞⓧ

14-03-16
04 노인요양시설은 이용시설이다. ⓞⓧ

14-03-16
05 청소년쉼터는 생활시설이다. ⓞⓧ

21-03-13
06 노인보호전문기관은 생활시설이다. ⓞⓧ

21-03-13
07 발달장애인지원센터는 이용시설이다. ⓞⓧ

답 **01**○ **02**× **03**× **04**× **05**○ **06**× **07**○

해설 **02** 보건소는 2차 현장에 해당한다.
03 사회복지공동모금회는 민간기관이다.
04 노인요양시설은 생활시설이다.
06 노인보호전문기관은 노인복지법상 국가 및 지방자치단체가 노인학대 관련 문제에 관한 지역 간 연계체계를 구축하고 노인학대를 예방하기 위해 설치·운영하는 기관이다. 노인학대 신고 전화 운영 및 사례접수, 현장조사, 상담 및 사례관리가 주된 사업이기 때문에 이용시설에 해당한다. 쉼터를 직접 운영하는 기관도 있지만 그렇지 않은 기관도 있어 사례에 따라 쉼터 입소가 필요한 경우 네트워크를 통해 연계·의뢰한다.

069 사회복지사의 역할

강의 QR코드

1회독 월 일 / 2회독 월 일 / 3회독 월 일

★★★
최근 10년간 **4문항** 출제

복습 1 이론요약

사회복지사의 다양한 역할

- **중개자**: 도움을 필요로 하는 **클라이언트와 자원 및 서비스를 연결**하는 역할
- **중재자**: 양자 간의 논쟁에 개입하여 타협, 차이점 조정 혹은 상호 간 만족스러운 **합의점을 도출**해내는 역할
- **옹호자**: 사회정의를 지키고 유지하려는 목적으로 **표적집단에 대해 개인, 집단, 지역사회의 입장을 직접적으로 대변·보호·개입·지지**
- 조력자: 클라이언트가 스스로 문제를 해결할 수 있도록 역량을 강화하고 자원을 찾을 수 있도록 돕는 역할
- 교사(교육자): 전문적 지식이나 기술, 정확한 정보를 제공
- 행동가(활동가): 사회적 불평등, 차별 등에 맞서 기본적인 제도 변화를 추구
- 협상가: 갈등 상황에 있는 양자 사이에서 합의를 이끌어내는 역할(중재자가 중립적 입장이라면 협상가는 피해집단 등 어느 한편에 선다는 차이가 있음)
- **조정자: 사례관리자로서의 역할**
- 계획가: 클라이언트나 주민의 욕구에 맞는 서비스 및 프로그램 개발, 정책 개발

기능에 따른 분류

- 직접적 서비스 제공: 상담가, 가족치료사, 집단지도자 등
- 체계와 연결: 중개자, 사례관리자, 중재자, 클라이언트 옹호자 등
- 체계 유지 및 강화: 조직분석가, 촉진자, 팀성원, 자문가 등
- 연구·조사자: 프로그램 평가자, 조사자 등
- 체계개발: 프로그램 개발자, 기획가 등

기본개념

사회복지실천론
pp.90~

01 (21-03-02) 중재자: 양자 간의 논쟁에 개입하여 중립을 지키면서 상호합의를 이끌어내는 역할

02 (17-03-06) 옹호자: 클라이언트 권익 변호

03 (17-03-06) 계획자: 변화과정 기획

04 (17-03-06) 연구자: 개입효과 평가

05 (17-03-06) 교육자: 지식과 기술 전수

06 (16-03-04) 중개자(broker): 가족이 없는 중증장애인에게 주거시설을 소개해주는 것

07 (16-03-04) 중재자(mediator): 갈등으로 이혼위기에 처한 부부 관계에 개입하여 상호 만족스러운 합의점을 도출하는 것

08 (16-03-04) 옹호자(advocate): 장애학생의 교육권 확보를 위해 학교당국에 편의시설을 요구하는 것

09 (16-03-04) 조력자(enabler): 알코올중독자가 자신의 문제를 깨닫고 금주방법을 찾도록 도와주는 것

10 (13-03-02) 사회복지사는 유용한 자원에 대한 정보나 이용 능력이 부족한 클라이언트를 위해 사례관리자, 옹호자, 조력자, 중개자 등의 역할을 수행할 수 있다.

11 (10-03-29) 학교폭력 가해학생에게 분노조절 프로그램을 소개하는 것은 중개자로서의 역할이다.

12 (10-03-29) 돌봄서비스를 받고 있는 노인과 직원 간 갈등을 해결하는 것은 중재자로서의 역할로 볼 수 있다.

13 (08-03-09) 교사, 상담가 등의 역할은 미시적 수준에서 대면 서비스를 제공하는 사회복지사의 역할이다.

14 (06-03-14) 사회복지사가 타 기관의 요청에 따라 프로그램 개발과 관련된 전문적인 조언을 제공한 경우는 전문가로서의 역할에 해당한다.

15 (05-03-08) 이주노동자의 임금체불 문제를 제기하고 해결하려는 사회복지사의 역할은 옹호자로서의 역할에 해당한다.

16 (02-03-32) 사회복지사는 교육자로서 부모에게 자녀 양육기술을 가르칠 수도 있다.

대표기출 확인하기

21-03-02
난이도 ★★☆

양자 간의 논쟁에 개입하여 중립을 지키면서 상호합의를 이끌어내는 사회복지사의 역할은?

① 중개자   ② 조정자
③ 중재자   ④ 옹호자
⑤ 교육자

 알짜확인

- 사회복지사는 다양한 역할을 수행하게 되는데, 사회복지사의 실천활동이 어디에 주요 초점을 두고 있느냐에 따라 그 역할을 구분할 수 있다. 각 역할마다 중첩되는 부분도 있지만 주된 내용은 다르므로 이를 잘 파악하여 구분해두도록 하자.
- 사회복지사는 한번에 하나의 역할만 하게 되는 것은 아니기 때문에 다양한 역할을 동시에 수행하게 됨에 따라 역할갈등을 겪을 수 있다는 점도 같이 기억해두자.

답 ③

✔ **응시생들의 선택**

① 3%	② 7%	③ 87%	④ 2%	⑤ 1%

① 중개자: 도움을 필요로 하는 클라이언트와 자원 및 서비스를 연결하는 역할
② 조정자: 다양한 기관에서 산발적으로 주어지는 서비스들을 조직적인 형태로 정리하는 역할
④ 옹호자: 불이익을 받는 개인, 집단, 지역사회의 입장을 대변 · 보호 · 지지하는 활동
⑤ 교육자: 클라이언트의 사회적 기능이나 문제해결 능력이 향상될 수 있도록 정보 · 기술 제공

관련기출 더 보기

17-03-06
난이도 ★☆☆

사회복지사의 역할에 관한 설명으로 옳지 않은 것은?

① 옹호자: 클라이언트 권익 변호
② 계획자: 변화과정 기획
③ 연구자: 개입효과 평가
④ 교육자: 지식과 기술 전수
⑤ 중개자: 조직이나 집단 갈등 해결

답 ⑤

✔ **응시생들의 선택**

① 2%	② 3%	③ 10%	④ 2%	⑤ 83%

- 중개자의 역할은 도움을 필요로 하는 클라이언트와 자원 및 서비스를 연결하는 역할이다.
- 조직이나 집단 간에 일어나는 논쟁, 갈등 상황에 개입하여 합의점을 도출해내는 데 초점을 두는 역할은 중재자의 역할에 해당한다.

12-03-24
난이도 ★★★

사회복지사의 기능과 역할의 연결이 옳지 않은 것은?

① 직접 서비스 기능 – 상담가
② 체계 연결 기능 – 사례관리자
③ 체계 유지 기능 – 팀 성원
④ 체계 개발 기능 – 옹호자
⑤ 체계 강화 기능 – 촉진자

답 ④

✔ **응시생들의 선택**

① 3%	② 7%	③ 20%	④ 67%	⑤ 2%

④ 옹호자 역할은 체계 연결 기능에 해당한다.

다음 내용이 옳은지 그른지 판단해보자

01 사회복지사의 다양한 역할은 명확한 구분이 가능하다.

`13-03-02`

02 사회복지사는 유용한 자원에 대한 정보나 이용 능력이 부족한 클라이언트를 위해 중개자, 사례관리자, 조력자, 조직분석가로서 역할을 수행한다.

`08-03-09`

03 사회복지사가 수행하는 교사, 상담가, 행동가로서의 역할은 미시 수준에서 이루어지는 실천활동이다.

04 중재자로서의 역할은 클라이언트나 피해집단의 편에 서서 갈등을 해결하는 데에 초점을 둔다.

`10-03-29`

05 사회복지사는 옹호자로서 미등록 이주노동자 자녀가 교육을 받을 수 있도록 관계법 개정을 제안할 수 있다.

`12-03-24`

06 사회복지사가 수행하는 체계 개발 기능에는 대표적으로 옹호자로서의 역할이 있다.

`01-03-05`

07 거동이 불편한 독거노인에게 병원에 동행할 자원봉사자를 연계해주는 사회복지사의 역할은 중개자로서의 역할이다.

08 사회복지사는 옹호자로서 표적집단에 대해 클라이언트의 입장을 직접 대변함으로써 클라이언트의 권리를 보호한다.

답 **01** ✕ **02** ✕ **03** ✕ **04** ✕ **05** ○ **06** ✕ **07** ○ **08** ○

해설 **01** 다양한 역할은 사실상 중첩되는 부분들도 있기 때문에 명확한 구분은 어렵지만 각 역할마다 주요 초점은 다르다.
02 조직분석가(analyst)는 서비스 전달 시 효율성을 떨어뜨리는 기관의 정책·기능적 관계를 평가하는 역할로서 체계유지 및 강화의 역할을 한다.
03 기존의 제도 개선을 추진하는 행동가로서의 역할은 거시 수준에서 진행된다.
04 중재자로서의 역할은 어느 한 편에 서기보다는 제3자의 입장에서 객관적으로 양자 간의 타협을 도출해내는 데에 초점을 둔다.
06 옹호자로서의 역할은 체계 연결 기능에 해당한다. 체계 개발 기능은 프로그램 개발자, 기획자 등의 역할이 해당된다.

5장

사회복지실천의
주요 관점 및 이론

이 장에서는

통합적 접근의 등장배경 및 주요 특징을 살펴보고, 통합적 접근과 관련한 체계이론, 생태체계관점, 4체계 및 6체계 모델 등을 학습한다. 자주 출제되는 내용들을 잘 정리해두고, 4체계 및 6체계모델은 사례제시형 문제를 훈련해야 한다. 이와 함께 강점관점을 기반으로 한 역량강화모델 및 다문화관점에 대해서도 살펴본다.

10년간 출제분포도

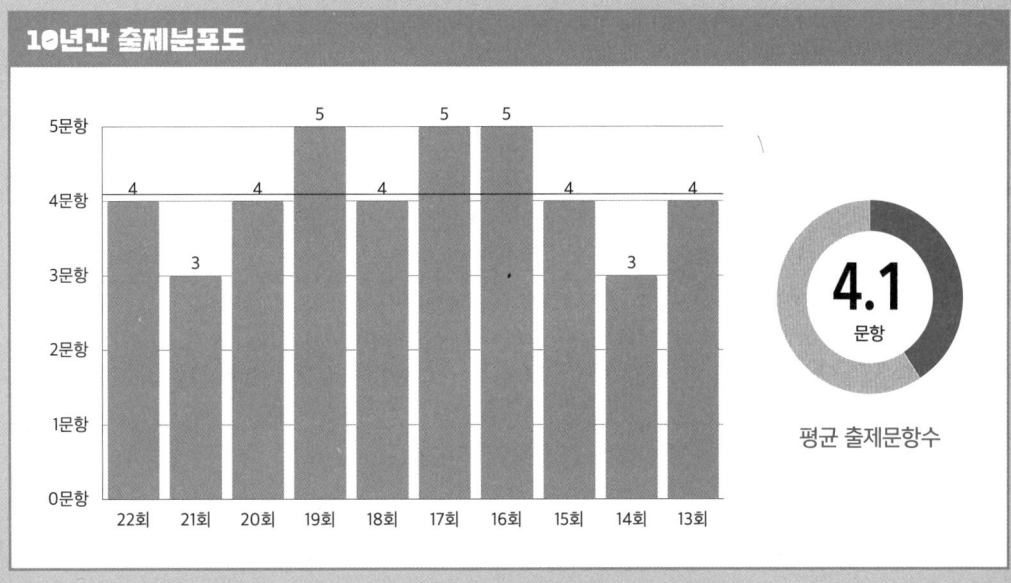

평균 출제문항수: 4.1문항

회차	22회	21회	20회	19회	18회	17회	16회	15회	14회	13회
문항수	4	3	4	5	4	5	5	4	3	4

070 통합적 접근의 등장배경 및 특징

강의 QR코드

1 회독	2 회독	3 회독
월 일	월 일	월 일

복습 1 이론요약

통합적 접근의 개념

개인, 집단, 지역사회에서 제기되는 사회문제에 활용할 수 있는 공통된 원리나 개념을 제공하는 방법의 통합화를 의미

기본개념

사회복지실천론
pp.100~

통합적 접근의 등장배경

• 전통적 방법론에 따른 접근은 주로 특정 문제를 중심으로 개입함에 따라 **복합적인 문제에 대해 개입**하기 위한 방법론을 모색하게 되었다.

• 전통적인 방법에서는 문제 중심으로 개입함에 따라 분화와 전문화가 강조되었고 이는 **서비스의 파편화**로 이어졌다. 클라이언트의 문제는 다양한 문제가 복합적으로 얽혀있는 경우가 많은데 어디서 어떤 서비스를 받아야 할지에 대한 혼란과 여러 기관을 찾아 다녀야 하는 불편이 일어났다.

• 공통된 기반 없이 각각의 영역이 분절적으로 발전하면서 각 분야별 사회복지사 간 **의사소통과 협력에 어려움이 발생**하게 되었다.

• 사회복지실천의 공통요소에 대한 필요성이 제기되면서 1929년 밀포드회의에서는 8개 영역의 공통요소를 발표하였다. 이후 1960~70년대에 통합적 방법에 대한 이론과 모델들이 활발하게 제시되었다.

통합적 방법론의 특징

• **일반주의 접근**: 사회복지실천 과정에서 개인, 집단, 지역사회를 대상으로 개입할 때 적용할 수 있는 **원리나 개념 등 공통된 기반이 있음**을 전제로 함

• 인간이나 환경 중심의 접근으로 이분화하는 것이 아니라 이 두 체계 간의 공유영역에 개입함

• 순환적 인과론 적용

• 경험적으로 검증된 개입방법 선호

• 특정 이론을 따르지 않으며 전통적 접근도 활용(정신분석이론을 배제하지 않음)

• 클라이언트의 존엄성 존중

• 클라이언트의 참여, 자기결정권, 개별화 강조

• 클라이언트의 잠재성 및 성장가능성을 바탕으로 한 미래지향적 관점

통합적 방법에서 지향하는 실천요소

- 생태체계적 관점
- 광범위하고 포괄적으로 문제를 규정함
- 개인, 가족, 집단, 지역사회 등 **다양한 수준에서 접근**
- **체계와 환경 간 관계**를 중요시함
- **이론과 개입방법을 개방적으로 선택함**(다양한 이론과 개입방법을 선택적으로 활용, 특정 이론을 고집하지 않음)
- 사회복지실천과정을 점진적으로 문제를 해결하는 과정, 즉 **문제해결 과정**으로 봄

'환경 속의 인간(PIE)' 관점

- 개인과 환경 간 상호작용 증진의 책임을 개인, 환경 모두에게 두는 것을 의미
- 인간이 경험하는 각종 사회복지적 문제를 개인 또는 환경 중 어느 한쪽의 결함으로 보기보다는 개인적 요소와 환경적 요소가 서로 어우러져 나타난 결과로 보는 관점
- PIE 분류체계
  - 요소 1. **사회적 기능 수행상 문제**: 클라이언트의 사회적 역할문제 확인 및 묘사. 문제의 유형, 문제에 따른 어려움의 정도, 대응능력 등
  - 요소 2. **환경상의 문제**: 요소 1에 영향을 주고 있는 환경상의 문제 묘사. 환경조건, 문제의 지속기간 등
  - 요소 3. **정신건강 문제**: 클라이언트의 현재 정신적, 성격적 혹은 발달상의 장애 혹은 상태
  - 요소 4. **신체건강 문제**: 사회적 역할 수행과 환경에 관한 문제를 살펴보고, 문제를 지속시킬 수 있는 현재의 신체적 장애 혹은 상태를 표시

01 (22-03-13) 통합적 접근은 클라이언트의 참여와 개별성을 강조한다.

02 (22-03-13) 통합적 접근에서는 광범위하고 포괄적으로 문제를 규정한다.

03 (22-03-13) 통합적 접근에서는 클라이언트의 잠재력에 대해 미래지향적 관점을 갖는다.

04 (22-03-13) 통합적 접근은 사회복지실천 과정에서 공통적으로 적용 가능한 개념이나 원리 등이 있음을 전제한다.

05 (21-03-12) 통합적 접근은 생태체계 관점에서 인간과 환경 체계를 고려한다.

06 (21-03-12) 통합적 접근은 미시 수준에서 거시 수준에 이르는 다차원적 접근을 한다.

07 (21-03-12) 통합적 접근은 개입에 적합한 이론과 방법을 폭넓게 활용한다.

08 (21-03-12) 통합적 접근은 다양하고 복합적인 원인으로 발생하는 문제를 해결하기 위한 접근이다.

09 (20-03-09) 통합적 접근은 전통적인 방법론의 한계로 인해 등장했다.

10 (20-03-09) 통합적 접근에서는 인간의 행동은 환경과 연결되어 있다고 전제한다.

11 (20-03-09) 통합적 접근은 클라이언트의 참여와 자기결정권을 강조한다.

12 (20-03-09) 통합적 접근은 궁극적으로 클라이언트의 삶의 질 향상을 돕고자 한다.

13 (19-03-12) 통합적 접근은 생태체계관점을 토대로 한다.

14 (19-03-12) 통합적 접근은 체계와 체계를 둘러싼 환경 간의 관계를 중시한다.

15 (19-03-12) 통합적 접근은 문제에 대해 광범위하고 포괄적으로 접근한다.

16 (19-03-12) 통합적 접근은 사회복지실천과정을 점진적 문제해결과정으로 본다.

17 (18-03-19) 통합적 방법은 전통적 방법에 비해 다양하고 복잡한 문제 상황에 개입하기에 적합하다.

18 (18-03-19) 통합적 방법을 통해 다양한 클라이언트 체계와 수준에 접근할 수 있다.

19 (16-03-06) 통합적 방법은 일반주의(generalist) 실천에서 활용하는 접근방법이다.

20 (15-03-09) 통합적 방법에서 사회복지사는 다양한 모델과 기술을 활용한다.

21 (15-03-09) 통합적 방법에서는 경험적으로 검증된 개입방법을 우선적으로 적용한다.

22 (13-03-09) PIE 분류체계: 정신건강상 문제, 신체건강상 문제, 사회기능상 문제, 환경상 문제

23 (12-03-13) 통합적 모델은 서비스 분화 및 파편화 문제의 해결에 초점을 두고 등장했다.

24 (12-03-13) 통합적 모델은 환경 속의 인간 개념을 활용한다.

25 (10-03-14) '환경 속 인간' 관점에 따른 실천은 개인과 환경 간 상호작용 증진을 위해 환경변화를 시도하며 개인의 역량을 강화한다.

26 (10-03-19) 통합적 접근에서 사회복지사는 다양한 실천모델을 개방적으로 적용한다.

27 (10-03-22) 클라이언트의 문제는 여러 체계의 상호작용 결과라는 인식이 확산됨에 따라 통합적 접근에 대한 요구도 커졌다.

28 (09-03-11) '환경 속 인간' 관점은 인간과 환경 모두에 초점을 둔다.

29 (09-03-14) 통합적 접근 방법의 등장으로 사회복지실천을 구성하는 공통점이 도출되었다.

30 (09-03-14) 통합적 접근 방법의 등장으로 개인, 가족, 지역사회 등 다양한 체계에 대한 사정과 개입이 가능하게 되었다.

31 (09-03-14) 통합적 접근 방법의 등장으로 클라이언트 욕구에 따른 맞춤형 원조가 가능하게 되었다.

32 (08-03-13) 통합적 접근은 전통적 방법을 활용하기도 한다.

대표기출 확인하기

22-03-13 | 난이도 ★★★

통합적 접근 방법에 관한 설명으로 옳지 않은 것은?

① 클라이언트의 참여와 개별성을 강조한다.
② 광범위하고 포괄적으로 문제를 규정한다.
③ 클라이언트의 잠재력에 대해 미래지향적 관점을 갖는다.
④ 전통적 접근 방법인 개별사회사업과 집단사회사업을 지역사회조직으로 통합하였다.
⑤ 사회복지실천 과정에서 공통적으로 적용 가능한 개념이나 원리 등이 있음을 전제한다.

 알짜확인

- 사회복지실천에 있어 통합적 방법이 등장하게 된 배경을 살펴봐야 한다.
- 등장배경을 바탕으로 주요 특징을 정리해두어야 한다. 주의할 점은 통합적 방법이 전통적 방법의 한계를 지적하면서 제기되었으나 그렇다고 해서 전통적 방법을 배척하는 것은 아니라는 점이다. 이로 인해 통합적 접근의 실천에서는 필요에 따라 전통적 방법의 개념과 기법들을 활용한다.

답 ④

✔ **응시생들의 선택**

① 14%	② 26%	③ 9%	④ 33%	⑤ 18%

④ 통합적 접근은 사회복지실천의 전통적 3대 방법론인 개별사회사업, 집단사회사업, 지역사회조직의 구분에서 벗어나 개인과 집단, 지역사회를 구분하지 않고 포괄적으로 개입할 수 있는 방법론으로서 등장하였다.

관련기출 더 보기

21-03-12 | 난이도 ★★☆

통합적 접근의 특징에 관한 내용으로 옳지 않은 것은?

① 생태체계 관점에서 인간과 환경 체계를 고려한다.
② 미시 수준에서 거시 수준에 이르는 다차원적 접근을 한다.
③ 개입에 적합한 이론과 방법을 폭넓게 활용한다.
④ 다양하고 복합적인 원인으로 발생하는 문제를 해결하기 위한 접근이다.
⑤ 서비스 영역별로 분화되고 전문화된 접근이다.

답 ⑤

✔ **응시생들의 선택**

① 7%	② 3%	③ 4%	④ 6%	⑤ 80%

⑤ 전통적 방법은 특정 문제를 중심으로 분화되고 전문화되었기 때문에 이로 인해 서비스가 파편화됨에 따라 다양한 문제가 뒤엉켜있는 클라이언트는 서비스를 받기 위해 여러 기관들을 찾아다녀야 하는 상황이 되었고 사회복지사는 다양한 문제에 적절히 개입하기 어려워졌다. 이러한 상황을 타개하기 위한 방안으로 사회복지실천의 공통기반을 정리하기 위한 시도와 통합적 방법론이 등장하게 되었다.

20-03-09 | 난이도 ★☆☆

사회복지실천에서 통합적 접근 방법에 관한 내용으로 옳지 않은 것은?

① 전통적인 방법론의 한계로 인해 등장
② 클라이언트의 참여와 자기결정권 강조
③ 인간의 행동은 환경과 연결되어 있음을 전제
④ 이론이 아닌 상상력에 근거를 둔 해결방법 지향
⑤ 궁극적으로 클라이언트의 삶의 질 향상을 돕고자 함

답 ④

✔ **응시생들의 선택**

① 3%	② 1%	③ 1%	④ 94%	⑤ 1%

④ 통합적 접근 방법에서는 다양한 이론과 개입 방법을 개방적으로 선택한다. 특정 이론에 얽매이지 않는다는 것뿐이지 이론을 배제한 채 해결방법을 찾는다는 의미는 아니다.

통합적 방법의 특징으로 옳지 않은 것은?

① 실천의 유용한 이론적 틀로서 생태체계적 관점에 기초한다.

② 개인과 체계 간의 상호작용에 초점을 둔다.

③ 사회복지사는 미시적 수준에서부터 거시적 수준의 실천까지 다양한 체계에 개입한다.

④ 인간에 초점을 두거나 환경에 초점을 두는 2궤도 접근이다.

⑤ 일반주의(generalist) 실천에서 활용하는 접근방법이다.

답 ④

✅ **응시생들의 선택**

① 3%	② 2%	③ 2%	④ 69%	⑤ 24%

④ 인간 중심의 접근이나 환경 중심의 접근으로 이분화하는 것이 아니라 인간과 환경의 상호작용에 초점을 두기 때문에 두 체계 간의 공유영역에 개입한다.

통합적 접근 방법에서 사회복지사의 활동 원칙이 아닌 것은?

① 클라이언트와 협동노력 강조

② 병리보다 강점을 강조

③ 다양한 모델과 기술을 활용

④ 경험적으로 검증된 개입방법을 우선 적용

⑤ 이론에 기초한 개입원리와 기법보다 직관과 창의적 방법 중시

답 ⑤

✅ **응시생들의 선택**

① 1%	② 2%	③ 1%	④ 16%	⑤ 80%

⑤ 통합적 접근은 특정 이론적 접근에 얽매이지 않고 다양한 이론과 개입방법을 선택적으로 활용함을 말하는 것이지, 이론을 배제하는 것은 아니다.

상호작용 맥락을 이해하기 위한 PIE(Person-In-Environment) 분류체계에 포함되지 않는 것은?

① 정신건강상 문제

② 신체건강상 문제

③ 사회기능상 문제

④ 가족구조상 문제

⑤ 환경상 문제

답 ④

✅ **응시생들의 선택**

① 13%	② 23%	③ 7%	④ 10%	⑤ 47%

PIE 분류체계에서는 사회적 기능 수행상 문제, 환경상 문제, 정신건강 문제, 신체건강 문제 등 4가지로 분류하였다.

다음 내용에 적합한 실천모델은?

- 순환적 원인론 적용
- 환경 속의 인간 개념 활용
- 공통의 문제해결 과정의 도출
- 서비스 분화 및 파편화 문제의 해결

① 통합적 모델　　　　② 해결중심모델

③ 기능주의모델　　　　④ 진단주의모델

⑤ 인지행동모델

답 ①

✅ **응시생들의 선택**

① 79%	② 13%	③ 4%	④ 1%	⑤ 4%

11-03-28 난이도 ★★★

통합적 접근의 특성에 해당하는 것을 모두 고른 것은?

> ㄱ. 체계론적 관점(systems perspective)
> ㄴ. 일반주의 접근(generalist approach)
> ㄷ. 다중체계 개입(multi-level intervention)
> ㄹ. 단선적 사고(linear thinking)

① ㄱ, ㄴ, ㄷ   ② ㄱ, ㄷ
③ ㄴ, ㄹ   ④ ㄹ
⑤ ㄱ, ㄴ, ㄷ, ㄹ

답 ①

✓ 응시생들의 선택

① 23%	② 74%	③ 1%	④ 0%	⑤ 2%

ㄹ. 통합적 접근에서는 생태체계적 관점을 취하는데 이는 단선적 사고와는 현격한 차이가 있다. 단선적 사고는 A와 B의 관계를 고려할 때 A가 B의 변화에 기여한 영향만을 살피고 그 과정에서 발생했을지도 모를 A 자신의 변화에는 관심을 보이지 않지만 생태체계적 사고에서는 A와 B 사이에 시간을 두고 지속되는 순환적 교환에 관심을 둔다. 따라서 통합적 접근의 특징은 단선적 사고가 아닌 순환적 사고라고 할 수 있다.

10-03-22 난이도 ★★★

통합적 접근방법의 등장배경이 아닌 것은?

① 지나친 분화와 전문화로 인한 서비스의 파편화
② 사회복지 지식체계에 사회체계이론 도입
③ 자선조직협회 활동을 위한 표준화된 실천방법 필요
④ 클라이언트 문제는 여러 체계의 상호작용 결과라는 인식 확산
⑤ 다양한 실천방법의 공통요소는 '문제해결'임을 발견

답 ③

✓ 응시생들의 선택

① 3%	② 38%	③ 44%	④ 5%	⑤ 10%

③ 자선조직협회 활동을 위한 표준화된 실천방법이 필요한 것이 아니라 전통적인 3대방법론의 한계를 극복하기 위해 실천대상이나 문제별로 분화 및 전문화되어 있는 사회복지실천방법을 통합하려는 시도들이 생겨났으며 이로 인해 통합적 접근방법이 등장하게 되었다.

10-03-14 난이도 ★★☆

'환경 속 인간'을 반영한 실천 내용으로 옳지 않은 것은?

① 개인이 경험하는 문제의 일차적 책임은 환경에 있다고 봄
② 개인·환경 간 상호작용 증진을 위해 환경변화를 시도함
③ 개인·환경 간 상호작용 증진을 위해 개인의 역량을 강화함
④ 문제해결방안을 개인의 변화와 함께 주변 환경의 변화에서도 찾음
⑤ 사회적 맥락을 고려하여 문제를 사정함

답 ①

✓ 응시생들의 선택

① 71%	② 5%	③ 15%	④ 1%	⑤ 8%

환경 속 인간 관점은 개인의 문제에 대한 책임이 전적으로 환경에 있다고 보는 것은 아니며, 문제해결을 위해서는 개인의 변화와 환경적 변화가 모두 필요하다고 보며 둘 사이의 상호작용 증진을 꾀한다.

09-03-11 난이도 ★★☆

'환경 속의 인간' 관점에 관한 설명으로 옳은 것은?

① 생리학에서 출발한다.
② 인간과 환경에 이중 초점(dual focus)을 둔다.
③ 인간 내부의 심리 역동성에만 초점을 둔다.
④ 인간 문제의 원인을 환경 차원에 한정시킨다.
⑤ 사회적 맥락에 대한 고려 없이 문제 진단에 치중한다.

답 ②

✓ 응시생들의 선택

① 5%	② 64%	③ 9%	④ 21%	⑤ 1%

② 환경 속 인간 관점은 개인의 심리적 특성 외에 환경까지 모두 고려해야 한다는 것이다. 개인과 환경 간 상호작용 증진의 책임을 개인, 환경 모두에게 두는 것을 의미하는 것으로 인간이 경험하는 각종 사회복지적 문제의 원인을 개인 또는 환경 중 어느 한쪽의 결함으로 보기보다는 개인적 요소와 환경적 요소가 서로 어우러져 나타난 결과로 본다.

다음 내용이 왜 틀렸는지를 확인해보자

01 통합적 접근은 인간과 환경 간 상호작용을 고려하지는 못한다.

> 인간과 환경의 상호작용에 초점을 두고 두 체계 간의 공유영역에 개입한다.

`09-03-14`

02 통합적 접근은 기존의 전통적 방법을 해체하고 새로운 실천방법을 제시하였다.

> 통합적 방법은 기존의 전통적 방법론 안에서 발견할 수 있는 사회복지실천의 공통요소를 발견하고 통합한 것이다.

03 통합적 접근에서는 경험적 결과를 중요시하지 않는다.

> 경험적으로 검증된 개입방법을 선호한다.

04 통합적 접근은 클라이언트의 잠재적 능력과 자기결정권을 강조하면서도 사회복지사의 전문적 판단을 우선시한다.

> 사회복지사의 전문적 판단을 우선시하지는 않는다.

`15-03-09`

05 통합적 접근방법을 따르는 사회복지사는 이론에 기초한 개입원리와 기법보다 직관과 창의적 방법을 중심으로 개입해야 한다.

> 통합적 접근은 이론과 직관, 창의성을 모두 고려한다.

06 통합적 접근의 발달에 따라 사회복지실천은 각 분야별 전문화가 급격히 진전되었다.

> 통합적 접근은 전문화에 따른 서비스의 파편화 문제를 해결하기 위해 제시되었다.

07 통합적 접근은 체계론적 관점과 거리가 멀다.

> 통합적 접근은 체계론적 관점을 취하며, 다양한 체계 수준에서 접근한다.

다음 내용이 옳은지 그른지 판단해보자

01 통합적 접근방법의 발달은 클라이언트의 복잡하고 다양한 문제를 해결하기 위한 기반이 되었다. ◎ ✕

12-03-13
02 통합적 접근은 서비스의 분화 및 파편화 문제를 해결하기 위한 방법으로서 새롭게 제시된 것이다. ◎ ✕

18-03-19
03 사회복지실천에서 통합적 방법은 다양한 유형의 클라이언트를 통합한다는 의미를 가진다. ◎ ✕

04 1929년 밀포드 회의를 통한 사회복지실천의 공통요소 발견은 통합적 접근을 위한 노력이었다. ◎ ✕

11-03-28
05 통합적 접근은 일반주의적 접근이며, 다중체계에 개입한다. ◎ ✕

09-03-13
06 개별이론을 집중적으로 발전시킬 필요성이 제기됨에 따라 통합적 접근방법이 등장하게 되었다. ◎ ✕

07 통합적 접근을 따르는 사회복지사는 경험적으로 검증된 개입방법을 우선 적용하며, 다양한 모델과 기술을 활용한다. ◎ ✕

07-03-25
08 통합적 접근은 클라이언트의 문제에 대해 광범위하고 포괄적으로 접근하며 특정 이론을 적용한다. ◎ ✕

09-03-13
09 통합적 접근방법이 나타남에 따라 서비스 영역별 분화가 촉진되었다. ◎ ✕

답 **01** ○ **02** ✕ **03** ✕ **04** ○ **05** ○ **06** ✕ **07** ○ **08** ✕ **09** ✕

해설 **02** 통합적 방법은 기존의 전통적 방법을 부인하는 완전히 새로운 방법이 아니라 기존의 전통적 방법론 안에서 발견할 수 있는 사회복지 실천의 공통요소를 발견하고 통합한 것이다.

03 통합적 방법은 비슷한 유형의 클라이언트를 통합한다거나 분류한다거나 유형화한다는 것이 아니라, 다양한 유형의 클라이언트에 개입할 때 적용할 수 있는 공통된 원리나 개념이 있음을 전제로 한다는 것이다.

06 통합적 접근은 사회복지실천에서 공통요소를 모색하기 위해 등장한 것이다.

08 통합적 접근은 다양한 이론과 모델을 클라이언트의 문제, 상황 등에 따라 적절히 선택하여 적용하는 개방적 관점이다.

09 서비스 영역별 분화로 인해 사회복지 전문직 간 의사소통 및 상호협력이 어려워지게 되었고 이는 통합적 접근이 제기된 등장배경이 된다.

071 강점관점 및 역량강화모델

강의 QR코드

최근 10년간 **15문항** 출제

1회독	2회독	3회독
월 일	월 일	월 일

복습 1 이론요약

강점관점

- 모든 인간은 성장하고 변화할 능력을 이미 내면에 가지고 있다고 보는 관점
- 문제를 <u>도전의 전환점</u> 혹은 <u>성장의 기회</u>로 봄
- 사회복지사와 클라이언트 간 <u>협력적 관계</u> 구축

▶ 병리관점 vs 강점관점

병리관점	강점관점
클라이언트의 병리성을 진단	현재 상황의 극복에 필요한 힘을 사정
병리적 문제의 치료 중심	재능, 자원, 강점 등 역량강화 중심
전문가의 지식, 기술, 판단에 따른 개입	자기결정권 존중, 협력관계 강조
과거, 무의식 분석	현재와 미래에 초점

기본개념

사회복지실천론
pp.128~

임파워먼트모델(역량강화모델)의 특징 및 개입과정

▶ 개념 및 특징

- **생태체계관점**과 **강점관점**을 이론적 기반으로 함
- 클라이언트의 문제를 자원의 부족 내지는 자원을 이용할 수 있는 능력의 부족으로 보고 역량강화를 통해 스스로 삶을 통제할 수 있도록 하는 데 초점을 둠
- 이 모델에서 클라이언트는 수혜자가 아닌 소비자로 위치하며, **주체성과 자기결정권 등을 가짐**
- 역량강화는 개인, 대인관계, 구조적 차원(= 사회·정치적 차원) 등 모든 사회체계 수준에 적용 가능함

▶ 개입과정 및 과업

- **대화단계**: 파트너십의 형성, 현재 상황의 명확화, 방향 설정
- **발견단계**: 강점 확인, 자원의 역량사정, 해결방안 수립
- **발전단계**: 자원 활성화, 기회의 확대, 성공의 확인, 성과의 집대성

01 (22-03-09) 강점관점에서 개입의 핵심은 개인과 가족, 지역사회의 참여이다.

02 (22-03-12) 임파워먼트 모델은 클라이언트의 적극적인 참여를 강조한다.

03 (21-03-11) 임파워먼트모델은 비장애인이 대부분인 사회에서 장애인 클라이언트의 취약한 권리에 주목하였다. 사회복지사와 클라이언트 집단은 장애인의 권익을 옹호하는데 협력하였다. 대화, 발견, 발전의 단계를 통해 클라이언트 집단은 주도적으로 불평등한 사회제도를 개선하였다.

04 (20-03-08) 강점 관점에서는 클라이언트를 재능과 자원을 가진 사람으로 규정하고, 개입의 초점을 클라이언트의 가능성에 둔다.

05 (20-03-08) 강점 관점에서 개입의 핵심은 개인, 가족, 지역사회의 참여이다.

06 (20-03-08) 강점 관점에서 돕는 목적은 클라이언트의 삶에 함께 하며 가치를 확고히 하도록 지원하는 것이다.

07 (19-03-04) 임파워먼트모델의 대화단계에서는 방향 설정, 파트너십 형성, 현재 상황의 명확화 등을 진행한다.

08 (19-03-08) 강점관점에서는 모든 개인·집단·가족·지역사회는 강점을 가지고 있다고 보며, 클라이언트의 고난은 상처가 될 수 있지만 동시에 도전과 기회가 될 수 있다고 본다.

09 (19-03-08) 강점관점에서는 클라이언트와 협동 작업을 강조한다.

10 (18-03-18) 임파워먼트 모델은 클라이언트와의 협력을 중요시하며 문제해결 방안을 함께 수립한다.

11 (18-03-18) 임파워먼트 모델은 개입과정은 대화-발견-발달(발전) 단계로 진행된다.

12 (17-03-12) 개인, 대인관계, 제도적 차원에서 임파워먼트가 이루어진다.

13 (17-03-12) 임파워먼트 모델에서는 클라이언트를 위해 자원동원 및 권리옹호를 진행한다.

14 (16-03-12) 강점관점은 외상, 학대, 질병 등과 같은 힘겨운 일들을 도전과 기회로 고려한다.

15 (15-03-07) 강점관점은 사회복지사와 클라이언트의 협동 작업을 강조한다.

16 (15-03-07) 강점관점에서는 개입의 초점이 가능성에 있다.

17 (15-03-07) 역량강화모델에 따른 실천활동에는 클라이언트에 대한 직접적인 개입 외에 사회변화를 위한 행동에의 참여도 포함된다.

18 (14-03-06) 강점관점은 클라이언트의 희망과 용기를 강조한다.

19 (13-03-21) 임파워먼트모델의 대화단계에서 사회복지사는 현재 상황을 명확하게 이해함으로써 방향을 설정해야 한다.

20 (13-03-21) 임파워먼트모델의 발견단계에서 사회복지사는 클라이언트의 강점을 확인하고 구체적인 해결방안을 수립해야 한다.

21 (11-03-12) 권한부여는 클라이언트의 발전가능성에 대한 믿음, 독특성을 인정하는 개별화, 클라이언트의 협력 등을 토대로 이루어진다.

22 (09-03-17) 임파워먼트모델에서는 개인의 강점과 자기결정권을 강조한다.

대표기출 확인하기

21-03-11 난이도 ★★☆

다음에서 설명하고 있는 사회복지실천모델은?

- 비장애인이 대부분인 사회에서 장애인 클라이언트의 취약한 권리에 주목하였다.
- 사회복지사와 클라이언트 집단은 장애인의 권익을 옹호하는데 협력하였다.
- 대화, 발견, 발전의 단계를 통해 클라이언트 집단은 주도적으로 불평등한 사회제도를 개선하였다.

① 의료모델 ② 임파워먼트모델
③ 사례관리모델 ④ 생활모델
⑤ 문제해결모델

▶ 알짜확인

- 임파워먼트 모델의 주요 특징을 그 바탕이 되는 강점 관점과 함께 살펴봐야 한다.
- 임파워먼트 모델은 대화단계, 발견단계, 발전단계로 진행되는데, 이 진행 순서와 함께 각 단계별 실천 과업을 정리해두어야 한다. 특히 발견단계와 발전단계를 헷갈려 하는 경우가 많으므로 잘 구분해두자.

답 ②

✔ 응시생들의 선택

① 1%	② 62%	③ 5%	④ 1%	⑤ 31%

① 의료모델: 정신분석학을 기반으로 한 병리관점의 모델
③ 사례관리모델: 지역사회의 다양한 자원을 연결하여 클라이언트의 복합적 문제에 포괄적으로 대응하는 모델
④ 생활모델: 인간과 환경의 상호작용에 초점을 두고 생활과정 안에서의 문제해결을 강조한 모델
⑤ 문제해결모델: 클라이언트의 문제해결 능력 회복에 초점을 둔 모델

관련기출 더 보기

22-03-09 난이도 ★★☆

강점관점에 관한 설명으로 옳은 것을 모두 고른 것은?

ㄱ. 개입의 핵심은 개인과 가족, 지역사회의 참여이다.
ㄴ. 클라이언트의 능력보다 전문가의 지식이 우선시 된다.
ㄷ. 사회복지사는 클라이언트의 진술을 긍정적으로 재해석하여 활용한다.
ㄹ. 현재 강점을 갖게 된 어린 시절의 원인 사건에 치료의 초점을 맞춘다.

① ㄱ ② ㄱ, ㄹ
③ ㄴ, ㄷ ④ ㄱ, ㄷ, ㄹ
⑤ ㄱ, ㄴ, ㄷ, ㄹ

답 ①

✔ 응시생들의 선택

① 60%	② 4%	③ 2%	④ 32%	⑤ 2%

ㄴ. ㄷ. ㄹ는 병리관점에 해당한다.
ㄴ. 강점관점에서는 클라이언트가 이미 문제해결을 위한 힘과 강점을 가지고 있다고 인정하며 클라이언트를 자기 삶에 대한 전문가로 본다.
ㄷ. 강점관점에서는 클라이언트의 진술을 그 사람에 대해 알기 위한 과정으로 보며, 사회복지사의 관점에서 재해석하지 않는다.
ㄹ. 강점관점에서는 과거의 경험이 꼭 원인이 된다고 보지 않는다. 과거의 경험은 개인을 약하게도, 강하게도 할 수 있다고 보기 때문에 반드시 성인 병리와 연결되는 것은 아니라고 본다.

임파워먼트모델의 실천단계를 대화단계, 발견단계, 발전단계로 나눌 때, 대화단계에서 실천해야 할 과정을 모두 고른 것은?

> ㄱ. 방향 설정　　　ㄴ. 자원 활성화
> ㄷ. 강점의 확인　　ㄹ. 기회의 확대
> ㅁ. 파트너십 형성　ㅂ. 현재 상황의 명확화

① ㄱ, ㄴ, ㄷ　　　② ㄱ, ㄷ, ㄹ
③ ㄱ, ㅁ, ㅂ　　　④ ㄴ, ㄷ, ㄹ
⑤ ㄴ, ㄷ, ㄹ, ㅁ, ㅂ

답 ③

✔ 응시생들의 선택

① 4%	② 5%	③ 83%	④ 1%	⑤ 7%

ㄴ. ㄹ. 자원 활성화 및 기회의 확대는 발전단계에 해당한다.
ㄷ. 강점의 확인은 발견단계에 해당한다.

임파워먼트 모델에서 사회복지사의 활동으로 옳지 않은 것은?

① 활용 가능한 자원 확보
② 역량강화를 위한 실천가 중심의 개입
③ 클라이언트와 사회복지사의 역할 정하기
④ 권리와 함께 클라이언트의 책임 강조
⑤ 클라이언트 감정의 구체화

답 ②

✔ 응시생들의 선택

① 2%	② 59%	③ 11%	④ 13%	⑤ 15%

② 실천가가 아닌 클라이언트 중심의 개입 활동이 이루어져야 한다.

강점관점에 관한 설명으로 옳지 않은 것은?

① 개인을 진단에 따른 증상을 가진 자로 규정한다.
② 개입의 초점이 가능성에 있다.
③ 외상과 학대 경험은 클라이언트에게 도전과 기회의 원천이 될 수 있다.
④ 모든 환경 속에는 활용 가능한 자원이 있다.
⑤ 사회복지사와 클라이언트의 협동 작업이 이루어질 때 클라이언트에게 최선의 도움이 주어질 수 있다.

답 ①

✔ 응시생들의 선택

① 48%	② 3%	③ 41%	④ 7%	⑤ 1%

① 개인을 진단에 따른 증상을 가진 자로 규정하는 것은 강점관점이 아닌 병리관점에 해당한다.

권한부여(empowerment)의 개념과 거리가 먼 것은?

① 클라이언트와의 협력
② 다양한 계층에 대한 수용
③ 발전가능성에 대한 믿음
④ 사회복지사의 주도적 개입
⑤ 독특성을 인정하는 개별화

답 ④

✔ 응시생들의 선택

① 1%	② 2%	③ 1%	④ 93%	⑤ 2%

④ 권한부여 혹은 임파워먼트, 역량강화에서는 클라이언트의 잠재력을 믿으며 개인, 가족, 지역사회를 클라이언트 삶의 전문가로 본다. 따라서 사회복지사의 주도적 개입보다는 클라이언트의 주도적인 참여와 활동을 중요시하며 협력관계를 강조한다.

다음 내용이 왜 틀렸는지를 확인해보자

01 역량강화모델은 클라이언트를 <u>치료해야 할 대상</u>으로 본다.

> 클라이언트를 치료 대상으로 보는 것은 병리관점에 해당한다.
> 역량강화모델은 강점관점을 기반으로 하기 때문에 클라이언트를 치료 대상으로 보지는 않는다.

02 강점 관점은 <u>모든 인간은 성장하고 변화할 능력과 의지가 부족</u>하기 때문에 이러한 생각을 긍정적으로 전환시킴으로써 문제를 해결해나갈 수 있다고 전제한다.

> 강점 관점은 모든 인간은 성장하고 변화할 능력을 이미 내면에 가지고 있다고 보기 때문에 클라이언트 역시 자신의 문제를 해결할 수 있는 잠재력을 이미 갖고 있다고 본다.

`13-03-21`
03 역량강화모델에서 성공의 확인, 기회의 확대 등은 <u>발견단계</u>의 과업에 해당한다.

> 발전단계의 과업에 해당한다.

04 역량강화모델은 문제를 병리로 간주하는 <u>의료모델을 토대로 발전</u>하였다.

> 문제를 병리로 간주하는 의료모델에 대항하며 강점관점이 등장했고, 이러한 강점관점은 역량강화모델의 이론적 기반이 되었다.

`17-03-10`
05 강점관점에서 말하는 클라이언트의 강점은 용기와 낙관주의 같은 <u>개인 내적인 요소로 한정</u>된다.

> 강점은 용기와 낙관주의 같은 개인 내적인 요소뿐만 아니라 타고난 개성이나 재능, 후천적인 노력으로 얻은 자원이나 자산, 환경적 요소, 지지체계 등이 모두 포함된다.

`06-03-06`
06 강점관점에서는 <u>클라이언트의 진술보다 사회복지사의 전문적 판단</u>을 더 중요하게 여긴다.

> 강점관점에서는 클라이언트의 진술을 중요하게 여긴다.

18-03-18

07 임파워먼트모델은 클라이언트의 문제와 부적응에 대한 개입에 초점을 맞춘다.

임파워먼트모델은 클라이언트의 문제와 부적응을 치료하는 것에 초점을 두는 대신, 클라이언트가 가진 가능성과 강점에 초점을 둔다.

08 임파워먼트모델에서는 클라이언트가 가진 개인적 능력과 자원이 부족하다고 보기 때문에 **개인의 자기결정권을** 인정하지 않는다.

임파워먼트모델에서는 클라이언트의 부족한 자원을 개입을 통해 보완함으로써 역량을 강화해나가며, 클라이언트의 자기결정권을 중요시한다.

빈칸에 들어갈 알맞은 말을 채워보자

17-03-10

01 강점관점에서 클라이언트의 삶의 전문가는 (   )이다.

02 역량강화모델은 병리관점이 아닌 (   )관점을 바탕으로 한다.

18-03-18

03 역량강화모델의 개입과정: 대화단계 → (①   )단계 → (②   )단계

13-03-21

04 임파워먼트모델의 (   )단계에서 사회복지사는 현재 상황을 명확하게 이해함으로써 방향을 설정해야 한다.

13-03-21

05 임파워먼트모델의 (   )단계에서 사회복지사는 클라이언트의 강점을 확인하고 구체적인 해결방안을 수립해야 한다.

답 **01** 클라이언트 **02** 강점 **03** ① 발견 ② 발전(발달) **04** 대화 **05** 발견

다음 내용이 옳은지 그른지 판단해보자

14-03-06
01 강점관점을 기반으로 한 역량강화모델에서는 희망과 용기를 강조한다. ⊙ ✕

16-03-12
02 강점관점은 외상, 학대, 질병 등과 같은 힘겨운 일들을 도전과 기회로 고려한다. ⊙ ✕

19-03-08
03 강점관점은 클라이언트와 협동 작업이 이루어질 때 최선의 도움을 줄 수 있다는 실천원리를 강조한다. ⊙ ✕

04 역량강화모델은 사회복지사와 클라이언트 사이에 협력적 파트너십을 중요시한다. ⊙ ✕

20-03-08
05 강점관점에서의 사회복지사는 클라이언트의 진술에 대해 회의적이기 때문에 재해석하여 진단에 활용한다. ⊙ ✕

22-03-12
06 임파워먼트 모델은 클라이언트에 대한 정확한 진단을 최우선으로 한다. ⊙ ✕

11-03-12
07 역량강화모델에서는 사회복지사의 주도적인 개입을 강조한다. ⊙ ✕

08 역량강화모델은 클라이언트가 경험하는 문제와 관련된 역사적, 사회문화적, 정치적 이해관계에도 관심을 둔다. ⊙ ✕

(답) **01** ○ **02** ○ **03** ○ **04** ○ **05** ✕ **06** ✕ **07** ✕ **08** ○

(해설) **05** 강점관점이 아닌 병리관점에 해당한다. 강점관점에서는 클라이언트의 진술을 클라이언트를 이해하기 위한 필수적인 요소로 본다.
06 임파워먼트 모델은 병리관점이 아닌 강점관점을 기반으로 하기 때문에 진단에 따른 치료에 집중하지 않는다.
07 역량강화모델에서는 사회복지사와 클라이언트의 파트너십, 클라이언트의 자기결정권을 강조한다.

072 4체계모델 및 6체계모델

강의 QR코드

최근 10년간 **8문항** 출제

복습 1 이론요약

핀커스와 미나한의 4체계모델

- **변화매개체계**: 사회복지사, 사회복지조직 등
- **클라이언트체계**: 서비스나 도움을 필요로 하는 사람
- **표적체계**: 실제 변화시킬 필요가 있는 사람(클라이언트체계와 표적체계는 중복될 수 있음)
- **행동체계**: 변화매개인이 변화노력 과정에서 상호작용하게 되는 이웃, 가족, 전문가들

콤튼과 갤러웨이의 6체계모델

4체계모델에 전문체계와 의뢰-응답체계를 추가한 모델

- **전문체계**: 전문가를 육성하는 교육체계, 전문가 단체 등
- **의뢰-응답체계**
  - 의뢰체계: 서비스를 요청하는 기관 및 전문가
  - 응답체계: 의뢰체계에 의해 강제로 사회복지기관에 오게 되는 클라이언트

기본개념

사회복지실천론
pp.123~

기출문장 CHECK

01 (21-03-14) 콤튼과 갤러웨이의 사회복지실천 구성체계 중 사회복지사협회는 전문가체계에 해당한다.

02 (18-03-17) 핀커스와 미나한의 4체계모델에서 문제해결을 위해 사회복지사와 상호작용하는 사람들은 행동체계에 해당한다.

03 (16-03-23) 핀커스와 미나한의 4체계모델에서 변화매개체계는 사회복지사와 사회복지사를 고용하고 있는 기관 및 조직을 말한다.

04 (14-03-07) 핀커스와 미나한(Pincus & Minahan)이 제시한 '변화매개체계'는 사회복지사와 사회복지사가 속한 기관을 의미한다.

05 (10-03-20) 콤튼과 갤러웨이의 6체계: 변화매개체계, 클라이언트체계, 표적체계, 행동체계, 전문체계, 의뢰-응답체계

대표기출 확인하기

콤튼과 갤러웨이(B. Compton & B. Galaway)의 사회복지실천 구성체계 중 '사회복지사협회'가 해당되는 체계는?

① 변화매개체계
② 클라이언트체계
③ 표적체계
④ 행동체계
⑤ 전문가체계

 알짜확인

- 4체계모델과 6체계모델은 각 구성에 대한 설명으로 옳은 것을 고르는 문제로 출제되기도 하며, 사례에 나타난 체계를 확인하는 문제로도 출제되는 만큼 다양한 문제유형을 접해보는 것이 필요하다.
- 의외로 4체계모델과 6체계모델의 구성을 헷갈려 점수를 놓치는 수험생들이 많다. 4체계모델에 의뢰-응답체계 및 전문체계를 더한 것이 6체계모델이라는 점 꼭 기억해두자.

답 ⑤

✔ 응시생들의 선택

① 25%	② 1%	③ 2%	④ 4%	⑤ 68%

⑤ 사회복지사협회와 같은 전문가 단체나 사회복지 전문직을 육성하기 위한 교육체계 등은 전문(가)체계이다.

관련기출 더 보기

핀커스와 미나한(A. Pincus & A. Minahan)의 4체계 모델을 다음 사례에 적용할 때 대상과 체계의 연결로 옳은 것은?

> 가족센터의 교육 강좌를 수강 중인 결혼이민자 A는 최근 결석이 잦아졌다. A의 이웃에 살며 자매처럼 친하게 지내는 변호사 B에게서 A의 근황을 전해들은 가족센터 소속의 사회복지사 C는 A와 연락 후 가정방문을 하여 A와 남편 D, 시어머니 E를 만나 이야기를 나누었다. C는 가족센터를 이용하면 '바람이 난다'라고 여긴 E가 A를 통제하고 있는 것을 알게 되었다. 또한 D는 A를 지지하고 싶지만 E의 눈치를 보느라 소극적으로 행동하는 것도 파악하였다. A의 도움 요청을 받은 C는 우선 E의 변화를 통해 상황을 개선해보고자 한다.

① 결혼이민자(A): 행동체계
② 변호사(B): 전문가체계
③ 사회복지사(C): 의뢰-응답체계
④ 남편(D): 변화매개체계
⑤ 시어머니(E): 표적체계

답 ⑤

✔ 응시생들의 선택

① 3%	② 3%	③ 5%	④ 9%	⑤ 80%

4체계 모델은 클라이언트체계, 표적체계, 변화매개체계, 행동체계로 구성된다. ② 전문가체계와 ③ 의뢰-응답체계는 6체계 모델에 해당하므로 선택지 중 ②③은 답에서 제외된다.
① 결혼이민자(A): 클라이언트체계
② 변호사(B), ④ 남편(D): 행동체계
③ 사회복지사(C): 변화매개체계

핀커스와 미나한(A. Pincus & A. Minahan)의 4체계모델에 관한 설명으로 옳은 것은?

① 이웃이나 가족 등은 변화매개체계에 해당한다.
② 문제해결을 위해 사회복지사와 상호작용하는 사람들은 행동체계에 해당한다.
③ 비자발적인 클라이언트는 의뢰-응답체계에 해당한다.
④ 목표달성을 위해 변화가 필요한 사람들은 변화매개체계에 해당한다.
⑤ 전문가 육성 교육체계도 전문체계에 해당한다.

답 ②

✔ 응시생들의 선택

① 11%	② 53%	③ 12%	④ 11%	⑤ 13%

① 변화매개체계는 사회복지사 및 사회복지사를 고용하고 있는 기관을 말한다.
④ 목표달성을 위해 변화가 필요한 사람들은 표적체계에 해당한다.
③⑤ 의뢰-응답체계 및 전문체계는 콤튼과 갤러웨이의 6체계 모델에 해당한다.

➕ 덧붙임

핀커스와 미나한의 4체계모델이 문제로 나왔을 때 선택지에 전문체계나 의뢰-응답체계가 등장하면 우선 답에서 걸러내야 한다.

콤튼과 갤러웨이(B. Compton & B. Galaway)의 6체계에 관한 설명으로 옳지 않은 것은?

① 표적체계: 목표달성을 위해 변화가 필요한 체계
② 클라이언트체계: 서비스나 도움을 필요로 하는 체계
③ 변화매개체계: 목표달성을 위해 사회복지사가 상호작용하는 체계
④ 전문가체계: 변화매개체계에 영향을 미치는 교육체계나 전문가단체
⑤ 의뢰-응답체계: 서비스를 요청한 체계와 그러한 요청으로 서비스기관에 오게 된 체계

답 ③

✔ 응시생들의 선택

① 5%	② 3%	③ 68%	④ 8%	⑤ 16%

③ 변화매개체계는 사회복지사와 사회복지기관이다.

다음 <보기>의 사례에 대한 핀커스와 미나한(Pincus & Minahan)의 4체계 분류로 틀린 것은?

> 알코올중독상담센터로부터 지역사회복지관에 의뢰된 알코올중독자 A씨는 아내가 집을 나간 후 초등학교 자녀 2명과 영구임대아파트에서 생활한다. 사회복지사와의 만남에서 A씨는 알코올중독으로 건강이 좋지 않고 두 자녀가 학교에 적응하지 못하는 것이 문제라고 하였다.

① 표적체계 - 두 자녀
② 클라이언트 체계 - 알코올중독자 A씨
③ 전문가 체계 - 알코올중독상담센터, 사회복지사
④ 변화매개 체계 - 지역사회복지관 사회복지사
⑤ 행동체계 - 사회복지전담공무원, 학교사회복지사

답 ③

✔ 응시생들의 선택

① 32%	② 12%	③ 42%	④ 5%	⑤ 8%

③ 전문가체계는 콤튼과 갤러웨이의 6체계 중 하나로, 전문가를 육성하는 교육체계 및 전문가 단체 등을 의미한다.

➕ 덧붙임

'표적체계가 왜 두 자녀인가'라는 질문이 많았는데, A씨가 두 자녀의 학교 부적응 문제를 제기하여 두 자녀가 변화의 표적이 되기 때문이다.

다음 내용이 왜 틀렸는지를 확인해보자

03-03-15

01 핀커스와 미나한의 4체계: 변화매개체계, 클라이언트체계, 표적체계, **전문체계**

> 4체계모델: 변화매개체계, 클라이언트체계, 표적체계, 행동체계
> 6체계모델: 4체계 + 전문체계, 의뢰-응답체계

---

02 사회복지실천에서 표적체계와 클라이언트체계는 엄격하게 구분된다.

> 표적체계는 변화가 필요한 체계를 말하며, 클라이언트체계는 서비스를 요청한 체계를 말한다. 변화가 필요한 사람이 서비스를 요청한 경우에는 표적체계와 클라이언트가 동일할 수 있다.

---

03 핀커스와 미나한은 4체계모델에 전문가체계와 의뢰-응답체계를 덧붙여 6체계모델을 제시하였다.

> 핀커스와 미나한이 제시한 4체계모델에 콤튼과 갤러웨이는 전문가체계와 의뢰-응답체계를 덧붙여 6체계모델을 제시하였다.

03-03-16

04 남편에게 폭력을 받는 피해 여성과 아동이 쉼터에 입소했다. 입소 이후 그 피해 여성이 아동에게 심한 체벌을 하고 있음을 입소자 A가 알려왔다. 쉼터에서 이 피해 여성의 아동 체벌을 치료하고자 할 때 **표적체계는 아동**이다.

> 아동을 체벌하는 행동에 대한 치료를 목적으로 하기 때문에 이때 표적체계는 아동을 체벌하는 피해 여성이다.

---

05 콤튼과 갤러웨이가 제시한 6체계모델에서 전문체계는 전문성을 갖춘 **사회복지기관 및 사회복지사를 의미**한다.

> 전문체계는 전문가를 육성하는 교육체계 및 전문가 집단 등을 의미한다.

---

06 핀커스와 미나한의 4체계모델에서는 자발적 클라이언트와 의뢰로 기관을 방문한 **비자발적 클라이언트가 명확하게 구분된다.**

> 핀커스와 미나한의 4체계모델에서는 의뢰된 비자발적 클라이언트가 명확하게 구분되지 않는다. 이를 보완하여 의뢰-응답체계를 추가한 것이 콤튼과 갤러웨이가 제시한 6체계모델이다.

빈칸에 들어갈 **알맞은 말**을 채워보자

01 핀커스와 미나한은 일반체계이론을 사회복지실천에 응용한 ( )모델을 소개하였다.

02 변화매개인이 문제해결을 위해 서비스를 제공하고 개입하는 사람들은 ( )체계에 해당한다.

03 서비스나 도움을 필요로 하는 사람들은 ( )체계에 해당한다.

21-03-14
04 사회복지사협회는 콤튼과 갤러웨이의 사회복지실천 구성체계 중 ( )체계에 해당한다.

05 콤튼과 갤러웨이는 자발적 클라이언트와 비자발적 클라이언트를 구분하면서 ( )체계를 제시하였다.

19-03-10
06 사회복지사 A는 중학생 B가 동급생들로부터 상습적으로 집단폭력을 당하는 것을 알게 되었다. A는 이 문제를 해결하기 위하여 B가 다니는 학교의 학교사회복지사 C와 경찰서의 학교폭력담당자 D에게도 사건내용을 알려, C와 D는 가해학생에게 개입하고 있다. A는 학교사회복지사협회(E)의 학교폭력 관련 워크숍에 참가하면서, C와 D를 만나 정기적으로 사례회의를 하고 있다. 이때 A는 (①)체계에 해당하며, D는 (②)체계에 해당한다.

 답 **01** 4체계 **02** 표적 **03** 클라이언트 **04** 전문 **05** 의뢰-응답(문제인식) **06** ① 변화매개 ② 행동

다음 내용이 옳은지 그른지 판단해보자

01 콤튼과 갤러웨이(B. Compton & B. Galaway)는 핀커스와 미나한(A. Pincus & A. Minahan)의 4체계 모델을 기반으로 6체계 모델을 제시하였다.

18-03-17
02 핀커스와 미나한의 4체계모델에서 전문가 육성 교육체계는 전문체계에 해당한다.

16-03-23
03 음주상태에서 아내에게 폭력을 가하던 남편이 이웃주민의 신고로 경찰을 통해 중독관리통합지원센터에 의뢰되었다. 이때 핀커스와 미나한의 4체계모델에서의 변화매개체계는 중독치료 전문가이다.

14-03-07
04 핀커스와 미나한이 제시한 변화매개체계는 목표달성을 위해 사회복지사와 공동으로 노력하는 모든 체계를 의미한다.

05 콤튼과 갤러웨이의 6체계에서 행동체계는 클라이언트를 의뢰한 체계를 말한다.

17-03-11
06 콤튼과 갤러웨이의 6체계에서 변화매개체계는 사회복지사 및 사회복지사가 고용된 사회복지조직 등을 말한다.

07 콤튼과 갤러웨이의 6체계는 스스로 기관을 찾아온 클라이언트와 의뢰에 따라 기관에 온 클라이언트를 구분하여 설명한다.

10-03-20
08 콤튼과 갤러웨이의 6체계에는 표적체계, 전문체계, 변화매개체계, 옹호체계 등이 있다.

답 01○ 02× 03○ 04× 05× 06○ 07○ 08×

해설 **02** 전문체계는 콤튼과 갤러웨이가 제시한 6체계 중 하나이다.
04 변화매개체계는 사회복지사와 사회복지사가 속한 기관을 의미한다. 목표달성을 위해 사회복지사와 공동으로 노력하는 체계는 행동체계이다.
05 행동체계는 변화매개인들이 변화노력을 달성하기 위해 상호작용하는 사람들로 이웃, 가족, 전문가 등이다. 클라이언트를 의뢰한 체계는 의뢰-응답체계 중 의뢰체계이다.
08 콤튼과 갤러웨이의 6체계는 클라이언트체계, 표적체계, 변화매개체계, 행동체계, 의뢰-응답체계, 전문체계 등이다.

073 체계이론 및 사회체계이론

강의 QR코드

최근 10년간 **3문항** 출제

이론요약

일반체계이론

기본개념

사회복지실천론
pp.105~

▶특징

- 유기체와 환경 간의 체계적인 상호작용, 상호관련성에 대해 전체성, 상호성, 개방성의 개념으로 설명하고 분석하려는 이론
- 인간과 환경을 상호적 관계, 순환적 관계로 파악

▶개념

- 체계: 상호작용하는 부분들로 구성된, 전체와 부분 간에 관계를 맺는 일련의 단위
  - 대상체계: 분석의 대상이 되는 체계
  - 상위체계: 대상체계 외부에 있고 그 체계에 기능적으로 영향을 미치는 체계
  - 하위체계: 큰 체계 속에 있는 작은 체계로 종속되어 있음
- 위계: 상위체계와 하위체계와의 관계
- 홀론: 특정 체계는 그 체계를 구성하는 작은 체계보다 큰 상위체계이고, 그 체계를 둘러싼 더 큰 체계에 대해서는 하위체계가 됨
- 경계: 다른 체계와 구분할 수 있는 각 체계의 테두리, 건전한 체계는 반투과성 경계를 유지함
- 폐쇄체계: 균형, 엔트로피
- 개방체계: 항상성, 안정상태, 네겐트로피
  - 균형(평형상태): 체계의 구조 변화가 거의 일어나지 않는 상태로, 주로 폐쇄체계에서 일어남
  - 항상성: 비교적 안정된 구조를 유지하려는 체계의 속성으로, 개방체계에서 나타나는 균형상태
  - 안정상태: 환경과의 상호과정에서 체계의 내부구조를 성공적으로 변화시켜감으로써 얻어지는 균형상태로, 항상성보다 더 개방적이고 역동적
  - 엔트로피: 체계가 쇠퇴 내지는 해체되는 경향성을 의미
  - 네겐트로피: 체계가 성장하고 발달하는 방향으로 진행하는 과정을 의미
- 투입 → 전환 → 산출 → 환류의 과정
- 동귀결성(동등종결): 다양한 출발에서 시작해서 동일한 결과에 이름
- 다중귀결성(다중종결): 똑같은 출발에서 다양한 결과에 이름

사회체계이론

- 일반체계이론을 토대로 인간사회의 심리적, 사회적 구조와의 관계를 설명
- 일반체계이론이 '체계'를 토대로 설명한다면, 사회체계이론에서는 이 체계를 가족, 조직, 지역사회 등 구체화하여 설명하고자 함
- 인간을 외부체계와 끊임없이 상호작용하며 상호의존적인 역동적 사회체계의 일부분으로 봄
- 핀커스와 미나한의 4체계모델, 콤튼과 갤러웨이의 6체계모델이 이에 해당

기출문장 CHECK

01 (20-03-13) 체계의 작용 과정: 투입 → 전환 → 산출 → 환류

02 (17-03-09) 체계이론이 사회복지실천에 미친 영향: 사고의 틀을 개인중심에서 전체체계로 확대하도록 유도함. 경계, 환류, 엔트로피 등 기능적인 체계를 설명하는 개념을 제시함. 사회현상을 분석함에 있어 체계를 둘러싼 변수들이 상호관련된 전체라는 시각을 갖게 함

03 (13-03-10) 체계이론에서 다중종결은 똑같은 출발에서 다양한 결과에 이른다는 개념이다.

04 (13-03-10) 항상성으로 인해 체계는 행동방식의 규칙성을 갖게 된다.

05 (12-03-02) 작은 체계들 속에서 그들을 둘러싼 큰 체계의 특성이 발견되기도 하고 작은 체계들이 큰 체계에 동화되기도 하는 현상은 홀론이다.

06 (11-03-23) 엔트로피는 외부로부터 에너지 유입 없이 소멸되어가는 상태를 말한다.

07 (09-03-12) 사회체계이론에 따르면 전체 체계는 부분의 합 이상의 의미를 갖는다.

08 (09-03-12) 사회체계이론에 따르면 체계 내 부분의 작은 변화도 전체로 파급될 수 있다.

09 (07-03-30) 체계는 지속적인 균형상태 유지와 변화하기 위한 속성을 가지고 있다.

10 (06-03-17) 사회체계이론에서 사회체계는 가족, 조직, 지역사회, 문화 등을 포함한 하나의 집합체이다.

11 (05-03-12) 개방체계에서는 환류(feedback)가 일어나기 용이하다.

대표기출 확인하기

17-03-09 | 난이도 ★★★

체계이론이 사회복지실천에 미친 영향으로 옳지 않은 것은?

① 사고의 틀을 개인중심에서 전체체계로 확대하도록 유도함
② 경계, 환류, 엔트로피 등 기능적인 체계를 설명하는 개념을 제시함
③ 문제현상에 대한 분석틀과 구체적 개입방법을 제시함으로써 적응적 변화를 유도함
④ 사회현상을 분석함에 있어 체계를 둘러싼 변수들이 상호관련된 전체라는 시각을 갖게 함
⑤ 동귀결성(equifinality)과 다중귀결성(multifinality)은 실천의 다양한 영향을 설명할 수 있게 함

 알짜확인

- 체계이론의 주요 개념들을 정리해두어야 한다.
- 체계이론은 <인간행동과 사회환경> 5장에서도 학습하는 내용으로 실천론보다는 인행사에서 더 자주 출제되고 있다. 이 내용은 <사회복지실천기술론> 7장에서 살펴볼 가족체계를 이해하기 위한 바탕이라는 점에서도 매우 중요하다.

답 ③

✓ 응시생들의 선택

① 9%	② 25%	③ 41%	④ 5%	⑤ 20%

③ 체계이론은 개인과 환경의 두 체계를 상호보완적인 전체로 파악하여 인간과 환경 간의 상호작용, 개인과 체계가 효율적으로 기능할 수 있게 하는 방법에 두었기 때문에 적응적 변화를 유도한다는 것은 적절한 설명은 아니다. 인간이 상호작용하는 다양한 체계에 관심을 둠으로써 개입할 수 있는 영역이 확대되었다는 공헌도 있지만, 구체적인 개입방법이 제시되지는 않았다.

관련기출 더 보기

20-03-13 | 난이도 ★☆☆

일반체계이론에서 체계의 작용 과정을 순서대로 옳게 나열한 것은?

ㄱ. 투입	ㄴ. 산출
ㄷ. 환류	ㄹ. 전환

① ㄱ - ㄴ - ㄷ - ㄹ   ② ㄱ - ㄴ - ㄹ - ㄷ
③ ㄱ - ㄹ - ㄴ - ㄷ   ④ ㄹ - ㄱ - ㄴ - ㄷ
⑤ ㄹ - ㄷ - ㄱ - ㄴ

답 ③

✓ 응시생들의 선택

① 15%	② 17%	③ 63%	④ 2%	⑤ 3%

09-03-12 | 난이도 ★★★

사회체계이론의 내용으로 옳은 것을 모두 고른 것은?

| ㄱ. 체계 내 부분의 작은 변화라도 전체로 파급된다. |
| ㄴ. 전체 체계는 부분의 합 이상의 의미를 지닌다. |
| ㄷ. 모든 체계는 부분인 동시에 전체로서의 속성을 지닌다. |
| ㄹ. 엔트로피는 체계 간 에너지교류가 극대화된 상태이다. |

① ㄱ, ㄴ, ㄷ   ② ㄱ, ㄷ
③ ㄴ, ㄹ   ④ ㄹ
⑤ ㄱ, ㄴ, ㄷ, ㄹ

답 ①

✓ 응시생들의 선택

① 23%	② 20%	③ 18%	④ 11%	⑤ 28%

ㄱ. 파문효과, ㄴ. 비총합성, ㄷ. 홀론을 의미한다.
ㄹ. 엔트로피는 체계가 서서히 무질서와 혼돈된 상태를 향해 가는 것을 말한다. 체계 간 교류가 없는 폐쇄체계에서 나타나는 현상이다.

다음 내용이 왜 틀렸는지를 확인해보자

01 개방체계에서는 **엔트로피**가, 폐쇄체계에서는 **네겐트로피**가 나타난다.

> 개방체계에서는 네겐트로피가, 폐쇄체계에서는 엔트로피가 나타난다.

05-03-12

02 개방체계에서는 내부에서 **외부로의 정보 유출이 어렵다.**

> 개방체계에서는 정보의 교환이 비교적 자유롭게 일어난다.

05-03-12

03 **폐쇄체계**에서는 환류(feedback)가 일어나기 용이하다.

> 개방체계에서는 환류가 자유롭게 일어나지만 폐쇄체계는 환류가 일어나기 어렵다.

빈칸에 들어갈 알맞은 말을 채워보자

12-03-02

01 ( )은/는 작은 체계들 속에서 그들을 둘러싼 큰 체계의 특성이 발견되기도 하고 작은 체계들이 큰 체계에 동화되기도 하는 현상을 말한다.

11-03-23

02 ( )은/는 외부로부터 에너지 유입 없이 소멸되어가는 상태를 말한다.

13-03-10

03 체계이론에서 ( )은/는 똑같은 출발에서 다양한 결과에 이른다는 개념이다.

04 (①)은/는 비교적 안정된 구조를 유지하려는 체계의 속성으로, 개방체계에서 나타나는 현상이다.
(②)은/는 체계의 구조 변화가 거의 일어나지 않는 상태로, 폐쇄체계에서 일어난다.

답 **01** 홀론 **02** 엔트로피 **03** 다중종결 **04** ① 항상성 ② 균형상태

074 생태체계관점

1회독 월 일   2회독 월 일   3회독 월 일

최근 10년간 **2문항** 출제

이론요약

생태체계관점의 주요 특징

- 유기체들의 상호적응 상태와 인간과 주변환경 간의 상호작용, 상호의존성, 역동적 교류와 적응을 설명
- 상황 속에서 인간의 다양한 변화 가능성을 제시
- 개인과 환경 간의 적합성에 초점
- 특정한 개입방법이 없으며 통합적 방법을 권장함
- 병리적 상태가 반영된 것이 '문제(problem)'라고 보지 않고, 주위 사람, 사물, 장소, 조직, 정보 등을 포함하는 생태체계의 여러 요인 간의 상호작용의 결과로 문제가 발생한다고 봄

생태체계의 구성

- 미시체계
  - 개인 혹은 인간이 속한 가장 직접적인 사회적 · 물리적 환경
  - 개인이 대면하고 직접적으로 상호작용하는 부모, 친구, 학교, 회사 등
- 중간체계
  - 둘 이상의 미시체계들 간의 관계
  - 부모님과 담임 선생님의 관계, 형제간의 관계, 가족과 회사와의 관계 등
- 외부체계
  - 개인의 미시체계에 영향을 주는 체계
  - 부모의 직장, 대중매체, 지역사회의 문화시설 등
- 거시체계: 개인이 속한 사회의 이념이나 제도, 관습, 문화
- 시간체계: 개인의 전 생애에 걸쳐 일어나는 변화 및 역사적 환경

기본개념

사회복지실천론
pp.110~

01 (18-03-05) 브론펜브레너가 제시한 생태체계 구성에서 미시체계는 개인의 일상생활에 존재하는 실제적인 환경이다.

02 (12-03-09) 생태체계모델의 적용: 개인과 환경 간의 지속적이고 순환적인 교류과정을 이해한다. 개인적 욕구와 환경적 욕구 사이의 조화와 균형 정도를 파악한다. 생태도를 활용하여 미시, 중간, 거시 체계들 사이의 자원과 에너지의 흐름을 파악한다. 문제에 대한 다중 원인 가능성, 문제 현상의 설명에 대한 불확실성을 전제한다.

03 (08-03-14) 개인과 환경이 서로 영향을 미친다는 것을 전제로 한다.

04 (07-03-06) 인간이 환경의 모든 요소와 지속적으로 상호작용하고 적응한다는 관점을 가진다.

05 (06-03-27) 생태체계모델의 특징: 역기능을 합리적인 것으로 개념화하는 강점 중심의 관점이다. 인간과 환경은 상호작용하며, 주기적으로 교류한다. 인간은 내적·외적으로 변화하여 환경에 적응한다.

06 (05-03-13) 생태체계관점에서는 인간이 가진 내적, 외적 힘이 환경을 변화시킬 수 있다고 본다.

07 (04-03-05) 생태체계관점에서는 개인과 환경 간의 적합성에 초점을 둔다.

대표기출 확인하기

13-03-11 난이도 ★★★

생태체계관점에 대한 설명으로 옳지 않은 것은?

① 맥락적 사고를 한다.
② 다체계적 접근을 한다.
③ 인간과 환경 간의 균형을 강조한다.
④ 사회구조 개선을 위한 개입방법을 제시한다.
⑤ 문제에 대한 포괄적인 이해의 틀을 제공한다.

 알짜확인

• 생태체계관점 및 브론펜브레너의 생태체계구성은 실천론에서는 출제율이 낮은 편이지만, <인간행동과 사회환경>에서는 출제비중이 굉장히 높은 내용이다. 어디서 출제되든 반드시 출제는 된다고 생각해야 한다.

답 ④

응시생들의 선택

① 29%	② 21%	③ 6%	④ 39%	⑤ 5%

④ 사회구조의 개선을 위한 개입방법을 제시한 것은 아니다.

관련기출 더 보기

18-03-05 난이도 ★★☆

브론펜브레너(V. Bronfenbrenner)가 제시한 생태체계에 관한 설명으로 옳은 것은?

① 미시체계: 개인의 일상생활에 존재하는 실제적인 환경
② 중간체계: 개인이 직접 상호작용을 하지는 않지만 간접적인 영향을 미치고 있는 환경
③ 내부체계: 개인 내면의 심리적인 상호작용
④ 외부체계: 개인이 속한 사회의 이념이나 제도의 일반적 형태
⑤ 거시체계: 개인이 적극적으로 참여하는 둘 이상의 환경 간의 상호관계

답 ①

응시생들의 선택

① 50%	② 17%	③ 13%	④ 17%	⑤ 3%

브론펜브레너의 생태체계 구성
• 미시체계: 개인 혹은 인간이 속한 가장 직접적인 사회적·물리적 환경
• 중간체계: 두 가지 이상의 미시체계들 간의 관계 및 상호작용
• 외부체계: 개인과 직접 상호작용하지는 않으나 미시체계에 영향을 주는 사회적 환경
• 거시체계: 개인이 속한 사회의 이념이나 제도의 일반적인 형태

다음 내용이 왜 틀렸는지를 확인해보자

08-03-14

01 생태체계관점은 클라이언트의 병리적 상태를 문제로 규정한다.

> 생태체계관점은 병리적 상태를 문제로 보지 않고, 체계의 여러 요인 간 상호작용의 결과로 문제를 파악한다.

06-03-27

02 생태체계적 관점은 클라이언트의 심리 내적 변화에 초점을 둔다.

> 개인과 환경의 조화와 균형, 적응에 초점을 둔다.

---

03 생태체계관점은 개인과 사회의 문제를 원인과 결과의 관계로 파악한다.

> 생태체계관점은 개인과 사회의 문제를 원인과 결과의 관계로 파악하기보다는 상호연결된 전체로서 파악한다.

18-03-05

04 브론펜브레너의 생태체계 구성에서 **중간체계**는 개인이 직접 상호작용을 하지는 않지만 간접적인 영향을 미치고 있는 환경이다.

> 중간체계는 두 가지 이상의 미시체계들 간에 상호작용이 일어나는 환경을 말한다.

13-03-11

05 생태체계 관점은 **사회구조 개선을 위한 개입방법을** 제시한다.

> 생태체계관점은 다양한 생태체계의 상호작용의 결과로 문제가 발생한다고 보았을 뿐 문제가 사회구조에 있다고 보지도 않았고 사회구조 개선을 목적으로 삼지도 않았다. 때문에 이 관점에서는 사회구조 개선을 위한 개입방법이 제시되지는 않는다.

---

06 생태체계관점에서는 클라이언트를 이해하기 위해서는 클라이언트의 환경적 요소를 고려해야 한다고 보면서도 **실제 환경에 대한 개입은 부정적으로 보았다.**

> 생태체계관점에서는 클라이언트를 돕기 위해 클라이언트의 환경적 요소, 생활공간에 대한 개입에 대해서도 긍정적으로 보았다.

075 다문화 사회복지실천

강의 QR코드

1회독	2회독	3회독
월 일	월 일	월 일

최근 10년간 **3문항** 출제

복습 1 이론요약

주요 내용

- 다양성의 인정, 사회통합의 추구
- 관련 개념: 문화적 다양성, 문화상대주의, 문화다원주의, 다문화주의
- 다문화 사회복지실천: 사람들 사이에 존재하는 다양성과 차이점을 존중하고 원조관계에서 작용하는 문화적 요소를 인식하는 실천
- 사회복지실천가는 문화적 역량을 키우기 위해 문화적 인식, 문화적 지식, 문화적 기술을 갖춰야 함

기본개념

사회복지실천론
pp.130~

※ 문화적 역량

- 다양한 문화적 배경을 지닌 사람들과 함께하게 되는 전문가들에게 요구되는 가치로, 기존의 문화적 민감성, 문화적 다양성 등의 개념에서 한발 더 나아간 보다 포괄적이고 복합적인 개념
- 각 문화에 내재되어 있는 강점과 자원을 인정하며, 소수문화 집단에 대한 부정적 개념을 근본적으로 전환함을 의미

기출문장 CHECK

01 (16-03-21) 사회복지사가 다문화 역량을 높이기 위해서는 소수인종에 대한 선입관이나 편견을 탐색하고, 문화적 특성을 이해하기 위한 노력이 필요하다.

02 (07-03-07) 국적이나 문화적 배경이 다른 클라이언트를 대할 때에는 클라이언트가 속한 문화의 기초지식을 바탕에 두고 접근할 수 있도록 한다.

03 (06-03-12) 다문화 가족의 증가에 대응하여 사회복지실천에서는 다문화 가족에 개입하기 위한 전문가를 양성할 필요성이 커졌으며, 문화적 다양성에 대한 사회인식 개선을 위한 사회교육의 필요성이 제기되었다.

대표기출 확인하기

19-03-09 난이도 ★☆☆

다문화사회복지실천에서 사회복지사에게 요구되는 문화적 역량으로 옳지 않은 것은?

① 문화적 상이성에 대한 수용과 존중
② 주류문화에 대한 동화주의적 실천 지향
③ 자신의 문화적 정체성과 편견에 대한 성찰적 분석
④ 다문화 배경의 클라이언트에 관한 지식의 필요성 인식
⑤ 다문화 배경의 클라이언트에게 개입하고 의사소통할 수 있는 능력

 알짜확인

• 다문화 사회로 이행해감에 따라 다문화 클라이언트와 함께하는 사회복지사들이 갖춰야 할 자세나 태도 등을 생각해보자.

답 ②

✔ **응시생들의 선택**

① 0%	② 95%	③ 3%	④ 0%	⑤ 2%

② 동화주의는 다른 문화의 클라이언트에게 주류 문화를 가르쳐 동화되도록 함으로써 사회의 일원으로 인정하는 것으로 다양성을 인정하지 않는다는 점에서 차별의 한 형태로 볼 수 있다. 따라서 다문화 사회복지실천에서는 동화주의적 실천을 지양해야 한다.

➕ **덧붙임**

다문화 사회복지실천과 관련한 대부분의 문제는 '동화주의가 다문화 실천에 반대됨'을 알고 있는지를 확인하는 것이었다.

관련기출 더 보기

17-03-07 난이도 ★★☆

문화적 다양성과 사회복지실천에 관한 설명으로 옳은 것은?

① 다문화주의는 문화상대주의이다.
② 다문화사회복지실천에서 기술은 지식보다 중요하다.
③ 다문화주의는 사회통합을 위해 소수자의 동화를 유도한다.
④ 다문화사회복지실천은 클라이언트의 차이점을 고려하지 않는 중립적 실천이다.
⑤ 한국사회복지사 윤리강령에는 사회복지사의 문화적 다양성 이해에 관한 규정이 존재하지 않는다.

답 ①

✔ **응시생들의 선택**

① 41%	② 3%	③ 4%	④ 3%	⑤ 49%

② 다문화사회복지실천에서 지식과 기술은 모두 중요하다.
③ 다문화주의는 소수자의 문화를 있는 그대로 인정하고 존중하면서 공존할 수 있도록 하는 데에 초점을 둔다. 다문화사회복지실천에 있어 우리 문화에 동화되도록 유도한다거나 우리 문화를 강요한다거나 클라이언트의 개성을 인정하지 않는 것 등은 옳지 않다.
④ 다문화사회복지실천은 클라이언트의 차이점을 인정하는 것을 바탕으로 한다.
⑤ 한국사회복지사 윤리강령 5차 개정을 통해 인간 존엄성이라는 핵심 가치를 위한 윤리적 원칙으로 사회복지사는 문화적 다양성을 고려할 것을 명시하고 있으며, 구체적으로 직무능력 개발과 관련해 사회적 다양성에 대한 이해를 증진하기 위해 노력할 것을 명시하고 있다.

다음 내용이 왜 틀렸는지를 확인해보자

07-03-07

01 국적이 다른 클라이언트가 오더라도 모든 인간은 기본적으로 동질적이므로 굳이 문화적 차이를 강조할 필요는 없다.

> 국적이나 인종, 문화적 배경이 다른 클라이언트에게 개입하는 경우 사회복지사의 기준이나 판단에 따라 행동하거나 문화적 차이를 무시하여 다루지 않는 것 모두 좋은 방법이 아니다.

02 다문화 클라이언트에 개입하는 사회복지사는 반드시 그 클라이언트의 문화에 대해 완벽하게 이해해야 한다.

> 사회복지사가 클라이언트의 문화에 대해 완벽히 이해하기는 어렵다. 관련 지식을 살펴보고 모르는 것에 대해서는 오히려 클라이언트에게 질문하고 진지한 태도로 임함으로써 관계를 형성하는 것이 필요하다.

16-03-2i

03 사회복지사가 다문화 역량을 높이기 위해서는 동화의 중요성을 강조하는 문화상대주의에 대해 학습할 필요가 있다.

> 문화상대주의는 각 문화는 그 문화의 독특한 환경과 역사적·사회적 상황과 맥락에서 이해해야 한다는 관점으로 동화를 강조하는 것이 아니라 세계 문화의 다양성을 인정하며 그 문화 그대로를 인정하는 것이다.

04 사회복지사가 클라이언트의 문화적 배경에 대해 어떤 고정관념이나 편견을 갖고 있는지는 중요하지 않다.

> 사회복지사는 자신이 갖고 있는 고정관념이나 편견에 대해 인식할 수 있어야 한다.

05 사회복지사는 다문화 클라이언트에게 적절하게 개입할 수 있는 문화적 기술을 갖춰야 하지만, 문화적 지식이 필요하지는 않다.

> 다문화 클라이언트와 함께하는 사회복지사는 다양한 문화에 대한 지식, 즉 그 문화의 역사적 배경 및 현실 상황 등에 대한 지식을 갖추는 것이 필요하다. 사회복지사는 문화적 인식, 문화적 지식, 문화적 기술을 갖춤으로써 문화적 역량을 키워야 한다.

076 문제해결모델

강의 QR코드

1 회독	2 회독	3 회독
월 일	월 일	월 일

★ ★ ★
최근 10년간 **2문항** 출제

복습 1

이론요약

문제해결모델의 특징

- 문제는 일상생활에서의 다양한 경험에 따라 나타나는 것
- 문제를 해결해나가는 태도가 잘못된 것으로 봄
- 개입목적을 문제해결 능력의 회복에 둠
- 클라이언트 스스로가 문제해결자임을 강조
- 진단주의와 기능주의를 절충한 통합적 접근 모델

기본개념

사회복지실천론
pp.119~

펄만의 문제해결과정 4P

문제해결과정은 '**문제(Problem)**를 가지고 있는 **사람(Person)**이 어떤 **장소(Place)**에 자신의 문제를 가지고 도움을 얻기 위해 찾아오게 되며, 사회복지사는 이때 클라이언트와 문제해결 기능에 관여하게 되고, 나아가 문제해결에 필요한 자원을 보완해주는 **과정(Process)**'이다.

기출문장
CHECK

01 (20-03-16) 펄만의 4P 중 문제(Problem)는 해결하고자 하는 문제나 욕구를 말한다.

02 (20-03-16) 펄만의 4P 중 장소(Place)는 문제해결을 위한 서비스가 제공되는 물리적 공간을 말한다.

03 (15-03-14) 펄만(H. Perlman)의 문제해결모델에서는 주로 개인의 사회적 기능에 문제의 초점을 둔다.

04 (11-03-26) 펄만의 4P: 문제(Problem), 사람(Person), 장소(Place), 과정(Process)

대표기출 확인하기

20-03-16   난이도 ★★★

펄만(H. Perlman)이 사회복지실천을 구성하는 요소로 제시한 4P에 관한 내용으로 옳은 것을 모두 고른 것은?

> ㄱ. 문제(Problem) – 해결하고자 하는 문제나 욕구
> ㄴ. 프로그램(Program) – 문제해결을 위해 시행되는 프로그램
> ㄷ. 장소(Place) – 문제해결을 위한 서비스가 제공되는 물리적 공간
> ㄹ. 전문가(professional) – 문제해결을 위해 개입하는 전문가

① ㄱ, ㄴ   ② ㄱ, ㄷ
③ ㄴ, ㄹ   ④ ㄴ, ㄷ, ㄹ
⑤ ㄱ, ㄴ, ㄷ, ㄹ

▶ 알짜확인

- 문제해결모델에 관한 문제가 심도있게 출제되진 않았지만 4P 구성요소는 기억해두자.
- 펄만은 진단주의와 기능주의를 절충한 학자로 역사 문제나 통합적 모델에 관한 종합적인 문제에 대비하여 주요 특징 정도는 파악해두는 것이 좋다.

답 ②

✅ 응시생들의 선택

① 3%	② 42%	③ 2%	④ 3%	⑤ 50%

ㄴ. 프로그램, ㄹ. 전문가는 해당하지 않는다.

관련기출 더 보기

11-03-26   난이도 ★☆☆

펄만(Perlman)이 강조한 사회복지실천의 4가지 구성요소에 해당하지 않는 것은?

① 장소(place)
② 사람(person)
③ 문제(problem)
④ 실천(practice)
⑤ 과정(process)

답 ④

✅ 응시생들의 선택

① 9%	② 5%	③ 3%	④ 79%	⑤ 4%

펄만의 4P
- 문제(Problem): 해결해야 할 문제 혹은 욕구
- 사람(Person): 클라이언트
- 장소(Place): 서비스가 이루어지는 공간
- 과정(Process): 문제해결을 위한 활동

다음 내용이 **왜 틀렸는지**를 확인해보자

17-03-08

01 펄만의 문제해결모델은 **정신분석학적 접근**의 대표적인 예로 손꼽힌다.

> 펄만의 문제해결모델은 통합적 접근의 대표적인 예로 손꼽힌다.

02 문제해결모델에서는 **개인의 병리로 인해** 문제해결에 실패하게 된다고 보았다.

> 펄만은 클라이언트가 문제해결에 실패하는 이유를 개인의 병리나 정신적 결함에 있다고 보지 않았으며, 문제를 해결해나가는 태도에 잘못이 있다고 보았다.

11-03-26

03 펄만의 4P: 문제(Problem), 사람(Person), 장소(Place), **실천(practice)**

> 펄만의 4P: 문제(Problem), 사람(Person), 장소(Place), 과정(Process)

04 펄만의 4P에서 장소(Place)는 **집, 학교, 회사 등 문제가 발생한 공간**을 의미한다.

> 장소(Place)는 클라이언트가 문제해결에 관한 도움을 얻기 위해 찾는 사회복지관 등의 공간을 의미한다.

6장

사례관리

이 장에서는

사례관리는 꾸준히 출제빈도가 높아 사례관리의 등장배경, 주요 특징, 원칙, 과정을 비롯해 사례관리자의 역할까지 모두 꼼꼼히 살펴봐야 한다. 등장배경에서는 탈시설화, 지방분권화의 영향이 있음을 이해해야 하고, 사례관리는 간접개입이지만 사례관리자는 사회복지사로서 서비스를 직접 제공하기도 한다는 점도 알아두자.

10년간 출제분포도

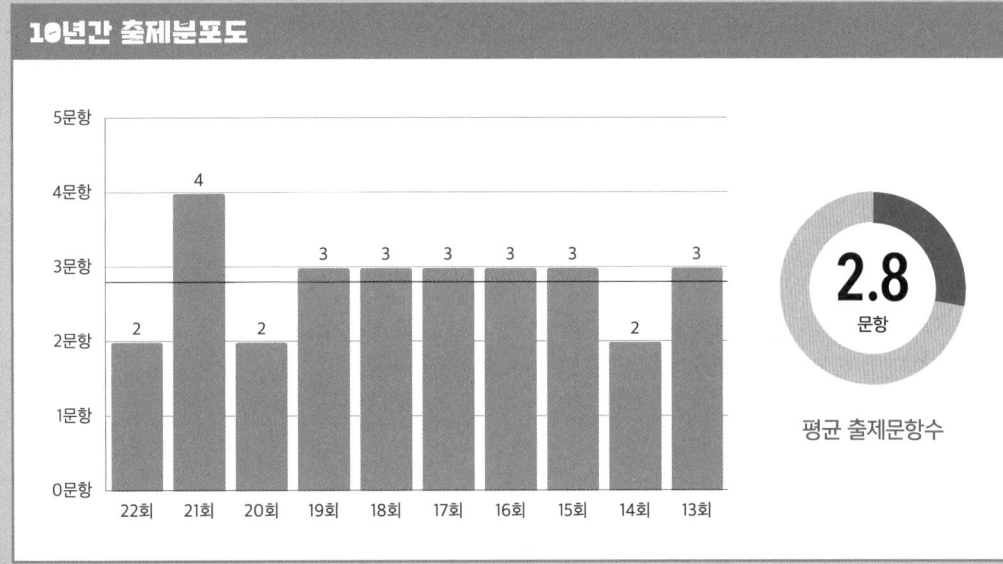

평균 출제문항수

2.8 문항

077 사례관리의 등장배경 및 주요 특징

강의 QR코드

1회독 월 일   **2**회독 월 일   **3**회독 월 일

최근 10년간 **15문항** 출제

복습 1 이론요약

사례관리의 정의

- 대인서비스 실천분야에서 복합적 욕구를 지닌 클라이언트에게 포괄적, 통합적으로 개입하여 문제를 해결해나가려는 활동
- 공식적, 비공식적 지원과 활동의 네트워크를 조직·조정·유지하는 활동
- 개인의 기능 회복 및 증진을 위해 개인과 주변환경을 변화시키기 위한 개입활동

기본개념

사회복지실천론
pp.134~

사례관리의 등장배경

- **탈시설화의 영향**
- **지방분권화, 민영화**에 따라 복잡하고 분산된 서비스의 조정기능 부재
- **만성적이고 복합적인 문제를 가진 클라이언트 증가**
- 클라이언트와 그 가족에게 부과되는 과도한 책임
- 비용효과성에 대한 인식 증가(서비스 비용 억제)
- 기존 서비스의 단편성: 통합적이고 체계적인 서비스 제공에 대한 필요성
- 사회적 지원과 사회적 지원망의 중요성에 대한 인식 증가
- 지역사회보호의 필요성 증가 및 재가복지서비스의 활성화

사례관리의 주요 특징

- **개별사회사업과 지역사회복지의 혼합**
  - 클라이언트의 욕구충족에 초점
  - 지역사회 차원의 네트워크 및 자원개발 강조
- **욕구 맞춤형 장기 서비스**
  - 욕구에 맞는 맞춤형 서비스 제공
  - 대체로 3개월 이상의 서비스가 요구되는 클라이언트 대상
- **환경 속 인간 관점**을 바탕으로 한 역량강화를 강조하며, **공식적·비공식적 자원 모두 활용**
- 사례관리팀을 통한 전문적 서비스
- **다차원적 접근**: 간접적 & 직접적, 미시적 & 거시적, 수평적 & 수직적

사례관리의 이론적 기초

생태체계이론, 강점관점, 역량강화모델, 사회적 지지망 이론 등

사례관리의 목적

- 보호의 연속성
  - 횡단적 차원의 연속성: 특정 시점에서 클라이언트의 다양한 욕구를 충족시키기 위해 포괄적 서비스를 제공한다.
  - 종단적 차원의 연속성: 장기간에 걸쳐 변화하는 개인의 욕구에 대해 반응적 서비스를 지속적으로 제공한다.
- 서비스의 통합성 확보
- 서비스에 대한 접근성 제고
- 사회적 책임성 보장

사례관리의 원칙

- **개별화**: 클라이언트 개개인과 그가 갖고 있는 욕구를 적절하게 개발하여 서비스 제공
- 서비스 제공의 **포괄성**: 클라이언트의 다양한 욕구가 모든 분야에 걸쳐 충족될 수 있도록 포괄적인 서비스 제공
- **클라이언트의 자율성** 극대화: 클라이언트가 선택할 자유를 최대화하고, 지나치게 보호하지 않으며, 클라이언트의 자기결정권을 보장
- 서비스 **지속성(연속성)**: 클라이언트의 욕구를 점검하여 일회적이거나 단편적인 서비스에 그치지 않고 지속적으로 서비스가 제공되게 함
- 서비스 **연계성**: 복잡하고 분리되어 있는 서비스 전달체계를 연결
- 서비스의 **접근성**: 클라이언트가 서비스를 이용하는 데 있어 장애가 되는 심리적 조건이나 물리적 요소 혹은 사회문화적·경제적 요소들을 최소화하여 서비스에 대한 접근성을 높임
- 서비스의 **체계성**: 서비스 간 중복을 줄이고 서비스의 비용을 효율적으로 관리하기 위해 서비스와 자원들 간에 조정이 필요함

기출문장 CHECK

01 (22-03-21) 사례관리의 원칙에는 서비스의 개별화, 서비스의 접근성, 서비스의 연계성, 서비스의 체계성 등이 있다.

02 (21-03-17) 서비스의 지속성: 변화하는 클라이언트 욕구에 반응하여 장기적으로 서비스를 제공해야 한다. 클라이언트에게 필요한 서비스를 중단하지 않고 제공해야 한다.

03 (21-03-22) 사례관리는 탈시설화로 인해 많은 정신장애인이 지역사회 내에서 생활하게 되면서 등장했다.

04 (21-03-22) 사례관리는 지역사회 내 서비스 간 조정의 필요성이 제기되면서 등장했다.

05 (21-03-22) 사례관리는 저비용, 고효율의 서비스 제공이 강조되면서 등장했다.

06 (21-03-22) 사례관리는 인구·사회적 변화에 따라 다양하고 복합적이며 만성적인 욕구를 가진 클라이언트가 증가하면서 등장했다.

07 (20-03-22) 사례관리는 서비스의 통합성 확보, 서비스의 접근성 강화, 보호의 연속성 보장, 사회적 책임성 제고 등을 목적으로 한다.

08 (19-03-13) 사례관리는 클라이언트의 다양한 욕구를 포괄한다.

09 (19-03-13) 사례관리는 클라이언트의 자율성 극대화를 강조한다.

10 (19-03-13) 사례관리는 개별화된 서비스 제공을 원칙으로 한다.

11 (19-03-13) 사례관리는 충분하고 연속성 있는 서비스 제공을 원칙으로 한다.

12 (19-03-20) 사례관리는 가족의 보호 부담 증가, 복합적 욕구를 가진 클라이언트의 증가, 통합적 지원의 필요성 증가, 지역사회 보호로의 전환 등에 대한 대응으로 등장하였다.

13 (18-03-14) 사례관리는 중복서비스를 제공하는 전문기관의 확대로 등장하였다.

14 (18-03-14) 사례관리는 클라이언트의 자율성 극대화 및 역량강화를 강조한다.

15 (18-03-14) 사례관리는 주로 복합적인 욕구나 문제를 가진 사람을 대상으로 다양한 욕구충족을 위해 포괄적인 서비스를 제공 한다.

16 (16-03-20) 서비스 조정을 위해 사례회의를 개최한 것은 통합성의 원칙에 해당한다.

17 (16-03-20) 사각지대 발굴을 위해 아웃리치를 진행한 것은 접근성의 원칙과 관련된다.

18 (14-03-08) 사례관리는 필요한 경우 클라이언트의 권리를 옹호하기 위한 역할을 한다.

19 (14-03-21) 사례관리는 클라이언트의 기능 향상을 중요시한다.

20 (13-03-24) 사례관리는 지역사회보호의 필요성이 강조되는 흐름에 영향을 받았다.

21 (13-03-25) 사례관리는 클라이언트의 욕구에 초점을 두어 기관 내 서비스로 한정하지 않는다.

22 (12-03-15) 사례관리는 서비스의 연계성, 포괄성, 지속성, 체계성, 클라이언트의 자기결정권 존중 등을 원칙으로 한다.

23 (12-03-19) 사례관리는 공식적 또는 비공식적 자원의 연계 및 조정을 꾀한다.

24 (12-03-19) 사례관리는 복합적인 문제를 가진 개인의 자원 획득 및 활용 능력 강화에 초점을 둔다.

25 (11-03-29) 사례관리는 복합문제를 가진 클라이언트가 증가함에 따라 제기되었다.

26 (11-03-29) 유사한 서비스가 불필요하게 제공됨에 따라 서비스 제공의 효율화 측면에서 사례관리가 주목받기 시작했다.

27 (10-03-23) 사례관리는 단편화되고 파편화된 서비스를 통합적으로 관리한다.

28 (10-03-23) 사례관리는 서비스의 중복 가능성을 낮춰 자원을 효율적으로 사용할 수 있다.

29 (09-03-23) 사례관리는 클라이언트의 신체적, 정서적, 사회적 상황에 따른 욕구에 맞게 서비스를 제공하는 것을 원칙으로 한다.

30 (09-03-23) 사례관리는 다른 기관의 서비스를 포괄적으로 받도록 하는 포괄성의 원칙을 따른다.

31 (08-03-29) 사례관리는 일반주의 실천을 따른다.

32 (08-03-29) 사례관리는 직접실천과 간접실천을 포함한다.

33 (07-03-11) 사례관리는 탈시설화의 영향을 받았다.

34 (07-03-21) 사례관리자가 클라이언트에게 필요한 다양한 서비스가 누락되지 않도록 노력하는 것은 포괄성의 원칙에 해당한다.

35 (05-03-29) 사례관리는 서비스 전달의 통합성을 제고하기 위한 방안 중 하나이다.

36 (05-03-29) 사례관리는 클라이언트의 다양한 욕구에 대응하기 위해 제시되었다.

37 (05-03-30) 사례관리는 개별적인 실천기술과 지역사회실천기술을 통합하여 접근한다.

38 (04-03-23) 사례관리는 클라이언트가 가진 다양한 문제에 대해 포괄적으로 접근할 수 있다.

39 (03-03-20) 사례관리는 개별화, 포괄성, 지속성 등의 원칙을 따른다.

대표기출 확인하기

21-03-22 · 난이도 ★★☆

사례관리 등장 배경에 관한 설명으로 옳지 않은 것은?

① 탈 시설화로 인해 많은 정신 장애인이 지역사회 내에서 생활하게 되었다.
② 지역사회 내 서비스 간 조정이 필요하게 되었다.
③ 복지비용 절감에 관심이 커지면서 저비용 고효율을 지향하게 되었다.
④ 인구·사회적 변화에 따라 다양하고, 복합적이며 만성적인 욕구를 가진 클라이언트가 증가하였다.
⑤ 사회복지서비스 공급주체가 지방정부에서 중앙정부로 변화하였다.

▶ **알짜확인**

• 사례관리가 등장하게 된 배경을 살펴보고 이와 연결하여 주요 특징도 같이 정리해두자.
• 사례관리의 등장배경과 관련하여 수험생들이 가장 많이 놓치는 부분이 '지방분권화'이다. 지방분권화가 이루어지면서 서비스가 분산됨에 따라 주민들이 서비스를 체계적이고 조직적으로 이용할 수 있도록 해야 한다는 문제제기가 일어났기 때문에 지방분권화 역시 사례관리가 등장하게 된 배경 중 하나로 볼 수 있다.
• 개별화, 포괄성 및 통합성, 지속성(연속성) 등 사례관리의 원칙에 대해서 살펴보자.

답 ⑤

✔ **응시생들의 선택**

① 3%	② 1%	③ 6%	④ 1%	⑤ 89%

⑤ 사회복지서비스 전달체계가 중앙정부에서 지방정부로 이양되고 민영화가 진행됨에 따라 지역 내 다양한 서비스를 조정하고 연계할 수 있는 체계에 대한 필요성이 제기되었고 이러한 배경에서 사례관리가 등장하게 되었다.

관련기출 더 보기

22-03-21 · 난이도 ★☆☆

사례관리의 원칙에 해당하지 않는 것은?

① 서비스의 개별화
② 서비스의 접근성
③ 서비스의 연계성
④ 서비스의 분절성
⑤ 서비스의 체계성

답 ④

✔ **응시생들의 선택**

① 1%	② 2%	③ 1%	④ 95%	⑤ 1%

사례관리의 주요 개입원칙으로 개별화, 포괄성, 지속성(연속성), 연계성, 접근성, 체계성, 클라이언트의 자율성 및 자기결정권 보장 등을 꼽을 수 있다.

20-03-22 · 난이도 ★☆☆

사례관리의 목적에 해당하는 것을 모두 고른 것은?

ㄱ. 서비스의 통합성 확보
ㄴ. 서비스의 접근성 강화
ㄷ. 보호의 연속성 보장
ㄹ. 사회적 책임성 제고

① ㄱ, ㄴ　　　　　② ㄴ, ㄹ
③ ㄱ, ㄷ, ㄹ　　　④ ㄴ, ㄷ, ㄹ
⑤ ㄱ, ㄴ, ㄷ, ㄹ

답 ⑤

✔ **응시생들의 선택**

① 6%	② 2%	③ 7%	④ 3%	⑤ 82%

사례관리에 관한 설명으로 옳지 않은 것은?

① 통합적 방법을 활용한다.
② 직접 서비스와 간접 서비스를 결합한 것이다.
③ 포괄적이고 지속적인 서비스를 제공하는 것이다.
④ 전통적인 사회복지방법론과 전혀 다른 실천방법이다.
⑤ 기관의 범위를 넘은 지역사회 차원의 서비스 제공과 점검을 강조한다.

답 ④

✓ 응시생들의 선택

① 1%	② 3%	③ 2%	④ 79%	⑤ 15%

④ 사례관리는 기존의 실천방법들을 더 다양한 차원에서 효율적이고 효과적으로 활용하기 위해 제시된 것이지 전혀 다른 새로운 실천방법은 아니다.

사례관리에 관한 내용으로 옳은 것은?

① 단편적인 문제를 가진 클라이언트의 증가로 등장하였다.
② 클라이언트의 기능 향상을 중요시한다.
③ 계획－사정－개입－종결의 순으로 진행된다.
④ 공식적인 자원체계만을 중요시한다.
⑤ 서비스의 획일적 제공을 중요시한다.

답 ②

✓ 응시생들의 선택

① 1%	② 71%	③ 27%	④ 0%	⑤ 1%

① 복합적인 문제와 욕구를 가진 클라이언트의 증가로 등장하였다.
③ 사정－계획－개입－점검－평가의 순으로 진행된다.
④ 공식적·비공식적 자원체계를 모두 사용한다.
⑤ 개별화된 서비스 제공을 원칙으로 한다.

사례관리의 원칙과 활동의 연결로 옳지 않은 것은?

① 통합성: 서비스 조정을 위해 사례회의를 개최한다.
② 접근성: 사각지대 발굴을 위해 아웃리치를 한다.
③ 포괄성: 기관네트워크를 통해 서비스의뢰를 한다.
④ 체계성: 중도 탈락한 클라이언트를 찾아 서비스를 재개한다.
⑤ 지속성: 종단적 차원에서 개인의 욕구에 반영하여 서비스를 제공한다.

답 ④

✓ 응시생들의 선택

① 2%	② 2%	③ 10%	④ 79%	⑤ 7%

④ 체계성은 서비스 간 중복을 줄이고 서비스의 비용을 효율적으로 관리하기 위해 서비스와 자원을 조정한다는 개념이다. 이때 사례관리자는 공식적 지원체계뿐만 아니라 비공식적 지원체계도 고려하여 체계적인 지지망을 구축한다.

사례관리의 등장배경으로 옳은 것을 모두 고른 것은?

ㄱ. 지역사회보호 필요성 증가
ㄴ. 분산된 서비스의 조정기능 부재
ㄷ. 사회적 지원망의 중요성 강조
ㄹ. 만성적이고 복합적인 문제를 가진 클라이언트의 증가

① ㄱ, ㄴ, ㄷ　　　② ㄱ, ㄷ
③ ㄴ, ㄹ　　　④ ㄹ
⑤ ㄱ, ㄴ, ㄷ, ㄹ

답 ⑤

✓ 응시생들의 선택

① 5%	② 1%	③ 41%	④ 7%	⑤ 45%

다음 내용이 왜 틀렸는지를 확인해보자

15-03-18

01 사례관리는 공공부문의 역할을 확대하기 위한 목적에서 시작되었다.

> 민영화로 공공 사회복지 부문이 민간으로 이양되면서 민간에서는 분산된 서비스를 조정하고 연계할 장치에 대한 필요성이 제기되었고, 이러한 배경에서 사례관리가 주목받게 되었다.

19-03-20

02 장기보호에서 단기개입 중심으로 전환되며 사례관리가 등장하였다.

> 사례관리가 단기개입을 중심으로 하지는 않는다. 사례관리는 복합적인 문제, 다양한 욕구에 맞춤형 서비스를 제공하는 것에 초점이 있으며 이로 인해 장기적 차원으로 이루어진다.

03 사례관리는 지역사회 내에 흩어져 있는 전문적 원조활동을 연결하여 제공한다는 점에서 비공식적 지지체계의 역할을 인식하지 못한다는 단점이 있다.

> 사례관리는 공식적 지지체계뿐만 아니라 비공식적 지지체계도 적극적으로 활용한다.

04 사례관리는 복지서비스 제공의 지방분권화 정책과는 관련이 없다.

> 복지서비스가 지방분권화되면서 흩어진 서비스를 통합적으로 관리하고 제공해야 할 필요성이 제기되었다.

06-03-28

05 사례관리에는 자원을 연계하는 간접적 접근보다 직접적 원조를 더 강조한다.

> 사례관리에는 직접적 원조도 포함되지만 직접적 원조보다는 자원을 연계하는 간접적 접근을 더욱 중요시한다.

05-03-30

06 사례관리는 장기적 개입으로 정신분석적 접근에 초점을 맞춘다.

> 사례관리는 체계이론, 생태체계이론 등을 토대로 한 통합적인 접근이다.

다음 내용이 옳은지 그른지 판단해보자

12-03-19

01 사례관리는 서비스의 접근성 향상, 개인 및 환경의 변화를 위한 노력, 공식·비공식적 자원의 연계 및 조정 등을 특징으로 한다.

11-03-29

02 지역사회보호의 필요성이 증가한 것도 사례관리가 강조된 배경 중 하나이다.

03 사회복지가 민영화되는 과정에서 사례관리는 기관 간 경쟁심을 부추기는 부정적 현상을 낳기도 했다.

13-03-25

04 사례관리는 공적 책임을 강화하기 위해 비공식적 지지망의 활용을 최소화한다.

05 사례관리는 서비스에 대한 클라이언트의 의존성 강화에 초점을 두지는 않는다.

07-03-21

06 사회복지사가 클라이언트의 욕구를 사정하고 계획하는 데 있어서 다양한 서비스 영역을 검토하여 필요한 도움이 누락되지 않도록 한 것은 지속성의 원칙에 해당한다.

07 사례관리는 서비스 제공에 있어 통합성을 높일 수 있는 전략이기는 하지만 접근성을 높이기 위한 전략은 아니다.

13-03-23

08 사례관리는 클라이언트의 다양한 욕구가 여러 분야에서 충족될 수 있도록 포괄성의 원칙을 따라야 한다.

15-03-18

09 사례관리는 클라이언트 중심 서비스로 종결이 어려운 장기적 욕구의 대상자에게 적절하다.

답 01 ○ 02 ○ 03 × 04 × 05 ○ 06 × 07 × 08 ○ 09 ○

해설 **03** 사례관리는 타 기관의 서비스를 포괄적으로 제공하기 위해 기관 간 연계 및 조정을 기반으로 한다. 기관 간 경쟁심을 부추기는 현상과 연결되지는 않는다.
04 사례관리는 공적 책임의 강화를 목적으로 하지도 않으며, 다양한 공식적·비공식적 자원을 적극적으로 활용한다.
06 포괄성의 원칙에 해당한다.
07 사례관리는 클라이언트가 여러 기관을 찾지 않고도 필요한 서비스를 받을 수 있는 방법이라는 점에서 통합성뿐만 아니라 접근성을 제고할 수 있는 방법이다.

078 사례관리의 과정

강의 QR코드

1회독 월 일   **2회독** 월 일   **3회독** 월 일

최근 10년간 **7문항** 출제

1 이론요약

사례관리 과정

① 사례발굴

- 모든 사람이 사례관리의 대상이 되는 것은 아님
- 인테이크 과정에서 사례관리가 필요한지를 판단

② 사정

- 클라이언트의 상황을 이해하기 위한 과정
- 욕구와 문제, 자원, 장애물 등을 파악

③ 계획

- 1단계: 사정 요약하기
- 2단계: 우선순위 정하기
- 3단계: 전략 수립하기
- 4단계: 전략 선택하기

④ 개입

사례관리자는 다른 전문가나 조직과의 연계 및 조정 등 <u>주로 간접적 활동을 수행하지만 상담, 교육 등 직접적 활동을 수행하기도 함</u>

⑤ 점검

진행 상황에서의 문제점, 욕구의 변화 등을 검토

⑥ 평가

서비스의 효과성, 효율성, 클라이언트의 만족도 등을 측정

기본개념
사회복지실천론
pp.141~

01 (21-03-24) 점검단계에서는 계획 수정 여부 논의, 클라이언트 욕구변화 검토, 서비스 계획의 목표달성 정도 파악, 서비스가 효과적으로 제공되고 있는지 확인 등의 과업이 이루어진다.

02 (18-03-16) 클라이언트와 서비스 제공자 사이에 갈등을 조정하는 것은 개입(실행)단계의 과업에 해당한다.

03 (17-03-24) 사정단계에서는 클라이언트의 욕구 및 자원을 확인한다.

04 (17-03-24) 사정단계에서는 클라이언트와 함께 문제 목록을 작성해볼 수 있다.

05 (17-03-25) 점검단계에서는 서비스의 산출결과를 검토한다.

06 (17-03-25) 점검단계에서는 서비스 계획의 목표달성 정도를 검토한다.

07 (17-03-25) 점검단계에서는 서비스 계획이 적절히 실행되고 있는지를 검토한다.

08 (17-03-25) 점검단계에서는 클라이언트의 욕구 변화를 점검하여 서비스 계획의 변경 필요성을 검토한다.

09 (16-03-25) 사례관리 과정: 사정 – 계획 – 연계 및 조정 – 점검

10 (15-03-20) 사례관리 과정: 아웃리치 → 사정 → 계획 → 점검 → 재사정

11 (11-03-22) 점검단계에서 사례관리자는 개입의 진행정도를 파악한다.

12 (11-03-22) 점검단계에서 사례관리자는 개입계획의 수정 여부를 검토한다.

13 (11-03-22) 점검단계에서는 클라이언트의 욕구 변화를 사정한다.

14 (11-03-22) 점검단계에서 사례관리자는 필요에 따라 문제해결 전략을 수정한다.

15 (07-03-15) 점검단계에서는 클라이언트에게 제공되는 서비스와 자원의 전달과정을 추적한다.

대표기출 확인하기

21-03-24 · 난이도 ★★☆

다음에서 설명하고 있는 사례관리 과정은?

- 계획 수정 여부 논의
- 클라이언트 욕구변화 검토
- 서비스 계획의 목표달성 정도 파악
- 서비스가 효과적으로 제공되고 있는지 확인

① 점검 　　　② 계획
③ 사후관리 　　④ 아웃리치
⑤ 사정

 알짜확인

- 사례관리의 진행 흐름을 이해해야 한다.
- 사례관리의 과정을 순서대로 나열해보는 다소 쉬운 문제도 출제되곤 하지만, 각 단계별 과업을 파악하는 문제도 출제되고 있다.

답 ①

✅ **응시생들의 선택**

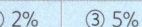

① 87%	② 2%	③ 5%	④ 1%	⑤ 5%

사례관리 과정
1. 아웃리치 등을 통한 대상자 모집 및 선정
2. 사정을 통해 욕구, 강점, 자원 등을 파악
3. 우선순위를 고려하여 계획 수립
4. 계획에 따라 개입
5. 진행상황 및 욕구변화 등을 점검
6. 만족도, 효과성, 효율성 등을 평가

관련기출 더 보기

18-03-16 · 난이도 ★★☆

사례관리 실천과정 중 개입(실행)단계의 과업에 해당하는 것은?

① 클라이언트와 서비스 제공자 간의 갈등 발생 시 조정
② 클라이언트의 욕구에 기초하여 구체적이고 명확한 목표 수립
③ 서비스 이용 대상자에 대한 적격성 여부 판별
④ 기관 내부 사례관리팀 구축 및 운영 능력 파악
⑤ 클라이언트가 달성한 변화, 성과, 영향 등을 측정하기 위한 도구 개발

답 ①

✅ **응시생들의 선택**

① 80%	② 12%	③ 3%	④ 2%	⑤ 3%

② 계획단계에 해당한다.
③ 접수단계에 해당한다.
④ 사례관리팀 구축 및 운영 능력 파악은 사례관리 대상자를 모집하기 이전에 이루어져야 한다.
⑤ 평가도구 개발은 사례관리 실천과정이 아니더라도 진행될 수 있으며, 해당 클라이언트 혹은 해당 사례를 평가하기 위한 도구는 보통 평가를 어떻게 할 것인가를 계획하는 단계에서 정하기 때문에 도구 개발 및 선정은 개입단계 이전에 이루어진다.

사례관리의 사정에 관한 설명으로 옳은 것을 모두 고른 것은?

> ㄱ. 클라이언트와 함께 문제 목록 작성
> ㄴ. 클라이언트의 욕구 및 자원 확인
> ㄷ. 계획된 서비스의 전달과정 추적

① ㄱ   ② ㄴ
③ ㄱ, ㄴ   ④ ㄴ, ㄷ
⑤ ㄱ, ㄴ, ㄷ

답 ③

✔ 응시생들의 선택

① 3%	② 16%	③ 59%	④ 5%	⑤ 17%

ㄷ. 계획에 따라 서비스가 전달되고 있는지를 확인하는 것은 점검 단계에 해당한다.

사례관리자의 간접적 개입으로 옳지 않은 것은?

① 장애인 인식개선을 위한 지역사회 홍보활동을 한다.
② 가정폭력 피해여성을 위한 모금활동을 한다.
③ 청소년 유해환경을 줄이기 위한 프로그램을 개발한다.
④ 사각지대 발굴을 위해 이웃주민을 조직한다.
⑤ 예비부모를 대상으로 가족교육을 실시한다.

답 ⑤

✔ 응시생들의 선택

① 1%	② 4%	③ 4%	④ 7%	⑤ 84%

⑤는 직접적 개입, ①②③④는 간접적 개입에 해당한다.

사례관리의 과정을 순서대로 바르게 나열한 것은?

① 계획 – 사정 – 연계 및 조정 – 점검
② 계획 – 사정 – 점검 – 연계 및 조정
③ 사정 – 계획 – 점검 – 연계 및 조정
④ 사정 – 계획 – 연계 및 조정 – 점검
⑤ 점검 – 사정 – 계획 – 연계 및 조정

답 ④

✔ 응시생들의 선택

① 18%	② 10%	③ 20%	④ 51%	⑤ 1%

사례관리의 과정은 일반적으로 '사정 – 계획 – 개입(연계 및 조정) – 점검 – 평가'의 단계로 설명할 수 있다.

사례관리 과정을 순서대로 바르게 나열한 것은?

> ㄱ. 가족들에게 사례관리에 대해 어떻게 느꼈는지 설문조사한다.
> ㄴ. 자녀에게 인터넷중독 검사를 실시하고, 아버지의 폭력 정도에 대해 자녀와 면담한다.
> ㄷ. 서비스를 제공하면서 자녀의 학교생활 변화 여부를 점검한다.
> ㄹ. 지역사회 관련 전문가들이 모여 필요한 서비스 목록을 작성한다.

① ㄴ → ㄷ → ㄹ → ㄱ
② ㄹ → ㄴ → ㄱ → ㄷ
③ ㄴ → ㄹ → ㄷ → ㄱ
④ ㄹ → ㄱ → ㄴ → ㄷ
⑤ ㄴ → ㄹ → ㄱ → ㄷ

답 ③

✔ 응시생들의 선택

① 3%	② 6%	③ 85%	④ 1%	⑤ 5%

ㄴ. 사정 → ㄹ. 계획 → ㄷ. 개입과 점검 → ㄱ. 평가

다음 내용이 왜 틀렸는지를 확인해보자

15-03-20

01 사례관리의 과정은 **아웃리치 → 사정 → 계획 → 재사정 → 점검**의 순으로 진행된다.

> 아웃리치 → 사정 → 계획 → 점검 → 재사정의 순으로 진행된다.

07-03-15

02 클라이언트에게 제공되는 서비스와 자원의 전달과정을 추적하는 사례관리의 과정은 **평가** 과정이다.

> 점검 과정에 해당한다.
> 평가 과정에서는 클라이언트의 만족도를 비롯해 서비스의 효율성 및 효과성 등을 전반적으로 살펴본다.

03 의뢰를 통해 기관을 방문하게 된 클라이언트에 대해서는 **별도의 사정 과정 없이** 사례관리를 진행하는 것이 효율적이다.

> 의뢰된 클라이언트에 대해서도 사정을 진행하게 된다. 클라이언트가 가진 문제와 욕구에 대해 사정하고, 공식적·비공식적 자원에 대해 사정하고, 문제해결을 어렵게 하는 장애물들에 대해 사정한다.

04 개입전략의 수립 및 선택에 있어서는 클라이언트보다 **사례관리자의 결정이 우선시된다.**

> 개입전략을 수립하고 선택할 때에도 클라이언트의 자기결정권을 보장할 수 있도록 해야 하며, 문제의 당사자는 클라이언트이기 때문에 클라이언트와의 대화과정에서 개입전략에 대한 아이디어를 얻을 수 있으며, 클라이언트의 상황과 능력 등을 고려하여 합의하여 구체적인 실행 방법을 결정한다.

17-03-25

05 사례관리의 점검(monitoring) 과정에서는 **서비스의 최종 효과성을 검토**한다.

> 점검과정에서는 목표를 달성해가고 있는지를 확인하는 차원에서 효과성 검토가 이루어진다. 최종 효과성은 평가단계에서 확인한다.

06 사례관리의 **계획 단계**에서는 클라이언트의 문제 및 욕구와 함께 필요한 자원 요소를 살펴봐야 한다.

> 클라이언트의 문제 및 욕구와 자원 요소를 살펴보는 것은 사정 단계의 과업이다.

다음 내용이 옳은지 그른지 판단해보자

01 문제해결에 도움이 될 만한 자원, 문제해결에 장애가 되는 요소 등을 살펴보는 단계는 사정에 해당하지만, 실제 활동이 진행되는 단계는 개입 단계이다. ◎ⓧ

02 사례관리에서 점검 과정은 실제 개입이 실시되기 이전에 다양한 제공자들에게 사례관리 계획을 점검하도록 하는 것이다. ◎ⓧ

03 클라이언트에게 어떤 서비스가 적합한지를 파악하는 과정에서 사례관리 제공 여부가 판단되기 때문에 사례관리의 과정은 계획단계부터 시작된다. ◎ⓧ

`14-03-21`

04 사례관리의 점검과정에서는 클라이언트가 의뢰된 이유를 알아본다. ◎ⓧ

`11-03-22`

05 점검단계에서 사례관리자는 개입계획의 수정 여부를 검토한다. ◎ⓧ

`17-03-25`

06 점검단계에서는 서비스 계획의 목표달성 정도를 검토한다. ◎ⓧ

`18-03-14`

07 사례관리는 계획 − 사정 − 연계 · 조정 − 점검의 순으로 진행된다. ◎ⓧ

(답) **01** ○ **02** × **03** × **04** × **05** ○ **06** ○ **07** ×

(해설) **02** 사례관리에서 점검 과정은 개입이 진행되는 중간에 사례관리자가 다른 제공자들의 서비스가 계획에 맞게 이루어지고 있는지, 목표를 달성해나가고 있는지 등을 살펴보는 과정이다.
03 사례관리의 과정은 학자마다 다르게 제시되긴 하지만, 보통 접수 혹은 사정 단계에서 시작한다.
04 접수단계에서의 과업이다.
07 사정 − 계획 − 연계 · 조정 − 점검의 순으로 진행된다.

079 사례관리자의 역할

강의 QR코드

1회독 월 일 · 2회독 월 일 · 3회독 월 일

최근 10년간 **6문항** 출제

복습 1 이론요약

사례관리자가 수행하는 주요 역할

- 사정자: 클라이언트의 욕구 분석, 강점 파악
- 계획자: 사례계획 및 기관 간 협력체계 조직
- 상담자: 클라이언트에게 필요한 지식, 기술 향상 원조
- 중개자: 자원과 클라이언트를 연결
- 조정자: 다양한 원조자들 사이에서 의견 조율
- 평가자: 전 과정에 대한 정보수집, 효율성·효과성 평가
- 옹호자: 클라이언트의 권리 대변

기본개념

사회복지실천론
pp.145~

기출문장 CHECK

01 (22-03-19) 중개자: 독거노인의 식사지원을 위해 지역사회 내 무료급식소 연계

02 (21-03-25) 조정자: 사례회의를 통해 독거노인지원서비스가 중복 제공되지 않도록 하였다.

03 (20-03-23) 옹호자: 클라이언트의 권리를 대변하는 활동 수행

04 (12-03-10) 사례관리자가 클라이언트의 다양한 문제를 해결하기 위해 여러 기관에 연계 및 의뢰를 추진할 경우 이는 중개자로서의 역할에 해당한다.

05 (11-03-30) 사례관리자는 조정가로서 다양한 기관에서 산발적으로 주어지는 서비스들을 조직적인 형태로 정리하여 적합한 서비스가 제공될 수 있도록 하는 역할을 수행한다.

06 (09-03-30) 사례관리자의 역할은 클라이언트의 욕구에 의해 결정된다.

07 (09-03-30) 사례관리자는 조언, 상담, 치료 등의 치료적 기능을 담당한다.

08 (09-03-30) 사례관리자는 중개자, 연결자, 조정자, 옹호자 등의 역할을 수행한다.

대표기출 확인하기

22-03-19 | 난이도 ★☆☆

사례관리자의 역할에 관한 예로 옳은 것은?

① 중개자: 독거노인의 식사지원을 위해 지역사회 내 무료급식소 연계
② 상담가: 욕구사정을 통해 클라이언트에 대한 체계적인 개입 계획을 세움
③ 조정자: 사례회의에서 시청각장애인의 입장을 대변하여 이야기함
④ 옹호자: 지역사회 기관 담당자들이 모여 난방비 지원 사업에 중복 지원되는 대상자가 없도록 사례회의를 실시함
⑤ 평가자: 청소년기 자녀와 갈등을 겪고 있는 부모와 자녀 사이에 개입하여 상호 만족스러운 합의점을 도출함

 알짜확인

- 사례관리자로서 수행하게 되는 역할에 대해 살펴보자.
- 사회복지사의 역할(4장 키워드 069)에서 공부한 내용과 중복되는데, 그 중에서 사례관리의 초점에 따라 특히 강조되는 역할은 무엇인지를 생각해보자.

답 ①

✓ 응시생들의 선택

① 89%	② 6%	③ 1%	④ 3%	⑤ 1%

② 계획자로서의 역할
③ 옹호자로서의 역할
④ 조정자로서의 역할
⑤ 상담자 및 중재자로서의 역할

관련기출 더 보기

19-03-24 | 난이도 ★☆☆

다음 설명에서 사례관리자가 수행한 역할은?

> 클라이언트는 경제적 지원과 건강 지원을 요구하지만, 현재 종합사회복지관, 노인복지관, 경로당, 무료 급식소에서 중복적으로 급식 지원을 제공받고 있으며, 정서 지원도 중복되고 있다. 사례관리자는 사례회의를 통해서 평일 중식은 경로당에서, 주말 중식은 무료 급식소를 이용하고, 종합사회복지관은 경제적 지원을, 노인복지관은 건강 지원을 제공하는 데 합의하였다.

① 중개자
② 훈련가
③ 중재자
④ 조정자
⑤ 옹호자

답 ④

✓ 응시생들의 선택

① 5%	② 0%	③ 6%	④ 88%	⑤ 1%

④ 클라이언트에게 불필요하게 중복하여 제공되는 서비스들을 조정하는 조정자로서의 역할이 중점적으로 진행되고 있다.

사례관리자의 역할로 옳은 것을 모두 고른 것은?

> ㄱ. 사례관리자는 기관 정책상 클라이언트에게 서비스를 제공해 주기 어려울 때 다른 기관에 의뢰한다.
> ㄴ. 사례관리자는 기관의 정책이 클라이언트에게 불리하다고 판단될 때 기관의 정책에 도전하는 옹호 역할을 수행한다.
> ㄷ. 복합적인 욕구를 갖는 클라이언트를 위해 다양한 서비스를 조정·연계한다.
> ㄹ. 클라이언트의 자기결정이 중요하므로 사례관리자는 어떠한 상황에서도 클라이언트를 대신하여 행동해서는 안 된다.

① ㄱ, ㄷ
② ㄴ, ㄷ
③ ㄴ, ㄹ
④ ㄱ, ㄴ, ㄷ
⑤ ㄱ, ㄴ, ㄷ, ㄹ

답 ④

✔ 응시생들의 선택

① 26%	② 5%	③ 2%	④ 62%	⑤ 5%

ㄹ. 사례관리자는 클라이언트의 일을 대신하기도 한다. 예를 들어 클라이언트의 입장을 대변하고 옹호하기 위해 직접 관련 표적체계에 대해 대책을 요구하는 등의 활동을 진행하기도 한다.

사례관리자 A는 담당사례에 대해 방문서비스가 중복해서 제공되는 문제를 발견하고, 지역 내 재가서비스기관 모임을 통해 효율적인 서비스를 제공하고자 하였다. 이때 사례관리자 A가 수행한 역할은?

① 중개자(broker)
② 계획가(planner)
③ 조력자(enabler)
④ 옹호자(advocate)
⑤ 조정가(coordinator)

답 ⑤

✔ 응시생들의 선택

① 9%	② 7%	③ 2%	④ 1%	⑤ 82%

⑤ 조정가는 흩어져 있는 혹은 다양한 기관에서 산발적으로 주어지는 서비스들을 조직적인 형태로 정리하는 역할이다.

사례관리자에 관한 설명으로 옳은 것을 모두 고른 것은?

> ㄱ. 사례관리자의 역할은 클라이언트의 욕구에 의해 결정된다.
> ㄴ. 사례관리자는 조언, 상담, 치료 등의 치료적 기능을 담당한다.
> ㄷ. 사례관리자는 중개자, 연결자, 조정자, 옹호자 등의 역할을 수행한다.
> ㄹ. 사례관리자는 기관의 서비스에 맞추어 클라이언트의 문제를 사정한다.

① ㄱ, ㄴ, ㄷ
② ㄱ, ㄷ
③ ㄴ, ㄹ
④ ㄹ
⑤ ㄱ, ㄴ, ㄷ, ㄹ

답 ①

✔ 응시생들의 선택

① 39%	② 27%	③ 13%	④ 1%	⑤ 20%

ㄹ. 기관에 마련된 서비스 외의 서비스가 필요한 경우 네트워크를 이용해 다른 기관과 협력하고 기관의 범위를 뛰어넘어 사례관리팀을 구성하여 서비스를 마련한다.

➕ 덧붙임

사례관리는 보통 간접적 개입으로 분류되지만, 그렇다고 해서 사례관리자가 직접적으로 개입하지 않는 것은 아니다. 사례관리자는 사례관리자이면서 동시에 사회복지사이기도 하기 때문에 직접 조언, 상담, 치료 등의 서비스를 제공하기도 한다.

복습 3 정답훈련

다음 내용이 **왜 틀렸는지**를 확인해보자

09-03-30

01 사례관리자는 <u>기관의 서비스에 맞추어</u> 클라이언트의 문제를 사정한다.

> 사례관리자는 자신이 속한 기관의 서비스 외에도 연계망을 통해 클라이언트에게 필요한 서비스가 제공될 수 있도록 한다.

20-03-23

02 사례관리자는 <u>정보제공자</u>로서 개인이나 집단 간의 갈등을 파악하고 조정한다.

> 갈등의 파악 및 조정은 중재자로서의 역할에 해당한다.

03 사례관리자의 역할 중 **사정자로서의 역할**은 클라이언트와 자원 및 서비스를 연결하는 역할로서 사례관리의 기능 중 가장 핵심적인 기능이라고 말할 수 있다.

> 사정자로서의 역할은 클라이언트의 강점, 능력, 자원, 잠재력 등을 파악하고 욕구를 분석하는 역할이다. 가장 핵심적인 기능은 아니다.
> 사례관리에서 가장 핵심적인 기능은 클라이언트와 자원 및 서비스를 연결하는 중개자로서의 역할이다.

04 사례관리자가 클라이언트에게 <u>서비스를 직접 제공하지는 않는다.</u>

> 사례관리자 역시 사회복지사로서 클라이언트에게 서비스를 직접 제공하기도 한다.

18-03-15

05 사례관리자는 알코올, 가정폭력, 실직 문제가 있는 클라이언트를 면담하여 알코올중독의 영향에 대해 체계적으로 가르치고, 가정폭력상담소에 연계하여 전문상담을 받도록 하였다. 이때 사례관리자는 교육자, 중개자, **중재자**로서의 역할을 수행한 것이다.

> 보통 사회복지사의 중재자로서의 역할은 클라이언트와 갈등이 있는 다른 개인 혹은 집단 사이에 타협을 이끌어 내는 역할을 말하는데, 사례는 중재가 필요한 갈등 상황은 아니다.

7 장

관계형성에 대한 이해

이 장에서는

비스텍이 제시한 관계형성의 7대 원칙(개-의-통-수-비-자-비)는 각각의 원칙을 상세히 학습해야 한다. 최근에는 전문적 관계의 특징, 전문적 관계형성의 요소도 자주 출제되고 있기 때문에 각각의 요소들이 의미하는 바를 정확히 파악해두도록 하자. 또한 관계형성에 있어 장애가 될 수 있는 요인들과 그와 관련하여 사회복지사가 어떻게 대처해야 하는지도 중요하다.

10년간 출제분포도

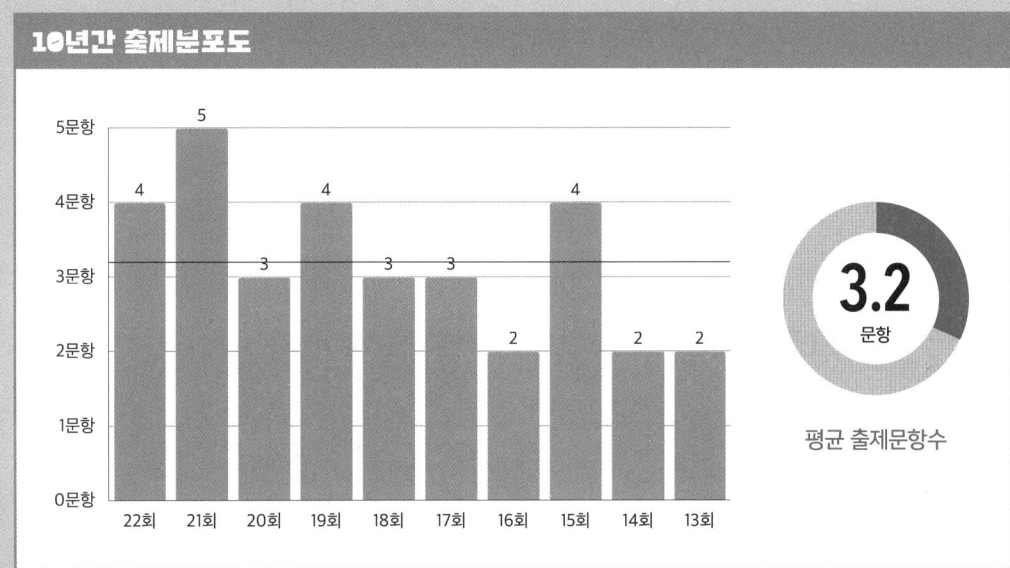

	22회	21회	20회	19회	18회	17회	16회	15회	14회	13회
문항	4	5	3	4	3	3	2	4	2	2

3.2 문항

평균 출제문항수

관계형성의 7대 원칙 (Biestek)

강의 QR코드

최근 10년간 **11문항** 출제

복습 1 이론요약

비스텍이 제시한 관계의 기본원칙

기본개념

사회복지실천론
pp.156~

① 개별화
- 모든 클라이언트는 **개별적인 욕구를 가진 존재**로 개별화해야 한다.
- 클라이언트 개개인의 독특한 자질을 알고 이해하는 것을 바탕으로 한다.

② 의도적 감정표현
- 클라이언트가 **감정을 자유롭게 표현할 수 있도록** 해야 한다.
- 특히 부정적 감정을 표현하도록 함으로써 문제의 본질을 살펴볼 수 있도록 한다.

③ 통제된 정서적 관여
- **클라이언트의 감정에 민감성과 이해로 적절히 반응**해야 한다.
- 반응함에 있어서는 과도한 호응은 역효과가 날 수 있음에 유의해야 한다.
- 원조 목적에 맞게 개별화된 반응을 보이면서 통제되고 조절되어야 한다.

④ 수용
- 클라이언트를 **있는 그대로 인정**하고 받아들여야 한다.
- 클라이언트의 일탈적 행동이나 반사회적 행동을 허용함을 의미하는 것은 아니다.

⑤ 비심판적 태도
- **클라이언트를 심판하거나 비난하지 않아야 한다.**
- 이는 문제의 원인을 클라이언트의 책임으로 돌려서는 안 됨을 의미한다.

⑥ 자기결정
- 클라이언트의 자기결정을 최대한 존중해야 한다.
- **자기결정은 클라이언트의 능력, 법률적·도덕적 테두리에 따라 제한될 수 있다.**

⑦ 비밀보장
- 클라이언트의 비밀을 보장해야 한다.
- 비밀보장은 가장 기본원칙이자 윤리적 의무이지만 **예외적인 상황이 있음**을 인지해야 한다.

01 (22-03-17) 수용은 클라이언트를 있는 그대로 이해하는 것이다.

02 (22-03-17) 수용은 클라이언트의 부정적인 감정도 받아들이는 것이다.

03 (22-03-17) 수용을 통해 클라이언트가 안도감을 갖게 하여 현실적인 방법으로 문제 대처를 할 수 있도록 돕는다.

04 (22-03-17) 사회복지사가 편견이나 선입관을 줄여나가면 수용에 도움이 된다.

05 (21-03-16) 의도적 감정표현은 클라이언트의 부정적 감정을 자유롭게 표현할 수 있도록 지지하는 것을 말한다.

06 (20-03-10) 비스텍의 원칙: 개별화, 의도적 감정표현, 통제된 정서적 관여, 수용, 비심판적 태도, 자기결정, 비밀보장

07 (19-03-21) 통제된 정서적 관여: 클라이언트는 문제에 대한 공감적 반응을 얻고자 하는 욕구가 있다. 사회복지사는 클라이언트 감정에 대해 민감성, 공감적 이해로 의도적이고 적절한 반응을 한다.

08 (18-03-20) 개별화를 위해 사회복지사는 언어적 표현에 대한 경청 능력, 비언어적 표현에 대한 관찰 능력, 편견과 선입관에 대한 자기인식 능력, 감정을 민감하게 포착할 수 있는 능력 등의 역량을 갖출 필요가 있다.

09 (18-03-22) 클라이언트의 자기결정을 돕기 위해 사회복지사는 경청하고 수용하는 태도 및 클라이언트가 활용 가능한 자원을 찾고 분석하도록 지원하는 능력, 클라이언트의 잠재력을 개발하는 데 도움이 되는 환경조성 능력 등을 갖출 필요가 있다.

10 (17-03-15) 클라이언트의 자기결정권을 위해 문제해결자는 사회복지사가 아닌 클라이언트임을 강조해야 한다.

11 (16-03-19) 개별화란 클라이언트가 속한 집단적 특성을 탐색하는 과정을 포함한다.

12 (15-03-10) 학생의 자퇴 결정에 대한 존중은 자기결정의 원칙에 따른 것이다.

13 (14-03-04) 의도적인 감정표현은 클라이언트로 하여금 자신이 비난받게 될지 모르는 감정을 자유롭게 표현하도록 돕는 것이다.

14 (13-03-15) 개별화는 편견이나 고정관념 없이 클라이언트 개인의 경험을 존중하는 것이다.

15 (12-03-16) 클라이언트의 치료를 위해 전문가 회의를 하는 경우 클라이언트의 정보가 공개될 수 있는데 이때는 비밀보장의 예외에 해당한다.

16 (11-03-16) 클라이언트가 가지고 있는 죄책감을 표현할 수 있도록 격려하는 것은 의도적 감정표현에 해당한다.

17 (11-03-16) 학대부모를 비난하는 클라이언트의 감정에 과도하게 반응하지 않는 것은 통제된 정서적 관여에 해당한다.

18 (08-03-21) 클라이언트의 자기결정의 원칙은 법적, 사회적, 도덕적 테두리 내에서 이루어져야 한다.

19 (05-03-18) 클라이언트가 보이는 부정적 행동을 있는 그대로 받아들이는 것은 수용에 해당한다.

20 (05-03-19) 타 기관과 연계 및 의뢰, 실습생 교육, 슈퍼비전 등의 경우에는 비밀보장의 예외에 해당한다.

21 (04-03-08) 클라이언트가 객관적 진실에 대해서만 말할 경우에는 의도적 감정표현의 기술이 필요하다.

22 (04-03-19) 비심판적 태도는 문제의 원인이 클라이언트의 잘못 때문인지 아닌지, 혹은 클라이언트에게 책임이 있는지 등을 심판하지 않는 것을 말한다.

23 (03-03-19) 클라이언트의 감정적 표현을 유도하기 위해 사회복지사는 정서적으로 관여하게 되는데, 이와 관련하여 통제된 정서적 관여의 원칙이 적용되어야 한다.

24 (03-03-19) 통제된 정서적 관여를 위해서는 클라이언트가 말로 표현하지 않더라도 태도에서 드러나는 감정을 잘 파악해야 한다.

25 (02-03-25) 클라이언트는 모두 다르게 취급해야 한다는 것은 개별화의 원칙이다.

대표기출 확인하기

21-03-16 난이도 ★★★

비스텍(F. Biestek)의 관계의 원칙 중 '의도적 감정표현'에 해당하는 것은?

① 클라이언트의 부정적 감정을 자유롭게 표현할 수 있도록 지지한다.
② 클라이언트의 감정이나 태도를 있는 그대로 받아들이고 존중한다.
③ 목적달성을 위한 방안들의 장·단점을 설명하고 클라이언트가 스스로 선택하도록 한다.
④ 공감을 받고 싶어 하는 클라이언트의 욕구에 따라 클라이언트에게 공감하는 반응을 표현한다.
⑤ 사회복지사 자신의 생각과 느낌, 개인적인 경험을 이야기 한다.

알짜확인

• 비스텍이 제시한 7가지 원칙은 필수적으로 암기해두어야 할 내용이다.
• 각각의 원칙이 어떤 내용을 담고 있는지를 잘 파악해두고 원칙과 사례를 연결할 수 있도록 해야 한다.

답 ①

응시생들의 선택

① 59%	② 3%	③ 3%	④ 26%	⑤ 9%

② 수용
③ 자기결정
④ 통제된 정서적 관여
⑤ 사회복지사 자신의 생각과 느낌, 개인적인 경험을 이야기 하는 것은 '자기노출'이다. 사회복지사의 자기노출은 비스텍이 제시한 7대 원칙에 해당하는 것은 아니며, 클라이언트에게 공감을 표시하거나 클라이언트의 표현을 촉진하기 위한 목적 등으로 사용할 수 있다.

관련기출 더 보기

19-03-21 난이도 ★★★

다음에서 설명하는 전문적 관계의 기본 원칙은?

• 클라이언트는 문제에 대한 공감적 반응을 얻고자 하는 욕구가 있다.
• 사회복지사는 클라이언트 감정에 대해 민감성, 공감적 이해로 의도적이고 적절한 반응을 한다.

① 수용　　　　　　② 개별화
③ 비심판적 태도　　④ 의도적인 감정표현
⑤ 통제된 정서적 관여

답 ⑤

응시생들의 선택

① 9%	② 1%	③ 3%	④ 43%	⑤ 44%

① 수용: 클라이언트의 장점과 약점, 혹은 단점 등을 포함하여 클라이언트의 모습을 있는 그대로 이해하고 받아들인다는 의미이다.
② 개별화: 클라이언트 개개인이 가진 독특한 특성을 인정하고 이해함으로써 그에 맞게 원조의 내용, 방법, 과정 등도 개별적으로 고려되어야 함을 의미한다.
③ 비심판적 태도: 문제가 클라이언트에게서 비롯된 것인지, 클라이언트가 어떤 책임이 있는지 등에 대해 표현하지 않고, 클라이언트의 행동이나 가치관 등에 대해 비난하지 않음을 의미한다.
④ 의도적인 감정표현: 문제에서 '의도적'이라는 표현이 있어 답을 헷갈린 수험생들이 더러 있었는데, 의도적인 감정표현은 클라이언트가 자신의 감정을 자유롭게 표현할 수 있도록 돕는 것을 말한다.

비스텍(F. Biestek)의 관계의 원칙에 관한 설명으로 옳은 것은?

① 의도적 감정표현이란 클라이언트와의 라포 형성을 위해 사회복지사의 감정을 주의 깊게 표현하는 것이다.
② 수용이란 클라이언트의 행동변화를 위해 바람직한 가치를 받아들이도록 격려하는 것을 의미한다.
③ 개별화란 클라이언트가 속한 집단적 특성을 탐색하는 과정을 포함한다.
④ 비심판적 태도란 클라이언트의 자기결정능력이 부족한 경우에 판단을 유보하는 것이다.
⑤ 통제된 정서적 관여란 클라이언트가 자기이해를 통해 부정적 감정에 직면하도록 강화할 때 필요하다.

답 ③

✅ **응시생들의 선택**

| ① 30% | ② 16% | ③ 24% | ④ 6% | ⑤ 24% |

③ 개별화는 클라이언트마다 개별적인 독특한 특성을 가지고 있다는 것을 인정하고 이해함으로써 개별 클라이언트를 원조하는 내용, 방법, 과정이 개별적으로 고려되어야 함을 말한다.

① 의도적 감정표현: 클라이언트가 자신의 감정을 자유롭게 표현할 수 있도록 해야 한다.
② 수용: 클라이언트를 있는 그대로 인정하고 받아들여야 한다.
④ 비심판적 태도: 클라이언트를 심판하거나 비난하지 않아야 한다.
⑤ 통제된 정서적 관여: 클라이언트의 감정에 민감성과 이해로서 반응해야 한다.

➕ **덧붙임**

이 문제는 ③번 개별화에 대한 설명에서 '집단적 특성'이라는 단어 때문에 답을 놓친 응시생들이 많았는데, 이 문장이 클라이언트를 집단화한다는 의미는 아니다. 클라이언트가 참여하는 친구집단이나 동호회 모임 등이 어떤 분위기인지, 어떤 활동을 하는지, 어떤 관심사를 공유하는지, 관계는 어떠한지 등을 살펴봐야 한다는 것으로, 이 역시 클라이언트의 특성을 파악하기 위한 과정으로 개별화에 대한 옳은 설명이다.

실천관계의 기본 원칙과 그 예의 연결로 옳지 않은 것은?

① 수용 – 학교폭력 가해자의 행동에 대해 그 상황과 감정을 이해함
② 자기결정 – 학생의 자퇴 결정을 존중함
③ 개별화 – 따돌림 방지를 위해 다문화가정 학생의 사고방식과 생활유형을 개별적으로 조정함
④ 통제된 정서적 관여 – 피해학생의 분노와 공포감을 민감하게 이해하고 적절하게 반응함
⑤ 비밀보장 – 학생의 뜻에 따라 부모의 이혼사실을 교사에게 알리지 않음

답 ③

✅ **응시생들의 선택**

| ① 21% | ② 16% | ③ 41% | ④ 10% | ⑤ 12% |

③ 개별화는 클라이언트의 독특한 특성을 인정하고 이해함으로써 그에 맞는 서비스를 제공한다는 것에 있다. 제시된 사례는 클라이언트의 특성을 고려하지 않은 채 클라이언트의 사고방식과 생활유형을 변화시키려고 한다는 점에서 개별화에 따른 활동이라고 볼 수 없다.

다음 사례에서 사회복지사가 고수해야 할 전문적 관계의 원칙을 모두 고른 것은?

> 반항적인 행동과 거친 말을 일삼는 비행청소년 P양은 사회복지사를 찾아와, 성폭력으로 심한 정신적 고통에 시달려 자살하고 싶다고 말했다. P양은 이 모든 일들을 누구에게도 알리지 말아 달라고 부탁하며 도움을 요청하였다.
>
> ㄱ. 수용　　　　　　　ㄴ. 비심판적 태도
> ㄷ. 개별화　　　　　　ㄹ. 비밀보장

① ㄱ, ㄴ, ㄷ
② ㄱ, ㄷ
③ ㄴ, ㄹ
④ ㄹ
⑤ ㄱ, ㄴ, ㄷ, ㄹ

답 ①

✅ **응시생들의 선택**

| ① 27% | ② 1% | ③ 17% | ④ 10% | ⑤ 45% |

ㄹ. 비밀보장의 원칙은 전문적 관계의 원칙 중 하나이지만, 문제의 사례처럼 자살, 타인의 생명 위협과 관련된 경우 등은 제한된다. 이는 클라이언트의 비밀보장보다 인간의 생명이 우선하기 때문이다.

다음 내용이 왜 틀렸는지를 확인해보자

`11-03-16`

01 사회복지사는 클라이언트의 약물중독 행동에 대해서도 **수용의 원칙을 지켜야 한다.**

수용은 일탈적이고 부도덕적, 반사회적 행동을 모두 허용함을 의미하지는 않는다.

`08-03-21`

02 아동성폭행으로 법원의 수강명령에 따라 의뢰된 클라이언트가 자신의 성적 취향을 주장하며 상담을 거부할 때에도 **자기결정의 원칙이 존중되어야 한다.**

법원의 수강명령에 따라 의뢰된 클라이언트가 상담을 거부할 때에는 자기결정의 원칙이 제한된다.

`04-03-19`

03 비심판적 태도의 원칙은 **문제의 원인이 클라이언트에게 있는 것은 아닌지를 객관적으로 살펴볼 수 있도록 해**야 함을 의미한다.

비심판적 태도의 원칙은 문제의 원인이 클라이언트에게 있는지와 관련된 심판을 하지 않음을 의미한다.

`03-03-19`

04 **통제된 정서적 관여**는 클라이언트가 자기의 감정, 특히 부정적인 감정을 자유롭게 표현하고자 하는 욕구를 말한다.

의도적 감정표현에 해당하는 설명이다.

---

05 의도적 감정표현을 위해 사회복지사는 클라이언트의 감정표현에 대해 비난해서는 안 되며 **비현실적이더라도 긍정적 반응과 무조건적 공감**을 보여야 한다.

비현실적인 반응이나 약속, 무조건적 공감 등은 오히려 클라이언트의 불신을 가져올 수 있으므로 진실성 있는 반응을 보여야 한다.

---

06 클라이언트에게 비밀보장의 원칙에 대해 설명하는 것은 **개별화의 원칙과는 무관**하다.

클라이언트에게 비밀보장의 원칙에 대해 설명함으로써 신뢰감과 안도감을 주는 것도 개별화의 수단이 된다.

---

07 의도적 감정표현이란 클라이언트와의 라포 형성을 위해 **사회복지사의 감정을 주의 깊게 표현**하는 것이다.

의도적 감정표현은 사회복지사가 클라이언트가 자신의 감정을 자유롭게 표현할 수 있도록 이끌어야 함을 의미한다.

08 아내에게 분노감을 느끼는 남편에게 그 감정을 표현하도록 하는 것은 적절하지 않다.

사회복지사는 남편이 아내에게 느끼는 감정을 표현하도록 이끌 필요가 있으며, 이는 비스텍이 제시한 7대 원칙 중 의도적 감정표현에 해당한다.

09 자기결정의 원칙은 클라이언트의 상황에 관계 없이 **모든 클라이언트의 선택권을 보장**하는 것이다.

자기결정의 원칙은 클라이언트 자신 혹은 타인에게 해가 될 수 있거나 도덕적, 법적으로 문제가 될 수 있는 결정까지 보장하는 것은 아니다.

10 사회복지사는 관계형성에 있어 피어싱을 한 청소년에게 불량스럽게 보인다고 **지적해주는 것이 필요하다.**

사회복지사가 개인적으로 피어싱에 대한 거부감이 있다 하더라도 이에 대해 불량스럽다고 지적하는 것은 관계형성을 위해 적합한 행동은 아니다. 관계형성에 있어서는 클라이언트를 있는 그대로 인정하고 이해하는 수용이 필요하다.

11 어린 시절 성장 과정에서 갖게 된 열등감과 낮은 자존감으로 인해 연인 관계에서도 자신이 원하는 바를 제대로 표현하지 못하고 힘들어하는 클라이언트에게 사회복지사는 **현재 클라이언트의 어떤 점이 잘못되었는지를 정확히 분석하고 짚어줌으로써** 전문적 관계를 형성해나가야 한다.

사회복지사가 관계형성에 있어 클라이언트에게 그의 행동이나 가치관에 대한 비판적 자세를 보일 경우 클라이언트의 입장에서는 사회복지사가 자신을 비난한다고 생각할 수 있다. 따라서 클라이언트에게 어떤 문제가 있는지를 따지지 않는 비심판적 태도가 요구된다.

12 비스텍의 관계원칙에 따르면 클라이언트의 욕구를 **범주화**해야 한다.

개별화의 원칙을 따라 클라이언트의 독특한 특성을 이해하고 존중해야 한다.

빈칸에 들어갈 알맞은 말을 채워보자

01 ( ): 클라이언트마다 독특한 특성이 있음을 전제로 원조 내용, 방법, 과정 등을 개별적으로 고려해야 한다.

02 ( ): 클라이언트의 장점 혹은 단점을 있는 그대로 인정하고 존중해준다.

03 ( ): 문제의 원인이 클라이언트의 잘못 때문인지 아닌지, 혹은 클라이언트에게 책임이 있는지 등을 심판하지 않는 것을 말한다.

`19-03-21`

04 ( ): 사회복지사는 클라이언트의 감정에 대해 민감성, 공감적 이해로 의도적이고 적절한 반응을 한다.

> **답** **01** 개별화 **02** 수용 **03** 비심판적 태도 **04** 통제된 정서적 관여

다음 내용이 옳은지 그른지 판단해보자

`16-03-19`

01 통제된 정서적 관여란 클라이언트가 자기이해를 통해 부정적 감정에 직면하도록 강화할 때 필요하다.

`18-03-22`

02 클라이언트의 자기결정을 돕기 위해 사회복지사는 클라이언트가 활용할 수 있는 자원을 찾고 분석하도록 지원할 수 있어야 한다.

`14-03-04`

03 의도적인 감정표현은 클라이언트의 가치관이나 특성을 심판하거나 비난하지 않는 것을 말한다.

`18-03-20`

04 클라이언트를 개별화하기 위해 사회복지사는 클라이언트의 언어적 표현에 대한 공감 능력과 비언어적 표현에 대한 관찰 능력을 갖추어야 한다.

> **답** **01** ✕ **02** ○ **03** ✕ **04** ○

> **해설** **01** 통제된 정서적 관여는 클라이언트가 자신의 문제에 대해 공감적 반응을 얻고 싶어하는 욕구에 대한 사회복지사의 반응이다. 클라이언트의 감정에 대한 민감성과 공감적 이해, 적절한 반응이 핵심요소이다.
> **03** 의도적인 감정표현은 클라이언트가 자신의 감정을 자유롭게 표현하도록 돕는 것을 말한다. 클라이언트의 가치관이나 특성을 심판하거나 비난하지 않는 것은 비심판적 태도이다.

081 전문적 관계형성의 요소

강의 QR코드

1회독	**2**회독	**3**회독
월 일	월 일	월 일

최근 10년간 **8문항** 출제

1 이론요약

사회복지사와 클라이언트의 관계형성 구성요소

- 타인에 대한 관심과 원조의지
- 헌신과 의무
  - 원조과정에서의 책임감을 의미하는 것으로 일관성을 포함하는 개념이다.
  - 이는 사회복지사에게만 부여되는 것은 아니며, 클라이언트 역시 시간 약속을 지키거나 자신의 문제를 정직하고 개방적으로 사회복지사에게 이야기해야 함을 포함한다.
- **권위와 권한**
  - 사회복지사는 전문성에 기반한 권위와 권한을 갖게 된다.
  - 권위와 권한을 잘못 사용하는 경우 클라이언트는 사회복지사에게 반감이나 저항을 보일 수 있으므로 이에 주의해야 한다.
- **진실성과 일치성**: 진실성은 솔직함을 의미하며 일치성은 언행일치 및 일관성을 의미하는데 이 둘은 상통하는 측면이 있다.
- 구체성: 클라이언트가 자신의 행동이나 감정 등을 자신의 방법으로 표현할 수 있도록 돕는 능력이다.
- 명확한 의사소통
- **자기노출**
  - 사회복지사가 클라이언트의 문제와 관련하여 자신의 경험을 이야기하는 것을 말한다.
  - 공감을 형성하거나 롤모델과 같은 기능을 할 수도 있지만, 사회복지사로서의 전문성을 지킬 수 있는 선에서 자기노출이 이루어져야 한다.
- **감정이입(공감)**: 클라이언트의 관점에서 그의 경험을 나누며 감정을 파악하는 것이다.
- 전문가로서 사회복지사의 자질
  - 성숙함
  - 창조성
  - 자기인식: 자신의 편견·가치관 등에 대한 인식
  - 용기
  - 민감성: 개방적 태도, 문화적 민감성

기본개념

사회복지실천론
pp.153~

01 (22-03-14) 헌신과 의무는 일관성을 포함하는 개념이다.

02 (22-03-14) 헌신과 의무는 원조관계에서의 책임감과 관련이 있다.

03 (22-03-14) 헌신과 의무는 원조관계의 목적을 달성하기 위해 필요하다.

04 (21-03-03) 사회복지사의 자기인식이란, 사회복지사가 자신의 가치, 신념, 행동습관, 편견 등이 사회복지실천에 어떤 영향을 미치는지 정확하게 이해하는 것을 말한다.

05 (21-03-07) 민감성: 클라이언트의 감정을 잘 관찰하는 것과 경청하는 과정에서 비롯된다. 클라이언트가 언어적으로 표현한 것뿐만 아니라 표현하지 않은 비언어적 내용들도 파악한다.

06 (20-03-14) 사회복지사와 클라이언트 모두에게 요구되는 의무와 책임감이 있다.

07 (19-03-23) 관계형성의 기본요소 중 헌신과 의무는 원조 관계에서 책임감을 갖고 절차상의 조건을 따르는 것을 말한다.

08 (17-03-13) 헌신과 의무: 사회복지사와 클라이언트의 책임감을 의미하는 것으로 관계의 목적을 이루기 위해 서로를 신뢰하고 일관된 태도를 유지해야 한다. 클라이언트는 문제와 상황을 솔직하게 말해야 하고, 사회복지사는 클라이언트의 변화와 성장을 위해 노력해야 한다.

09 (16-03-13) 전문적 관계의 기본 요소 중 진실성은 자기 인식을 바탕으로 사회복지사가 자신의 감정과 반응을 있는 그대로 클라이언트에게 전달하는 능력을 말한다.

10 (15-03-15) 사회복지사는 다문화 생활경험과 가치에 맞는 개입전략을 개발함으로써 문화적 민감성을 가져야 한다.

11 (12-03-01) 사회복지사는 올바른 자기인식, 자신의 감정에 대한 정직성, 언행일치 등을 위해 노력함으로써 진실성을 증진시켜 나가야 한다.

12 (11-03-15) 사회복지사는 클라이언트의 반응에 따라 자기노출의 양과 형태를 조절해야 한다.

13 (11-03-15) 사회복지사는 자기노출의 긍정적인 면과 부정적인 면을 균형 있게 사용해야 한다.

14 (11-03-17) 공감은 클라이언트의 감정과 그 감정의 의미를 민감하게 인식하고 전달하는 사회복지사의 능력을 의미한다.

15 (10-03-09) 전문적 관계형성을 위해서는 권위와 권한, 헌신과 의무, 타인에 대한 관심, 진실성과 일치성 등을 고려해야 한다.

16 (08-03-12) 사회복지사는 클라이언트에 대해 개방적 태도를 유지해야 하며, 특정 종교의 클라이언트를 서비스 대상에서 제외해서는 안 된다.

17 (08-03-20) 클라이언트가 "갑자기 직장을 잃게 되었다고 말씀드렸지요?"라고 할 때 사회복지사가 "네. 갑자기 그런 일이 생기다니 당황스러웠겠네요."라고 답하는 것은 관계형성의 요소 중 공감에 해당한다.

18 (01-03-06) 권위와 권한, 진실성과 일치성, 타인에 대한 관심, 기본적인 인간성 등은 전문적 관계를 형성하기 위한 기본요소라고 볼 수 있다.

대표기출 확인하기

22-03-14   난이도 ★★☆

사회복지실천 관계의 요소인 헌신과 의무에 관한 설명으로 옳은 것을 모두 고른 것은?

> ㄱ. 일관성을 포함하는 개념이다.
> ㄴ. 원조관계에서 책임감과 관련이 있다.
> ㄷ. 원조관계의 목적을 달성하기 위해 필요하다.
> ㄹ. 클라이언트는 헌신을 해야 하나 의무를 갖지는 않는다.

① ㄴ   ② ㄱ, ㄴ, ㄷ
③ ㄱ, ㄷ, ㄹ   ④ ㄴ, ㄷ, ㄹ
⑤ ㄱ, ㄴ, ㄷ, ㄹ

▶ 알짜확인

- 클라이언트와 사회복지사는 도움을 요청하고 필요한 서비스를 제공하는 전문적 관계임을 이해하고, 이러한 전문적 관계 형성을 위해 요구되는 요소들에 대해 살펴보도록 하자.

답 ②

✓ 응시생들의 선택

① 6%	② 83%	③ 1%	④ 5%	⑤ 5%

ㄹ. 클라이언트 역시 실천과정에 성실히 임해야 할 의무를 갖는다.

관련기출 더 보기

21-03-07   난이도 ★☆☆

다음에서 설명하고 있는 사회복지사의 자질은?

> - 클라이언트의 감정을 잘 관찰하는 것과 경청하는 과정에서 비롯된다.
> - 클라이언트가 언어적으로 표현한 것뿐만 아니라 표현하지 않은 비언어적 내용들도 파악한다.

① 민감성   ② 진실성
③ 헌신   ④ 수용
⑤ 일치성

답 ①

✓ 응시생들의 선택

① 74%	② 5%	③ 3%	④ 15%	⑤ 3%

② 진실성, ⑤ 일치성: 클라이언트를 대함에 있어 솔직하고 언행이 일관적이어야 한다.
③ 헌신: 클라이언트와의 관계에 있어 책임감을 가지고 클라이언트의 이익을 위해 노력해야 한다.
④ 수용: 클라이언트를 있는 그대로 인정하고 이해해야 한다.

다음 내용을 모두 충족하는 원조관계의 기본 요소는?

> • 사회복지사와 클라이언트의 책임감을 의미하는 것으로 관계의 목적을 이루기 위해 서로를 신뢰하고 일관된 태도를 유지함
> • 클라이언트는 문제와 상황을 솔직하게 말해야 하고, 사회복지사는 클라이언트의 변화와 성장을 위해 노력해야 함

① 수용
② 존중
③ 일치성
④ 헌신과 의무
⑤ 권위와 권한

답 ④

✅ 응시생들의 선택

① 3%	② 19%	③ 26%	④ 49%	⑤ 3%

➕ 덧붙임

19회 시험(기출번호 19-03-23)에서도 헌신과 의무의 개념을 확인하는 단답형 문제가 출제된 바 있는데 당시 정답률은 90%였다. 이렇게 개념을 단순히 확인하는 문제도 제시된 문장과 선택지에 따라 혼란이 커질 수 있기 때문에 개념을 정확히 잡아야 한다는 점 꼭 당부하고 싶다.
이 문제에서는 '③ 일치성'과 헷갈린 응시생들이 많았는데, 일치성은 사회복지사의 일관된 태도와 정직한 개방성에 초점이 있다.

전문적 원조관계의 기본 요소인 사회복지사의 문화적 민감성 관련 내용으로 옳은 것은?

① 문화적 다양성과 유사성을 인지하고 선호나 옳고 그름의 가치를 부여
② 자신의 문화를 중심에 두면서 타 문화를 이해하기 위해 의사소통
③ 출신국가, 피부색 간에 존재하는 권력적 위계관계 무시
④ 자신의 문화에 대한 인식에 기초하여 다문화 배경 클라이언트의 상황을 규정
⑤ 다문화 생활경험과 가치에 맞는 개입전략 개발

답 ⑤

✅ 응시생들의 선택

① 12%	② 8%	③ 8%	④ 3%	⑤ 69%

문화적 민감성은 문화적 차이에 대해 특별한 의미를 부여하거나 해석을 더하거나 가치판단을 하는 것이 아니라 문화적 다양성을 있는 그대로 인정하고 이해함을 의미한다.

클라이언트와의 전문적 관계에서 사회복지사의 진실성 증진을 위한 노력으로 옳지 않은 것은?

① 올바른 자기인식
② 자신의 감정에 대한 정직성
③ 타인에 대한 관심과 수용의 내면화
④ 문제해결을 위해 클라이언트와 연합
⑤ 말과 행동의 일치

답 ④

✅ 응시생들의 선택

① 2%	② 17%	③ 7%	④ 73%	⑤ 1%

④ 진실성은 사회복지사의 생각과 행동에 대해 솔직해야 함을 의미한다. 클라이언트와의 연합으로 문제가 해결된다 하더라도 그 문제해결이 일시적일 수 있으므로 문제해결에 대한 전문적 입장을 제시하고 클라이언트와의 대화를 통해 최선의 결과가 도출될 수 있도록 해야 한다.

사회복지사의 자기노출(self-disclosure) 시 적절하지 않은 것은?

① 자기노출의 내용과 감정이 일치해야 한다.
② 지나치게 솔직한 자기노출은 자제해야 한다.
③ 자기노출은 비윤리적이므로 피해야 한다.
④ 클라이언트의 반응에 따라 자기노출의 양과 형태를 조절해야 한다.
⑤ 자기노출의 긍정적 면과 부정적 면을 균형 있게 사용해야 한다.

답 ③

✅ 응시생들의 선택

① 1%	② 1%	③ 98%	④ 0%	⑤ 0%

③ 사회복지사의 자기노출은 언어적 표현 또는 비언어적 행동을 통해서 사회복지사가 자기 자신에 대한 정보를 의도적이고 의식적으로 공개하는 것이다. 사회복지사의 자기노출은 사회복지사와 클라이언트 간 관계형성에 도움이 되므로 적절하게 사용하면 좋다. 비윤리적인 행동은 아니다.

다음 내용이 왜 틀렸는지를 확인해보자

01 전문적 관계형성의 한 요소인 헌신과 의무는 **클라이언트의 요구를 무조건적으로 수용해야** 함을 의미한다.

> 헌신과 의무는 원조과정에서의 책임감을 의미하는 것으로 기본적이고도 필수적인 절차상의 약속을 지켜야 한다는 것이다.

`20-03-14`

02 사회복지사는 전문성에 바탕을 둔 권위라도 **가져서는 안 된다.**

> 사회복지사는 전문성에 바탕을 둔 권위와 권한을 갖게 된다.

`15-03-15`

03 사회복지사는 문화적 민감성을 위해 **자신의 문화에 대한 인식에 기초하여 다문화 배경 클라이언트의 상황을 규정해야** 한다.

> 문화적 민감성은 문화적 차이에 대해 특별한 의미를 부여하거나 해석을 더하거나 가치판단을 하는 것이 아니라 문화적 다양성을 있는 그대로 인정하고 이해함을 의미한다.

`11-03-17`

04 의무(obligation)는 클라이언트의 감정과 그 감정의 의미를 민감하게 인식하고 전달하는 사회복지사의 능력을 말한다.

> 공감(empathy)에 관한 내용이다.

`10-03-09`

05 사회복지사가 십대 미혼모를 상담할 때에는 타인에 대한 관심, 진실성 등은 중요하지만 **권위와 권한은 중요하지 않다.**

> 십대 미혼모를 상담할 때에도 권위와 권한은 중요하다. 권위와 권한은 사회복지사가 갖추고 있는 전문적 지식, 기관으로부터 위임된 지위 등을 의미하는 것으로 사회복지사는 자신이 갖는 권위와 권한에 대해 클라이언트에게 설명함으로써 클라이언트가 안전과 보호의 느낌을 가질 수 있도록 해야 한다.

빈칸에 들어갈 알맞은 말을 채워보자

01 ( )은/는 클라이언트와 기관에 의해 사회복지사에게 위임된 권한(power)을 말한다.

02 ( )은/는 사회복지사가 원조과정에서 적절하다고 생각되는 자신의 경험을 클라이언트와 함께 나누는 것이다.

19-03-23

03 ( )은/는 원조 관계에서 책임감을 갖고 절차상의 조건을 따르는 관계형성의 기본요소이다.

16-03-13

04 전문적 관계의 기본 요소 중 ( )은/는 자기인식을 바탕으로 사회복지사의 감정과 반응을 있는 그대로 클라이언트에게 전달하는 능력을 말한다.

답 **01** 권위(authority) **02** 자기노출 **03** 헌신과 의무 **04** 진실성

다음 내용이 옳은지 그른지 판단해보자

01 전문적 관계에 있어 헌신과 의무는 사회복지사뿐만 아니라 클라이언트에게도 요구된다.

12-03-01
02 사회복지사는 전문적 관계에서 진실성을 증진하기 위해 문제해결에 있어 클라이언트와 연합해야 한다.

03 사회복지사는 예측할 수 없이 벌어지는 일이나 클라이언트 및 그의 가족 등의 비난에 대해서 받아들일 수 있는 용기가 필요하다.

08-03-12
04 사회복지사는 클라이언트가 특정 종교를 믿는 것을 이유로 서비스 대상에서 제외할 수 있다.

답 **01** ○ **02** ✕ **03** ○ **04** ✕

해설 **02** 클라이언트와의 연합은 파트너십을 말하는 것이 아니다. 연합은 사회복지사와 클라이언트가 서로 필요에 의해 합심하여 서비스의 내용, 실적, 성과 등을 거짓으로 꾸미는 것을 말하며, 사회복지사는 이러한 연합을 경계해야 한다.
04 클라이언트가 특정 종교를 믿는다고 해서 서비스 대상에서 제외할 수는 없으며, 다른 종교나 문화에 대한 개방적인 태도를 가져야 한다.

082 전문적 관계의 특징

강의 QR코드

1회독 월 일 **2회독** 월 일 **3회독** 월 일

★★★ 최근 10년간 **6문항** 출제

복습 1 이론요약

사회복지실천에서 전문적 관계의 특징

- **의도적 목적성**: 클라이언트와 사회복지사 간에 합의한 목적을 추구
- **시간제한적 관계**: 한정된 기간 동안 이루어지는 관계로 종료가 전제됨
- **헌신**: 사회복지사는 자신의 이익이 아닌 클라이언트의 이익을 위해 헌신하며 객관성 과 자기인식에 기초하여 관계를 형성함
- **권위성**: 사회복지사는 특화된 지식 및 기술 그리고 전문직 윤리강령에서 비롯되는 권 위를 지님
- **통제적 관계**: 사회복지사는 개입에 있어 객관성을 유지하면서 자기 자신의 감정, 반 응, 충동을 자각하고 그 책임을 짐

기본개념
사회복지실천론 pp.151~

기출문장 CHECK

01 (21-03-15) 전문적 관계의 특징: 합의에 따른 목적설정, 전문성에 바탕을 둔 권위, 계약에 의한 시간제한, 기관의 특성에 영향 받음

02 (20-03-12) 사회복지사와 클라이언트 사이에 합의된 목적이 있다.

03 (19-03-25) 전문적 관계는 전문가 윤리강령에 따른다.

04 (18-03-21) 전문적 관계는 클라이언트의 욕구를 중심으로 시간제한적으로 형성된다.

05 (18-03-21) 전문적 관계에서 전문가는 자신의 정서를 통제하며, 전문성에 기반을 둔 권위를 가진다.

06 (17-03-14) 사회복지사와 클라이언트는 클라이언트에게 도움을 주기 위해 정해진 기간 동안 관계를 맺는다.

07 (12-03-22) 사회복지사는 관계의 전반적 과정에 대하여 전문적 책임을 진다.

08 (12-03-22) 사회복지사는 목적의식을 가지고 관계를 유지한다.

09 (09-03-16) 사회복지사와 클라이언트의 관계는 정서적 관여를 함에 있어 조절이 필요한 관계이다.

10 (06-03-02) 사회복지사와 클라이언트의 관계는 통제적 특징을 갖는다.

대표기출 확인하기

22-03-10
난이도 ★☆☆

전문적 원조관계에 관한 설명으로 옳은 것은?

① 클라이언트의 문제와 욕구가 중심이 된다.

② 시간적 제한을 두지 않는 관계이다.

③ 전문가의 권위는 부정적 작용을 한다.

④ 전문가가 자신과 원조 방법에 대해 통제해서는 안 된다.

⑤ 클라이언트는 전문가의 지시에 무조건 따라야 한다.

 알짜확인

• 사회복지사와 클라이언트의 관계는 목적을 갖고 시간제한적으로 맺는 관계이며, 사회복지사는 개입에 있어 객관성을 유지하며 자신의 감정을 통제해야 함을 이해해두자.

답 ①

✔ 응시생들의 선택

① 89%	② 2%	③ 3%	④ 5%	⑤ 1%

② 시간적 제한을 갖고 맺는 관계이다.

③ 사회복지사는 전문성을 바탕으로 한 권위와 책임을 갖는다.

④ 전문가는 객관성을 유지하면서 자신과 원조 방법에 대해 통제해야 한다(통제적 관계).

⑤ 클라이언트는 자기결정권을 갖기 때문에 전문가의 지시에 무조건 따라야 하는 것은 아니다.

➕ 덧붙임

간혹 전문적 관계가 '왜 통제적 관계인가?'라는 질문을 받을 때가 있는데, 이때 '통제적'이란 의미는 사회복지사가 클라이언트를 통제한다는 의미가 아니다. 이는 사회복지사가 그 관계에 있어 나타날 수 있는 자신의 주관적 관점이나 감정, 행동, 반응 등에 있어 스스로 객관성을 가져야 함을 의미하는 것으로, 헷갈리지 않도록 하자.

관련기출 더 보기

21-03-15
난이도 ★☆☆

사회복지실천의 전문적 관계에 관한 설명으로 옳지 않은 것은?

① 사회복지사와 클라이언트가 합의하여 목적을 설정한다.

② 사회복지사는 소속된 기관의 특성에 영향을 받는다.

③ 사회복지사의 이익과 욕구 충족을 위한 일방적 관계이다.

④ 사회복지사는 전문성에 바탕을 둔 권위를 가진다.

⑤ 계약에 의해 이루어지는 시간제한적인 특징을 갖는다.

답 ③

✔ 응시생들의 선택

① 1%	② 1%	③ 95%	④ 1%	⑤ 2%

③ 사회복지실천은 사회복지사가 클라이언트에게 서비스를 제공하는 것이기 때문에 클라이언트의 이익과 욕구 충족을 위한 관계이다. 클라이언트 역시 자신의 문제해결을 위한 노력을 다해야 한다는 의무를 가지며 사회복지사와 클라이언트는 쌍방적인, 상호적인 파트너십을 구축하는 것이 중요하다.

사회복지실천에서 전문적 관계의 특성으로 옳은 것은?

① 사회복지사는 자신의 반응을 통제하면 안 된다.
② 클라이언트는 전문성에서 비롯된 권위를 가진다.
③ 사회복지사와 클라이언트 사이에 합의된 목적이 있다.
④ 문제가 해결되어야만 종결되는 관계이기 때문에 시간의 제한이 없다.
⑤ 사회복지사와 클라이언트는 반드시 상호 간의 이익에 헌신하는 관계이다.

답 ③

✅ **응시생들의 선택**

① 1%	② 7%	③ 85%	④ 3%	⑤ 4%

① 사회복지사는 자신의 반응을 통제해야 한다. 클라이언트에게 공감하면서도 객관성을 유지해야 하며, 적절히 반응할 수 있어야 한다.
② 전문성에서 비롯된 권위를 갖는 것은 클라이언트가 아닌 사회복지사이다.
④ 문제가 해결되어야만 종결되는 것은 아니다. 보통은 계약시 종결일을 정하고 그 기간을 지키는 것을 우선으로 하지만, 개입과정 중 클라이언트의 이사 등 상황이 바뀌거나 개입의 효용이 없다고 판단될 때에도 종결을 진행할 수 있다.
⑤ 사회복지사는 클라이언트의 이익을 위해 헌신한다. 클라이언트가 사회복지사의 이익을 위해 헌신하는 관계는 아니다.

사회복지실천에서 전문적 관계의 특성에 관한 설명으로 옳지 않은 것은?

① 클라이언트의 욕구가 중심이 된다.
② 시간적인 제한을 둔다.
③ 전문가 자신의 정서를 통제하는 관계이다.
④ 전문가가 설정한 목적 달성을 위해 형성된다.
⑤ 전문가는 전문성에 기반을 둔 권위를 가진다.

답 ④

✅ **응시생들의 선택**

① 7%	② 6%	③ 17%	④ 62%	⑤ 8%

④ 사회복지실천에서 목적 및 목표는 클라이언트와 전문가의 합의로 설정된다.

전문적 원조관계의 특성으로 옳은 것은?

① 사회복지사는 클라이언트에 비해 우월적 지위에 있다.
② 클라이언트에게 도움을 주기 위해 정해진 기간 동안 관계를 맺는다.
③ 사회복지사의 욕구에 부응하기 위해 상호 만족스러운 관계를 형성한다.
④ 관계의 전반적인 과정에 대해 사회복지사와 클라이언트가 공동으로 책임진다.
⑤ 전문적 관계를 통해 사회복지사는 클라이언트의 감정과 행동의 변화를 통제한다.

답 ②

✅ **응시생들의 선택**

① 2%	② 56%	③ 3%	④ 35%	⑤ 4%

① 사회복지사는 전문적인 권위를 지니지만 그렇다고 해서 우월적 지위에 있는 것은 아니다.
③ 관계는 클라이언트의 문제해결을 위한 것이지 사회복지사의 욕구를 위한 것은 아니다.
④ 사회복지사는 관계의 전반적인 과정에 있어 전문적인 책임을 진다.
⑤ 사회복지사는 클라이언트와의 관계에 있어 자신의 감정, 반응에 있어 객관성을 유지하며 통제한다.

사회복지실천의 전문적 관계에 관한 설명으로 옳지 않은 것은?

① 사회복지사는 관계의 전반적 과정에 대하여 전문적 책임을 진다.
② 사회복지사는 목적의식을 가지고 관계를 유지한다.
③ 관계형성을 주도하는 것은 클라이언트이다.
④ 초기 관계는 다음 단계로의 진행에 영향을 준다.
⑤ 관계는 시간적 제한을 가진다.

답 ③

✅ **응시생들의 선택**

① 2%	② 1%	③ 91%	④ 0%	⑤ 5%

③ 사회복지실천에서 관계는 '클라이언트와 사회복지사의 태도·감정의 역동적 상호작용'이므로 사회복지사와 클라이언트 간에 상호작용으로 이루어진다. 사회복지사와 클라이언트의 관계가 갖는 가장 큰 특징은 클라이언트는 도움을 요청하고 사회복지사는 전문적 도움을 제공하는 전문적 관계라는 것이다. 전문적 관계는 언제나 클라이언트의 입장에서 출발해야 하며 사회복지사는 관계의 전반적인 과정에 전문적 책임을 지게 된다. 따라서 관계형성을 주도하는 것은 사회복지사이다.

다음 내용이 왜 틀렸는지를 확인해보자

12-03-22

01 사회복지사와 클라이언트 간 관계형성을 주도하는 것은 클라이언트이다.

> 사회복지사와 클라이언트 간 관계형성은 양자 간의 상호작용으로 이루어지며, 전문적 서비스를 제공하는 사회복지사가 관계형성을 주도하게 된다.

02 사회복지사와 클라이언트는 사적인 친밀함을 바탕으로 신뢰를 쌓아가는 관계이다.

> 사회복지사와 클라이언트 사이에 사적인 친밀함은 개입에 있어 객관성을 유지하는 데에 방해가 될 수 있다. 신뢰는 사회복지사의 전문성을 바탕으로 쌓아갈 수 있도록 해야 한다.

03 사회복지사는 클라이언트에게 도움을 제공할 뿐 전반적인 과정에 대한 책임을 지지는 않는다.

> 사회복지사는 클라이언트가 필요로 하는 도움을 제공하며, 그 전반적인 과정에서 전문적 관계를 맺으며 전문성을 기반으로 한 책임을 진다.

09-03-16

04 사회복지사와 클라이언트의 관계는 각자의 욕구가 반영되는 쌍방적 관계이다.

> 사회복지사는 자신의 욕구가 반영되도록 하는 것이 아닌 클라이언트의 욕구를 반영하는 데에 초점을 두어야 한다.

18-03-21

05 사회복지실천에서 전문적 관계는 전문가가 설정한 목적을 달성하기 위해 형성된다.

> 사회복지실천에서 목적 및 목표는 클라이언트와 전문가의 합의로 설정된다.

19-03-25

06 전문적 관계는 시간에 제한을 두지 않는다.

> 클라이언트와 구체적으로 한정된 기간을 정하고 그 기간 동안에 관계를 맺는다.

다음 내용이 옳은지 그른지 판단해보자

01 전문적 관계에서 사회복지사는 어떠한 권위도 가져서는 안 된다. ◎ ⊗

18-03-21
02 사회복지사와 클라이언트 간 전문적 관계는 시간적인 제한을 두고 이루어진다. ◎ ⊗

18-03-21
03 사회복지실천에서 전문적 관계는 클라이언트의 욕구를 중심으로 형성된다. ◎ ⊗

19-03-25
04 사회복지사와 클라이언트는 전문적 관계이기 때문에 클라이언트의 동의가 필요 없다. ◎ ⊗

19-03-25
05 전문적 관계는 사회복지기관의 입장에서 출발한다. ◎ ⊗

06 사회복지사는 클라이언트에 대해 객관성을 유지하면서 자신의 감정과 반응을 통제할 수 있어야 한다. ◎ ⊗

답 **01** × **02** ○ **03** ○ **04** × **05** × **06** ○

해설 **01** 사회복지사는 전문가로서의 권위를 갖게 된다.
04 원조관계는 클라이언트와 사회복지사 간의 합의로 이루어져야 한다.
05 사회복지사와 클라이언트가 맺는 전문적 관계는 기관의 입장이 아닌 클라이언트의 입장에서 출발한다.

083 관계형성의 장애요인 및 사회복지사의 대처

강의 QR코드

1회독 월 일 **2회독** 월 일 **3회독** 월 일

★★★ 최근 10년간 **7문항** 출제

이론요약

관계형성의 장애요인

- 장애요인은 클라이언트에게서 나타날 수도 있지만 사회복지사에게서도 나타날 수 있다.
- 비자발적 클라이언트가 아니라 **자발적 클라이언트의 경우에도 장애요인이 발생할 수 있다.**
- 장애요인
  - 사회복지사에 대한 클라이언트의 불신
  - 전이와 역전이
  - 저항: 침묵, 주제에서 벗어난 이야기를 자꾸 할 때, 무력한 태도, 문제를 축소하거나 변화에 대한 의지를 갖지 않는 것, 지각이나 불출석 등의 행동

기본개념

사회복지실천론
pp.166~

사회복지사의 대처

- 여유를 가지고 신뢰 형성을 위해 노력해야 함
- 클라이언트의 전이에 대해서는 그 반응이 비현실적임을 인식할 수 있도록 하고 사회복지사에 대한 현실적인 관점을 갖도록 도와야 함
- **사회복지사가 역전이를 느낄 때에는 상황을 클라이언트에게 설명하고 의뢰를 진행**
- 변화의 필요성을 알면서도 변화하지 않으려는 **양가감정은 모든 클라이언트가 느낄 수 있는 자연스러운 현상이지만 저항으로 이어질 위험도 있음**을 고려해야 함
- 클라이언트가 보이는 **침묵**은 단순히 생각할 시간일 수도 있으므로 무조건 저항 행동으로 받아들여서는 안 됨. 침묵이 길어지거나 계속될 때에는 그 의미를 탐색해야 하며, 침묵을 깨뜨리기 위해 다른 주제로 빨리 전환하는 것은 잘못된 대처임
- 클라이언트가 보이는 **저항 행동에 대해서는 심각하게 변화를 방해할 때에만 다루는 것이 바람직**하며, 사회복지사는 클라이언트의 저항을 변화의 자연스러운 한 과정으로 받아들이는 것이 필요함

01 (22-03-16) 전문적 원조관계에서 전문가의 권위가 관계형성의 장애요인인 것은 아니다.

02 (15-03-13) 사회복지사가 클라이언트를 감동시키는 데에만 초점을 두는 것은 바람직한 관계형성을 위해 좋지 않다.

03 (15-03-25) 양가감정은 변화를 원하는 것과 원하지 않는 마음이 공존하는 것을 의미한다.

04 (15-03-25) 클라이언트가 양가감정을 갖는 것은 자연스러운 현상이다.

05 (14-03-14) 전이는 클라이언트가 과거에 타인과의 관계에서 경험하였던 소망이나 두려움 등의 감정을 사회복지사에게 보이는 반응을 말한다.

06 (13-03-12) 비자발적 클라이언트에 개입할 때에는 양가감정을 인식하도록 하는 것도 성찰의 기회가 될 수 있다.

07 (10-03-08) 클라이언트가 침묵을 보일 때에는 기다리는 배려가 필요하다.

08 (10-03-08) 클라이언트가 침묵을 보일 때에는 이유를 파악할 필요가 있지만, 이유를 말할 때까지 계속 질문을 하는 것은 오히려 저항을 키울 수 있으므로 유의해야 한다.

09 (09-03-20) 수강명령을 받은 비자발적 클라이언트가 수강명령에 대한 저항을 보일 때에는 그 저항을 인정하고 부정적 감정을 표출하도록 하는 것도 필요하다.

10 (08-03-23) 클라이언트가 저항을 보일 때에는 저항의 원인을 이해하도록 노력해야 한다. 개입의 필요성을 설명하고, 개입에 따른 긍정적인 결과를 검토한다.

11 (07-03-19) 클라이언트가 사회복지사에 대한 불신을 보일 때에는 클라이언트가 갖는 부정적 감정을 표출할 수 있도록 할 필요가 있다.

12 (06-03-08) 사회복지사는 비자발적 클라이언트나 부정적 반응을 보이는 클라이언트에 대해 클라이언트가 기관에 오게 된 이유에 대해 사실대로 설명하고, 클라이언트가 보이는 작은 노력에도 지지와 격려를 보여줄 필요가 있다.

13 (06-03-09) 클라이언트의 저항, 전이, 양가감정 등은 관계형성을 어렵게 만드는 요소가 되기도 한다.

14 (06-03-25) 음주운전으로 수강명령을 받던 클라이언트의 출석률이 떨어질 때, 사회복지사는 불출석으로 인한 불이익을 알리고 수강명령의 의미를 되짚어주는 한편, 공감적 자세를 유지하는 것도 필요하다.

대표기출 확인하기

전문적 원조관계 형성의 장애요인이 아닌 것은?

① 전문가의 권위
② 변화에 대한 저항
③ 클라이언트의 전문가에 대한 부정적 전이
④ 전문가의 클라이언트에 대한 역전이
⑤ 클라이언트의 불신

 알짜확인

- 관계형성에 방해가 되는 클라이언트의 행동 및 사회복지사의 행동 등을 살펴보고 사회복지사가 그러한 상황을 어떻게 대처하며 극복해나가야 하는지를 살펴봐야 한다.

답 ①

응시생들의 선택

① 81%	② 7%	③ 4%	④ 5%	⑤ 3%

① 사회복지사는 사회복지에 대한 전문적 지식과 기술, 경험, 윤리강령, 기관 내에서의 지위 등에서 비롯된 전문가로서의 권위를 갖게 되며, 그 자체로 관계형성에 장애요인이 되는 것은 아니다. 다만, 이러한 권위를 잘못 사용하게 될 경우에는 장애요인이 될 수 있다.

관련기출 더 보기

원조관계에서 사회복지사의 태도에 관한 내용으로 옳은 것은?

① 개선의 여지가 있다고 판단된 경우에 한해서 클라이언트와 전문적 관계를 형성하였다.
② 클라이언트의 감정에 이입되어 면담을 지속할 수 없었다.
③ 자신의 생각과 다른 클라이언트의 의견은 관계형성을 위해 즉시 수정하도록 지시하였다.
④ 법정으로부터 정보공개 명령을 받고 관련된 클라이언트 정보를 제공하였다.
⑤ 클라이언트 특성이나 상황이 일반적인 경우와 다르지만 획일화된 서비스를 그대로 제공하였다.

답 ④

응시생들의 선택

① 14%	② 8%	③ 1%	④ 74%	⑤ 3%

④ 원조관계에서 클라이언트의 비밀보장은 지켜져야 할 원칙이지만, 사례회의, 관련 기관의 요청 등 전문적 치료 상황에서 필요한 경우에는 비밀보장의 원칙이 제한된다.

① 전문적 관계는 클라이언트의 문제해결을 원조하기 위한 것으로 개선의 여지가 낮아도 문제의 심각성에 따라 원조가 이루어질 수 있다.
② 클라이언트에 대한 감정이입은 필요하지만 사회복지사 스스로 역전이 문제 등을 살펴보면서 과도한 감정이입을 경계해야 한다.
③ 사회복지사의 생각을 클라이언트에게 강요해서는 안 된다.
⑤ 사회복지서비스는 개별화의 원칙을 따른다.

양가감정(ambivalence)에 관한 설명으로 옳은 것을 모두 고른 것은?

> ㄱ. 변화를 원하는 것과 원하지 않는 마음이 공존하는 것을 의미한다.
> ㄴ. 클라이언트가 양가감정을 갖는 것은 자연스러운 현상이다.
> ㄷ. 클라이언트의 양가감정을 수용하면 클라이언트의 저항감이 강화된다.
> ㄹ. 양가감정은 초기 접촉단계가 아닌 중간단계에서부터 다루어져야 한다.

① ㄱ
② ㄱ, ㄴ
③ ㄴ, ㄷ
④ ㄱ, ㄴ, ㄹ
⑤ ㄱ, ㄷ, ㄹ

답 ②

✔ 응시생들의 선택

① 1%	② 85%	③ 1%	④ 12%	⑤ 1%

ㄷ. 클라이언트로 하여금 양가감정을 표현하도록 하고 사회복지사가 이를 수용함으로써 저항감이 감소될 수 있다.
ㄹ. 초기단계에도 양가감정을 드러낼 수 있으며, 이때에는 그대로 방관하기보다는 적절하게 다루어야 한다.

비자발적 클라이언트에 대한 개입방법으로 옳은 것을 모두 고른 것은?

> ㄱ. 클라이언트의 메시지를 이해하기 위해 비언어적인 단서들을 찾는다.
> ㄴ. 클라이언트 저항을 고려하여 대응이나 직면은 자제한다.
> ㄷ. 양가감정을 인식하도록 클라이언트에게 성찰의 기회를 준다.
> ㄹ. 사회복지사 개인의 경험을 노출할 때 역전이를 주의한다.

① ㄱ, ㄴ, ㄷ
② ㄱ, ㄷ
③ ㄴ, ㄹ
④ ㄹ
⑤ ㄱ, ㄴ, ㄷ, ㄹ

답 ⑤

✔ 응시생들의 선택

① 40%	② 22%	③ 7%	④ 3%	⑤ 28%

면접 중 침묵을 다루는 사회복지사의 태도로 적절하지 않은 것은?

① 침묵하는 이유를 파악한다.
② 침묵을 기다리는 배려가 필요하다.
③ 침묵의 이유를 알 때까지 질문한다.
④ 침묵은 저항의 유형으로 볼 수 있다.
⑤ 침묵이 계속되면 면접을 중단할 수 있다.

답 ③

✔ 응시생들의 선택

① 1%	② 1%	③ 92%	④ 1%	⑤ 5%

③ 침묵이 길어질 경우 그 의미를 탐색하며 기다리는 것도 필요하다.

다음 내용이 왜 틀렸는지를 확인해보자

01 클라이언트가 과거에 타인과의 관계에서 경험하였던 감정을 사회복지사에게 보이는 반응을 <u>역전</u>이라고 한다.

> 역전이가 아니라 전이이다.

19-03-17

02 사회복지사는 초기단계에서 면접을 진행할 때 클라이언트의 <u>침묵을 허용하지 않고 그 이유에 대해 질문해야</u> 한다.

> 침묵 자체가 저항 행동은 아니다. 침묵은 클라이언트가 생각을 정리할 시간일 수도 있기 때문에 이유를 캐어묻거나 빨리 화제를 바꾸는 것보다는 침묵의 의미가 무엇인지를 파악하는 것이 먼저이다.

08-03-23

03 클라이언트가 사회복지사에게 보이는 저항은 일반적인 반응이므로 <u>계획대로 진행한다</u>.

> 저항은 사회복지실천과정에서 자연스럽게 나올 수 있는 반응이다. 그렇다고 해서 저항 행동을 무시한 채 그대로 진행해서는 안 되며, 클라이언트가 저항을 보이는 원인을 탐색하고 필요한 경우 이에 대해 다뤄야 한다.

06-03-08

04 비자발적 클라이언트가 사회복지사에게 부정적 반응을 보일 때에는 <u>묵시적으로 다른 기관을 찾아보도록</u> 한다.

> 사회복지사에게 부정적 반응을 보이는 것이 의뢰의 이유가 되지는 않으며, 의뢰를 진행할 때에는 클라이언트와 대화를 통해 합의해야 한다. 사회복지사는 의뢰를 바로 진행하기보다는 여유를 가지고 신뢰 형성을 위해 노력해야 한다.

05 클라이언트의 저항 행동은 <u>비자발적 클라이언트에게서만 나타나는 현상</u>이다.

> 자발적 클라이언트도 저항 행동을 보일 수 있다.

06 사회복지사가 클라이언트에게 역전이를 느끼게 되더라도 <u>이를 들키지 않도록 하며 자신의 역전이를 극복해나가야</u> 한다.

> 역전이로 인해 클라이언트에 대한 개입이 어려울 경우에는 극복해나가기보다 클라이언트에게 자신의 문제로 인해 관계를 지속할 수 없음을 솔직하게 알리고 의뢰를 진행하는 것이 더 적절하다.

8장

면접의 방법과 기술

이 장에서는

다양한 면접 기술은 이후 학습할 개입방법(12장)으로도 출제되고 실천기술론(1장)을 통해서도 출제되기 때문에 꼼꼼히 살펴봐야 한다. 면접의 특징 및 조건, 면접 상황에서 사회복지사가 취해야 할 태도 등도 생각해봐야 한다. 이러한 내용들이 한 문제에 종합적으로 출제되기도 한다.

※ 알림: 기본개념 8장에서는 기록에 대해 담고 있는데 실천기술론(12장)을 통해 주로 출제되고 있어 여기에서는 생략하였다.

10년간 출제분포도

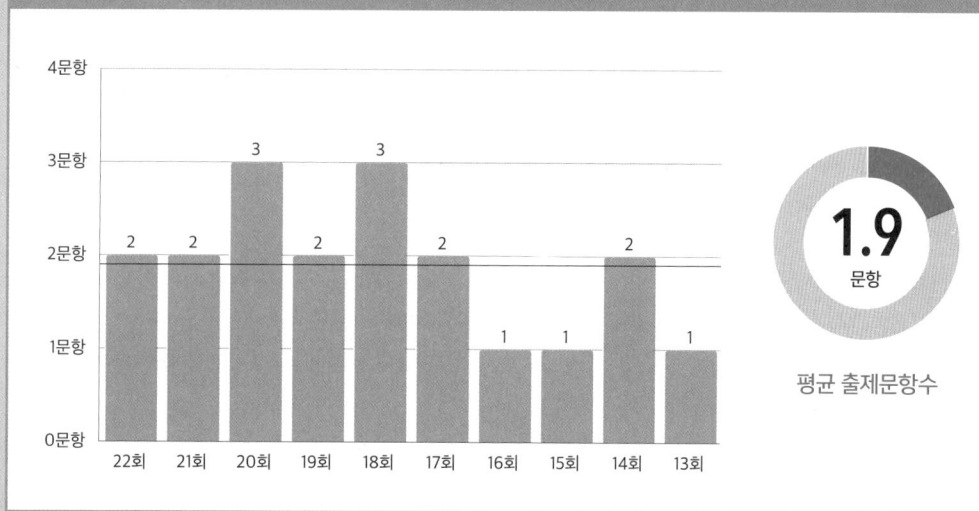

평균 출제문항수: **1.9** 문항

084 다양한 면접 기술 및 유의할 점

강의 QR코드

1회독	**2**회독	**3**회독
월 일	월 일	월 일

최근 10년간 **14문항** 출제

복습 1 이론요약

관찰

- 사회복지실천의 모든 과정 동안 사용하는 기술이다.
- 클라이언트의 말과 행동에 주의를 기울여 클라이언트가 보이는 감정의 차이를 살펴봄으로써 클라이언트를 이해할 수 있다.

기본개념

사회복지실천론
pp.184~

경청

- 클라이언트가 무엇을 표현하는지, 감정과 사고는 어떤 것인지를 이해하고 파악하면서 듣는 것을 말한다.
- 클라이언트의 이야기가 길어진다고 해서 너무 자주 끼어드는 것은 좋지 않다.

질문

- 클라이언트로부터 필요한 정보를 얻기 위해 사용하는 기술로 클라이언트의 대화 속도에 맞추어 질문해야 한다.
- 질문은 클라이언트로 하여금 추궁받는다는 느낌이나 공격받는다는 느낌이 들지 않도록 해야 한다.

※ 질문 유형: 폭탄형 질문, 유도형 질문, 왜? 질문 등은 피해야 한다.
- 개방형 질문: 원하는 답변을 자유롭게 할 수 있도록 하는 질문
- 폐쇄형 질문: 단답형 답변 혹은 '예', '아니요' 대답만 요구하는 질문으로, 사실관계의 확인이 필요할 때 주로 사용
- 폭탄형(중첩형) 질문: 질문에 여러 내용이 동시에 담겨 답변하기가 혼란스러울 수 있음
- 유도형 질문: 사회복지사가 듣고 싶은 답변을 하도록 이끌기 때문에 답변이 거짓으로 이루어질 수 있음
- 왜? 질문: 이유를 따지는 것 같은 느낌이 들어 방어적 태도를 갖게 될 수 있음

기타

- **명료화**: 사회복지사가 클라이언트의 이야기를 제대로 이해했는지를 확인하기 위해 사용한다. 클라이언트의 이야기가 중구난방이거나 모호할 때에 그 내용을 분명하게 정리하기 위해서 사용한다.
- **초점화**: 클라이언트가 두서없이 말을 장황하게 하거나 어떤 주제를 회피하고자 할 때, 혹은 클라이언트의 표현이 산만하고 혼란스러울 때 원래 주제에 초점을 맞춘다.
- **직면하기**: 클라이언트의 말과 행위 사이의 불일치, 표현한 가치와 실행 사이의 모순을 인식할 수 있도록 이끈다.

- 도전하기: 클라이언트가 문제를 문제로 인식하지 않을 때나 문제를 왜곡할 때 등에 회피하지 않고 직시할 수 있게 한다.
- 해석하기: 클라이언트의 이야기를 분석하여 관련된 이론, 전문가적 경험 등에 따라 상황의 가설을 세우고 접근방법을 제안하기도 하며, 클라이언트의 행동 등에 대한 문제 요인을 알려주기도 한다.
- 환언하기: 클라이언트가 한 이야기의 내용을 사회복지사가 다른 표현으로 바꾸어 진술하는 것이다.
- 환기하기: 클라이언트가 의식하지 못한 분노, 증오, 슬픔, 불안 등을 자유롭게 드러낼 수 있게 이끈다.
- **지지하기**
  - 재보증(안심): 클라이언트의 능력에 대해 사회복지사가 신뢰를 표현함으로써 클라이언트가 보이는 불안을 제거하고 위안을 준다.
  - 격려: 클라이언트가 자신감이 없거나 자존감이 낮아 어떤 행동을 주저할 때 그 행동을 해낼 수 있도록 하는 것이다.

기출문장 CHECK

01 (22-03-23) 경청은 클라이언트의 감정과 사고를 이해하고 파악하는 것이다.

02 (22-03-23) 경청을 통해 클라이언트의 언어적 · 비언어적 표현을 함께 파악해야 한다.

03 (22-03-23) 경청을 할 때에는 클라이언트에 대한 열린 마음과 수용적인 태도가 필요하다.

04 (21-03-04) 클라이언트가 방어적인 태도를 취할 수 있기에 '왜'라는 질문은 피한다.

05 (21-03-06) 환기: 클라이언트의 억압된 또는 부정적인 감정이 문제해결을 방해하거나 감정자체에 문제가 있는 경우 이를 표출하게 하여 감정을 해소시키려 할 때 활용한다.

06 (20-03-17) 경청은 클라이언트에 관한 중요한 정보를 얻는 방법 중 하나이다.

07 (20-03-17) 경청은 클라이언트의 표정이나 몸짓도 관찰하여 의미를 파악한다.

08 (20-03-17) 경청은 클라이언트의 사고와 감정을 이해하려는 적극적인 활동이기도 하다.

09 (20-03-17) 경청은 클라이언트와 사회복지사 사이의 신뢰 관계 형성에 도움이 된다.

10 (20-03-20) 중첩형 질문(stacking question)은 클라이언트를 혼란스럽게 만들 수 있다.

11 (19-03-15) 모호한 질문, 유도 질문, '왜?'라는 질문, 복합 질문 등은 피해야 할 질문 기술이다.

12 (18-03-24) "선생님은 어제 자녀와 대화를 나누셨나요?" – 폐쇄형 질문의 예

13 (18-03-25) 면접을 위한 의사소통기술 중 클라이언트의 혼란스럽고 갈등이 되는 느낌을 가려내어 분명히 해주는 것은 명료화이다.

14 (17-03-17) 해석 기술은 클라이언트가 보여준 언행들의 의미와 관계에 대한 가설을 제시한다. 클라이언트가 자신의 행동, 감정, 생각을 새로운 시각으로 볼 수 있게 한다.

15 (16-03-05) 클라이언트로부터 사적 질문을 받을 경우 간단히 답하고 초점을 다시 돌리는 것이 좋다.

16 (14-03-09) 클라이언트의 표현이 모호할 때는 오해를 최소화하기 위해 구체적 표현을 요청한다.

17 (14-03-09) 클라이언트의 비언어적 표현을 관찰할 때는 신중해야 한다.

18 (14-03-09) 사회복지사에 관한 사적인 질문은 가능한 한 간결하게 답하고, 초점을 다시 클라이언트에게로 돌린다.

19 (14-03-09) 클라이언트와의 신뢰관계가 충분히 형성된 후에 해석 기술을 활용한다.

20 (14-03-10) "결혼하셨습니까?" – 폐쇄형 질문의 예

21 (12-03-14) "그 친구를 따돌리고 싶은 생각이 애초부터 마음속에서 서서히 일어나고 있었던 거죠?" – 유도형 질문(피해야 할 질문)

22 (12-03-14) "다른 약속이 없었음에도 불구하고, 직업훈련에 빠진 것은 그냥 귀찮았기 때문인가요?" – 유도형 질문(피해야 할 질문)

23 (12-03-14) "아들이 집 밖으로 나가지 않겠다고 약속했는데도 불구하고, 아들을 방에 가둔 이유가 뭐죠?" – 왜? 질문(피해야 할 질문)

24 (12-03-14) "의사는 뭐라고 그러던가요? 아들을 왜 때렸으며 그때 누가 같이 있었죠?" – 중첩형 질문, 왜? 질문(피해야 할 질문)

25 (11-03-05) 직면기술은 클라이언트의 감정, 사고, 행동의 모순을 깨닫도록 하는 기술이다.

26 (11-03-05) 경청기술은 클라이언트의 감정과 사고가 어떤 것인지 이해하며 파악하고 듣는 기술이다.

27 (11-03-05) 관찰기술은 클라이언트가 말하고 행동하는 것에 주의를 기울이는 기술이다.

28 (07-03-05) 클라이언트에게 많은 정보를 얻을 수 있도록 개방적 질문을 한다.

29 (07-03-05) 객관적 정보를 얻기 위해 폐쇄적 질문을 하기도 한다.

30 (03-03-17) 명료화 기술은 클라이언트가 자신의 처지에 대해 좀 더 분명하고 객관적인 인식을 갖도록 도와준다.

대표기출 확인하기

21-03-04   난이도 ★★☆

사회복지실천 면접의 질문기술에 관한 내용으로 옳은 것은?

① 클라이언트가 방어적인 태도를 취할 수 있기에 '왜'라는 질문은 피한다.
② 클라이언트가 자유롭게 대답할 수 있도록 폐쇄형 질문을 활용한다.
③ 사회복지사가 의도하는 특정방향으로 이끌기 위해 유도형 질문을 사용한다.
④ 클라이언트에게 이중 또는 삼중 질문을 한다.
⑤ 클라이언트가 개인적으로 궁금해 하는 사적인 질문은 거짓으로 답한다.

알짜확인

• 사회복지사가 면접 과정에서 사용하게 되는 다양한 기술들에 대해 이해해야 한다.
• 질문 기술에 있어서는 다양한 질문 유형을 같이 살펴봐야 하는데, 이때 피해야 할 질문 유형을 알아두는 것이 중요하다.
• 해석을 할 때에는 잘못된 해석이 이루어질 수 있음에 유의해야 하며, 직면 기술을 사용할 때에는 오히려 클라이언트를 자극할 수도 있음에 유의해야 한다는 것도 같이 기억해두자.

답 ①

✅ 응시생들의 선택

① 92%	② 2%	③ 3%	④ 2%	⑤ 1%

② 클라이언트가 자유롭게 대답할 수 있도록 하는 질문은 개방형 질문이다.
③ 사회복지사가 의도하는 특정방향으로 이끄는 유도형 질문은 피해야 한다.
④ 클라이언트에게 이중 또는 삼중 질문을 하는 폭탄형(중첩형) 질문은 피해야 한다.
⑤ 클라이언트가 개인적으로 궁금해 하는 사적인 질문은 진솔하게 답하되 간략히 답하여 면접의 초점이 클라이언트에게 유지될 수 있도록 해야 한다.

관련기출 더 보기

22-03-23   난이도 ★☆☆

경청에 관한 내용으로 옳지 않은 것은?

① 클라이언트와 시선을 맞추어야 한다.
② 클라이언트의 이야기에 반응하지 않아야 한다.
③ 클라이언트의 언어적·비언어적 표현을 함께 파악해야 한다.
④ 클라이언트의 감정과 사고를 이해하고 파악하는 것이다.
⑤ 클라이언트에 대한 열린 마음과 수용적인 태도가 필요하다.

답 ②

✅ 응시생들의 선택

① 0%	② 95%	③ 2%	④ 1%	⑤ 2%

② 클라이언트의 이야기에 적절히 반응함으로써 클라이언트의 이야기를 잘 듣고 잘 이해하고 있음을 보여주고, 클라이언트의 이야기에 관심을 가지고 집중하고 있음을 보여줄 수 있어야 한다.

18-03-24   난이도 ★☆☆

개방형 질문의 예시로 옳지 않은 것은?

① 선생님은 어제 자녀와 대화를 나누셨나요?
② 부모님은 그 상황에서 무엇을 생각하셨을까요?
③ 그 상황에서 선생님의 기분은 어떠하셨나요?
④ 어떤 상황이 되면 문제가 해결되었다고 생각하세요?
⑤ 그러한 행동을 하게 되면 선생님의 가족들은 어떤 반응을 보이시나요?

답 ①

✅ 응시생들의 선택

① 87%	② 2%	③ 2%	④ 6%	⑤ 3%

① '예', '아니요' 대답만 요구하거나 간단한 대답을 요구하는 질문은 폐쇄형 질문에 해당한다.

다음에서 설명하는 면접기술은?

> • 클라이언트가 보여준 언행들의 의미와 관계에 대한 가설을 제시함
> • 클라이언트가 자신의 행동, 감정, 생각을 새로운 시각으로 볼 수 있게 함

① 해석　　　　　　② 요약
③ 직면　　　　　　④ 관찰
⑤ 초점화

답 ①

✔ 응시생들의 선택

① 61%	② 1%	③ 20%	④ 6%	⑤ 12%

② 요약: 클라이언트의 생각, 행동, 감정들을 사회복지사의 언어로 정리하는 것이다.
③ 직면: 클라이언트의 말과 행위 사이의 불일치, 표현한 가치와 실행 사이의 모순을 클라이언트 자신이 주목하도록 하는 기술이다.
④ 관찰: 클라이언트가 말하고 행동하는 것에 주의를 기울이는 것이다.
⑤ 초점화: 클라이언트가 두서없이 말을 장황하게 하거나 어떤 주제를 회피하고자 할 때 사회복지사가 간단히 질문을 하거나 언급함으로써 다시 원래 주제로 돌아오게 하는 것이다.

면접과정에서의 질문으로 적절한 것을 모두 고른 것은?

> ㄱ. 부인은 남편의 행동에 대해 어떻게 대응하셨나요?
> ㄴ. 그 민감한 상황에서 왜 그런 말을 하셨지요?
> ㄷ. 이번처럼 갈등이 심각한 적은 몇 번 정도 되나요?
> ㄹ. 그때 아내의 반응은 어땠나요? 죄책감이 들지는 않았나요?

① ㄹ　　　　　　② ㄱ, ㄷ
③ ㄴ, ㄹ　　　　　④ ㄱ, ㄴ, ㄷ
⑤ ㄱ, ㄴ, ㄷ, ㄹ

답 ②

✔ 응시생들의 선택

① 0%	② 81%	③ 1%	④ 6%	⑤ 12%

ㄴ. 왜? 질문으로 피해야 할 유형이다.
ㄹ. 폭탄형(중첩형) 질문으로 피해야 할 유형이다.

사회복지사가 면접기술을 활용할 때 주의할 점으로 옳은 것은?

① 클라이언트로부터 사적 질문을 받을 경우 간단히 답하고 초점을 다시 돌리는 것이 좋다.
② 한 번에 다양한 정보를 얻기 위해서는 중첩형 질문을 적극적으로 활용해야 한다.
③ 클라이언트의 침묵은 저항이므로 힘들더라도 대화를 지속하도록 촉구해야 한다.
④ 클라이언트가 받아들이기 어려운 경우에도 자기탐색을 위해 해석을 반복한다.
⑤ 바람직한 결정을 이끌어내기 위해 원하는 방향으로 유도질문을 하는 것이 중요하다.

답 ①

✔ 응시생들의 선택

① 94%	② 1%	③ 2%	④ 1%	⑤ 2%

면담기술에 관한 설명으로 옳지 않은 것은?

① 초점제공기술 – 클라이언트의 행동 저변의 단서를 발견하고 결정적 요인을 찾도록 돕는 기술
② 표현촉진기술 – 클라이언트의 정보노출을 위하여 말을 계속하도록 하는 기술
③ 직면기술 – 클라이언트의 감정, 사고, 행동의 모순을 깨닫도록 하는 기술
④ 경청기술 – 클라이언트의 감정과 사고가 어떤 것인지 이해하며 파악하고 듣는 기술
⑤ 관찰기술 – 클라이언트가 말하고 행동하는 것에 주의를 기울이는 기술

답 ①

✔ 응시생들의 선택

① 27%	② 64%	③ 5%	④ 3%	⑤ 2%

① 클라이언트의 행동 저변의 단서를 발견하고 결정적 요인을 찾도록 돕는 기술은 '해석기술'이다.

다음 내용이 왜 틀렸는지를 확인해보자

10-03-28

01 면접에서 사회복지사는 클라이언트가 하고 싶어 하는 이야기는 **시간에 관계없이** 경청해야 한다.

> 면접은 시간제한을 두고 주어진 시간 내에 목적을 달성할 수 있도록 초점을 맞추어 진행하는 것이 필요하다.

10-03-28

02 면접에서 클라이언트가 상반된 이야기를 하더라도 관계 형성을 위해 **그대로 진행**한다.

> 클라이언트가 상반된 이야기를 할 때에는 클라이언트가 자신의 모순을 인식할 수 있도록 돕거나 클라이언트의 진의를 파악할 수 있도록 해야 한다.

03 면접에 있어 **폐쇄형 질문**, 폭탄형 질문, 왜 질문 등의 질문 유형은 피해야 한다.

> 폐쇄형 질문은 사실 관계를 간단히 확인할 때에 사용할 수 있는 질문 유형으로 피해야 할 질문 유형은 아니다.

14-03-09

04 클라이언트가 지나치게 말을 많이 하는 경우, **폐쇄형 질문만을 사용하여 초점을 모으는 것이 필요하다.**

> 클라이언트가 두서없이 말을 장황하게 하거나 주제에서 벗어날 때는 초점화 기술을 사용한다.

20-03-20

05 **폐쇄형 질문**은 클라이언트의 상세한 설명과 느낌을 듣기 위해 사용한다.

> 클라이언트의 상세한 설명과 느낌을 듣기 위해서는 개방형 질문을 한다.

06 직면 기술은 클라이언트의 모순을 짚어주는 기술로 사회복지사와 클라이언트 간 **관계형성의 초기에 사용하면 신뢰형성에 도움이 된다.**

> 직면 기술의 경우 잘못 사용하면 클라이언트가 공격당한다는 느낌을 받게 되거나 위축될 수도 있기 때문에 관계의 초기에 무분별하게 사용하는 것은 주의해야 한다.

빈칸에 들어갈 알맞은 말을 채워보자

01 (   ) 기법은 클라이언트의 진술에 일관성이 없거나 모호한 경우에 분명하고 구체적인 내용을 파악하기 위한 방법이다.

02 (   ) 기법은 클라이언트가 말하는 내용이 원래 주제에서 크게 벗어나는 경우 원래 주제를 다시 인식시켜 면접을 효율적으로 진행하기 위한 방법이다.

03 "결혼하셨습니까?"라는 질문 유형은 (   )형 질문에 해당한다.

04 "폭력을 당하신 부위는 어디였고, 그때 옆에 누가 계셨나요?"라는 질문은 (   ) 질문 유형에 해당한다.

05 "아드님과 평소에 관계가 좋지 않으셨죠?"라는 질문은 (   ) 질문 유형에 해당한다.

06 (   ) 기술은 클라이언트가 자신에 대한 솔직한 심정을 피하기 위해 왜곡된 행동을 보일 때에 실시하여 클라이언트가 보이는 모순을 인식할 수 있도록 돕는다.

07 (   ) 기술은 클라이언트의 진술내용에 대해 사회복지사가 자신의 표현으로 바꾸어 말함으로써 진술내용의 의미를 제대로 파악하고 있는지 확인하는 것이다.

08 (   ) 기술은 면접의 전 과정에서 기본이 되는 기술로, 클라이언트의 표정이나 몸짓 같은 비언어적 표현에 주의를 기울여야 함을 강조한다.

09 "그 상황에서 선생님의 기분은 어떠하셨나요?"라는 질문은 (   )형 질문에 해당한다.

답 **01** 명확화(명료화) **02** 초점화 **03** 폐쇄 **04** 중첩형(폭탄형, 복합) **05** 유도형 **06** 직면 **07** 환언 **08** 관찰 **09** 개방

면접의 특징 및 유형

강의 QR코드

1회독	**2**회독	**3**회독
월 일	월 일	월 일

★ ★ ★
최근 10년간 **5문항** 출제

복습 1 이론요약

면접의 개념

- 전문적 관계에 바탕을 두고 정보수집, 과업수행, 클라이언트의 문제나 욕구해결 등과 같은 목적을 수행하는 시간제한적인 의사소통
- 인간의 행동과 반응에 대한 전문적 지식과 인간관계의 기술을 갖춘 사회복지사가 클라이언트와 그의 문제를 이해하고 원조한다는 목적을 가지고 의도적으로 이끌어 나가는 전문적 대화

기본개념

사회복지실천론
pp.174~

면접의 주요 특징

- **목적지향적**
- **한정적**
- 계약적
- **특정한 역할관계**
- 공식적

효과적인 면접의 구성요소

- 장소: 보통 기관의 상담실을 이용한다. 다만, 상황에 따라 상담실 외의 공간에서 진행하기도 한다.
- 시간: **약속시간 및 진행시간을 미리 정해둠**으로써 해당 시간 내에 집중할 수 있도록 한다.
- 옷차림, 행동, 호칭 등의 태도

목적에 따른 면접유형 분류

다음의 구분은 임의적 구분일 뿐 동시에 중복적으로 진행되기도 한다.

- 정보수집면접: 클라이언트의 개인적·사회적 문제와 관련하여 성장과정이나 사회적 배경에 관한 정보를 얻기 위한 면접이다.
- 사정면접: 자료와 정보를 분석하여 실천방향을 결정하기 위해 진행되는 면접이다. 문제가 무엇인지, 그 문제가 어떻게 해결되어야 하는지, 문제를 해결하기 위해 무엇을 해야 하는지 등이 초점이 된다.
- 치료면접: 클라이언트의 자신감과 자기효율성을 강화하고, 필요한 기술을 훈련하거나 문제해결 능력을 키울 수 있도록 하는 데에 목적을 둔다.

구조화 정도에 따른 면접유형 분류

- 구조화된 면접: 표준화된 면접. 정해진 면접 계획과 내용에 따라 진행
- 반구조화된 면접: 지침이 있는 면접. 일부 질문이나 주요 키워드를 정해두고 진행하면서도 상황에 따라 적절하게 개방형 질문을 진행
- 비구조화된 면접: 개방형 면접. 정해진 틀이 없으므로 각각의 피면접자에 맞는 면접이 가능함

기출문장 CHECK

01 (22-03-25) 갈등을 겪고 있는 부부를 대상으로 문제에 대한 과거력, 개인력, 가족력을 파악하는 면접을 진행함 – 정보수집면접의 예

02 (22-03-25) 학교폭력 피해학생의 자존감 향상을 위해 심리적 지지를 제공하는 면접을 진행함 – 치료면접의 예

03 (20-03-15) 면접의 목적은 클라이언트의 삶의 질 향상을 위한 것이어야 한다.

04 (20-03-15) 면접에서 사회복지사와 클라이언트 사이에는 특정한 역할 관계가 있다.

05 (20-03-15) 면접은 특정 상황이나 맥락에 관련하여 이루어진다.

06 (20-03-15) 면접은 개입에 필요한 자료를 수집하기 위한 도구가 될 수 있다.

07 (18-03-23) 면접에서는 사회복지사와 클라이언트 사이에 특정한 역할 관계가 있다.

08 (18-03-23) 면접은 시간과 장소 등 구체적인 요건이 필요하다.

09 (18-03-23) 면접을 통해 클라이언트를 이해하는데 필요한 정보를 수집하기도 하며, 클라이언트의 어려움을 극복하는데 필요한 변화들을 가져오기도 한다.

10 (17-03-16) 정보수집면접의 예: 학대의심 사례를 의뢰받은 노인보호전문기관의 사회복지사는 어르신을 만나 학대의 내용과 정도를 파악하고 어르신의 정서 상태와 욕구를 확인하는 면접을 진행하였다.

11 (13-03-14) 면접에 있어 물리적인 환경이 열악한 경우 이에 대해 설명한다.

12 (13-03-14) 클라이언트의 특성이나 사정에 따라 면접 장소는 유동적으로 정한다.

13 (13-03-14) 클라이언트의 주의 집중 능력이나 의사소통 능력에 따라 면접시간을 조절한다.

14 (12-03-25) 면접은 사회복지사와 클라이언트 사이에 특정한 역할관계가 있다.

15 (11-03-04) 치료면접의 예: 가정폭력 피해여성의 자존감 향상을 목적으로 심리적 지지를 제공하였다.

16 (09-03-18) 사회복지사는 면접을 통하여 클라이언트의 자신감을 향상시키고 자기효율성을 강화하였다. 이때 사회복지사가 실시한 면접의 형태는 치료 면접이다.

17 (09-03-22) 면접을 진행할 때에는 안정적인 분위기를 조성하는 것이 필요하다.

18 (08-03-17) 장애아동의 재활서비스 이용자격을 판단하는 데 적합한 면접 형태는 욕구사정 면접이다.

19 (05-03-15) 면접에는 특정한 역할이 정해져 있다.

20 (05-03-15) 면접은 계약에 의해 이루어지며, 목적지향적으로 진행된다.

21 (03-03-18) 사회복지 면접은 계약에 따라 한정적으로 이루어지며, 맥락이나 세팅을 가지고 있으며, 특정한 역할 관계가 규정된다.

대표기출 확인하기

22-03-25 난이도 ★★★

면접의 유형에 관한 예로 옳은 것을 모두 고른 것은?

> ㄱ. 정보수집면접: 갈등을 겪고 있는 부부를 대상으로 문제에 대한 과거력, 개인력, 가족력을 파악하는 면접을 진행함
> ㄴ. 사정면접: 클라이언트의 사회적응을 위해 환경변화를 목적으로 클라이언트와 관련 있는 중요한 사람과 면접을 진행함
> ㄷ. 치료면접: 학교폭력 피해학생의 자존감 향상을 위해 심리적 지지를 제공하는 면접을 진행함

① ㄱ
② ㄱ, ㄴ
③ ㄱ, ㄷ
④ ㄴ, ㄷ
⑤ ㄱ, ㄴ, ㄷ

▶ **알짜확인**

- 면접은 목적을 가지고 진행되며, 시간제한적인 특징이 있음을 기억해두자.
- 면접의 초점이 어디에 있느냐, 즉 목적에 따라 면접의 유형이 달라지며, 사용하는 방식도 달라질 수 있음을 이해하며 살펴보자.

답 ③

✔ **응시생들의 선택**

| ① 2% | ② 6% | ③ 41% | ④ 2% | ⑤ 49% |

ㄴ. 사정면접은 클라이언트가 현재 겪고 있는 문제상황을 살펴보는 과정으로, 목표설정 및 개입방법선정 등을 위한 자료를 구체화하기 위한 것이다. '클라이언트의 사회적응을 위해 환경변화를 목적으로 클라이언트와 관련 있는 중요한 사람과 면접을 진행'한 것은 치료면접으로 볼 수 있다.

관련기출 더 보기

18-03-23 난이도 ★★☆

면접에 관한 설명으로 옳지 않은 것은?

① 사회복지사와 클라이언트 사이의 특정한 역할 관계가 있다.
② 시간과 장소 등 구체적인 요건이 필요하다.
③ 목적보다는 과정 지향적 활동이므로 목적에 집착하는 것을 지양한다.
④ 클라이언트의 어려움을 극복하는데 필요한 변화들을 가져오기도 한다.
⑤ 클라이언트를 이해하는데 필요한 정보를 수집하기도 한다.

답 ③

✔ **응시생들의 선택**

| ① 12% | ② 4% | ③ 71% | ④ 12% | ⑤ 1% |

③ 면접은 정보수집, 과업수행, 클라이언트의 문제해결 등과 같은 목적을 두고 진행되는 목적 지향적 활동이다.

17-03-16 난이도 ★★★

다음 사례에서 사회복지사가 진행한 면접의 유형은?

> 학대의심 사례를 의뢰받은 노인보호전문기관의 사회복지사는 어르신을 만나 학대의 내용과 정도를 파악하고 어르신의 정서 상태와 욕구를 확인하는 면접을 진행하였다.

① 평가면접
② 치료면접
③ 정보수집면접
④ 계획수립면접
⑤ 정서지원면접

답 ③

✔ **응시생들의 선택**

| ① 1% | ② 6% | ③ 83% | ④ 3% | ⑤ 7% |

③ 클라이언트의 개인적·사회적 문제와 관련하여 성장과정이나 사회적 배경에 관한 정보를 얻기 위해 실시하는 면접은 정보수집면접에 해당한다.

다음 내용이 옳은지 그른지 판단해보자

09-03-22
01 사회복지사는 면접을 진행함에 있어 안정된 면접을 위한 분위기를 조성해야 하고, 클라이언트의 요청에 대해 무조건적으로 수용해야 한다.

02 면접이 효과적으로 이루어지기 위해서는 제한된 시간 내에 이루어질 수 있도록 해야 한다.

08-03-18
03 면접 시간은 사회복지사와 클라이언트가 합의하여 정한다.

05-03-15
04 면접 장소는 기관의 상담실 등으로 제한된다.

05 사회복지 면접은 사회복지사와 클라이언트라는 특정한 역할을 바탕으로 진행되는 비공식적 과정이다.

06 비구조화된 면접은 구조화된 면접과 달리 정해진 틀이 없이 피면접자에 맞춰 진행한다.

07 클라이언트가 현재 처해 있는 문제상황을 분석하고 목표를 설정하고, 적절한 개입방법을 선택하기 위해 진행하는 면접은 사정면접이다.

08-03-17
08 장애아동의 재활서비스 이용자격을 판단하기 위한 면접의 형태는 정보수집 면담이다.

09 클라이언트가 필요로 하는 기술 훈련 및 문제해결 능력 향상에 목적을 둔 면접은 치료면접이다.

답 **01**✕ **02**○ **03**○ **04**✕ **05**✕ **06**○ **07**○ **08**✕ **09**○

해설 **01** 클라이언트의 요청에 대해서는 무조건적으로 수용하는 것이 아니라 기관의 규정 등에 어긋나지 않는 범위에서 클라이언트의 요청을 선택적으로 받아들여야 한다.
04 보통 기관에 마련된 상담실에서 진행되지만 클라이언트가 이동이 어렵거나 특수한 상황에 있는 경우라면 다른 장소에서 진행될 수도 있다.
05 면접은 공식적 과정이다. 면접이 비공식적으로 이루어진다면 이는 사회복지사와 클라이언트 간에 사적 관계가 형성되는 것이므로 주의해야 한다.
08 사정 면담에 해당한다.

9장

접수 및 자료수집 과정

이 장에서는

주로 접수단계에서의 과업을 묻는 문제가 출제되고 있다. 문제확인, 의뢰, 동기부여 및 참여유도, 초기면접지에 포함될 내용 등을 정리하도록 하자. 또한 자료수집에서 살펴봐야 할 내용도 출제되곤 한다.

10년간 출제분포도

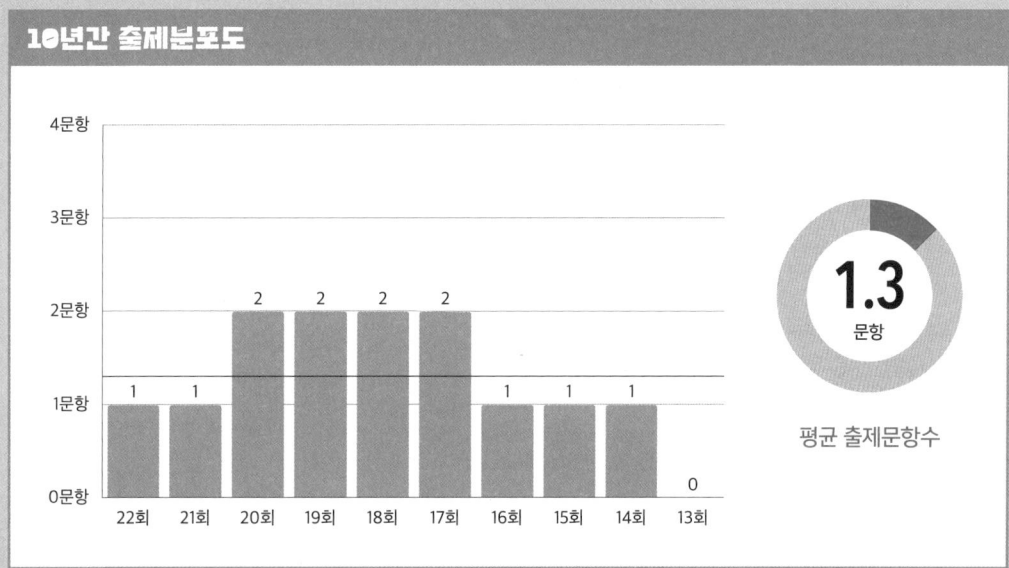

회차	22회	21회	20회	19회	18회	17회	16회	15회	14회	13회
문항수	1	1	2	2	2	2	1	1	1	0

1.3 문항

평균 출제문항수

086 접수단계의 주요 과업

강의 QR코드

1회독	2회독	3회독
월 일	월 일	월 일

최근 10년간 **7문항** 출제

이론요약

문제확인

- 잠재적 클라이언트(=신청자)의 문제가 무엇인지 확인함
- 잠재적 클라이언트의 실제 문제가 무엇인지 정확하게 파악하고, 기관에서 서비스를 제공할 수 있는지 판단(=**사례의 적격 여부 판단**)
- ※ 접수를 위해 방문한 클라이언트의 경우는 아직 서비스가 개시되지 않았으므로 잠재적 클라이언트라고 하는데 통상적으로 구분 없이 클라이언트라고 한다.

기본개념
사회복지실천론
pp.203~

의뢰

- **신청자의 욕구가 기관의 서비스 방향이나 내용과 맞지 않거나 신청자에게 더 적합한 기관이 있을 경우**, 클라이언트에게 그 기관을 소개하여 서비스를 받을 수 있도록 하는 것
- 의뢰하는 기관의 서비스에 관해 정확하게 정보를 제공하고 **그 기관과 접촉할 수 있게 도와야 함**

참여 유도

- 관계형성: 기관을 찾는 클라이언트들이 일반적으로 보이는 두려움과 불안 등을 해소하기 위해 사회복지사와 상호 긍정적인 친화관계, 즉 **라포를 형성**하는 것
- 동기화: 클라이언트가 원조과정 동안 **적극적으로 참여할 수 있도록 동기를 부여함**
- **양가감정 수용과 저항감 해소**: 클라이언트의 양가감정을 수용하고 자유롭게 표현하여 저항을 해소해 주어야 함

초기면접지 작성

- 클라이언트의 이름, 나이, 성별 등 기본정보
- 클라이언트가 생각하는 주요 문제
- 방문 동기 혹은 의뢰 이유
- 서비스를 받은 경험 등을 기록

01 (20-03-05) 접수단계의 주요 과업: 관계형성을 통한 클라이언트의 참여 유도, 클라이언트의 드러난 문제 확인, 클라이언트의 문제가 기관의 자원과 정책에 부합되는지 판단, 서비스에 대한 클라이언트의 동의 확인

02 (19-03-16) 접수단계에서 사회복지사는 기관에서 제공하는 서비스 적격 여부 확인 및 욕구에 적합한 기관으로 의뢰 등을 진행하게 된다.

03 (18-03-09) 접수단계에서의 과업: 기관 및 사회복지사 자신에 대해 소개, 클라이언트의 이름과 나이 등을 확인, 원하는 서비스를 확인, 클라이언트의 저항감 완화

04 (17-03-18) 접수단계는 문제와 욕구를 확인하여 기관의 정책과 서비스에 부합하는지를 판단하는 과정이다.

05 (16-03-07) 초기면접지에는 클라이언트의 개인정보를 비롯해 기관에 오게 된 동기 등이 포함된다.

06 (14-03-22) 접수단계에서는 서비스 제공 여부에 대해 결정하고 기본적인 원조과정에 대해 안내한다.

07 (12-03-03) 접수단계에서는 클라이언트가 어떤 문제를 갖고 있는지, 문제와 관련된 욕구가 무엇인지를 파악한다.

08 (12-03-03) 접수단계에서는 초기 면접지, 정보제공 동의서 등을 작성한다.

09 (12-03-03) 접수단계에서는 클라이언트에게 서비스와 관련된 자격요건, 이용 비용 및 절차 등에 대해 상세하게 설명해야 한다.

10 (11-03-18) 의뢰를 진행할 때에는 의뢰로 인해 클라이언트가 버림받았다는 느낌을 갖지 않도록 배려한다.

11 (11-03-19) 접수단계에서 사회복지사는 클라이언트의 저항감을 해소시키고 동기화할 수 있도록 한다.

12 (11-03-19) 접수단계에서 클라이언트에게 필요한 서비스가 기관에서 제공되고 있지 않은 경우 관련 서비스를 안내하고 의뢰에 대한 클라이언트의 동의를 구한다.

13 (10-03-06) 접수 시에는 기관을 찾아오게 된 배경을 비롯해 클라이언트의 기본적인 인적 사항을 파악한다.

14 (09-03-24) 클라이언트를 다른 기관으로 의뢰할 경우 클라이언트에게 해당 기관에 관한 정보 및 받을 수 있는 서비스 등 기본적인 정보를 안내한다.

15 (06-03-03) 사회복지사는 접수단계에서 클라이언트의 적격성 여부를 판단해야 한다.

16 (06-03-10) 의뢰된 클라이언트의 접수 과정에서 다른 더 중요한 문제가 발견된 경우 또 다른 기관으로의 의뢰나 연계를 검토할 수 있다.

17 (04-03-20) 접수단계에서 사회복지사는 기관을 방문한 클라이언트와 관련하여 서비스 제공의 적합성 여부를 판단해야 한다.

대표기출 확인하기

20-03-05 | 난이도 ★☆☆

접수단계의 주요 과업에 해당하지 않는 것은?

① 관계형성을 통한 클라이언트의 참여 유도
② 클라이언트의 드러난 문제 확인
③ 서비스의 효율성과 효과성 측정
④ 서비스에 대한 클라이언트의 동의 확인
⑤ 클라이언트의 문제가 기관의 자원과 정책에 부합되는지 판단

 알짜확인

• 접수단계에서 사회복지사가 수행해야 할 과업들에 대해 정리해 두자.
• 접수단계에서는 클라이언트가 왜 기관을 찾게 되었는지, 즉 클라이언트가 제기하는 문제를 확인하고 기관에서 그에 적합한 서비스가 있는지를 살펴보는 정도에 그치게 된다. 따라서 구체적인 사정이 진행되는 것은 아니기 때문에 서비스가 결정되는 단계는 아니라는 점에 유의하자.

답 ③

응시생들의 선택

| ① 5% | ② 3% | ③ 89% | ④ 1% | ⑤ 2% |

③ 서비스의 효율성 및 효과성 측정은 서비스 제공 이후 평가 과정에서 실시한다.

관련기출 더 보기

19-03-16 | 난이도 ★★☆

접수단계에서 사회복지사가 수행해야 할 과제를 모두 고른 것은?

ㄱ. 개입 목표의 우선순위 합의
ㄴ. 클라이언트의 강점과 자원 조사
ㄷ. 욕구에 적합한 기관으로 의뢰
ㄹ. 기관에서 제공하는 서비스 적격 여부 확인

① ㄱ, ㄷ
② ㄴ, ㄹ
③ ㄷ, ㄹ
④ ㄱ, ㄴ, ㄷ
⑤ ㄱ, ㄴ, ㄷ, ㄹ

답 ③

응시생들의 선택

| ① 1% | ② 18% | ③ 66% | ④ 1% | ⑤ 14% |

ㄱ. 개입 목표의 우선순위 합의는 계획과정의 과업이다.
ㄴ. 클라이언트의 강점과 자원 조사는 사정과정의 과업이다.

18-03-09 | 난이도 ★☆☆

노인복지관의 사회복지사가 접수단계에서 수행하는 역할로 옳지 않은 것은?

① 가족 간의 상호작용 유형을 조정한다.
② 기관 및 사회복지사 자신을 소개한다.
③ 원하는 서비스가 무엇인지 질문한다.
④ 이름과 나이를 확인한다.
⑤ 클라이언트의 저항감이 파악되면 완화시킨다.

답 ①

응시생들의 선택

| ① 83% | ② 1% | ③ 0% | ④ 1% | ⑤ 15% |

① 접수단계에서는 가족 간의 상호작용 유형에 대해 확인된 상태가 아니기 때문에 가족 간의 상호작용 유형을 조정할 수 없다. 대체로 가족 간의 상호작용 유형은 사정단계에서 파악하고 실제 조정이 진행되는 것은 개입단계이다.

문제와 욕구를 확인하여 기관이 정책과 서비스에 부합하는지 판단하는 사회복지실천의 과정은?

① 접수　　　　　② 사정
③ 평가　　　　　④ 자료수집
⑤ 목표설정

답 ①

✔ **응시생들의 선택**

① 60%	② 33%	③ 4%	④ 1%	⑤ 2%

클라이언트가 문제나 욕구를 호소하며 기관을 방문했을 때에는 그 문제나 욕구를 확인하고 그에 적합한 서비스를 제공할 수 있는지를 판단해야 한다.

의뢰에 관한 설명으로 옳은 것을 모두 고른 것은?

> ㄱ. 클라이언트가 거부감을 느끼지 않도록 정서적으로 지지함
> ㄴ. 의뢰하는 기관과 서비스의 정보를 클라이언트에게 제공함
> ㄷ. 반드시 클라이언트의 동의가 필요한 것은 아님
> ㄹ. 의뢰된 기관에서 클라이언트가 서비스를 적절히 받는지 확인함

① ㄱ, ㄴ　　　　　② ㄱ, ㄷ
③ ㄱ, ㄴ, ㄹ　　　　④ ㄴ, ㄷ, ㄹ
⑤ ㄱ, ㄴ, ㄷ, ㄹ

답 ③

✔ **응시생들의 선택**

① 11%	② 1%	③ 77%	④ 1%	⑤ 10%

ㄷ. 사회복지사는 다양한 경우에 의뢰를 고려해볼 수 있는데, 클라이언트에게 의뢰를 고려하게 된 이유를 설명하고 클라이언트가 원치 않는 경우에는 의뢰를 진행하지 않아야 한다.

사회복지 실천과정(접수 – 자료수집 및 사정 – 개입 – 평가 및 종결) 중 접수단계의 주요 과업으로 옳지 않은 것은?

① 클라이언트에게 기관의 서비스와 원조과정에 관한 안내를 한다.
② 클라이언트가 어떤 문제를 갖고 있는지, 문제와 관련된 욕구가 무엇인지를 파악한다.
③ 클라이언트가 기관에서 제공하는 서비스를 받을 수 있는지에 대해 결정한다.
④ 초기 면접지, 정보제공 동의서, 심리검사 등의 관련 서식을 작성한다.
⑤ 자격요건, 이용절차, 비용 등에 대해 상세하게 설명한다.

답 ④

✔ **응시생들의 선택**

① 2%	② 41%	③ 10%	④ 36%	⑤ 11%

④ 초기 면접지와 정보제공 동의서는 접수단계에서 작성하지만 심리검사는 보통 사정단계나 개입단계에서 수행한다.

라포(rapport)를 형성하는 기술을 모두 고른 것은?

> ㄱ. 클라이언트의 감정을 충분히 이해하고 있다는 것을 언어적·비언어적으로 전달한다.
> ㄴ. 부정적인 감정표출이 도움이 되지 않는다는 사실을 인식시킨다.
> ㄷ. 진실성을 가지고 클라이언트를 대한다.
> ㄹ. 클라이언트가 침묵하는 경우 즉시 이유를 묻는다.

① ㄱ, ㄴ, ㄷ　　　　② ㄱ, ㄷ
③ ㄴ, ㄹ　　　　　④ ㄹ
⑤ ㄱ, ㄴ, ㄷ, ㄹ

답 ②

✔ **응시생들의 선택**

① 5%	② 93%	③ 0%	④ 0%	⑤ 1%

ㄴ. 부정적인 감정을 자유롭게 표현할 수 있도록 격려한다. 부정적인 감정을 표현함으로써 오히려 문제를 더 정확히 볼 수 있고 감정의 정화를 경험할 수 있다.
ㄹ. 클라이언트가 침묵하는 경우 즉시 이유를 묻기보다는 잠시 기다려주거나 짧은 침묵으로 대응하는 것이 좋다.

다음 내용이 왜 틀렸는지를 확인해보자

01 클라이언트가 기관을 찾은 이유가 곧 해결해야 할 문제이기 때문에 **접수단계에서 바로 사정을 실시해야 한다.**

> 접수단계에서는 클라이언트가 기관을 찾은 표면적인 문제를 파악하는 것에 그치며 이후에 자료조사와 심층적인 분석을 거치면서 사정을 진행하게 된다.

02 접수단계에서는 **문제를 확인하고 분석하여 제공될 서비스를 계획**하는 것이 핵심 과업이다.

> 접수단계에서는 방문하게 된 이유과 관련된 서비스를 안내할 수 있지만, 구체적인 문제분석은 사정단계, 제공될 서비스 계획은 계획단계에서 이루어진다.

09-03-24

03 클라이언트를 다른 기관으로 의뢰할 때는 **의뢰될 기관의 사회복지사가 사용할 상담기법에 대해 알려야 한다.**

> 의뢰될 기관의 사회복지사가 사용할 상담기법은 그 사회복지사가 사정 및 계획수립 단계를 거쳐 확정하기 때문에 미리 알 수는 없다.

04 접수단계는 클라이언트가 호소하는 문제를 확인하고 기관에 적합한 서비스가 있는지를 판단하는 과정으로 **자발적 클라이언트와 비자발적 클라이언트를 구분할 필요는 없다.**

> 접수단계에서는 클라이언트의 기관 방문 이유나 동기를 확인하며, 비자발적 클라이언트의 경우 자발적 클라이언트보다 참여의지가 낮을 수 있음을 염두에 두는 것이 필요하다.

05 기관을 찾은 클라이언트에게 적합한 서비스가 없는 경우 **무조건 의뢰를 진행**해야 한다.

> 기관에서 제공하는 서비스 중에 적합한 서비스가 없는 경우 다른 기관에 의뢰를 할 수 있다. 하지만 무조건 의뢰를 진행해야 하는 것은 아니며 클라이언트의 동의가 필요하다.

06-03-03

06 사회복지사는 **접수단계**에서 클라이언트의 적격성 및 자원을 파악하고 필요한 자원을 연계할 수 있도록 해야 한다.

> 적격성은 접수단계에서 파악하지만, 자원 파악은 사정단계에서, 자원 연계는 개입과정에서 이루어진다.

다음 내용이 옳은지 그른지 판단해보자

01 클라이언트와의 라포 형성은 접수과정에서부터 중요하게 고려해야 한다. ⊙ ⊗

14-03-22
02 접수과정에서 가장 중요한 과업은 개입목표를 설정하는 것이다. ⊙ ⊗

16-03-07
03 접수를 위한 초기면접지에는 클라이언트의 가족관계, 서비스를 받은 경험, 기관을 방문하게 된 주요 문제 및 문제해결을 위한 개입방법과 비용을 포함해야 한다. ⊙ ⊗

04 비자발적인 클라이언트의 경우 접수과정에서 동기부여가 될 수 있도록 해야 한다. ⊙ ⊗

11-03-19
05 접수단계에서는 클라이언트의 문제를 확인하면서 원조관계를 수립해나간다. ⊙ ⊗

05-03-20
06 접수단계에서 사회복지사는 감정이입적인 의사소통기술을 발휘할 수 있어야 한다. ⊙ ⊗

07 비자발적 클라이언트와의 관계형성에서는 부정적 감정표출을 제한하는 것이 효과적이다. ⊙ ⊗

08 처음 방문한 클라이언트에게 '오늘 날씨가 너무 덥죠?', '교통이 불편하진 않으셨어요?' 등과 같이 가벼운 이야기를 건네면 긴장을 푸는 데 도움이 될 수 있다. ⊙ ⊗

답 **01** ○ **02** × **03** × **04** ○ **05** ○ **06** ○ **07** × **08** ○

해설 **02** 개입목표의 설정은 계획과정에서 이루어진다.
03 개입방법은 사정을 바탕으로 정해지기 때문에 초기면접지에 포함되는 내용은 아니다. 개입방법과 비용은 계약서에 포함된다.
07 비자발적 클라이언트의 경우 접수과정에서 억울함을 호소하거나 회의적인 감정을 보이기도 하는데 이러한 부정적인 감정의 표출을 막으면 라포형성이 어려워지고 사회복지사를 불신할 수도 있다.

087 자료수집

강의 QR코드

1회독 월 일 **2회독** 월 일 **3회독** 월 일

최근 10년간 **6문항** 출제

이론요약

개념 및 특징
- 클라이언트 문제를 이해하고 분석, 해결하는 데 필요한 자료를 모으는 과정
- 자료수집과 사정은 거의 동시에 반복적으로 진행됨

기본개념

사회복지실천론
pp.208~

자료의 영역
- 접수단계에서 파악한 클라이언트에 대한 기본적인 정보
- 문제에 대한 깊이 있는 정보
- 개인력
- 가족력
- 클라이언트의 기능
- 클라이언트의 자원
- 클라이언트의 강점 · 한계

자료의 출처
- 클라이언트에게서 직접 얻는 자료: 대화, 작성한 글, 비언어적 행동 등
- 클라이언트의 가족에게서 얻는 자료
- 각종 검사 등의 객관적 자료
- **클라이언트의 개인적 관계에서 얻는 자료**: 친구, 이웃, 직장동료 등
- **클라이언트에 대한 사회복지사의 개인적 경험**: 클라이언트와 상호작용하면서 느낀 사회복지사의 주관적 경험

01 (21-03-19) 클라이언트와 직접 상호작용한 사회복지사의 경험도 자료가 된다.

02 (20-03-11) 자료수집단계에서는 객관적인 자료뿐만 아니라 클라이언트의 주관적인 인식이 담긴 자료도 포함하여 수집한다.

03 (19-03-19) 자료수집은 실천의 전 과정을 통해 이루어지며, 클라이언트의 참여를 필요로 한다.

04 (19-03-19) 자료수집은 문제와 욕구, 강점과 자원을 모두 포함한다.

05 (19-03-19) 가정방문으로 자연스러운 상호작용을 관찰하면서 자료수집을 진행할 수 있다.

06 (18-03-10) 자료수집의 예: 가출청소년의 가족관계 파악을 위해 부모와 면담, 진로 고민 중인 청년의 진로탐색을 위해 적성검사, 이웃의 아동학대 신고가 사실인지 여부를 확인하기 위해 가정방문

07 (15-03-23) 자료수집은 실천의 전 과정에 걸쳐 이루어지는 지속적인 과정으로, 클라이언트 문제와 기관의 서비스 간 부합 여부를 판단하는 데 필요한 정도면 충분하다.

08 (15-03-23) 수집된 자료는 클라이언트를 둘러싼 주변 체계에 대한 정보도 포함해야 한다.

09 (12-03-08) 자료수집에는 문제에 관한 정보, 클라이언트의 기능 및 한계, 가족관계 등에 대한 내용이 포함되도록 한다.

10 (08-03-22) 자료의 출처 중 클라이언트의 자기보고는 주관성이 높다. 가정방문은 클라이언트의 환경을 파악하는 데에 용이하다. 심리검사는 전문성이 담보되어야 한다. 자기모니터링은 임파워먼트 효과가 있다.

11 (05-03-21) 클라이언트의 비언어적 행동을 관찰하는 것도 자료수집 방법의 하나이다.

12 (02-03-26) 면접, 질문지 작성, 가정방문 등을 통해 클라이언트에 관한 자료를 수집할 수 있다.

대표기출 확인하기

자료 수집을 위한 자료 출처에 해당하는 것을 모두 고른 것은?

> ㄱ. 문제, 사건, 기분, 생각 등에 관한 클라이언트 진술
> ㄴ. 클라이언트와 직접 상호작용한 사회복지사의 경험
> ㄷ. 심리검사, 지능검사, 적성검사 등의 검사 결과
> ㄹ. 친구, 이웃 등 클라이언트의 중요한 타인으로부터 수집한 정보

① ㄱ, ㄴ, ㄷ   ② ㄱ, ㄴ, ㄹ
③ ㄱ, ㄷ, ㄹ   ④ ㄴ, ㄷ, ㄹ
⑤ ㄱ, ㄴ, ㄷ, ㄹ

▶ 알짜확인

- 자료수집에서는 어떤 것들이 자료가 될 수 있는지를 확인해야 한다. 클라이언트에 대한 사회복지사의 주관적인 경험, 느낌 등도 자료가 된다는 점은 종종 헷갈려하는 내용이기 때문에 기억해두기 바란다.

답 ⑤

✔ 응시생들의 선택

① 2%	② 3%	③ 12%	④ 2%	⑤ 81%

➕ 덧붙임

간혹 클라이언트와 상호작용한 사회복지사의 경험은 주관적인 것이기 때문에 자료로 볼 수 없지 않나라는 질문을 받는다. 그런데 클라이언트와 상호작용하는 과정에서 기본적인 성향, 대인관계를 맺는 방식, 숨겨진 내면의 감정 등이 드러나기 때문에 자료에서 배제될 수 없다는 점 유의해서 기억해두기 바란다.

관련기출 더 보기

다음 사례에서 사회복지사가 자료수집과정에서 사용한 정보의 출처가 아닌 것은?

> 사회복지사는 결석이 잦은 학생 A에 대한 상담을 하기 전 담임선생님으로부터 A와 반 학생들 사이에 갈등관계가 있음을 들었다. 이후 상담을 통해 A가 반 학생들로부터 따돌림 당하고 있음을 알게 되었다. 상담 과정에서 A는 사회복지사와 눈을 맞추지 못하고 본인의 이야기를 하는 것에 주저하는 모습을 보이며 상담 내내 매우 위축된 모습이었다. 어머니와의 전화 상담을 통해 A가 집에서 가족들과 대화를 하지 않고 방안에서만 지내고 있다는 것을 알게 되었다.

① 클라이언트의 이야기
② 클라이언트의 비언어적 행동
③ 상호작용의 직접적 관찰
④ 주변인으로부터 정보 획득
⑤ 클라이언트와의 직접적 상호작용 경험

답 ③

✔ 응시생들의 선택

① 30%	② 4%	③ 44%	④ 1%	⑤ 21%

③ 상호작용의 직접적 관찰은 클라이언트가 다른 사람과 어떻게 대화하고 행동하는지 등을 사회복지사가 직접 살펴보는 것으로 문제의 사례에서는 나타나지 않는다.

① 클라이언트의 이야기 – 상담을 통해 A가 반 학생들로부터 따돌림 당하고 있음을 알게 되었다.
② 클라이언트의 비언어적 행동 – 상담 과정에서 A는 사회복지사와 눈을 맞추지 못하고 본인의 이야기를 하는 것에 주저하는 모습을 보이며…
④ 주변인으로부터 정보 획득 – 담임선생님으로부터 A와 반 학생들 사이에 갈등관계가 있음을 들었다. 어머니와의 전화 상담을 통해 A가 집에서 가족들과 대화를 하지 않고 방안에서만 지내고 있다는 것을 알게 되었다.
⑤ 클라이언트와의 직접적 상호작용 경험 – 상담 내내 매우 위축된 모습이었다.

자료 수집에 관한 설명으로 옳지 않은 것은?

① 클라이언트의 참여가 필요하다.
② 실천의 전 과정을 통해 이루어진다.
③ 상반된 정보를 제공하는 자료는 폐기한다.
④ 문제와 욕구, 강점과 자원을 모두 포함한다.
⑤ 가정방문으로 자연스러운 상호작용을 관찰할 수 있다.

답 ③

✅ 응시생들의 선택

① 2%	② 3%	③ 93%	④ 0%	⑤ 2%

③ 상반된 정보를 제공하는 자료라고 해서 폐기할 필요는 없다. 예를 들어, 클라이언트가 자신의 성격에 대해 하는 말과 주변 사람들이 클라이언트의 성격에 대해 하는 말, 심리검사를 통해 나타난 성격 등이 다를 수 있다. 이렇게 상반된 내용은 그 자체로 유의미할 수도 있으며, 분석을 통해 어떤 내용이 맞는지를 확인하는 것도 필요하다.

사회복지실천 과정의 자료수집에 관한 예시로 옳은 것을 모두 고른 것은?

> ㄱ. 가출청소년의 가족관계 파악을 위해 부모와 면담 실시
> ㄴ. 진로 고민 중인 청년의 진로탐색을 위해 적성검사 실시
> ㄷ. 이웃의 아동학대 신고가 사실인지 여부를 확인하기 위해 가정방문 실시

① ㄱ
② ㄷ
③ ㄱ, ㄴ
④ ㄴ, ㄷ
⑤ ㄱ, ㄴ, ㄷ

답 ⑤

✅ 응시생들의 선택

① 5%	② 2%	③ 18%	④ 4%	⑤ 71%

클라이언트뿐만 아니라 그의 가족 혹은 친구 등 주변 인물을 통해 자료를 수집할 수 있으며, 의학적 자료나 심리검사 결과 등 객관적 자료도 이용된다.

➕ 덧붙임

가정방문이 자료의 출처로 적합한가에 대해서 헷갈려하는 수험생들이 더러 있는데, 문제에 대한 사실관계를 확인하거나 클라이언트의 환경을 알아보기 위해 가정방문을 실시하기도 한다. 다만 가정방문에 있어서는 원치 않는 사생활 침해가 될 수 있으므로 클라이언트의 동의가 필요하다.

자료수집에 포함되는 내용을 모두 고른 것은?

> ㄱ. 문제에 관한 정보
> ㄴ. 원가족의 가족관계
> ㄷ. 클라이언트의 기능
> ㄹ. 클라이언트의 한계

① ㄱ, ㄴ, ㄷ
② ㄱ, ㄷ
③ ㄴ, ㄹ
④ ㄹ
⑤ ㄱ, ㄴ, ㄷ, ㄹ

답 ⑤

✅ 응시생들의 선택

① 45%	② 2%	③ 1%	④ 0%	⑤ 52%

자료수집은 클라이언트 문제를 이해하고 분석하고 해결하는 데 필요한 자료를 모으는 과정으로서 '개입 가능성을 판단하고 개입에 도움이 될 수 있는 자료를 마련하는 것'이 자료수집단계의 목표이다. 따라서 사회복지사는 클라이언트의 문제에 관한 다양한 정보, 클라이언트 원가족의 가족관계, 클라이언트의 기능과 한계 등에 대해 다양한 내용을 수집해야 한다. 또한 클라이언트를 둘러싼 환경의 특성은 무엇인지, 주요 대인관계 참가자와 체계는 누구인지 등 환경에 대한 정보도 수집한다. 일반적으로 문제, 사람, 환경이라는 범주에 따라 구체적 정보를 수집한다.

다음 내용이 **왜 틀렸는지**를 확인해보자

`02-03-26`

01 자료를 수집하기 위해서 클라이언트의 **가정을 방문하는 것은 적절하지 않다.**

> 가족과의 관계나 생활상의 문제 등을 살펴보기 위해 가정방문을 실시할 수 있다.

`08-03-22`

02 클라이언트의 비언어적 행동은 신뢰도가 떨어지기 때문에 **자료로서 활용할 수 없다.**

> 클라이언트의 비언어적 행동 역시 중요한 자료가 된다. 사회복지사는 비언어적 행동이 언어적 메시지와 모순되는 경우나 특정 행동을 반복하는 경우 등을 세밀하게 관찰해야 한다.

---

03 사회복지사는 **사정단계가 시작되기 이전에 자료수집을 모두 끝내야 한다.**

> 자료수집과 사정은 명확한 경계가 없으며, 자료수집은 실천의 전 과정에서 진행할 수 있다. 사정단계에서 문제를 구체적으로 살펴보는 과정에서 새로운 문제가 발견되면, 그에 맞춰 자료수집을 다시 진행한다.

`19-03-19`

04 자료수집에 있어 상반된 정보를 제공하는 자료는 **폐기한다.**

> 상반된 정보를 제공하는 자료라고 해서 폐기해야 하는 것은 아니다. 어떤 정보가 정확한 것인지를 분석하는 것도 필요하며, 상반된 내용 그 자체로 유의미할 수도 있다.

`20-03-11`

05 초기면접은 **비구조화된 양식**만을 사용하여 자료를 수집한다.

> 대체로 기관에서는 구조화된 양식의 초기면접지를 구비해두고 있다.

`20-03-11`

06 자료수집단계에서는 **클라이언트가 직접 작성한 자료에 의존**한다.

> 자료수집은 클라이언트에게서 직접 얻은 정보뿐 아니라 다양한 심리검사 결과, 주변인의 진술, 사회복지사의 관찰 내용 등을 종합한다.

10장

사정과정

이 장에서는

이전에는 실천론을 통해 사정의 목적, 내용 등 주요 특징이 출제되었고 실천기술론(8장)을 통해 사정도구가 출제되곤 했는데, 최근에는 실천론에서도 사정도구가 많이 출제되고 있다. 실천론이든 기술론이든 가계도나 생태도는 꼭 출제된다고 생각하고 특징을 파악해두자.

10년간 출제분포도

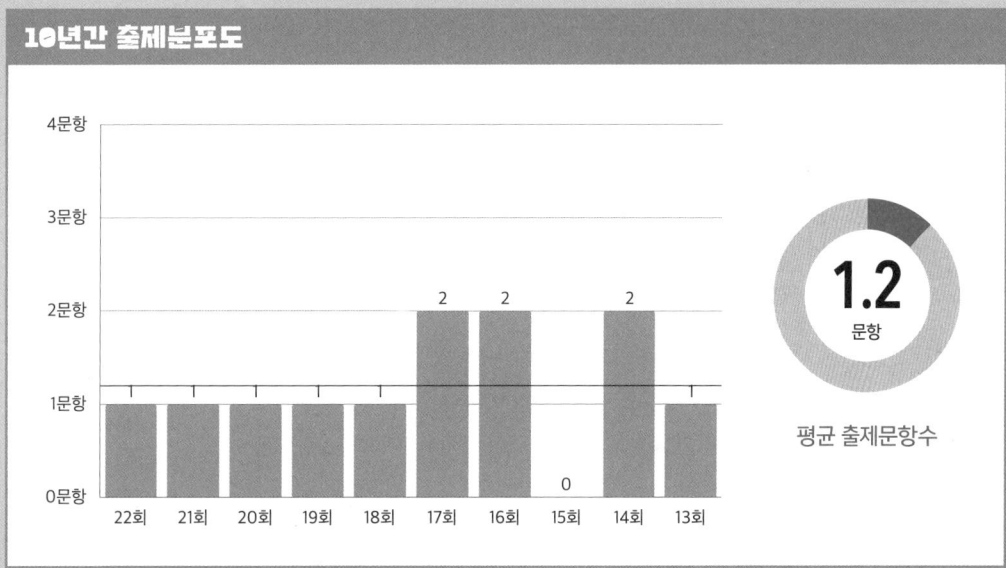

	22회	21회	20회	19회	18회	17회	16회	15회	14회	13회
문항	1	1	1	1	1	2	2	0	2	1

1.2 문항

평균 출제문항수

사정도구

강의 QR코드

회독 월 일 **2**회독 월 일 **3**회독 월 일

최근 10년간 **7문항** 출제

이론요약

기본개념

사회복지실천론
pp.223~

가계도

- 클라이언트를 포함한 **3세대 이상의 가족**을 그림으로 정리
- **세대 간에 걸쳐 반복적으로 나타나는 특징을 파악**하는 데 유용한 도구
- 결혼, 별거, 이혼, 질병, 사망 등의 생활사건 및 인종, 민족, 종교, 직업 등 **인구사회학적 특성을 함께 표기**
- 가족원들 사이의 **정서적 관계**를 다양한 선으로 표시
- 가족의 문제와 문제에 기여하는 중요 요인 및 가족의 패턴을 알 수 있음
- 원칙적으로는 클라이언트와 사회복지사가 함께 작성함

생태도

- 클라이언트 및 클라이언트 가족과 관련된 **환경체계와의 상호작용 상태**를 그림으로 작성
- 가족을 둘러싼 환경체계에서 가족에게 유용한 체계와 그렇지 않은 체계는 무엇인지를 파악할 수 있음
- **'환경 속 인간'** 관점에 따른 사정도구
- 사정도구로도 쓰이지만 개입과정의 중간중간에 재실시함으로써 변화를 확인하는 도구로도 쓰임(연속생태지도)
- 가족원의 생애사건이나 세대 간 가족 특성을 파악할 수는 없음

사회적 관계망 격자

- 개인이나 가족의 사회적 지지체계를 사정하는 도구
- 클라이언트의 관계망, 환경체계를 전체적으로 볼 수 있게 해줌
- 사회적 관계망의 중요한 인물, 지지를 받는 생활 영역, 지지의 특정유형, 지지 정도의 중요도, 지지의 성격(상호적·일방적), 개인적 친밀감 정도, 접촉빈도, 관계기간 등을 파악

생활력도표

- 가족구성원의 삶에서 중요한 사건을 시계열적으로 나열
- 클라이언트의 생애 동안 발생한 사건이나 문제의 발전과정을 사정하는 데 쓰임

기출회독 사회복지실천론

생활주기표

- 클라이언트의 생활주기와 각 발달단계의 과업 및 가족구성원의 발달단계와 주요 과업을 하나의 표로 나타낸 것
- 가족 내 개별 성원의 현재 발달단계와 과업, 위기 등을 한눈에 볼 수 있음

소시오그램

- 집단사정도구
- 상징을 사용해서 집단 내 성원 간 상호작용을 표현한 그림
- 집단성원 간 선호도와 무관심, 배척하는 정도와 유형을 파악할 수 있으며 하위집단 형성 여부를 알 수 있음

기출문장 CHECK

01 (21-03-05) 생태도는 용지 중앙에 가족 또는 클라이언트체계를 나타내는 원을 그려 작성한다.

02 (21-03-05) 생태도의 중심원 내부에는 클라이언트 또는 동거가족을 그린다.

03 (21-03-05) 생태도의 중심원 외부에는 클라이언트 또는 가족과 상호작용하는 외부체계를 작은 원으로 그린다.

04 (20-03-18) 가계도는 세대 간 반복된 가족 특성을 파악하기 위한 사정도구이다.

05 (19-03-18) 생태도: 개인과 가족에 영향을 미치는 주요 환경체계 확인

06 (19-03-18) 생활력도표: 개인의 과거 주요한 생애 사건 파악

07 (19-03-18) 소시오그램: 집단성원 간 상호작용 및 하위 집단 형성 여부 파악

08 (18-03-01) 생태도를 통해 클라이언트·가족구성원 간의 자원 교환 정도, 클라이언트·가족구성원과 자원체계 간의 에너지 흐름, 가족에게 스트레스가 되는 체계 및 변화가 필요한 내용 등을 살펴볼 수 있다.

09 (17-03-21) 가계도를 통해 가족의 구조적 측면과 관계적 측면을 살펴볼 수 있다. 가족의 문제를 체계적으로 이해할 수 있다.

10 (17-03-21) 가계도를 통해 여러 세대의 정보를 파악할 수 있으며, 반복되는 관계 유형을 발견할 수 있다.

11 (16-03-15) 가계도는 자녀는 출생순서에 따라 왼쪽부터 오른쪽으로 순차적으로 그린다.

12 (16-03-15) 가계도는 일반적으로 3세대를 포함하며, 세대 간의 반복적 유형을 분석할 수 있다.

13 (16-03-22) 생태도에는 확대가족과의 관계, 이웃주민들과의 친밀도 등이 나타난다.

14 (14-03-12) 소시오그램은 집단성원들 간의 상호작용을 도식화하여 구성원의 지위, 구성원 간의 관계, 하위집단 등을 파악하는 데 유용한 사정도구이다.

15 (11-03-20) 생태도를 통해 클라이언트의 상황에서 의미 있는 환경체계들과의 역동적 관계를 살펴볼 수 있다.

16 (10-03-11) 생태도 작성 시 원으로는 자원의 양을, 선으로는 관계의 정도를 표시한다.

17 (09-03-27) 사회적 관계망표는 클라이언트의 환경 내에 영향을 미치는 중요한 사람이나 체계에 대해서 소속감과 유대감, 자원정보, 접촉 빈도 등에 관한 정보를 제공한다.

18 (08-03-24) 생태도에서는 자원동원의 특징을 파악할 수 있다.

19 (06-03-05) 소시오그램에서는 집단 내 하위집단의 형성 여부에 대해 알 수 있다.

20 (02-03-30) 생태도에서는 환경과의 관계에 있어 관계의 정도와 함께 관계의 방향도 표시된다.

21 (02-03-30) 생태도는 사회적 맥락 속에서 클라이언트의 상황과의 관계를 나타낸다.

대표기출 확인하기

21-03-05 난이도 ★★☆

생태도 작성에 관한 내용으로 옳은 것을 모두 고른 것은?

> ㄱ. 용지의 중앙에 가족 또는 클라이언트체계를 나타내는 원을 그린다.
> ㄴ. 중심원 내부에 클라이언트 또는 동거가족을 그린다.
> ㄷ. 중심원 외부에 클라이언트 또는 가족과 상호작용하는 외부체계를 작은 원으로 그린다.
> ㄹ. 자원의 양은 '선'으로, 관계의 속성은 '원'으로 표시한다.

① ㄹ
② ㄱ, ㄷ
③ ㄴ, ㄹ
④ ㄱ, ㄴ, ㄷ
⑤ ㄱ, ㄴ, ㄷ, ㄹ

알짜확인

• 사정도구 중에서 가장 많이 출제된 내용은 가계도와 생태도인데, 가계도는 가족원만을 다루기 때문에 환경과의 관계를 알 수 없으며, 반대로 생태도는 환경과의 관계를 살펴보기 위한 도구이기 때문에 가족적 특성이나 가족원의 생애사건을 알 수 없다는 점이 자주 등장했다.

답 ④

응시생들의 선택

① 1%	② 8%	③ 2%	④ 63%	⑤ 26%

ㄹ. 생태도에서 관계의 속성은 선의 모양과 굵기로 나타낸다. 교류되는 자원의 양이 많은 강한 관계, 밀접한 관계일수록 선을 두껍게 강조하여 표시한다.

관련기출 더 보기

19-03-18 난이도 ★★★

사정도구와 파악할 수 있는 정보의 연결이 옳지 않은 것은?

① 생태도 – 개인과 가족에 영향을 미치는 주요 환경체계 확인
② 생활력도표 – 개인의 과거 주요한 생애 사건
③ DSM-Ⅴ 분류체계 – 클라이언트의 정신장애 증상에 대한 진단
④ 소시오그램 – 집단성원 간 상호작용 및 하위 집단 형성 여부
⑤ PIE 분류체계 – 주변인과의 접촉 빈도 및 사회적 지지의 강도와 유형

답 ⑤

응시생들의 선택

① 2%	② 17%	③ 19%	④ 8%	⑤ 54%

⑤ 주변인과의 접촉 빈도 및 사회적 지지의 강도와 유형은 사회적 관계망 격자를 통해 파악할 수 있다. PIE(Person In Environment) 분류체계는 요소 1: 사회적 기능 수행상의 문제, 요소 2: 환경상의 문제, 요소 3: 정신건강 문제, 요소 4: 신체건강 문제 등의 차원을 살펴본다(5장 키워드070 참조).

① 생태도는 클라이언트 및 그의 가족을 둘러싼 주요 환경체계를 도식화하여 가족에게 유용한 자원과 환경은 무엇인지, 가족에게 스트레스가 되는 체계는 무엇인지 등을 파악할 수 있다.

② 생활력도표는 클라이언트의 출생부터 현재까지의 삶 속에서 주요 생애 사건들을 파악함으로써 클라이언트의 현재를 이해하기 위해 작성하는 사정도구이다.

③ DSM은 정신질환 진단 및 통계 편람(Diagnostic and Statistical manual of Mental disorders)의 약자이며, DSM-Ⅴ는 DSM 5판을 의미한다. 우울장애, 양극성 장애, 정신분열 스펙트럼 장애, 신경발달장애(의사소통장애, 자폐 스펙트럼 장애, 주의력 결핍 과잉행동장애 등) 등 정신장애 증상에 대한 진단기준으로서 활용된다.

④ 소시오그램은 성원 사이에 나타나는 수용과 거부를 살펴보면서 집단 내의 대인관계를 평가하는 사정도구로 집단성원 간 상호작용 및 하위집단의 형성 여부를 알 수 있다.

생태도를 통하여 파악할 수 있는 내용에 해당되지 않는 것은?

① 클라이언트·가족구성원과 자원체계 간의 에너지 흐름
② 클라이언트·가족구성원에게 스트레스가 되는 체계
③ 클라이언트·가족구성원 간의 자원 교환 정도
④ 클라이언트·가족구성원의 환경체계 변화가 필요한 내용
⑤ 클라이언트·가족구성원의 생애동안 발생한 문제의 발전 과정에 관한 정보

답 ⑤

☑ 응시생들의 선택

① 2%	② 4%	③ 4%	④ 5%	⑤ 85%

⑤ 생태도는 클라이언트 및 클라이언트와 관련된 사람, 직접적으로 관련된 사회체계와의 상호작용 상태를 그림으로 나타내는 도구이다. 클라이언트의 현재를 살펴보기 때문에 생애동안 발생한 문제에 관한 내용을 알 수는 없다.

가계도에 관한 설명으로 옳지 않은 것은?

① 가족과 환경의 상호작용을 볼 수 있다.
② 가족의 구조적 및 관계적 측면을 볼 수 있다.
③ 여러 세대의 가족에 대한 정보를 얻을 수 있다.
④ 가족의 문제를 체계적으로 이해할 수 있게 한다.
⑤ 세대 간 반복되는 관계유형을 찾고 통찰력을 갖게 한다.

답 ①

☑ 응시생들의 선택

① 87%	② 1%	③ 2%	④ 6%	⑤ 4%

① 가계도는 3세대 이상에 걸쳐 가족원들의 특징과 관계를 정리하는 사정도구로, 환경과의 관계를 다루지는 않는다.

가계도에 관한 설명으로 옳지 않은 것은?

① 세대 간의 반복적 유형을 분석할 수 있다.
② 가족환경을 체계론적 관점에서 이해한다.
③ 가계도는 일반적으로 3세대를 포함한다.
④ 자녀는 출생순서에 따라 왼쪽부터 오른쪽으로 순차적으로 그린다.
⑤ 가계도에는 친밀한 관계나 갈등관계와 같은 정서적 관계를 포함한다.

답 ②

☑ 응시생들의 선택

① 8%	② 60%	③ 7%	④ 3%	⑤ 22%

② 가계도는 가족을 둘러싼 환경을 살펴보는 것은 아니다.

가계도를 통해 알 수 있는 정보
• 가족구성원의 인적 정보 및 사회적 정보
• 각 구성원과의 관계: 선의 모양으로 친밀, 밀착, 갈등, 단절 등을 표시
• 결혼, 동거 등 관계의 유형
• 가족의 역할 및 유형

클라이언트의 환경 내에 영향을 미치는 중요한 사람이나 체계를 지칭하는 것으로서 소속감과 유대감, 자원 정보, 접촉 빈도 등에 관한 정보를 제공하는 사정도구는?

① 생태도(ecomap)
② 가계도(genogram)
③ 생활력표(life history grid)
④ 생활주기표(life cycle matrix)
⑤ 사회적 관계망표(social network grid)

답 ⑤

☑ 응시생들의 선택

① 17%	② 0%	③ 3%	④ 2%	⑤ 78%

⑤ 사회적 관계망표는 개인의 사회적 지지체계의 사정, 가족의 사회적 지지체계의 사정에 사용되는 사정도구로서 클라이언트의 관계망을 전체적으로 볼 수 있게 해준다.

다음 내용이 왜 틀렸는지를 확인해보자

10-03-11

01 생태도에서 '선'은 자원의 양과 흐름을 나타낸다.

> 생태도에서 선 모양은 가족과 환경체계의 관계를 표시하며, 화살표를 통해 에너지의 흐름을 나타낸다.

04-03-02

02 생태도는 **다세대 가족관점**을 적용한 사정도구이다.

> 다세대 가족관점을 적용한 사정도구는 가계도이다.

05-03-02

03 생태도는 원가족 관계, 사회적 체계, 관계의 방향 및 정도 등을 **연대기적으로 전개**한다.

> 생태도는 원가족과 환경체계와의 현재 관계를 원, 화살표 등의 도식으로 나타내는 것으로 시간 흐름에 따라 전개되지는 않는다.

04 가계도는 가족의 구성 및 형태 등을 파악할 수 있지만 **가족구성원 간 정서적 관계는 알 수 없다.**

> 가계도에서는 다양한 선 모양을 통해 가족원 간의 정서적 관계를 표시한다.

02-03-29

05 가계도는 가족의 구조 및 관계, **가족을 둘러싼 환경체계** 등을 한눈에 파악할 수 있도록 도식화하는 사정도구이다.

> 가계도에서는 환경체계를 다루지 않는다.

06 생활력도표는 가족원들의 현재 생활을 파악하는 도구로, 가족원의 생애 동안 발생한 사건이나 문제의 발전 과정을 파악하는 데에는 한계가 있다.

> 생활력도표는 가족구성원의 삶에서 중요한 사건들을 시계열적으로 나열하는 방식을 취한다. 이를 통해 생애 동안 발생한 사건이나 문제의 발전 과정을 파악할 수 있다.

빈칸에 들어갈 알맞은 말을 채워보자

14-03-12

01 (   )은/는 집단성원들 간의 상호작용을 도식화하여 구성원의 지위, 구성원 간의 관계, 하위집단 등을 파악하는 데 유용한 사정도구이다.

11-03-20

02 (   )은/는 클라이언트의 상황에서 의미 있는 환경체계들과의 역동적 관계를 그림으로 표현하는 사정도구이다.

20-03-18

03 (   )은/는 세대 간 반복된 가족 특성을 파악하기 위한 사정도구이다.

> **답** **01** 소시오그램 **02** 생태도 **03** 가계도

다음 내용이 옳은지 그른지 판단해보자

17-03-21

01 가계도는 세대 간 반복되는 관계유형을 찾고 통찰력을 갖게 하는 사정도구이다.

09-03-27

02 사회적 관계망표는 클라이언트의 환경 내에 영향을 미치는 중요한 사람이나 체계를 지칭하는 것으로서 소속감과 유대감, 자원 정보, 접촉 빈도 등에 관한 정보를 제공하는 사정도구이다.

03 생활주기표에는 개별 클라이언트의 생애주기 정보만 나타난다.

06-03-05

04 소시오그램을 통해 구성원 개개인의 성격, 구성원 간 관계의 방향과 정도, 하위집단 형성 여부 등을 파악한다.

05 생태도를 통해 어느 가족원이 어떤 환경체계와 활발하게 교류하고 있는지, 반대로 어떤 체계가 어느 가족원에게 스트레스 요인으로 작용하고 있는지 등을 파악할 수 있다.

> **답** **01** ○ **02** ○ **03** × **04** × **05** ○

> **해설** **03** 생활주기표는 클라이언트의 생활주기와 각 발달단계별 과업 및 가족구성원의 발달단계와 주요 과업을 하나의 표로 나타낸다.
> **04** 소시오그램에서 구성원 개개인의 성격이 나타나지는 않는다.

089 사정의 특징 및 내용

강의 QR코드

1 회독	2 회독	3 회독
월 일	월 일	월 일

최근 10년간 **5문항** 출제

복습 1 이론요약

사정의 특성

- 수집 정리된 자료를 분석하고 심사숙고하여 문제를 규정해내는 작업
- **지속적인 과정**
- **이중초점, 상황 속의 클라이언트**
- 클라이언트와 사회복지사의 **상호작용**
- 초기 과정에서는 수평적인 정보(현재의 인간관계, 능력, 기능 등)를 중심으로 클라이언트의 욕구를 발견하고, 시간이 경과하면서 수직적인 정보(과거력, 개인력, 문제력 등)를 수집
- 전문적 지식을 바탕으로 클라이언트를 이해해야 함
- **개별화**
- 어떤 지식을 적용할 것인지, 클라이언트와 어떻게 연결할 것인지 등을 판단하는 과정이 필요함
- **한계: 클라이언트를 완전히 이해할 수 없다는 것을 전제로 함**

사정단계의 과제

- 문제발견: 클라이언트가 제시한 문제에 초점을 두고 본질적인 문제는 무엇인지를 탐색
- 자료 및 정보의 수집
- 문제형성: 수집된 자료와 정보들을 분석하여 사회복지사가 전문적 관점에서 문제를 판단하고 규정하는 과정. 문제를 욕구로 전환시키는 과정

사정의 대상

클라이언트가 표명하는 문제와 그 문제에 대한 태도, 강점 및 장애물, 관련된 사람들 및 그들과의 상호작용, 문제행동의 현장·빈도·지속기간 등

사정의 영역

클라이언트의 정서·심리상태, 역할 수행상의 문제, 생활력, 자기방어기제, 클라이언트의 강점과 대처방안, 가족구조와 가족기능, 사회적 지지와 관계망 등

기본개념

사회복지실천론
pp.214~

사정을 위한 자료 및 정보의 출처

- 언어적 보고, 비언어적 행동에 대한 **사회복지사의 직접 관찰**
- 클라이언트와 가족 및 집단성원 사이의 행동, 상호작용 관찰
- 클라이언트의 자기 모니터링: 클라이언트 자신이 인식한 사건을 도표나 그래프로 시각화하여 관찰
- **클라이언트와 사회복지사의 상호작용에 대한 관찰**
- 이웃이나 동료들에게서 얻은 정보
- 각종 검사결과

기출문장 CHECK

01 (22-03-18) 사정에는 클라이언트의 강점을 포함해야 한다.

02 (22-03-18) 사정은 사회복지사와 클라이언트의 상호작용 과정이다.

03 (22-03-18) 사정을 통해 클라이언트를 완전히 이해하는 것은 한계가 있다.

04 (17-03-20) 사정단계에서 문제형성은 클라이언트가 제시한 문제를 욕구로 바꾸어 진술하는 것이다.

05 (16-03-18) 사정을 통해 문제상황에 대한 이해를 높이고 클라이언트의 강점을 파악한다.

06 (16-03-18) 사정과정에서는 문제해결에 있어 장애가 되는 요인들을 탐색한다.

07 (14-03-18) 사정은 인간과 환경에 대한 이중초점을 갖는다.

08 (14-03-18) 사정은 클라이언트와 사회복지사의 상호과정이다.

09 (14-03-18) 사정은 수집된 정보를 바탕으로 전체적인 상황을 이해하는 사고의 전개과정이다.

10 (13-03-18) 이웃이 제공한 의견도 사정자료로 활용한다.

11 (12-03-21) 사정은 지속적인 과정이다.

12 (12-03-21) 사정에서는 클라이언트의 문제와 자원을 함께 다룬다.

13 (12-03-21) 사정과정에는 클라이언트의 관여가 필요하다.

14 (11-03-21) 사정은 개입과정 내내 계속된다.

15 (11-03-21) 사정은 클라이언트의 문제와 욕구에 따라 개별화된다.

16 (11-03-21) 사정은 클라이언트와 사회복지사의 상호작용과정이다.

17 (10-03-30) 이웃의 의견, 클라이언트의 심리검사 및 지능검사의 결과, 사회복지사를 대하는 클라이언트의 태도, 사회복지사의 주관적 관찰 내용 등은 모두 사정을 위한 자료가 될 수 있다.

18 (06-03-30) 사정단계는 접수단계에서 클라이언트가 제기한 문제와 관련하여 그 원인을 살펴보고 문제를 규정하는 단계이다.

19 (04-03-09) 사정은 전 과정에서 지속되는 과정이다.

20 (03-03-23) 복합적 수준에서 개인적·환경적 강점을 사정한다.

21 (03-03-23) 사정은 개별화를 바탕으로 한다.

22 (03-03-23) 사정과정은 서비스의 최종 국면까지 계속된다.

대표기출 확인하기

22-03-18 ★☆☆ 난이도

사정(assessment)의 특성으로 옳지 않은 것은?

① 클라이언트의 강점을 포함해야 한다.
② 사회복지사의 지식적 근거가 필요하다.
③ 사회복지사와 클라이언트의 상호작용 과정이다.
④ 클라이언트를 완전히 이해하는 것은 한계가 있다.
⑤ 사회복지실천의 초기 단계에서만 이루어진다.

 알짜확인

- 사정의 주요 특징을 파악해두고, 사정단계에서 수행하게 될 사회복지사의 과업을 함께 정리해두자.
- 사정은 개입이 시작된 이후에라도 다시 진행될 수 있다는 점도 기억해두어야 한다.

답 ⑤

✔ 응시생들의 선택

① 2%	② 1%	③ 2%	④ 2%	⑤ 93%

⑤ 사정은 주로 본격적인 계획을 세우기에 앞서 실시되지만 개입 중에도 재사정을 실시할 수 있기 때문에 초기 단계에서만 이루어지는 것은 아니다.

관련기출 더 보기

17-03-20 ★★☆ 난이도

사정단계에서 클라이언트가 제시한 '남편의 일중독' 문제를 '자신이 남편에게 중요한 존재임을 느끼고 싶어 하는' 욕구로 바꾸어 진술하는 것은?

① 문제발견
② 문제형성
③ 정보발견
④ 자료수집
⑤ 목표설정

답 ②

✔ 응시생들의 선택

① 18%	② 49%	③ 10%	④ 2%	⑤ 21%

문제발견이 클라이언트가 제시한 문제에 초점을 둔다면, 수집한 정보들을 분석하여 사회복지사가 전문적인 시각으로 문제를 판단하는 것은 문제형성이다. 문제형성에서는 '충족되지 못한 욕구가 구체적으로 무엇인가'가 중요한 문제이다. 이 질문을 통해 클라이언트가 제시한 문제를 구체적인 욕구로 바꾸어 진술되도록 한다.

10-03-30 ★☆☆ 난이도

사정을 위한 자료가 될 수 있는 것을 모두 고른 것은?

ㄱ. 이웃의 의견
ㄴ. 클라이언트의 지능검사 결과
ㄷ. 사회복지사의 주관적 관찰 내용
ㄹ. 사회복지사를 대하는 클라이언트의 태도

① ㄱ, ㄴ, ㄷ   ② ㄱ, ㄷ
③ ㄴ, ㄹ   ④ ㄹ
⑤ ㄱ, ㄴ, ㄷ, ㄹ

답 ⑤

✔ 응시생들의 선택

① 13%	② 10%	③ 5%	④ 2%	⑤ 70%

다음 내용이 **왜** **틀렸는지**를 확인해보자

01 클라이언트와의 상호작용에서 사회복지사가 느낀 **주관적 경험과 느낌**을 사정을 위한 정보로 사용해서는 안 된다.

> 사회복지사가 느낀 주관적 경험과 느낌도 사정을 위한 정보가 된다.

12-03-21

02 사정과정에서는 사회복지사의 **판단이 보류된다.**

> 사정과정에서는 클라이언트의 문제를 어떻게 규정할 것인지, 그 문제에 어떤 지식을 적용할 것인지 등과 관련해 사회복지사의 판단이 요구된다.

03 사정단계에서의 문제규정은 접수단계에서 파악된 **문제를 구체화하는 정도여야 한다.**

> 사정단계에서는 접수단계에서 파악된 문제를 더 구체적으로 살펴보게 되는데 이 과정을 통해 더 근본적이고 중심적인 문제가 달라질 수도 있다. 이로 인해 사정단계에서의 문제규정은 접수단계에서 파악된 문제가 구체화되는 정도로 그칠 수도 있지만 아예 다른 범주의 문제가 규정될 수도 있다.

09-03-26

04 사정과정을 통해 클라이언트의 강점을 확인하고 **서비스 제공의 적격성 여부를 확인한다.**

> 서비스 제공의 적격성 여부는 접수단계에서 판단한다.

14-03-18

05 사정과정을 통해 **클라이언트를 완전히 이해할 수 있다.**

> 사회복지사는 클라이언트를 이해하기 위해 노력하면서도 완벽하게 이해할 수 없다는 것을 인정해야 한다.

13-03-18

06 클라이언트의 이웃, 친구, 동료 등이 말한 내용은 **사정 자료로 사용하지 말아야 한다.**

> 클라이언트가 호소하는 문제가 현실생활에서 어떻게 나타나고 있는지를 구체적으로 파악하기 위해 이웃, 친구, 동료 등이 말한 내용을 사정 자료로 활용할 수 있다.

다음 내용이 옳은지 그른지 판단해보자

01 경제적 어려움을 호소하는 클라이언트와 면접 이후 문제의 원인을 실업으로 규정하는 과정은 사정 단계에 해당한다.

02 사정과정에서는 클라이언트의 문제상황에 대한 이해와 강점을 파악하고, 클라이언트 환경의 변화를 촉진한다.

03 사정을 진행할 때에는 클라이언트가 생각하는 문제보다 사회복지사가 전문적 견해에서 판단하는 문제가 더 중요하다.

04 이전 단계에서 수집된 자료를 바탕으로 사정을 진행하기 때문에 사정과정에서는 추가적인 자료수집을 진행하지 않는다.

05 사정은 상황 속의 인간이라는 이중적 관점을 가진다.

06 사정단계에서는 클라이언트가 가진 욕구의 우선순위를 고려해야 한다.

 **01** ○ **02** × **03** × **04** × **05** ○ **06** ○

해설 **02** 클라이언트 환경의 변화 촉진은 개입단계에 해당하는 내용이다.

03 사정단계에서는 클라이언트가 호소하는 문제에서 탐색을 시작해 문제를 발견해나가며(문제발견), 수집된 정보들을 분석하여 사회복지사가 전문적 견해를 바탕으로 문제를 규정한다(문제형성). 문제발견 과정에서 사회복지사는 클라이언트가 호소하는 문제보다 더 본질적인 문제가 있는지를 살펴봐야 하지만 사회복지사가 판단하는 문제가 더 중요하다고 단언할 경우 클라이언트의 자기결정권이 무시될 수 있다는 점을 경계해야 한다.

04 사정과정에서 자료가 부족하거나 다른 자료가 필요할 때에는 언제든 자료수집을 추가적으로 할 수 있다. 자료수집과 사정은 명확히 어디까지가 자료수집이고 어디부터가 사정이라고 말하기 어려울 만큼 순환적으로 일어나는 과정이다.

11 장
장

계획수립과정

이 장에서는

표적문제 선정, 목표설정의 원칙, 계획수립과정에서의 과업 등이 출제되고 있다. 출제빈도가 높지는 않으며 대체로 어렵지 않게 출제되고 있다.

10년간 출제분포도

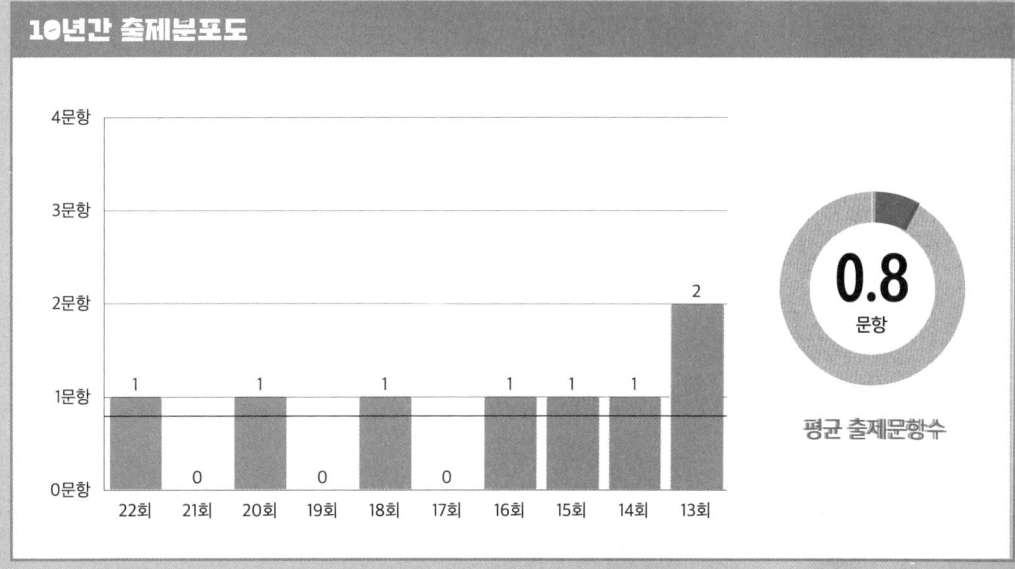

평균 출제문항수: 0.8 문항

090 표적문제 선정 및 개입목표 설정

강의 QR코드

최근 10년간 **3문항** 출제

복습 1 이론요약

표적문제 선정 시 고려사항

- 다음의 사항을 고려하여 **사회복지사와 클라이언트의 합의**에 따라 표적문제를 선정
  - 클라이언트가 가장 **중요하게** 생각하는 문제
  - 빨리 해결해야 할 **시급한** 문제
  - **대표성**이 있는 문제: 복잡하게 얽혀있는 다른 문제들이 같이 해결될 수 있는지
  - **해결가능성**이 비교적 명확한 문제
  - **사회복지사가 자신의 능력으로 대응할 수 있는 문제**
- 표적문제는 **2~3개**로 선정
  - 표적문제가 너무 많으면 오히려 초점이 흐려질 수 있으며, 문제는 연결되어 있기도 해서 불필요하게 중복된 서비스가 이루어지거나 시간만 많이 소요될 수 있다. 따라서 표적문제의 수를 제한하는 것이 더 효과적, 효율적으로 집중할 수 있음

기본개념

사회복지실천론
pp.234~

목표설정에서 고려할 사항

- 표적문제에 따라 목표를 설정
- 단기간에 달성할 수 있어 성취감을 느낄 수 있는 것
- 클라이언트에게 다른 목표에 도전할 수 있는 동기를 부여하는 것
- 사회복지사의 능력과 기관의 기능상 무리 없이 달성할 수 있는 것
- **성장을 강조하는 긍정적인 표현으로 기술**할 것
- **사회복지사나 기관이 추구하는 가치에 적절한지**를 고려해야 함
- 목표는 개입 과정에서 수정될 수 있음
- 에간(G. Egan)의 SMART모델
  - S(Specific): **구체성**
  - M(Measurable): **측정가능성**
  - A(Achievable/appropriate): **성취가능성**
  - R(Realistic): **현실성**
  - T(Time frame): **시기적절성, 시간제한성**

01 (16-03-09) 표적문제를 선정할 때에는 긴급성, 변화가능성, 해결가능성 등을 고려하되 클라이언트와의 합의를 통해 선정해야 한다.

02 (15-03-22) 표적문제를 선정할 때에는 사회복지사 자신의 지식과 기술을 고려한다.

03 (15-03-22) 표적문제를 선정할 때에는 가능한 많이 선정하는 것보다 2~3가지를 선정하여 집중적으로 다루는 것이 좋다.

04 (13-03-20) SMART 기준: Specific(구체성), Measurable(측정가능성), Achievable(Appropriate, 성취가능성), Realistic(현실성), Time frame(시기적절성, 시간제한성)

05 (11-03-09) 목표가 여러 가지인 경우 시급성과 달성가능성을 따져 우선순위를 정한다.

06 (05-03-23) 목표설정을 바탕으로 개입방법을 선정한다.

07 (05-03-23) 계획수립 단계에서 사회복지사는 클라이언트가 해결하고자 하는 문제를 목표로 삼는다.

08 (04-03-10) 개입목표를 설정할 때에는 클라이언트의 욕구와 직결된 것인지를 살펴봐야 한다.

09 (01-03-16) 목표를 설정할 때에는 클라이언트의 자기결정권을 존중해야 한다.

대표기출 확인하기

15-03-22 난이도 ★★★

표적문제(target problem) 선정 시 고려할 사항으로 옳은 것은?

① 표적문제는 가능한 많이 선정하는 것이 좋다.
② 사회복지사와 클라이언트 중 어느 한 쪽에서 문제로 인식하는 것은 모두 표적문제로 선정한다.
③ 표적문제의 우선순위를 정할 때 사회복지사의 전문적 판단을 중심으로 한다.
④ 표적문제를 선정할 때 사회복지사 자신의 지식과 기술을 고려한다.
⑤ 표적문제는 전문적 용어로 기술되는 것이 바람직하다.

▶ 알짜확인

• 클라이언트의 문제가 복잡하고 많다고 해서 표적문제를 무한정 증가시키는 게 아니라 2~3가지 표적문제를 선정하여 집중한다는 점에 주의하자.
• 목표는 현실적으로 달성할 수 있는지가 고려되어야 하고, 달성했는지를 쉽게 확인할 수 있을 만큼 구체적으로 명확하게 진술되어야 한다.

답 ④

✔ 응시생들의 선택

① 23%	② 8%	③ 4%	④ 57%	⑤ 8%

① 2~3가지 정도의 표적문제를 선정하여 시간을 효율적으로 활용할 수 있도록 한다.
②③ 표적문제를 선정할 때에나 우선순위를 정할 때에는 클라이언트가 원하는 것과 사회복지사의 전문적 판단 사이에 합의가 있어야 한다.
⑤ 표적문제는 이해하기 쉬우면서 명확하게 서술되어야 한다.

관련기출 더 보기

16-03-09 난이도 ★★☆

표적문제의 우선순위 결정에서 고려해야 할 사항으로 옳지 않은 것은?

① 긴급성
② 변화가능성
③ 측정가능성
④ 해결가능성
⑤ 클라이언트의 선택

답 ③

✔ 응시생들의 선택

① 4%	② 6%	③ 73%	④ 7%	⑤ 10%

③ 측정가능성은 목표수립에 있어서 고려해야 할 사항이다.

13-03-20 난이도 ★★☆

에간(G. Egan)의 목표 선정지침인 SMART에 해당하는 것을 모두 고른 것은?

> ㄱ. 적합성(adequate)
> ㄴ. 합리성(reasonable)
> ㄷ. 조절가능성(manageable)
> ㄹ. 구체성(specific)

① ㄱ, ㄴ, ㄷ
② ㄱ, ㄷ
③ ㄴ, ㄹ
④ ㄹ
⑤ ㄱ, ㄴ, ㄷ, ㄹ

답 ④

✔ 응시생들의 선택

① 24%	② 5%	③ 10%	④ 21%	⑤ 40%

SMART 기준
• Specific: 구체성
• Measurable: 측정가능성
• Achievable(Appropriate): 성취가능성
• Realistic: 현실성
• Time frame: 시기적절성, 시간제한성

다음 내용이 **왜 틀렸는지**를 확인해보자

01 `15-03-22` 표적문제는 **가능한 많이 선정**하는 것이 좋다.

> 표적문제는 클라이언트가 가진 여러 문제 중에서 가장 중요하고 시급하게 해결해야 할 문제를 위주로 2~3가지 선정한다.

02 `05-03-23` 표적문제는 사회복지사가 전문적 관점에 따라 중요하다고 판단되는 것을 **우선 선정**한다.

> 사회복지사의 판단도 중요하지만 클라이언트의 의견도 중요하기 때문에 합의하여 선정한다.

03 `16-03-09` 표적문제의 우선순위를 결정할 때에는 변화가능성, 해결가능성, **측정가능성** 등을 고려해야 한다.

> 측정가능성은 목표설정 시 고려할 사항이다.

04 `11-03-09` **기관의 가치나 기능과 맞지 않더라도** 클라이언트가 원하면 목표로 설정한다.

> 설정된 목표는 기관에서 제공하는 서비스로 달성할 수 있어야 하기 때문에 기관의 가치나 기능도 고려해야 한다.

05 목표를 기술할 때에는 **잘못된 부분이나 고쳐야 할 점** 등을 명확하게 서술하여야 한다.

> 목표를 기술할 때에는 현재의 문제를 서술하는 것이 아니라 앞으로 달성해야 할 내용을 분명히 하여 성장을 강조하는 긍정적인 표현으로 기술해야 한다.

06 목표선정을 위한 SMART 지침: 구체성, 측정가능성, **조절가능성**, 현실성, 시간제한성

> SMART 지침: 구체성(Specific), 측정가능성(Measurable), 성취가능성(Achievable), 현실성(Realistic), 시기적절성/시간제한성(Time frame)

091 계획수립의 과정 및 과업

강의 QR코드

1회독 월 일   **2**회독 월 일   **3**회독 월 일

최근 10년간 **5문항** 출제

이론요약

계획수립의 과정
- 1단계: 클라이언트와 함께하기
- 2단계: 문제의 우선순위 정하기(=표적문제 선정)
- 3단계: 목적 설정하기
- 4단계: 목적을 목표로 구체화하기
- 5단계: 계약의 공식화

기본개념
사회복지실천론
pp.232~

기출문장 CHECK

01 (22-03-24) 계획수립단계에서는 개입의 목표를 설정한다.

02 (20-03-25) 목표는 기관의 기능과 일치해야 하며, 클라이언트와 사회복지사가 함께 합의하여 결정한다.

03 (20-03-25) 목표는 클라이언트가 원하는 결과를 포함하여 클라이언트의 적극적인 참여를 유도한다.

04 (18-03-11) 사정의 결과를 바탕으로 클라이언트와 함께 다루고자 하는 문제의 우선순위를 정한다.

05 (14-03-11) 계획수립단계에서는 목표의 우선순위를 결정하고 사회복지사와 클라이언트의 합의 하에 목표를 수립한다.

06 (13-03-22) 계획수립의 과정: 표적문제 찾기 → 우선순위 선정 → 목표설정 → 과업의 구체화

07 (12-03-23) 목적은 사회복지실천을 통해 변화되기 원하는 방향의 형태로 진술되어야 한다.

08 (12-03-23) 목표는 클라이언트가 바라는 바와 연결되어야 한다.

09 (04-03-21) 계약에는 사회복지사의 역할뿐만 아니라 클라이언트의 역할도 포함된다.

10 (02-03-33) 계획수립 단계에서는 문제의 우선순위를 선정하고, 문제를 욕구로 전환하여 적합한 개입 전략을 선택한다.

복습 2 기출확인

대표기출 확인하기

난이도 ★☆☆

사회복지실천과정 중 계획수립단계에서 수행해야 하는 사회복지사의 과업은?

① 서비스 효과 점검
② 실천활동에 대한 동료 검토
③ 개입효과의 유지와 강화
④ 개입 목표 설정
⑤ 평가 후 개입 계획 수정

 알짜확인

• 문제의 우선순위를 정함으로써 표적문제를 선정하고, 표적문제에 따라 목적 및 목표를 설정하고, 이를 바탕으로 계약하는 것까지가 계획수립 단계의 과업임을 기억해두자.

답 ④

✔ **응시생들의 선택**

① 1%	② 2%	③ 2%	④ 94%	⑤ 1%

① 서비스 효과 점검은 개입단계에 해당한다.
② 실천활동에 대한 동료 검토는 평가단계에 해당한다.
③ 개입효과의 유지와 강화는 종결단계에 해당한다.
⑤ 평가 후 개입 계획을 수정하기 위해 실시되는 평가는 형성평가로 개입 중에 진행된다.

관련기출 더 보기

난이도 ★☆☆

사회복지서비스 계획수립단계에 관한 설명으로 옳지 않은 것은?

① 계획의 목표는 기관의 기능과 일치해야 한다.
② 목표설정은 미시적 수준과 거시적 수준에서 클라이언트의 변화를 고려한다.
③ 계약서는 클라이언트만 작성하여 과업과 의무를 공식화한다.
④ 목표는 클라이언트가 원하는 결과를 포함하여 클라이언트의 적극적인 참여를 유도한다.
⑤ 계획단계의 목표는 클라이언트와 사회복지사가 함께 합의하여 결정한다.

답 ③

✔ **응시생들의 선택**

① 3%	② 2%	③ 93%	④ 1%	⑤ 1%

③ 계약서는 사회복지사와 클라이언트가 합의에 따라 함께 작성한다.

난이도 ★★☆

실천과정에서 사회복지사가 수행해야 할 과제에 관한 내용으로 옳지 않은 것은?

① 사정단계: 클라이언트의 자원과 능력 평가
② 계획단계: 개입의 장단기 목표 합의
③ 접수단계: 목표의 우선순위 결정
④ 자료수집단계: 문제를 이해하기 위한 정보수집
⑤ 종결단계: 변화된 결과 확인

답 ③

✔ **응시생들의 선택**

① 9%	② 4%	③ 84%	④ 2%	⑤ 1%

③ 목표의 우선순위를 결정하는 것은 계획수립단계에 이루어진다.

다음 내용이 왜 틀렸는지를 확인해보자

13-03-22

01 개입계획을 수립할 때에는 개입목표를 설정한 뒤 그에 적합한 표적문제를 선정한다.

> 클라이언트가 가진 여러 문제들 중 우선순위를 결정하여 표적문제를 선정한 후 그에 맞게 개입목표를 설정한다.

02 계약을 진행한 후 본격적으로 개입계획을 수립한다.

> 개입에 관한 계획수립이 진행된 이후에 계약을 공식화한다.

03 계획을 수립하는 과정은 사회복지사의 전문적 판단이 중요하므로 클라이언트의 자기결정권을 고려할 필요는 없다.

> 계획수립 과정에서 사회복지사의 전문적 판단이 요구되기는 하지만 그렇다고 해서 클라이언트의 자기결정보다 우선하는 것은 아니다. 계획수립 과정에서도 클라이언트의 자기결정권은 존중되어야 한다.

02-03-23

04 여러 문제 중 우선순위를 정하여 적절한 개입전략을 수립하는 것은 사정과정에 해당한다.

> 계획단계에 해당한다.

12장

개입과정

이 장에서는

8장에서 학습했던 다양한 면접기술이 여기에서 다시 등장한다. 다양한 개입기법들을 살펴보는 문제가 출제되는데, 직접적 개입과 간접적 개입으로 구분하거나 의사소통기술과 행동기술을 구분하는 단순한 문제들도 출제되곤 한다.

10년간 출제분포도

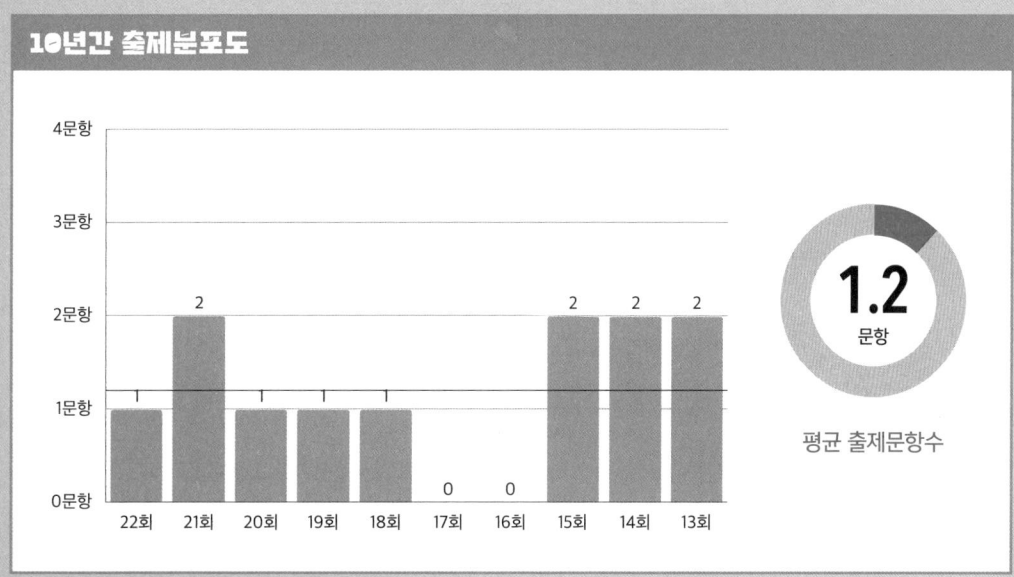

1.2 문항

평균 출제문항수

092 다양한 개입기법

1회독	2회독	3회독
월 일	월 일	월 일

이론요약

직접적 개입기법

기본개념

사회복지실천론
pp.246~

의사소통기술 (정서, 인지에 개입하는 기술)	**<정서적 안정을 돕는 방법>** ① 격려: 클라이언트의 문제해결 능력을 향상시키려는 기법, 클라이언트의 행동이나 태도를 인정하고 칭찬해주는 것 ② 재보증(안심): 클라이언트의 능력이나 자질에 대해 사회복지사가 신뢰를 표현함으로써 클라이언트의 불안과 불확실성을 제거하고 위안을 주는 것 ③ 일반화: 클라이언트의 생각, 느낌, 행동 등이 그와 비슷한 상황에 있는 다른 사람과 같다고 말해줌으로써 이질감이나 소외감, 일탈감을 해소하고 자신에 대한 신뢰감과 자신감을 회복시키는 기법 ④ 환기법: 클라이언트의 문제 또는 상황과 관련된 감정(분노, 증오, 슬픔, 죄의식, 불안)을 표출하도록 하여 감정의 강도를 약화시키거나 해소시키려는 기법 **<인지구조를 변화시키는 방법>** ① 재구조화(재명명): 어떤 문제에 대해 클라이언트가 부여하는 의미를 수정함으로써 클라이언트의 시각을 긍정적으로 변화시키는 방법 ② 초점화: 클라이언트가 자기 문제를 언어로 표현할 때 산만한 것을 점검해주고 말속에 숨겨진 선입견, 가정, 혼란을 드러내어 자신의 사고과정을 명확히 볼 수 있도록 함 ③ 직면: 클라이언트의 말과 행위 사이의 불일치, 표현한 가치와 실행 사이의 모순을 클라이언트 자신이 주목할 수 있게 해주는 기술 **<상황인식 능력을 향상시키는 방법>** ① 정보 제공: 클라이언트에게 의사결정이나 과업 수행에 필요한 정보를 제공 ② 조언: 클라이언트가 해야 할 것을 추천하거나 제안하는 것
행동에 개입하는 기술	• 모델링: 다른 사람의 행동을 모방함으로써 새로운 행동을 학습하게 하는 방법 • 시연: 문제 상황에서 어떻게 행동할지를 사회복지사 앞에서 시험 삼아 반복적으로 연습하는 방법 • 기타 타임아웃, 행동조성, 역할교환 등
문제해결기술	문제의 자세한 언급, 현재에 초점 두기, 한 번에 한 가지 문제에만 초점 두기, 경청, 긍정적이고 건설적인 방식으로 문제 공유하기

사회기술훈련	예방과 교정을 위한 폭넓고 다양한 기술을 가르치는 것으로서 클라이언트에게 현재 환경과 삶의 주기 또는 역할관계에서 효과적으로 기능하는 데 필요한 기술을 습득할 기회를 제공
스트레스 관리	긴장완화훈련은 다양한 스트레스로 인한 신체적 증상이 있는 클라이언트를 돕는 데 유용

간접적 개입기법

- 클라이언트를 둘러싼 환경을 변화시킴으로써 클라이언트의 문제를 해결
- 사회적 지지체계 개발
- 프로그램 계획과 개발, 서비스 조정에 관련된 활동
- 환경조정(조작), 옹호, 자원개발, 의뢰 등

기출문장 CHECK

01 (22-03-20) 모델링은 클라이언트가 타인이 하는 바람직한 행동을 보고 모방함으로써 행동의 변화를 가져오는 개입 기술이다.

02 (21-03-21) 일반화란 클라이언트 혼자만이 겪는 문제가 아니라는 것을 인식하게 하는 기법이다.

03 (21-03-23) 사회복지실천에서 프로그램 개발은 간접적 개입에 해당한다.

04 (20-03-24) 간접적인 개입 활동의 예: 아동학대 예방 캠페인 진행, 다른 기관과 협력체계 구축, 지역사회 전달체계 재정립, 가출청소년 보호 네트워크 형성

05 (16-03-08) 홍보활동, 모금활동, 프로그램 개발, 주민조직 활동 등은 간접적 개입에 해당한다.

06 (15-03-19) 직면 기법은 클라이언트의 말과 행동 간에 모순이 있으나 클라이언트가 이를 부인하고 인정하기를 거부하는 경우에 사용될 수 있다.

07 (15-03-19) 직면 기법은 클라이언트에게 방어적 반응을 불러일으킬 수 있다. 클라이언트가 극심한 정서적 긴장 상태에 있을 때는 사용하지 않는 것이 좋다.

08 (15-03-21) 직면, 재명명, 일반화, 재보증 등은 문제에 대한 관점이나 인식을 변화시켜 새로운 이해를 촉진하는 개입 기법이다.

09 (14-03-20) 재보증(reassurance)은 사회복지사가 신뢰를 표현함으로써 클라이언트의 자신감을 향상시키는 기법이다.

10 (13-03-13) 재명명은 문제 상황에 대해 클라이언트가 부여한 의미를 수정하여 의사소통 관점을 변화시키는 기법이다.

11 (12-03-05) 자원 개발, 서비스 조정, 프로그램 개발, 옹호 등은 모두 간접적 개입에 해당한다.

12 (12-03-07) 재보증은 합리적인 생각과 결정에 대해 클라이언트가 의구심을 갖거나 자신 없어 할 때 사용하는 기법이다.

13 (11-03-10) 아들의 과잉행동이 심각하다고 얘기하는 클라이언트에게 "아들이 활동적이네요"라고 얘기하여 부정적 문제에 긍정적 의미를 부여하는 면담기법은 재명명 기법이다.

14 (09-03-25) 클라이언트의 인지능력을 향상시키기 위한 개입기술로 직면, 초점화, 재명명, 정보제공 등을 사용할 수 있다.

15 (08-03-25) 클라이언트가 호소하는 문제에 대해 상담을 진행하는 것은 직접적 개입에 해당한다.

16 (08-03-25) 클라이언트에게 필요한 정보를 제공해주는 것은 직접적 개입에 해당한다.

17 (08-03-25) 가족치료 프로그램, 지지집단 운영 등은 직접적 개입에 해당한다.

18 (08-03-25) 종결하기 전에 클라이언트를 다른 기관으로 의뢰하는 것은 간접적 개입에 해당한다.

19 (04-03-22) 모델링 기법을 주로 사용하는 단계는 개입단계이다.

20 (03-03-11) 환기법을 통해 클라이언트는 마음속에 있는 것을 자유롭게 이야기함으로써 치료 효과를 얻을 수 있다.

기출확인

대표기출 확인하기

22-03-20 　　　난이도 ★★☆

클라이언트가 타인이 하는 바람직한 행동을 보고 모방함으로써 행동의 변화를 가져오는 개입기술은?

① 초점화 　　　② 모델링
③ 환기 　　　　④ 직면
⑤ 격려

 알짜확인

- 개입과정에서 사용하게 되는 다양한 개입기법에 대해 정리해두도록 하자. 앞서 8장에서 학습한 면접 기술과 중복되며, 기술론을 통해서도 출제되는 내용이다.
- 최근에는 다양한 기술들이 두루두루 출제되기 때문에 더욱 꼼꼼히 살펴봐야 한다. 직접적 개입과 간접적 개입 기술을 구분하는 문제, 의사소통기술과 행동기술을 구분하는 문제 등도 출제된 바 있다.

답 ②

✔ 응시생들의 선택

① 2%	② 94%	③ 2%	④ 1%	⑤ 1%

① 초점화: 클라이언트가 두서없이 말을 장황하게 하거나 어떤 주제를 회피하고자 할 때 원래 주제로 돌아올 수 있도록 이끄는 기술
③ 환기: 클라이언트가 억압하고 있는 분노, 슬픔, 불안 등의 감정을 인식하고 드러낼 수 있도록 이끄는 기술
④ 직면: 클라이언트가 자신의 말과 행위 사이의 불일치, 표현한 가치와 실행 사이의 모순 등을 인식할 수 있도록 이끄는 기술
⑤ 격려: 클라이언트가 자존감이 낮거나 경험이 부족해 자신감이 없을 때 행동을 취할 수 있도록 도움을 주는 기술

관련기출 더 보기

21-03-21 　　　난이도 ★★★

사회복지실천 개입기술에 관한 설명으로 옳은 것을 모두 고른 것은?

> ㄱ. 재보증은 어떤 문제에 대해 클라이언트가 부여하는 의미를 수정해 줌으로써 클라이언트의 시각을 긍정적인 방향으로 변화시키려는 전략이다.
> ㄴ. 모델링은 실제 다른 사람의 행동을 직접 관찰함으로써만 시행 가능하다.
> ㄷ. 격려기법은 주로 클라이언트 행동이 변화에 장애가 되거나 타인에게 위협이 될 때, 이를 인식하도록 하기 위한 목적으로 사용한다.
> ㄹ. 일반화란 클라이언트 혼자만이 겪는 문제가 아니라는 것을 인식하게 하는 기법이다.

① ㄱ 　　　　　　② ㄹ
③ ㄱ, ㄹ 　　　　④ ㄱ, ㄴ, ㄷ
⑤ ㄴ, ㄷ, ㄹ

답 ②

✔ 응시생들의 선택

① 4%	② 54%	③ 36%	④ 2%	⑤ 4%

ㄱ. 재보증은 사회복지사가 자신감이 없는 클라이언트에게 그의 능력, 강점 등에 대해 인정과 신뢰를 줌으로써 클라이언트의 불안을 제거할 수 있도록 하는 것이다.
ㄴ. 모델링은 영화나 영상매체 등을 활용하여 진행할 수도 있기 때문에 꼭 실제 다른 사람의 행동을 직접 관찰해야 하는 것은 아니다.
ㄷ. 격려기법은 자존감이 낮은 클라이언트에게 그의 행동이나 태도를 인정하고 칭찬함으로써 문제해결 능력을 향상시키기 위한 것이다.

사회복지실천의 간접적 개입에 해당하는 것은?

① 의사소통 교육
② 프로그램 개발
③ 부모교육
④ 가족상담
⑤ 사회기술훈련

답 ②

✅ 응시생들의 선택

① 2%	② 85%	③ 5%	④ 2%	⑤ 6%

- 직접적 개입: 클라이언트와 직접 관계하면서 변화를 추구한다. 의사소통기술, 행동변화기술, 문제해결기술, 사회기술훈련 등
- 간접적 개입: 환경변화를 통해 클라이언트의 문제를 해결한다. 옹호, 의뢰, 연계, 사례관리, 프로그램 계획 및 개발 등

사회복지사의 직접적인 개입 활동으로 옳은 것은?

① 아동학대 예방 캠페인 진행
② 다른 기관과 협력체계 구축
③ 지역사회 전달체계 재정립
④ 가출청소년 보호 네트워크 형성
⑤ 역기능적 가족 규칙 재구성

답 ⑤

✅ 응시생들의 선택

① 13%	② 4%	③ 2%	④ 5%	⑤ 76%

사회복지사가 정보를 제공하거나 교육이나 상담을 제공함으로써 직접적으로 변화를 이끌어내고 문제해결을 원조하는 것은 직접적 개입에 해당한다.
⑤를 제외한 선택지들처럼 클라이언트를 둘러싼 환경을 변화시키거나 지지체계를 개발하거나 프로그램 개발 같은 행정적 업무를 수행하거나 클라이언트의 문제와 관련된 사회행동을 하는 것 등은 모두 간접적 개입에 해당한다.

사회복지사의 옹호 활동으로 옳지 않은 것은?

① 자신의 권리를 주장할 수 없는 영유아를 대변한다.
② 무국적 아동의 교육 평등권을 위한 법안을 제안한다.
③ 사회복지사가 클라이언트 집단의 대표로 나서서 협상을 주도한다.
④ 이주 노동자에게 최저 임금을 받을 권리를 교육한다.
⑤ 철거민들의 자체 회의를 위해 종합사회복지관의 공간을 제공한다.

답 ③

✅ 응시생들의 선택

① 7%	② 3%	③ 18%	④ 38%	⑤ 34%

③ 옹호 활동은 사회복지사가 클라이언트의 입장을 표적체계에 대해 직접 대변하는 것이다. 다만, 협상을 언제 할 것인지, 어느 선에서 협상을 할 것인지에 대한 결정은 클라이언트에게 있다는 점에서 사회복지사가 클라이언트 집단의 대표로 나서서 협상을 주도한다는 것은 옳지 않다.

➕ 덧붙임

19회 사회복지실천론 영역에서 가장 정답률이 낮게 나타난 문제이다. ④⑤번을 선택한 응시생들이 많았는데, 옹호 활동은 클라이언트의 입장을 표적체계에 대신 전달하는 것이 주요 임무이지만, 그 과정에서 클라이언트가 어떤 권리를 가지고 있는지, 어떤 방식으로 주장할 수 있는지 등에 대한 정보를 제공하고 가르쳐주는 역할도 수행하게 되며 클라이언트에게 필요한 자원을 지원해주기도 한다. 따라서 ④⑤의 내용 역시 옹호를 진행하는 과정에서 수행할 수 있는 활동들이다.

직면(confrontation) 기법에 관한 설명으로 옳지 않은 것은?

① 클라이언트의 말과 행동 간에 모순이 있으나 클라이언트가 이를 부인하고 인정하기를 거부하는 경우에 사용될 수 있다.

② 클라이언트가 극심한 정서적 긴장 상태에 있을 때는 사용하지 않는 것이 좋다.

③ 클라이언트에게 방어적 반응을 불러일으킬 수 있다.

④ 클라이언트가 자신의 결정이나 행동이 실제로 합리적임에도 이에 대한 확신을 갖지 못하고 주저할 때 사용된다.

⑤ 클라이언트와의 신뢰관계가 충분히 형성된 뒤에 사용하는 것이 유용하다.

답 ④

✔ 응시생들의 선택

① 4%	② 8%	③ 2%	④ 45%	⑤ 41%

직면 기법은 클라이언트의 말과 행위가 일치하지 않을 때 그 모순을 클라이언트가 인지할 수 있도록 하는 방법이다.

④는 클라이언트의 능력에 대해 사회복지사가 신뢰를 표현함으로써 클라이언트가 갖고 있는 불안과 불확실성을 제고하고 위안을 주는 기법으로 재보증(안심)에 해당한다.

개입의 기법과 그에 관한 설명으로 옳은 것은?

① 타임아웃(time-out): 남에게 말하지 못한 문제를 클라이언트가 표현할 수 있도록 도와주는 기법이다.

② 환기(ventilation): 클라이언트가 자신의 문제를 보증하거나 합리화하여 변화를 거부할 때 사용하는 기법이다.

③ 재보증(reassurance): 사회복지사가 신뢰를 표현함으로써 클라이언트의 자신감을 향상시키는 기법이다.

④ 격려(encouragement): 클라이언트의 사고, 감정, 행동을 현재의 사건과 연결하여 명료화하는 기법이다.

⑤ 초점화(focusing): 클라이언트가 겪는 일이 자신만이 가지고 있는 문제가 아니라는 것을 인식하게 하는 기법이다.

답 ③

✔ 응시생들의 선택

① 3%	② 14%	③ 80%	④ 1%	⑤ 2%

① 타임아웃: 바람직하지 않은 행동을 했을 때 강화물이 없거나 적은 상태로 옮겨놓음으로써 바람직하지 못한 행동의 빈도를 줄이는 방법

② 환기: 클라이언트의 문제 또는 상황과 관련된 감정(분노, 증오, 슬픔, 죄의식, 불안 등)을 표출하도록 하여 감정의 강도를 약화 또는 해소시키는 기법

④ 격려: 클라이언트의 문제해결 능력을 향상시키려는 기법으로서 클라이언트의 행동이나 태도를 인정하고 칭찬해주는 기법

⑤ 초점화: 클라이언트가 두서없이 말을 장황하게 하거나 어떤 주제를 회피하고자 할 때 사회복지사가 간단히 질문을 하거나 언급함으로써 본래 주제로 되돌아오게 하는 기법

클라이언트의 인지능력을 향상시키기 위해 사용하는 개입기술로 적절하지 않은 것은?

① 직면　　　　　　② 격려
③ 초점화　　　　　④ 재명명
⑤ 정보 제공

답 ②

✔ 응시생들의 선택

① 19%	② 31%	③ 15%	④ 11%	⑤ 24%

초점화, 직면, 재명명은 인지구조의 변화에, 정보 제공은 상황인식 능력 향상에 초점을 두어 클라이언트의 인지능력을 향상시키기 위한 개입기술이다. 클라이언트의 왜곡되거나 부정적인 사고구조를 변화시켜 자신과 상황을 좀 더 현실적으로 인식하도록 돕는다.

반면, 격려는 클라이언트의 행동이나 태도를 칭찬해주는 것으로서 정서적 안정을 돕는 방법이다. 정서적 안정을 돕는 방법에는 격려 외에도 재보증, 일반화, 환기법 등이 있다.

다음 내용이 **왜 틀렸는지**를 **확인해보자**

09-03-25

01 **격려**, 직면, 재명명 등은 클라이언트의 인지능력을 향상시키기 위한 기술로 적합하다.

> 직면, 재명명 등은 인지변화를 위한 방법에 해당하지만, 격려는 정서적 안정을 돕기 위한 방법에 해당한다.

03-03-11

02 환기법은 클라이언트가 마음속에 있는 것을 자유롭게 **이야기하는 것만으로는 치료효과가 없다**고 전제한다.

> 환기법은 클라이언트가 문제 상황과 관련된 자신의 감정을 표출하는 것만으로도 치료효과가 생긴다고 본다. 이는 감정의 표출을 통해 감정의 강도가 약화될 수 있기 때문이다.

15-03-21

03 **모델링**은 문제에 대한 관점이나 인식을 변화시켜 새로운 이해를 촉진하는 개입 기법이다.

> 모델링은 행동적 차원에 개입하는 행동변화기술에 해당한다.

04 가족치료, 사례관리 등은 **간접 개입에 해당**한다.

> 가족치료는 직접 개입이다. 사례관리는 보통 간접 개입으로 분류된다.

08-03-25

05 개입을 종결하며 클라이언트를 다른 기관으로 의뢰를 진행하는 것은 **직접 개입에 해당**한다.

> 의뢰는 간접 개입에 해당한다.

13-03-13

06 **재보증** 기법은 문제 상황에 대한 클라이언트의 관점을 변화시키기 위해 클라이언트가 부여하는 의미를 수정하는 의사소통기법이다.

> 제시된 내용은 재명명 기법에 해당한다.
> 재보증 기법은 클라이언트의 능력에 대해 신뢰를 표현함으로써 클라이언트를 안심시키는 방법이다.

빈칸에 들어갈 알맞은 말을 채워보자

01 ( ) 기법은 클라이언트의 능력이나 자질에 대해 사회복지사가 신뢰를 표현함으로써 안심시키는 것을 말한다.

02 ( ) 기법은 클라이언트가 겪는 일이 자신만이 가지고 있는 문제가 아니라는 것을 인식하게 하는 기법이다.

`12-03-05`
03 자원 개발, 서비스 조정, 프로그램 개발, 옹호 등은 ( )적 개입에 해당한다.

`14-03-25`
04 술을 그만 마시겠다고 말하면서 술을 자제하지 못하는 불일치를 보이는 클라이언트에 대해 사회복지사는 그 모순을 클라이언트로 하여금 깨닫고 수정할 수 있도록 하는 ( ) 기법을 사용할 수 있다.

답 **01** 재보증(안심) **02** 일반화 **03** 간접 **04** 직면

다음 내용이 옳은지 그른지 판단해보자

01 재보증, 환기, 일반화 등의 기법은 클라이언트의 정서적 안정을 돕는 방법이다.

02 모델링, 시연, 정보 제공 등은 클라이언트의 행동적 차원에 개입하여 행동변화를 이끌어내기 위한 개입기술이다.

`16-03-08`
03 사회복지사가 사례관리자로서 클라이언트에게 필요한 다양한 서비스를 연결하여 제공하는 것은 간접적 개입에 해당한다.

04 클라이언트에 대한 격려, 조언, 옹호 등은 직접적 개입에 해당한다.

답 **01** ○ **02** × **03** ○ **04** ×

해설 **02** 정보 제공은 상황인식 능력을 향상시키기 위한 것으로 행동적 차원에서의 개입은 아니다.
04 격려, 조언은 직접적 개입에 해당하며, 옹호는 간접적 개입에 해당한다.

093 개입단계에서 사회복지사의 과업

강의 QR코드

1회독 월 일   **2**회독 월 일   **3**회독 월 일

최근 10년간 **2문항** 출제

복습 1 이론요약

사회복지사의 과제

- 문제해결을 위한 구체적 변화전략 수립
- 교육, 동기유발, 자원연결, 행동변화 등을 통해 클라이언트의 변화 창출
- 지속적인 점검을 통해 변화를 유지하고 평가

사회복지사의 역할

중개자, 조력자, 교사, 중재자, 옹호자 등 개입의 초점에 따라 다양한 역할 수행

기본개념
사회복지실천론
pp.242~

기출문장 CHECK

01 (18-03-13) 사회복지사는 개입단계에서 계획된 방법에 따라 서비스를 제공하며, 점검을 통해 계획의 수정이 필요할 때에는 재사정을 실시한다.

02 (13-03-16) 강제 입소된 장애인이 거주시설에서 퇴소한 후 공동생활가정으로 입주할 수 있도록 연계했다면, 이는 사회복지사의 중개자로서의 역할에 해당한다.

03 (07-03-03) 개입단계에서는 클라이언트의 문제를 해결하기 위해 개별치료, 옹호, 임파워먼트를 위한 집단 활동 등의 서비스를 제공할 수 있다.

04 (04-03-17) 개입단계에서는 클라이언트의 문제해결 능력을 높이는 데에 초점을 둔다.

대표기출 확인하기

18-03-13 난이도 ★★★

사회복지실천과정의 개입단계에서 사회복지사가 수행하는 과업으로 옳은 것을 모두 고른 것은?

> ㄱ. 계획된 방법으로 서비스를 제공
> ㄴ. 서비스 제공 전략 및 우선순위 결정
> ㄷ. 계획 수정 필요 시 재사정 실시
> ㄹ. 제공된 서비스에 대한 과정 및 총괄평가

① ㄱ
② ㄱ, ㄷ
③ ㄴ, ㄹ
④ ㄱ, ㄴ, ㄷ
⑤ ㄴ, ㄷ, ㄹ

 알짜확인

- 개입단계에서 사회복지사가 해야 할 과업을 살펴보면서 어떤 역할을 수행하게 되는지도 함께 정리해두자.

답 ②

✅ 응시생들의 선택

① 14%	② 59%	③ 1%	④ 25%	⑤ 1%

ㄴ. 서비스 제공 전략 및 우선순위를 결정하는 것은 계획단계에서의 과업이다.
ㄹ. 제공된 서비스에 대한 과정평가 및 총괄평가를 진행하는 것은 평가단계에서의 과업이다.

관련기출 더 보기

13-03-16 난이도 ★★★

다음 사례에서 사회복지사가 수행한 개입역할로 모두 옳은 것은?

> 가족에 의해 강제 입소되었던 장애인이 거주시설에서 퇴소하기를 요청함에 따라 ㄱ. 퇴소상담을 실시하였다. 이후 가족들을 설득하여 ㄴ. 지역사회 내 다양한 주거 관련 정보를 안내하고, ㄷ. 공동생활가정에 입주할 수 있도록 연계하였다.

① ㄱ: 조력자, ㄴ: 중재자, ㄷ: 교사
② ㄱ: 중개자, ㄴ: 중재자, ㄷ: 계획가
③ ㄱ: 조력자, ㄴ: 교사, ㄷ: 중개자
④ ㄱ: 중개자, ㄴ: 옹호자, ㄷ: 계획가
⑤ ㄱ: 교사, ㄴ: 옹호자, ㄷ: 조력자

답 ③

✅ 응시생들의 선택

① 38%	② 7%	③ 49%	④ 2%	⑤ 4%

➕ 덧붙임

개입단계에서 수행하게 되는 사회복지사의 다양한 역할은 앞서 4장 (키워드069)에서 공부한 사회복지사의 역할과 중복되는 내용이다. 개입활동에서 수행해야 할 사회복지사의 과제를 토대로 실제 어떤 역할을 수행하며 개입하게 되는지를 생각하면서 답을 찾아보자.

다음 내용이 **왜 틀렸는지**를 확인해보자

01 사회복지사는 클라이언트가 필요로 하는 서비스를 받을 수 있도록 기관 밖의 자원에 대해서도 연계하는 **계획가로서의 역할**을 수행한다.

> 클라이언트에게 필요한 자원이나 서비스를 연결하는 것은 중개자로서의 역할에 해당한다.

04-03-17

02 개입단계에서 사회복지사는 **클라이언트에 대한 정보수집에 1차적 목적**으로 두고 진행해야 한다.

> 개입단계에서 사회복지사는 클라이언트의 문제를 해결하고 변화를 끌어내는 것에 주요 초점을 두어야 한다. 정보수집은 전 과정에 걸쳐 진행될 수 있으나 주로 접수단계 및 사정단계에서 진행된다.

03 개입단계에서 사회복지사는 클라이언트의 변화를 이끌어낼 수 있어야 하며, 그 **성과를 평가하기 위한 계획을 세워야** 한다.

> 성과를 평가하기 위한 계획은 대체로 계획수립과정에서 이루어진다.

04 사회복지사는 개입과정에서 개입방법이 적절하지 않다고 판단되더라도 **개입방법을 바꿔서는 안 된다.**

> 개입방법이 적절하지 않다고 판단될 경우 더 효과적인 개입을 위해 방법을 변경할 수 있으며, 이에 대해 클라이언트와 합의가 필요하다.

13장

종결 및 평가

종결과정에서의 사회복지사의 과업을 묻는 문제가 주로 출제된다. 종결단계는 종결시점이 확정되는 순간부터라는 점에 주의해야 하며, 개입의 성공 여부와 관계 없이 클라이언트의 감정을 다루는 시간이 필요하다는 점도 기억해두어야 한다. 또한 사후관리의 특징도 놓치지 말고 학습해두자.

10년간 출제분포도

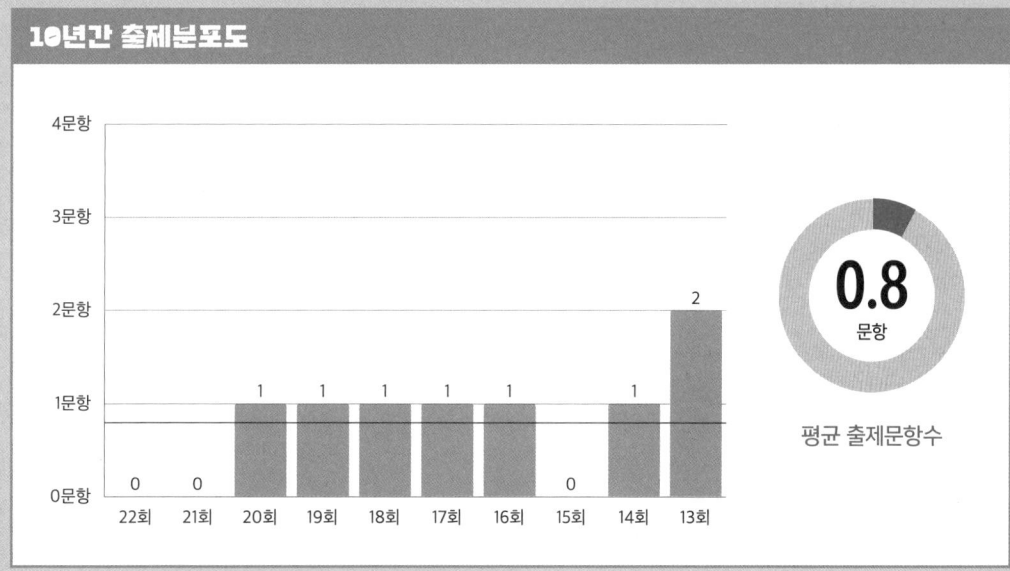

평균 출제문항수 0.8문항

094 종결단계에서 사회복지사의 과업

강의 QR코드

최근 10년간 **8문항** 출제

복습 1 이론요약

종결단계의 과업

▶ **종결시기 결정**
- 개입목표의 달성 정도
- 서비스 시간 내 제공완료 여부
- 클라이언트의 문제상황의 해결 정도
- 사회복지사와 기관의 투자노력
- 이득체감(더 이상의 만남이 큰 도움이 되지 않으리라는 것)에 대한 합의
- 클라이언트의 의존성
- 클라이언트에 대한 새로운 서비스의 필요성 및 적합성

▶ **클라이언트의 정서적 반응 다루기**
- 목적이 달성되지 않은 경우 실망, 분노, 버림받는다는 느낌 등 부정적 감정을 가질 수 있으며, 성과가 좋더라도 아쉬움이나 이후에 대한 불안감 등을 느낄 수 있다. 이러한 감정들을 나누는 시간을 갖는 것이 필요하다.

▶ **효과의 유지와 강화**
- 종결 이후에도 변화내용을 클라이언트가 유지하고 발전시켜나갈 수 있도록 계획한다.
- 사후관리에 대해 이야기한다.

▶ **의뢰**
- 새로운 서비스가 필요하거나 해결되지 않은 문제가 있는 경우 의뢰를 고려한다.

▶ **평가**
- 개입과정, 목표달성 등에 있어 효율성 및 효과성 등에 대해 평가를 진행한다.

사후관리

- 사후관리에 대해서 클라이언트에게 미리 알려야 함
- 종결에 대한 두려움이 많은 클라이언트에게는 종결의 충격을 완화할 수 있는 효과도 있음
- 변화의 지속성을 확인할 수 있음
- 종결 이후 발견된 새로운 문제나 잔여문제를 다룰 수 있는 기회가 됨

기본개념

사회복지실천론
pp.258~

01 (20-03-21) 종결단계의 과업: 사후관리 계획 수립, 클라이언트 변화결과에 대한 최종 확인, 다른 기관 또는 외부 자원 연결, 종결에 대한 클라이언트 반응 처리

02 (19-03-22) 클라이언트의 혼합된 정서적 반응을 정리하고 사후관리를 계획하는 단계는 종결단계이다.

03 (18-03-12) 종결단계에서 사회복지사의 과업: 사후관리 계획 수립, 성과유지 전략 확인, 필요시 타 기관에 의뢰, 종결에 대한 정서다루기

04 (17-03-22) 종결단계에서 사회복지사는 클라이언트의 성과를 확인한다.

05 (17-03-22) 종결단계에서 사회복지사는 종결에 따른 클라이언트의 상실감에 공감하고, 클라이언트의 감정을 이해하고 있음을 전달하며, 클라이언트가 보이는 비언어적 메시지에 민감하게 반응한다.

06 (16-03-16) 평가 및 종결단계에서 사회복지사는 클라이언트의 정서적 반응을 다루고 사후관리를 계획한다.

07 (14-03-03) 종결단계에서 사회복지사는 종결유형에 따라 종결시기를 조정하고, 개입목표의 달성 여부를 확인한다.

08 (13-03-17) 사후관리를 통해 클라이언트의 적응 상태를 확인한다.

09 (13-03-17) 사후관리 중 클라이언트의 문제가 발견된 경우 재개입할 수 있다.

10 (13-03-17) 사후관리는 종결로 인한 클라이언트의 충격을 완화시켜준다.

11 (13-03-17) 사후관리는 클라이언트의 변화 유지에 도움이 된다.

12 (13-03-19) 종결단계에서 사회복지사는 클라이언트와의 접촉빈도를 줄여간다.

13 (11-03-07) 클라이언트가 일방적으로 종결을 원할 경우 사회복지사는 전문적 판단에 따라 신중히 결정할 것을 권할 수 있지만 클라이언트의 자기결정권을 존중해야 한다.

14 (11-03-07) 클라이언트가 종결에 대한 부정적 감정을 보일 경우 그 감정을 다루는 시간을 갖는다.

15 (07-03-10) 종결 후 클라이언트에게서 새로운 문제가 제기되었으나 기관에서 이를 다룰 서비스가 존재하지 않는다면 의뢰를 고려해야 한다.

16 (07-03-27) 클라이언트가 종결에 대해 아쉬운 감정을 토로한다면 이에 대해 이야기를 나누는 시간을 갖는다.

17 (05-03-28) 종결단계에서 사회복지사는 성과에 대해 확인해야 한다.

18 (04-03-11) 사회복지사는 종결단계에서 종결시기를 결정한다.

19 (04-03-13) 사회복지사는 종결단계에서 클라이언트의 변화가 유지될 수 있도록 계획을 수립한다.

20 (03-03-26) 사회복지사는 종결단계에서 목표달성 정도를 확인하며, 이후에도 획득된 성과가 유지될 수 있도록 계획을 세운다.

21 (02-03-13) 종결단계에서 문제가 해결되지 않았다고 하더라도 종결이 이루어질 수 있도록 하며 이에 대해서 클라이언트에게 설명한다.

22 (02-03-36) 사후관리는 사회복지 프로그램 종결 후 클라이언트의 기능을 점검하기 위한 활동이다.

23 (01-03-17) 사후관리는 클라이언트에게 변화를 지속할 수 있는 동기부여가 된다.

24 (01-03-18) 종결 시 클라이언트가 다른 문제를 드러내며 종결을 거부하는 경우 사회복지사는 우선 종결을 진행한 후 그 문제를 다룰 수 있도록 한다.

25 (01-03-19) 사회복지사는 종결단계에서 클라이언트의 감정을 공유하고 이야기를 나눈다.

26 (01-03-19) 사회복지사는 종결단계에서 클라이언트와 함께 개입과정에 대해 검토하면서 목표달성에 대한 이야기를 나눈다.

대표기출 확인하기

20-03-21
난이도 ★☆☆

종결단계에서 사회복지사의 과업으로 옳지 않은 것은?

① 사후관리 계획 수립
② 목표달성을 위한 서비스 제공
③ 클라이언트 변화결과에 대한 최종 확인
④ 다른 기관 또는 외부 자원 연결
⑤ 종결에 대한 클라이언트 반응 처리

알짜확인

- 종결단계가 시작되는 시점, 사회복지사의 과업, 클라이언트의 감정 다루기 등이 다뤄진다.
- 사후관리는 언제부터 계획되고 어떤 목적으로 진행되는지도 살펴보자.

답 ②

응시생들의 선택

① 3%	② 89%	③ 1%	④ 3%	⑤ 4%

② 서비스 제공은 개입단계에서의 과업이다.

덧붙임

계획단계에서 종결시기가 정해진다고 생각하는 수험생들이 꽤 많은데, 계약 시 정해진 회기가 정해져 있어도 클라이언트의 개인사유, 사회복지사의 개인사유, 프로그램이 적합하지 않다고 판단될 때 등 회기를 다 채우지 못하고 종결될 수도 있다. 따라서 클라이언트와 사회복지사의 합의로 종결시기가 확정되는 때부터 종결단계로 본다.
다만 종결에 대한 판단 기준을 설정하는 것은 계획단계의 과업이다. 이는 종결에 대한 판단 기준은 결국 목표설정을 의미하기 때문이다.

관련기출 더 보기

18-03-12
난이도 ★★☆

종결단계에서 사회복지사의 과업이 아닌 것은?

① 사후관리 계획 수립
② 성과유지 전략 확인
③ 필요시 타 기관에 의뢰
④ 종결 기준 및 목표 수립
⑤ 종결에 대한 정서다루기

답 ④

응시생들의 선택

① 2%	② 15%	③ 5%	④ 76%	⑤ 2%

④ 계획단계에서의 과업이다.

13-03-17
난이도 ★★☆

사후관리(follow-up service)에 관한 설명으로 옳지 않은 것은?

① 개입과정 중에 수시로 실시한다.
② 클라이언트의 적응 상태를 확인한다.
③ 문제가 있는 경우 재개입할 수 있다.
④ 클라이언트의 변화 유지에 도움이 된다.
⑤ 종결로 인한 클라이언트의 충격을 완화시켜준다.

답 ①

응시생들의 선택

① 51%	② 1%	③ 9%	④ 17%	⑤ 22%

① 사후관리는 종결 후 클라이언트의 변화를 평가하고 유지하기 위한 것이므로 개입과정 중에 실시되는 것은 아니다.

다음 내용이 **왜 틀렸는지**를 확인해보자

01 클라이언트가 종결에 대해 아쉬움을 드러낼 경우 사회복지사는 <u>일단 종결을 늦추는 것이 가장 좋다.</u>

> 종결을 늦출 필요는 없다.

02-03-13

02 종결단계는 종결시기 결정, **개입 계획 실행하기**, 정서적 반응 다루기, 효과의 유지 및 강화 등의 과업을 수행한다.

> 개입 계획을 실행하는 것은 개입과정에 해당한다.

03 계획된 회기를 모두 마쳤음에도 종결을 거부하는 클라이언트에 대해서는 <u>이후 개인적으로 따로 만나 이야기 나눌 수 있다고 달래준다.</u>

> 사회복지사와 클라이언트는 공식적이고 전문적인 관계로 사적인 관계를 허용하지 않으며, 이는 종결 이후에도 마찬가지이다. 이후 사후관리를 통해 관계가 지속될 수 있음을 설명해주면 된다.

04 사후관리는 클라이언트의 **사생활 침해가** 될 수도 있기 때문에 진행하지 않는 것이 좋다.

> 사후관리는 개입활동이 종결된 이후에 진행되기 때문에 자칫 클라이언트로 하여금 사생활 침해나 감시당한다는 기분이 들게 할 수도 있다. 이 때문에 사후관리의 성격 및 방식 등에 대한 설명과 동의가 필수이다.

17-03-22

05 사회복지사는 클라이언트가 이룬 성과를 확인하되, 종결에 대한 **클라이언트의 부정적 감정은 다루지 않는다.**

> 클라이언트가 느끼는 부정적 감정들을 다루는 시간을 갖는 것이 필요하다.

14-03-03

06 사회복지사는 <u>종결 유형과 상관없이 의뢰를 실시하는 것이 바람직하다.</u>

> 클라이언트가 이사를 가게 된 경우나 사회복지사가 이직을 하게 된 경우 등을 비롯해 미해결 문제에 대해 또 다른 서비스가 필요하다고 판단되는 경우 등 종결 유형은 의뢰를 고려하는 데에 영향을 미친다.

다음 내용이 옳은지 그른지 판단해보자

01 종결시기가 이미 정해져 있는 경우라도 클라이언트의 문제가 해결되지 않았다면 종결하지 않는다. ⓞⓧ

01-03-17

02 사후관리를 통해 개입종료 후 클라이언트에게 변화를 지속할 수 있는 동기를 부여할 수 있다. ⓞⓧ

03 종결단계에서는 애초에 세웠던 목표를 얼마나 달성했는지에 대해 평가한다. ⓞⓧ

16-03-16

04 종결단계에서 사회복지사는 변화를 위한 전략을 설정해야 한다. ⓞⓧ

05 성과의 정도와 상관없이 종결에 대한 클라이언트의 심리적 반응을 다루는 것이 필요하다. ⓞⓧ

13-03-17

06 사후관리는 개입 종결 후 새로이 발견된 문제를 다루지 못한다는 한계가 있다. ⓞⓧ

07 종결과정에서 클라이언트가 새로운 문제를 호소할 때에는 문제에 대한 기본적인 정보를 파악하되, 우선 종결을 진행한다. ⓞⓧ

03-03-26

08 종결단계에서는 변화를 가로막는 장애물을 제거하는 데에 초점을 두어야 한다. ⓞⓧ

답 **01** ✕ **02** ○ **03** ○ **04** ✕ **05** ○ **06** ✕ **07** ○ **08** ✕

해설 **01** 클라이언트의 문제가 해결되지 않았다고 해서 개입을 지속해야 하는 것은 아니다. 개입의 효과는 종결 이후에도 나타날 수 있으며, 개입활동이 효과가 없다면 개입을 계속하는 것보다는 다른 서비스로 의뢰하는 것도 방법일 수 있다.

04 사회복지사가 변화전략을 수립하는 것은 개입활동이 시작되기 전에 이루어지는 과업이다. 종결단계에서는 변화를 유지할 수 있는 방법을 이야기 나누는 것이 필요하다.

06 사후관리는 종결 후에 새롭게 발견된 문제에 대해 개입할 수 있는 기회가 된다.

08 개입단계에서의 주요 과업이다.

나눔의집 **사회복지사1급**

강의로 복습하는
기출회독

4영역

사회복지실천기술론

사회복지교육연구센터 편저

사회복지 전문출판 **나눔의집**

사회복지사1급, 이보다 완벽한 기출문제 분석은 없다!

1회 시험부터 함께해온 도서출판 나눔의집에서는 22회 시험까지의 기출문제를 모두 분석, 그동안 출제된 키워드를 정리하여 키워드별로 복습할 수 있도록 『기출회독』을 마련하였다.

최근 10년간 출제빈도를 중심으로 자주 출제된 키워드는 좀 더 집중력 있게 공부할 수 있도록 '빈출' 표시를 하였으며, 자주 출제되지는 않지만 언제든 출제될 가능성이 있는 키워드도 놓치지 않고 공부할 수 있도록 하였다.

10년간 출제되지 않았더라도 향후 출제가능성이 있다고 판단되거나 다른 키워드와 연계하여 봐둘 필요가 있다고 생각되는 경우에는 본 책에 포함하여 소개하였다.

기출문제를 풀어보는 것으로 그치는 것이 아니라 기출문제를 통해 23회 합격이 가능한 학습이 될 것이다.

키워드별 '3단계 복습'으로 효율적으로 공부하자!

『기출회독』은 키워드별 3단계 복습 과정을 제시하여 1회독만으로도 3회독의 효과를 누릴 수 있도록 구성하였다.

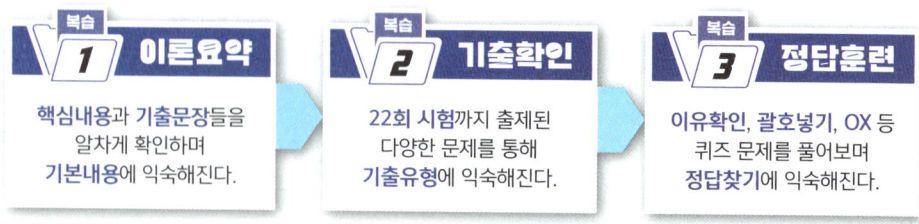

복습 1 이론요약
핵심내용과 기출문장들을 알차게 확인하며 **기본내용**에 익숙해진다.

복습 2 기출확인
22회 시험까지 출제된 다양한 문제를 통해 **기출유형**에 익숙해진다.

복습 3 정답훈련
이유확인, 괄호넣기, OX 등 퀴즈 문제를 풀어보며 **정답찾기**에 익숙해진다.

알림

- 이 책은 '나눔의집'에서 발간한 2025년 23회 대비 『기본개념』(2024년 4월 15일 펴냄)을 바탕으로 한다.
- 8회 이전 기출문제는 공개되지 않은 관계로 당시 응시생들의 기억을 바탕으로 검수 과정을 거쳐 기출문제를 복원하였다.
- <사회복지법제론>을 비롯해 법·제도의 변화와 관련된 기출문제의 경우 현재의 법·제도 내용이 반영될 수 있도록 수정하였다.
- 이 책에서 발생할 수 있는 오류 및 정정사항은 아임패스 내 '정오표' 게시판을 통해 확인할 수 있도록 게시할 예정이다.

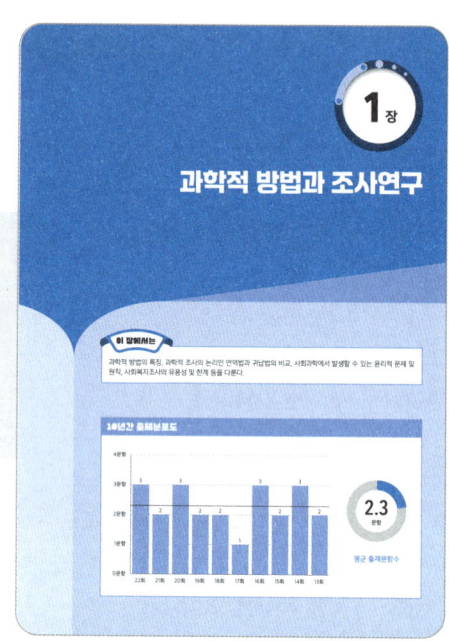

들어가기 전에

이 장에서는
각 장마다 학습할 내용을 간략히 소개하였다.

10년간 출제분포도
이 책에서 키워드에 따라 분석한 기출문제 중 10년간 출제문항 수를 그래프로 구성하여 각 장의 출제비중이 얼마나 되는지, 어떻게 변화하고 있는지 등을 확인할 수 있다.

기출 키워드 확인!

이 책은 기출 키워드에 따라 학습하도록 구성하였다. 특히 자주 출제된 키워드나 앞으로도 출제 가능성이 높은 키워드는 따로 '빈출' 표시를 하여 우선 배치하였다. 빈출 키워드는 전체 출제율과 최근 10개년간의 출제율을 중심으로 하되 내용 자체의 어려움, 다른 과목과의 연계성 등을 고려하여 선정하였다.

강의 QR코드
모바일을 통해 해당 키워드의 동영상 강의를 바로 볼 수 있다.

10년간 출제문항수
각 키워드에서 최근 10년간 출제된 문항수를 안내하여 출제빈도를 확인할 수 있도록 하였다.

복습 1. 이론요약

요약 내용과 기출문장을 함께 담아 이론을 정답으로 연결하도록 구성하였다.

이론요약
주요 내용을 간략히 정리하였으며 부족한 내용을 보충할 수 있도록 기본개념서의 쪽수를 표시하였다.

기출문장 CHECK
그동안 출제되었던 기출문제의 문장들 중 꼭 알아두어야 할 문장들을 선별하여 제시하였다.

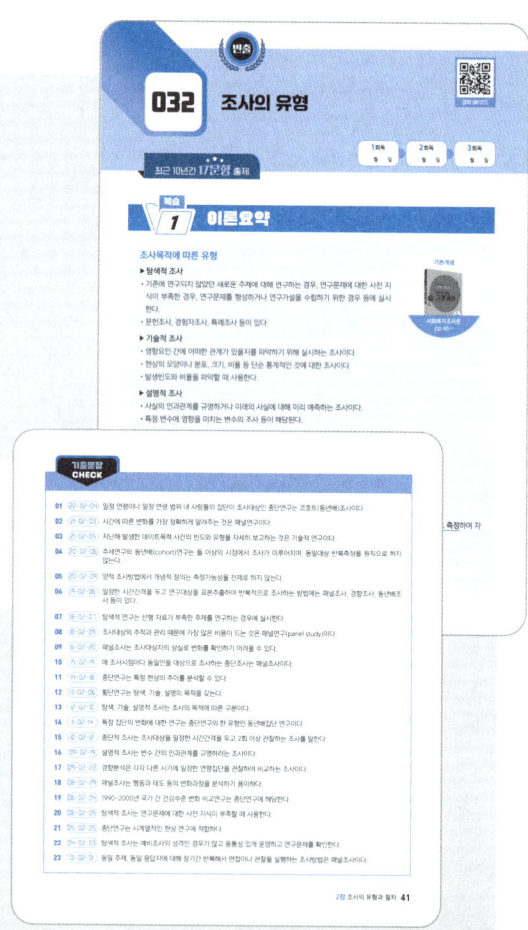

바로 기출문제를 풀어보며 학습한 이론을 되짚어보도록 구성하였다.

기출문제 풀기
다양한 유형의 문제를 최대한 접해볼 수 있도록 선정하였다.

알짜확인!
해당 키워드에서 살펴봐야 할 내용들, 주의해야 할 사항들을 짚어
주었다.

난이도
정답률, 내용의 어려움, 출제빈도, 정답의 혼란 정도 등을 고려하여
3단계로 구분하였다.

응시생들의 선택
5개의 선택지에 대한 마킹률을 표시하여 응시생들이 어떤 선택지들
을 헷갈려했는지 등을 참고해볼 수 있도록 하였다.

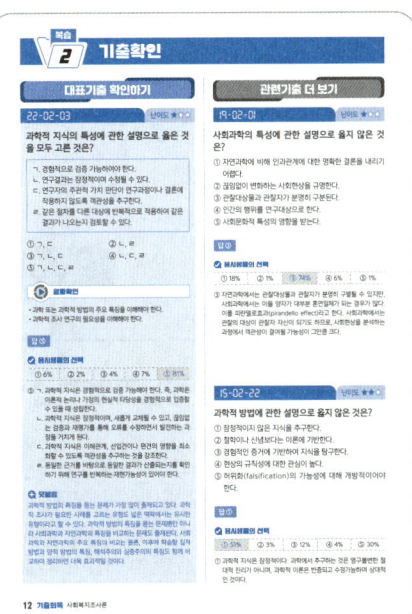

출제빈도와 난이도 등을 고려하여 정답찾기에
능숙해지도록 구성하였다.

이유확인 문제
제시된 문장에서 잘못된 부분을 확인함으로써
헷갈릴 수 있는 부분들을 짚어준다.

괄호넣기 문제
의외로 정답률이 낮게 나타나는 단답형 문제에
대비할 수 있다.

OX 문제
제시된 문장이 옳은 내용인지, 틀린 내용인지를
빠르게 판단해보는 훈련이다.

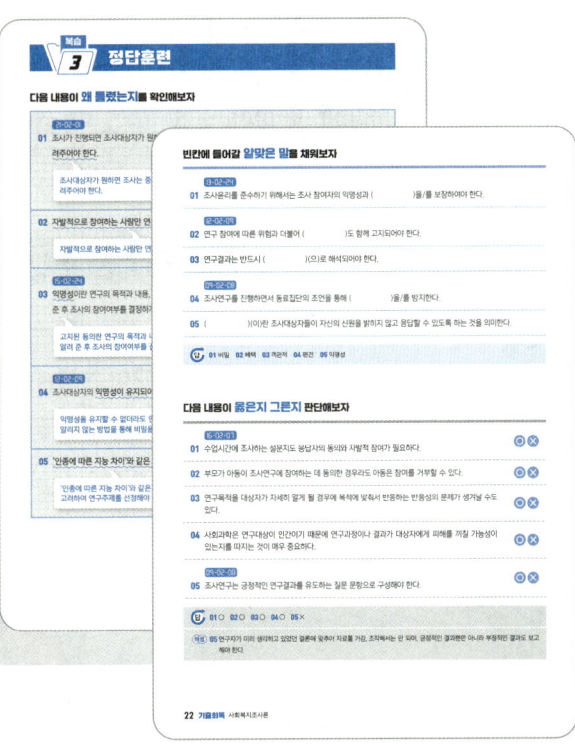

아임패스와 함께하는 단계별 합격전략

나눔의집의 모든 교재는 강의가 함께한다. 혼자 공부하느라 머리 싸매지 말고, 아임패스를 통해 제공되는 강의와 함께 기본개념을 이해하고 암기하고 문제풀이 요령을 습득해보자. 또한 아임패스를 통해 선배 합격자들의 합격수기, 학습자료, 과목별 질문 등을 제공하고 있으니 23회 합격을 위해 충분히 활용해보자.

기본개념 학습 과정

1단계

강의로 쌓는 기본개념

어떤 유형의, 어떤 난이도의 문제가 출제되더라도 답을 찾기 위해서는 기본적인 개념이 탄탄하게 잡혀있어야 한다. 기본개념서를 통해 2급 취득 후 잊어버리고 있던 개념들을 되살리고, 몰랐던 개념들과 애매했던 개념들을 정확하게 잡아보자. 한 번 봐서는 다 알 수 없고 다 기억할 수도 없지만 이제 1단계, 즉 이제 시작이다. '이렇게 공부해서 될까?'라는 의심 말고 '시작이 반이다'라는 마음으로 자신을 다독여보자.

기본개념 완성을 위한 학습자료

기본개념 강의, 기본쌓기 문제, O X 퀴즈, 기출문제, 정오표, 묻고답하기, 지식창고, 보충자료 등을 아임패스를 통해 만나실 수 있습니다.

실전대비 과정

4단계

강의로 완성하는 FINAL 모의고사 (3회분)

그동안의 학습을 마무리하면서 합격에 대한 확신을 가져보자. 답안카드를 포함하고 있으므로 시험시간에 맞춰 풀어보기 바란다.

강의로 잡는 회차별 기출문제집

학습자가 자체적으로 모의고사처럼 시험시간에 맞춰 풀어볼 것을 추천한다.

기출문제 번호 보는 법

22 - 01 - 25
기출회차 영역 문제번호

'기출회차–영역–문제번호'의 순으로 기출문제의 번호 표기를 제시하여 어느 책에서든 쉽게 해당 문제를 찾아볼 수 있도록 하였다.

기출문제 풀이 과정

2단계

강의로 복습하는 기출회독

한 번을 복습하더라도 제대로 된 복습이 되어야 한다는 고민으로 만들어진 책이다. 기출 키워드마다 다음 3단계 과정으로 학습해나간다. 기출회독의 반복훈련을 통해 내 것이 아닌 것 같던 개념들이 내 것이 되어감을 느낄 수 있을 것이다.
1. 기출분석을 통한 이론요약
2. 다양한 유형의 기출문제
3. 정답을 찾아내는 훈련 퀴즈

강의로 잡는 장별 기출문제집

기본개념서의 목차에 따라 편집하여 해당 장의 기출문제를 바로 풀어볼 수 있다.

요약정리 과정

예상문제 풀이 과정

3단계

강의로 끝내는 핵심요약집

8영역을 공부하다 보면 먼저 공부했던 영역은 잊어버리기 일쑤인데, 요약노트를 정리해두면 어디서 어떤 내용을 공부했는지를 쉽게 찾아볼 수 있다.

강의로 풀이하는 합격예상문제집

내 것이 된 기본개념들로 문제의 답을 찾아보는 시간이다. 합격을 위한 필수문제부터 응용문제까지 다양한 문제를 수록하여 정답을 찾는 응용력을 키울 수 있다.

사회복지사1급 출제경향

합격자 수
7,633 명

합격률
29.98 %

22회 시험 결과

22회 필기시험의 합격률은 지난 21회 40.70%보다 10%가량 떨어진 29.98%로 나타났다. 많은 수험생들이 3교시 과목을 어려워하는데, 이번 22회 시험의 3교시는 순간적으로 답을 찾기에 곤란할 만한 문제들이 더러 포진되어 있었고 그 결과가 합격률에 고르란히 나타난 듯하다. 이번 시험에서 정답논란이 있었던 사회복지정책론 19번 문제는 최종적으로 '전항 정답' 처리되었다.

22회 기출 분석 및 23회 합격 대책

22회 기출 분석

실천모델, 가족치료모델, 개입기술 등에서 이론을 상세하게 살펴보는 문제나 사례를 분석해야 하는 고난이도 문제가 없어 점수 획득이 쉬웠을 것이다. 다만, 정신역동모델의 개입과정을 순서대로 나열하는 문제, 위기개입모델의 과정별 활동을 파악하는 문제 등이 처음 출제된 유형이어서 생소하게 느껴졌을 수 있다.

23회 합격 대책

22회 시험을 기준으로 생각하면 절대 안 된다. 사례제시형 문제가 몇 문제 등장하는지, 얼마나 어렵게 제시되는지, 모델들의 특징이나 개념이 얼마나 구체적으로 다뤄지는지 등에 따라 득점 편차가 크게 나타난다. 언제든 복병이 될 수 있는 영역이기 때문에 각 모델들의 주요 특징과 개입기술을 정확히 파악하고 사례에 적용할 수 있도록 준비해야 한다.

22회 출제 문항수 및 키워드

장	22회	키워드
1	2	사회복지사가 가져야 할 지식, 비자발적 클라이언트에 대한 공감
2	1	정신역동모델의 개입과정
3	2	심리사회모델의 특징 및 개입기법, 각 실천모델별 개입기법 종합
4	2	인지행동모델의 개입기법, 각 실천모델의 주요 특징 종합 비교
5	1	과제중심모델의 특징
6	1	위기개입모델의 과정별 활동
7	2	가족체계 관련 개념, 가족의 변화
8	0	–
9	5	다세대 가족치료의 개념과 사례, 사티어의 의사소통 유형, 전략적 가족치료의 특징, 해결중심모델의 개입목표 설정 원칙, 각 가족치료모델의 개입목표 종합 비교
10	3	집단 실천의 장점, 역기능적 집단의 특성, 토스랜드와 리바스의 집단 모델
11	4	개방형 집단과 폐쇄형 집단의 특징 비교, 집단 사정의 자료, 집단 중간단계의 개입기술, 집단 종결단계에서의 과업
12	1	기록에 포함되는 내용
13	1	단일사례설계 사례 문제

1장

사회복지사의 전문성

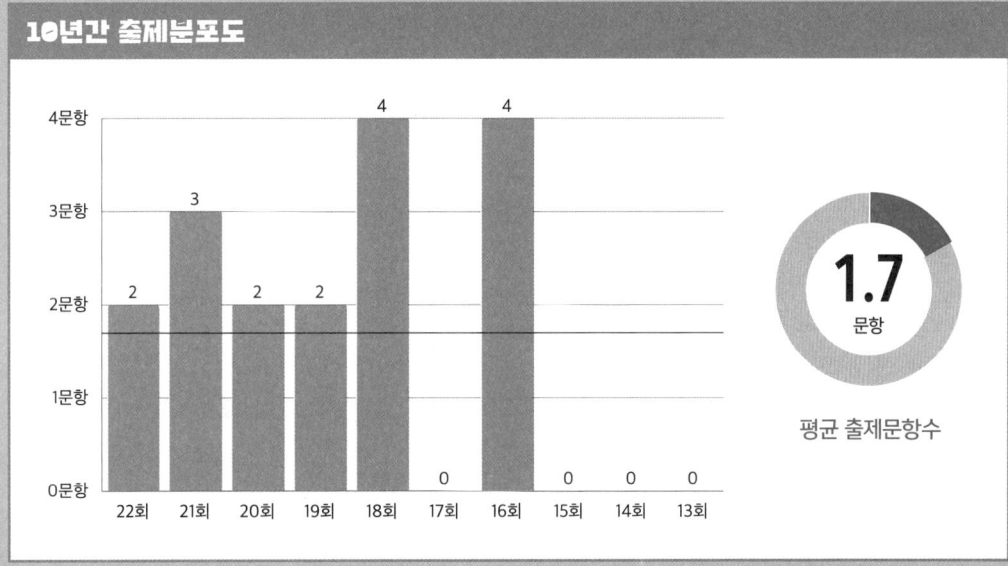

이 장에서는

사회복지실천의 지식기반, 실천과정, 실천기술 등 사회복지실천론을 통해 학습했던 내용들을 다시 한번 정리한다. 기술론이라는 특성상 사례와 연결되어 출제되는 문제가 더러 있어 실천론보다 다소 난이도가 높게 느껴질 수 있다.

10년간 출제분포도

	22회	21회	20회	19회	18회	17회	16회	15회	14회	13회
문항 수	2	3	2	2	4	0	4	0	0	0

1.7 문항

평균 출제문항수

095 사회복지실천기술에 대한 이해

강의 QR코드

1회독 월 일 · 2회독 월 일 · 3회독 월 일

★★★ 최근 10년간 **11문항** 출제

복습 1 이론요약

사회복지실천을 위한 가치

- 기본적 권리에 대한 존중
- 개인적 자유에 대한 헌신: 사회적 통제의 최소화
- 자기결정의 원리
- 사회적 책임감

기본개념

사회복지실천기술론
pp.26~

사회복지실천가로서 요구되는 역할

- 조력자: 클라이언트가 자기 스스로 문제를 해결할 수 있는 능력을 기르고 필요한 자원을 찾아낼 수 있도록 돕는 기술
- 중개자: 욕구가 있는 사람에게 적절한 서비스를 연결시켜주는 기술
- 옹호자: 클라이언트의 편에 서서 클라이언트를 대신하여 그의 입장을 직접 대변하는 기술
- 교사: 클라이언트에게 새로운 정보나 지식, 기술을 배울 수 있도록 도와주고 직접 가르치는 기술
- 행정가: 프로그램을 계획하고 수행하는 데 필요한 행동들을 실행하는 기술
- 지역사회계획가: 지역사회 집단들이 그 지역의 사회복지 욕구를 위하여 효과적으로 계획하도록 돕는 기술
- 행동가: 클라이언트의 인권을 보호하기 위한 활동에 참여하는 기술

주요 실천기술

- 경청: 단순한 듣기가 아닌, 클라이언트의 사고와 감정을 이해
- 관찰: 클라이언트의 언어적, 비언어적 표현을 살펴보면서 클라이언트의 감정과 표현의 차이를 파악
- **질문**: 클라이언트로부터 필요한 정보를 얻기 위한 기술
  - 개방형 질문: 클라이언트의 생각, 감정 등을 자유롭게 표현할 수 있도록 하는 질문
  - 폐쇄형 질문: '예', '아니요' 대답만 요구하거나, 간단한 단답형 대답만 요구할 때
  - 폭탄형, 유도형, 왜? 질문 등은 피해야 함
- **명료화**: 클라이언트가 자신의 처지에 대해 좀 더 분명하고 객관적인 인식을 갖도록 도움
- **해석**: 클라이언트의 표현과 행동 상황 등을 토대로 사회복지사가 이를 분석하여 설명함
- **초점화**: 클라이언트의 말이 두서가 없을 때 다시 본래 주제로 돌아오게 하는 기술

- 환기: 분노, 증오, 슬픔, 죄의식, 불안 등의 감정을 표출하도록 하여 감정의 강도를 약화시키거나 해소시키는 기법
- 재보증(안심): 사회복지사가 클라이언트의 능력에 대해 신뢰를 표현하며 불안을 제거하고 위안을 주는 것
- 재명명(재구성, 재정의): 문제를 다른 관점에서 보거나 다른 방법으로 이해하도록 돕는 기법
- 직면: 클라이언트의 말과 실제 행동의 불일치에 대해 주목할 수 있도록 하는 기법
- 환언: 클라이언트가 한 말을 사회복지사가 자신의 언어로 다시 표현하여 말해주는 것
- 자기노출: 사회복지사가 원조과정에서 적절하다고 생각되는 자신의 경험을 클라이언트와 함께 나눔
- 의뢰: 다른 기관의 서비스를 받을 수 있도록 연결
- 옹호: 클라이언트의 권리확보를 위해 클라이언트에게 불리한 절차, 정책 등이 수정 또는 개선될 수 있도록 대변하는 활동으로, 이때 클라이언트는 개인, 가족, 집단, 지역사회 등이 될 수 있음

사회복지실천 과정

접수 및 자료수집 → 사정 → 계획 → 개입 → 종결 및 평가
- 접수 및 자료수집: 문제확인, 적격 여부 판단 및 의뢰, 관계형성, 동기화 및 참여 유도, 초기면접지 작성
- 사정: 문제발견, 정보수집, 문제형성(문제규정)
- 계획: 목표설정, 계약
- 개입: 구체적인 변화전략 수립, 변화 창출, 점검
- 종결 및 평가

01 (22-04-10) 비자발적 클라이언트와 공감하기 위해서는 원하지 않는 면담이 클라이언트에게 힘들다는 것을 이해한다.

02 (22-04-10) 비자발적 클라이언트와 공감하기 위해서는 클라이언트의 저항을 온화한 태도로 수용한다.

03 (22-04-10) 비자발적 클라이언트와 공감하기 위해서는 클라이언트의 어려움을 사회복지사가 도울 수 있다는 것을 알려준다.

04 (21-04-11) 요약하기는 클라이언트와의 면접 중에 주제를 전환하기 위한 목적으로 사용한다.

05 (20-04-14) 의뢰로 기관을 오게 된 비자발적 클라이언트의 경우, 초기 과정에서는 원치 않는 의뢰과정에서 생긴 억눌린 감정을 표현할 수 있는 기회를 제공하는 것이 필요하다.

06 (19-04-06) "선생님이 자녀에게 어떻게 하는지를 저에게 이야기할 수 있다는 사실은 자녀들과 더 좋은 관계를 가지고 싶다는 뜻이지요." – 재명명

07 (18-04-08) 초기면접 과정에서는 면접의 목적을 잠정적으로 설정해둔다.

08 (18-04-08) 초기면접에 앞서 슈퍼바이저나 동료에게 미리 조언을 구해둔다.

09 (18-04-08) 초기면접을 진행하기에 앞서 클라이언트의 특성을 고려하여 시설환경에 대해 준비한다.

10 (18-04-08) 초기면접에서는 의뢰서에 있는 클라이언트의 문제와 관련된 전문 지식을 보완한다.

11 (18-04-09) 사회복지사는 클라이언트의 표현을 촉진하기 위해 자기노출을 실시하기도 한다.

12 (16-04-02) 사회복지 전문직은 사회적 형평성의 원리, 개인의 복지에 대한 사회와 개인 공동의 책임, 개인의 존엄성과 독특성에 대한 존중, 자기결정의 원리 등을 가치 기반으로 한다.

13 (16-04-18) 가족상담에서 환언은 클라이언트가 한 말을 사회복지사가 자신의 언어로 다시 표현하여 말해주는 것이다.

14 (10-04-06) '해석'은 클라이언트의 통찰력 향상을 위해 사회복지사의 지식과 직관력에 근거하여 설명을 하는 것이다.

15 (10-04-27) "며느리에게 심하게 하셨다는데 구체적으로 어떻게 하셨다는 말씀인가요?" – 명료화

16 (10-04-27) "시어머니가 돌아가셔서 슬프다고 하셨지만 표정은 그렇게 보이지 않습니다." – 직면

17 (10-04-30) 사례관리자가 중도장애를 가진 클라이언트가 재활의 동기를 갖도록 면담을 지속한 것은 상담가로서의 역할에 해당하며, 생활기술훈련 프로그램에 참여하도록 지지한 것은 조력가로서의 역할, 사례회의를 통해 인근 직업재활기관과 일자리지원센터의 취업 관련 서비스를 받도록 협의하는 것은 조정자로서의 역할, 장애인 일자리를 확대하기 위한 지역사회인식개선 캠페인을 기획하는 것은 옹호자로서의 역할에 해당한다.

18 (04-04-26) 사회복지사는 사회정의를 지키고 유지하려는 목적으로 개인, 집단, 지역사회의 입장에서 직접적으로 대변 · 보호 · 개입 · 지지하는 옹호자로서의 역할을 수행한다.

19 (03-04-21) 사회복지사는 사례관리자로서 체계와 클라이언트를 연결한다.

20 (02-04-02) 사회복지실천기술은 상황에 맞게 선택적으로 다양한 이론과 기술을 활용한다.

21 (02-04-19) 사회복지실천기술은 학습될 수 있다.

22 (02-04-19) 사회복지실천기술은 클라이언트의 변화를 위해 개입하는 능력이다.

23 (01-04-02) 거동이 불편한 노인을 병원에 가게 하기 위해 자원봉사자를 연계하는 사회복지사의 역할은 중개자로서의 역할이다.

대표기출 확인하기

21-04-11 난이도 ★★☆

클라이언트와의 면접 중에 주제를 전환하기 위한 목적으로 사용하는 실천기술은?

① 반영
② 요약
③ 해석
④ 직면
⑤ 초점화

 알짜확인

- 사회복지 실천과정에서 사용되는 주요 기술을 알아보자.
- 사회복지실천가로서 요구되는 역할들에 대해 살펴본다.
- 사회복지실천을 위한 기본적인 가치들을 정리해두자.

답 ②

응시생들의 선택

① 9%	② 23%	③ 5%	④ 7%	⑤ 56%

② 요약은 클라이언트의 생각, 행동, 감정들을 사회복지사의 언어로 정리하는 것이다. 한 회기가 끝날 때 대화내용을 정리하거나 회기를 시작하기 전 지난 회기에서 나눴던 대화를 정리하기 위해 실시한다. 또한 면담 중 다른 주제로 넘어가기 전에 이전의 내용을 정리하기 위해 실시한다.

덧붙임

21회 시험이 끝나고 초점화도 맞는 답이 아닌지에 대한 문의가 많았다. 그러나 초점화는 주제를 바꾸기 위해 쓰는 것이 아니라 원래 주제에서 벗어나지 않게 하려는 기술이다. 이렇듯 단답형 문제도 개념의 핵심을 제대로 알지 않으면 오히려 더 쉽게 헷갈릴 수 있다는 점에 주의하면서 학습하길 바란다.

관련기출 더 보기

21-04-14 난이도 ★★★

다음 사례에서 사회복지사가 우선적으로 개입해야 하는 것은?

> A씨는 25세로 알코올 중독진단을 받았으나 문제에 대한 본인의 의식은 부족한 상황이다. 현재 A씨는 부모와 함께 살고 있으나 몇 년 전부터 대화가 단절되어 있다. A씨가 술을 마실 때면 아버지로부터 학대도 발생하고 있는 상황이다.

① 경직된 가족경계를 재구조화한다.
② 단절된 의사소통의 문제를 해결한다.
③ 알코올 중독 문제에 관여한다.
④ 술 문제의 원인으로 보이는 부모를 대상으로 상담한다.
⑤ 부모 간 갈등으로부터 벗어나도록 자아분화를 촉진한다.

답 ③

응시생들의 선택

① 14%	② 12%	③ 52%	④ 15%	⑤ 7%

사례에서 A씨는 '알코올 중독진단을 받았으나 문제에 대한 본인의 의식은 부족한 상황'이기 때문에 이미 진단을 받은 알코올 중독 상황에 대한 개인 차원의 개입이 우선시 되어야 하며, 이후 가족 차원의 개입 여부를 고려해볼 수 있다. ①②④⑤는 가족 차원의 개입에 해당한다.

다음 예시에서 사회복지사가 활용한 실천기술은?

> • 클라이언트: "저는 정말 나쁜 엄마예요. 저는 피곤하기도 하지만 성질이 나빠서 항상 아이들한테 소리를 지르고……"
> • 사회복지사: "선생님이 자녀에게 어떻게 하는지를 저에게 이야기할 수 있다는 사실은 자녀들과 더 좋은 관계를 가지고 싶다는 뜻이지요."

① 명료화하기　　　　② 초점화하기
③ 재명명하기　　　　④ 재보증하기
⑤ 해석하기

답 ③

✅ **응시생들의 선택**

① 6%	② 2%	③ 50%	④ 13%	⑤ 29%

③ 재명명(재구성, 재정의)은 문제를 다른 관점에서 보거나 다른 방법으로 이해하도록 돕는 기법이다. 문제에서 사회복지사는 클라이언트가 스스로를 '나쁜 엄마'라고 하는 것에 대해서 '자녀들과 좋은 관계를 갖고 싶어 하는 엄마'로 재명명한 것이다.

사회복지 전문직의 가치체계를 모두 고른 것은?

> ㄱ. 사회적 형평성의 원리
> ㄴ. 개인의 복지에 대한 사회와 개인 공동의 책임
> ㄷ. 개인의 존엄성과 독특성에 대한 존중
> ㄹ. 자기결정의 원리

① ㄱ, ㄴ　　　　② ㄷ, ㄹ
③ ㄱ, ㄷ, ㄹ　　　④ ㄴ, ㄷ, ㄹ
⑤ ㄱ, ㄴ, ㄷ, ㄹ

답 ⑤

✅ **응시생들의 선택**

① 2%	② 5%	③ 23%	④ 5%	⑤ 65%

ㄱ, ㄴ, ㄷ, ㄹ 모두 사회복지실천을 위한 가치에 해당한다.

개인대상 사회복지실천기술에 관한 내용의 연결로 옳지 않은 것은?

① 재보증: 클라이언트의 불안감이나 불확실한 감정을 줄이고 편안한 감정을 가질 수 있도록 돕는 기법
② 명료화: 클라이언트가 말한 내용을 사회복지사가 잘 이해했는지 확인하는 기법
③ 환기: 클라이언트의 부정적 감정이 문제해결에 방해가 될 경우 감정의 강도를 약화시키는 기법
④ 인정: 클라이언트가 어떤 행동을 하거나 중단한 이후 이에 대해 긍정적으로 평가해주는 기법
⑤ 도전: 클라이언트가 부여하는 의미를 수정해서 클라이언트의 시각을 변화시키는 기법

답 ⑤

✅ **응시생들의 선택**

① 5%	② 16%	③ 26%	④ 9%	⑤ 44%

⑤ 도전은 클라이언트의 불일치가 없어도 클라이언트가 부정하거나 받아들이기 힘들어 하는 문제에 대해 자신을 돌아봄으로써 상황에 대해 정확히 인식하고 받아들일 수 있도록 하는 방법을 말한다.

다음 사례에서 사례관리자가 수행한 역할로 옳지 않은 것은?

> 사례관리자는 중도장애를 가진 A가 재활의 동기를 갖도록 면담을 지속하면서 생활기술훈련 프로그램에 참여하도록 지지하였다. 또한 사례회의를 통해 인근 직업재활기관과 일자리지원센터의 취업 관련 서비스를 받도록 협의하고 장애인 일자리를 확대하기 위한 지역사회인식개선 캠페인을 기획하였다.

① 중재자　　　　② 상담가
③ 조력가　　　　④ 조정자
⑤ 옹호자

답 ①

✅ **응시생들의 선택**

① 64%	② 1%	③ 11%	④ 14%	⑤ 10%

② 상담가 - 면담을 지속적으로 진행
③ 조력가 - 생활기술훈련 프로그램 참여 지지
④ 조정자 - 사례회의를 통해 취업 관련 서비스를 받도록 협의
⑤ 옹호자 - 지역사회인식개선 캠페인 기획

다음 내용이 왜 틀렸는지를 확인해보자

01 환기 기술은 클라이언트의 말과 행동이 일치되지 않을 때 클라이언트가 이를 인식하도록 돕기 위해 사용한다.

> 클라이언트의 말과 행동이 일치하지 않을 때 클라이언트가 이를 인식하도록 돕기 위한 기술은 직면 기술이다.

02 환언은 클라이언트의 이야기가 두서 없이 흐를 때 원래 주제로 되돌아올 수 있도록 사용하는 기술이다.

> 환언은 클라이언트의 이야기에 대해 사회복지사가 이해한 언어로 다시 표현해 말해주는 것이다.
> 원래 주제로 돌아올 수 있도록 사용하는 기술은 초점화이다.

03 경청 기술은 면접 과정에서 클라이언트의 집중력이 흐려질 때 사용하는 기술이다.

> 경청 기술은 면접 과정 중 어느 특수한 때에 이루어지는 것이 아니라 클라이언트의 이야기를 듣는 모든 순간에 요구되는 기본적인 기술이자 사회복지사가 갖춰야 할 자세이다.

04 사회복지실천 과정에서 사회복지사는 계약 내용을 기반으로 표적문제 및 개입목표를 설정해야 한다.

> 표적문제 및 개입목표가 정해진 이후에 계약을 진행하게 된다.

05 사회복지실천을 위한 기술은 행정적 차원의 기술을 포함하지 않는다.

> 사회복지사는 실천에 있어 행정가로서의 역할을 수행하기 때문에 사회복지실천에는 행정적 차원의 기술 역시 포함된다.

빈칸에 들어갈 알맞은 말을 채워보자

01 ( ) 기술은 클라이언트가 자신의 감정, 특히 억눌러왔던 부정적인 감정을 표출할 수 있도록 이끌어 감정의 강도를 약화시키기 위한 기술이다.

02 ( ) 기술은 클라이언트의 이야기를 정리하고 다음 주제로 전환하기 위해 실시한다.

03 ( ) 기술은 클라이언트의 이야기가 두서 없이 흐를 때 원래 주제로 되돌아오기 위해 사용하는 기술이다.

`10-04-06`

04 ( ) 기술은 클라이언트의 통찰력 향상을 위해 사회복지사의 지식과 직관력에 근거하여 설명하는 것이다.

`04-04-26`

05 사회복지사가 수행하는 ( )로서의 역할은 개인이나 조직 등 양자 간의 논쟁에 개입하여 합의점을 도출해내는 역할이다.

06 사회복지사가 수행하는 ( )로서의 역할은 클라이언트를 직접 대면하여 클라이언트의 문제와 관련된 지식을 제공하는 기능이 중심이 된다.

답 01 환기 **02** 요약 **03** 초점화 **04** 해석 **05** 중재자 **06** 교육자

다음 내용이 옳은지 그른지 판단해보자

01 옹호는 개인뿐만 아니라 가족, 집단, 지역사회 등 다양한 체계에 대해 진행될 수 있다. ◎ ✖

02 직면 기술은 클라이언트가 문제에 대해 갖고 있는 부정적인 관점 대신 새로운 관점에서 바라볼 수 있도록 돕는 것이다. ◎ ✖

03 사회복지실천기술은 사회복지 가치와 지식을 근거로 한다. ◎ ✖

04 사회복지 전문직은 문제의 원인으로 작용하는 사회구조적 차원의 개선을 위한 노력에도 관심을 두어야 한다. ◎ ✖

05 사회복지실천기술은 현장에서 활동하면서 습득하기 어렵기 때문에 보수교육이 더욱 강조된다. ◎ ✖

06 사회복지사는 클라이언트가 가진 복합적인 문제들 중에서 어떤 문제에 우선순위를 두어야 할 것인지를 판단해야 한다. ◎ ✖

07 사회복지사는 사회복지실천 과정에서 사회적 책임감을 가지고 임해야 한다. ◎ ✖

08 초기 면접에서 의뢰를 진행할 때에는 충분한 설명을 바탕으로 클라이언트의 동의를 얻어야 한다. ◎ ✖

답 01 ○ 02 ✕ 03 ○ 04 ○ 05 ✕ 06 ○ 07 ○ 08 ○

해설 **02** 직면 기술은 클라이언트가 보이는 말과 행동의 불일치를 인식하도록 이끄는 방법이다. 문제를 다른 관점에서 볼 수 있도록 돕는 기술은 재명명이다.

05 실천기술은 현장에서 활동하는 과정에서 스스로 경험함으로써 습득할 수도 있고, 보수교육과 같은 별도의 교육 프로그램이 아니더라도 실천현장에서 슈퍼비전이나 멘토링을 받으면서 습득해나갈 수도 있다.

096 사회복지실천의 전문적 기반

강의 QR코드

1회독 월 일 → **2회독** 월 일 → **3회독** 월 일

최근 10년간 **6문항** 출제 ★★★

복습 1 이론요약

과학적 기반과 예술적 기반

과학성과 예술성은 상호보완적인 관계이다.

기본개념

사회복지실천기술론
pp.20~

▶ 과학적 기반(과학성)

- 과학성에 기반을 둔 사회복지실천은 편견이나 주관성으로 인한 판단상의 오류를 줄일 수 있음
- 인간행동, 사회환경 등에 대한 지식, 사회적 조건과 문제 등에 대한 지식, 사회복지실천 지식 및 기술, 관련 정책·제도에 관한 지식 등

▶ 예술적 기반(예술성)

- 클라이언트에 대한 공감, 이해, 관계의 형성 및 유지, 양가감정 및 저항감 등 다루기, 클라이언트의 적극적인 참여 유도 등을 위한 능력
- 전문적 관계형성, 동정심, 감정이입, 진실성, 융통성, 적절한 가치 기준, 건전한 판단력, 직관적 능력, 창의적 사고 등

사회복지 실천지식의 구성수준

패러다임 > 관점(시각) > 이론 > 모델 > 실천지혜

- 패러다임: 가장 추상적인 개념적 틀로서 세계관과 현실에 대한 인식 방향을 결정하는 역할을 한다.
- 관점(시각): 패러다임보다 조금 더 구체적인 수준에서 사회복지실천에 영향을 주는 실천지식이다.
- 이론: 특정 현상을 설명하기 위한 가설이나 개념, 의미의 집합체이다.
- 모델: 일관된 실천활동의 원칙과 방식을 구조화시킨 것으로서 실천과정에 직접적으로 필요한 기술적 적용방법을 제시한다.
- 실천지혜: 실천현장에서 경험적, 귀납적으로 만들어진 지식을 말한다.

01 (22-04-01) 사회복지사는 인간행동과 발달에 관한 지식, 인간관계와 상호작용에 관한 지식, 사회복지정책과 서비스에 관한 지식, 사회복지사 자신에 관한 지식 등을 갖춰야 한다.

02 (21-04-01) 패러다임은 역사와 사상의 흐름에 영향을 받는 추상적 개념 틀이다.

03 (21-04-01) 관점은 개인과 사회에 관한 주관적 인식의 차이를 보여주는 사고체계이다.

04 (21-04-01) 이론은 현상을 설명하기 위한 가설이나 개념의 집합체이다.

05 (21-04-01) 모델은 실천과정에 직접적으로 필요한 기술적 적용방법을 제시한 것이다.

06 (20-04-01) 사회복지실천은 과학성과 예술성을 통합적으로 활용한다.

07 (20-04-01) 사회복지실천은 사회복지의 관점과 이론을 토대로 한다.

08 (20-04-01) 사회복지실천은 클라이언트의 특성을 반영한다.

09 (20-04-01) 사회복지실천은 사회복지 가치와 윤리를 반영한다.

10 (19-04-02) 연구자료를 수집하고 분석하는 것은 과학적 기반에 해당된다.

11 (19-04-02) 사회복지 전문가로서 가지는 가치관은 예술적 기반에 해당된다.

12 (19-04-02) 사회복지사에게는 과학성과 예술성의 상호보완적이고 통합적인 실천역량이 요구된다.

13 (18-04-01) 가족치료모델을 이해하기 위해 해결중심가족치료 세미나에 참석함으로써 실천 지식과 기술을 습득한다.

14 (16-04-06) 실천지식의 구성수준은 '패러다임 > 관점 > 이론 > 모델 > 실천지혜'의 순서로 구체화된다.

15 (07-04-22) 클라이언트와의 전문적 관계형성은 사회복지실천에 있어 예술적 기반이 된다.

16 (05-04-14) 실천이론, 전문적 지식 등은 사회복지실천의 과학적 기반이 된다.

17 (01-04-01) 사회복지사의 창의성, 개인적 가치 등은 예술적 기반이 된다.

18 (01-04-01) 환경에 대한 과학적 지식, 인간행동이론을 바탕으로 한 기술 등은 과학적 기반이 된다.

대표기출 확인하기

21-04-01 난이도 ★★☆

사회복지실천현장의 지식 유형에 관한 설명으로 옳지 않은 것은?

① 이론은 현상을 설명하기 위한 가설이나 개념의 집합체이다.

② 관점은 개인과 사회에 관한 주관적 인식의 차이를 보여주는 사고체계이다.

③ 실천지혜는 실천 활동의 원칙과 방식을 구조화한 것이다.

④ 패러다임은 역사와 사상의 흐름에 영향을 받는 추상적 개념 틀이다.

⑤ 모델은 실천과정에 직접적으로 필요한 기술적 적용방법을 제시한 것이다.

알짜확인

• 사회복지실천지식의 기반이 되는 과학성과 예술성을 살펴본다.

• 사회복지실천지식의 구성수준(패-관-이-모-지)을 살펴본다.

답 ③

응시생들의 선택

① 11%	② 18%	③ 42%	④ 15%	⑤ 14%

③ 실천지혜는 실천현장에서 경험적, 귀납적으로 만들어진 지식으로, 사회복지사의 직관에 따른 비구조화된 지식이다.

관련기출 더 보기

22-04-01 난이도 ★☆☆

사회복지사가 가져야 할 지식의 내용으로 옳은 것을 모두 고른 것은?

> ㄱ. 인간행동과 발달
> ㄴ. 인간관계와 상호작용
> ㄷ. 사회복지정책과 서비스
> ㄹ. 사회복지사 자신에 관한 지식

① ㄱ

② ㄱ, ㄴ

③ ㄴ, ㄷ

④ ㄱ, ㄷ, ㄹ

⑤ ㄱ, ㄴ, ㄷ, ㄹ

답 ⑤

응시생들의 선택

① 1%	② 1%	③ 4%	④ 2%	⑤ 92%

사회복지사는 사회복지실천을 위한 기술적 지식 외에 인간에 대한 이해, 인간관계에 대한 이해를 비롯해 사회현상, 사회구조적 문제 등에 관한 이해를 갖춰야 하며 사회복지사의 자기인식도 중요하게 요구된다.

사회복지실천에 관한 설명으로 옳지 않은 것은?

① 과학성과 예술성을 통합적으로 활용한다.
② 사회복지의 관점과 이론을 토대로 한다.
③ 심리학, 사회학 등 타 학문과 배타적 관계에 있다.
④ 클라이언트의 특성을 반영한다.
⑤ 사회복지 가치와 윤리를 반영한다.

답 ③

✔ 응시생들의 선택

| ① 3% | ② 2% | ③ 93% | ④ 2% | ⑤ 0% |

③ 사회복지학은 사회학, 심리학, 정신의학, 정치학, 문화인류학 등 다양한 학문을 바탕으로 출발하였으며, 다양한 학문과 연관성을 유지하면서도 사회복지의 독자적인 이론을 구축하며 발전하고 있다.

사회복지실천기술의 전문적 기반에 관한 설명으로 옳지 않은 것은?

① 이론과 실천의 준거틀을 적절하게 이용하는 것은 예술적 기반에 해당된다.
② 연구자료를 수집하고 분석하는 것은 과학적 기반에 해당된다.
③ 사회복지 전문가로서 가지는 가치관은 예술적 기반에 해당된다.
④ 감정이입적 의사소통, 진실성, 융통성은 예술적 기반에 해당된다.
⑤ 사회복지사에게는 과학성과 예술성의 상호보완적이고 통합적인 실천역량이 요구된다.

답 ①

✔ 응시생들의 선택

| ① 82% | ② 1% | ③ 15% | ④ 1% | ⑤ 1% |

① 이론과 실천의 준거틀을 적절하게 이용하는 것은 과학적 기반에 해당된다.

사회복지실천의 지식과 기술을 습득하는 방법으로 옳은 것을 모두 고른 것은?

> ㄱ. 사례회의(case conference)를 개최하여 통합적 지원방법에 대해 논의한다.
> ㄴ. 가족치료모델을 이해하기 위해 해결중심가족치료 세미나에 참석한다.
> ㄷ. 윤리적 가치갈등의 문제에 대하여 직장동료한테 자문을 구한다.
> ㄹ. 초점집단면접(Focus Group Interview)을 실시하여 이용자 인식을 확인한다.

① ㄱ, ㄷ
② ㄴ, ㄹ
③ ㄱ, ㄴ, ㄷ
④ ㄴ, ㄷ, ㄹ
⑤ ㄱ, ㄴ, ㄷ, ㄹ

답 ⑤

✔ 응시생들의 선택

| ① 4% | ② 4% | ③ 33% | ④ 1% | ⑤ 58% |

모두 옳은 설명이다. 이론적 지식을 꾸준히 학습하는 것뿐만 아니라 사회복지사의 경험 및 동료들과 경험을 나누는 것도 필요하며, 평가결과는 실무 역량을 키울 수 있는 자료가 된다.

실천지식의 구성수준을 추상성에서 구체성의 방향으로 순서대로 나열한 것은?

① 패러다임 – 관점 – 이론 – 모델 – 실천지혜
② 패러다임 – 이론 – 관점 – 모델 – 실천지혜
③ 관점 – 패러다임 – 이론 – 모델 – 실천지혜
④ 실천지혜 – 모델 – 이론 – 관점 – 패러다임
⑤ 실천지혜 – 이론 – 모델 – 관점 – 패러다임

답 ①

✔ 응시생들의 선택

| ① 60% | ② 15% | ③ 8% | ④ 6% | ⑤ 11% |

다음 내용이 왜 틀렸는지를 확인해보자

07-04-22

01 클라이언트의 욕구사정, 만족도 조사, 지역사회 자원에 대한 정보제공 등은 **예술적 기반**에 해당한다.

> 과학적 기반에 해당한다.

16-04-06

02 실천지식의 구성수준은 **패러다임 > 이론 > 모델 > 관점 > 실천지혜**의 순서로 구체화된다.

> 패러다임 > 관점 > 이론 > 모델 > 실천지혜

03 사회복지실천에 있어서는 예술적 기반보다 **과학적 기반이 더 우선시**되어야 한다.

> 예술성과 과학성 중 어느 것이 우선시 된다기보다 이 두 요소가 조화를 이룰 수 있도록 해야 한다.

04 사회복지실천에 관한 **이론들은 다양한 실천모델을 바탕으로** 형성된다.

> 모델을 토대로 이론이 형성되는 것이 아니라 이론을 토대로 모델이 형성된다. 하나의 이론을 기반으로 하나의 모델이 도출되기도 하며, 다양한 이론들이 절충되어 하나의 모델이 만들어지기도 한다.

01-04-01

05 환경에 대한 과학적 지식, 창의성, 인간행동 이론을 바탕으로 한 기술, 사회복지사 개인의 가치 등은 사회복지실천에 있어 **예술적 기반**이 된다.

> 환경에 대한 과학적 지식, 인간행동 이론을 바탕으로 한 기술 등은 과학적 기반이 된다.

06 실천현장에서 사회복지사의 경험을 통해 만들어지는 실천지혜는 예술적 기반이 되지만 **실천지식으로서 인정되지는 않는다.**

> 실천지혜는 실천모델이 실천현장에 적용되면서 구체화되는 실천지식이다.

2장

정신역동모델

이 장에서는

정신역동모델은 심리결정론에 기초하여 과거 경험과 무의식이 현재 행동에 미치는 영향을 통찰하는 데 목표를 둔다는 점 기억해두고, 전이의 해석, 자유연상, 훈습, 꿈 분석, 직면 등의 기법을 살펴보자.

10년간 출제분포도

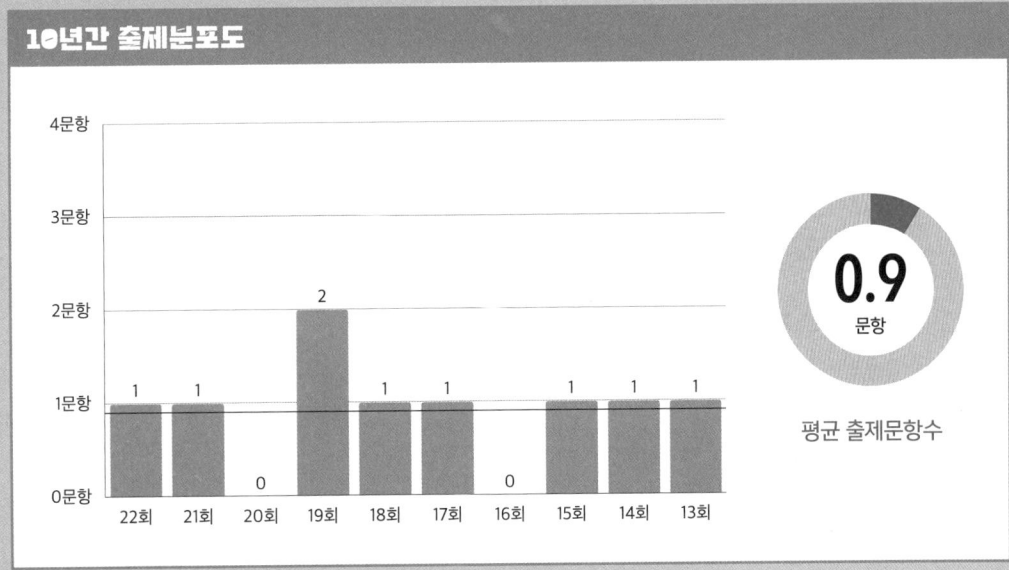

0.9 문항
평균 출제문항수

097 정신역동모델의 주요 특징

1회독	2회독	3회독
월 일	월 일	월 일

최근 10년간 **6문항** 출제 ★★★

1 이론요약

주요 특징

- **심리결정론(정신결정론)**: 인간의 모든 정신활동에는 목적이 있으며 이는 과거의 발달 과정에서 경험한 것에 의하여 결정된다고 보는 것
- **무의식을 가정함**, 무의식적 동기 중 본능적 에너지인 성적 욕구를 중요하게 고려함
- 생애 초기의 경험 중시
- **과거를 통해 현재를 통찰**: 클라이언트가 **과거의 경험에서 갖게 된 불안한 감정이나 무의식적 갈등을 의식화**하여 이러한 것들이 어떻게 현재 자신의 행동에 영향을 주고 있는지를 통찰하도록 도움
- 클라이언트가 자신을 좀 더 잘 이해하도록 하는 것, 즉 **통찰의 획득에 초점을 둠**

기본개념

사회복지실천기술론
pp.36~

주요 개념

- 심리성적 발달단계: 구강기 → 항문기 → 남근기 → 잠재기 → 생식기 (※ 정신역동이론에서는 성격이 심리성적 발달단계에 따라 형성된다고 봄)
- 고착: 어느 단계에서 더 이상 성숙하지 못하여 더 높은 단계로 진행되지 않고 특정 단계에 머물러 있는 것
- 퇴행: 이미 특정한 단계로 발달이 이루어진 뒤에 어떤 원인으로 이전 발달단계로 되돌아가는 현상. 고착은 퇴행하게 되는 단계를 결정짓는 요인이 됨
- 방어기제
  - 갈등, 불안, 좌절 등의 심리적 불균형에 대해 평형상태를 유지하고 자신을 보호하기 위해 나타나는 무의식적 노력
  - 방어기제가 항상 병리적인 것은 아님
  - 억압, 부정, 반동형성, 동일시, 투사, 합리화, 퇴행, 승화, 전치 등

정신역동모델의 개입과정

① 관계형성 단계: 사회복지사와 클라이언트가 신뢰관계를 형성하는 단계
② 동일시를 위한 자아구축 단계: 클라이언트가 사회복지사를 동일시하기 시작하여 사회복지사의 생각과 태도 등을 받아들이는 단계
③ 클라이언트가 독립된 자아정체감을 형성하도록 원조하는 단계: 클라이언트가 세상에 나아가기 전에 독립된 정체감을

확립할 수 있도록 원조하는 단계

④ 클라이언트의 자기이해를 원조하는 단계: 클라이언트가 자신의 행동과 그 행동에 관한 과거의 뿌리를 이해할 수 있도록 원조하는 단계

기출문장 CHECK

01 (22-04-09) 정신역동모델의 개입과정: 관계형성 단계 → 동일시를 위한 자아구축 단계 → 클라이언트가 독립된 자아정체감을 형성하도록 원조하는 단계 → 클라이언트의 자기이해를 원조하는 단계

02 (19-04-08) 정신역동모델은 장기적으로 진행된다.

03 (19-04-11) 정신역동모델은 무의식적 갈등이나 불안을 표현하도록 하여 클라이언트가 자신의 문제에 대해 이해하고 통찰할 수 있도록 한다.

04 (15-04-01) 정신역동모델은 심리결정론에 근거한다.

05 (15-04-01) 정신역동모델은 발달단계상의 고착과 퇴행을 고려한다.

06 (15-04-01) 정신역동모델은 성장의지가 높은 클라이언트에게 효과적이다.

07 (15-04-01) 원초아와 초자아 사이에 발생하는 불안과 긴장 해소를 위해 방어기제를 사용한다.

08 (14-04-03) 현재의 문제를 과거의 경험에서 찾는다.

09 (14-04-03) 정신역동모델은 자기분석이 가능한 클라이언트일수록 효과적이다.

10 (10-04-21) 클라이언트의 무의식적 충동을 강조한다.

11 (10-04-21) 자기분석이 가능한 클라이언트에게 적합하다.

12 (07-04-25) 프로이트의 정신분석모델은 진단주의 학파에 영향을 미쳤다.

13 (07-04-25) 정신분석모델은 의식의 수준을 의식, 전의식, 무의식으로 나누었고, 이 중 무의식은 인간행동의 동기가 된다.

14 (07-04-25) 정신분석모델에서는 인간의 성격이 심리성적 발달단계에 따라 형성된다고 보았다.

15 (06-04-20) 자기분석을 통한 성장욕구가 있는 사람에게는 정신역동모델의 적용이 용이하다.

대표기출 확인하기

18-04-24 난이도 ★★☆

정신역동모델에 관한 설명으로 옳은 것은?

① 통찰보다는 치료적 처방에 초점을 둔다.
② 무의식적 충동과 미래 의지를 강조한다.
③ 사회구성주의적 관점의 영향을 받았다.
④ 기능주의 학파의 이론적 기초가 되었다.
⑤ 자유연상, 훈습, 직면의 기술을 사용한다.

 알짜확인

- 정신역동이론의 내용을 바탕으로 정신역동모델의 주요 특징을 파악해두자.
- 심리결정론을 바탕으로 무의식 및 과거에 초점을 둔다는 점은 꼭 기억해두어야 한다.

답 ⑤

✔ **응시생들의 선택**

① 10%	② 10%	③ 3%	④ 3%	⑤ 74%

① 정신역동모델은 과거의 경험이 현재 행동에 어떻게 영향을 주고 있는지를 통찰하는 데에 목표를 둔다.
② 정신역동모델은 인간의 행동이 무의식적 동기에 의해 좌우된다고 보며 무의식에 관심을 두지만 미래에 관심을 두지는 않는다.
③ 사회구성주의적 관점의 영향을 받은 것은 해결중심모델이다.
④ 정신역동모델은 진단주의 학파의 이론적 기초가 되었다.

관련기출 더 보기

22-04-09 난이도 ★★☆

정신역동모델 개입과정을 순서대로 옳게 나열한 것은?

> ㄱ. 동일시를 위한 자아구축 단계
> ㄴ. 클라이언트의 자기이해를 원조하는 단계
> ㄷ. 관계형성 단계
> ㄹ. 클라이언트가 독립된 자아정체감을 형성하도록 원조하는 단계

① ㄱ → ㄷ → ㄹ → ㄴ
② ㄴ → ㄷ → ㄱ → ㄹ
③ ㄴ → ㄹ → ㄷ → ㄱ
④ ㄷ → ㄱ → ㄹ → ㄴ
⑤ ㄷ → ㄴ → ㄱ → ㄹ

답 ④

✔ **응시생들의 선택**

① 4%	② 7%	③ 3%	④ 16%	⑤ 70%

정신역동모델은 클라이언트가 자신을 통찰할 수 있도록 원조하는 것에 목표를 두기 때문에 개입과정도 이를 목표로 진행된다.
'(ㄷ) 관계형성 단계'에서 신뢰관계를 형성하여, 이를 바탕으로 '(ㄱ) 동일시를 위한 자아구축 단계'에서 클라이언트가 치료자를 통해 현실감각을 키울 수 있도록 원조하며, '(ㄹ) 클라이언트가 독립된 자아정체감을 형성하도록 원조하는 단계'에서 클라이언트가 세상에 독립적으로 나아갈 수 있도록 성장을 돕는다. 마지막으로 '(ㄴ) 클라이언트의 자기이해를 원조하는 단계'를 통해 클라이언트가 자기 스스로를 통찰할 수 있도록 원조한다.

정신역동모델에 관한 설명으로 옳지 않은 것은?

① 심리적 결정론에 근거한다.
② 발달단계상의 고착과 퇴행을 고려한다.
③ 성장의지가 높은 클라이언트에게 효과적이다.
④ 통찰보다는 치료적 처방제공에 초점을 둔다.
⑤ 원초아와 초자아 사이에 발생하는 불안과 긴장 해소를 위해 방어기제를 사용한다.

답 ④

✔ 응시생들의 선택

① 7%	② 4%	③ 36%	④ 36%	⑤ 17%

④ 과거, 무의식 분석을 통해 현재를 통찰하는 데에 초점을 둔다.

정신역동모델을 적용하기에 적절한 사례가 아닌 것은?

① 통찰 능력이 있는 사람
② 자기분석에 관심이 많은 사람
③ 자기분석을 통한 성장 욕구가 있는 사람
④ 내면 갈등을 이해하여 부모와의 관계회복을 꾀하려는 사람
⑤ 개인과 환경 간 복합적이고 만성화된 문제에 대한 해결의지가 높은 사례

답 ⑤

✔ 응시생들의 선택

① 21%	② 17%	③ 11%	④ 15%	⑤ 36%

⑤ 개인과 환경에 의한 문제에 초점을 두는 것은 심리사회모델이다. 정신역동모델은 인간의 무의식에서 일어나는 다양한 힘들의 역동적인 상호작용을 강조하고, 인간의 행동은 무의식적 동기에 의해 좌우된다고 본다. 따라서 개인의 통찰력과 자기분석 및 내면갈등에 초점을 두며, 환경을 고려하지는 않는다.

정신역동모델에 관한 설명으로 옳은 것은?

① 초자아는 내부세계와 외부세계의 기능이 잘 집행되도록 중재하는 역할을 한다.
② 항문보유적 성격은 의타심이 많고 타인을 지배하려는 성향이 있다.
③ 기능주의 학파의 이론적 기초가 되었다.
④ 클라이언트의 꿈, 자유연상의 의미를 해석하는 목적은 통찰력을 제고하기 위한 것이다.
⑤ 사회복지사가 클라이언트에게 갖는 전이를 치료기법으로 활용한다.

답 ④

✔ 응시생들의 선택

① 18%	② 26%	③ 13%	④ 38%	⑤ 4%

① 초자아가 아닌 자아에 대한 설명이다.
② 항문보유적 성격은 절약, 질서정연, 깔끔, 완고함 등이 특징이다.
③ 진단주의 학파의 이론적 기초가 되었다.
⑤ 클라이언트가 사회복지사에게 느끼는 전이를 치료에 활용한다.

다음 내용이 왜 틀렸는지를 확인해보자

[09-04-24]

01 정신역동모델, 해결중심모델 등은 대표적인 **단기개입모델**이다.

> 정신역동모델은 단기적으로 진행되기는 어렵다.

02 인간의 행동에 영향을 미치는 **무의식적 동기에 큰 의미를 두지 않는다.**

> 정신역동모델은 인간의 행동은 무의식적 동기에 의해 크게 좌우된다고 가정한다.

03 정신역동모델은 심리결정론에 근거한 모델로 클라이언트가 호소하는 문제와 관련된 **현재의 심리상태에 주목한다.**

> 심리결정론은 인간의 모든 정신활동에는 목적이 있으며 이는 과거의 발달과정에서 경험한 것에 의해 결정된다고 보는 것이다. 이러한 심리결정론을 기반으로 한 정신역동모델은 현재보다 과거에 대한 이해를 강조한다.

[14-04-03]

04 정신역동모델은 자기분석이 가능한 클라이언트에게는 **적절하지 않은 방법**이다.

> 정신역동모델은 자기분석이 가능한 클라이언트일수록 더 효과적이다.

05 정신역동모델은 인간의 행동을 이해하기 위해서 **꼭 과거를 살펴볼 필요는 없다고 가정**한다.

> 정신역동모델은 어린 시절의 경험을 중요시한다. 과거 경험을 이해해야 인간의 행동을 이해할 수 있다고 가정한다.

06 정신역동모델은 클라이언트의 문제와 관련하여 **개인과 환경 간 상호작용을 분석**한다.

> 정신역동모델은 인간의 무의식적 동기에 초점을 두며, 환경에 대해 고려하지 않는다.

[10-04-21]

07 정신역동모델은 **사회구성주의적 관점에 근거**한다.

> 정신역동모델은 정신분석이론에 근거한다.

다음 내용이 옳은지 그른지 판단해보자

01 정신역동모델은 클라이언트가 현재 겪고 있는 심리 내적 갈등의 원인을 과거의 경험과 연관지어 탐색한다. ◎ⓧ

14-04-03
02 정신역동모델은 현재의 문제를 과거의 경험에서 찾는다. ◎ⓧ

14-04-03
03 정신역동모델은 클라이언트의 무의식적 충동과 미래의 의지를 강조한다. ◎ⓧ

04 정신역동모델은 클라이언트의 통찰력 획득에 초점을 둔다. ◎ⓧ

05 정신역동모델에서는 인간이 사용하는 모든 유형의 방어기제를 병리적으로 본다. ◎ⓧ

06 정신역동모델에서는 심리성적 발달단계를 제시하면서 특정 단계에서 만족이 지나치면 고착이 일어날 수 있다고 보았다. ◎ⓧ

07 정신역동모델의 개입목표는 치료적 처방에 있다. ◎ⓧ

답 **01** ○ **02** ○ **03** × **04** ○ **05** × **06** ○ **07** ×

해설 **03** 정신역동모델은 미래의 의지를 강조하지는 않는다.
05 모든 방어기제를 다 병리적으로 보지는 않는다. 인간은 누구나 불안을 느낄 수 있으며 불안으로부터 벗어나고 자신을 보호하기 위해 방어기제를 사용한다고 보면서 긍정적이고 유용한 측면도 있다고 본다.
07 정신역동모델은 클라이언트가 스스로를 통찰하여 자신의 무의식 내용을 알고 이해하고 수용할 수 있어야 문제가 해결될 수 있다고 보기 때문에 클라이언트가 통찰력을 가질 수 있도록 하는 데에 목표를 둔다. 치료적 처방 그 자체가 목표는 아니다.

098 정신역동모델의 개입기법

강의 QR코드

1 회독	2 회독	3 회독
월 일	월 일	월 일

최근 10년간 **3문항** 출제

복습 1 이론요약

개입기술

기본개념

사회복지실천기술론
pp.43~

▶ 전이의 해석

- 클라이언트가 보이는 전이 행동과 정서적 반응을 분석하여 **새로운 반응 형태를 학습할 수 있도록 한다.**
- 치료자는 클라이언트가 자신의 반응형태를 통찰할 수 있도록 **의도적으로 전이를 유발하기도 한다.**
- 전이와 역전이
  - 전이: 클라이언트가 사회복지사를 자신의 과거 속 중요한 인물로 느끼는 것
  - 역전이: 전이와 반대로 사회복지사가 클라이언트에게서 느끼는 것

▶ 자유연상

- 클라이언트로 하여금 자신의 **마음속에 떠오르는 것을 자유롭게 이야기**하게 하는 개입기술이다.
- 치료자는 클라이언트가 생각나는 대로 자기검열 없이 이야기해야 함을 설명해주어야 한다.
- 치료자는 클라이언트의 이야기가 중구난방으로 흐르더라도 **끼어들거나 중단하거나 비판하지 말아야** 한다.

▶ 훈습

- 클라이언트가 현실상황에서 경험하는 혹은 경험하게 될 **문제상황에 대한 해결능력 향상을 위해 치료장면에서 경험하도록 하는 것**이다.
- 저항이나 전이 현상, 생활상의 갈등, 과거문제의 갈등 등 내면을 통찰하고 문제를 통합적으로 살펴볼 수 있도록 한다.
- 사회복지사의 해석, 클라이언트의 통찰, 클라이언트의 동화 등이 **반복적으로 장기간에 걸쳐 진행**된다.

▶ 꿈의 분석

- 꿈속에 나타난 무의식적 소망, 욕구, 두려움 등을 해석한다.
- 치료자는 클라이언트가 언급하는 꿈 가운데 해결되지 못한 갈등, 의식화되지 않은 갈등 등을 분석한다.

▶ 직면

- 클라이언트의 말과 행위 사이의 불일치, 표현한 가치와 실행 사이의 모순, 회피 등을 클라이언트 자신이 주목할 수 있도록 하는 기법이다.
- 치료자는 클라이언트가 저항 행동을 보일 때에 직면을 활용할 수 있다.

01 (19-04-11) 정신역동모델에서는 훈습을 통해 클라이언트의 불안은 최소화되고 적합한 방법으로 자신의 문제를 이해할 수 있는 능력을 기르게 된다.

02 (18-04-24) 정신역동모델은 자유연상, 훈습, 직면의 기술을 사용한다.

03 (17-04-01) 정신역동모델에서 해석의 목적은 통찰력 향상에 있다.

04 (17-04-01) 클라이언트가 보이는 전이는 반복적이며 퇴행하는 특징을 갖는다.

05 (14-04-03) 정신역동모델은 자유연상, 훈습, 직면의 기술을 사용한다.

06 (14-04-03) 정신역동모델에서는 전이의 분석을 통해 클라이언트의 통찰력을 증진시킨다.

07 (12-04-03) 훈습: 저항이나 전이에 대한 이해를 반복해서 심화, 확장하도록 한다.

08 (12-04-03) 자유연상: 의식에 떠오르는 것이면 모든 것을 이야기하도록 한다.

09 (12-04-03) 해석: 클라이언트의 통찰력 향상을 위해 상담자의 직관에 근거하여 설명하는 것이다.

10 (12-04-03) 꿈의 분석: 꿈을 통해 나타나는 무의식적인 소망과 욕구를 해석하여 통찰력을 갖도록 한다.

11 (09-04-20) 역전이의 예: 사례관리자들은 A사례관리팀장의 슈퍼비전에 불만이 많다. 다른 사례관리 대상자들에게는 허용되지 않는 행동이 B클라이언트에게만 항상 예외다. 서비스 이용 규칙이나 계약을 이행하지 않는 B의 불성실한 행동에 대해 "기회를 줘야 한다. 알코올중독자인 아버지에게 당한 학대의 후유증이다. 당해보지 않은 사람은 모른다."고 자신의 경험을 예로 들며 B를 감싸기만 한다.

12 (08-04-04) 훈습은 클라이언트가 문제에 대한 통찰수준을 높여 경험적 확신을 갖도록 클라이언트에게 반복적으로 설명하고 분석해주는 정신역동적 실천기법이다.

13 (06-04-24) 사회복지사는 과거의 경험이 자신에게 어떤 강점과 약점을 주는지에 대해 꾸준히 점검하면서 자신에게 일어날 수 있는 역전이 현상을 주의해야 한다.

14 (05-04-18) 훈습은 전이현상이나 생활문제의 갈등, 과거문제의 갈등 등에 대한 클라이언트의 이해 및 관점의 수준을 확장시켜 자신의 문제나 상황을 좀 더 통합적인 관점으로 이해하게 한다.

대표기출 확인하기

19-04-11 난이도 ★☆☆

정신역동모델의 개념과 개입기법에 관한 설명으로 옳은 것을 모두 고른 것은?

ㄱ. 전이는 정신역동 치료에 방해가 되므로 이를 이용해서는 안 된다.
ㄴ. 무의식적 갈등이나 불안을 표현하도록 하여 자신의 문제에 대해 이해하고 통찰할 수 있도록 한다.
ㄷ. 클라이언트와 라포가 형성되기 전에 해석을 제공하는 것이 관계형성에 도움이 된다.
ㄹ. 훈습을 통해 클라이언트의 불안은 최소화되고 적합한 방법으로 자신의 문제를 이해할 수 있는 능력을 기르게 된다.

① ㄱ, ㄷ
② ㄴ, ㄹ
③ ㄱ, ㄴ, ㄷ
④ ㄴ, ㄷ, ㄹ
⑤ ㄱ, ㄴ, ㄷ, ㄹ

 알짜확인

- 정신역동모델의 다양한 개입기법을 살펴보도록 하자. 각각의 개입기법이 어떤 상황에서 어떻게 적용될 수 있는지를 생각하면서 살펴봐야 한다.
- 전이는 클라이언트가 사회복지사에게, 역전이는 사회복지사가 클라이언트에게 느끼는 감정이라는 점 구분해서 기억해두자.

답 ②

✅ **응시생들의 선택**

① 1%	② 92%	③ 1%	④ 4%	⑤ 2%

ㄱ. 클라이언트가 보이는 전이를 통해 사회복지사는 클라이언트가 사회복지사와의 관계가 아닌 다른 사람들과의 관계에서 어떤 태도를 보이는지, 어떻게 행동하는지, 어떤 감정을 느끼는지 등을 알 수 있다. 이런 측면에서 클라이언트의 전이를 의도적으로 유도하거나 자극하기도 한다.
ㄷ. 해석은 클라이언트에게서 얻은 정보를 바탕으로 사회복지사가 나름의 의미를 부여하는 것이기 때문에 클라이언트에 관한 정보가 부족한 경우 잘못된 해석이나 클라이언트가 받아들이기 힘든 해석을 내릴 수 있다. 따라서 라포가 형성되지 않은 초기단계에서는 해석을 무리하게 진행하지 않는 것이 좋다.

관련기출 더 보기

12-04-03 난이도 ★★★

정신역동모델의 개입기술에 관한 설명으로 옳지 않은 것은?

① 직면 - 핵심이 되는 문제에 초점을 맞춘다.
② 훈습 - 저항이나 전이에 대한 이해를 반복해서 심화, 확장하도록 한다.
③ 자유연상 - 의식에 떠오르는 것이면 모든 것을 이야기하도록 한다.
④ 해석 - 클라이언트의 통찰력 향상을 위해 상담자의 직관에 근거하여 설명하는 것이다.
⑤ 꿈의 분석 - 꿈을 통해 나타나는 무의식적인 소망과 욕구를 해석하여 통찰력을 갖도록 한다.

답 ①

✅ **응시생들의 선택**

① 31%	② 16%	③ 7%	④ 44%	⑤ 1%

① 직면은 클라이언트의 말과 행위 사이의 불일치, 표현한 가치와 실행 사이의 모순, 회피 등에 주목할 수 있도록 하는 기법이다.

05-04-18 난이도 ★★☆

다음에 해당하는 정신역동모델의 개입기법은 무엇인가?

클라이언트의 전이현상에 대하여 기대되는 수준의 통찰과 이해가 성취될 때까지 사회복지사가 반복적으로 직면하거나 설명함으로써 클라이언트의 통찰력이 최대한 발달하게 하고 자아통합이 이루어지도록 이해시키는 과정이다.

① 경청
② 전이
③ 훈습
④ 명료화
⑤ 의사소통

답 ③

✅ **응시생들의 선택**

① 21%	② 0%	③ 54%	④ 26%	⑤ 2%

다음 내용이 왜 틀렸는지를 확인해보자

01 정신역동모델에서는 자유연상, 훈습, 직면 등을 비롯해 **다양한 질문 기법을 활용**한다.

다양한 질문 기법을 제시한 것은 해결중심모델이다.

17-04-01

02 정신역동모델에서 훈습은 모순이나 불일치를 직시하도록 원조하는 **단회성** 기법이다.

훈습은 과거와 무의식에 대한 해석 및 통찰, 그리고 새로운 행동양식을 습득하는 일련의 과정이다. 단순한 하나의 기법이 아니라 치료과정이라고 불릴 만큼 장기간에 걸쳐 진행된다.

03 정신역동모델에서 진행되는 직면 기술은 클라이언트의 **미래와 강점에 초점**을 둔다.

정신역동모델은 기본적으로 미래와 강점에 초점을 두지 않으며, 과거 경험 및 무의식에 초점을 둔다. 정신역동모델에서 진행되는 직면 기술은 클라이언트로 하여금 자신의 부적응적 행동이나 모순적 행동 등을 마주할 수 있도록 하는 기법이다.

17-04-01

04 정신역동모델에서 자유연상을 시행하는 경우 **주제와 관련 없는 내용은 억제시킨다.**

자유연상은 말 그대로 클라이언트가 생각나는 이야기를 자유롭게 하도록 하는 기법이다. 치료자는 클라이언트의 말에 대해 방해하거나 끼어들지 않고 아무런 수정도 가하지 않는다. 이를 통해 클라이언트의 증상과 연결된 과거의 경험이나 기억들이 드러나게 되고 그 무의식적 의미를 파악할 수 있게 된다.

06-04-24

05 A 사회복지사는 알코올중독자인 아버지와의 정서적 관계를 회복하지 못한 채 알코올전문상담가로 활동하게 되었다. 이때 사회복지사는 자신이 느낄 수 있는 **전이 현상**에 유의해야 한다.

사회복지사가 자신의 경험을 클라이언트에게 대입하여 느끼게 되는 감정은 역전이 현상이다.

06 꿈의 분석은 클라이언트의 **무의식을 탐색하기 위한 것은 아니다.**

꿈의 분석은 클라이언트의 무의식을 해석하여 새로운 통찰력을 갖게 하는 것이다.

빈칸에 들어갈 알맞은 말을 채워보자

12-04-03
01 정신역동모델의 개입기법 중 ( ) 기법은 의식에 떠오르는 것이면 모든 것을 이야기하도록 하는 기법이다.

02 전이와 역전이 중 (①)는 클라이언트가 사회복지사에게, (②)는 사회복지사가 클라이언트에게 갖는 정서적 반응이다.

08-04-04
03 ( )은/는 클라이언트가 문제에 대한 통찰수준을 높여 경험적 확신을 갖도록 클라이언트에게 반복적으로 설명하고 분석해주는 정신역동적 실천기법이다.

04 ( ) 기법은 역기능적인 행동을 야기하는 사고나 정서, 행동상의 불일치나 모순에 대해 클라이언트가 인식할 수 있도록 하는 기법이다.

답 **01** 자유연상 **02** ① 전이 ② 역전이 **03** 훈습 **04** 직면

3장

심리사회모델

이 장에서는

심리사회모델에서는 '지-직-탐-개-유-발' 6가지 직접적 개입방법을 꼼꼼히 살펴봐야 한다. 더불어 간접적 개입도 한다는 점 잊지 말자.

10년간 출제분포도

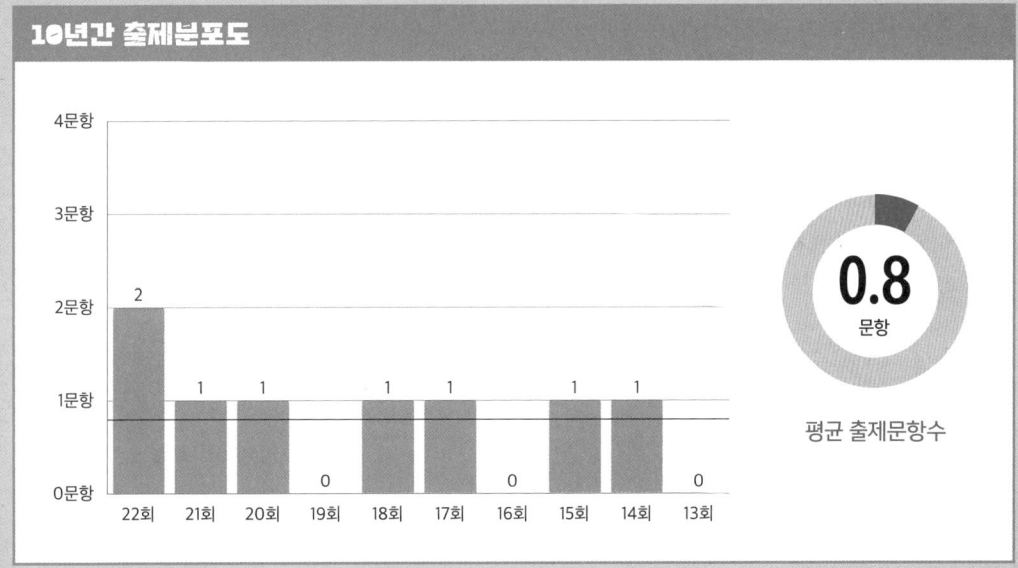

평균 출제문항수

0.8 문항

099 심리사회모델의 개입기법

강의 QR코드

최근 10년간 **8문항** 출제

복습 1 **이론요약**

직접적 개입기법

▶ **지지하기**
- 클라이언트에 대한 신뢰나 존중, 문제해결 능력에 대한 확신 등을 표현
- **재보증(안심)**, 격려, 경청

▶ **직접적 영향 주기**
- **클라이언트의 행동을 조언, 제시**
- 직접적 조언, 정보 제공, 현실적 제안

▶ **탐색―기술(묘사)―환기**
- 탐색과 기술(묘사): 클라이언트가 **자신의 상황과 자신과 주변 사회환경과의 상호작용에 대한 사실을 그대로 말할 수 있도록** 도와주는 의사소통, 즉 단순히 자신이 보는 그대로의 사실을 제공하는 것
- 환기: **사실과 관련된 감정을 끌어내는 것**, 클라이언트가 이러한 과정을 통해 자신의 감정을 표현하고, 환기를 경험하는 것 자체로도 문제가 해결되는 경우도 있음

▶ **개인―환경 간의 관계에 관한 (반성적) 고찰**
- 클라이언트를 **상황 속의 인간이라는 관점**에서 고려하기
- 클라이언트를 둘러싼 **현재 혹은 최근 사건에 대해 고찰**하는 것으로 심리사회요법의 핵심

▶ **유형―역동성 고찰**
- 클라이언트의 **성격과 행동, 심리 내적 역동에 대해 고찰**하기
- 특정 행동이나 사고방식을 이끄는 행동 경향 혹은 감정 유형 등을 살펴봄

▶ **발달적 고찰**
- 클라이언트의 사회적 기능 수행에 영향을 주는 과거와 현재의 경험을 고찰하기
- 과거에 초점을 두어 **과거의 경험이 현재에 미치는 영향을 살펴봄**

간접적 개입기법

- 클라이언트를 둘러싼 인적, 물적 환경에 관련된 문제를 해결하는 데에 초점
- 필요한 자원 제공, 다른 체계 사이의 중재, 옹호 활동 등

기본개념

사회복지실천기술론
pp.55~

01 (22-04-06) 심리사회모델에서는 간접적 개입기법으로 환경조정을 사용한다.

02 (21-04-09) 직접적 영향주기의 예: 지금까지의 방법이 효과적이지 않다면 다른 방법을 시도해 보면 어떨까요? 제 생각에는 지금쯤 변화가 필요하니 가족상담에 참여해 보시면 어떨까 합니다.

03 (20-04-08) 심리사회모델의 개입기법은 직접적 개입과 간접적 개입으로 구분된다.

04 (20-04-08) 탐색-기술(묘사)-환기는 자기 상황과 감정을 말로 표현하게 함으로써 감정전환을 도모하는 기법이다.

05 (20-04-08) 지지는 이해, 격려, 확신감을 표현하는 기법이다.

06 (20-04-08) 유형의 역동 성찰은 성격, 행동, 감정의 주요 경향에 관한 자기이해를 돕는다.

07 (18-04-17) 발달적 성찰: 현재 클라이언트 성격이나 기능에 영향을 미친 가족의 기원이나 초기 경험을 탐색한다.

08 (18-04-17) 탐색-기술-환기: 클라이언트의 상황에 관한 사실을 드러내고 감정의 표현을 통해 감정의 전환을 제공한다.

09 (18-04-17) 수용: 온정과 친절한 태도로 클라이언트의 감정이나 주관적인 상태에 감정이입을 하며 공감한다.

10 (18-04-17) 직접적 영향: 사회복지사와 클라이언트 간의 신뢰관계를 바탕으로 클라이언트에게 제안과 설득을 제공한다.

11 (15-04-17) 격려기술의 예: 계약기간 동안 업무를 잘 해내셨군요. 이번에도 잘 감당할 수 있을 것이라 믿어요.

12 (15-04-17) 재보증기술의 예: 염려하지 마세요. 상황은 좋아질 거예요.

13 (15-04-17) 환기기술의 예: 힘드셨을 것 같네요. 그때 기분이 어떠셨나요?

14 (15-04-17) 직면기술의 예: 잠시 무엇을 했는지 한 번 살펴봅시다. 지난 번 하겠다고 한 것과는 반대의 일을 하고 있네요.

15 (14-04-01) 직접적 영향: 문제해결을 위해 사회복지사의 의견을 강조한다.

16 (14-04-01) 발달적 고찰: 성인기 이전의 생애경험이 현재의 기능에 미치는 영향에 대해 고찰한다.

17 (14-04-01) 탐색-기술-환기: 클라이언트와 환경과의 상호작용에 대한 사실을 기술하고 감정을 표현하도록 한다.

18 (14-04-01) 인간-상황에 대한 고찰: 사건에 대한 클라이언트의 지각방식 및 행동에 대한 신념, 외적 영향력 등을 평가한다.

19 (12-04-06) 심리사회모델에서는 역설적 의도를 활용하지 않는다.

20 (11-04-04) 심리사회모델은 격려, 재보증, 탐색-묘사-환기, 제안, 충고, 반영적 고찰, 유형-역동성 고찰 등의 개입기술을 활용한다.

21 (08-04-05) 심리사회모델에서는 지지하기, 발달적 고찰 등을 개입기술로 활용한다.

22 (07-04-21) 제안, 충고 등은 클라이언트의 행동 변화 촉진을 위한 심리사회모델의 개입 기술인 직접 영향주기에 해당한다.

23 (06-04-04) 눈물을 흘리는 클라이언트에게 '눈물이 말하는 것은 무엇인가요?'라고 사회복지사가 질문했다면 이는 심리사회모델 중 탐색-묘사-환기 기법에 해당한다.

24 (05-04-04) "이 문제가 학창시절과 어떤 관련이 있다고 생각하십니까?"라는 질문은 발달적 고찰에 해당한다.

25 (04-04-10) 죄의식이나 불안에 대한 이해를 표현하여 안심시키기, 클라이언트가 하는 말을 잘 듣고 경청하기, 클라이언트의 능력에 대해 신뢰를 표현하기 등은 지지하기에 해당한다.

26 (04-04-18) 직접적 영향주기의 예: 클라이언트 A씨는 알코올 중독 남편의 상습적인 가정폭력에 노출되어 있었다. 사회복지사는 A씨에게 가정폭력 피해자 보호시설에 대한 정보를 제공하고 입소할 수 있도록 연계했다.

대표기출 확인하기

22-04-06 난이도 ★★☆

심리사회모델에 관한 설명으로 옳은 것을 모두 고른 것은?

> ㄱ. 심리사회모델을 체계화 하는데 홀리스(F. Hollis)가 공헌하였다.
> ㄴ. "직접적 영향주기"는 언제나 사용 가능한 기법이다.
> ㄷ. "환기"는 클라이언트의 긍정적 감정을 표출시킨다.
> ㄹ. 간접적 개입기법으로 "환경조정"을 사용한다.

① ㄱ, ㄹ
② ㄴ, ㄷ
③ ㄷ, ㄹ
④ ㄴ, ㄷ, ㄹ
⑤ ㄱ, ㄴ, ㄷ, ㄹ

 알짜확인

- 심리사회모델의 다양한 개입기법을 살펴보도록 하자.
- 크게 직접적 개입기법과 간접적 개입기법으로 구분되는데, 주로 직접적 개입기법이 출제되고 있다.
- 지지하기, 직접 영향주기, 탐색-기술-환기, 개인-환경에 관한 고찰, 유형-역동성 고찰, 발달적 고찰 등은 모두 직접적 개입기법에 해당한다. 이 기법들이 심리사회모델에서 제시된 기법임을 기억해두는 것도 필요하며, 각각 어떤 기법인지를 파악해두는 것도 필수이다.

답 ①

✅ **응시생들의 선택**

① 59%	② 4%	③ 22%	④ 8%	⑤ 7%

ㄴ. 직접적 영향주기: 클라이언트가 어떤 행동을 취할지에 대해 직접적으로 조언하고 제시하는 것을 말한다. 클라이언트와 신뢰관계가 구축되었을 때, 클라이언트에 대한 충분한 지식이 있다고 판단될 때 등에 사용된다.

ㄷ. 환기: 클라이언트가 억눌러온 부정적 감정을 표출시켜 감정의 정화를 경험할 수 있도록 원조한다. 심리사회모델에서는 탐색-기술-환기의 과정으로 연결하여 실시되며, 감정이 격해지기 쉬운 클라이언트에 대해서는 주의가 필요하다.

관련기출 더 보기

22-04-05 난이도 ★★☆

사회복지실천모델과 기법으로 옳지 않은 것은?

① 행동주의모델: 소거
② 해결중심모델: 대처질문
③ 과제중심모델: 유형-역동에 관한 고찰
④ 인지행동모델: 소크라테스식 문답법
⑤ 위기개입모델: 자살의 위험성 평가

답 ③

✅ **응시생들의 선택**

① 4%	② 6%	③ 64%	④ 18%	⑤ 8%

③ 유형-역동에 관한 고찰은 심리사회모델의 개입기법이다.

➕ **덧붙임**

6장에서 학습할 과제중심모델은 효율적인 단기개입을 위해 '시작하기 → 표적문제 규명 → 계약 → 실행 → 종결'의 체계적이고 구조화된 접근을 제시했다. 구체적인 개입기법을 제시한 것은 아니며, 다양한 상담 및 치료기법을 유연하게 적용한다.

다음 사례에서 활용한 심리사회모델의 개입기법은?

> "지금까지의 방법이 효과적이지 않다면 다른 방법을 시도해 보면 어떨까요? 제 생각에는 지금쯤 변화가 필요하니 가족 상담에 참여해 보시면 어떨까 합니다."

① 지지하기
② 직접적 영향주기
③ 탐색-기술-환기
④ 인간-환경에 관한 고찰
⑤ 유형-역동성 고찰

답 ②

✔ **응시생들의 선택**

① 2%	② 55%	③ 27%	④ 4%	⑤ 12%

직접적 영향주기는 사회복지사가 클라이언트에게 특정 행동에 대해 조언하거나 제안함으로써 행동의 변화가 일어날 수 있도록 하는 것이다.

➕ **덧붙임**

③ 탐색-기술-환기를 선택한 응시생들이 많았는데, 이는 클라이언트로 하여금 자신의 상황에 대한 묘사를 통해 감정을 표현하도록 이끄는 데에 초점이 있다.

심리사회모델의 기법에 관한 설명으로 옳지 않은 것은?

① 발달적 성찰: 현재 클라이언트 성격이나 기능에 영향을 미친 가족의 기원이나 초기 경험을 탐색한다.
② 지지하기: 클라이언트의 현재 또는 최근 사건을 고찰하게 하여 현실적인 해결방법을 찾는다.
③ 탐색-기술-환기: 클라이언트의 상황에 관한 사실을 드러내고 감정의 표현을 통해 감정의 전환을 제공한다.
④ 수용: 온정과 친절한 태도로 클라이언트의 감정이나 주관적인 상태에 감정이입을 하며 공감한다.
⑤ 직접적 영향: 사회복지사와 클라이언트 간의 신뢰관계를 바탕으로 클라이언트에게 제안과 설득을 제공한다.

답 ②

✔ **응시생들의 선택**

① 3%	② 76%	③ 2%	④ 16%	⑤ 3%

② 클라이언트의 현재 또는 최근 사건을 고찰하게 하여 현실적인 해결방법을 찾는 것은 개인-환경에 관한 고찰에 해당한다.

음주문제와 가정불화로 직장에 적응하지 못해 의뢰된 클라이언트에게 심리사회모델을 적용할 때 그 개입기법으로 적절하지 않은 것은?

① 음주와 관련된 감정을 표출하도록 한다.
② 문제해결을 위해 직접 충고한다.
③ 클라이언트의 인지오류와 신념체계를 탐색한다.
④ 직장 상사와의 갈등이 현재에 미친 영향을 파악한다.
⑤ 유년기 문제와 현재 행동의 인과관계를 지각하도록 한다.

답 ③

✔ **응시생들의 선택**

① 1%	② 50%	③ 34%	④ 5%	⑤ 10%

③은 인지행동모델에 따른 개입이라고 볼 수 있다.

① 탐색-묘사-환기
② 직접 영향주기
④ 개인-환경에 대한 고찰
⑤ 발달적 고찰

심리사회모델의 개입기법으로 옳지 않은 것은?

① 격려, 재보증
② 탐색-소거-환기
③ 강조, 제안, 충고, 독려
④ 발달과정의 반영적 고찰
⑤ 유형-역동의 반영적 고찰

답 ②

✔ **응시생들의 선택**

① 8%	② 27%	③ 35%	④ 18%	⑤ 12%

② 탐색-소거-환기가 아니라 탐색-묘사(기술)-환기이다.
클라이언트에게 사실 및 사실과 관련된 감정을 이해하도록 돕고 표출하게 하여 긴장을 완화시키는 기법이다.

다음 내용이 왜 틀렸는지를 확인해보자

01 탐색-묘사-환기 기술은 클라이언트의 불안감이 극에 달했을 때에 적합한 개입기술이다.

> 클라이언트의 불안감이 거셀 때에는 오히려 더 감정이 격해질 수 있기 때문에 주의해서 사용해야 한다.

02 개인-환경에 관한 고찰은 유년기의 문제와 현재 행동의 인과관계를 살펴보기 위한 기법이다.

> 개인-환경에 관한 고찰은 최근 사건에 대해 상황 속 인간의 관점에서 현실적으로 파악하게 돕는 기법이다.

05-04-04
03 사회복지사는 유형-역동성 고찰을 위해 "이전에도 같은 문제를 경험한 적 있습니까?"라고 질문할 수 있다.

> 유년기의 문제와 현재 행동의 인과관계를 살펴보는 발달적 고찰에 해당하는 질문이다.

04 직접적 영향주기 기술은 '상황 속 인간' 관점을 토대로 한다.

> '상황 속 인간' 관점을 토대로 한 기술은 개인-환경에 관한 고찰이다.

05 탐색-묘사-환기 기술은 항상 병행되어야 하는 것은 아니다.

> 탐색-묘사-환기는 각각 개별적으로 이루어지는 것이 아니라 연속적으로 실시된다.

07-04-21
06 문제해결을 위한 옹호 활동은 직접적 영향주기에 해당한다.

> 직접적 영향주기는 직접적 개입기술 중 하나이며, 옹호는 환경조성을 위한 간접적 개입기술에 해당한다.

04-04-10
07 지지하기는 클라이언트가 해야 할 행동을 구체적으로 지시하는 기법이다.

> 지지하기는 재보증, 격려 등 감정적 차원에서 접근하는 기법이다. 클라이언트가 취할 구체적인 행동을 조언하거나 지시하는 것은 직접적 영향주기에 해당한다.

빈칸에 들어갈 알맞은 말을 채워보자

※ 각각에 해당하는 심리사회모델의 기법은?

01 `20-04-08` ( ): 사회복지사가 클라이언트에 대한 이해, 격려, 확신감을 표현하는 기법이다.

02 ( ): 사회복지사가 조언이나 지시 등을 함으로써 클라이언트의 행동을 향상시킨다.

03 탐색-( )-환기: 클라이언트에게 사실 및 사실과 관련된 감정을 이해하고 표출하게 하여 긴장을 완화시킨다.

04 ( ): 클라이언트를 둘러싼 현재의 최근 사건에 대해 환경과의 상호작용에 초점을 두어 자신의 상황을 더 잘 이해할 수 있도록 원조한다.

05 ( ): 변화의 동기를 촉진시키면서 클라이언트 자신의 성격유형, 특징, 행동유형, 방어기제, 자아기능 수행 등 심리 내적 역동에 대해 이해하도록 원조한다.

06 ( ): 유년기의 문제와 현재 행동의 인과관계를 클라이언트가 자각하게 한다.

07 `04-04-18` ( ) 기술의 예: 사회복지사 A는 남편의 알코올 중독으로 가정폭력에 노출되어 있는 클라이언트에게 가정폭력피해자 쉼터에 입소할 수 있음을 안내하였다.

08 `17-04-02` ( ) 기술의 예: 음주문제와 가정불화로 직장에 적응하지 못해 의뢰된 클라이언트에게 자신의 상황을 말하고 현재의 감정을 표출할 수 있게 하였다.

09 ( ) 기술의 예: 남편이 가장으로서 무책임하다고 호소하는 아내에게 지금 남편에게서 느끼는 감정이 어렸을 때 아버지에게서 느꼈던 감정과 관련이 있는지를 생각해보게 하였다.

> **답** **01** 지지하기 **02** 직접적 영향주기 **03** 기술(묘사) **04** 개인-환경에 관한 고찰 **05** 유형-역동성 고찰 **06** 발달적 고찰 **07** 직접적 영향주기 **08** 탐색-묘사-환기 **09** 발달적 고찰

100 심리사회모델의 주요 특징

강의 QR코드

1 회독	2 회독	3 회독
월 일	월 일	월 일

최근 10년간 **0문항** 출제

복습 1 이론요약

이론적 기반

정신분석이론, 대상관계이론, 체계이론과 생태체계관점, 자아심리이론, 역할이론, 의사소통이론, 사회복지실천으로부터 획득된 이론 등

기본개념

사회복지실천기술론
pp.48~

주요 특징

- 클라이언트의 심리적인 측면과 사회적인 측면, 그리고 양자의 상호작용에 의한 결과도 동시에 고려함('상황 속 인간' 관점)
- 사회복지사와 클라이언트 간의 치료적 관계에 주목
- 현재 행동을 이해하기 위해 과거 경험에 대해 탐색하면서도 무의식이 행동을 결정짓는 요인은 아니라고 봄
- 실천원칙: 수용, 개별화, 자기결정, 클라이언트의 현재 상황에서 출발

개입과정

초기단계 → 사정단계 → 개입단계 → 종결단계

기출문장 CHECK

01 (20-04-16) 심리사회모델은 상황 속 인간을 고려하되 환경보다 개인의 내적변화를 중시한다.

02 (11-04-05) 역할이론, 자아심리이론, 대상관계이론, 의사소통이론, 정신분석이론 등은 심리사회모델의 이론적 기반이 되었다.

03 (11-04-06) 심리사회모델은 단기개입에 적합한 이론은 아니다.

04 (10-04-04) 심리사회모델은 클라이언트의 수용과 자기결정을 강조한다.

05 (05-04-03) 심리사회모델은 인간의 발달과정과 환경적 영향을 중시한다.

06 (05-04-03) 심리사회모델은 개인의 과거경험 탐색을 중요시하며, 개개인마다 경험은 모두 다 다르다는 전제를 갖는다.

07 (01-04-04) 사회복지사는 도벽 경험이 있는 청소년에 대해 개입하면서 어릴 적 부모의 이혼이 그 원인임을 밝혔다. 이때 적용한 이론은 심리사회이론이다.

기출확인

복습 2

대표기출 확인하기

10-04-04   난이도 ★★☆

심리사회모델에 관한 설명으로 옳은 것은?

① 정신분석이론, 자아심리학, 대상관계이론에 영향을 미쳤다.
② 클라이언트의 현재와 미래에 초점을 둔다.
③ 클라이언트의 수용과 자기결정을 강조한다.
④ 외현화 및 인지재구조화기술을 사용한다.
⑤ 인간의 내적 갈등보다는 환경을 강조한다는 비판을 받는다.

 알짜확인

• 심리사회모델은 정신분석이론의 영향을 받았지만 무의식이 결정적 요인이라고 보지는 않았다는 점에 유의해야 한다.
• 상황 속 인간, 자기결정, 수용, 개별화 등의 개념을 확인해두자.

답 ③

✔ 응시생들의 선택

① 21%	② 13%	③ 44%	④ 6%	⑤ 16%

① 정신분석이론, 대상관계이론, 자아심리학 등의 영향을 받아 심리사회모델이 탄생하였다.
② 개인과 환경과의 상호작용에 초점을 두면서도, 인간의 현재 행동을 이해하기 위해 오랜 시간을 두고 과거의 경험을 살펴본다.
④ 인지재구조화기술은 인지행동모델의 기술이며, 외현화는 내담자가 가지고 있는 내면의 문제를 바깥으로 끄집어내는 것을 말하며 이야기치료모델의 주요 기법이다.
⑤ 개인을 둘러싼 환경뿐만 아니라 개인의 심리 내적 상태에도 초점을 둔다.

관련기출 더 보기

06-04-15   난이도 ★★★

심리사회모델에 대한 설명으로 옳은 것은?

① 인간의 무의식은 인간의 행동을 결정짓는 요인이다.
② 인간의 성장과 학습 및 적응에는 연령의 한계가 있다.
③ 인간의 성장과 발달을 위한 내면적인 성장에 초점을 둔다.
④ 공감적 이해를 통해 클라이언트의 긍정적 변화를 유도한다.
⑤ 인간의 현재 행동을 이해하기 위해서는 과거의 행동은 중요하지 않다.

답 ④

✔ 응시생들의 선택

① 16%	② 14%	③ 28%	④ 31%	⑤ 11%

① 인간의 무의식이 현재의 행동을 결정짓는 것은 아니라고 보았다.
② 인간은 일생에 걸쳐 발달한다.
③ 문제해결능력의 향상에 초점을 둔다.
⑤ 과거 경험이 현재 기능에 미치는 영향을 고찰한다(발달적 고찰).

03-04-01   난이도 ★★☆

심리사회모델의 기본개념은?

① 비합리적인 신념을 밝히고 재구조화하는 것
② 인간과 환경의 상호작용에 대한 이해와 강조
③ 클라이언트의 삶에 대한 통제능력 인정
④ 클라이언트의 문제보다는 강점에 초점을 둠
⑤ 신속한 개입을 통한 증상 제거와 기능 회복

답 ②

✔ 응시생들의 선택

① 9%	② 75%	③ 5%	④ 7%	⑤ 4%

① 인지행동모델
③ 역량강화모델
④ 강점관점
⑤ 위기개입모델

다음 내용이 왜 틀렸는지를 확인해보자

10-04-04

01 심리사회모델은 인간의 내적 갈등보다 환경을 더 강조한다.

> 심리사회모델에서는 심리 내적 문제와 환경의 문제, 그리고 이들의 상호작용에도 관심을 둔다.

02 심리사회모델은 클라이언트의 현재 행동은 과거의 경험에서 비롯된 것이라고 전제한다.

> 심리사회모델은 클라이언트의 문제나 상황을 이해하기 위해서 과거의 경험을 탐색하는 것이 필요하다고 본다. 하지만 과거의 경험이나 그로 인한 무의식이 현재 행동의 결정적 요인이라고 보지는 않는다.

06-04-15

03 심리사회모델은 정신분석이론을 바탕으로 하여 무의식이 현재의 행동을 결정짓는다고 본다.

> 심리사회모델은 무의식이 인간의 경험에 영향을 미치지만 행동을 결정짓는 요소는 아니라고 본다.

11-04-06

04 심리사회모델은 단기개입에 적합한 이론이다.

> 심리사회모델은 과거의 경험을 중요하게 살펴보기 때문에 단기적으로 진행되기는 어렵다.

05 심리사회모델에서는 개별화, 자기결정, 수용 등의 가치를 고려하지 못했다는 비판을 받는다.

> 개별화, 자기결정, 수용 등의 가치는 심리사회모델에서 매우 중요시되는 가치이다.

06 심리사회모델은 '상황 속 인간' 관점을 반영하지는 않는다.

> 심리사회모델은 '상황 속 인간' 관점을 토대로 하며, 이는 특히 개입기법 중 개인-환경에 관한 고찰에서 드러난다.

4장

장

인지행동모델

이 장에서는

인지행동모델의 이론적 기반이 되는 행동주의이론과 행동수정모델을 비롯해 인지행동모델의 주요 특징, 다양한 개입 기법들에 대해 살펴본다. 구조화된 접근, 단기개입 추구, 문제중심, 목표지향, 주관적 경험 강조, 능동적 접근이라는 특징들은 반드시 이해하고 기억해두어야 한다.

10년간 출제분포도

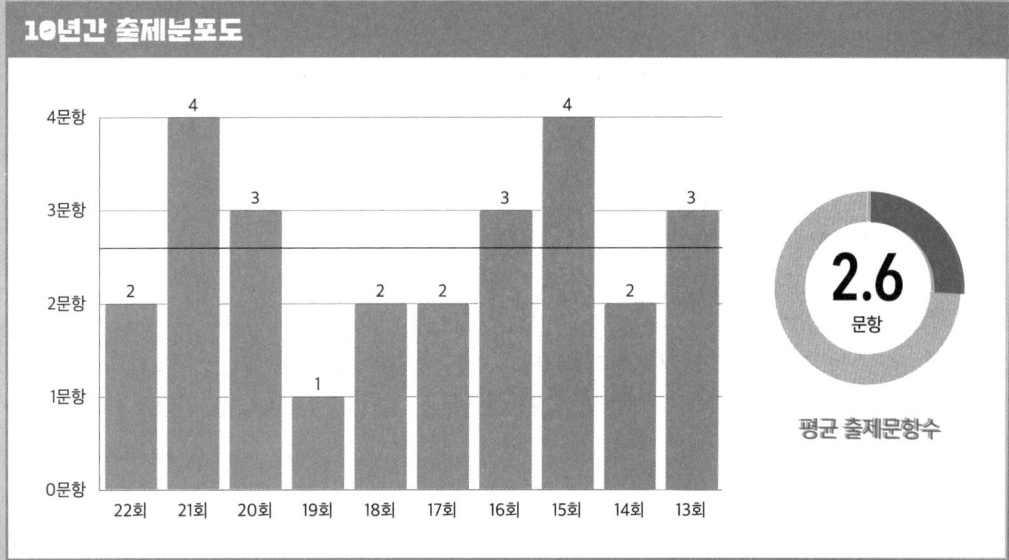

평균 출제문항수 2.6문항

101 인지행동모델의 주요 특징

강의 QR코드

1 회독	2 회독	3 회독
월 일	월 일	월 일

최근 10년간 **9문항** 출제

이론요약

인지행동모델의 인간관
- 인간은 외부 자극에 수동적으로 반응하는 존재가 아니다.
- 심리 내적인 힘에 의해서 결정되는 존재도 아니다.
- 인간의 행동은 개인과 환경 간 상호작용의 결과이다.

기본개념

사회복지실천기술론
pp.73~

인지행동모델의 개입목표
- 문제의 원인이 되는 비합리적 신념이나 왜곡된 사고를 확인하여 수정할 수 있도록 원조하는 것
- 문제를 일으키는 잘못된 가정과 사고의 유형을 확인 · 점검하고, 재평가해서 수정하도록 격려

인지행동모델의 특징
- 클라이언트의 주관적 경험의 독특성 중시
- 구조화되고 방향적(직접적)인 접근
- 교육적 접근: 클라이언트가 인지행동치료의 개념을 이해하고 있을수록 더 효과적인 개입이 가능하다는 점에서 인지행동치료에 대한 설명과 교육 진행
- 과거의 경험이나 무의식 등을 탐색하기는 하지만 현재 문제를 중심으로 접근
- 시간제한적인 단기접근
- 인지 · 정서 · 행동적 개입
- 클라이언트의 능동적인 참여 강조
- 클라이언트와 사회복지사 간의 협조적 노력, 신뢰 관계 강조
- 문제중심적, 현재중심적, 목표지향적 접근
- 소크라테스식 문답법: 사회복지사는 클라이언트의 문제에 대해 **논박을 통해 인지적 왜곡이나 오류가 있음을 밝히며** 자기발견과 타당화 과정을 거쳐 사건이나 행동의 의미를 재발견하도록 함
- 인지재구조화, 경험적 학습, 체계적 둔감법, 모델링 등 인지적, 정서적, 행동적 차원의 다양한 개입기법 활용

01 (21-04-05) 인지행동모델은 개인의 주관적 경험의 독특성을 중시한다.

02 (21-04-05) 인지행동모델은 제한된 시간 내에 특정 문제에 초점을 두고 접근한다.

03 (21-04-05) 인지행동모델은 과제 활용과 교육적인 접근으로 자기 치료가 가능하도록 한다.

04 (21-04-05) 인지행동모델은 클라이언트의 적극적 참여와 협조적 태도를 중시한다.

05 (20-04-16) 인지행동모델은 왜곡된 사고에 의한 정서적 문제의 개입에 효과적이다.

06 (19-04-13) 인지행동모델은 구조화된 접근을 한다.

07 (19-04-13) 인지행동모델은 교육적 접근을 강조한다.

08 (19-04-13) 인지행동모델은 클라이언트의 주관적 경험, 문제 및 관련 상황에 대한 인식을 중시한다.

09 (19-04-13) 인지행동모델은 클라이언트와 사회복지사의 협조적인 노력을 중시하고, 클라이언트의 능동적인 참여를 권장한다.

10 (17-04-20) 인지행동모델은 주관적 경험과 인식을 중시한다.

11 (16-04-17) 인지행동모델은 클라이언트의 주관적 경험, 문제 및 관련 상황에 대해 느끼는 주관적인 의미를 중요시한다.

12 (16-04-17) 인지행동모델은 사건을 이해하는 신념체계가 감정에 어떤 영향을 주는지를 파악한다.

13 (16-04-17) 인지행동모델은 문제에 대한 통제력이 자신에게 있다고 전제한다.

14 (15-04-07) 인지행동모델은 구조화된 접근을 강조한다.

15 (15-04-07) 인지행동모델은 지적 능력을 가진 클라이언트에게 적용이 보다 용이하다.

16 (15-04-22) 인지행동모델은 클라이언트의 강점을 강조하지는 않았다.

17 (14-04-02) 인지행동모델은 행동적 과제의 부여를 중요시한다.

18 (14-04-02) 인지행동모델은 클라이언트의 주관적 경험과 인식을 강조한다.

19 (13-04-04) 인지행동모델은 비합리적인 신념체계의 변화를 강조한다.

20 (13-04-04) 인지행동모델은 대체 사고와 행동을 학습하는 교육적 접근을 강조한다.

21 (10-04-25) 인지행동모델은 생각이 바뀌면 역기능이 해소될 수 있다고 가정한다.

22 (10-04-25) 인지행동모델은 클라이언트의 주관적 경험과 책임을 강조한다.

23 (02-04-11) 인지행동모델은 개인에게 있는 비합리적인 신념체계를 끌어내어 합리적인 신념체계로 바꾸도록 돕는다.

대표기출 확인하기

21-04-05 　난이도 ★★★

인지행동모델에 관한 설명으로 옳지 않은 것은?

① 개인의 주관적 경험의 독특성을 중시한다.
② 클라이언트의 강점과 자원이 문제해결의 주요 요소이다.
③ 제한된 시간 내에 특정 문제에 초점을 두고 접근한다.
④ 과제 활용과 교육적인 접근으로 자기 치료가 가능하도록 한다.
⑤ 클라이언트의 적극적 참여와 협조적 태도를 중시한다.

 알짜확인

- 클라이언트의 주관적 경험을 중요시하고, 시간제한적이고 구조화된 방식으로 진행된다는 점은 꼭 기억해두자.
- 인지행동모델은 문제의 원인이 되는 비합리적 신념, 왜곡된 사고, 인지적 오류 등을 수정할 수 있도록 하는 데에 목표를 두기 때문에 이러한 탐색이 어려울 정도의 지적 수준이 낮은 클라이언트에 적용하기는 어렵다.
- 인지행동모델의 치료 방식이 주로 심리적 차원에 있어 종종 헷갈려하는 수험생들이 있는데, 인지행동모델은 이론적으로 인간과 환경의 상호교류를 인식하고 설명한다.

답 ②

✅ 응시생들의 선택

① 5%	② 44%	③ 35%	④ 15%	⑤ 1%

② 인지행동모델은 개인이 가지고 있는 비합리적 신념, 인지적 오류 등 인지를 변화시킴으로써 행동을 수정한다.

➕ 덧붙임

이 문제의 답으로 ③을 선택한 응시생도 꽤 많았는데, ③은 옳은 설명이다. 인지행동모델은 클라이언트가 호소하는 문제 중심의 목표지향적 접근을 하며, 구조화된 방식으로 시간제한적 개입, 단기적 개입을 추구한다는 점 기억해두기 바란다.

관련기출 더 보기

19-04-13 　난이도 ★★☆

인지행동모델에 관한 설명으로 옳지 않은 것은?

① 구조화된 접근을 한다.
② 클라이언트의 무의식적 행동에 관심을 둔다.
③ 교육적 접근을 강조한다.
④ 클라이언트의 주관적 경험, 문제 및 관련 상황에 대한 인식을 중시한다.
⑤ 클라이언트와 사회복지사의 협조적인 노력을 중시하고, 클라이언트의 능동적인 참여를 권장한다.

답 ②

✅ 응시생들의 선택

① 5%	② 66%	③ 24%	④ 2%	⑤ 3%

② 인지행동모델에서는 클라이언트의 무의식적 행동에 관심을 두지는 않는다.

16-04-17 　난이도 ★★☆

인지행동모델의 특성을 모두 고른 것은?

ㄱ. 객관적 경험의 일반화
ㄴ. 사건을 이해하는 신념체계가 감정에 어떤 영향을 주는지 파악
ㄷ. 문제에 대한 통제력이 자신에게 있다고 전제
ㄹ. 질문을 통해 자기발견과 타당화의 과정을 거침

① ㄱ, ㄹ　　　　　　② ㄴ, ㄹ
③ ㄱ, ㄴ, ㄷ　　　　④ ㄴ, ㄷ, ㄹ
⑤ ㄱ, ㄴ, ㄷ, ㄹ

답 ④

✅ 응시생들의 선택

① 5%	② 11%	③ 11%	④ 58%	⑤ 15%

ㄱ. 인지행동모델은 클라이언트의 주관적 경험, 문제 및 관련 상황에 대해 느끼는 주관적인 의미를 중요시한다.

사회복지실천모델의 특성과 해당 모델의 연결이 옳지 않은 것은?

① 단기개입을 강조 – 위기개입모델
② 클라이언트의 자기결정권을 강조 – 과제중심모델
③ 환경에 대한 개입을 강조 – 생태체계모델
④ 클라이언트의 강점을 강조 – 인지행동모델
⑤ 클라이언트와의 협력적 관계를 강조 – 클라이언트 중심모델

답 ④

✔ 응시생들의 선택

① 5%	② 37%	③ 4%	④ 43%	⑤ 11%

④ 인지행동모델이 강점관점을 기반으로 한 것은 아니다.

인지행동모델에 관한 설명으로 옳은 것을 모두 고른 것은?

> ㄱ. 행동적 과제의 부여를 중요시한다.
> ㄴ. 클라이언트의 주관적 경험과 인식을 강조한다.
> ㄷ. 인지체계의 변화를 위해 구조화된 접근을 한다.
> ㄹ. 불안감을 경험하는 상황에 노출시킨다.

① ㄱ, ㄴ, ㄷ
② ㄱ, ㄷ
③ ㄴ, ㄹ
④ ㄹ
⑤ ㄱ, ㄴ, ㄷ, ㄹ

답 ⑤

✔ 응시생들의 선택

① 44%	② 11%	③ 9%	④ 1%	⑤ 35%

ㄱ. 인지행동모델은 행동주의이론의 영향을 받아 행동을 수정하기 위한 개입기법들을 활용한다.
ㄴ. 인지행동모델은 인간은 고유한 인지과정을 통해 자신의 주관적인 경험을 해석하고 행동한다고 보며, 클라이언트가 경험하고 해석하는 방식 등을 존중한다.
ㄷ. 인지행동모델은 일정한 방향성을 가지고 구조화된 절차를 거치면서 문제해결과정을 수행해나간다.
ㄹ. 체계적 둔감법처럼 일부러 불안 상황에 노출시키기도 한다. 그 상황에 둔감해져 불안을 경험하지 않게 된다는 원리이다.

인지행동모델의 한계점에 관한 설명으로 옳지 않은 것은?

① 지적 능력이 낮은 클라이언트에게는 효과성이 제한적이다.
② 즉각적인 위기개입을 해야 하는 클라이언트에게 적용하기 어렵다.
③ 사회복지사의 적극적 역할 수행이 어렵다.
④ 특정 개입기술 사용에서 윤리적 문제가 발생할 수 있다.
⑤ 새로운 시도에 대한 의지가 약한 클라이언트에게 적용이 어렵다.

답 ③

✔ 응시생들의 선택

① 30%	② 15%	③ 36%	④ 9%	⑤ 9%

③ 인지행동모델에서 사회복지사는 적극적이며 직접적으로 개입함으로써 클라이언트의 문제해결을 원조한다.

①⑤ 인지행동모델은 인지적, 행동적 차원의 변화를 이끄는 개입방법이기 때문에 지적 수준이 낮거나 새로운 시도에 대한 의지가 약한 클라이언트의 경우 적용이 어려운 측면이 있다.
② 구조화된 접근으로 기간이 단축될 수 있다고 보았지만 즉각적으로 실시될 수 있는 개입은 아니다. 위기에 놓인 클라이언트에게는 위기개입모델이 더 적합하다.
④ 일부러 어려운 과제를 주거나 겁이 많은 클라이언트를 지속적으로 공포상황에 노출시키는 등 논란이 될 수 있는 방법을 사용하기도 한다. 때문에 개입방법을 설명하고 동의를 구하여 실시한다.

인지행동모델에 관한 설명으로 옳지 않은 것은?

① 생각이 바뀌면 역기능이 해소될 수 있다고 가정한다.
② 합리정서행동치료(Rational Emotive Behavior Therapy)가 해당된다.
③ 특정 상황에서 떠오르는 생각을 점검하기 위해 행동기록일지를 작성하도록 한다.
④ 클라이언트의 주관적 경험과 책임을 강조한다.
⑤ 옹호활동을 통해 클라이언트의 자원 및 기회를 확대시킨다.

답 ⑤

✔ 응시생들의 선택

① 4%	② 3%	③ 8%	④ 18%	⑤ 67%

⑤ 옹호활동을 통해 클라이언트의 자원 및 기회를 확대시키는 것은 역량강화(=임파워먼트)모델에 해당한다.

다음 내용이 **왜 틀렸는지**를 확인해보자

01 인지행동모델에서는 인간은 수동적인 존재이며 인간의 행동은 인간의 의지에 의해 달라질 수 없기 때문에 사회복지사가 주도적으로 개입해야 한다고 본다.

> 인지행동모델에서는 인간의 행동은 인간의 의지에 의해 달라질 수 있다고 보며, 클라이언트를 수동적인 존재가 아닌 적극적인 참여자로 간주한다.

13-04-04

02 인지행동모델은 인지체계의 변화를 위한 비구조화된 접근을 강조한다.

> 인지행동모델은 구조화된 절차를 통해 이루어진다.

03 인지행동모델은 과거의 경험 및 무의식을 탐색하는 데에 긴 시간을 들인다.

> 인지행동모델은 과거의 경험 및 무의식 탐색을 강조하지 않으며 현재가 중심이 된다.

15-04-07

04 인지행동모델은 지적 수준이 낮거나 현실감이 부족한 클라이언트, 변화의 의지가 약한 클라이언트에게 적합하다.

> 지적 수준이 낮거나 현실감이 부족한 클라이언트, 변화의 의지가 약한 클라이언트에게는 적용이 어렵다.

04-04-02

05 인지행동모델은 비합리적 신념, 왜곡된 사고, **개인-환경 간 고찰** 등의 개념을 사용한다.

> 개인-환경 간 고찰은 심리사회모델의 개입기술이다.

13-04-07

06 인지행동모델은 즉각적인 위기개입이 필요한 클라이언트에게 유용한 개입방법이 된다.

> 인지행동모델은 구조화된 접근방식으로 개입의 단기화를 추구한다. 다만 클라이언트가 인지행동모델의 방식을 이해하면 효과를 올릴 수 있다고 보아 교육의 과정이 이루어지기 때문에 즉각적인 위기개입에 적합하다고 볼 수는 없다.

다음 내용이 옳은지 그른지 판단해보자

01 인지행동모델은 인지를 변화시킴으로써 행동 변화가 가능하다고 가정한다. ◎ ⊗

14-04-02
02 인지행동모델은 클라이언트의 주관적 경험과 인식을 강조한다. ◎ ⊗

15-04-07
03 인지행동모델에 따르면, 인간행동은 의지에 따라 결정되는 것은 아니다. ◎ ⊗

04 인지행동모델은 비합리적 신념, 왜곡된 사고, 인지적 오류 등이 문제의 원인이 된다고 본다. ◎ ⊗

16-04-17
05 인지행동모델은 객관적 경험을 일반화한다. ◎ ⊗

06 인지행동모델은 정신분석모델을 바탕으로 통합적 방법을 모색한 것이다. ◎ ⊗

14-04-02
07 인지행동모델은 인지체계의 변화를 위해 구조화된 접근을 한다. ◎ ⊗

08 인지행동모델에서는 클라이언트를 자기결정권을 가진 인간으로 보면서 적극적인 참여자로 간주한다. ◎ ⊗

17-04-20
09 인지행동모델은 클라이언트의 무의식적 언행에 초점을 맞춘다. ◎ ⊗

답 **01** ○ **02** ○ **03** × **04** ○ **05** × **06** × **07** ○ **08** ○ **09** ×

해설 **03** 인지행동모델은 능동적인 인간관을 갖기 때문에 인간행동은 의지에 따라 결정된다고 본다.
05 주관적 경험의 독특성을 중요시한다.
06 정신분석모델식 치료에 대한 거부가 일어나고 통합적 방법의 필요성이 제기되면서 인지행동모델이 등장하게 되었다.
09 인지행동모델은 무의식이나 과거의 경험 등에 초점을 두지 않으며 현재를 중심으로 한다.

102 인지행동모델의 개입기법

강의 QR코드

최근 10년간 **11문항** 출제

이론요약

엘리스의 합리적 정서치료

- 정신분석이 과거의 경험을 토대로 문제를 해결하는 것에 반대하며 **현재의 상황에서 해결책을 발견**할 수 있다고 봄
- 클라이언트가 갖는 **비합리적 신념에 초점을 두어 인지를 재구조화**하고자 함
- 개입과정(ABCDE 모델)
  - A(Accident, 실재하는 사건): 인간의 정서를 유발하는 어떤 사건이나 현상 또는 행위
  - B(Belief, 신념체계): A에 대해서 가지고 있는 신념, 생각
  - C(Consequence, 정서적·행동적 결과): 개인의 믿음, 인식 등으로 인해 초래된 감정이나 행동
  - D(Dispute, 논의, 논박): 치료의 논박과정. 논리성, 현실성, 효용성 등의 차원에서 클라이언트가 가진 비합리적 신념에 대해 논박하는 질문을 제시
  - E(Effect, 효과): D를 통하여 합리적인 신념으로 재구조화된 이후에 갖게 되는 태도와 감정의 결과. 논박에 따른 인지적, 정서적, 행동적 효과

벡의 인지치료

- **인지적 측면의 왜곡을 수정**함으로써 클라이언트가 가진 심리사회적 문제를 해결할 수 있다고 봄
- **클라이언트의 자동적 사고를 수정**하여 정서나 행동을 변화시키는 데에 역점을 둠
- 인지적 왜곡(오류)의 유형
  - **임의적 유추**: 충분하고 적절한 증거가 없는데도 결론에 도달하는 것
  - **선택적 요약**: 상황에 대한 현저한 특성을 무시하고 맥락에서 벗어난 세부내용에 초점을 두는 것
  - **과잉일반화**: 단일 사건에 기초하여 극단적인 신념을 가지고 그것들과 유사하지 않은 사건들이나 장면에 부적절하게 적용
  - **극대화와 극소화**: 사건의 의미나 크기를 왜곡하는 것
  - **개인화**: 관련된 적절한 원인없이 부정적 사건이나 상황을 개인에게 연결시키는 것
  - **이분법적 사고**: 실패나 성공 등 극단적인 흑과 백으로 구분하려는 경향

기본개념
사회복지실천기술론
pp.78~

즈릴라와 골드프라이드의 문제해결치료

- 일상생활에서 직면하는 문제상황에 대처해나갈 수 있도록 기술을 훈련시킴
- 문제를 도전으로 봄
- 자기통제훈련의 한 형태
- 문제해결 5단계
  - 1단계: 문제지향(문제인식)
  - 2단계: 문제정의(문제규정)와 형성
  - 3단계: 가능한 대안의 모색
  - 4단계: 의사결정
  - 5단계: 문제해결책의 실행과 검증

기타 인지행동 개입기법

인지재구조화	**역기능적 사고와 관념을 현실적 사고와 관념으로 대치**할 수 있도록 원조
경험적 학습	클라이언트에게 자기 자신의 인지적 오류에 부합하지 않는 특정한 행동을 하도록 함으로써 클라이언트가 자신의 인지적 오류를 발견하고 수정하도록 함
체계적 둔감화	**덜 위협적인 상황에서 가장 위협적인 상황으로 순서대로 제시**하면서 불안을 일으키는 자극들을 반복적으로 이완상태와 짝짓는 기법
모델링	**다른 사람의 행동을 관찰하여 학습**하는 것으로, 클라이언트는 시행착오를 겪지 않으면서 새로운 행동을 학습할 수 있음
이완훈련	근육의 수축·이완, 호흡법, 심상법 등을 통해 스트레스 상황에서 겪는 긴장감, 불안감, 우울, 분노 등의 감정에 대처할 수 있도록 함
시연	클라이언트가 어떤 행동을 현실 세계에서 실행하기에 앞서 **사회복지사 앞에서 미리 연습**
자기지시기술	클라이언트가 변화시키기 원하는 행동에 대한 실천지침을 작성하여 스스로 실행해보도록 함
내적 의사소통의 명료화	클라이언트가 **독백하는 과정**에 사회복지사가 그때그때 피드백을 함으로써 클라이언트는 자신이 가지고 있는 인지적 오류나 비합리적 신념을 이해하고 통찰하게 되어 인지적 변화가 일어날 수 있음
설명	클라이언트에게 감정이 어떻게 행동에 영향을 미치는지에 대해서 엘리스의 ABC모델을 적용하여 설명
기록과제	클라이언트에게 자신의 문제에 엘리스의 ABC모델을 적용하여 기록해볼 수 있도록 과제 부여
역설적 의도	**클라이언트가 염려하는 특정 행동을 더욱 강화하도록 지시**하여 그 행동에 관한 인지적 오류를 감소시키고 조절력을 증가시키는 전략
역동적·실존적 사고 반영	• 역동적 사고 반영: 문제 상황을 객관적, 경험적, 이론적 차원에서의 역동적 사고를 통해 해결 • 실존적 사고 반영: 개인의 삶의 의미와 잠재적 의미에 초점을 두어 인지구조를 재구조화
사회기술훈련	원만한 대인관계 및 사회적 관계를 맺기 어려운 사람들을 대상으로 함. **주로 집단활동**으로 실시. **다양한 행동주의적 기법을 활용**

01 (22-04-07) 인지행동모델의 개입기법 중 내적 의사소통 명료화는 클라이언트 스스로 자신에 대해 독백하고 사고하는 과정이다.

02 (21-04-04) 임의적 추론: 내가 뚱뚱해서 지나가는 사람들이 나만 쳐다봐.

03 (21-04-04) 개인화: 그때 내가 전화만 받았다면 동생이 사고를 당하지 않았을 텐데. 나 때문이야.

04 (21-04-04) 이분법적 사고: 이 일을 완벽하게 하지 못하면 실패한 것이야.

05 (21-04-04) 선택적 요약: 지난번 과제에서 나쁜 점수를 받았어. 이건 내가 꼴찌라는 것을 의미해.

06 (21-04-06) 시연: 클라이언트가 힘들어하는 행동에 대해 실생활에서 실행 전에 반복적으로 연습하는 것

07 (21-04-06) 체계적 둔감법: 두려움이 적은 상황부터 큰 상황까지 단계적으로 노출시켜 문제를 극복하도록 하는 것

08 (21-04-06) 내적 의사소통의 명료화: 클라이언트가 자신의 생각을 말로 표현하고, 피드백을 통해 사고의 명료화를 돕는 것

09 (21-04-21) 사회기술훈련 단계: 1. 사회기술훈련의 필요성에 대한 이해 → 2. 문제가 발생하는 상황 확인 → 3. 사회기술의 구성요소 확인 → 4. 사회기술의 시연 → 5. 역할극을 통한 연습 → 6. 긍정적 강화 및 평가 → 7. 반복적인 연습 → 8. 실제 상황에 적용

10 (20-04-09) 내적 의사소통의 명료화, 모델링, 기록과제, 자기지시 등은 인지행동모델의 개입방법에 해당한다.

11 (20-04-13) '그 생각이 문제해결에 얼마나 도움이 될까요?'라는 질문은 실용성에 관한 논박기법을 사용한 것이다.

12 (20-04-15) 정적 강화, 역할 연습, 과제를 통한 연습 등은 사회기술훈련에서 사용되는 행동주의모델의 기법이다.

13 (18-04-05) 사회기술훈련에서는 코칭, 과제제시, 모델링, 자기옹호 등의 기법을 활용한다.

14 (18-04-19) 인지적 오류 중 선택적 사고는 상황에 대한 자신의 관점을 지지하기 위해 특정 자료들을 걸러 내거나 무시하는 것이다.

15 (17-04-07) 인지행동모델의 개입기법 중 하나인 행동형성은 강화원리를 따른다.

16 (17-04-07) 인지행동모델에서 체계적 탈감법은 고전적 조건화에 근거한다.

17 (14-04-14) 사회기술훈련은 사회복귀지원 프로그램에 적용이 가능하다.

18 (12-04-01) 문제해결모델은 문제를 위험으로 보지 않고 도전으로 인식하도록 돕는다.

19 (12-04-01) 문제해결모델은 변화의 동기나 의지가 약한 클라이언트에게 적합하지 않은 모델이다.

20 (12-04-04) 이분법적 사고: 최고가 아니면 모두 실패자인 거야.

21 (12-04-04) 임의적 추론: 내가 너무 뚱뚱해서 사람들이 다 나만 쳐다보는 것 같아.

22 (12-04-04) 개인화: 내가 신고만 빨리 했어도 지하철 화재로 사람들이 죽지 않았을 텐데.

23 (12-04-04) 과잉일반화: 내가 너무 못생겨서 남자친구가 떠났으니 결혼도 하기 어렵겠지.

24 (12-04-10) 사회기술훈련은 역할연습, 시연, 모델링, 직접적 지시 등을 활용한다.

25 (11-04-08) '경험적 학습'은 왜곡된 인지에 도전하여 변화를 유도하는 것으로 인지적 불일치 원리를 적용한다.

26 (11-04-08) '인지 재구조화'는 역기능적인 사고와 신념을 현실에 맞는 것으로 대치하도록 하여 기능 향상을 돕는다.

27 (11-04-08) '내적 의사소통의 명료화'를 통해 자신의 독백과 생각의 비합리성을 이해할 수 있다.

28 (11-04-23) 사회기술훈련은 문제가 발생하는 실제 상황을 자세하게 파악해야 한다.

29 (11-04-23) 사회기술훈련은 특정 행동의 복잡한 유형을 세분하여 이해하고 훈련해야 한다.

30 (11-04-23) 사회기술훈련은 반복적인 예행연습을 통해 원하는 기술 수준에 도달하도록 해야 한다.

31 (10-04-16) 인지행동모델은 특정 상황에서 떠오르는 생각을 점검하기 위해 행동기록일지를 작성하도록 한다.

32 (09-04-13) 모델링은 시행착오를 줄이고 성공경험을 촉진한다.

33 (09-04-13) 모델링은 행동뿐 아니라 행동에 대한 감정과 태도변화를 도모한다.

34 (09-04-13) 모델링은 모방할 행동에 대한 관찰학습 기회를 제공한다.

35 (08-04-06) 축소(극소화)의 예: 시험에 합격한 일 정도는 누구나 할 수 있는 일이야.

36 (05-04-11) 역설적 지시: 클라이언트가 특정 행동에 불안을 보일 때 특정 행동을 증가시키게 해서 인지적 오류를 깨닫게 하고 불안을 감소시킨다.

37 (05-04-07) 엘리스의 합리정서치료는 비합리적인 신념을 합리적으로 바꾸어주는 것에 초점을 둔다.

38 (04-04-19) 과잉일반화의 예: 자신이 원하는 곳에 취업원서를 넣었다가 낙방한 사람이 자신은 무능력하고 되는 일이 없는 무가치한 사람이라고 결론을 지었다.

39 (03-04-09) 인지 재구조화는 잘못된 신념체계를 찾아 재수정하는 것이다.

40 (03-04-06) 이분법적 사고: 실패나 성공 등 극단적인 흑과 백으로 구분하려는 성향

41 (03-04-06) 개인화: 자신과 관계없는 외부의 사건을 자신의 탓으로 여기는 경우

42 (03-04-06) 과잉일반화: 단일 사건에 기초하여 극단적인 신념을 가지고 그것들과 유사하지 않은 사건들이나 장면에 부적절하게 적용하는 것

43 (03-04-06) 임의적 유추: 충분하고 적절한 증거가 없는 데도 결론에 도달하는 것

대표기출 확인하기

난이도 ★★★

인지행동모델 개입 기법에 관한 설명으로 옳은 것은?

① 행동시연: 관찰학습 과정을 통해 클라이언트가 시행착오를 거치지 않고 행동할 수 있도록 한다.

② 유머사용: 인지적 기법의 하나로서 비합리적인 신념에서 오는 불안을 감소시키는데 유용하다.

③ 내적 의사소통 명료화: 클라이언트 스스로 자신에 대해 독백하고 사고하는 과정이다.

④ 역설적 의도(paradoxical intention): 클라이언트의 역기능적 사고를 인식하고 이를 현실적인 사고로 대치한다.

⑤ 이완훈련: 클라이언트가 가장 덜 위협적인 상황에서 가장 위협적인 상황까지 순서대로 제시한다.

▶ **알짜확인**

• 인지행동모델은 인지적 차원, 행동적 차원에 모두 접근하기 때문에 행동적 기법들을 활용함과 동시에 다양한 인지적, 정서적 차원의 전략과 사회환경 차원의 전략도 사용된다.

• 단순하게 인지행동모델에서 사용하는 개입방법을 묻기도 하지만, 인지적 오류의 유형, 엘리스의 개입과정을 비롯해 체계적 둔감법, 사회기술훈련 등 여러 기술이 구체적으로 다뤄지기도 하고 사례제시형으로 출제되기도 하기 때문에 꼼꼼한 학습과 다양한 문제풀이로 대비하는 것이 필요하다.

답 ③

✔ **응시생들의 선택**

① 13%	② 12%	③ 38%	④ 22%	⑤ 15%

① 행동시연의 과정에서 클라이언트는 얼마든지 시행착오를 겪을 수 있으며, 그 시행착오를 통해 실제 상황에서의 시행착오를 줄일 수 있다.

② 유머를 통해 클라이언트가 불필요하게 진지해지거나 지나치게 심각해지지 않도록 막을 수 있다. 정서적 개입의 하나로, 인지적 개입과 달리 내담자의 비합리적 신념을 직접 다루는 것은 아니다.

④ 역설적 의도는 클라이언트가 변화하고자 하는 모습과는 정반대되는 행동을 해보도록 하는 것이다. 이를 통해 자신의 문제를 또다른 관점에서 바라볼 수 있게 된다.

⑤ 이완훈련은 근육이완, 호흡법 등을 훈련하여 불안감, 긴장감 등을 완화할 수 있도록 하는 것이다.

관련기출 더 보기

난이도 ★★★

인지적 오류(왜곡)에 관한 예로 옳지 않은 것은?

① 임의적 추론: 내가 뚱뚱해서 지나가는 사람들이 나만 쳐다봐.

② 개인화: 그때 내가 전화만 받았다면 동생이 사고를 당하지 않았을 텐데. 나 때문이야.

③ 이분법적 사고: 이 일을 완벽하게 하지 못하면 실패한 것이야.

④ 과잉일반화: 시험보는 날인데 아침에 미역국을 먹었으니 나는 떨어질거야.

⑤ 선택적 요약: 지난번 과제에서 나쁜 점수를 받았어. 이건 내가 꼴찌라는 것을 의미해.

답 ④

✔ **응시생들의 선택**

① 8%	② 17%	③ 8%	④ 38%	⑤ 29%

④ 미역국이 시험 결과에 대한 적절한 증거가 아니라는 점에서 임의적 추론에 해당한다. 임의적 추론은 이처럼 제시된 증거가 결과를 도출하기에 부적절한 것을 말한다.

과잉일반화는 한두 번 있었던 사건을 유사한 모든 사건에 동일하게 적용하는 것으로, 면접에 한 번 떨어진 사람이 '나는 어느 회사에서 면접을 보든 항상 떨어질꺼야'라는 싹쓸이식 부정적 결론을 내리는 것을 말한다.

사회기술훈련의 단계를 순서대로 옳게 나열한 것은?

> ㄱ. 역할극　　　　　ㄴ. 적용
> ㄷ. 시연　　　　　　ㄹ. 평가

① ㄱ → ㄷ → ㄴ → ㄹ
② ㄱ → ㄷ → ㄹ → ㄴ
③ ㄴ → ㄷ → ㄹ → ㄱ
④ ㄷ → ㄱ → ㄴ → ㄹ
⑤ ㄷ → ㄱ → ㄹ → ㄴ

답 ⑤

☑ 응시생들의 선택

① 37%	② 14%	③ 2%	④ 31%	⑤ 16%

1. 사회기술훈련의 필요성에 대한 이해 → 2. 문제가 발생하는 상황 확인 → 3. 사회기술의 구성요소 확인 → 4. 사회기술의 시연 → 5. 역할극을 통한 연습 → 6. 긍정적 강화 및 평가 → 7. 반복적인 연습 → 8. 실제 상황에 적용

인지행동모델에서 비합리적인 사고에 대해 '실용성에 관한 논박기법'을 사용한 질문은?

① 그 생각이 옳다는 것을 어떻게 아세요?
② 지금 느끼는 감정을 명확하게 설명할 수 있으세요?
③ 그 일이 실제로 일어날 가능성이 얼마나 될까요?
④ 그 생각이 문제해결에 얼마나 도움이 될까요?
⑤ 그 생각의 논리적 근거는 무엇입니까?

답 ④

☑ 응시생들의 선택

① 6%	② 6%	③ 22%	④ 47%	⑤ 19%

- 논리성: 지금 하는 생각의 논리적 근거를 질문
- 현실성: 지금 하는 생각이 갖는 현실성에 대한 질문
- 실용성(효용성): 지금 하는 생각이 클라이언트에게 어떤 유익을 주는지에 대해 질문

인지행동모델의 개입방법에 해당되는 것을 모두 고른 것은?

> ㄱ. 내적 의사소통의 명료화
> ㄴ. 모델링
> ㄷ. 기록과제
> ㄹ. 자기지시

① ㄱ, ㄴ
② ㄷ, ㄹ
③ ㄱ, ㄴ, ㄷ
④ ㄴ, ㄷ, ㄹ
⑤ ㄱ, ㄴ, ㄷ, ㄹ

답 ⑤

☑ 응시생들의 선택

① 19%	② 7%	③ 10%	④ 19%	⑤ 45%

사회기술훈련에서 활용되는 기법을 모두 고른 것은?

> ㄱ. 코칭　　　　　　ㄴ. 과제제시
> ㄷ. 모델링　　　　　ㄹ. 자기옹호

① ㄱ, ㄷ
② ㄴ, ㄹ
③ ㄱ, ㄴ, ㄷ
④ ㄴ, ㄷ, ㄹ
⑤ ㄱ, ㄴ, ㄷ, ㄹ

답 ⑤

☑ 응시생들의 선택

① 6%	② 1%	③ 39%	④ 3%	⑤ 51%

코칭, 과제제시, 모델링 등 다양한 행동주의적 기법을 사용하며, 타인에게 도움을 요청 또는 거절하는 방법, 자기주장을 하는 방법 등을 다룬다.

인지적 왜곡이나 오류의 유형에 관한 설명으로 옳은 것은?

① 과잉일반화는 정반대의 증거나 증거가 없음에도 불구하고 어떤 결론을 내리는 것이다.
② 임의적 추론은 상반된 사고의 경향성을 보이는 것이다.
③ 개인화는 하나 또는 별개의 사건들을 가지고 결론을 내린 후 비논리적으로 확장하는 것이다.
④ 선택적 사고는 상황에 대한 자신의 관점을 지지하기 위해 특정 자료들을 걸러 내거나 무시하는 것이다.
⑤ 과장과 축소는 하나의 사건 혹은 별개의 사건들의 결론을 주관적으로 내리는 것이다.

답 ④

✔ 응시생들의 선택

① 9%	② 3%	③ 5%	④ 78%	⑤ 5%

① 과잉일반화: 어떤 사건에 대한 결론이나 법칙을 끌어내서 관련 없는 상황에 광범위하게 적용하는 것
② 임의적 추론: 정반대의 증거나 증거가 없음에도 불구하고 어떤 결론을 내리는 것
③ 개인화: 관련된 적절한 원인 없이, 부정적인 사건이나 상황을 개인에게 연결시키는 것
⑤ 과장과 축소: 사건이나 경험의 의미나 크기를 왜곡하여 사건이나 경험이 실제로 가진 중요성과 무관하게 과대평가하거나 과소평가하는 것

인지행동모델의 개입기법에 관한 설명으로 옳지 않은 것은?

① 행동형성은 강화원리를 따른다.
② 모델링은 관찰학습과정을 통해 이루어진다.
③ 경험적 학습에는 인지불일치원리가 적용된다.
④ 타임아웃은 정적강화원리를 이용한 것이다.
⑤ 체계적 탈감법은 고전적 조건화에 근거한다.

답 ④

✔ 응시생들의 선택

① 2%	② 3%	③ 22%	④ 58%	⑤ 15%

④ 정적강화는 바람직한 행동을 증가시키기 위해 긍정적 강화물을 제시하는 것을 말한다. 한편, 타임아웃은 어떤 행동을 했을 때 강화물이 많은 상태에서 강화물이 적거나 없는 상태로 옮겨놓음으로써 바람직하지 못한 행동을 하지 못하게 하는 방법으로, 후속결과에 따라 강화가 될 수도 있고 처벌이 될 수도 있다.

인지행동모델의 개입기법에 관한 설명으로 옳지 않은 것은?

① '과제수행'을 통해 새로운 행동을 배우거나 과거의 부정적 반응을 제거할 수 있다.
② '내적 의사소통의 명료화'를 통해 자신의 독백과 생각의 비합리성을 이해할 수 있다.
③ '설명'은 클라이언트의 행동이 어떻게 생각에 영향을 미치는지를 알려주어 인지 변화를 유도한다.
④ '경험적 학습'은 왜곡된 인지에 도전하여 변화를 유도하는 것으로 인지적 불일치 원리를 적용한다.
⑤ '인지 재구조화'는 역기능적인 사고와 신념을 현실에 맞는 것으로 대치하도록 하여 기능 향상을 돕는다.

답 ③

✔ 응시생들의 선택

① 15%	② 11%	③ 18%	④ 54%	⑤ 2%

③ 클라이언트의 행동이 생각에 미치는 영향이 아니라 생각이 행동에 어떤 영향을 미치는지를 설명함으로써 인지변화를 통한 행동 및 정서 변화를 유도한다.

엘리스의 합리정서모델에 대한 설명으로 틀린 것은?

① 부정적인 섭식장애는 왜곡된 지각에서 비롯된다.
② 클라이언트에 대한 비난공격이 치료의 핵심이다.
③ 왜곡된 지각은 비합리적인 신념이 뿌리이다.
④ 비합리적인 신념을 합리적으로 바꾸어주는 것이 치료의 초점이다.
⑤ 부정적인 자기말(self-talk)은 문제상황을 더 악화시킨다.

답 ②

✔ 응시생들의 선택

① 8%	② 58%	③ 12%	④ 7%	⑤ 11%

② 합리정서모델에서 치료의 핵심은 부정적 감정의 근원이 되는 비합리적 신념을 밝혀내고 도전함으로써 재구조화하는 것에 있다.

다음 내용이 왜 틀렸는지를 확인해보자

06-04-01

01 인지행동모델의 개입기법 중 역할연기, **소크라테스식 문답법**, 모델링 등은 행동적 전략이다.

> 역할연기, 모델링은 행동적 전략에 해당하며, 소크라테스식 문답법은 인지적 전략이다.

07-04-15

02 자유연상은 강박적 사고로 인해 불안감을 호소하는 클라이언트에게 적용가능한 **인지행동기법**이다.

> 자유연상은 정신역동모델의 치료기법이다.

03 즈릴라와 골드프라이드가 제시한 문제해결치료모델은 **클라이언트가 스스로 치료할 수 없기 때문에 사회복지사가 치료자로서 기능해야 함**을 강조한다.

> 클라이언트가 스스로 치료자로서 기능할 수 있도록 하는 훈련을 강조한다.

04 엘리스는 인간의 정서적, 행동적 결과에 영향을 미치는 원인으로서 사건에 대한 관점이나 시각보다 **사건이나 사실 그 자체를 살펴봐야 한다**고 보았다.

> 특정 사건이나 사실 그 자체가 아닌 그것을 바라보는 시각, 신념체계를 중요시한다.

12-04-04

05 "내가 신고만 빨리 했어도 지하철 화재로 사람들이 죽지 않았을 텐데."라는 생각은 인지적 왜곡의 유형 중 **임의적 추론**에 해당한다.

> 개인화에 해당한다.

09-04-02

06 형제가 많은 집에서 유독 사랑을 독차지하며 자란 클라이언트가 "다른 사람들이 나를 대접해주지 않으면 참을 수 없다"고 하는 것은 **벡의 인지적 오류 중 과잉일반화에 해당**한다.

> 엘리스가 제시한 비합리적 신념 중 인정의 욕구에 해당한다.

빈칸에 들어갈 알맞은 말을 채워보자

01 인지적 왜곡 중 (   )은/는 어떤 상황의 전체적인 맥락을 보지 않고 특정 세부내용에만 초점을 두어 왜곡하는 것을 말한다.

12-04-04

02 "최고가 아니면 모두 실패자."라고 생각하는 것은 인지 왜곡 중 (   )에 해당한다.

12-04-04

03 "선생님은 나를 미워하니까 성적도 나쁘게 줄 거야."는 인지 왜곡 중 (   )에 해당한다.

04 엘리스의 ABCDE 모델에서 A는 실재하는 사건, B는 A에 대해 갖는 (   )을/를 말한다.

05 엘리스의 모델에서 비합리적 신념에 대한 논박(D)에 따른 효과(E) 중 (   )적 효과는 클라이언트가 어떤 상황에 대한 적절한 느낌을 갖게 된다는 것이다.

06 벡은 사람들의 감정이나 행동은 사건 자체가 아니라 그 사건에 대한 주관적 해석에 따른다고 보면서 (   )가설을 설명하였다.

답 **01** 선택적 요약 **02** 이분법적 사고 **03** 임의적 추론 **04** 신념체계 **05** 정서 **06** 인지매개

다음 내용이 옳은지 그른지 판단해보자

09-04-13
01 모델링을 통해 클라이언트의 시행착오를 줄이고 성공경험을 촉진할 수 있다. ⊙ ⊗

02 인지행동모델은 인지재구조화를 통해 잘못된 신념체계를 수정한다. ⊙ ⊗

03-04-06
03 인지적 왜곡 중 선택적 요약은 사건의 의미나 크기를 왜곡하는 것을 말한다. ⊙ ⊗

11-04-08
04 경험적 학습은 왜곡된 인지에 도전하여 변화를 유도하는 것으로 인지적 불일치 원리를 적용한다. ⊙ ⊗

05 체계적 둔감법은 클라이언트가 가장 위협적이라고 느끼는 극한의 상황을 먼저 제시하여 불안 상황에 둔감해지도록 하는 방법이다. ⊙ ⊗

11-04-23
06 사회기술훈련에서는 난이도가 높은 과제로부터 쉬운 과제를 주는 조성화의 원칙을 준수해야 한다. ⊙ ⊗

10-04-16
07 사회기술훈련을 위해 강화, 모델링, 과제부여, 역할연습 등을 실시할 수 있다. ⊙ ⊗

08 우울증, 불안증 같은 정신적 문제를 호소하는 클라이언트에게 사회기술훈련은 적절하지 않다. ⊙ ⊗

답 **01** ○ **02** ○ **03** × **04** ○ **05** × **06** × **07** ○ **08** ×

해설 **03** 사건의 의미나 크기를 왜곡하는 것은 극대화 및 극소화에 해당한다.
05 체계적 둔감법은 덜 위협적으로 느끼는 상황에서 점차적으로 더 위협적으로 느끼는 상황으로 순서대로 제시하여 그 상황에 대한 불안을 완화시키는 방법이다.
06 쉬운 과제부터 부여하여 점차 어려운 과제를 제시하고 복잡한 기술을 세분화하여 시행한다.
08 사회기술훈련은 공격적인 사람들, 자기중심적인 사람들 등 대인관계에 어려움이 있는 사람들의 사회기술 향상을 위해 실시하게 된다. 우울증, 불안증 같은 정신적 문제를 호소하는 클라이언트들에게도 가능하다.

103 행동주의이론, 행동수정모델

강의 QR코드

1 회독	2 회독	3 회독
월 일	월 일	월 일

최근 10년간 **6문항** 출제

이론요약

행동주의이론의 주요 개념

▶ 특징
- 인간은 과거의 경험이나 심리 내적 역동보다는 외부 환경이나 자극에 의해 학습된다고 보는 이론
- 클라이언트가 잘못된 혹은 부정적인 행동을 모방하거나 학습한 결과로 역기능적 행동을 보인다고 주장
- 자기 자신에 의한 조절 및 타인에 의한 조절로 인간의 행동이 일어남
- 조작적 행동: 인간의 행동은 그 행동의 결과가 유쾌한 것이면 강화되고, 불쾌한 것이면 감소 혹은 소거됨
- 인간의 행동은 고전적 조건화, 조작적 조건화, 대리적 조건화에 의해 학습된다고 봄

▶ 고전적 조건화(반응적 조건화)
- 행동을 유발시키는 힘이 없는 중성자극에 반응유발 능력을 불어넣어 조건자극으로 변화시키는 과정
- 반응적 조건화에 의해 학습된 반응적 행동은 선행자극에 대한 반응으로서 나타난 행동임
- 파블로프(Pavlov)의 개 실험

▶ 조작적 조건화(조건 형성)
- 어떤 반응에 대해 선택적으로 보상함으로써 그 반응이 일어날 확률을 증가시키거나 감소시키는 방법
- 행동 이후에 주어지는 결과에 대한 기대 때문에 학습됨
- 강화: 바람직한 행동을 증가시키기 위한 방법
  - 정적 강화: 바람직한 행동이 일어날 수 있도록 긍정적 강화물을 제시함
  - 부적 강화: 바람직한 행동이 일어날 수 있도록 혐오 자극을 제거함
- 처벌: 바람직하지 않은 행동의 발생빈도를 감소시키는 방법
  - 정적 처벌: 바람직하지 않은 행동을 감소시키기 위해 혐오 자극을 제시함
  - 부적 처벌: 바람직하지 않은 행동을 감소시키기 위해 긍정적 강화물을 제거함
- 소거: 행동이 강화되지 않으면 약화됨. 간헐적으로 강화된 행동일수록 소거가 어려움

기본개념

사회복지실천기술론
pp.65~

▶ 대리적 조건화
- 다른 사람의 행동을 관찰함으로써 새로운 행동을 학습하는 것
- 직접적인 처벌이나 보상이 없어도 행동습득 가능
- 모델링, 행동시연, 역할연습, 사회기술훈련 등
- 반두라의 사회학습이론에서 소개된 개념

행동수정모델의 개입기술

선행조건의 회피, 선행조건의 압축, 선행조건의 재인식, 행동연쇄의 변화, 멈춤, 언어적 지시, 사고 중단, 소거, 대체행동, 행동형성(조성), 용암법, 모델링 등

기출문장 CHECK

01 (21-04-06) 행동조성은 특정 행동 수준까지 끌어올리기 위해 작은 단위의 행동으로 나누어 과제를 주는 것이다.

02 (20-04-16) 행정수정모델은 선행요인, 행동, 강화요소에 의해 인간행동을 예측하고 통제할 수 있다고 본다.

03 (16-04-04) 소거는 바람직하지 않은 행동에 대해 관심이나 반응을 보이지 않음으로써 그 행동의 빈도를 감소시키는 방법을 말한다.

04 (16-04-13) 정적 강화는 바람직한 행동이 지속될 수 있도록 긍정적 강화물을 제공하는 것을 말한다.

05 (16-04-13) 발표를 잘 하는 사람을 모델로 하여 행동을 학습하게 하는 것은 모델링 기법이다.

06 (16-04-13) 체계적 둔감법은 불안자극과 불안반응 간 연결이 없어질 때까지 반복적, 점진적으로 문제상황에 노출시켜 문제 상황에 대해 둔감해질 수 있도록 하는 기법이다.

07 (15-04-14) 행동조성은 목표행동을 세분화하여 연속적, 단계적으로 강화하는 것이다.

08 (15-04-14) 행동수정모델은 처벌받는 행동은 발생빈도가 줄어든다고 전제한다.

09 (15-04-14) 행동수정모델에 따르면, 간헐적으로 강화된 행동은 소거하기 어렵다.

10 (15-04-14) 행동수정모델에 따르면, 긍정적인 강화는 행동의 발생빈도와 정도를 증가시킨다.

11 (11-04-11) 행동수정모델에서 부적 강화는 불쾌한 자극을 제거함으로써 행동을 증가시킨다.

12 (06-04-09) "자라 보고 놀란 가슴 솥뚜껑 보고 놀란다" – 고전적 조건화

13 (06-04-11) 칭찬을 해줌으로써 행동의 발생가능성을 증대시켰다. – 정적 강화

14 (06-04-11) 용돈을 주지 않음으로써 행동의 발생가능성을 감소시켰다. – 부적 처벌

대표기출 확인하기

21-04-06 난이도 ★★★

사회복지실천의 개입기법에 관한 설명으로 옳지 않은 것은?

① 소거: 부적 처벌의 원리를 이용하여 바람직하지 않은 행동을 중단시키는 것

② 시연: 클라이언트가 힘들어하는 행동에 대해 실생활에서 실행 전에 반복적으로 연습하는 것

③ 행동조성: 특정 행동 수준까지 끌어올리기 위해 작은 단위의 행동으로 나누어 과제를 주는 것

④ 체계적 둔감법: 두려움이 적은 상황부터 큰 상황까지 단계적으로 노출시켜 문제를 극복하도록 하는 것

⑤ 내적 의사소통의 명료화: 클라이언트가 자신의 생각을 말로 표현하고, 피드백을 통해 사고의 명료화를 돕는 것

> **알짜확인**
>
> • 인지행동모델의 이론적 기반이 되는 행동주의이론 및 행동수정모델의 주요 개념과 개입기술을 정리해두어야 한다.

답 ①

✔ **응시생들의 선택**

① 53%	② 23%	③ 14%	④ 4%	⑤ 6%

① 소거는 바람직하지 않은 행동에 대해 강화물을 주지 않음으로써 그 행동의 발생을 억제, 감소시키는 것이다. 예를 들면, 책을 읽지 않는 아이에게 책을 읽도록 하기 위해 칭찬과 용돈을 주며 강화시켰는데, 그 행동이 지나쳐 책을 읽으라 밤에 잠을 자지 않으려고 한다면 더 이상 강화물을 주지 않음으로써 감소시키는 것이 소거이다. 즉 처벌이 아니라 그 행동에 대해 반응하지 않고 무시하는 방식으로 그 행동이 소멸되도록 하는 전략이다.

관련기출 더 보기

22-04-08 난이도 ★★☆

사회복지실천모델에 관한 설명으로 옳지 않은 것은?

① 역량강화모델의 발견단계에서는 사정, 분석, 계획하기를 수행한다.

② 클라이언트중심모델은 문제해결에 대한 클라이언트의 책임을 강조한다.

③ 행동주의모델에서는 인간을 병리적인 관점에서 바라본다.

④ 위기개입모델에서 위기는 사건 자체보다 사건에 대한 개인의 주관적 현실에 기반을 두고 있다.

⑤ 해결중심모델은 사회구성주의 시각을 가진다.

답 ③

✔ **응시생들의 선택**

① 6%	② 11%	③ 67%	④ 11%	⑤ 5%

③ 행동주의는 정신분석이론의 한계를 지적하고 이를 반대하면서 제시된 것으로 인간을 병리적 관점에서 바라보지 않는다.

16-04-04 난이도 ★★☆

다음의 사례에서 사용한 행동주의모델 전략은?

> 아이가 버릇없이 굴 때마다 어머니는 아이를 달래주거나 야단을 쳤다. 그래도 아이의 행동이 변화되지 않자, 어머니는 생각을 바꿔 아이를 달래주지도, 야단치지도 않았다. 그 결과, 아이의 버릇없는 행동이 감소되었다.

① 멈춤   ② 소거

③ 사회기술훈련   ④ 행동형성(shaping)

⑤ 대리적 조건 형성

답 ②

✔ **응시생들의 선택**

① 9%	② 80%	③ 1%	④ 7%	⑤ 3%

소거는 바람직하지 않은 행동(특히 이전에는 보상을 받아 강화된 행동이지만 그 정도가 지나쳐 이제 바람직하지 않게 된 행동)에 대해 관심이나 반응을 보이지 않음으로써 그 행동의 빈도를 감소시키는 방법을 말한다.

대중 앞에서 발표할 때 만성적 긴장과 불안을 호소하는 클라이언트의 문제를 해결하기 위한 다음의 실천활동에 포함되지 않은 기법은?

> 사회복지사는 대중 앞에서 발표를 잘 하는 사람의 동영상을 클라이언트에게 여러 차례 보여주었다. 이후 사회복지사 앞에서 간단한 발표를 반복적으로 연습하게 한 후, 2~3명 앞에서 발표하게 하였다. 발표에 앞서 사회복지사는 20초 복식호흡과 함께 평화로운 하늘의 구름을 연상하도록 지시하였다. 그 후, 그룹의 크기를 조금씩 키워가면서 발표하도록 하였고, 나중에는 200여 명 앞에서 발표를 하도록 하였다. 이때도 복식호흡과 심상훈련을 하게 하였다.

① 시연
② 모델링
③ 이완훈련
④ 정적 강화
⑤ 체계적 둔감화

답 ④

✓ 응시생들의 선택

① 4%	② 3%	③ 3%	④ 79%	⑤ 11%

④ 정적 강화는 바람직한 행동이 지속될 수 있도록 긍정적 강화물을 제공하는 것을 말한다. 문제의 사례에서는 이에 해당하는 내용이 없다.

① 사회복지사 앞에서 먼저 발표를 반복적으로 연습하도록 하는 것은 시연에 해당한다.
② 발표를 잘 하는 사람을 모델로 하여 행동을 학습하게 한 것은 모델링 기법이다.
③ 복식호흡, 심상훈련 등은 이완훈련에 해당한다.
⑤ 2~3명에서 시작하여 200명까지 청중 인원을 늘려가며 점진적으로 노출시킨 것은 체계적 둔감화에 해당한다.

행동수정모델의 개입기술에 관한 설명으로 옳은 것을 모두 고른 것은?

> ㄱ. 처벌받는 행동은 발생빈도가 줄어든다.
> ㄴ. 간헐적으로 강화된 행동은 소거하기 어렵다.
> ㄷ. 긍정적인 강화는 행동의 발생빈도와 정도를 증가시킨다.
> ㄹ. 부적 처벌은 체벌을 제시함으로써 행동의 발생가능성을 감소시킨다.

① ㄹ
② ㄱ, ㄷ
③ ㄴ, ㄹ
④ ㄱ, ㄴ, ㄷ
⑤ ㄱ, ㄴ, ㄷ, ㄹ

답 ④

✓ 응시생들의 선택

① 5%	② 44%	③ 4%	④ 22%	⑤ 25%

ㄹ. 부적 처벌은 바람직하지 않은 행동을 감소시키기 위해 긍정적 강화물을 제거하는 것이다.

행동수정모델에서 사용하는 강화와 처벌에 관한 설명으로 옳은 것은?

① 부적 강화는 불쾌한 자극을 제거함으로써 행동을 증가시킨다.
② 정적 강화는 강화를 제공함으로써 행동을 감소시킨다.
③ 강화는 바람직하지 않은 행동을 감소시키기 위해 사용하는 방법이다.
④ 정적 처벌은 행동의 결과로 불쾌한 자극을 제거함으로써 이루어진다.
⑤ 부적 처벌은 불쾌한 자극을 주어 잘못된 행동을 수정하는 것이다.

답 ①

✓ 응시생들의 선택

① 64%	② 4%	③ 4%	④ 7%	⑤ 22%

② 정적 강화는 강화물을 제공하여 행동을 증가시킨다.
③ 강화는 바람직한 행동을 증가시키기 위해 사용하는 방법이다.
④ 정적 처벌은 불쾌한 자극을 제시하여 바람직하지 않은 행동을 감소시키는 것이다.
⑤ 부적 처벌은 긍정적 강화물을 제거하여 잘못된 행동을 수정하는 것이다.

복습 3 정답훈련

빈칸에 들어갈 알맞은 말을 채워보자

11-04-11

01 바람직한 행동을 증가시키기 위한 방법은 (①), 바람직하지 않은 행동을 감소시키는 방법은 (②)이다.

06-04-09

02 '자라 보고 놀란 가슴 솥뚜껑 보고 놀란다'는 ( ) 조건화와 관련이 깊다.

03 바람직하지 않은 행동을 감소시키기 위해 회초리 등의 혐오자극을 제시하는 것은 ( ) 처벌에 해당한다.

06-04-11

04 용돈을 주지 않음으로써 좋지 않은 행동의 발생 가능성을 감소시킨 것은 부적 ( )에 해당한다.

 답 **01** ① 강화 ② 처벌 **02** 고전적(반응적) **03** 정적 **04** 처벌

다음 내용이 옳은지 그른지 판단해보자

15-04-14

01 행동수정모델에서는 처벌받는 행동은 발생빈도가 줄어든다고 전제한다. ⭕❌

02 모델링, 역할연습, 사회기술훈련 등은 대리적 조건화에 해당한다. ⭕❌

06-04-17

03 소거는 반응을 강화 또는 유지하기 위한 수단이다. ⭕❌

15-04-14

04 간헐적으로 강화된 행동은 소거하기 어렵다. ⭕❌

답 **01** ⭕ **02** ⭕ **03** ✕ **04** ⭕

해설 **03** 소거는 강화되지 않는 행동은 약화된다는 원리이다. 바람직하지 않은 행동, 특히 이전에는 보상을 받아 강화된 행동이지만 그 정도가 지나쳐 이제 바람직하지 않게 된 행동에 대해 더 이상 강화물을 주지 않음으로써 그 행동의 발생을 억제시킬 수 있다.

5장

과제중심모델

이 장에서는

과제중심모델은 구조화된 접근을 통해 단기개입을 추구한다는 점, 다양한 이론을 선택적으로 활용하는 통합적 접근이라는 점과 함께 표적문제, 과제 등의 특징을 파악해두어야 한다.

10년간 출제분포도

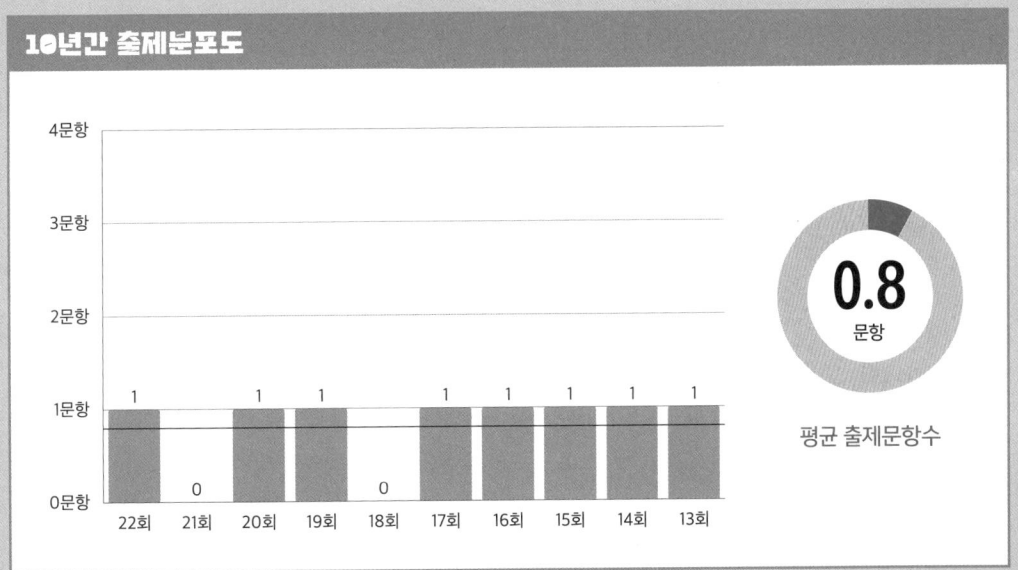

	22회	21회	20회	19회	18회	17회	16회	15회	14회	13회
문항수	1	0	1	1	0	1	1	1	1	1

0.8 문항

평균 출제문항수

104 과제중심모델의 주요 특징 및 개념

강의 QR코드

1 회독 월 일 · **2 회독** 월 일 · **3 회독** 월 일

최근 10년간 **6문항** 출제

복습 1 이론요약

주요 특징

- <u>시간제한적인 단기개입</u>: 문제는 대체로 일시적인 불균형 상태라는 전제에 따라 대개 4개월 이내에 사례를 종료하는 계획된 단기접근
- 클라이언트가 인식한 문제 중심
- **과제 중심**
- **경험적 기초**: 이론보다는 조사에 근거한 경험적 자료가 모델 형성의 기초를 이룸
- 협조적 관계
- <u>자기결정의 원리</u>
- 통합적 접근(절충적): 특정한 한 가지 이론이나 모델을 고집하지 않으며 다양한 접근방법을 선택적으로 사용
- 구조화되고 체계적인 접근
- 클라이언트의 환경에 대한 개입 강조
- 개입의 책무성 강조

기본개념

사회복지실천기술론
pp.101~

표적문제

- <u>클라이언트가 해결하고자 하는 문제(클라이언트가 인식한 문제)</u>
- <u>클라이언트 스스로의 노력으로 해결할 수 있는 문제</u>
- 구체적인 문제
- 사회복지사와 클라이언트가 개입의 초점으로 동의한 문제
- 의뢰된 클라이언트의 경우 의뢰된 이유를 고려
- 시간제한적인 단기개입이 이루어질 수 있도록 <u>우선순위를 고려하여 최대 3개까지 선정</u>

과제

- 문제를 해결하기 위해 **클라이언트와 사회복지사가 수행**해야 하는 활동
- 클라이언트와 사회복지사가 동의하여 계획한 특정 유형의 문제해결 활동으로, 세션 내에서뿐만 아니라 세션 밖에서도 실행하는 활동
- 과제는 표적문제를 명확히 한 후 세우며, 사례가 진행되는 동안 해결되지 않으면 과제를 변경하는 융통성이 필요함

- 클라이언트의 과제: 문제해결을 위해 혹은 문제해결에 도움이 되는 활동으로서 클라이언트가 수행하는 활동
- 사회복지사의 과제: 클라이언트가 과제를 수행할 수 있도록 원조하고 지지하기 위한 활동
- 일반적 과제: 클라이언트의 목표를 반영한 상위과제로, '무엇을 해야 하는가', 즉 행동의 방향과 관련
- 조작적 과제: 클라이언트가 수행해야 하는 구체적인 활동으로, 조작적 과제는 일반적 과제에서 도출됨

기출문장 CHECK

01 (22-04-02) 과제중심모델은 구조화된 개입, 개입의 책임성 강조, 클라이언트의 자기결정권 강조, 클라이언트의 환경에 대한 개입 등의 특징을 갖는다.

02 (20-04-10) 과제는 사회복지사보다 클라이언트가 제시하는 문제나 욕구를 고려하여 선정한다.

03 (20-04-10) 과제는 과거보다 현재에 초점을 둔다.

04 (20-04-10) 조작적 과제는 일반적 과제에 비해 구체적이다.

05 (19-04-07) 과제중심모델은 개입 초기에 빠른 사정을 하고 구조화된 접근을 한다.

06 (19-04-07) 과제중심모델은 다양한 이론과 모델을 절충적으로 활용한다.

07 (19-04-07) 과제중심모델은 조사에 근거한 경험적 자료를 중심으로 진행한다.

08 (15-04-16) 과제중심모델은 단기간의 종합적인 개입모델이다.

09 (15-04-16) 과제중심모델은 클라이언트가 동의한 과제를 중심으로 개입한다.

10 (15-04-16) 과제중심모델은 계약한 구체적인 문제해결에 초점을 두고 접근한다.

11 (15-04-16) 과제중심모델에서는 클라이언트의 문제를 자원 혹은 기술의 부족으로 이해한다.

12 (14-04-05) 과제중심모델에서는 클라이언트의 자기결정권을 존중한다.

13 (14-04-05) 과제중심모델에서 클라이언트와 사회복지사와의 관계는 협력적 관계이다.

14 (14-04-05) 과제중심모델은 단기치료의 기본원리를 강조한다.

15 (10-04-15) 과제중심모델은 시간제한, 합의된 목표, 개입의 책무성을 강조한다.

16 (10-04-15) 과제중심모델은 '시작 – 표적문제의 규명 – 계약 – 실행 – 종결단계'와 같은 구조화된 접근을 강조한다.

17 (09-04-11) 표적문제를 바탕으로 클라이언트의 과제를 세우게 되는데, 과제는 목표달성과 관련된 일반적 과제와 이를 구체화하는 조작적 과제로 구분해볼 수 있다.

18 (08-04-07) 과제중심모델은 클라이언트의 문제인식을 반영하여 표적문제를 설정한다.

19 (07-04-01) 과제중심모델은 환경적 개입을 강조한다.

20 (06-04-25) 조작적 과제는 실행가능성을 고려하여 구체적으로 제시되어야 한다.

21 (05-04-28) 과제중심모델은 통합적 접근이다.

22 (04-04-11) 과제중심모델에서 과제는 클라이언트의 동의가 필요하다.

23 (04-04-11) 과제중심모델에서 과제는 클라이언트가 해야 할 것과 사회복지사가 해야 할 것이 있다.

24 (04-04-20) 과제중심모델은 단계별 구조화, 경험적 기초 등을 특징으로 한다.

25 (03-04-12) 과제중심모델에서 과제는 클라이언트와 사회복지사가 함께 의논해서 정한다.

대표기출 확인하기

22-04-02 난이도 ★★★

다음 설명에 해당하는 모델로 옳은 것은?

- 구조화된 개입
- 개입의 책임성 강조
- 클라이언트의 자기결정권 강조
- 클라이언트의 환경에 대한 개입

① 심리사회모델　　② 위기개입모델
③ 해결중심모델　　④ 인지행동모델
⑤ 과제중심모델

 알짜확인

- 경험적 기초, 단기개입, 구조화된 접근 등 과제중심모델의 주요 특징에 대해 정리해두자.
- 과제중심모델의 특징 및 초점을 바탕으로 어떻게 실천에 적용될 수 있는지 생각해보자.

답 ⑤

✔ **응시생들의 선택**

① 20%	② 8%	③ 27%	④ 14%	⑤ 31%

① 심리사회모델은 상황 속 인간 관점에서 개인, 환경, 이 둘의 상호작용 등에 개입한다. 수용, 개별화, 클라이언트의 자기결정 등을 강조한다.
② 위기개입모델은 위기를 겪는 클라이언트에게 즉각적으로 개입하여 단기간에 전문적 원조를 제공한다.
③ 해결중심모델은 문제의 원인이 아닌 클라이언트가 원하는 변화와 미래에 초점을 두어 단기적 해결을 추구한다.
④ 인지행동모델은 비합리적 신념, 인지적 오류, 왜곡된 사고 등을 수정하는 데에 목표를 두고 인지적, 정서적, 행동적 차원의 전략들을 활용한다.

➕ **덧붙임**

모델마다 비슷한 특징들이 있어 헷갈리기 쉬운 문제였다. 이 문제와 같이 제시된 특징에 해당하는 이론/모델을 찾는 문제를 풀 때에는 먼저 선택지에 있는 이론/모델 옆에 주요 키워드를 간략히 적어두고 제시된 내용과 비교하면서 답을 찾는 것이 요령일 수 있다.

관련기출 더 보기

19-04-07 난이도 ★★☆

과제중심모델에 관한 설명으로 옳지 않은 것은?

① 개입 초기에 빠른 사정을 한다.
② 구조화된 접근을 한다.
③ 다양한 이론과 모델을 절충적으로 활용한다.
④ 조사에 근거한 경험적 자료를 중심으로 진행한다.
⑤ 사회복지사는 적극적으로 개입하지 않고 클라이언트가 주체적인 역할을 하도록 한다.

답 ⑤

✔ **응시생들의 선택**

① 27%	② 8%	③ 6%	④ 11%	⑤ 48%

⑤ 과제중심모델이 클라이언트의 자기결정을 강조한다고 해서 사회복지사가 적극적으로 개입하지 않음을 의미하는 것은 아니다. 과제중심모델은 개입의 책임성을 중요시하며 개발된 것으로, 사회복지사의 적극적인 노력을 강조하는 동시에 사회복지사와 클라이언트 간의 협조적인 노력도 강조한다.

17-04-22 난이도 ★★★

철수는 무단결석과 친구를 괴롭히는 문제로 담임선생님에 의해 학교사회복지사에게 의뢰되었다. 철수와의 상담을 과제중심모델로 진행할 때 그 개입방법에 해당하지 않는 것은?

① 철수의 성격유형과 심리역동을 탐색한다.
② 지역사회에서 지원할 수 있는 방법을 확인한다.
③ 담임선생님이 제시한 문제를 확인한다.
④ 철수의 노력으로 해결 가능한 문제를 선정한다.
⑤ 제시된 문제가 철수의 욕구와 일치하지 않은 경우 조정한다.

답 ①

✔ **응시생들의 선택**

① 51%	② 22%	③ 12%	④ 4%	⑤ 11%

① 성격유형 및 심리역동 탐색은 정신역동모델의 특징이다.

난이도 ★★☆

과제중심모델에 관한 설명으로 옳지 않은 것은?

① 단기간의 종합적인 개입모델이다.
② 클라이언트가 동의한 과제를 중심으로 개입한다.
③ 경험적 자료보다는 발달이론을 중심으로 개입한다.
④ 계약한 구체적인 문제해결에 초점을 두고 접근한다.
⑤ 클라이언트의 문제는 자원 혹은 기술의 부족으로 이해한다.

답 ③

✅ 응시생들의 선택

① 25%	② 4%	③ 57%	④ 3%	⑤ 11%

③ 과제중심모델은 이론보다는 조사에 근거한 경험적 자료를 기초로 형성되었다. 즉, 이론적 연구보다는 실제적인 경험, 개입 등을 통해서 발견된 사실을 일반화하여 형성된 것이다.

난이도 ★★☆

과제중심모델에 관한 설명으로 옳은 것을 모두 고른 것은?

ㄱ. 시간제한, 합의된 목표, 개입의 책무성을 강조한다.
ㄴ. 클라이언트의 성격유형과 심리 내적 역동에 초점을 둔다.
ㄷ. 시작-표적문제의 규명-계약-실행-종결 단계와 같은 구조화된 접근을 강조한다.
ㄹ. 단일 이론에 근거하여 실천의 효과성 및 효율성을 증진시킨다.

① ㄱ, ㄴ, ㄷ   ② ㄱ, ㄷ
③ ㄴ, ㄹ   ④ ㄹ
⑤ ㄱ, ㄴ, ㄷ, ㄹ

답 ②

✅ 응시생들의 선택

① 6%	② 83%	③ 1%	④ 2%	⑤ 8%

ㄴ. 클라이언트의 성격유형과 심리 내적 역동에 초점을 두지 않고 클라이언트의 현재와 환경에 관심을 갖는다.
ㄹ. 클라이언트의 문제에 따라 이론을 선택하거나 절충적 접근을 한다.

난이도 ★★★

다음 사례를 과제중심모델로 개입할 경우 표적문제와 과제의 연결로 옳은 것은?

A군은 절도사건에 연루되어 수강명령처분을 받았다. A군은 현재 쉼터에 머물고 있으나 집으로 돌아가는 것과 학교출석만 요구하지 않는다면 상담을 받겠다고 한다. 또한 상담을 통해 남의 요구를 거절하지 못하는 것, 분노조절을 하지 못하는 행동을 고치고 싶다고 이야기하고 있다.

① 절도행위 - 자기통제력 증진하기
② 가출 - 1주일 내에 집으로 돌아가기
③ 무단결석 - 담임교사에게 전화하기
④ 분노조절이 안됨 - 원인파악 위해 주 1회 상담하기
⑤ 남의 요구 거절 못함 - 자존감 향상하기

답 ④

✅ 응시생들의 선택

① 27%	② 2%	③ 3%	④ 32%	⑤ 36%

사례에서 클라이언트가 판단한 표적문제는 남의 요구를 거절하는 못하는 것과 분노조절을 하지 못하는 행동이며, 클라이언트가 원하는 과제는 상담이다.

다음 내용이 왜 틀렸는지를 확인해보자

01 과제중심모델은 **비구조화된** 접근으로 단기적 개입을 추구한다.

> 과제중심모델은 단계에 따라 진행하는 구조화된 접근을 통해 단기개입을 추구한다.

02 과제중심모델은 비자발적 클라이언트에게 **적합하지 않다**는 한계가 있다.

> 비자발적 클라이언트에게도 적용할 수 있다.

03-04-12

03 과제는 사회복지사가 클라이언트에게 **일방적으로 부여한 숙제**이다.

> 과제중심모델은 클라이언트의 자기결정권을 강조하기 때문에 과제를 선정함에 있어 클라이언트와 사회복지사가 함께 계획하고 합의하여 결정한다.

04 클라이언트가 주어진 과제를 몇 차례 실패했다고 해서 **변경해서는 안 된다.**

> 과제가 예상보다 어려울 수도 있고 과제수행에 어려운 상황들이 있을 수도 있기 때문에 과제를 실패했을 때에는 문제점을 살펴보고 수정 및 변경도 고려해봐야 한다.

04-04-11

05 사회복지사가 클라이언트에게 부과하는 과제는 **해당 회기 내에 종료될 수 있는 것이어야 한다.**

> 필요한 과제를 다음 회기까지 실시해올 수 있도록 부여할 수도 있다.

06 조작적 과제를 통해 클라이언트가 구체적으로 수행해야 할 활동들을 제시하며, **그 결과에 따라 일반적 과제를 제시한다.**

> 조작적 과제의 결과에 따라 일반적 과제를 제시하는 것이 아니라, 일반적 과제에서 조작적 과제를 도출한다.

105 과제중심모델의 개입과정

강의 QR코드

★ ★ ★
최근 10년간 **2문항** 출제

복습 1 이론요약

시작단계: 면접

- 자발적 클라이언트: 문제규명단계로 바로 넘어감
- 의뢰된 클라이언트: 의뢰된 이유와 목표 확인, 목표달성을 위한 의뢰기관의 자원 확인

초기단계

▶ **1단계: 문제규명**

- 클라이언트 표적문제 규정과 예비적인 신속한 사정
- **표적문제 선정**

▶ **2단계: 계약**

- 목표, 표적문제, 일반적 과제, 기간, 일정, 참가자 등을 포함하여 작성

중간단계: 실행

- 재사정을 통한 표적문제 확정
- 대안모색
- 문제해결, 과제개발, 과제수행, 점검 및 모니터

종결단계

- 종결 혹은 연장
- 성취에 대한 점검, 사후지도(follow-up)

기본개념
강의로 힘는 **기본개념**
사회복지실천기술론
pp.108~

01 (16-04-24) 과제중심모델에서 표적문제는 문제규명단계에서 구체적으로 탐색하고 설정하게 된다.

02 (16-04-24) 과제중심모델의 과정 중 실행단계에서는 표적문제에 대한 초점화된 집중, 과제 계획 및 이행, 표적문제의 변화 과정 확인, 실질적 장애물의 규명과 해결 등이 이루어진다.

03 (13-04-16) 과제중심모델 중 문제규명단계에서는 클라이언트가 규정한 문제 혹은 의뢰기관에서 위임한 문제를 파악하고, 예비적인 초기사정을 실시한다.

04 (11-04-21) 실행단계에서는 과제 수행의 장애물을 찾아낸다.

05 (07-04-02) 계약에는 표적문제, 클라이언트의 과제, 클라이언트의 목표, 사회복지사의 과제 등을 포함한다.

06 (03-04-03) 과제중심모델의 실행단계에서는 실행 가능한 과제를 개발하고 수행하며 그 수행 정도를 점검해나간다.

대표기출 확인하기

16-04-24 · 난이도 ★☆☆

과제중심모델의 개입과정 중 중기(실행)단계에서 해야 할 과업이 아닌 것은?

① 표적문제의 변화 과정 확인
② 실질적 장애물의 규명과 해결
③ 표적문제에 대한 초점화된 집중
④ 표적문제의 설정
⑤ 과제 계획과 이행

 알짜확인

• 과제중심모델은 시작(면접) → 초기(문제규명 → 계약) → 중기(실행) → 종결단계로 진행되므로 진행순서와 함께 각 단계별 과업을 정리해두도록 하자.

답 ④

응시생들의 선택

① 5%	② 3%	③ 1%	④ 88%	⑤ 3%

④ 표적문제 설정은 초기단계에서의 사정에 따라 이루어지고 이를 토대로 계약을 진행한다.

덧붙임

'중간단계에서 재사정을 통해 표적문제가 확정된다면, 표적문제 설정이 중간단계에 해당하는 것이 아닌가요?'라는 질문을 더러 받았는데, 초기단계에서 사정을 바탕으로 표적문제의 설정이 이루어지고 계약이 진행된다. 다만 실행에 들어가기 전 재사정을 실시하면서 설정된 표적문제가 적절한지를 다시 한번 검토하고 확정한다.

관련기출 더 보기

13-04-16 · 난이도 ★★☆

과제중심모델에서 문제규명단계의 과업으로 옳지 않은 것은?

① 클라이언트가 규정한 문제를 파악한다.
② 클라이언트의 수행과제를 개발한다.
③ 의뢰기관에서 위임한 문제를 파악한다.
④ 예비적인 초기사정을 시행한다.
⑤ 우선순위에 따라 개입문제를 규명한다.

답 ②

응시생들의 선택

① 3%	② 36%	③ 40%	④ 8%	⑤ 13%

② 클라이언트의 수행과제를 개발하는 것은 과제중심모델의 실행단계의 과업에 해당한다.

07-04-02 · 난이도 ★☆☆

과제중심모델 중 계약에 포함되지 않는 내용은?

① 표적문제
② 클라이언트의 과제
③ 클라이언트의 목표
④ 과제수행의 장애물
⑤ 사회복지사의 과제

답 ④

응시생들의 선택

① 3%	② 0%	③ 1%	④ 92%	⑤ 4%

계약에는 주요 표적문제, 구체적인 목표, 클라이언트의 과제, 사회복지사의 과제, 개입 기간, 개입 일정, 면접 일정, 참여자, 장소 등이 포함된다.

다음 내용이 왜 틀렸는지를 확인해보자

01 과제중심모델에서 사정은 문제규명 단계에서 이루어지며, **비교적 긴 시간을 두고 진행**된다.

> 과제중심모델에서는 사정 과정에 긴 시간을 쏟지 않는다. 문제규명 단계에서 신속하게 사정한 후 실행 단계에 접어들면서 재사정을 진행하여 놓친 부분이나 부족한 부분을 보완한다.

`11-04-21`

02 과제중심모델에서 과제 수행의 장애물을 찾아내는 단계는 **시작단계**이다.

> 일단 과제를 수행해야 어떤 문제점이 있는지를 알 수 있기 때문에 과제 수행의 장애물은 실행단계의 점검 과정 등을 통해 찾아내게 된다.

`03-04-03`

03 과제중심모델의 **실행단계**에서는 달성된 사항과 이후의 전망을 검토하며 성취에 대해 점검한다.

> 달성된 사항과 이후의 전망을 검토하며 성취에 대해 점검하는 것은 종결단계이다.
> 실행단계에서는 표적문제를 확정하고 과제를 개발 및 수행하면서 문제를 해결해나간다.

04 클라이언트의 문제를 탐색하고 확인하고, **표적문제를 확정짓는 것은 문제규명단계**에서의 과업이다.

> 문제규명단계에서는 문제를 탐색하고 표적문제를 설정하게 된다. 이렇게 설정된 표적문제에 대해 재사정을 진행하고 표적문제를 확정하면서 실행단계로 돌입하게 된다.

6장

기타 실천모델

이 장에서는

역량강화모델 및 위기개입모델을 학습한다. 역량강화모델은 강점관점을 바탕으로 클라이언트의 병리적 문제가 아닌 잠재력에 초점을 둔다는 점과 함께 대화 → 발견 → 발전의 단계별 과업을 정리해두자. 위기개입모델에서는 위기 이전으로 기능 회복이 목표라는 점 기억해두면서 위기발달단계 및 위기의 유형 등을 살펴보자.

10년간 출제분포도

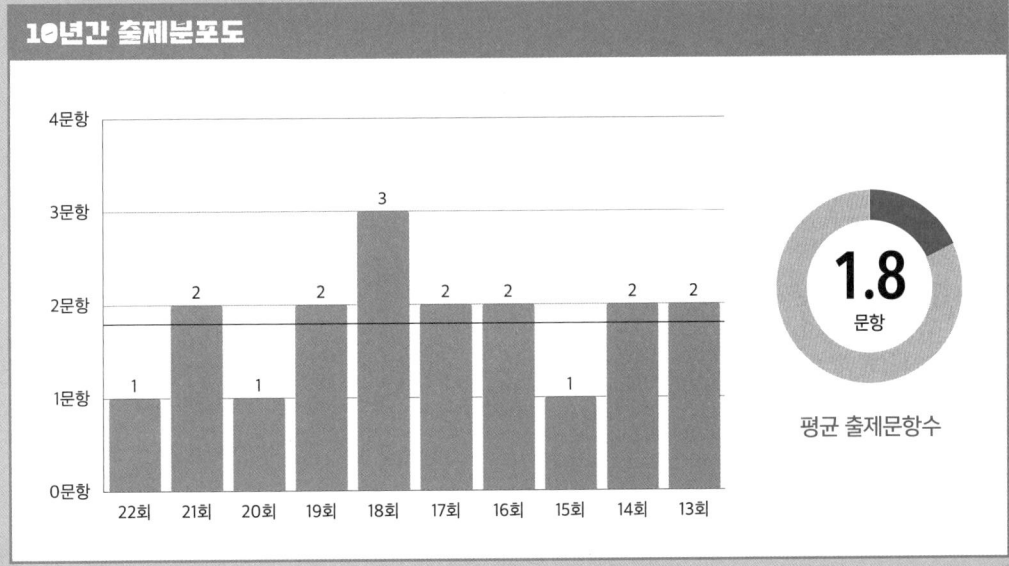

평균 출제문항수: **1.8** 문항

106 역량강화모델

강의 QR코드

최근 10년간 **6문항** 출제

복습 1 이론요약

역량강화모델의 주요 특징

- 클라이언트 스스로 자기 삶에 대해 결정하고 행동함에 있어서 힘을 가지도록 돕는 것
- 클라이언트의 욕구, 복지, 만족감을 강화하는 데 환경과 상호작용할 수 있는 능력을 회복 또는 획득하도록 하는 것
- 자신이 처한 상황을 스스로 개선하기 위한 행동을 취할 수 있도록 **개인적·대인적·정치적 측면에서 힘을 키워나가는 과정**

강점관점

- 모든 인간은 성장하고 변화할 능력을 이미 내부에 가지고 있고, 문제가 생겼을 때 **문제를 해결할 능력과 힘이 있다**고 보는 관점
- 개인을 고유한 특성, 재능, 자원과 강점을 가진 독특한 존재로 규정
- 문제의 치료보다 **가능성에 초점**을 둠

역량강화모델의 개입과정

▶ **대화단계(1단계)**

- 대화를 통해서 **클라이언트의 현재 상황, 욕구 등을 공유**
- 사회복지사와 클라이언트 간 관계 발전시키기
- **파트너십 형성(=협동관계)**
- 현재 상황의 명확화(도전들을 설명)
- **방향 설정**

▶ **발견단계(2단계)**

- (잠재적 자원들의) 사정
- 강점 확인, 자원역량 사정
- (수집된 정보의) 분석
- 해결방안 수립

기본개념

사회복지실천기술론
pp.120~

▶ 발전단계(발달단계, 3단계)
- 실행, 변화 유도, 강화 및 안정화
- 자원의 활성화, 기회의 확대, 성공 확인, 성과 집대성

01 (21-04-07) 임파워먼트모델에서는 클라이언트가 자신의 삶을 스스로 통제할 수 있도록 원조한다.

02 (19-04-05) 역량강화모델에서는 클라이언트를 자신 문제의 전문가로 인정한다.

03 (19-04-05) 역량강화모델에서는 사회복지사와 클라이언트 간의 상호 협력적 파트너십을 강조한다.

04 (19-04-05) 역량강화모델에서는 클라이언트를 개입의 개체가 아닌 주체로 보기 때문에 자기결정권이 잘 보호될 수 있다.

05 (18-04-18) 역량강화모델은 클라이언트를 문제중심으로 보지 않고, 필요한 자원을 활용하거나 문제에 대처할 수 있도록 지지하여 자립을 가능하게 하는 실천모델이다.

06 (17-04-08) 임파워먼트모델에서는 클라이언트를 일방적 수혜자로 인식하지 않는다.

07 (16-04-20) 역량강화모델은 클라이언트를 잠재력 있는 인간이며, 문제해결을 위한 자원으로 인식한다.

08 (16-04-20) 역량강화모델은 클라이언트 자신의 삶과 상황에 대해 더 많은 통제력을 갖도록 돕는다.

09 (16-04-20) 역량강화모델은 클라이언트가 의미있는 선택을 할 수 있게 자아효능감을 증진하고 자신의 강점을 찾도록 돕는다.

10 (15-04-13) 권한부여모델에서는 클라이언트를 파트너로 인식한다.

11 (14-04-07) 역량강화모델은 클라이언트의 잠재적인 역량에 초점을 둔다.

12 (14-04-07) 역량강화모델은 변화를 위한 클라이언트의 역할이 중요하다.

13 (14-04-07) 이용 가능한 자원체계의 능력을 분석하고 목표를 구체화한다.

14 (14-04-07) 클라이언트의 참여를 중시하고 자기결정권을 강조한다.

15 (13-04-19) 역량강화모델은 클라이언트의 잠재역량과 자원을 인정한다.

16 (13-04-19) 역량강화모델은 사회복지사와 클라이언트 간의 상호협력적인 파트너십을 강조한다.

17 (12-04-07) 임파워먼트모델의 실천단계 중 수집된 정보를 조직화하는 것은 발견단계의 과업에 해당한다.

18 (11-04-22) 임파워먼트모델의 실천단계 중 대화단계에서 사회복지사는 목표 설정 및 협력관계 형성에 초점을 두어야 한다.

19 (09-04-01) 한부모 자조집단 프로그램, 노숙인을 위한 인문학 강좌, 장애인 동료상담가 양성프로그램, 시설운영위원회에 이용자 대표 참여 의무화 등은 임파워먼트모델을 기반으로 실시할 수 있다.

20 (08-04-09) 역량강화모델은 클라이언트의 역량사정, 기회 확대, 사회복지사와 클라이언트 간 협동관계 창출 등에 관심을 둔다.

21 (02-04-12) 역량강화모델은 클라이언트가 필요한 자원을 얻거나 통제하도록 원조하는 것을 강조한다.

22 (01-04-05) 역량강화모델은 클라이언트에게 필요한 자원을 주거나 클라이언트가 문제해결에 대처할 수 있는 능력을 지지·강화시켜 자립할 수 있도록 하는 데에 초점을 둔다.

대표기출 확인하기

19-04-05
난이도 ★☆☆

역량강화모델(Empowerment model)에 관한 설명으로 옳은 것을 모두 고른 것은?

ㄱ. 클라이언트를 자신 문제의 전문가로 인정한다.
ㄴ. 사회복지사와 클라이언트 간의 상호 협력적 파트너십을 강조한다.
ㄷ. 클라이언트를 개입의 개체가 아닌 주체로 보기 때문에 자기결정권이 잘 보호될 수 있다.
ㄹ. 클라이언트가 가진 문제의 원인에 초점을 두고 개입한다.

① ㄱ, ㄷ
② ㄴ, ㄹ
③ ㄱ, ㄴ, ㄷ
④ ㄱ, ㄷ, ㄹ
⑤ ㄴ, ㄷ, ㄹ

▶ 알짜확인

• 역량강화모델의 주요 특징에 대해 살펴보자.
• 역량강화모델에 따른 개입단계를 파악하고 각 단계별 과업에 대해 정리해두어야 한다.

답 ③

✔ 응시생들의 선택

① 2%	② 1%	③ 87%	④ 2%	⑤ 8%

ㄹ. 클라이언트가 가진 문제의 원인에 초점을 두고 개입하는 것은 병리 관점이다. 역량강화모델은 병리 관점이 아닌 강점 관점을 기반으로 하기 때문에 문제의 원인을 탐색하고 치료하는 것보다 문제를 해결해나갈 수 있는 힘을 가질 수 있도록 하는 데에 초점을 둔다.

관련기출 더 보기

17-04-08
난이도 ★★☆

사회복지실천모델에 관한 설명으로 옳은 것을 모두 고른 것은?

ㄱ. 임파워먼트모델에서는 클라이언트를 일방적 수혜자로 인식하지 않는다.
ㄴ. 과제중심모델은 펄만(H. Perlman)의 문제해결요소의 영향을 받았다.
ㄷ. 위기개입모델에서는 클라이언트의 과거를 탐색하는 데 우선순위를 두지 않는다.
ㄹ. 클라이언트중심모델에서는 사회복지사의 권위적인 역할이 강조된다.

① ㄱ, ㄷ
② ㄴ, ㄹ
③ ㄷ, ㄹ
④ ㄱ, ㄴ, ㄷ
⑤ ㄱ, ㄴ, ㄷ, ㄹ

답 ④

✔ 응시생들의 선택

① 21%	② 3%	③ 1%	④ 73%	⑤ 2%

ㄹ. 클라이언트중심모델에서는 사회복지사와 클라이언트 간 권위적 관계구조에 반대하며 인간적 관계를 만들어가야 함을 강조한다.

역량강화모델(empowerment model)에 관한 설명으로 옳지 않은 것은?

① 클라이언트의 잠재적인 역량에 초점을 둔다.
② 변화를 위한 클라이언트의 역할이 중요하다.
③ 발견단계 – 대화단계 – 발전단계의 실천과정 순서로 진행된다.
④ 이용 가능한 자원체계의 능력을 분석하고 목표를 구체화한다.
⑤ 클라이언트의 참여를 중시하고 자기결정권을 강조한다.

답 ③

✅ 응시생들의 선택

① 1%	② 2%	③ 82%	④ 13%	⑤ 2%

③ 대화단계 – 발견단계 – 발전단계의 실천과정 순서로 진행된다.

임파워먼트모델의 실천단계 중 발견단계에서의 과업으로 옳은 것은?

① 성공을 인정하기
② 달성한 것을 통합하기
③ 새로운 자원 활성화하기
④ 수집된 정보를 조직화하기
⑤ 클라이언트와의 파트너십 형성하기

답 ④

✅ 응시생들의 선택

① 10%	② 4%	③ 28%	④ 35%	⑤ 23%

① 성공을 인정하기: 발전단계
② 달성한 것을 통합하기: 발전단계
③ 새로운 자원 활성화하기: 발전단계
⑤ 클라이언트와의 파트너십 형성하기: 대화단계

➕ 덧붙임

역량강화모델은 대화단계 → 발견단계 → 발전(발달)단계로 진행된다. 여기에서 수험생들이 대화단계와 발견단계, 또 발견단계와 발전단계의 과업을 꽤 많이 헷갈려한다.
대화단계는 클라이언트와 관계를 형성하면서 문제를 확인하는 단계이다. 사정이 대화단계라고 생각하는 수험생들이 더러 있는데, 사정 그리고 계획 수립까지는 발견단계에 해당한다. 수립된 계획을 바탕으로 한 실행과 그 이후의 단계, 즉 개입부터 평가까지는 발전단계에 해당한다.

역량강화모델의 세 단계(대화–발견–발전) 중 대화단계에서 사회복지사가 중점적으로 수행해야 할 과제를 모두 고른 것은?

ㄱ. 강점 확인	ㄴ. 목표 설정
ㄷ. 자원능력 사정	ㄹ. 협력관계 형성

① ㄱ, ㄴ, ㄷ
② ㄱ, ㄷ
③ ㄴ, ㄹ
④ ㄹ
⑤ ㄱ, ㄴ, ㄷ, ㄹ

답 ③

✅ 응시생들의 선택

① 6%	② 11%	③ 32%	④ 22%	⑤ 29%

ㄱ. 강점 확인: 발견단계
ㄷ. 자원능력 사정: 발견단계

임파워먼트모델에 기초한 개입활동으로 옳은 것을 모두 고른 것은?

| ㄱ. 한부모 자조집단프로그램 |
| ㄴ. 노숙인을 위한 인문학 강좌 |
| ㄷ. 장애인 동료상담가 양성프로그램 |
| ㄹ. 시설 운영위원회에 이용자 대표 참여 의무화 |

① ㄱ, ㄴ, ㄷ
② ㄱ, ㄷ
③ ㄴ, ㄹ
④ ㄹ
⑤ ㄱ, ㄴ, ㄷ, ㄹ

답 ⑤

✅ 응시생들의 선택

① 42%	② 17%	③ 2%	④ 1%	⑤ 38%

한부모 자조집단 프로그램이나 노숙인을 위한 인문학 강좌, 장애인 동료상담가 프로그램 등은 인간이 가진 잠재력이나 역량을 강화시킴으로써 삶에 대한 통제력을 강화하는 임파워먼트모델에 기초한 활동이다.
클라이언트 개인적 차원과 대인관계적 차원에서 역량을 강화하기도 하고 사회구조를 바꾸거나 기회를 창출함으로써 역량강화를 꾀하기도 하는데, '시설 운영위원회 이용자 대표 참여 의무화'와 같은 활동은 시설 이용자에게 운영에 관한 견해와 목소리를 내고 권리를 행사하게 함으로써 역량을 강화시키는 기회가 된다.

다음 내용이 왜 틀렸는지를 확인해보자

14-04-07

01 역량강화모델은 '발견단계－대화단계－발전단계'의 순서로 진행된다.

> 대화단계－발견단계－발전단계의 순서로 진행된다.

02 역량강화모델의 **발견단계**에서는 개입을 실행하면서 클라이언트의 변화를 유도한다.

> 개입을 실행하면서 클라이언트의 변화를 유도하는 것은 발전단계에 해당한다.
> 발견단계에서는 자원 및 역량 사정, 수집된 정보에 대한 분석, 해결방안 수립 등을 진행한다.

13-04-19

03 역량강화모델은 **클라이언트를 개입의 객체로 보고** 자기결정권을 강조한다.

> 클라이언트를 개입의 객체나 대상으로 보는 것이 아니라 스스로 문제를 해결해나갈 수 있는 주체로 보아 자기결정권을 강조한다.

04 역량강화모델은 강점 관점을 기반으로 **해결해야 할 문제를 진단하는 데에 초점**을 둔다.

> 강점 관점에서는 문제의 진단에 초점을 두는 것이 아니라 문제를 도전의 전환점 혹은 성장의 기회로 간주한다.
> 역량강화모델은 이러한 강점 관점을 기반으로 한다.

05 역량강화모델은 클라이언트가 이미 가지고 있는 **잠재적 역량을 고려하지는 않는다.**

> 역량강화모델에서는 사람들이 이미 성장 및 변화를 위한 능력과 자원 등을 갖고 있다고 보며 이러한 잠재적 역량을 활용할 수 있도록 이끌어내는 데에 초점을 둔다.

06 강점 관점에 따르면 **사회복지사는 클라이언트 삶의 전문가로서 문제를 해결해줄 수 있어야 한다.**

> 강점 관점에서 문제해결의 주체 및 전문가는 클라이언트 자신이다. 사회복지사는 클라이언트의 문제해결 과정과 능력을 지지하고 원조한다.

다음 내용이 옳은지 그른지 판단해보자

18-04-18
01 역량강화모델은 클라이언트를 문제중심으로 보지 않고, 필요한 자원을 활용하거나 문제에 대처할 수 있도록 지지하여 자립을 가능하게 하는 실천모델이다.

13-04-19
02 임파워먼트모델은 사회복지사와 클라이언트 간의 상호협력적인 파트너십을 강조한다.

03 역량강화모델은 개인 차원, 대인관계 차원에 적용하는 모델로, 사회구조적 차원으로 확장하는 데에는 한계가 있다.

16-04-20
04 임파워먼트모델은 의미있는 선택을 할 수 있게 자아효능감을 증진하고 자신의 강점을 찾도록 돕는다.

16-04-20
05 임파워먼트모델이 전통적인 문제해결 방식과 다른 점은 사회복지사와 클라이언트와의 관계에서 사회복지사의 전문성을 강조하였다는 것이다.

06 임파워먼트모델은 클라이언트 자신의 삶과 상황에 대해 더 많은 통제력을 갖도록 돕는다.

11-04-22
07 역량강화모델의 실천단계 중 대화단계에서 사회복지사는 클라이언트의 강점 확인, 목표 설정, 자원능력 사정, 협력관계 형성 등의 과제를 수행해야 한다.

12-04-07
08 임파워먼트모델의 실천단계에서 클라이언트의 새로운 자원을 활성화하는 것은 발견단계에 해당한다.

09 역량강화모델의 실천단계 중 발견단계의 주요 과업은 클라이언트와 사회복지사가 함께 방향을 설정하여 계획을 수립하는 것이다.

답 01 ○ 02 ○ 03 × 04 ○ 05 × 06 ○ 07 × 08 × 09 ×

해설 **03** 역량강화모델은 개인 차원, 대인관계 차원뿐만 아니라 사회구조적 차원을 고려한다.
05 임파워먼트모델은 전통적인 문제해결 방식과 달리, 클라이언트를 자기 삶의 전문가로 보아 사회복지사와 클라이언트 간의 동등한 파트너십 형성을 강조하였다.
07 강점 확인, 목표 설정, 자원능력 사정은 발견단계에 해당한다.
08 클라이언트의 새로운 자원을 활성화하는 것은 발전단계에 해당한다.
09 클라이언트와 사회복지사가 함께 방향을 설정하는 것은 대화단계에 해당한다.

107 위기개입모델

강의 QR코드

1회독	2회독	3회독
월 일	월 일	월 일

최근 10년간 **12문항** 출제

복습 1 이론요약

위기의 개념 및 특징

- 위협적 혹은 외상적 위험사건을 경험함으로써 취약해져 지금까지의 대처전략으로는 스트레스나 외상에 대처하거나 경감할 수 없는 불균형의 상태가 되는 것
- 단순한 원인과 결과로 설명하기 어려운 복잡한 증상
- **위험은 도움을 요청하는 과정을 통해 기회가 될 수 있음**
- 위기에 처했던 사람이 다시 위기를 경험할 수 있음
- **같은 상황을 경험하더라도 위기로 느끼는 사람과 그렇지 않은 사람이 있으며, 성공적으로 극복하는 사람과 그렇지 않은 사람도 있음**

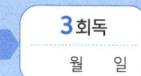

기본개념

사회복지실천기술론
pp.130~

위기의 유형

- 발달적 위기: 개인의 생애주기 혹은 가족생활주기에 따라 발생하는 위기
- 상황적 위기: 사고, 자연재해 등 예견할 수 없는 갑작스러운 위기
- 실존적 위기: 삶의 목적, 가치, 자유, 책임, 독립 등과 같은 삶의 이슈와 관련되어 발생하는 갈등과 불안

위기개입모델의 기본 원리

- **신속한 개입**: 위기개입은 단기간, 시간제한적, 즉각적 개입을 특징으로 한다. 대체로 6주 이내의 해결을 꾀한다.
- **행동기술**: 사회복지사의 역할은 행동기술에 초점을 둔다.
- **제한된 목표**: 위기 이전의 상태로 돌아갈 수 있도록 하는 것에 제한적인 목표를 둔다.
- 희망과 기대
- 지지 및 정보제공
- 문제 파악 및 해결에 초점
- 클라이언트의 자신감 회복 및 자립

골란의 위기발달단계

- **사회적 위험 → 취약단계 → 위기촉진요인 발생 → 실제 위기단계 → 재통합**
- 개입은 '**실제 위기단계**'에서 이루어짐

라포포트(L. Rapoport)가 제시한 위기개입 목표

▶ **1단계 목표(기본 목표)**
- 위기로 인한 증상 제거
- 위기 이전의 기능 수준으로 회복
- 불균형 상태로 만든 촉발사건 이해
- 클라이언트나 가족이 사용하거나 지역사회 자원 중 이용할 수 있는 치료방법 모색

▶ **2단계 목표(추가 목표)**
- 현재의 스트레스를 과거의 생애 경험이나 갈등과 연결
- 새로운 인식, 사고, 정서양식을 개발하고 위기상황 이후에도 사용할 수 있는 새로운 적응적 대처기제 개발

골란의 위기개입단계

- 시작단계: 형성
  - 계약 형성
  - 위기 파악
- 중간단계: 수행
  - 계약 이행
  - 과업 확인 및 이해
  - 자료의 조직과 이에 따른 활동
  - 행동변화 초래
- 종결단계: 종료
  - 개입상황 점검
  - 대처유형, 성취한 과업 확인
  - 미래에 대한 계획 수립
  - 종료시기 결정

기출문장 CHECK

01 (22-04-04) 위기개입모델의 중간단계: 클라이언트의 일상생활에 활용할 수 있는 자원과 지지체계를 찾아낸다. 목표달성을 위한 구체적인 과제들에 대해 작업한다. 위기사건 이후 상황과 관련된 자료를 보충한다. 현재 위기와 관련된 과거 경험을 탐색한다.

02 (22-04-08) 위기개입모델에서 위기는 사건 자체보다 사건에 대한 개인의 주관적 현실에 기반을 둔다.

03 (21-04-02) 위기개입모델은 단기개입 서비스를 제공한다.

04 (21-04-02) 위기개입모델은 구체적이고 관찰 가능한 문제에 초점을 둔다.

05 (21-04-02) 위기개입모델은 클라이언트에게 실용적 정보를 제공하고 지지체계를 개발하도록 한다.

06 (21-04-02) 위기개입모델에서 사회복지사는 다른 개입모델에 비해 적극적이고 직접적인 역할을 수행한다.

07 (19-04-10) 위기개입모델은 위기 이전의 기능수준으로 회복하도록 돕는다.

08 (18-04-21) 청소년의 정체성 위기, 결혼, 자녀의 출산, 중년기의 직업 변화, 은퇴 등 개인의 생애주기에 따른 위기를 발달적 위기라고 한다.

09 (17-04-24) 위기개입의 표적문제는 구체적이어야 한다.

10 (17-04-24) 위기개입에 있어 절망하고 있는 클라이언트에게 희망을 고취시키는 것이 중요하다.

11 (17-04-24) 위기에 개입하는 사회복지사는 적극적이고 직접적인 역할을 수행한다.

12 (17-04-24) 위기개입모델은 다른 모델에 비해 상대적으로 단기적으로 진행된다.

13 (16-04-22) 자살을 생각하는 클라이언트의 문제에 개입할 때에는 자살 시도 경험을 확인하고, 자살을 생각하는 클라이언트가 보여주는 단서에 민감할 필요가 있다.

14 (16-04-22) 자살을 생각하는 클라이언트의 문제에 개입할 때에는 자살 관련 계획을 직접적으로 묻는 것도 필요하다.

15 (15-04-13) 위기개입모델에서는 사건에 대한 주관적인 인식을 중요시한다.

16 (14-04-08) 위기발달단계: 위험 사건 발생→ 취약단계 → 위기촉진요인 발생 → 실제 위기단계 → 재통합

17 (13-04-01) 위기증상의 제거, 위기촉발사건에 대한 이해 등은 위기개입의 목표가 된다.

18 (12-04-08) 위기와 선행사건에 대한 이해, 지지적 자원에 대한 분석, 클라이언트의 자해 위험성 파악 등은 위기개입의 초기단계에서 이루어진다.

19 (12-04-08) 위기개입에 있어 개입단계에서는 부정적 감정을 표현하여 혼란스러운 심리상태에서 벗어날 수 있도록 돕는다.

20 (11-04-03) 위기개입은 신속한 개입, 초점적 문제해결, 제한된 목표 등을 원칙으로 한다.

21 (11-04-03) 위기개입을 통해 클라이언트로 하여금 희망을 고취할 수 있도록 해야 한다.

22 (06-04-02) 위기개입모델에 따른 개입이 성공적인가를 알아보기 위해서는 클라이언트가 위기발생 이전의 기능으로 회복했는지를 살펴봐야 한다.

23 (05-04-21) 생활 속에서 직면하는 위기에 대한 지각은 사람마다 다르게 나타난다.

24 (05-04-21) 위기는 개인적 성장을 촉진할 수도 있다.

대표기출 확인하기

21-04-02 난이도 ★★☆

위기개입모델에 관한 설명으로 옳지 않은 것은?

① 클라이언트에게 실용적 정보를 제공하고 지지체계를 개발하도록 한다.
② 단기개입 서비스를 제공한다.
③ 구체적이고 관찰 가능한 문제에 초점을 둔다.
④ 위기 발달은 촉발요인이 발생한 후에 취약단계로 넘어간다.
⑤ 사회복지사는 다른 개입모델에 비해 적극적이고 직접적인 역할을 수행한다.

 알짜확인

• 위기개입모델에서는 위기의 개념, 위기개입의 목표 및 원칙, 개입방법, 골란의 위기발달단계 등 비교적 다양한 내용이 두루두루 다뤄져왔기 때문에 이에 맞춰 대비해두어야 한다.

답 ④

✔ **응시생들의 선택**

① 24%	② 4%	③ 17%	④ 52%	⑤ 3%

④ 위기발달단계: 사회적 위험 → 취약 → 위기촉진요인 발생 → 실제 위기 → 재통합

관련기출 더 보기

22-04-04 난이도 ★★★

위기개입모델의 중간단계 활동으로 옳지 않은 것은?

① 위기상황에 대한 초기사정을 실시한다.
② 클라이언트의 일상생활에 활용할 수 있는 자원과 지지체계를 찾아낸다.
③ 목표달성을 위한 구체적인 과제들에 대해 작업한다.
④ 위기사건 이후 상황과 관련된 자료를 보충한다.
⑤ 현재 위기와 관련된 과거 경험을 탐색한다.

답 ①

✔ **응시생들의 선택**

① 51%	② 4%	③ 10%	④ 3%	⑤ 32%

위기개입모델은 현재 위기상황에서 빠르게 균형상태를 회복하는 것에 주 목적이 있기 때문에 빠르게 초기사정을 하거나 간단히 문제만 파악한 후 즉각적인 개입에 돌입하기도 한다. 위기개입모델의 개입과정은 학자마다 다르게 제시되지만, 초기-중간-종결 등 3단계로 구분할 때는 실제 개입이 진행되는 단계가 중간단계이며 초기사정은 초기단계에 해당한다.

➕ **덧붙임**

'⑤ 현재 위기와 관련된 과거 경험을 탐색'하는 것은 위기개입모델의 핵심목표는 아니기 때문에 중간단계에서 필요한 경우 추가적으로 실시할 수 있다.

사회복지실천모델에 관한 설명으로 옳은 것을 모두 고른 것은?

> ㄱ. 위기개입모델에서는 사건에 대한 클라이언트의 주관적인 인식보다 사건 자체를 중시한다.
> ㄴ. 클라이언트중심모델에서는 현재 직면한 문제와 앞으로의 문제를 극복할 수 있도록 성장 과정을 도와준다.
> ㄷ. 임파워먼트모델에서는 클라이언트가 자신의 삶을 스스로 통제할 수 있도록 원조한다.
> ㄹ. 과제중심모델에서는 클라이언트가 인식한 문제에 초점을 두고, 클라이언트의 욕구를 최대한 반영한다.

① ㄱ
② ㄴ, ㄷ
③ ㄱ, ㄴ, ㄷ
④ ㄴ, ㄷ, ㄹ
⑤ ㄱ, ㄴ, ㄷ, ㄹ

답 ④

✅ 응시생들의 선택

① 5%	② 7%	③ 14%	④ 37%	⑤ 37%

ㄱ. 같은 사건을 경험하더라도 그 사건을 위기로 인식하는가는 사람마다 다를 수 있기 때문에 위기개입모델에서는 사건에 대한 클라이언트의 주관적 인식을 중시한다.

청소년의 정체성 위기, 결혼, 자녀의 출산, 중년기의 직업 변화, 은퇴 등 개인의 생애주기에 따른 위기는?

① 실존적 위기
② 상황적 위기
③ 발달적 위기
④ 부정적 위기
⑤ 환경적 위기

답 ③

✅ 응시생들의 선택

① 4%	② 7%	③ 84%	④ 0%	⑤ 5%

위기의 유형에는 발달적 위기, 상황적 위기, 실존적 위기 등이 있으며, 이 중 생애주기에 따라 나타나는 위기는 발달적 위기에 해당한다.

위기개입모델의 개입 원칙에 관한 설명으로 옳은 것은?

① 장기적인 개입방법을 사용한다.
② 개입목표는 가능한 한 포괄적으로 설정한다.
③ 사회복지사는 비지시적인 역할을 수행한다.
④ 위기 이전의 기능수준으로 회복하도록 돕는다.
⑤ 문제의 원인에 대한 이해를 위해 클라이언트의 과거 탐색에 초점을 둔다.

답 ④

✅ 응시생들의 선택

① 1%	② 1%	③ 4%	④ 91%	⑤ 3%

① 위기개입은 단기모델이다.
② 위기개입의 목표는 위기 이전 상태로 회복 등 제한적이다.
③ 주로 행동적 차원에서 지시적인 개입을 한다.
⑤ 위기개입에서는 클라이언트의 과거 탐색에 초점을 두지 않는다.

위기개입모델에 관한 설명으로 옳지 않은 것은?

① 다른 모델에 비해 상대적으로 단기 서비스를 제공한다.
② 위기개입의 표적문제는 구체적이어야 한다.
③ 위기에 대한 반응보다 위기사건 자체 해결에 일차적 목표를 둔다.
④ 절망하고 있는 클라이언트에게 희망을 고취시키는 것이 중요하다.
⑤ 위기에 개입하는 사회복지사는 적극적이고 직접적인 역할을 수행한다.

답 ③

✅ 응시생들의 선택

① 6%	② 10%	③ 56%	④ 19%	⑤ 9%

③ 동일한 사건에 대해 사람들이 위기라고 인식하느냐 아니냐는 사람마다 다르며, 해결이 불가능한 사건도 있다. 따라서 위기개입모델은 그 사건의 해결 자체에 일차적 목표를 두는 것이 아니라 위기에 대한 반응에 더 초점을 둔다.

자살을 생각하는 클라이언트의 문제에 개입할 때 적절한 내용을 모두 고른 것은?

> ㄱ. 자살 관련 계획을 직접적으로 묻는 것은 자살을 구체화 할 수 있어 피한다.
> ㄴ. 자살을 생각하는 클라이언트가 보여주는 단서에 민감할 필요가 있다.
> ㄷ. 자살 시도 경험을 확인해본다.
> ㄹ. 우울증 가능성이 있을 경우 정신 건강 관련 기관에 의뢰 한다.

① ㄱ, ㄴ　　　　　② ㄱ, ㄹ
③ ㄴ, ㄷ　　　　　④ ㄴ, ㄷ, ㄹ
⑤ ㄱ, ㄴ, ㄷ, ㄹ

답 ④

✅ 응시생들의 선택

① 1%	② 1%	③ 2%	④ 53%	⑤ 43%

ㄱ. 클라이언트가 실제로 자살할 생각이 어느 정도 있는지를 살펴보고 문제의 실마리를 찾는 계기가 될 수도 있기 때문에 자살에 대해 직접적으로 물어볼 필요도 있다.

골란(N. Golan)의 위기반응단계를 순서대로 옳게 나열한 것은?

> ㄱ. 취약단계
> ㄴ. 위기단계
> ㄷ. 재통합단계
> ㄹ. 위기촉진요인
> ㅁ. 위험한 사건

① ㄱ → ㄴ → ㄹ → ㅁ → ㄷ
② ㄱ → ㅁ → ㄹ → ㄴ → ㄷ
③ ㅁ → ㄱ → ㄹ → ㄴ → ㄷ
④ ㅁ → ㄴ → ㄹ → ㄱ → ㄷ
⑤ ㅁ → ㄹ → ㄱ → ㄴ → ㄷ

답 ③

✅ 응시생들의 선택

① 6%	② 13%	③ 51%	④ 16%	⑤ 14%

라포포트(L. Rapoport)가 제시한 위기개입 목표로 옳은 것을 모두 고른 것은?

> ㄱ. 위기증상 제거
> ㄴ. 주관적 경험 증진
> ㄷ. 촉발사건 이해
> ㄹ. 대인관계 향상

① ㄱ, ㄴ, ㄷ　　　　　② ㄱ, ㄷ
③ ㄴ, ㄹ　　　　　④ ㄹ
⑤ ㄱ, ㄴ, ㄷ, ㄹ

답 ②

✅ 응시생들의 선택

① 8%	② 79%	③ 2%	④ 1%	⑤ 10%

라포포트(L. Rapoport)는 위기에 따른 증상의 완화, 위기 이전 수준으로의 기능 회복, 불균형 상태를 야기한 위기촉진요인들에 대한 이해, 클라이언트나 가족이 지역사회 자원을 통해 얻을 수 있는 치료방법 모색 등을 위기해결을 위한 기본적인 목표라고 설명하였다.

위기개입모델에서 개입단계에 해당하는 것은?

① 위기와 선행사건에 관한 이해
② 부정적 감정표현 지지
③ 과거의 문제 경험과 대처기술 평가
④ 지지적 자원에 대한 분석
⑤ 클라이언트의 자해 위험성 파악

답 ②

✅ 응시생들의 선택

① 22%	② 34%	③ 5%	④ 8%	⑤ 31%

①③④⑤ 사정단계에 해당한다.
아길레라와 메식은 사정단계 → 계획단계 → 개입단계 → 위기 대비 계획 단계 등 4단계로 구분하였으며, 그 중 사정단계의 과업으로 위기 및 선행 사건에 대한 파악, 현재의 위기와 선행 사건에 관한 클라이언트의 인식, 자원에 대한 고려, 과거의 문제경험과 대처기술 확인, 클라이언트의 자해 또는 타해의 위험 정도 파악 등을 제시하였다.

➕ 덧붙임

간혹 '위기개입은 즉각적 개입인데 사정을 하나요?'라는 질문을 받기도 했는데, 위기개입이라고 해서 선행단계 없이 바로 개입하는 것은 아니라는 점도 기억해두자.

다음 내용이 왜 틀렸는지를 확인해보자

01 위기개입모델은 같은 상황에서 **모든 사람이 똑같은 정도의 위기감을 느낀다**는 것을 전제로 한다.

> 위기개입모델에서는 같은 상황이라 하더라도 사람마다 위기감을 느끼는 정도는 다르게 나타날 수 있다고 본다.

05-04-05

02 위기발달단계: 사회적 위험 → **실제 위기단계** → 위기촉진요인 발생 → **취약단계** → 재통합

> 위기발달단계: 사회적 위험 → 취약단계 → 위기촉진요인 발생 → 실제 위기단계 → 재통합

03 위기발달단계에서 실제 사회복지사의 **위기개입이 필요한 단계는 사회적 위험이 발생한 순간**이다.

> 실제 사회복지사의 위기개입이 이루어지는 단계는 '실제 위기단계'이다.

15-04-13

04 위기개입모델에서는 사건에 대한 주관적인 인식보다 **사건 자체를 중요시**한다.

> 위기개입모델에서는 사건에 대한 주관적 인식에 주목한다.

05 인간의 성장·발달 과정에서 경험하는 사건들, 즉 **발달단계에 따라 겪게 되는 위협은 위기라고 보지 않는다.**

> 청소년기의 방황, 은퇴, 빈둥지증후군 등과 같이 발달단계에 따라 경험하게 되는 위기도 포함된다.

08-04-08

06 자살의 위험성이 있는 클라이언트에 개입할 때에는 **자살에 대한 직접적인 언급은 삼가야** 한다.

> 자살을 생각한 이유나 상황에 대해 이야기하여 그 심각성에 따라 개입이 달라질 수 있다.

19-04-10

07 위기개입모델은 문제의 원인을 이해하기 위해 **클라이언트의 과거 탐색에 초점**을 둔다.

> 위기개입모델은 과거 탐색과 같이 장기적으로 진행되는 개입에 초점을 두지는 않는다.

빈칸에 들어갈 알맞은 말을 채워보자

01 골란이 제시한 위기발달단계에 따르면 촉발요인이 발생한 후에 (   ) 단계로 넘어간다.

02 골란이 제시한 위기발달단계 중 이혼, 가족의 사망, 질병 및 사고, 자연재해 등의 사건은 (   ) 단계에 해당한다.

03 라포포트는 위기개입의 목표를 기본 목표와 추가 목표로 구분하여 설명하였는데, 위기로 인항 증상 제거는 (   ) 목표에 해당한다.

04 위기의 유형 중 (   )적 위기는 사람이 예견하거나 통제할 수 없는, 드물고도 이례적인 사건이 발생할 때 나타나는 위기를 말한다.

05 위기의 특성 중 (   )성은 모든 위기에는 혼란이 따르게 되며 위기에 처했던 사람이 다시 위 기를 경험할 수 있음을 의미한다.

06 위기개입모델에서 사회복지사의 역할은 (   )기술에 초점을 두어 지시적인 특징이 있다.

07 위기개입모델은 파멸의 예방, 균형상태 회복, 이전 수준으로 기능 회복 등과 같이 (   )된 목표를 갖는다.

답 **01** 실제 위기 **02** 사회적 위험 **03** 기본 **04** 상황 **05** 보편 **06** 행동 **07** 제한

다음 내용이 옳은지 그른지 판단해보자

01 위기개입에서는 문제의 해결뿐만 아니라 클라이언트의 자신감을 회복시키고, 희망을 고취시키는 것도 중요하다. ◎ ⊗

02 스트레스를 유발하는 사건이나 위험 상황이 발생하였다고 해서 모두 개입이 필요한 위기인 것은 아니다. ◎ ⊗

03 위기개입에서는 클라이언트의 성격 유형을 파악하는 것이 선행되어야 한다. ◎ ⊗

`20-04-16`
04 위기개입모델은 위기에 의한 병리적 반응과 영구적 손상의 치료에 초점을 둔다. ◎ ⊗

05 위기로 인해 나타나는 불안은 긍정적 변화의 추진력이 될 수도 있다. ◎ ⊗

06 위기개입의 가장 큰 목표는 위기를 발생시킨 상황이나 사건을 종료시키는 것에 있다. ◎ ⊗

`11-04-03`
07 위기개입에서는 특정 문제에 초점을 두고 제한된 목표에 대한 신속한 개입을 추구한다. ◎ ⊗

08 위기개입모델에서 정의하는 위기는 자연재해나 교통사고 등과 같이 클라이언트가 피할 수 없이 갑작스럽게 일어난 사건, 사고 등으로 한정된다. ◎ ⊗

(답) **01** ○ **02** ○ **03** ✕ **04** ✕ **05** ○ **06** ✕ **07** ○ **08** ✕

(해설) **03** 위기개입은 단기간에 위기 이전 수준으로의 기능 회복을 돕는 것이 주요 목적이기 때문에 성격 유형을 파악하는 것이 선행되어야 하는 것은 아니다.
04 위기개입은 즉각적, 단기적 개입을 추구하기 때문에 위기요인의 발생이 심각한 병리 상태로 이어지지 않도록 방지하고 위기 이전 상태를 회복하도록 하는 것에 초점을 둔다.
06 위기가 발생된 상황이나 사건은 인위적으로 종료시킬 수 있는 것은 아니다. 따라서 위기개입의 목표는 클라이언트가 위기발생 이전과 같이 기능할 수 있도록 하는 데에 초점을 두게 된다.
08 위기개입모델에서는 사건, 사고뿐만 아니라 생애주기에 따라 경험하게 되는 상황이나 개인의 삶의 이슈와 관련되어 느끼게 되는 심리적 요인들도 위기로 본다.

7장

장

가족에 대한 이해

이 장에서는

가족을 살펴보는 체계론적 개념들을 학습하고, 현대사회에서 변화하는 가족의 특징들을 살펴본다. 가족 내외부 경계, 하위체계, 가족항상성을 비롯해 특히 순환적 인과성은 필수개념이다. 더불어 가족생활주기에 따라 가족에 요구되는 과업 및 가족원의 역할 변화를 이해하자.

10년간 출제분포도

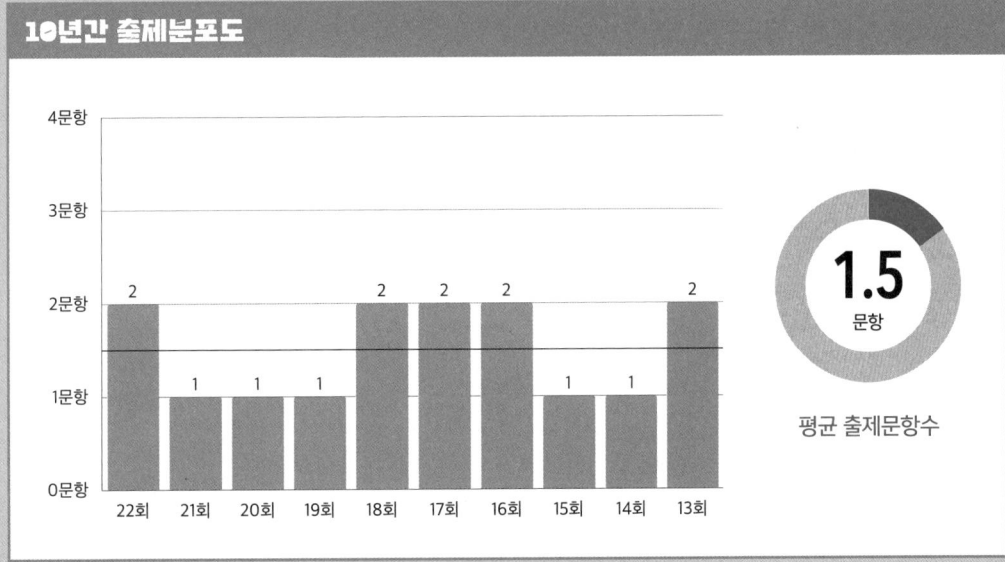

1.5 문항

평균 출제문항수

108 가족 관련 개념 및 특성

강의 QR코드

1 회독 월 일 · 2 회독 월 일 · 3 회독 월 일

최근 10년간 **15문항** 출제

복습 1 이론요약

체계로서의 가족

- 가족은 사회체계의 한 유형이다.
- 가족은 큰 사회의 하위체계이다. 동시에 가족 내에 많은 하위체계들이 존재한다.
- **전체로서의 가족은 각 부분의 합 이상이다.**(비총합성의 원리)
- **가족은 규칙에 따라 움직인다.**

가족체계와 관련된 주요 개념

기본개념

사회복지실천기술론
pp.142~

▶ **가족항상성**
- 가족이 구조와 기능에 있어 균형을 유지하려는 속성
- 가족은 **위기상황 이후에 원래의 기능으로 되돌아가려는 경향** → 사회복지사는 가족의 새로운 균형상태를 원조

▶ **가족 내부경계**
- **경직된 경계**: 가족 간의 경계가 단절되어 필요한 상호작용과 의사소통이 이루어지지 않음
- **명확한 경계**: 유연하고 융통성 있는 경계로 적절히 상호작용하면서 개인의 자율성을 인정함
- **혼돈된 경계**: 가족 간의 경계가 지나치게 밀착되어 개개인의 자율성과 독립성이 결여됨

▶ **가족 외부경계**
- **폐쇄형**: 외부와의 경계가 엄격하게 제한되어 외부와 상호작용하지 않음
- **개방형**: 가족규칙의 범위 내에서 외부와 유동적으로 상호작용함
- **방임형**: 외부와의 경계가 모호하여 상호작용에 제한이 없으며, 가족 경계선의 방어가 없음

▶ **하위체계**
- 부부 하위체계, 부모 하위체계, 부모–자녀 하위체계, 형제자매 하위체계 등
- 건강한 가족은 하위체계 간 경계가 혼돈되지 않고 분명함

▶ **순환적 인과성**
- **모든 행위는 다른 행위의 한 원인이 되면서 동시에 결과가 됨**
- 문제의 원인이나 근원보다는 **문제를 유지하는 가족의 상호작용에 초점을 둠**
- **"무엇"을 하느냐에 초점**: 문제의 원인(왜?)보다는 문제를 유지시키는 가족의 상호작용(무엇을)에 초점을 둠

▶ 환류고리

가족은 의사소통과 환류를 통해 현재의 평형상태를 유지하려고 함
- 정적 환류: 한 성원이 새로운 행동을 했을 때 정적 환류는 그 변화행동을 확대, 강화시킴
- 부적 환류: 한 성원이 새로운 행동을 했을 때 부적 환류는 그 변화행동을 저지, 중단시킴

현대가족의 구조 및 기능상의 변화
- 다양한 형태의 가족 유형 증가
- 가족구조의 단순화 및 가족규모의 축소
- 가족생활주기의 변화
- 전통적 기능의 축소
- 기혼여성의 사회활동 참여 증가에 따른 가사노동 분업

가족생활주기
- 결혼을 통하여 가족이 결성된 순간부터 자녀의 성장이나 독립, 은퇴, 배우자 사망 등에 이르기까지 가정생활의 변화과정, 즉 가족의 구조와 관계상의 발달 및 변화를 의미
- 가족생활주기에 따라 성취해야 할 발달과업이 있으며, 새로운 단계로 전환하는 과정에서 위기를 경험할 수 있음
- 가족의 유형 및 가족 형성 시기 등에 따라 가족마다 가족생활주기의 단계별 길이나 내용은 다르게 나타남

기출문장 CHECK

01 (22-04-11) 가족 항상성은 가족구성원들이 현재 상태를 유지하고자 하는 것이다.

02 (22-04-11) 가족 내에는 구성원들이 경계를 가지고 각자의 기능을 수행해가는 하위체계들이 있다.

03 (22-04-11) 피드백은 가족이 사회환경과 환류를 주고 받으며 변화를 도모하는 것이다.

04 (22-04-11) 순환적 인과관계는 가족 한 사람의 행동이 다른 구성원에게 영향을 주어 가족 전체의 변화와 연결된다는 것이다.

05 (22-04-15) 저출산 시대에는 무자녀 부부가 증가한다.

06 (22-04-15) 사회변화에 따라 가족 형태가 다양해지는 경향이 있다.

07 (22-04-15) 사회변화에 따라 가족의 세대구성이 단순화되면서 확대가족의 의미가 약화된다.

08 (22-04-15) 사회변화에 따라 양육, 보호, 교육, 부양 등에서 사회 이슈가 발생한다.

09 (21-04-12) 가족성원의 행동은 순환적 인과성의 특성을 갖는다.

10 (21-04-12) 한 사람의 문제는 가족성원 모두에게 영향을 미친다.

11 (21-04-12) 한 가족성원의 개입노력은 가족 전체에 영향을 준다.

12 (21-04-12) 한 가족성원이 보이는 증상은 가족의 문제를 대신해서 호소하는 것으로 본다.

13 (20-04-17) 가족문제의 원인을 구성원 간 상호작용에서 찾는 것을 순환적 인과관계라고 한다.

14 (20-04-17) 가족은 하위체계이면서 상위체계이기도 하다.

15 (20-04-17) 가족 내 하위체계의 경계유형은 투과성 정도에 따라 나뉠 수 있다.

16 (20-04-17) 가족 규칙은 가족 항상성에 영향을 준다.

17 (19-04-23) 가족체계는 성장과 발전을 추구하면서도 지나친 변화는 제어하며 일정한 안정성을 유지하고자 한다.

18 (18-04-13) 가족은 사회변화에 민감한 체계이다.

19 (18-04-13) 현대 가족은 점차 정서적 기능이 약화되고 있다.

20 (18-04-13) 가족의 현재 모습은 세대 간 전승된 통합과 조정의 결과물이다.

21 (17-04-10) 환류고리는 가족규범이 유지되거나 변화되는 과정을 설명하는 개념이다.

22 (17-04-15) 사회변화에 따라 가족의 구조와 기능도 변화한다.

23 (17-04-15) 위기 시 가족은 역기능적 행동을 보일 수도 있지만 가족탄력성을 보일 수도 있다.

24 (17-04-15) 가족은 가족항상성을 통해 다른 가족과 구별되는 정체성을 갖는다.

25 (16-04-05) 가족체계의 순환적 인과성은 가족구성원이 많을 때 더욱 복잡한 양상을 띤다.

26 (16-04-05) 가족체계의 순환적 인과성은 상호 영향을 주고받는 과정에서 나타나는 현상이다.

27 (16-04-05) 가족의 순환적 인과성을 살펴봄으로써 가족의 문제가 유지되는 상호작용 과정을 파악하여 문제를 해결할 수 있다.

28 (16-04-09) 현대사회에서 가족의 규모 및 기능은 축소되고 있다.

29 (16-04-09) 현대사회에서는 가족의 형태가 다양해짐에 따라 생활주기도 변화하고 있다.

30 (15-04-02) 가족항상성은 가족규칙을 활성화하여 지속적인 관계를 유지하도록 한다.

31 (13-04-09) 가족은 다세대에 걸친 역사성의 산물이다.

32 (13-04-09) 가족은 가족마다 권력구조와 의사소통 형태를 갖고 있다.

33 (13-04-09) 가족구성원 간 상호 영향은 지속적으로 나타난다.

34 (13-04-15) 전문가의 가족개입과정에서 가족의 항상성이 작동될 수 있다.

35 (13-04-15) 가족 하위체계 간 경계가 모호하면 가족끼리 밀착되기 쉽다.

36 (12-04-19) 순환적 인과성은 파문효과(ripple effect)와 관련이 있다.

37 (12-04-19) 순환적 인과성은 체계적 관점에서 악순환적인 연쇄고리를 파악한다.

38 (12-04-19) 순환적 인과성은 문제의 원인보다는 현재의 상호적 인과관계를 살펴본다.

39 (12-04-19) 순환적 인과성에 따르면, 문제를 일으킨 성원 또는 다른 성원의 변화를 통해 가족의 역기능적 문제를 해결할 수 있다.

40 (12-04-20) 현대사회에는 평균수명의 연장으로 가족의 생애주기가 길어지고 있다.

41 (12-04-20) 청년실업의 증가는 자녀의 독립시기가 지연되는 현상에 영향을 주었다.

42 (12-04-20) 단독가구 및 무자녀가구가 증가하면서 비전통적인 가족 유형이 늘고 있다.

43 (12-04-22) 별거가족은 협력적 부모관계가 지속되도록 해야 한다.

44 (12-04-22) 다세대가족은 하위체계의 구성 및 조정에 초점을 두어야 한다.

45 (11-04-28) 가족은 나름대로의 유형화된 생활방식을 갖고 있다.

46 (11-04-28) 가족권력이 어떤 한 가족구성원에게 치우쳐 있으면 갈등가족이 될 수 있다.

47 (10-04-13) 순환적 인과성을 따르면, 가족의 변화를 위해서는 문제가 유지되는 상호작용 과정을 이해해야 한다.

48 (09-04-25) 가족은 지역사회의 하위체계이다.

49 (09-04-25) 가족은 주변체계와 상호작용한다.

50 (09-04-25) 가족은 항상성을 유지하려는 속성이 있다.

51 (08-04-02) 가족규칙은 가족원의 지위, 역할, 가족의식을 규정한다.

52 (08-04-23) 가족 내 권력구조와 규범이 존재한다.

대표기출 확인하기

20-04-17   난이도 ★★★

가족에 관한 체계론적 관점의 기술로 옳지 않은 것은?

① 가족은 하위체계이면서 상위체계이다.
② 가족 규칙은 가족 항상성에 영향을 준다.
③ 가족 내 하위체계의 경계유형은 투과성 정도에 따라 나뉠 수 있다.
④ 가족문제의 원인을 구성원 간 상호작용에서 찾는 것을 순환적 인과관계라고 한다.
⑤ 가족이 처한 상황을 구성원의 인식과 언어체계로 표현하면서 가족 스스로 문제해결의 단서를 찾도록 한다.

 알짜확인

- 가족항상성, 가족경계, 순환적 인과성 등 체계이론을 바탕으로 가족을 살펴보는 다양한 개념들을 정리해두어야 한다.
- 현대가족의 특징 및 가족형태의 변화를 살펴보는 문제도 출제되며, 가족생활주기의 개념을 파악해두는 것도 필요하다.

답 ⑤

✔ 응시생들의 선택

① 10%	② 7%	③ 23%	④ 17%	⑤ 43%

⑤ 사회구성론적 관점과 관련된 설명이다. 대표적인 사회구성론적 접근인 해결중심모델은 클라이언트의 표현을 전문가의 표현으로 바꾸어 말하는 것은 클라이언트에 대한 실례이자 클라이언트의 자신감을 저하시킬 수 있다고 보았다. 가족에게 다양한 질문을 하는 과정에서 가족원들의 표현을 되도록 있는 그대로 사용할 것을 권장하며 치료자는 가족들의 답변 속에서 가족이 스스로 문제해결 방법을 찾아갈 수 있도록 돕는 역할을 한다.

관련기출 더 보기

19-04-23   난이도 ★★☆

가족대상 사회복지실천에 관한 설명으로 옳은 것은?

① 누가 가족문제를 일으키는 원인제공자인지 확인하기 위해 순환적 인과관계를 적용한다.
② 동귀결성을 적용하여 어떤 결과에 어떤 하나의 원인이 작용하였는지를 밝힌다.
③ 가족은 사회환경의 하위체계이나 그 내부는 하위체계가 없는 체계이다.
④ 가족체계는 성장과 발전을 추구하면서도 지나친 변화는 제어하며 일정한 안정성을 유지하고자 한다.
⑤ 일차적 사이버네틱스에서 가족은 스스로 창조하고 독립된 실제이며 사회복지사를 가족과 완전 분리된 사람으로 보지 않는다.

답 ④

✔ 응시생들의 선택

① 17%	② 3%	③ 1%	④ 75%	⑤ 4%

④ '가족체계는 성장과 발전을 추구하면서도 지나친 변화는 제어하며 일정한 안정성을 유지하고자 한다'는 것은 옳은 설명으로 가족항상성의 개념에 해당한다.

① 순환적 인과관계는 한 사람의 문제는 다른 사람에게, 가족 전체에게 영향을 주고 그 영향은 다시 그 사람에게 영향을 미치기 때문에 가족의 문제는 순환적으로 일어난다는 개념이다. 따라서 문제의 원인 혹은 원인제공자가 누구인지보다는 문제를 지속시키는 상호작용에 초점을 둔다.

② 동귀결성은 각기 다른 원인들이 같은 결과를 가져올 수 있음을 말한다.

③ 가족 내부에도 부부 체계, 부모 체계, 부모-자녀 체계, 형제-자매 체계 등 다양한 하위체계가 있다.

⑤ 일차적 사이버네틱스는 전문가가 가족 내부에서 발생하는 현상에 영향을 주지 않으면서 객관적 시각에서 관찰할 수 있다고 보는 입장이다. 이차적 사이버네틱스는 전문가는 관찰자로서 관찰을 당하는 가족체계와 상호작용이 일어난다고 보며, 이로 인해 동일한 가족을 관찰하더라도 관찰자에 따라 다르게 파악될 수 있다는 것이다.

가족의 특성에 관한 설명으로 옳은 것을 모두 고른 것은?

ㄱ. 사회변화에 민감한 체계이다.
ㄴ. 현대 가족은 점차 정서적 기능이 약화되고 있다.
ㄷ. 가족의 현재 모습은 세대 간 전승된 통합과 조정의 결과물이다.
ㄹ. 기능적인 가족은 응집성과 적응성, 문제해결력이 높은 가족이다.

① ㄱ, ㄷ
② ㄴ, ㄹ
③ ㄱ, ㄴ, ㄷ
④ ㄴ, ㄷ, ㄹ
⑤ ㄱ, ㄴ, ㄷ, ㄹ

답 ⑤

✔ 응시생들의 선택

① 4%	② 9%	③ 8%	④ 18%	⑤ 61%

가족생활주기에 관한 설명으로 옳지 않은 것은?

① 가족구조와 발달과업의 변화를 파악하는 데 활용한다.
② 가족생활주기를 파악하기 위해 가족의 생태도를 작성한다.
③ 가족이 형성된 시점부터 배우자 사망에 이르기까지의 생활변화를 볼 수 있다.
④ 가족이 발달하면서 경험하게 될 사건이나 위기를 예측하는 데 도움이 된다.
⑤ 가족생활주기의 단계는 가족유형이나 사회문화적 배경에 따라 상이할 수 있다.

답 ②

✔ 응시생들의 선택

① 2%	② 69%	③ 9%	④ 17%	⑤ 3%

② 생태도는 개인 및 가족의 사회적 맥락과 개인 및 가족을 둘러싼 사회체계들과의 상호작용을 보는 데 적절한 사정도구로서 가족생활주기는 파악하기 어렵다.

가족 내부의 역동성에 관한 설명으로 옳은 것은?

① 이중구속(double binds)은 가족의 응집 정도를 나타낸 것이다.
② 일치형 의사소통은 객관적 사실과 정확한 논리에 기초한 의사소통 행위이다.
③ 가족 하위체계 간 경계가 모호하면 그 관계가 소원해진다.
④ 전문가의 가족개입과정에서 가족의 항상성이 작동될 수 있다.
⑤ 부적 피드백은 가정 내 일탈행동을 증폭시킨다.

답 ④

✔ 응시생들의 선택

① 7%	② 18%	③ 13%	④ 56%	⑤ 7%

① 이중구속은 역기능적 의사소통 형태를 띠며, 언어적 수준과 비언어적 수준이 다른 상호 모순적인 메시지를 보내는 것이다.
② 일치형 의사소통은 언어적 메시지와 비언어적 메시지가 일치하고 메시지가 분명하고 직접적이며, 사람을 비난하지 않으면서 행위를 평가하고 방향 제시를 할 수 있는 기능적 의사소통이다.
③ 가족 하위체계 간 경계가 모호하면 가족끼리 밀착되기 쉽다.
⑤ 일탈행동이 지속되거나 증폭되도록 하는 것은 정적 피드백(환류)이다. 부적 피드백(환류)은 일탈이나 위기상황으로 더 이상 진전되는 것을 멈추고 원래의 상태로 되돌아가게 하는 작용을 한다.

순환적 인과성에 관한 설명으로 옳지 않은 것은?

① 파문효과(ripple effect)와 관련이 있다.
② 체계적 관점에서 악순환적인 연쇄고리를 파악한다.
③ 문제의 외현화(externalization)를 위해 사용되는 개념이다.
④ 문제의 원인보다는 현재의 상호적 인과관계를 살펴본다.
⑤ 문제를 일으킨 성원 또는 다른 성원의 변화를 통해 가족의 역기능적 문제가 해결된다.

답 ③

✔ 응시생들의 선택

① 13%	② 6%	③ 51%	④ 20%	⑤ 9%

③ 문제의 외현화는 이야기치료의 개입기법으로서 순환적 인과성과는 거리가 멀다.

다음 내용이 **왜 틀렸는지**를 확인해보자

---

01 가족 대상 실천은 가족원 중 **문제의 원인 제공자를 확인**하는 것이 주요 목표이다.

> 가족의 문제는 순환적 인과관계가 있으므로 문제의 원인을 찾는 것보다 문제가 유지되는 가족의 상호작용에 초점을 둔다.

`13-04-09`

02 가족 내에서 가족원들은 저마다 공식적, 비공식적 **역할들이 고정되어 있다.**

> 가족원들은 가족 내에서 저마다의 역할을 수행하게 되는데 이는 생애 사건, 가족생활주기 등 다양한 영향을 받으며 변화한다.

`21-04-12`

03 가족개입에 있어 가족문제의 원인은 **단선적 관점**으로 파악해야 한다.

> 가족문제의 원인은 순환적 관점으로 파악해야 한다.

`11-04-28`

04 가족응집력이 높을수록 가족구성원들의 **독립성과 자율성이 커진다.**

> 가족응집력이 지나치게 높으면 가족구성원 간 밀착관계가 형성되어 독립성과 자율성이 결여될 수 있다.

`15-04-02`

05 부모–자녀 관계는 **밀착된 경계를 가진 관계일수록 기능적**이다.

> 지나친 밀착 관계에서는 독립심과 자율성이 결여될 수 있다는 점에서 역기능적이다.

`16-04-05`

06 순환적 인과성은 가족체계 내 문제가 **세대 간 전이를 통해 나타남**을 의미한다.

> 순환적 인과성은 세대 간 전이의 개념은 아니다. 현재 가족원 사이에서 상호영향을 줌으로써 문제가 지속되는 현상을 일컫는 개념이다.

다음 내용이 옳은지 그른지 판단해보자

22-04-15
01 단독으로 생계를 유지하는 경우는 가구의 범위에 속하지 않는다. ◎ ✕

07-04-06
02 독신가족, 동거가족, 다문화가족 등 다양한 가족의 형태가 증가하고 있다. ◎ ✕

12-04-20
03 현대사회에서는 자녀의 결혼시기가 늦어짐에 따라 빈둥지 시기도 늦춰지고 있다. ◎ ✕

15-04-02
04 가족생활주기가 변해도 역할분담은 고정되어 있는 것이 적응적이다. ◎ ✕

10-04-17
05 가족생활주기는 모든 가족은 동일한 단계를 거쳐 발달함을 전제로 한다. ◎ ✕

10-04-01
06 과거에 가족이 수행했던 기능이 상당 부분 사회로 이양되었다. ◎ ✕

10-04-13
07 가족체계의 순환적 인과성 개념은 가족 문제의 원인을 단편적으로 파악하여 개입을 용이하게 한다. ◎ ✕

17-04-10
08 1차 수준 사이버네틱스는 전문가가 가족 내부의 의사소통과 제어과정을 객관적으로 발견할 수 있다는 개념이다. ◎ ✕

17-04-10
09 환류고리를 통해 가족규범이 유지되거나 변화되는 과정을 설명할 수 있다. ◎ ✕

답 **01** ✕ **02** ◯ **03** ◯ **04** ✕ **05** ✕ **06** ◯ **07** ✕ **08** ◯ **09** ◯

해설 **01** 가구(家口)는 같은 공간에서 취사를 함께하고 있는 사람들이라는 의미이지만, 혼자 사는 사람이 증가하면서 1인 가구라는 표현도 사용되고 있다.

04 가족생활주기의 변화에 따라 가족원이 수행해야 할 역할도 달라지는 것이 적응적이다.

05 가족생활주기는 부부의 결혼 연령, 자녀출산 시기, 자녀의 수나 독립 시기, 부부의 은퇴 혹은 사망 등에 의해서도 다르게 나타날 수 있다.

07 순환적 인과성은 모든 행위는 다른 행위의 한 가지 원인이 되면서 동시에 결과가 된다고 보는 것이다. 이 개념을 가족문제에 적용하면 문제의 원인과 결과를 단편적으로 파악하는 것이 아니라 가족의 상호작용을 통해 문제가 유지되는 양상에 초점을 두고 개입하게 되는 것이다.

8장

가족문제 사정

이 장에서는

앞서 7장에서 학습한 가족과 관련한 주요 개념들을 바탕으로 가족문제를 어떤 차원에서 어떻게 살펴볼 것인지와 관련해 정리하는 장이다. 가계도, 생태도 등 가족을 사정하기 위한 도구들의 각 특징을 파악해두어야 하며, 이는 실천론을 통해서도 출제되곤 한다.

10년간 출제분포도

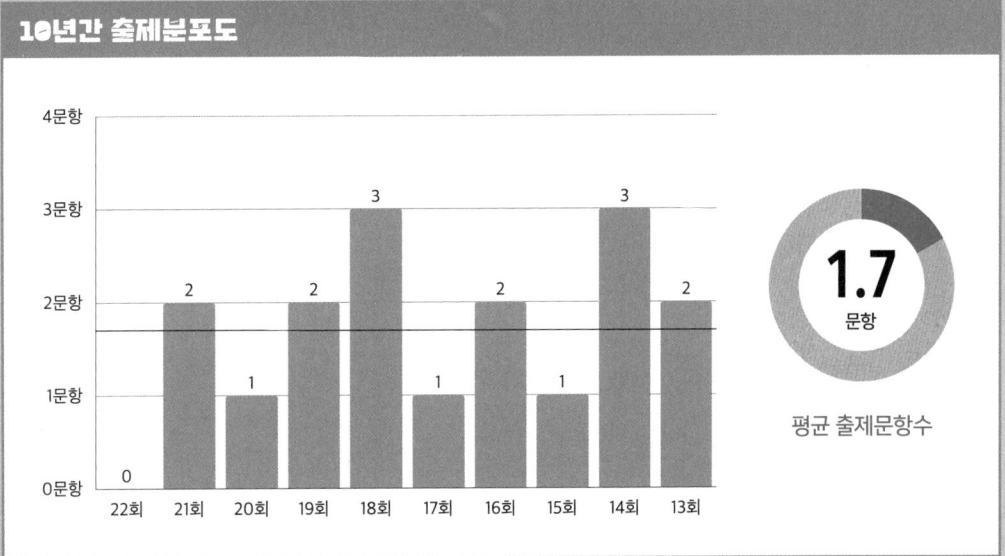

평균 출제문항수 1.7문항

109 가족사정도구

강의 QR코드

1회독	**2**회독	**3**회독
월 일	월 일	월 일

★★★ 최근 10년간 **10문항** 출제

복습 1 이론요약

가계도

- 가족치료에서 사용되는 도표 혹은 그림
- 보통 3세대 이상, 적어도 2세대 이상에 걸친 가족관계를 묘사함
- 개인 인적 사항 및 사회적 정보 표시
- 각 구성원 간의 관계를 선으로 표시
- 세대에 걸쳐 반복적으로 나타나는 문제나 양상을 파악할 수 있음

기본개념

사회복지실천기술론
pp.173~

생태도

- 클라이언트 및 클라이언트와 관련된 사람, 환경의 영향과 그 상호작용의 변화를 묘사하기 위해 사용
- 환경 속 인간 관점을 바탕으로 함
- 다양한 선 모양을 통해 가족 성원과 환경과의 관계를 표시

가족조각

- 공간 속에서 가족구성원들의 몸을 이용해 가족의 상호작용 양상을 표현함으로써 가족에 대한 이해를 돕는 기법
- 가족조각을 통해 가족원들이 역기능적 가족연합을 인식할 수 있게 하여 가족관계를 재조정할 수 있도록 함
- 가족조각을 실행할 때에는 서로 이야기하거나 웃지 않도록 하며, 조각이 끝난 후에 이에 대한 이야기를 나누며 감정적 피드백이 이루어질 수 있도록 함
- 하위체계의 양상, 융합 또는 소원한 관계, 지배-복종의 관계, 가족규칙의 양상 등을 파악

생활력도표

- 클라이언트의 생애에서 중요한 사건이나 시기를 중심으로 연대기적으로 작성
- 원이나 화살표 등 기호를 이용하지 않고 도표로 제시

생활주기표

- 클라이언트 및 가족구성원의 발달단계와 주요 과업을 하나의 표로 나타낸 것
- 개별 성원이 현재 위치해 있는 발달단계 및 과업, 위기 등을 한눈에 볼 수 있도록 정리

사회적 관계망표

- 개인 혹은 가족의 **사회적 지지체계**를 사정하는 도구
- 사회적 관계망을 그림이나 표로 보여줌으로써 가족의 관계망을 전체적으로 볼 수 있게 함
- 지지의 유형 및 지지의 방향, 개인적 친밀감 정도, 접촉 빈도, 관계된 기간 등을 표로 작성

기출문장 CHECK

01 (20-04-18) 자녀의 입장에서 가족조각을 진행함으로써 자녀가 인식하는 가족관계를 탐색할 수 있다.

02 (20-04-18) 생활력표를 활용하여 현재 어려움에 영향을 주는 발달단계 상의 경험을 이해할 수 있다.

03 (19-04-15) 가족조각은 어느 시점에서의 인간관계, 타인에 대한 느낌과 감정을 동작과 공간을 사용하여 표현하는 비언어적 기법이다.

04 (19-04-19) 가계도를 통해 가족 내 삼각관계, 지배적인 주제와 가족구조의 변화, 가족 내 반복적으로 나타나고 있는 사건의 연결성 등을 분석할 수 있다.

05 (18-04-15) 가계도에서는 세대를 통해 반복되는 패턴 분석, 가족구성원에 대한 객관적 정보 파악, 가족기능의 불균형 및 이에 기여하는 요인 분석, 가족구성원별 인생의 중요사건과 이에 대한 다른 가족구성원의 역할 분석 등이 가능하다.

06 (17-04-03) 생활력표를 활용하여 현재의 기능수행에 영향을 미치는 발달단계상 생활경험을 이해한다.

07 (17-04-03) 가족조각은 가족역동을 시각적으로 표현하여 구성원의 인식을 파악하는 도구이다.

08 (16-04-08) 가족조각 기법은 가족의 상호작용 양상을 공간 속에 배치하는 방법이다.

09 (16-04-08) 가족조각 기법은 가족 내 숨겨져 표현되지 못했던 감정이나 가족규칙 등이 노출될 수 있다.

10 (15-04-08) 사회적 관계망표로 사회적 관계에서의 지지 유형과 정도를 파악한다.

11 (14-04-21) 사회적 관계망표는 사회적 지지의 유형을 구분하고 가족의 환경과 필요한 자원을 파악하는 데 유용하다.

12 (12-04-18) 부부상담에서 부인이 성장기에 겪었던 주요 생애경험을 파악하기 위해 가족생활력표를 사용한다.

13 (11-04-27) 가계도를 통해 가족 내 하위체계 간 경계의 속성, 가족 내 삼각관계, 종단·횡단, 종합·통합적인 가족의 속성, 가족구성원 역할과 기능의 균형상태 등을 파악할 수 있다.

14 (11-04-27) 가계도에서는 개인 및 가족의 환경과의 교류를 알 수 없다.

15 (10-04-08) 생태도로 주변 체계와의 상호작용을 파악할 수 있다.

16 (10-04-08) 가계도를 통해 세대 간 전수되는 가족의 특징이나 반복되는 사건 등을 파악할 수 있다.

17 (09-04-07) 가계도를 통해 세대 간 반복되는 유형을 분석할 수 있다.

18 (09-04-07) 생활주기표는 가족성원의 발달단계별 수행 과제를 파악한다.

19 (09-04-07) 생태도는 가족에게 부족한 자원과 보충되어야 할 자원을 알아볼 수 있다.

20 (09-04-07) 생활력표는 가족원의 중요사건이나 문제를 발견하는 데에 적합하다.

21 (08-04-24) 가계도에서 소원한 관계는 점선(---------)으로 표시한다.

22 (06-04-21) 가족을 사정하기 위한 도구로 생태도, 가계도, 사회적 관계망 등을 활용할 수 있다.

23 (03-04-20) 생태도에서 실선은 긍정적 관계를 의미한다.

24 (02-04-10) 생활력도표는 가족구성원의 삶에서 중요한 사건이나 문제를 시계열적으로 나열한 것이다.

25 (01-04-08) 가계도에는 가족 구성원의 약물남용 경험이 기록된다.

대표기출 확인하기

자녀양육의 어려움을 호소하는 가족의 사정도구에 관한 설명으로 옳지 않은 것은?

① 가계도를 활용하여 구성원 간 관계를 파악한다.

② 생태도를 통해 회복탄력성과 문제해결능력을 확인한다.

③ 양육태도척도를 활용하여 문제가 되는 부분을 탐색한다.

④ 자녀 입장의 가족조각으로 자녀가 인식하는 가족관계를 탐색한다.

⑤ 생활력표를 활용하여 현재 어려움에 영향을 주는 발달단계 상의 경험을 이해한다.

 알짜확인

- 가계도, 생태도 등을 비롯해 가족사정에서 활용할 수 있는 다양한 도구들에 대해서 살펴봐야 한다. 특히 가계도에서는 환경체계를 알 수 없다는 점은 자주 출제된 내용이다.
- 어떤 상황에서 어떻게 적용함으로써 무엇을 파악해낼 수 있느냐에 초점을 두어 각 사정도구를 정리해두도록 하자.

답 ②

☑ 응시생들의 선택

① 3%	② 61%	③ 8%	④ 10%	⑤ 18%

② 생태도는 가족을 둘러싼 환경체계를 살펴보기 위한 사정도구이다.

관련기출 더 보기

가계도를 통한 분석 내용으로 옳은 것을 모두 고른 것은?

ㄱ. 가족 내 삼각관계
ㄴ. 지배적인 주제와 가족구조의 변화
ㄷ. 가족이 위치한 지역사회의 안정성과 쾌적성
ㄹ. 가족 내 반복적으로 나타나고 있는 사건의 연결성

① ㄴ	② ㄱ, ㄴ
③ ㄱ, ㄹ	④ ㄱ, ㄴ, ㄹ
⑤ ㄱ, ㄴ, ㄷ, ㄹ	

답 ④

☑ 응시생들의 선택

① 5%	② 12%	③ 14%	④ 66%	⑤ 3%

ㄷ. 가계도는 3세대 이상의 가족에 대한 분석으로 가족을 둘러싼 환경체계에 대해서는 알 수 없다.

가계도를 통한 사정 내용

- 가족관계 구조
- 결혼, 이혼, 재혼, 질병, 사망 등 중요한 생활사건
- 종교, 직업 등 인구사회학적 특성
- 가족 내에서 반복되는 정서적·행동적 패턴 및 성원 간의 관계
- 여러 세대에 걸쳐 발전된 가족 구성원의 역할 및 유형

가계도 분석에 관한 설명으로 옳은 것을 모두 고른 것은?

ㄱ. 세대를 통해 반복되는 패턴 분석
ㄴ. 가족구성원에 대한 객관적 정보를 파악
ㄷ. 가족기능의 불균형과 그것에 기여하는 요인 분석
ㄹ. 가족구성원별 인생의 중요사건과 이에 대한 다른 가족구성원의 역할 분석

① ㄹ
② ㄱ, ㄷ
③ ㄴ, ㄹ
④ ㄱ, ㄴ, ㄷ
⑤ ㄱ, ㄴ, ㄷ, ㄹ

답 ⑤

✔ 응시생들의 선택

① 1%	② 5%	③ 4%	④ 66%	⑤ 24%

가족사정도구에 관한 설명으로 옳은 것을 모두 고른 것은?

ㄱ. 생태도는 진행과정과 종결과정에서도 활용한다.
ㄴ. 생활력표를 활용하여 현재의 기능수행에 영향을 미치는 발달단계상 생활경험을 이해한다.
ㄷ. 소시오그램은 가족 구성원의 사회적 활동을 측정하는 도구이다.
ㄹ. 가족조각은 가족역동을 시각적으로 표현하여 구성원의 인식을 파악하는 도구이다.

① ㄱ, ㄷ
② ㄱ, ㄹ
③ ㄴ, ㄷ
④ ㄱ, ㄴ, ㄹ
⑤ ㄱ, ㄴ, ㄷ, ㄹ

답 ④

✔ 응시생들의 선택

① 1%	② 10%	③ 6%	④ 51%	⑤ 32%

ㄷ. 소시오그램은 집단사정도구로 대인관계에서 끌리는 정도를 측정한다. 소시오그램에서는 집단성원 간 선호도와 무관심, 배척하는 정도와 유형을 파악할 수 있으며 하위집단 형성 여부를 알 수 있다.

가족사정 기법 중 가족조각을 통해 파악할 수 있는 것을 모두 고른 것은?

ㄱ. 가족 간의 친밀도
ㄴ. 가족규칙
ㄷ. 가족성원들의 감정
ㄹ. 가족의 교육 수준

① ㄱ, ㄴ, ㄷ
② ㄱ, ㄷ
③ ㄴ, ㄹ
④ ㄹ
⑤ ㄱ, ㄴ, ㄷ, ㄹ

답 ①

✔ 응시생들의 선택

① 56%	② 40%	③ 1%	④ 1%	⑤ 2%

가족조각을 통해 가족 내의 관계, 가족규칙, 가족동맹, 친밀도, 감정, 문제 등을 알 수 있다. 하지만, 교육 수준은 알 수 없다.

가족 사정에 관한 설명으로 옳지 않은 것은?

① 가족이 제공하는 정보 이외에 가족의 실제 상호작용을 파악해야 한다.
② 가족 상호작용에 관한 새로운 정보로 인해 초기의 사정 내용이 변화할 수 있다.
③ 가계도를 통해 세대 간 전수되는 가족의 특징이나 반복되는 사건 등을 파악할 수 있다.
④ 사회관계망표를 활용하여 가족 내 규칙을 파악할 수 있다.
⑤ 생태도로 주변 체계와의 상호작용을 파악할 수 있다.

답 ④

✔ 응시생들의 선택

① 3%	② 4%	③ 7%	④ 85%	⑤ 1%

④ 사회적 관계망표는 개인 혹은 가족의 사회적 지지체계를 살펴보는 것으로, 가족 내 규칙을 파악할 수는 없다.

다음 내용이 왜 틀렸는지를 확인해보자

07-04-05

01 가계도를 작성할 때에는 가족에 영향을 미치는 **외부자원에 관한 정보**를 다룬다.

> 가계도에는 가족에게 영향을 미치는 외부자원에 대한 정보는 담기지 않는다.

03-04-20

02 생태도에서 **실선의 굵기가 갖는 의미는 없다.**

> 실선이 굵을수록 강한 긍정의 관계이다.

15-04-08

03 생태도는 **세대 간 반복되는 유형을 파악하는 데에 적합**하다.

> 생태도는 개인 및 가족의 사회적 맥락과 가족을 둘러싼 사회체계들과의 상호작용 상태를 살펴보는 도구이다.

14-04-21

04 소시오그램은 집단 성원들 간의 관계를 파악하고 **가족의 환경과 필요한 자원을 파악하는 데에 유용**하다.

> 가족의 환경과 필요한 자원을 파악하기 위한 도구는 사회적 관계망표이다.

01-04-08

05 가계도를 통해 가족 구성원들이 **특정 시기에 경험한 내용을 파악**할 수 있다.

> 특성 시기에 가족이 겪은 문제를 파악하는 도구는 생활력표이다. 가계도는 3세대에 걸친 가족관계를 도표로 정리하면서 세대에 걸쳐서 반복적으로 나타나는 문제나 양상을 파악하는 도구이다.

12-04-18

06 부부상담에서 부인이 성장기에 겪었던 주요 생애경험을 파악하기 위해서는 **생태도를 작성**하도록 한다.

> 생태도는 현재 클라이언트와 관련된 사람, 환경과의 상호작용을 파악하기 위해 작성하는 사정도구로, 생애경험이 드러나지는 않는다.

다음 내용이 옳은지 그른지 판단해보자

19-04-15
01 어느 시점에서의 인간관계, 타인에 대한 느낌과 감정을 동작과 공간을 사용하여 표현하는 비언어적 기법은 가족조각이다. ◎ ✕

02-04-10
02 생활력도표는 아동과 청소년을 대상으로 한 활동에서 특히 유용하게 사용된다. ◎ ✕

11-04-27
03 가계도를 통해 가족과 환경 간의 교류를 파악할 수 있다. ◎ ✕

07-04-17
04 생태도를 통해 가족과 외부자원과의 관계를 알아볼 수 있다. ◎ ✕

05 생태도는 개입이 진행되는 기간 중에 변화를 확인하기 위해 반복하여 사용할 수 있다. ◎ ✕

16-04-08
06 가족조각에서 가족을 조각한 사람은 객관성을 유지하기 위해 조각에서 제외한다. ◎ ✕

05-04-27
07 특정 시기에 가족이 겪은 문제는 사회적 관계망표를 통해 사정한다. ◎ ✕

08 가계도, 생태도, 사회적 관계망표, 소시오그램 등은 가족을 사정하기 위한 도구로 활용된다. ◎ ✕

13-04-03
09 가계도를 통해 가족의 구조 및 구성, 구성원의 역할 및 기능 등을 살펴볼 수 있다. ◎ ✕

13-04-03
10 가계도를 통해서 가족과 환경 간 경계의 속성을 파악할 수 있다. ◎ ✕

답 01 ○ 02 ○ 03 ✕ 04 ○ 05 ○ 06 ✕ 07 ✕ 08 ✕ 09 ○ 10 ✕

해설
03 가계도는 3세대 이상에 걸친 가족성원에 관한 정보와 성원 간 관계를 도표화한 것으로 가족과 환경 간의 관계가 표시되지는 않는다.
06 가족 중 한 사람이 조각가가 되어 다른 구성원들을 조각한 후 조각가 자신도 적정한 위치와 모습으로 자리를 잡는다.
07 사회적 관계망표는 현재 클라이언트의 사회적 지지체계를 사정하는 도구로 관계, 지지 유형, 접촉 빈도, 관계를 맺은 기간 등을 도표로 정리한다.
08 소시오그램은 집단 성원 간의 관계, 하위집단의 형성, 상호 간의 태도 등에 대해 알아보는 집단 사정도구이다.
10 가계도는 가족과 환경과의 관계를 살펴보는 도구는 아니기 때문에 그 경계의 속성을 파악할 수 없다.

110 가족사정의 요소들

강의 QR코드

복습 1 이론요약

가족의 기능

▶ **기능적 가족**
- 명확한 경계, 개방형 가족
- 자율성, 독립성, 신뢰감
- 가족 규칙 및 역할의 유연성

▶ **역기능적 가족**
- 경직된 경계 및 모호한 경계, 폐쇄형 가족 및 방임형 가족
- 지나친 무관심 혹은 지나친 간섭 · 집착
- 가족 규칙 및 역할의 고정화
- 혼란스럽고 애매모호한 의사소통 혹은 의사소통의 단절

기본개념

사회복지실천기술론
pp.160~

가족사정의 4가지 차원
- 가족이 제시하는 문제
- 생태학적 사정
- 세대 간 사정
- 가족 내부 사정

가족의 경계

▶ **내부경계 사정: 경직된 경계, 모호한 경계는 명확한 경계로!**
- 경직된 경계: 유리된 가족. 가족의 응집력 · 결속력이 낮아 문제해결이 어려움
- 모호한 경계: 혼돈된 경계. 밀착된 가족. 개인의 주관이 무시되며 획일적인 생각이 강요됨

▶ **외부경계 사정: 폐쇄형 가족, 방임형 가족은 개방형 가족으로!**
- 폐쇄형: 가족 내의 권위자가 외부와의 경계를 일방적으로 통제하며 가족문제에 대한 외부의 도움을 차단하여 더 큰 혼란이 야기됨
- 방임형: 외부와의 교류에 제한이 없고 가족 경계선의 방어가 없어 가족에 영향을 미치는 외부의 문제에 대해 적절하게 대처하기 어려움

가족 간 의사소통

▶ 기능적 의사소통

- 개방적, 직접적, 명확한 표현으로 자유롭게 소통
- 나 전달법(I-message): '나'를 주어로 자신의 감정을 표현하는 방식으로 상대방을 존중하면서 자신의 주장을 전달

▶ 역기능적 의사소통

- 회피, 비난, 애매모호하고 간접적인 방식으로 원활한 소통이 어려움
- 이중구속(double-bind): 모순되는 메시지가 동시에 나타나 듣는 사람이 어떤 메시지에 반응해야 하는지 혼란스러워짐

기타 가족사정에서 살펴봐야 할 사항

- 가족규칙의 내용, 적합성, 융통성
- 가족역할의 유연성, 부모화, 희생양
- 가족 내 의사소통에서 나타나는 구두점 확인
- 그 밖에 권력구조, 가족신화, 가족의 강점 등

기출문장 CHECK

01 (21-04-15) 하위체계의 경계가 희미한 경우에는 감정의 합일현상이 증가한다.

02 (21-04-16) 가족사정은 가족이 제시하는 문제, 생태학적 사정, 세대 간 사정, 가족내부 간 사정으로 이루어진다.

03 (11-04-29) 방임형 가족은 가족 외부와의 구분이 거의 없다.

04 (11-04-29) 유연한 경계를 가진 가족은 구성원 간 경계가 분명하다.

05 (11-04-29) 유리된 가족은 구성원 간 경계가 경직되어 있다.

06 (07-04-08) 가족사정에는 가족 내 하위체계 간 경계, 가족 내 규칙, 가족 내 의사소통의 상호작용 등이 포함된다.

07 (05-04-22) 가족을 사정할 때에는 가족역할, 가족규범, 가족문화 등을 살펴봐야 한다.

08 (04-04-14) 밀착된 가족은 가족 간 사생활 침해 정도가 높다.

09 (04-04-15) 자녀가 부모의 역할을 하거나 자녀에 대한 부모의 간섭이 지나친 경우 역기능적 문제가 발생할 수 있다.

10 (02-04-21) 명확한 경계를 가진 가족은 구성원 간 경계가 분명하면서도 투과성이 있다.

11 (02-04-21) 가족성원들이 지나치게 밀착되어 있는 가족은 개인의 자아의식이 발달하지 못할 수 있다.

대표기출 확인하기

가족사정에 관한 설명으로 옳은 것을 모두 고른 것은?

> ㄱ. 가족체계가 어떻게 기능하는지 발견하는 것이 목적이다.
> ㄴ. 가족상호작용 유형에 적합한 방법을 찾는 것이다.
> ㄷ. 가족사정과 개입과정은 상호작용적이며 순환적이다.
> ㄹ. 가족이 제시하는 문제, 생태학적 사정, 세대 간 사정, 가족내부 간 사정으로 이루어진다.

① ㄱ, ㄴ
② ㄷ, ㄹ
③ ㄱ, ㄴ, ㄷ
④ ㄱ, ㄴ, ㄹ
⑤ ㄱ, ㄴ, ㄷ, ㄹ

▶ 알짜확인

• 가족경계, 의사소통의 방식, 가족규범, 가족역할, 가족생활주기 등 가족사정에서 살펴봐야 할 요소들을 파악해두자.

답 ⑤

✔ 응시생들의 선택

① 2%	② 4%	③ 7%	④ 5%	⑤ 82%

모두 옳은 내용이다.
가족사정은 가족이 제시하는 문제, 생태학적 사정, 세대 간 사정, 가족내부에 대한 사정 등 4가지 차원에서 이루어진다. 가족의 구조와 기능 및 환경체계와의 상호작용 양상을 살펴보며, 가족의 의사소통 방식, 규칙, 역할 등에 있어 역기능적 요소를 파악한다.

관련기출 더 보기

가족경계(boundary)에 관한 설명으로 옳은 것은?

① 하위체계의 경계가 경직된 경우에는 지나친 간섭이 증가한다.
② 하위체계의 경계가 희미한 경우에는 감정의 합일현상이 증가한다.
③ 하위체계의 경계가 경직된 경우에는 가족의 보호 기능이 강화된다.
④ 하위체계의 경계가 희미한 경우에는 가족 간 의사소통이 감소한다.
⑤ 하위체계의 경계가 경직된 경우에는 가족구성원이 독립적으로 행동하기 어렵다.

답 ②

✔ 응시생들의 선택

① 11%	② 49%	③ 3%	④ 19%	⑤ 18%

① 희미한 경우에 지나친 간섭이 증가한다.
③ 경직된 경우에는 가족의 보호 기능이 약화된다.
④ 경직된 경우에 가족 간 의사소통이 감소한다.
⑤ 희미한 경우에 가족구성원이 독립적으로 행동하기 어렵다.

1인 가구의 가족사정에 관한 내용으로 옳은 것을 모두 고른 것은?

> ㄱ. 원가족 생활주기 파악
> ㄴ. 원가족 스트레스와 레질리언스 탐색
> ㄷ. 구조적 관점으로 미분화된 경계 파악
> ㄹ. 역사적 관점으로 미해결된 과거관계의 잔재 확인

① ㄹ   ② ㄱ, ㄷ
③ ㄴ, ㄹ   ④ ㄱ, ㄴ, ㄷ
⑤ ㄱ, ㄴ, ㄷ, ㄹ

답 ⑤

✅ **응시생들의 선택**

① 12%	② 5%	③ 10%	④ 16%	⑤ 57%

ㄱ. 원가족 생활주기를 파악함으로써 현재 어떤 단계에 있으며, 어떤 과업이 수행되어야 하는지, 그리고 어떤 문제가 있을 수 있는지 등을 살펴볼 수 있다.

ㄴ. 레질리언스는 우리말로 회복탄력성으로 번역되곤 하는데, 어떤 곤란이나 역경에 처했을 때 이를 발판으로 삼아 다시 회복하려는 힘을 말한다. 원가족이 갖는 문제와 함께 문제를 극복하는 방법을 살펴보는 것도 사정의 영역이 된다.

ㄷ. 원가족과의 경계가 밀착적인지 경직적인지를 살펴보고, 클라이언트의 자아분화가 적절히 이루어졌는지에 대해 사정한다.

ㄹ. 이전에 나타났던 문제가 제대로 해결되지 않은 경우 그 여파가 아직 남아있을 수 있으며, 현재의 다른 문제와 연결될 수도 있으며, 이후에 반복적으로 다시 문제로 떠오를 수 있다는 점에서 미해결 문제를 살펴보는 것도 필요하다.

다음의 사례에 나타난 가족 의사소통 내용은?

> 아버지는 아들에게 "가족회의에서는 자신의 의견을 소신 있게 밝힐 줄 알아야 한다."라고 평소에 강조한다. 그런데 막상 가족회의에서 아들이 자신의 의견을 말하면, "너는 아직 어리니 가만히 있어!"라고 하면서 면박을 준다.

① 구두점   ② 이중구속
③ 피드백   ④ 역설적 지시
⑤ 이중질문

답 ②

✅ **응시생들의 선택**

① 3%	② 69%	③ 1%	④ 27%	⑤ 0%

이중구속
동시에 다른 수준에서 상호 모순되는 메시지를 보냄으로써 듣는 사람이 어떠한 메시지에도 선택적으로 반응할 수 없는 혼란스러운 상황에 놓이게 되는 것을 말한다. 이는 언어적 메시지로 일어나기도 하지만 비언어적 메시지로 나타나기도 한다.

가족 경계에 관한 설명으로 옳은 것은?

① 개방형 가족은 환경과의 경계가 없다.
② 유연한 경계를 가진 가족은 구성원 간 경계가 모호하다.
③ 밀착가족의 구성원 간 경계는 경직되어 있다.
④ 방임형 가족은 가족 외부와의 구분이 거의 없다.
⑤ 유리된 가족에는 가족구성원 간 경계가 없다.

답 ④

✅ **응시생들의 선택**

① 1%	② 2%	③ 5%	④ 89%	⑤ 3%

① 개방형 가족: 가족 외부와의 경계가 분명하면서도 정보교환 등이 자유롭게 일어나는 가족. 건강한 가족
② 유연한 경계를 가진 가족은 구성원 간 경계가 분명함
③ 밀착가족의 구성원 간 경계는 모호함
⑤ 유리된 가족에는 가족구성원 간 경계가 경직됨

다음 내용이 왜 틀렸는지를 확인해보자

11-04-29

01 밀착가족의 구성원 간 **경계는 경직**되어 있다.

> 밀착가족의 구성원 간 경계는 모호하다.

11-04-29

02 개방형 가족은 환경과의 **경계가 없다.**

> 개방형 가족은 외부와의 경계가 분명하면서도 적절한 상호작용이 일어난다.

03 이중구속 메시지는 대상자에게 둘 이상의 모순된 메시지가 동시에 주어짐에 따라 **어느 하나에는 반드시 반응해야 하는 상황**을 말한다.

> 이중구속 메시지는 모순된 메시지들 중 어느 하나도 선택할 수 없는 딜레마에 빠지게 만든다.

04 가족 내에서 **자유로운 의사소통은 역기능을 낳을 수 있다.**

> 자유로운 의사소통은 가족원들이 서로 눈치를 보거나 회피하지 않는다는 점에서 기능적이다.

05 가족 간 경계가 명확한 가족은 **상호작용이 적고 가족응집력이 낮다.**

> 상호작용이 적고 가족응집력이 낮은 현상은 가족 간 경계가 경직된 가족에서 나타난다.

10-04-22

06 가족규칙이 가족발달단계에 따라 변화할 때 **역기능적이다.**

> 가족규칙이 가족발달단계에 따라 변화할 때 기능적이다. 가족규칙은 가족발달단계에 따라 변화하는 융통성을 가져야 하며 그렇지 않은 것이 오히려 역기능적이다.

9장

가족 대상 실천기법

이 장에서는

가족을 대상으로 한 주요 실천기법으로 다세대 모델, 구조적 모델, 경험적 모델, 전략적 모델, 해결중심모델 등을 학습한다. 이 다섯 가지 모델들이 모두 빈출인 만큼 어느 하나 소홀히 공부해서는 안 된다. 각 모델의 특징을 정리해두는 것은 기본적인 사항이며, 각 모델에서 제시된 구체적인 개입기법들이 사례형 문제로도 출제되는 만큼 꼼꼼한 공부가 필요하다.

10년간 출제분포도

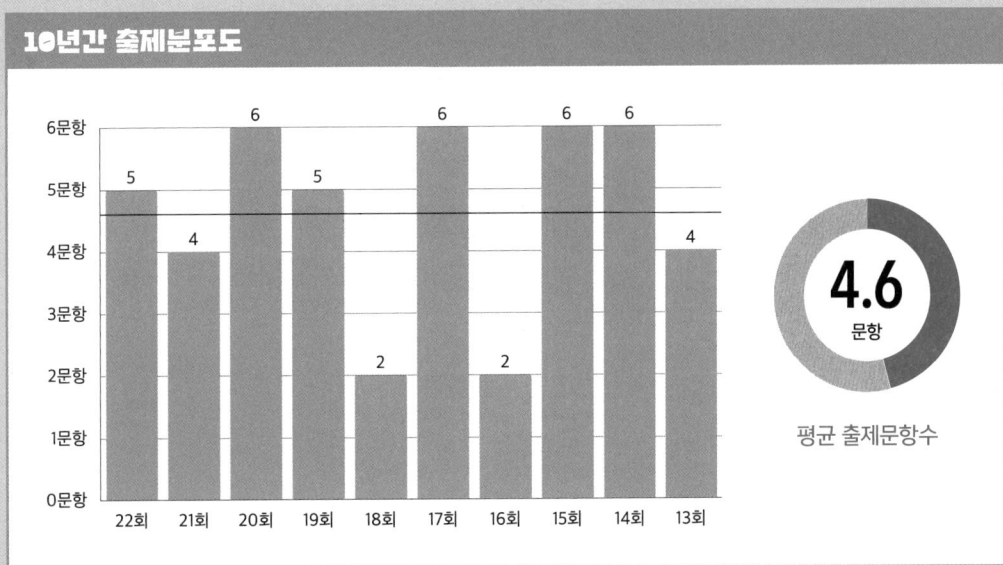

평균 출제문항수: 4.6문항

회차	문항수
22회	5
21회	4
20회	6
19회	5
18회	2
17회	6
16회	2
15회	6
14회	6
13회	4

111 다세대 가족치료

1회독 월 일 **2**회독 월 일 **3**회독 월 일

최근 10년간 **6문항** 출제

이론요약

주요 특징

- 인간은 부모에 대한 해결되지 않은 정서적인 반응을 가지고 있으며 새로운 깊은 관계를 형성할 때 과거의 유형을 반복하게 된다고 봄
- 건강한 인격을 형성하기 위해서는 **가족에 대한 해결되지 않은 정서적 애착을 적극적으로 해결해야 함**을 강조
- 개입목표: 클라이언트가 미분화된 가족자아 덩어리로부터 벗어날 수 있게 돕는 것, 불안을 경감시켜 **자아분화를 촉진**하는 것

기본개념

사회복지실천기술론 pp.191~

주요 개념 및 개입방법

- **자아분화**: 사고와 감정을 분리하여 자신과 타인을 구분할 수 있는 능력, 한 가족의 정서적 혼란으로부터 자신이 자유로워지는 과정
  - 정신 내적 측면에서의 자아분화: 개인의 지적 측면과 정서적 측면의 분리 또는 구분을 의미
  - 외부(대인)관계적 측면에서의 자아분화: 한 개인이 타인과의 관계에서 확고한 자아 개념 또는 일관된 신념을 갖고 타인과 분리되어 자주적·독립적 행동을 하는 정도
- **삼각관계**: 두 사람 사이에서 스트레스나 긴장관계가 발생했을 때 제3자를 두 사람의 상호작용체계로 끌어들여 긴장의 수준을 완화하려는 것
- 핵가족 정서과정: 해소되지 못한 불안들이 개인에게서 가족에게로 투사되는 것
- 가족투사과정: 부모가 자신들의 문제를 자녀에게 전달하는 과정
- 다세대 전수과정: 가족정서과정(분화수준, 삼각관계, 융합 등)이 그 세대에서 그치는 것이 아니라 대를 이어 전개되는 것
- **탈삼각화**: 가족 내에 형성되어 있는 삼각관계를 벗어남으로써 가족원들이 자아분화되도록 돕는 기술
- **가계도**: 가계도 작성을 통해 다세대에 걸쳐 나타나는 가족문제, 가족 간 갈등 양상, 삼각관계 형성 여부 등을 파악

01 (22-04-14) 자아분화: 가족의 빈곤한 상황에서도 아동 자녀가 자율적으로 생각하고 행동함

02 (22-04-14) 정서적 체계: 부모의 긴장관계가 아동 자녀에게 주는 정서적 영향을 파악함

03 (22-04-14) 가족투사 과정: 핵가족의 부부체계가 자신들의 불안을 아동 자녀에게 투영하는 과정을 검토함

04 (22-04-14) 다세대 전이: 가족의 관계 형성이나 정서, 증상이 여러 세대에 걸쳐 전수되는 것을 파악함

05 (21-04-17) 보웬의 모델에서는 자아분화라는 개념을 설명하면서 탈삼각화 기법을 활용한다.

06 (20-04-20) 보웬이 제시한 개념 중 자아분화는 정신내적 개념이면서 대인관계적 개념이다. 정신내적 개념은 자신의 지적 측면과 정서적 측면의 구분을 의미한다. 대인관계적 개념은 타인과 친밀하면서도 독립성을 유지하는 능력을 말한다.

07 (15-04-04) 다세대체계이론에서 자아분화 수준이 낮은 부모는 미분화에서 오는 자신들의 불안이나 갈등을 삼각관계를 통해 회피한다고 본다.

08 (15-04-04) 다세대체계이론에서 나-입장취하기(I-position)는 타인을 비난하는 대신 자신이 생각하고 느낀 바를 말하며 탈삼각화를 촉진한다.

09 (15-04-04) 다세대체계이론에서는 가계도를 작성하고 해석하면서 가족의 정서적 과정을 가족과 함께 이야기한다.

10 (14-04-23) 자아분화 수준이 높을수록 가족체계의 정서로부터 분화된다.

11 (14-04-23) 자아분화 수준이 낮을수록 삼각관계가 형성될 가능성이 높다.

12 (14-04-23) 자아분화 수준이 높을수록 적응력과 자율성이 커진다.

13 (13-04-18) 다세대 모델에서는 가계도를 활용하여 통합적인 가족속성을 종단·횡단으로 파악한다.

14 (13-04-18) 부부 간의 문제를 자녀를 통해 해결하려고 할 경우 자녀를 부부 간의 관계에서 벗어날 수 있도록 탈삼각화 기법을 활용한다.

15 (12-04-23) 보웬의 가족치료기법 적용 예: 남편보다 장남인 아들에 집착하는 엄마의 경우, 남편과 아내 사이에 아들이 제3자로 끼어들어 삼각관계가 형성되었으므로 아들을 삼각관계에서 분리시키는 탈삼각화가 필요하다.

16 (11-04-12) 탈삼각화는 제3자를 두 사람의 관계에서 분리시켜 삼각관계를 벗어나게 함으로써 가족원들이 자아분화하도록 하는 것이다.

17 (10-04-02) 다세대 가족치료모델에서는 가족문제를 가족성원이 자신의 원가족에서 심리적으로 분리되지 못하는 데에서 비롯된 것이라고 본다.

18 (10-04-09) 자아분화를 통해 생각과 감정을 분리하고 타인과의 관계에서 자주적으로 행동할 수 있게 된다.

19 (06-04-16) 탈삼각화의 예: 자신에게서 멀어지는 남편을 대신하여 아내가 자녀에게 지나치게 관여하는 것을 보고, 사회복지사는 문제가 있을시 남편과 직접적으로 해결하고 자녀를 통해 우회하지 않도록 원조하였다.

대표기출 확인하기

22-04-14
난이도 ★★☆

보웬(M. Bowen)의 다세대 가족치료의 기법이 적용된 사례에 관한 설명으로 옳지 않은 것은?

① 자아분화: 가족의 빈곤한 상황에서도 아동 자녀가 자율적으로 생각하고 행동함
② 삼각관계: 아동 자녀가 부모와의 갈등을 피하기 위해 경찰에 신고함
③ 정서적 체계: 부모의 긴장관계가 아동 자녀에게 주는 정서적 영향을 파악함
④ 가족투사 과정: 핵가족의 부부체계가 자신들의 불안을 아동 자녀에게 투영하는 과정을 검토함
⑤ 다세대 전이: 가족의 관계 형성이나 정서, 증상이 여러 세대에 걸쳐 전수되는 것을 파악함

▶ **알짜확인**

• 세대 간(다세대) 가족치료모델의 주요 특징, 개념, 개입기법 등을 살펴보자.
• 자아분화, 삼각관계, 탈삼각화, 가족투사과정, 핵과족 정서과정, 다세대 전수과정, 가계도 등의 주요 키워드를 꼭 기억해두자.

답 ②

✔ **응시생들의 선택**

① 9%	② 82%	③ 4%	④ 4%	⑤ 1%

② 다세대 가족치료에서 삼각관계는 두 사람 사이에서 스트레스나 긴장관계가 발생했을 때 제3자를 두 사람의 상호작용체계로 끌어들여 긴장의 수준을 완화하려는 것을 말한다. 부모의 갈등 상황에 제3자인 자녀를 끌어들이는 것을 예로 들 수 있다.

관련기출 더 보기

17-04-21
난이도 ★★☆

다음 사례에서 세대 간 반복되는 문제를 해결하기에 가장 적절한 기법은?

> 이혼 이후 대인기피와 우울증세를 보이는 클라이언트의 가계도를 통해 원가족을 살펴보니 이혼과 우울증이 되풀이되고 있다. 클라이언트는 어머니와 밀착적이면서 갈등적이고, 딸과도 지나치게 밀착되어있다.

① 기적질문과 척도질문
② 지시와 역설
③ 문제의 내재화
④ 실연
⑤ 분화촉진

답 ⑤

✔ **응시생들의 선택**

① 1%	② 4%	③ 12%	④ 6%	⑤ 77%

⑤ 미분화된 가족원에 대해서는 분화를 촉진함으로써 자주성과 독립성을 획득할 수 있도록 해야 한다. 이는 보웬의 다세대 가족치료와 관련된 내용이다.

보웬(M. Bowen)의 다세대체계이론에 관한 설명으로 옳은 것을 모두 고른 것은?

> ㄱ. 자아분화수준이 낮은 부모는 미분화에서 오는 자신들의 불안이나 갈등을 삼각관계를 통해 회피하려 한다.
> ㄴ. 나-입장취하기(I-position)는 타인을 비난하는 대신 자신이 생각하고 느낀 바를 말하며 탈삼각화를 촉진한다.
> ㄷ. 가족조각으로 가족에 대한 인식을 시각적으로 표현하고 이해하도록 돕는다.
> ㄹ. 가계도를 작성하고 해석하면서 가족의 정서적 과정을 가족과 함께 이야기한다.

① ㄱ   ② ㄴ, ㄷ
③ ㄱ, ㄴ, ㄹ   ④ ㄴ, ㄷ, ㄹ
⑤ ㄱ, ㄴ, ㄷ, ㄹ

답 ③

✅ **응시생들의 선택**

① 12%	② 5%	③ 44%	④ 6%	⑤ 33%

ㄷ. 가족조각은 경험적 가족치료(사티어)의 대표적인 기법이다.

자아분화에 관한 설명으로 옳은 것은?

① 자아분화 수준이 낮을수록 사고와 감정이 균형을 이룬다.
② 자아분화 수준이 높을수록 가족체계의 정서로부터 분화된다.
③ 자아분화 수준이 낮을수록 타인과 융합하려는 경향이 줄어든다.
④ 자아분화 수준이 높을수록 삼각관계가 형성될 가능성이 높다.
⑤ 자아분화 수준이 낮을수록 적응력과 자율성이 커진다.

답 ②

✅ **응시생들의 선택**

① 2%	② 68%	③ 25%	④ 3%	⑤ 2%

자아분화 수준이 높을수록 유연하고 적응력이 강하며 자율적이지만, 그렇지 못한 사람은 분명하게 생각하는 능력이 부족하여 감정적으로 반발하기 쉽고 자신의 감정만을 느끼며 다른 사람의 감정을 모르고 융통성이 없으며 다른 사람에게 감정적으로 의지한다.

다음 사례에서 사회복지사가 활용한 개입기법은?

> 가족사정단계에서 아내는 자신에게서 멀어지는 남편을 대신하여 아들(15세)에게 지나치게 관여해왔고, 아들은 부모의 관계 회복을 위해 문제행동을 나타내는 것으로 파악되었다. 어머니는 아들의 문제행동 해결을 위해 몇 차례 자녀훈육기술 교육을 받았으나 별 효과가 없었다고 한다. 따라서 사회복지사는 아들의 문제행동을 주요 개입대상으로 삼는 대신 아내가 남편과의 갈등을 직접 해결하도록 돕는 노력을 하기로 했다.

① 탈삼각화   ② 균형 깨뜨리기
③ 재구성   ④ 문제의 외현화
⑤ 경계만들기

답 ①

✅ **응시생들의 선택**

① 69%	② 3%	③ 16%	④ 7%	⑤ 5%

사례에서는 부인과 남편 간 갈등으로 인해 삼각관계가 형성되었고 이에 대해 탈삼각화 기법을 사용하여 부인과 남편이 갈등을 우회하지 않고 직접 다루도록 했다.

상담을 받기 위해 내방한 가족에 대한 개입 내용으로 옳지 않은 것은?

① 다세대가족치료모델 - 문제와 클라이언트를 분리하여 이해하도록 한다.
② 전략적 가족치료모델 - 문제가 되는 상황을 강화하도록 역설적으로 지시한다.
③ 경험적 가족치료모델 - 클라이언트가 생각하는 가족의 모습을 조각으로 표현해보도록 한다.
④ 해결중심가족치료모델 - 상담계획 이후 첫 회기 전까지 나타난 긍정적인 변화가 있었는지 질문한다.
⑤ 구조적 가족치료모델 - 가족에 합류한 뒤 균형 깨뜨리기를 통해 가족을 재구조화한다.

답 ①

✅ **응시생들의 선택**

① 70%	② 8%	③ 7%	④ 11%	⑤ 4%

① 다세대가족치료모델은 가족성원이 자신의 원가족에서 심리적으로 분리되지 못해 가족문제가 발생한다고 본다. 문제해결을 위해 원가족과의 관계를 통찰하고, 해결되지 못한 감정적 애착을 풀어가면서 가족성원이 자아분화할 수 있도록 돕는다.

다음 내용이 왜 틀렸는지를 확인해보자

01 보웬은 대부분의 가족문제는 가족성원이 자신의 원가족에서 정서적으로 **분리됨에 따라 발생**한다고 보았다.

> 보웬은 가족성원이 자신의 원가족으로부터 지적, 정서적으로 분리되지 못한 데서 가족문제가 발생한다고 보았다.

02 다세대 가족치료모델에서는 탈삼각화, 가계도, **가족조각** 등의 기법을 활용한다.

> 가족조각을 활용하지는 않는다.

10-04-02

03 다세대가족치료모델에서는 **문제와 클라이언트를 분리**하여 이해하도록 한다.

> 이 모델은 문제해결을 위해 가족성원이 원가족과 맺는 관계를 통찰하고, 해결되지 못한 감정적 애착의 해결을 강조하며 가족성원이 자아분화할 수 있도록 돕는다.
> 문제와 클라이언트를 분리하여 이해하는 것은 문제의 외현화 방식이다.

12-04-23

04 엄마가 남편보다 장남인 아들에게 집착하는 사례는 **보웬의 가족치료기법을 적용하기에 적절하지 않다**.

> 엄마가 남편보다 장남인 아들에게 집착하는 사례에 대해서는 보웬의 가족치료기법을 적용하여 탈삼각화를 통해 아들을 삼각관계에서 분리하도록 할 수 있다.

05 세대 간 **정서적 융합이 낮을수록** 정서적 단절의 가능성이 높아진다고 본다.

> 세대 간 정서적 융합이 높을수록 정서적 단절의 가능성이 높아진다고 본다. 융합이 높은 사람은 오히려 이를 해결하기 위한 방안으로 정서적 접촉을 회피하는 것을 선택하기 때문에 스스로 고립될 수 있다는 것이다.

15-04-04

06 가계도는 가족을 사정하기 위한 도구일 뿐 **치료적 차원에서 활용되지는 않는다**.

> 사회복지사가 클라이언트와 함께 가계도를 작성하는 과정에서 이야기 나누며 치료적 효과를 얻을 수 있다.

다음 내용이 옳은지 그른지 판단해보자

01 보웬은 대부분의 가족문제는 원가족에서 심리적으로 미분화된 데에서 비롯된다고 보았다.

02 보웬은 자아분화 수준, 삼각관계 형성, 융합 등이 그 세대에서 그치는 것이 아니라 대를 이어 전개된다고 보았다.

03 자아분화 수준이 낮은 사람들이 만나 부부가 되어 핵가족을 형성하면 부부 사이에 감정적 의존도가 높아져 불안이 감소된다고 보았다.

04 가족투사과정은 부모가 자신들의 불안을 안정시키기 위해 그 근원을 다른 성원에게 돌리는 것을 말한다.

05 다세대모델에서는 생태도 작성을 통해 여러 세대에 걸쳐 나타나는 가족문제, 삼각관계 형성 여부 등을 파악한다.

`13-04-18`
06 부부 간의 문제를 자녀를 통해 해결하려고 할 경우, 다세대모델에서는 자녀를 부부 간의 관계에서 벗어날 수 있도록 하는 탈삼각화 기법을 활용한다.

`20-04-20`
07 보웬이 제시한 개념 중 하나인 자아분화는 정신내적 개념과 대인관계적 개념으로 구분되며, 그 중 대인관계적 개념은 자신의 지적 측면과 정서적 측면의 구분을 의미한다.

답 **01** ○ **02** ○ **03** ✕ **04** ○ **05** ✕ **06** ○ **07** ✕

해설 **03** 자아분화 수준이 낮은 사람들이 만나 부부가 되어 핵가족을 형성하면 부부 사이에 감정적 의존도가 높아져 불안이 고조된다고 보았다. 이렇듯 원가족에서 해소되지 못한 불안이 새로운 가족에게 투사되는 것을 핵가족 정서과정이라고 한다.
05 다세대모델에서는 가계도 작성을 통해 여러 세대에 걸쳐 나타나는 가족문제, 삼각관계 형성 여부 등을 파악한다.
07 정신내적 개념은 자신의 지적 측면과 정서적 측면의 구분을 의미하며, 대인관계적 개념은 타인과 친밀하면서도 독립성을 유지하는 능력을 말한다.

112 구조적 가족치료

강의 QR코드

최근 10년간 **10문항** 출제

복습 1 이론요약

주요 특징

- 가족구조의 불균형(경계가 불분명하거나 지나치게 밀착되어 있는 것, 위계질서의 모호함, 체계 간 경직성 등)의 결과로서 가족문제가 발생한다고 봄
- 개입목표: 가족구조의 변화, 즉 **가족의 재구조화**를 목표로 함
- 가족 역기능의 주요 원인: 하위체계 간의 불건전한 동맹과 분절, 지나친 경직과 불분명한 경계선 등

기본개념

사회복지실천기술론
pp.195~

개입방법

▶ **경계 만들기**
- 가족성원 각자가 체계 내에서 적절한 위치에 있도록 가족 내 세대 간 경계를 분명히 유지하게 함
- 밀착된 가족에 대해서는 하위체계 간의 경계선을 강화시키고 각 개인의 독립성을 키워줌
- 분리된 가족에 대해서는 성원 간의 지지적·통제적 기능을 강화하여 하위체계 간의 교류를 촉진시키고 경직된 경계선을 완화시킴

▶ **균형 깨뜨리기**
- 가족 내 하위체계들 간의 역기능적인 균형을 깨뜨리는 것
- 지나치게 권위주의적인 남편에 대해 자기주장을 전혀 하지 않았던 부인 사이에서 사회복지사가 부인의 편을 듦으로써 역기능적 균형을 깰 수 있음

▶ **합류하기(Joining)**
- 사회복지사가 가족의 분위기를 파악하여 그에 맞추어 행동을 하거나 감정표현을 하는 것
- 가족과 사회복지사의 거리를 좁혀줄 수 있기 때문에 초기단계에서 유용하게 활용할 수 있음

▶ **실연**
- 가족의 문제 상황을 사회복지사 앞에서 실제로 행동을 통해 연기해보도록 하는 기법
- 가족의 문제를 상담이 진행되고 있는 '지금-여기'로 가져와 더 정확하고 구체적으로 이해하도록 하기 위해 진행
- 실연된 것과 다른 방식의 상호교류를 실시해보도록 하여 기존의 상호작용을 수정하고 재구조화할 수 있음

▶ 긴장 고조시키기
- 가족 내 긴장을 고조시킴으로써 대안적인 갈등해결방법을 사용할 수 있도록 돕는 방법
- 가족성원 사이에 잘못된 의사소통 통로를 차단하거나 성원 간 의견 차이를 강조하는 등의 방식으로 진행

▶ 과제부여
- 가족들이 개발해나가야 할 부분에 대해 구체적으로 과제를 제시
- 제시되는 과제는 면담 중 진행되는 것과 집에서 수행하는 것 모두 가능

기출문장 CHECK

01 (21-04-13) "아버지가 아이를 대신해서 다 해주시는군요. 어머니는 그 사이에서 소외된다고 느끼시네요. 자녀가 스스로 할 수 있도록 아버지는 기다려주고 어머니와 함께 지켜보는 것이 어떨까요?" – 경계선 만들기의 예

02 (21-04-17) 구조적 모델의 개입기법으로 하위체계 간 균형깨뜨리기가 있다.

03 (20-04-21) 구조적 가족치료모델에서는 가족을 이해하고 수용하면서 합류한다.

04 (20-04-21) 구조적 가족치료모델에서는 가족문제를 더 정확히 이해하기 위해 실연을 요청한다.

05 (19-04-14) 아무리해도 말이 안 통한다고 하는 부부에게 "여기서 직접 한 번 서로 말씀해 보도록 하겠습니까?"라고 하는 것은 실연 기법을 활용한 것이다.

06 (18-04-12) 구조적 가족치료모델에서는 가족치료 초반에 합류하기를 통해 개입을 시작한다.

07 (15-04-21) 구조적 가족치료에서는 경계만들기, 실연, 합류하기, 긴장 고조시키기, 과제부여, 균형 깨뜨리기 등을 활용한다.

08 (14-04-24) 구조적 가족치료에서는 긴장 고조시키기, 균형 깨뜨리기, 실연 등을 활용한다.

09 (14-04-25) 구조적 가족치료는 가족구성원 간의 규칙 및 역할을 재조정하는 데에 초점을 둔다.

10 (11-04-19) 사회복지사가 어머니와 아들 사이의 경계를 조정하고 부부 하위체계를 강화하는 개입을 시도한 것은 구조적 치료모델의 경계만들기에 해당한다.

11 (10-04-18) 구조적 가족치료모델에서는 가족에 합류한 뒤 균형 깨뜨리기를 통해 가족을 재구조화한다.

12 (09-04-03) 구조적 모델은 가족구조의 불균형을 문제로 규정하며 가족구조를 재구조화하는 것에 목표를 둔다.

13 (09-04-27) 경계만들기와 관련하여, 세대 간 경계를 관찰할 때 문화적 가치를 고려해야 한다.

14 (09-04-27) 가족상담 시 가족이 앉은 위치를 통해 가족 간 경계를 파악할 수 있다.

15 (09-04-27) 밀착된 하위체계는 거리를 두어 가족성원의 자율성이 확보되도록 해야 한다.

16 (09-04-27) 사회복지사가 자신의 신체를 이용해 분리되어야 할 사람끼리 눈 마주치는 것을 방해하는 것도 경계만들기이다.

17 (08-04-27) 개입 초기에 사회복지사가 가족이 사용하는 용어를 활용하며 가족의 대화속도에 맞추어 대화하며 문제를 파악하고 라포를 형성하는 것은 구조적 가족치료의 합류하기에 해당한다.

대표기출 확인하기

21-04-13
난이도 ★★☆

다음 가족사례에 적용된 실천기법은?

- 클라이언트: 저희 딸은 제 말을 안 들어요. 저희 남편이 뭐든 대신 다 해주거든요. 아이가 남편 말만 들어요. 결국 아이문제로 인해 부부싸움으로 번지거든요.
- 사회복지사: 아버지가 아이를 대신해서 다 해주시는 군요. 어머니는 그 사이에서 소외된다고 느끼시네요. 자녀가 스스로 할 수 있도록 아버지는 기다려주고 어머니와 함께 지켜보는 것이 어떨까요?

① 합류 ② 역설적 지시
③ 경계선 만들기 ④ 증상처방
⑤ 가족조각

 알짜확인

- 가족의 재구조화를 목표로 한다는 특징을 이해해야 한다.
- 경계 만들기, 실연, 합류하기, 긴장 고조시키기, 과제부여, 균형 깨뜨리기 등의 개입기법이 어떻게 활용될 수 있는지를 생각하면서 정리해두자.

답 ③

✔ 응시생들의 선택

① 4%	② 8%	③ 66%	④ 16%	⑤ 6%

③ 문제의 사례에서는 남편과 딸 사이가 지나치게 밀착되어 경계가 없고 남편과 아내 사이는 경계가 경직되어 있다. 따라서 남편과 딸 사이에 경계를 명확히 해주고 부부연합을 강화해주기 위한 경계선 만들기를 실시하는 것이 필요하다.

① 합류는 초기 단계에서 사회복지사가 가족의 분위기에 맞추어 가는 것이다.
② ④ 역설적 지시는 전략적 치료의 개입기법이다. 역설적 지시의 기법으로 제지, 증상처방, 시련(고된 체험) 등이 있다.
⑤ 가족조각은 가족구성원들이 몸을 이용하여 가족의 상호작용을 표현하도록 하는 것이다.

관련기출 더 보기

20-04-21
난이도 ★★★

다음 사례에 대해 미누친(S. Minuchin)의 구조적 모델을 적용한 개입방법이 아닌 것은?

자녀교육 문제로 시어머니와 대립하는 며느리가 가족상담을 요청했다. 며느리는 남편이 모든 것을 어머니한테 맞추라고 한다며 섭섭함을 토로했다.

① 가족을 이해하고 수용하면서 합류한다.
② 가족문제를 더 정확히 이해하기 위해 실연을 요청한다.
③ 가족지도를 통해 가족구조와 가족역동을 이해하도록 돕는다.
④ 남편이 시어머니의 영향권에서 벗어나도록 탈삼각화를 진행한다.
⑤ 부부가 함께 부모역할을 수행하도록 하위체계의 경계를 명확하게 한다.

답 ④

✔ 응시생들의 선택

① 13%	② 15%	③ 10%	④ 47%	⑤ 15%

④ 탈삼각화는 보웬의 다세대 모델에서 진행되는 기법이다.

➕ 덧붙임

사례제시형 문제를 마주하면 일단 긴장부터 하다보니 답을 놓치는 경우가 더러 있는데 사례제시형 문제라고 다 어렵지는 않다. 이 문제는 결국 '구조적 모델의 개입방법에 해당하지 않는 것'을 찾는 단순한 문제였다. 문제가 길고 복잡해보여도 우리가 이미 다 공부한 내용이니 자신감을 가지고 차분히 답을 찾아보자.

아무리해도 말이 안 통한다고 하는 부부에게 "여기서 직접 한 번 서로 말씀해 보도록 하겠습니까?"라고 하는 것은 어떤 기법을 활용한 것인가?

① 실연
② 추적하기
③ 빙산치료
④ 치료 삼각관계
⑤ 경계선 만들기

답 ①

✅ 응시생들의 선택

① 71%	② 6%	③ 8%	④ 12%	⑤ 3%

② 추적하기는 합류하기처럼 사회복지사와 가족 사이에 적응하는 기법 중 하나이다. 사회복지사가 가족의 의사소통과 행동 내용을 따르면서 그 내용을 명확히 하기 위한 질문을 하고 그에 대한 대답에 찬성하거나 내용을 확대시키면서 문제의 핵심을 유도해내는 것이다.
③ 빙산치료는 클라이언트의 표면적 문제만 보는 것이 아니라 수면 아래에 있는 경험을 탐색하여 표면화하는 것으로 사티어의 기법이다.
④ 치료 삼각관계는 다세대 가족치료에서 탈삼각화를 진행할 때 제3자를 분리시키는 대신 사회복지사가 그 분리된 제3자의 위치에 서는 것을 말한다.
⑤ 경계선 만들기는 구조적 가족치료에서 하위체계 간 경계선이 모호하거나 반대로 너무 경직되어 있을 때 이를 수정하는 기법이다.

구조적 가족치료의 모델로 개입하기에 적절하지 않은 것은?

① 아픈 어머니, 철없는 아버지 대신 동생에게 부모 역할을 하며 자신에게 소홀한 맏딸의 문제
② 비난형 아버지와 감정표현을 통제하는 어머니의 영향으로 자기감정을 억압하는 아들의 문제
③ 할머니와 어머니의 양육방식이 달라서 혼란스러운 자녀의 문제
④ 부부불화로 아들에게 화풀이를 하자 반항행동이 증가한 아들의 문제
⑤ 밀착된 아내와 딸이 남편을 밀어내어 소외감을 느끼는 남편의 문제

답 ②

✅ 응시생들의 선택

① 17%	② 33%	③ 24%	④ 18%	⑤ 8%

② 가족문제를 의사소통의 맥락에서 파악한 것은 사티어의 경험적 가족치료에 해당한다.

가족 실천기술과 예시의 연결로 옳은 것을 모두 고른 것은?

ㄱ. 합류 – 사회복지사가 가족의 말투나 몸짓을 따라한다.
ㄴ. 관계성 질문 – "어머니가 여기 계신다고 가정하고 제가 어머니께 당신의 문제가 해결되면 무엇이 달라지겠냐고 묻는다면 어머니는 뭐라고 말씀하실까요?"
ㄷ. 경계 만들기 – 부모와 딸의 갈등상황에서 딸에게 부모의 '과도한 통제'를 '관심과 염려'의 의미로 인식하게 한다.
ㄹ. 균형 깨뜨리기 – 지배적인 남편과 온순한 아내 사이에서 사회복지사는 아내의 편을 들어 자기주장을 할 수 있게 한다.

① ㄱ, ㄴ
② ㄱ, ㄷ
③ ㄴ, ㄹ
④ ㄱ, ㄴ, ㄹ
⑤ ㄱ, ㄴ, ㄷ, ㄹ

답 ④

✅ 응시생들의 선택

① 6%	② 3%	③ 26%	④ 54%	⑤ 11%

ㄷ. 경계 만들기는 가족성원 각자가 체계 내에서 적절한 위치에 있도록 하위체계 간 경계를 분명히 유지하게 하는 기법이다. 제시된 예시는 재명명에 해당한다.

다음 사례를 구조적 가족치료모델로 개입할 때 활용할 수 있는 기법이 아닌 것은?

초등학교 2학년 아이를 키우며 직장을 다니고 있는 한부모 A씨는 아이가 자신의 말을 잘 듣지 않고 무시하는 문제를 호소하고 있는데, 아이의 행동문제가 점점 심각해지고 있다. 아이는 A씨가 올 때까지 외조모가 돌봐주고 있으며, 외조모는 종종 A씨의 훈육과 반대되는 방향으로 아이를 대하며, 아이 앞에서 A씨의 훈육방법을 야단친다.

① 하위체계간 경계 만들기
② 과제주기
③ 가족 재구조화
④ 실연
⑤ 외현화

답 ⑤

✅ 응시생들의 선택

① 9%	② 14%	③ 5%	④ 16%	⑤ 56%

⑤ 외현화는 이야기치료모델에서 활용하는 기법이다.

미누친(S. Minuchin)의 구조적 가족치료의 대표적 기법을 옳게 나열한 것은?

① 과제부여, 합류하기, 척도질문
② 합류하기, 탈삼각화, 경계만들기
③ 긴장 고조시키기, 균형 깨뜨리기, 실연
④ 역설적 지시, 긴장 고조시키기, 과제부여
⑤ 균형 깨뜨리기, 역설적 지시, 탈삼각화

답 ③

응시생들의 선택

① 4%	② 28%	③ 53%	④ 5%	⑤ 10%

미누친(S. Minuchin)의 구조적 가족치료의 대표적 기법으로는 경계만들기, 합류하기, 실연기법, 긴장고조, 과제부여, 균형 깨뜨리기 등의 기법이 있다.
- 척도질문은 해결중심 가족치료에 해당한다.
- 탈삼각화는 세대 간 가족치료에 해당한다.
- 역설적 지시는 전략적 가족치료의 개입기법이다.

다음 가족에 대한 사회복지사의 개입은 어떤 가족치료모델에 근거하고 있는가?

> 매사에 권위적인 아버지로 인해 부부 권력구조가 불균형적이다. 어머니는 아버지에 대한 불만을 아들과 공유하면서 친구와 같은 관계를 맺고 있다. 아들도 자신의 대학생활에 대해 일일이 어머니와 의논하는 등 밀착된 관계를 유지하고 있다. 사회복지사는 부부간의 권력구조를 변화시키고 아들과의 경계를 명확하게 설정하도록 도왔다.

① 정신역동 가족치료모델   ② 경험적 가족치료모델
③ 이야기치료모델   ④ 전략적 가족치료모델
⑤ 구조적 가족치료모델

답 ⑤

응시생들의 선택

① 1%	② 3%	③ 1%	④ 3%	⑤ 92%

어머니와 아들 간 밀착관계를 해결하고 건강한 가족구조로 재구조화하기 위해 '경계만들기' 기법을 사용한 구조적 가족치료에 해당한다.

다음에서 사회복지사가 실시한 기술은?

> - 엄마: 얘는 혼자서 할 수 있는 게 하나도 없어요.
> - 영희: 나도 혼자 할 수 있는데 엄마가……
> - 엄마: 말만 그러지. 어제도 봐. 아빠도 그렇다고 하지 않니!
> - 사회복지사: 영희야, 너의 생각을 말해 보겠니? 어머님, 같이 들어보시도록 하죠. 영희는 어떻게 하려고 했었지?

① 탈삼각화
② 시연
③ 경계만들기
④ 순환적 질문하기
⑤ 균형깨뜨리기

답 ③

응시생들의 선택

① 8%	② 2%	③ 42%	④ 7%	⑤ 41%

사례에서 사회복지사는 엄마와 영희가 너무 밀착되어 있기 때문에 사회복지사는 경계를 형성하려고 하고 있다. 이처럼 밀착된 가족에 대해서는 하위체계 간 경계선을 강화시키고 각 개인의 독립성을 키워줄 수 있도록 하는 방법이 경계만들기이다.
경계만들기는 구조적 가족치료의 기법으로서 너무 소외된 성원은 끌어들이고, 밀착된 성원은 분리시키는 기법이다. 사회복지사는 지나치게 유리되었거나 밀착된 하위체계 간 경계를 근접하게 하거나 혹은 경계 간에 어느 정도의 거리를 두도록 한다.

덧붙임

응시생들이 정답만큼 많이 선택한 균형깨뜨리기는 하위체계 간의 관계를 재배치함으로써 역기능적 균형을 깨뜨리려는 방법이다. 가장 많이 드는 사례로, 권위적인 남편과 순종적인 아내의 부부관계를 들 수 있다. 겉으로 보기에는 기능적 가족으로 보일 수 있지만, 실제로는 아내의 무조건적 희생으로 잘못된 균형을 유지하고 있는 역기능적 가족이다. 이러한 상황에서 사회복지사가 자신의 이야기를 하지 못하는 아내 편을 들면서 그동안 유지되어 왔던 잘못된 균형 관계를 재정립하고자 하는 것이다.

다음 내용이 **왜 틀렸는지**를 확인해보자

---

01 구조적 가족치료에서는 <u>문제의 원인이 되는 가족원을 찾는 데에 집중</u>한다.

> 구조적 가족치료는 가족구조의 불균형을 가족문제의 원인으로 보기 때문에 특정 가족원에게 문제가 있다고 보지 않는다.

---

02 구조적 가족치료는 <u>현재 가족구조에는 관심을 두지 않으며</u>, 다만 앞으로 어떻게 기능적 구조로 만들어갈 것인지에 초점을 둔다.

> 현재 가족구조에서 나타나는 불균형 문제를 살펴보고 재구조화를 추진하여 기능적인 구조로 변화시키고자 하는 것이다.

14-04-24

03 미누친의 구조적 가족치료에서는 긴장 고조시키기, 균형 깨뜨리기, 실연, **가계도 작성** 등의 개입기법을 활용한다.

> 가계도 작성은 다세대 가족치료모델의 기법이다.

---

04 구조적 가족모델에서는 **가족성원의 분화수준을 향상**시키는 데에 초점을 둔다.

> 가족성원의 분화수준 향상, 즉 자아분화는 다세대 가족모델의 주요 개념이다.

---

05 경계 만들기는 하위체계 사이의 경계를 분명하게 만들기 위한 것으로 모호한 경계에 개입하기에는 적절하지만 **경직된 경계에 대한 개입으로는 적절하지 않다.**

> 모호한 경계 상태에서 경계를 명확하게 만드는 것뿐만 아니라 경직된 경계를 완화시키는 것도 경계 만들기에 해당한다.

11-04-19

06 어머니와 아들의 밀착 관계가 심한 경우 <u>구조적 가족치료모델을 적용하는 것은 적절하지 않다.</u>

> 어머니와 아들의 밀착 관계가 심한 경우 사회복지사는 구조적 가족치료모델을 적용하여 이 둘의 관계를 조정하고 부부 체계를 강화하는 개입을 시도할 수 있다.

빈칸에 들어갈 알맞은 말을 채워보자

01 구조적 가족치료에서는 사회복지사가 가족원 중 의도적으로 어느 한 사람의 편을 들어 역기능적 균형을 재조정할 수 있도록 하는 (　　　　　) 기법을 시도한다.

15-04-20

02 딸이 말할 때 엄마가 자꾸 나서서 설명하자, 사회복지사가 딸이 직접 말할 수 있도록 하는 것은 (　　　　　) 기법에 해당한다.

08-04-27

03 사회복지사는 (　　　　　) 기법을 통해 가족이 사용하는 용어를 활용하여 가족의 대화속도에 맞추어 대화를 진행하면서 문제를 파악하고 라포를 형성한다.

 답　01 균형 깨뜨리기　**02** 경계 만들기　**03** 합류하기

다음 내용이 옳은지 그른지 판단해보자

22-04-13

01 구조적 가족치료는 가족관계의 역기능을 유발하는 가족 위계와 경계의 변화를 도모한다.

11-04-19

02 어머니와 아들이 서로 밀착되어 있는 관계에서 사회복지사가 둘 사이의 경계를 조정하고 부부 하위 체계를 강화하는 개입을 한 것은 다세대 모델을 적용한 것이다.

09-04-27

03 경계 만들기를 실시할 때 유리된 가족성원에 대해서는 성원 간 교류를 촉진시켜 경직된 경계선이 완화될 수 있도록 한다.

04 구조적 가족치료에서는 가족성원 간 의견 차이를 강조하여 문제에 대한 의견 교환이 일어나도록 하는 긴장 고조시키기 기법을 활용한다.

 답　01 ○　**02** ×　**03** ○　**04** ○

(해설) **02** 구조적 치료모델 중 경계 만들기를 적용한 것이다.

113 경험적 가족치료

1회독 월 일 → **2회독** 월 일 → **3회독** 월 일

최근 10년간 **7문항** 출제 ★★★

이론요약

주요 특징

- **성장모델**: 개인과 가족의 잠재능력 개발, 자기실현 등에 초점
- 사티어는 성장 경험을 제공하는 것이 치료 과정이라고 봄
- 병리적 가족은 **의사소통** 방식에 문제가 있음
- 가족관계에서의 **자아존중감** 형성을 중요시 함
- 치료에 있어서는 가족의 병리적 측면이 아닌 긍정적 측면에 초점을 둠

> **기본개념**
>
> 사회복지실천기술론
> pp.200~

대표적인 개입기법

- 가족조각
- 역할극, 역할반전
- 가족그림
- 비유

사티어의 의사소통 유형

▶ **일치형**
- **언어적 메시지와 비언어적 메시지가 일치**한다.
- 진솔한 의사소통방법으로 자신과 타인, 상황 모두를 고려한다.
  > 예 "나 점심에 샌드위치 먹어서 지금은 밥 먹고 싶어. 햄버거랑 볶음밥 같이 파는 집 있던데, 거기 갈래?"

▶ **계산형(초이성형)**
- 언제나 이성적으로 행동하기 때문에 잘 따진다. **비판적이고 분석적이다.**
- 자신 무시, 타인 무시, 상황 존중
  > 예 "아침에 뉴스 보니까 햄버거가 혈압에 안 좋다던데, 꼭 먹어야겠니. 다른 거 먹자."

▶ **비난형**
- 언제나 남을 **비난하고 도덕적인 평가**를 내린다.
- 자신 존중, 타인 무시, 상황 존중
  > 예 "지금 햄버거를 먹자고? 아무리 배고파도 그렇지. 넌 너무 너밖에 몰라!"

▶ **회유형(아첨형)**

- 상대방의 의견에 무조건 동의하고, **언제나 상대방의 비위를 맞추려 한다**.
- 자신 무시, 타인 존중, 상황 존중

  예 "(둘 다 별로지만…) 햄버거도 좋고 치킨도 좋아. 당신 좋을 대로 해."

▶ **혼란형(주의산만형)**

- 상황을 제대로 파악하지 못하고 **의사표현에 초점이 없다**. 좋고 싫고를 말하지 못한다. **결정을 망설이고 미룬다**.
- 자신, 타인, 상황 모두 무시

  예 조금 전에는 배가 너무 고파 아무거나 빨리 먹고 싶다고 했으면서 가까운 햄버거 집에 가자는 말에, "그럼 좀 돌아보면서 생각해볼까?"

기출문장 CHECK

01 (22-04-05) 초이성형: 스트레스가 유해하다는 연구를 인용하며 술이라도 마셔서 스트레스를 풀겠다고 침착하게 말함

02 (20-04-19) 사티어(V. Satir)의 의사소통유형 중 회유형은 자신을 무시하고 타인을 떠받든다.

03 (19-04-25) 사티어가 제시한 의사소통 유형 중 일치형 의사소통 유형이 치료의 목표가 된다.

04 (19-04-25) 사티어는 의사소통 유형을 자존감과 연관하여 설명한다.

05 (19-04-25) 역기능적 의사소통 유형에서 공통적으로 발견되는 것은 언어적 메시지와 비언어적 메시지의 불일치다.

06 (16-04-07) 일치형 의사소통: 자신 존중, 타인 존중, 상황 존중

07 (16-04-07) 아첨형 의사소통: 자신 무시, 타인 존중, 상황 존중

08 (16-04-07) 비난형 의사소통: 자신 존중, 타인 무시, 상황 존중

09 (16-04-07) 산만형 의사소통: 자신 무시, 타인 무시, 상황 무시

10 (16-04-07) 초이성형 의사소통: 자신 무시, 타인 무시, 상황 존중

11 (15-04-11) 경험적 가족치료에서는 가족조각을 통해 가족에 대한 인식을 시각적으로 표현하고 이해하도록 돕는다.

12 (15-04-11) 사티어의 가족치료모델은 자아존중감 향상을 목적으로 하며, 개인의 내적 과정을 이끌어내기 위해 빙산기법을 활용한다.

13 (15-04-11) 사티어의 가족치료모델은 효과적인 의사소통을 위해 솔직하게 표현하고 타인의 생각과 감정을 수용하는 데에 초점을 둔다.

14 (15-04-11) 사티어의 가족치료모델은 정서적 경험과 가족체계에 대한 이중적 초점을 강조한다.

15 (12-04-25) 경험적 접근에서는 의사소통 문제에 관심을 두고 역기능적 의사소통을 기능적 의사소통인 일치형 의사소통으로 변화시키는 데에 초점을 둔다.

16 (11-04-26) 사티어의 의사소통 유형 중 일치형은 언어적 메시지와 비언어적 메시지가 일치하고, 자신과 타인, 상황 모두를 고려한다.

17 (05-04-15) 경험적 가족치료는 의사소통 방법을 변화시키는 데 초점을 둔다.

18 (03-04-18) 경험적 가족치료에서는 개입기법으로 가족조각을 활용한다.

대표기출 확인하기

22-04-12 　　　　난이도 ★★☆

알코올 의존을 겪는 가장과 그 자녀의 상황에 사티어(V. Satir)의 의사소통 유형을 적용한 것으로 옳은 것은?

① 회유형: 모든 것이 자녀 때문이라며 자신이 외롭다고 함
② 초이성형: 스트레스가 유해하다는 연구를 인용하며 술이라도 마셔서 스트레스를 풀겠다고 침착하게 말함
③ 비난형: 어려서 고생을 많이 해서 그렇다며 벌떡 일어나 방 안을 왔다갔다 함
④ 산만형: 살기 힘들어 술을 마신다며 자신의 술 문제가 자녀 학업을 방해했다고 인정함
⑤ 일치형: 다른 사람들 말이 다 옳고 자신은 아무것도 아니라고 술 문제에 대한 벌을 달게 받겠다고 함

 알짜확인

• 경험적 가족치료의 주요 특징 및 개념, 개입방법 등을 살펴보자.
• 경험적 가족치료에서는 특히 사티어의 의사소통유형에 대해 정리해두어야 한다.

답 ②

✔ **응시생들의 선택**

① 11%	② 71%	③ 7%	④ 3%	⑤ 8%

① 문제를 다른 사람의 탓으로 돌리는 것은 비난형
③ 타인의 말과 상황을 고려하지 못하는 것은 혼란형(산만형)
④ 자신, 타인, 상황을 모두 고려하면서 진솔한 의사소통을 하는 것은 일치형
⑤ 비난받는 것을 회피하기 위해 자신의 감정을 숨기고 다른 사람의 비위에 맞추는 것은 회유형(아첨형)

➕ **덧붙임**

초이성형과 비난형을 헷갈려하는 수험생들이 더러 있는데, 비난형은 자신을 높이면서 상대방은 낮추는 방식이지만, 초이성형은 상대방과 자신을 모두 무시한 채 상황만을 중시하는 경향이 있다는 점에서 다르다. "다 너 때문이야." "너만 잘했으면…" 등은 비난형의 예로 볼 수 있고, "통계에 따르면," "연구조사에 따르면," 등의 논리적 단서를 강조할 경우는 초이성형의 예로 볼 수 있다.

관련기출 더 보기

22-04-13 　　　　난이도 ★★☆

가족치료모델의 개입 목표에 관한 설명으로 옳지 않은 것은?

① 이야기 가족치료: 문제중심 이야기에서 벗어나 새롭고 건설적인 가족 이야기 작성
② 구조적 가족치료: 가족관계 역기능을 유발하는 가족 위계와 경계의 변화 도모
③ 경험적 가족치료: 가족이 미분화에서 벗어나 가족체계의 변화를 달성
④ 전략적 가족치료: 의사소통과 행동 문제의 순환 고리를 끊고 연쇄작용 변화
⑤ 해결중심 가족치료: 문제가 일어나지 않는 예외상황을 찾아서 확대

답 ③

✔ **응시생들의 선택**

① 10%	② 3%	③ 60%	④ 5%	⑤ 22%

③ 경험적 가족치료는 가족구성원간의 상호작용의 변화 및 가족이 성장할 수 있는 경험을 제공하는 데에 초점을 둔다. 가족이 미분화에서 벗어나 가족체계의 변화를 달성하는 것은 다세대 가족치료에 해당한다.

➕ **덧붙임**

⑤와 관련하여, 해결중심 가족치료에서는 대처질문, 기적질문, 예외질문 등 다양한 질문을 기법으로 활용하는데, 그 중 예외질문을 통해 문제의 예외상황을 찾는다. 예외상황, 즉 문제가 일어나지 않은 상황을 확대하는 방식으로 변화시켜 나간다.

부인이나 자녀의 의견을 존중하지 않고 자신의 방식을 강요하는 아버지로 인해 대화가 단절된 가족이 의뢰되었다. 타인을 무시하고 탓하는 비난형 의사소통 유형을 가진 것으로 파악된 아버지의 의사소통 유형을 일치형으로 변화시키는 데 적합한 방법은?

① 전략적 접근 ② 구조적 접근
③ 경험적 접근 ④ 이야기치료
⑤ 해결중심모델

답 ③

응시생들의 선택

① 17%	② 18%	③ 43%	④ 11%	⑤ 10%

경험적 가족치료

이 이론에서는 가족을 하나의 체계적 단위로 보며, 가족 내에서 일어난 모든 행동은 의사소통에 의한 것으로 본다. 즉, 가족이 기능적으로 움직이는지 혹은 역기능적인 병리적 가족인지를 결정하는 중요한 요인 가운데 하나가 의사소통체계라는 것이다. 따라서 가족의 역기능적 의사소통의 맥락에서 확인하고 그러한 의사소통 방법을 교정하는 것을 중시한다.

가족모델에서 문제규정과 치료목표의 연결로 옳은 것을 모두 고른 것은?

ㄱ. 경험적 모델: 역기능적 의사소통 − 분명한 의사소통
ㄴ. 정신역동모델: 문제해결을 위해 시도한 방법 − 문제의 외현화
ㄷ. 구조적 모델: 가족구조의 불균형 − 가족구조의 재구조화
ㄹ. 전략적 모델: 원가족과의 미분화 − 분화 촉진

① ㄱ, ㄴ, ㄷ ② ㄱ, ㄷ
③ ㄴ, ㄹ ④ ㄹ
⑤ ㄱ, ㄴ, ㄷ, ㄹ

답 ②

응시생들의 선택

① 17%	② 62%	③ 4%	④ 2%	⑤ 15%

ㄴ. 정신역동모델에서는 과거의 경험에서 갖게 된 불안한 감정이나 무의식적 갈등을 문제로 규정한다. 문제의 외현화는 이야기치료의 개입기법이다.
ㄹ. 보웬의 다세대 가족치료모델에 해당한다.

다음 내용이 왜 틀렸는지를 확인해보자

01 경험적 가족치료모델은 **가족문제에 대한 명확한 설명과 통찰에 초점**을 두고 가족 간 의사소통 양상을 관찰한다.

> 설명이나 통찰을 제공하기보다는 성장할 수 있는 경험을 제공하는 데에 초점을 둔다.

01-04-09

02 경험적 가족치료모델에서 활용하는 개입방법 중 문제를 가진 클라이언트에게 가족의 형태를 재배치시키도록 함으로써 미처 깨닫지 못한 부분들을 이해할 수 있게 하는 방법은 **역할극**이다.

> 가족조각에 해당하는 설명이다.

03 사티어는 다양한 의사소통 유형을 제시하면서도 **어떤 유형이 기능적이라고 단정하지는 않았다.**

> 일치형 의사소통 유형이 기능적 의사소통 방식이라고 하였다.

11-04-26

04 "당신이 그 일에 대해 그렇게 생각하고 섭섭해 하는 것을 알겠소. 당신의 입장도 충분히 이해가 갑니다. 우리 두 사람의 상황 인식에 좀 차이가 있는 것 같소. 그 상황 속에서 내가 그렇게 행동하게 된 이유와 그때의 감정상태에 대해 있는 그대로 이야기 하겠소…." – **초이성형 의사소통 유형**에 해당한다.

> 사례는 일치형 의사소통에 해당한다. 일치형 의사소통은 자신과 타인, 상황을 모두 고려하는 방식의 의사소통 유형이다. 초이성형 의사소통은 비판적이고 분석적인 유형으로 자신의 감정을 표현하지 않는다.

05 경험적 가족치료에서는 의사소통에 관심을 두고 **다양한 질문기법을 통해 개입한다.**

> 질문기법을 활용하지는 않는다.

06 경험적 가족치료모델은 **사회복지사가 전문성을 바탕으로 클라이언트 가족을 성장시켜야 할 책임을 진다**는 점에서 성장모델이라고도 한다.

> 사회복지사는 가족 혹은 가족원이 경험을 통해 성장해나갈 수 있도록 돕는 역할을 한다.

빈칸에 들어갈 알맞은 말을 채워보자

19-04-25
01 사티어가 제시한 의사소통 유형 중 ( )형 의사소통이 치료의 목표가 된다.

16-04-07
02 ( )형 의사소통: 자신 무시, 타인 존중, 상황 존중

03 클라이언트가 자신이 스트레스 받는 이유와 관련해 자녀들이 자기 말을 듣지 않기 때문이라고 말하는 것은 ( )형 의사소통에 해당한다.

04 아내가 심각한 이야기를 꺼낼 때마다 우스갯소리만 하는 남편은 ( )형 의사소통으로 볼 수 있다.

 답 **01** 일치 **02** 아첨 **03** 비난 **04** 산만

다음 내용이 옳은지 그른지 판단해보자

20-04-19
01 초이성형 의사소통 유형은 자신과 상황을 중시하고 상대를 과소평가한다.

02 비난형 의사소통을 하는 클라이언트는 언어적 메시지와 비언어적 메시지가 불일치할 가능성이 높다.

19-04-25
03 사티어는 의사소통 유형을 자존감과 연관하여 설명하였다.

04 경험적 가족치료에서는 가족에 대한 인식을 시각적으로 표현하기 위해 가계도를 작성한다.

05 경험적 가족치료에서는 치료 과정을 통해 가족에게 성장 경험을 제공하고자 한다.

답 **01** ✕ **02** ○ **03** ○ **04** ✕ **05** ○

해설 **01** 초이성형 의사소통 유형은 상황에만 몰두하고 자신과 타인을 무시한다.
04 가계도 작성은 경험적 가족치료의 기법은 아니다.

114 전략적 가족치료

강의 QR코드

| 1회독 | 2회독 | 3회독 |
| 월 일 | 월 일 | 월 일 |

최근 10년간 **7문항** 출제

이론요약

주요 특징

- 인간의 행동이 왜 일어났는지보다는 **행동의 변화에 관심**을 가짐
- 행동의 변화를 위한 **다양한 전략을 시도함**
- 잘못된 해결책이 지속적으로 시도되거나 정적 환류고리의 확대에 의해 문제가 만성화 된다 봄
- 가족이 변화보다 가족항상성의 유지만 고집할 경우 병리적 증상이 나타나게 됨
- 부모-자녀 관계에서 이중구속 상황이 지속적으로 나타나면 자녀들은 불안과 갈등에 빠져 역기능을 발생시키게 된다고 봄

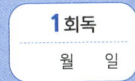

기본개념

사회복지실천기술론
pp.204~

역설적 지시

- 문제를 유지하는 연쇄를 변화시키기 위해서 가족이 역설적이라고 생각하는 행동, 즉 **문제행동을 유지하거나 강화하는 행동을 수행하도록 지시**하는 기법
- '변하지 말라'는 메시지와 '변하라'는 메시지가 동시에 전달되는 치료적 이중구속 상황을 활용
  - **제지기법**: 변화의 속도가 지나치게 빠르다고 지적하고 가족원에게 천천히 진행하라고 경고하거나 개선이 생길 때 퇴보에 대해 걱정하는 기법
  - **증상처방**: 클라이언트에게 증상행동을 계속하도록 격려하는 지시나 과제를 주는 기법
  - **시련기법**: 클라이언트가 가진 증상보다 더 고된 체험을 하도록 과제를 주어 증상을 포기하도록 하는 기법

순환적 질문

- 가족성원들이 문제에 대해 제한적이고 단선적인 시각에서 벗어나 **문제의 순환성을 깨달을 수 있도록 연속으로 질문**하는 기법

문제의 재구성(재명명, 재규정)

- 가족성원들에게 **문제를 다른 시각에서 보도록** 혹은 이해하도록 돕는 방법
- 부정적인 생각 → 긍정적인 시각으로 변화하도록 돕는 것

01 (22-04-13) 전략적 가족치료는 의사소통과 행동 문제의 순환 고리를 끊어 연쇄작용을 변화시키는 데 초점을 둔다.

02 (22-04-16) 전략적 가족치료모델의 특징: 가족구성원들 사이 힘의 우위에 따라 대칭적이거나 보완적 관계가 형성된다. 비언어적 의사소통이 가족의 욕구를 나타내므로 메타 의사소통이 중요하다. 가족이 문제행동을 유지하도록 지시함으로써 클라이언트가 통제력을 발휘한다.

03 (21-04-17) 전략적 모델에서는 환류고리에 의해 문제가 만성화되며, 문제에 대한 관점을 바꾸는 재구성 기법을 활용한다.

04 (20-04-23) 전략적 모델은 문제를 보는 시각을 변화시키고 새로운 의미를 발견하는 재명명 기법을 사용한다.

05 (19-04-21) 제지 기법은 가족의 문제가 개선될 때 체계의 항상성 균형이 위험하다고 판단되어 사용하는 전략으로, 변화의 속도가 빠르다고 지적하며 조금 천천히 변화하라고 하는 기법이다.

06 (15-04-23) 가족이 변화에 대한 저항이 클 때 역설적 개입을 사용할 수 있다.

07 (15-04-23) 문제와 관련된 가족의 행동체계를 정확히 파악하여 증상처방 기법을 활용한다.

08 (15-04-23) 역설적 개입은 치료적 이중구속을 활용하여 문제를 해결하는 것이다.

09 (14-04-22) 전략적 모델에서는 역설적 지시를 활용하는데, 증상행동을 계속하도록 함으로써 자신의 통제력을 깨닫게 하는 방법은 증상처방에 해당한다.

10 (13-04-24) 전략적 모델은 문제를 둘러싼 파괴적이고 역기능적인 악순환 고리를 파악하는 데에 초점을 둔다.

11 (13-04-24) 전략적 모델에서는 문제의 해결 혹은 변화를 유도하기 위해서 오히려 문제행동을 계속 유지시키라고 지시하는 역설적 지시를 활용한다.

12 (11-04-16) 부부싸움 문제로 내방한 부부에게 일주일에 이틀을 정해 싸움 거리를 찾아내어 30분간 부부싸움을 해보라고 지시하는 것은 전략적 가족치료의 증상처방에 해당한다.

13 (08-04-26) 전략적 가족치료에서는 가족의 문제가 유지되는 환류고리를 변화시키는 데에 초점을 둔다.

14 (08-04-26) 전략적 가족치료에서는 특정의 문제를 해결하기 위한 다양한 전략을 시도한다.

15 (08-04-26) 전략적 가족치료에서는 가족의 상호작용을 지지하는 가족규칙을 확인하고 변화시킬 방법에 초점을 맞춘다.

16 (08-04-26) 전략적 가족치료에서는 재구성 등을 통해 문제를 바라보는 가족들의 시선을 변화시킨다.

대표기출 확인하기

난이도 ★★★

다음과 같은 기법을 사용하는 가족치료모델은?

- 가족구성원들 사이 힘의 우위에 따라 대칭적이거나 보완적 관계가 형성된다.
- 비언어적 의사소통이 가족의 욕구를 나타내므로 메타 의사소통이 중요하다.
- 가족이 문제행동을 유지하도록 지시함으로써 클라이언트가 통제력을 발휘한다.

① 전략적 가족치료모델 ② 해결중심 가족치료모델
③ 구조적 가족치료모델 ④ 다세대 가족치료모델
⑤ 경험적 가족치료모델

 알짜확인

- 문제의 원인이 아닌 행동의 변화에 초점을 둔다는 특징을 이해해야 한다.
- 행동의 변화를 위한 다양한 전략을 시도하며, 역설적 지시, 순환적 질문, 재구성 등의 개입기법을 살펴보자.

답 ①

✔ 응시생들의 선택

① 54%	② 5%	③ 24%	④ 3%	⑤ 14%

헤일리는 의사소통이론을 기반으로 전략적 가족치료모델을 발전시켜 나가면서 의사소통이 가진 내용과 관계라는 두 가지 측면을 살펴보았다.

- 내용 면에서 표면적 메시지 외에 행간의 의미와 비언어적 내용, 말하는 방식이 중요함을 강조하면서 메시지의 질(=메타 의사소통)에 따라 역기능적 관계가 형성된다고 보았다.
- 관계는 대칭적 관계와 보완적 관계가 있다. 대칭적 관계는 두 사람이 대등하게 소통하는 관계로 서로 비판이나 충고를 하지만 경쟁적이고 갈등적인 관계로 흐를 수 있다. 보완적 관계는 한 사람이 우위에 있는 지배와 순종의 관계로 상호보완적인 측면도 있지만 역기능적 관계가 될 수 있다.

관련기출 더 보기

난이도 ★★★

가족개입의 전략적 모델에 관한 설명으로 옳은 것은?

① 역기능적인 구조의 재구조화를 개입목표로 한다.
② 증상처방이나 고된 체험기법을 비지시적으로 활용한다.
③ 가족문제가 왜 일어났는지 파악하여 원인 제거에 필요한 전략을 사용한다.
④ 가족 내 편중된 권력으로 인해 고착된 불평등한 위계구조를 재배치한다.
⑤ 문제를 보는 시각을 변화시키고 새로운 의미를 발견하는 재명명기법을 사용한다.

답 ⑤

✔ 응시생들의 선택

① 11%	② 14%	③ 41%	④ 6%	⑤ 28%

①④ 역기능적 가족구조를 재구조화하여 기능적인 구조로 변화시키는 것은 구조적 가족치료에 해당한다.
② 증상처방이나 고된 체험기법은 지시적 기법이다. 사회복지사가 가족에게 특정 행동을 할 것 혹은 특정 행동을 하지 말고 다른 행동을 할 것 등의 방식으로 지시한다.
③ 전략적 모델은 문제가 일어난 이유나 그 행동의 원인을 파악하는 것보다 어떻게 하면 행동의 변화를 일으킬 수 있는지에 초점을 둔다.

가족의 문제가 개선될 때 체계의 항상성 균형이 위험하다고 판단되어 사용하는 전략으로, 변화의 속도가 빠르다고 지적하며 조금 천천히 변화하라고 하는 기법은?

① 시련
② 제지
③ 재정의
④ 재구조화
⑤ 가족옹호

답 ②

응시생들의 선택

① 1%	② 84%	③ 3%	④ 11%	⑤ 1%

① 시련은 클라이언트가 가진 증상보다 더 고된 체험을 하도록 과제를 제시함으로써 결국엔 증상을 포기하도록 하는 기법이다.
③④ 재정의, 재구조화는 같은 기법이다. 재구성, 재명명이라고도 한다. 문제를 다른 시각에서 볼 수 있도록 돕는 기법이다.
⑤ 가족옹호: 표적체계에 대해 가족이 갖고 있는 정당한 권리를 누릴 수 있도록 대변하는 것을 말한다.

전략적 가족치료의 치료적 이중구속에 관한 설명으로 옳지 않은 것은?

① 증상을 이용한다.
② 빙산기법을 이용한다.
③ 지시적 기법을 이용한다.
④ 역설적 기법을 이용한다.
⑤ 치료자의 지시를 따르지 않아도 문제가 해결될 수 있다.

답 ②

응시생들의 선택

① 2%	② 25%	③ 8%	④ 2%	⑤ 63%

② 빙산기법은 경험적 치료모델의 사티어가 제시한 것으로, 겉으로 보이는 인간의 행동은 수면 위에 드러난 빙산의 한 부분에 불과하다고 본 관점이다. 그래서 사티어는 클라이언트의 표면적 문제만 볼 것이 아니라 수면 아래에 있는 경험을 탐색하여 표면화하는 것이 중요하다고 설명하였다.

➕ 덧붙임

치료적 이중구속이란 '변하라'는 메시지와 '변하지 말라'라는 모순된 메시지가 동시에 전달되도록 하는 것이다. 클라이언트가 '변하라'는 메시지를 선택하게 되면 해당 증상을 포기하는 것이고, '변하지 말라'는 메시지를 선택하게 되면 그 상황에 대한 통제력을 갖게 되는 것이다. 따라서 변화를 유도하는 치료자의 지시를 따르든 따르지 않든 문제해결의 가능성이 생긴다.

역설적 개입에 관한 설명으로 옳은 것을 모두 고른 것은?

ㄱ. 가족이 변화에 대한 저항이 클 때 사용할 수 있다.
ㄴ. 문제와 관련된 가족의 행동체계를 정확히 파악하여 증상처방기법을 활용한다.
ㄷ. 원가족 분석을 중시하는 개입방법이다.
ㄹ. 치료적 이중구속을 활용하여 문제를 해결하는 것이다.

① ㄱ, ㄴ
② ㄷ, ㄹ
③ ㄱ, ㄴ, ㄷ
④ ㄱ, ㄴ, ㄹ
⑤ ㄱ, ㄴ, ㄷ, ㄹ

답 ④

응시생들의 선택

① 11%	② 9%	③ 6%	④ 61%	⑤ 13%

ㄷ. 역설적 개입은 전략적 가족치료모델의 방법이다. 이 모델은 행동의 이유보다는 행동의 변화에 관심을 갖고 문제를 해결하고자 한다. 따라서 원가족 분석이나 문제 분석을 강조하기보다는 문제해결을 위한 다양한 전략을 시도한다.

다음 사례에 나타난 가족 개입기법은?

사소한 말다툼이 큰 싸움이 되는 과정에서 서로 상처를 주는 말이 쌓여 부부관계가 악화되었고, 끝내는 이혼을 고려하고 있는 부부를 상담 중인 사회복지사는 다음과 같은 과제를 주었다.
"잘 알겠습니다. 그럼 이렇게 해보시죠. 집으로 돌아가셔서 일주일에 이틀을 정해, 두 분이 싸울 거리를 한 가지씩 찾아내서 부부싸움을 30분간 하시는 겁니다."

① 실연
② 코칭
③ 증상처방
④ 가족조각
⑤ 역할연습

답 ③

응시생들의 선택

① 19%	② 24%	③ 52%	④ 2%	⑤ 2%

사례에서는 부부싸움이 문제이고 증상인데, 이를 계속하도록 처방을 내렸다. 이러한 증상처방의 방식은 전략적 가족치료기법인데, 증상을 없애기 위해서 증상을 지속하게 하거나 증상을 과장 혹은 심지어 자발적으로 증상을 일으키라고 처방하는 것이다.

다음 내용이 왜 틀렸는지를 확인해보자

01 전략적 가족치료모델에서는 가족구성원이 삼각관계에서 벗어나도록 정서적 체계를 수정하는 데에 초점을 둔다.

> 탈삼각화는 다세대 가족치료모델의 대표적 기법이다.

02 전략적 모델은 가족 내에서 문제를 일으키는 성원이 자신의 문제를 인식하고 왜 그런 행동을 하는지를 깨닫도록 하는 데에 초점을 둔다.

> 전략적 모델은 인간의 행동이 왜 일어났는지에 초점을 두지 않기 때문에 왜 그런 행동을 하는지를 따지지 않는다.

03 전략적 가족치료모델에서는 가족항상성의 유지에 초점을 둔 가족은 병리적 증상이 일어나지 않는다고 본다.

> 변화보다 가족항상성의 유지에 초점을 두면 가족문제가 발생해도 변화를 거부하기 때문에 병리적이게 된다.

04 전략적 모델의 개입방법 중 하나인 재구성은 치료적 이중구속의 상황을 만들어 진행된다.

> 재구성은 문제를 다른 관점에서 이해하도록 돕는 기법이다.
> 치료적 이중구속의 상황에서 진행되는 것은 역설적 지시이다.

05 증상처방은 클라이언트에게 증상행동을 중단하도록 하는 지시나 과제를 주는 기법이다.

> 증상처방은 클라이언트에게 증상행동을 계속하도록 격려하는 지시나 과제를 주는 기법이다. 클라이언트는 사회복지사의 지시를 거부하고 증상을 버리거나 혹은 지시에 순응하여 증상을 조절할 수 있는 통제권이 자신에게 있음을 인정하게 되는 원리를 이용하는 것이다.

06 전략적 가족치료모델에서는 증상처방, 제지, 시련 등 역설적 개입기법과 순환 질문, 예외 질문, 기적 질문 등 다양한 질문 기법을 활용한다.

> 예외 질문, 기적 질문 등은 해결중심모델에서 활용하는 질문 기법이다.

빈칸에 들어갈 알맞은 말을 채워보자

20-04-23
01 전략적 가족치료에서는 문제에 대한 관점을 바꾸는 (　　　　　　) 기법을 활용한다.

13-04-24
02 전략적 가족치료에서는 문제의 해결 혹은 변화를 유도하기 위해서 오히려 문제행동을 계속 유지시키라고 지시하는 (　　　　　　) 지시를 활용한다.

19-04-21
03 (　　　　　　) 기법은 가족의 문제가 개선될 때 변화의 속도가 빠르다고 지적하며 조금 천천히 변화하라고 하는 것이다.

답 **01** 재구성(재명명) **02** 역설적 **03** 제지

다음 내용이 옳은지 그른지 판단해보자

01 전략적 가족치료에서는 가족문제를 단선적 인과관계에서 살펴본다. ⊙ ⊗

02 전략적 가족치료는 가족 문제의 해결을 위해 행동의 원인보다 행동의 변화에 관심을 둔다. ⊙ ⊗

15-04-23
03 가족이 변화에 대한 저항이 클 때 역설적 개입을 사용해서는 안 된다. ⊙ ⊗

04 전략적 가족치료모델의 대표적인 학자인 헤일리는 대부분의 가족문제는 역기능적 위계관계에서 비롯된다고 보고 이러한 가족 간의 역기능적 상호작용을 전략적으로 변화시키는 데 초점을 두었다. ⊙ ⊗

답 **01** ✕ **02** ○ **03** ✕ **04** ○

해설 **01** 전략적 가족치료에서는 가족문제를 순환적 인과관계에서 살펴보며, 구체적으로 순환적 질문 기법을 활용한다.
03 가족이 변화에 대한 저항이 클 때 증상행동을 계속하도록 하는 역설적 개입을 통해 저항을 줄일 수 있다.

115 해결중심 가족치료

최근 10년간 **14문항** 출제

이론요약

주요 원칙 및 특징

- 탈이론적, 비규범적 모델
- 클라이언트의 견해 존중, **협력관계** 강조
- 가족이 원하는 해결에 초점을 둔 **단기개입**
- 미래지향적 모델: 과거가 아닌 **현재와 미래에 초점**
- 클라이언트에 대한 '알지 못함'의 자세 강조
- 건강한 것에 초점: **장애나 결함 등은 되도록 다루지 않음**
- '**반복적으로 잘못 다룬 것**'을 문제로 봄
- **파문 효과**를 통해 가족문제가 해결될 수 있다고 봄
- 클라이언트의 강점, 자원, 기술, 개성 등을 발견하여 치료에 활용
- 변화를 해결책으로 활용: **변화는 불가피한 것**
- 클라이언트는 이미 해결책을 갖고 있음: 성공 경험, 예외 상황 등을 해결책으로 활용
- 사회복지사는 방문형 클라이언트, 불평형 클라이언트가 고객형 클라이언트로 전환될 수 있도록 해야 함
- 치료목표는 달성할 수 있는 작은 것부터 세워나가며, 그 방법도 단순하고 간단한 것에서부터 시작
- 단기간에 경제적인 해결을 추구하기 때문에 **임시대응적이라는 비판**도 있음

중심철학

- 내담자가 문제 삼지 않는 것은 건드리지 말라.
- 일단 무엇이 효과가 있는지를 알면 그것을 더 많이 하라.
- 그것이 효과가 없다면 다시는 그것을 하지 말고 다른 것을 행하라.

개입목표와 원조방향

- 개입목표는 도움을 받으러 온 가족으로 하여금 그들 자신의 생활을 보다 만족스럽게 하기 위해서 **현재하고 있는 것과는 다른 것을 하거나 생각해내도록** 하여 현재 가족이 가지고 있는 문제를 해결하는 것이다.
- 사회복지사는 직접적으로 무엇을 하라고 지시하고 가르치기보다는 **가족들 스스로 문제해결의 방안을 찾아내고 사용할 수 있도록 원조**한다.

기본개념

사회복지실천기술론
pp.208~

목표설정의 원칙

- 클라이언트에게 중요한 것
- 쉽게 성취할 수 있는 작은 것
- 구체적이고 명확하고 **행동적인 것**
- 문제를 없애는 것이 아닌 **조금 더 나아지는 것**
- 지금-여기에서 시작. 즉 **현재 단계에서 필요한 것**
- 실현가능하고 성취가능한 것
- **목표를 수행하기 위한 노력 그 자체가 성공의 시작**

대표적인 질문 기법

- **치료면담 전 변화에 대한 질문**: 면담 예약 후 당일 사이의 변화 확인 → 변화를 스스로 파악할 수 있게 함
- **예외질문**: 실패경험이 아닌 **성공경험을 확인**하기 위해 실시 → 성공경험을 확장하도록 해야 함
- **대처질문(극복질문)**: 상황이 더 나빠지지 않게 했던 클라이언트의 **노력을 확인**하는 질문 → **강점과 자원** 파악
- **기적질문**: **문제가 해결된 상태를 상상**하게 하는 질문 → 상상을 현실로 연결할 수 있게 해야 함
- **척도질문**: **구체적인 숫자**로 문제의 심각도, 변화의지 등을 표현하게 함 → 과거가 아닌 현재와 미래에 초점을 둘 수 있게 해야 함
- **관계성 질문**: 클라이언트와 **중요한 관계에 있는 사람(부모, 친구 등)의 시각에서** 클라이언트의 문제를 보게 하는 질문 → 새로운 가능성을 탐색할 수 있게 함

기출문장 CHECK

01 (22-04-03) 해결중심모델은 개입목표 설정에 있어 클라이언트에게 중요한 것을 목표로 하기, 작은 것을 목표로 하기, 목표를 시작으로 간주하기, 목표수행은 힘든 일이라고 인식하기 등의 원칙을 갖는다.

02 (22-04-13) 해결중심 가족치료는 문제가 일어나지 않는 예외상황을 찾아서 확대해 나간다.

03 (21-04-03) 해결중심모델은 탈이론적이고 비규범적이며 클라이언트의 견해를 존중한다.

04 (21-04-08) 재혼하신 아버지는 이 문제를 어떻게 생각하실까요? - 관계성 질문

05 (20-04-11) 해결중심모델의 전제: 삶에서 변화는 불가피하며 작은 변화가 더 큰 변화로 이어진다. 모든 문제에는 예외가 존재한다. 클라이언트는 자기 삶의 주체이며, 자신에게 중요한 사람과 일에 대해 가장 잘 아는 전문가이다.

06 (20-04-22) 상담신청 후 지금까지 어떤 변화가 있었나요? - 첫 상담 이전의 변화에 대한 질문

07 (20-04-22) 밤새 기적이 일어나서 문제가 다 해결됐는데, 자느라고 기적이 일어난 걸 몰라요. 아침에 뭘 보면 기적이 일어났다는 걸 알 수 있을까요? - 기적질문

08 (20-04-22) 매일 싸운다고 하셨는데, 안 싸운 날은 없나요? - 예외질문

09 (20-04-22) 자녀에게 잔소리하는 횟수를 어떻게 줄일 수 있었나요? - 대처질문

10 (19-04-09) 해결중심모델에서 사회복지사는 변화에 도움을 주는 자문가 역할을 한다.

11 (19-04-09) 해결중심모델은 클라이언트의 견해를 존중한다.

12 (19-04-09) 해결중심모델은 문제의 원인과 발전과정에 관심을 두기보다 문제해결 방안을 모색하는 것이 더 효과적이라고 본다.

13 (19-04-09) 해결중심모델은 모든 사람은 강점과 자원, 능력을 가지고 있다고 가정한다.

14 (19-04-12) 남편이 여기 있다면 당신이 어떻게 하는 것이 문제 해결에 도움이 된다고 할까요? – 관계성질문

15 (18-04-20) 해결중심모델은 다양한 질문기법들을 활용하여 클라이언트와 대화한다.

16 (17-04-11) 해결중심모델은 클라이언트 지향적 모델이다.

17 (17-04-11) 해결중심모델은 사회복지사와 클라이언트 간 협력적 관계를 중시한다.

18 (17-04-11) 해결중심모델은 메시지 작성과 전달, 과제를 활용한다.

19 (17-04-11) 해결중심모델은 임시대응적 기법이라는 비판이 있다.

20 (17-04-19) "어머니가 여기 계신다고 가정하고 제가 어머니께 당신의 문제가 해결되면 무엇이 달라지겠냐고 묻는다면 어머니는 뭐라고 말씀하실까요?" – 관계성질문

21 (16-04-14) 해결중심모델에서의 목표설정: 클라이언트가 중요하다고 생각하는 것, 클라이언트가 갖지 않은 것보다 갖고 있는 것에 초점을 둠, 긍정적이며 과정의 형태로 정의, 목표를 문제해결의 시작으로 간주

22 (15-04-05) 해결중심모델에서는 변화는 항상 일어나며 불가피하다고 본다.

23 (14-04-04) 해결중심모델에서는 문제가 발생되지 않았던 예외적인 상황을 중요시한다.

24 (14-04-04) 해결중심모델에서는 클라이언트의 자원과 과거의 성공경험을 중요시한다.

25 (14-04-06) 당신 아버지께서는 문제가 해결된 상황에 대해 어떤 말씀을 하실까요? – 관계성질문

26 (13-04-10) 해결중심모델은 변화를 불가피한 것으로 인식한다. 현재와 미래를 지향한다.

27 (13-04-10) 해결중심모델은 클라이언트와의 협동작업을 중시한다.

28 (13-04-10) 해결중심모델에서 사회복지사는 변화 촉진을 위한 질문자 역할을 수행한다.

29 (12-04-02) 어려운 상황 속에서도 더 나빠지지 않고 견뎌낼 수 있었던 것은 무엇 때문이라고 생각하십니까? – 대처질문

30 (11-04-10) 밤새 기적이 일어나서 모든 문제가 해결되었다고 한다면 아침에 일어나서 무엇을 보고 기적이 일어났는지 알 수 있을까요? – 기적질문

31 (10-04-10) 해결중심모델은 탈이론적, 비규범적이며 현재와 미래지향적이다.

32 (10-04-10) 해결중심모델은 클라이언트의 자원, 건강성, 성공경험에 초점을 둔다.

33 (10-04-10) 해결중심모델에서는 사회복지사의 자문가 역할이 강조된다.

34 (10-04-11) 아드님과의 관계가 지금보다 조금이라도 나았을 때는 언제였나요? – 예외질문

35 (07-04-20) 남편이 술을 마시지 않는 때는 언제인가요? – 예외질문

36 (05-04-20) "어느 날 밤 당신이 자고 있을 동안 기적이 일어나 꿈꾸던 대로 결혼생활이 완벽해졌습니다. 아침에 일어났을 때 결혼생활은 어떻게 달라졌을까요?" – 기적질문

대표기출 확인하기

해결중심모델의 개입목표 설정 원칙에 관한 설명으로 옳지 않은 것은?

① 클라이언트에게 중요한 것을 목표로 하기
② 작은 것을 목표로 하기
③ 목표를 종료보다는 시작으로 간주하기
④ 있는 것 보다 없는 것에 관심두기
⑤ 목표수행은 힘든 일이라고 인식하기

 알짜확인

- 탈이론적, 비규범적 모델이라는 점은 꾸준히 출제된 내용으로 꼭 기억해두자.
- 이름처럼 '해결'에 초점을 두기 때문에 문제의 원인이나 내용에 초점을 두지 않는다는 점도 중요한 특징이다.
- 개입기법으로서 다양한 질문기법을 사용하기 때문에 이를 꼼꼼히 살펴보는 것은 필수이며, 이 모델에서의 목표설정 원칙도 이따금씩 출제되고 있다.

답 ④

✔ **응시생들의 선택**

① 0%	② 3%	③ 3%	④ 51%	⑤ 43%

④ 해결중심모델은 병리적인 것보다 건강한 것에 초점을 두고 장애나 결함 등은 되도록 다루지 않는다. 이러한 특징으로 인해 목표를 설정함에 있어서도 없는 것보다는 있는 것, 지금 상황에서 할 수 있는 것 등에 초점을 둔다.

➕ **덧붙임**

⑤와 관련하여, 해결중심모델에서는 클라이언트가 목표를 수행하는 것이 힘든 일임을 임식하며 목표를 수행하기 위한 노력 그 자체를 성공의 시작으로 본다.

관련기출 더 보기

해결중심모델에 관한 설명으로 옳은 것은?

① 클라이언트에게 대처행동을 가르치고 훈련함으로써 부적응을 해소하도록 한다.
② 탈이론적이고 비규범적이며 클라이언트의 견해를 존중한다.
③ 문제의 원인을 클라이언트의 심리 내적 요인에서 찾는다.
④ 클라이언트의 문제를 자원 혹은 기술 부족으로 본다.
⑤ 문제와 관련이 있는 환경과 자원을 사정하고 개입 방안을 강조한다.

답 ②

✔ **응시생들의 선택**

① 20%	② 43%	③ 7%	④ 11%	⑤ 19%

① 해결중심모델에서 사회복지사는 클라이언트에게 어떻게 할 것을 지시하고 가르치는 것보다 클라이언트 스스로 문제해결 방안을 찾아내고 사용할 수 있도록 돕는다.
③ 해결중심모델은 클라이언트의 문제에 대해 반복적으로 잘못 다룬 것이라고 볼 뿐이기 때문에 문제 및 문제의 원인을 밝힐 필요는 없다고 본다.
④ 해결중심모델은 클라이언트의 자원과 기술을 발견하여 치료에 활용하기는 하지만 자원과 기술의 부족을 문제로 보는 것은 아니다.
⑤ 해결중심모델은 진단이나 사정을 강조하지 않는다. 클라이언트가 이미 가지고 있는 것, 할 수 있는 것에서 시작하며 이를 알아내기 위해 예외질문, 극복질문 등의 다양한 질문방식을 사용한다. 클라이언트의 이야기에서 문제해결의 실마리를 찾으며 이를 과제로 연결해 제안하는 방식으로 진행된다.

다음 전제에 해당되는 사회복지실천모델은?

- 삶에서 변화는 불가피하며 작은 변화가 더 큰 변화로 이어진다.
- 모든 문제에는 예외가 존재한다.
- 클라이언트는 자기 삶의 주체이며, 자신에게 중요한 사람과 일에 대해 가장 잘 아는 전문가이다.

① 클라이언트중심모델　　② 해결중심모델
③ 문제해결모델　　　　　④ 정신역동모델
⑤ 동기상담모델

답 ②

✔ 응시생들의 선택

① 56%	② 26%	③ 14%	④ 2%	⑤ 2%

해결중심모델의 질문기법 예시로 옳지 않은 것은?

① 관계성질문: 두 분이 싸우지 않을 때는 어떠세요?
② 예외질문: 매일 싸운다고 하셨는데, 안 싸운 날은 없었나요?
③ 대처질문: 자녀에게 잔소리하는 횟수를 어떻게 줄일 수 있었나요?
④ 첫 상담 이전의 변화에 대한 질문: 상담신청 후 지금까지 어떤 변화가 있었나요?
⑤ 기적질문: 밤새 기적이 일어나서 문제가 다 해결됐는데, 자느라고 기적이 일어난 걸 몰라요. 아침에 뭘 보면 기적이 일어났다는 걸 알 수 있을까요?

답 ①

✔ 응시생들의 선택

① 49%	② 3%	③ 17%	④ 8%	⑤ 23%

① 관계성질문은 클라이언트와 중요한 관계에 있는 다른 사람들의 시각에서 클라이언트를 보게 하는 질문이다. 예를 들면, "어머니가 여기 계시다면, 두 분이 싸우지 않으려면 어떻게 하는 것이 도움이 된다고 말씀하실까요?"라고 질문할 수 있다.

해결중심모델에 관한 설명으로 옳지 않은 것은?

① 사회복지사는 클라이언트를 변화시키는 전문가가 아니라 변화에 도움을 주는 자문가 역할을 한다.
② 문제의 원인과 발전과정에 관심을 두기보다 문제해결 방안을 모색하는 것이 더 효과적이라고 본다.
③ 모든 사람은 강점과 자원, 능력을 가지고 있다고 가정한다.
④ 클라이언트의 견해를 존중한다.
⑤ 클라이언트의 과거에 관해 깊이 탐색하여 현재와 미래에 적응하도록 돕는데 관심을 둔다.

답 ⑤

✔ 응시생들의 선택

① 10%	② 11%	③ 12%	④ 1%	⑤ 66%

⑤ 해결중심모델은 과거가 아닌 현재와 미래에 초점을 맞추는 미래지향적 모델로, 과거에 대해 깊이 탐색하지는 않는다.

해결중심모델에 관한 설명으로 옳지 않은 것은?

① 클라이언트 지향적 모델이다.
② 임시대응적 기법이라는 비판이 있다.
③ 메시지 작성과 전달, 과제를 활용한다.
④ 사회복지사와 클라이언트 간 협력적 관계를 중시한다.
⑤ 문제가 해결된 상태를 가정하는 대처질문을 활용할 수 있다.

답 ⑤

✔ 응시생들의 선택

① 14%	② 24%	③ 24%	④ 7%	⑤ 31%

⑤ 문제가 해결된 상태를 가정하고 이루어지는 질문은 기적질문에 해당한다. 대처질문은 클라이언트가 절망적인 상황에서도 잘 견뎌내어 상황이 나빠지지 않은 것을 강조하고, 위기에서 살아남기 위해 적용한 방법을 파악하는 질문이다.

다음과 같은 목표설정을 주로 하는 사회복지실천 모델은?

- 작고 구체적이며 행동적일 것
- 클라이언트가 중요하다고 생각하는 것
- 클라이언트가 갖지 않은 것보다 갖고 있는 것에 초점을 둠
- 긍정적이며 과정의 형태로 정의
- 목표를 문제해결의 시작으로 간주

① 인지행동모델   ② 해결중심모델
③ 클라이언트중심모델   ④ 심리사회모델
⑤ 행동수정모델

답 ②

✔ 응시생들의 선택

① 2%	② 53%	③ 41%	④ 1%	⑤ 3%

해결중심모델에 관한 설명으로 옳은 것은?

① 규범적이다.
② 과거를 지향한다.
③ 병리적인 것에 초점을 둔다.
④ 문제의 원인규명에 초점을 둔다.
⑤ 변화는 항상 일어나며 불가피하다.

답 ⑤

✔ 응시생들의 선택

① 6%	② 2%	③ 8%	④ 25%	⑤ 59%

① 비규범적이다.
② 미래지향적인 모델이다.
③ 병리적인 것보다 건강한 것에 초점을 둔다.
④ 문제의 원인이나 내용보다 해결에 초점을 둔다.

해결지향적 질문 유형 중 '관계성 질문'에 해당하는 것은?

① "문제가 발생되지 않을 때는 언제인가요?"
② "문제와 가장 관련이 있는 상황은 어떤 경우였나요?"
③ "문제가 해결되면 당신의 생활에 어떤 변화가 있을까요?"
④ "이런 문제는 누구와의 관계에서 더 심각하게 느껴지나요?"
⑤ "당신 아버지께서는 문제가 해결된 상황에 대해 어떤 말씀을 하실까요?"

답 ⑤

✔ 응시생들의 선택

① 1%	② 13%	③ 8%	④ 34%	⑤ 44%

⑤ 관계성 질문은 클라이언트와 중요한 관계에 있는 사람들의 시각에서 클라이언트를 보게 하는 질문방식이다.

해결중심모델에서 사용되는 질문기법의 예로 옳지 않은 것은?

① 예외질문 – "두 분이 매일 싸우신다고 말씀하셨는데, 혹시 싸우지 않은 날은 없었나요?"
② 대처질문 – "이렇게 힘들고 어려운 상황을 이겨내기 위해 가족들이 어떻게 대처해야 할까요?"
③ 관계성질문 – "당신의 어머니는 이 상황에서 당신이 무엇을 해야 문제해결에 도움이 된다고 말씀하실까요?"
④ 기적질문 – "밤새 기적이 일어나서 모든 문제가 해결되었다고 한다면 아침에 일어나서 무엇을 보고 기적이 일어났는지를 알 수 있을까요?"
⑤ 상담 전 변화질문 – "상담예약을 하신 후부터 지금까지 시간이 좀 지났는데 그동안 상황이 좀 바뀌었나요? 그렇다면 무엇이 어떻게 달라졌는지 말씀해주세요."

답 ②

✔ 응시생들의 선택

① 3%	② 35%	③ 45%	④ 6%	⑤ 11%

② 대처질문은 "이렇게 힘들고 어려운 상황을 이겨내기 위해 가족들이 어떻게 오늘까지 견뎌왔나요?"라고 할 수 있다.

➕ 덧붙임

대처질문은 앞으로 어떻게 대처할 것인가를 묻는 것이 아니라 지금까지 어떻게 대처해왔는지, 어떤 노력을 해왔는지를 질문하는 것이다.

다음 내용이 왜 틀렸는지를 확인해보자

01 해결중심모델은 문제해결을 위해 <u>장기적 개입</u>을 강조한다.

> 해결중심모델은 특정 목표에 초점을 두고 단기적으로 이루어진다.

02 해결중심모델은 <u>클라이언트가 생각하지 못한 근본적인 문제</u>에 초점을 둔다.

> 해결중심모델은 '클라이언트가 문제 삼지 않는 것은 건드리지 않는다'는 것이 중심 철학인 만큼 클라이언트가 제시한 문제에 초점을 둔다.

03 해결중심모델에 따른 사회복지사는 문제해결을 위해 <u>구체적인 문제해결 방법을 지시하고 가르칠 수 있어야 한다.</u>

> 해결중심모델에서 사회복지사는 가족이 스스로 다양한 문제해결 방법을 찾아갈 수 있도록 원조한다.

18-04-20
04 해결중심모델은 <u>문제의 원인을 심리내부에서 찾는다.</u>

> 해결중심모델에서는 문제의 원인을 찾는 데에 주력하지 않는다.

05 해결중심모델은 클라이언트의 <u>병리적</u> 측면에 초점을 두면서 예외상황을 살펴본다.

> 클라이언트의 병리적 측면이 아닌 강점과 자원에 초점을 둔다.

21-04-08
06 "당신은 그 어려운 상황에서 어떻게 견딜 수 있었나요?"라는 질문은 <u>기적질문</u>에 해당한다.

> 대처질문에 해당한다. 기적질문은 문제가 해결된 상태를 상상하게 하는 질문이다.

빈칸에 들어갈 알맞은 말을 채워보자

※ 각각에 해당하는 해결중심모델의 질문 유형은?

12-04-02
01 "어려운 상황 속에서도 더 나빠지지 않고 견뎌낼 수 있었던 것은 무엇 때문이라고 생각하십니까?"
– (   )질문

07-04-20
02 남편이 매일 술을 마신다고 상담해 온 클라이언트에게 "남편이 술을 마시지 않는 때는 언제인가요?"
– (   )질문

10-04-11
03 "이처럼 어려운 상황에서도 어떻게 지금까지 견디어 올 수 있었나요?" – (   )질문

10-04-11
04 "처음 상담에 오셨을 때가 0점이고 개입목표가 달성된 상태를 10점이라고 한다면, 지금 당신의 상태는 몇 점입니까?" – (   )질문

10-04-11
05 "문제가 해결된다면 이를 어떻게 알 수 있나요?" – (   )질문

14-04-06
06 "당신 아버지께서는 문제가 해결된 상황에 대해 어떤 말씀을 하실까요?" – (   )질문

05-04-20
07 "어느 날 밤, 당신이 자고 있을 동안 기적이 일어나 꿈꾸던 대로 결혼생활이 완벽해졌습니다. 아침에 일어났을 때 결혼생활은 어떻게 달라졌을까요?" – (   )질문

09-04-09
08 "아버지가 술만 마시면 심하게 때리고, 그게 너무 고통스럽고 견디기 어려워 그 수준이 10점인 날들의 연속이라고 했지? 그런데 혹시 때리지 않는 날도 있니?" – (   )질문

답 **01** 대처(극복)   **02** 예외   **03** 대처   **04** 척도   **05** 기적   **06** 관계성   **07** 기적   **08** 예외

다음 내용이 옳은지 그른지 판단해보자

01 해결중심모델은 단기개입을 추구한다. ◎ ⊗

02 해결중심모델은 이론적 바탕을 강조한다. ◎ ⊗

15-04-05
03 해결중심모델에서는 변화는 항상 일어나며 불가피한 것으로 간주한다. ◎ ⊗

04 해결중심모델은 해결방안을 발견하고 구축하는 개입과정에서 클라이언트의 협력을 중시한다. ◎ ⊗

05 해결중심모델에서는 목표를 크게 잡아 성공에 따른 성취감을 극대화하는 데에 초점을 둔다. ◎ ⊗

16-04-14
06 해결중심모델에서는 목표를 문제해결의 시작으로 간주한다. ◎ ⊗

15-04-05
07 해결중심모델은 문제의 원인 규명에 초점을 둔다. ◎ ⊗

08 해결중심모델은 지금 현재에 필요한 것, 할 수 있는 것을 강조한다. ◎ ⊗

10-04-10
09 해결중심모델은 클라이언트의 자원, 성공경험에 초점을 두며, 사회복지사의 자문가 역할이 강조된다. ◎ ⊗

19-04-12
10 "잠이 안 와서 힘들다고 하셨는데, 잠을 잘 잤다고 느낄 때는 언제일까요?"라는 질문은 기적질문에 해당한다. ◎ ⊗

19-04-12
11 "그 어려운 상황 속에서도 견딜 수 있었던 것은 무엇이라 생각합니까?"라는 질문은 예외질문에 해당한다. ◎ ⊗

답 **01** ○ **02** × **03** ○ **04** ○ **05** × **06** ○ **07** × **08** ○ **09** ○ **10** × **11** ×

해설 **02** 해결중심모델은 탈이론적인 특징을 갖는다.
05 해결중심모델에서는 쉽게 성취할 수 있는 작은 것부터 목표로 잡는다.
07 해결중심모델은 과거보다는 현재와 미래를 강조하기 때문에 문제의 원인 규명에 초점을 두는 것이 아니라 현재 불편한 점이 무엇인지에 초점을 두어 해결책을 발견하고 변화를 이끌어 현재와 미래에 적응하도록 돕는다.
10 예외질문에 해당한다.
11 대처질문에 해당한다.

이야기치료모델과 문제의 외현화

강의 QR코드

1 회독	2 회독	3 회독
월 일	월 일	월 일

최근 10년간 **2문항** 출제

복습 1 이론요약

이야기치료모델

- **사회구성주의 관점**에 기초
  - 사회구성주의는 복잡한 사회현실이란 객관적으로 존재하는 것이 아니라 그 문제를 바라보는 관점에 따라 다르다는 관점이다.
  - 어떤 사회현상은 그것을 경험하는 사람이 그것을 어떻게 구성하느냐에 따라 달라지며 해결방법도 다양해질 수 있다는 관점이다.
- 내담자도 가족도 문제가 아니며, **문제 자체가 바로 문제**라고 보는 관점
- 문제 자체를 해결하는 것보다는 내담자가 가지고 있는 관점이나 의미 등을 재해석하여 새로운 이야기를 써나감으로써 자신들의 삶에 책임을 지는 적극적인 주체가 되도록 돕는 데 초점을 둠
- **문제의 외현화**(표출대화)
  - 가족문제를 가족 내부에 있는 것이 아닌 외부에 있는 존재이자 가족을 괴롭히는 존재로 봄
  - 치료자와 클라이언트와의 관계를 통한 이야기 속에서 문제의 초점을 찾음
  - 클라이언트가 스스로를 병리적이라고 생각하는 것에서 자유롭게 함
  - 클라이언트의 잠재력과 가능성을 인식하고 강점 개발을 촉진함

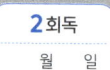

기본개념

사회복지실천기술론
pp.214~

기출문장 CHECK

01 (09-04-14) 문제의 외현화는 이야기치료에서 사용되는 기법으로서 문제가 개인의 속성이나 내부에 존재하는 것이 아니라 외부에 존재하는 것으로 보고 가족을 괴롭히는 하나의 별개 존재로서 문제를 이야기하는 기법이다.

대표기출 확인하기

17-04-09　　　　난이도 ★★☆

다음 대화에서 사회복지사 B가 클라이언트 A에게 사용한 기법에 해당하는 것은?

> A: "저는 조그마한 어려움이 있어도 쉽게 좌절하는 사람이에요."
> B: "좌절감이 당신으로 하여금 새로운 일을 하는 것을 방해하네요."

① 문제의 외현화
② 재보증
③ 코칭(coaching)
④ 가족지도
⑤ 체험기법

 알짜확인

• 사회구성주의 관점에 기초하여 문제와 클라이언트를 분리시키는 문제의 외현화 기법을 살펴보자.

답 ①

✔ 응시생들의 선택

① 75%	② 18%	③ 6%	④ 0%	⑤ 1%

문제의 외현화
• 문제를 개인의 속성으로 보는 것이 아니라 외부에 존재하는 것으로 보는 방법이다.
• 이 기법은 클라이언트가 스스로를 병리적이라고 생각하는 것에서 벗어날 수 있도록 해준다.

관련기출 더 보기

13-04-12　　　　난이도 ★★★

다음 각각의 가족 사정 내용과 관련이 없는 가족 개입모델은?

• 가족 의사소통 유형의 파악
• 가족 내 하위체계 간 경계 속성의 파악
• 가계도를 활용하여 통합적인 가족속성을 종단·횡단으로 파악
• 문제를 둘러싼 파괴적이고 역기능적인 악순환 고리의 파악

① 전략적 모델
② 구조적 모델
③ 다세대 모델(M. Bowen)
④ 경험적 모델(V. Satir)
⑤ 이야기치료 모델

답 ⑤

✔ 응시생들의 선택

① 7%	② 13%	③ 13%	④ 36%	⑤ 31%

• 가족 의사소통 유형을 살펴보는 것은 경험적 모델에 해당한다.
• 가족 내 하위체계 간 경계 속성을 파악하는 데에 초점을 두는 것은 구조적 모델이다.
• 가계도를 활용하여 통합적인 가족속성을 종단·횡단으로 파악하는 것은 다세대 모델에 해당한다.
• 문제를 둘러싼 파괴적이고 역기능적인 악순환 고리를 파악하는 데에 초점을 두는 것은 전략적 모델이다.

이야기치료 모델
이야기치료에서는 내담자에 대한 사정이나 병리적 분류를 하지 않는다. 또한 문제를 클라이언트 개인과 가족과는 분리된 외부적 존재, 실체로 본다. 또한 직접적으로 문제를 다루고 해결하는 것을 목표로 삼지 않는 대신 클라이언트를 사회정치적으로 구성된 관점과 개념, 억압적인 문화의 구성으로부터 해방시키고 내담자의 자아상을 약한 것에서 강한 것으로 변화시키는 것에 초점을 둔다.

다음 내용이 옳은지 그른지 판단해보자

01 이야기치료에서는 클라이언트의 이야기를 통해 가족문제의 원인을 파악해나간다. ⊙⊗

02 사회구성주의적 관점에서 문제는 누가 그 문제에 대해 어떻게 인식하느냐에 따라 달라진다고 본다. ⊙⊗

03 해결중심 가족치료, 이야기치료 등은 사회구성주의 관점을 기초로 한다. ⊙⊗

04 이야기치료에서는 가족의 의사소통 유형에 관심을 둔다. ⊙⊗

05 문제의 외현화는 클라이언트의 문제를 개인적 속성으로 본다. ⊙⊗

답 **01**✕ **02**○ **03**○ **04**✕ **05**✕

해설 **01** 이야기치료모델은 클라이언트 혹은 가족이 문제가 있는 것이 아니라, 문제 자체가 바로 문제라고 본다. 따라서 문제의 원인을 찾는 데에 초점을 두지 않는다.

04 가족의 의사소통 유형에 관심을 두는 모델은 경험적 가족치료모델이다.

05 문제의 외현화는 클라이언트의 문제를 개인적인 속성으로 보지 않고, 외부에 있는 어떤 것으로 본다.

10장

집단 대상 실천기법

이 장에서는

사회복지사가 집단 대상 실천을 계획하고 진행함에 있어 고려해야 할 사항들 및 주요 개념에 대해 학습한다. 기존에는 집단의 유형에 관한 문제가 주로 출제되었지만 최근에는 다양한 키워드가 돌아가며 출제되고 있으므로 10장에서 만큼은 빈출 키워드에만 집중해서는 안 된다.

10년간 출제분포도

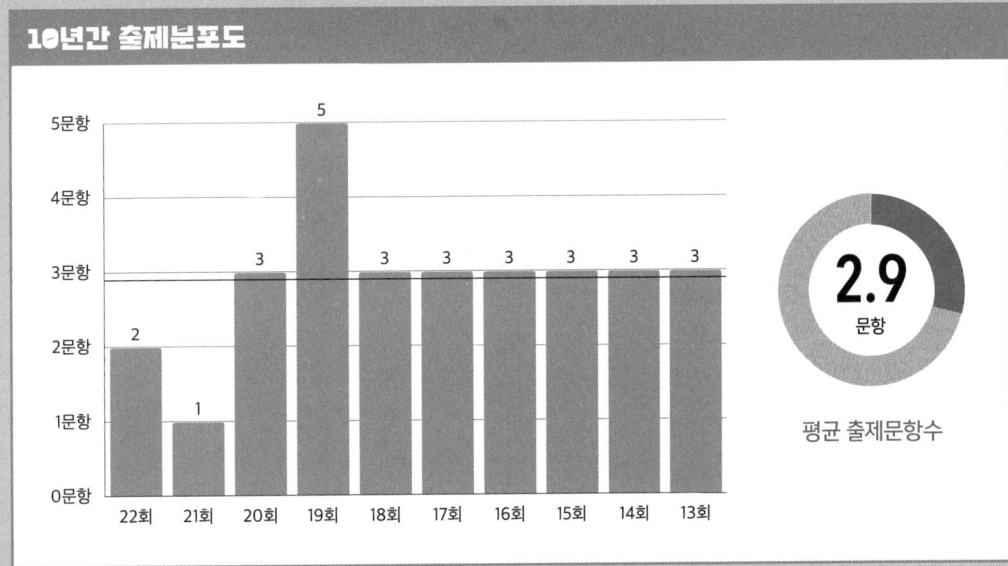

평균 출제문항수 **2.9문항**

117 집단의 유형

강의 QR코드

최근 10년간 **9문항** 출제 ★★★

1회독 월 일 **2**회독 월 일 **3**회독 월 일

복습 1 이론요약

치료집단

기본개념

사회복지실천기술론
pp.220~

▶ 지지집단

- 목적: 생활 사건, 삶의 위기 등에 대한 대처 능력 향상
- **유대감 형성**이 용이하며, **자기개방 수준이 높음**
- 이혼한 부부의 자녀로 구성된 집단, 양육의 어려움을 공유하는 한부모집단 등

▶ 교육집단

- 목적: 성원들이 그들 자신과 사회에 대해 배우는 것이 주요 목적인 집단
- **정보의 전달과 교육을 목적**으로 하기 때문에 강의 형태를 띠며, 집단지도자는 교사의 기능을 수행
- 보통 소수로 구성되면서도 성원 간 자기노출이 낮음
- 청소년 성교육 집단, 부모역할 훈련집단, 위탁부모집단 등

▶ 성장집단

- 목적: 능력과 자의식을 넓히고 개인적 변화를 끌어낼 수 있는 기회 제공. 자아 향상
- 질병의 치료보다는 **심리적·사회정서적 건강 증진**이 중요
- 성원 간 자기노출의 정도가 높으며, 상호간 지지적 피드백을 통해 성장
- 부부의 결혼생활 향상집단, 참만남집단, 잠재력 개발 집단 등

▶ 치유(치료)집단

- 목적: 성원 스스로 행동을 변화하고 개인적인 문제의 완화나 제거(치료 중심)
- 다소 심한 정서적·개인적 문제를 가진 성원들로 구성됨
- **상호지지 강조, 치유와 회복에 초점**
- 자기개방 수준이 높은 편이지만 개인차가 있기도 함
- 외래환자 대상의 정신치료집단, 금연집단, 약물중독자 집단 등

▶ 사회화집단

- 목적: **사회적 기술을 습득**하고 사회생활에 효과적으로 기능할 수 있도록 원조
- 과잉행동주의력 결핍아동 대상의 집단, 퇴원한 정신장애인을 위한 사교집단 등

과업집단

- **과업 달성**을 위해, 성과물을 산출해내기 위해, 명령을 수행하기 위해 만들어진 집단
- 문제에 대한 해결책을 찾고 새로운 아이디어를 만들어내며 결정을 내림
- 특별사업팀 등의 임시조직, 이사회, 사회행동집단, 연합체, 자문위원회, 대표위원회 등

자조집단

- 비슷한 관심사를 공유하는 사람들로 구성된다는 점에서 지지집단과 유사하지만, **구성원들이 서로 도움을 주고받으며 주도적으로 집단을 이끌어감**
- **사회복지사는 지지와 상담, 필요한 자원의 의뢰 및 연결 등 최소한의 역할을 함**

기출문장 CHECK

01 (20-04-02) 지지집단의 주요 목적은 동병상련의 경험으로 해결책을 모색하는 것이다.

02 (19-04-03) 지지집단은 유사한 문제와 욕구를 가진 사람들로 구성하여 유대가 빨리 형성된다.

03 (19-04-03) 성장집단은 집단 참여자의 자기인식을 증가시켜 개인의 잠재력을 최대화하는 데 초점을 둔다.

04 (19-04-03) 치료집단은 성원의 병리적 행동과 외상 후 상실된 기능을 회복하는 데 초점을 둔다.

05 (19-04-03) 교육집단은 지도자가 집단 성원의 문제와 욕구를 해결하기 위해 필요한 기술과 정보를 제공한다.

06 (18-04-04) '치료집단 < 교육집단 < 성장집단 < 자조집단'의 순으로 집단성원의 주도성이 높게 나타난다.

07 (14-04-11) 지지집단의 특징: 비슷한 문제를 경험한 사람들로 집단을 구성한다. 유대감 형성이 쉽고 자기 개방성이 높다. 상호 원조하면서 대처기술을 형성하도록 돕는다.

08 (14-04-12) 자조모임은 자기노출을 통해 문제의 보편성을 경험할 수 있다.

09 (14-04-12) 자조모임은 집단성원 간의 학습을 통해 모델링 효과를 얻는다.

10 (13-04-11) 치료집단의 예: 장애인복지관에서 발달장애아동의 비장애 형제를 대상으로 주 1회 8회기 집단을 운영하였다. 집단의 목적은 비장애 형제의 장애 형제와 관련한 부적응적 사고와 신념의 변화였다. 이를 위해 자기 모니터링, 인지재구성, 의사소통훈련, 문제해결훈련을 활용하였다.

11 (12-04-16) 은퇴준비 노인 집단, 청소년을 위한 가치명료화 집단, 여성을 위한 의식고양 집단, 부부를 위한 참만남 집단 등은 병리의 치료보다 사회심리적 기능 향상에 초점을 둔 성장집단으로 구성될 수 있다.

12 (10-04-24) 지지집단의 예: 알코올중독치료를 받은 후 퇴원한 A는 지역 알코올상담기관에서 매주 운영하는 알코올중독회복 자자조모임에서 만나게 된 동료들의 도움으로 단주를 유지하며 회복에 대한 희망을 갖게 되었다.

13 (10-04-29) 집단성원 간의 유대감 강화를 강조하는 집단의 리더는 모든 성원이 집단과정에 참여하도록 촉진하고, 개별성원들의 부정적 감정을 표현하도록 격려하며, 성원 간 갈등을 해결하고 긴장을 완화할 수 있도록 해야 한다.

14 (09-04-21) 장애아동부모 대상 자조집단은 아동의 권리보호, 가족치료, 가족관계 증진을 위한 정보 습득 등을 목적으로 한다.

15 (08-04-21) 명예퇴직을 준비하는 50대 클라이언트는 성장집단이 적합하다.

16 (08-04-21) 최근 부모의 이혼을 경험한 중학생 클라이언트에게는 지지집단이 적합하다.

17 (08-04-12) 사회복지사 없이 주기적인 만남을 통해 자녀양육에 대한 정보를 교환하고 경험을 공유하는 집단은 자조집단이다.

18 (06-04-19) 병원의 외래환자집단과 금연자집단은 치료집단으로 구성할 수 있다.

19 (05-04-16) 교육집단은 강의나 토론이 주로 이루어지는 집단으로 집단을 통해 새로운 정보를 습득하는 데 초점을 둔다.

20 (03-04-15) 성장집단은 구성원의 잠재력 발견, 자의식 고취, 자아성장 강조, 개인발달 유도 등을 목표로 한다.

대표기출 확인하기

20-04-02 　　　　　 난이도 ★★★

지지집단의 주요 목적으로 옳은 것은?

① 구성원의 자기인식 증진
② 클라이언트의 병리적 행동 치료
③ 구성원에게 기술과 정보 제공
④ 사회적응 지원
⑤ 동병상련의 경험으로 해결책 모색

 알짜확인

• 다양한 집단의 유형에 대해 살펴보자. 각 집단의 목적 및 특징에 따라 사회복지사가 수행할 과업의 범위도 조금씩 다르다.

답 ⑤

✔ 응시생들의 선택

① 28%	② 5%	③ 6%	④ 13%	⑤ 48%

① 구성원의 자기인식 증진 – 성장집단
② 클라이언트의 병리적 행동 치료 – 치료집단
③ 구성원에게 기술과 정보 제공 – 교육집단
④ 사회적응 지원 – 사회화집단

관련기출 더 보기

19-04-03 　　　　　 난이도 ★☆☆

집단유형별 특성에 관한 설명으로 옳지 않은 것은?

① 지지집단은 유사한 문제와 욕구를 가진 사람들로 구성하여 유대가 빨리 형성된다.
② 성장집단은 집단 참여자의 자기인식을 증가시켜 개인의 잠재력을 최대화하는 데 초점을 둔다.
③ 치료집단은 성원의 병리적 행동과 외상 후 상실된 기능을 회복하는 데 초점을 둔다.
④ 교육집단은 지도자가 집단 성원의 문제와 욕구를 해결하기 위해 필요한 기술과 정보를 제공한다.
⑤ 자조집단에서는 전문가가 의도적으로 집단을 구성하여 정서적 지지와 문제 해결을 지원한다.

답 ⑤

✔ 응시생들의 선택

① 3%	② 3%	③ 1%	④ 3%	⑤ 90%

⑤ 자조집단에서 전문가의 역할은 매우 제한적이다. 자조집단은 보통 전문가가 개입하지 않고 집단 구성원끼리 집단 활동을 이끌어가며 전문가는 이들의 활동을 돕는 정도에 그친다.

토스랜드와 리바스(R. Toseland & R. Rivas)가 분류한 성장집단에 관한 설명으로 옳지 않은 것은?

① 촉진자로서의 전문가 역할이 강조된다.
② 성원 간의 상호작용이 중요한 도구가 된다.
③ 개별 성원의 자기표출을 긍정적으로 인식한다.
④ 공동과업의 성공적 수행이 일차적 목표이다.
⑤ 공감과 지지를 얻기 위해 동질성이 높은 성원으로 구성한다.

답 ④

✔ 응시생들의 선택

① 15%	② 1%	③ 6%	④ 55%	⑤ 23%

④ 공동과업의 성공적 수행을 일차적 목표로 하는 집단은 과업집단이다.

집단유형별 특성에 관한 설명으로 옳지 않은 것은?

① 치료집단은 자기노출정도가 높아서 비밀보장이 중요하다.
② 과업집단은 구성원의 발달과업 완수를 위해 조직구조의 영향을 최소화한다.
③ 자발적 형성집단은 구성원들이 설정한 목적을 보호하는 것이 중요하다.
④ 자조집단에서 사회복지사의 역할은 공유된 문제에 대한 지지를 하는 것이다.
⑤ 비자발적 집단에서는 협상 불가능영역이 있음을 분명히 한다.

답 ②

✔ 응시생들의 선택

① 13%	② 33%	③ 8%	④ 28%	⑤ 18%

② 과업집단은 조직의 과업을 달성하기 위한 목적으로 구성되기 때문에 구성원 선정, 역할, 활동 등 모든 범위에서 조직구조의 영향 아래에 놓이게 된다.

집단 프로그램 유형별 지도자의 역할로 옳지 않은 것은?

① 한부모가족 자조모임 – 감정이입적 이해와 상호원조의 촉진자
② 중간관리자 역량강화 프로그램 – 집단토의를 위한 구조 제공자
③ 애니어그램을 통한 자기인식향상 프로그램 – 통찰력 발달의 촉진자
④ 우울증 인지행동집단치료 프로그램 – 무력감 극복을 위한 옹호자
⑤ 중도입국자녀들의 한국사회적응 프로그램 – 프로그램 디렉터

답 ④

✔ 응시생들의 선택

① 9%	② 15%	③ 6%	④ 53%	⑤ 17%

④ 우울증 인지행동집단치료 프로그램 등 치유집단(therapy group)에서 사회복지사는 구성원들의 행동변화, 개인적 문제의 개선 또는 상실된 기능의 회복을 원조하기 위해 전문가, 변화매개인으로서의 역할을 한다.

치료집단에 관한 설명으로 옳은 것을 모두 고른 것은?

> ㄱ. 자기표출의 정도가 높은 편이다.
> ㄴ. 정서적·개인적 문제를 가진 성원들로 구성된다.
> ㄷ. 행동변화 및 재활을 목표로 한다.
> ㄹ. 집단지도자는 권위적인 인물의 역할을 수행한다.

① ㄱ, ㄴ, ㄷ
② ㄱ, ㄷ
③ ㄴ, ㄹ
④ ㄹ
⑤ ㄱ, ㄴ, ㄷ, ㄹ

답 ⑤

✔ 응시생들의 선택

① 50%	② 6%	③ 7%	④ 1%	⑤ 36%

➕ 덧붙임

'권위적 인물'이라는 표현 때문에 정답을 놓친 응시생들이 많았는데, 여기서 권위라는 말은 전문가로서 갖는 권위를 뜻한다. 치료집단에서 지도자는 성원들의 회복이나 증상 완화 등을 위한 지식을 갖추고 변화를 이끌어가는 전문적 권위를 갖는다.

다음 내용이 왜 틀렸는지를 확인해보자

01 성장집단은 문제에 대한 해결책을 찾고 새로운 아이디어를 만들어내며 결정들을 내리는 것을 목적으로 한다.

> 과업집단에 대한 설명이다.
> 성장집단은 사회정서적 건강의 증진에 초점을 둔다.

14-04-12

02 자조모임에서는 과업을 달성할 수 있도록 집단 사회복지사가 주도적인 역할을 수행해야 한다.

> 자조모임은 구성원들이 상호지지, 옹호 등의 기능을 하며 모임을 이끌어가기 때문에 집단사회복지사가 주도하지 않는다.

03 지지집단에서는 구성원 간 유대감 형성이 어렵다.

> 지지집단은 비슷한 문제를 경험하거나 고민하는 사람들로 구성되기 때문에 유대감 형성이 쉽다.

04-04-04

04 지역사회 내 문제해결을 위해 논의할 수 있는 임시위원회를 만들었는데, 이 위원회에서는 지역사회에서 문제가 되고 있는 현안들을 해결하기 위해 효과적으로 문제를 해결할 수 있는 방법과 자원동원의 방법에 대해 대책을 마련하여 이를 실행에 옮겼다. – 사회화집단의 사례에 해당한다.

> 과업집단의 사례이다.
> 사회화집단은 사회적 기술을 가르치고 증진시키는 것을 목적으로 하는 집단이다.

12-04-12

05 치료집단은 행동변화 및 재활을 목표로 하며, 이때 집단지도자는 권위적인 인물로서 역할을 수행해서는 안 된다.

> 치료집단의 집단지도자는 권위적인 인물로서 역할을 수행한다.

08-04-21

06 퇴원을 앞둔 사회기술훈련이 필요한 만성질환자 클라이언트는 교육집단이 적합하다.

> 사회기술훈련이 필요한 클라이언트에 대해서는 사회적 기술 향상에 초점을 두게 되므로 사회화집단이 적합하다.

빈칸에 들어갈 알맞은 말을 채워보자

19-04-03
01 ( )집단은 집단 참여자의 자기인식을 증가시켜 개인의 잠재력을 최대화하는 데 초점을 둔다.

19-04-03
02 ( )집단은 성원의 병리적 행동과 외상 후 상실된 기능을 회복하는 데 초점을 둔다.

19-04-03
03 ( )집단은 지도자가 집단 성원의 문제와 욕구를 해결하기 위해 필요한 기술과 정보를 제공한다.

답 **01** 성장 **02** 치료 **03** 교육

다음 내용이 옳은지 그른지 판단해보자

18-04-06
01 성장집단은 성원 간의 상호작용이 중요한 도구가 된다. ○ ⊗

12-04-12
02 치료집단의 성원들은 자기표출 정도가 낮은 편이다. ○ ⊗

18-04-04
03 '치료집단 < 교육집단 < 성장집단 < 자조집단'의 순으로 집단성원의 주도성이 높게 나타난다. ○ ⊗

19-04-03
04 지지집단은 유사한 문제와 욕구를 가진 사람들로 구성하여 유대가 빨리 형성된다. ○ ⊗

14-04-12
05 자조모임에서는 자기노출을 통해 문제의 보편성을 경험한다. ○ ⊗

답 **01** ○ **02** × **03** ○ **04** ○ **05** ○

해설 **02** 치료집단의 성원들은 자기표출 정도가 높은 편이다.

118 집단역동성(집단역학)

강의 QR코드

최근 10년간 **7문항** 출제

복습 1 이론요약

집단역동성의 개념 및 특징

- 집단성원들의 상호작용으로 나오는 특성이나 힘
- 집단의 역동을 적절히 활용하게 되면 집단과 집단구성원 모두에게 긍정적인 영향을 미치지만, 그 반대로 집단역동이 집단 발전에 역기능적인 영향을 미치기도 함

기본개념

사회복지실천기술론
pp.244~

집단역동성의 구성요소

집단규범, 지위와 역할, **집단응집력**, 집단의사소통과 상호작용(정서적 유대, 하위집단, 집단의 크기와 물리적 환경), **집단문화**, 피드백 등

▶ **집단목적**
- 사회복지사는 집단의 목적을 설정하고 이를 고려하여 집단크기, 선발기준, 활동내용 등을 구성함
- 집단의 목적과 개인의 목적이 일치하지 않을 수 있으며 **집단의 목적과 개인의 목적이 연결**될 수 있도록 해야 함

▶ **집단응집력**
- 성원들이 집단에 대해 느끼는 매력이 클수록 응집력은 높아짐
- 집단응집력이 높을수록 성원들의 자기개방이나 공동체 의식, 친밀감 형성에 용이함
- **집단응집력이 높을수록 갈등해결이 빠르고, 목표달성에 효과적**
- 대체로 집단의 규모가 크면 집단응집력이 약화될 확률이 높음

▶ **하위집단**
- 하위집단의 형성은 **자연스러운 현상**이지만 **갈등을 일으킬 수도 있음**
- 하위집단의 형성 여부는 소시오그램을 통해 파악 가능

▶ **집단문화**
- 집단문화는 성원들이 공유하는 가치, 신념, 관습 등을 의미
- 구성원들이 동질적일수록 집단문화는 빠르게 형성되며, 한번 수립되면 바꾸기 어려움

▶ **집단규칙**
- 집단 내에서 허용되는 행동과 허용되지 않는 행동이 규정되는 것으로, 집단 활동의 과정에서 **암묵적으로 생성되기도 함**
- 사회복지사는 집단규칙이 **역기능적인지를 살펴봐야 함**

▶ 지위와 역할

• 사회복지사는 개별 성원이 집단 내에서 어떤 역할을 하는지, 역할이 어떻게 변화하고 있는지 등을 살펴야 하며, 성원들 사이에 특정 성원에게 부여된 **특정 역할이 고정화되지 않도록 해야 함**

기출문장 CHECK

01 (20-04-06) 구성원이 소속감을 가지면 응집력이 강화되고, 구성원 간 신뢰감이 높을수록 응집력이 높다.

02 (20-04-06) 응집력이 높은 집단이 낮은 집단보다 생산적인 작업에 더 유리하다.

03 (19-04-04) 집단응집력이 강할 경우, 집단성원들 사이에 상호 의존하려는 경향이 강해진다.

04 (19-04-04) 개별성원의 목적과 집단 전체의 목적의 일치 여부 에 따라 집단역동은 달라진다.

05 (19-04-17) 집단응집력 향상 요인: 집단에 대한 자부심 고취, 집단성원간의 다른 인식과 관점의 인정, 집단성원간 공개적이고 활발한 상호작용, 집단의 참여를 통해 얻게 되는 보상, 자원 제공

06 (17-04-12) 집단사회복지실천에서 하위집단은 정서적 유대감을 갖게 된 집단구성원 간에 형성된다.

07 (16-04-23) 집단역학의 구성요소로 긴장과 갈등, 가치와 규범, 집단의 목적, 의사소통 유형 등을 꼽을 수 있다.

08 (12-04-11) 집단성원으로서의 책임성 강조, 집단성원의 기대와 목적의 일치, 집단 참여에 대한 보상 제시, 토의 및 프로그램 활동 활용 등을 통해 집단응집력을 향상시킬 수 있다.

09 (11-04-02) 집단응집력이 강할수록 집단성원의 자기노출이 용이하다.

10 (11-04-13) 집단역동을 증진시키기 위해서는 성원이 다양한 지위와 역할을 경험하도록 해야 한다.

11 (11-04-13) 집단역동을 증진시키기 위해서는 성원이 집단 중심적인 생각과 행동을 보이도록 촉진해야 한다.

12 (08-04-17) 집단문화는 성원들이 공유하는 가치, 신념, 관습 등을 의미한다.

13 (08-04-17) 한 번 형성된 집단문화는 쉽게 바뀌지 않는다.

14 (08-04-18) 집단 구성원들의 출석률을 토대로 집단의 역동성을 살펴볼 수 있다. 대체로 응집력이 높을수록 출석률도 높다.

15 (08-04-18) 집단에서 나타나는 긴장과 갈등은 자연스러운 현상이다.

16 (06-04-29) 하위체계 결속력이 강하면 집단응집력이 강하다.

17 (06-04-29) 집단역동은 집단발전에 역기능적인 영향을 미칠 수도 있다.

18 (04-04-24) 집단에서 얻는 것이 많을 때, 즉 집단에 매력을 느끼고 있을 때 집단응집력이 생긴다.

19 (03-04-07) 집단의 문제해결 방식, 상호 간 정서적 상호작용 등을 통해 집단 내 규칙을 살펴볼 수 있다.

20 (02-04-07) 집단규범, 집단문화, 집단구조, 집단지도력 등을 통해 집단역학을 파악할 수 있다.

20-04-06   난이도 ★★★

집단 응집력에 관한 설명으로 옳은 것을 모두 고른 것은?

ㄱ. 구성원 간 신뢰감이 높을수록 응집력이 높다.
ㄴ. 응집력이 높은 집단에서는 자기노출을 억제한다.
ㄷ. 구성원이 소속감을 가지면 응집력이 강화된다.
ㄹ. 응집력이 높은 집단이 낮은 집단보다 생산적인 작업에 더 유리하다.

① ㄱ   ② ㄱ, ㄷ
③ ㄴ, ㄹ   ④ ㄱ, ㄷ, ㄹ
⑤ ㄱ, ㄴ, ㄷ, ㄹ

> ▶ **알짜확인**
>
> • 집단역동성의 요소 및 특징, 집단응집력의 향상, 하위집단의 형성 등에 대해 살펴보자.
> • 개념적 특징을 단순히 외우는 것이 아니라 실제로 집단활동에서 어떤 양상이 일어날 수 있는지를 생각하면서 이해해야 한다.

답 ④

✅ **응시생들의 선택**

① 1%	② 5%	③ 1%	④ 88%	⑤ 5%

ㄴ. 응집력이 높은 집단일수록 구성원들은 집단 내에서 편안함, 소속감, 친밀감 등을 더 강하게 느끼기 때문에 구성원들의 자기노출도 더 자연스럽게 더 활발하게 일어날 수 있다.

22-04-22   난이도 ★★★

역기능적 집단의 특성으로 옳은 것은?

① 자발적인 자기표출
② 문제 해결 노력의 부족
③ 모든 집단성원의 토론 참여
④ 집단성원 간 직접적인 의사소통
⑤ 집단 사회복지사를 존중

답 ②

✅ **응시생들의 선택**

① 6%	② 86%	③ 2%	④ 5%	⑤ 1%

①③④⑤는 기능적 집단의 특성이다.
② 기능적 집단은 구성원들이 서로 의사소통하며 문제를 해결하기 위해 적극적인 자세로 지속적으로 활동한다.

집단역동에 관한 설명으로 옳지 않은 것은?

① 하위집단은 집단에 부정적인 영향을 미치기 때문에 사회복지사가 개입하여 만들어지지 않도록 한다.
② 집단성원 간 직접적 의사소통을 격려하여 집단역동을 발달시킨다.
③ 집단응집력이 강할 경우, 집단성원들 사이에 상호 의존하려는 경향이 강해진다.
④ 개별성원의 목적과 집단 전체의 목적의 일치 여부에 따라 집단역동은 달라진다.
⑤ 긴장과 갈등을 적절하고 건설적인 방법으로 해결할 때 집단은 더욱 성장할 수 있다.

답 ①

✔ 응시생들의 선택

① 97%	② 2%	③ 1%	④ 0%	⑤ 0%

① 하위집단은 친밀함을 느끼는 구성원들끼리 자연스럽게 생겨나는 것이기 때문에 사회복지사가 하위집단의 형성 자체에 개입하기는 어려운 점이 있으며, 하위집단이 항상 역기능만 있는 것도 아니다. 이를 테면, 소극적인 성격을 가진 성원은 하위집단을 통해 집단 활동에 참여하기도 한다. 다만, 하위집단 간에 경쟁이나 갈등이 심해지거나 하위집단이 집단 활동에 배타적인 모습을 보일 때에는 집단지도자가 개입하는 것이 필요하다.

집단응집력을 향상하는 요인이 아닌 것은?

① 이질적 집단으로 구성
② 집단에 대한 자부심 고취
③ 집단성원간의 다른 인식과 관점의 인정
④ 집단성원간 공개적이고 활발한 상호작용
⑤ 집단의 참여를 통해 얻게 되는 보상, 자원 제공

답 ①

✔ 응시생들의 선택

① 98%	② 1%	③ 0%	④ 0%	⑤ 1%

① 동질성을 중심으로 구성하는 것이 응집력 향상에 더 유리하다.

집단사회복지실천에서 하위집단에 관한 설명으로 옳은 것을 모두 고른 것은?

> ㄱ. 집단 초기단계에 나타나 집단응집력을 촉진한다.
> ㄴ. 정서적 유대감을 갖게 된 집단구성원 간에 형성된다.
> ㄷ. 적게는 한 명에서 많게는 다수로 구성된다.
> ㄹ. 소시오메트리를 통해 측정 가능하다.

① ㄱ, ㄴ　　　　　　　　② ㄴ, ㄹ
③ ㄱ, ㄷ, ㄹ　　　　　　④ ㄴ, ㄷ, ㄹ
⑤ ㄱ, ㄴ, ㄷ, ㄹ

답 ②

✔ 응시생들의 선택

① 11%	② 25%	③ 4%	④ 32%	⑤ 28%

ㄱ. 친구나 지인이 함께 집단에 참여하는 경우도 있지만, 보통은 집단 활동이 진행되면서 특별히 공통점을 발견하거나 상호 간에 매력을 느끼는 성원들이 생기면서 하위집단이 형성된다. 하위집단은 자연스럽게 형성되는 것이지만 하위집단이 집단에 배타적인 경우에는 집단응집력에 방해 요인으로 작용할 수도 있다.
ㄷ. 대체로 2~4명으로 이루어진다.

집단역학(group dynamics)의 구성요소가 아닌 것은?

① 긴장과 갈등
② 가치와 규범
③ 집단목적
④ 의사소통유형
⑤ 지식 및 정보습득

답 ⑤

✔ 응시생들의 선택

① 24%	② 5%	③ 8%	④ 13%	⑤ 50%

집단역학의 구성요소와 관련하여 학자마다 조금씩 다르게 제시하기는 하지만, 일반적으로 가치와 규범, 지위와 역할, 하위집단, 집단 의사소통과 상호작용(정서적 유대, 하위집단 등), 집단의 크기와 물리적 환경, 집단문화, 피드백, 대인관계, 집단의 목적, 긴장과 갈등, 집단지도력, 집단응집력 등을 꼽을 수 있다.

다음 내용이 왜 틀렸는지를 확인해보자

01 사회복지사는 항상 하위집단의 형성에 관심을 두고 <u>하위집단의 활동에 적극적으로 개입해야 한다.</u>

> 하위집단이 전체 집단 활동에 배타적이거나 방해가 될 경우에 한정적으로 사회복지사의 개입이 필요하다.

`08-04-17`

02 물질적 환경은 집단문화에 <u>영향을 주지 않는다.</u>

> 물질적 환경은 그 집단이 향유하는 놀이나 분위기 등에 영향을 주고 이는 집단문화로 연결된다.

`11-04-13`

03 집단응집력이 강할수록 성원들은 <u>자기노출에 대한 저항감이 증가</u>한다.

> 집단응집력이 강할수록 집단 성원 간 유대감, 신뢰감이 높기 때문에 자기노출이 용이하다.

`12-04-11`

04 사회복지사는 집단응집력 향상을 위해 <u>성원 간 경쟁적 관계가 형성</u>될 수 있도록 해야 한다.

> 경쟁적 관계에서는 상호 간에 불필요한 견제로 응집력 형성이 저해될 수 있다.

05 집단역동이 강조되는 이유는 <u>집단발전에 긍정적인 영향을 주기 때문</u>이다.

> 집단역동은 집단응집력, 집단규범, 집단문화 등의 요소로 구성되는데 이러한 집단역동은 집단의 발전에 역기능적 영향을 주기도 한다. 예를 들어 집단의 규칙이 너무 많다고 생각하는 성원은 집단 활동에 소극적이 될 수 있다.

06 집단규칙은 집단의 활동 과정에서 암묵적으로 자연스럽게 생겨나기도 하는데 <u>사회복지사는 공식적인 집단규칙에만 관여하면 된다.</u>

> 집단규칙은 집단이 시작되면서 이미 설정된 것도 있지만 활동 과정에서 집단성원들 사이에 암묵적으로 생겨나기도 한다. 사회복지사는 규칙이 집단에 역기능적으로 작용하는지를 살펴봐야 한다.

다음 내용이 옳은지 그른지 판단해보자

01 하위집단이 항상 집단응집력에 부정적인 것은 아니다. ◎ ⊗

02 집단규범이 너무 많으면 집단 활동에 제약이 많아질 수 있기 때문에 규칙이 많다고 좋은 것은 아니다. ◎ ⊗

03 집단역동을 증진시키기 위해서는 긴장과 갈등을 피해야 한다. ◎ ⊗

04 하위집단은 집단 초기단계에 나타난다. ◎ ⊗

05 집단문화는 서서히 발전하지만 일단 수립되고 나면 수정이 용이하지 않다. ◎ ⊗

06 집단응집력이 높은 집단에서는 성원 간 의견 불일치가 일어나지 않는다. ◎ ⊗

07 집단응집력을 향상시키기 위한 방법으로 집단참여에 대한 보상을 제시할 수 있다. ◎ ⊗

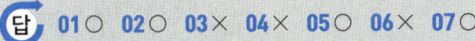

답 01 ○ 02 ○ 03 × 04 × 05 ○ 06 × 07 ○

해설 **03** 긴장과 갈등 자체가 집단에 부정적 영향을 미치는 것은 아니다. 오히려 긴장과 갈등을 다루고 해결함으로써 집단의 역동성이 증가하고 건강하게 발달할 수 있다.
04 집단 초기단계에는 서로에 대한 탐색이 진행되기 때문에 집단 활동이 어느 정도 진행되면서 하위집단이 뚜렷해진다.
06 집단응집력이 높아도 성원 간 의견 불일치는 일어날 수 있다. 다만 응집력이 낮은 집단에 비해 빠르고 효율적으로 불일치의 문제를 해결해나간다.

119 집단의 치료적 효과

강의 QR코드

1회독 월 일   **2**회독 월 일   **3**회독 월 일

이론요약

집단을 통해 기대할 수 있는 다양한 효과

- **희망주기**: 희망 자체가 치료적 효과
- **보편성**: 비슷한 문제의 집단성원을 통하여 위로받기
- **정보전달**: 사회복지사의 교육 및 지도, 집단성원 간의 정보교환
- **이타심**: 서로의 문제를 위로하고 도움으로써 자존감 획득
- 사회기술 발달: 성원 간 피드백 교환, 역할극
- **모방행동**: 사회복지사 및 성원들의 행동 관찰
- 대인관계 학습: 상호작용을 통해 자신의 대인관계를 통찰, 새로운 대인관계 방식 적용 및 시험
- **집단응집력**: 집단의 소속감·친밀감이 클라이언트에게 큰 위로가 됨
- **감정의 정화(카타르시스)**: 그동안 억압된 감정의 자유로운 표현
- 실존적 요인들: 자기 자신을 인생의 궁극적인 책임자로 인식
- 1차 가족집단의 교정적 반복(재현): 집단의 가족적 성격으로 인해 클라이언트는 집단 과정에서 자신의 가족갈등을 탐색하고 재경험을 통한 성장의 기회를 갖게 됨

기본개념

사회복지실천기술론
pp.251~

01 (22-04-23) 희망의 고취: 문제가 개선될 수 있다는 희망을 갖게 한다.

02 (22-04-23) 이타심: 위로, 지지 등으로 서로 도움을 주고 받는다.

03 (22-04-23) 사회기술의 발달: 대인관계에 관한 사회기술을 습득한다.

04 (22-04-23) 보편성: 다른 사람들도 비슷한 경험을 하는 것으로 위로를 받는다.

05 (21-04-18) 집단 대상 실천을 통해 타인의 문제에 관심을 갖고 공감하면서 이타심이 커진다.

06 (21-04-18) 집단 대상 실천을 통해 유사 경험을 가진 사람들을 만나면서 문제의 보편성을 경험한다.

07 (21-04-18) 집단 대상 실천에서는 사회복지사나 성원의 행동을 모방하면서 사회기술이 향상된다.

08 (21-04-18) 집단 대상 실천에서는 성원간 관계를 통해 원가족과의 갈등을 탐색하는 기회를 갖는다.

09 (19-04-01) 집단 내 상호작용 과정에서 그동안 해결되지 않은 원가족과의 갈등에 대해 탐색하고 행동패턴을 수정할 재경험의 기회를 갖게 된다.

10 (17-04-16) 사회복지실천에서 집단을 활용함에 따라 얻을 수 있는 치료적 효과 요인으로는 이타성 향상, 실존적 요인, 재경험의 기회 제공, 희망고취 등이 있다.

11 (16-04-19) 집단사회사업의 장점: 타인에게 도움을 줄 수 있는 기회를 통해 이타심이 향상된다. 서로 공통된 문제를 확인함으로써 자신의 문제를 일반화할 수 있다. 타인의 행동을 관찰하는 과정에서 자신의 잘못된 생각을 고쳐나갈 수 있다. 집단 내에서 역기능적인 경험을 재현해보면서 성장의 기회를 가질 수 있다.

12 (12-04-13) 보편성(일반화): 집단성원은 상호 간 유사한 걱정을 공유함으로써 다른 사람도 비슷한 문제를 겪는다는 것을 발견하고 안도감을 얻을 수 있다.

13 (11-04-17) 일반화(보편성), 모방행동, 정보전달, 실존적 요인 등은 집단사회복지실천의 치료적 요소이다.

14 (10-04-14) 보편성의 예: 자신의 성정체감을 숨겨왔던 동성애자 A는 집단모임에 참여하면서 자신과 비슷한 갈등을 경험한 사람들을 만나 위안을 얻었다.

15 (09-04-08) 가정폭력피해여성을 위한 집단프로그램에서는 폭력에 대처할 수 있는 사회기술을 개발하고, 폭력에 압도된 감정을 자유롭게 표현함으로써 카타르시스를 경험하도록 하는 데 초점을 둔다. 가족집단의 재현을 통해 가해상황이나 권위에 압도되지 않도록 하는 것이 필요하다.

16 (08-04-13) 원가족 교정적 반복(1차 가족집단의 교정적 재현)이란 자신의 가족 내에서 경험했던 일 중 만족스럽지 못했던 일들을 가족과 유사점을 가지고 있는 집단 내에서 상호작용을 통해 교정하는 것을 말한다.

17 (07-04-09) 카타르시스의 예: 집단 내 지지적이고 안정적인 분위기 덕분에 억압되고 부정적이었던 감정을 자유롭게 표출할 수 있었다.

18 (05-04-13) 얄롬이 제시한 치료적 요인으로는 모방행동, 집단응집력, 실존적 요인들 등이 있다.

19 (04-04-22) 보편성의 예: 집단경험을 통해, 클라이언트는 이전에는 자신의 문제가 제일 심각하다고 생각했다가 다른 사람을 보면서 "그게 아니구나"라고 생각하고 위로를 얻었다.

20 (03-04-16) 집단사회복지실천을 통해 구성원들은 문제를 일반화하는 효과를 얻을 수 있다.

21 (02-04-27) 클라이언트는 집단에 참여함으로써 정보공유, 희망고취, 보편성, 사회기술발달 등의 효과를 얻을 수 있다.

대표기출 확인하기

21-04-18   난이도 ★★★

집단 대상 실천의 장점으로 옳지 않은 것은?

① 타인의 문제에 관심을 갖고 공감하면서 이타심이 커진다.

② 유사 경험을 가진 사람들을 만나면서 문제의 보편성을 경험한다.

③ 다양한 성원들로부터 새로운 행동을 학습하면서 정화 효과를 얻는다.

④ 사회복지사나 성원의 행동을 모방하면서 사회기술이 향상된다.

⑤ 성원간 관계를 통해 원가족과의 갈등을 탐색하는 기회를 갖는다.

> ▶ **알짜확인**
>
> • 클라이언트가 집단 활동에 참여함으로써 얻을 수 있는 이점이 무엇인지를 생각하면서 치료적 효과들을 정리해두도록 하자.
> • 집단의 치료적 효과가 어떤 것들이 있는지를 확인하는 단순한 문제도 출제된 바 있지만, 사례에서 어떤 치료적 효과를 기대할 수 있는지를 파악하는 문제들도 출제되고 있으므로 각 개념들을 잘 정리해두어야 한다.

답 ③

✔ **응시생들의 선택**

① 14%	② 5%	③ 35%	④ 12%	⑤ 34%

③ 사회복지사 및 성원들의 행동을 관찰하면서 모방행동의 효과를 얻을 수 있다. 또한 집단 내에서 자신의 감정을 표현하면서 감정의 정화(카타르시스) 효과를 얻을 수 있다.

관련기출 더 보기

17-04-16   난이도 ★★☆

집단을 활용한 사회복지실천의 치료적 효과 요인으로 옳지 않은 것은?

① 고유성   ② 이타성 향상

③ 실존적 요인   ④ 재경험의 기회 제공

⑤ 희망고취

답 ①

✔ **응시생들의 선택**

① 64%	② 6%	③ 17%	④ 8%	⑤ 5%

집단의 치료적 효과로 희망주기, 보편성(일반화), 정보전달, 이타심, 사회기술 발달, 모방행동, 대인관계 학습, 집단응집력, 감정의 정화(카타르시스), 실존적 요인들, 1차 가족집단의 교정적 재현 등을 꼽을 수 있다.

16-04-19   난이도 ★★☆

집단사회사업의 장점에 대한 설명으로 옳지 않은 것은?

① 타인에게 도움을 줄 수 있는 기회를 통해 이타성이 향상된다.

② 집단 내에서 서로 공통된 문제를 확인함으로써 자신의 문제를 일반화할 수 있다.

③ 타인의 행동을 관찰하는 과정에서 자신의 잘못된 생각을 고쳐 나갈 수 있는 치료적 효과를 가진다.

④ 구성원과 자신의 문제를 분석하고 역전이를 통해 해결하는 보편성을 경험한다.

⑤ 집단 내에서 역기능적인 경험을 재현함으로써 이를 통해 성장의 기회를 가진다.

답 ④

✔ **응시생들의 선택**

① 3%	② 8%	③ 2%	④ 75%	⑤ 12%

④ 보편성은 집단을 통해 '내가 겪는 문제가 나만의 문제가 아니라 누구나 겪을 수 있는 문제'라는 생각을 갖게 되며 이를 통해 위안을 느낄 수 있게 됨을 말한다.

정답훈련

다음 내용이 왜 틀렸는지를 확인해보자

01 집단의 장점 중 **이타심**은 집단모임에 참여하면서 자신과 비슷한 갈등을 경험한 사람들을 만나 위안을 얻는 것이다.

> 이타심이 아닌 보편성에 해당한다.

02 집단 과정에서 성원들은 서로의 행동을 모방하기도 하는데 이는 **집단의 단점**이다.

> 내가 미처 생각해보지 못한 행동을 다른 성원의 행동을 보면서 따라해보는 것을 모방행동이라고 한다. 이는 집단의 치료적 효과 중 하나이다.

03 집단 내 지지적이고 안정적인 분위기 덕분에 억압되고 부정적이었던 감정을 자유롭게 표출할 수 있게 된 것은 치료적 효과 중 **보편성**에 해당한다.

> 감정의 정화(카타르시스)에 해당한다.

04 집단의 치료적 효과와 집단응집력은 **무관**하다.

> 집단응집력이 강하게 형성되면 집단의 성원은 소속감을 느끼면서 안정감을 갖게 될 수 있다.

05 집단의 치료적 효과 중 정보전달은 사회복지사가 성원들에게 제공하는 **전문적 정보를 의미**한다.

> 정보전달에는 성원들 사이에 이루어지는 정보교환도 포함된다.

`22-04-23`
06 모방행동은 **기존의 행동을 고수**하는 것을 의미한다.

> 다른 사람의 행동을 살펴보면서 새로운 행동을 학습하게 되는 집단의 치료적 효과를 모방행동이라 한다.

빈칸에 들어갈 알맞은 말을 채워보자

12-04-13

01 (　　　　　　　): 집단성원은 상호 간 유사한 걱정을 공유함으로써 다른 사람도 비슷한 문제를 겪는다는 것을 발견하고 안도감을 얻게 된다.

06-04-08

02 (　　　　　　　)의 예: 결혼 이주여성 프로그램에 참가하고 있는 〇〇는 자신의 영어실력으로 방과 후 지역아동센터에서 아이들의 영어를 가르칠 수 있다는 동료의 말을 듣고 누군가에게 도움이 될 수 있다는 새로운 자신감이 생겼다.

03 (　　　　　　　): 사회복지사 혹은 다른 성원들의 행동을 관찰함으로써 치료적 효과를 얻을 수 있다.

10-04-14

04 (　　　　　　　)의 예: 자신의 성정체감을 숨겨왔던 동성애자 A는 집단모임에 참여하면서 자신과 비슷한 갈등을 경험한 사람들을 만나 위안을 얻었다.

07-04-09

05 (　　　　　　　)의 예: 집단 내 지지적이고 안정적인 분위기 덕분에 억압되고 부정적이었던 감정을 자유롭게 표출할 수 있었다.

06 다른 성원들의 문제가 해결되어가는 것을 보면서 자신의 문제도 해결될 수 있다는 (　　　　　　　)을/를 갖게 되는 것만으로도 치료적 효과가 된다.

19-04-01

07 집단 내 상호작용 과정에서 그동안 해결되지 않은 원가족과의 갈등에 대해 탐색하고 행동패턴을 수정할 수 있는 (　　　　　　　)의 기회를 갖게 된다.

답 **01** 보편성(일반화)　**02** 이타심　**03** 모방행동　**04** 보편성　**05** 카타르시스　**06** 희망　**07** 재경험

집단 지도자의 역할 및 기술

강의 QR코드

1회독	**2회독**	**3회독**
월 일	월 일	월 일

최근 10년간 **8문항** 출제

복습 1 이론요약

집단사회복지사의 역할

- 사회복지사는 집단활동에서 집단의 지도자로서 활동함
- 조력자, 중개자, 중재자, 옹호자, 교육자 등

집단사회복지사의 기술

토스랜드와 리바스(R. Toseland & R. Rivas)는 집단사회복지실천의 기술로 집단과정 촉진기술, 자료수집과 사정 기술, 행동기술 등 3가지를 제시하였다.

기본개념

사회복지실천기술론
pp.223~

▶ 집단과정 촉진기술

- 집단성원 간 이해 증진 및 개방적 의사소통의 형성을 위한 기술
- 집단성원의 참여 촉진, 사회복지사의 자기노출, 집단성원에게 집중하기, 표현기술, 반응기술, 집단 의사소통의 초점유지하기, 집단과정을 명확하게 하기, 내용 명료화하기, 집단 상호작용 지도

▶ 자료수집과 사정 기술

- 집단 성원의 문제 분석·이해, 계획 수립·실행을 위한 기술
- 확인 및 묘사하기, 정보를 요청하고 질문하고 탐색하기, 요약 및 세분화하기, 언어적·비언어적 의사소통 통합하기, 정보 분석하기

▶ 행동기술

- 집단의 목적 및 과업 성취를 위한 기술
- 지지하기, 재구성(재명명, 재정의), 집단구성원의 의사소통 연결, 지시하기, 조언·제안·교육, 직면, 모델링, 역할극, 예행연습, 지도 등

집단지도력

▶ 개념

- 사회복지사는 구성원들로부터 권한을 위임받아 집단지도자가 됨
- 회기가 거듭될수록 구성원 내에서 자생적으로 비공식적인 집단지도자가 생겨나기도 함

▶ 공동지도력
- 집단의 지도자가 다수인 경우
- 장점: 지도자 간 역할분담, 슈퍼비전, 부재 시 대체, 지도자의 역전이 및 소진 예방 등
- 단점: 지도자 간 과도한 경쟁심, 권력다툼으로 인한 하위집단의 형성 등

기출문장 CHECK

01 (19-04-10) 집단과정 촉진을 위한 직면하기를 통해 말과 행동의 불일치를 밝히고 이를 해결할 수 있도록 원조한다.

02 (19-04-10) 집단과정 촉진을 위한 직면하기 기법에서는 행동을 구체적으로 지적하고 집단에 미치는 영향을 설명한다.

03 (19-04-10) 집단과정 촉진을 위한 직면하기 기법은 집단성원이 아직 인식하지 못했던 부분을 볼 수 있도록 한다.

04 (18-04-25) 집단과정을 촉진하기 위해 공동지도자를 둘 수 있다.

05 (18-04-25) 성원간의 갈등이 심할 때에는 조기종결을 할 수 있다.

06 (18-04-25) 집단 실천에서는 의도적으로 개별성원의 집단 경험을 유도한다.

07 (17-04-06) 집단과정의 명료화기술은 성원들이 어떻게 상호작용하고 있는지를 인식하도록 돕는 기술이다.

08 (16-04-10) 사회복지사는 집단과정을 촉진하기 위해 집단 성원이 전달하는 메시지 사이에 불일치가 있을 경우 이를 확인해야 한다.

09 (14-04-10) 사회복지사는 지지를 통해 집단성원의 참여를 촉진하고, 개인의 욕구에 대응함으로써 성원들의 성장을 돕는다.

10 (13-04-08) 집단지도자는 집단과정 촉진을 위해 집단성원의 요청이 있을 때 적절한 피드백을 제공한다.

11 (13-04-08) 집단지도자는 집단과정 촉진을 위해 구체적인 행동이나 관계에 대한 피드백을 제공한다.

12 (13-04-08) 집단성원 상호간에 피드백이 이루어지도록 하는 것도 집단과정을 촉진하는 방법이 된다.

13 (12-04-14) 집단사회복지사는 성원 간 갈등 해결을 위한 중재자 역할을 한다.

14 (11-04-18) 집단지도자가 여러 명일 때에는 집단 성원들이 다양한 갈등해결방법을 모델링할 수 있다.

15 (07-04-07) 집단지도자는 자료수집 및 사정 단계에서 분석, 탐색, 질문, 세분화 등의 기법을 활용한다.

16 (06-04-07) 집단지도력은 집단목표 달성에 영향을 주는 제반 힘과 과정이다.

대표기출 확인하기

19-04-24 · 난이도 ★☆☆

집단과정을 촉진하기 위한 직면하기에 관한 설명으로 옳은 것을 모두 고른 것은?

> ㄱ. 시작단계에서 가장 많이 쓰는 기법이다.
> ㄴ. 집단성원이 아직 인식하지 못했던 부분을 볼 수 있도록 한다.
> ㄷ. 말과 행동의 불일치를 밝히고 이를 해결할 수 있도록 원조한다.
> ㄹ. 행동을 구체적으로 지적하고 집단에 미치는 영향을 설명한다.

① ㄱ, ㄴ ② ㄴ, ㄹ
③ ㄱ, ㄷ, ㄹ ④ ㄴ, ㄷ, ㄹ
⑤ ㄱ, ㄴ, ㄷ, ㄹ

알짜확인

- 사회복지사가 집단지도자로서 집단을 이끌어가는 데에 필요한 역할 및 기술들을 살펴보고, 공동지도력의 장단점도 확인해두자.

답 ④

✔ 응시생들의 선택

① 3%	② 5%	③ 1%	④ 81%	⑤ 10%

ㄱ. 직면은 사회복지사와 클라이언트의 관계 형성이 미미한 초반에 사용할 경우 클라이언트가 거부감을 보일 수 있으므로 주의할 필요가 있다.

직면하기

- 직면은 클라이언트가 보이는 말과 행위 사이의 불일치를 인식하도록 하는 것이다.
- 집단과정을 촉진하기 위한 기술 중에서도 행동적 차원에 개입하는 기술로, "당신은 이렇게 말하고 있으면서도, 막상 행동은 그렇게 하고 있다"라고 직접적이고 구체적으로 전달하여 자신의 언행이나 태도를 검토할 수 있게 한다.

관련기출 더 보기

17-04-06 · 난이도 ★★★

집단사회복지실천기술에 관한 설명으로 옳은 것은?

① 집단과정의 명료화기술은 성원들이 어떻게 상호작용하고 있는지를 인식하도록 돕는 기술이다.
② 사회복지사와의 의사소통을 집단성원들 간 의사소통보다 중시해야 한다.
③ 사회복지사는 특정한 집단과정에서 선택적으로 반응해서는 안 된다.
④ 직면은 집단 초반에 구성원의 참여를 촉진하는 기술이다.
⑤ 집단의 목표는 집단과정을 통해 성취하면 되므로 처음부터 설명할 필요는 없다.

답 ①

✔ 응시생들의 선택

① 30%	② 1%	③ 66%	④ 2%	⑤ 1%

② 사회복지사와 성원과의 의사소통, 집단성원들 간 의사소통 모두 중요하다.
③ 집단과정 촉진에 있어 사회복지사가 특정한 집단 과정에 선택적으로 반응함으로써 그 행동을 강화시킬 수 있다. 이를 반응기술이라 한다.
④ 직면은 구성원이 보이는 말과 행동의 불일치를 알아차리도록 하는 것인데, 사회복지사와 클라이언트 간 라포가 형성된 후에 사용하도록 권장되는 기술이다.
⑤ 집단사회복지는 특정한 목표를 달성하기 위한 목표지향적 활동이다. 목표는 집단활동의 이유가 되므로 구성원들에게 명확하게 설명하고 합의해야 집단활동이 더 효율적이고 효과적으로 진행될 수 있다.

집단과정을 촉진하기 위한 사회복지사의 실천 활동으로 옳은 것은?

① 원만한 관계 유지를 위해 추상적이고 우회적인 피드백 제공
② 집단 성원이 전달하는 메시지 사이에 불일치가 있을 경우, 이를 확인
③ 집단 성원의 긍정적 변화를 위해 그의 단점을 중심으로 피드백 제공
④ 자신의 경험, 감정, 생각 등을 집단 성원에게 지속적으로 상세하게 노출
⑤ 다차원적인 내용의 여러 가지 피드백을 한 번에 제공

답 ②

☑ 응시생들의 선택

① 2%	② 93%	③ 2%	④ 2%	⑤ 1%

① 피드백은 구체적으로 명확하게 제공하는 것이 좋다.
③ 단점을 중심으로 피드백을 제공할 경우 해당 성원은 정서적으로 위축되어 집단활동에 소극적이 될 수 있다.
④ 사회복지사는 성원들의 적극적인 활동을 이끌어내는 방법으로 자기개방, 자기노출을 할 수 있지만 경우에 따라 선택적으로 실시하는 것이 좋다.
⑤ 여러 내용을 한번에 전달하면 클라이언트는 혼란을 느낄 수 있다.

토스랜드와 리바스(R. Toseland & R. Rivas)가 분류한 세 가지 집단사회복지실천기술 중 집단과정 촉진기술에 해당하지 않는 것은?

① 성원의 말이나 행동에 집중하는 반응을 한다.
② 개방적 의사소통을 위해 사회복지사가 먼저 자기노출을 할 수 있다.
③ 토론범위를 제한하여 집단목표와 관련 없는 의사소통을 감소시킨다.
④ 성원이 문제상황을 긍정적으로 인식하도록 재정의한다.
⑤ 성원이 의견을 분명하게 표현하도록 의사소통의 내용을 명확히 한다.

답 ④

☑ 응시생들의 선택

① 48%	② 9%	③ 34%	④ 7%	⑤ 2%

④ 토스랜드와 리바스는 집단사회복지기술을 집단과정 촉진기술, 자료수집 및 사정 기술, 행동기술 등 3가지로 구분하였는데, 성원이 문제상황을 긍정적으로 인식하도록 재정의하는 것은 행동기술에 속한다.

집단성원 간의 갈등이나 상반되는 관점 등을 해결할 수 있도록 원조하는 집단사회복지사의 역할은?

① 교육자(educator)
② 중개자(broker)
③ 옹호자(advocate)
④ 중재자(mediator)
⑤ 조성자(enabler)

답 ④

☑ 응시생들의 선택

① 0%	② 1%	③ 2%	④ 94%	⑤ 2%

중재자(mediator)
• 집단성원 간의 갈등이나 상반되는 관점 등을 해결할 수 있도록 원조하는 집단사회복지사의 역할은 중재자이다.
• 중재자로서 사회복지사는 한쪽의 편을 들지 않고 중립적인 위치에 서야 하며 개인적인 생각이나 가치를 배제하는 것이 중요하다.

다수의 지도자가 집단을 진행할 때 클라이언트가 공동지도력으로부터 얻을 수 있는 것은?

① 소진 예방
② 역전이 방지
③ 지도자의 전문적 성장 도모
④ 초보 진행자의 훈련에 유리
⑤ 다양한 갈등해결방법의 모델링

답 ⑤

☑ 응시생들의 선택

① 5%	② 7%	③ 5%	④ 3%	⑤ 79%

공동지도력의 장점은 여러 가지이다. 이 중에서 소진 예방, 역전이 방지, 지도자의 전문적 성장 도모, 초보 진행자의 훈련에 유리한 점은 지도자가 얻을 수 있는 이점이다.
반면에 다양한 갈등해결방법을 모델링하는 것은 클라이언트가 공동지도력으로부터 얻을 수 있는 이점이다. 공동지도자 간에 논쟁이나 문제를 해결하는 방법 등을 보면서 성원들은 논쟁 해결, 상호작용, 의사소통 등의 적절한 모델을 배울 수 있다.

다음 내용이 왜 틀렸는지를 확인해보자

13-04-08

01 집단과정의 촉진을 위해 사회복지사는 **집단성원의 단점을 변화시키는 데에 초점을 두어야** 한다.

> 집단성원의 문제해결 능력 향상을 위해서 사회복지사는 집단성원들이 자신의 장점과 자원을 발견하고 이를 활성화시킬 수 있도록 해야 한다.

05-04-01

02 직면 기술, 갈등해결 기술, 문제해결 기술, **자기소개 기술**, 모델링과 코치 등은 집단사회사업에서 사회복지사가 활용하는 핵심적인 기술이다.

> 집단과정에서 자기소개가 이루어지기는 하지만 이것이 사회복지사의 핵심 기술이라고 볼 수는 없다.

03 집단 사회복지사는 교육자로서 정보를 알려주는 역할도 수행하지만, 구성원 사이에 일어난 갈등에 중립적 입장에서 개입하여 원조하는 **옹호자로서의 역할도 수행**한다.

> 구성원 사이에 일어난 갈등 문제에 개입하여 원조하는 것은 중재자로서의 역할에 해당한다.

07-04-07

04 집단지도자는 자료수집 및 사정을 하는 과정에서 질문, 탐색, 분석, **직면** 등의 기술을 활용한다.

> 직면은 사정 단계에서 활용되는 기술은 아니다. 클라이언트로 하여금 자신의 모순에 대해 주목하도록 하는 기술로 서로 간에 신뢰 관계가 쌓인 이후에 사용할 수 있다.

13-04-23

05 토스랜드와 리바스가 구분한 집단사회복지실천의 기술 중 성원이 문제상황을 긍정적으로 인식하도록 재정의하는 것은 **집단과정 촉진기술에 속한다.**

> 재정의(재구성, 재명명)는 행동기술에 해당한다.

다음 내용이 옳은지 그른지 판단해보자

01 사회복지사는 집단과정을 촉진하기 위해 먼저 자기노출을 하기도 한다. ◉⊗

16-04-10

02 집단과정을 촉진하기 위해 사회복지사는 성원 간의 원만한 관계 유지를 위해 추상적이고 우회적인 ◉⊗
피드백을 제공해야 한다.

18-04-25

03 집단과정을 촉진하기 위해서는 공동지도자를 두어야 한다. ◉⊗

17-04-06

04 집단 사회복지실천에서 사회복지사는 특정 성원에게만 선별적으로 반응해서는 안 된다. ◉⊗

09-04-05

05 집단지도자가 지도력을 발휘할 때에는 개별 성원들에게 공평하게 관심을 표현해야 한다. ◉⊗

06 집단 지도자가 다수일 경우 지도자 간 슈퍼비전이 가능하다. ◉⊗

07 집단 지도자가 다수일 경우 각 지도자를 따르는 하위집단이 형성될 수도 있다. ◉⊗

답 **01** ○ **02** ✕ **03** ✕ **04** ✕ **05** ○ **06** ○ **07** ○

(해설) **02** 피드백은 구체적이고 직접적으로 제공하는 것이 더 좋다.
03 둘 사이에 뚜렷한 상관관계는 없다. 즉 꼭 공동지도자를 두어야 집단과정이 촉진되는 것은 아니다.
04 사회복지사는 의도적으로 특정 성원에게만 선별적으로 반응하기도 한다. 이러한 사회복지사의 행동은 집단 성원들에게 영향을 미치
게 된다. 즉 한 집단 성원의 노력을 지지하는 반응은 다른 성원들의 노력을 촉진시킬 수 있다. 반대로 한 성원이 집단 과정의 집중력
을 흐리는 행동을 한다면 그에 반응하지 않음으로써 다른 성원들이 그와 같은 행동을 하지 않게 할 수 있다.

11장

집단발달단계

이 장에서는

준비단계 → 초기단계 → 사정단계 → 중간단계 → 종결단계로 이어지는 집단발달단계에서 사회복지사의 과업을 정리해두어야 한다.

※ 알림: 기출회독은 키워드별 출제빈도에 따라 구성하여, 이 책에서는 준비, 사정, 초기, 중간, 종결의 순서로 학습한다.

10년간 출제분포도

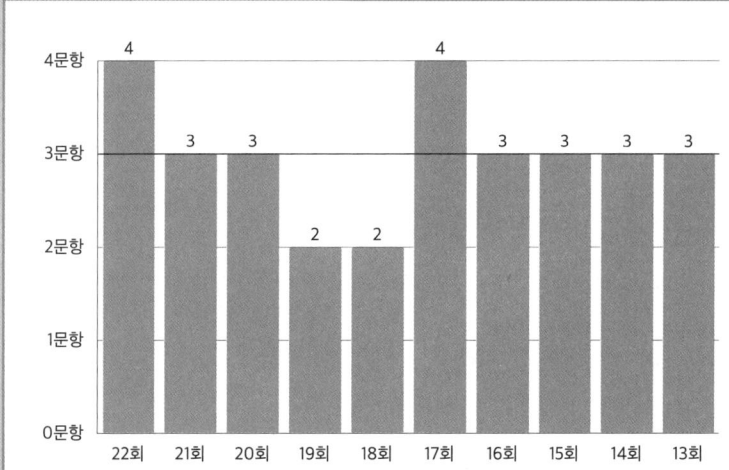

3.0 문항

평균 출제문항수

121 집단 준비단계(계획단계)

강의 QR코드

최근 10년간 **10문항** 출제

1 회독	**2** 회독	**3** 회독
월 일	월 일	월 일

복습 1 이론요약

준비단계의 과업

- 집단이 형성되기 이전에 사회복지사가 <u>집단에 대한 계획과 구성에 대해 준비</u>
- 집단목적의 설정
- 잠재적 성원 확인 및 정보수집
- 집단의 회합빈도 및 지속시간 정하기
- <u>성원모집 및 집단구성</u>
- <u>집단의 환경적 요소 마련하기</u>

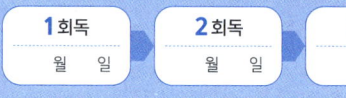

기본개념

사회복지실천기술론
pp.258~

집단구성 시 고려할 사항

- **동질성과 이질성**
  - 동질성이 높은 경우 의사소통이 원활하고, 문제 및 과업을 규명하기에 용이함
  - 이질성이 높은 경우 서로 다른 관점의 차이를 통해 열린 사고를 배울 수 있음
- **개방집단과 폐쇄집단**
  - 개방집단은 새로운 성원이 유입되면서 새로운 아이디어와 분위기가 쇄신되는 효과를 얻을 수도 있지만 집단응집력이나 집단문화 등이 변동될 수 있음
  - 폐쇄집단은 새로운 성원의 유입이 없기 때문에 성원들 간 자기개방 및 응집력을 높일 수 있지만 중간에 이탈자가 발생하면 집단활동을 이어가기 어려울 수도 있음
- **집단의 크기**
  - 집단의 내용 및 성격, 구성원 간 상호작용, 구성원의 만족도 등을 고려하여 구성
  - 집단이 너무 크면 결속력이 떨어질 수 있고, 집단이 너무 작으면 상호작용이 작아 기대하는 효과를 거두지 못할 수 있음
- 인구사회학적 특성과 다양성: 연령, 성별, 사회·문화적 요소 등 다양성을 고려해야 함

01 (22-04-19) 폐쇄형 집단은 개방형 집단에 비해 집단 규범이 안정적이다.

02 (21-04-19) 집단을 준비 또는 계획하는 단계에서는 집단성원의 참여 자격, 공동지도자 참여 여부, 집단성원 모집방식과 절차, 집단의 회기별 주제 등을 고려해야 한다.

03 (19-04-22) 개방집단은 새로운 정보와 자원의 유입을 허용한다.

04 (17-04-04) 아동집단은 성인집단에 비해 모임 시간은 더 짧게 빈도는 더 자주 설정한다.

05 (17-04-04) 개방형집단이 폐쇄형집단에 비해 위기상황에 처한 사람들에게 더 융통성 있는 참여기회를 제공한다.

06 (16-04-21) 집단이 개방적일 경우, 집단에 대한 유입과 이탈이 쉽게 발생하기 때문에 집단의 발달단계를 예측하는 것이 어렵다.

07 (15-04-15) 집단을 구성할 때에는 인구학적 특성, 문제 유형 간의 동질성과 이질성의 균형을 고려한다.

08 (15-04-15) 집단을 구성할 때에는 응집력과 신뢰감을 발달시킬 만큼 충분한 회기로 계획한다.

09 (15-04-15) 회합의 빈도구성은 구성원들의 욕구나 문제를 다루기에 적절해야 한다.

10 (15-04-15) 집단크기는 목적을 달성할 만큼 작고 경험의 다양성을 제공할 만큼 크게 구성하는 것이 좋다.

11 (14-04-16) 집단의 응집력을 높이기 위해 참여 동기가 유사한 성원을 모집한다.

12 (14-04-16) 다양한 집단성원의 참여를 유도하기 위해 개방형 집단으로 구성한다.

13 (14-04-16) 집단성원의 동질성을 높이기 위해 사전에 욕구수준을 파악한다.

14 (14-04-16) 집단의 목표에 따라 집단의 크기를 융통성있게 정한다.

15 (14-04-16) 집단의 정서적 안정감을 높이기 위해 쾌적한 장소를 선정한다.

16 (13-04-05) 집단프로그램 활동을 선택할 때 사회복지사는 집단규범과의 적합성, 집단성원의 동의, 수행의 안전성, 시기의 적절성 등을 고려해야 한다.

17 (10-04-03) 집단을 구성할 때에는 목표달성을 위해 집단모임의 기간을 정하고, 상호작용을 촉진하기 위해 집단의 크기를 고려해야 한다.

18 (10-04-03) 구성원들의 공감대 형성을 위해서는 동질적인 성원들로 구성하는 것이 유리하다.

19 (10-04-03) 집단연속성을 높이기 위해서는 폐쇄집단으로 운영하는 것이 좋다.

20 (09-04-06) 집단사회복지실천의 계획단계에서는 집단구성원의 동질성과 이질성, 집단의 개방수준, 집단의 크기 등을 고려해야 한다.

21 (07-04-13) 집단을 계획하는 단계에서는 기관의 승인, 집단의 목적, 집단의 물리적 환경, 집단모임의 시간과 횟수 등을 고려해야 한다.

22 (05-04-17) 집단의 응집력, 결속력, 협동력을 높이기 위해서는 동질성을 우선적으로 고려한다.

23 (05-04-17) 집단 활동에서 반론이나 이의제기가 요구될 때에는 이질성을 고려한다.

24 (03-04-05) 치료과정이 단계별로 진행되는 알코올 중독자 치료모임은 보통 폐쇄형으로 운영된다.

25 (03-04-05) 정신과 병동에서 이루어지는 사회기술훈련 집단은 입퇴원에 따라 구성원이 교체되기 때문에 개방형으로 운영된다.

대표기출 확인하기

집단에 관한 설명으로 옳은 것은?

① 개방형 집단은 폐쇄형 집단에 비해 집단 성원의 중도 가입이 어렵다.
② 개방형 집단은 폐쇄형 집단에 비해 응집력이 강하다.
③ 개방형 집단은 폐쇄형 집단에 비해 집단 성원의 역할이 안정적이다.
④ 폐쇄형 집단은 개방형 집단에 비해 집단 발달단계를 예측하기 어렵다.
⑤ 폐쇄형 집단은 개방형 집단에 비해 집단 규범이 안정적이다.

 알짜확인

• 준비단계(계획단계)에서 이루어져야 할 과업들에 대해 살펴보자.
• 집단을 구성할 때에 고려해야 할 사항 중 동질성과 이질성, 개방집단과 폐쇄집단, 집단의 크기 등이 어떻게 집단 활동에 영향을 미칠지를 생각해보자.

답 ⑤

✅ **응시생들의 선택**

① 2%	② 6%	③ 8%	④ 2%	⑤ 82%

• 개방형 집단은 집단 과정 중간에 새로운 성원이 합류할 수 있다. 이로 인해 새로운 성원의 가입으로 기존 성원들의 역할도 바뀔 수 있으며, 폐쇄형 집단보다 응집력이 약하다.
• 폐쇄형 집단은 집단 과정 중에 새로운 성원을 받지 않기 때문에 집단 발달단계를 예측하여 그 과정에 따라 집단활동을 진행해야 할 경우에 적합하다.

관련기출 더 보기

집단을 준비 또는 계획하는 단계에서 고려할 사항으로 옳은 것을 모두 고른 것은?

> ㄱ. 집단성원의 참여 자격
> ㄴ. 공동지도자 참여 여부
> ㄷ. 집단성원 모집방식과 절차
> ㄹ. 집단의 회기별 주제

① ㄱ
② ㄱ, ㄷ
③ ㄴ, ㄹ
④ ㄱ, ㄷ, ㄹ
⑤ ㄱ, ㄴ, ㄷ, ㄹ

답 ⑤

✅ **응시생들의 선택**

① 0%	② 17%	③ 4%	④ 15%	⑤ 64%

집단을 준비하는 단계에서는 집단의 목적 및 성격을 바탕으로 어떤 특성을 가진 사람들로 집단을 구성할 것인지, 어떤 방식으로 운영할 것인지 등을 결정해야 한다. 또한 집단의 과정, 지속기간, 주제, 활동사항 등을 계획하여 구성원 모집에 공고해야 한다.

집단사회복지실천에서 집단구성과 구조에 관한 설명으로 옳지 않은 것은?

① 일반적으로 사회적 목표모델보다 치료모델의 집단 규모가 더 작다.
② 아동집단은 성인집단에 비해 모임 시간은 더 짧게 빈도는 더 자주 설정한다.
③ 집단구성원의 동질성이 강할수록 성원 간 방어와 저항도 더 많이 발생한다.
④ 물리적 공간을 결정할 때 좌석배치까지 고려한다.
⑤ 개방형집단이 폐쇄형집단에 비해 위기상황에 처한 사람들에게 더 융통성 있는 참여기회를 제공한다.

답 ③

응시생들의 선택

① 5%	② 2%	③ 82%	④ 4%	⑤ 7%

③ 집단을 구성함에 있어 성원들의 동질성이 강하면, 서로에 대한 관심도가 높고 의사소통이 원활하게 이루어질 수 있고 문제 및 과업을 규명하기에도 용이하다.

집단 구성단계에서 유의할 점으로 옳지 않은 것은?

① 인구학적 특성, 문제 유형 간의 동질성과 이질성의 균형을 고려한다.
② 의사결정의 역효과 예방을 위해 구성원들의 집단의사결정방법을 확인한다.
③ 응집력과 신뢰감을 발달시킬 만큼 충분한 회기로 계획한다.
④ 회합의 빈도구성은 구성원들의 욕구나 문제를 다루기에 적절해야 한다.
⑤ 집단크기는 목적을 달성할 만큼 작고 경험의 다양성을 제공할 만큼 크게 구성하는 것이 좋다.

답 ②

응시생들의 선택

① 2%	② 25%	③ 9%	④ 1%	⑤ 63%

② 의사결정 방법은 집단활동이 시작되는 과정에서 집단규칙을 설정할 때 결정한다.

초등학교 학교사회복지사가 학교폭력 피해아동의 외상(trauma) 치유를 위한 소집단을 구성할 때, 집단 구조에 관한 설명으로 옳은 것은?

① 한 학급 정원 20~30명을 하나의 단위로 운영한다.
② 아동의 기능수준을 고려하여 매 회기 3시간으로 운영한다.
③ 아동의 참여가 가능한 방과 후에 모임시간을 가진다.
④ 아동 행동의 의미 있는 변화를 위해 개방형 집단으로 한다.
⑤ 개별아동과의 눈 맞춤과 상호작용을 위해 사회복지사는 아동들을 일렬로 앉히고 마주 본다.

답 ③

응시생들의 선택

① 14%	② 2%	③ 62%	④ 4%	⑤ 18%

① 치료집단의 경우 5~7명 정도로 구성되는 것이 가장 적절하다.
② 아동들은 집중력이 낮아 약 30분 내외로 하는 것이 적절하다.
④ 폐쇄집단은 새로운 성원의 유입이 없어 회기에 더 집중할 수 있고, 집단성원의 일정 틀 내에서 집단활동을 하기 때문에 더욱 기능적이다.
⑤ 일렬로 배치하면 강압적이거나 위계적인 분위기가 조성될 수 있기 때문에 동그랗게 둘러앉는 것이 더 편안한 자리 배치가 될 수 있다.

집단을 구성하는 단계에서 고려할 내용으로 옳지 않은 것은?

① 목표달성을 위해 집단모임의 기간을 정한다.
② 상호작용을 촉진하기 위해 집단크기를 고려한다.
③ 참여자 만족도를 높이기 위해 모임회기를 늘린다.
④ 집단연속성을 높이기 위해 폐쇄집단으로 운영한다.
⑤ 공감대 형성을 위해 동질적인 성원들로 구성한다.

답 ③

응시생들의 선택

① 1%	② 1%	③ 55%	④ 35%	⑤ 8%

③ 모임회기가 늘어난다고 참여자 만족도가 높아지는 것은 아니다. 모임회기는 모임의 목적에 따라 조절되어야 한다. 모임이 장기화되면 오히려 참여자의 집중도와 만족도는 낮아질 수 있다.

다음 내용이 왜 틀렸는지를 확인해보자

01 동질성이 높은 성원들로 집단을 구성하는 경우 성원 간 **친밀도나 결속력이 낮게 나타날 수 있다.**

> 동질성이 높은 경우에 친밀도나 결속력이 더 강하게 나타난다.

`08-04-20`

02 이주노동자들을 위한 집단교육프로그램을 준비하는 단계에서 사회복지사는 **집단의 역동성을 파악**해야 한다.

> 집단역동성은 집단이 본격적으로 시작한 후 일어나는 현상이기 때문에 준비단계에서는 파악할 수 없다.

`14-04-16`

03 다양한 집단성원의 참여를 유도하기 위해 **폐쇄형 집단으로 구성**한다.

> 다양한 집단성원의 참여를 유도하기 위해서는 개방형 집단이 적절하다.

04 집단의 크기는 **되도록 작은 것이 좋다.**

> 집단의 크기는 효과적이고 만족스러운 상호작용이 일어날 수 있는 수준에서 적절히 설정해야 한다. 집단의 크기가 너무 작으면, 성원 간 상호작용이 충분히 일어나지 않으며 중간에 이탈자가 발생했을 때 활동을 이어가기 어려울 수 있다.

`05-04-17`

05 집단을 구성함에 있어 성원 간의 방어와 저항을 줄이기 위해서는 **이질성을 우선적으로** 고려하여야 한다.

> 성원 간의 방어와 저항을 줄이기 위해서는 이질성보다 동질성을 우선적으로 고려하여야 한다.

06 단계별로 성취해야 할 목표가 있는 집단의 경우 **개방집단으로 구성**하는 것이 더 효과적이다.

> 단계별로 성취해야 할 목표가 있는 집단을 개방집단으로 구성할 경우 새로운 성원이 적응하기 어렵기 때문에 폐쇄집단으로 구성하는 것이 적절하다.

07 집단의 크기가 작을 때에는 **탈퇴를 막고 폐쇄집단으로 운영해야 한다.**

> 집단활동에서 탈퇴를 강제로 막기는 어렵다. 한편, 집단이 소규모일 때에는 한두 명의 탈퇴로도 집단활동에 지장이 생길 수 있기 때문에 폐쇄집단으로 운영하는 것이 적절하지 않을 수 있다.

19-04-22

08 집단의 크기가 클수록 **참여의식이 증가하고 통제와 개입이 쉽다.**

> 성원의 수가 많을수록 참여의식은 감소할 수 있고, 통제와 개입도 어려울 수 있다.

13-04-05

09 사회복지사사 집단활동을 계획함에 있어서는 **집단지도자가 추구하는 가치가 우선적으로 고려되어야 한다.**

> 집단형성에서 고려할 내용은 집단의 목적, 잠재적 성원의 모집과 사정, 집단의 구성, 집단의 지속기간과 회합 빈도, 물리적 환경, 기관의 승인에 관한 것이다.

빈칸에 들어갈 알맞은 말을 채워보자

05-04-17

01 집단을 구성함에 있어 성원 간의 방어와 저항을 줄이기 위해서는 동질성과 이질성 중 (   )을 우선적으로 고려하여야 한다.

19-04-22

02 (   )집단은 새로운 정보와 자원의 유입을 허용하지 않는다.

19-04-22

03 집단성원의 동질성은 집단소속감을 (   ) 시킨다.

04 집단의 크기, 회합빈도 등은 집단(   ) 형성에 영향을 미치기 때문에 집단을 구성함에 있어 중요하게 고려해야 한다.

 답 **01** 동질성 **02** 폐쇄 **03** 증가 **04** 응집력

다음 내용이 옳은지 그른지 판단해보자

16-04-21
01 집단이 개방적일 경우, 발달단계를 예측하는 것이 용이하다. ◎ ⊗

14-04-16
02 집단의 응집력을 높이기 위해 참여 동기가 유사한 성원을 모집한다. ◎ ⊗

03 집단의 활동시간은 참여자들의 성격, 연령 등에 따라 달라질 수 있다. ◎ ⊗

04 집단의 크기가 크면 목적을 달성하는 데에 유리하다. ◎ ⊗

07-04-13
05 사회복지사는 집단을 계획하는 단계에서 집단의 목적, 물리적 환경 등을 파악하며 집단 활동을 모 ◎ ⊗
니터링한다.

06 집단의 크기가 클 경우 집단활동에 있어 소극적이거나 위축감을 느끼는 참여자가 발생할 수 있다. ◎ ⊗

09-04-26
07 집단 프로그램은 언어적 의사소통 위주의 프로그램으로 구성될 수 있도록 해야 한다. ◎ ⊗

13-04-05
08 집단 활동을 계획할 때에는 프로그램 수행에 있어서의 안정성이나 시기적 적절성 등을 고려해야 한다. ◎ ⊗

답 **01** ✕ **02** ○ **03** ○ **04** ✕ **05** ✕ **06** ○ **07** ✕ **08** ○

해설 **01** 개방집단은 집단이 시작된 이후 이탈하는 성원도 생기고 새롭게 참여하는 성원도 생기기 때문에 개방집단의 발달단계를 예측하는 것은 어렵다. 계획에 따라 집단을 발달시키려고 하는 경우에는 폐쇄집단으로 운용하는 것이 더 적절할 수 있다.

04 집단의 크기가 크다고 해서 목적 달성에 유리한 것은 아니다. 오히려 구성원들마다 원하는 바가 달라 갈등이 발생할 우려도 있기 때문이다.

05 집단 활동에 대한 모니터링은 집단 활동이 시작된 이후에 활동의 진행상황을 점검하기 위해 진행되므로 보통 중간단계에서 이루어진다.

07 집단 프로그램은 언어적 프로그램으로 진행되기도 하지만, 미술치료, 놀이치료, 스포츠 등 다양한 비언어적 활동으로 진행되는 경우도 많다.

122 집단 사정단계

강의 QR코드

최근 10년간 6문항 출제

 이론요약

집단사정의 개념

- 집단이 갖는 목적과 성격 등에 따라 사정의 초점이나 내용이 달라지게 된다.
- 집단역동이 일어나면서 집단은 변화하기 때문에 집단발달에 따라 재사정이 필요하다.

집단사정의 수준

▶ **개별성원에 대한 사정**
- 사회복지사는 집단에 참여한 개별성원들이 자신의 행동패턴을 인식하고 잘못된 행동을 변화시키도록 원조
- 개별성원의 기능적 행동과 역기능적 행동을 사정

▶ **집단에 대한 사정**
- 집단의 행동양식, 하위집단, 집단의 규범 등을 확인

▶ **집단환경에 대한 사정**
- 기관 및 시설의 환경에 대한 사정, 시설 간 환경에 대한 사정, 지역사회환경에 대한 사정 등

집단사정도구

▶ **의의차별척도(의미분화척도)**
- 두 개의 상반된 입장 중에서 하나를 선택하도록 요청하는 척도
- 5개 혹은 7개의 응답범주를 제시
- 동료성원에 대한 평가, 동료성원의 잠재력에 대한 인식, 성원의 활동력에 대한 인식 등을 사정
- 집단의 평균점수를 다른 집단과 비교하여 활용할 수 있음

▶ **소시오그램(사회도, 모레노와 제닝스)**
- 상징을 사용해서 집단 내 성원 간 상호작용을 도식화하는 방식
- 집단 내에서 **성원들 간의 수용과 거부 등의 질적인 관계**를 파악
- 성원 간에 느끼는 **친밀감 혹은 반감**의 유형 및 방향을 알 수 있음
- **하위집단 형성, 소외된 성원, 삼각관계 형성** 등을 알 수 있음
- 친밀한 성원은 가깝게, 소원한 성원은 멀게 그림으로써 **결속의 강도**가 나타남

기본개념

사회복지실천기술론
pp.266~

▶ 소시오메트리
- 한 성원이 다른 성원들에게 느끼는 **호감도 평가**
- 각 성원에게 **점수를 부여하거나 순위를 매기는 방식**으로 진행
- 소시오그램을 소시오메트리의 한 방법으로 보기도 함

▶ 상호작용차트
- 집단성원들 사이의 상호작용 또는 집단성원과 사회복지사 사이에 일어나는 **상호작용의 빈도를 기록**
- 집단활동이 진행되는 동안 성원들 사이에 특정 행동이 나타날 때마다 표시

기출문장 CHECK

01 (22-04-18) 집단 사정에서는 집단 사회복지사의 관찰, 외부 전문가의 보고, 표준화된 사정도구, 집단성원의 자기관찰 등을 활용한다.

02 (18-04-03) 소시오그램은 성원 간의 관계를 표현한 것으로 하위집단의 유무를 알 수 있다.

03 (17-04-23) 전체집단 사정에서는 하위집단 형성, 집단 내 상호작용 방식 등을 살펴본다.

04 (16-04-16) 소시오그램을 활용하여 집단 성원 간 결탁, 수용, 거부 등을 파악한다.

05 (16-04-16) 상호작용차트를 활용하여 일정시간 동안 집단 성원 간 발생한 특정 행동의 빈도를 측정한다.

06 (16-04-16) 집단 사정에서는 집단에서 허용되지 않은 감정표현이나 이야기 주제, 그리고 집단활동에 대한 성원의 태도 등을 통해 집단의 규범을 확인한다.

07 (12-04-17) 소시오메트리: 집단성원 간 관심 정도를 측정하기 위한 방법으로 각 성원에 대한 호감도를 1점(가장 싫어함)에서 5점(가장 좋아함)으로 평가한다.

08 (09-04-29) 소시오그램은 집단구성원의 선호도와 무관심, 배척 등의 상호관계를 선으로 표시하여 나타낸다.

09 (08-04-29) 소시오그램을 통해 하위집단의 형성 여부, 소외된 성원, 삼각관계 형성 여부, 성원 간 친화력 방향 등을 알 수 있다.

10 (08-04-28) 의미분화척도를 통해 집단 내 성원들의 의사소통이나 상호작용의 의미를 측정한다.

11 (06-04-18) 소시오그램에서 소원한 관계는 (--------▶)으로 표시한다.

12 (03-04-24) 사정단계에서는 성원간 의사소통 유형을 관찰하여 집단 기능을 평가한다.

대표기출 확인하기

난이도 ★★★

집단 사정을 위한 소시오그램에 관한 설명으로 옳은 것은?

① 구성원 간 호감도 질문은 하위집단을 형성하므로 피한다.
② 구성원 모두가 관심을 갖는 주제를 발견하는 데 목적이 있다.
③ 소시오메트리 질문을 활용하여 정보를 파악한다.
④ 구성원 간 상호작용을 문장으로 표현한다.
⑤ 특정 구성원에 대한 상반된 입장 중 하나를 선택하는 것이다.

▶ **알짜확인**

• 사정단계에서는 집단을 사정하는 데에 활용되는 다양한 사정도구를 살펴보자.
• 사정단계에서의 과업과 관련하여 집단에 대한 사정만 진행되는 것이 아니라 개별 성원에 대한 사정도 진행된다는 점 같이 기억해두자.

답 ③

✔ **응시생들의 선택**

① 2%	② 26%	③ 53%	④ 12%	⑤ 7%

① 구성원 간 호감도 질문을 통해 하위집단의 형성을 파악할 수 있다.
② 소시오그램의 목적은 집단 내 성원 간의 관계를 살펴보기 위한 것이다.
④ 구성원 간 상호작용을 그림으로 표현한다.
⑤ 특정 구성원에 대한 상반된 입장 중 하나를 선택하는 방식의 사정도구는 의의차별척도이다.

관련기출 더 보기

난이도 ★★☆

집단 사회복지실천 사정에 활용되는 것을 모두 고른 것은?

> ㄱ. 집단 사회복지사의 관찰
> ㄴ. 외부 전문가의 보고
> ㄷ. 표준화된 사정도구
> ㄹ. 집단성원의 자기관찰

① ㄱ, ㄴ   ② ㄱ, ㄹ
③ ㄴ, ㄷ   ④ ㄱ, ㄷ, ㄹ
⑤ ㄱ, ㄴ, ㄷ, ㄹ

답 ⑤

✔ **응시생들의 선택**

① 1%	② 7%	③ 3%	④ 28%	⑤ 61%

모두 사정을 위한 자료로 활용될 수 있다.

집단성원 간의 관계를 파악하는 사정도구에 관한 설명으로 옳은 것은?

① 소시오메트리: 성원 간의 상호작용 빈도를 기록한다.
② 상호작용차트: 집단성원에 대한 다양한 측면의 인식 정도를 평가한다.
③ 소시오그램: 성원 간의 관계를 표현한 것으로 하위집단의 유무를 알 수 있다.
④ 목적달성척도: 목적달성을 위한 집단성원들의 협력과 지지정도를 측정한다.
⑤ 의의차별척도: 가장 호감도가 높은 성원과 호감도가 낮은 성원을 파악할 수 있다.

답 ③

✔ 응시생들의 선택

① 6%	② 3%	③ 67%	④ 13%	⑤ 11%

① 소시오메트리: 성원 간 정서적 관계를 파악하기 위한 도구이다.
② 상호작용차트: 집단성원들 사이의 상호작용 또는 집단성원과 사회복지사 사이에 일어나는 상호작용의 빈도를 기록한다.
④ 목적달성척도: 목표를 설정한 후 그 목표를 얼마나 달성했는지를 측정하는 평가도구이다.
⑤ 의의차별척도: 두 개의 상반된 입장 중에서 하나를 선택하도록 요청하는 척도이다. 보통 5개 혹은 7개의 응답범주를 제시한다.

집단사정이 개별성원-전체집단-집단외부환경 차원에서 수행될 때 '전체집단' 사정에 해당하는 것을 모두 고른 것은?

ㄱ. 집단을 인가하고 지원하는 기관의 목표
ㄴ. 하위집단 형성
ㄷ. 집단구성원의 변화와 성장
ㄹ. 집단 내 상호작용 방식

① ㄱ   ② ㄴ
③ ㄴ, ㄹ   ④ ㄴ, ㄷ, ㄹ
⑤ ㄱ, ㄴ, ㄷ, ㄹ

답 ③

✔ 응시생들의 선택

① 4%	② 2%	③ 30%	④ 42%	⑤ 22%

ㄱ. 집단외부환경에 대한 사정
ㄷ. 개별성원에 대한 사정

다음 설명에 해당되는 집단사정도구는?

- 집단성원이 동료성원에 대하여 평가하는 것이다.
- 5개 혹은 7개의 응답 범주를 갖는다.
- 두 개의 상반된 입장에서 하나를 선택하도록 요청한다.

① 상호작용차트   ② PIE분류체계
③ 의의차별척도   ④ 소시오그램
⑤ 생활주기표

답 ③

✔ 응시생들의 선택

① 31%	② 14%	③ 37%	④ 17%	⑤ 1%

의의차별척도(의미분화척도)
- 두 개의 상반된 입장 중에서 하나를 선택하도록 요청하는 척도인데 5개 혹은 7개의 응답범주를 가지고 있다.
- 동료 성원에 대한 평가, 동료성원의 잠재력에 대한 인식, 성원의 활동력에 대한 인식 등 집단성원이 동료 집단성원을 사정하는 데 활용될 수 있다.

집단사정도구인 소시오그램(sociogram)을 통해 알 수 있는 내용으로 옳은 것을 모두 고른 것은?

ㄱ. 성원 간 호감도
ㄴ. 하위집단의 존재
ㄷ. 성원 간 갈등관계
ㄹ. 성원 간 의사소통 방식

① ㄱ, ㄴ, ㄷ   ② ㄱ, ㄷ
③ ㄴ, ㄹ   ④ ㄹ
⑤ ㄱ, ㄴ, ㄷ, ㄹ

답 ①

✔ 응시생들의 선택

① 56%	② 13%	③ 3%	④ 1%	⑤ 27%

소시오그램
집단사정도구로서 집단의 구성원이 서로 가지고 있는 감정이나 태도를 바탕으로 하여 구성원 상호 간의 선택, 거부, 무관심 따위의 관계를 나타낸다. 성원 간 의사소통 방식을 알 수는 없다.

다음 내용이 왜 틀렸는지를 확인해보자

14-04-15

01 초기사정 단계에서는 재구조화에 초점을 둔다.

집단을 재구조화하는 것은 개입이 진행되면서 점검을 통해 이루어진다.

02 소시오그램은 친밀한 성원에 초점을 두기 때문에 어떤 구성원이 소외되고 있는지를 알 수는 없다.

소시오그램에서는 친밀도, 하위집단 형성, 삼각관계 형성 여부 외에 어떤 성원이 소외되고 있는지, 성원 간의 감정이 쌍방적인지 일방적인지 등이 나타난다.

08-04-28

03 집단을 사정할 때에는 집단지도자의 주관적인 관찰은 배제해야 한다.

정보수집이나 사정에서 집단지도자, 사회복지사의 주관적인 관찰 내용도 중요한 자료이다.

08-04-29

04 소시오그램을 통해 집단과 집단 외부와의 경계가 갖는 유연성 정도를 알 수 있다.

소시오그램은 집단 내 성원 간 상호작용을 표현하는 그림으로 집단 외부는 표현하지 않는다.

09-04-29

05 집단 구성원의 선호도와 무관심, 배척 등의 상호관계를 선으로 표시하는 것은 의의차별척도이다.

소시오그램에 해당한다.
의의차별척도는 두 개의 상반된 입장을 제시하고 5개 혹은 7개 응답범주 중에서 선택하도록 하는 방식이다.

06 사정단계에서는 개인에 대한 사정을 지양하고 전체 집단에 대한 사정에 집중해야 한다.

개인에 대한 사정도 진행해야 한다.

빈칸에 들어갈 알맞은 말을 채워보자

12-04-17
01 (　　　　　　　　): 집단성원 간 관심 정도를 측정하기 위한 방법으로 각 성원에 대한 호감도를 1점(가장 싫어함)에서 5점(가장 좋아함)으로 평가한다.

11-04-24
02 (　　　　　　　　): 5개 혹은 7개의 응답 범주를 갖는다. 두 개의 상반된 입장에서 하나를 선택하도록 요청한다.

09-04-29
03 (　　　　　　　　): 집단구성원의 선호도와 무관심, 배척 등의 상호관계를 선으로 표시하여 나타냄으로써 하위집단의 형성을 알 수 있다.

 답 **01** 소시오메트리　**02** 의의차별척도　**03** 소시오그램

다음 내용이 옳은지 그른지 판단해보자

01 집단 사정에서는 객관성과 타당성을 위해 검증된 사정도구나 척도만을 이용해야 한다.

08-04-28
02 성원들의 상호작용 빈도를 사정할 때는 의미분화척도가 유용하다.

08-04-29
03 소시오그램을 통해 성원 간 친화력 방향, 삼각관계 형성 등을 알 수 있다.

04 사정은 특정 단계에 일회적으로 진행되는 것은 아니며, 특히 집단 중간과정에서 진행되는 사정에 따라 개입계획을 수정할 수 있다.

05 집단 전체에 대한 사정을 위해 시설의 환경에 대한 사정을 진행한다.

06 집단을 사정할 때에는 현재 나타나고 있는 집단의 규범이 기능적인지 역기능적인지를 살펴봐야 한다.

 **답** **01** ×　**02** ×　**03** ○　**04** ○　**05** ×　**06** ○

(해설) **01** 개별성원의 자기관찰 내용이나 사회복지사가 관찰한 내용도 사정에 포함된다.
02 성원들의 상호작용 빈도를 사정하는 도구는 상호작용차트이다. 의미분화척도는 5점 혹은 7점 척도로 된 사정도구로 이 척도를 통해 성원은 자신에 대한 평가, 능력에 대한 지각, 대상이나 개념, 활동에 대한 지각 등을 사정한다.
05 시설의 환경에 대한 사정은 '집단 전체'에 대한 사정이 아닌 '집단 환경'에 대한 사정에 해당한다.

123 집단 초기단계

강의 QR코드

최근 10년간 **4문항** 출제

복습 1 이론요약

초기단계의 과업

- 사회복지사 소개 및 성원소개
- 비밀보장의 한계 정하기
- 개별 목표설정
- 집단참여에 대한 동기부여
- 집단목적의 명확화
- 성원들의 집단소속감을 위해 원조
- 계약하기
- 장애물 예측

기본개념

사회복지실천기술론
pp.262~

기출문장 CHECK

01 (21-04-22) 집단발달의 초기단계에서는 집단성원이 신뢰감을 갖고 참여할 수 있는 분위기를 조성한다.

02 (20-04-03) 집단 초기단계에서 사회복지사의 과업: 자기소개 및 신뢰감 형성, 집단과 구성원의 목표 설정, 구성원 간 응집력 형성 등

03 (19-04-16) 집단 초기단계에서는 오리엔테이션이 필요하며, 집단성원의 불안감과 저항이 높을 수 있다.

04 (16-04-12) 집단 초기단계에서 사회복지사는 집단 성원의 불안감, 저항감을 감소시키기 위해 노력해야 한다.

05 (16-04-12) 집단 성원 간 공통점을 찾아 연결키시며, 집단의 목적이 공유될 수 있도록 해야 한다.

06 (10-04-28) 집단 초기단계에서 사회복지사는 집단성원의 의무와 책임을 명확히 하고, 집단활동에 대한 참여동기를 확인하며, 집단목표에 대해 성원들의 의견을 수렴한다.

07 (07-04-10) 초기단계에서 사회복지사는 성원들의 불안감을 감소시키고, 비밀보장에 대해 설명하는 시간을 갖는다.

08 (07-04-10) 초기단계에서 사회복지사는 집단의 목적을 공유하며, 성원들이 갖는 기대에 대해 파악한다.

09 (05-04-12) 초기단계에서는 집단의 규칙을 설정하고 성원 간 자기소개 시간을 갖는다.

10 (03-04-14) 초기단계에서는 집단규범 및 집단문화 등을 다루며, 목표에 도달하지 못할 수도 있다는 점을 설명한다.

대표기출 확인하기

21-04-22
난이도 ★★★

집단발달의 초기단계에 적합한 실천기술에 해당하는 것을 모두 고른 것은?

ㄱ. 집단성원이 신뢰감을 갖고 참여할 수 있는 분위기를 조성한다.
ㄴ. 집단성원이 수행한 과제에 대해 솔직하고 구체적인 피드백을 준다.
ㄷ. 집단역동을 촉진하기 위해 사회복지사가 의도적인 자기노출을 한다.
ㄹ. 집단성원의 행동과 태도가 불일치하는 경우에 직면을 통해 지적한다.

① ㄱ
② ㄱ, ㄷ
③ ㄴ, ㄹ
④ ㄱ, ㄷ, ㄹ
⑤ ㄱ, ㄴ, ㄷ, ㄹ

 알짜확인

• 본격적인 집단활동에 앞서 오리엔테이션이 이루어지는 초기단계의 과업에 대해 정리해두자.

답 ①

✓ **응시생들의 선택**

① 28%	② 60%	③ 3%	④ 4%	⑤ 5%

ㄴ. 과제에 대한 피드백은 과제가 주어지고 수행된 이후에 진행되기 때문에 중간단계에 해당한다.
ㄷ. 집단 활동이 본격적으로 시작된 이후에 성원들의 참여가 소극적인 경우 사회복지사는 자기노출을 통해 성원들의 적극적 참여를 촉진할 수 있다.
ㄹ. 직면은 사회복지사와 클라이언트의 관계가 미처 형성되지 못했을 때 사용하면 클라이언트를 위축시킬 수 있기 때문에 초기 과정에서 사용하는 기술은 아니다.

관련기출 더 보기

20-04-03
난이도 ★★☆

집단 초기단계에서 사회복지사의 역할을 모두 고른 것은?

ㄱ. 집단과 구성원의 목표를 설정한다.
ㄴ. 지도자인 사회복지사를 소개하며 신뢰감을 형성한다.
ㄷ. 구성원 간 유사성을 토대로 응집력을 형성한다.
ㄹ. 구성원이 집단에 의존하는 정도를 감소시킨다.

① ㄱ, ㄴ
② ㄴ, ㄷ
③ ㄷ, ㄹ
④ ㄱ, ㄴ, ㄷ
⑤ ㄱ, ㄴ, ㄷ, ㄹ

답 ④

✓ **응시생들의 선택**

① 24%	② 11%	③ 2%	④ 61%	⑤ 2%

ㄹ. 종결단계에서의 과업이다. 집단에 대한 의존도가 높은 성원일수록 집단 프로그램이 종결된 이후 혼자서도 잘해나갈 수 있을까에 대한 불안감이 크게 나타날 수 있다. 종결단계에서는 성원들의 이러한 불안감을 다루어야 하며, 이후 자조모임 등으로 이어질 수 있도록 안내하는 것도 필요하다.

16-04-12
난이도 ★★☆

다음의 집단사회복지사의 활동이 주로 나타나는 단계는?

• 집단 성원의 불안감, 저항감을 감소시키기 위해 노력
• 집단 성원 간 공통점을 찾아 연결시킴
• 집단의 목적을 집단 성원 모두가 공유하게 함

① 준비 단계
② 초기 단계
③ 중간 단계
④ 종결 단계
⑤ 사후관리 단계

답 ②

✓ **응시생들의 선택**

① 7%	② 78%	③ 14%	④ 1%	⑤ 0%

다음 내용이 **옳은지 그른지** 판단해보자

01 집단활동에 있어 계약은 대체로 초기단계에 진행된다.

`03-04-14`
02 초기단계에서는 집단불안감을 해소해주는 한편 목표에 도달하지 못할 수도 있다는 점을 설명할 필요가 있다.

`10-04-28`
03 집단의 초기단계에서는 집단의 구성요소를 고려하여 집단을 계획한다.

`12-04-15`
04 초기단계에서 집단사회복지사는 집단의 목적 및 성원의 역할을 명확히 하고, 집단의 규칙을 수립한다.

`05-04-12`
05 초기단계에서 집단사회복지사는 집단의 규칙을 설정하고 집단 의존성을 감소시키는 데에 초점을 둔다.

`16-04-12`
06 초기단계에서 집단사회복지사는 집단 성원 간 공통점을 찾아 연결시키도록 한다.

`19-04-16`
07 집단 초기단계에서 성원들은 사회복지사보다는 다른 성원과 대화하려고 시도하는 특징이 있다.

답  **01** ○ **02** ○ **03** × **04** ○ **05** × **06** ○ **07** ×

해설 **03** 집단을 계획하는 것은 준비단계(계획단계)의 과업이다.
05 집단 의존성 감소는 종결단계의 과업이다.
07 집단 초기단계에서는 아직 성원 간 서로에 대한 정보가 없고 친밀감이 형성되지 않아 다른 성원과의 대화에 소극적인 경우가 더 많다.

124 집단 중간단계

강의 QR코드

1 회독	2 회독	3 회독
월 일	월 일	월 일

최근 10년간 **5문항** 출제

복습 1 이론요약

중간단계의 과업
- 집단 모임(회합) 준비
- 집단구조화
- 성원의 목적달성 원조
- 성원의 참여유도와 능력고취
- **저항하는 집단성원 다루기**
- **모니터링**: 집단진행과정 점검 및 평가

기본개념

사회복지실천기술론
pp.273~

기출문장 CHECK

01 (22-04-20) 집단 중간단계에서는 집단성원 간 상호작용 향상, 집단의 목표 달성, 집단의 응집력 향상, 집단성원의 적극적 활동 촉진 등을 고려한다.

02 (20-04-04) 집단활동 중 구성원의 저항은 구성원이 피하고 싶은 주제가 논의될 때, 사회복지사가 제안한 과업의 실행방법을 모를 때 발생할 수 있다.

03 (20-04-04) 집단활동 중 구성원의 저항은 다른 구성원의 의견을 통해 해결방안을 찾을 수 있다.

04 (20-04-04) 집단 성원의 저항이 효과적으로 해결되면 집단활동이 촉진될 수 있다.

05 (17-04-14) 집단회기를 마무리할 때에는 사회복지사의 관찰과 생각을 전달한다.

06 (17-04-14) 회기 중 제기된 이슈를 다 마무리하지 않고 회기를 마쳐도 된다.

07 (17-04-14) 집단회기에서 다룬 내용을 집단 밖에서 어떻게 적용할지에 대한 계획을 물으며 회기를 마친다.

08 (17-04-14) 집단회기를 마무리할 때에는 다음 회기에 다루기 원하는 주제나 문제를 질문한다.

09 (13-04-02) 중간단계에서는 집단성원 간의 공통점과 차이점을 파악한다.

10 (13-04-02) 중간단계에서는 집단의 상호작용, 갈등, 진행상황, 협조체계 등을 파악한다.

11 (08-04-22) 중간단계에서 사회복지사는 집단성원의 참여를 촉진해야 하며 집단참여 감소가 일어날 경우 그에 대해 탐색해야 한다.

대표기출 확인하기

18-04-02 난이도 ★★☆

집단사회복지실천의 중간 단계에 해당하는 내용으로 옳은 것을 모두 고른 것은?

ㄱ. 성원의 내적 변화를 파악하기 위해 개별상담을 한다.
ㄴ. 성원들의 참여를 촉진하기 위해 집단의 목적을 상기시킨다.
ㄷ. 하위집단의 의사소통과 상호작용 빈도를 평가한다.
ㄹ. 집단에 대한 의존성을 감소시키기 위해 모임주기를 조절한다.

① ㄱ, ㄷ ② ㄴ, ㄹ
③ ㄱ, ㄴ, ㄷ ④ ㄴ, ㄷ, ㄹ
⑤ ㄱ, ㄴ, ㄷ, ㄹ

▶ 알짜확인

• 중간단계는 실제 회기가 이루어지는 단계이다. 사회복지사의 과업을 정리해두되 집단에 개입할 때 고려해야 할 사항들을 생각해보자.

답 ③

✔ 응시생들의 선택

① 26%	② 10%	③ 43%	④ 6%	⑤ 15%

ㄹ. 집단에 대한 의존성을 감소시키기 위해 모임주기를 조절하는 것은 종결단계에 해당한다.

관련기출 더 보기

17-04-14 난이도 ★★★

집단회기를 마무리하는 방식으로 옳은 것을 모두 고른 것은?

ㄱ. 회기에 대한 사회복지사의 관찰과 생각을 전달한다.
ㄴ. 회기 중 제기된 이슈를 다 마무리하지 않고 회기를 마쳐도 된다.
ㄷ. 회기에서 다룬 내용을 집단 밖에서 어떻게 적용할지에 대한 계획을 묻는다.
ㄹ. 다음 회기에 다루기 원하는 주제나 문제를 질문한다.

① ㄱ, ㄷ ② ㄱ, ㄹ
③ ㄷ, ㄹ ④ ㄱ, ㄷ, ㄹ
⑤ ㄱ, ㄴ, ㄷ, ㄹ

답 ⑤

✔ 응시생들의 선택

① 20%	② 3%	③ 6%	④ 59%	⑤ 12%

ㄱ. 그날 있었던 대화나 일들에 대해 간단히 정리하면서 사회복지사와 클라이언트의 생각과 기분을 나누는 시간을 갖는다.
ㄴ. 1회기에 정해진 시간이 있으므로 제기된 이슈를 다 마무리하기에 현실적 제약이 발생할 수 있다.
ㄷ. 실제 클라이언트가 자기 생활에서 어떤 방식으로 적용할 수 있는지를 확인함으로써 집단활동에 대한 이해 및 습득 정도를 파악할 수 있다. 또한 다음 회기에서 계획을 얼마나 실행했는지를 물음으로써 시작할 수 있다.
ㄹ. 회기별로 정해진 주제나 문제가 미리 있는 경우도 있지만 그렇지 않은 경우에는 미리 주제를 확인하고 준비해올 수 있도록 하는 것도 필요하다.

다음 내용이 **왜 틀렸는지**를 확인해보자

01 중간단계에서는 집단을 구성하고 구성원의 목적 성취를 원조한다.

> 집단을 구성하는 것은 준비단계에 해당한다.

02 중간단계에서는 집단에 참여하는 불안감을 해소해주는 한편, 목표에 도달하지 못할 수도 있다는 점을 미리 설명할 필요가 있다.

> 초기단계의 과업에 해당한다.

04-04-16

03 중간단계에서 사회복지사는 집단에 대한 개별 성원들의 의존성을 감소시키는 데에 초점을 둔다.

> 종결단계에서의 과업이다.

04 집단 성원들의 불안이나 긴장을 가중시킬 수 있으므로 중간단계에서는 되도록 평가를 진행하지 않는다.

> 중간단계에서는 모니터링을 통해 개별성원의 태도, 관계, 행동, 동기, 목표 등에 대한 점검 차원의 평가를 진행할 수 있다.

05 모니터링은 프로그램이 원래 의도했던 목표를 달성했는지를 평가하기 위한 것이다.

> 모니터링은 중간단계에서 프로그램이 원래 의도된 대로 진행되고 있는지, 미흡한 점이나 수정할 점은 없는지 등을 점검하기 위한 것이다.

20-04-04

06 집단활동 중 특정 성원이 저항을 보일 때에는 목표 달성을 위해 저항의 이유를 무시해야 한다.

> 집단 성원의 저항 정도와 이유를 확인해보고 집단 활동에의 참여를 이끄는 것이 필요하다.

125 집단 종결단계

최근 10년간 **5문항** 출제

이론요약

종결단계의 과제

- 변화의 유지 및 일반화
- 개별성원의 독립적인 기능 촉진
- 의존성 감소
- 종결에 대한 감정다루기
- 의뢰하기
- 평가하기

기본개념

사회복지실천기술론
pp.275~

계획되지 않은 종결

▶ 집단이 종결되기 전에 성원들이 참여를 중단하는 경우
- 이사 등으로 인해 참여가 어려운 경우도 있지만 성원들 간 갈등이 있거나 만족도가 낮아서 중단하는 경우도 있음
- 문제의 원인을 탐색할 필요가 있음
- 참여자의 자기결정권을 존중해야 함

▶ 집단지도자의 사정에 따른 종결
- 새로운 집단지도자가 있을 경우는 미리 소개하거나 얼마 간 공동으로 진행하는 것도 고려할 수 있음
- 새로운 집단지도자가 없을 경우 집단이 종결됨을 미리 고지하고 종결을 준비해야 함

계획된 종결

▶ 성공적인 종결
- 집단과 성원들이 대체적으로 목표 성취, 만족감과 자존감 높아짐
- 성공에도 불구하고 이별에 대한 상실감을 경험할 수 있으며 이때에는 종결에 대한 감정적 반응을 다룸

▶ 성공적이지 않은 종결
- 집단과 성원의 목표의 대부분 또는 모두를 이루지 못한 경우 결과에 대해 분노, 좌절, 실망, 절망, 죄책감, 책임전가, 비난 등이 발생할 수 있음
- 성공적이지 못하더라도 종결의 시간이 필요함. 어떤 활동들이 있었는지, 어떤 점이 아쉬운지, 다른 대안적인 시도들은 없을지 등에 대해 이야기를 나눔

- 준비 단계(계획 단계): 집단이 형성되기 이전에 사회복지사가 집단에 대해 계획하고 구성하는 단계
- 초기 단계: 오리엔테이션을 통해 서로를 소개하고 집단의 목적을 설명하고 개별 성원의 목표를 설정하고 집단의 규칙을 정하며 불안감이나 저항감을 다루며 신뢰감을 조성하는 단계
- 사정 단계: 개별 성원 및 집단 전체에 대한 사정을 진행하는 단계
- 중간 단계: 실질적인 프로그램이 진행되는 단계
- 종결 단계: 종결 시기를 정하고 종결로 인해 나타날 수 있는 감정적 문제를 다루는 단계

기출문장 CHECK

01 (22-04-21) 집단 종결단계에서 사회복지사는 성원들이 집단과정에서 성취한 변화를 지속적으로 유지하도록 돕는다.

02 (22-04-21) 집단 종결단계에서 사회복지사는 집단에 대한 성원들의 의존성을 서서히 감소시켜 나간다.

03 (21-04-20) 집단의 성과를 평가하기 위해 사전사후 검사, 개별인터뷰, 단일사례설계, 초점집단면접 등을 활용할 수 있다.

04 (17-04-05) 집단 종결단계의 과업: 집단 의존성 감소, 의뢰의 필요성 검토, 변화노력의 일반화, 구성원 간 피드백 교환 등

05 (15-04-25) 집단의 종결단계에서 사회복지사는 종결에 대한 양가감정을 이해하고 이를 반영하여 다룬다.

06 (14-04-13) 종결단계에서는 미래에 대한 계획, 변화유지 능력의 확인, 변화 결과를 생활영역으로 일반화하기, 종결에 따른 감정 다루기 등의 과업을 진행한다.

07 (14-04-13) 종결단계에서는 집단경험을 평가한다.

08 (09-04-12) 집단프로그램 진행 중 사회복지사의 이직이 결정된 경우 사회복지사는 구성원의 정서적 반응과 혼란을 수용하고 다룬다.

09 (09-04-12) 집단프로그램 진행 중 사회복지사의 이직이 결정된 경우 사회복지사는 집단과정을 통해 획득한 변화나 기술, 기법 등이 유지되도록 지지하는 동시에 남아 있는 문제와 목표들을 재점검한다.

10 (09-04-12) 집단프로그램 진행 중 사회복지사의 이직이 결정된 경우 사회복지사는 새로운 지도자를 맞이할 수 있도록 한다.

11 (01-04-07) 집단사회복지실천 과정: 모집 → 오리엔테이션→ 탐색과 시험→ 문제해결 → 종결

기출확인

대표기출 확인하기

22-04-21　난이도 ★★☆

집단 종결단계에서 사회복지사의 역할로 옳은 것을 모두 고른 것은?

ㄱ. 집단과정에서 성취한 변화를 지속적으로 유지하도록 돕는다.
ㄴ. 집단성원의 개별 목표를 설정한다.
ㄷ. 종결을 앞두고 나타나는 다양한 감정을 토론하도록 격려한다.
ㄹ. 집단에 대한 의존성을 서서히 감소시켜 나간다.

① ㄱ, ㄴ　　　　② ㄷ, ㄹ
③ ㄱ, ㄴ, ㄹ　　　④ ㄱ, ㄷ, ㄹ
⑤ ㄴ, ㄷ, ㄹ

▶ **알짜확인**

• 종결단계에서는 집단에 대한 의존성을 감소시켜 나가면서 변화의 지속성이 유지될 수 있도록 돕는 것이 주요 과업이다.

답 ④

✔ **응시생들의 선택**

① 2%	② 3%	③ 3%	④ 91%	⑤ 1%

ㄴ. 집단성원의 개별 목표를 설정하는 것은 초기단계의 과업이다.

관련기출 더 보기

21-04-20　난이도 ★★☆

집단의 성과를 평가하는 방법으로 옳지 않은 것은?

① 사전사후 검사
② 개별인터뷰
③ 단일사례설계
④ 델파이조사
⑤ 초점집단면접

답 ④

✔ **응시생들의 선택**

① 3%	② 14%	③ 19%	④ 59%	⑤ 5%

④ 델파이조사: 전문가들에게 우편으로 의견이나 정보를 수집하여 분석한 결과를 다시 응답자들에게 보내 의견을 묻는 방식으로 진행된다. 문답의 과정을 만족스러운 결과를 얻을 때까지 반복한다. 어떤 문제의 변화 상황을 예측하거나 해결방법을 모색하는 과정에서 전문가의 의견을 구하기 위해 사용한다.

14-04-13　난이도 ★★★

집단 사회복지실천의 종결단계 과업이 아닌 것은?

① 미래에 대한 계획
② 변화유지 능력의 확인
③ 평가계획의 수립
④ 변화 결과를 생활영역으로 일반화하기
⑤ 종결에 따른 감정 다루기

답 ③

✔ **응시생들의 선택**

① 17%	② 11%	③ 62%	④ 8%	⑤ 2%

③ 평가계획을 수립하는 것은 계획단계에서 이루어진다.

다음 내용이 옳은지 그른지 판단해보자

01 집단활동이 종결되기 전 중도 하차를 요구하는 참여자에 대해서는 자기결정의 원칙이 적용되지 않는다.

15-04-25
02 종결 시 계획된 목표달성 여부에 집중하며 의도하지 않았던 결과에 대해서도 확인하고 적절하게 다루어야 한다.

03 종결단계에서는 성원들이 집단에 대해 갖는 의존성을 감소시켜나갈 수 있도록 한다.

04 결과가 성공적이지 못한 경우에는 종결을 위한 별도의 시간을 갖지 않는 것이 바람직하다.

05 종결단계에서 목표달성 정도가 높은 경우 성원들의 감정적 문제가 발생하지 않는다.

01-04-07
06 집단사회복지실천 과정: 모집 → 오리엔테이션→ 탐색과 시험→ 문제해결 → 종결

15-04-25
07 종결단계에서 사회복지사는 집단의 목적에 따른 집단구성과 구성원의 목적 성취를 원조한다.

답 01 × 02 ○ 03 ○ 04 × 05 × 06 ○ 07 ×

해설 **01** 중도 하차를 요구하는 참여자에 대해서도 자기결정을 존중해줄 필요가 있다. 다만, 법원의 판결에 따라 의뢰된 경우 등에는 클라이언트의 자기결정에 따라 중도 하차를 할 수 없다.
04 결과가 성공적이지 않더라도 활동 내용 및 실패 이유, 감정적 문제들을 이야기하면서 종결을 위한 시간을 갖는 것이 필요하다.
05 목표달성 정도가 높다고 해서 감정적 문제가 발생하지 않는 것은 아니다. 집단이 종료됨에 따른 상실감이나 불안감 등은 목표달성 정도가 높더라도 나타날 수 있는 현상이다.
07 집단을 구성하는 것은 준비단계의 과업이고 구성원의 목적 성취를 원조하는 것은 중간단계의 과업이다.

12장

사회복지실천 기록

이 장에서는

이전에는 기록의 목적이 주로 다뤄졌다면 최근에는 기록 유형이 출제되면서 좀 더 출제빈도도 높아지고 다뤄지는 내용도 더 깊어졌다. 실제 어떻게 활용될 수 있는지를 생각하면서 각 기록유형의 특징을 잘 정리해두도록 하자.

10년간 출제분포도

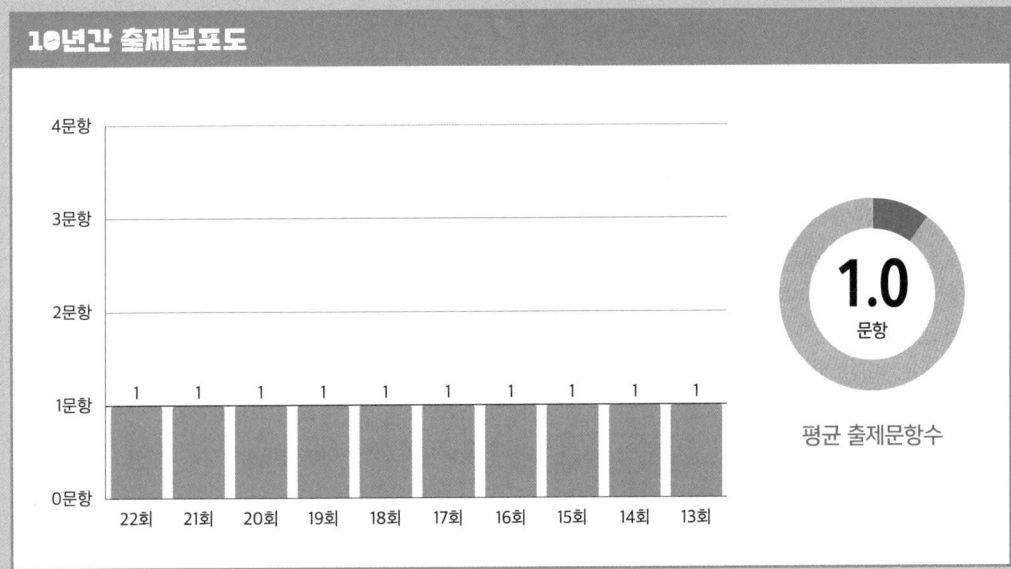

회차	22회	21회	20회	19회	18회	17회	16회	15회	14회	13회
문항	1	1	1	1	1	1	1	1	1	1

1.0문항
평균 출제문항수

복습 1 이론요약

과정기록

- 클라이언트와 면담하면서 이야기한 내용, 클라이언트의 행동, 사회복지사가 관찰한 것과 판단한 것 등 클라이언트와 사회복지사의 상호작용을 있는 그대로 세밀하게 기록
- 사회복지실습이나 교육방법으로 유용
- 기록하는 데에 시간과 비용이 너무 많이 소요됨

기본개념
사회복지실천기술론
pp.286~

요약기록

- 사회복지기관에서 가장 많이 사용되는 기록형태
- 시간의 경과에 따라 변화된 상황, 개입활동, 중요한 정보 등을 요약하여 기록
- 일시와 클라이언트에 대해 간단한 내용을 적은 후 서비스나 개입 내용, 클라이언트의 변화에 대해 짧게 요약함
- 지나치게 요약될 경우 단순화되어 초점이 분명하지 않을 수 있음
- 기록자의 주관이나 성향에 따라 기록 내용이나 질이 달라짐

문제중심기록

- 문제를 중심으로 기록
- 각 문제를 해결하기 위한 개입계획을 기록하여 문제해결 접근방법이 제시됨
- 동일한 기록지에 기록함으로써 다양한 전문직 간의 의사소통 및 정보교환에 유용함
- 의학 및 보건분야에서 학제 간 협력을 증진시키기 위해 개발됨
- 클라이언트의 자원이나 강점, 개인과 환경 간의 상호작용 등이 무시되는 경향
- 구성: 자료수집 및 DB구축 → 문제목록 작성 → 목표설정 및 계획수립 → 진행 및 결과 기록
- SOAP 기록
  - S(주관적 정보): 클라이언트가 스스로 보고한 내용으로서 클라이언트가 상황을 어떻게 인식하고 느끼는가를 나타낸다.
  - O(객관적 정보): 전문가의 직접 관찰, 임상적 실험, 체계적인 자료수집 등을 통해 얻어진 정보를 말한다.
  - A(사정): 전문가가 주관적 정보 및 객관적 정보를 검토하여 추론해낸 견해와 결론을 의미한다.
  - P(계획): 전문가가 특정한 문제를 제기하거나 해결하는 방법을 말한다.

녹화 및 녹음

- 대체로 보충적으로 사용됨
- 클라이언트의 사전 동의가 필수적임
- 클라이언트가 녹음이나 녹화를 지나치게 의식해서 긴장하거나 부자연스러울 수 있음

이야기체 기록

- 기록하는 문체 유형의 하나로 이야기하듯이 풀어서 서술하는 방식
- 직접인용 방식의 과정기록이 대화체 서술이라면, 간접인용 방식의 과정기록이나 요약기록은 이야기체 서술

01 (21-04-24) 과정기록: 면담전개 과정을 시간의 흐름에 따라 기술하는 방식. 교육과 훈련의 중요한 수단이며, 자문의 근거자료로 유용. 사회복지사 자신의 행동분석을 통해 사례에 대한 개입능력 향상에 도움.

02 (20-04-24) 요약기록: 날짜와 클라이언트의 기본사항을 기입하고 개입 내용과 변화를 간단히 기록함. 시간 흐름에 따라 변화된 상황, 개입 활동, 주요 정보 등의 요점을 기록함

03 (18-04-22) 문제중심기록은 클라이언트의 주관적 진술과 사회복지사의 관찰과 같은 객관적 자료를 구분하여 기록한다.

04 (18-04-22) 문제중심기록의 특징: 슈퍼바이저, 조사연구자, 외부자문가 등이 함께 검토하는데 용이하다. 문제유형의 파악이 용이하며 책무성이 명확해진다. 현상의 복잡성을 단순화시키고 부분화를 강조하는 단점이 있다.

05 (12-04-09) 과정기록은 사회복지 실습이나 교육수단으로 유용하다.

06 (11-04-15) 과정기록은 사회복지사와 클라이언트 사이의 활동을 개념화·조직화함으로써 사례에 대한 개입기술을 향상시키는 데 도움이 된다.

07 (11-04-15) 문제중심기록은 문제의 목록화와 진행을 중심으로 기록하는데, 서비스 전달의 복잡성을 간과하는 경향이 있다.

08 (08-04-19) SOAP기록: S-주관적 정보, O-객관적 정보, A-사정, P-계획

09 (07-04-30) SOAP 기록은 심리사회적 관심보다는 생의학적 관심에 초점을 맞춘다.

10 (04-04-03) 일정한 간격이나 특정 행동 및 사실 등에 관한 중요한 정보를 조직화해서 기록하는 것으로 장기간의 사례에 유용한 기록방법은 요약기록이다.

11 (04-04-08) 과정기록은 사회복지사와 클라이언트 사이에 있었던 일을 있는 그대로 기록한다.

12 (04-04-08) 과정기록은 의사소통의 내용 외에 비언어적 표현까지 포함한다.

13 (04-04-08) 과정기록은 사회복지사와 클라이언트와의 상호작용에 대한 이해를 높일 수 있다.

14 (04-04-08) 과정기록은 사회복지사가 동료직원이나 슈퍼바이저에게 클라이언트의 사례를 의논하려고 할 때 기초자료로 사용한다.

15 (03-04-25) 문제중심기록은 목표달성정도를 점검하고 사후관리를 진행하는 데에 적합하다.

16 (02-04-03) 과정기록은 사회복지실습, 교육 및 슈퍼비전 등에서 유용하다.

17 (02-04-25) 요약기록은 개입기간 동안 계속적인 진행에 대해 요약하여 기록하는 것이다.

대표기출 확인하기

21-04-24 · 난이도 ★★★

다음에 해당되는 기록방법은?

- 교육과 훈련의 중요한 수단이며, 자문의 근거자료로 유용
- 면담전개 과정을 시간의 흐름에 따라 기술하는 방식
- 사회복지사 자신의 행동분석을 통해 사례에 대한 개입능력 향상에 도움

① 과정기록
② 문제중심기록
③ 이야기체기록
④ 정보시스템을 이용한 기록
⑤ 요약기록

 알짜확인

- 과정기록의 장단점, 요약기록의 특징, SOAP 기록 방식 등이 출제되고 있다. <사회복지실천론> 영역에서도 간헐적으로 출제되기도 한다.

답 ①

✅ **응시생들의 선택**

① 88%	② 3%	③ 5%	④ 1%	⑤ 3%

과정기록

- 클라이언트와 나눈 이야기뿐만 아니라 클라이언트의 행동, 사회복지사의 상호작용 등을 있는 그대로 세밀하게 기록하는 방식이다.
- 모든 사항을 기록하기 때문에 기록에 걸리는 시간이 너무 많이 소요된다는 단점이 있지만, 모든 내용을 담고 있기 때문에 사례회의나 슈퍼비전 등에서는 유용한 자료가 될 수 있다.

관련기출 더 보기

20-04-24 · 난이도 ★★★

다음 설명에 해당하는 기록방법은?

- 날짜와 클라이언트의 기본사항을 기입하고 개입 내용과 변화를 간단히 기록함
- 시간 흐름에 따라 변화된 상황, 개입 활동, 주요 정보 등의 요점을 기록함

① 과정기록
② 요약기록
③ 이야기체기록
④ 문제중심기록
⑤ 최소기본기록

답 ②

✅ **응시생들의 선택**

① 10%	② 83%	③ 2%	④ 3%	⑤ 2%

➕ **덧붙임**

과정기록은 과정을 모두 기록!
요약기록은 요점만 기록!
문제중심기록은 문제목록에 따라 기록(+SOAP)!

문제중심기록의 특성으로 옳지 않은 것은?

① 현상의 복잡성을 단순화시키고 부분화를 강조하는 단점
이 있다.
② 문제유형의 파악이 용이하며 책무성이 명확해진다.
③ 클라이언트의 주관적 진술과 사회복지사의 관찰과 같은
객관적 자료를 구분한다.
④ 클라이언트의 문제 상황을 진단하고 개입계획을 제외한
문제의 목록을 작성한다.
⑤ 슈퍼바이저, 조사연구자, 외부자문가 등이 함께 검토하는
데 용이하다.

답 ④

☑ 응시생들의 선택

① 13%	② 6%	③ 31%	④ 40%	⑤ 10%

④ 문제중심기록은 자료를 수집하여 문제목록을 작성하고 문제목록에
있는 각 문제마다 개별적으로 계획과 목표를 설정한다.

다음을 문제중심기록의 S-O-A-P 순서대로 배치한 것은?

ㄱ. 질문에만 겨우 답하고 눈물을 보이며 시선을 제대로 마
주치지 못함
ㄴ. "저는 이 문제를 해결할 수 없어요. 저를 도와줄 사람도
없고요."
ㄷ. 우울증 검사와 욕구에 따른 인적, 물적 자원연결이 필요함
ㄹ. 자기효능감이 저하된 상태로 지지체계가 빈약함

① ㄱ-ㄴ-ㄷ-ㄹ　　② ㄱ-ㄹ-ㄴ-ㄷ
③ ㄴ-ㄱ-ㄷ-ㄹ　　④ ㄴ-ㄱ-ㄹ-ㄷ
⑤ ㄴ-ㄹ-ㄱ-ㄷ

답 ④

☑ 응시생들의 선택

① 4%	② 8%	③ 8%	④ 73%	⑤ 7%

ㄴ. S: 주관적 정보
ㄱ. O: 객관적 정보
ㄹ. A: 사정
ㄷ. P: 계획

과정기록에 관한 설명으로 옳은 것은?

① 문제를 목록화한다.
② 시간 및 비용 측면에서 효율적이다.
③ 사회복지 실습이나 교육수단으로 유용하다.
④ 클라이언트와의 면담 내용을 요약체로 기록한다.
⑤ 면담에 대하여 클라이언트가 분석한 내용을 기록한다.

답 ③

☑ 응시생들의 선택

① 3%	② 2%	③ 84%	④ 9%	⑤ 2%

① 문제를 목록화하는 것은 문제중심기록에 해당한다. 문제중심기록은
문제목록을 작성하는 것으로 시작된다.
② 과정기록은 면담 내용을 있는 그대로 모두 기록하므로 시간 및 비용
측면에서 매우 비효율적이다.
④ 과정기록은 요약하지 않고 대화 내용을 모두 기록한다.
⑤ 과정기록에서는 면담 내용에 대해 사회복지사의 의견 및 슈퍼바이
저가 분석한 내용이나 코멘트를 기록한다.

사회복지실천 기록에 관한 설명으로 옳지 않은 것은?

① 과정기록은 사회복지 실습이나 교육수단으로 유용하다.
② 과정기록은 시간과 비용이 너무 많이 소요되어 비효율적
이다.
③ 이야기체기록은 사회복지사의 재량에 의존하기 때문에
추후에 원하는 정보를 찾기 어렵다.
④ 문제중심기록은 기록이 간결하고 통일성이 있어 팀 접근
시 활용이 용이하다.
⑤ 문제중심기록은 사회복지사와 클라이언트의 상호작용을
구체적으로 기록한다.

답 ⑤

☑ 응시생들의 선택

① 1%	② 5%	③ 13%	④ 3%	⑤ 78%

⑤ 사회복지사와 클라이언트의 상호작용을 구체적으로 기록하는 것은
과정기록이다.

다음 내용이 **왜 틀렸는지**를 **확인해보자**

10-04-26

01 문제중심기록은 <u>사회복지사와 클라이언트의 상호작용을 구체적으로 기록</u>한다.

> 사회복지사와 클라이언트의 상호작용을 있는 그대로 구체적으로 작성하는 것은 과정기록에 해당한다.
> 문제중심기록은 문제를 중심으로 개입의 초점을 명확히 보여주는 데에 초점을 두기 때문에 단순하게 기록된다.

02 SOAP기록에서 객관적 자료는 **사회복지사의 판단이 아닌** 검사 결과 등을 통한 자료를 의미한다.

> SOAP기록에서 객관적 자료는 검사 결과 외에 사회복지사가 관찰한 내용을 포함한다.

12-04-09

03 과정기록은 <u>시간 및 비용 측면에서 효율적</u>이다.

> 과정기록은 기록에 드는 시간과 비용이 비효율적이라는 단점이 있다.

11-04-15

04 이야기체 기록은 이후에 정보를 복구하거나 필요한 정보를 찾는 데에 **용이하다**.

> 이야기체 기록은 대화를 그대로 기록하는 것이 아니라 기록자가 이야기하듯 풀어서 쓰기 때문에 정보를 복구하거나 필요한 정보를 찾는 데에는 불리하다는 단점이 있다.

05 SOAP 기록: S(<u>객관적 정보</u>) → O(<u>주관적 정보</u>) → A(사정) → P(계획)

> S(주관적 정보) → O(객관적 정보) → A(사정) → P(계획)

06 과정기록은 클라이언트의 표정이나 몸짓 등 <u>비언어적 의사표현까지 다 기록하지는 않는다</u>.

> 과정기록은 사회복지사와 클라이언트 사이에 일어나는 모든 상호작용을 전부 기록한다. 따라서 클라이언트의 표정이나 몸짓 등 비언어적 의사표현도 모두 기록에 포함한다.

다음 내용이 옳은지 그른지 판단해보자

01 SOAP 기록 방식은 과정기록의 유형이다. ◎ ⊗

12-04-09
02 과정기록은 사회복지 실습이나 교육수단으로 유용하다. ◎ ⊗

03-04-25
03 문제중심기록은 목표달성의 정도를 점검하는 데에 용이하다. ◎ ⊗

04 문제중심기록은 클라이언트의 문제 목록을 작성하여 그 각각에 대한 목표와 계획을 설정하는 방식이다. ◎ ⊗

05 문제중심기록은 다양한 분야의 전문가들과 함께하기에 적절하지 않다. ◎ ⊗

06 SOAP 기록에서 A는 '사정'을 의미하며, 전문가가 주관적 정보와 객관적 정보를 분석하여 결론을 도출해내는 것을 말한다. ◎ ⊗

07 요약기록은 클라이언트의 언어적, 비언어적 표현이 사실적으로 전달된다는 장점이 있다. ◎ ⊗

08 요약기록은 사례가 장기간 지속될 경우에 유용하다. ◎ ⊗

09 요약기록은 이야기체 기록 방식을 사용할 수 있지만, 과정기록은 이야기체 기록 방식을 사용할 수 없다. ◎ ⊗

04-04-23
10 요약기록은 클라인언트의 특정 행동 및 사실 혹은 일정한 기간의 간격을 두고 중요한 정보를 중심으로 기록하는 방식이다. ◎ ⊗

답 **01** ✕ **02** ○ **03** ○ **04** ○ **05** ✕ **06** ○ **07** ✕ **08** ○ **09** ✕ **10** ○

해설 **01** SOAP 기록은 문제중심기록의 방법이다.
05 문제중심기록은 어떤 문제에 대해 무엇을 했는지가 기록되기 때문에 참여하는 전문가들의 역할이 하나의 기록지에 정리된다.
07 요약기록은 사회복지사가 중요하다고 판단한 것을 선택적으로 기록하게 되기 때문에 클라이언트의 표현이 사실적으로 전달되지는 않는다.
09 이야기체 기록 방식은 기록을 서술하는 방식으로, 과정기록에서도 사용할 수 있다.

기록의 특징, 목적 및 용도

강의 QR코드

1회독	**2**회독	**3**회독
월 일	월 일	월 일

최근 10년간 **6문항** 출제

복습 1 이론요약

기록의 목적 및 용도

- 클라이언트 및 가족에게 필요한 정보 제공(기록을 공개할 수 있음)
- 책임성 제고, 실천활동에 대한 입증자료, 과정 점검 및 평가
- 클라이언트에 대한 이해
- 슈퍼비전, 지도·감독 및 교육 활성화
- 예산배분을 위한 근거자료
- 효과적인 사례관리, 전문직 간 의사소통

좋은 기록

- 클라이언트에 대한 정보 및 서비스에 관한 정보 등을 포함하여 작성
- 객관적 사실과 기록자의 견해를 구분하여 작성
- 긴 내용을 구조화하여 정리: 소제목 달기 등을 통해 필요한 내용을 쉽게 찾아볼 수 있도록 해야 함
- 내용과 절차 혹은 과정에 있어 전문가의 윤리를 준수
- 전문가의 관점에 기초를 두되, 클라이언트의 관점도 포함
- 구체적이고 명료한 문장과 쉬운 단어로 작성

기본개념

사회복지실천기술론
pp.282~

기출문장 CHECK

01 (16-04-03) 기록의 목적으로 지도감독 및 교육의 활성화, 책임성의 확보, 정보제공, 클라이언트에 대한 이해 증진 등을 꼽을 수 있다.

02 (15-04-09) 좋은 기록은 서비스의 결정과 실행에 초점을 둔다.

03 (14-04-09) 기록은 슈퍼비전의 도구로 활용될 수 있으며, 학제 간 원활한 의사소통을 위해 필요하다.

04 (14-04-09) 기록을 통해 클라이언트와 목표 및 개입방법을 공유할 수 있다.

05 (13-04-20) 기록의 목적 및 용도: 수급자격 입증자료, 슈퍼비전의 활성화, 프로그램 예산 확보, 클라이언트 당사자와 정보 공유

06 (05-04-25) 좋은 기록은 표현이 간결하고 논리적인 것이다. 수동형 문장보다는 능동형 문장을 사용하여 이해하기 쉽게 서술한다.

대표기출 확인하기

19-04-18
난이도 ★★☆

기록의 목적과 용도에 관한 설명으로 옳은 것을 모두 고른 것은?

ㄱ. 사회복지사의 전문적 활동을 입증하는 자료로 활용한다.
ㄴ. 기관 내에서만 활용하고 다른 전문직과는 공유하지 않는다.
ㄷ. 기관의 프로그램 수행 자료로 보고하며 기금을 조성하는 근거로 활용한다.
ㄹ. 클라이언트와 정보를 공유하고 의사소통하는 도구로 활용한다.

① ㄷ
② ㄱ, ㄹ
③ ㄱ, ㄷ, ㄹ
④ ㄴ, ㄷ, ㄹ
⑤ ㄱ, ㄴ, ㄷ, ㄹ

▶ 알짜확인

• 기록의 목적 및 용도, 포함되어야 할 내용 등을 정리해두자.
• 기록 내용은 클라이언트 혹은 가족들에 공개할 수 있다는 점 기억해둘 필요가 있다.

답 ③

✅ 응시생들의 선택

① 3%	② 15%	③ 72%	④ 4%	⑤ 6%

ㄴ. 기록 내용은 사례관리, 연계, 의뢰 등의 과정에서 다른 전문직과 공유하기도 한다.

관련기출 더 보기

22-04-24
난이도 ★☆☆

사회복지실천 과정의 개입단계 기록에 포함될 내용으로 옳지 않은 것은?

① 클라이언트와의 활동
② 개입과정의 진전 상황
③ 클라이언트의 문제에 관한 추가 정보
④ 클라이언트에게 제공한 자원들
⑤ 클라이언트에 관한 사후지도 결과

답 ⑤

✅ 응시생들의 선택

① 0%	② 1%	③ 2%	④ 1%	⑤ 96%

⑤ 사후지도(사후관리)는 종결 이후에 클라이언트의 변화가 유지되고 있는지, 다른 문제가 발생하지는 않았는지 등을 확인하기 위해 진행되는 것으로 개입단계에서는 알 수 없다.

15-04-09
난이도 ★★☆

좋은 기록의 특징으로 옳은 것은?

① 서비스의 결정과 실행에 초점을 둔다.
② 상황묘사와 사회복지사의 견해를 구분하지 않는다.
③ 비밀보장을 위해 정보를 쉽게 분류할 수 없게 한다.
④ 모든 문제나 상황을 가능한 자세하고 풍부하게 기술한다.
⑤ 클라이언트의 관점은 배제하고 전문적 견해를 강조한다.

답 ①

✅ 응시생들의 선택

① 22%	② 2%	③ 41%	④ 33%	⑤ 2%

② 객관적인 사실과 기록자의 사적인 견해가 구분되어 혼돈되지 않게 정리되어야 한다.
③ 클라이언트에 대한 기본적인 정보뿐만 아니라 각 단계의 목적, 목표, 계획, 진행 등에 대한 정보를 포함해야 하며 필요할 때 유용하게 찾아볼 수 있도록 정리해야 한다.
④ 내용이 너무 길고 복잡하면 핵심을 파악하기 어렵기 때문에 긴 내용을 구조화하여 효과적으로 작성하도록 한다.
⑤ 전문가의 관점에 기초를 두되, 클라이언트의 관점을 배제해서는 안 된다.

다음 내용이 **옳은지 그른지** 판단해보자

14-04-09
01 사회복지사가 기록한 내용은 클라이언트에게 공개되지 않도록 해야 한다.

02 기록은 전문적인 표현을 위주로 작성하여 기록자의 전문성이 드러나도록 해야 한다.

14-04-09
03 기록은 학제 간 원활한 의사소통을 위해 필요하다.

04 기록은 사회복지실천에 있어 효과성 및 책임성을 제고하는 수단이기도 하다.

05-04-25
05 간결하고 논리적이어 핵심을 잘 파악할 수 있도록 표현하는 것이 좋은 기록이다.

02-04-24
06 정확한 기록을 위해 면담시간을 최대한 활용해야 한다.

07 녹음이나 녹화 등을 진행한다고 해서 클라이언트의 동의를 반드시 구해야 하는 것은 아니다.

16-04-03
08 기록은 사회복지사가 개인적으로 보관하거나 활용해서는 안 된다.

답 **01**× **02**× **03**○ **04**○ **05**○ **06**× **07**× **08**○

해설 **01** 사회복지사가 기록한 내용은 클라이언트에게 공개할 수 있다. 기록한 내용을 되짚어보면서 클라이언트가 자신을 되돌아 볼 수 있으며, 사회복지사가 기록한 내용의 오류가 없는지를 확인할 수도 있다.
02 기록은 사회복지 전문가들만 보는 것이 아니라 클라이언트와 그 가족들 혹은 다른 분야의 전문가에게 공개되기도 하므로 쉽게 이해할 수 있도록 작성하는 것이 좋은 기록이다.
06 면담시간에는 클라이언트와의 대화 내용에 집중해야 한다. 사회복지사가 기록에만 너무 몰두하면, 클라이언트 입장에서는 면담에 집중하기 어려울 수 있고 자신에게 관심이 없다고 생각하거나 사회복지사를 신뢰하지 않을 수도 있다.
07 녹음이나 녹화를 진행할 때에는 반드시 클라이언트의 동의를 받아야 하며, 클라이언트가 동의하지 않을 때 무리하게 진행해서도 안 된다.

13장

사회복지실천 평가

이 장에서는

이 장에서는 주로 단일사례설계에 대해 출제되고 있는데, 특히 사례제시형 문제가 지속적으로 출제되고 있으므로 이러한 경향에 맞춰 AB, ABA, ABAB, BAB, 다중기초선, 다중요소(ABC, ABAC) 등의 설계방식을 사례와 연결할 수 있도록 해야 한다.

10년간 출제분포도

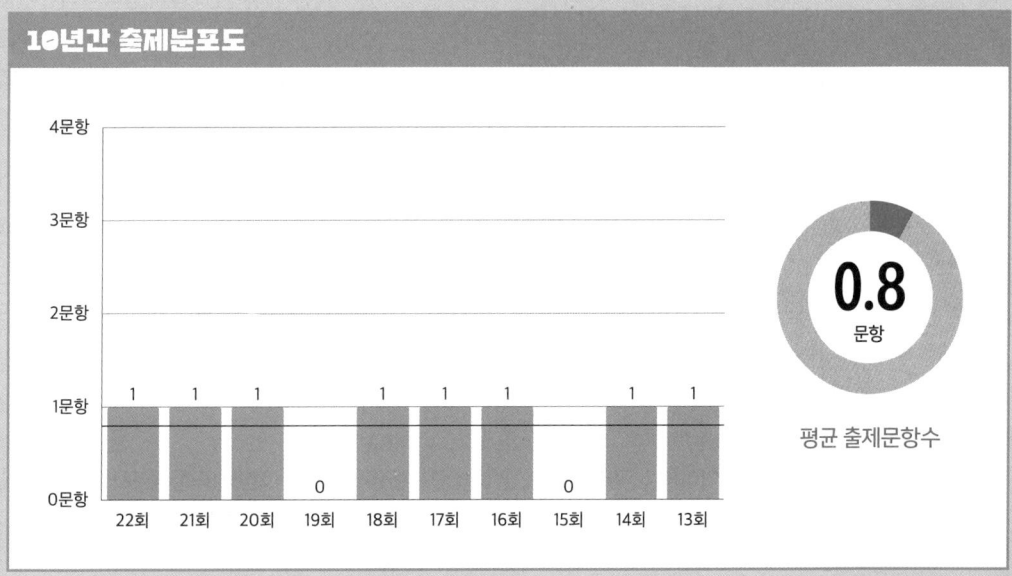

0.8 문항

평균 출제문항수

128 단일사례설계

강의 QR코드

최근 10년간 **8문항** 출제

1 이론요약

단일사례설계의 유형

기본개념

사회복지실천기술론
pp.300~

▶ **AB설계: 기본단일설계(기초선 → 개입단계)**
- 기초선(A) 설정 후 개입(B)이 뒤따르는 설계
- 개입으로 인해 표적행동이 변화된 것인지에 대한 신뢰도가 낮음

▶ **ABA설계(기초선 → 개입단계 → 제2기초선)**
- AB설계에 개입 이후 또 하나의 기초선(A)을 추가한 설계
- AB설계에 일정 기간 개입하고 나서 개입 중단 후 표적행동을 관찰
- 개입의 효과를 평가하기 위한 목적으로 인해 개입을 중단함에 따라 윤리적 문제가 야기됨

▶ **ABAB설계(기초선 → 개입단계 → 제2기초선 → 개입국면)**
- ABAB설계는 외생변수를 좀 더 효과적으로 통제하기 위해 제2기초선(A)과 제2개입단계(B)를 추가
- 두 번째(A)에서는 개입을 철회
- 개입과 철회를 반복함으로써 같은 결과가 나오면 인과관계를 명확히 할 수 있음

▶ **BAB설계(개입단계 → 기초선 단계 → 개입단계)**
- 기초선 측정 없이 바로 개입할 때 사용하는 설계
- 클라이언트가 위기에 처해 있거나 기초선을 측정할 수 없는 상황에서 바로 개입
- 클라이언트 상황이 어느 정도 안정되면 개입을 중지하고 기초선 단계 자료를 수집
- 개입이 이루어지기 전에 기초선을 측정하지 못했기 때문에 개입의 효과성을 알기 어렵고 개입 이후에 기초선을 측정하더라도 이미 개입이 이루어졌기 때문에, 기초선에는 개입의 효과가 어느 정도 반영되어 있음

▶ **다중요소설계(기초선 단계 → 서로 다른 개입방법 사용)**
- ABCD, ABAC, ABACA 설계 등
- 하나의 기초선 자료에 대해 여러 개의 각기 다른 개입방법(B, C, D)을 연속적으로 도입

▶ **복수기초선(다중기초선, multiple baseline) 설계**
- 둘 이상의 클라이언트, 둘 이상의 문제에 대해 적용하는 설계로서 동시에 기초선을 측정하면서 각각 다른 시점에 개입
- 개입을 중단하는 대신에 동시에 개입을 시작하므로 윤리적·실천적 문제를 피할 수 있음

01 (22-04-25) ABA설계의 예: 김모씨는 대인관계에 어려움이 있어서 지역사회복지관에서 실시하는 사회기술훈련프로그램에 참여하였다. 개입 전 4주간(주2회) 조사를 실시하고 4주간(주2회) 개입의 변화를 기록한 후 개입을 멈추고 다시 4주간(주2회)의 변화를 기록하였다.

02 (21-04-25) 다중기초선설계의 예: 친구를 사귀는데 어려움을 갖고 있는 여름이와 겨울이는 사회복지기관을 찾아가 대인관계 향상 프로그램에 참여하게 되었다. 먼저 두 사람은 대인관계 수준을 측정하였으며, 여름이는 곧바로 대인관계 훈련을 시작하여 변화정도를 측정하고 있다. 3주간 시간차를 두고 겨울이의 대인관계 훈련을 시작하고 그 변화를 관찰하였다.

03 (20-04-25) ABC설계의 예: 독거노인의 우울감 해소를 위해 5주간의 전화상담(주1회)에 이어 5주간의 집단활동(주1회)을 진행했다. 참가자 5명을 대상으로 프로그램 시작 3주 전부터 매주 1회 우울증검사를 실시했고, 프로그램 시작 전, 5주 후, 10주 후에 삶의 만족도를 조사했다.

04 (18-04-07) ABAC설계(다중요소설계)의 예: 노인복지관 사회복지사가 어르신들의 우울감 개선 프로그램을 계획하였다. 프로그램 시작 전에 참여하는 어르신들의 심리검사를 행하였고, 2주간의 정서지원프로그램 실시 후 변화를 측정하였다. 1주일 후에는 같은 어르신들을 대상으로 2주간의 명상프로그램을 진행하여 우울감을 개선하고자 한다.

05 (17-04-17) 다중(복수)기초선 설계의 예: 대인관계 문제로 어려움을 겪던 재훈이와 수지는 사회성 측정 후 사회기술훈련에 의뢰되었다. 재훈이는 곧바로 사회기술훈련을 시작하여 사회성의 변화추이를 측정해 오고 있으며, 수지는 3주간 시간차를 두고 사회기술훈련을 시작하면서 변화추이를 관찰하였다.

06 (14-04-17) 단일사례설계는 개입 이후에 기초선 자료를 수집할 수 있다.

07 (14-04-17) 단일사례설계는 개입의 효과성을 알기 위해 반복측정을 해야 한다.

08 (14-04-17) 단일사례설계를 통해 다수의 클라이언트의 변화를 점검할 수 있다.

09 (13-04-06) 단일사례설계는 둘 이상의 클라이언트, 둘 이상의 상황이나 문제에 적용 가능하다.

10 (13-04-06) 단일사례설계는 어떤 개입이 대상문제의 변화를 설명하는지 알 수 있으며, 반복적 시행으로 개입의 효과성을 일반화할 수 있다.

11 (12-04-21) 단일사례설계에서는 개입과 개입철회를 반복할 수 있다.

12 (12-04-21) 단일사례설계에서는 사전자료가 없는 경우 개입 이후에 기초선 자료를 수집할 수 있다.

13 (12-04-21) 단일사례설계에서는 여러 개의 표적행동에 대해 기초선을 설정할 수 있다.

14 (12-04-21) 단일사례설계에서는 한 명 이상의 클라이언트를 대상으로 비교할 수 있다.

15 (10-04-20) BAB설계의 예: 도벽습관이 있는 아동에 대한 행동치료 평가를 위해 다음과 같이 단일사례설계를 실시하였다. 아동의 도벽행동에 대한 치료를 먼저 시행한 후, 문제행동 변화를 측정한다. 개입효과를 확인하기 위해 치료를 잠시 중단한다. 다시 치료를 시행하면서 아동의 행동 변화를 관찰한다.

16 (09-04-19) 단일사례설계는 개입과정의 변화 정보를 제공한다.

17 (09-04-19) 단일사례설계는 주로 하나의 클라이언트체계의 변화를 측정한다.

18 (09-04-19) 단일사례설계에서 기초선은 안정화될 때까지 반복적으로 측정해야 한다.

19 (09-04-19) 단일사례설계를 활용함에 있어 둘 이상의 문제에 대해 개입할 때 다중기초선설계를 활용한다.

20 (09-04-28) 단일사례설계의 결과를 분석할 때 유의성 검증은 클라이언트의 문제에 얼마나 의미 있는 변화가 일어났는지(=실질적 유의성)와 클라이언트의 변화가 우연히 일어난 것이 아닌 확률적 판단에서 나오는 절차인지(=통계적 유의성)를 살펴보아야 한다.

21 (08-04-30) 다중기초선 설계는 두 가지 이상의 문제, 두 개 이상의 세팅, 두 명 이상의 클라이언트에게 적용할 수 있는 단일사례연구방법으로서 동시에 기초선을 측정하면서 각각 다른 시점에서 개입을 시도한다.

대표기출 확인하기

22-04-25 · 난이도 ★★☆

다음에 해당하는 단일사례설계유형에 관한 설명으로 옳지 않은 것은?

> 김모씨는 대인관계에 어려움이 있어서 지역사회복지관에서 실시하는 사회기술훈련프로그램에 참여하였다. 개입 전 4주간(주2회) 조사를 실시하고 4주간(주2회) 개입의 변화를 기록한 후 개입을 멈추고 다시 4주간(주2회)의 변화를 기록하였다.

① 기초선을 두 번 설정한다.
② 통제집단을 활용한다.
③ 개입 효과성에 대한 파악이 가능하다.
④ 표본이 하나다.
⑤ 조사기간이 길어진다.

알짜확인

- 조사론에서는 단일사례설계의 특징이 주로 출제되고 있고, 기술론에서는 단일사례설계의 유형을 사례에 적용하는 문제가 주로 출제되고 있다.
- 보통 AB나 BAB 설계 방식은 쉽게 답을 찾는데, 최근에는 다중요소설계나 다중기초선설계가 출제되면서 정답률을 놓친 응시생들이 많았으므로 다양한 유형을 기억해두면서 사례에서 기초선(A)과 개입(B)을 파악하는 훈련을 해두어야 한다.

답 ②

✓ 응시생들의 선택

① 10%	② 73%	③ 3%	④ 9%	⑤ 5%

② 사례는 '개입 전 조사(A) → 4주간 개입(B) → 변화 기록(A)'으로 진행된 ABA설계에 해당한다. 그러나 단일사례설계는 참여자가 스스로 통제집단이 되기 때문에 별도의 통제집단이 없다는 점에서 사례의 설계 유형과 상관없이 이 문제의 답은 ②번이다.

관련기출 더 보기

20-04-24 · 난이도 ★★★

다음 사례에 해당되는 단일사례설계의 유형은?

> 독거노인의 우울감 해소를 위해 5주간의 전화상담(주1회)에 이어 5주간의 집단활동(주1회)을 진행했다. 참가자 5명을 대상으로 프로그램 시작 3주 전부터 매주 1회 우울증검사를 실시했고, 프로그램 시작 전, 5주 후, 10주 후에 삶의 만족도를 조사했다.

① AB설계   ② ABC설계
③ ABAB설계   ④ ABAC설계
⑤ 다중(복수)기초선설계

답 ②

✓ 응시생들의 선택

① 3%	② 23%	③ 8%	④ 27%	⑤ 39%

② 사례는 'A(기초선): 우울증검사 → B(개입): 전화상담 → C(개입): 집단활동'으로 전개된 ABC설계에 해당한다. ABC설계는 하나의 기초선 자료에 각기 다른 개입방법을 진행하는 것이다.

➕ 덧붙임

이 문제에서는 '삶의 만족도 조사' 때문에 헷갈린 응시생들이 많았던 것 같은데 삶의 만족도 조사가 프로그램 시작 전, 5주 후, 10주 후에 진행되기는 했지만 이에 대한 개입국면이 제시되지는 않았으며, 개입의 목적이 '우울감 해소를 위해'라고 제시되어 있기 때문에 우울감에 대한 기초선(A)인 '우울증검사'와 개입(B) '전화상담', 개입(C) '집단활동'으로 설계유형을 찾아야 한다.

다음 사례에 해당하는 단일사례설계의 유형은?

> 노인복지관 사회복지사가 어르신들의 우울감 개선 프로그램을 계획하였다. 프로그램 시작 전에 참여하는 어르신들의 심리검사를 행하였고, 2주간의 정서지원프로그램 실시 후 변화를 측정하였다. 1주일 후에는 같은 어르신들을 대상으로 2주간의 명상프로그램을 진행하여 우울감을 개선하고자 한다.

① AB
② BAB
③ ABA
④ ABAB
⑤ ABAC

답 ⑤

✅ **응시생들의 선택**

① 2%	② 5%	③ 15%	④ 28%	⑤ 50%

사례는 다음과 같이 다중요소설계 방식으로 진행되었다.
프로그램 시작 전 심리검사 시행(기초선 A) → 2주간의 정서지원프로그램 실시(개입 B) → 개입이 진행되지 않은 1주일(기초선 A) → 2주간의 명상프로그램(개입 C)

➕ **덧붙임**

꽤 많은 응시생들이 ④ ABAB설계를 선택했는데, 이는 AB설계에 철회(A)와 동일한 개입B를 추가한 방식이다. 문제의 사례에서는 다른 개입 방식을 진행했기 때문에 ABAC설계가 된다.

알코올 중독 노숙인의 자활을 위해 다차원적으로 개입한 후, 단일사례설계를 활용하여 사업의 성과를 평가하려고 한다. 이때 성과지표로 사용 가능한 자료가 아닌 것은?

① 밤사이 숙소 밖에 버려진 술병의 수
② 직업훈련 참여 시간
③ 직업훈련의 성격
④ 스스로 측정한 자활의지
⑤ 단주 모임에 나간 횟수

답 ③

✅ **응시생들의 선택**

① 12%	② 1%	③ 73%	④ 13%	⑤ 1%

③ 직업훈련의 성격은 개입에 따른 결과물이 아니기 때문에 성과평가를 위한 자료가 되지 않는다.

단일사례설계의 활용에 관한 설명으로 옳은 것을 모두 고른 것은?

> ㄱ. 어떤 개입이 대상문제의 변화를 설명하는지 알 수 있다.
> ㄴ. 둘 이상의 클라이언트, 둘 이상의 상황이나 문제에 적용 가능하다.
> ㄷ. 행동빈도의 직·간접 관찰, 기존 척도, 클라이언트 자신의 주관적 사고나 감정 등의 측정 지수를 사용한다.
> ㄹ. 반복적 시행으로 개입효과성의 일반화가 가능하다.

① ㄱ, ㄴ, ㄷ
② ㄱ, ㄷ
③ ㄴ, ㄹ
④ ㄹ
⑤ ㄱ, ㄴ, ㄷ, ㄹ

답 ⑤

✅ **응시생들의 선택**

① 34%	② 31%	③ 3%	④ 4%	⑤ 29%

단일사례연구의 기초선 자료수집방법으로 적절하지 않은 것은?

① 형성평가척도
② 목표달성척도
③ 개별화된 척도
④ 표준화된 척도
⑤ 클라이언트의 주관적 감정 강도

답 ①

✅ **응시생들의 선택**

① 16%	② 22%	③ 3%	④ 7%	⑤ 53%

① 기초선 자료수집은 개입이 시작되기 전 문제의 수준을 평가하는 것이다. 그런데 형성평가척도는 계획된 목표대로 서비스가 이루어지고 있는지, 목표는 달성되어 가고 있는지 등을 점검하는 척도이므로 기초선 자료수집방법으로 적절하지 않다.

다음 내용이 왜 틀렸는지를 확인해보자

01 ABA 설계 방식은 일단 개입이 진행되면 <u>중단하지 않는 것을 원칙</u>으로 한다.

> ABA, ABAB, ABAC 등의 설계에서 개입의 중단이 발생한다. 이렇듯 일정기간 개입을 진행하고 중단하는 설계를 철회설계라고 한다.

02 사전자료가 없는 경우에는 **단일사례설계를 적용할 수 없다.**

> BAB 설계의 경우 개입 이후에 기초선 자료를 수집할 수 있기 때문에 사전자료가 없어도 단일사례설계를 적용할 수 있다.

03 단일사례설계는 개인에게는 적용할 수 있지만 **가족에게는 적용할 수 없다.**

> 단일사례설계는 클라이언트가 한 명이 아니어도 적용할 수 있기 때문에 가족뿐만 아니라 소집단인 경우에도 적용할 수 있다.

`14-04-17`

04 단일사례설계는 <u>개입과정에서 개입의 강도나 방식을 바꿀 수 없다.</u>

> 개입과정에서 개입의 강도나 방식을 바꿀 수 있다.

05 단일사례설계는 <u>하나의 기초선 자료에 대해서는 하나의 개입방법만을 시도해야 한다는 한계</u>가 있다.

> 하나의 기초선 자료에 대해 서로 여러 개의 각기 다른 개입방법을 시도해볼 수 있다. 이를 다중요소설계라 하며, ABCD설계나 ABAC설계 등으로 이루어질 수 있다.

`08-04-30`

06 둘 이상의 클라이언트, 둘 이상의 문제에 대해 적용하는 단일사례연구방법으로서 동시에 기초선을 측정하면서 각각 다른 시점에서 개입을 시도하는 연구설계는 <u>ABAB설계</u>이다.

> 복수기초선(다중기초선) 설계에 대한 설명이다.
> ABAB설계는 하나의 기초선에 대해 기초선(A)과 개입(B)을 반복하는 설계방식이다.

빈칸에 들어갈 알맞은 말을 채워보자

01 ( ) 설계의 예: A군(12세)에게 상담 전 일주일 동안 스마트폰 사용 시간을 기록해오도록 했다. A군은 일주일 동안 저녁 식사 이후에만 평균 8시간 정도를 스마트폰을 사용했으며, 이로 인해 밤을 새우고 등교하기도 한 것으로 나타났다. A군과의 상담을 통해 저녁 식사 이후에는 최대 2시간까지만 스마트폰을 하고 자정 전에 잠자리에 들기로 과제를 주고 2주간 개입을 진행하였다. 이후 과제를 중단하고 일주일 동안 스마트폰 사용 시간을 기록해오도록 했다.

02 ( ) 설계의 예: 실직 이후 재취업에 연이어 실패하게 되어 우울감을 호소하는 클라이언트 A씨에 대해 2주간의 우울감 정도를 확인한 후 4회의 심리상담을 진행하였다. 이후 다시 2주간 우울감 정도를 확인하고 4회의 심리상담을 추가적으로 실시하였다.

03 ( ) 설계의 예: 한 청소년 모임에서 심리검사를 실시한 결과 긴장감과 불안감이 다소 높은 A, B, C에 대해 별도의 심리상담 프로그램을 시작하기로 하였다. 4월 첫째 주부터 A를 시작으로 순서대로 주 2회씩 4회의 심리상담을 제공하기로 하였다.

04 ( ) 설계의 예: 31세 여성 A씨는 약 3년 전 심한 데이트 폭력을 당한 뒤 사람이 무서워지고 점차 밖에 나가기가 두려워졌다고 한다. 결국 다니던 직장을 그만두게 되었고 최근 3,4개월 동안은 그 정도가 더 심해져 아예 집밖에 외출한 적이 없다고 한다. 이에 사회복지사는 개입을 우선적으로 실시한 후 기초선을 측정하고 그 결과에 맞춰 다시 개입을 실시하기로 했다.

05 ( ) 설계의 예: 아이를 혼자 키우게 된 후로 아이가 학교에 가있는 동안 불안한 마음이 너무 커졌다고 호소하는 A씨에 대해 2주 동안 불안의 빈도 및 정도를 측정한 후 여섯 차례 심리상담을 진행하였다. 이후 유사한 고민을 호소하는 한부모 집단상담을 4주 동안 진행하면서 불안감을 낮추고자 하였다.

답 **01** ABA **02** ABAB **03** 복수(다중)기초선 **04** BAB **05** ABC(혹은 다중요소)

다음 내용이 옳은지 그른지 판단해보자

01 단일사례설계는 통제집단을 어떻게 설정하느냐에 따라 결과가 달라질 수 있다. ⭕❌

12-04-21
02 단일사례설계에서는 개입과 개입철회를 반복할 수 있다. ⭕❌

03 단일사례설계의 일차적인 목적은 가설의 검증에 있다. ⭕❌

09-04-19
04 단일사례설계는 주로 하나의 클라이언트체계 변화를 측정하기 위한 방식으로 사용된다. ⭕❌

05 ABAB설계는 개입에 따른 결과에 대한 인과관계가 명확해진다는 장점이 있다. ⭕❌

06 단일사례설계의 유형 중 다중요소설계는 둘 이상의 기초선을 사용한다. ⭕❌

09-04-28
07 단일사례설계의 결과를 분석할 때 클라이언트의 문제에 얼마나 의미 있는 변화가 일어났는지를 살펴보는 것은 이론적 유의성을 검증하기 위한 것이다. ⭕❌

08 ABA 설계에서는 개입의 중단에 따른 윤리적 문제가 제기된다. ⭕❌

09 클라이언트가 둘 이상일 때에는 복수기초선 설계를 적용할 수 있다. ⭕❌

10 ABA설계는 개입을 먼저 진행한 후 기초선 자료를 수집하는 방식으로 진행된다. ⭕❌

답 01✕ 02⭕ 03✕ 04⭕ 05⭕ 06✕ 07✕ 08⭕ 09⭕ 10✕

해설 **01** 단일사례설계는 통제집단이 없기 때문에 통제집단의 영향을 받지 않는다.
03 단일사례연구의 일차적인 목적은 가설의 검증에 있는 것이 아니라 표적행동에 대한 개입의 효과성을 분석하는 데 있다.
06 둘 이상의 기초선을 사용하는 방법은 복수기초선설계이다. 다중요소설계는 하나의 기초선에 다른 방식의 개입을 진행하는 것이다.
07 클라이언트의 문제에 얼마나 의미 있는 변화가 일어났는지를 살펴보는 것은 실질적 유의성 분석이다. 이론적 유의성 분석은 클라이언트의 변화를 개입의 근거가 되는 이론과 비교하여 살펴보는 것을 말한다.
10 개입을 먼저 진행한 후 기초선 자료를 수집하게 되는 설계 방식은 BAB 설계이다.